W0320033

E-Book inside

Registrieren Sie sich unter:

www.dvz.de/lorenz1-ebook

und nutzen Sie dieses Werk gratis als E-Book.

LORENZ **1**

Grundwissen Spedition und Logistik

für Ausbildung und Beruf

Der Name **LORENZ**, seit langem ein Markenzeichen für die Ausbildung im Speditions- und Logistikgewerbe, steht für Wilhelm Lorenz (1898-1988), den Begründer dieses Leitfadens.

Die erste Ausgabe des Leitfadens erschien 1953. Seitdem wurde das Werk ständig aktualisiert und erweitert (von 1978-2008 unter der Federführung von Willy Korf, seit 2009 von Thorsten Hölser).

LORENZ **1**

25. Auflage 2016

Grundwissen Spedition und Logistik

für Ausbildung und Beruf

Herausgegeben von

Thorsten Hölser

Unter Mitarbeit von

Hans Fischer

Ingo Hodea

Reinhard Lankes

Horst Manner-Romberg

Hermann Pikelj

Jürgen Ries

Axel Salzmann

Erwin Spitzer

Matthias Trott

Bibliografische Information der Deutschen Nationalbibliothek:
Die Deutsche Nationalbibliothek verzeichnet diese Publikation in der Deutschen Nationalbibliografie; detaillierte bibliografische Daten sind im Internet über http://dnb.dnb.de abrufbar.

Verlag:	DVV Media Group GmbH Nordkanalstr. 36 20097 Hamburg Telefon: +49 (0)40 237 14-02 Fax: +49 (0)40 237 14-236 E-Mail: info@dvvmedia.com Internet: www.dvvmedia.com, www.dvz.de
Lektorat und Herstellungskoordination:	Dr. Bettina Guiot (verantw.), Ulrike Schüring
Anzeigen:	Tilman Kummer
Vertrieb und Buchservice:	Markus Kukuk
Umschlaggestaltung:	Ines Erdmann
Titelbild:	Ket4up/Shutterstock
Satz und Druck:	TZ-Verlag & Print GmbH, Roßdorf

25., komplett überarbeitete Auflage 2016
ISBN 978-3-87154-557-3

Eine Publikation der DVV Media Group

DVV Media Group

Geleitwort

Der Verkehr unterliegt starken Veränderungen. Die deutsche Verkehrswirtschaft steht dabei in einem harten internationalen Wettbewerb, der sich durch die fortschreitende europäische Integration weiter verstärken wird. Sie muss daher besonderen Wert auf die Qualität ihrer Dienstleistungen legen. Voraussetzung dafür sind qualifizierte Mitarbeiterinnen und Mitarbeiter. Das Bild des Spediteurs hat sich von einem Transportorganisator, der die Verkehre meist im Selbsteintritt durchführt, zum umfassenden Logistikdienstleister erweitert. Diese Entwicklung wird sich in den nächsten Jahren fortsetzen. Der Spediteur wird immer stärker in die betrieblichen und logistischen Abläufe seiner Kunden integriert.

Dabei hat sich die Logistik zu einem der Erfolgsfaktoren der deutschen Wirtschaft entwickelt. Sie rangiert mittlerweile nach Handel und Automobilindustrie an dritter Stelle. Und: Logistik steht für Wachstum, Innovation, Wertschöpfung und Beschäftigung. Hinter allen diesen Erfolgen stehen Menschen, gut ausgebildete, handlungsfähige und motivierte Mitarbeiter, die dafür sorgen, dass Montagebänder nicht stillstehen und Verkaufsregale gefüllt sind. Von den Experten der Branche, den Kaufleuten für Spedition und Logistikdienstleistung, werden Vielseitigkeit, Flexibilität, Aufgeschlossenheit und ein fundiertes Wissen erwartet. Der Aus- und Weiterbildung kommt daher eine zentrale Rolle zu. Dies gilt besonders mit Blick auf die demografische Entwicklung und die wachsenden Anforderungen an das gesamte logistische Wissen der Mitarbeiter.

Dieses Wissen bündelt seit vielen Jahren der Leitfaden für Spediteure und Logistiker in Ausbildung und Beruf, besser bekannt als **LORENZ**, den ebenso Praktiker immer wieder gerne zur Hand nehmen. Auch unter dem neuen Titel **Grundwissen Spedition und Logistik** soll das Buch vor allem dem Nachwuchs als Unterlage für den vielseitigen Beruf des Spediteurs und Logistikdienstleisters dienen. Es soll darüber hinaus auch dem im Beruf stehenden Spediteur und Logistiker als Informations- und Nachschlagewerk nützliche Dienste leisten.

Wir freuen uns, dass auch im Online-Zeitalter mit dem LORENZ ein aktuelles und umfangreiches Nachschlagewerk für Auszubildende und Weiterbildungsinteressierte der Speditions- und Logistikbranche vorliegt und wünschen der 25. Auflage viel Erfolg und zahlreiche Leserinnen und Leser.

Deutscher Industrie- und Handelskammertag
Dirk Binding
Leiter des Fachbereichs Dienstleistungen, Infrastruktur und Regionalpolitik

Deutscher Speditions- und Logistikverband
Frank Huster
Hauptgeschäftsführer

Vorwort

Die Anzahl der Mitarbeiter im Speditions- und Logistikdienstleistungsgewerbe hat sich in den letzten 20 Jahren verdoppelt. Insgesamt beschäftigen die Verkehrswirtschaft (gewerblich tätige Speditions- und Logistikdienstleister, Frachtführer und andere) und die logistischen Bereiche der Unternehmen aus der verladenden und produzierenden Wirtschaft ca. 2,9 Mio. Mitarbeiter/-innen. Nach einem kurzzeitigen Umsatzrückgang im Rahmen der Wirtschafts- und Finanzkrise ist die Wachstumsdynamik in der Logistikbranche zurückgekehrt. Mit einem Gesamtumsatz von geschätzt ca. 235–240 Mrd. € im Jahr 2015/16 ist der Logistikmarkt der drittgrößte deutsche Wirtschaftszweig und der Ausblick für die Zukunft ist weiter positiv. Nach der aktuellen Verkehrsprognose des Bundesverkehrsministeriums im Rahmen des Bundesverkehrswegeplans 2030 wird davon ausgegangen, dass in dem Zeitraum von 2010 bis 2030 die Transportleistungen im Güterverkehr in Deutschland um 38 % wachsen werden.

Der Spediteur und Logistikdienstleister steuert als verkehrsträgerneutraler Organisator große Teile der Güterverkehrswirtschaft und wird daher auch als „Architekt des Güterverkehrs" bezeichnet. Um diese bedeutende Funktion innerhalb der Wirtschaft erhalten und ausbauen zu können, muss das deutsche Speditions- und Logistikgewerbe in die Personalentwicklung und damit in die berufliche Aus- und Fortbildung investieren, insbesondere in Zeiten des demografischen Wandels und Fachkräftemangels. Gut ausgebildete Spediteure und Logistikdienstleister sind ein Garant für den Unternehmenserfolg und haben hervorragende berufliche Entwicklungsperspektiven.

Die überarbeitete und erweiterte 25. Auflage des LORENZ soll mithelfen, das umfangreiche Fachwissen aktuell zu vermitteln. Hinweise sowie Anregungen und auch kritische Anmerkungen der Leserinnen und Leser nehme ich als Herausgeber auch im Namen der Autoren jederzeit gerne entgegen (dvz-lorenz@slv-spediteure.de), um dieses Standardwerk der Speditionsbranche auch nach über 60 Jahren erfolgreich weiterzuentwickeln.

Ich wünsche allen Leserinnen und Lesern viel Erfolg beim Studium!

Thorsten Hölser
Autor und Herausgeber

Einleitung

Der Beruf des Spediteurs und Logistikdienstleisters ist ein kaufmännischer Beruf. Seine Ausübung verlangt nicht nur die allgemeinen Fähigkeiten und Kenntnisse, die in jedem Kaufmannsberuf erforderlich sind, sondern darüber hinaus das besondere Wissen über das Verkehrswesen. Wie in allen kaufmännischen Berufen muss die Erziehung zum ehrbaren Kaufmann die Grundlage der Berufsausbildung sein. In einem Gewerbe, in dem große Werte durch die Hände der in ihm Beschäftigten gehen, müssen auch die ethischen Grundlagen von Ehrlichkeit und Zuverlässigkeit vorhanden sein.

Die berufliche Ausbildung zum Spediteur und Logistikdienstleister muss dem Nachwuchs eine Vorstellung von der Bedeutung und Vielgestaltigkeit dieses Wirtschaftszweiges geben. Der junge Spediteur und Logistikdienstleister muss schon während seiner Ausbildungszeit ein klares Bild von dem Wesen seines Berufes erhalten und insbesondere in die Lage versetzt werden, in globalen Wertschöpfungsketten denken und handeln zu können. Diese Ziele finden sich auch in dem 2004 überarbeiteten Berufsbild **„Kaufmann/Kauffrau für Spedition und Logistikdienstleistung“** wieder.

Beginnend in den 1980er-Jahren waren Globalisierung, Lean Production, Konzentration auf das Kerngeschäft, Outsourcing und Just-in-time-Belieferung entscheidende Triebfedern wirtschaftlichen Handelns. In der Zeit ab 1990 entwickelte sich auch der Güterverkehr unter den Schlagworten „Logistik“ und „Supply Chain Management“ zu einer hochtechnischen, für die Produktions- und Handelsunternehmen unverzichtbaren Dienstleistungsbranche mit einer eigenen Innovationsdynamik. Über sein traditionelles Leistungsspektrum hinaus produziert der Spediteur heute entlang der Wertschöpfungskette eine Vielzahl von Zusatzleistungen (Value Added Services) und bringt ein umfassendes IT-Know-how in seine Geschäftsverbindungen mit ein.

Eine so umfassende Tätigkeit wird aber im Ausbildungsbetrieb allein nicht immer vermittelt werden können. Deshalb soll diese Lücke durch den Berufsschulunterricht, in Inner- oder überbetrieblichen Unterrichten und durch Selbststudium mit Hilfe dieses Standardwerks über das Grundwissen zur Spedition und Logistik geschlossen werden. Dieses seit über 60 Jahren bekannte Standardwerk soll zum einen die Auszubildenden in der Ausbildungszeit begleiten. Des Weiteren soll es auch der Weiterbildung der Teilnehmer beim Vorbereitungslehrgang für den IHK-Fachwirt für Güterverkehr und Logistik dienen. Dem bereits im Geschäftsleben stehenden Spediteur und Logistikdienstleister soll es sowohl als Nachschlagewerk bei seiner täglichen Arbeit behilflich sein als auch dazu beitragen, seine Kenntnisse in diesem dynamischen Berufsbild mit seinem umfangreichen Wissensgebiet ständig weiter zu vertiefen.

Das Berufsbild „Kaufmann/Kauffrau für Spedition und Logistikdienstleistung“ ist hinsichtlich der Anzahl von Auszubildenden mit ca. 15.000 Azubis im Jahresdurchschnitt bei den kaufmännischen Güterverkehrsberufen das mit Abstand führende Berufsbild.

Sämtliche Gesetze und Verordnungen in diesem Buch sind im Internet kostenlos abrufbar unter www.gesetze-im-internet.de.

Inhaltsverzeichnis

Abbildungsverzeichnis

Tabellenverzeichnis

Abkürzungsverzeichnis

A-AMS	Air-Automated Manifest System = automatisierte Informationen für die Zollbehörden
ABBG	Autobahnbenutzungsgebührengesetz
ABBH	Allgemeine Bedingungen der deutschen Möbelspediteure für Beförderungen von Handelsmöbeln
ACTS	Abroll-Container-Transportsysteme
ADN	Accord européen relatif au transport international des marchandises Dangereuses par voie de Navigation intérieure = Europäisches Übereinkommen über die internationale Beförderung gefährlicher Güter auf Binnenwasserstraßen
ADR	Accord européen relatif au transport international des marchandises Dangereuses par Route = Europäisches Übereinkommen über die internationale Beförderung gefährlicher Güter auf der Straße
AdR	Ausschuss der Regionen
ADSp	Allgemeine Deutsche Spediteurbedingungen
ADV	Arbeitsgemeinschaft Deutscher Verkehrsflughäfen e.V.
AEA	Association of European Airlines = Verband Europäischer Fluggesellschaften
AEG	Allgemeines Eisenbahngesetz
AES	Automated Export System
AETR	Accord européen relatif au travail des Équipages des véhicules effectuant des Transports internationaux par Route = Europäisches Übereinkommen über die Arbeit des im internationalen Straßenverkehr beschäftigten Fahrpersonals
AGB	Allgemeine Geschäftsbedingungen
AGNB	Allgemeine Beförderungsbedingungen für den gewerblichen Güternahverkehr mit Kraftfahrzeugen
ALB	Allgemeine Leistungsbedingungen (der Railion Deutschland AG)
ALB	Allgemeine Lagerbedingungen (des Deutschen Möbeltransports)
AML	Verein Automobillogistik im DSLV e.V.
AMÖ	Bundesverband Möbelspedition und Logistik e.V.
AO	Abgabenordnung
APL	Allgemeine Preisliste
APS	Anlagenpreissystem
APTU	Règles uniformes concernant la validation de normes techniques et l'Adoption de Prescriptions Techniques Uniformes applicables au matériel ferroviaire destiné à être utilisé en trafic international = Einheitliche Rechtsvorschriften für die Verbindlicherklärung technischer Normen und für die Annahme einheitlicher technischer Vorschriften für Eisenbahnmaterial, das zur Verwendung im internationalen Verkehr bestimmt ist (Anhang F des COTIF)

ArbZG	Arbeitszeitgesetz
ASC	Airfreight Surcharge = Luftfrachtzuschlag
ATLAS	Automatisiertes Tarif- und Lokales Zollabwicklungssystem
ATMF	Règles uniformes concernant l'Admission Technique de Matériel Ferroviaire utilisé en trafic international = Einheitliche Rechtsvorschriften für die technische Zulassung von Eisenbahnmaterial, das im internationalen Verkehr verwendet wird (Anhang G des COTIF)
AVV	Allgemeiner Verwendungsvertrag
AWB	Air Waybill = Luftfrachtbrief
BAB	Betriebsabrechnungsbogen
BAF	Bunker Adjustment Factor = Bunkerölzuschläge
BAG	Bundesamt für Güterverkehr
BARIG	Board of Airline Representatives in Germany = nationale Interessenvertretung von Fluggesellschaften, die in Deutschland tätig sind
BDB	Bundesverband der Deutschen Binnenschifffahrt e. V.
BDF	Bundesverband der Deutschen Fluggesellschaften e.V.
BDL	Bundesverband der Deutschen Luftverkehrswirtschaft e.V.
BDS	Bundesverband der Selbstständigen Abteilung Binnenschifffahrt e.V.
BFStrMG	Bundesfernstraßenmautgesetz
BGB	Bürgerliches Gesetzbuch
BGH	Bundesgerichtshof
BGL	Bundesverband Güterkraftverkehr, Logistik und Entsorgung e.V.
BIMCO	International Baltic and Maritime Conference = Ostseeische und Internationale Schifffahrtskonferenz
BinSchAufG	Binnenschifffahrtsaufgabengesetz
BinSchG	Binnenschifffahrts-Gesetz
BinSchUO	Binnenschiffs-Untersuchungsordnung
BIP	Bruttoinlandsprodukt
BKrFQG	Berufskraftfahrer-Qualifikations-Gesetz
B/L	Bill of Lading = Konnossement
BLE	Bundesanstalt für Landwirtschaft und Ernährung
BMEL	Bundesministerium für Ernährung und Landwirtschaft
BMF	Bundesministerium der Finanzen
BMI	Bundesministerium des Innern
BMJ	Bundesministerium der Justiz
BMU	Bundesministerium für Umwelt
BMVBS	Bundesministerium für Verkehr, Bau- und Stadtentwicklung
BMVI	Bundesministerium für Verkehr und digitale Infrastruktur
BöB	Bundesverband der öffentlichen Binnenhäfen e.V.
BRT	Bruttoregistertonne
Brtkg	Bruttogewicht in Kilogramm
BRZ	Bruttoraumzahl

BSA	Block Space Agreement
BSK	Bundesfachgruppe Schwertransport und Kranarbeiten im BGL e.V.
BSL	Bundesverband Spedition und Logistik e.V.
B2B	Business-to-Business
B2C	Business-to-Consumer
BV	Bekannter Versender
BVWP	Bundesverkehrswegeplan
CAF	Currency Adjustment Factor = Währungszuschläge
CASS	Cargo Account Settlement System = Abrechnungssystem zur Berechnung der Fracht- und Nebenkosten im Luftverkehr
CBR	Commodity Box-Raten
CEMT	Conférence Européenne des Ministres des Transports = Europäische Verkehrsministerkonferenz
CFS	Container Freight Station = Containerfrachtstation
CHA	Cargo Handling Agent
CIM	Règles uniformes concernant le Contrat de transport International ferroviaire des Marchandises = Einheitliche Rechtsvorschriften für den Vertrag über die internationale Eisenbahnbeförderung von Gütern (Anhang B zum COTIF)
CIV	Règles uniformes concernant le Contrat de transport International ferroviaire des Voyageurs = Einheitliche Rechtsvorschriften für den Vertrag über die internationale Eisenbahnbeförderung von Personen (Anhang A zum COTIF)
CLECAT	Comité de Liaison Européen des Commissionaires et Auxiliaires de Transport du Marché Commun = Europäischer Verband für Spedition, Transport, Logistik und Zolldienstleistung
CLNI	Convention de Strasbourg sur la Limitation de la responsibilité en Navigation Intérieure = Straßburger Übereinkommen über die Beschränkung der Haftung in der Binnenschifffahrt
CMNI	Convention de Budapest relative au contrat de transport de Marchandises en Navigation Intérieure = Budapester Übereinkommen über den Vertrag über die Güterbeförderung auf Binnenwasserstraßen
CMR	Convention relative au contrat de transport international des Marchandises par Route = Übereinkommen über den Beförderungsvertrag im internationalen Straßengüterverkehr
COTIF	COnvention relative aux Transports Internationaux Ferroviaires = Übereinkommen über den internationalen Eisenbahnverkehr
CPFR	Collaborative Planning, Forecasting and Replenishment = Kooperatives Planen, Prognostizieren und Management von Warenströmen und Beständen
CTO	Combined Transport Operator = Gesamtfrachtführer
CUI	Règles uniformes concernant le Contrat d'Utilisation de l'Infrastructure en trafic international ferroviaire = Einheitliche Rechtsvorschriften für den Vertrag über die Nutzung der Infrastruktur im internationalen Eisenbahnverkehr (Anhang E des COTIF)

CUV	Règles uniformes concernant les Contrats d'Utilisation de Véhicules en trafic international ferroviaire = Einheitliche Rechtsvorschriften für Verträge über die Verwendung von Wagen im internationalen Eisenbahnverkehr (Anhang D des COTIF)
CY	Container Yard = Container Depot
DB AG	Deutsche Bahn AG
DEGT	Deutscher Eisenbahngütertarif
DELIS	Digitales Europäisches Logistik-Informations-System
DFÜ	Datenfernübertragung
DGR	Dangerous Goods Regulations (der IATA) = Regelwerk der IATA für den Transport von Gefahrgut im Luftverkehr
DIHK	Deutscher Industrie- und Handelskammertag
DTLB	Deutsche Transport- und Lagerbedingungen
DSLV	Deutscher Speditions- und Logistikverband e.V.
DTV-VHV 2003/2011	DTV-Verkehrshaftungsversicherung für Frachtführer, Spedition und Lagerhalter (GDV-Modell)
DUSS	Deutsche Umschlagsgesellschaft Schiene – Straße
DVZ	Deutsche Verkehrs-Zeitung
EACP	European Air Cargo Programme
e-AWB	electronic Air Waybill = Elektronischer (papierloser) Luftfrachtbrief
EBA	Eisenbahn-Bundesamt
EBU	Europäische Binnenschifffahrts-Union
EbZugV	Eisenbahnunternehmer-Berufszugangsverordnung
ECAC	European Civil Aviation Conference = Europäische Zivilluftfahrt-Konferenz
ECE	Economic Commission for Europe = Wirtschaftskommission der Vereinten Nationen (UN) für Europa
ECR	Efficient Consumer Response
ECS	Export Control Systems = Ausfuhrkontrollsystem
EDIFACT	Electronic Data Interchange For Administration, Commerce and Transport
EEG	Erneuerbare-Energien-Gesetz
EFIP	European Federation of Inland Ports = Europäischer Verband der Binnenhäfen
EG	Europäische Gemeinschaft
EGKS	Europäische Gemeinschaft für Kohle und Stahl
EIB	Europäische Investitionsbank
EIBV	Eisenbahninfrastruktur-Benutzungsverordnung
EILU	European Intermodal Loading Unit = Europäische Intermodulare Ladeeinheit
EIU	Eisenbahninfrastrukturunternehmen
ENeuOG	Eisenbahnneuordnungsgesetz
EP	Europäisches Parlament

ERFA	European Rail Freight Association
ESO	Europäische Schiffer-Organisation
EU	Europäische Union
EuGH	Europäischer Gerichtshof
EuRH	Europäischer Rechnungshof
EUSt	Einfuhrumsatzsteuer
EVO	Eisenbahnverkehrsordnung
EVU	Eisenbahnverkehrsunternehmen
EWG	Europäische Wirtschaftsgemeinschaft
EWR	Europäischer Wirtschaftsraum
EWSA	Europäischer Wirtschafts- und Sozialausschuss
EZB	Europäische Zentralbank
FAK	Freight All Kinds
FBL	FIATA Multimodal Transport Bill of Lading
FCL	Full Container Load = volle Containerladung
FCR	Forwarders Certificate of Receipt = Spediteur-Übernahmebescheinigung
FCT	Forwarders Certificate of Transport = Spediteur-Transportbescheinigung
FIATA	Fédération Internationale des Associations de Transitaires et Assimilés = Internationale Vereinigung der Spediteurorganisationen
FPersG	Fahrpersonalgesetz
FPersV	Fahrpersonalverordnung
frt/F/T	Frachttonne
FSC	Fuel Surcharge = Treibstoffzuschlag, Kerosinzuschlag
GBZugV	Berufszugangsverordnung für den Güterkraftverkehr
GCA	General Capacity Agreement
GCR	General Cargo Rates = Allgemeine Frachtraten
GDV	Gesamtverband der Deutschen Versicherungswirtschaft e.V.
GFT	Güterfernverkehrstarif
GG	Grundgesetz
GGBefG	Gefahrgutbeförderungsgesetz
GGVBinSch	Gefahrgutverordnung Binnenschiff
GGVE	Gefahrgutverordnung Eisenbahn
GGVS	Gefahrgutverordnung Straße
GGVSE	Gefahrgutverordnung Straße und Eisenbahn
GGVSEB	Gefahrgutverordnung Straße, Eisenbahn und Binnenschiff
GNT	Güternahverkehrstarif
GPS	Global Positioning System = Globales Positionsbestimmungssystem
GSA	General Sales Agent = Verkaufsagent
GSM	Global System for Mobile Communication = Globales System für Mobilkommunikation
GT	Gross Ton = Bruttoregistertonne

GüKG	Güterkraftverkehrsgesetz
GüKBillBG	Gesetz zur Bekämpfung der illegalen Beschäftigung im gewerblichen Güterkraftverkehr
GüKGrKabotageV	Verordnung über den grenzüberschreitenden Güterkraftverkehr und den Kabotageverkehr
GüKUMB	Beförderungsbedingungen für den Umzugsverkehr und für die Beförderung von Handelsmöbeln in besonders für die Möbelbeförderung eingerichteten Fahrzeugen im Güterfernverkehr und Güternahverkehr
GUS	Gemeinschaft Unabhängiger Staaten
GV	Geschäftlicher Versender
GVST	Güterverkehrsstellennummer
GVZ	Güterverkehrszentrum
HAWB	House Air Waybill = Haus-Luftfrachtbrief
HD	Hauptdepot
HGB	Handelsgesetzbuch
H/L	Heavy Lifts = Schwergewichtszuschläge
HP	Haager Protokoll
Hub	Hauptumschlagbasis
IATA	International Air Transport Association = Internationale Luftverkehrsvereinigung
IBS	Interessengemeinschaft der Bahnspediteure e. V.
ICAO	International Civil Aviation Organization = Internationale Zivile Luftfahrtorganisation
ICC	International Chamber of Commerce = Internationale Handelskammer
ICS	Import Control System = Einfuhrkontrollsystem
IHK	Industrie- und Handelskammer
IMO	International Maritime Organization = Internationale Seeschifffahrts-Organisation
Incoterms®	International commercial terms = Internationale Handelsklauseln
IRU	International Road Transport Union = internationale Vereinigung der nationalen Straßentransportverbände
ISO	International Organization for Standardization = Internationale Organisation für Normung
ISPS	International Ship and Port Facility Security Code
ISR	Internationales Seeschiffsregister
IVTB	Internationale Verlade- und Transportbedingungen für die Binnenschifffahrt
IWF	Internationaler Währungsfonds
KALIF	Kalkulationsprogramm im Güterfernverkehr
KC	Known Consignor = Bekannter Versender
KEP	Kurier-, Express- und Postdienste
KPS	Knotenpunktsystem

KSZ	KundenServiceZentrum
KV	Kombinierter Verkehr
KVO	Kraftverkehrsordnung
LAT	Latest Acceptance Time = spätestmöglicher Zeitpunkt, zu dem eine Luftfrachtsendung und die zugehörigen Dokumente am Abgangsterminal der Airline an den Carrier übergeben werden müssen
LaTPS	Lärmabhängiges Trassenpreissystem
lb	lat. libra = englisches Pfund (Gewichtseinheit)
LBA	Luftfahrt-Bundesamt
LCAG	Lufthansa Cargo AG
LCL	Less than Container Load = keine (volle) Containerladung
LKW-MautV	LKW-Maut-Verordnung
L/L	Long Lengths = Längenzuschläge
LNGT	Luftfracht-Nebengebührentarif
LNGV	Luftfracht-Nebengebührenverzeichnis
LuftSiG	Luftsicherheitsgesetz
LuftVG	Luftverkehrsgesetz
MautHV	Mauthöheverordnung
MautStrAusdehnV	Mautstreckenausdehnungsverordnung
MAWB	Master Air Waybill = Luftfrachtbrief für Sammelladungen
MORA C	Marktorientiertes Angebot Cargo
MP	Montrealer Protokoll
MTO	Multimodal Transport Operator
MÜ	Montrealer Übereinkommen
NBS	Nutzungsbedingungen für Serviceeinrichtungen
NE	Nichtbundeseigene Eisenbahnunternehmen
NEAT	Neue Eisenbahn-Alpen-Transversale
NHM	Nomenclature Harmonisée Marchandises = Harmonisiertes Güterverzeichnis
NRT	Nettoregistertonne
NRZ	Nettoraumzahl
NVOCC	Non Vessel Operating Common Carrier = Verfrachter ohne eigenes Schiff
OBU	On-Board-Unit = Gerät in einem Lkw, das die automatische Gebührenabrechnung (Maut) ermöglicht
ÖPNV	Öffentlicher Personennahverkehr
OTIF	Organisation intergouvernementale pour les Transports Internationaux Ferroviaires = Zwischenstaatliche Organisation für den internationalen Eisenbahnverkehr
OWiG	Gesetz über Ordnungswidrigkeiten

PIC	Parcel-InterCity
PKL	Preise und Konditionen der DB Schenker Rail AG
PSS	Peak Season Surcharge = Hochsaisonzuschlag
PVG	Produktionsverfahren Güterverkehr
PVV	Positive Vertragsverletzung
QMS	Qualitätsmanagementsystem
RA	Regulated Agent
RAKCD	EU-Datenbank der RegB und BV
RD	Regionaldepot
RegB	Reglementierter Beauftragter
RFID	Radio Frequency Identification = Funkfrequenz-Identifizierung
RFS	Road Feeder Service = Luftfrachtersatzverkehr
RID	Règlement concernant le transport International ferroviaire des marchandises Dangereuses = Ordnung für die internationale Eisenbahnbeförderung gefährlicher Güter (Anhang C des COTIF)
RIV	Regolamento Internationale Veicoli = Übereinkommen über die gegenseitige Benutzung von Güterwagen im internationalen Verkehr
ROG	Raumordnungsgesetz
ROV	Raumordnungsverfahren
RROP	Regionaler Raumordnungsplan
RSO	RailServiceOnline
SBB	Schweizerische Bundesbahnen
SCI	Special Customs Information
SCM	Supply Chain Management = Lieferkettenmanagement
SCO	Secured for Cargo Aircraft Only
SCR	Spezialfrachtrate
SLAC	Shipper`s Load And Count
SNB	Schienennetz-Benutzungsbedingungen
SPC	Short Sea Shipping Promotion Center
SPX	Secured for Passenger Aircraft
SSC	Security Surcharge = Sicherheitszuschlag
StVG	Straßenverkehrsgesetz
StVO	Straßenverkehrsordnung
StVZO	Straßenverkehrszulassungsordnung
SZR	Sonderziehungsrecht = künstliche Währung des IWF
TACT	The Air Cargo Tariff
TBL	Through Bill of Lading = Durchfrachtkonnossement
TC	Traffic Conference Areas = Luftverkehrsgebiete (IATA)
TEN	Transeuropäische Netze
TEU	Twenty foot Equivalent Unit = Maßeinheit im Containerverkehr

THC	Terminal Handling Charge = Containerumschlagsgebühr
tkm	Tonnenkilometer
TPS	Trassenpreissystem
TRG	Transportrechtsreformgesetz
TRkm	Trassenkilometer
UAV	unmanned aerial vehicle
UIC	International Union of Railways = Internationaler Eisenbahnverband
UIRR	Union International des sociétés de transport combiné Rail-Route = Internationale Vereinigung der Gesellschaften für den kombinierten Verkehr Schiene-Straße
ULD	Unit Load Device
ULDR	ULD Regulations
UNCTAD	United Nations Conference of Trade and Development = Konferenz der Vereinten Nationen für Handel und Entwicklung
UNO	United Nations Organization = Vereinte Nationen
VAS	Value Added Services = Zusatzleistungen
VBGL	Vertragsbedingungen für den Güterkraftverkehrs-, Speditions- und Logistikunternehmer
VDK	Verband Deutscher Küstenschiffer e. V.
VDR	Verband Deutscher Reeder e. V.
VDV	Verband Deutscher Verkehrsunternehmen e. V.
Versa	Vereinigung der Sammelgutspediteure im DSLV
VIFG	Verkehrsinfrastruktur-Finanzierungsgesellschaft
VKS	Vereinigung Deutscher Kraftwagenspediteure
VTB	Verlade- und Transportbedingungen
WA	Warschauer Abkommen
WLV	Wagenladungsverkehr
WRS	War Risk Surcharge = Kriegsrisikozuschlag
WSV	Wasser- und Schifffahrtsverwaltung
WTO	World Trade Organization = Welthandelsorganisation
ZFL	Zentrale Frachtberechnung und Fakturierung im Ladungsverkehr
ZKR	Zentralkommission für die Rheinschifffahrt
ZNR	Zivile Notfall-Reserve
Zub	Zentrale Umschlagbasis

1 Bedeutung des Verkehrs für die Wirtschaft

Thorsten Hölser

1.1 Aufgaben und Funktionen des Verkehrs

Unter der Wirtschaft eines Staates verstehen wir alle Einrichtungen und Tätigkeiten, die planvoll eingesetzt der Befriedigung menschlicher Bedürfnisse dienen. Der Zwang zum Wirtschaften ergibt sich aus der relativen Knappheit von Waren und Dienstleistungen gegenüber dem Bedarf. Bedarf ist die Summe der mit Kauf- oder Tauschkraft ausgestatteten menschlichen Bedürfnisse, die am Markt als Nachfrage auftreten. Art und Umfang der Nachfrage bestimmen die erste wichtige Größenordnung im wirtschaftlichen Geschehen. Die zweite Größenordnung ist das Angebot, und darunter verstehen wir die Summe derjenigen Waren und Dienstleistungen (beides wird zusammenfassend unter dem Begriff „Güter" subsumiert), die zur Bedürfnisbefriedigung in Erwartung eines angemessenen Preises angeboten werden. Wo Angebot und Annahme zusammentreffen, entsteht ein Markt. In einer **Marktwirtschaft** wird über den Preis – das ist der in Geld ausgedrückte Tauschwert von Gütern – der Ausgleich von Angebot und Nachfrage vollzogen.

In einer arbeitsteiligen Wirtschaft fallen die Orte der Produktion und des Konsums von Gütern in aller Regel räumlich, zeitlich sowie art- und mengenmäßig auseinander. Als **Transportleistung** bezeichnet man dabei diejenigen Prozesse, die die räumlichen Merkmale verändern. Hinter **Lagerleistungen** verbergen sich Prozesse, die die zeitlichen Merkmale verändern. Veränderungen in der art- und mengenmäßigen Struktur der Güter schlagen sich in Prozessen (Sammeln, Verteilen, Mischen u. a. von Gütern) nieder, die die physischen Merkmale beschreiben.

Arbeitsteiliges Wirtschaften bedeutet, dass die Produktion von Gütern in Teilverrichtungen zerlegt wird mit der Maßgabe, dass die einzelnen Arbeitsvorgänge von denjenigen Menschen, Betrieben, Regionen und/oder Volkswirtschaften abgewickelt werden, die dazu am besten in der Lage sind. Seine wirtschaftliche Bedeutung liegt darin, dass durch die betriebliche, regionale, nationale und internationale (Globalisierung) Spezialisierung auf bestimmte Tätigkeiten die Ergiebigkeit der eingesetzten Produktionsfaktoren erhöht wird. Ein derartiges System ist nur dann funktionsfähig, wenn die massenhaft produzierten Güter zwischen den Orten der Produktion und den Orten der Konsumtion, die in modernen Volkswirtschaften fast ausnahmslos auseinanderfallen, reibungslos transportiert werden können. Moderne Volkswirtschaften sind ohne einen leistungsstarken (Güter-)Verkehr nicht funktionsfähig.

> **Definition**
> Verkehr bedeutet die Gesamtheit aller Vorgänge, die der Raum- und Zeitüberwindung von Personen, Gütern, Nachrichten und Zahlungen dienen.

In einer **Wirtschaftsordnung** hat jeder Staat festgelegt, wer (der Staat, die Unternehmer oder die Haushalte) die Pläne für die Bestimmung von Angebot und Nachfrage festlegt, für welche Bereiche (Produktion, Investition, Konsum) die Träger der Planung zuständig sind und wie die Pläne koordiniert werden.

Solange Menschen in einer Gemeinschaft leben, wird getauscht und gehandelt. In dem relativ wenig entwickelten Wirtschaftssystem der geschlossenen Hauswirtschaft (in Deutschland bis zum 12. Jahrhundert) fallen Angebot und Nachfrage bzw. Produktion und Konsum räumlich zusammen. Der Güterverkehr ist wenig ausgeprägt. Dies ändert sich grundlegend ab dem 17./18. Jahrhundert mit dem Entstehen moderner Volkswirtschaften. Unter einer **Volkswirtschaft** verstehen wir die Gesamtheit der wirtschaftlich miteinander verbundenen und gegenseitig abhängigen Wirtschaftseinheiten in einem Staatsgebiet. Die Volkswirtschaften wachsen ab dem 19. Jahrhundert zum System der **Weltwirtschaft** zusammen, das durch ein explosionsartiges Anwachsen der Bevölkerung gekennzeichnet ist. Nie zuvor gab es so viele Menschen auf der Erde wie heute – mehr als sieben Milliarden. Nach wie vor wächst die Weltbevölkerung: Bis zum Jahr 2050 werden es voraussichtlich 9,7 Milliarden Menschen sein, bis zum Jahr 2100 vermutlich 11,2 Milliarden Menschen, wobei der Anteil der Menschen, die in Entwicklungsländern leben, beständig ansteigt. 1950 lag er bei 68 %, 2010 bereits bei 82 %. Im Jahr 2050 werden voraussichtlich 90 % der Weltbevölkerung in den weniger entwickelten Regionen der Erde leben (Quelle: Stiftung Weltbevölkerung 2016). Der damit verbundene erheblich angestiegene Bedarf an Gütern konnte nur durch den Einsatz neuer Techniken bzw. durch die wirtschaftliche Nutzung neuer Erfindungen (z. B. Dampfmaschine 1763 – James Watt; Verbrennungsmotor 1864 – Nikolaus Otto; Erfindung des Telefons 1863 – Philipp Reis sowie 1876 Alexander Graham Bell, erste programmgesteuerte Rechenmaschinen/Computer 1938 – Konrad Zuse, Internet 1969 – US-Verteidigungsministerium sowie 1973 Vint Cerf und Bob Kahn) in Verbindung mit einer umfassenden, weltweiten Arbeitsteilung befriedigt werden.

Leistungsmerkmale moderner Volkswirtschaften

- Einsatz industrieller Fertigungsverfahren (Unterstützung der menschlichen Arbeitskraft durch den Einsatz von Maschinen bis zur Automatisierung der Arbeitsabläufe)
- hoher Stand der Arbeitsteilung
- Massenproduktion von Waren und Diensten

Die Leistung einer Volkswirtschaft wird durch das **Bruttoinlandsprodukt (BIP)** ausgedrückt. Das Bruttoinlandsprodukt ist die Gesamtheit der in einem Jahr in einem Land/einer Volkswirtschaft von Inländern und Ausländern produzierten und statistisch erfassten Sachgüter, Dienstleistungen, Rechte und Informationen bewertet zu Marktpreisen. Abbildung 1.2-1 zeigt die Entstehung, Verwendung und Verteilung des Bruttoinlandsprodutes in Deutschland 2015. Dabei unterscheidet man vier Wirtschaftsbereiche, die unterschiedlich stark zum BIP beitragen: die Land- und Forstwirtschaft, das Baugewerbe, das produzierende Gewerbe und das Dienstleistungsgewerbe, zu dem auch die Logistikbranche zählt. Dabei verschiebt sich die Bedeutung der Wirtschaftsbereiche am BIP seit Jahren immer stärker zum Dienstleistungsgewerbe wie Abbildung 1.2-1 verdeutlicht.

Das Bruttoinlandsprodukt der Bundesrepublik Deutschland lag 2015 bei 3.026 Mrd. €. Die deutsche Wirtschaft zeigte sich auch in den letzten Jahren nach der Finanz- und Wirtschaftskrise 2008/2009 sowie nach der Euro- und Griechenlandkrise verglichen mit der europäischen und der Weltwirtschaft insgesamt in einer sehr robusten Verfassung. Insgesamt ist Deutschland jedoch auch ein gutes Beispiel für wirtschaftlich hochentwickelte Länder. Nach den Jahren des Wiederaufbaus 1950–1960, in denen das BIP jährlich um durchschnittlich 8,2 % wuchs, fiel das jährliche Wachstum in den Jahren 1960–1970 mit durchschnittlich 4,4 % bereits erheblich niedriger aus. In den nächsten Dekaden 1970–1990 sank das jährliche BIP-Wachstum weiter auf nur noch 2,6 % bis 2,9 %. In den letzten Jahrzehnten sank der Durschnitt auf mittlerweile nur noch ca. 1,0 bis 1,5 %. Diese Entwicklung ist auch in anderen hochentwickelten Volkswirtschaften zu beobachten, während hohe Wachstumsraten nur noch in den Entwicklungsländern zu verzeichnen sind. Ob die derzeitige Politik der Europäischen Zentralbank (EZB) mit einer äusserst lockeren Geldpolitik zielführend ist, um das Wirtschaftswachstum in Europa aufrecht zu erhalten oder eher langfristig falsche Investitionssignale für die Marktwirtschafts setzt, möge der Leser in den nächsten Jahren selbst beobachten.

Die **Logistikbranche** statistisch korrekt zu erfassen ist ein schwieriges Unterfangen, da sie oftmals nur als Untergruppe des Verkehrs angesehen wird und zudem 50 % ihrer Wertschöpfung als interne Leistung bei Industrie und Handel entsteht. Im Verlauf der letzten zwanzig Jahre hat jedoch die Studie der Fraunhofer Arbeitsgruppe für Supply Chain Services die „Top 100 der Logistik" erheblich dazu beigetragen, die Unschärfen in der statistischen Erfassung des Logistikmarkts zu reduzieren. Für Deutschland lag nach diesen Studien das Logistikmarktvolumen im Jahr 2013 bei 230 Mrd. €. Davon entfielen ca. 48 % auf externe Logistikdienstleistungen und rund 52 % auf interne Logistikaktivitäten der Industrie und des Handels. Die Logistik wuchs dabei mit knapp 1 % gegenüber dem Vorjahr stärker als das Bruttoinlandsprodukt (BIP-Wachstum von 2012 auf 2013 nur 0,4 %). Auch die Beschäftigtenzahl stieg mit ca. 2,7 % wesentlich stärker als die allgemeine Wirtschaftsleistung und lag 2013 bei rund 2,89 Mio. Beschäftigten. Damit hat sich die Logistik in den letzten Jahren zu einem der Jobmotoren in Deutschland entwickelt. Der Anteil des Wirtschaftszweigs Verkehr und Logistik am BIP ist in den letzten Jahren kontinuierlich gestiegen und die Logistikbranche zählt heute zu den Schlüsselfaktoren der deutschen Wirtschaft.

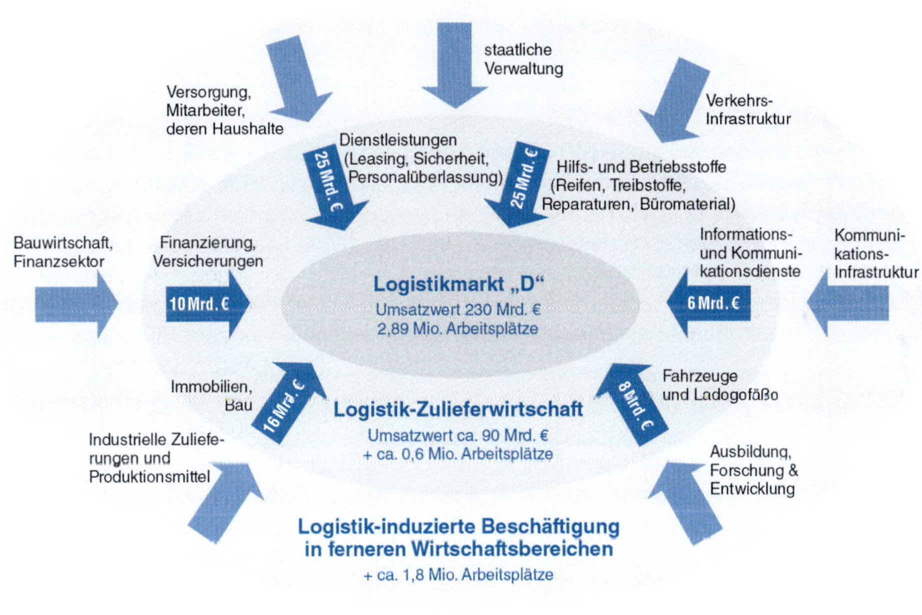

Abb. 1.1-1: Die gesamtwirtschaftliche Bedeutung der Logistik
Quelle: Top 100 der Logistik, DVV Media Group 2015, Hamburg

In einer lesenswerten Studie von Hans-Helmut Grandjot und Tobias Bernecker zum Thema Verkehrspolitik, die ebenfalls bei DVV Media Group erschienen ist, werden die **Verkehrsfunktionen** bzw. die Motive, die den Wunsch nach Ortsveränderungen auslösen, wie folgt umschrieben (Grandjot, H.-H., Bernecker, T. Verkehrspolitik, 2. Auflage, Hamburg 2014):

1. Befriedigung von Mobilitätsbedürfnissen
2. Unterstützung der wirtschaftlichen Entwicklung
3. Raumerschließung

4. Integration von Staat und Gesellschaft
5. Rationalisierung und Wachstum (Verkehrswachstum ist eine notwendige Voraussetzung für Wirtschaftswachstum)

Die Weltwirtschaft hat nach 1990 gravierende Veränderungen durchlaufen, die schon in den 1980er-Jahren erkennbare Entwicklungstendenzen verstärkt und neue ausgelöst haben. Der Güterverkehr hat dabei insofern einen Bedeutungswandel erfahren, als nicht mehr nur der (reine) Transport von A nach B nachgefragt wird, sondern eine Vielzahl von transportvorbereitenden, -nachbereitenden und -begleitenden Leistungen die Nachfrage nach Verkehrsdienstleistungen erweitert. Der Verkehrswirtschaft öffnete sich der vielschichtige Bereich der Logistik. Der häufig als nachrangig eingeschätzte Güterverkehr entwickelte sich unter dem Schlagwort der Logistik zu einer hochtechnischen, für die Produktions- und Handelsunternehmen unverzichtbaren Dienstleistungsbranche mit einer eigenen Innovationsdynamik. Die Logistik integriert Unternehmen zu Wertschöpfungsketten und Wertschöpfungsketten zu globalen Netzwerken. Eine Wertschöpfungskette umfasst dabei sämtliche Produktions- und Absatzstufen eines Gutes von der Rohstoffgewinnung über die Produktion bis hin zum Absatz an den Konsumenten.

Im Folgenden sollen einige Eckdaten dieser Entwicklung aufgezeigt werden. Sie demonstrieren eindrucksvoll die wachsende Bedeutung der Güterverkehrswirtschaft für eine funktionsfähige Volks-/Weltwirtschaft. Die politischen Veränderungen Anfang 1990 führen zu einer **Liberalisierung des Handels** in Europa und der Welt. Drei Säulen tragen die Liberalisierung der internationalen Handels- und Wirtschaftspolitik:

1. Die **Welthandelsorganisation (WTO)** fördert durch den Abbau von Zöllen und anderen Handelshemmnissen den weltweiten Handel. Sie nahm ihre Arbeit 1995 in Genf auf. Der WTO gehören im November 2015 162 Mitglieder an.
2. Wirtschaftlich und technisch notwendige Investitionen in den Mitgliedstaaten ermöglicht die **Weltbank** durch die Gewährung von Darlehen.
3. Für ein ausgeglichenes Wachstum des Welthandels bei stabilen und geordneten Währungsbeziehungen sorgt der **Internationale Währungsfonds (IWF)**.

Zum Zweck der Liberalisierung der Märkte, der Einführung gemeinsamer Außenzölle, des Betreibens einer gemeinsamen Handelspolitik gegenüber Drittstaaten und der Koordinierung der Wirtschaftspolitik sowie der Harmonisierung von Gesetzen und Normen bilden sich **Freihandelszonen** (z. B. Europäische Union (EU), North American Free Trade Agreement (NAFTA), Gemeinsamer Markt Südamerika (MERCOSUR), Asiatisch-Pazifische wirtschaftliche Zusammenarbeit (APEC), Association of South East Asian Nations (ASEAN) u. a.) heraus.

Die Internationalisierung des Welthandels führt zu folgenden Veränderungen auf den Warenmärkten:

- Die Kunden-/Lieferantenbeziehungen erhalten eine stärkere internationale Dimension, man spricht von einer **Globalisierung** der Beschaffungs- und Absatzmärkte. Das führt im Ergebnis zu einem höheren Grad der internationalen Arbeitsteilung.
- Es folgen Standortverlagerungen der Unternehmen mit der Zielsetzung, Kostenvorteile in der Produktion zu nutzen und neue Absatzmärkte besser erschließen zu können.
- Neue Wettbewerber treten am Markt mit neuen Produktideen und erheblichen Kostenvorteilen auf mit der Folge, dass neue Produkte und/oder eine größere Variantenvielfalt von Produkten zu einer schnelleren Marktsättigung führen. Eine **Verkürzung der Innovations- und Produktlebenszyklen** ist die Folge. Zeit und Zuverlässigkeit werden zu einem Hauptaspekt im Kampf um Kunden und Märkte.
- Der Zwang der Unternehmen, alle Kostensenkungspotenziale aufspüren/ausschöpfen und gleichzeitig einen hohen Lieferservice (Lieferzeit, -zuverlässigkeit, -bereitschaft, -qualität,

-flexibilität) sicherstellen zu müssen, führt unter dem Begriff **Lean-Management** zu schlanken (kostensenkenden) Aufbau- und Ablauforganisationen.

- Die Unternehmen konzentrieren sich auf ihre Kerngeschäfte und verlagern Produktionsvorgänge, die andere Unternehmen technisch und wirtschaftlich besser abwickeln können, „nach außen". Diese Ausgliederung von Fertigungsstufen an Fremdunternehmen bezeichnet man auch als **Outsourcing**. Das outsourcende Unternehmen fährt seinen Produktionsanteil an dem Endprodukt zurück. Man spricht in diesem Zusammenhang auch von der Abnahme der Fertigungstiefe.
- Um sicherzustellen, dass die fremdproduzierten Produktteile problemlos in die beim Unternehmen verbleibende Produktion wieder integriert werden können, müssen höhere Anforderungen an die Qualität der Waren und Dienstleistungen gestellt werden. Es werden **Qualitätsmanagementsysteme** installiert, die über die Qualität der Produkte und der Produktion „wachen". Unter Qualität verstehen wir nach DIN 8402 die Gesamtheit von Eigenschaften und Merkmalen eines Produktes oder einer Dienstleistung, die sich auf deren Eignung zur Erfüllung festgelegter oder vorausgesetzter Erfordernisse beziehen.
- Eine wichtige Voraussetzung für das Funktionieren weltweiter Kunden-/Lieferantenbeziehungen ist die konsequente Umsetzung des **Just-in-time-Prinzips**. Dahinter verbirgt sich die Grundidee, dass die benötigten Materialien synchron zur Produktion oder zur Konsumtion direkt an den Ort des Bedarfs geliefert werden, ohne dass ein langfristiges Zwischenlagern notwendig wird. Just-in-time erfordert somit ein zeitlich mit höchster Zuverlässigkeit arbeitendes Liefer- und Organisationssystem. Just-in-time-Strategien umfassen aber nicht nur die Bestandsminimierung. Sie schließen auch ein:
  - Methoden der Qualitätssicherung
  - Optimierung der Fabrik- und Materialflussplanung
  - Standortentscheidungen
  - Auswahl der Verkehrsmittel

  Eine Fortentwicklung des Just-in-time-Prinzips ist die **Just-in-sequence** Belieferung. Hier erfolgt zusätzlich die Anlieferung von Teilen, Modulen und Systemen in der Produktionsreihenfolge des Auftraggebers. Ein Beispiel hierfür ist die Endmontage in der Automobilindustrie.
- Die Steuerung der weltweiten Güterströme erfordert den Aufbau leistungsstarker Informations- und Kommunikationssysteme.

Veränderungen in der Wirtschaftspolitik und auf den Warenmärkten lösen neue **Entwicklungen auf den Güterverkehrsmärkten** aus:

- Die deutsche Verkehrsmarktordnung (staatlich verordnete Tarife, Kapazitätsbeschränkungen (Kontingentierung), Konzessionierung u. a.) löste sich auf. Zum 1.1.1994 wurden alle wichtigen Güterverkehrstarife aufgehoben, seit dem 1.7.1998 gibt es im Straßengüterfernverkehr keine Konzessionen mehr, EU-weit ist die Kabotage (siehe auch Kapitel 4.1.6) möglich. Die deutsche und europäische Verkehrspolitik leitet damit die **Liberalisierung der Verkehrsmärkte ein**. Das führte im Ergebnis zu einer Intensivierung des inneren (zwischen Unternehmen desselben Verkehrsträgers) und äußeren (zwischen Unternehmen unterschiedlicher Verkehrsträger) Wettbewerbs (Deregulierungseffekt).
- Während in den Jahren 1970 und folgende die produzierende Wirtschaft schwerpunktmäßig die Kostensenkungspotenziale in der Fertigung/der Produktion aufspürte und ausschöpfte (u. a. Verringerung der Fertigungstiefe), untersuchte man in den Jahren 1990 und folgende in erster Linie den inner- und außerbetrieblichen Material- und Informationsfluss. Diese in aller Regel nicht zum Kerngeschäft der Industrie- und Handelsunternehmen gehörenden Leistungen werden dann im Ergebnis häufig auf Speditions-/Logistikdienstleister übertragen. Für die

Industriebetriebe bedeutet das eine **Verringerung der Logistiktiefe**. Für die Verkehrswirtschaft bedeutet das eine Ausweitung unternehmerischer Betätigung auf Leistungsbereiche, die weit über den (bisherigen) Transport von A nach B hinausgehen und in die Beschaffung, den Absatz, die Produktion und die Entsorgung der Unternehmen der produzierenden und verladenden Wirtschaft hineinreichen.

- Die Verkehrsnachfrage ändert sich in Art und Umfang. Bei der Verkehrsleistung gewinnen Zuverlässigkeit und Berechenbarkeit Vorrang vor der Schnelligkeit. Die verkehrsträgerspezifischen Auswirkungen der Umsetzung moderner logistischer Konzeptionen in Industrie und Handel zählen zu den Logistikeffekten. Dahinter verbergen sich erhöhte Ansprüche an Quantität (längere Beförderungswege, höhere Transportfrequenzen einzelner Güterarten wegen größerer Arbeitsteilung u. a.) und Qualität (Zuverlässigkeit, Sicherheit u. a.) sowohl der physischen Transportleistung als auch der kommunikativen (Informations- und Kommunikationssysteme u. a.) Leistungen. Der Straßengüterverkehr und der Luftfrachtverkehr wachsen seit Jahren anteilsmäßig und auch absolut stärker als die anderen Verkehrsträger (Substitutionseffekt). Massengutverkehre verlieren zugunsten des hochbeweglichen und schnellen Stückguttransportes an Bedeutung, die Sendungsgrößen sinken, der Wert der Güter pro Gewichtseinheit steigt (Güterstruktureffekt). Der Verpackungsaufwand erhöht sich dadurch aufgrund der zunehmenden Empfindlichkeit der Güter, das Volumen pro Transportgewichtseinheit steigt.
- Die Verkehrswirtschaft installiert flächendeckende Netze und **Systemverkehre**, die sich durch transparente und zeitgetaktete Auf- und Ablauforganisationen (Produkte mit Markennamencharakter) auszeichnen. Aufbauorganisatorisch werden in aufkommensstarken Verkehrsverbindungen Direktverkehre eingerichtet. Orte mit einem geringeren Verkehrsaufkommen werden über sogenannte „Hubs" (Hauptumschlagsbasis) miteinander verbunden; in Deutschland haben sich im Kleingutverkehr Hubs vorwiegend im Großraum Nordhessen angesiedelt. Im Kleinstgut-(Paket-)verkehr erfüllen Hubs eine Sammler-, Verteiler- und Umschlagsfunktion, die ganze Kontinente abdeckt. Der neue Europahub (früher Brüssel) des Unternehmens DHL wurde im Frühjahr 2008 in Leipzig eröffnet. Die Nachfrage nach internationalen Verkehrsdienstleistungen wächst.
- Das vorwiegend mittelständisch geprägte Speditions- und Logistikgewerbe in Deutschland benutzt zur Stärkung seiner Wettbewerbsfähigkeit das unternehmensstrategische Instrument der Kooperation, um Leistungen in Qualität und Quantität wie ein Großunternehmen produzieren zu können, ohne dabei auf seine hohe Leistungs- und Risikobereitschaft verzichten zu müssen (Integrationseffekt).
- Der Spediteur entwickelt sich vom Architekten des Güterverkehrs zum Architekten von Wertschöpfungsketten. Die große Anzahl von transportvorbereitenden, -begleitenden und -nachbereitenden Daten erfordert leistungsfähige Planungs-, Informations- und Kommunikationssysteme mit unternehmensübergreifend vereinbarten Schnittstellen. Sendungsverfolgungssysteme (Tracking and Tracing) erlauben eine jederzeitige Feststellung und Übermittlung von Lagerort und Zustand einer Sendung.
- Das deutsche Speditions- und Logistikgewerbe betreibt zur Dokumentation seiner Leistungsfähigkeit aktiv **Qualitätsmanagementsysteme** und sichert der produzierenden Wirtschaft die notwendige hohe Leistungsqualität für die zusätzlich übernommenen (von den Produzenten outgesourcten) Leistungspakete zu. Die Speditions- und Logistikunternehmen tragen weiterhin den steigenden Sicherheitsanforderungen der produzierenden Wirtschaft Rechnung, indem sie **Sicherheitssysteme** und Zertifizierungen nach den Richtlinien der TAPA-Organisation (http://www.tapaonline.org) und der gewerbeeigenen s.a.f.e.-Initiative (http://www.safe-spediteure.de) einführen. Zudem erfolgen Installationen von **Umweltmanagementsystemen** als eine Reaktion auf das steigende Umweltbewusstsein der Bevölkerung bzw. der verladenden Industrie.

- In Anbetracht der wachsenden Komplexität der logistischen Leistungsprofile gehen die Unternehmen der produzierenden Wirtschaft verstärkt dazu über, die logistischen Schnittstellen entlang der Wertschöpfungskette herunterzufahren mit der Folge, dass Logistikverträge nicht mehr mit einer Vielzahl von Speditionsunternehmen (z. B. Relationsspediteure, Differenzierung nach Luftfracht und Seefracht u. a.) abgeschlossen werden. Es werden Generalunternehmen (große Logistikunternehmen mit weltweit flächendeckenden Netzen über alle Fachsparten des Speditions- und Logistikgewerbes hinweg oder nationale sowie internationale Kooperationen) bevorzugt eingesetzt, die alle Leistungen „aus einer Hand“ (Fullservice) anzubieten vermögen (Konzentrationseffekt).

1.2 Verkehrswirtschaftliche Grundlagen

Unter der **Verkehrswirtschaft** verstehen wir die Gesamtheit aller Unternehmen, Einrichtungen und Tätigkeiten, die planvoll eingesetzt der Deckung des Bedarfs nach Überwindung der räumlichen und zeitlichen Trennung von Personen, Gütern und Nachrichten dienen. Die Verkehrswirtschaft im weitesten Sinne des Wortes umfasst Güterverkehr, Personenverkehr, Nachrichtenverkehr sowie Zahlungsverkehr. Gegenstand dieses Leitfadens soll die Güterverkehrswirtschaft sein.

Unter **Güterverkehrswirtschaft** verstehen wir die Gesamtheit aller Verkehrsunternehmen, Verkehrsmittel, Verkehrswege, Stationen und Maßnahmen, welche die Bedürfnisse des Menschen befriedigen, Güter und Dienste durch Raumüberwindung zur richtigen Zeit, am richtigen Ort, in der richtigen Menge und in der vorgesehenen Qualität zur Verfügung zu stellen. Teilen wir die wirtschaftlichen Tätigkeiten in einer Volkswirtschaft in den primären Bereich (Urproduktion wie Landwirtschaft, Fischerei, Bergbau u. a.), in den sekundären Bereich (Industrie, Handwerk, Baugewerbe u. a.) und in den tertiären Bereich (das sind Handel, Versicherungen und der gesamte Dienstleistungsbereich u. a.) ein, dann ist die Güterverkehrswirtschaft dem tertiären Sektor zuzuordnen. Im tertiären Bereich werden heute in allen entwickelten Volkswirtschaften 60 bis 70 % des Bruttoinlandsproduktes erwirtschaftet (siehe Abb. 1.2-1).

Art und Umfang der Güterverkehrswirtschaft in einer Volkswirtschaft hängen ab von:

- der Höhe der Werte aller in einer Periode produzierten Waren und Dienstleistungen (Bruttoinlandsprodukt)
- dem Grad der Arbeitsteilung und der räumlichen Verteilung der Ressourcen
- den geografischen, geologischen, topografischen Gegebenheiten (Anpassungsfähigkeit von Verkehrswegen, Stationen und Verkehrsmitteln an die Gestaltung der Erdoberfläche, großräumige Struktur der Volkswirtschaft)
- dem technischen Entwicklungsstand von Verkehrswegen, Verkehrsmitteln und Stationen einschließlich der Qualifikation des eingesetzten Personals
- der nationalen (Gesetze u. a.) und internationalen (außenwirtschaftliche Verpflichtungen) Politik
- der Ausprägung logistischer Konzeptionen
- dem Niveau und der Struktur der Transportpreise

In der Verkehrswirtschaft unterscheiden wir zwischen dem **öffentlichen** und dem **privaten Verkehr**. Im öffentlichen Verkehr stehen die Verkehrsmittel jedermann zu den Preisen und Beförderungsbedingungen, die für das betreffende Verkehrsunternehmen gelten, zur Verfügung. Beispielhaft genannt seien die Deutsche Bahn AG, kommunale Autobusbetriebe u. a., der Benutzerkreis ist hier unbeschränkt. Die Allgemeinheit hat an dem öffentlichen Verkehr ein besonderes Interesse. Im nicht-öffentlichen/privaten Verkehr stehen die Verkehrsmittel ausschließlich dem Eigentümer/dem Fahrzeughalter zur Verfügung. Der Benutzerkreis ist eingeschränkt. Privater Verkehr ist beispielsweise der Werkverkehr.

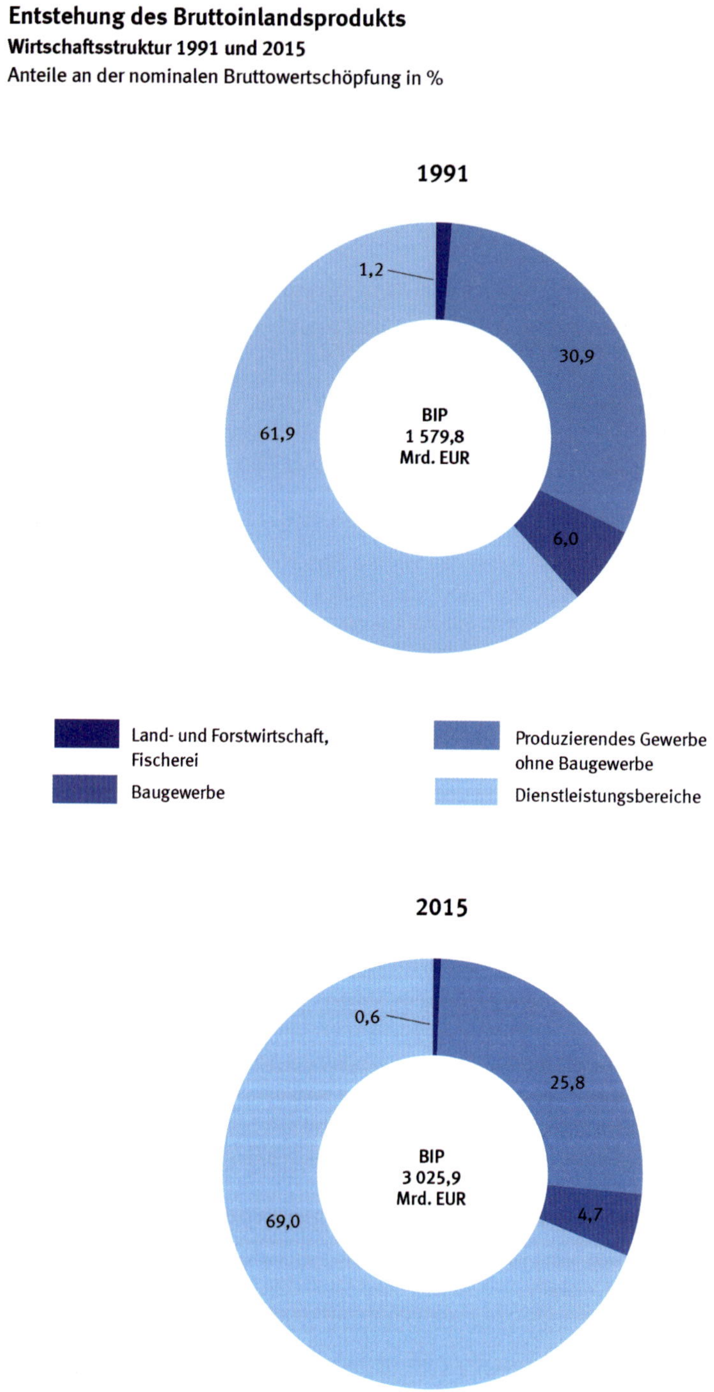

Abb. 1.2-1: Wirtschaftsstruktur in Deutschland   Quelle: Statistisches Bundesamt, Wiesbaden 2016

Unter einem **Verkehrsunternehmen** verstehen wir eine organisierte Wirtschaftseinheit, deren Aufgabe es ist, durch planvolle Kombination aller personellen, sachlichen und finanziellen Faktoren Dienstleistungen bereitzustellen, die die Raumüberwindung ermöglichen oder sie unterstützen. Öffentliche Verkehrsunternehmen gehören dem Bund, den Ländern, Kommunen oder kommunalen Zweckverbänden (z. B. die Deutsche Bahn AG). Private Verkehrsunternehmen gehören Privatpersonen oder einer privatwirtschaftlichen Gesellschaft bzw. einem Unternehmen, in dem der Einsatz von privatem Kapital überwiegt.

Unter einem **Verkehrsmittel** verstehen wir die technische Einrichtung zur Beförderung von Personen und Gütern zu Lande, zu Wasser und in der Luft. Das Verkehrsmittel ist das Beförderungs-/Transportgefäß (Güterwagen, Lkw, Flugzeug, Schiff, Rohrleitung) zur Aufnahme der (Transport-)Güter und das krafterzeugende Aggregat (Lokomotive, Sattelzugmaschine, Hochseeschlepper u. a.).

Die technische und wirtschaftliche Eignung des Verkehrsmittels hängt ab von der Leistungsfähigkeit der **Verkehrswege** (Schiene, Straße, Fluss, Kanal u. a.), von der Leistungsfähigkeit der Stationen (Anlagen zum Sammeln, Verteilen und Umschlagen der Güter wie Bahnhöfe, Binnen- und Seehäfen, Speditionsanlagen, Flughäfen u. a.) und von der Qualität der Antriebskraft. Als Verkehrswege werden diejenigen Ausschnitte der Erdoberfläche, des Wassers und der Luft einschließlich der mit ihnen verbundenen Anlagen definiert, die der Fortbewegung der Verkehrsmittel dienen.

Art der Verkehrswege	Länge der Verkehrswege
Straßen des überörtlichen Verkehrs (ohne Gemeindestraßen)	230.400 km
darunter Autobahnen	12.917 km
Schienenwege	33.100 km
Bundeswasserstraßen	7.237 km

Tab. 1.2-1: Verkehrswege in der Bundesrepublik Deutschland im Jahr 2013
Quelle: Verkehr in Zahlen 2014/2015, Bundesministerium für Verkehr und digitale Infrastruktur (Hrsg.), Hamburg 2014

Auch die Luftstraßen und Seewasserstraßen sind bei der Bewertung der Infrastruktur einer Volkswirtschaft zu berücksichtigen. Rund 5 % der Fläche der Bundesrepublik Deutschland werden von Verkehrswegen/Verkehrsanlagen genutzt. Verkehrswege/Fahrwege und Knotenpunkte (sie verbinden Verkehrswege gleicher und unterschiedlicher Technik) bilden die sogenannte **„Infrastruktur"**. Die Grundlage für die Planung, Fortentwicklung und den der Infrastruktur in Deutschland bildet der Bundeverkehrswegeplan (siehe Kapitel 1.5). Davon zu unterscheiden ist die Suprastruktur, die die Lager- und Umschlagsanlagen an den Verkehrswegen und in den Stationen umfasst.

Der Begriff **Verkehrsträger** fasst diejenigen Verkehrsunternehmen zusammen, die mit gleichartigen Verkehrsmitteln auf gleichen Verkehrswegen technisch gleichartige Güterbeförderungen durchführen. Dieser Begriff wird im verkehrswirtschaftlichen Sprachgebrauch verwendet ohne juristisch begründet zu sein. Wir unterscheiden im Güterverkehr sechs Verkehrsträger. Die verkehrswirtschaftliche Bedeutung der Verkehrsträger bemisst sich nach dem Verkehrsaufkommen oder nach der Verkehrsleistung. Das **Verkehrsaufkommen** wird auf der Basis der transportierten Mengen in Tonnen (t) ausgedrückt und die **Verkehrsleistung** als Produkt aus transportierter Menge und zurückgelegter Entfernung in Tonnenkilometern (tkm) festgelegt.

Verkehrsträger	Verkehrsaufkommen in Mio. t			Verkehrsleistung in Mrd. tkm		
	1991	2000	2013	1991	2000	2013
1. Straßengüterverkehr	2.919	3.244	3.366	246	346	452
2. Eisenbahngüterverkehr	412	309	373	82	83	112
3. Binnenschifffahrt	230	242	227	56	67	60
4. Rohrfernleitungen	91	89	87	16	15	18
5. Luftfrachtverkehr	1,56	2,39	4,3	0,43	0,76	1,4
6. Seeschifffahrt	161	238	294	845	1.255	1.982

Tab. 1.2-2: Güterverkehr – Verkehrsaufkommen
Quelle: Verkehr in Zahlen 2014/15, Bundesministerium für Verkehr Bau- und Stadtentwicklung (Hrsg.), Hamburg 2014

Diese Zahlenreihen dokumentieren, dass Wirtschaft und Verkehrsgewerbe wegen grundlegender Verhaltensänderungen bei Konsumenten und Produzenten in Lager-, Umschlag- und Transportsysteme investieren mussten, die aus Gründen der Zuverlässigkeit, Schnelligkeit und Flexibilität überwiegend auf den Straßengüterverkehr ausgerichtet sind. Die Aufteilung der insgesamt transportierten Gütermengen oder der erbrachten Verkehrsleistung auf die einzelnen Verkehrsträger bezeichnet man als **Modal Split**.

Unter dem Gesichtspunkt eines wachsenden Umweltbewusstseins wird insbesondere der Straßengüterverkehr für die Staus auf den Straßen verantwortlich gemacht. Diese Aussage kann in dieser Form durchaus bezweifelt werden, wenn die Summen der von Fahrzeugen zurückgelegten Entfernungen auf der Basis von Fahrzeugkilometern differenziert nach Lkw und Pkw/Kombi verglichen werden. In diesem Zusammenhang stellt sich die Frage, warum ein neuer Fahrzeugtyp wie der **Lang-Lkw**, der zur Reduzierung des Verkehrsaufkommens beitragen könnte, gerade von den Vertretern der These, dass der Lkw für die Verkehrsprobleme verantwortlich sei, nicht unterstützt, sondern im Gegenteil bekämpft wird.

Zeit / Fahrzeugtyp	1960	2013	Veränderungen
Lkw/Sattelzugmaschinen	16	80	+ 64 Mrd. = (+) 400 %
Pkw/Kombi	73	615	+ 542 Mrd.= (+) 736 %

Tab. 1.2-3: Zurückgelegte Fahrzeugkilometer (in Mrd.) von Pkw/Kombi und Lkw in 1960 und 2013
Quelle: Verkehr in Zahlen 2014/15, Bundesministerium für Verkehr und digitale Infrastruktur (Hrsg.), Hamburg 2014

Neben der Maßeinheit in Tonnenkilometern für die Statistik werden im speditionellen und logistischen Umfeld unter der Verkehrsleistung nicht nur die vollzogene Transportleistung, sondern auch die damit verbundenen Nebenleistungen verstanden. Während hier der Begriff Transportleistung nur die „reine Beförderung" bzw. nur die physische Ortsveränderung der Güter von A nach B umfasst, schließt die Verkehrsleistung darüber hinaus alle den Transport begleitenden, vorbereitenden und nachbereitenden Leistungen wie Organisation, Lagerhaltung, Verpackung, Zollabfertigung u. a. mit ein. In der verkehrswirtschaftlichen Praxis werden im Zusammenhang mit der Verkehrsleistung viele Begriffsvariationen oder begriffliche Ableitungen verwendet, die ablauforganisatorisch, verkehrsrechtlich und anders begründet sein können. Oft werden die beiden Begriffe auch gleichrangig nebeneinander verwendet.

Die P**roduktionsarten von Verkehrsleistungen** können nach verschiedenen Kriterien gegliedert werden:

- Das Erstellen von Verkehrsleistungen gegen Entgelt für Dritte ist **gewerblicher Verkehr. Werkverkehr** beinhaltet dagegen die Produktion von Verkehrsleistungen für den eigenen Bedarf.
- Wird die Verkehrsleistung innerhalb eines Staates erbracht, sprechen wir von **Binnenverkehr. Internationaler Verkehr** liegt demgegenüber bei grenzüberschreitenden Transporten vor.
- Wenn ein Staat zur Abwicklung eines Verkehrsvertrages „lediglich" durchfahren wird spricht man von **Transitverkehr. Kabotage** bezeichnet den Güterverkehr zwischen zwei Orten eines (desselben) Staatsgebietes, wenn die Verkehrsleistung von einem ausländischen Verkehrsunternehmen erbracht wird.
- Werden Verkehrsleistungen zwischen bestimmten Orten regelmäßig und fahrplanmäßig ohne Rücksicht auf die konkrete Auslastung des Verkehrsmittels erbracht, sprechen wir von **Linienverkehr. Gelegenheitsverkehr** (Trampverkehr) liegt vor, wenn die Verkehrsmittel jeweils in Abhängigkeit des konkreten Bedarfs eingesetzt werden.
- Bei Hub-Verkehren werden die Güter über zentrale Umschlagsanlagen geleitet. Man spricht in diesem Zusammenhang auch von Nabe-Speiche- oder **Hub-and-Spoke-Verkehren. Direktverkehre** dagegen verbinden Versand- und Empfangsort, ohne dass das Gut eine Umladestelle berührt.
- **Klein- bzw. Stückgutverkehre** (siehe auch Kapitel 5) bewegen Sendungen mit einem Gewicht von in aller Regel bis zu 3.000 kg, verkehrsvertragsrechtlich steht das zu transportierende Gut im Mittelpunkt. Anders ist dies im **Ladungsverkehr**, hier fragt der Absender/Versender „vordergründig" den ganzen Laderaum des einzusetzenden Verkehrsmittels nach. Zwischen Stückgut- und Ladungsverkehr ergibt sich das Marktsegment des **Teilladungsverkehrs**, in dem derzeit ein interessantes Wachstumsfeld gesehen wird. Dies unterstreicht auch die Entwicklung, dass nach den Kooperationen für den Sammelgutverkehr in den letzten Jahren spezielle Kooperationen für Teilladungen im Markt entstanden sind.
- Wenn der Spediteur die Versendung des ihm von einem Auftraggeber übergebenen Gutes zusammen mit Gütern anderer Auftraggeber in einer Sammelladung bewirkt (HGB § 460), liegt **Spediteursammelgutverkehr** vor. Die heutigen zeitgetakteten und flächendeckenden Spediteursammelgutverkehre werden als **Systemverkehr** bezeichnet.
- Unter **Kombinierter Verkehr** (siehe hierzu auch Kapitel 6) werden Transportverfahren verstanden, bei denen zu Ladeeinheiten (Container, Wechselbehälter u. a.) zusammengefasste Güter ohne Auflösung der Ladeeinheit unter Wechsel der Verkehrsmittel auf Schienen-, Wasser- und/ oder Luftwegen befördert werden. Als **gebrochener Verkehr** werden Verkehrsleistungen bezeichnet, bei denen die Güter bei einem Wechsel des Verkehrsmittels umgeladen werden. Unter Intermodaler Verkehr werden Verkehrsleistungen subsumiert, die Verkehrsabläufe unter Einschaltung von mindestens zwei Verkehrsträgern beschreiben. Kombinierter Verkehr ist Intermodaler Verkehr. Intramodaler Verkehr umfasst die Verkehrsleistungen eines (einzigen) Verkehrsträgers. Multimodaler Verkehr steht begrifflich für Güterbeförderungen mit verschiedenartigen Verkehrsmitteln aufgrund eines einheitlichen Frachtvertrages unter der Voraussetzung, dass für mindestens zwei der eingesetzten Verkehrsmittel unterschiedliche Rechtsvorschriften hätten angewendet werden müssen, wenn der Absender dafür jeweils einen gesonderten Frachtvertrag abgeschlossen hätte. Praktische Bedeutung hat diese Fallkombination nur im internationalen Verkehr.
- **Interoperabilität** beeinflusst die Qualität von Verkehrsleistungen: Sie beschreibt Art und Umfang der Angleichung der Betriebsbedingungen zwischen den Netzen der jeweiligen Verkehrsträger. Bedeutungsvoll ist sie im internationalen Eisenbahnverkehr, da hier zwischen

den einzelnen Eisenbahnverwaltungen häufig Unterschiede in der Spurweite, der Signaltechnik, der Stromversorgung u. a. bestehen und diese die Verkehrsabläufe behindern.

Moderne Güterverkehrssysteme haben die natürliche und wirtschaftliche **Transportfähigkeit** der Güter ausgeweitet. Unter der natürlichen Transportfähigkeit verstehen wir die Eigenschaften von Gütern, von einem Ort zu einem anderen Ort transportiert (durch größere Schnelligkeit, transportgutbezogene Nebenleistungen (z. B. Kühlung u. a.)) werden zu können, ohne dass dadurch ihre Gebrauchsfähigkeit beeinträchtigt wird. Unter der wirtschaftlichen Transportfähigkeit verstehen wir die Belastbarkeit des (Beförderungs-)Gutes mit Beförderungskosten, ohne dass seine Verkaufs- oder Absatzmöglichkeiten gestört werden.

In der wirtschaftswissenschaftlichen Literatur gibt es eine Vielzahl von Definitionen zum Begriff **Logistik**. Da sich der Leser im LORENZ 2 ausführlich über den vielschichtigen Bereich der Logistik informieren kann, wollen wir uns an dieser Stelle mit einer kurzen Einführung begnügen.

Die Entwicklung von der Transportleistung zu der Verkehrsleistung und schlussendlich zu der logistischen Leistung ist nicht nur durch einen nochmals erweiterten Leistungsumfang bei den Beteiligten gekennzeichnet, sondern auch durch eine veränderte Betrachtungsweise. Die Abbildung 1.2-2 demonstriert anschaulich die miteinander „verzahnten"/vernetzten Prozesse einer **Wertschöpfungskette**.

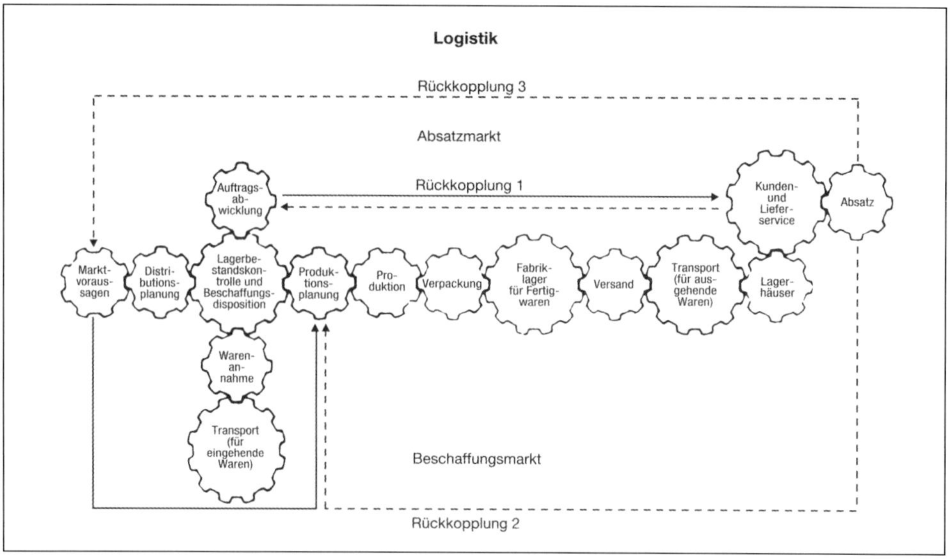

Abb. 1.2-2: Darstellung von vernetzten Prozessen einer Wertschöpfungskette

Die (veränderte) logistische Betrachtungsweise ist dadurch gekennzeichnet, dass sie Güter- und Informationsflüsse ganzheitlich sozusagen als Güterfluss-/Informationsflusssystem sieht. Nicht nur innerhalb eines Unternehmens sind die Funktionen Beschaffung, Produktion, Distribution und Entsorgung miteinander zu verknüpfen, sondern auch zwischen dem Unternehmen und seinen Wertschöpfungspartnern (Lieferanten, Kunden und Logistikdienstleister). Dabei stellen die einzelnen Güterflusssysteme eine Abfolge von Prozessen dar, die, aufeinander bezogen, sich gegenseitig beeinflussen und voneinander abhängig sind. Sie verändern die Güterströme art- und mengenmäßig (physische Merkmale), räumlich (durch Transporte) und zeitlich (durch Lagerhaltung) zielgerichtet vom Rohstoff bis zum (End-)Produkt für den Konsumenten.

Eine weit verbreitete flussorientierte Definition der Logistik stammt von der amerikanischen Logistikgesellschaft Council of Logistics Management (CLM). Diese lautet:

Definition
Logistik ist der Prozess der Planung, Realisierung und Kontrolle des effizienten, kosteneffektiven Fließens und Lagerns von Rohstoffen, Halbfabrikaten und Fertigfabrikaten und der damit zusammenhängenden Informationen vom Liefer- bis zum Empfangspunkt entsprechend den Anforderungen des Kunden.

Nach der Studie „Top 100 der Logistik" (DVV Media Group, Hamburg 2015) des anerkannten Logistikexperten Prof. Dr. Christian Kille beträgt das Logistik-Marktvolumen 2013 in Deutschland ca. 230 Mrd. €. Davon entfallen auf die für die Spediteure und Logistikdienstleister interessanten Teile Transport ca. 102 Mrd. € und den Lager- und Umschlagbereich ca. 55 Mrd. €. Die gewerblichen Logistikdienstleister (Spediteure, Frachtführer u. a.) erwirtschaften von den insgesamt 230 Mrd. € zusammen einen Anteil von rund 48 %, der Rest entfällt auf die Werkslogistik/Intralogistik, wird also von den Unternehmen der Industrie und des Handels erbracht. Die Bereiche Bestände, Logistikplanung und Auftragsabwicklung liegen noch weitestgehend in den Händen der Industrie. Für 2015 wurde ein Umsatz von ca. 235–240 Mrd. € erwartet und für die folgenden Jahre ein weiteres Wachstum von ca. 1 bis 1,5 % prognostiziert. Für Europa ermitteln die Experten ein Gesamtlogistikvolumen von ca. 930 Mrd. €.

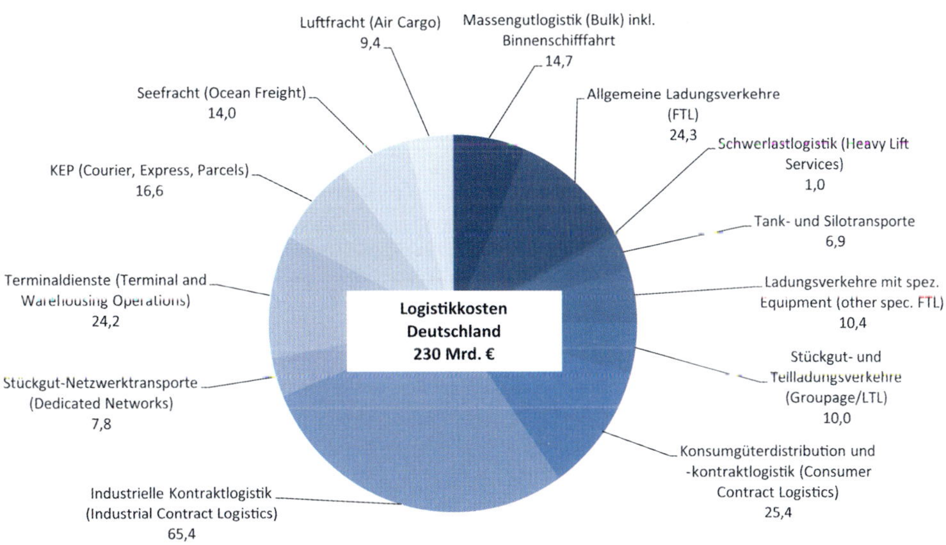

Abb. 1.2-3: Der Logistikmarkt in Deutschland
Quelle: Top 100 der Logistik, DVV Media Group 2015, Hamburg

In der neueren Literatur wird das Management der Wertschöpfungsketten bzw. der Versorgungsketten/Nachfrageketten, das die Güterströme koordiniert, auch **Supply Chain Management (SCM)** genannt. Das SCM muss stets bemüht sein, gezielt logistische Verbesserungspotenziale aufzuspüren und umzusetzen, die an den Schnittstellen zwischen Lieferant und Kunde/Abnehmer liegen. Keine der beiden Marktseiten kann sie allein erschließen. Damit gewinnt Logistik an strategischer Bedeutung. Unternehmen gehen dazu über, nicht nur ihre eigenen

Ressourcen, sondern auch das sie umgebende Netz von Lieferanten und Kunden als gestaltbare Quelle von Wettbewerbsvorteilen zu betrachten.

Die Gesamtheit der sich aus Angebot und Nachfrage ergebenden Beziehungen zwischen den Unternehmen der verladenden und produzierenden Wirtschaft (kurz Verlader genannt) als Nachfrager von Verkehrsdienstleistungen und den Verkehrsunternehmen als Anbieter von Verkehrsdienstleistungen bezeichnet man als **Verkehrsmarkt**. Der Wettbewerb vollzieht sich auf dem (Güter-)Verkehrsmarkt auf zwei Ebenen:

1. Verkehrsunternehmen eines Verkehrsträgers (z. B. verschiedene Güterkraftverkehrsunternehmen) treten miteinander in Wettbewerb – wir sprechen dann von dem inneren Wettbewerb oder der inneren Konkurrenz.
2. Verkehrsunternehmen unterschiedlicher Verkehrsträger treten miteinander in Wettbewerb – wir sprechen dann von dem äußeren Wettbewerb oder der äußeren Konkurrenz.

Nach der sogenannten **„Besonderheitenlehre des Verkehrs“**, die in der praktischen Verkehrspolitik immer noch eine Rolle spielt, versagen auf dem Verkehrsmarkt die Regeln des Wettbewerbs (wir kommen am Ende dieses Kapitels nochmals darauf zurück). Daraus leitet der Staat das Recht ab, ordnend in den Markt einzugreifen. Wir sprechen in diesem Zusammenhang von einer Verkehrsmarktordnung, die im Einzelnen bestimmt, unter welchen Voraussetzungen Verkehrsdienstleistungen erstellt werden dürfen. Die wichtigsten **Säulen der Verkehrsmarktordnung** sind die Anwendung staatlich festgesetzter oder kontrollierter Tarife (Tarifpflicht), der Marktzugang (Konzessionierung und/oder Erlaubnispflicht) und Kapazitätsbeschränkungen (Kontingentierung).

In Deutschland wurde die bestehende Marktordnung in den 1990er-Jahren auf der Basis bestehender EU-Richtlinien weitestgehend aufgelöst und stellt nur noch auf den Marktzugang ab. Für den Güterverkehr zwischen den Staaten der Europäischen Union gilt der Grundsatz der Dienstleistungsfreiheit (keine Tarife, keine quantitativen Marktzugangsbeschränkungen – siehe auch Kapitel 1.7).

Die Aufgabenteilung im Verkehr soll sich weniger an politischen Vorgaben und mehr an der Kosten- und Leistungsstruktur der Verkehrsunternehmen orientieren nach dem Motto: Dasjenige Verkehrsunternehmen bzw. derjenige Verkehrsträger soll diejenigen Aufgaben auf dem Verkehrsmarkt (Produktion von Güterverkehrsdienstleistungen) übernehmen, die es bzw. er am effizientesten auszugestalten vermag.

Die Gewährleistung der inneren und äußeren Sicherheit eines Staates und damit die Funktionsfähigkeit der Wirtschaftsordnung sind nur möglich, wenn die Anlagen und Einrichtungen des Verkehrs schnelle Eingriffsmöglichkeiten des Staates sicherstellen. Die Bedeutung, die der Staat dem Verkehr beimisst, hat sich in einer Vielzahl von Gesetzen und Verordnungen niedergeschlagen. Wir sprechen in diesem Zusammenhang von der Verkehrshoheit des Staates.

Einen wichtigen Baustein für eine ökonomisch und ökologisch sinnvolle Abwicklung des Güterverkehrs stellen nach Meinung vieler Verkehrsexperten und -politiker Güterverkehrszentren dar.

Definition
Unter einem **Güterverkehrszentrum (GVZ)** versteht man Verkehrsgewerbeflächen, auf denen sich Verkehrsbetriebe unterschiedlichster Ausrichtung (Transport, Spedition, Lagerei, Logistik) als selbstständige Unternehmen ansiedeln und die an mehrere, mindestens zwei Verkehrsträger angebunden sind.

Güterverkehrszentren sollen den Verkehrsträgerwechsel in der Transportkette ermöglichen und damit zur Straßenentlastung im Fern-, Nah- und Regionalverkehr beitragen. Auch Postfrachtzentren können einbezogen werden. Güterverkehrszentren enthalten immer eine Umschlaganlage des Kombinierten Verkehrs, z. B. Schiene/Straße oder Binnenschiff/Straße/Schiene. Es ist auch ausreichend, wenn der Umschlagbahnhof in unmittelbarer Nähe der Verkehrsgewerbefläche gelegen und organisatorisch mit ihr verbunden ist.

Ein Güterverkehrszentrum ist auch dann gegeben, wenn mehrere, räumlich getrennte Teilflächen durch organisatorische Vorkehrungen, insbesondere Informationsvernetzung, so miteinander verbunden werden, dass sie wie eine zusammenhängende Fläche bewirtschaftet werden können (dezentrale Lösung).

Neben dem Verkehrsträgerwechsel in der Transportkette fördert ein Güterverkehrszentrum vor allem die Kooperation der einzelnen Verkehrsbetriebe, um Synergieeffekte zu erzielen und die Wettbewerbsfähigkeit der Unternehmen zu stärken.

Ihre verkehrspolitische Wirksamkeit erreichen Güterverkehrszentren erst dann, wenn sie durch Verkehrsinfrastruktur, Transportangebote und Informationstechnologie zu einem Netz miteinander verknüpft werden. Über die bundesweit zu installierenden Güterverkehrszentren gibt es hinsichtlich der Anzahl unterschiedliche Auffassungen; die Planungen reichen von 20 bis 40 GVZ bundesweit. Die Deutsche GVZ-Gesellschaft mbH führt derzeit 35 aktive GVZ-Standorte auf ihrer Website www.gvz-org.de auf.

Im Einzelnen ergeben sich die transportlogistischen Funktionen aus der folgenden Übersicht.

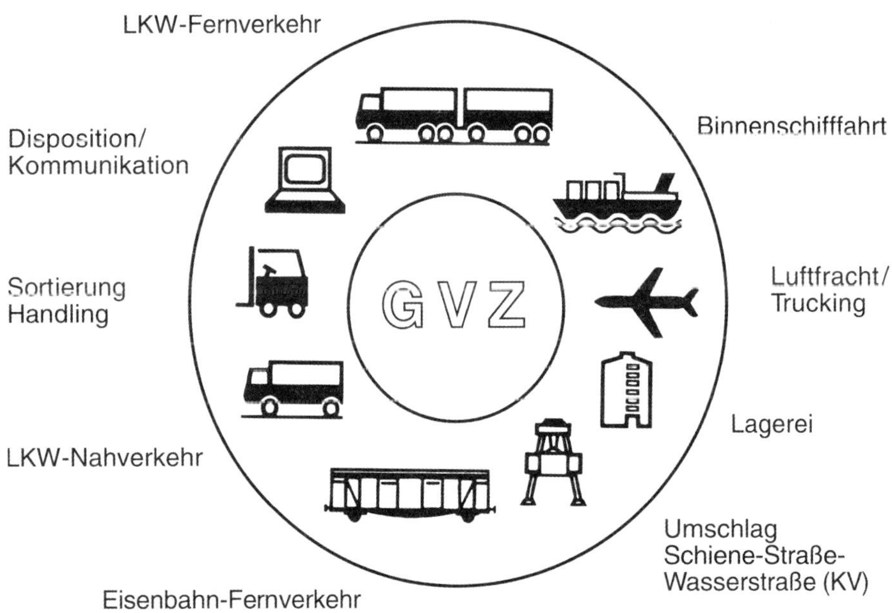

Abb. 1.2-4: Funktionsbereiche eines Güterverkehrszentrums **Quelle: Willy Korf**

Zur Abgrenzung zum Güterverkehrszentrum versteht man unter einem **Güterverteilzentrum** eine Anlage für logistische Dienstleistungen, die von einer Großspedition oder einer Kooperation kleiner und mittlerer Unternehmen mit eigener Rechtspersönlichkeit betrieben werden.

Logistikzentren, unter die man begrifflich Güterverkehrs- und Güterverteilzentren subsumieren kann, fördern in besonderer Weise das Wirtschaftswachstum einer Region. In der wirtschaftspolitischen Praxis spricht man in diesem Zusammenhang von Jobmaschinen. Damit will man zum Ausdruck bringen, dass von logistischen Zentren starke **Multiplikatoreneffekte** (Einkommens- und Beschäftigungseffekte) ausgehen. So sind beispielsweise mit großen See- und Flughäfen die folgenden volks- und regionalwirtschaftlichen Effekte verbunden:

- **direkte:** Schaffung von Arbeitsplätzen und Einkommen durch ökonomische Aktivitäten auf dem Flughafen
- **indirekte:** Schaffung von Arbeitsplätzen und Einkommen aufgrund von Auftragsvergaben an Dienstleister und Lieferanten durch die Betriebe auf dem Flughafen
- **induzierte:** Schaffung von Arbeitsplätzen und Einkommen durch die Konsumnachfrage aus dem Erwerbseinkommen der Beschäftigten auf dem Flughafen und der Beschäftigten bei den Lieferanten
- **katalytische:** Schaffung von Arbeitsplätzen und Einkommen durch luftverkehrsaffine Betriebe, Unternehmen und Branchen, für die die durch den Flughafen bereitgestellte internationale Luftverkehrsanbindung von existenzieller Bedeutung ist

So haben verschiedene Studien ermittelt, dass jeder Beschäftigte auf dem größten deutschen Verkehrsflughafen Frankfurt am Main weitere ca. 1,6 Beschäftigte in Deutschland generiert. Jeder auf dem Flughafen „verdiente“ Euro hat in Deutschland weitere zwei Euro an Verdienst geschaffen. Gezählt wurden hier nur die indirekten und induzierten Einkommens- und Beschäftigungseffekte. Würde man die katalytischen Effekte noch hinzuzählen, müssten bezogen auf die Wirtschaftsregion Rhein-Main die obigen Werte wohl noch verdoppelt werden.

Unter einem **Autohof** verstehen wir ein Verkehrsgewerbegebiet in der Größenordnung von drei bis acht Hektar, in dem alle Dienstleistungen „rund um das Auto“ im Allgemeinen und „rund um den Lastkraftwagen“ im Besonderen produziert und angeboten werden. Ein Autohof hält Park-, Abstell- und Rangierflächen zur Einhaltung der gesetzlichen Lenk- und Ruhezeiten und für Gefahrguttransporte bei der Sperrung von zugeschneiten und vereisten Autobahnen vor. Autohöfe ermöglichen den Fernfahrern das Warten auf die Ab- und Beladetermine und durch die dort tätigen Fachbetriebe können Stand- und Ruhezeiten produktiv für Reparaturen, Reinigung, Wartung, Inspektion und Tanken genutzt werden. Das vorübergehende Abstellen von Anhängern und Wechselpritschen ermöglicht eine Optimierung von Transportabläufen (Begegnungsverkehre). Neben der Rastfunktion haben Autohöfe noch eine Verpflegungs- (Gastronomie) und Beherbergungsfunktion (Hotel), die auch Individual- und Busreisende benutzen können.

In den Städten konkurriert der Güterverkehr mit den anderen Verkehrsteilnehmern um die immer knapper werdenden Verkehrsflächen. Insbesondere das Speditions- und Logistikgewerbe hat Aktionen angestoßen, die eine umweltfreundlichere und ökonomisch sinnvollere Bedienung der Innenstädte zum Gegenstand haben. In diesem Zusammenhang wird von **City-Logistik** gesprochen. Man versteht darunter Konzepte, die gleichzeitig zur Verkehrsvermeidung und zu einer höheren Wirtschaftlichkeit des städtischen Lieferverkehrs beitragen sollen, indem die für den innerstädtischen Bereich bestimmten Sendungen mehrerer Speditionsunternehmen in der Zielsetzung gebündelt werden, zu einer besseren Fahrzeugauslastung zu kommen. Leider haben die insbesondere in den 1990er-Jahren entwickelten Konzepte aufgrund hoher Opportunitätskosten noch keinen wirtschaftlichen Durchbruch geschafft und viele Projekte wurden in den vergangenen Jahren wieder eingestellt. Die umweltpolitischen Entwicklungen und Anforderungen der Konsumenten, verladenden Wirtschaft und aus der Politik (u. a. Feinstaub, Umweltzonen) könnten jedoch in der Zukunft zu einer Renaissance der City-Logistik führen. Dazu könnten auch die aktuellen Überlegungen und Pläne der EU-Kommission beitragen. Diese hat ein Paket zur städtischen Mobilität verabschiedet (Urban Mobility Package), in dem sie als Hauptmaßnahme die Erstellung von Leitfäden mit der Entwicklung von Liefer- und Versorgungsplänen zur Verbesserung der Stadtlogistik vorschlägt. Basis für diese Pläne ist das Weißbuch der Kommission aus dem Jahr 2011 zur Verkehrspolitik mit den Zielen, die Zahl der mit konventionellem Kraftstoff betriebenen Fahrzeuge in Städten bis 2030 zu verringern sowie eine CO_2-freie Stadtlogistik in größeren städtischen Zentren bis 2050 zu erreichen. Erste Entwicklungen sind bereits bei den Paketdienstleistern zu erkennen, die einen Teil ihres Fuhrparks für die innerstädtische Belieferung bereits auf Elektrofahrzeuge umgestellt haben.

Datenverarbeitung und Kommunikation werden die bestimmenden Elemente in der Verkehrswirtschaft der Zukunft sein. **Telematik** ist die Zauberformel, die viele Probleme lösen soll. Telematik ist ein Sammelbegriff für alle Formen der Telekommunikation und Informatik zwischen Menschen und/oder Geräten mithilfe nachrichtentechnischer Übertragungsverfahren.

Telematikdienste im Straßenverkehr sind z. B. Verkehrsinformationen, Verkehrsleitsysteme, Flottenmanagement, Navigation und Ortung mit GPS, Hilfs- und Sicherheitsdienste, automatische Gebührenerfassung (Maut), Parkraummanagement. Mit integrierten Systemen aus Navigation und Flottenmanagement können Fuhrparkbetreiber nach Ansicht von Fachleuten bis zu 20 % der gefahrenen Zeit, bis zu 10 % der gefahrenen Kilometer und bis zu 15 % Kraftstoff sparen.

1.3 Nachfrage und Besonderheiten von Verkehrsleistungen

Im Mittelpunkt der Verkehrswirtschaft stehen die Verkehrsbedürfnisse, die die Nachfrage nach Verkehrsleistungen bestimmen. Für den Logistikdienstleister/den Speditionskaufmann ist es wichtig, die Verkehrsbedürfnisse seines Kunden (des Verladers) richtig zu bewerten. Sie lassen sich grundsätzlich wie folgt systematisieren:

- Die Art der Verkehrsbedürfnisse, die ihren Ausdruck findet in Art, Volumen, Wert, Zustand, Form, Gefährlichkeit des zu transportierenden Gutes.
- Die Reichweite der Verkehrsbedürfnisse, die ihren Ausdruck in der zu überwindenden Entfernung findet und damit in aller Regel auch Aussagen über Art und Häufigkeit der Umladungen und die Verpackungsanforderungen einschließt.
- Der Umfang der Verkehrsbedürfnisse, der seinen Ausdruck in der pro Zeiteinheit zu transportierenden Gütermenge und der Art und der Anzahl der gewünschten (Verkehrs-)Nebenleistungen (z. B. Verpackung, Zollabfertigung, Versicherung) findet.
- Grundbedingungen von Verkehrsbedürfnissen. Darunter verstehen wir die Anforderungen an die einzusetzenden Verkehrsmittel und an die Belastbarkeit des zu transportierenden Gutes mit Beförderungskosten.

Die **Leistungsmerkmale der Verkehrsträger** sind für die richtige Auswahl des Frachtführers bedeutungsvoll. Hierzu zählen insbesondere folgende Kriterien:

- Die **Zuverlässigkeit** des Verkehrsträgers. Dabei geht es um die Beantwortung der Frage, ob und inwieweit vorgegebene oder vereinbarte Abfahrts- und Ankunftszeiten eingehalten und/oder zugesagte Nebenleistungen vertragsgerecht erbracht werden.
- Die **Schnelligkeit** der Verkehrsleistung. Sie findet ihren Ausdruck in möglichst kurzen Reisezeiten, das ist die Zeit für die reine Beförderung unter Berücksichtigung von Aufenthaltszeiten.
- Die **Massenleistungsfähigkeit** des Verkehrsträgers. Darunter verstehen wir die Eignung des Verkehrsträgers für den Transport großer Gütermengen in bestimmten Zeitabschnitten.
- Die **Netzdichte**. Die Dichte des Verkehrsnetzes wird ausgedrückt als Quotient der Verkehrswegelänge und der Fläche des jeweiligen Wirtschaftsraumes; konkret z. B. bezogen auf das Eisenbahnnetz, die Gleislänge, ausgedrückt in Kilometern bezogen auf einen Quadratkilo-

meter. Diese Größenordnung ist ein wichtiger Indikator für die Ausstattung eines Wirtschaftsraumes mit Infrastruktur. Sie lässt Aussagen über die Flächenleistungsfähigkeit eines Verkehrsträgers zu.

- Die **Sicherheit** der Verkehrsleistung. Sie findet ihren Ausdruck in geringen Beschädigungs- und Diebstahlsquoten und in Sicherheitskonzepten, die einen unberechtigten Zugriff auf das Beförderungsgut durch Dritte weitestgehend ausschließen. Dabei bezieht sich der Ausschluss von unberechtigten Zugriffsmöglichkeiten mittlerweile nicht nur auf die Entwendung, sondern seit neuestem auch darauf, dass keine gefährlichen Elemente den Transportbehältnissen zugefügt werden dürfen. Hier gab es in den vergangenen Jahren eine Vielzahl politischer Initiativen und Gesetzesänderungen vor dem Hintergrund terroristischer Anschläge. Dabei bringt insbesondere das Luftsicherheitsgesetz massive Auswirkungen auf die Verkehrsabläufe mit sich (siehe Kapitel 4.5).
- Ein günstiges **Preis-/Leistungsverhältnis** unter hohen Qualitätsstandards (QM-System).
- Art und Umfang der **Verkehrsnebenleistungen**. Die transportvorbereitenden, -nachbereitenden und -begleitenden Leistungen haben gegenüber der reinen Transportleistung bei der Vergabe von Verkehrsleistungspaketen an Verkehrsdienstleister an Bedeutung gewonnen.
- Die **Kooperationsfähigkeit** der Verkehrsträger. Die Zusammenarbeit zwischen Logistikdienstleistern und Verkehrsträgern entlang der Wertschöpfungskette/Versorgungskette ist im Zeitalter der Logistik enger geworden. Kooperationsintensität und Kooperationsumfang haben zugenommen, wenn man jede Form einer engeren Zusammenarbeit als Kooperation bezeichnet. Unternehmen von Verkehrsträgern, die von ihrer Unternehmenskultur her einen besonderen „Hang“ zur Führerschaft logistischer Systeme besitzen, verlieren an Attraktivität. Kundenschutzvereinbarungen erhalten einen höheren Stellenwert.
- Das Vorhandensein einer hochleistungsfähigen und vor allen Dingen kompatiblen Hard- und Software, die alle denkbaren Schnittstellen in der Wertschöpfungskette zu bedienen vermag.
- Art und Umfang der denkbaren und realisierten **Eingriffsmöglichkeiten des Staates** in die Leistungserstellung, z. B. Nachtflugverbot, Sonntagsfahrverbot u. a.
- Eine hohe **Disponierbarkeit** bzw. leichte Verfügbarkeit der Verkehrsdienstleistung. Sie ist ein Gradmesser für die Flexibilität der Verkehrsdienstleistung und bestimmt Art und Umfang des Reaktionsvermögens des Nachfragers nach Verkehrsdienstleistungen.
- Die **Frequenz der Verkehrsleistung**, d.h. die Häufigkeit der Verkehrsmöglichkeiten/der Abfahrten/der Abflüge zwischen zwei Orten in einem bestimmten Zeitraum.
- Die Fähigkeit, güterspezifischen Besonderheiten Rechnung tragen zu können (Schwergut, Gefahrgut, verderbliche Güter u. a.).
- Art und Umfang der Umweltbelastungen durch die Produktion von Verkehrsdienstleistungen. Ein Faktor, der bei wachsender Umweltsensibilität an Bedeutung gewinnt.

Die strategisch große Bedeutung der Verkehrswirtschaft für die Gesamtwirtschaft eines Staates hat schon früh zu der Forderung geführt, den Verkehr als wirtschaftspolitischen Ausnahmebereich zu behandeln und ihn ordnungspolitisch gesondert einzustufen. Man war der Auffassung, dass das Verkehrsgeschehen derart eng mit übergeordneten Interessen in einer Volkswirtschaft verknüpft ist, dass ein sich selbst regulierender Verkehrsmarkt wichtige Belange der Allgemeinheit unvertretbar beeinträchtigen würde. Ob man dabei, so meinen die Verkehrswissenschaftler Prof. Dr. Aberle, Universität Gießen, und Prof. Dr. Ihde, Universität Mannheim, wirklich von einem Marktversagen mit der daraus abgeleiteten Notwendigkeit marktordnender Eingriffe sprechen könne, sei dahingestellt. Man habe auch zu prüfen, ob nicht Staatsversagen vorliege, weil der Staat es möglicherweise versäumt habe, die für eine funktionsfähige Marktwirtschaft im Verkehr erforderlichen Voraussetzungen zu schaffen.

Auch die verkehrspolitischen Vorstellungen der Europäischen Gemeinschaft sind von der Annahme der **Besonderheiten des Verkehrs** geprägt. Das Europäische Parlament versteht unter „Besonderheiten des Verkehrs" die Gesamtheit der technischen, wirtschaftlichen und rechtlichen Erscheinungen, die sich im Verkehrswesen anders darstellen als in anderen großen Wirtschaftszweigen und denen bei der Gestaltung der europäischen Verkehrspolitik Rechnung zu tragen sei. Im Einzelnen werden genannt (entnommen aus Gösta B. Ihde, Transport, Verkehr, Logistik, 3. Aufl., München 2001):

1. Verkehrsleistungen können nicht gestapelt werden.
   Verkehrsdienstleistungen sind nicht speicherbar/können nicht auf Lager produziert werden. Sollen Nachfragespitzen bedient werden, müssen entsprechend höhere Kapazitäten aufgebaut werden.
2. Die Verkehrsnachfrage unterliegt starken Saisonschwankungen.
3. Die Kapazität muss auf die Saisonspitzen ausgerichtet werden.
4. Der Anteil der Festkosten ist auch bei guter Beschäftigung sehr hoch.
   Fixkosten sind unabhängig von der Beschäftigung.
5. Das Angebot ist deshalb von einer sehr geringen Elastizität.
6. Die Beweglichkeit der Fahrzeuge bewirkt, dass die ortsansässigen Unternehmen auswärtiger Konkurrenz ausgesetzt sind.
7. Das Rückfrachtproblem.
   In diesem Zusammenhang spricht man auch von der sogenannten „Unpaarigkeit" des Verkehrs. Darin kommt zum Ausdruck, dass in einer bestimmten Verkehrsverbindung die beförderte Tonnage von A nach B ungleich ist der transportierten Gütermengen von B nach A.
8. Die Nachfrage ist in den meisten Fällen eine abgeleitete Nachfrage und deshalb in Bezug auf den Transportpreis sehr wenig elastisch.
   Die Nachfrage wird abgeleitet von der Nachfrage nach (gekauften) Gütern. Änderungen des Transportpreises haben keinen großen Einfluss auf die insgesamt nachgefragte Verkehrsleistung. Die Leistungsfähigkeit moderner Logistiksysteme mobilisiert die Produktionsfaktoren und verändert Produktions- und Standortbedingungen. Zunehmend löst sich die wirtschaftliche Entwicklung von der vorgegebenen natürlichen Begünstigung einzelner Standorte. Im Zuge der wirtschaftlichen Entwicklung erscheint daher Logistik immer weniger als abgeleitetes Resultat der originären Wirtschaftsprozesse Produktion und Konsumtion und immer mehr als bestimmender Faktor für deren Organisation und Entwicklung (vgl. Ihde, a. a. O., S. 55 ff.).
9. Öffentliche und private Unternehmen stehen miteinander im Wettbewerb.
10. Einem Teil der Unternehmen sind Verpflichtungen auferlegt, die ihnen den Charakter eines öffentlichen Dienstes geben.
    Darunter sind die sogenannten gemeinwirtschaftlichen Aufgaben wie z. B. Beförderungspflicht und Betriebspflicht zu verstehen. Diese „Pflichten" sind im Interesse der Allgemeinheit wahrzunehmen, auch wenn sie im Einzelfall keine Gesamtkostendeckung erzielen lassen.
11. Neben Großunternehmen bestehen in der Verkehrswirtschaft „handwerkliche" Kleinunternehmen mit weitgehend außerökonomischem Verhalten.
    Darunter soll verstanden werden, dass Kleinunternehmer z. B. wegen der Langlebigkeit der Verkehrsmittel diese weit über ihre ökonomische Nutzdauer hinaus einsetzen.
12. Der gewerbliche Verkehr steht im Wettbewerb mit dem Werkverkehr.
    In der Verkehrswissenschaft herrscht die Meinung vor, dass die Besonderheiten nichts anderes als normale Produktions- und Marktanpassungsprobleme darstellen, wie sie sich in anderen Wirtschaftsbereichen ebenfalls ergeben. Das soll an dieser Stelle nicht ausdiskutiert werden. Die oben aufgelisteten Merkmale beschreiben ausführlich die Verkehrsdienst-

leistungen und lassen erkennen, dass der Verkehrssektor in einer Volkswirtschaft wenn nicht eine besondere, dann aber zumindest eine herausragende Bedeutung besitzt. In der Verkehrspolitik liegt die Richtlinienkompetenz zunehmend bei den Gremien der Europäischen Union, sodass im Zweifelsfalle die dort vorhandene Meinung vorherrschend ist.

Hinweis
Nach dem geltenden EU-Vertrag müssen EU-Entscheidungen in Sachen Verkehrspolitik inhaltlich verbindlich die Besonderheiten des Verkehrs berücksichtigen.

1.4 Güterverkehr und Verkehrspolitik

Unter Verkehrspolitik (vgl. Grandjot/Bernecker, a. a. O.) im Sinne des praktischen Handelns ist die Gestaltung des Verkehrs durch Einflussnahme auf die verkehrlich relevanten Gegebenheiten durch Träger der Verkehrspolitik, wie

- öffentlich-rechtliche Körperschaften (Staat und staatliche Unternehmen),
- organisierte, rechtlich vereinigte Institutionen (Verbände, Verkehrsunternehmen) und
- nur lose verbundene Interessengruppen

zu verstehen.

Die verkehrspolitischen Ziele eines marktwirtschaftlichen Systems sollen im Ergebnis dazu beitragen, die Versorgung der Volkswirtschaft mit privaten und öffentlichen Gütern unter Berücksichtigung gesellschaftlicher Nebenbedingungen für alle Beteiligten auf lange Sicht zu vergrößern. Der Katalog denkbarer verkehrspolitischer Ziele ist breit angelegt, seine konkrete Ausgestaltung hängt von den jeweiligen politischen Entscheidungsträgern ab. In ihrem speziellen Verkehrsbericht listete die Bundesregierung bereits im Jahr 2000 Ziele und notwendige Handlungsfelder einer zukunftsorientierten **Verkehrspolitik** in ihrem Verkehrsbericht auf:

- Die nachhaltige Sicherung der Mobilität ist oberstes verkehrspolitisches Ziel.
  Mobilität ist die Grundlage für Wachstum und Beschäftigung. Im Güterverkehrsbereich umschreibt Mobilität Art und Umfang der zwischenbetrieblichen Beförderungen und der Versorgungstransporte für Endverbraucher.
- Bereitstellung einer leistungsfähigen Infrastruktur.
  Sie stärkt den Wirtschaftsstandort Deutschland und sichert seine Zukunft.
- Vernetzung der Verkehrsträger.
  Aus Konkurrenten sollen Verbündete gemacht werden und anderes.
- Schaffung fairer Wettbewerbsbedingungen.
  Harmonisierung des Wettbewerbs in der EU und andernorts.
- Erhöhung der Verkehrssicherheit, Erhöhung des Umweltschutzes, Förderung innovativer Technologien.
- Stärkung der europäischen Verkehrspolitik und anderes.

Im Juli 2008 hat die Bundesregierung mit dem **Masterplan Güterverkehr und Logistik** ein strategisches Konzept und konkrete Maßnahmen für die künftige Ausrichtung des Güterverkehrs vorgelegt, mit denen die Wettbewerbsfähigkeit Deutschlands gestärkt und gleichzeitig wachstums- und beschäftigungspolitische Impulse gesetzt werden können. Die Erarbeitung des Masterplans ist in einem breit angelegten Dialogprozess mit Akteuren aus den Bereichen Wirtschaft, Wissenschaft und Verbänden erfolgt und wurde unter Federführung des Bundesverkehrsministeriums erstellt. Der Gesamtansatz des Masterplans orientiert sich deutlich an den Zielen einer nachhaltigen Verkehrspolitik.

Übergeordnete Ziele des Masterplans sind:

- Verkehrswege optimal nutzen – Verkehr effizient gestalten
- Verkehr vermeiden – Mobilität sichern
- Verkehrsverlagerung auf Schiene und Binnenwasserstraße
- Ausbau von Verkehrsachsen und -knoten stärken
- Umwelt- und Klimaorientierung sowie leiserer und sicherer Verkehr
- Ausbildung und Arbeitsmöglichkeiten im Transportgewerbe verbessern
- Netzwerk für Güterverkehr und Logistik (Logistic Alliance Germany)
- Vermarktungskonzept für den Logistikstandort Deutschland
- Sicherheitsstrategie für Güterverkehrs- und Logistikwirtschaft

Im Jahr 2010 erarbeitete das Bundesverkehrsministerium erstmalig einen **Aktionsplan Güterverkehr und Logistik**, mit dem der zuvor entwickelte Masterplan fortentwickelt wurde. Mit dem Aktionsplan sollen die Rahmenbedingungen für den Güterverkehr verbessert und die Vorteile des Logistikstandorts Deutschland weiter ausgebaut werden, ohne dabei die Umwelt- und Klimaschutzbelange aus dem Auge zu verlieren. Der Aktionsplan wurde in einem intensiven Diskussionsprozesses von Politik, Wirtschaft und Verbänden erarbeitet. Als Ergebnis wurden insgesamt 30 Maßnahmen definiert, die auf fünf Kernziele der Bundesregierung bei der Gestaltung von Güterverkehr und Logistik ausgerichtet sind. Um der Wirtschafts- und Verkehrsentwicklung Rechnung zu tragen, wurde der Aktionsplan im Jahr 2015 überarbeitet und fortgeschrieben. Danach hat das Bundesverkehrsministerium folgende Maßnahmen im Fokus:

- Logistikstandort Deutschland stärken
- Leistungsfähige Verkehrsinfrastruktur erhalten, modernisieren und erweitern
- Bessere Vernetzung aller Verkehrsträger erreichen
- Umweltfreundlichen und energieeffizienten Gütertransport fördern
- Nachwuchssicherung und gute Arbeitsbedingungen unterstützen

Entscheidungsträger der nationalen Verkehrspolitik sind der Bundestag und der Bundesrat. Entscheidungsträger zeichnen sich dadurch aus, dass sie auch über die politische Macht verfügen, ihre verkehrspolitischen Vorstellungen durchzusetzen. Beim Bundestag und beim Bundesrat liegen die **Gesetzgebungskompetenzen**.

Darunter ist eine Behördenpyramide (vgl. Grandjot, Verkehrspolitik, 1. Auflage 2003, S. 40ff.) angesiedelt, die sich wie folgt darstellt:

1. Ebene Bundesministerium für Verkehr und digitale Infrastruktur (BMVI). Es sichert, gestaltet und fördert das Verkehrswesen und erlässt mit Zustimmung des Bundesrates Rechts- und Verwaltungsvorschriften.
   Dem BMVI sind eine Reihe selbstständiger Bundesbehörden zugeordnet/unterstellt wie Kraftfahrt-Bundesamt, Luftfahrt-Bundesamt, Eisenbahn-Bundesamt, Deutscher Wetterdienst, Bundesamt für Güterverkehr, Wasser- und Schifffahrtsdirektionen u. a.
2. Ebene Die Verkehrsministerien in den Bundesländern als Oberste Verkehrsbehörde. Sie wirken über den Bundesrat bei allen verkehrspolitischen Gesetzen, Rechtsverordnungen und Verwaltungsvorschriften mit. Für den Bund übernehmen sie u. a. Verwaltung und Durchführung im Straßenbau für Bundesautobahnen und Bundesstraßen. Sie sind zuständig für Bau und Unterhaltung des Landesstraßennetzes u. a.
3. Ebene Die Bezirksregierungen oder Regierungspräsidenten als obere Verkehrsbehörde. Sie sind zuständig u. a. für Erlaubnisverfahren, Erteilung von Lizenzen, Fahrerbescheinigungen, regionale Raumordnungsverfahren.
4. Ebene Die Kreisverwaltungen oder Gemeinden als untere Verkehrsbehörde. Sie sind u. a. zuständig für den Bau von Gemeindestraßen, Erstellung von General- oder Gesamtverkehrsplänen, Bebauungspläne für Verkehrsgewerbegebiete.

Neben den (Entscheidungs-)Trägern der Verkehrspolitik gibt es in der verkehrswirtschaftlichen Praxis noch die **Einflussträger der Verkehrspolitik**. Hierunter sind in erster Linie die Verkehrsverbände zu subsumieren, die die Interessen ihrer Mitglieder vertreten und beratend gegenüber den Entscheidungsträgern tätig werden, ohne formal die Macht zu haben, ihre Vorstellungen auch durchsetzen zu können. Diese sind in erster Linie:

- Deutscher Speditions- und Logistikverband (DSLV), Bonn
- Bundesverband Möbelspedition und Logistik (AMÖ = ehemals Arbeitsgemienschaft Möbelspedition), Hattersheim
- Bundesverband Güterkraftverkehr, Logistik und Entsorgung (BGL), Frankfurt am Main
- Verband Deutscher Verkehrsunternehmen (VDV), Köln
- Bundesverband der Deutschen Binnenschifffahrt (BDB), Duisburg
- Kommitee Deutscher Seehafenspediteure (KDS), Hamburg
- Verband Deutscher Reeder (VDR), Hamburg
- Board of Airline Representatives in Germany (BARIG), Frankfurt am Main
- Bundesverband der Deutschen Luftverkehrswirtschaft (BDL), Berlin

Es ist die Aufgabe der **internationalen Verkehrspolitik**, den grenzüberschreitenden Verkehr zu vereinfachen und zu regeln.

Entscheidungsträger der internationalen Verkehrspolitik ist die Europäische Union, die zumindest für die 28 Mitgliedstaaten Entscheidungen treffen und diese dann auch durchsetzen kann.

Die wichtigsten international tätigen Verbände als Einflussträger, die beratend tätig werden können, sind:

- die Internationale Föderation der Spediteurorganisationen (FIATA), Zürich, die weltweit alle nationalen Verbände des Speditions- und Logistikgewerbes vertritt
- das Europäische Verbindungskomitee des Speditions- und Lagereigewerbes (CLECAT), Brüssel, ist Sprachrohr der nationalen Organisationen des Logistikgewerbes gegenüber der EU-Administration
- die International Road Union (IRU), Genf, die alle Verbände vertritt, in denen Unternehmen des Straßengüter- und -personenverkehrs organisiert sind
- die International Air Traffic Association (IATA), Montreal/Genf, die weltweit die Luftverkehrsgesellschaften vertritt
- der Internationale Eisenbahnverband (UIC), Paris

Das Grundgesetz der Bundesrepublik Deutschland grenzt die Zuständigkeiten für die Gesetzgebung zwischen dem Bund und den Bundesländern durch die ausschließliche und konkurrierende Gesetzgebung ab.

Im Bereich der **ausschließlichen Gesetzgebung** des Bundes haben die Länder eine Befugnis zur Gesetzgebung nur dann, wenn sie hierzu in einem Bundesgesetz ausdrücklich ermächtigt werden. Der ausschließlichen Gesetzgebung des Bundes unterliegen nach Art. 73 Grundgesetz die Gesetzgebung über die Eisenbahnen des Bundes, den Luftverkehr, das Postwesen und die Telekommunikation.

Im Bereich der **konkurrierenden Gesetzgebung** haben die Länder die Befugnis zur Gesetzgebung, soweit der Bund von seinem Gesetzgebungsrecht keinen Gebrauch macht. Hierzu gehören die Gesetzgebung über die Hochsee- und Küstenschifffahrt sowie die Seezeichen, die Binnenschifffahrt, den Wetterdienst, die Seewasserstraßen und die dem allgemeinen Verkehr dienenden Binnenwasserstraßen, den Straßenverkehr, das Kraftfahrtwesen und den Bau und die Unterhaltung von Landstraßen des Fernverkehrs, die nichtbundeseigenen Eisenbahnen mit Ausnahme der Bergbahnen.

Die Grundelemente der nationalen Verkehrspolitik (vgl. Aberle G., Transportwirtschaft, 5. Aufl., München 2013, S. 116 ff.) sind die Ordnungspolitik und die Strukturpolitik.

Die **Ordnungspolitik** definiert die Rahmenbedingungen oder die Spielregeln, innerhalb derer Anbieter und Nachfrager von Verkehrsdienstleistungen am Markt agieren. Sie soll die Funktionsfähigkeit der Verkehrsmärkte und eine volkswirtschaftlich sinnvolle Aufgabenteilung der Verkehrsträger sicherstellen. Die Instrumente der Ordnungspolitik bestehen heute vor allem nur noch in der Kapazitätsbeeinflussung (Marktzugangsregeln), während die Koordinierung der Preispolitik (Tarifpflicht) im Rahmen der Liberalisierung des europäischen Verkehrsmarktes aufgegeben wurde.

Die **Strukturpolitik** umfasst nach Aberle alle Aktivitäten des Staates, welche als direkte investive oder investitionsfördernde Maßnahmen sowie als grundlegende rechtliche und organisationspolitische Regelungen die Marktstrukturen und hieraus abgeleitet das Marktverhalten und die Marktergebnisse wesentlich beeinflussen. Hierzu zählt in erster Linie die Verkehrsinfrastrukturpolitik.

1.5 Verkehrsinfrastrukturplanung und -finanzierung

Die Verkehrsinfrastrukturpolitik konzentriert sich im Wesentlichen auf die Verkehrswege des Straßen-, Binnenschiffs- und Eisenbahnverkehrs. Ihre wichtigsten Ziele sind u. a. die Befriedigung der Mobilitätsbedürfnisse, eine bessere Vernetzung der Verkehrsträger, Erhöhung der Verkehrssicherheit und Sicherstellung der freien Wahl der Verkehrsmittel. Daraus ergeben sich unmittelbar eine Verkürzung der ökonomischen Entfernungen, Erhöhung der Produktivität der Produktionsfaktoren, Verbesserung der Standortqualität und Ähnliches.

„Privat wie beruflich sind die Menschen in Deutschland immer mehr in Bewegung. Unsere Lebensentwürfe verlangen heute mehr denn je nach ungehinderter Mobilität. Als Exportnation, als Hochtechnologie- und Transitland ist Deutschland auf einen reibungslos funktionierenden Personen- und Güterverkehr zwingend angewiesen – denn Mobilität ist ein Standortfaktor erster Güte. Nur wenn wir Bürgerinnen und Bürgern sowie der Wirtschaft ein leistungsfähiges Verkehrssystem bereitstellen, sind die Chancen des Fortschritts und der Globalisierung mittel- und langfristig für uns nutzbar. Moderne Mobilität ist Voraussetzung für eine moderne Gesellschaft, für Wirtschaftswachstum, Beschäftigung und Wohlstand", so heißt es im Vorwort des Bundesverkehrswegeplanes 2015.

Der Spediteur und Logistiker sollte sich schon frühzeitig in seiner praktischen Arbeit mit den Grundlagen der Verkehrsinfrastruktur beschäftigen. Dabei geht es in erster Linie um den Bau von Verkehrswegen, seltener um den Bau/Ausbau von Güterverkehrszentren, Flughäfen und Ähnlichem.

Verkehrspolitische Interessengruppen oder einzelne Personen tragen an Politiker oder an die Verwaltung verkehrspolitische Probleme (z. B. Bau einer Fernstraße) heran und lösen damit eine Vielzahl ingenieurwissenschaftlicher Fragestellungen und ökonomischer und gesellschaftspolitischer Bewertungen aus. Die **Zuständigkeit für Verkehrsinfrastruktur** liegt

- beim **Bund**, sofern es sich um Bundesfernstraßen, Bundeswasserstraßen, Bundeseisenbahnwege, Luftstraßen/Flugsicherung handelt,
- beim **Land**, sofern es sich um Landesstraßen handelt,
- bei **Kreisen und Gemeinden**, sofern es sich um Gemeinde- und Kreisstraßen handelt.

Nach dem Abschluss der häufig über viele Jahre hinweg zu führenden Diskussionen werden die Ergebnisse in Bedarfspläne (z. B. Art und Umfang der Straßenbaupläne) eingestellt, die die Basis für die Finanzierung (öffentliche Haushalte) der Vorhaben darstellen. Dieses sind

- auf Bundesebene der **Bundesverkehrswegeplan (BVWP)**,
- auf Landes- und kommunaler Ebene die **Generalverkehrspläne**.

Der BVWP ist die grundlegende Basis für die strategische Planung und Ausrichtung der Verkehrswege und das wichtigste Instrument der Verkehrsinfrastrukturplanung des Bundes. Bau und Erhaltung von großen, bundesweit bedeutsamen Infrastrukturmaßnahmen fallen in die Zuständigkeit des Bundes. Dazu zählen alle Bundesschienenwege, Bundeswasserstraßen, Bundesstraßen und Autobahnen. Der Bundesverkehrswegeplan (BVWP) wird vom Bundesministerium für Verkehr und digitale Infrastruktur (BMVI) aufgestellt und von der Bundesregierung beschlossen. Darin enthalten sind sämtliche beabsichtigten Neu-, Um- und Ausbaumaßnahmen an Straßen, Schienen und Wasserstraßen, für die aus Bundessicht ein Bedarf erkannt wurde. Aufgrund sich ändernder politischer und verkehrlicher Rahmenbedingungen müssen die Instrumente der Bundesverkehrswegeplanung kontinuierlich überprüft und weiterentwickelt werden. Der BVWP wird daher im Abstnd von ca. 10-15 Jahren neu aufgestellt, die Arbeiten an dem neuen Bundesverkehrswegeplan 2030 begannen bereits im Jahr 2011. Damals starteten zunächst die Arbeiten an einer neuen Grundkonzeption des BVWP, die u. a. die Priorisierung von Verkehrsinfrastrukturinvestitionen vor dem Hintergrund enger werdender Finanzspielräume beinhaltete. Parallel erfolgte die Erstellung einer Verkehrsprognose 2030. Nach Abschluss der Konzept- und Prognosephase folgt die eigentliche Bewertungsphase mit den Anmeldungen von neuen Infrastrukturprojekten. Auf dieser Grundlage wird ein Entwurf des BVWP erarbeitet, der mit den Bundesländern, Ressorts sowie Verbänden erörtert wird und erstmals auch eine Beteiligung der Öffentlichkeit einschließt. Der BVWP muss danach abschließend im Bundeskabinett beschlossen werden.

Die Verkehrsleistung im Personenverkehr in Deutschland wird bis zum Jahr 2030 im Vergleich zu 2010 um insgesamt 12,2 % zunehmen. Dies entspricht gemäß Verkehrsprognose 2030 einem jährlichen Wachstum von 0,6 %. Die Transportleistung im Güterverkehr soll im selben Zeitraum mit 38 % noch deutlich stärker ansteigen. An vielen Stellen der Netze besteht daher ein Bedarf für Aus- und Neubauvorhaben. Da die Finanzmittel, die dem BMVI zur Verfügung stehen, knapp sind, stehen das Prinzip „Erhalt vor Neubau“ und die Engpassbeseitigung in hochbelasteten Korridoren im Fokus des BVWP 2030.

Zudem werden die Vorhaben im BVWP auf Basis fachlicher Kriterien in verschiedene Dringlichkeitskategorien eingeordnet. Für die neuen Vorhaben gibt es im BVWP 2030 die Dringlichkeitsstufen **Vordringlicher Bedarf (VB)** mit Vordringlicher Bedarf – **Engpassbeseitigung (VB-E)** sowie Weiterer Bedarf (WB) mit Weiterer Bedarf mit Planungsrecht (WB*). Vorhaben des VB/VB-E sollen im Geltungszeitraum des BVWP bis zum Jahr 2030 umgesetzt bzw. begonnen werden.

Bei den Aus- und Neubaumaßnahmen konzentriert sich der BVWP auf die Vorhaben, die großräumig wirksam sind sowie eine wesentlich kapazitätssteigernde bzw. qualitätsverbessernde Wirkung entfalten. Im Fokus des BVWP 2030 stehen besonders die Hauptachsen und Knoten der Verkehrsnetze. Der Großteil der Investitionsmittel wird auf großräumig bedeutsame Projekte konzentriert.

Auf Grundlage des BVWP werden die Bedarfspläne für die einzelnen Verkehrsträger entworfen. Diese werden als Anlage der jeweiligen Ausbaugesetze in den Deutschen Bundestag eingebracht und von diesem verbindlich beschlossen. Alle fünf Jahre werden aufgrund gesetzlicher Regelungen Bedarfsplanüberprüfungen durchgeführt. Auf den nachfolgenden Planungsstufen werden die einzelnen Projekte des BVWP bzw. der Bedarfspläne von den jeweiligen Vorhabenträgern vertieft. Hierbei werden je nach Erfordernis Raumordnungsverfahren und Planfeststellungsverfahren durchlaufen. Zeitpunkt und Reihenfolge der Projektumsetzungen hängen letztlich von dessen Priorisierung im VB/VB-E, dem Planungsstand sowie den verfügbaren Finanzmitteln ab.

Verkehrsinfrastrukturprojekte haben in aller Regel eine raumordnende Dimension mit der Folge, dass wichtige Gesetze und Verordnungen der Raumordnung auf den einzelnen Planungshierarchien (Bund, Land, Gemeinden u. a.) zu beachten sind. Das gilt für alle Agierenden, somit auch für staatliche Stellen, wenn diese als Auftraggeber für Verkehrsinfrastrukturmaßnahmen auftreten.

Unter **Raumordnung** ist die überörtliche Planung von raumbedeutsamen Maßnahmen zu verstehen. Der Gesamtraum der Bundesrepublik Deutschland und seine Teilräume sind durch zusammenfassende, übergeordnete Raumordnungspläne und durch Abstimmung raumbedeutsamer Planungen und Maßnahmen zu entwickeln, zu ordnen und zu sichern (§ 1 Abs. 1 Raumordnungsgesetz).

Entsprechend der föderalen Struktur findet Raumordnung in der Bundesrepublik Deutschland in einem abgestuften System von Zuständigkeiten statt. Dabei wird nach einem hierarchischen Prinzip vorgegangen, nach dem eine untergeordnete Planung einer übergeordneten nicht widersprechen darf. Förmliche, also auf gesetzlichen Regelungen basierende Instrumente der räumlichen Planung sind auf den einzelnen Stufen:

1. Auf Bundesebene der raumordnungspolitische Orientierungsrahmen, der **Raumordnungsbericht** (Aufstellung alle vier Jahre).
   Rechtgrundlage für die Bundesraumordnung ist das Raumordnungsgesetz (ROG). Es legt die Leitvorstellungen (z. B. freie Entfaltung der Persönlichkeit) und die Grundsätze (z. B. ausgewogene Siedlungs- und Freiraumstruktur, gute Erreichbarkeit aller Teilräume) der Raumordnung und die Organisation der Raumordnung zwischen Bund und Ländern fest. Hierfür wird ein raumordnungspolitischer Orientierungsplan erstellt. Das Bundesministerium für Verkehr und digitale Infrastruktur ist zurzeit zuständig für die Ministerkonferenz für Raumordnung und alle vier Jahre für die Aufstellung des Raumordnungsberichts. Die Bundesregierung sorgt für die Anpassung der deutschen Raumordnung im supranationalen Bereich, also in der EU.
2. Auf Landesebene das **Landesentwicklungsprogramm**/der **Landesentwicklungsplan (LEP)**.
   Auf dieser Ebene sollen die Ziele und Grundsätze der Raumordnung verwirklicht und konkretisiert werden. Rechtgrundlage sind Landesgesetze; in Hessen beispielsweise das Hessische Landesplanungsgesetz (HLPG). Der LEP beinhaltet die Festlegung von Grundsätzen und Zielen der Raumordnung in kartografischer und textlicher Form für die großräumige Ordnung und Entwicklung des (Bundes-)Landes und seiner Regionen sowie der überregional bedeutsamen Planungen (z. B. Flughafenausbau) und Maßnahmen. Der Landesentwicklungsplan wird dem Landtag als Entwurf zur Kenntnis gebracht und danach wichtigen für die Raumplanung zuständigen Organisationen (Organisationen der Wirtschaft und Gewerkschaften und ähnliche) zur Stellungnahme vorgelegt. Danach stellt die Landesregierung den Landesentwicklungsplan fest und erlässt ihn als Rechtsverordnung. In einigen Bundesländern (z. B. Hessen) wird der LEP durch die Zustimmung des Landtags in den Rang eines Landesgesetzes erhoben.
3. Auf der Ebene der Regierungsbezirke (oder mehrerer Kreise, Planungsregionen oder kreisfreier Städte) der **Regionalplan**.
   Der Regionalplan oder auch Regionale Raumordnungsplan (RROP) konkretisiert die Ziele des Landesentwicklungsplans. Enthält der Raumordnungsplan für eine raumbedeutsame Planung oder Maßnahme kein räumlich und sachlich hinreichend konkretes Ziel der Raum-

ordnung, so ist ein **Raumordnungsverfahren (ROV)** durchzuführen. Im Raumordnungsverfahren sind die raumbedeutsamen Auswirkungen des Vorhabens auf Menschen, Tiere, Pflanzen, Boden, Wasser, Luft, Klima und Landschaft unter überörtlichen Gesichtspunkten zu ermitteln und zu bewerten. Das Raumordnungsverfahren ist ein verwaltungsinternes Abstimmungsverfahren. Gegen die abschließende landesplanerische Beurteilung können keine Rechtsmittel eingelegt werden.
Den Beschluss zur Aufstellung oder Fortschreibung des Regionalplans fasst die Regionalversammlung (das ist eine Versammlung von benannten Vertretern von Gemeinden, Gebietskörperschaften und ähnlichen) oder das Regierungspräsidium als obere Landesplanungsbehörde. Die Öffentlichkeit (Städte, Gemeinden, Planungsträger, Bürger) ist an dem Verfahren zu beteiligen. Stellungnahmen, Anregungen und Bedenken aus der Anhörung werden vom Regierungspräsidium geprüft und gegebenenfalls in eine Beschlussvorlage zur Beratung und Beschließung durch die Regionalversammlung eingearbeitet. Der beschlossene Entwurf des Regionalplans wird der obersten Landesplanungsbehörde zur Abstimmung und letztendlich der Landesregierung zur Genehmigung vorgelegt. Danach erfolgt die Veröffentlichung im Staatsanzeiger des jeweiligen Landes.

4. Auf der Ebene der Gemeinden die **Bauleitplanung** im Mantel von Flächennutzungsplänen und Bebauungsplänen. Die planungsrechtliche Hoheit der Gemeinden über ihr Gebiet ist im Grundgesetz Art. 28 geregelt. Die weiteren Rechtsgrundlagen der Bauleitplanung sind das Baugesetzbuch (BauGB) und die Baunutzungsverordnung (BauNVO), zusätzlich haben die Bundesländer gesonderte Bauordnungen erlassen. Zielsetzung dieser Verordnungen ist es, einen geordneten Rahmen für die Nutzung der Grundstücke in einer Gemeinde zu schaffen.
   Der **Flächennutzungsplan** stellt die generellen räumlichen Planungs- und Entwicklungsziele einer Gemeinde dar. Flächennutzungspläne müssen von der übergeordneten Verwaltungsbehörde genehmigt werden. Der Bebauungsplan trifft rechtsverbindliche Festsetzungen, wie die einzelnen Grundstücke bebaut und genutzt werden können.
5. Insbesondere für große Bauvorhaben schreiben deutsche Gesetze neben den oben genannten Verfahrensweisen das Planfeststellungsverfahren vor. Die Erforderlichkeit eines Planfeststellungsverfahrens für einen Flughafenausbau wird z. B. im Luftverkehrsgesetz des Bundes geregelt.
   Das Planfeststellungsverfahren (PFV) ist im Prinzip ein veröffentlichtes Baugenehmigungsverfahren, in dem der betroffene Nachbar, im Gegensatz zu „normalen" Baugenehmigungsverfahren, während einer Einwendungsfrist seine Betroffenheit geltend machen muss. Erfolgt dies nicht, ist der Nachbar, auch zukünftig, von allen Schadenersatzansprüchen ausgeschlossen. Wie wichtig die Beteiligung der Bürger bei großen Projekten an den Planfeststellungsverfahren ist, zeigen z. B. die Erfahrungen beim Flughafenausbau in Frankfurt am Main und München oder beim Bahnhofsprojekt Stuttgart 21.

Das **Planfeststellungsverfahren** beinhaltet im Wesentlichen die folgenden Schritte:

1. Planaufstellung: Der Planfeststellungsantrag muss die für das Projekt erforderlichen genehmigungsfähigen Unterlagen enthalten und in einer Umweltverträglichkeitsprüfung die Auswirkungen des Projekts auf das zu Schützende (Mensch, Flora, Fauna, Luft u. a.) einer Bewertung unterziehen.
2. Offenlage der Unterlagen.
3. Anhörverfahren: Nach der Offenlage und Einwendungsfrist erfolgt die Aufarbeitung der Einwendungen. Nach sechs Monaten hat der Erörterungstermin zu erfolgen.
4. Bericht der Verfahrensbehörde (das ist in aller Regel das Regierungspräsidium) an die Planfeststellungsbehörde (das ist in aller Regel die oberste Verkehrsbehörde eines Landes).

5. Planfeststellungsbeschluss: Seine Veröffentlichung gilt als Benachrichtigung der Verfahrensbeteiligten.

Gegen den Planfeststellungsbeschluss sind Rechtsmittel vor dem Verwaltungsgericht möglich.

Die **Finanzierung der Verkehrsinfrastruktur** ist im Zeitalter knapper Haushaltsmittel der öffentlichen Hände ein besonderes Problem. Grundsätzlich gibt es zwei Finanzierungsmodelle:

- Finanzierung aus Steuermitteln; das ist die heute überwiegend übliche Form der Finanzierung,
- Nutzer- oder Privatfinanzierungsmodelle.

Die folgenden Finanzierungsmethoden stehen für Verkehrsinfrastrukturmaßnahmen zur Verfügung:

1. **Finanzierung aus den öffentlichen Haushalten**
   Aufgrund „knapper Kassen" werden in praxi unabhängig von den von den Verkehrsunternehmen aufgebrachten Steuermitteln die notwendigen Erhaltungs- und Erweiterungsinvestitionen in die Verkehrsinfrastruktur nicht in dem erforderlichen Umfang getätigt. So ermittelte die Bodewig-Kommission „Zukunft der Verkehrsinfrastrukturfinanzierung" einen jährlichen Unterfinanzierungsbetrag von 7,2 Mrd. €. Dabei betrifft diese Unterfinanzierung vor allem den Erhalt und Betrieb. Neu- und Ausbauprojekte sind hier kaum berücksichtigt und ein zusätzlicher dramatischer Erhaltungsbedarf wird bei den Brücken gesehen. Dass die Unterfinanzierung immer wieder kritisiert wird liegt auch an der Tatsache dass der Kraftfahrzeugverkehr in Deutschland insgesamt über 50 Mrd. € an Abgaben (Kfz-Steuer, Mineralölsteuer, Ökosteuer, Mehrwertsteuer auf Mineralöl, Maut) in den Staatshaushalt einbringt. Davon werden jedoch nur Mittel in einer Größenordnung von ca. 20 Mrd. € für Verkehrsaufgaben des Bundes, der Länder und der Kommunen für das Straßenwesen geleistet.
2. **Lkw-Maut**
   Die Einnahmen aus der Lkw-Maut betrugen in den Jahren 2009 bis 2014 ca. 4,3 bis 4,5 Mrd. €. Durch das neue Wegekostengutachten war die Bundesregierung verpflichtet, die Mautsätze abzusenken. Als Kompensation für die niedrigeren Mautsätze ab 1.1.2015 folgte jedoch am 1.7.2015 eine Ausweitung der Mauterhebung auf weiteren 1.000 km Bundestraßen sowie eine Absenkung des mautpflichtigen Gewichts von 12 t auf 7,5 t ab dem 1.10.2015. Langfristig (ab 2018) plant die Bundesregierung die Lkw-Maut auf dem gesamten Straßennetz zu erheben und zudem wird auch über eine weitere Absenkung des Fahrzeuggewichts auf 3,5 t nachgedacht. Die „Maut" wäre jedoch nur dann ein taugliches Finanzierungsmittel, wenn sie zweckgebunden (für den Straßenverkehr) verwendet und die daneben laufende Finanzierung aus Steuermitteln nicht herunter gefahren würde.
3. **Konzessionsmodell**
   Eine private Organisation übernimmt die Bauleistung für das Straßenbauprojekt auf eigene Rechnung (private Vorfinanzierung). Der Bund verpflichtet sich im Gegenzug, die privat finanzierte Infrastruktur gegen ratenweise Zahlung der Refinanzierungssumme zu erwerben.
4. **Privatwirtschaftliches Betreibermodell**
   Bau, Erhaltung, Betrieb und Finanzierung werden auf Private übertragen, die im Gegenzug das Recht auf Erhebung einer Maut erhalten. In praxi gibt es privatwirtschaftliche Betreibermodelle derzeit nur in geringem Umfang. Diese sind vor allem im europäischen Ausland zu finden, z. B. in Frankreich und Italien.
5. **Mischmodell**
   Die Rückzahlung der privaten Investitionsmittel durch den Staat erfolgt in Abhängigkeit zum Verkehrsaufkommen und Ähnlichem.

6. **Sondervermögensmodell**
   Nach diesem Modell des Deutschen Industrie und Handelskammertages (DIHK) sollen Finanzierung, Erhalt und Ausbau der Verkehrsinfrastruktur aller Verkehrsträger außerhalb des allgemeinen Staatshaushalts in einem Sondervermögen „Verkehrsinfrastruktur“ zusammengefasst werden. Die Verwaltung des Sondervermögens wird einer unabhängigen Bundesanstalt mit eigener Haushaltsführung übertragen, die sich aus der Erhebung von Benutzungsgebühren refinanziert.
7. **Verkehrsinfrastrukturfinanzierungsgesellschaft**
   Mit der Einführung der Lkw-Maut ist die Verkehrsinfrastrukturfinanzierungsgesellschaft (VIFG mbH) aufgrund eines entsprechenden Gesetzes (VIFGG) gegründet worden. Die VIFG ist eine Gesellschaft privaten Rechts im Eigentum des Bundes. Das Bundesministerium für Verkehr und digitale Infrastruktur (BMVI) hat die VIFG mit der Verteilung des Gebührenaufkommens aus der Lkw-Maut nach dem Bundesfernstraßenmautgesetz (BFStrMG) beauftragt. In den Jahren 2004 bis 2010 wurden die Projekte der Eisenbahnen des Bundes und der Bundeswasserstraßen anteilig aus der Lkw-Maut finanziert. Diese Projekte der Verkehrsträger Schiene und Wasserstraße werden seit 2011 durch den Bund wieder vollständig mit konventionellen Haushaltsmitteln realisiert. Seit dem 1. Januar 2011 werden alle Einnahmen aus der Lkw-Maut für den Verkehrsträger Straße verwendet. Damit ist der erste Schritt zur Realisierung des Finanzierungskreislaufs Straße finanziert Straße umgesetzt. Ihre Aufgabe ist somit vorrangig die Verteilung von Mitteln aus der Lkw-Maut zur Finanzierung von Neubau, Ausbau und Erhaltung der Straßenverkehrswege. aber auch die Übernahme von Aufgaben im Zusammenhang mit der Vorbereitung, Durchführung und Abwicklung von privatwirtschaftlichen Projekten.
   Das Mautaufkommen steht zunächst dem Bund zu. Davon werden die System- und Verwaltungskosten bestritten. Das verbleibende Mautaufkommen wird für die Verbesserung der Verkehrsinfrastruktur, überwiegend für den Bundesfernstraßenbau verwendet (§ 11 Autobahnmautgesetz (ABMG)). Diese Mittel zu bewirtschaften ist Aufgabe der VIFG. Welche Vorhaben aus der Lkw-Maut finanziert werden, beschließt das Parlament jährlich mit dem Haushaltsplan. Dabei fallen der VIFG vor allem folgende wichtige Aufgaben zu:
   a) Zweckbindung: Die VIFG bietet Gewähr dafür, dass das verbleibende Mautaufkommen in vollem Umfang der Straßenverkehrsinfrastruktur zur Verfügung steht.
   b) Transparenz: Die VIFG stellt für die Verkehrswegenutzer transparent die Verwendung des Mautaufkommens dar.
   c) Effiziente Finanzsteuerung: Die VIFG hat die Möglichkeit, einen eventuellen jährlichen Mehr- oder Minderbedarf auszugleichen sowie eventuelle Ausgabereste auf das nächste oder übernächste Haushaltsjahr vortragen zu lassen.

1.6 Güterverkehr zwischen Ökonomie und Ökologie

Transporte, Lagerhaltung und physische Veränderungen der Güter sind mit Emissionen, Staus und Unfällen verbunden und führen zu Belastungen der Umwelt. Eine ausgewogene Verkehrspolitik steht somit vor der Aufgabe, auf der einen Seite den Güterverkehr nicht zu einem Engpassfaktor für wachsenden Wohlstand werden zu lassen und auf der anderen Seite die Umweltbelastungen in erträglichen Grenzen zu halten. Zwischen Ökonomie und Ökologie besteht ein natürliches Spannungsverhältnis.

Bis 1970 spielten Umweltbelastungen in der Verkehrspolitik praktisch keine Rolle. Die Verkehrswirtschaft gehört(e) zu denjenigen Wirtschaftsbereichen, deren Aktivitäten Wirkungen auslösen, die kostenmäßig und/oder nutzenmäßig nicht alle den Verursachern zugerechnet, sondern von

Dritten oder der Umwelt getragen werden. Deshalb spricht man auch von den sogenannten Drittwirkungen derartiger Aktivitäten, die in den wirtschafts-/verkehrspolitischen Diskussionen auch als externe Effekte bezeichnet werden.

Von den **externen Effekten des Verkehrs** spricht man

1. wenn Verkehrsnutzer nicht alle von ihnen verursachten Kosten, das sind dann die externen Kosten, angerechnet bekommen oder
2. wenn Verkehrsnutzer nicht alle von ihnen in Anspruch genommenen Vorteile, das ist dann der externe Nutzen, zugerechnet bekommen.

In der verkehrspolitischen Praxis wird vorwiegend über die negativen Effekte des Verkehrs (externe Kosten) diskutiert. Diese werden nach Aberle (Aberle, a. a. O., S. 583 ff.) differenziert nach den externen Kosten der **Verkehrsinfrastruktur** und des **Verkehrsmittelbetriebs**.

Zu den **externen Kosten der Verkehrsinfrastruktur** zählen die Wirkungen der Bodenversiegelung (Auswirkungen auf das Grundwasser sowie Flora und Fauna), die Trennwirkungen (Zerschneiden von Kulturflächen und ähnliches) und der Landverbrauch.

Zu den **externen Kosten des Verkehrsmittelbetriebs** zählen die Schadstoffemissionen, die Lärmemissionen, die Schäden durch Erschütterungen, die Staukosten und die Verkehrsunfall- und -unfallfolgekosten (soweit nicht durch Versicherungen abgedeckt).

Nach Studien des Bundesumweltministeriums und des Umweltbundesamtes belaufen sich die externen Kosten des Straßenverkehrs auf ca. 80 Mrd. € pro Jahr. Dabei müssen zur Ermittlung dieser Kosten eine Vielzahl von Annahmen und Definitionen zu Grunde gelegt werden, sodass bei einem Vergleich verschiedener Institute die externen Kosten des Straßenverkehrs zwischen 35 Mrd. bis 120 Mrd. € differieren.

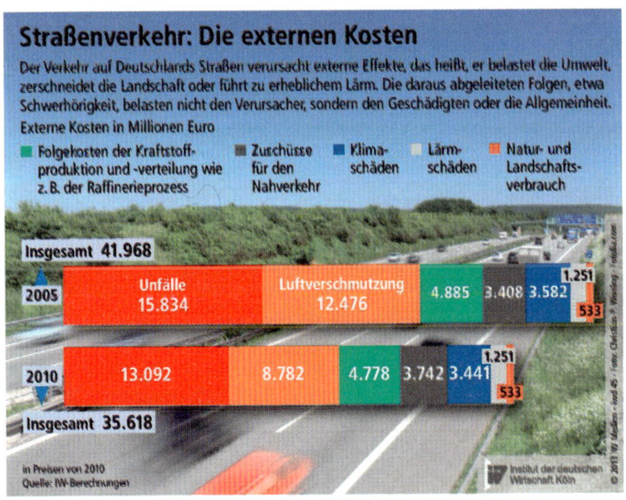

Abb. 1.6-1: Externe Kosten des Verkehrs in Deutschland 2013
Quelle: Institut der deutschen Wirtschaft Köln

Um den Verursacher externer Kosten mit den negativen Effekten seiner Aktivitäten zu konfrontieren und ihn zu veranlassen, diese zu beschränken, kann mit staatlichen Regulierungen eine verursachungsgerechte Anlastung der externen Kosten erfolgen. Wir sprechen dann von einer **Internalisierung** externer Kosten.

Nach Grandjot (Grandjot, Verkehrspolitik, 1. Auflage 2003, S. 153ff.) gibt es zusammenfassend zur Verringerung der externen Kosten verschiedene Maßnahmen:

- ordnungspolitische: z.B. Fahrverbote
- technische: z. B Rußfilter
- finanzpolitische: z. B. Steuern und Maut
- raumordnungs- und infrastrukturpolitische: z. B. Umgehungsstraßen
- logistisch/organisatorische: z. B. Ausdehnung des Kombinierten Verkehrs

Von den externen Kosten zu trennen sind die sogenannten **Wegekosten**. Wegekosten ergeben sich aus den Investitionen in die Verkehrsinfrastruktur und setzen sich insbesondere aus den Abschreibungen und den kalkulatorischen Zinsen auf das eingesetzte Kapital zusammen. Ziel einer Wegekostenrechnung muss es sein, die Wegekosten verursachungsgerecht zu ermitteln und dem jeweiligen Verkehrsträger anzulasten. Im Straßengüterverkehr ist die Erhebung einer Maut hierfür ein geeignetes Instrument.

Die Europäische Union hat neue **Emissionsgrenzen** für umweltschädigende Emissionen von Diesel- und Benzinfahrzeugen verabschiedet. Diese begrenzen insbesondere Stickstoffoxide und Feinstaub, welche die menschliche Gesundheit besonders belasten.

Feinstaub (Particulate Matter – PM) bezeichnet die Masse aller im Gesamtstaub enthaltenen Partikel, deren aerodynamischer Durchmesser kleiner als 0,01 mm (PM 10) oder kleiner als 0,0025 mm (PM 2,5) ist. Feinstaub ist nach einer Studie der EU die Ursache für den Tod von über 300.000 Menschen in der Europäischen Union pro Jahr. Die Grenzwerte der EU-Luftschadstoffrichtlinie gelten für Deutschland seit 2005. Als Grenzwerte für Feinstaub der Kategorie PM 10 sind ein Jahresmittelwert von 40 Mikrogramm pro Kubikmeter und ein Tagesmittelwert von 50 Mikrogramm pro Kubikmeter festgelegt. Der Tagesmittelwert darf an nicht mehr als 35 Tagen im Jahr überschritten werden. Es wird eine PM 10-Fristverlängerung gewährt, wenn nachgewiesen werden kann, dass alle vertretbaren Maßnahmen ergriffen worden sind.

PM 10-Stäube entstehen durch Aufwirbelungen, Industrieabgase, Hausbrand und Verkehr. Nach einer Untersuchung des Umweltbundesamtes (UBA) aus dem Jahr 2015 setzt sich die gesamte **Feinstaubbelastung** in Deutschland aus folgenden Emittentengruppen ca. wie folgt zusammen:

- Industrie und verarbeitendes Gewerbe 40 %
- Landwirtschaft 20 %
- Verkehr 15 %
- Haushalte 15 %
- Kraftwerke 5 %
- sonstige Emittenten 5 %

Die Emission von Feinstaub hat im Zeitraum von 1995 bis 2005 um ca. 25 % abgenommen und stagniert seitdem (siehe Abb. 1.6-2). Dies verdeutlicht, dass die Einführung der im Folgenden beschriebenen Umweltzonen seit ca. 2005 bei weitem nicht den prognostizierten Erfolg erbracht hat. Auch die Verteilung der Feinstaubemissionen nach ihren Emittenten zeigt, dass der Verkehr einen geringen Anteil von ca. 15 % am Gesamtaufkommen verursacht.

Bereits in nationales (deutsches) Recht umgesetzt sind (neue) Luftqualitätsstandards für **Stickstoffdioxide** (NO_2). Seit 2010 gelten die folgenden **Immissionsgrenzwerte** für NO_2:

- Jahresmittelwert 40 Mikrogramm pro Kubikmeter
- Ein-Stundenwert: 200 Mikrogramm pro Kubikmeter (mit 18 zulässigen Überschreitungen pro Jahr)

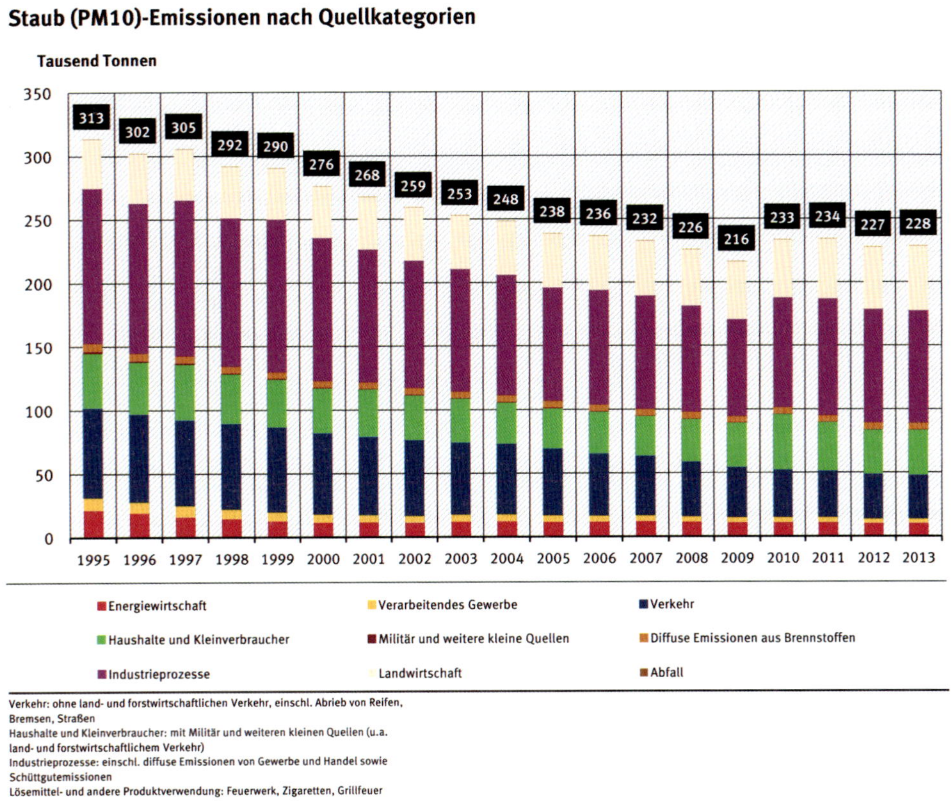

Abb. 1.6-2: Feinstaubemissionen Quelle: Umweltbundesamt, Nationale Trendtabellen für die deutsche Berichterstattung atmosphärischer Emissionen seit 1990, Emissionsentwicklung 1990 bis 2013 (Stand 03/2015)

NO_2 ist ein hochgiftiges Reizgas mit stechend-stickigem Geruch und wird bereits in geringen Konzentrationen wahrgenommen. Es hat eine erhebliche lufthygienische Bedeutung und wird in besonderem Umfang vom Straßenverkehr verursacht. Der Anteil des Kfz-Verkehrs an den Jahresemissionsmengen für NO_2 liegt in aller Regel bei über 50 %. Im Gegensatz zum Feinstaub wird der NO_2-Problematik bislang relativ wenig Bedeutung beigemessen.

Die Umsetzung der EU-Richtlinien in deutsches Recht hat zur Einrichtung von **Umweltzonen** in zwischenzeitlich 53 deutschen Städten (Stand Mai 2016) geführt. In eine Umweltzone dürfen zumeist nur Fahrzeuge einfahren, die mit einer grünen Plakette ausgestattet sind. Für Umweltzonen entscheiden sich in aller Regel größere Städte, wenn Grenzwertüberschreitungen (siehe oben) vorliegen und mit Verkehrsbeschränkungen in Verbindung mit anderen Maßnahmen die Immissionsbelastung unter die Grenzwerte abgesenkt werden kann.

Umweltzonen und neuerliche Bemühungen der Europäischen Kommission zur umweltfreundlicheren Bedienung von Großstädten werden die Ver- und Entsorgung von Ballungsräumen in naher Zukunft sicherlich nicht erleichtern. Das EU-Grünbuch mit dem Titel „Hin zu einer neuen Kultur der Mobilität in den Städten" sieht konsolidierte Anlieferungen, eine effizientere Routenplanung, Vermeidung von Leerfahrten, den Einsatz neuer Fahrzeugtechnologien, die Erhebung einer Stadtmaut (wie z. B. in London) und Ähnliches vor.

Fahrzeugindustrie und Verkehrsgewerbe arbeiten seit Jahren erfolgreich an einer Vermeidung/Verminderung der Emissionswerte für Motoren. Der Kraftstoffverbrauch von 40 t-Lastzügen ist seit 1967 bis heute um ein Drittel auf durchschnittlich 27 bis 33 Liter pro 100 km gesenkt worden. Die Motoren für Lkw nach der Norm Euro 5 und der neuen Klasse 6 produzieren ihre Leistung mit erheblich abgesenkten Abgas- und Feinstaubwerten. Die folgende Übersicht, erstellt vom Bundesverband Güterkraftverkehr Logistik und Entsorgung, sollte jeder Logistiker „vor Augen" haben, wenn er umweltpolitisch motivierte Diskussionen zu führen hat. Es stehen

HC für Kohlenwasserstoffe, die bei der unvollständigen Verbrennung fossiler Brennstoffe entstehen. Der Straßenverkehr trägt seit Einführung der Katalysatortechnik nur noch einen kleinen Anteil der gesamten HC-Emissionen,

CO für Kohlenmonoxide; ca. 40 % der CO-Belastung resultieren aus dem Kraftfahrzeugverkehr mit Verbrennungsmotoren,

NO_x für Stickstoffoxide, die durch die Ausstattung der Fahrzeuge mit höher verdichteten Otto-Motoren und durch motorische Maßnahmen zur Senkung von Kraftstoffverbrauch u. a. ansteigen.

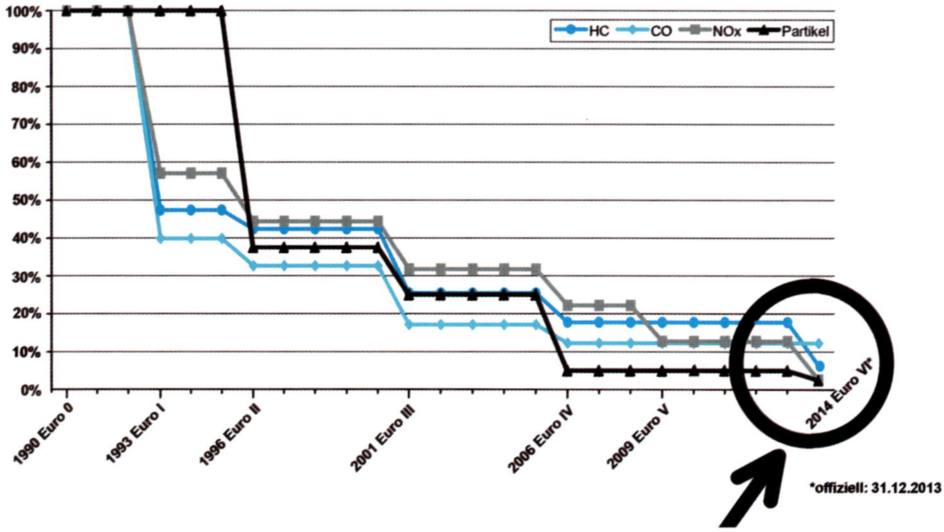

Abb. 1.6-3: EU-Emissionsgrenzwerte für Dieselmotoren Quelle: Bundesverband Güterkraftverkehr Logistik und Entsorgung (BGL) e.V., zuletzt aktualisiert im Februar 2015

Auch die Luftfahrtindustrie arbeitet intensiv an neuen Technologien. Die Schallimmission von Flugzeugen und Triebwerken konnte in den letzten 40 Jahren um etwa 30 dB (dB = Dezibel; Maßeinheit zur Messung der Lärmstärke) verringert werden. Dies bedeutet eine Reduzierung des empfundenen Lärms um nahezu 90 %. Eine Schallminderung um 10 dB halbiert die subjektiv empfundene Lautstärke, die 30 dB weniger bedeuten demnach eine dreimalige Halbierung.

Der **Emissionshandel** ist ein marktwirtschaftliches Instrument, mit dem das Klima geschützt werden soll. Er beinhaltet den Handel mit Rechten zum Ausstoß von Treibhausgasen. Er gehört zum Kyoto-Protokoll und wurde im Jahr 2005 auch in der Europäischen Union eingeführt. Die Treibhausgas-Emissionen werden auf eine Gesamtmenge (CAP) begrenzt und in Form handelbarer Rechte ausgegeben. Wer die Umwelt mit Treibhausgasen belastet, muss Rechte erwerben und wer seinen Ausstoß reduziert, kann mit diesen Rechten handeln und sie verkaufen. Die

Staaten regeln welche Treibhausgasmengen ausgestoßen werden dürfen, wobei seit 2013 der Emissionshandel stärker europäisch harmonisiert wird. Dabei wird die erlaubte gesamte Emissionsmenge jährlich reduziert.

In Deutschland nahmen im Jahr 2013 Unternehmen mit ca. 1.800 Anlagen (u. a. Industrie, Stahlwerke, Raffinerien) an dem Emissionshandel teil. Seit 2011 ist auch der Flugverkehr mit der Einführung der Luftverkehrssteuer einbezogen und weitere Branchen sollen folgen. So unterliegen die Emissionen aus den internationalen Seeverkehren bis heute keinen Übereinkommen und Regeln und waren auch nicht Inhalt des Kyoto-Protokolls. Die Europäische Kommission hat jedoch bereits angekündigt, dass, wenn die internationale Seeschifffahrt freiwillig keine Einigung über Reduktionsziele erarbeitet, die Einbindung des Seeverkehrs in das europäische Emissionshandelssystem angestrebt wird.

1.7 Die Güterverkehrswirtschaft in der EU

Die europäische Integration begann 1951 mit der Gründung der Europäischen Gemeinschaft Kohle und Stahl (EGKS). 1957 erfolgte auf der Basis der Römischen Verträge die Gründung der Europäischen Wirtschaftsgemeinschaft (EWG) und der Europäischen Atomgemeinschaft (EURATOM). EGKS, EWG und EURATOM wurden 1965 zur Europäischen Gemeinschaft (EG) zusammengeführt. 1993 führten die Verträge von Maastricht zur Gründung der Europäischen Union (EU).

Ziel der EU ist die Schaffung eines Binnenmarkts ohne Grenzen. Niemand soll wegen seiner Zugehörigkeit zu einem bestimmten EU-Land diskriminiert werden. Es gilt ein Diskriminierungs- und Beschränkungsverbot, in dessen Mittelpunkt die Realisierung der folgenden **vier Grundfreiheiten** steht:

1. Freier Warenhandel
2. Freier Personenverkehr
3. Freiheit des Zahlungs- und des Kapitalverkehrs
4. Freiheit des Dienstleistungsverkehrs

Die Güterverkehrswirtschaft ist dem Bereich des Dienstleistungsverkehrs zuzuordnen.

Die **EU-Verkehrspolitik** regelt

1. den Verkehr aus und nach einem Mitgliedstaat,
2. den Durchgangsverkehr durch das Hoheitsgebiet der Mitgliedstaaten,
3. den grenzüberschreitenden Verkehr zwischen den Mitgliedstaaten und Drittländern,
4. die Zulassung von Verkehrsunternehmen zum Verkehr in einem Mitgliedstaat, in dem sie nicht ansässig sind,
5. Maßnahmen zur Erhöhung der Mobilität und der Verkehrssicherheit.

Die wichtigsten Institutionen der EU sind im Folgenden aufgelistet:

- **Das Europäische Parlament (EP)**
  Das Europäische Parlament ist das Gesetzgebungsorgan der EU. Es wird alle fünf Jahre direkt von den Bürgerinnen und Bürgern der EU gewählt. Seine Aufgaben umfassen die Gesetzgebung, Kontrolle der EU-Organe und die Ausstellung des Haushaltsplans der EU.
- **Der Europäische Rat**
  Der Europäische Rat legt die allgemeinen politischen Zielvorstellungen und Prioritäten der EU fest. Er gehört nicht zu den Gesetzgebungsorganen der EU und erörtert oder verabschiedet daher keine EU-Rechtsvorschriften. Er bestimmt vielmehr die politische Agenda der EU.

Er gibt der Union grundlegende Impulse für die Entwicklung und bestimmt die Richtlinien der Sicherheits- und Außenpolitik. Er setzt sich zusammen aus den Regierungschefs der EU-Länder, dem Präsidenten der Kommission und dem Präsidenten des Europäischen Rates, der den Vorsitz hat.

- **Der Rat der Europäischen Union**
  Der Rat der Europäischen Union, informell auch EU-Rat genannt, ist das Organ, das die Regierungen der Mitgliedstaaten vertritt. Hier treten die Minister aus den EU-Mitgliedstaaten zusammen, um Rechtsakte anzunehmen und die Politik in ihren Zuständigkeitsbereichen abzustimmen. Er verhandelt und erlässt Rechtsakte meistens gemeinsam mit dem Europäischen Parlament im Rahmen des ordentlichen Gesetzgebungsverfahrens, auch Mitentscheidung genannt. Der Rat ist für die Koordinierung der Politik der Mitgliedstaaten verantwortlich. Der Rat übernimmt nach Maßgabe der vom Europäischen Rat vorgegebenen Leitlinien die Festlegung und Umsetzung der Außen- und Sicherheitspolitik der EU.
- **Die Europäische Kommission (EU-Kommission)**
  Die EU-Kommission ist der Motor der Union und hauptsächlich für das politische Tagesgeschäft zuständig. Sie erarbeitet Vorschläge für neue gemeinschaftliche Rechtsakte; ist Hüterin der Verträge. Als ausführendes Organ ist sie u. a. zuständig für Erstellung und Vollzug des Haushaltsplans und Verwaltung des Strukturfonds und Kohäsionsfonds.
- **Der Europäische Gerichtshof (EuGH)**
  Der EuGH sichert die Wahrung des Rechts.
- **Der Europäische Rechnungshof (EuRH)**
  Der EuRH prüft Recht- und Ordnungsmäßigkeit aller Einnahmen und Ausgaben der Gemeinschaft.
- **Die Europäische Zentralbank (EZB)**
  Die EZB entscheidet über die europäische Währungspolitik. Vorrangiges Ziel ist nicht mehr wie in der Vergangenheit die Gewährleistung der Preisstabilität, sondern der Wirtschaftsstabilität.
- **Die Europäische Investitionsbank (EIB)**
  Die EIB leiht Geld zur Finanzierung von Projekten, die im europäischen Interesse liegen.
- **Der Ausschuss der Regionen (AdR)**
  Über den AdR werden die kommunalen und regionalen Behörden gehört, in ihm sind Regionalpolitiker und Bürgermeister vertreten.
- **Europäischer Wirtschafts- und Sozialausschuss (EWSA)**
  Der EWSA dient der Einbindung der Sozialpartner in die europäische Politik. Er gibt Stellungnahmen zu den Vorschlägen der Kommission und des Rates ab und hat bei der Gesetzgebung beratende Funktion.

Zur Erfüllung der Aufgaben erlassen der Rat und die Kommission oder der Rat und das Europäische Parlament Verordnungen (sie sind verbindlich und gelten unmittelbar in jedem Mitgliedstaat), Richtlinien (sie sind verbindlich, die Wahl der Mittel wird dem Mitgliedstaat überlassen), Entscheidungen (sie sind verbindlich für diejenigen, die sie bezeichnen), Empfehlungen oder Stellungnahmen (sie sind nicht verbindlich). Entscheidungen in Verkehrsangelegenheiten werden von dem Ministerrat/dem Verkehrsministerrat und der Kommission eingeleitet. Die Kommission veröffentlicht Vorschläge und konkrete Maßnahmen zur Erreichung der Ziele in sogenannten „Weißbüchern".

Für die Güterverkehrswirtschaft hat die Europäische Union folgende wichtige Entscheidungen getroffen:

- 1.1.1993: Wegfall aller quantitativen Beschränkungen für den grenzüberschreitenden Straßengüterverkehr

- 1.7.1998: Einführung der unbeschränkten Kabotage. Die neue EU-Lizenz berechtigt zu allen nationalen und internationalen Transporten innerhalb der EU
- 1.1.1999: Startschuss für eine Währungsunion mit der neuen gemeinsamen Währung, dem Euro
- 1.10.2009: Freigabe der Kabotage auf drei Fahrten in sieben Tagen für alle EU-Mitgliedsstaaten bzw. bei EU-Neumitgliedern mit einer Übergangsfrist
- 1.5.2016: Start des Unionszollkodex (UZK)

Abb. 1.7-1: Europa, die EU **Quelle: „aktion europa" (Bundesregierung, Europäische Kommission, Europäisches Parlament) 1995–2016**

1.8 Der Spediteur in der Güterverkehrswirtschaft

Die von Spediteuren und Logistikern erstellten Leistungen dienen überwiegend immer noch direkt oder indirekt der Beförderung von Gütern. Der Spediteur und der Logistiker bzw. das Speditions- und Logistikgewerbe zählen daher zur Güterverkehrswirtschaft.

1.8.1 Fracht-, Speditions- und Logistikgeschäft

Spediteure, Logistiker und Frachtführer bilden die Gruppe derjenigen Verkehrsunternehmen, die auf dem Verkehrsmarkt das Angebot von Verkehrsleistungen an Dritte gegen Entgelt bestimmen.

Frachtführer ist, wer sich durch den Frachtvertrag verpflichtet hat, das Gut zum Bestimmungsort zu befördern und dort an den Empfänger abzuliefern (§ 407 HGB). Die körperliche Annahme des (Transport-)Gutes, dessen Bewegung auf dem Lande, auf Binnenwasserstraßen und in der Luft und schlussendlich die körperliche Übergabe des Gutes an den (berechtigten) Empfänger ist also Sache des Frachtführers; im Seefrachtgeschäft heißt er **Verfrachter**.

Die Gesamtheit der Geschäfte von Frachtführern und Verfrachtern bildet das **Frachtgeschäft**. Das Recht des Frachtführers ist im HGB §§ 407–450 für den Landverkehr, für die Binnenschifffahrt und für den nationalen Luftfrachtverkehr und im 5. Buch des HGB für den Verfrachter im Seefrachtverkehr geregelt. Im HGB wird auch der Frachtvertrag über die Beförderung von Umzugsgut (HGB §§ 451–451h) angesprochen. Erstmals wird im deutschen Recht das Geschäft von Frachtführern geregelt, das einen Frachtvertrag über eine Beförderung mit verschiedenartigen Beförderungsmitteln zum Gegenstand hat; der sogenannte Multimodale Transport (HGB § 452). Im grenzüberschreitenden Frachtverkehr gelten rechtsverbindliche und damit nicht abdingbare Bestimmungen aus zwischenstaatlichen Vereinbarungen (COTIF/CIM und/oder SMGS im Eisenbahnverkehr, WA/MÜ im Luftverkehr, CMR im Straßengüterverkehr).

Ohne der Definition des Begriffs Spediteur im HGB vorgreifen zu wollen, erschöpfen sich die **Aufgaben des Spediteurs** und Lagerhalters keinesfalls nur in der besorgenden Tätigkeit, also des Besorgens von Original-Verkehrsleistungen zum Originalpreis gegen Provisionszahlungen (HGB §§ 453, 454), in der selbsteintretenden Tätigkeit, also der Durchführung der Beförderung des Gutes (HGB § 458), in der Tätigkeit des Sammelladungsspediteurs (HGB § 460), in der Tätigkeit der Versendung von Gütern zu einem festen Preis (HGB § 459) oder in der Tätigkeit der gewerbsmäßigen Lagerung und Aufbewahrung von Gütern (HGB § 467). Der Spediteur organisiert die Beförderung, d. h. er kauft national und international Verkehrs- und damit zusammenhängende Dienstleistungen ein, ergänzt diese in dem jeweils erforderlichen Umfang durch selbstproduzierte Dienstleistungen und verkauft beides im Mantel eines (Gesamt-)Vertrags als Gesamtleistung zu einem Gesamtpreis an seinen Auftraggeber.

Im Zeitalter logistischer Dienstleistungen wird der Spediteur zum **Logistikdienstleister**, wenn nicht sogar zum **Supply Chain Manager**, wenn er entlang der gesamten Wertschöpfungskette (supply chain) logistisches Verbesserungspotenzial aufspürt und als Paket (Kontraktlogistik) abarbeitet. Dabei werden neben Verkehrsdienstleistungen häufig vermehrt auch produktbezogene Arbeiten (Montage, Reparaturen u. a.) in das Leistungspaket mit einbezogen.

Das **Outsourcing** logistischer Dienstleistungen an Spediteure soll dazu beitragen, steigende Anforderungen an die Unternehmenslogistik kostenoptimal zu bewältigen. Es sind vor allem synergetische Effekte, die eine Ausgliederung von Funktionen auf die Spedition begründen:

- Ausgleichseffekt – Durch den Kunden- und Branchenmix lässt sich eine bessere saisonale und regionale Auslastung der Kapazitäten erreichen.
- Economies of scale – Logistikdienstleister können Bündelungseffekte durch die Konsolidierung von Sendungen und Packstücken realisieren, die sich in der Ausschöpfung von Stückkostendegressionen niederschlagen.
- Variabilisierungseffekt – Durch das Outsourcing entstehen dem Kunden nur leistungsabhängige Kosten.
- Entlastung von Sprungkosten – Die Nutzung des Logistikdienstleisters erhöht die logistische Flexibilität des Kunden (stufenlose Anpassung an die Absatzentwicklung).
- Kapitalfreisetzungseffekt – Durch Einkauf logistischer Dienstleistungen wird Kapital freigesetzt.
- Spezialisierungseffekt – Logistikdienstleister verfügen durch vertiefte Arbeitsteilung über spezielles Know-how, das dem Kunden zugutekommt.

In der konkreten Ausgestaltung ist der Spediteur dann

- **Architekt des Güterverkehrs**, wenn er Lösungen von Verkehrsproblemen zu finden hat, die den Charakter einer „Einzelanfertigung" haben;
- **Organisator des Verkehrs**, wenn er Transportketten schon fast industriell organisiert, um eine permanente Nachfrage nach Verkehrsleistungen so rationell wie möglich befriedigen zu können. Er plant und bestimmt das Beförderungsmittel und den Beförderungsweg, erteilt begleitende Weisungen und sichert Schadensersatzansprüche. Dabei arbeiten Spediteure verkehrsträgerneutral. Im Einzelnen disponieren sie nach einer Erhebung des DSLV aus dem Jahr 2010 (Zahlen – Daten – Fakten aus Spedition und Logistik, die neue Datenerhebung des DSLV aus dem Jahr 2015 kann unter www.dslv.org kostenlos heruntergeladen werden):
  - 80 % der Transportmengen im gewerblichen Straßengüterfernverkehr
  - 98 % des Luftfrachtaufkommens
  - 20 % der Tonnage in der Binnenschifffahrt
  - 25 % der Güter im Eisenbahnverkehr (einschließlich des Kombinierten Verkehrs)
  - über 60 % der Gütermengen im Seeverkehr;
- **Erfüllungsgehilfe und/oder Agent** (wie z. B. im Luftfrachtverkehr) von Verkehrsträgern;
- **Verkehrsträger**, wenn er eigene Fahrzeuge für den Gütertransport einsetzt;
- **Logistikdienstleister**, wenn er entlang der Wertschöpfungskette die einzelnen Prozesse mitsteuern hilft und je nach Anforderungsprofil in der Beschaffungs-, Produktions-, Entsorgungs- und Absatzlogistik engagiert ist.

In der verkehrswirtschaftlichen Praxis spricht man zu Recht bereits dann von dem Spediteur als Logistiker oder anspruchsvoller als Logistikdienstleister, wenn er aus der Wertschöpfungskette Einzelleistungen herausgreift und diese bearbeitet. Schon das dokumentiert die vielzitierte Ausweitung der Leistungspalette des Spediteurs und dessen veränderte/erweiterte Betrachtungsweise, die in den Jahren 1970 und folgende eingeleitet wurde.

Nach der vom Deutschen Speditions- und Logistikverband 2015 herausgegebenen Studie „Zahlen – Daten – Fakten aus Spedition und Logistik" sind das die folgenden Einzelleistungen.

Logistische Dienstleistungen (Value Added Services)	Betriebe in %
Logistikberatung	75
Abrufsteuerung	25
Bestandsmanagement	46
Qualitätskontrolle	42
Zentrallagerfunktion	29
Bestellabwicklung für Kunden	27
Konfektionierung	28
Montagearbeiten	17
Kommissionieren, Verpacken	67
Etikettierung	54
Regalservice	9
Fakturierung und Inkasso	11
Retourenmanagement	22
Call Center	4
Tracking and Tracing	49
E-Fulfillment	7
Sicherheitskontrolle See-/Luftfracht	20

Tab. 1.8-1: Logistische Dienstleistungen in der Spedition **Quelle: Deutscher Speditions- und Logistikverband, Zahlen – Daten – Fakten aus Spedition und Logistik 2015, Bonn 2015**

Allein diese Auflistung zeigt, wie schwer es Nichtfachleute haben, Spediteure begrifflich richtig einzuordnen. Dabei ist zu bedenken, dass mindestens 70 % der logistischen Gesamtleistungen sich nach wie vor aus Transport-, Lager- und Umschlagsleistungen, also sozusagen den traditionellen Leistungsbereichen des Speditions- und Logistikgewerbes, zusammensetzen.

1.8.2 Von der klassischen Logistik zu Wertschöpfungsketten

Die Begriffsvielfalt in der Logistik ist insbesondere für Berufsanfänger verwirrend. In der Fachpresse und in der Literatur wird eine Vielzahl von Begriffen im Mantel von Anglizismen präsentiert, die einfache Sachverhalte komplizieren. Wir wollen deshalb im Folgenden versuchen, den gedanklichen Einstieg in die Logistik in aller Kürze und Einfachheit zu wagen.

Logistische Aktivitäten – und darin sind sich alle Logistiker einig – sollen räumlich und zeitlich entkoppelte Prozesse miteinander verbinden und dann sicherstellen, dass

- das richtige Gut
- zur richtigen Zeit
- am richtigen Ort
- in der richtigen Menge
- in der richtigen Qualität
- zu den richtigen Kosten
- für den richtigen Kunden

zur Verfügung steht. Das sind die sogenannten **Sieben „r's" in der Logistik**.

Unter **Supply Chain Management** (SCM) (vgl. Hahn, D., „Problemfelder der SCM" in Wildemann, H. (Hrsg.), Supply Chain Management, München 2006) kann man

- die Planung, Steuerung und Kontrolle
- des gesamten Material- und Dienstleistungsflusses, einschließlich der damit verbundenen Informations- und Geldflüsse
- innerhalb eines Netzwerks von Unternehmen und deren Bereiche verstehen,
- die im Rahmen von aufeinanderfolgenden Stufen der Wertschöpfungskette an der Entwicklung, Erstellung und Verwertung von Sachgütern und/oder Dienstleistungen partnerschaftlich zusammenarbeiten,
- um Effektivitäts- und Effizienzsteigerungen zu erreichen.

Der Begriff Supply Chain (Versorgungskette) hat eine enge Beziehung zum Begriff Logistik. Teilweise werden die Begriffe Supply Chain Management und Logistik als Synonyme, also in gleicher Bedeutung, verwendet. Vielleicht betont der Begriff SCM stärker als der Begriff Logistik die Zusammenarbeit aller Unternehmen der unternehmensübergreifenden Wertschöpfungskette. In letzter Konsequenz sind bestehende Unterschiede aber marginal. Für die logistische Praxis kann man sie vernachlässigen. Lediglich in der Wissenschaft mag man darüber streiten, ob und inwieweit der Grad der Integration/die Art und der Umfang der Zusammenarbeit der einzelnen Teile einer Supply Chain begrifflich mit unterschiedlichen Inhalten besetzt werden sollten.

Die verwirrende Begriffsvielfalt in der Logistik ist zurückzuführen auf die unterschiedlichen Betrachtungsweisen logistischer Zusammenhänge.

Man spricht von der **Unternehmenslogistik** mit der Unterteilung in Industrielogistik, Handelslogistik und Dienstleistungslogistik, wenn man nach der von einem Unternehmen am Markt zu erfüllenden Aufgabe unterscheiden will.

Man spricht von logistischen Kernleistungen (Transport, Umschlag, Lagerei; die sogenannte „TUL-Logistik"), von logistischen Zusatzleistungen (Verpackung, Kommissionieren, Markierung u.a.) und logistischen Informationsleistungen (Sendungsverfolgung etc.), wenn abgestellt wird auf die einzelnen Prozesse der Wertschöpfungskette. Eine Abwandlung erfährt diese Einteilung durch die Begriffe primäre Logistikdienstleistungen (Lagerleistung, Transportleistung, Kommissionierleistung), sekundäre Logistikdienstleistungen (Planungs- und Steuerungsleistungen) und Zusatzleistungen (Handelsleistungen, Montageleistungen und Beratungsleistungen).

Man spricht von der **Kontraktlogistik**, wenn prägendes Merkmal das Vorliegen eines mittel- bis langfristigen Rahmenvertrags (Kontrakt) für die Übertragung logistischer Aufgaben eines Industrie- und Handelsunternehmens auf einen Spediteur/Logistikdienstleiser ist (Outsourcing). Der Logistikdienstleister muss dabei in der Regel mehrere Teilprozesse (z.B. Warehousing, Transport) durch den Einsatz eigener Produktionsfaktoren, der sogenannten Assets (Fahrzeuge, Lagerhäuser etc.), beherrschen und ein umfassendes IT-Prozess-Know-how in die Geschäftsverbindung einbringen. Von **Intralogistik** (Werkslogistik) spricht man, wenn logistische Dienstleistungen durch das Industrie- und Handelsunternehmen selbst erstellt werden.

Eine Differenzierung des Logistikbegriffs nach Branchen führt zu der Unterteilung nach Handelslogistik, Automobillogistik, Krankenhauslogistik u.a. Differenziert man nach Gütern, kommt man zur Konsumgüterlogistik, Ersatzteillogistik u.a. Steht die Projektart im Vordergrund, spricht man von Baustellenlogistik, Messelogistik, Anlagenlogistik u.a.

Werden Logistiksysteme nach ihrer Funktion von den verschiedenen Phasen des Güterflusses her beschrieben, unterscheiden wir zwischen:

- Beschaffungslogistik
- Distributionslogistik
- Produktionslogistik
- Entsorgungslogistik

Die **Beschaffungslogistik** dient der zeit- und mengengerechten Bereitstellung von Gütern und Diensten für die Produktion. Ihr Funktionsumfang besteht aus der Bedarfsermittlung und Disposition, Warenannahme und -prüfung, Lagerhaltung, Lagerverwaltung, innerbetrieblichem Transport, Planung, Steuerung und Kontrolle des Material- und Informationsflusses (vgl. Schulte, Ch., Logistik, 5. Auflage, München 2009).

Die **Distributionslogistik** umfasst alle Aktivitäten, die in einem Zusammenhang mit der Belieferung des Kunden mit Fertigfabrikaten und Handelswaren stehen (vgl. Pfohl, Chr., Logistiksysteme, 8. Aufl., Berlin, Heidelberg 2009). Ihre Aufgaben liegen in Auftragsabwicklung, Lagerhaltung, Kommissionierung und Verpackung, Warenausgang und Ladungssicherung, Transport und Standortwahl für Distributionsläger.

Die **Produktionslogistik** umfasst alle Aktivitäten, die in einem Zusammenhang mit der Versorgung des Produktionsprozesses mit Einsatzgütern (Roh-, Hilfs- und Betriebsstoffe sowie Halbfertigerzeugnisse und Kaufteile) und der Abgabe der Halbfertig- und Fertigerzeugnisse an das Absatzlager stehen (vgl. Pfohl, Chr. (2009), a.a.O.).

Die **Entsorgungslogistik** umfasst die Güter- und Informationsströme beim Recycling und beim Beseitigen von Reststoffen.

Auf die Vielzahl der eingangs beklagten Anglizismen in der „logistischen Begriffsvielfalt" soll hier nur am Rande eingegangen werden. Man spricht z.B. von **Efficient Consumer Response (ECR)**, das bedeutet so viel wie „effiziente Reaktion auf Kundennachfrage", wenn von einer Initiative zur Zusammenarbeit zwischen Herstellern und dem Handel die Rede ist mit der Zielsetzung, Kosten zu reduzieren und eine bessere Befriedigung von Konsumentenbedürfnissen zu erreichen.

Eine Weiterentwicklung von ECR finden wir in dem Konzept **CPFR Collaborative Planning, Forecasting and Replenishment**. Damit gemeint ist das kooperative Planen, Prognostizieren und Management von Warenströmen und Beständen. Mit CPFR lassen sich Versorgungsengpässe vermeiden und Lagerbestände auf das Nötigste reduzieren. In die Planungs-, Beschaffungs- und Vertriebsprozesse werden auch die Dienstleister mit eingeschlossen. Übergeordnetes Ziel von CPFR ist es, das Verhältnis und die Prozesse zwischen Lieferant, Hersteller und Händler zu verbessern.

Aktuell sind auch Diskussionen zur **Supply Chain Collaboration**. Die kollaborative Form des SCM umfasst den offenen, auf Vertrauen basierten Informationsaustausch von Planungs- und Steuerungsdaten zwischen Kunden und Lieferanten der verschiedenen Stufen, an dessen Ende eine synchronisierte Planung und im Störungsfall eine unternehmensübergreifend abgestimmte Steuerung stehen (vgl. Busch, A., Lange, H., Langemann, T., Marktstudie – Standardsoftware zum Collaborative Supply Chain Management, Paderborn 2003).

Die Implementierung des Gedankens der Supply Chain Collaboration in die Wertschöpfungskette beschränkt sich in Deutschland noch auf wenige Pilotprojekte, sodass branchenweite Effekte derzeit nur begrenzt zu erkennen sind. Es ist aber davon auszugehen, dass bei einigen großen Konsumgüterherstellern und Handelsunternehmen diese Kooperationsansätze an Bedeutung gewinnen. Man verspricht sich Kosteneinsparungen von bis zu 20 %.

Der Grundgedanke der Supply Chain Collaboration dokumentiert aber besonders deutlich, wie eng der Spediteur respektive der Logistikdienstleister in die Wertschöpfungskette eingebunden ist. Logistische Prozesse, die in jeder Wertschöpfungskette in großer Zahl zu finden sind, machen aus Schnittstellen Verbundstellen, sie sind sozusagen die Scharniere zwischen den einzelnen Teilen der Supply Chain/der Wertschöpfungskette. Die logistischen Prozesse entlang der Wertschöpfungskette stehen im Fokus des modernen Spediteurs und Logistikdienstleisters. Die unternehmensübergreifende Umsetzung von SC-Projekten ist in aller Regel eine Frage der Marktmacht. In der logistischen Praxis ist man hier erst am Anfang.

Eine Unterscheidung von Spezialbereichen der Logistik ist nur dann von Nutzen, wenn sich deren spezielle Ziele und Anforderungen von denen der allgemeinen Logistik unterscheiden. Begriffe wie z. B. Transportlogistik, Speditionslogistik machen daher wenig Sinn.

Wertschöpfung ist der durch einen Prozess den Vorleistungen hinzugefügte Wert. Eine Wertschöpfungskette kann als eine Folge von Prozessen verstanden werden. Diese umfassen den Güter-, Informations- und Zahlungsfluss von den Lieferanten, innerhalb eines Unternehmens und von dort zu den Kunden. Abbildung 1.2-2 vermittelt eine gute Sicht der miteinander verzahnten Elemente/Prozesse einer derartigen Wertschöpfungskette.

Die **Wertschöpfungskette** eines Unternehmens darf im Zeitalter eines zunehmenden Wettbewerbs nicht isoliert betrachtet werden. Sie ist vielmehr stets in Verbindung mit vorgelagerten, nachgelagerten und parallel verlaufenden Wertschöpfungsketten zu sehen, um alle wichtigen Vernetzungen/Interdependenzen erfassen zu können. Nur diese Betrachtungsweise erlaubt ein Aufspüren aller Kostensenkungs- und Nutzensteigerungspotenziale entlang der gesamten Logistikkette/Supply Chain/Wertschöpfungskette.

Ein Prozess beschreibt eine zeitlich geordnete und inhaltlich zusammengehörige Folge von Verrichtungen, die einem bestimmten Objekt zugeordnet sind und dieses von einem definierten Anfangszustand in einen so gewollten Endzustand transformieren. Beispielsweise sind alle erforderlichen Verrichtungen, um ein Gut vom Seehafen Hamburg (definierter Anfangszustand) in den Binnenhafen Frankfurt am Main (gewollter Endzustand) transportieren zu können, dem Transportprozess zuzuordnen.

Logistische Prozesse verändern die zeitlichen, räumlichen und/oder die art- und mengenmäßigen Merkmale von Gütern. In der folgenden Tabelle werden einzelnen logistischen Prozessen vorrangige Zustandsänderungen zugeordnet.

Logistische Prozesse	Vorrangige Zustandsänderungen
Verpacken	Zusammensetzung, Wert
Lagern	Zeit
Fördern, Transportieren	Ort
Umschlagen	Ort, Zusammensetzung
Bilden von Ladeeinheiten	Menge
Kommissionieren	Menge, Ort, Zusammensetzung

Tab. 1.8-2: Logistische Prozesse des Materialflusses Quelle: Isermann, H., Vorlesungsunterlagen „Logistik" für die Wirtschafts- und Verwaltungsakademie Frankfurt (M.), 2007

Um Wertschöpfungsketten analysieren, konzipieren und/oder gestalten zu können, muss der Logistiker alle mit ihnen verbundenen Güter-, Informations- und Zahlungsströme ganzheitlich betrachten. Dabei setzt sich das Denken in logistischen Kategorien aus zwei Komponenten zusammen, und zwar dem Systemdenken und dem Flussdenken.

Unter einem System verstehen wir eine Menge von miteinander in Beziehung tretenden Elementen/Prozessen. Kennzeichnend für das Denken in Systemen sind die ganzheitliche Betrachtungsweise der zum System gehörenden Güter-, Informations- und Zahlungsströme sowie die Erkenntnis, dass für die Erklärung der Ganzheit die Erklärung ihrer Elemente/Einzelprozesse nicht ausreicht. Entscheidend ist zusätzlich, dass der Betrachter auch die Beziehungen zwischen den Elementen/Prozessen beschreiben, erklären, prognostizieren und gestalten kann.

Dem **Systemdenken** kommt in der Logistik insofern eine hohe Bedeutung zu, als zwischen den logistischen Teilsystemen/den einzelnen Prozessen eine Vielzahl von Zielkonflikten besteht, die im Rahmen einer umfassenden Optimierung zu dem wirtschaftlich besten Ergebnis führen müssen. So können z. B. „niedrige Transportkosten" kontraproduktiv für die Supply Chain sein, wenn dadurch in stärkerem Maße Lagerkosten entstehen. Oder Einsparungen im Bereich der Verpackung führen zu unverhältnismäßig hohen Transportschäden usw. Entscheidend ist, dass das Gesamtergebnis optimiert wird und dabei die sich gegebenenfalls aus Einzelbetrachtungen ergebenden Zielkonflikte aufnimmt.

Das **Flussdenken** beinhaltet die durchgängige Betrachtung der Güter-, Informations- und Zahlungsströme vom (Ur-)Lieferanten bis zum (End-)Empfänger. Güter und Informationen müssen im Idealfall ständig fließen und werden nicht mehr zwischengelagert. Bestände werden als unerwünschte Unterbrechungen der Güter- und Informationsströme gesehen.

Ziel einer jeden logistischen Aktivität ist die Optimierung des Logistikerfolgs mit ihren Komponenten:

Logistikkosten (Bestandskosten, Lagerkosten, Transportkosten, Lagerkosten, Handling-Kosten u. a.)

Logistikservice (Lieferzeit, Lieferzuverlässigkeit, Lieferflexibilität, Lieferqualität, Informationsfähigkeit)

Logistische Strategien in Abhängigkeit von sich im Zeitablauf wandelnden logistischen Denkansätzen lassen sich gut erkennen, wenn man die Entwicklung der Logistik nach einer Darstellung des Logistikexperten Prof. Dr. Helmut Baumgarten betrachtet; vgl. Abbildung 1.8-1.

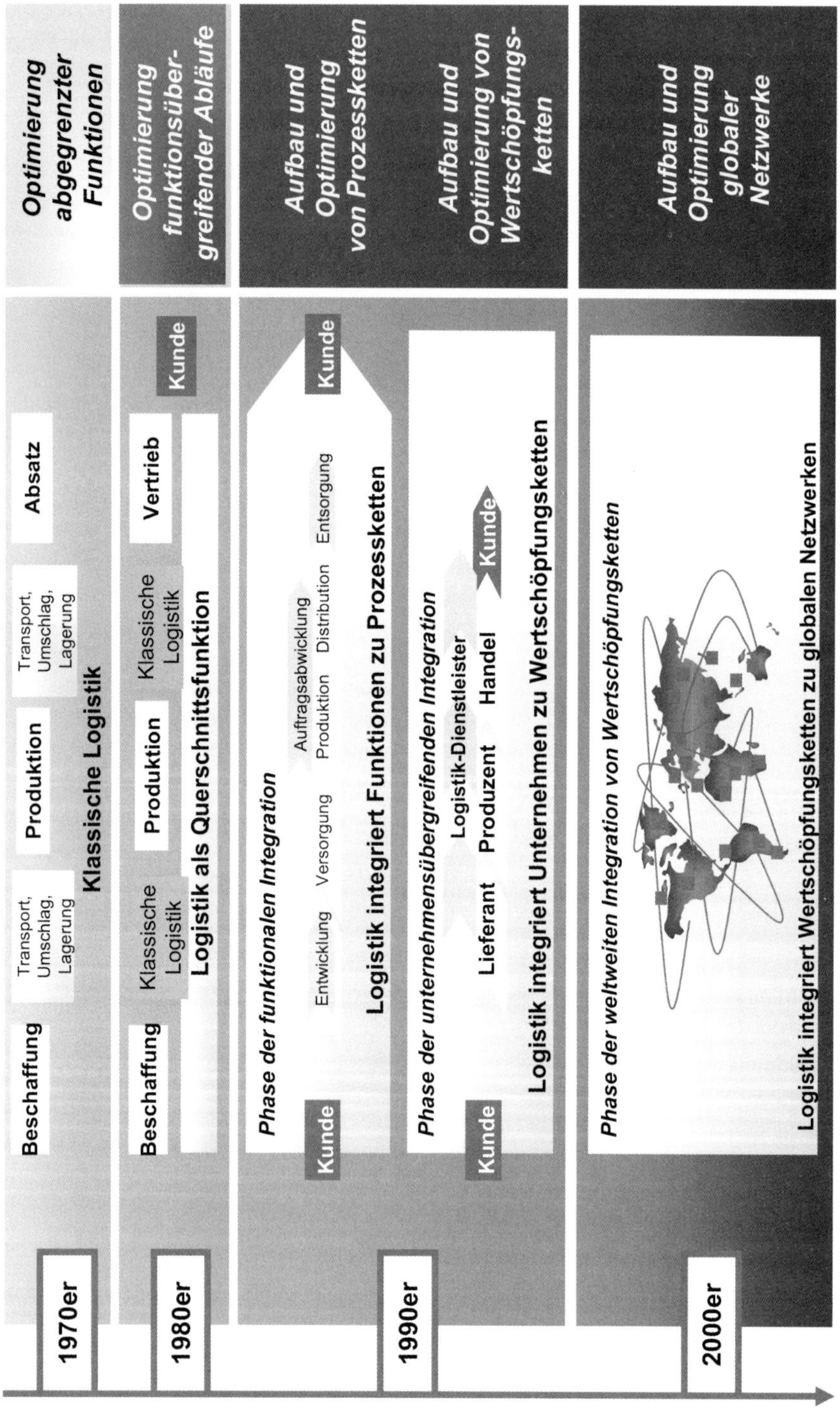

Abb. 1.8-1: Entwicklung der Logistik

Quelle: Trends und Strategien in der Logistik, Prof. Dr. Helmut Baumgarten, TU Berlin, 1996

In dieser Abbildung wird aufgezeigt, dass in den 1970er-Jahren die einzelnen unternehmerischen Funktionen oder Abteilungen Beschaffung, Produktion und Absatz die Erstellung oder die Vergabe von logistischen Leistungen an Dritte weitestgehend unabhängig voneinander und nur eingebunden in die übergeordneten Ziele des jeweiligen Unternehmens bestimmten. Der Einfluss der Logistik auf den Erfolg am Markt wurde kaum gesehen.

In den 1980er-Jahren wurde Logistik als Querschnittsfunktion angesehen und in einer zentralen Abteilung zusammengefasst. Die damit verbundene ganzheitliche Betrachtungsweise ermöglichte bereits eine weitgehend bereichsübergreifende Optimierung der gesamten Prozesskette des Unternehmens.

Erst in den 1990er-Jahren erkannte man, dass Logistik in der unternehmensbezogenen Integration von Funktionen zu Prozessketten und der Integration von Unternehmen zu Wertschöpfungsketten große Potenziale zur Kosteneinsparung und Nutzensteigerung mobilisieren kann, die es im globalen Wettbewerb umzusetzen galt/gilt. In der Automobilindustrie konnten dadurch z. B. Lieferzeiten von einzelnen Komponenten von 20 Tagen auf 8 Tage reduziert werden. Logistik zählt weltweit zu den großen Wachstumsmärkten. Das logistische Denken ist dem logistischen Handeln immer noch voraus. Die Integration von Unternehmen zu Wertschöpfungsketten und von Wertschöpfungsketten zu globalen Netzwerken ist in der logistischen Wirklichkeit mittlerweile jedoch angekommen und in Teilbereichen realisiert worden. Die Bedeutung, die die Logistik nun auch in der Wissenschaft erfährt, führt zur kontinuierlichen Entdeckung neuer theoretischer Konzepte. Die notwendigen Voraussetzungen für deren Umsetzung in der Praxis zu schaffen, ist Aufgabe der Logistiker bzw. der Supply Chain Manager.

Aktuell beginnt die Diskussion in der Wissenschaft und auch Wirtschaft um die Themen Industrie 4.0 und die daran angegliederte Logistik 4.0. Hierbei stehen vor allem die Entwicklung und die neue Sichtweise auf die Bedeutung der Daten unter dem Begriff Big Data im Fokus. Welche Trends sich daraus ergeben werden ist in diesem frühen Zeitraum jedoch noch nicht genau absehbar.

2 Das Speditions- und Logistikgewerbe in der arbeitsteiligen Wirtschaft

Ingo Hodea

2.1 Gesetzliche Grundlagen und Arbeitsbereiche der Spedition und Lagerei

2.1.1 Das HGB als gesetzliche Grundlage

Die grundlegenden gesetzlichen Bestimmungen für Spediteur und Lagerhalter stehen im HGB, und zwar

- für das Speditionsgeschäft in den §§ 453–466 und
- für das Lagergeschäft in den §§ 467–475 h (www.gesetze-im-internet.de/hgb).

Im Gegensatz zu den bis zum 30.6.1998 geltenden Bestimmungen des HGB enthält das am 1.7.1998 in Kraft getretene HGB keine Definition des Spediteurs oder Lagerhalters mehr. Es beschreibt nur ihre primären Rechte und Pflichten nach dem jeweiligen Vertragstyp.

§ 453 Speditionsvertrag

(1) Durch den Speditionsvertrag wird der Spediteur verpflichtet, die Versendung des Gutes zu besorgen.
(2) Der Versender wird verpflichtet, die vereinbarte Vergütung zu bezahlen.
(3) Die Vorschriften dieses Abschnitts gelten nur, wenn die Besorgung der Versendung zum Betrieb eines gewerblichen Unternehmens gehört [...]

Danach besteht die Aufgabe des Spediteurs darin, im Rahmen einer gewerbsmäßigen Tätigkeit Güterversendungen zu besorgen. Aufgabe des Frachtführers (§§ 407 ff. HGB) ist es hingegen, Güter zu befördern und an den/die Empfänger auszuliefern. § 454 HGB beschreibt sodann, was die „Besorgung der Versendung" beinhaltet.

§ 454 Besorgung der Versendung

(1) Die Pflicht, die Versendung zu besorgen, umfasst die Organisation der Beförderung, insbesondere
1. die Bestimmung des Beförderungsmittels und des Beförderungsweges
2. die Auswahl ausführender Unternehmer, den Abschluss der für die Versendung erforderlichen Fracht-, Lager- und Speditionsverträge sowie die Erteilung von Informationen und Weisungen an die ausführenden Unternehmen und
3. die Sicherung von Schadenersatzansprüchen des Versenders.
(2) Zu den Pflichten des Spediteurs zählt ferner die Ausführung sonstiger vereinbarter auf die Beförderung bezogener Leistungen wie die Versicherung und Verpackung des Gutes, seine Kennzeichnung und die Zollbehandlung. Der Spediteur schuldet jedoch nur den Abschluss der zur Erbringung dieser Leistung erforderlichen Verträge, wenn sich dies aus der Vereinbarung ergibt.
(3) Der Spediteur schließt die erforderlichen Verträge im eigenen Namen, oder, sofern er hierzu bevollmächtigt ist, im Namen des Versenders ab.
(4) Der Spediteur hat bei der Erfüllung seiner Pflichten das Interesse des Versenders wahrzunehmen und dessen Weisungen zu befolgen.

Das HGB geht danach von dem Regelfall aus, dass der Spediteur die im Rahmen der Güterbesorgung abgeschlossenen Verträge im eigenen Namen abschließt. Vereinbarungen im Namen des Versenders erfordern eine spezielle Bevollmächtigung.

Die primären Rechte und Pflichten des Lagerhalters umreißt das HGB wie folgt:

§ 467 Lagervertrag

(1) Durch den Lagervertrag wird der Lagerhalter verpflichtet, das Gut zu lagern und aufzubewahren.
(2) Der Einlagerer wird verpflichtet, die vereinbarte Vergütung zu bezahlen.
(3) Die Vorschriften dieses Abschnitts gelten nur, wenn die Lagerung und die Aufbewahrung zum Betrieb eines gewerblichen Unternehmens gehören [...]

Spediteure und Lagerhalter betreiben ihre Geschäfte regelmäßig als Kaufleute im Sinne von § 1 Abs. 2 HGB, weil ihr Geschäft nach Art und Umfang einen kaufmännischen Geschäftsbetrieb erfordert. Viele Speditionsunternehmen sind im Handelsregister eingetragen, sodass sie nach § 2 HGB auch unabhängig von der Frage des Geschäftsbetriebs als Kaufleute gelten.

Das HGB regelt drei besondere Formen speditioneller Tätigkeit:

- Gemäß § 458 HGB ist der Spediteur befugt, die Güterbeförderung mit ihm gehörenden Transportmitteln (zumeist Lkw, aber auch Schiffe oder Flugzeuge) selbst auszuführen, d. h., er besitzt das Recht des **Selbsteintritts**; er hat dann hinsichtlich der Beförderung Rechte und Pflichten eines Frachtführers und Verfrachters.
- Der Spediteur kann gemäß § 459 HGB mit dem Versender einen festen Preis vereinbaren, d. h., er übernimmt einen Güterversand zu einem bestimmten Speditionsübernahmesatz (Frachtübernahmesatz). Dies geschieht insbesondere, wenn ein mehrstufiger Transport vorliegt. Wir sprechen vom **Fixkostenspediteur**.
- Der Spediteur kann gemäß § 460 HGB die Versendung eines Gutes zusammen mit den Gütern anderer Versender in **Sammelladung** bewirken.

In den genannten Fällen hat der Spediteur gesetzlich hinsichtlich der Beförderung die Rechte und Pflichten eines Frachtführers oder Verfrachters.

Hervorzuheben ist, dass ergänzend zu den gesetzlichen Bestimmungen des HGB über das Speditionsgeschäft die für das Kommissionsgeschäft geltenden Vorschriften (§§ 383 – 406) Anwendung finden.

Die gesetzlichen Bestimmungen des HGB konnten selbst zu Beginn des 20. Jahrhunderts, dem Zeitpunkt der Inkraftsetzung des HGB, nicht die gesamte Bandbreite der von der Spedition erbrachten Leistungen regeln, sodass eine Ergänzung durch Geschäftsbedingungen unerlässlich war. Voraussetzung hierfür war, dass die gesetzlichen Bestimmungen des HGB nicht zwingend anzuwenden sind. Bereits 1927 wurden daher die **Allgemeinen Deutschen Spediteurbedingungen (ADSp)** in Kraft gesetzt. Diese wurden seither mehrfach – in Absprache zwischen der verladenden Wirtschaft und dem Speditionsgewerbe – geändert. Die letzten Verhandlungen über eine Neugestaltung der ADSp führten zwischen den Verbänden der verladenden Wirtschaft und dem DSLV jedoch zu keinem einvernehmlichen Ergebnis. Nachdem die Verladerschaft die Herausgabe eigener Geschäftsbedingungen in Form der sogenannten DTLB (Deutsche Transport- und Logistikbedingungen) angekündigt hatte, veröffentlichte der DSLV ab Januar 2016 eine eigene Neufassung der ADSp. Diese sind mittlerweile auf eine breite Akzeptanz am Markt gestoßen.

2.1.2 Die Arbeitsbereiche der Spedition und Lagerei

Die Arbeitsbereiche der Spedition umfassen alle kaufmännischen und technischen Leistungen und Verrichtungen vor, während und nach einer Güterbeförderung, zeitlich gesehen vom Zeitpunkt der Offertabgabe und der Übernahme der Güter bis zur Auslieferung an den Empfänger, räumlich gesehen vom Ort der Versendung/Gütererzeugung bis zum Ort der Empfangnahme/Verwendung durch den Empfänger.

Der Arbeitsbereich der verfügten Lagerhaltung erstreckt sich auf alle Verrichtungen von der Übernahme des Gutes zur Lagerung bis zu seiner Auslagerung.

Im Folgenden werden die **Arbeitsbereiche der Speditionsunternehmen** systematisch dargestellt, ohne bei der Vielfalt der Tätigkeiten Anspruch auf Vollständigkeit erheben zu können.

a) **Besorgung von Transport- und Umschlagsleistungen**, Abschluss von Frachtverträgen mit Frachtführern oder Verfrachtern von Seeschiffen über Gütertransporte zu Lande, zu Wasser oder in der Luft einschließlich der Ausstellung der erforderlichen Frachtpapiere.
b) **Besorgung des Güterumschlags** zwischen gleichartigen oder verschiedenartigen Transportgefäßen bzw. Verkehrsträgern.
c) **Organisation mehrstufiger Transporte**, d. h. bei Besorgung von Güterversendungen, bei denen auf dem Weg zum Bestimmungsort nacheinander verschiedene Frachtführer eingesetzt werden, sorgen an den Nahtstellen beauftragte Zwischenspediteure für eine ordnungsgemäße Weiterbehandlung des Gutes.
d) **Durchführung von Transportleistungen**, also die Übernahme von Frachtführertätigkeiten, hier besonders im gewerblichen Güterkraftverkehr mit Kraftfahrzeugen (sogenannter Selbsteintritt). Inzwischen gibt es auch Spediteure, die Binnen- und Seeschiffe, Flugzeuge und Eisenbahnen besitzen.
e) **Organisation von Transporten** mit gechartertem Laderaum **in der Binnen- und Seeschifffahrt** sowie in der Luftfracht durch Umschlags- sowie Lagerleistungen mit eigenen oder fremden Anlagen unter Einsatz von eigenem oder fremdem Personal.
f) **Betreiben von Spediteursammelgutverkehren** zumeist unter Einsatz des Lkw, aber auch in der See- und Binnenschifffahrt und im Luftfrachtverkehr. In der Regel weisen die Frachton der Verkehrsträger eine beträchtliche Spanne zwischen dem Stückgut und dem Ladungsverkehr auf; hier bietet sich den Spediteuren die interessante Aufgabe, Einzelsendungen zu kostengünstigen größeren Einheiten zusammenzufassen, den Versendern unter eigenem Risiko einen Frachtvorteil einzuräumen und durch eine rationelle Organisation häufige Abladungen und schnelle Verbindungon zu bicten.
g) **Tätigkeit als Lagerhalter oder als Besorger von Lagergeschäften:** Die Lagerung der Güter erfolgt in eigenen, angemieteten oder fremden Lägern.
h) **Tätigkeit als Logistikdienstleister:** Integrierte Logistiksysteme liefern Industrie und Handel eine wesentliche Voraussetzung zur Realisierung der internationalen Arbeitsteilung. Immer mehr Spediteure betätigen sich als Logistikdienstleister im Bereich von Beschaffung, Produktion und Absatz oder treten als sogenannte Kontraktlogistiker auf. Dabei handelt es sich um umfassende, individuell ausgestaltete Logistikdienstleistungen auf längerfristiger vertraglicher Basis, die von einem externen Logistikdienstleister erbracht werden.
In einer Studie der Fraunhofer Arbeitsgruppe Supply Chain Services wird unterschieden zwischen Konsumgüterkontraktlogistik und industrieller Kontraktlogistik. Danach beträgt der Marktanteil der Konsumgüterkontraktlogistik etwa 11 % des Gesamtmarkts mit einem Volumen von 228 Mrd. € im Jahr 2012. Einen noch höheren Anteil hat die industrielle Kontraktlogistik mit einem Marktanteil von über 28 %. Beide Bereiche hatten im Jahr 2013 ein Wachstum von bis zu 2 bis 3 % zu verzeichnen. (Quelle: Fraunhofer SCS, „Challenges 2013“).

Mit dem Güterversand, Umschlag und der Lagerung ist eine kaum zu erfassende Zahl von **speditionellen Tätigkeiten (Value Added Services (VAS))** verbunden, die durch den Spediteur wahrgenommen werden:

- Übernahme von Warenmanipulationen, z. B. Entfernung von Herkunftszeichen, Verpackung, Umpackung, Umsignierung, Bemusterung, Mengen- oder Qualitätsfeststellung, Reinigung, Getreidetrocknung und Schädlingsbekämpfung
- Vermittlung bzw. Gestellung und Handling von Paletten, Behältern, Containern und sonstigen Transportgefäßen
- Ausstellen bzw. Beschaffen von Transportdokumenten und Begleitpapieren, z. B. Konnossementen, Konsulatsfakturen, Ursprungszeugnissen, Gesundheitsattesten, Zolldeklarationen, Zollbegleitscheinen, statistischen Scheinen, Besorgung der Beglaubigung von Transportdokumenten z. B. bei Konsulaten, Handelskammern, Zollämtern
- Ausstellung von Spediteurbescheinigungen für Umsatzsteuerzwecke
- Durchführung von Verzollungen und Erledigung von Zollformalitäten; Vornahme vorläufiger und endgültiger Zollverfahren
- Ausstellung von Spediteurübernahmebescheinigungen (Forwarding Agents Certificate of Receipt (FCR)), Spediteur (Haus-) Konnossementen und ähnlichen Dokumenten
- Abschluss oder Vermittlung von Transportversicherungen und Ausstellung von Versicherungspolicen
- Einziehung und Transferierung von Nachnahmen, bankmäßige Abwicklung des Dokumentengeschäfts
- Erfüllung sonstiger Dienstleistungen und Formalitäten, die mit dem Güterverkehr im Zusammenhang stehen
- Erfüllung sonstiger Funktionen als Treuhänder und Mittler zwischen Verkäufer und Käufer
- Durchführung von Schadensreklamationen und Kontrollen
- Erstellung von Spediteurofferten, insbesondere von Übernahmesätzen, sowie Erteilung von Auskünften über Frachten und Transportvorschriften
- Ausarbeitung und Durchführung von Logistikkonzepten
- Übernahme von technischen Serviceleistungen für die Produkte des Versenders, z. B. in der Automobilindustrie, bis hin zur Übernahme von Produktionsfunktionen in der Teilefertigung

Vom Spediteur als Kaufmann des Verkehrs wird erwartet, dass er die technischen Leistungsmöglichkeiten der Verkehrsträger ebenso kennt wie deren Einsatzkosten, die Preisgestaltung sowie die Beförderungsbedingungen, und zwar nicht nur im innerdeutschen Verkehr, sondern auch nach und in den Ländern, nach denen sein Auftraggeber Sendungen zu befördern beabsichtigt. Immer wichtiger wird auch die Kenntnis des Geschäfts des eigenen Kunden.

Hinweis
Nur der Spediteur, der über qualifizierte Kenntnisse des Verkehrs und besonders des Frachtenmarkts verfügt, die Marktsituation beurteilen kann und seine Leistungsfähigkeit beweist, kann sich im Wettbewerb behaupten und durchsetzen.

2.1.3 Spartenmäßige Gliederung des Speditionsgewerbes

In dem vorstehenden Kapitel wurden die von der Spedition durchgeführten Tätigkeiten dargestellt und erläutert. Dieses Kapitel vermittelt einen Überblick über ihre praktische Bedeutung (vgl. Tab. 2.1-1).

Die starke außenwirtschaftliche Verflechtung und die Einbindung der Bundesrepublik in der globalisierten Wirtschaft führen zu einer entsprechenden Nachfrage nach Speditions- und Transportleistungen im internationalen Güterverkehr. Diese Aufgabe erfordert von den in diesem Leistungsbereich tätigen Speditionsunternehmen eine besonders vielseitige Qualifikation. Neben der Organisation der überwiegend mehrstufigen Transporte sind zahlreiche Nebenleistungen zu erbringen. Die internationale Spedition muss nicht nur mit den Anforderungen der heimischen, sondern auch mit den Besonderheiten der Verkehrswirtschaft des Auslands und der verschiedenen Verkehrsträger vertraut sein; ferner werden umfassende Kenntnisse des Zollrechts, des Umsatzsteuerrechts, des Finanzwesens beim Einzug von Nachnahmen und der Besorgung von Akkreditiven sowie des Konsularwesens für die Beschaffung von Konsulats- und Zollfakturen und vergleichbarer Dokumente verlangt. Die Vermittlung von Versicherungen gegen die besonderen Transportrisiken des internationalen Güterverkehrs setzt ebenfalls weitreichende Erfahrung und Kenntnis voraus. Wenn der internationale Spediteur auch stark in den Seehäfen und an den Grenzen vertreten ist, besorgt er seine Aufgabe teilweise auch an Standorten des Binnenlands.

Leistungsbereiche und Leistungsschwerpunkte		
Tätigkeitsbereiche der Speditionsbetriebe	**als Leistungsbereich (in %)**	**als Leistungsschwerpunkt (in %)**
Stückgutverkehre	52	27
Paket- und Expressdienste	25	6
Befrachtung fremder Lkw – Nationale Verkehre – Internationale Verkehre	73 63 66	43 33 32
Güterfernverkehr mit Lkw	39	20
Speditionsnahverkehr	49	20
Bahnbefrachtung	15	5
Internationale Spedition	67	37
Luftfrachtspedition	47	22
Seefrachtspedition	53	25
Zollabfertigung	65	28
Binnenumschlagspedition	10	4
Kombinierter Verkehr	30	8
Gefahrgutlogistik	40	12
Fahrzeugdistribution	6	4
Neumöbelspedition	7	4
Umzugsverkehr	13	6
Beschaffungslogistik	37	18
Distributionslagerung	47	26
Massengutlagerung	11	5
Zolllagerung	29	8
Gefahrstofflagerung	16	6
Anlagen- und Projektspedition	26	13
Entsorgungslogistik	9	4

Tabelle 2.1.1: Leistungsbereiche und Leistungsschwerpunkte in Speditionsbetrieben
Quelle: DSLV 2015; Mehrfachnennungen möglich; Bezugsgröße 2.500 Betriebe

Eine Sonderstellung in der internationalen Spedition nimmt die **Projektspedition** ein. Ihre Aufgabe ist die Planung und umfassende Organisation der mit der Lieferung und Erstellung von Betriebsanlagen unterschiedlicher Art im In- und Ausland verbundenen logistischen Leistungen. In Ländern mit fehlender oder unzureichender Verkehrsinfrastruktur stellt die Auftragsabwicklung besonders hohe Ansprüche an die Kenntnis der örtlichen Gegebenheiten. In der Regel sind spezialisierte Delegierte der deutschen Projektspedition in den Zielländern vor Ort tätig.

Seehafenspediteure betreiben ihre Geschäfte in den Seehäfen. Diese sind im Wesentlichen die Geschäfte eines internationalen Spediteurs mit der Spezialisierung auf den Verkehrsträger Seeschifffahrt. Die Seehafenspediteure besorgen den Umschlag der nach Übersee ausgehenden und der von See einkommenden Güter in Verbindung mit allen Nebenleistungen, die bei der Behandlung solcher Transporte erforderlich sind. Die Seehafenspedition ist weitgehend spezialisiert auf die Durchführung von Transporten in bestimmten Verkehrsverbindungen und bestimmter Güterarten (z. B. Getreidespediteure, Baumwollspediteure u. a.). Sie befassen sich ferner mit der Durchführung von Seeverschiffungen, dem Abschluss von Seefrachtverträgen und Befrachtungen. Zunehmend sind die Seehafenspediteure mit internationalen Vorschriften im Hinblick auf Gefahrenabwehr in der internationalen Lieferkette konfrontiert.

Binnenhafen- oder Binnenumschlagspediteure und **Binnenschifffahrtsspediteure** sind in den Häfen an Binnenwasserstraßen (Flüssen und Kanälen) tätig. Die Binnenumschlagspediteure befassen sich mit dem Umschlag von Gütern von Land aufs Schiff und umgekehrt und besorgen die in der Binnenschifffahrt erforderlichen Speditionsverrichtungen. Die Binnenschifffahrtsspediteure befassen sich daneben noch mit der Verschiffung von Gütern mit Binnenschiffen und der Vermittlung der Befrachtung von Schiffen im Ganzen oder von Teilverfrachtungen. Sie erlangen bei der Beförderung von Containern zunehmende Bedeutung im sogenannten Seehafen-Hinterlandverkehr. Darüber hinaus werden mittlerweile auch im großen Stil Landmaschinen sowie Neufahrzeuge per Binnenschiff zu den Exporthäfen transportiert.

Die im Luftfrachtverkehr tätigen Spediteure sind überwiegend IATA-Agenten. Daneben betreiben sie Luftfrachtsammelverkehre als Consolidator. Neben dem Abschluss von Frachtverträgen mit den Luftverkehrsgesellschaften organisiert der **Luftfrachtspediteur** die Beförderung der Luftfrachtgüter zum Flughafen oder zum Empfänger und beschafft die erforderlichen Begleitpapiere. Im eingehenden Luftfrachtverkehr besorgt er außerdem die Eingangs- und Zollformalitäten. Wie der internationale Spediteur und Seehafenspediteur hat der Luftfrachtspediteur die mit dem Versand ins Ausland verbundenen Leistungen durchzuführen. Zunehmende Verpflichtungen treffen Luftfrachtspediteure mittlerweile auch bei der Überwachung und Sicherung internationaler Luftfrachtsendungen.

Das **Sammelladungsgeschäft** gehört zu den ältesten und umfangreichsten Zweigen des Speditionsgewerbes. Durch Zusammenfassung von Stückgutsendungen zu Ladungen schafft der Sammelgutspediteur die wirtschaftlichen Voraussetzungen für eine flächendeckende Güterversorgung. Das Sammeln der einzelnen Stückgüter bei den Versendern, Umschlag und Zusammenfassung zur Sammelladung sowie die Verteilung der Einzelsendungen an die jeweiligen Empfänger erfordert eine umfangreiche Organisation. Insbesondere mittelständische Sammelgutspediteure sind oft in Kooperationen zusammengeschlossen, um einen flächendeckenden Service anbieten zu können. Auch das Sammelgutgeschäft wird immer internationaler, sodass immer mehr Stückgutspediteure europaweite Stückgutverkehre anbieten.

Wirtschaftliche Grundlage dieses Geschäftszweigs bildet die Nutzung der Spanne zwischen dem Frachtaufwand für den Ladungsverkehr und den Einnahmen aus den am normalen Stückgutverkehr orientierten Entgelten. Aus dieser Spanne werden die Kosten der speditionellen Leistungen bestritten und ein Bruttoertrag erwirtschaftet. Der Stückgutmarkt hatte im Jahr 2014 in Europa einen Marktanteil von 5 % am logistischen Gesamtmarkt. Dies entspricht bezogen auf den deutschen Markt einem Volumen von 11,75 Mrd. €. Wegen der Bedeutung des Marktes für Sammelgut bzw. Stückgut für die verladende Wirtschaft und das Speditionsgewerbe wird dieses Thema im Kapitel 5 ausführlich behandelt.

Kraftwagenspediteure nutzen für die Beförderung von Gütern den Kraftwagen, sei es im Selbsteintritt mit eigenen Fahrzeugen oder durch Befrachtung vor allem von Fahrzeugen anderer Güterfernverkehrsunternehmer.

Der **Kraftwagensammelgutverkehr** ist ein besonders umfangreicher und bedeutender Teil des Tätigkeitsbereichs der Kraftwagenspedition. Der Kraftwagenstückgutverkehr wird zum überwiegenden Teil als Sammelgutverkehr abgewickelt. Er erstreckt sich nicht nur auf Sendungen bis 3.000 kg, sondern auch über diese Gewichtsgrenze hinaus. Hier spricht man vom Teilladungsverkehr.

Im Selbsteintritt hat der Kraftwagenspediteur hinsichtlich der Beförderung gemäß §458 HGB Rechte und Pflichten eines Frachtführers. Dies hat insbesondere Auswirkungen auf die Haftung des Spediteurs. Für während der Beförderung eingetretene Schäden kann sich der Spediteur nicht auf die Haftungsbeschränkungen gemäß ADSp berufen. Er haftet vielmehr wie ein Frachtführer. Mit fortschreitender Liberalisierung der Marktordnung des Güterkraftverkehrs ist der Selbsteintritt mit Lkw seit Jahren rückläufig.

Der **Speditionsnahverkehr** ist der von Spediteuren organisierte, besorgte oder selbst durchgeführte Verteilerverkehr von Stückgut. Er war ursprünglich räumlich durch die verkehrsrechtliche Begrenzung auf die Nahzone (Umkreis von 75 km um den Standort) beschränkt und wurde als „Rollfuhr“ bezeichnet. Nachdem diese Begrenzung Mitte 1998 weggefallen ist, versteht man darunter den Einsatz von Fahrzeugen im regionalen Verkehr bis rund 100 km.

Fast jeder Speditionsbetrieb befasst sich mit der Verteilung von Gütern, die bei den Auftraggebern abgeholt, an die Empfänger zugestellt, vom Lager zum Kunden oder im Zusammenhang mit einem anderen Speditions- oder Beförderungsvorgang von einer Stelle zur anderen im Nahverkehrsbereich[1] befördert werden. Wenn der Spediteur Verteilerverkehre mit eigenen Fahrzeugen durchführt, dann liegt eine Beförderung im Selbsteintritt vor. Zumeist beschäftigt er aber selbstständige Nahverkehrsunternehmer[2].

Die spezifische Aufgabe des Möbeltransports und der Möbellagerung hat frühzeitig dazu geführt, dass die **Möbelspediteure** sich in einer gesonderten Organisation zusammengefunden haben. Auf Bundesebene ist dies der Bundesverband Möbelspedition und Logistik (AMÖ) e.V. mit Sitz in Hattersheim; auf Landesebene haben sich Fachvereinigungen Möbeltransport gebildet. Diese Verbände vertreten die gewerbepolitischen Ziele der Möbelspedition, behandeln und klären fachliche Fragen und Probleme. Unabhängig hiervon haben sich innerhalb des Möbeltransportgewerbes eigenständig operierende Unternehmen zu Kooperationen zusammengeschlossen, um hierdurch eine wirtschaftlichere Nutzung der Fahrzeugkapazität zu erreichen.

Für den Möbeltransport werden fast ausschließlich Spezialkraftfahrzeuge eingesetzt, die über die für den Möbeltransport erforderlichen Einrichtungen verfügen. Die fachgerechte Lagerung von Möbeln wie auch deren Verpackung, z.B. für Überseetransporte, stellt an den Möbelspediteur besondere Anforderungen.

Die Tätigkeit des Spediteurs als **Lagerhalter** stellt einen wesentlichen Wirtschaftsfaktor des Speditionsgewerbes dar. Auf diese Geschäfte des Spediteurs finden die §§467 f. HGB und in der Regel die ADSp Anwendung, während sonstige Lagerhalter in ihrer Tätigkeit den Bestimmungen des HGB unterliegen oder jeweils gesonderte Lagereibedingungen vereinbaren.

1,2 Diese Bezeichnungen haben ihre Verankerung in dem bis zum 30.6.1998 geltenden Güterkraftverkehrsgesetz (GüKG). Sie werden jedoch auch nach dem Auslaufen dieses Gesetzes in der Praxis noch verwendet.

Zu unterscheiden ist zwischen

- **verkehrsbedingter Vor-, Zwischen- und Nachlagerung** in Verbindung mit einem Speditions- oder Frachtvertrag, insbesondere bei mehrstufigen Transporten. Ein gesonderter Lagervertrag kommt dabei nicht zustande;
- der **Lagerung von Verteilungsgütern** in Auslieferungs-, Verteilungs-, Fabrik- oder Konsignationslagern und
- der **Lagerung von Massengütern** – Dauer- und Vorratslagerung von Getreide, Futtermitteln, Holz, Öl, Tee und anderen mehr.

2.1.4 Stellung der Spediteure gegenüber dem Versender

Das Speditionsgewerbe ist ein an den Ort gebundenes Gewerbe. Die Abwicklung der Aufträge hingegen erfordert es, dass sich am Versand- und am Empfangsort sowie an den Schnittstellen des Verkehrs, an denen das Gut von einem Verkehrsmittel auf das andere übergeht, ein Spediteur befindet, der das Gut in seine Obhut nimmt, es nach den vorliegenden Weisungen weiterbehandelt und die erforderlichen Tätigkeiten überwacht. Selbst Großunternehmen haben nicht an allen Plätzen Niederlassungen, sodass sie auf die Zusammenarbeit mit ortsansässigen Spediteurkollegen angewiesen sind. Im Rahmen der Transportkette haben die einzelnen beteiligten Spediteure unterschiedliche Funktionen und Rechtsstellungen.

- **Hauptspediteur** (Erstspediteur) ist der Spediteur, der den Auftrag von seinem Auftraggeber (Versender) übernimmt und alle zur vollständigen Abwicklung erforderlichen Maßnahmen trifft.
- **Zwischenspediteure** werden durch den Hauptspediteur beauftragt, Teilaufgaben innerhalb der Abwicklung eines Verkehrsauftrags zu übernehmen, z. B. als Empfangsspediteur im Spediteursammelgutverkehr oder an den Nahtstellen beim Übergang von Sendungen von einem auf ein anderes Beförderungsunternehmen. Der Zwischenspediteur ist selbstständiger Spediteur, also nicht Erfüllungsgehilfe des Hauptspediteurs. Ein Vertragsverhältnis des Zwischenspediteurs besteht nur zum Hauptspediteur, nicht zum Versender.
- Im Spediteursammelgutverkehr kennen wir noch die Begriffe **Beilader**(-spediteur) und **Briefspediteur**. Der Beiladerspediteur ist als Auftragnehmer des Versenders Hauptspediteur; er übergibt sein Sammelgut einem verkehrsführenden Sammelgutspediteur, der somit Zwischenspediteur ist. Als Briefspediteur bezeichnet man den Spediteur, dem Einzelsendungen oder Teile einer Sammelladung, (z. B. eine Beiladung) auf Weisung des Empfängers oder des Beiladers durch den Empfangsspediteur der Gesamtsammelladung zur weiteren Behandlung bzw. zur Zustellung beim Empfänger überwiesen werden; er ist also ebenfalls Zwischenspediteur.
- **Unterspediteur** ist, wer als selbstständiger Spediteur in eigener Verantwortung und in eigenem Namen das gesamte, dem Hauptspediteur übertragene Geschäft übernimmt; er gilt als Erfüllungsgehilfe des Hauptspediteurs. Dieses Rechtsverhältnis ist relativ selten. Zu beachten ist, dass in diesem Fall der Hauptspediteur für durch den Unterspediteur verschuldete Schäden zu haften hat (Regressansprüche aus vertraglicher Beziehung bleiben hiervon allerdings unberührt).

2.2 Verbandsorganisationen des Speditions- und Logistikgewerbes

Spediteure, Lagerhalter und Logistiker haben sich auf freiwilliger Grundlage zu Berufsverbänden zusammengeschlossen, in denen die allgemeinen ideellen und wirtschaftlichen Interessen des Berufsstandes vertreten werden sollen. Die Berufsverbände sind auch die Organe der Willensbildung und der Interessenvertretung nach außen, insbesondere gegenüber den Behörden und der Politik.

2.2.1 Deutscher Speditions- und Logistikverband e. V. (DSLV)

Der Deutsche Speditions- und Logistikverband (DSLV) e. V. ist der Spitzenverband der deutschen Speditionswirtschaft. Er ist im Frühjahr 2003 aus dem Zusammenschluss des Bundesverbandes Spedition und Logistik (BSL) sowie der Vereinigung Deutscher Kraftwagenspediteure (VKS) entstanden und steht damit in einer über 130-jährigen Tradition der Spitzenvertretung des Speditionsgewerbes in Deutschland. Der DSLV ist ein föderaler Verband mit 16 Mitgliedsverbänden in den deutschen Bundesländern. Organe des DSLV sind die Mitgliederversammlung (Unternehmertag), der Gesamtvorstand und das Präsidium.

Als Spitzenorganisation deutscher Speditions- und Logistikdienstleister repräsentiert der DSLV etwa 3.000 Betriebe mit fast 520.000 Beschäftigten. Diese erzeugen 90 % des jährlichen Branchenumsatzes in Höhe von aktuell 80 Mrd. €.

Die Organisationsfunktion des Spediteurs steht im Mittelpunkt der verbandspolitischen Aufgaben des DSLV. Als Dienstleistungsunternehmen besorgt die Spedition die Versendung von Waren und bedient sich dabei sämtlicher Verkehrsträger. Nicht nur der Einkauf einzelner Beförderungsleistungen, sondern auch die Organisation komplexer Dienstleistungspakete aus Transport, Umschlag, Lagerung und zahlreicher logistischer Zusatzleistungen umfassen die Aktivitäten eines modernen Speditions- und Logistikbetriebs. Somit verfolgt auch die Verbandspolitik des DSLV einen übergreifenden Ansatz, der sämtliche Verkehrsträger nach Maßgabe ihrer jeweiligen Systemstärken berücksichtigt.

Mit seiner Geschäftsstelle in Berlin verfügt der DSLV über den direkten Draht zur deutschen und europäischen Politik. Neben seiner Rolle als verkehrspolitisches Sprachrohr versteht sich der Verband als Berater und Dienstleister seiner Mitgliedsunternehmen nicht nur in Deutschland. Dazu nutzt er seine globale Vernetzung als Mitglied des Europäischen Verbands für Spedition, Transport, Logistik und Zolldienstleistung (CLECAT) und des Weltspediteurverbands FIATA sowie als assoziiertes Mitglied der International Road Transport Union (IRU) (www.dslv.org).

2.2.2 Unterorganisationen des DSLV

2.2.2.1 Vereinigung der Sammelgutspediteure im DSLV (Versa)

Im Jahr 2000 wurde die Vereinigung der Sammelgutspediteure im DSLV (Versa) als nicht eingetragener Verein von mittelständisch geprägten Stückgutunternehmern gegründet. Der Vereinszweck bestand im Wesentlichen in der Herausgabe des „Tarifs für den Spediteursammelgutverkehr" als unverbindliche Preisempfehlung im Rahmen des sogenannten Mittelstandskartells. Konzerne durften nicht Mitglied werden. Nach der Einführung der Lkw-Maut in Deutschland empfahl die Versa auch sendungsbezogene Mautzuschläge für Stückgutsendungen und Teilladungen im Rahmen des Spediteursammelgutverkehrs. Zum Ende des Jahres 2013 wurde die Versa jedoch aufgelöst. Die Herausgabe der Tarifempfehlung für den Sammelgutverkehr war nicht mehr konform mit dem aktuellen Kartellrecht.

Aus diesem Grund plante die Versa noch im Laufe des Jahres 2012 die Herausgabe eines Kostenindex für den Sammelgutverkehr. Dessen Erstellung sowie die Bearbeitung sämtlicher Themen des Stückgut- und Sammelgutmarktes hat inzwischen der DSLV übernommen. Das Ziel des Kostenindex Sammelgutspedition, den der DSLV erstmalig im September 2015 veröffentlicht hat, besteht jedoch nicht darin, ein Preissignal an den Markt zu geben, sondern eine zuverlässige und nachvollziehbare Benchmark für die reale Kostenentwicklung im Stückgutmarkt zu schaffen (siehe dazu Kapitel 5.1.).

2.2.2.2 Verein Automobillogistik im DSLV e. V. (AML)

Beim AML handelt es sich um den Zusammenschluss der führenden deutschen Fertigfahrzeugspediteure als Unterverband des DSLV. Der Verein dient dem Zweck, die Interessen seiner Mitglieder auf nationaler und internationaler Ebene gegenüber Ministerien, Behörden und den Verbänden der Automobilindustrie zu vertreten. Der AML verfolgt insbesondere praxisorientierte Projekte, die allen seinen Mitgliedern zugute kommen, wie etwa im Bereich der Datenstandards oder der Kraftfahreraus- und -weiterbildung. (www.automobillogistik-spediteure.de)

2.2.3 Bundesverbände des Straßengüterverkehrs

Im Einzelnen bestehen die folgenden Verbände:

- BGL – Bundesverband Güterkraftverkehr, Logistik und Entsorgung e. V., Sitz Frankfurt/Main (www.bgl-ev.de)
- AMÖ – Bundesverband Möbelspedition und Logistik e. V., Sitz Hattersheim (www.amoe.de)
- BSK – die Bundesfachgruppe Schwertransport und Kranarbeiten im BGL e. V. befasst sich insbesondere mit Fragen dieses speziellen Arbeitsbereichs

2.2.4 Internationale Speditionsverbände

Die **Fédération Internationale des Associations de Transitaires et Assimilés (FIATA)** ist die Weltorganisation der Spediteure. Sie wurde 1926 in Wien begründet, ihr Hauptsitz befindet sich in Zürich. Die FIATA vertritt die Interessen der Spediteure in der ganzen Welt. (www.fiata.com)

Zur FIATA gehören rund 100 nationale Spediteurorganisationen aus rund 90 Ländern. Darüber hinaus gehören ihr rund 2.600 Unternehmen als assoziierte Mitglieder an. Durch ihre ordentlichen und assoziierten Mitglieder repräsentiert die FIATA mehr als 40.000 Speditionsunternehmen in der ganzen Welt.

Die Föderation hat konsultativen Status beim Wirtschafts- und Sozialrat der Vereinten Nationen, der UNCTAD, und einer großen Anzahl staatlicher und nichtstaatlicher Organisationen, welche sich mit Transportfragen auf technischem, juristischem und kommerziellem Gebiet oder mit beruflicher Ausbildung befassen. Die Organe der FIATA sind der Präsident, die Präsidentschaft, das Präsidium und der Generalrat.

Die FIATA bemüht sich seit ihrer Gründung um die Herstellung von dauerhaften Beziehungen der Spediteure in jedem Land mit den nationalen Verkehrsträgern, den Häfen, Flughäfen und den Behörden. Auf internationaler Ebene hat die FIATA gemeinsame Arbeitsgruppen zusammen mit den Organisationen der Verkehrsträger gebildet und konnte dadurch wesentlich zur Harmonisierung und Rationalisierung des Güterverkehrs beitragen.

Nach eingehenden Beratungen in den zuständigen Organen hat die FIATA Spediteurdokumente entwickelt und herausgegeben:

1955 das FCR – Forwarders Certificate of Receipt (Spediteur-Übernahmebescheinigung) (Kennfarbe Grün)

1959 das FCT – Forwarders Certificate of Transport (Spediteur-Transportbescheinigung) (Kennfarbe Gelb)

1971 das FBL – FIATA Multimodal Transport Bill of Lading
(vor 1992: FIATA Combined Transport Bill of Lading) (Durchfrachtkonnossement für den kombinierten Transport) (Kennfarbe Blau)

1975 das FWR – FIATA Warehouse Receipt (Lagerschein) (Kennfarbe Orange)

1982 das SDT – FIATA Shippers Declaration for the Transport of Dangerous Goods (Deklaration des Verladers für den Transport von gefährlichen Gütern) (Kennfarbe weiß mit rotem Rand)

1984 das FFI – FIATA Forwarding Instructions (FIATA-Speditionsauftrag) (Kennfarbe weiß mit blauer Schrift)

1997 das SIC – Shippers Intermodal Weight Certification (Deklaration des Verladers über das Bruttogewicht der in Containern oder Trailern verladenen Güter) (Kennfarbe weiß mit hellgrünem Rand)

Diese Dokumente haben den Charakter einheitlicher Standarddokumente und sind inzwischen in zahlreichen Mitgliedsländern eingeführt worden. Sie sind teilweise mit den Organisationen der Verladerschaft abgestimmt.

Die FIATA-Dokumente dürfen nur von den Mitgliedsorganisationen der FIATA herausgegeben werden. Die Mitgliedsorganisationen besorgen den Druck in der deutschen, englischen oder französischen Sprache und machen ihre Ausgabe durch den Aufdruck der Buchstaben kenntlich, die bei den internationalen Kraftfahrzeugkennzeichen benutzt werden, so in der Bundesrepublik Deutschland mit dem Buchstaben D. Die Dokumente dürfen nur mit Genehmigung des FIATA-Sekretariats gedruckt werden. Die FIATA besitzt das Urheberrecht. Die FIATA-Dokumente werden von den Mitgliedsorganisationen ausschließlich an ihre Mitgliedsfirmen mit entsprechenden Erläuterungen ausgegeben.

In der Bundesrepublik Deutschland werden die FIATA-Papiere durch den Verein Hamburger Spediteure zur Verfügung gestellt.

Das für den internationalen Spediteur wichtigste FIATA-Dokument ist das **FBL**, weil es von den Einheitlichen Richtlinien und Gebräuchen für das Dokumenten-Akkreditiv (ERA) der Internationalen Handelskammer (ICC) abgedeckt wird. Das FBL ist damit ein Markenzeichen für die Qualität der Dienstleistungen des Spediteurs, ein offiziell anerkanntes Transportdokument, das vom Spediteur ausgestellt wird. Das FBL ist ein Durchkonnossement wie das eines Carriers und begebbar (negotiable), außer das Dokument trägt ausdrücklich den Vermerk „not negotiable".

Der Spediteur als Multimodal Transport Operator (MTO) trägt bei Ausstellung des FBL die Verantwortung für die Güter und für die Durchführung des Transports. Der Spediteur übernimmt nicht nur die Verantwortung für die Herausgabe des Gutes am Bestimmungsort, sondern auch für die von ihm zur Durchführung des gesamten Transports eingesetzten Frachtführer und sonstige Dritte.

Maßgeblich sind die auf der Rückseite des FBL-Dokuments abgedruckten und von der FIATA beschlossenen Bedingungen.

Mit der Ausstellung des **FCR** (Spediteur-Übernahmebescheinigung) bestätigt der Spediteur, dass er eine genau beschriebene Ware mit dem unwiderruflichen Auftrag übernommen hat, diese an den im Dokument genannten Empfänger zu senden oder zu dessen Verfügung zu halten. Dieser Auftrag kann nur annulliert werden, wenn das Original des FCR dem Spediteur, der das Dokument ausgestellt hat, zurückgegeben wird. Der Spediteur muss jedoch noch in der Lage sein, die Annullierung oder Umdisposition zu erfüllen.

Das FCR kommt in erster Linie dann zur Anwendung, wenn der Lieferant (Verkäufer) eine Ware ab Werk verkauft und den Nachweis der Erfüllung seiner Verkäuferverpflichtung dem Käufer gegenüber durch Vorlage eines FCR führen will. Im Akkreditivverkehr kann dann der Verkäufer durch Vorlage des vom Spediteur ausgestellten FCR den vom Käufer bereitgestellten Kaufpreis einlösen. Der Verkäufer kann nicht mehr über die dem Spediteur übergebene Ware verfügen, wenn das FCR-Dokument dem Käufer übergeben worden ist (Sperrfunktion).

Das **FCT** (Spediteur-Transportbescheinigung) kann dem Versender sofort nach Übernahme des Gutes zum Versand durch den Spediteur ausgehändigt werden. Mit der Ausstellung des FCT bestätigt der Spediteur, dass er eine konkret umschriebene Sendung zur Auslieferung in Übereinstimmung mit den Instruktionen des Versenders im Dokument übernommen hat.

Der Versandspediteur, der ein FCT ausstellt, übernimmt die Verpflichtung für die Auslieferung am Bestimmungsort gegenüber dem Inhaber des Dokuments und haftet hierfür nach den im FCT abgedruckten Geschäftsbedingungen. Das FCT besitzt also ebenfalls eine Sperrfunktion. Der Versandspediteur verpflichtet sich zur Verladung an einen dritten Ort und zur Auslieferung nur gegen Vorlage des FCT-Dokuments.

Das FCT ist dann von Bedeutung, wenn das Transportrisiko bis zur Auslieferung an den Empfänger beim Verkäufer liegt. Der Verkäufer wird dem Käufer das FCT über seine Bank zur Einlösung des Kaufpreises präsentieren – „Kasse gegen Dokumente“. Das FCT ist begebbar (negotiable), wenn es an Order gestellt ist.

Das **FWR** ist ein Lagerschein, den der Spediteur in seiner Eigenschaft als Lagerhalter ausstellt. Es handelt sich hier um ein einheitliches Standarddokument, das vorrangig für den internationalen Gebrauch bestimmt ist. Das FWR ist nicht begebbar, außer es trägt den Vermerk „negotiable“.

Das FWR ist kein Orderlagerschein, kann aber für fast alle Lagergeschäfte verwendet werden, da der Unterschied zwischen einem Orderlagerschein und dem FIATA-Lagerschein in rechtlicher Beziehung gering ist: Im FWR-Dokument sind die Abtretung des Herausgabeanspruchs, die Übertragung des Eigentums sowie die Legitimation für den Empfang der Ware bei Vorlage des Lagerscheins genau festgelegt.

Außer den bisherigen Dokumenten, welche von der FIATA zur Förderung einheitlicher Bestimmungen in Spediteurdokumenten geschaffen wurden, hat es die FIATA als notwendig erachtet, auch ein Formular für die Deklaration gefährlicher Güter durch den Versender zur Verfügung der Spediteure zu halten: das **FIATA SDT**.

Für den Versand gefährlicher Güter benötigt der Spediteur einwandfreie Angaben, die vor allem mit den Klassifizierungen laut ADR für den Straßentransport, RID für den Bahntransport und IMDG/IMCO für den Transport auf dem Seeweg übereinstimmen müssen. Die Klassifizierung ist auf der Rückseite des Dokuments aufgeführt.

Die Shippers Declaration for the Transport of Dangerous Goods, das FIATA SDT, soll dem Spediteur die Identifizierung der Güter ermöglichen und die Verantwortung bei Schadensfällen klarstellen. Das FIATA SDT muss in jedem Fall vom Versender ausgefüllt und unterschrieben dem Spediteur übergeben werden.

Das **FIATA-Speditionsauftragsformular (FFI)** entspricht dem UN-Layout für Handelsdokumente. Das Formular ist so gestaltet, dass es zusammen mit verschiedenen anderen Formularen und Dokumenten als Satz verwendet werden kann. Es enthält die für die Abwicklung der Speditionsaufträge erforderlichen Daten (Informationen).

Das **SIC**, die Deklaration des Verladers über das Bruttogewicht der Güter, wurde in Übereinstimmung mit der Overweight-Container-Gesetzgebung entworfen. Sie ist danach allen Containern und Trailern mitzugeben, bei denen das Bruttogewicht der geladenen Güter 29.000 lbs (13.154 kg) übersteigt. Bei Abfertigung von Sammelcontainern wird der Spediteur selbst zum Verlader, der dieses Formular ausstellen muss.

Das **CLECAT** (ursprünglich: Comité de Liaison Européen des Commissionaires et Auxiliaires de Transport du Marché Commun – heute: Europäischer Verband für Spedition, Transport, Logistik und Zolldienstleistung CLECAT) wurde 1958 von den Speditionsverbänden der ursprünglichen sechs Mitgliedstaaten der EG als internationale Berufsorganisation nach belgischem Recht mit Sitz in Brüssel gebildet. Inzwischen gehören dem CLECAT 18 Spediteurorganisationen aus ganz Europa an. Hinzu kommen ein assoziiertes Mitglied, drei Mitglieder mit Beobachterstatus sowie vier korellierte Mitglieder. Aufgabe des CLECAT ist es, die zum Teil sehr unterschiedlichen Meinungen der Mitgliedsverbände zu koordinieren und die EU-Kommission in den die Spedition betreffenden Fragen zu beraten. Das CLECAT war eine der ersten Interessenvertretungen, die bei der EU-Kommission offiziell akkreditiert wurden. Organe des CLECAT sind die Generalversammlung, bestehend aus den Delegierten der Mitgliedsorganisationen, der Rat und das Präsidium. Kommissionen mit beratender Funktion wurden gebildet für Fragen des Güterkraftverkehrs, Zoll- und Steuerangelegenheiten, juristische Angelegenheiten, Seeschifffahrt, Luftfrachtverkehr, Lagerei, Eisenbahnverkehr, Transport verderblicher Waren und soziale Angelegenheiten. (www.clecat.org)

2.3 Das Selbstverständnis der Spedition

Der Spediteur moderner Prägung ist keinesfalls mehr der „Geschäftsbesorger" der Jahrhundertwende. Er ist aber auch nicht nur der Kaufmann des Güterverkehrs, der Verkehrsleistungen ein- und verkauft. Er zeichnet sich vor allem dadurch aus, dass er

- neue Verkehrswege erschließt,
- Transportketten bildet,
- nach neuen Wegen zur Rationalisierung der Verkehrsabwicklung sucht,
- komplexe Verkehrsabläufe organisiert, wie z. B. den Spediteursammelgutverkehr und die Auslieferungslagerei und
- zusammen mit seinen Auftraggebern Lösungen für deren Logistikprobleme erarbeitet (Kontraktlogistiker).

In der Öffentlichkeit wird Spedition zumeist mit Lkw-Verkehr gleichgesetzt. Dies ergibt ein eher einseitiges Bild. Spedition ist zuerst einmal Organisation des Güterverkehrs, gleichgültig mit welchem Transportmittel. Spediteure organisieren Transporte von Haus zu Haus einschließlich aller damit verbundenen Nebenleistungen. Dass die meisten Spediteure auch über eigene Lkw verfügen, ändert nichts an diesem Selbstverständnis. Die Spedition bietet Dienstleistungspakete an, wobei der Transport häufig lediglich ein Bestandteil dieser Pakete ist.

Die FIATA, der Weltverband der Spediteure, hat vor einigen Jahren das Betätigungsfeld der modernen Spedition wie folgt beschrieben:

1. Es gehört zur Funktion des Spediteurs, dass er für den Handel und die Industrie den Transport von Gütern nach logistischen Prinzipien organisiert und dadurch die Transportkosten und -risiken möglichst gering hält.
2. Der Spediteur berät den Kunden bei allen Transportfragen, hilft bei der Vorbereitung, beschafft die Beförderungsleistungen und ergreift alle vernünftigen Maßnahmen, um sicherzustellen, dass die Sendung zweckdienlich und sicher den Bestimmungsort erreicht. Gegebenenfalls nimmt der Spediteur sein Recht auf Selbsteintritt wahr und befördert die Güter mit eigenen Fahrzeugen.

3. Das weltumspannende Netz von Niederlassungen und Korrespondenten ermöglicht dem Spediteur die Wahl der vorteilhaftesten Streckenführung und Verkehrsmittel; er vereinfacht und beschleunigt den Informationsfluss. Falls gewünscht, hilft er seinem Auftraggeber bei der Zahlungsabwicklung.
4. Als Transportexperte baut der Spediteur neue Verkehrsrouten – mit einem oder mehreren Verkehrsträgern – auf und kümmert sich um sämtliche Formalitäten und Dokumente. Er rationalisiert den Transport, indem er den Verkehrsträgern bessere Auslastungsfaktoren ermöglicht.
5. In der arbeitsteiligen Weltwirtschaft sind die Dienste des Spediteurs, seine Verteilfunktion und seine Erfahrung im internationalen und nationalen Güterverkehr für Verlader und Verkehrsträger unverzichtbar.

2.4 Der Spediteur – Bindeglied zwischen verladender Wirtschaft und den Verkehrsträgern

2.4.1 Beauftragung des Spediteurs durch die verladende Wirtschaft

Der Spediteur ist Bindeglied zwischen der verladenden Wirtschaft und den Verkehrsträgern. Der Spediteur muss erkennen, welche Anforderungen der Auftraggeber an den Versand der Güter stellt, muss die Auftraggeber beraten, wie und unter welchen Voraussetzungen der Güterversand am besten vorzunehmen ist und muss dann den adäquaten Verkehrsträger aussuchen. Speditieren ist mehr als die Durchführung einer Güterbeförderung von A nach B. Gerade das beratende Element und die in HGB wie ADSp verankerte Verpflichtung, bei allen Tätigkeiten stets das Interesse des Auftraggebers zu wahren, unterscheiden den Spediteur wesentlich vom Frachtführer. Dessen Aufgabe ist es hingegen die Güter auftragsgemäß zu befördern und dem Empfänger auszuliefern.

Der Spediteur wird von der verladenden Wirtschaft regelmäßig immer dann eingeschaltet, wenn die an den Güterversand gestellten Anforderungen nicht ohne weiteres vom Werkverkehr oder von Frachtführern erfüllt werden können. Die Gründe hierfür können sowohl im preislichen Bereich als auch im Leistungsbereich liegen. Durch

- Bündelung von Güterströmen,
- Aufbau paariger Verkehre und
- Abschluss langfristiger Beschäftigungsverträge mit Frachtführern

ist der Spediteur in vielen Fällen in der Lage, den Verladern günstigere Preise für den Versand der Güter zu bieten, als diese bei direkter Beauftragung der Frachtführer erzielen könnten.

Spediteure werden von Verladern vor allem auch dann eingesetzt, wenn die zu erbringenden Leistungen komplizierter sind. Dies ist vor allem der Fall

- im Stückgutverkehr,
- bei der Organisation von Warenverteil- und Beschaffungssystemen,
- bei über den Transport hinausgehenden Dienstleistungen,
- im grenzüberschreitenden Verkehr sowie
- bei Vergabe größerer Gütermengen über einen längeren Zeitraum hinweg.

Der direkte Einsatz von Frachtführern durch Verlader erfolgt zumeist bei problemlosen Verkehren. Dies gilt vor allem für Ladungsverkehre im innerdeutschen Nah- und Fernverkehr.

2.4.2 Der Spediteur – ein bedeutender Auftraggeber der Verkehrsträger

Die Spedition arbeitet mit allen Verkehrsträgern zusammen. Nach einer Erhebung des Deutschen Speditions- und Logistikverbands DSLV aus dem Jahr 2015 (siehe Tab. 2.1-1) befrachten fast drei Viertel aller Speditionsbetriebe fremde Lastkraftwagen im gewerblichen Straßengüterverkehr. Weit über die Hälfte der bei den Verladern akquirierten Güter lässt die Spedition von Frachtführern des Güternah- und Güterfernverkehrs mit dem Lkw befördern. Verladungen per Bahn werden nur noch von 15 % aller Betriebe durchgeführt. 10 % der Betriebe fertigen Transporte für die Binnenschifffahrt ab, ca. 53 % disponieren als Seehafenspediteure Verschiffungen über See und 47 % aller Speditionsbetriebe betreiben das Luftfrachtgeschäft (wegen Mehrfachbetätigungen einzelner Betriebe liegt die Gesamtsumme über 100 %).

Dass die Spedition überwiegend den Lkw einsetzt, liegt ausschließlich an den Systemvorteilen dieses Verkehrsmittels. Der Lkw hat gegenüber Eisenbahn und Binnenschiff den Vorteil, dass er universell und flächendeckend einsetzbar sowie fahrplanungebunden ist. Schließlich kann der Lkw Haus-Haus-Verkehre ohne Umschlag durchführen. Er ist damit prädestiniert für den Flächenverkehr sowie für die Beförderung hochwertiger Wirtschaftsgüter. Eisenbahn und Binnenschiff haben hingegen ihre Vorteile bei der Beförderung großer Gütermengen über weite Entfernungen.

Die Spedition legt Wert auf die Feststellung, dass sie grundsätzlich verkehrsträgerneutral ist. Dies wird keineswegs durch die Tatsache widerlegt, dass sie sich beim Versand der Güter vorrangig des Lkw bedient. Der Lkw ist seit Jahrzehnten das Verkehrsmittel, mit dem die Spedition am besten den Anforderungen ihrer Auftraggeber gerecht wird. Diese sitzen eben nicht nur an den Verkehrsknotenpunkten, sondern verteilen sich in der Fläche und sind auf einen zuverlässigen und schnellen Verkehrsträger angewiesen. Die Alternative Schienenverkehr lässt sich im grenzüberschreitenden Verkehr schlecht und im Binnenverkehr nur im beschränkten Maße realisieren. Möglich ist der Einsatz der Schiene gegenwärtig insbesondere im Kombinierten Verkehr. Hier hat die Spedition bewiesen, dass ihr durchaus an einer Zusammenarbeit mit der Schiene gelegen ist, wenn diese dem Lkw-Verkehr vergleichbare Leistungen bietet. Der weitaus größte Teil der im kombinierten Verkehr Straße/Schiene beförderten Güter stammt von der Spedition.

Statistische Erhebungen und Expertenschätzungen belegen, dass die Spedition bei allen Verkehrsträgern ein wichtiger Auftraggeber ist. Fast 90 % des Güteraufkommens im grenzüberschreitenden Straßengüterverkehr, über 80 % des Verkehrsaufkommens im gewerblichen Straßengüterfernverkehr, 98 % des Luftfrachtaufkommens, 20 % des Aufkommens der Binnenschifffahrt und im Eisenbahnverkehr 25 % der Güter, die nicht Massengüter sind, werden von Speditionsunternehmen disponiert. Im seewärtigen Verkehr werden etwa 70 % des Stückgutaufkommens von Seehafenspediteuren abgefertigt. Im Straßengüterverkehr über kurze Strecken wird der Anteil der Spedition zwar nur auf gut 10 % geschätzt; jedoch ist dieser Teilmarkt ebenso wie Binnenschifffahrt und Eisenbahn hauptsächlich durch Ladungs- und Massengutverkehre besetzt, die als zumeist problemlose Verkehre nicht den Einsatz der Spedition erfordern. Der Marktanteil der Spedition bei diesen Verkehrsträgern entfällt fast ausschließlich auf den Stückgutverkehr.

Der Spediteur zieht bei der Bewertung der Leistungen der Verkehrsträger die Kriterien heran, die in Marktuntersuchungen auch von Verladern als entscheidungsrelevant bezeichnet werden:

- Zuverlässigkeit
- Pünktlichkeit
- Schnelligkeit
- Laufzeiten
- Abfahrtdichte

- Preis
- Flexibilität
- Sicherheit

Neben diesen grundlegenden Leistungsfaktoren gewinnen zusätzliche Faktoren wie Sendungsverfolgung, Verhalten bei Reklamationen, Eingehen auf Kundenwünsche und das Auftreten der Fahrer bei den Kunden zunehmend an Bedeutung. Ebenso spielen die Aspekte Umwelt und Nachhaltigkeit eine immer größere Rolle. Diese zusätzlichen Faktoren sind für den einzelnen Frachtführer vor allem dann von Bedeutung, wenn die angebotenen Frachtführerleistungen in Bezug auf die grundlegenden Leistungsfaktoren relativ hochwertig und leicht austauschbar sind.

2.5 Der Spediteur und der Selbsteintritt

Der Spediteur hat nach dem HGB das Recht, die für die Erfüllung des Speditionsauftrags erforderlichen Beförderungsleistungen mit eigenen Verkehrsmitteln zu erbringen. § 458 HGB statuiert dieses Recht zum Selbsteintritt.

§ 458 Selbsteintritt

Der Spediteur ist befugt, die Beförderung des Gutes durch Selbsteintritt auszuführen. Macht er von dieser Befugnis Gebrauch, so hat er hinsichtlich der Beförderung die Rechte und Pflichten eines Frachtführers oder Verfrachters. In diesem Fall kann er neben der Vergütung für seine Tätigkeit als Spediteur die gewöhnliche Fracht verlangen.

Im Regelfall wird das Selbsteintrittsrecht von der Spedition im Lkw-Verkehr ausgeübt und hier, vor allem im Binnengüterverkehr auf weiten Strecken, üblicherweise auch heute noch als Güterfernverkehr bezeichnet. Neben dem im Güterfernverkehr tätigen Kraftwagenspediteur setzen jedoch auch andere Sparten der Spedition eigene Lkw ein. Bei der Sammlung und Verteilung von Gütern bedienen sich neben dem Kraftwagenspediteur auch der Seehafen- und Luftfrachtspediteur, der mit der Bahn zusammenarbeitende Spediteur und der lagerhaltende Spediteur eigener Lkw. Nach einer Erhebung des Deutschen Speditions- und Logistikverbands DSLV verfügen knapp 40 % aller Speditionsbetriebe über eigene Lkw.

Nachdem Anfang der 1990er-Jahre abzusehen war, dass die deutsche Marktordnung – nicht zuletzt unter dem Druck der EU-Verkehrspolitik – in der restriktiven Form von Preisbindung und Marktzugangsregelung langfristig nicht aufrechterhalten werden konnte, haben die deutschen Spediteure eine Kehrtwende vollzogen und den Selbsteintritt abgebaut. Der in den Folgejahren durch die Ausweitung der Kapazitäten des Güterfernverkehrs, die Rezession und die Aufhebung der staatlich verordneten Tarife verursachte Verfall der Güterfernverkehrsfrachten hat dazu geführt, dass heute in vielen Fällen der Einkauf der Beförderungsleistung für den Spediteur günstiger ist als die Eigenproduktion. Insoweit beantwortet die Spedition die Frage „make or buy" immer häufiger mit dem Einsatz von Frachtführern. In jüngster Zeit haben jedoch vor allem größere Speditionsunternehmen eine Kehrtwende vollzogen und ihren Fuhrpark aufgestockt. Diese befürchten wegen der gestiegenen Insolvenz im Frachtführerbereich Kapazitätsengpässe.

In einem liberalisierten Markt binden eigene Fahrzeuge hohe Finanzmittel, die in anderen speditionellen Bereichen gewinnbringender eingesetzt werden können. Immer mehr Spediteure gehen daher dazu über, den Selbsteintritt auf das unbedingt erforderliche Maß zu reduzieren und leistungsfähige Frachtführer durch Vereinbarung langfristiger Beschäftigungsverträge in ihr Logistikkonzept zu integrieren.

Eigene Fahrzeuge werden nur noch vorgehalten

- in Form von Spezialfahrzeugen (z. B. Tank- und Silofahrzeuge oder Autotransporter),
- zur Absicherung vor zu großer Abhängigkeit von den Frachtführern sowie
- zur Erfüllung spezieller Kundenwünsche.

Nachdem seit Mitte der 1990er-Jahre der Marktzugang zum Schienengüterverkehr geöffnet ist, realisiert die Spedition den Selbsteintritt auch bei diesem Verkehrsträger. In den meisten Fällen erfolgt dies durch kapitalmäßige Beteiligungen an privaten Eisenbahnverkehrsunternehmen.

2.6 Die Spedition und der internationale Güterverkehr

Die Bundesrepublik Deutschland ist eines der am stärksten außenhandelsorientierten Länder der Erde. Die Exportquote, gemessen als Anteil der Exporte am Bruttoinlandsprodukt, liegt bei knapp 40 %. Oder anders formuliert: Fast jeden dritten Euro erlösen Industrie und Handel mit dem Export. Die entsprechende Quote für die Einfuhr liegt bei rund 34 %. Diese beiden Zahlen belegen, wie stark unsere Wirtschaft mit der übrigen Welt verflochten ist. Dies findet auch seinen Niederschlag in von Jahr zu Jahr stärker wachsenden grenzüberschreitenden Verkehrsströmen. Von 1960 bis heute haben sich die im grenzüberschreitenden Verkehr von allen Verkehrsträgern beförderten Gütermengen mehr als verdreifacht. Im Binnenverkehr haben sie sich hingegen nur verdoppelt.

Auch im grenzüberschreitenden Verkehr war und ist der Lkw der Wachstumsträger Nr. 1. Er hat seinen Marktanteil bei der Tonnage von 8 % im Jahr 1960 auf fast 39 % im Jahr 2014 steigern können. Und dies, obwohl viele Massengüter mit dem Schiff oder mit der Bahn befördert werden. Die Marktanteilsgewinne des Lkw sind darauf zurückzuführen, dass in den zurückliegenden Jahrzehnten gerade die Lkw-affinen Güter, die hochwertigen Wirtschaftsgüter, im Export wie auch im Import überproportional zugenommen haben. Der Verbrauch von Massengütern ist hingegen in allen Industriestaaten rückläufig. Dies erklärt, aus welchem Grund die Bahn bei der Tonnage über zwei Drittel (von 38 % auf 10,5 %) und das Binnenschiff fast zwei Drittel (von 54 % auf 15 %) ihres Marktanteils verloren haben. Im Bereich der Seeschifffahrt liegt der Anteil heute bei knapp 29 %, bei den Rohrfernleitungen bei 6,4 % und im Luftverkehr bei 0,4 %.

Die imposante Entwicklung des grenzüberschreitenden Lkw-Verkehrs war nur möglich, weil die Spedition institutionelle Grundlagen für die Abwicklung dieser Verkehre geschaffen hat. Durch Gründung von Niederlassungen im Ausland sowie durch Zusammenarbeit mit ausländischen Korrespondenzspediteuren hat die Spedition in den letzten Jahrzehnten ein dichtes Netz von Linienverkehren in ganz Westeuropa errichtet, das fahrplanmäßig betrieben wird. Nach Öffnung der Grenzen von Osteuropa wurden auch zu diesen Staaten regelmäßige Verkehre aufgenommen. Viele Spediteure haben bereits Niederlassungen in diesen Staaten errichtet.

Die Betätigung der Spedition im internationalen Verkehr beschränkt sich jedoch keineswegs auf den europäischen Kontinent. Die in der Luftfracht und in der Seeschifffahrt tätigen Speditionsunternehmen gewährleisten deutschen Exporteuren und Importeuren weltweit einen sicheren Export und Import. In enger Zusammenarbeit mit den Luftfahrtgesellschaften und Reedereien bieten Spediteure ihrer Kundschaft auch regelmäßige Verkehre nach Übersee an, in vielen Fällen als Sammelgutverkehre.

Mit der zunehmenden wirtschaftlichen Entwicklung in den sogenannten BRIC-Staaten (Brasilien, Russland, Indien und China) bauen deutsche Speditionen auch dort Niederlassungen auf oder gründen Joint Ventures.

2.7 Spedition und Logistik

Unter den Ziffern 1.1, 1.2 und 1.8 dieses Leitfadens haben wir bereits einführend zum Thema „Logistik“ und „Logistikdienstleistungen“ berichtet.

Im Jahr 2009 ist nach Ergebnissen der Studie „Top 100 der Logistik“, die vom Fraunhofer Institut erstellt wird, der Umsatz im Logistikmarkt erstmalig seit vielen Jahren um etwa 9 % aufgrund der Krise eingebrochen und lag in Deutschland bei 200 Mrd. €. Der europäische Markt summierte sich auf 880 Mrd. € und war um 7 % eingebrochen. Bereits im Jahr 2011 wurde in Deutschland wieder ein Niveau von 223 Mrd. € erreicht und in Europa sogar von 950 Mrd. €. Im Jahr 2015 wurden in Deutschland branchenübergreifend gut 240 Mrd. € erwirtschaftet. Damit ist der Logistikbereich in Deutschland die drittgrößte Branche nach der Automobilwirtschaft und dem Handel.

Besonders hohe Zuwachsraten werden auf dem Markt für Kontraktlogistik erzielt. Die zehn größten Logistikdienstleister weltweit waren im Jahr 2014: Deutsche Post/DHL, UPS Inc, FedEx Corp., Maersk A/S (DK), DB Mobility Logistics AG, Union Pacific Railroad, BNSF Railway Company, Russian Railways, Nippon Yusen K.K. (NYK Goup), Kühne + Nagel International AG. Sie erzielten gemeinsam einen Umsatz von 273 Mrd. €.

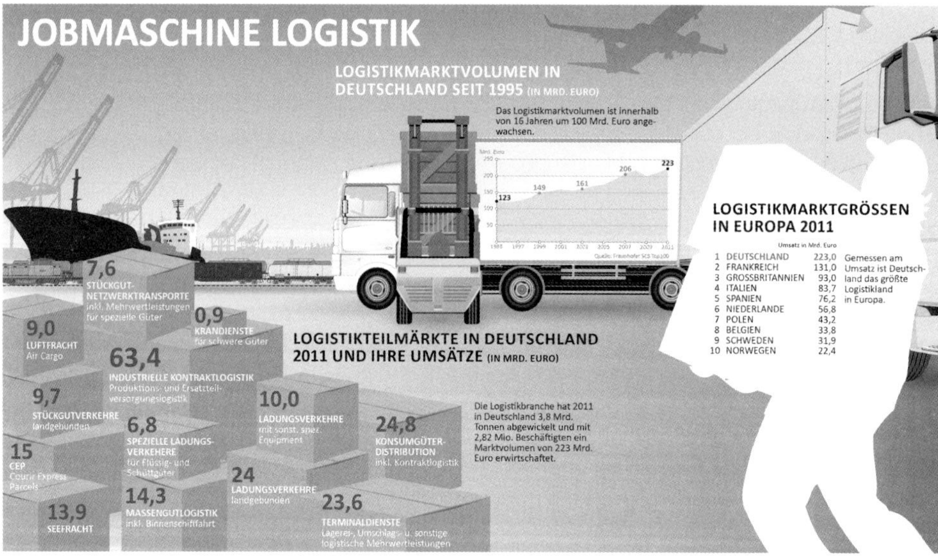

Abb. 2.7-1: Jobmaschine Logistik **Quelle: DVZ**

Am 26.7.2004 ist die Neuordnung der **Berufsausbildung zum/zur Kaufmann/Kauffrau für Spedition und Logistikdienstleistung** im Bundesgesetzblatt publiziert worden. Damit wurde zum ersten Mal dokumentiert, dass „Spedition und Logistikdienstleistung“ eine wirtschaftliche Einheit bilden. Selbstverständlich werden logistische Dienstleistungen (immerhin rund 50 % des derzeitigen Gesamtaufwands für logistische Leistungen in Deutschland) auch in den Unternehmen des Handels und der Industrie erbracht. Hier sind sie aber Nebenleistungen, die in das „Hauptprodukt“ dieser Wirtschaftszweige einfließen. Nur Spediteure und Logistikdienstleister produzieren als Hauptzweck ihrer wirtschaftlichen Betätigung gewerblich, gegen Entgelt, die Vielzahl der unterschiedlichen Logistikdienstleistungen.

Spediteure und Logistikdienstleister stehen auch weiterhin im Fokus einer dynamisch wachsenden Verkehrswirtschaft, denn die unter Kapitel 1.1 dieses Leitfadens aufgezeigten Entwicklungstendenzen der Weltwirtschaft werden auch künftig Träger der wirtschaftlichen Entwicklung sein. Steigende Energiepreise und ein wachsendes Umweltbewusstsein in Politik und Wirtschaft erlangen eine größere Bedeutung. Die Zielkonflikte in den weltweit angelegten Wertschöpfungsketten werden dadurch eher größer als kleiner. Dieser Herausforderung müssen sich insbesondere die Spediteure und Logistiker in ihrer Funktion als unternehmens- und wertschöpfungskettenübergreifend denkende und handelnde Supply Chain Manager stellen.

2.8 Dienste im Kleingutmarkt

Unter dem Kleingutmarkt versteht man die Geschäftsfelder des Güterverkehrsmarkts, die sich mit dem Versand kleingewichtiger Sendungen mit einem Gewicht von 30 Kilogramm bis etwa 2.500 kg befassen. Sendungen mit höheren Gewichten sind Teilladungen oder Ladungen. Der Ladungsverkehr der Verkehrsträger befördert zwar um ein Vielfaches größere Gütermengen, umsatzmäßig dürfte der Kleingutmarkt dem Ladungsverkehr jedoch nicht viel nachstehen, da hier die Wertschöpfung höher ist und sich somit bezogen auf dieselbe Gewichtseinheit von z. B. 100 kg viel höhere Entgelte erzielen lassen. Der gesamte landgebundene Stückgutmarkt umfasste im Jahr 2012 ein Gütervolumen von rund 49 Mio. t pro Jahr mit einem Umsatz von fast 10 Mrd. € (Quelle: Fraunhofer SCS).

Eine enorme Entwicklung hat der Markt der KEP-Dienste genommen, deren Umsatz sich von 10 Mrd. € im Jahr 2000 auf 17,4 Mrd. € im Jahr 2015 gesteigert hat. Das Wachstum gegenüber dem Vorjahr betrug 4,6 % (Quelle: BIEK, KEP-Studie 2015).

Durch das Aufkommen der **KEP-Dienste** (Kurier-, Express- und Paketdienste) seit Anfang der 1970er-Jahre hat sich der Kleingutmarkt neu strukturiert. Er besteht heute aus folgenden Teilmärkten:

- Kurierdienste
- Expressdienste
- Paketdienste
- Spediteursammelgutverkehr

Unterscheidungskriterien für die einzelnen Teilmärkte sind Größe der Sendung und Schnelligkeit des Güterversands. Nachfolgend eine kurze Charakterisierung der einzelnen Dienste:

- **Kurierdienste**
  Beförderung von Dokumenten, Wertsendungen etc. mit einem Kurier insbesondere im grenzüberschreitenden Verkehr. Die Sendungsgewichte liegen allenfalls bei wenigen Kilogramm.
- **Expressdienste**
  Schnellverkehre auch für höhere Gewichte, soweit die Grenzwerte für Gewicht, Abmessungen und Volumen eingehalten werden.
- **Paketverkehre**
  Beförderung kleingewichtiger Packstücke bis maximal 31,5 kg (Postdienst). Die privaten Paketdienste haben teilweise höhere Gewichtsobergrenzen. Die einzelnen Pakete dürfen zudem bestimmte Abmessungen nicht überschreiten.
- **Stückgutverkehre und Spediteursammelgutverkehr**
  Beförderung von klein- und großgewichtigen Sendungen von 30 Kilogramm bis etwa 2.500 kg ohne Vorgabe bestimmter Grenzwerte über die Abmessung der Güter.

Die Mehrzahl der von den KEP-Diensten beförderten Güter liegt im Gewichtsbereich bis 30 kg. Im Spediteursammelgutverkehr werden hingegen zumeist schwerere Sendungen versandt. Das durchschnittliche Sendungsgewicht liegt zwischen 300 und 350 kg.

Die im vorhergehenden Kapitel aufgezeigten Änderungen der Nachfrage nach Verkehrsleistungen haben die Struktur des Güterversands in den letzten beiden Jahrzehnten beträchtlich verschoben:

- Die Sendungsgrößen sind gesunken,
- der Wert der Güter pro Gewichtseinheit ist gestiegen,
- die Qualitäts- und Sicherheitsanforderungen an den Versand der Güter sind gewachsen,
- aufgrund zunehmender Empfindlichkeit der Güter hat sich der Verpackungsaufwand erhöht und
- der Massengutverkehr hat zugunsten des hochbeweglichen und schnellen Stückguttransports an Bedeutung verloren.

Dieser **Güterstruktureffekt**, dessen Entwicklung noch keineswegs abgeschlossen ist, hat gemeinsam mit den steigenden Anforderungen nach logistischen Dienstleistungen den Boden für das Aufkommen der KEP-Dienste bereitet. Da durch die Reduzierung der Lagerhaltung die negativen Auswirkungen einer nicht termingerechten Anlieferung der Güter für Industrie und Handel stiegen, haben die neuen Kleingutdienste mit Termingarantien für ihre Transportleistungen und durch Minimierung der Haus-Haus-Beförderungszeit nachfragegerechte Angebote auf den Markt gebracht. Die traditionellen Kleingutdienste Postpaketverkehr, DB-Stückgutverkehr und Spediteursammelgutverkehr konnten dem neuen Angebot zunächst keine gleichwertige Alternative entgegensetzen, sodass die KEP-Dienste bis Anfang der 1990er-Jahre jährlich überdurchschnittlich hohe Wachstumsraten erzielten. Diese haben sich zwar inzwischen abgeschwächt, übertreffen jedoch noch immer das allgemeine Verkehrswachstum.

Einer der wichtigsten Gründe für das Vordringen der KEP-Dienste war, dass sie einerseits Grenzwerte für die Annahme der Güter bezüglich Abmessungen, Gewicht und Umfang festlegten und zum anderen neue Formen der Abwicklung einführten wie z. B. Einrichtung von Nabe-Speiche-Systemen und Aufnahme von Barcoding und Scannertechnik. Zudem beförderten sie die übernommenen Güter zumeist in geschlossenen Systemen, d. h. die Güter verblieben von der Übernahme beim Auftraggeber bis zur Auslieferung an den Empfänger in der Hand eines einzigen Unternehmens. Zudem waren und sind die Tarife als Haus-Haus-Preise einfach strukturiert. Gegenüber den traditionellen Kleingutdiensten erzielten die KEP-Dienste durch diese Maßnahmen einfachere Abwicklungsmodalitäten und schnellere Laufzeiten, die es ihnen auch ermöglichten, höhere Preise für ihre Dienste zu verlangen.

In den letzten beiden Jahrzehnten haben die traditionellen Kleingutdienste Post-Paketverkehr und Spediteursammelgutverkehr intensive Anstrengungen unternommen, um den Wettbewerbsvorsprung der neuen Dienste aufzuholen. Dies ist ihnen durch Errichtung neuer Umschlagsanlagen und Einführung von EDV-Systemen mit Datenaustausch weitgehend gelungen, sodass selbst im Spediteursammelgutverkehr die Hauptrelationen heute im 24-Stunden-Takt und die Nebenrelationen im 48-Stunden-Takt bedient werden. Die Spedition hat neben Neuorganisation und Beschleunigung ihrer Sammelgutverkehre teilweise eigene Expressverkehre eingerichtet. Gegenüber den Transportspezialisten kann sie damit den Verladern „Full-service aus einer Hand“ bieten. Dies hat dazu geführt, dass KEP-Anbieter und Stückgutspediteure im unteren Gewichtssegment teilweise zu unmittelbaren Konkurrenten geworden sind.

3 Der Spediteur und das Speditionsrecht/Frachtrecht

Axel Salzmann

3.1 Transportrecht

3.1.1 Einleitung

Innerhalb der Europäischen Union (EU) ist jetzt grundsätzlich die Kabotage frei, wobei es diverse Übergangsvorschriften mit Beitrittsstaaten gibt. Deshalb ist jeder Straßenfrachtführer aus den Staaten der EU berechtigt, in jedem anderen EU-Staat nationale, also innerstaatliche Beförderungen auszuführen, und zwar ohne Beschränkungen. Die Details der **Kabotagefreiheit** sind im GüKG geregelt.

Es gilt das Vertragsrecht des HGB mit den Abschnitten Fracht-, Speditions- und Lagergeschäft. Die Art des jeweils eingesetzten Fahrzeugs ist für die Vertragsgestaltung ohne Bedeutung. Die Partner bestimmen den Vertrag und welches Recht zur Anwendung kommt. Güterverkehr ist – vom Umzug mit Privatleuten abgesehen – kaufmännisches Geschäft. Kaufmännisches Geschäft braucht rechtliche Regeln, aber keine Reglementierung. Obenan steht deshalb die **Vertragsfreiheit**. Das gilt uneingeschränkt für die Leistungen und fängt schon beim Vertragstyp an: Spedition oder Fracht? Darüber, was der Verkehrsträger leisten soll/will, kann und gegebenenfalls muss, wird zwischen den Partnern verhandelt.

Das Gesetz bietet Leitbilder, die dann gelten, wenn die Partner nichts anderes vereinbaren. Das Transportrecht im HGB ist das Rahmengesetz. Es ist seit 1998 in Kraft und gilt für Verträge, wobei durch die Seerechtsreform, die am 25. April 2013 in Kraft getreten ist, diverse Ergänzungen vorgenommen worden sind. Das HGB regelt auch den Contracting Carrier.

Definition
Der Contracting Carrier schließt als Frachtführer den Beförderungsvertrag ab. Die Beförderung durch diesen Vertragspartner ist damit aber nicht zwingend verbunden. Der ausführende (actuell oder operating) Frachtführer ist oftmals eine andere Rechtsperson. Dies gilt sowohl im See- als auch im Luftfrachtgeschäft. Demzufolge richten sich zunächst Forderungen aus dem Beförderungsvertrag in erster Linie an den Contracting Carrier.

3.1.2 Das Handelsgesetzbuch

Das Frachtgeschäft steht am Anfang. Das hängt damit zusammen, dass die Spedition von der Kommission gelöst ist und deshalb systematisch nicht hinter das Kommissionsrecht zu platzieren ist. Im Abschnitt Frachtgeschäft wird zuerst das allgemeine Frachtrecht geregelt, dann folgen zwei Unterfälle besonderen Frachtrechts, nämlich der Umzugsvertrag und der Frachtvertrag mit verschiedenartigen Beförderungsmitteln, der sogenannte Multimodale Vertrag.

3.1.2.1 Frachtgeschäft mit Kurzkommentierung

Viertes Buch Handelsgeschäfte

Vierter Abschnitt – Frachtgeschäft

Erster Unterabschnitt: Allgemeine Vorschriften

§ 407 Frachtvertrag

(1) Durch den Frachtvertrag wird der Frachtführer verpflichtet, das Gut zum Bestimmungsort zu befördern und dort an den Empfänger abzuliefern.
(2) Der Absender wird verpflichtet, die vereinbarte Fracht zu zahlen.
(3) Die Vorschriften dieses Unterabschnitts gelten, wenn
  1. das Gut zu Lande, auf Binnengewässern oder mit Luftfahrzeugen befördert werden soll und
  2. die Beförderung zum Betrieb eines gewerblichen Unternehmens gehört.

Erfordert das Unternehmen nach Art oder Umfang einen in kaufmännischer Weise eingerichteten Geschäftsbetrieb nicht und ist die Firma des Unternehmens auch nicht nach § 2 in das Handelsregister eingetragen, so sind in Ansehung des Frachtgeschäfts auch insoweit die Vorschriften des Ersten Abschnittes des Vierten Buches ergänzend anzuwenden; dies gilt jedoch nicht für die §§ 348 bis 350.

Frachtführer ist, wer es übernimmt... Getreu der Grundidee des Transportrechts wird entscheidend auf den Vertrag und damit den Gestaltungswillen der Partner abgestellt und der Vertragsinhalt definiert, woraus sich zugleich die Definition des Verkehrsträgers und seines Partners ergibt.

Das **Binnenfrachtrecht** gilt für alle Verkehrsträger, außer See (also für Straße, Schiene, Binnenwasser, Luft, Pipeline sofern gewerblich für andere).

Anwendung findet das HGB grundsätzlich auf Frachtgeschäfte, die innerhalb der Bundesrepublik Deutschland abgewickelt werden. Dies ist von großer Bedeutung bei grenzüberschreitenden Transporten. Dort gilt beispielsweise im Straßengüterverkehr das Gesetz zu dem Übereinkommen vom 19.5.1956 über den Beförderungsvertrag im Internationalen Straßengüterverkehr (CMR) vom 16.8.1961, wobei es sich hierbei um zwingendes Recht handelt.

Mit der Transportrechtsreform im Jahr 1998 wurde zugleich der Kaufmannsbegriff in § 1 HGB geändert. Kaufmann ist nicht nur, wer ein sogenanntes Grundhandelsgewerbe betreibt, sondern der Betreiber jedes gewerblichen Unternehmens.

§ 408 Frachtbrief, Verordnungsermächtigung

(1) Der Frachtführer kann die Ausstellung eines Frachtbriefs mit folgenden Angaben verlangen:
  1. Ort und Tag der Ausstellung;
  2. Name und Anschrift des Absenders;
  3. Name und Anschrift des Frachtführers;
  4. Stelle und Tag der Übernahme des Gutes sowie die für die Ablieferung vorgesehene Stelle;
  5. Name und Anschrift des Empfängers und eine etwaige Meldeadresse;
  6. die übliche Bezeichnung der Art des Gutes und die Art der Verpackung, bei gefährlichen Gütern ihre nach den Gefahrgutvorschriften vorgesehene, sonst ihre allgemein anerkannte Bezeichnung;

7. *Anzahl, Zeichen und Nummern der Frachtstücke;*
8. *das Rohgewicht oder die anders angegebene Menge des Gutes;*
9. *die bei Ablieferung geschuldete Fracht und die bis zur Ablieferung anfallenden Kosten sowie einen Vermerk über die Frachtzahlung;*
10. *den Betrag einer bei der Ablieferung des Gutes einzuziehenden Nachnahme;*
11. *Weisungen für die Zoll- und sonstige amtliche Behandlung des Gutes;*
12. *eine Vereinbarung über die Beförderung in offenem, nicht mit Planen bedecktem Fahrzeug oder auf Deck.*

In den Frachtbrief können weitere Angaben eingetragen werden, die die Parteien für zweckmäßig halten.

(2) Der Frachtbrief wird in drei Originalausfertigungen ausgestellt, die vom Absender unterzeichnet werden. Der Absender kann verlangen, dass auch der Frachtführer den Frachtbrief unterzeichnet. Nachbildungen der Unterschriften durch Druck oder Stempel genügen. Eine Ausfertigung ist für den Absender bestimmt, eine begleitet das Gut, eine behält der Frachtführer.

(3) Dem Frachtbrief gleichgestellt ist eine elektronische Aufzeichnung, die dieselben Funktionen erfüllt wie der Frachtbrief, sofern sichergestellt ist, dass die Authentizität und die Integrität der Aufzeichnung gewahrt bleiben (elektronischer Frachtbrief). Das Bundesministerium der Justiz wird ermächtigt, im Einvernehmen mit dem Bundesministerium des Innern durch Rechtsverordnung, die nicht der Zustimmung des Bundesrates bedarf, die Einzelheiten der Ausstellung, des Mitführens und der Vorlage eines elektronischen Frachtbriefs sowie des Verfahrens einer nachträglichen Eintragung in einen elektronischen Frachtbrief zu regeln.

Der Frachtvertrag kommt durch übereinstimmende Willenserklärungen der Partner zustande. Es gibt dabei keine Formvorschrift, die Ausstellung eines Frachtbriefs ist nicht notwendig. Es steht den Parteien frei, einen Frachtbrief herzustellen und zu verwenden, sie können auch jede beliebige andere Dokumentation verwenden. Ausgestellt, d. h. geschrieben und verantwortlich unterschrieben wird der Frachtbrief vom Absender, gegebenenfalls auf Verlangen des Frachtführers. Die in Abs. 1 aufgeführten Frachtbriefangaben sind nicht zwingend und abschließend, es können auch andere Angaben gemacht werden.

Zu Abs. 3 wird jetzt auch grundsätzlich die Möglichkeit eines **elektronischen Frachtbriefs** geschaffen. Voraussetzung ist eine Rechtsverordnung des Bundesjustizministeriums. Dies gilt auch für den Ladeschein (§ 443 HGB) und den Lagerschein (§ 475 c HGB).

§ 409 Beweiskraft des Frachtbriefs

(1) Der von beiden Parteien unterzeichnete Frachtbrief dient bis zum Beweis des Gegenteils als Nachweis für Abschluss und Inhalt des Frachtvertrages sowie für die Übernahme des Gutes durch den Frachtführer.

(2) Der von beiden Parteien unterzeichnete Frachtbrief begründet ferner die Vermutung, dass das Gut und seine Verpackung bei der Übernahme durch den Frachtführer in äußerlich gutem Zustand waren und dass die Anzahl der Frachtstücke und ihre Zeichen und Nummern mit den Angaben im Frachtbrief übereinstimmen. Der Frachtbrief begründet diese Vermutung jedoch nicht, wenn der Frachtführer einen begründeten Vorbehalt in den Frachtbrief eingetragen hat; der Vorbehalt kann auch damit begründet werden, dass dem Frachtführer keine angemessenen Mittel zur Verfügung standen, die Richtigkeit der Angaben zu überprüfen.

(3) Ist das Rohgewicht oder die anders angegebene Menge des Gutes oder der Inhalt der Frachtstücke vom Frachtführer überprüft und das Ergebnis der Überprüfung in den von beiden Parteien unterzeichneten Frachtbrief eingetragen worden, so begründet dieser auch

die Vermutung, dass Gewicht, Menge oder Inhalt mit den Angaben im Frachtbrief übereinstimmt. Der Frachtführer ist verpflichtet, Gewicht, Menge oder Inhalt zu überprüfen, wenn der Absender dies verlangt und dem Frachtführer angemessene Mittel zur Überprüfung zur Verfügung stehen; der Frachtführer hat Anspruch auf Ersatz seiner Aufwendungen für die Überprüfung.

Der Frachtvertrag kommt formlos zustande, ein Frachtbrief ist nicht notwendig. Ist ein Frachtbrief ausgestellt und von beiden Parteien unterschrieben, so dient er als **Beweisurkunde** für den Inhalt des Vertrags und als **Übernahmequittung** durch den Frachtführer. Beides ist aber widerlegbar. Gerade bei Reklamationen spielt dies eine Rolle. Dabei gelten die allgemeinen Beweislastregeln der ZPO: Derjenige, der einen Schadenersatzanspruch geltend macht, trägt die Darlegungs- und Beweislast.

Die gesetzliche Beweiskraft der Übernahmequittung betrifft nur die Anzahl der Frachtstücke, nicht ihren Inhalt. Dies gilt auch, wenn das Vertragsgut näher bezeichnet wird, z. B. als „8 Paletten mit 160 Kartons". Eine vorbehaltlose Übernahmequittung des Fahrers bezieht sich nur auf acht Paletten. Wenn bei oder nach Ablieferung das Fehlen eines Kartons festgestellt wird, dann ist der Frachtführer nur bei besonderen Umständen verantwortlich, die seitens des Empfängers darzulegen sind.

Hat der Frachtführer einen begründeten Vorbehalt in den Frachtbrief eingetragen, so gilt die Vermutung, dass bei Übernahme alles in Ordnung war, nicht. Weil der Vorbehalt Rechtswirkungen auch gegenüber dem Empfänger entfaltet, muss er grundsätzlich auf den Frachtbrief, und zwar auf alle Ausfertigungen, gesetzt werden. Wie bisher ist nicht ausreichend ein allgemeiner, nicht konkretisierter Vorbehalt, z. B. „ungezählt übernommen" oder „vorbehaltlich späterer Überprüfung". Es muss dabei eine **konkrete Vorbehaltsformulierung** vorliegen, z. B. „Palettenverpackung aufgerissen – es fehlen 7 Kartons."

§ 410 Gefährliches Gut

(1) Soll gefährliches Gut befördert werden, so hat der Absender dem Frachtführer rechtzeitig schriftlich oder in sonst lesbarer Form die genaue Art der Gefahr und, soweit erforderlich, zu ergreifende Vorsichtsmaßnahmen mitzuteilen.

(2) Der Frachtführer kann, sofern ihm nicht bei Übernahme des Gutes die Art der Gefahr bekannt war oder jedenfalls mitgeteilt worden ist,

1. *gefährliches Gut ausladen, einlagern, zurückbefördern oder, soweit erforderlich, vernichten oder unschädlich machen, ohne dem Absender deshalb ersatzpflichtig zu werden, und*
2. *vom Absender wegen dieser Maßnahmen Ersatz der erforderlichen Aufwendungen verlangen.*

Der Absender muss nicht nur aufgrund der öffentlich-rechtlichen Gefahrgutvorschriften, sondern auch vertragsrechtlich dem Frachtführer die von gefährlichem Gut ausgehende genaue Art der Gefahr und gegebenenfalls zu ergreifende Vorsichtsmaßnahmen mitteilen. Die Mitteilungspflicht des Absenders betrifft nicht nur gefährliches Gut im Sinne der öffentlich-rechtlichen Gefahrgutvorschriften, sondern jedes Gut, das in seiner konkreten Beschaffenheit nachteilige Auswirkungen auf Personen, Sachen, Umwelt oder sonstige Werte haben kann.

Wegen der Haftung des Absenders gegenüber dem Frachtführer für Verletzung dieser Mitteilungspflicht siehe zu § 414 HGB.

§411 Verpackung, Kennzeichnung

Der Absender hat das Gut, soweit dessen Natur unter Berücksichtigung der vereinbarten Beförderung eine Verpackung erfordert, so zu verpacken, dass es vor Verlust und Beschädigung geschützt ist und dass auch dem Frachtführer keine Schäden entstehen. Soll das Gut in einem Container, auf einer Palette oder in oder auf einem sonstigen Lademittel, das zur Zusammenfassung von Frachtstücken verwendet wird, zur Beförderung übergeben werden, hat der Absender das Gut auch in oder auf dem Lademittel beförderungssicher zu stauen und zu sichern. Der Absender hat das Gut ferner, soweit dessen vertragsgemäße Behandlung dies erfordert, zu kennzeichnen.

Verpackung ist nicht nur die mechanische Umhüllung des Gutes, sondern seine Herrichtung für die Beförderung. Die Verpackung muss konkret den Anforderungen der geplanten Beförderung entsprechen, also dem Transportweg und dem Transportmittel und den dabei allgemein zu erwartenden Beanspruchungen, den jahreszeitlichen Witterungseinflüssen usw. Verpackungspflichtig ist der Absender als Partner des Frachtführers, gegebenenfalls also der Spediteur. Dabei hat der Verpackungsaufwand in einem angemessenen Verhältnis zur verpackten Ware und dessen Wert zu stehen. Auf die Verkehrssitte und den Handelsbrauch ist dabei abzustellen. Soll das Gut in einen Container, auf eine Palette oder auf ein sonstiges Lademittel, das zur Zusammenfassung von Frachtstücken verwendet wird, zur Beförderung übergeben werden, ist das Gut auch dort beförderungssicher zu verstauen und zu sichern.

§412 Verladen und Entladen. Verordnungsermächtigung

(1) Soweit sich aus den Umständen oder der Verkehrssitte nicht etwas anderes ergibt, hat der Absender das Gut beförderungssicher zu laden, zu stauen und zu befestigen (verladen) sowie zu entladen. Der Frachtführer hat für die betriebssichere Verladung zu sorgen.

(2) Für die Lade- und Entladezeit, die sich mangels abweichender Vereinbarung nach einer den Umständen des Falles angemessenen Frist bemisst, kann keine besondere Vergütung verlangt werden.

(3) Wartet der Frachtführer aufgrund vertraglicher Vereinbarung oder aus Gründen, die nicht seinem Risikobereich zuzurechnen sind, über die Lade- oder Entladezeit hinaus, so hat er Anspruch auf eine angemessene Vergütung (Standgeld)

(4) Das Bundesministerium der Justiz wird ermächtigt, im Einvernehmen mit dem Bundesministerium für Verkehr durch Rechtsverordnung, die nicht der Zustimmung des Bundesrates bedarf, für die Binnenschifffahrt unter Berücksichtigung der Art der zur Beförderung bestimmten Fahrzeuge, der Art und Menge der umzuschlagenden Güter, der beim Güterumschlag zur Verfügung stehenden technischen Mittel und der Erfordernisse eines beschleunigten Verkehrsablaufs die Voraussetzungen für den Beginn der Lade- und Entladezeit, deren Dauer sowie die Höhe des Standgeldes zu bestimmen.

Die Pflicht des Absenders zur **beförderungssicheren Verladung** – Verladung ist jetzt ein gesetzlicher Fachausdruck mit diesem Inhalt – zielt einmal darauf, das Gut selbst gegen die erfahrungsgemäß durch die Transportbeanspruchung drohenden Gefahren zu schützen, zum anderen aber auch darauf, dass das Gut nicht andere Sachen, Werte usw. unterwegs schädigt. Die Betriebssicherheit **(betriebssichere Verladung)** zu gewährleisten, ist Pflicht des Frachtführers. Das bezieht sich darauf, dass die Ladung nicht über das Fahrzeug hinausragt, dass das Fahrzeug gleichmäßig beladen ist und der Fahrer in der Bedienung des Fahrzeugs durch die Ladung nicht beeinträchtigt wird; §§22, 23 StVO.

Außerdem ist durch das gesetzliche Leitbild des Frachtvertrags der Absender zur Entladung verpflichtet. Er muss das nicht in eigener Person vollbringen, ist aber frachtrechtlich dem Frachtführer gegenüber in der Pflicht, sich um die Entladung zu kümmern. Regelmäßig wird also der Empfänger hinsichtlich der Entladung zum Erfüllungsgehilfen des Absenders. Der Frachtführer selbst steht in keinem Rechtsverhältnis zum Empfänger, kann diesen also nicht zur Entladung zwingen oder in Verzug setzen, wenn er die Annahme nicht verweigert, den Fahrer aber hinhält und warten lässt. Schäden beim Be- und Entladen sind somit grundsätzlich nicht vom Frachtführer zu vertreten, es sei denn es gibt anderweitige ausdrückliche Vereinbarungen, was eine Tatfrage ist. Die Haftung des Frachtführers für **Entladeschäden**, die dadurch entstehen, dass der Fahrer selbständig ohne Anweisung entlädt, ist von der Höhe her unbegrenzt. Dies wurde unlängst höchstrichterlich entschieden unter Hinweis darauf, dass die Haftungsbeschränkung nur für den Frachtvertrag gilt, nicht jedoch für vertragswidriges Entladen.

Für die den Umständen nach angemessene **Lade- und Entladezeit** kann der Frachtführer keine Vergütung beanspruchen. Für darüber hinausgehende Zeiten besteht Anspruch auf Standgeld.

Mit der Begrifflichkeit „angemessene Lade- und Endladezeit" überlasst der Gesetzgeber es den Vertragsparteien, eine Konkretisierung vorzunehmen. Durch verschiedene Gerichtsentscheidungen ist hier in den letzten Jahren eine Dynamik entstanden, indem erstmals der BGH es für unwirksam erklärt hat, in AGBs eines Frachtführers generell einen Vergütungsanspruch auszuschließen. In den VBGL wurden bereits erstmals 1998 und dann folgend 2013 konkrete Fristen bestimmt, die auch von der Rechtsprechung als Maßstab verschiedentlich herangezogen wurden. Gerade vor dem Hintergrund des Fahrermangels wird die Ressource Fahrer und damit auch Wartezeit wirtschaftspolitisch immer wichtiger und hat letztmalig in den ADSp 2016 eine neue Konkretisierung erhalten. Im Markt gibt es immer verbreiteter zwischen den Vertragspartnern entsprechende Vereinbarungen.

§ 413 Begleitpapiere

(1) Der Absender hat dem Frachtführer alle Urkunden zur Verfügung zu stellen und Auskünfte zu erteilen, die für eine amtliche Behandlung, insbesondere eine Zollabfertigung, vor der Ablieferung des Gutes erforderlich sind.

(2) Der Frachtführer ist für den Schaden verantwortlich, der durch Verlust oder Beschädigung der ihm übergebenen Urkunden oder durch deren unrichtige Verwendung verursacht worden ist, es sei denn, dass der Verlust, die Beschädigung oder die unrichtige Verwendung auf Umständen beruht, die der Frachtführer nicht vermeiden und deren Folgen er nicht abwenden konnte. Seine Haftung ist jedoch auf den Betrag begrenzt, der bei Verlust des Gutes zu zahlen wäre.

§ 414 Verschuldensunabhängige Haftung des Absenders in besonderen Fällen

(1) Der Absender hat, auch wenn ihn kein Verschulden trifft, dem Frachtführer Schäden und Aufwendungen zu ersetzen, die verursacht werden durch
   1. ungenügende Verpackung oder Kennzeichnung
   2. Unrichtigkeit oder Unvollständigkeit der in den Frachtbrief aufgenommenen Angaben
   3. Unterlassen der Mitteilung über die Gefährlichkeit des Gutes oder
   4. Fehlen, Unvollständigkeit oder Unrichtigkeit der in § 413 Abs. 1 genannten Urkunden oder Auskünfte.

(2) *Hat bei der Verursachung der Schäden oder Aufwendungen ein Verhalten des Frachtführers mitgewirkt, so hängen die Verpflichtung zum Ersatz sowie der Umfang des zu leistenden Ersatzes davon ab, inwieweit dieses Verhalten zu den Schäden und Aufwendungen beigetragen hat.*

(3) *Ist der Absender ein Verbraucher, so hat er dem Frachtführer Schäden und Aufwendungen nach den Absätzen 1 und 2 nur zu ersetzen, soweit ihn ein Verschulden trifft.*

Nach § 410 HGB muss der Absender dem Frachtführer bei gefährlichem Gut die Art der Gefahr usw. mitteilen. Diese Mitteilung muss richtig und vollständig sein. Nach § 414 Abs. 1 Nr. 3 haftet der Absender dem Frachtführer, wenn er diese Mitteilung unterlässt. Unterlassen umfasst auch die Unvollständigkeit und die Unrichtigkeit; der Absender unterlässt dann, den Frachtführer richtig aufzuklären, das aber schuldet er nach § 410 HGB.

Der Absender haftet absolut, d. h. auch ohne Schuld, ihn entlastet auch nicht das sogenannte „unabwendbare Ereignis“, was sonst nach CMR und HGB die Gefährdungshaftung begrenzt. Höhere Gewalt ist nicht erwähnt. Das hängt mit der Natur der vier Haftungstatbeständen zusammen. Immer handelt es sich um Verhalten (Tun oder Unterlassen) des Absenders, und das Verhalten einer Person ist für diese nie höhere Gewalt.

Mit der Seerechtsreform hat der Gesetzgeber eine Korrektur bei der Absenderhaftung vorgenommen. Grundsätzlich haftet der Absender für Schäden, die er verursacht hat, unbeschränkt. Über § 449 HGB besteht für Kaufleute die Möglichkeit, die Haftung in AGB zu beschränken.

Die **Absenderhaftung** gewinnt seit der gesetzgeberischen Reform im Jahr 2012 weiter an Dynamik. Zum einen gibt es Versuche in der Verladerschaft, die Haftung unverändert auf 8,33 SZE/kg zu belassen, auf der anderen Seite hat beispielsweise der BGL in den VBGL eine Haftungsregelung dahingehend getroffen, wonach der Auftraggeber verpflichtet ist, eine entsprechende Betriebshaftpflichtversicherung vorzuhalten, um sich auf eine Haftungsbegrenzung zu berufen. In den ADSp 2016 wurde das Thema nicht aufgegriffen. Anders dagegen in den DTLB, den Verladerbedingungen, in denen die Haftung wieder auf die Regelhaftungssumme begrenzt wurde. Verschiedene Schadensfälle zeigen, dass zukünftig die Absenderhaftung insgesamt eine größere Rolle spielen wird und in Schadenfällen auch eine Regressnahme erfolgt, anders als in der Vergangenheit. Die Rechtsprechung hierzu ist erst in einem ersten Entwicklungsstadium und wird von den beteiligten Wirtschaftskreisen mit Spannung verfolgt.

Hier wird eine **Sonderregelung für Verbraucher** getroffen. Bezug genommen wird auf die Verbraucherdefinition in § 13 BGB. Die getroffene Differenzierung ist interessengerecht, da grundsätzlich von Kaufleuten ein höheres Maß an Sorgfalt erwartet werden kann.

§ 415 Kündigung durch den Absender

(1) *Der Absender kann den Frachtvertrag jederzeit kündigen.*

(2) *Kündigt der Absender, so kann der Frachtführer entweder*

1. *die vereinbarte Fracht, das etwaige Standgeld sowie zu ersetzende Aufwendungen unter Anrechnung dessen, was er infolge der Aufhebung des Vertrages an Aufwendungen erspart oder anderweitig erwirbt oder zu erwerben böswillig unterlässt, oder*
2. *ein Drittel der vereinbarten Fracht (Fautfracht) verlangen. Beruht die Kündigung auf Gründen, die dem Risikobereich des Frachtführers zuzurechnen sind, so entfällt der Anspruch auf Fautfracht nach Satz 1 Nr. 2; in diesem Falle entfällt auch der Anspruch nach Satz 1 Nr. 1, soweit die Beförderung für den Absender nicht von Interesse ist.*

(3) *Wurde vor der Kündigung bereits Gut verladen, so kann der Frachtführer auf Kosten des Absenders Maßnahmen entsprechend § 419 Abs. 3 Satz 2 bis 4 ergreifen oder vom Absender verlangen, dass dieser das Gut unverzüglich entlädt. Der Frachtführer braucht das*

Entladen des Gutes nur zu dulden, soweit dies ohne Nachteile für seinen Betrieb und ohne Schäden für die Absender oder Empfänger anderer Sendungen möglich ist. Beruht die Kündigung auf Gründen, die dem Risikobereich des Frachtführers zuzurechnen sind, so ist abweichend von Satz 1 und 2 der Frachtführer verpflichtet, das Gut, das bereits verladen wurde, unverzüglich auf eigene Kosten zu entladen.

Der Absender kann den Frachtvertrag jederzeit nach Belieben kündigen. Dann hat er nach Wahl des Frachtführers entweder die vereinbarte Fracht unter Anrechnung dessen, was der Frachtführer erspart oder anderweitig erwerben könnte, zu zahlen, oder aber ohne Berücksichtigung von Ersparnis oder anderweitiger Geschäftsmöglichkeit abstrakt ein Drittel der vereinbarten Fracht; dies bezeichnet man als **Fautfracht**.

Abs. 3 regelt die Abwicklung, wenn vor der Kündigung bereits Gut verladen war.

§ 416 Anspruch auf Teilbeförderung

Wird das Gut nur teilweise verladen, so kann der Absender jederzeit verlangen, dass der Frachtführer mit der Beförderung des bereits verladenen Teils des Gutes beginnt. In diesem Fall gebührt dem Frachtführer die volle Fracht, das etwaige Standgeld sowie Ersatz der ihm durch das Fehlen eines Teils des Gutes entstehenden Aufwendungen; von der vollen Fracht kommt jedoch die Fracht für dasjenige Gut in Abzug, welches der Frachtführer mit demselben Beförderungsmittel anstelle des nicht verladenen Gutes befördert. Der Frachtführer ist außerdem berechtigt, soweit ihm durch das Fehlen eines Teils des Gutes die Sicherheit für die volle Fracht entgeht, die Bestellung einer anderweitigen Sicherheit zu fordern. Beruht die Unvollständigkeit der Verladung auf Gründen, die dem Risikobereich des Frachtführers zuzurechnen sind, so steht diesem der Anspruch nach Satz 2 und 3 nur insoweit zu, als tatsächlich Gut befördert wird.

Der Absender kann, auch wenn nur ein Teil des Gutes verladen ist, jederzeit verlangen, dass der Frachtführer mit der Beförderung beginnt. Die Vorschrift regelt im Einzelnen, wie es sich dann mit Frachtzahlung usw. verhält.

§ 417 Rechte des Frachtführers bei Nichteinhaltung der Ladezeit

(1) Verlädt der Absender das Gut nicht innerhalb der Ladezeit oder stellt er, wenn ihm das Verladen nicht obliegt, das Gut nicht innerhalb der Ladezeit zur Verfügung, so kann ihm der Frachtführer eine angemessene Frist mit der Erklärung setzen, dass er nicht länger warten werde, wenn das Gut nicht bis zum Ablauf dieser Frist verladen oder zur Verfügung gestellt werde.

(2) Wird bis zum Ablauf der nach Absatz 1 gesetzten Frist kein Gut verladen oder zur Verfügung gestellt oder ist offensichtlich, dass innerhalb dieser Frist kein Gut verladen oder zur Verfügung gestellt wird, so kann der Frachtführer den Vertrag kündigen und die Ansprüche nach § 415 Abs. 2 geltend machen.

(3) Wird das Gut bis zum Ablauf der nach Absatz 1 gesetzten Frist nur teilweise verladen, oder zur Verfügung gestellt, so kann der Frachtführer mit der Beförderung des bereits verladenen Teils des Gutes beginnen und die Ansprüche nach § 416 Satz 2 und 3 geltend machen.

(4) Der Frachtführer kann die Rechte nach Absatz 2 oder 3 auch ohne Fristsetzung ausüben, wenn der Absender sich ernsthaft und endgültig weigert, das Gut zu verladen oder zur Verfügung zu stellen. Er kann ferner den Vertrag nach Absatz 2 auch ohne Fristsetzung kündigen, wenn besondere Umstände vorliegen, die ihm unter Abwägung der beiderseitigen Interessen die Fortsetzung des Vertragsverhältnisses unzumutbar machen.

(5) Dem Frachtführer stehen die Rechte nicht zu, wenn die Nichteinhaltung der Ladezeit auf Gründen beruht, die seinem Risikobereich zuzurechnen sind.

§ 418 Nachträgliche Weisungen

(1) Der Absender ist berechtigt, über das Gut zu verfügen. Er kann insbesondere verlangen, dass der Frachtführer das Gut nicht weiterbefördert oder es an einen anderen Bestimmungsort, an einer anderen Ablieferungsstelle oder an einen anderen Empfänger abliefert. Der Frachtführer ist nur insoweit zur Befolgung solcher Weisungen verpflichtet, als deren Ausführung weder Nachteile für den Betrieb seines Unternehmens noch Schäden für die Absender oder Empfänger anderer Sendungen mit sich zu bringen droht. Er kann vom Absender Ersatz seiner durch die Ausführung der Weisung entstehenden Aufwendungen sowie eine angemessene Vergütung verlangen, der Frachtführer kann die Befolgung der Weisung von einem Vorschuss abhängig machen.

(2) Das Verfügungsrecht des Absenders erlischt nach Ankunft des Gutes an der Ablieferungsstelle. Von diesem Zeitpunkt an steht das Verfügungsrecht nach Absatz 1 dem Empfänger zu. Macht der Empfänger von diesem Recht Gebrauch, so hat er dem Frachtführer die entstehenden Mehraufwendungen zu ersetzen sowie eine angemessene Vergütung zu zahlen; der Frachtführer kann die Befolgung der Weisung von einem Vorschuss abhängig machen.

(3) Hat der Empfänger in Ausübung seines Verfügungsrechts die Ablieferung des Gutes an einen Dritten angeordnet, so ist dieser nicht berechtigt, seinerseits einen anderen Empfänger zu bestimmen.

(4) Ist ein Frachtbrief ausgestellt und von beiden Parteien unterzeichnet worden, so kann der Absender sein Verfügungsrecht nur gegen Vorlage der Absenderausfertigung des Frachtbriefs ausüben, sofern dies im Frachtbrief vorgeschrieben ist.

(5) Beabsichtigt der Frachtführer, eine ihm erteilte Weisung nicht zu befolgen, so hat er denjenigen, der die Weisung gegeben hat, unverzüglich zu benachrichtigen.

(6) Ist die Ausübung des Verfügungsrechts von der Vorlage des Frachtbriefs abhängig gemacht worden und führt der Frachtführer eine Weisung aus, ohne sich die Absenderausfertigung des Frachtbriefs vorlegen zu lassen, so haftet er dem Berechtigten für den daraus entstehenden Schaden. Die Haftung ist auf den Betrag begrenzt, der bei Verlust des Gutes zu zahlen wäre.

Der Absender ist berechtigt, über das Gut zu verfügen. Welche Verfügungen das sein können, ist nicht durch gesetzlichen Katalog beschränkt. Die Vorschrift regelt, unter welchen Umständen der Frachtführer nicht zur Befolgung verpflichtet ist und dass er Vergütung und Aufwendungsersatz verlangen kann.

Nach Ankunft des Gutes an der Ablieferungsstelle erlischt das Verfügungsrecht des Absenders, von jetzt an ist der Empfänger verfügungsberechtigt und dem Frachtführer entsprechend zur Zahlung von Vergütung und Aufwendungsersatz verpflichtet. Hat der Empfänger die Ablieferung des Gutes an einen Dritten verfügt, so ist dieser Zweitempfänger nicht berechtigt, seinerseits einen anderen (Dritt-)Empfänger zu bestimmen.

Der Frachtbrief kann einen sogenannten **Sperrvermerk** tragen, d. h. die Vorschrift, dass das Verfügungsrecht nur gegen Vorlage der Absenderausfertigung des Frachtbriefs ausgeübt werden kann. Missachtet der Frachtführer einen derartigen Vermerk, so ergibt sich hieraus ein Haftungstatbestand.

§ 419 Beförderungs- und Ablieferungshindernisse

(1) Wird nach Übernahme des Gutes erkennbar, dass die Beförderung oder Ablieferung nicht vertragsgemäß durchgeführt werden kann, so hat der Frachtführer Weisungen des nach § 418 oder § 446 Verfügungsberechtigten einzuholen. Ist der Empfänger verfügungsberechtigt und ist er nicht zu ermitteln oder verweigert er die Annahme des Gutes, so ist, wenn ein Ladeschein nicht ausgestellt ist, Verfügungsberechtigter nach Satz 1 der Absender; ist die Ausübung des Verfügungsrechts von der Vorlage eines Frachtbriefs abhängig gemacht worden, so bedarf es in diesem Fall der Vorlage des Frachtbriefs nicht. Der Frachtführer ist, wenn ihm Weisungen erteilt worden sind und das Hindernis nicht seinem Risikobereich zuzurechnen ist, berechtigt, Ansprüche nach § 418 Abs. 1 Satz 4 geltend zu machen.

(2) Tritt das Beförderungs- oder Ablieferungshindernis ein, nachdem der Empfänger aufgrund seiner Verfügungsbefugnis nach § 418 die Weisung erteilt hat, das Gut an einen Dritten abzuliefern, so nimmt bei der Anwendung des Absatzes 1 der Empfänger die Stelle des Absenders und der Dritte die des Empfängers ein.

(3) Kann der Frachtführer Weisungen, die er nach § 418 Abs. 1 Satz 3 befolgen müsste, innerhalb angemessener Zeit nicht erlangen, so hat er die Maßnahmen zu ergreifen, die im Interesse des Verfügungsberechtigten die besten zu sein scheinen. Er kann etwa das Gut entladen und verwahren, für Rechnung des nach § 418 oder § 466 Verfügungsberechtigten einem Dritten zur Verwahrung anvertrauen oder zurückbefördern; vertraut der Frachtführer das Gut einem Dritten an, so haftet er nur für die sorgfältige Auswahl des Dritten. Der Frachtführer kann das Gut auch gemäß § 373 Abs. 2 bis 4 verkaufen lassen, wenn es sich um verderbliche Ware handelt oder der Zustand des Gutes eine solche Maßnahme rechtfertigt oder wenn die andernfalls entstehenden Kosten in keinem angemessenen Verhältnis zum Wert des Gutes stehen. Unverwertbares Gut darf der Frachtführer vernichten. Nach dem Entladen des Gutes gilt die Beförderung als beendet.

(4) Der Frachtführer hat wegen der nach Absatz 3 ergriffenen Maßnahmen Anspruch auf Ersatz der erforderlichen Aufwendungen und auf angemessene Vergütung, es sei denn, dass das Hindernis seinem Risikobereich zuzurechnen ist.

Die Vorschrift regelt im Einzelnen, wie es sich verhält, wenn vor Ankunft des Gutes an der Ablieferungsstelle erkennbar wird, dass die Beförderung nicht vertragsgemäß durchgeführt werden kann, oder wenn nach Ankunft an der Ablieferungsstelle Ablieferungshindernisse entstehen. Der Frachtführer hat dann nach Möglichkeit Weisung einzuholen und notfalls die Maßnahmen zu ergreifen, die im Interesse des Verfügungsberechtigten die besten zu sein scheinen; hier wird also ein objektiver Maßstab angelegt. Verstößt der Frachtführer gegen dieses Handlungsgebot, so ergibt sich hier ein Haftungstatbestand.

§ 420 Zahlung, Frachtberechnung

(1) Die Fracht ist bei Ablieferung des Gutes zu zahlen. Der Frachtführer hat über die Fracht hinaus einen Anspruch auf Ersatz von Aufwendungen, soweit diese für das Gut gemacht wurden und er sie den Umständen nach für erforderlich halten durfte.

(2) Der Anspruch auf die Fracht entfällt, soweit die Beförderung unmöglich ist. Wird die Beförderung infolge eines Beförderungs- oder Ablieferungshindernisses vorzeitig beendet, so gebührt dem Frachtführer die anteilige Fracht für den zurückgelegten Teil der Beförderung, wenn diese für den Absender von Interesse ist.

(3) Abweichend von Absatz 2 behält der Frachtführer den Anspruch auf die Fracht, wenn die Beförderung aus Gründen unmöglich ist, die dem Risikobereich des Absenders zuzurech-

nen sind oder die zu einer Zeit eintreten, zu welcher der Absender im Verzug der Annahme ist. Der Frachtführer muss sich jedoch das, was er an Aufwendungen erspart oder anderweitig erwirbt oder zu erwerben böswillig unterlässt, anrechnen lassen.

(4) Tritt nach Beginn der Beförderung und vor Ankunft an der Ablieferungsstelle eine Verzögerung ein und beruht die Verzögerung auf Gründen, die dem Risikobereich des Absenders zuzurechnen sind, so gebührt dem Frachtführer neben der Fracht eine angemessene Vergütung.

(5) Ist die Fracht nach Zahl, Gewicht oder anders angegebener Menge des Gutes vereinbart, so wird für die Berechnung der Fracht vermutet, dass Angaben hierzu im Frachtbrief oder Ladeschein zutreffen; dies gilt auch dann, wenn zu diesen Angaben ein Vorbehalt eingetragen ist, der damit begründet ist, dass keine angemessenen Mittel zur Verfügung standen, die Richtigkeit der Angaben zu überprüfen.

Eine Frachtzahlung hat bei Unmöglichkeit nur zu erfolgen, wenn die Ursache hierfür beim Absender liegt.

Ist die Fracht nach der Menge des Gutes vereinbart, so werden die Angaben über die Menge im Frachtbrief oder Ladeschein als zutreffend vermutet, auch wenn ein Vorbehalt eingetragen ist, dass keine Mittel zur Verfügung standen, um die Angaben zu überprüfen. Die Angaben können aber widerlegt werden.

§ 421 Rechte des Empfängers. Zahlungspflicht

(1) Nach Ankunft des Gutes an der Ablieferungsstelle ist der Empfänger berechtigt, vom Frachtführer zu verlangen, ihm das Gut gegen Erfüllung der sich aus dem Frachtvertrag ergebenden Verpflichtungen abzuliefern. Ist das Gut beschädigt oder verspätet abgeliefert worden oder verlorengegangen, so kann der Empfänger die Ansprüche aus dem Frachtvertrag im eigenen Namen gegen den Frachtführer geltend machen; der Absender bleibt zur Geltendmachung dieser Ansprüche befugt. Dabei macht es keinen Unterschied, ob Empfänger oder Absender im eigenen oder fremden Interesse handeln.

(2) Der Empfänger, der sein Recht nach Absatz 1 Satz 1 geltend macht, hat die noch geschuldete Fracht bis zu dem Betrag zu zahlen, der aus dem Frachtbrief hervorgeht. Ist ein Frachtbrief nicht ausgestellt oder dem Empfänger nicht vorgelegt worden oder ergibt sich aus dem Frachtbrief nicht die Höhe der zu zahlenden Fracht, so hat der Empfänger die mit dem Absender vereinbarte Fracht zu zahlen, soweit diese nicht unangemessen ist.

(3) Der Empfänger, der sein Recht nach Absatz 1 Satz 1 geltend macht, hat ferner ein Standgeld oder eine Vergütung nach § 420 Abs. 4 zu zahlen, ein Standgeld wegen Überschreitung der Ladezeit und eine Vergütung nach § 420 Abs. 4 jedoch nur, wenn ihm der geschuldete Betrag bei Ablieferung des Gutes mitgeteilt worden ist.

(4) Der Absender bleibt zur Zahlung der nach dem Vertrag geschuldeten Beträge verpflichtet.

Nach Ankunft des Gutes an der Ablieferungsstelle ist der Empfänger berechtigt, Herausgabe und gegebenenfalls **Schadensersatz** zu verlangen. Genau wie nach CMR kann der Empfänger Schadensersatz unter Beachtung der Anzeigepflichten gemäß HGB §§ 424, 438 verlangen, wenn das Gut unterwegs verlorengegangen ist. Als Vertragspartner bleibt daneben der Absender entschädigungsberechtigt.

Wenn der Empfänger die Herausgabe des Gutes verlangt, muss er die noch offenstehende Fracht zahlen, gegebenenfalls Verzögerungsvergütung und Standgeld.

§422 Nachnahme

(1) Haben die Parteien vereinbart, dass das Gut nur gegen Einziehung einer Nachnahme an den Empfänger abgeliefert werden darf, so ist anzunehmen, dass der Betrag in bar oder in Form eines gleichwertigen Zahlungsmittels einzuziehen ist.
(2) Das aufgrund der Einziehung Erlangte gilt im Verhältnis zu den Gläubigern des Frachtführers als auf den Absender übertragen.
(3) Wird das Gut dem Empfänger ohne Einziehung der Nachnahme abgeliefert, so haftet der Frachtführer, auch wenn ihn kein Verschulden trifft, dem Absender für den daraus entstehenden Schaden, jedoch nur bis zur Höhe des Betrages der Nachnahme.

Ursprünglich war **Nachnahme als Barzahlung** definiert. Je mehr aber bargeldloser Zahlungsverkehr zunahm, desto unsicherer wurde das. Auch ohne deutliche Vereinbarung wurden andere Formen von Zahlung oder Zahlungssicherung gewählt, wie Scheck, bankbestätigter Scheck, Überweisungsbestätigung einer Bank usw. Das führte zu einer nicht rechtlichen aber praktischen Erweiterung des Nachnahmebegriffs und damit zu Unsicherheit. Demgegenüber stellt das Gesetz jetzt klar, dass Barzahlung die Regel ist und etwas anderes als Geld ausdrücklich vereinbart werden muss. Vereinbart wird gelegentlich die Bezahlung mit einem sogenannten bankbestätigten Scheck.

Wird das Gut ohne Einziehung der Nachnahme abgeliefert, haftet der Frachtführer absolut, d.h. auch ohne Verschulden, für den daraus entstehenden Schaden, der Höhe nach allerdings begrenzt auf den Betrag der Nachnahme.

§423 Lieferfrist

Der Frachtführer ist verpflichtet, das Gut innerhalb der vereinbarten Frist oder mangels Vereinbarung innerhalb der Frist abzuliefern, die einem sorgfältigen Frachtführer unter Berücksichtigung der Umstände vernünftigerweise zuzubilligen ist (Lieferfrist).

Ist eine Lieferfrist vereinbart, gilt diese. Ist keine vereinbart, gilt eine den Umständen nach angemessene Zeit. Ist die vereinbarte Frist so kurz, dass sie unmöglich eingehalten werden kann, gilt die Vereinbarung nicht; anstelle dieser gilt dann ersatzweise eine angemessene Frist. Grundsätzlich zu unterscheiden sind **Lieferfristvereinbarung** und **Lieferfristgarantie**. Bei Letzterem geht der Frachtführer ein Risiko ein, das im Regelfall nicht versicherbar ist. Der Begriff der Garantie ist strikt im Frachtvertrag zu vermeiden. Warum? Gibt der Frachtführer eine Garantieerklärung ab, hat er auch für Umstände geradezustehen wie Unwetter, Streik und ähnliche, auf die er tatsächlich keinen Einfluss hat.

Bei Rahmenverträgen, insbesondere bei internationalen Vereinbarungen, werden oftmals abweichende Regelungen getroffen, die im Einzelfall aufgrund der gesetzlichen Bestimmungen in Deutschland unwirksam sein können. Es bedarf hier jeweils einer Individualprüfung.

§424 Verlustvermutung

(1) Der Anspruchsberechtigte kann das Gut als verloren betrachten, wenn es weder innerhalb der Lieferfrist noch innerhalb eines weiteren Zeitraums abgeliefert wird, der der Lieferfrist entspricht, mindestens aber 20 Tage, bei einer grenzüberschreitenden Beförderung dreißig Tage beträgt.
(2) Erhält der Anspruchsberechtigte eine Entschädigung für den Verlust des Gutes, so kann er bei deren Empfang verlangen, dass er unverzüglich benachrichtigt wird, wenn das Gut wiederaufgefunden wird.

(3) *Der Anspruchsberechtigte kann innerhalb einer Frist von einem Monat nach Empfang der Benachrichtigung von dem Wiederauffinden des Gutes verlangen, dass ihm das Gut Zug um Zug gegen Erstattung der Entschädigung, gegebenenfalls abzüglich der in der Entschädigung enthaltenen Kosten, abgeliefert wird. Eine etwaige Pflicht zur Zahlung der Fracht sowie Ansprüche auf Schadenersatz bleiben unberührt.*

(4) *Wird das Gut nach Zahlung einer Entschädigung wieder aufgefunden und hat der Anspruchsberechtigte eine Benachrichtigung nicht verlangt oder macht er nach Benachrichtigung seinen Anspruch auf Ablieferung nicht geltend, so kann der Frachtführer über das Gut frei verfügen.*

Wird das Gut nicht abgeliefert, kann der Entschädigungsberechtigte, sei es der Absender, sei es der Empfänger, das Gut als verloren betrachten und Totalschaden reklamieren. Die **Wartefrist** setzt sich zusammen aus der Lieferfrist und einem weiteren Zeitraum, der abermals der Lieferfrist entspricht, mindestens aber im Inland 20 Tage, bei grenzüberschreitender Beförderung 30 Tage beträgt; die Wartefrist dauert also zweimal Lieferfrist, mindestens aber Lieferfrist + 20 Tage, bei Grenzüberschreitung Lieferfrist + 30 Tage.

Die Vorschriften regeln, wie zu verfahren ist, wenn das Gut wieder aufgefunden wird und der Anspruchsberechtigte es haben möchte oder nicht haben möchte. Das Verfahren ähnelt dem von Art. 20 CMR, allerdings mit unterschiedlichen Fristen. In der überwiegenden Anzahl der Fälle verzichtet der Absender auf eine Ablieferung von Gütern, wenn bereits Entschädigung bezahlt wurde. Als Rechtsfolge ergibt sich für den Ersatzleistenden ein **Verwertungsrecht**. Durch hohe **Selbstbehaltsvereinbarungen** in Haftungspolicen des Spediteurs ist oftmals nicht der Versicherer allein Verfügungsberechtigter, sondern auch der Spediteur, sodass beide gemeinsam dann eine Vereinbarung über die Verwertung zu treffen haben.

§ 425 Haftung für Güter- und Verspätungsschäden, Schadenteilung

(1) *Der Frachtführer haftet für den Schaden, der durch Verlust oder Beschädigung des Gutes in der Zeit von der Übernahme zur Beförderung bis zur Ablieferung oder durch Überschreitung der Lieferfrist entsteht.*

(2) *Hat bei der Entstehung des Schadens ein Verhalten des Absenders oder des Empfängers oder ein besonderer Mangel des Gutes mitgewirkt, so hängen die Verpflichtung zum Ersatz sowie der Umfang des zu leistenden Ersatzes davon ab, inwieweit diese Umstände zu dem Schaden beigetragen haben.*

Dies ist der Grundtatbestand jeder Frachtrechtshaftung: Güterschaden, entstanden in der Gewahrsamszeit und Vermögensschaden durch Überschreitung der Lieferfrist. Anders als bei der in § 823 BGB gesetzlich definierten Verschuldenshaftung kommt es auf subjektive Elemente wie Schuld, Vertretenmüssen und Ähnliches hier nicht an. Die reine Tatsache, dass der Schaden in der Gewahrsamszeit entstanden ist, genügt, um die **Obhutshaftung** des Frachtführers auszulösen. Entscheidend dabei ist, dass der Frachtführer die Sachherrschaft innehatte. Die Vorschrift entspricht inhaltlich nahezu wörtlich Art. 17 Abs. 1 CMR.

Ein Verhalten des Absenders und des Empfängers, das bei der Entstehung des Schadens mitgewirkt hat, sowie einen besonderen Mangel des Gutes muss der Anspruchsteller gegen sich gelten lassen, entsprechend wird die Haftung des Frachtführers gemindert. Der Rechtsgedanke des § 254 BGB ist in dieser Vorschrift verkörpert.

§426 Haftungsausschluss

Der Frachtführer ist von der Haftung befreit, soweit der Verlust, die Beschädigung oder die Überschreitung der Lieferfrist auf Umständen beruht, die der Frachtführer auch bei größter Sorgfalt nicht vermeiden und deren Folgen er nicht abwenden konnte.

Dieser Haftungsausschluss – Vorbild: Art. 17 Abs. 2 CMR – wird landläufig oft mit **unabwendbarem Ereignis** umschrieben. Dieser Begriff ist §7 StVG (Haftung des Kfz-Halters) entnommen und ist nicht mit dem Haftungsausschluss des Frachtrechts identisch. Dieser muss vielmehr so, wie er vorgeschrieben ist, verstanden und angewandt werden, auch in seiner Zweispurigkeit: Umstände, die der Frachtführer nicht vermeiden und deren Folgen er auch mit größtem Einsatz und Engagement nicht abwenden konnte. Verlangt wird die äußerste persönlich und wirtschaftlich zumutbare Sorgfalt und Weitsicht. Ist die nicht gewahrt, haftet der Frachtführer.

Beispiele für Haftungsausschlüsse in Folge von Streiks und Unruhen gibt es in der Rechtsprechung zahlreich. Der Sorgfaltsmaßstab des Frachtführers wird dabei äußerst hoch definiert, wobei der Bogen zur Praxis gespannt wird, indem zum Beispiel unangekündigte Streikmaßnahmen oder Unruhen als Haftungsausschluss akzeptiert werden. Anders dagegen angekündigte Streikmaßnahmen oder bekannte Unruhen, die zu Schadensfällen führen, in denen der Frachtführer zumindest fahrlässig sich in die Gefahrenzone hineinbegeben hat. Ein Haftungsausschluss liegt dann nicht vor.

Interessant ist eine andere Fallkonstellation in Zusammenhang mit Warenschäden durch die unbefugte Mitnahme von Flüchtlingen im Laderaum: Auch hier hat das entscheidende Gericht einen praxisorientierten Maßstab entwickelt und einen Haftungsausschluss angenommen, nachdem der Frachtführer alle zumutbaren und denkbaren Sicherungsmaßnahmen ergriffen hatte und dies auch darlegen konnte. Das Gericht hat dann einen Haftungsausschluss angenommen.

§427 Besondere Haftungsausschlussgründe

(1) Der Frachtführer ist von seiner Haftung befreit, soweit der Verlust, die Beschädigung oder die Überschreitung der Lieferfrist auf eine der folgenden Gefahren zurückzuführen ist:
   1. vereinbarte oder der Übung entsprechende Verwendung von offenen, nicht mit Planen gedeckten Fahrzeugen oder Verladung auf Deck;
   2. ungenügende Verpackung durch den Absender;
   3. Behandeln, Verladen oder Entladen des Gutes durch den Absender oder den Empfänger;
   4. natürliche Beschaffenheit des Gutes, die besonders leicht zu Schäden, insbesondere durch Bruch, Rost, inneren Verderb, Austrocknen, Auslaufen, normalen Schwund, führt;
   5. ungenügende Kennzeichnung der Frachtstücke durch den Absender;
   6. Beförderung lebender Tiere.

(2) Ist ein Schaden eingetreten, der nach den Umständen des Falles aus einer der in Absatz 1 bezeichneten Gefahren entstehen konnte, so wird vermutet, dass der Schaden aus dieser Gefahr entstanden ist. Diese Vermutung gilt im Falle des Absatzes 1 Nr. 1 nicht bei außergewöhnlich großem Verlust.

(3) Der Frachtführer kann sich auf Absatz 1 Nr. 1 nur berufen, soweit der Verlust, die Beschädigung oder die Überschreitung der Lieferfrist nicht darauf zurückzuführen ist, dass der Frachtführer besondere Weisungen des Absenders im Hinblick auf die Beförderung des Gutes nicht beachtet hat.

(4) Ist der Frachtführer nach dem Frachtvertrag verpflichtet, das Gut gegen die Einwirkung von Hitze, Kälte, Temperaturschwankungen, Luftfeuchtigkeit, Erschütterungen oder ähnlichen Einflüssen besonders zu schützen, so kann er sich auf Absatz 1 Nr. 4 nur berufen, wenn er alle ihm nach den Umständen obliegenden Maßnahmen, insbesondere hinsichtlich der Auswahl, Instandhaltung und Verwendung besonderer Einrichtungen, getroffen und besondere Weisungen beachtet hat.

(5) Der Frachtführer kann sich auf Absatz 1 Nr. 6 nur berufen, wenn er alle ihm nach den Umständen obliegenden Maßnahmen getroffen und besondere Weisungen beachtet hat.

Die Vorschrift entspricht weithin Art. 17 Abs. 4 CMR und der Beweisregel des Art. 18 Abs. 2 CMR. Die besondere Gefahr in Abs. 1 Nr. 1 bis 6 muss voll bewiesen werden, z. B. bei Nr. 2 die Merkmale „Verpackung ungenügend“ und „Verpackung durch Absender“. Das darf nicht nur möglich oder wahrscheinlich sein, sondern muss feststehen. Dann wird nach Abs. 2 die Kausalität dieses Gefahrenumstands für den Schaden vermutet. Die Vermutung kann der Anspruchsteller entkräften durch den Beweis, dass ein anderer Umstand, den der Frachtführer zu vertreten hat, für den Schaden ursächlich war. Anders als in der CMR kann sich der Frachtführer auch für Mängel des für die Beförderung verwendeten Fahrzeugs unter den oben beschriebenen Tatbestandsmerkmalen freizeichnen, was in Schadenfällen praktisch eine durchaus große Bedeutung erlangen kann.

In Abs. 1 Nr. 1 wird die Verladung an Deck in der Binnenschifffahrt dem offenen Fahrzeug auf Straße oder Schiene gleichgestellt.

Abs. 3 ist in der CMR nicht enthalten. Gedacht wird hier an Pkw-Transporte in Spezialfahrzeugen, die üblicherweise oben offen sind und an die mögliche Weisung des Absenders, damit nicht durch Alleen zu fahren. Die Fahrstrecke wählt der Frachtführer aus. Wenn er die Weisung annimmt, muss er sie befolgen. Weiß er oder stellt er fest, dass der Zielort von allen Seiten nur durch eine Allee erreicht werden kann, muss er Weisung des Absenders einholen.

§ 428 Haftung für andere

Der Frachtführer hat Handlungen und Unterlassungen seiner Leute in gleichem Umfange zu vertreten wie eigene Handlungen und Unterlassungen, wenn die Leute in Ausübung ihrer Verrichtungen handeln. Gleiches gilt für Handlungen und Unterlassungen anderer Personen, deren er sich bei Ausführung der Beförderung bedient.

Leute sind alle Angestellten und Arbeiter des Betriebs, aber auch Auszubildende, Volontäre und andere nur vorübergehend in den Betrieb Integrierte. Unabhängig von ihren Funktionen stehen sie alle z. B. in der Pflicht, das dem Betrieb anvertraute Gut nicht zu schädigen, für sie alle haftet der Betriebsinhaber. Die Zurechenbarkeit bezieht sich ausschließlich auf Handlungen, die einen inneren Zusammenhang in der Ausübung der Verrichtung bzw. der Beförderung aufweisen.

§ 429 Wertersatz

(1) Hat der Frachtführer für gänzlichen oder teilweisen Verlust des Gutes Schadenersatz zu leisten, so ist der Wert am Ort und zur Zeit der Übernahme zur Beförderung zu ersetzen.

(2) Bei Beschädigung des Gutes ist der Unterschied zwischen dem Wert des unbeschädigten Gutes am Ort und zur Zeit der Übernahme zur Beförderung und dem Wert zu ersetzen, den das beschädigte Gut am Ort und zur Zeit der Übernahme gehabt hätte. Es wird vermutet, dass die zur Schadensminderung und Schadensbehebung aufzuwendenden Kosten dem nach Satz 1 zu ermittelnden Unterschiedsbetrag entsprechen.

(3) Der Wert des Gutes bestimmt sich nach dem Marktpreis, sonst nach dem gemeinen Wert von Gütern gleicher Art und Beschaffenheit. Ist das Gut unmittelbar vor der Übernahme zur Beförderung verkauft worden, so wird vermutet, dass der in der Rechnung des Verkäufers ausgewiesene Kaufpreis abzüglich darin enthaltener Beförderungskosten der Marktpreis ist.

Hier kommt der weltweit dem Typus Frachtvertrag eigene Grundsatz zum Ausdruck, dass im Frachtrecht Wert ersetzt wird, nicht Schaden. Ein Schaden hat immer auch subjektive Elemente, weil die Person des Geschädigten dabei eine Rolle spielt. Im Frachtrecht wird dagegen objektiv der Wert des Gutes auf der Reise ersetzt, der Markt- oder Verkäuflichkeitswert am Ort und zur Zeit des Beginns der Übernahme durch den Frachtführer. Leicht übersehen wird der gesetzlich festgelegte Abzugsposten bei der Wertberechnung, nämlich die enthaltenen Beförderungskosten.

Die verstärkte Betätigung von Spediteuren im Bereich des Outsourcings führt dazu, dass ergänzend zum HGB oftmals die **Logistik-AGB** vereinbart werden. Bei Schadenfällen ist insofern zunächst exakt die Zuordnung zum Frachtrecht oder zur logistischen Zusatzdienstleistung zu treffen, um dann festlegen zu können, ob gegebenenfalls nicht nur der Wert, sondern der darüber hinausgehende Schaden im Umfang der Vertragsvereinbarungen der Logistik-AGB zu ersetzen ist. Dies kann nur dann erfolgen, wenn eine exakte **Schnittstellenkontrolle** beim Spediteur vorliegt, die eine entsprechende Zuordnung dann nachweisbar möglich macht.

§ 430 Schadenfeststellungskosten

Bei Verlust oder Beschädigung des Gutes hat der Frachtführer über den nach § 429 zu leistenden Ersatz hinaus die Kosten der Feststellung des Schadens zu tragen.

Dies beinhaltet aber nicht solche Kosten, die für nicht ersatzfähige Vermögensschäden entstehen.

§ 431 Haftungshöchstbetrag

(1) Die nach den §§ 429 und 430 zu leistende Entschädigung wegen Verlust oder Beschädigung ist auf einen Betrag von 8,33 Rechnungseinheiten für jedes Kilogramm des Rohgewichts des Gutes begrenzt.

(2) Besteht das Gut aus mehreren Frachtstücken (Sendung) und sind nur einzelne Frachtstücke verloren oder beschädigt worden, so ist der Berechnung nach Absatz 1

1. die gesamte Sendung zu Grunde zu legen, wenn die gesamte Sendung entwertet ist, oder

2. der entwertete Teil der Sendung zu Grunde zu legen, wenn nur ein Teil der Sendung entwertet ist.

(3) Die Haftung des Frachtführers wegen Überschreitung der Lieferfrist ist auf den dreifachen Betrag der Fracht begrenzt.

(4) Die in den Absätzen 1 und 2 genannte Rechnungseinheit ist das Sonderziehungsrecht des Internationalen Währungsfonds. Der Betrag wird in Deutsche Mark entsprechend dem Wert der Deutschen Mark gegenüber dem Sonderziehungsrecht am Tag der Übernahme des Gutes zur Beförderung oder an dem von den Parteien vereinbarten Tag umgerechnet. Der Wert der Deutschen Mark gegenüber dem Sonderziehungsrecht wird nach der Berechnungsmethode ermittelt, die der Internationale Währungsfonds an dem betreffenden Tag für seine Operationen und Transaktionen anwendet.

Für **Güterschäden** einschließlich der Schadenfeststellungskosten beträgt die Höchsthaftung wie nach Art. 23 Abs. 3 CMR 8,33 SZR je kg dessen, was durch die Substanzbeeinträchtigung entwertet oder im Wert gemindert worden ist. Wenn die Substanzbeeinträchtigung nur einen Teil der Sendung betrifft, kann dennoch die ganze Sendung entwertet oder im Wert gemindert sein. Bei der Berechnung der Höchsthaftung kommt es dann auf das Gewicht der ganzen Sendung an. Bei Teilbeschädigung wird die Berechnung konkret hierauf abgestellt.

Die Ausführungen im Hinblick auf logistische Zusatzdienstleistungen des Frachtführers zu § 429 (Wertersatzgeld) gelten hier im Verhältnis zu CMR entsprechend.

Die **Höchsthaftung für Lieferfristüberschreitung** beträgt nach Art. 23 Abs. 5 CMR die einfache Fracht, innerdeutsch nach HGB die dreifache.

§ 432 Ersatz sonstiger Kosten

Haftet der Frachtführer wegen Verlust oder Beschädigung, so hat er über den nach den §§ 429 bis 431 zu leistenden Ersatz hinaus die Fracht, öffentliche Abgaben und sonstige Kosten aus Anlass der Beförderung des Gutes zu erstatten, im Fall der Beschädigung jedoch nur in dem nach § 429 Abs. 2 zu ermittelnden Wertverhältnis. Weiteren Schaden hat er nicht zu ersetzen.

§ 433 Haftungshöchstbetrag bei sonstigen Vermögensschäden

Haftet der Frachtführer wegen der Verletzung einer mit der Ausführung der Beförderung des Gutes zusammenhängenden vertraglichen Pflicht für Schäden, die nicht durch Verlust oder Beschädigung des Gutes oder durch Überschreitung der Lieferfrist entstehen, und handelt es sich um andere Schäden als Sach- oder Personenschäden, so ist auch in diesem Falle die Haftung begrenzt, und zwar auf das Dreifache des Betrages, der bei Verlust des Gutes zu zahlen wäre.

Geregelt wird hier nur die Begrenzung der Haftungshöhe bei Ansprüchen, die selbst nicht im HGB geregelt sind, sondern sich aus dem BGB ergeben. Gemeint sind Forderungen aus **positiver Vertragsverletzung (PVV)**. Es handelt sich dabei um die Verletzung von bestimmten Nebenpflichten aus dem Beförderungsvertrag, die zu Vermögensschäden geführt haben. Bei der Berechnung ist also die gewichtsbezogene Haftungsbegrenzung eines Güterschadens zu berücksichtigen. „Gut“ ist das Vertragsgut, also der Gegenstand dieses Beförderungsvertrags.

§ 434 Außervertragliche Ansprüche

(1) Die in diesem Unterabschnitt und im Frachtvertrag vorgesehenen Haftungsbefreiungen und Haftungsbegrenzungen gelten auch für einen außervertraglichen Anspruch des Absenders oder des Empfängers gegen den Frachtführer wegen Verlust oder Beschädigung des Gutes oder wegen Überschreitung der Lieferfrist.

(2) Der Frachtführer kann auch gegenüber außervertraglichen Ansprüchen Dritter wegen Verlust oder Beschädigung des Gutes die Einwendungen nach Absatz 1 geltend machen. Die Einwendungen können jedoch nicht geltend gemacht werden, wenn

1. *sie auf eine Vereinbarung gestützt werden, die von den in § 449 Absatz 1 Satz 1 genannten Vorschriften zu Lasten des Absenders abweicht,*
2. *der Dritte der Beförderung nicht zugestimmt hat und der Frachtführer die fehlende Befugnis des Absenders, das Gut zu versenden, kannte oder infolge grober Fahrlässigkeit nicht kannte oder*
3. *das Gut vor Übernahme zur Beförderung dem Dritten oder einer Person, die von diesem ihr Recht zum Besitz ableitet, abhandengekommen ist.*

Satz 2 Nummer 1 gilt jedoch nicht für eine nach § 449 zulässige Vereinbarung über die Begrenzung der vom Frachtführer zu leistenden Entschädigung wegen Verlust oder Beschädigung des Gutes auf einen niedrigeren als den gesetzlich vorgesehenen Betrag, wenn dieser den Betrag von 2 Rechnungseinheiten nicht unterschreitet.

§ 435 Wegfall der Haftungsbefreiung und -begrenzungen

Die in diesem Unterabschnitt und im Frachtvertrag vorgesehenen Haftungsbefreiungen und Haftungsbegrenzungen gelten nicht, wenn der Schaden auf eine Handlung oder Unterlassung zurückzuführen ist, die der Frachtführer oder eine in § 428 genannte Person vorsätzlich oder leichtfertig und in dem Bewusstsein, dass ein Schaden mit Wahrscheinlichkeit eintreten werde, begangen hat.

Dass man sich bei **schwerer Schuld** nicht auf Haftungsausschlüsse oder Begrenzungen berufen darf, ist allgemeiner Rechtsgrundsatz. Das HGB verschärft aber den Begriff und den Inhalt der schweren Schuld nach dem Vorbild des Art. 25 Warschauer Abkommen und anderer internationaler Verträge. Diese Definition gilt auch im Rahmen der CMR, denn Art. 29 CMR verweist jeweils auf das am Ort des Gerichts geltende Recht. Am Ort deutscher Gerichte gilt deutsches Recht und damit der Begriff der schweren Schuld im Sinne des neuen § 435 HGB. Der Vorwurf ist nur dann berechtigt, wenn Leichtfertigkeit des Frachtführers dargelegt wird. Leichtfertigkeit bedeutet nach dem Wortlaut in diesem Zusammenhang mehr als bewusste Fahrlässigkeit und liegt unter dem bewussten Vorsatz. Zudem ist ein subjektives Moment darlegungspflichtig, das zum Schadeneintritt geführt hat. Die Rechtsprechung stellt in der Praxis weniger bei ihrer Auslegung auf diese Differenzierung ab, sondern geht weitgehend bereits von der Durchbrechung der Haftungsbegrenzung aus, wenn ein gesteigertes Maß an Fahrlässigkeit beim Frachtführer vorliegt. Dies wird regelmäßig angenommen, wenn ein Frachtführer z. B. im Falle eines Verlusts nicht den genauen Ort des Abhandenkommens aufgrund fehlender Schnittstellenkontrolle darlegen kann.

§ 435 HGB stellt zugleich den Tatbestand des **Groben Organisationsverschuldens** („Grobes Orga") dar. Hierunter fallen strukturelle Mängel in der Organisation des Logistikbetriebs, die konkret dem Unternehmer vorgeworfen werden. Rechtsfolge des berechtigten Vorwurfs ist dann die unbegrenzte Haftung des Frachtführers für alle Schäden, so auch für Folgeschäden im Sinne des § 249 BGB. Die Rechtsprechung hat in den letzten Jahren die zunächst extrem frachtführer- und speditionsfeindliche Rechtsprechung abgemildert, indem die einseitige Einlassungspflicht des Spediteurs deutlich reduziert wurde. Demzufolge bleibt es bei der Darlegungspflicht des Spediteurs, wonach er ein weitsichtiges Sicherheitsmanagement vorzuhalten hat. Im Ergebnis muss aber der Geschädigte einen konkreten Sachvortrag zum jeweiligen Schadenfall darlegen, aus dem sich eine konkrete Sorgfaltspflichtverletzung mit großer Wahrscheinlichkeit ableiten lässt. Gleiches gilt für die Frage der **Wertdeklaration** des Auftraggebers. Verletzt z. B. der Warenversender seine Pflicht und weist nicht darauf hin, dass es sich bei dem Transport um besonders diebstahlgefährdete bzw. hochwertige Ware handelt, wird im Schadenfall von einem Mitverschulden ausgegangen. Die Rechtsprechung befindet sich in diesem Bereich unverändert in einem Veränderungsprozess, sodass konkrete Prozentsätze, was das Mitverschulden anbelangt, derzeit nicht festgeschrieben werden können.

§ 436 Haftung der Leute

Werden Ansprüche aus außervertraglicher Haftung wegen Verlust oder Beschädigung des Gutes oder wegen Überschreitung der Lieferfrist gegen einen der Leute des Frachtführers erhoben, so kann sich auch jener auf die in diesem Unterabschnitt und im Frachtvertrag vorgesehenen

Haftungsbefreiungen und -begrenzungen berufen. Dies gilt nicht, wenn er vorsätzlich oder leichtfertig und in dem Bewusstsein, dass ein Schaden mit Wahrscheinlichkeit eintreten werde, gehandelt hat.

§ 437 Ausführender Frachtführer

(1) *Wird die Beförderung ganz oder teilweise durch einen Dritten ausgeführt (ausführender Frachtführer), so haftet dieser für den Schaden, der durch Verlust oder Beschädigung des Gutes oder durch Überschreitung der Lieferfrist während der durch ihn ausgeführten Beförderung entsteht, so, als wäre er der Frachtführer. Vertragliche Vereinbarungen mit dem Absender oder Empfänger, durch die der Frachtführer seine Haftung erweitert, wirken gegen den ausführenden Frachtführer nur, soweit er ihnen schriftlich zugestimmt hat.*
(2) *Der ausführende Frachtführer kann alle Einwendungen und Einreden geltend machen, die dem Frachtführer aus dem Frachtvertrag zustehen.*
(3) *Frachtführer und ausführender Frachtführer haften als Gesamtschuldner.*
(4) *Werden die Leute des ausführenden Frachtführers in Anspruch genommen, so gilt für diese § 436 entsprechend.*

Der ausführende Frachtführer haftet für den auf seiner Strecke eingetretenen Schaden neben dem Hauptfrachtführer in gleicher Weise wie dieser. Absender oder Empfänger erhalten einen zweiten Schuldner. Damit können sie nach Belieben den **vertraglichen Hauptfrachtführer (Contracting Carrier)** oder sozusagen an diesem vorbei direkt den **ausführenden (Actual Carrier)** in Anspruch nehmen, und zwar vom Umfang her nach dem mit dem Hauptfrachtführer geschlossenen Frachtvertrag (in gleicher Weise). Dies ist für den Geschädigten von Vorteil, wenn ein Frachtführer mit einem sogenannten „konkreten“ Versicherungsschutz den Schaden als Unterfrachtführer verursacht hat.

§ 438 Schadensanzeige

(1) *Ist ein Verlust oder eine Beschädigung des Gutes äußerlich erkennbar und zeigt der Empfänger oder der Absender dem Frachtführer Verlust oder Beschädigung nicht spätestens bei Ablieferung des Gutes an, so wird vermutet, dass das Gut vollständig und unbeschadet abgeliefert worden ist. Die Anzeige muss den Verlust oder die Beschädigung hinreichend deutlich kennzeichnen.*
(2) *Die Vermutung nach Absatz 1 gilt auch, wenn der Verlust oder die Beschädigung äußerlich nicht erkennbar war und nicht innerhalb von sieben Tagen nach Ablieferung angezeigt worden ist.*
(3) *Ansprüche wegen Überschreitung der Lieferfrist erlöschen, wenn der Empfänger dem Frachtführer die Überschreitung der Lieferfrist nicht innerhalb von einundzwanzig Tagen nach Ablieferung anzeigt.*
(4) *Eine Schadensanzeige nach Ablieferung ist in Textform zu erstatten. Zur Wahrung der Frist genügt die rechtzeitige Absendung.*
(5) *Werden Verlust, Beschädigung oder Überschreitung der Lieferfrist bei Ablieferung angezeigt, so genügt die Anzeige gegenüber demjenigen, der das Gut abliefert.*

Die rechtzeitige Reklamation eines **erkennbaren Schadens (bei Ablieferung)** oder **verdeckten Schadens (binnen sieben Tagen)** widerlegt nur die Vermutung, dass alles in Ordnung war. § 438 HGB definiert keine Ausschlussfrist, somit erlöschen die Ansprüche nicht bei Missachtung. Detailliert sind Form und Fristen der Schadenanzeige gegenüber den Frachtführern geregelt. Haftungsrechtlich ergibt sich hieraus die Bedeutung einer **reinen Tatbestandsaufnahme**. Auf die Erstellung eines besonderen Schriftstückes sollte wegen der hieraus sich ergebenden Beweiswirkung der Schadenanzeige in der Praxis nicht verzichtet werden. Von besonderer Bedeutung sind die Regelungen über die **Beweislastverteilung** zwischen Absender und Frachtführer. Abs. 1 regelt den äußerlich erkennbaren Schaden. Ein Schadenvorbehalt hat dort demnach zu erfolgen. Beispiel: Ein Vermerk im Frachtbrief: „diverse Kartons beschädigt", genügt den Anforderungen des Gesetzes nicht. Der konkrete Vorbehalt müsste richtig lauten: „3 Karton eingedrückt". Substanzielle Abschreibung ist geboten, wie z. B. „4 cm großes Loch im Karton" oder „Feuchtigkeit" oder „Ecke im Karton eingedrückt" oder „2 Seiten des Kartons stark eingedrückt" oder „Trittspuren oben auf Karton".

Beweisvermutung: Rechtsfolge der Schadenanzeige ist die Beweisvermutung, wonach im Gewahrsamszeitraum des Frachtführers die Ursache für die beschriebene Unregelmäßigkeit eingetreten ist.

Darlegungspflicht: Welche Anforderungen konkret an die Darlegungspflicht des Frachtführers gestellt werden, ist gesetzlich konkret nicht abschließend definiert. Die Grundsätze der ZPO finden hier Anwendung, d. h. jede Prozesspartei muss in zumutbarer Weise zu der Sachverhaltsaufklärung beitragen, insbesondere dann, wenn der Auftraggeber des Frachtführers keinerlei Zugang zum Geschehensablauf hat. Der Frachtführer hat gegebenenfalls glaubhaft zu machen, dass der verdeckte Schaden nicht zwangsläufig in seiner Obhuts- bzw. Gewahrsamszeit eingetreten sein muss. Konkrete Alternativereignisse sind grundsätzlich denkbar, müssten aber vollumfänglich dargelegt werden. Die Einschaltung eines Havariekommissars gibt in Zweifelsfällen oftmals Klarheit über den Schadenshergang.

§ 439 Verjährung

(1) Ansprüche aus einer den Vorschriften dieses Unterabschnitts unterliegenden Beförderung verjähren in einem Jahr. Bei Vorsatz oder bei einem dem Vorsatz nach § 435 gleichstehenden Verschulden beträgt die Verjährungsfrist drei Jahre.

(2) Die Verjährung beginnt mit Ablauf des Tages, an dem das Gut abgeliefert wurde. Ist das Gut nicht abgeliefert worden, beginnt die Verjährung mit Ablauf des Tages, an dem das Gut hätte abgeliefert werden müssen. Abweichend von Satz 1 und 2 beginnt die Verjährung von Rückgriffsansprüchen mit dem Tag des Eintritts der Rechtskraft des Urteils gegen den Rückgriffsgläubiger oder, wenn kein rechtskräftiges Urteil vorliegt, mit dem Tag, an dem der Rückgriffsgläubiger den Anspruch befriedigt hat, es sei denn, der Rückgriffsschuldner wurde nicht innerhalb von drei Monaten, nachdem der Rückgriffsgläubiger Kenntnis von dem Schaden und der Person des Rückgriffsschuldners erlangt hat, über diesen Schaden unterrichtet.

(3) Die Verjährung eines Anspruchs gegen den Frachtführer wird auch durch eine Erklärung des Absenders oder Empfängers, mit der dieser Ersatzansprüche erhebt, bis zu dem Zeitpunkt gehemmt, in dem der Frachtführer die Erfüllung des Anspruchs erhebt. Die Erhebung des Anspruchs sowie die Ablehnung bedürfen der der Textform. Eine weitere Erklärung, die denselben Ersatzanspruch zum Gegenstand hat, hemmt die Verjährung nicht erneut.

(4) Die Verjährung von Schadensansprüchen wegen Verlust oder Beschädigung des Gutes oder wegen Überschreitung der Lieferfrist kann nur durch Vereinbarung, die im Einzelnen ausgehandelt ist, auch wenn sie für eine Mehrzahl von gleichartigen Verträgen zwischen denselben Vertragsparteien getroffen ist, erleichtert oder erschwert werden.

Die **Verjährungsfrist** beträgt ein Jahr, bei schwerer Schuld drei Jahre (vgl. § 435 HGB).

Sie beginnt mit Ablauf des Tags der Ablieferung oder des Tags, an dem hätte abgeliefert werden müssen.

Die Verjährung eines **Rückgriffanspruchs** in der Kette beginnt mit der Rechtskraft des Urteils gegen den Rückgriffsgläubiger oder mit dem Tag, an dem der Rückgriffsgläubiger den Anspruch befriedigt hat.

Die allgemeinen BGB-Vorschriften über die Hemmung der Verjährung gelten auch für Ansprüche aus einer Beförderung und damit auch aus dem Frachtvertrag. Die besondere **Hemmung** des §439 Abs. 3 HGB gilt nur für Ansprüche gegen den Frachtführer und nur für Ersatzansprüche, insbesondere Schadenersatzansprüche und ist als Spezialnorm – Lex Spezialis – einzuordnen. Demzufolge geht diese Regelung dem BGB-Recht vor. Die Hemmung wird bewirkt durch eine Erklärung, dass Ersatzansprüche erhoben werden, die in Textform zu erfolgen hat. Die bislang geforderte Schriftform ist damit entfallen. Somit kann auch via E-Mail die Geltendmachung erfolgen.

Die Hemmung endet mit schriftlicher Ablehnung des Anspruchs. Die Schriftlichkeit verlangt eigenhändige Unterschrift, Faksimile oder Stempel genügen nicht.

§440 Pfandrecht des Frachtführers

(1) *Der Frachtführer hat für alle Forderungen aus dem Frachtvertrag ein Pfandrecht an dem ihm zur Beförderung übergebenen Gut des Absenders oder eines Dritten, der der Beförderung des Gutes zugestimmt hat. An dem Gut des Absenders hat der Frachtführer auch ein Pfandrecht für alle unbestrittenen Forderungen aus anderen mit dem Absender abgeschlossenen Fracht-, Seefracht-, Speditions- und Lagerverträgen. Das Pfandrecht nach den Sätzen 1 und 2 erstreckt sich auf die Begleitpapiere.*

(2) *Das Pfandrecht besteht, solange der Frachtführer das Gut in seinem Besitz hat, insbesondere solange er mittels Konnossements, Ladescheins oder Lagerscheins darüber verfügen kann.*

(3) *Das Pfandrecht besteht auch nach der Ablieferung fort, wenn der Frachtführer es innerhalb von drei Tagen nach der Ablieferung gerichtlich geltend macht und das Gut noch im Besitz des Empfängers ist.*

(4) *Die in §1234 Abs. 1 des Bürgerlichen Gesetzbuchs bezeichnete Androhung des Pfandverkaufs sowie die in den §§1237 und 1241 des Bürgerlichen Gesetzbuchs vorgesehenen Benachrichtigungen sind an den nach §418 oder §446 verfügungsberechtigten Empfänger zu richten. Ist dieser nicht zu ermitteln oder verweigert er die Annahme des Gutes, so haben die Androhung und die Benachrichtigung gegenüber dem Absender zu erfolgen.*

Das gesetzliche Pfandrecht des Frachtführers beinhaltet wiederum inkonnexe Forderungen aus anderen mit dem Absender abgeschlossenen Fracht-, Speditions- oder Lagerverträgen, sofern die Forderungen unbestritten sind. Die Erweiterung auf Forderungen aus anderen Verkehrsverträgen kehrt beim Speditionsvertrag in §464 HGB und beim Lagervertrag in §475 b HGB wieder. Das gesetzliche Pfandrecht entspricht der BGH-Rechtsprechung und erstreckt sich grundsätzlich nur auf die Forderungen, die mit dem konkreten Auftrag im Zusammenhang stehen.

§441 Nachfolgender Frachtführer

(1) *Hat im Falle der Beförderung durch mehrere Frachtführer der letzte bei der Ablieferung die Forderungen der vorhergehenden Frachtführer einzuziehen, so hat er die Rechte der vorhergehenden Frachtführer, insbesondere auch das Pfandrecht, auszuüben. Das Pfandrecht jedes vorhergehenden Frachtführers bleibt so lange bestehen wie das Pfandrecht des letzten Frachtführers.*

(2) Wird ein vorhergehender Frachtführer von einem nachgehenden befriedigt, so gehen Forderung und Pfandrecht des ersteren auf den letzteren über.
(3) Die Absätze 1 und 2 gelten auch für die Forderungen und Rechte eines Spediteurs, der an der Beförderung mitgewirkt hat.

§ 442 Rang mehrerer Pfandrechte

(1) Bestehen an demselben Gut mehrere nach den §§ 397, 440, 464, 475b und 495 begründete Pfandrechte, so geht unter denjenigen Pfandrechten, die durch die Versendung oder durch die Beförderung des Gutes entstanden sind, das später entstandene dem früher entstandenen vor.
(2) Diese Pfandrechte haben Vorrang vor dem nicht aus der Versendung entstandenen Pfandrecht des Kommissionärs und des Lagerhalters sowie vor dem Pfandrecht des Spediteurs, des Frachtführers und des Verfrachters für Vorschüsse.

§ 443 Ladeschein, Verordnungsermächtigung

(1) Über die Verpflichtung zur Ablieferung des Gutes kann von dem Frachtführer ein Ladeschein ausgestellt werden, der die in § 408 Abs. 1 genannten Angaben enthalten soll. Der Ladeschein ist vom Frachtführer zu unterzeichnen; eine Nachbildung der eigenhändigen Unterschrift durch Druck oder Stempel genügt.
(2) Ist der Ladeschein an Order gestellt, so soll er den Namen desjenigen enthalten, an dessen Order das Gut abgeliefert werden soll. Wird der Name nicht angegeben, so ist der Ladeschein als an Order des Absenders gestellt anzusehen.
(3) Dem Ladeschein gleichgestellt ist eine elektronische Aufzeichnung, die dieselben Funktionen erfüllt, wie der Ladeschein, sofern sichergestellt ist, dass die Authentizität und die Integrität der Aufzeichnung gewahrt bleiben (elektronischer Ladeschein). Das Bundesministerium der Justiz wird ermächtigt, im Einvernehmen mit dem Bundesministerium des Innern durch Rechtsverordnung, die nicht der Zustimmung des Bundesrates bedarf, die Einzelheiten der Ausstellung, Vorlage, Rückgabe und Übertragung eines elektronischen Ladescheins sowie die Einzelheiten des Verfahrens einer nachträglichen Eintragung in einen elektronischen Ladeschein zu regeln.

§ 444 Wirkung des Ladescheins. Legitimation

(1) Der Ladeschein begründet die Vermutung, dass der Frachtführer das Gut so übernommen hat, wie es im Ladeschein beschrieben ist; § 409 Absatz 2 und 3 Satz 1 gilt entsprechend.
(2) Gegenüber einem im Ladeschein benannten Empfänger, an dem der Ladeschein begeben wurde, kann der Frachtführer die Vermutung nach Absatz 1 nicht widerlegen, es sei denn, dem Empfänger war im Zeitpunkt des Ladescheins bekannt, dass die Angaben im Ladeschein unrichtig sind. Gleiches gilt gegenüber einem Dritten, dem der Ladeschein übertragen wurde. Die Sätze 1 und 2 gelten nicht, wenn der aus dem Ladeschein Berechtigte den ausführenden Frachtführer noch von einem für ihn zur Zeichnung von Ladescheinen Befugten ausgestellt wurde.
(3) Die im Ladeschein verbrieften frachtvertraglichen Ansprüche können nur von dem aus dem Ladeschein Berechtigten geltend gemacht werden. Zugunsten des legitimierten Besitzers des Ladescheins wird vermutet, dass er der aus dem Ladeschein Berechtigte ist. Legitimierter Besitzer des Ladescheins ist, wer einen Ladeschein besitzt, der

1. auf den Inhaber lautet,
2. an Order lautet und den Besitzer als Empfänger benennt oder durch eine ununterbrochene Reihe von Indossamenten ausweist oder
3. auf den Namen des Besitzers lautet.

§ 445 Ablieferung gegen Rückgabe des Ladescheins

(1) Nach Ankunft des Gutes an der Ablieferungsstelle ist der legitimierte Besitzer des Ladescheins berechtigt, vom Frachtführer die Ablieferung des Gutes zu verlangen. Macht er von diesem Recht Gebrauch, ist er entsprechend § 421 Absatz 2 und 3 zur Zahlung der Fracht und einer sonstigen Vergütung verpflichtet.

(2) Der Frachtführer ist zur Ablieferung des Gutes nur gegen Rückgabe des Ladescheins, auf dem die Ablieferung bescheinigt ist, und gegen Leistung der noch ausstehenden, nach § 421 Absatz 2 und 3 geschuldeten Zahlungen verpflichtet. Er darf das Gut jedoch nicht dem legitimierten Besitzer des Ladescheins abliefern, wenn ihm bekannt oder infolge grober Fahrlässigkeit unbekannt ist, dass der legitimierte Besitzer des Ladescheins nicht der aus dem Ladeschein Berechtigte ist.

(3) Liefert der Frachtführer das Gut einem anderen als dem legitimierten Besitzer des Ladescheins oder, im Falle des Absatzes 2 Satz 2 einem anderen als dem aus dem Ladeschein Berechtigten ab, haftet er für den Schaden, der dem aus dem Ladeschein Berechtigten daraus entsteht. Die Haftung ist auf den Betrag begrenzt, der bei Verlust des Gutes zu zahlen wäre.

§ 446 Befolgung von Weisungen

(1) Das Verfügungsrecht nach §§ 418 und 419 steht, wenn ein Ladeschein ausgestellt worden ist, ausschließlich dem legitimierten Besitzer des Ladescheins zu. Der Frachtführer darf Weisungen nur gegen Vorlage des Ladescheins ausführen. Weisungen des legitimierten Besitzers des Ladescheins darf er jedoch nicht ausführen, wenn ihm bekannt oder infolge grober Fahrlässigkeit nicht bekannt ist, dass der legitimierte Besitzer des Ladescheins nicht der aus dem Ladeschein Berechtigte ist.

(2) Befolgt der Frachtführer Weisungen, ohne sich den Ladeschein vorlegen zu lassen, haftet er dem aus dem Ladeschein Berechtigten für den Schaden, der diesem daraus entsteht. Die Haftung ist auf den Betrag begrenzt, der bei Verlust des Gutes zu zahlen wäre.

§ 447 Einwendungen

(1) Dem aus dem Ladeschein Berechtigten kann der Frachtführer nur solche Einwendungen entgegensetzen, die die Gültigkeit der Erklärungen im Ladeschein betreffen oder sich aus dem Inhalt des Ladescheins ergeben oder dem Frachtführer unmittelbar gegenüber dem aus dem Ladeschein Berechtigten zustehen. Eine Vereinbarung, auf die im Ladeschein lediglich verwiesen wird, ist nicht Inhalt des Ladescheins.

(2) Wird ein ausführender Frachtführer nach § 437 von dem aus dem Ladeschein Berechtigten in Anspruch genommen, kann auch der ausführende Frachtführer die Einwendungen nach Absatz 1 geltend machen.

§ 448 Traditionswirkung des Ladescheins

Die Begebung des Ladescheins an den darin benannten Empfänger hat, sofern der Frachtführer das Gut im Besitz hat, für den Erwerb von Rechten an dem Gut dieselben Wirkungen wie die Übergabe des Gutes. Gleiches gilt für die Übertragung des Ladescheins an Dritte.

Der Ladeschein hat praktische Bedeutung vor allem in der Binnenschifffahrt, gilt jetzt aber für den ganzen Bereich des Landfrachtrechts, also auch für Straße, Schiene, Luft. Der Ladeschein ist Wertpapier und ähnelt dem seerechtlichen Konnossement. Der Ladeschein ist deshalb für das Rechtsverhältnis zwischen Frachtführer und Empfänger maßgebend, für das Rechtsverhältnis zwischen Frachtführer und Absender bleibt der Frachtvertrag maßgebend.

Der Ladeschein ist Traditionspapier. Die Übergabe des Papiers hat z. B. für die Eigentumsübertragung dieselbe Wirkung wie die Übergabe des Gutes. Mit Übergabe des Papiers wird das Eigentum am Gut übertragen.

§ 449 Abweichende Vereinbarungen über die Haftung

(1) Soweit der Frachtvertrag nicht die Beförderung von Briefen oder briefähnlichen Sendungen zum Gegenstand hat, kann von den Haftungsvorschriften in § 413 Absatz 2, den §§ 414, 418 Absatz 6, § 422 Absatz 3, den §§ 425 bis 438, 445 Absatz 3 und § 446 Absatz 2 nur durch Vereinbarung abgewichen werden, die im Einzelnen ausgehandelt wird, auch wenn sie für eine Mehrzahl von gleichartigen Verträgen zwischen denselben Vertragsparteien getroffen wird. Der Frachtführer kann sich jedoch auf eine Bestimmung im Ladeschein, die von den in Satz 1 genannten Vorschriften zu Lasten des aus dem Ladeschein Berechtigten abweicht, nicht gegenüber einem im Ladeschein benannten Empfänger, an den der Ladeschein begeben wurde, sowie gegenüber einem Dritten, dem der Ladeschein übertragen wurde, berufen.

(2) Abweichend von Absatz 1 kann die vom Frachtführer zu leistende Entschädigung wegen Verlust oder Beschädigung des Gutes auch durch vorformulierte Vertragsbedingungen auf einen anderen als den in § 431 Absatz 1 und 2 vorgesehenen Betrag begrenzt werden, wenn dieser Betrag

   1. zwischen 2 und 40 Rechnungseinheiten liegt und der Verwender der vorformulierten Vertragsbedingungen seinen Vertragspartner in geeigneter Weise darauf hinweist, dass diese einen anderen als den gesetzlich vorgesehenen Betrag vorsehen, oder

   2. für den Verwender der vorformulierten Vertragsbedingungen ungünstiger ist als der in § 431 Absatz 1 und 2 vorgesehene Betrag.

   Ferner kann abweichend von Absatz 1 durch vorformulierte Vertragsbedingungen die vom Absender nach § 414 zu leistende Entschädigung der Höhe nach beschränkt werden.

(3) Ist der Absender ein Verbraucher, so kann in keinem Fall zu seinem Nachteil von den in Absatz 1 Satz 1 genannten Vorschriften abgewichen werden, es sei denn, der Frachtvertrag hat die Beförderung von Briefen oder briefähnlichen Sendungen zum Gegenstand.

(4) Unterliegt der Frachtvertrag ausländischem Recht, so sind die Absätze 1 bis 3 gleichwohl anzuwenden, wenn nach dem Vertrag sowohl der Ort der Übernahme als auch der Ort der Ablieferung des Gutes im Inland liegen.

Der Gesetzgeber hat § 449 HGB erstmals im Rahmen der Transportrechtsreform 1998 in das Gesetz eingefügt. Ziel war es, auch im Wege von AGB **haftungsrelevante Einschränkungen** regeln zu können. Hintergrund war nicht zuletzt, dass eine unbeschränkte Haftung grundsätzlich nicht versicherbar ist. Insofern gilt es in einem Gleichlauf zwischen Haftung und Versicherung sicherzustellen, dass der Geschädigte einen begrenzten Schadensersatz erhält. Zweierlei wurde im Rahmen der Seerechtsreform geändert:

1. Die Anforderungen an den Hinweis, dass die Haftung reduziert ist, hat zukünftig in geeigneter Weise zu erfolgen. Insofern bietet sich beispielsweise ein „FETTDRUCK" an. Dies ist allerdings nicht zwingend. Auch deshalb wurde die Anforderung reduziert, da gerade über Internettext-

unterstreichungen bzw. Fettschriften nicht in jedem System die entsprechende Übertragung sichergestellt werden kann. Insofern ist die Wirksamkeit einer solchen Haftungsreduzierung hiervon nicht abhängig, wie es in der Vergangenheit vorgeschrieben war.

2. Möglich ist es auch für den Auftraggeber, in vorformulierten Vertragsbedingungen zukünftig die Absenderhaftung zu beschränken. Aus der Gesetzesbegründung ergibt sich, dass die bisherige Haftungsbegrenzung mit 8,33 Sonderziehungsrechten generell als willkürlich angesehen wurde, da gerade im Schadensfall von gering gewichtigen Sendungen große Schäden durch fehlende Absenderangaben entstanden sind. Das Gesetz beantwortet die Frage nicht, bis zu welchem Umfang die Haftung reduziert werden kann. Ein Weg, der in den AGB von Logistikern derzeit gegangen wird, ist, dass die Haftung nicht unterhalb 1 Mio. € pro Schadenfall begrenzt werden darf. Der BGL hat dies in seinen AGB (VGBL) festgeschrieben. Objektiv ist die Haftungshöhe durchaus sehr hoch gewählt und es bleibt abzuwarten, wie die Rechtsprechung in Streitfällen diese mögliche Begrenzung definieren wird.

§ 450 Anwendung von Seefrachtrecht

Hat der Frachtvertrag die Beförderung des Gutes ohne Umladung sowohl auf Binnen- als auch auf Seegewässern zum Gegenstand, so ist auf den Vertrag Seefrachtrecht anzuwenden, wenn die auf Seegewässern zurückzulegende Strecke die größere ist.

Zweiter Unterabschnitt:

Beförderung von Umzugsgut

§ 451 Umzugsvertrag

Hat der Frachtvertrag die Beförderung von Umzugsgut zum Gegenstand, so sind auf den Vertrag die Vorschriften des Ersten Unterabschnitts anzuwenden, soweit die folgenden besonderen Vorschriften oder anzuwendende internationale Übereinkommen nichts anderes bestimmen.

In der Möbelspedition wird weitgehend mit normierten Umzugsverträgen sowie AGB für Umzüge und Lagerungen gearbeitet. Im Juni 2014 trat die neue EU-Verbraucherrecht Richtlinie in Kraft. Diese gilt auch für Umzugsverträge. Sie regelt vorrangig die Geschäftsbeziehung zwischen Unternehmern und Verbrauchern in nationalen Binnenmärkten und der EU. Die AMÖ (Arbeitsgemeinschaft für Möbelspediteure) hat neue Vertragswerke sowohl auf der Rechtsgrundlage des Transportrechts als auch auf der Basis des neuen EU-Verbraucherrechts entwickelt. Dabei wurden die erforderlichen Informationspflichten eingearbeitet. Der neue Umzugsvertrag mit den dazugehörigen AGB und das **Haftungszertifikat** sind über das Internet unter www.amö.de zu erhalten. In der Praxis der Möbelspedition spielt zwischenzeitlich die gewerbliche Lagerung eine ganz entscheidende Rolle im Geschäftsaufkommen. Dies war Anlass dafür, ergänzend zum Umzugsvertrag Allgemeine Lagerbedingungen des deutschen Möbeltransports (ALB) zu entwickeln. Bemerkenswert ist hierbei, dass die Haftungsgrundsätze dem allgemeinen Lagerrecht entsprechen und von der Höhe her den Grundsätzen der Rechtsprechung angepasst wurden. Auch dieses Bedingungswerk ist unter www.amö.de zu erhalten.

§ 451 a Pflichten des Frachtführers

(1) Die Pflichten des Frachtführers umfassen auch das Ab- und Aufbauen der Möbel sowie das Ver- und Entladen des Umzugsgutes.

(2) Ist der Absender ein Verbraucher, so zählt zu den Pflichten des Frachtführers ferner die Ausführung sonstiger auf den Umzug bezogener Leistungen wie die Verpackung und Kennzeichnung des Umzugsgutes.

§451 b Frachtbrief. Gefährliches Gut. Begleitpapiere. Mitteilungs- und Auskunftspflichten

(1) Abweichend von §408 ist der Absender nicht verpflichtet einen Frachtbrief auszustellen.
(2) Zählt zu dem Umzugsgut gefährliches Gut und ist der Absender ein Verbraucher, so ist er abweichend von §410 lediglich verpflichtet, den Frachtführer über die von dem Gut ausgehende Gefahr allgemein zu unterrichten; die Unterrichtung bedarf keiner Form.
Der Frachtführer hat den Absender über dessen Pflicht nach Satz 1 zu unterrichten.
(3) Der Frachtführer hat den Absender, wenn dieser ein Verbraucher ist, über die zu beachtenden Zoll- und sonstigen Verwaltungsvorschriften zu unterrichten. Er ist jedoch nicht verpflichtet zu prüfen, ob vom Absender zur Verfügung gestellte Urkunden und erteilte Auskünfte richtig und vollständig sind.

§451 c (wurde aufgehoben)

§451 d Besondere Haftungsausschlussgründe

(1) Abweichend von §427 ist der Frachtführer von seiner Haftung befreit, soweit der Verlust oder die Beschädigung auf eine der folgenden Gefahren zurückzuführen ist:
1. Beförderung von Edelmetallen, Juwelen, Edelsteinen, Geld, Briefmarken, Münzen, Wertpapieren oder Urkunden;
2. ungenügende Verpackung oder Kennzeichnung durch den Absender;
3. Behandeln, Verladen oder Entladen des Gutes durch den Absender;
4. Beförderung von nicht vom Frachtführer verpacktem Gut in Behältern;
5. Verladen oder Entladen von Gut, dessen Größe oder Gewicht den Raumverhältnissen an der Ladestelle oder Entladestelle nicht entspricht, sofern der Frachtführer den Absender auf die Gefahr einer Beschädigung vorher hingewiesen und der Absender auf der Durchführung der Leistung bestanden hat;
6. Beförderung lebender Tiere oder von Pflanzen;
7. natürliche oder mangelhafte Beschaffenheit des Gutes, der zufolge es besonders leicht Schäden, insbesondere durch Bruch, Funktionsstörungen, Rost, inneren Verderb oder Auslaufen, erleidet.

(2) Ist ein Schaden eingetreten, der nach den Umständen des Falles aus einer der in Absatz 1 bezeichneten Gefahren entstehen konnte, so wird vermutet, dass der Schaden aus dieser Gefahr entstanden ist.
(3) Der Frachtführer kann sich auf Absatz 1 nur berufen, wenn er alle ihm nach den Umständen obliegenden Maßnahmen getroffen und besondere Weisungen beachtet hat.

§451 e Haftungshöchstbetrag

Abweichend von §431 Abs. 1 und 2 ist die Haftung des Frachtführers wegen Verlust oder Beschädigung auf einen Betrag von 620 Euro je Kubikmeter Laderaum, der zur Erfüllung des Vertrages benötigt wird, beschränkt.

§ 451 f Schadensanzeige

Abweichend von § 438 Abs. 1 und 2 erlöschen Ansprüche wegen Verlust oder Beschädigung des Gutes,

1. *wenn der Verlust oder die Beschädigung des Gutes äußerlich erkennbar war und dem Frachtführer nicht spätestens am Tag nach der Ablieferung angezeigt worden ist,*
2. *wenn der Verlust oder die Beschädigung äußerlich nicht erkennbar war und dem Frachtführer nicht innerhalb von vierzehn Tagen nach Ablieferung angezeigt worden ist.*

Für die Möbelschäden ergeben sich abweichende Regelungen gegenüber § 438 HGB durch die Verlängerung der Anzeigefristen. Hierbei handelt es sich um eine **Ausschlussfrist**. Nicht unproblematisch ist die Regelung, dass äußerlich erkennbare Schäden spätestens am Tag nach der Ablieferung angezeigt werden können, und sich damit die Vermutung zu Lasten des Spediteurs ergibt.

§ 451 g Wegfall der Haftungsbefreiungen und -begrenzungen

Ist der Absender ein Verbraucher, so kann sich der Frachtführer oder eine in § 428 genannte Person

1. *auf die in den §§ 451 d und 451 e sowie in dem Ersten Unterabschnitt vorgesehenen Haftungsbefreiungen und Haftungsbegrenzungen nicht berufen, soweit der Frachtführer es unterlässt, den Absender bei Abschluss des Vertrages über die Haftungsbestimmungen zu unterrichten und auf die Möglichkeiten hinzuweisen, eine weitergehende Haftung zu vereinbaren oder das Gut zu versichern,*
2. *auf § 451 f in Verbindung mit § 438 nicht berufen, soweit der Frachtführer es unterlässt, den Empfänger spätestens bei der Ablieferung des Gutes über die Form und Frist der Schadensanzeige sowie die Rechtsfolgen bei Unterlassen der Schadensanzeige zu unterrichten.*

Die Unterrichtung nach Satz 1 Nr. 1 muss in drucktechnisch deutlicher Gestaltung besonders hervorgehoben sein.

§ 451 h Abweichende Vereinbarungen

(1) Ist der Absender ein Verbraucher, so kann von den die Haftung des Frachtführers und des Absenders regelnden Vorschriften dieses Unterabschnitts sowie den danach auf den Umzugsvertrag anzuwendenden Vorschriften des Ersten Unterabschnitts nicht zum Nachteil des Absenders abgewichen werden.

(2) In allen anderen als den in Absatz 1 genannten Fällen kann von den darin genannten Vorschriften nur durch Vereinbarung abgewichen werden, die im Einzelnen ausgehandelt ist, auch wenn sie für eine Mehrzahl von gleichartigen Verträgen zwischen denselben Vertragsparteien getroffen ist. Die vom Frachtführer zu leistende Entschädigung wegen Verlust oder Beschädigung des Gutes kann jedoch auch durch vorformulierte Vertragsbedingungen auf einen anderen als den in § 451 e vorgesehenen Betrag begrenzt werden, wenn der Verwender der vorformulierten Vertragsbedingungen seinen Vertragspartner in geeigneter Weise darauf hinweist, dass diese einen anderen als den gesetzlich vorgesehenen Betrag vorsehen. Ferner kann durch vorformulierte Vertragsbedingungen die vom Absender nach § 414 zu leistende Entschädigung der Höhe nach beschränkt werden.

(3) Unterliegt der Umzugsvertrag ausländischem Recht, so sind die Absätze 1 und 2 gleichwohl anzuwenden, wenn nach dem Vertrag der Ort der Übernahme und der Ort der Ablieferung im Inland liegen.

Auch hier besteht die Möglichkeit, die **Absenderhaftung** dem Umfang nach zu begrenzen (vgl. Anmerkungen zu § 449 HGB).

Dritter Unterabschnitt: Beförderung mit verschiedenartigen Beförderungsmitteln

§ 452 Frachtvertrag über eine Beförderung mit verschiedenartigen Beförderungsmitteln

Wird die Beförderung des Gutes aufgrund eines einheitlichen Frachtvertrages mit verschiedenartigen Beförderungsmitteln durchgeführt und wären, wenn über jeden Teil der Beförderung mit jeweils einem Beförderungsmittel (Teilstrecke) zwischen den Vertragsparteien ein gesonderter Vertrag abgeschlossen worden wäre, mindestens zwei dieser Verträge verschiedenen Rechtsvorschriften unterworfen, so sind auf den Vertrag die Vorschriften des Ersten Unterabschnitts anzuwenden, soweit die folgenden besonderen Vorschriften oder anzuwendende internationale Übereinkommen nichts anderes bestimmen. Dies gilt auch dann, wenn ein Teil der Beförderung über See durchgeführt wird.

Entscheidende Voraussetzung für die Anwendbarkeit dieses Unterabschnitts ist der Abschluss eines einheitlichen Frachtvertrags, bei dem es zum Einsatz von verschiedenartigen Beförderungsmitteln wie Bahn, Flugzeug, Schiff oder Lkw kommt. Des Weiteren müssen mindestens zwei verschiedenartige Rechtsvorschriften hierfür einschlägig sein, wenn für jede Teilstrecke gesonderte Verträge abgeschlossen worden sind. Nur dann greifen diese Sondervorschriften.

§ 452 a Bekannter Schadensort

Steht fest, dass der Verlust, die Beschädigung oder das Ereignis, das zu einer Überschreitung der Lieferfrist geführt hat, auf einer bestimmten Teilstrecke eingetreten ist, so bestimmt sich die Haftung des Frachtführers abweichend von den Vorschriften des Ersten Unterabschnitts nach den Rechtsvorschriften, die auf einen Vertrag über eine Beförderung auf dieser Teilstrecke anzuwenden wären. Der Beweis dafür, dass der Verlust, die Beschädigung oder das zu einer Überschreitung der Lieferfrist führende Ereignis auf einer bestimmten Teilstrecke eingetreten ist, obliegt demjenigen, der dies behauptet.

§ 452 b Schadensanzeige. Verjährung

(1) § 438 ist unabhängig davon anzuwenden, ob der Schadensort unbekannt ist, bekannt ist oder später bekannt wird. Die für die Schadensanzeige vorgeschriebene Form und Frist ist auch gewahrt, wenn die Vorschriften eingehalten werden, die auf einen Vertrag über eine Beförderung auf der letzten Teilstrecke anzuwenden wären.

(2) Für den Beginn der Verjährung des Anspruchs wegen Verlust, Beschädigung oder Überschreitung der Lieferfrist ist, wenn auf den Ablieferungszeitpunkt abzustellen ist, der Zeitpunkt der Ablieferung an den Empfänger maßgebend. Der Anspruch verjährt auch bei bekanntem Schadensort frühestens nach Maßgabe des § 439.

§ 452 c Umzugsvertrag über eine Beförderung mit verschiedenartigen Beförderungsmitteln

Hat der Frachtvertrag die Beförderung von Umzugsgut mit verschiedenartigen Beförderungsmitteln zum Gegenstand, so sind auf den Vertrag die Vorschriften des Zweiten Unterabschnitts anzuwenden. § 452 a ist nur anzuwenden, soweit für die Teilstrecke, auf welcher der Schaden eingetreten ist, Bestimmungen eines für die Bundesrepublik Deutschland verbindlichen internationalen Übereinkommens gelten.

§ 452 d Abweichende Vereinbarungen

(1) Von der Regelung des § 452 b Abs. 2 Satz 1 kann nur durch Vereinbarung abgewichen werden, die im Einzelnen ausgehandelt ist, auch wenn diese für eine Mehrzahl von gleichartigen Verträgen zwischen denselben Vertragsparteien getroffen ist. Von den übrigen Regelungen dieses Unterabschnitts kann nur insoweit durch vertragliche Vereinbarung abgewichen werden, als die darin in Bezug genommenen Vorschriften abweichende Vereinbarungen zulassen.

(2) Abweichend von Absatz 1 kann jedoch auch durch vorformulierte Vertragsbedingungen vereinbart werden, dass sich die Haftung bei bekanntem Schadensort (§ 452 a)

1. unabhängig davon, auf welcher Teilstrecke der Schaden eintreten wird, oder

2. für den Fall des Schadenseintritts auf einer in der Vereinbarung genannten Teilstrecke nach den Vorschriften des Ersten Unterabschnitts bestimmt.

(3) Vereinbarungen, die die Anwendung der für eine Teilstrecke zwingend geltenden Bestimmungen eines für die Bundesrepublik Deutschland verbindlichen internationalen Übereinkommens ausschließen, sind unwirksam.

3.1.2.2 Speditionsgeschäft mit Kurzkommentierung

Fünfter Abschnitt: Speditionsgeschäft

§ 453 Speditionsvertrag

(1) Durch den Speditionsvertrag wird der Spediteur verpflichtet, die Versendung des Gutes zu besorgen.

(2) Der Versender wird verpflichtet, die vereinbarte Vergütung zu zahlen.

(3) Die Vorschriften dieses Abschnitts gelten nur, wenn die Besorgung der Versendung zum Betrieb eines gewerblichen Unternehmens gehört. Erfordert das Unternehmen nach Art oder Umfang einen in kaufmännischer Weise eingerichteten Geschäftsbetrieb nicht und ist die Firma des Unternehmens auch nicht nach § 2 in das Handelsregister eingetragen, so sind in Ansehung des Speditionsgeschäfts auch insoweit die Vorschriften des Ersten Abschnitts des Vierten Buches ergänzend anzuwenden, dies gilt jedoch nicht für die §§ 348 bis 350.

Genau wie beim Frachtvertrag in § 407 HGB wird auch hier nicht primär der Verkehrsträger definiert, und zwar durch den Vertragstyp, sondern der Vertrag, sein Typ ist das charakteristische Kennzeichen, womit zugleich die beiden Partner des Vertrags beschrieben werden. Unverändert wird die Leistung des Spediteurs im Sinne des Gesetzes beschrieben mit Besorgung der Versendung. Der Spediteur im Sinne des Gesetzes bleibt unverändert der Sofa- oder Schreibtischspediteur. In Abs. 3 wird die Anwendung des gesetzlichen Speditionsrechts auf die gewerbliche Besorgung einer Güterversendung konzentriert; das ist der neue Kaufmannsbegriff: Kaufmann ist, wer ein Gewerbe betreibt. Über die Einzelheiten des Speditionsgeschäfts und dessen Ausgestaltung vergleiche Kapitel 3.2.3.

§454 Besorgung der Versendung

(1) Die Pflicht, die Versendung zu besorgen, umfasst die Organisation der Beförderung, insbesondere
   1. die Bestimmung des Beförderungsmittels und des Beförderungsweges,
   2. die Auswahl ausführender Unternehmer, den Abschluss der für die Versendung erforderlichen Fracht-, Lager- und Speditionsverträge sowie die Erteilung von Informationen und Weisungen an die ausführenden Unternehmer und
   3. die Sicherung von Schadenersatzansprüchen des Versenders.

(2) Zu den Pflichten des Spediteurs zählt ferner die Ausführung sonstiger vereinbarter auf die Beförderung bezogener Leistungen wie die Versicherung und Verpackung des Gutes, seine Kennzeichnung und die Zollbehandlung. Der Spediteur schuldet jedoch nur den Abschluss der zur Erbringung dieser Leistungen erforderlichen Verträge, wenn sich dies aus der Vereinbarung ergibt.

(3) Der Spediteur schließt die erforderlichen Verträge im eigenen Namen oder, sofern er hierzu bevollmächtigt ist, im Namen des Versenders ab.

(4) Der Spediteur hat bei Erfüllung seiner Pflichten das Interesse des Versenders wahrzunehmen und dessen Weisungen zu befolgen.

Hier wird deutlich, dass die Spedition im Sinne des Gesetzes kein Unterfall von Kommission ist. Der Spediteur kauft nicht mehr einzelne Verkehrsleistungen für seinen Auftraggeber ein, hier ein Frachtgeschäft, da einen Umschlag, dort wieder ein Frachtgeschäft, dann eine Zwischenlagerung, anschließend ein Seefrachtgeschäft usw. Vielmehr gestaltet und organisiert er die Beförderung. Mit der Organisation der Beförderung erbringt der Spediteur eine eigenständige Gesamtleistung.

Die **Organisation der Beförderung** und die **Besorgung der Versendung** bilden zusammen den gesetzlichen Inhalt des Speditionsvertrags. Das ergibt sich aus Haftungsvorschriften: Die Haftung für die eigentliche Speditionstätigkeit wird in §461 Abs. 2 HGB durch schlichte Bezugnahme auf die dem Spediteur obliegenden Pflichten gemäß §454 HGB geregelt. §454 HGB enthält alles: Versendung besorgen/Beförderung organisieren/weitere Leistungen; siehe Abs. 2.

Die Organisation der Beförderung durchläuft drei Phasen:

- die Vorbereitung (z.B. Bestimmung des Beförderungsmittels)
- die Ausführung (z.B. Abschluss der erforderlichen Verkehrsverträge)
- die Kontrolle (Sicherung von Ersatzansprüchen), vergleiche hierzu Kapitel 3.2.3

Werden weitere auf die Beförderung bezogene Leistungen vereinbart, so werden auch sie Inhalt des gesetzlichen Speditionsvertrags; beispielhaft genannt werden Versicherung, Verpackung, Kennzeichnung und Zollbehandlung. Diese Leistungen übernimmt der Spediteur konsensual als seine Verpflichtung, die er nicht höchstpersönlich erfüllen muss, sondern bei deren Erfüllung er sich durch Erfüllungsgehilfen helfen lassen darf. Das bedeutet: Er muss im Falle der Verpackung die seemäßige Kiste nicht selbst herstellen, sondern darf damit einen Spezialbetrieb beauftragen, er bleibt aber in der konsensualen Verantwortung. Satz 2 stellt das klar: Im Zweifel **Konsensualverpflichtung des Spediteurs**, nur bei klarer Vereinbarung mit dem Versender Beschränkung des Spediteurs darauf, einen geeigneten Unternehmer auszuwählen und zu beauftragen; der Spediteur schuldet in dieser Funktion die gehörige Auswahl des Subunternehmers.

Das Handeln im eigenen Namen ist nicht charakteristisch für den gesetzlichen Spediteurbegriff. Der Spediteur kann z.B. bei der Zollbehandlung als Stellvertreter im Namen des Versenders handeln. Hier wird nur daran erinnert, dass beim Handeln als Vertreter eine Vollmacht vorhanden sein muss. Die Vollmacht als solche ist auch formlos gültig, weil sie aber gegebenenfalls bewiesen werden muss, empfiehlt sich Schriftlichkeit.

Die Pflicht zur Interessenwahrung hebt den Spediteur wie einen Treuhänder weit über alle kaufmännischen Dienstleister hinaus. Der Spediteur muss gegebenenfalls auch ohne Weisung spontan tätig werden, Aufwendungen machen usw.

§455 Behandlung des Gutes. Begleitpapiere. Mitteilungs- und Auskunftspflichten

(1) Der Versender ist verpflichtet, das Gut, soweit erforderlich, zu verpacken und zu kennzeichnen und Urkunden zur Verfügung zu stellen sowie alle Auskünfte zu erteilen, deren der Spediteur zur Erfüllung seiner Pflichten bedarf. Soll gefährliches Gut versendet werden, so hat der Versender dem Spediteur rechtzeitig schriftlich oder in sonst lesbarer Form die genaue Art der Gefahr und, soweit erforderlich, zu ergreifende Vorsichtsmaßnahmen mitzuteilen.

(2) Der Versender hat, auch wenn ihn kein Verschulden trifft, dem Spediteur Schäden und Aufwendungen zu ersetzen, die verursacht werden durch
   1. *ungenügende Verpackung oder Kennzeichnung,*
   2. *Unterlassen der Mitteilung über die Gefährlichkeit des Gutes oder*
   3. *Fehlen, Unvollständigkeit oder Unrichtigkeit der Urkunden oder Auskünfte, die für eine amtliche Behandlung des Gutes erforderlich sind, §414 Absatz 2 ist entsprechend anzuwenden.*

(3) Ist der Versender ein Verbraucher, so hat er dem Spediteur Schäden und Aufwendungen nach Absatz 2 nur zu ersetzen, soweit ihn ein Verschulden trifft.

Die **Pflichten eines Absenders** gegenüber dem Frachtführer zur Verpackung des Gutes, zur Kennzeichnung, zur Mitgabe von Begleitpapieren und Erteilung von Auskünften, insbesondere über Gefahrgut und etwa zu ergreifende Vorsichtsmaßnahmen (§§410, 411, 413 HGB) treffen, wenn ein Spediteur eingeschaltet ist, diesen. §455 HGB gibt diese Pflichten im Speditionsvertrag weiter an den Versender.

Folgerichtig wird auch die Haftung des Absenders gegenüber dem Frachtführer (§414 HGB) bei Verletzung einer dieser Pflichten im Speditionsvertrag an den Versender weitergegeben. Die Haftung ist dem Grunde nach absolut, d.h. auch ohne Verschulden, der Höhe nach, entsprechend dem Gewicht des Gutes beschränkt. Ist der Versender ein Verbraucher, so haftet er nur bei Verschulden.

§456 Fälligkeit der Vergütung

Die Vergütung ist zu zahlen, wenn das Gut dem Frachtführer oder Verfrachter übergeben worden ist.

Die Vergütung des Spediteurs ist fällig, wenn das Gut dem Frachtführer oder Verfrachter übergeben worden ist, und zwar dem ersten Verkehrsträger, wenn eine Transportkette besteht. Anders ausgedrückt: Sobald die vom Spediteur zu organisierende Beförderung beginnt, sei es an seinem Lager, sei es an der Ladestelle, hat er seine Arbeit im Wesentlichen getan, er hat seine Vergütung verdient.

§457 Forderungen des Versenders

Der Versender kann Forderungen aus einem Vertrag, den der Spediteur für Rechnung des Versenders im eigenen Namen abgeschlossen hat, erst nach der Abtretung geltend machen. Solche Forderungen sowie das in Erfüllung solcher Forderungen Erlangte gelten jedoch im Verhältnis zu den Gläubigern des Spediteurs als auf den Versender übertragen.

Was der im eigenen Namen handelnde Spediteur durch seine Geschäftsführung an Forderungen oder sonstigen Werten, z. B. Geld bei Einziehung einer Nachnahme, erlangt, steht wirtschaftlich dem Versender zu und wird deshalb hier dem formal sonst möglichen Zugriff der Gläubiger des Spediteurs entzogen. Forderungen kann der Versender aber erst nach Abtretung an ihn geltend machen. Gleichwohl wird der Versender auch ohne Abtretung sozusagen am Spediteur vorbei einen Anspruch gegen den Frachtführer erheben können, um die Verjährung zu hemmen.

§458 Selbsteintritt

Der Spediteur ist befugt, die Beförderung des Gutes durch Selbsteintritt auszuführen. Macht er von dieser Befugnis Gebrauch, so hat er hinsichtlich der Beförderung die Rechte und Pflichten eines Frachtführers oder Verfrachters. In diesem Fall kann er neben der Vergütung für seine Tätigkeit als Spediteur die gewöhnliche Fracht verlangen.

„Beförderung durch Selbsteintritt ausführen" meint in Anlehnung an das Kommissionsrecht §400 HGB den sogenannten **unechten Selbsteintritt**, die auf die Ausführung gerichtete Willenserklärung (Contracting Carrier), die freilich den echten Selbsteintritt, das tatsächliche Tun (Actual Carrier) umfasst. Deshalb ist es kein Widerspruch, wenn §437 HGB den ausführenden Frachtführer auf den Actual Carrier beschränkt, der tatsächlich selbst fährt. **Speditioneller Selbsteintritt** liegt vor, wenn der Spediteur selbst fährt.

Rechtsfolge ist die Geltung von Frachtrecht. Durch „hinsichtlich der Beförderung" wird dies definiert. Daneben bestehen die speditionellen Verpflichtungen, insbesondere die der Interessewahrung weiter.

Die Frachtrechtshaftung des selbst eintretenden Spediteurs ist insoweit abdingbar, als die in Betracht kommenden Frachtrechtsvorschriften abdingbar sind (§466 Abs. 3 HGB).

§459 Spedition zu festen Kosten

Soweit als Vergütung ein bestimmter Betrag vereinbart ist, der Kosten für die Beförderung einschließt, hat der Spediteur hinsichtlich der Beförderung die Rechte und Pflichten eines Frachtführers oder Verfrachters. In diesem Fall hat er Anspruch auf Ersatz seiner Aufwendungen nur, soweit dies üblich ist.

Der Fixkostentatbestand wird wie folgt definiert: Die Vergütung des organisierenden (Schreibtisch-)Spediteurs wird mit einem bestimmten Betrag vereinbart, der die Kosten für die Beförderung einschließt. Über die Beförderungskosten schuldet der Spediteur keine Rechenschaft, kann aber, wenn er mit dem Betrag nicht auskommt, nichts nachfordern. Der Spediteur allein trägt somit das Preisrisiko.

Für die Leistungen, die Strecke und die Zeit, für die die Vergütung durch den Gesamtbetrag abgegolten ist, hat der Spediteur die Rechte und Pflichten eines Frachtführers. Frachtrecht gilt für die ganze Ortsveränderung, auch für Zwischenlagerung, Organisation, Disposition, Interessenwahrung. Die speditionellen Leistungen bleiben daneben gesondert bestehen. Das Frachtrecht kommt somit nicht ausschließlich zur Anwendung.

Die Frachtrechtshaftung des **Fixkostenspediteurs** ist insoweit abdingbar, als die in Betracht kommenden Frachtrechtsvorschriften abdingbar sind.

§460 Sammelladung

(1) Der Spediteur ist befugt, die Versendung des Gutes zusammen mit Gut eines anderen Versenders aufgrund eines für seine Rechnung über eine Sammelladung geschlossenen Frachtvertrages zu bewirken.

(2) Macht der Spediteur von dieser Befugnis Gebrauch, so hat er hinsichtlich der Beförderung in Sammelladung die Rechte und Pflichten eines Frachtführers oder Verfrachters. In diesem Fall kann der Spediteur eine den Umständen nach angemessene Vergütung verlangen, höchstens aber die für die Beförderung des einzelnen Gutes gewöhnliche Fracht.

Die Sammelladung ist ein eigener Tatbestand, und es genügt, wenn die Sammelladung das Gut eines anderen Versenders enthält, es müssen nicht mehrere andere Versender sein. Die Rechtsfolge entspricht dem eigenen Tatbestand, es gilt Frachtrecht hinsichtlich der Beförderung, aber nur der Beförderung in Sammelladung, also im Hauptlauf, nicht im Vor- und Nachlauf.

Die Frachtrechtshaftung des Sammelladungsspediteurs ist insoweit abdingbar, als die in Betracht kommenden Frachtrechtsvorschriften abdingbar sind; §466 Abs. 3 HGB.

Fixkosten und Sammelladung sind zwei getrennte Tatbestände. Sind beide verwirklicht, findet also Versendung in Sammelladung statt und sind Fixkosten bis zum Endempfänger vereinbart, so stehen für einen im Sammelladungshauptlauf eingetretenen Schaden beide Anspruchsgrundlagen zur Verfügung, für einen im Nachlauf eingetretenen nur die Anspruchsgrundlage Fixkosten.

Tätigkeit	Haftung	Recht
Schreibtisch Besorgen, Organisieren, Disponieren		SpedR
Schreibtisch + Obhut	Güterschaden in Obhut Sonst	FrR SpedR
Selbsteintritt	Hinsichtlich Beförderung[1)] Sonst	FrR SpedR
Fixkosten	Hinsichtlich Beförderung[2)] Sonst	FrR SpedR
Sammelladung	Hinsichtlich Beförderung im Sammelladungs-Hauptlauf[3)] Sonst	FrR SpedR

1) Soweit der Spediteur selbst fährt. Zwischenlagerung ist, auch wenn anschließend derselbe Spediteur weiterfährt, speditionell. Vertraglich ist Spedition die Hauptsache, das Selbstfahren ein Unterfall.

2) Beförderung meint die vertragliche Ortsveränderung und die ihr entsprechende Zeit, wofür Beförderungskosten in die Spediteurvergütung eingeschlossen sind. Dazu gehören also das eigentliche Fahren, aber auch Zwischenlagerung und Umschlag, kurz: alles, wofür die Vergütung im festen Satz enthalten ist. Der Haftungstatbestand „Schaden, entstanden in der Gewahrsamszeit" wird also entsprechend ausgedehnt. Beförderung ist hier beim Grund der Haftung also ein anderer Begriff als in *Ziff. 23.1 ADSp* bei der Höhe der Haftung.

3) Beförderung umfasst hier den gesamten Sammelladungs-Hauptlauf. Sollte – z.B. wegen Fahrzeugschadens – die ganze Sammelladung umgeschlagen, zwischengelagert und dann weiterbefördert werden, so wäre alles das von der Beförderung im Sammelladungshauptlauf umfasst.

Tab. 3.1-1: Haftung des Spediteurs nach Tätigkeiten **Quelle: Eigene Darstellung**

Für die speditionelle Praxis sind insbesondere die **Fixkostenspedition** (§ 459 HGB) und die **Sammelladungsspedition** (§ 460 HGB) unter haftungsrechtlichen Gesichtspunkten relevant. In der Mehrzahl der Fälle greift das Haftungsregime der §§ 458 – 460 HGB. Deshalb wollen wir im Folgenden zusammenfassend die Haftung des Spediteurs bezogen auf seine Tätigkeiten darstellen.

§ 461 Haftung des Spediteurs

(1) Der Spediteur haftet für den Schaden, der durch Verlust oder Beschädigung des in seiner Obhut befindlichen Gutes entsteht. Die §§ 426, 427, 429, 430, 431 Abs. 1, 2 und 4, §§ 432, 434 bis 436 sind entsprechend anzuwenden.

(2) Für Schaden, der nicht durch Verlust oder Beschädigung des in der Obhut des Spediteurs befindlichen Gutes entstanden ist, haftet der Spediteur, wenn er eine ihm nach § 454 obliegende Pflicht verletzt. Von dieser Haftung ist er befreit, wenn der Schaden durch die Sorgfalt eines ordentlichen Kaufmanns nicht abgewendet werden konnte.

(3) Hat bei der Entstehung des Schadens ein Verhalten des Versenders oder ein besonderer Mangel des Gutes mitgewirkt, so hängen die Verpflichtung zum Ersatz sowie der Umfang des zu leistenden Ersatzes davon ab, inwieweit diese Umstände zu dem Schaden beigetragen haben.

Die sogenannte **Obhutshaftung** ist keine neue Haftungsart, sondern ein Haftungstatbestand. Der besorgende, organisierende Spediteur fasst als Schreibtischspediteur das Gut überhaupt nicht an. Fasst er das Gut doch an, wie z. B. beim speditionellen Umschlag, so begibt er sich von seinem Schreibtisch weg in eine dem Frachtführer vergleichbare Lage, der ja auch das Gut in Obhut nimmt. Dann haftet der Spediteur wie ein Frachtführer für Güterschaden des in seiner Obhut befindlichen Gutes. Der Schaden muss in der Obhut des Spediteurs eingetreten sein. Die Obhutshaftung ist einem Verbraucher gegenüber gesetzlich zwingend; § 466 Abs. 1 HGB. Anderen Versendern gegenüber ist sie wie das allgemeine Frachtrecht dem Grunde nach AGB-fest, der Höhe nach innerhalb des Korridors AGB-frei; siehe hierzu § 466 Abs. 2 HGB.

Für alle anderen als Obhutsgüterschäden haftet der Spediteur, wenn er eine speditionelle Pflicht verletzt, für Verschulden mit umgekehrter Beweislast, der Höhe nach unbeschränkt, aber frei, auch AGB-frei beschränkbar.

§ 462 Haftung für andere

Der Spediteur hat Handlungen und Unterlassungen seiner Leute in gleichem Umfange zu vertreten wie eigene Handlungen und Unterlassungen, wenn die Leute in Ausübung ihrer Verrichtungen handeln. Gleiches gilt für Handlungen und Unterlassungen anderer Personen, deren er sich bei Erfüllung seiner Pflicht, die Versendung zu besorgen, bedient.

Siehe Erläuterungen zu Leute im Frachtrecht § 428 HGB.

Der Spediteur haftet ferner – und zwar in gleicher Weise – für die Personen, derer er sich bei der Erfüllung seiner Speditionspflichten, die Versendung zu besorgen und die Beförderung zu organisieren, bedient. Das sind die besonderen speditionsrechtlichen **Erfüllungsgehilfen**, z. B. Subunternehmer.

§ 463 Verjährung

Auf die Verjährung der Ansprüche aus einer Leistung, die den Vorschriften dieses Abschnitts unterliegt, ist § 439 entsprechend anzuwenden.

§ 464 Pfandrecht des Spediteurs

Der Spediteur hat für alle Forderungen aus dem Speditionsvertrag ein Pfandrecht an dem ihm zur Verwendung übergebenen Gut des Versenders oder eines Dritten, der der Versendung des Gutes zugestimmt hat. An dem Gut des Versenders hat der Spediteur auch ein Pfandrecht für alle unbestrittenen Forderungen aus anderen mit dem Versender abgeschlossenen Speditions-, Fracht-, Seefracht- und Lagerverträgen. § 440 Absatz 1 Satz 3 und Absatz 2 bis 4 ist entsprechend anzuwenden.

§ 465 Nachfolgender Spediteur

(1) *Wirkt an einer Beförderung neben dem Frachtführer auch ein Spediteur mit und hat dieser die Ablieferung zu bewirken, so ist auf den Spediteur § 442 Abs. 1 entsprechend anzuwenden.*

(2) *Wird ein vorhergehender Frachtführer oder Spediteur von einem nachfolgenden Spediteur befriedigt, so gehen Forderung und Pfandrecht des Ersteren auf den Letzteren über.*

§ 466 Abweichende Vereinbarungen über die Haftung

(1) *Soweit der Speditionsvertrag nicht die Versendung von Briefen oder briefähnlichen Sendungen zum Gegenstand hat, kann von den Haftungsvorschriften in § 455 Absatz 2 und 3, § 461 Absatz 1 sowie in den §§ 462 und 463 nur durch Vereinbarung abgewichen werden, die im Einzelnen ausgehandelt wird, auch wenn sie für eine Mehrzahl von gleichartigen Verträgen zwischen denselben Vertragspartnern getroffen wird.*

(2) *Abweichend von Absatz 1 kann die vom Spediteur zu leistende Entschädigung wegen Verlust oder Beschädigung des Gutes auch durch vorformulierte Vertragsbedingungen auf einen anderen als den in § 431 Absatz 1 und 2 vorgesehenen Betrag begrenzt werden, wenn dieser Betrag*

   1. *zwischen 2 und 40 Rechnungseinheiten liegt und der Verwender der vorformulierten Vertragsbedingungen seinen Vertragspartner in geeigneter Weise darauf hinweist, dass diese einen anderen als den gesetzlich vorgesehenen Betrag vorsehen, oder*
   2. *für den Verwender der vorformulierten Vertragsbedingungen ungünstiger ist als der in § 431 Absatz 1 und 2 vorgesehene Betrag*

   Ferner kann durch vorformulierte Vertragsbedingungen die vom Versender nach § 455 Absatz 2 oder 3 zu leistende Entschädigung der Höhe nach beschränkt werden.

(3) *Von § 458 Satz 2, § 459 Satz 1 und § 460 Absatz 2 Satz 1 kann nur insoweit durch vertragliche Vereinbarung abgewichen werden, als die darin in Bezug genommenen Vorschriften abweichende Vereinbarungen zulassen.*

(4) *Ist der Versender ein Verbraucher, so kann in keinem Fall zu seinem Nachteil von den in Absatz 1 genannten Vorschriften abgewichen werden, es sei denn, der Speditionsvertrag hat die Beförderung von Briefen oder briefähnlichen Sendungen zum Gegenstand.*

(5) *Unterliegt der Speditionsvertrag ausländischem Recht, so sind die Absätze 1 bis 4 gleichwohl anzuwenden, wenn nach dem Vertrag sowohl der Ort der Übernahme als auch der Ort der Ablieferung des Gutes im Inland liegen.*

3.1.2.3 Lagergeschäft mit Kurzkommentierung

Sechster Abschnitt

Lagergeschäft

§ 467 Lagervertrag

(1) Durch den Lagervertrag wird der Lagerhalter verpflichtet, das Gut zu lagern und aufzubewahren.

(2) Der Einlagerer wird verpflichtet, die vereinbarte Vergütung zu zahlen.

(3) Die Vorschriften dieses Abschnitts gelten nur, wenn die Lagerung und Aufbewahrung zum Betrieb eines gewerblichen Unternehmens gehört. Erfordert das Unternehmen nach Art oder Umfang einen in kaufmännischer Weise eingerichteten Geschäftsbetrieb nicht und ist die Firma des Unternehmens auch nicht nach § 2 in das Handelsregister eingetragen, so sind in Ansehung des Lagergeschäfts auch insoweit die Vorschriften des Ersten Abschnittes des Vierten Buches ergänzend anzuwenden; dies gilt jedoch nicht für die §§ 348 bis 350.

Grundsätzlich zu differenzieren ist zwischen **dispositiver Lagerung** und **verkehrsbedingter Zwischenlagerung**. Der sechste Abschnitt kommt nur zur Anwendung bei einer verfügten oder ausdrücklich beauftragten Lagerung, nicht dagegen bei einer transportbedingten Zwischenlagerung, die sich nicht aus der konkreten Verfügung des Versenders oder Auftraggebers ergibt.

Wie beim Fracht- und beim Speditionsvertrag in §§ 407 und 453 HGB wird auch hier der **konsensuale Vertragstyp** mit den Hauptpflichten der Vertragspartner beschrieben, woraus sich dann die Bezeichnung der beiden Partner von selbst ergibt.

Das HGB gilt für Kaufleute. Kaufmann ist, wer ein gewerbliches Unternehmen betreibt. Das Lagerrecht gilt nur, wenn das Lagergeschäft in dieser Weise kaufmännisch ist. Für Verbraucher kommt das Lagerrecht nur dann zur Anwendung, wenn dies ausdrücklich und nachweislich vereinbart wird.

§ 468 Behandlung des Gutes. Begleitpapiere. Mitteilungs- und Auskunftspflichten.

(1) Der Einlagerer ist verpflichtet, dem Lagerhalter, wenn gefährliches Gut eingelagert werden soll, rechtzeitig schriftlich oder in sonst lesbarer Form die genaue Art der Gefahr und, soweit erforderlich, zu ergreifende Vorsichtsmaßnahmen mitzuteilen. Er hat ferner das Gut, soweit erforderlich, zu verpacken und zu kennzeichnen und Urkunden zur Verfügung zu stellen sowie alle Auskünfte zu erteilen, die der Lagerhalter zur Erfüllung seiner Pflichten benötigt.

(2) Ist der Einlagerer ein Verbraucher, so ist abweichend von Absatz 1

1. der Lagerhalter verpflichtet, das Gut, soweit erforderlich, zu verpacken und zu kennzeichnen,

2. der Einlagerer lediglich verpflichtet, den Lagerhalter über die von dem Gut ausgehende Gefahr allgemein zu unterrichten; die Unterrichtung bedarf keiner Form.
Der Lagerhalter hat in diesem Falle den Einlagerer über dessen Pflicht nach Satz 1 Nr. 2 sowie über die von ihm zu beachtenden Verwaltungsvorschriften über eine amtliche Behandlung des Gutes zu unterrichten.

(3) Der Einlagerer hat, auch wenn ihn kein Verschulden trifft, dem Lagerhalter Schäden und Aufwendungen zu ersetzen, die verursacht werden durch

1. ungenügende Verpackung oder Kennzeichnung,
2. Unterlassen der Mitteilung über die Gefährlichkeit des Gutes oder
3. Fehlen, Unvollständigkeit oder Unrichtigkeit der in § 413 Abs. 1 genannten Urkunden oder Auskünfte.
§ 414 Absatz 2 ist entsprechend anzuwenden.

(4) Ist der Einlagerer ein Verbraucher, so hat er dem Lagerhalter Schäden und Aufwendungen nach Absatz 3 nur zu ersetzen, soweit ihn ein Verschulden trifft.

Wie durch §§ 410, 411, 413 HGB im Frachtrecht und § 455 HGB im Speditionsrecht werden hier auch für das Lagerrecht die Pflichten des Einlagerers als des Auftraggebers geregelt: Verpackung des Gutes, Kennzeichnung, Mitgabe von Urkunden, Auskünfte insbesondere über Gefahrgut und zu ergreifende Vorsichtsmaßnahmen.

Ist der Einlagerer ein Verbraucher, so obliegt die **Verpackungs- und Kennzeichnungspflicht** nicht ihm, sondern dem Lagerhalter. In aller Regel weiß er besser, was in dieser Hinsicht erforderlich ist. Ähnlich ist es mit den Auskünften über Gefahrgut. Der Lagerhalter muss den Einlagerer über die Pflicht zur Auskunft über Gefahrgut belehren, d. h. er muss das Gespräch mit dem Einlagerer eröffnen, indem er nach der Art des Gutes fragt und Hinweise gibt. Auch über die bei einer amtlichen Behandlung des Gutes zu beachtenden Verwaltungsvorschriften muss der Lagerhalter den Einlagerer belehren, d. h. er muss gegebenenfalls das Gespräch darüber eröffnen, ob etwas mit dem Gut zu geschehen hat.

Wenn der Einlagerer eine dieser Pflichten verletzt, haftet er auch ohne Verschulden für den daraus entstehenden Schaden, der Höhe nach allerdings entsprechend dem Gewicht seines Gutes beschränkt. Ein Verbraucher als Einlagerer haftet nur bei Verschulden.

§ 469 Sammellagerung

(1) Der Lagerhalter ist nur berechtigt, vertretbare Sachen mit anderen Sachen gleicher Art und Güte zu vermischen, wenn die beteiligten Einlagerer ausdrücklich einverstanden sind.

(2) Ist der Lagerhalter berechtigt, Gut zu vermischen, so steht vom Zeitpunkt der Einlagerung ab den Eigentümern der eingelagerten Sachen Miteigentum nach Bruchteilen zu.

(3) Der Lagerhalter kann jedem Einlagerer den ihm gebührenden Anteil ausliefern, ohne dass er hierzu der Genehmigung der übrigen Beteiligten bedarf.

Vertretbare Sachen sind nach der Definition durch § 91 BGB bewegliche Sachen, die im Verkehr nach Zahl, Maß oder Gewicht bestimmt werden, ihre Individualität als Einzelstück ist im Verkehr unwichtig. Beispiele: ein Dutzend Eier, ein Sack Kartoffeln, ein Zentner Getreide. Soll ein Lagerhalter z. B. Gerste gleicher Art und Güte von verschiedenen Bauern einlagern, so könnte er die verschiedenen Partien getrennt lagern, würde dafür aber mehr Platz benötigen und deshalb würde die Lagerung teurer werden, als wenn er die verschiedenen Partien, die ja von gleicher Art und Güte sind, zusammenschüttet. Dann ginge freilich ihre **Identität als Partie** verloren, und das hätte auch rechtliche Folgen, denn wenn bewegliche Sachen untrennbar vermischt werden, geht mit der Individualität der einzelnen Sache (Partie) auch das Einzeleigentum unter und es entsteht Miteigentum aller bisherigen Einzeleigentümer; §§ 948, 947 BGB. Wenn und weil es sich um Sachen gleicher Art und Güte handelt, ist das freilich kein Nachteil, jeder Einlagerer hat nicht mehr seine ursprüngliche Partie, sondern ist jetzt seinem Anteil entsprechend Teilhaber und Miteigentümer der Gesamtpartie, und er kann über diesen seinen Anteil verfügen, z. B. die anteilige Herausgabe einer entsprechenden Menge Gerste verlangen.

Die Lagerung vertretbarer Sachen gleicher Art und Güte, die miteinander vermischt werden, nennt man Sammellagerung. Sie ist zulässig, wenn die beteiligten Einlagerer ausdrücklich einverstanden sind.

Das Miteigentum aller früheren Einzeleigentümer entsteht jeweils im Zeitpunkt der Einlagerung, selbst wenn die tatsächliche Vermischung erst danach stattfindet. Das Gesetz übernimmt hier einen **Sondertatbestand der Orderlagerscheinverordnung**, weil der Zeitpunkt der Einlagerung regelmäßig leichter festzustellen ist als der der tatsächlichen Vermischung. Jeder Miteigentümer-Einlagerer kann jederzeit eine seinem Miteigentumsanteil entsprechende Menge des Lagerguts herausverlangen, der Lagerhalter bedarf dazu der Genehmigung der anderen Miteigentümer nicht.

§470 Empfang des Gutes

Befindet sich Gut, das dem Lagerhalter zugesandt ist, beim Empfang in einem beschädigten oder mangelhaften Zustand, der äußerlich erkennbar ist, so hat der Lagerhalter Schadenersatzansprüche des Einlagerers zu sichern und dem Einlagerer unverzüglich Nachricht zu geben.

Wird einem Lagerhalter zu lagerndes Gut zugesandt, so ist er frachtrechtlich Empfänger. Deshalb muss er zugunsten des Einlagerers die Rechte eines Empfängers gegenüber dem Frachtführer ausüben, d.h. beim Empfang auf äußerlich erkennbare Schäden oder Mängel achten, entsprechende Vorbehalte an den Frachtführer richten (vgl. §438 HGB) und den Einlagerer verständigen.

Dass der Lagerhalter auch das ihm vom Einlagerer gebrachte Gut beim Empfang auf erkennbare Schäden oder Mängel hin untersucht, schreibt das Gesetz nicht vor. Der Lagerhalter wird schon zum eigenen Schutz bei der Einlagerung auf Unversehrtheit des Gutes achten.

§471 Erhaltung des Gutes

(1) Der Lagerhalter hat dem Einlagerer die Besichtigung des Gutes, die Entnahme von Proben und die zur Erhaltung des Gutes notwendigen Handlungen während der Geschäftsstunden zu gestatten. Er ist jedoch berechtigt und im Falle der Sammellagerung auch verpflichtet, die zur Erhaltung des Gutes erforderlichen Arbeiten selbst vorzunehmen.

(2) Sind nach dem Empfang Veränderungen an dem Gut entstanden oder zu befürchten, die den Verlust oder die Beschädigung des Gutes oder Schäden des Lagerhalters erwarten lassen, so hat der Lagerhalter dies dem Einlagerer oder, wenn ein Lagerschein ausgestellt ist, dem letzten ihm bekannt gewordenen legitimierten Besitzer des Scheins unverzüglich anzuzeigen und dessen Weisungen einzuholen. Kann der Lagerhalter innerhalb angemessener Zeit Weisungen nicht erlangen, so hat er die angemessen erscheinenden Maßnahmen zu ergreifen. Er kann insbesondere das Gut gemäß §373 verkaufen lassen; macht er von dieser Befugnis Gebrauch, so hat der Lagerhalter, wenn ein Lagerschein ausgestellt ist, die in §373 Abs. 3 vorgesehene Androhung des Verkaufs sowie die in Absatz 5 derselben Vorschrift vorgesehenen Benachrichtigungen an den letzten ihm bekannt gewordenen legitimierten Besitzer des Lagerscheins zu richten.

Während der Geschäftsstunden darf der Einlagerer sein Gut besichtigen, Proben entnehmen und etwa zur Erhaltung des Gutes notwendige Handlungen vornehmen. Zur Vornahme notwendiger Handlungen ist der Lagerhalter berechtigt und im Falle von Sammellagerung verpflichtet, z.B. Begasung von Getreide gegen Ungeziefer. Bei der Sammellagerung sind die einzelnen Teilpartien als solche untergegangen, der Einlagerer kann nicht mehr seine Partie behandeln.

Der Lagerhalter hat nicht nur Lagerfläche zur Verfügung zu stellen – das wäre Vermietung –, sondern das Gut aufzubewahren; §467 HGB. Das bedeutet, dass er das Gut beobachten muss, ob es noch in Ordnung ist, und wenn sich nachteilige Veränderungen zeigen oder ankündigen, muss er tätig werden. Er muss den Einlagerer verständigen, Weisungen einholen und notfalls selbst die geeigneten Maßnahmen treffen. Dass die Maßnahmen angemessen erscheinen müssen, ist ein objektiver Maßstab, verlangt wird die Sorgfalt eines ordentlichen Lagerhalters.

§472 Versicherung. Einlagerung bei einem Dritten

(1) *Der Lagerhalter ist verpflichtet, das Gut auf Verlangen des Einlagerers zu versichern. Ist der Einlagerer ein Verbraucher, so hat ihn der Lagerhalter auf die Möglichkeit hinzuweisen, das Gut zu versichern.*
(2) *Der Lagerhalter ist nur berechtigt, das Gut bei einem Dritten einzulagern, wenn der* Einlagerer ihm dies ausdrücklich gestattet hat.

Auf Verlangen des Einlagerers hat der Lagerhalter das Gut zu versichern. Häufig halten Lagerhalter für solche Zwecke eine eigene Generalpolice bereit, durch die verschiedene Partien gegen verschiedene Gefahren für Rechnung des jeweiligen Einlagerers – oder zur Kreditsicherung auch einer Bank – versichert werden können. Dieses Verfahren ist einfacher, als wenn der Lagerhalter als echter Vermittler die jeweilige Versicherung einem Versicherer übertrüge. Schließt der Lagerhalter als Versicherungsnehmer der Generalpolice selbst ab, meldet er die Partie dem Versicherer an, was je nach den Vereinbarungen auch nachträglich monatlich oder ähnlich geschehen kann, schuldet dem Versicherer als Versicherungsnehmer die Prämie und berechnet sie als Aufwendungsersatz dem Einlagerer. Selbstverständlich steht dem Lagerhalter für die Versicherungsbesorgung auch eine Vergütung zu. Die Versicherung über die Generalpolice des Lagerhalters abzuschließen, ist auch ohne besondere Vereinbarung über diese Verfahrensweise zulässig. Seit dem 1.1.2003 wurden durch die gravierenden Veränderungen im Versicherungswesen die Möglichkeiten in Generalpolicen des Lagerhalters erheblich eingeschränkt. Das Lagerrisiko als solches wird regelmäßig auch dann versichert, wenn es sich um transportbedingte Lagerung handelt. Bei der stationären Lagerung wurden die **Anzeigepflichten des Lagerhalters** bzw. des Eigentümers extrem ausgeweitet, d.h. Versicherer haben die bislang weitgehenden Vollmachten der Spediteure reduziert und eine Anfragepflicht eingeführt. Insofern kann im Rahmen der stationären Lagerung nur mehr im Ausnahmefall von automatischen Versicherungslösungen ausgegangen werden. Dies gilt sowohl für die Höhe des Versicherungswerts als auch für die dann festzulegende Versicherungspämie. Das Handling ist demzufolge deutlich komplizierter geworden.

Ist der Einlagerer ein Verbraucher, so muss der Lagerhalter ihn auf die Versicherungsmöglichkeiten hinweisen, d.h., er muss das Gespräch eröffnen, und damit ergibt sich alles von selbst.

Mit dem Lagervertrag wird die Örtlichkeit der Lagerung vereinbart. Wird darüber nichts gesagt, hat der Lagerhalter auf dem seiner Regie unterliegenden Gelände einzulagern. Er muss nicht Eigentümer sein. Bei einem Dritten darf er nur einlagern, wenn ihm dies ausdrücklich gestattet ist. Er bleibt aber in der konsensualen Verpflichtung, der Dritte ist sein Subunternehmer und Erfüllungsgehilfe.

§473 Dauer der Lagerung

(1) *Der Einlagerer kann das Gut jederzeit herausverlangen. Ist der Lagervertrag auf unbestimmte Zeit geschlossen, so kann er den Vertrag jedoch nur unter Einhaltung einer Kündigungsfrist von einem Monat kündigen, es sei denn, es liegt ein wichtiger Grund vor, der zur Kündigung des Vertrags ohne Einhaltung der Kündigungsfrist berechtigt.*

(2) Der Lagerhalter kann die Rücknahme des Gutes nach Ablauf der vereinbarten Lagerzeit oder bei Einlagerung auf unbestimmte Zeit nach Kündigung des Vertrags unter Einhaltung einer Kündigungsfrist von einem Monat verlangen. Liegt ein wichtiger Grund vor, so kann der Lagerhalter auch vor Ablauf der Lagerzeit und ohne Einhaltung einer Kündigungsfrist die Rücknahme des Gutes verlangen.

(3) Ist ein Lagerschein ausgestellt, so sind die Kündigung und das Rücknahmeverlangen an den letzten dem Lagerhalter bekannt gewordenen legitimierten Besitzer des Lagerscheins zu richten.

§ 474 Aufwendungsersatz

Der Lagerhalter hat Anspruch auf Ersatz seiner für das Gut gemachten Aufwendungen, soweit er sie den Umständen nach für erforderlich halten durfte.

§ 475 Haftung für Verlust oder Beschädigung

Der Lagerhalter haftet für den Schaden, der durch Verlust oder Beschädigung des Gutes in der Zeit von der Übernahme zur Lagerung bis zur Auslieferung entsteht, es sei denn, dass der Schaden durch die Sorgfalt eines ordentlichen Kaufmanns nicht abgewendet werden konnte. Dies gilt auch dann, wenn der Lagerhalter gemäß § 472 Abs. 2 das Gut bei einem Dritten einlagert.

Der Gesetzgeber definiert als Haftung für den Lagervertrag die sogenannte **Verschuldenshaftung mit umgekehrter Beweislast**, also nicht die Obhutshaftung wie im Frachtrecht. Somit ergeben sich konkret weitergehende Entlastungsmöglichkeiten für den Lagerhalter, die in der vertraglichen Ausgestaltung ausformuliert werden, wie z. B. in den ADSp.

§ 475 a Verjährung

Auf die Verjährung von Ansprüchen aus einer Lagerung, die den Vorschriften dieses Abschnitts unterliegt, findet § 439 entsprechende Anwendung. Im Falle des gänzlichen Verlusts beginnt die Verjährung mit Ablauf des Tages, an dem der Lagerhalter dem Einlagerer oder, wenn ein Lagerschein ausgestellt ist, dem letzten ihm bekannt gewordenen legitimierten Besitzer des Lagerscheins den Verlust anzeigt.

§ 475 b Pfandrecht des Lagerhalters

(1) Der Lagerhalter hat für alle Forderungen aus dem Lagervertrag ein Pfandrecht an dem ihm zur Lagerung übergegebenen Gut des Einlagerers oder eines Dritten, der der Lagerung zugestimmt hat. An dem Gut des Einlagerers hat der Lagerhalter auch ein Pfandrecht, für alle unbestrittenen Forderungen aus anderen mit dem Einlagerer abgeschlossenen Lager-, Fracht-, Seefracht- und Speditionsverträgen. Das Pfandrecht erstreckt sich auch auf die Forderung aus einer Versicherung sowie auf die Begleitpapiere.

(2) Ist ein Orderlagerschein durch Indossament übertragen worden, so besteht das Pfandrecht dem legitimierten Besitzer des Lagerscheins gegenüber nur wegen der Vergütungen und Aufwendungen, die aus dem Lagerschein ersichtlich sind oder ihm bei Erwerb des Lagerscheins bekannt oder infolge grober Fahrlässigkeit unbekannt waren.

(3) Das Pfandrecht besteht, solange der Lagerhalter das Gut in seinem Besitz hat, insbesondere solange er mittels Konnossement, Ladeschein oder Lagerschein darüber verfügen kann.

§ 475 c Lagerschein. Verordnungsermächtigung

(1) Über die Verpflichtung zur Auslieferung des Gutes kann von dem Lagerhalter, nachdem er das Gut erhalten hat, ein Lagerschein ausgestellt werden, der die folgenden Angaben enthalten soll:
1. Ort und Tag der Ausstellung des Lagerscheins;
2. Name und Anschrift des Einlagerers;
3. Name und Anschrift des Lagerhalters;
4. Ort und Tag der Einlagerung;
5. die übliche Bezeichnung der Art des Gutes und die Art der Verpackung, bei gefährlichen Gütern ihre nach den Gefahrgutvorschriften vorgesehene, sonst ihre allgemein anerkannte Bezeichnung;
6. Anzahl, Zeichen und Nummern der Packstücke;
7. Rohgewicht oder die anders angegebene Menge des Gutes;
8. im Falle der Sammellagerung einen Vermerk hierüber.

(2) In den Lagerschein können weitere Angaben eingetragen werden, die der Lagerhalter für zweckmäßig hält.

(3) Der Lagerschein ist vom Lagerhalter zu unterzeichnen. Eine Nachbildung der eigenhändigen Unterschrift durch Druck oder Stempel genügt.

(4) Dem Lagerschein gleichgestellt ist eine elektronische Aufzeichnung, die dieselben Funktionen erfüllt wie der Lagerschein, sofern sichergestellt ist, dass die Authentizität und die Integrität der Aufzeichnung stets gewahrt bleiben (elektronischer Lagerschein). Das Bundesministerium der Justiz wird ermächtigt, im Einvernehmen mit dem Bundesministerium des Innern durch Rechtsverordnung, die nicht der Zustimmung des Bundesrates bedarf, die Einzelheiten der Ausstellung, Vorlage, Rückgabe und Übertragung eines elektronischen Lagerscheins sowie die Einzelheiten des Verfahrens über nachträgliche Eintragungen in einen elektronischen Lagerschein zu regeln.

§ 475 d Wirkung des Lagerscheins. Legitimation

(1) Der Lagerschein begründet die Vermutung, dass das Gut und seine Verpackung in Bezug auf den äußerlich erkennbaren Zustand sowie auf Anzahl, Zeichen und Nummern der Packstücke wie im Lagerschein beschrieben übernommen worden sind. Ist das Rohgewicht oder die anders angegebene Menge des Gutes oder der Inhalt vom Lagerhalter überprüft und das Ergebnis der Überprüfung in den Lagerschein eingetragen worden, so begründet dieser auch die Vermutung, dass Gewicht, Menge oder Inhalt mit den Angaben im Lagerschein übereinstimmt.

(2) Wird der Lagerschein an eine Person begeben, die darin als zum Empfang des Gutes berechtigt benannt ist, kann der Lagerhalter ihr gegenüber die Vermutung nach Absatz 1 nicht widerlegen, es sei denn, der Person war im Zeitpunkt Begebung des Lagerscheins bekannt oder infolge grober Fahrlässigkeit unbekannt, dass die Angaben im Lagerschein unrichtig sind. Gleiches gilt gegenüber einem Dritten, dem der Lagerschein übertragen wird.

(3) Die im Lagerschein verbrieften lagervertraglichen Ansprüche können nur von dem aus dem Lagerschein Berechtigten geltend gemacht werden. Zugunsten des legitimierten Besitzers des Lagerscheins wird vermutet, dass er der aus dem Lagerschein Berechtigte ist. Legitimierter Besitzer des Lagerscheins ist, wer einen Lagerschein besitzt, der
1. auf den Inhaber lautet,
2. an Order lautet und den Besitzer als denjenigen, der zum Empfang des Gutes berechtigt ist, benennt oder durch eine ununterbrochene Reihe von Indossaments ausweist oder
3. auf den Namen des Besitzers lautet.

§ 475 e Auslieferung gegen Rückgabe des Lagerscheins

(1) Der legitimierte Besitzer des Lagerscheins ist berechtigt, vom Lagerhalter die Auslieferung des Gutes zu verlangen.
(2) Ist ein Lagerschein ausgestellt, so ist der Lagerhalter zur Auslieferung des Gutes nur gegen Rückgabe des Lagerscheins, auf dem die Auslieferung bescheinigt ist, verpflichtet. Der Lagerhalter ist nicht verpflichtet, die Echtheit der Indossamente zu prüfen. Er darf das Gut jedoch nicht dem legitimierten Besitzer des Lagerscheins ausliefern, wenn ihm bekannt oder infolge grober Fahrlässigkeit unbekannt ist, dass der legitimierte Besitzer des Lagescheins nicht der aus dem Lagerschein Berechtigte ist.
(3) Die Auslieferung eines Teils des Gutes erfolgt gegen Abschreibung auf dem Lagerschein. Der Abschreibungsvermerk ist vom Lagerhalter zu unterschreiben.
(4) Der Lagerhalter haftet dem aus dem Lagerschein Berechtigten für den Schaden, der daraus entsteht, dass er das Gut ausgeliefert hat, ohne sich den Lagerschein zurückgeben zu lassen oder ohne einen Abschreibungsvermerk einzutragen.

§ 475 f Einwendungen

Dem aus dem Lagerschein Berechtigten kann der Lagerhalter nur solche Einwendungen entgegensetzen, die die Gültigkeit der Erklärungen im Lagerschein betreffen oder sich aus dem Inhalt des Lagerscheins ergeben oder dem Lagerhalter unmittelbar gegenüber dem aus dem Lagerschein Berechtigten zustehen. Eine Vereinbarung, auf die im Lagerschein lediglich verwiesen wird, ist nicht Inhalt des Lagerscheins.

§ 475 g Traditionsfunktion des Orderlagerscheins

Die Begebung des Lagerscheins an denjenigen, der darin als der zum Empfang des Gutes Berechtigte benannt ist, hat, sofern der Lagerhalter das Gut im Besitz hat, für den Erwerb von Rechten an dem Gut dieselben Wirkungen wie die Übergabe des Gutes. Gleiches gilt für die Übertragung des Lagerscheins an Dritte.

§ 475 h Abweichende Vereinbarungen

Ist der Einlagerer ein Verbraucher, so kann nicht zu dessen Nachteil von den §§ 475 a und 475e Absatz 4 abgewichen werden.

Diese Vorschriften lassen sich wie folgt zusammenfassen:

- **Kündigungsfrist** bei Lagerung auf unbestimmte Zeit beiderseits ein Monat.
- Lagerhalter hat Anspruch auf **Ersatz der Aufwendungen**, die er für erforderlich halten durfte.
- Der Tatbestand der Lagerhalterhaftung ist hinsichtlich des Güterschadens den entsprechenden Tatbeständen des Fracht- und des Speditionsrechts gleichgestellt: Bei Güterschaden, entstanden in der Gewahrsamszeit, ist der Haftungsmaßstab das **Verschulden mit umgekehrter Beweislast**. Die Haftungshöhe ist dem Grunde nach unbeschränkt, aber abdingbar, auch in AGB.
- **Vermögensschäden** durch Verletzung von Nebenpflichten und Güterfolgeschaden
  - in der Gewahrsamszeit verursacht, aber nicht in der Gewahrsamszeit entstanden
  - sind nach den Bestimmungen des BGB (positive Vertragsverletzung) zu ersetzen: Verschulden, normale Beweislast, Höhe unbeschränkt, ebenfalls abdingbar in AGB.
- **Verjährung** und **Pfandrecht** sind wie im Fracht- und Speditionsrecht geregelt.

- Der **Lagerschein ist ein Wertpapier** ähnlich dem Seekonnossement und enthält das Empfangsbekenntnis des Lagerhalters sowie sein Auslieferungsversprechen gegenüber dem legitimierten Besitzer. Für das Rechtsverhältnis zwischen Einlagerer und Lagerhalter ist der Lagervertrag maßgebend.

3.1.2.4 Das Fünfte Buch Seerecht

Die frachtrechtlichen Regelungen des Vierten Buches gelten für alle Verkehrsträger außer für Beförderungen mit dem Seeschiff. Im Fünften Buch des HGB sind hier eigenständige Bestimmungen festgelegt, die im Rahmen einer Reform des Seehandelsrechts im Jahr 2013 in Kraft getreten sind. Der Gesetzgeber hat das alte Recht aus dem 19. Jahrhundert vollkommen überarbeitet und an die heutigen Gegebenheiten angepasst. Besonders relevant für den deutschen Spediteur sind dabei die Bestimmungen des Stückgut-Frachtvertrags und der Haftungsbestimmungen.

Die **Haftung des Verfrachters ist grundsätzlich verschuldensabhängig** geregelt, wobei der Verfrachter die Beweislast für fehlendes Verschulden trägt. Die strengere verschuldensunabhängige Haftung des allgemeinen Transportrechts (vgl. § 425 HGB) greift hier nicht. Dennoch werden in dem § 499 HGB besondere Schadensursachen aufgezählt, bei denen der Verfrachter nicht zu haften hat. Eine Ausnahme gibt es jedoch: Eine verschuldensunabhängige Haftung trifft den Verfrachter dann, wenn er das Gut ohne die erforderliche Zustimmung des Verfrachters auf Deck lädt. Bemerkenswert ist auch die Regelung des § 502 HGB, wonach der Verfrachter für beschädigte oder verloren gegangene Güter Wertersatz zu leisten hat, mit dem Wert, den das Gut bei ordnungsgemäßer Ablieferung am Bestimmungsort gehabt hätte (§ 502 HGB).

Auf eine andere **Besonderheit für die Haftungshöchstsumme** sei hingewiesen: Die Haftungshöchstsumme beträgt nach § 504 Abs. 1 HGB entweder 666,67 Sonderziehungsrechte je Stück oder Einheit oder zwei Sonderziehungsrechte je Kilogramm Rohgewicht der betroffenen Güter. Darüber hinaus ist die sogenannte **Containerklausel** (§ 405 Abs. 1, Satz 2 HGB) bemerkenswert. Danach sind bei Gütern, die in Containern transportiert und zusammengefasst werden, die einzelnen Stücke oder Einheiten in dem Lademittel der Berechnung zugrunde zu legen, wenn diese in Konnossement oder Seefrachtbrief einzeln angeben sind. Ist dagegen nur ein Container vermerkt, so haftet der Verfrachter lediglich für 666,67 Sonderziehungsrechte je Stück.

Neu im Gesetz festgelegt ist, dass grundsätzlich der Verfrachter auch für das sogenannte **nautische Verschulden** der Leute des Verfrachters und der Schiffsbesatzung zu haften hat. Hier macht allerdings der Gesetzgeber dahingehend eine Ausnahme, dass im Rahmen von AGB diese Haftung ausgeschlossen werden kann, wovon fast alle internationalen Reeder Gebrauch machen. Hintergrund für diese Ausnahmebestimmung ist, dass im internationalen Seerecht eine Haftung für nautisches Verschulden unverändert üblich ist und der deutsche Reeder benachteiligt würde, wenn er hier eine zusätzliche Haftung zu tragen hätte.

Nicht mehr möglich ist demgegenüber eine Freizeichnung für sogenannte Landschäden in AGB zu vereinbaren. Es handelt sich hierbei um Schäden, die zwischen der Übernahme des Guts bis zum Einladen in das Schiff und nach dem Ausladen aus dem Schiff bis zur Ablieferung verursacht werden. Hier hat der Gesetzgeber jegliche Haftungserleichterung für den Verfrachter ausgeschlossen, es sei denn, dass im Wege einer Individualvereinbarung dies geregelt wird. In der Praxis ist dies kaum denkbar.

§ 510 HGB regelt die Schadensanzeige. Genauso wie in § 438 HGB ist festgelegt, dass bei Fehlen einer rechtzeitigen und formgerecht erstatteten Schadensanzeige widerleglich vermutet wird, dass das Gut vollständig und unbeschädigt abgeliefert wurde. Abweichend von § 438 HGB beträgt die Meldefrist bei äußerlich nicht erkennbaren Schäden drei Tage.

§ 498 Haftungsgrund

(1) Der Verfrachter haftet für den Schaden, der durch Verlust oder Beschädigung des Gutes in der Zeit von der Übernahme zur Beförderung bis zur Ablieferung entsteht.

(2) Der Verfrachter ist von seiner Haftung nach Absatz 1 befreit, soweit der Verlust oder die Beschädigung auf Umständen beruht, die durch die Sorgfalt eines ordentlichen Verfrachters nicht hätten abgewendet werden können. Wurde das Gut mit einem seeuntüchtigen oder ladungsuntüchtigen Schiff befördert und ist nach den Umständen des Falles wahrscheinlich, dass der Verlust oder die Beschädigung auf dem Mangel der See- oder Ladungstüchtigkeit beruht, so ist der Verfrachter jedoch nur dann nach Satz 1 von seiner Haftung befreit, wenn er auch beweist, dass der Mangel der See- oder Ladungstüchtigkeit bei Anwendung der Sorgfalt eines ordentlichen Verfrachters bis zum Antritt der Reise nicht zu entdecken war.

(3) Hat bei der Entstehung des Schadens ein Verschulden des Beschädigten mitgewirkt, so hängt die Verpflichtung zum Ersatz sowie der Umfang des zu leistenden Ersatzes von den Umständen, insbesondere davon ab, inwieweit der Schaden vorwiegend von dem einen oder dem anderen Teil verursacht worden ist.

§ 499 Besondere Schadensursachen

(1) Der Verfrachter haftet nicht, soweit der Verlust oder die Beschädigung auf einem der folgenden Umstände beruht:

1. Gefahren oder Unfällen der See und anderer schiffbarer Gewässer,
2. kriegerischen Ereignissen, Unruhen, Handlungen öffentlicher Feinde oder Verfügungen von hoher Hand sowie Quarantänebeschränkungen,
3. gerichtlicher Beschlagnahme,
4. Streik, Aussperrung oder sonstiger Arbeitsbehinderung,
5. Handlungen oder Unterlassungen des Befrachters oder Abladers, insbesondere ungenügender Verpackung oder ungenügender Kennzeichnung der Frachtstücke durch den Befrachter oder Ablader,
6. der natürlichen Art oder Beschaffenheit des Gutes, die besonders leicht zu Schäden, insbesondere durch Bruch, Rost, inneren Verderb, Austrocknen, Auslaufen, normalen Schwund an Raumgehalt oder Gewicht, führt,
7. der Beförderung lebender Tiere,
8. Maßnahmen zur Rettung von Menschen auf Seegewässern,
9. Bergungsmaßnahmen auf Seegewässern.

Satz 1 gilt nicht, wenn der Schaden durch die Sorgfalt eines ordentlichen Verfrachters hätte abgewendet werden können.

(2) Ist nach den Umständen des Falles wahrscheinlich, dass der Verlust oder die Beschädigung auf einem der in Absatz 1 Satz 1 aufgeführten Umstände beruht, so wird vermutet, dass der Schaden auf diesem Umstand beruht. Satz 1 gilt nicht, wenn das Gut mit einem seeuntüchtigen oder ladungsuntüchtigen Schiff befördert wurde.

(3) Ist der Verfrachter nach dem Stückgutfrachtvertrag verpflichtet, das Gut gegen die Einwirkung von Hitze, Kälte, Temperaturschwankungen, Luftfeuchtigkeit, Erschütterungen oder ähnlichen Einflüssen besonders zu schützen, so kann er sich auf Absatz 1 Satz 1 Nummer 6 nur berufen, wenn er alle ihm nach den Umständen obliegenden Maßnahmen, insbesondere hinsichtlich der Auswahl, Instandhaltung und Verwendung besonderer Einrichtungen, getroffen und besondere Weisungen beachtet hat.

(4) Der Verfrachter kann sich auf Absatz 1 Satz 1 Nummer 7 nur berufen, wenn er alle ihm nach den Umständen obliegenden Maßnahmen getroffen und besondere Weisungen beachtet hat.

§ 500 Unerlaubte Verladung auf Druck

Hat der Verfrachter ohne die nach § 486 Absatz 4 erforderliche Zustimmung des Befrachters oder des Abladers Gut auf Deck verladen, haftet er, auch wenn ihn kein Verschulden trifft, für den Schaden, der dadurch entsteht, dass das Gut auf Grund der Verladung auf Deck verloren gegangen ist oder beschädigt wurde. Im Falle von Satz 1 wird vermutet, dass der Verlust oder die Beschädigung des Gutes darauf zurückzuführen ist, dass das Gut auf Deck verladen wurde.

§ 501 Haftung für andere

Der Verfrachter hat ein Verschulden seiner Leute und der Schiffsbesatzung in gleichem Umfang zu vertreten wie eigenes Verschulden. Gleiches gilt für das Verschulden anderer Personen, deren er sich bei Ausführung der Beförderung bedient.

§ 502 Wertersatz

(1) Hat der Verfrachter nach den Bestimmungen dieses Untertitels für gänzlichen oder teilweisen Verlust des Gutes Schadensersatz zu leisten, so ist der Wert zu ersetzen, den das verlorene Gut bei fristgemäßer Ablieferung am vertraglich vereinbarten Bestimmungsort gehabt hätte.

(2) Hat der Verfrachter nach den Bestimmungen dieses Untertitels für die Beschädigung des Gutes Schadensersatz zu leisten, so ist der Unterschied zwischen dem Wert des beschädigten Gutes am Ort und zur Zeit der Ablieferung und dem Wert zu ersetzen, den das unbeschädigte Gut am Ort und zur Zeit der Ablieferung gehabt hätte. Es wird vermutet, dass die zur Schadensminderung und Schadensbehebung aufzuwendenden Kosten dem nach Satz 1 zu ermittelnden Unterschiedsbetrag entsprechen.

(3) Der Wert des Gutes bestimmt sich nach dem Marktpreis, sonst nach dem gemeinen Wert von Gütern gleicher Art und Beschaffenheit. Ist das Gut unmittelbar vor der Übernahme zur Beförderung verkauft worden, so wird vermutet, dass der in der Rechnung des Verkäufers ausgewiesene Kaufpreis einschließlich darin enthaltener Beförderungskosten der Marktpreis ist.

(4) Von dem nach den vorstehenden Absätzen zu ersetzenden Wert ist der Betrag abzuziehen, der infolge des Verlusts oder der Beschädigung an Zöllen und sonstigen Kosten sowie im Falle des Verlusts an Fracht erspart ist.

§ 503 Schadensfeststellungskosten

Bei Verlust oder Beschädigung des Gutes hat der Verfrachter über den nach § 502 zu leistenden Ersatz hinaus die Kosten der Feststellung des Schadens zu tragen.

§ 504 Haftungshöchstbetrag bei Güterschäden

(1) Die nach den §§ 502 und 503 zu leistende Entschädigung wegen Verlust oder Beschädigung ist auf einen Betrag von 666,67 Rechnungseinheiten für das Stück oder die Einheit oder einen Betrag von 2 Rechnungseinheiten für das Kilogramm des Rohgewichts des Gutes begrenzt, je nachdem, welcher Betrag höher ist. Wird ein Container, eine Palette oder ein sonstiges Lademittel verwendet, das zur Zusammenfassung von Frachtstücken verwendet wird, so gilt jedes Stück und jede Einheit, welche in einem Beförderungsdoku-

ment als in einem solchen Lademittel enthalten angegeben sind, als Stück oder Einheit im Sinne des Satzes 1. Soweit das Beförderungsdokument solche Angaben nicht enthält, gilt das Lademittel als Stück oder Einheit.

(2) Besteht das Gut aus mehreren Frachtstücken (Ladung) und sind nur einzelne Frachtstücke verloren oder beschädigt worden, so ist der Berechnung der Begrenzung nach Absatz 1
   1. die gesamte Ladung zu Grunde zu legen, wenn die gesamte Ladung entwertet ist, oder
   2. der entwertete Teil der Ladung zu Grunde zu legen, wenn nur ein Teil der Ladung entwertet ist.

§ 505 Rechnungseinheit

Die in diesem Untertitel genannte Rechnungseinheit ist das Sonderziehungsrecht des Internationalen Währungsfonds. Der Betrag wird in Euro entsprechend dem Wert des Euro gegenüber dem Sonderziehungsrecht am Tag der Ablieferung des Gutes oder an dem von den Parteien vereinbarten Tag umgerechnet. Der Wert des Euro gegenüber dem Sonderziehungsrecht wird nach der Berechnungsmethode ermittelt, die der Internationale Währungsfonds an dem betreffenden Tag für seine Operationen und Transaktionen anwendet.

§ 506 Außervertragliche Ansprüche

(1) Die in diesem Untertitel und im Stückgutfrachtvertrag vorgesehenen Haftungsbefreiungen und Haftungsbegrenzungen gelten auch für einen außervertraglichen Anspruch des Befrachters oder des Empfängers gegen den Verfrachter wegen Verlust oder Beschädigung des Gutes.

(2) Der Verfrachter kann auch gegenüber außervertraglichen Ansprüchen Dritter wegen Verlust oder Beschädigung des Gutes die Einwendungen nach Absatz 1 geltend machen. Die Einwendungen können jedoch nicht geltend gemacht werden, wenn
   1. sie auf eine Vereinbarung gestützt werden, die von den Vorschriften dieses Untertitels zu Lasten des Befrachters abweicht,
   2. der Dritte der Beförderung nicht zugestimmt hat und der Verfrachter die fehlende Befugnis des Befrachters, das Gut zu versenden, kannte oder infolge grober Fahrlässigkeit nicht kannte oder
   3. das Gut dem Dritten oder einer Person, die von diesem ihr Recht zum Besitz ableitet, vor Übernahme zur Beförderung abhandengekommen ist.

   Satz 2 Nummer 1 gilt jedoch nicht für eine nach § 512 Absatz 2 Nummer 1 zulässige Vereinbarung über die Haftung des Verfrachters für einen Schaden, der durch ein Verhalten bei der Führung oder der sonstigen Bedienung des Schiffes oder durch Feuer oder Explosion an Bord des Schiffes entstanden ist.

§ 507 Wegfall der Haftungsbefreiungen und -begrenzungen

Die in diesem Untertitel und im Stückgutfrachtvertrag vorgesehenen Haftungsbefreiungen und Haftungsbegrenzungen gelten nicht, wenn

1. *der Schaden auf eine Handlung oder Unterlassung zurückzuführen ist, die der Verfrachter selbst vorsätzlich oder leichtfertig und in dem Bewusstsein begangen hat, dass ein Schaden mit Wahrscheinlichkeit eintreten werde, oder*
2. *der Verfrachter mit dem Befrachter oder dem Ablader vereinbart hat, dass das Gut unter Deck befördert wird, und der Schaden darauf zurückzuführen ist, dass das Gut auf Deck verladen wurde.*

§ 508 Haftung der Leute und der Schiffsbesatzung

(1) Werden Ansprüche aus außervertraglicher Haftung wegen Verlust oder Beschädigung des Gutes gegen einen der Leute des Verfrachters geltend gemacht, so kann sich auch jener auf die in diesem Untertitel und im Stückgutfrachtvertrag vorgesehenen Haftungsbefreiungen und Haftungsbegrenzungen berufen. Gleiches gilt, wenn die Ansprüche gegen ein Mitglied der Schiffsbesatzung geltend gemacht werden.

(2) Eine Berufung auf die Haftungsbefreiungen und Haftungsbegrenzungen nach Absatz 1 ist ausgeschlossen, wenn der Schuldner vorsätzlich oder leichtfertig und in dem Bewusstsein gehandelt hat, dass ein Schaden mit Wahrscheinlichkeit eintreten werde.

(3) Sind für den Verlust oder die Beschädigung des Gutes sowohl der Verfrachter als auch eine der in Absatz 1 genannten Personen verantwortlich, so haften sie als Gesamtschuldner.

§ 509 Ausführender Verfrachter

(1) Wird die Beförderung ganz oder teilweise durch einen Dritten ausgeführt, der nicht der Verfrachter ist, so haftet der Dritte (ausführender Verfrachter) für den Schaden, der durch Verlust oder Beschädigung des Gutes während der durch ihn ausgeführten Beförderung entsteht, so, als wäre er der Verfrachter.

(2) Vertragliche Vereinbarungen mit dem Befrachter oder Empfänger, durch die der Verfrachter seine Haftung erweitert, wirken gegen den ausführenden Verfrachter nur, soweit er ihnen schriftlich zugestimmt hat.

(3) Der ausführende Verfrachter kann alle Einwendungen und Einreden geltend machen, die dem Verfrachter aus dem Stückgutfrachtvertrag zustehen.

(4) Verfrachter und ausführender Verfrachter haften als Gesamtschuldner.

(5) Wird einer der Leute des ausführenden Verfrachters oder ein Mitglied der Schiffsbesatzung in Anspruch genommen, so ist § 508 entsprechend anzuwenden.

§ 510 Schadensanzeige

(1) Ist ein Verlust oder eine Beschädigung des Gutes äußerlich erkennbar und zeigt der Empfänger oder der Befrachter dem Verfrachter Verlust oder Beschädigung nicht spätestens bei Ablieferung des Gutes an, so wird vermutet, dass das Gut vollständig und unbeschädigt abgeliefert worden ist. Die Anzeige muss den Verlust oder die Beschädigung hinreichend deutlich kennzeichnen.

(2) Die Vermutung nach Absatz 1 gilt auch, wenn der Verlust oder die Beschädigung äußerlich nicht erkennbar war und nicht innerhalb von drei Tagen nach Ablieferung angezeigt worden ist.

(3) Die Schadensanzeige ist in Textform zu erstatten. Zur Wahrung der Frist genügt die rechtzeitige Absendung.

(4) Wird Verlust oder Beschädigung bei Ablieferung angezeigt, so genügt die Anzeige gegenüber demjenigen, der das Gut abliefert.

§ 511 Verlustvermutung

(1) Der Anspruchsberechtigte kann das Gut als verloren betrachten, wenn es nicht innerhalb eines Zeitraums abgeliefert wird, der dem Zweifachen der vereinbarten Lieferfrist entspricht, mindestens aber 30 Tage, bei einer grenzüberschreitenden Beförderung 60 Tage beträgt. Satz 1 gilt nicht, wenn der Verfrachter das Gut wegen eines Zurückbehaltungsrechts oder eines Pfandrechts nicht abzuliefern braucht oder wenn an dem Gut ein Pfandrecht für eine

Forderung auf einen Beitrag zur Großen Haverei besteht und das Gut daher nicht ausgeliefert werden darf.

(2) Erhält der Anspruchsberechtigte eine Entschädigung für den Verlust des Gutes, so kann er bei deren Empfang verlangen, dass er unverzüglich benachrichtigt wird, wenn das Gut wieder aufgefunden wird.

(3) Der Anspruchsberechtigte kann innerhalb eines Monats nach Empfang der Benachrichtigung von dem Wiederauffinden des Gutes verlangen, dass ihm das Gut Zug um Zug gegen Erstattung der Entschädigung, gegebenenfalls abzüglich der in der Entschädigung enthaltenen Kosten, abgeliefert wird. Eine etwaige Pflicht zur Zahlung der Fracht sowie Ansprüche auf Schadensersatz bleiben unberührt.

(4) Wird das Gut nach Zahlung einer Entschädigung wieder aufgefunden und hat der Anspruchsberechtigte eine Benachrichtigung nicht verlangt oder macht er nach Benachrichtigung seinen Anspruch auf Ablieferung nicht geltend, so kann der Verfrachter über das Gut frei verfügen.

§512 Abweichende Vereinbarungen

(1) Von den Vorschriften dieses Untertitels kann nur durch Vereinbarung abgewichen werden, die im Einzelnen ausgehandelt wird, auch wenn sie für eine Mehrzahl von gleichartigen Verträgen zwischen denselben Vertragsparteien getroffen wird.

(2) Abweichend von Absatz 1 kann jedoch auch durch vorformulierte Vertragsbedingungen bestimmt werden, dass

1. *der Verfrachter ein Verschulden seiner Leute und der Schiffsbesatzung nicht zu vertreten hat, wenn der Schaden durch ein Verhalten bei der Führung oder der sonstigen Bedienung des Schiffes, jedoch nicht bei der Durchführung von Maßnahmen, die überwiegend im Interesse der Ladung getroffen wurden, oder durch Feuer oder Explosion an Bord des Schiffes entstanden ist,*
2. *die Haftung des Verfrachters wegen Verlust oder Beschädigung auf höhere als die in §504 vorgesehenen Beträge begrenzt ist.*

3.2 Das Speditionsgeschäft im Rahmen des Speditionsrechts

3.2.1 Der Speditionsvertrag als Grundlage

3.2.1.1 Das Wesen von Verträgen

In diesem Kapitel werden die Geschäfte des Spediteurs behandelt, vorangestellt wird eine allgemeine Betrachtung des Wesens von Verträgen.

Grundlegende Aussagen über gegenseitige Verträge bzw. Schuldverhältnisse finden sich insbesondere in §§145–157, 241–432 BGB und §§334–372 HGB (Allgemeine Vorschriften), ergänzt um die in den folgenden Kapiteln angesprochenen gesetzlichen Bestimmungen zu Handelsgeschäften (Viertes Buch), insbesondere den Fracht-, Speditions- und Lagergeschäften.

Verträge sind **zwei- oder mehrseitige Rechtsgeschäfte**; Voraussetzung für das Zustandekommen eines Vertrags ist somit das Vorliegen **übereinstimmender Willenserklärungen** von zwei oder mehreren Personen, bestehend aus Antrag und Annahme. Aus dem hierin begründeten Rechtsgeschäft (Rechtsverhältnis) erwachsen den Beteiligten Rechte und Pflichten; die am Vertrag Beteiligten gehen ein gegenseitiges Schuldverhältnis ein.

▶ **Beispiel: Frachtvertrag**	
Absender/Auftraggeber Anspruch auf Durchführung der vereinbarten Beförderung, Verpflichtung zur Zahlung des vereinbarten Entgelts	**Frachtführer** Verpflichtung zur Erbringung der vereinbarten Leistung, Anspruch auf vereinbartes Entgelt

Nach deutschem Recht gilt weitestgehend der **Grundsatz der Vertragsfreiheit**: Die Vertragschließenden sind hiervon abweichend nur dann an gesetzlich vorgegebene Normen gebunden, wenn diese zwingend vorgeschrieben sind.

Der Gesetzgeber hat die **Dispositionsfreiheit** des Spediteurs im HGB vor allem im Rahmen von Allgemeinen Geschäftsbedingungen im vertraglichen Bereich eingeschränkt, insbesondere dann, wenn es um den Grund und die Höhe der Haftung geht. Von den Haftungsgrundsätzen, die den Grund der Haftung betreffen, kann nur durch **Individualvereinbarungen** abgewichen werden. Hierunter fallen unter anderem die Regelungen über die Haftung des Frachtführers für Verlust oder Beschädigung des Gutes, für Überschreitung der Lieferfrist, für Nachnahmefehler, für sonstige Vermögensschäden und über die Haftung des Absenders für mangelhafte Verpackung, Kennzeichnung usw. Als Individualvereinbarung im Sinne dieser Vorschriften gilt auch ein für eine Vielzahl von Frachtverträgen individuell ausgehandelter **Rahmenvertrag**.

Von den Haftungsgrundsätzen des HGB, die die Höhe der Haftung betreffen, kann unter folgenden Voraussetzungen durch **Allgemeine Geschäftsbedingungen (AGB)** abgewichen werden:

- Von der gesetzlichen Regelhaftungssumme (8,33 SZR) darf zugunsten des Verwenders der AGB nur abgewichen werden innerhalb eines Korridors von minimal 2 SZR und maximal 40 SZR.
- Auf die von der gesetzlichen Regelhaftung abweichend vereinbarte Haftungshöhe muss in geeigneter Weise hingewiesen werden.
- Ist der Absender ein Verbraucher, so kann zu seinen Lasten weder dem Grunde noch der Höhe nach von den Haftungsregelungen abgewichen werden, und zwar weder durch Individualvereinbarung noch durch AGB. In der Praxis ist dies ohne Bedeutung, da private Auftraggeber regelmäßig Transport- oder Schadenversicherung eindecken und dies nicht zum Tragen kommt.
- Die Absenderhaftung kann ebenfalls begrenzt werden.

Die Bestimmungen des § 449 HGB sind zwingend auch auf solche Frachtverträge anzuwenden, die ausländischem Recht unterliegen, wenn sowohl der Ort der Übernahme als auch der der Ablieferung des Gutes in Deutschland liegen. § 449 HGB gilt generell nicht für CMR-Frachtverträge.

Optionen der Haftungsvereinbarung

Einzelvereinbarung

- Alle Fragen der Haftung können abweichend vom HGB in Einzelvereinbarung vertraglich festgelegt werden. Voraussetzung:
  - nachweisbare Verhandlungen über Bestimmungen
  - tatsächliche Einzelvereinbarung

Allgemeine Geschäftsbedingungen

- Haftungsgrund kann in AGB nicht verändert werden.
- Haftungshöhe: Regelhaftungssumme (8,33 SZR/kg) kann über AGB von 2 bis 40 SZR/kg abgeändert werden.

Für die Frage, welche Rechtsgrundlagen zu beachten sind, gilt ein weiterer Rechtsgrundsatz: Das **Lex Specialis** geht vor, d. h., jeweils die speziellere gesetzliche Regelung hat bei der Auslegung Vorrang und ist bei der Prüfung, inwieweit rechtliche Vereinbarungen wirksam sind, erstrangig zu prüfen. Konkret für das Speditionsgeschäft bedeutet dies, dass vorrangig die HGB-Vorschriften zu beachten sind und nur dann die Bestimmungen, beispielsweise die des BGB, heranzuziehen sind, wenn das HGB hierzu keinerlei Regelungen enthält.

▶ **Beispiel**
Kam ein Speditionsgeschäft infolge eines Irrtums zustande, so kommen die einschlägigen Regelungen der Anfechtung von Rechtsgeschäften gemäß §§ 119 ff. BGB zur Anwendung, da das HGB diesbezüglich nichts regelt.

Als Prüfungsreihenfolge empfiehlt sich deshalb:

1. Einzelvertrag
2. Geschäftsbedingungen (z. B. ADSp, Logistik-AGB, ALB), vergleiche §§ 305 ff. BGB
3. HGB, insbesondere §§ 449, 466
4. BGB

3.2.1.2 Schuldverhältnisse des BGB

Aus dem umfangreichen Recht der Schuldverhältnisse werden nachfolgend die für den Spediteur Wesentlichen behandelt. Beachtlich dabei ist, dass es sich um deutsches Recht handelt, d. h. dass es zunächst nur dann gilt, wenn es sich um Kaufverträge in Deutschland handelt.

In den §§ 433–487 BGB finden wir die den **Kaufvertrag** betreffenden Bestimmungen. Beteiligte sind der Verkäufer und der Käufer, die im Kaufvertrag den beiderseitigen Willen zum Ausdruck bringen, das Eigentum an einer Sache zu übertragen. Voraus gehen

- das Angebot des Verkäufers, Ware zu veräußern oder der Antrag des Käufers, sie zu erwerben,
- Annahme des Angebots oder Antrags durch den jeweiligen Beteiligten, mündend in die vorerwähnte beidseitige Willenserklärung.

Während bei einigen Kaufverträgen (z. B. Immobilien) die Schriftform gesetzlich vorgeschrieben wird, sind im Übrigen auch mündlicher und durch schlüssiges Handeln bewirkter Vertragsabschluss möglich. Zu den Grundpflichten des Verkäufers gehört die Übergabe der verkauften Sache oder die Einräumung des Eigentums an den Käufer, umgekehrt die Pflicht des Käufers auf Abnahme der Sache und Zahlung des vereinbarten Kaufpreises.

Besonders zu erwähnen ist der **Versendungskauf** (§ 447 BGB). Soll die verkaufte Ware dem Käufer an einen anderen Ort als den Erfüllungsort des Verkäufers übersandt werden, sind im Vertrag Lieferzeit, Versandart und die Art der Zahlung der Versandkosten zu regeln. Gesetzlich gehen die Risiken der Beförderung mit Übergabe des Gutes durch den Verkäufer an den Spediteur oder Transportunternehmer auf den Käufer über. Die im Kaufvertrag getroffenen Vereinbarungen bezüglich der Güterbeförderung fließen zwar in die vom Verkäufer oder Käufer zu erteilenden Speditions-, Fracht- oder Beförderungsverträge ein; diese Verträge sind jedoch vollkommen selbstständig zu werten, sodass sich an einem Verkehrsvertrag Beteiligte oder hieraus Begünstigte dem Verkehrsunternehmen gegenüber nicht auf den Kaufvertrag berufen können.

§§ 611–630 BGB behandeln den **Dienstvertrag**. Dort verpflichtet sich der Dienstverpflichtete (z. B. Spediteur) zur Leistung eines versprochenen und vereinbarten Dienstes, der Dienstberechtigte (Auftraggeber, Versender) zur Zahlung der vereinbarten Vergütung. Der Spediteur schuldet bei Abschluss eines Speditionsvertrags die Besorgung des vereinbarten Dienstes, d. h. mit Frachtführern oder Verfrachtern im eigenen Namen Verträge zu schließen und die Güterbeförderung zu veranlassen. Nach dem Grundsatz des Lex Specialis sind vorrangig die Bestimmungen des HGB für Frachtführer und Spediteure heranzuziehen.

Der **Werkvertrag** gemäß §§ 631–651 BGB hat dagegen die Herstellung oder Veränderung einer Sache oder die Herbeiführung eines Erfolgs durch Arbeit oder Dienstleistung zum Inhalt. Die Beförderung von Gütern wie auch viele Tätigkeiten des Spediteurs, soweit sie den Rahmen des reinen Besorgens überschreiten, sind dem Werkvertrag zuzuordnen. Auftraggeber/Besteller und auftragnehmender Unternehmer sind mit Vertragsabschluss zur Erfüllung ihrer Vereinbarung wechselseitig verpflichtet.

Zusammenfassend ist festzustellen, dass die Bestimmungen des BGB bei den Geschäften des Spediteurs, Frachtführers, Lagerhalters und Verfrachters von nachrangiger Bedeutung sind, weil die Tätigkeiten der genannten Unternehmen im HGB gesetzlich geregelt werden.

3.2.1.3 Incoterms® 2010

Eine besondere Rolle bei der Auslegung von Handelsklauseln und der Durchführung des internationalen Handels spielen die Incoterms® 2010. Wie im letzten Unterkapitel dargelegt, bezieht sich das BGB vom Anwendungsbereich her zunächst einmal ausschließlich auf Kaufverträge innerhalb des Hoheitsgebiets der Bundesrepublik. Der Spediteur hat weitgehend mit internationalen Handelsgeschäften zu tun, in denen vielfach auf die Incoterms® 2010 Bezug genommen wird.

Entwickelt wurden diese erstmals 1936 von der Internationalen Handelskammer in Paris. Letztmals wurden sie 1999 bei der **International Chamber of Commerce (ICC)** umfassend überarbeitet. Aufgebaut wird dabei auf die weltweite Anerkennung der Incoterms®, wobei die Incoterms® 2010 keine grundlegenden Neuregelungen erfahren haben. Es gibt nun nur noch 11 Klauseln, deren Bezeichnung und Abkürzungen zum Teil geändert wurden. Berücksichtigung fanden dabei die neuesten Entwicklungen in der allgemeinen Handelspraxis.

Die Incoterms® beschäftigen sich mit dem Vertragsverhältnis zwischen Käufer und Verkäufer in Bezug auf ganz bestimmte Inhalte des Kaufvertrags. Dem Anwender wird empfohlen, grundsätzlich die Incoterms® in der verwendeten Fassung anzugeben. Besonders wichtig sind die Incoterms® mit Blick auf die Frage der Haftung. Die Incoterms® sind nicht mit Gesetzeskraft ausgestattet, ihre Geltung ist vom Willen der Parteien abhängig. Sie werden nur rechtskräftig, wenn sie zwischen Käufer und Verkäufer im Kaufvertrag vereinbart werden. Sonderbestimmungen in einzelnen Verträgen zwischen den Parteien gehen den Incoterms® stets vor.

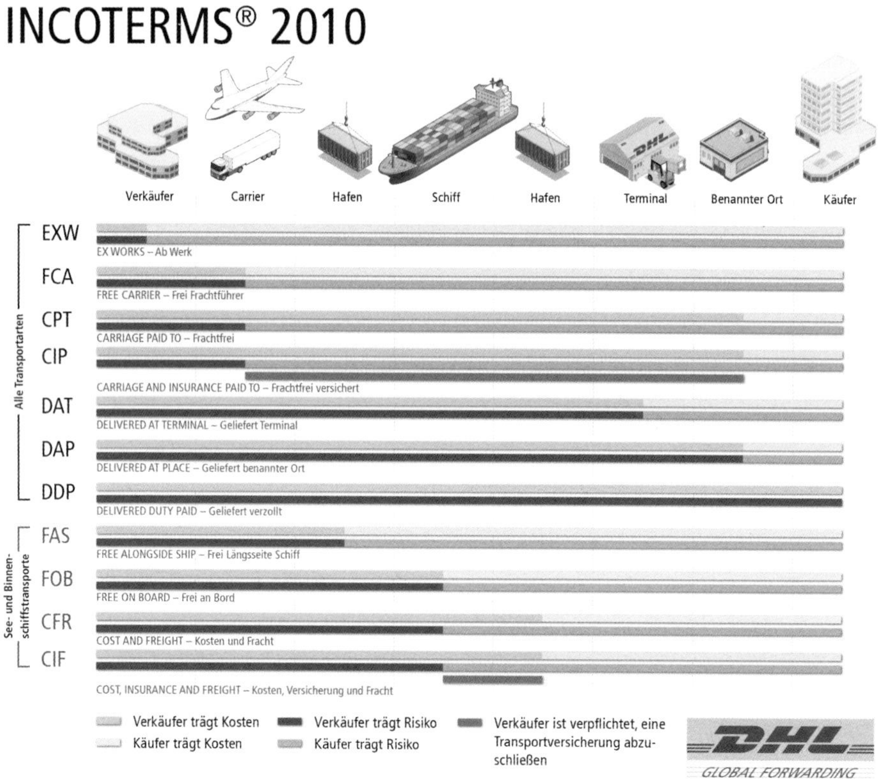

Abb. 3.2-1: Darstellung der Gefahr- und Kostentragungen sowie der Versicherungspflicht nach den Incoterms® 2010 **Quelle: DHL Global Forwarding**

Die Incoterms® 2010 (7. Revision) der Internationalen Handelskammer (ICC) sind zum 1.1.2011 in Kraft getreten.

Neuer Anwendungsbereich: national und international

Waren die vorherigen Versionen der Incoterms® noch allein für den internationalen Warentransport ausgelegt, so sind die Incoterms® 2010 ausdrücklich als „nationale und internationale Handelsklauseln" von der ICC deklariert.

Neue Klauseln: DAP und DAT

Bei den Incoterms® 2010 wurde die Zahl der Klauseln von 13 auf 11 reduziert. Zwei Klauseln wurden dabei neu geschaffen (DAP – delivered at place, DAT – delivered at terminal). Diese sind multimodal anwendbar. Vier – wenig praxisbedeutsame Regeln – wurden gestrichen (DAF, DES, DEQ und DDU).

Die Klausel DAT löst die bekannte DEQ (delivered ex quay) ab. Die Klausel DAT ist im Gegensatz zu DEQ multimodal anwendbar. Die Ablieferung an ein Terminal entspricht dabei weitgehend der Praxis in der (Hafen-)Logistik.

Die neue Klausel DAP ist eine allgemeine Klausel. Ziel ist es, den Bestimmungsort so genau wie möglich zu definieren. Somit können die alten Klauseln DAF (delivered at frontier) und DES (delivered ex ship) durch die DAP ersetzt werden.

Neue 2-Gliederung der Klauseln

Zu den Neuerungen der Incoterms® 2010 gehört auch die Aufteilung der Klauseln in sieben multimodal anwendbare Klauseln (Rules for any Mode or Modes of Transport) und vier nur für See- und Binnenschiffstransport geeignete Klauseln (Rules for Sea and Inland Waterway Transport).

Neuer Kosten- und Gefahrenübergang bei FOB, CFR und CIF

Auch bei den bisher bestehenden Klauseln FOB (free of board), CFR (cost and freight) und CIF (cost, insurance and freight) erfolgt eine Neuregelung des Kosten- und Gefahrenübergangs. So war etwa bei diesen drei Klauseln bisher der Gefahrenübergang an der Schiffsreling – bei den Incoterms® 2010 erfolgt jetzt der Gefahrenübergang nach Verladen des Transportguts an Bord des Schiffes.

Die Incoterms® werden von der International Chamber of Commerce (ICC) herausgegeben. Nur die von der ICC herausgegebene Textfassung ist verbindlich! Alle verwendeten Handelsnamen, Markennamen und Bezeichnungen sind Eigentum ihrer jeweiligen Inhaber und dienen hier nur der Beschreibung, Incoterms® ist eine Marke der International Chamber of Commerce.

Gefahrenübergang und Preisgefahr

Die Incoterms® behandeln den Gefahrenübergang im Sinne der Preisgefahr, d. h., dass der Käufer, wenn die Gefahr auf ihn übergegangen ist, zur vertragsgemäßen Zahlung des Kaufpreises verpflichtet bleibt, selbst wenn die Ware nach diesem Zeitpunkt untergegangen ist oder eine Wertminderung erfahren hat.

Was die Incoterms® regeln

Sie regeln nur die Rechte und Pflichten des Verkäufers und des Käufers; Beförderungs- und Speditionsverträge werden von den Incoterms® nicht berührt. Insbesondere werden geregelt:

- die Verteilung der Kosten auf Verkäufer und Käufer und der Gefahrenübergang
- die Beschaffung der Dokumente
- der Übergang der Sorgepflicht (Dispositionspflicht)

Was die Incoterms® nicht regeln

Sie regeln nicht:

- die Zahlungsbedingungen
- den Eigentumsübergang
- den Gerichtsstand
- die Mängelrüge

Was sind Trade Terms?

Diese sind nicht mit den Incoterms® zu verwechseln. Trade Terms sind Definitionen von nationalen Handelsbräuchen in verschiedenen Ländern, die nicht in die Incoterms® aufgenommen worden sind. Die Trade Terms haben bei der heutigen Internationalisierung so gut wie keine praktische Bedeutung mehr. An dieser Stelle wird deshalb nicht nochmal hierauf eingegangen.

3.2.1.4 Die Handelsgeschäfte des Spediteurs im HGB

Die Grundlage der speditionellen Handelsgeschäfte sind das Frachtgeschäft, das Speditionsgeschäft und das Lagergeschäft.

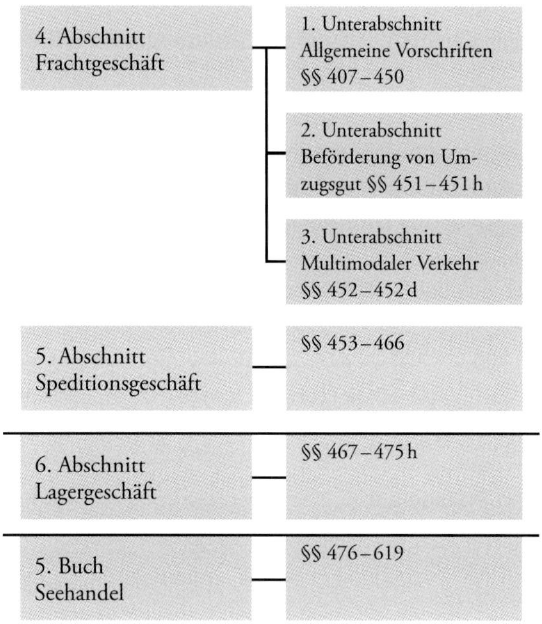

Abb. 3.2-2: Systematik Transportrecht **Quelle: KRAVAG**

3.2.2 Das Frachtgeschäft/Der Frachtvertrag

Das nationale Frachtgeschäft über Straße, Eisenbahn, Wasser und Luft unterliegt den §§ 407–449 HGB; soweit die Güterbeförderung im Seeverkehr erfolgt, unterliegt sie dem Fünften Buch des HGB. Besonders auf die §§ 476–619 wird hingewiesen. Detailregelungen bestehen für Umzugsgut und multimodale Verkehre.

3.2.2.1 Frachtrecht, Beförderung von Umzugsgut (§§ 451– 451h HGB)

Die §§ 45–451h regeln den Sonderfall, dass es sich bei dem zu befördernden Gut um Umzugsgut handelt. Anders als in §§ 431, 414 wird die verschuldensunabhängige Haftung des Frachtführers bzw. Absenders regelmäßig begrenzt auf 620 € je Kubikmeter Laderaum, der zur Erfüllung des Vertrags benötigt wird (und nicht auf 8,33 SZR pro Kilogramm). Ist der Absender ein Verbraucher, was überwiegend vorliegt, kann von diesen Haftungsregelungen nicht zum Nachteil des Absenders abgewichen werden, und zwar weder dem Grunde noch der Höhe nach und weder durch AGB noch durch Individualvereinbarung. Bei gewerblichen Auftraggebern kann die Haftung dem Grunde nach nur durch Individualvereinbarung und der Höhe nach auch durch AGB abweichend vereinbart werden, wobei beim Umzugsvertrag die **Korridorlösung des § 449** keine Anwendung findet. Eine weitere bemerkenswerte Besonderheit ist, dass der Gesetzgeber bei der Schadensanzeige (§ 451 f. HGB) eine Ausschlussfrist definiert hat und damit, anders als im Frachtrecht, Rechtssicherheit schafft (§ 438 HGB).

Art des Frachtgeschäfts	Als Auftraggeber	Als Ausführende
Eisenbahn	Absender	Frachtführer
Straßengüterverkehr	Absender	Frachtführer/Unternehmer
Binnenschifffahrt	Absender	Frachtführer
Seeschifffahrt	Befrachter	Verfrachter (Ablader = derjenige, der die Güter an das Seeschiff heranbringt)
Luftfracht	Absender	Carrier (Luftfrachtführer)

Tab. 3.2-1: Beteiligte am Frachtvertrag/Beförderungsvertrag im Überblick
Quelle: Eigene Darstellung

Art des Frachtgeschäfts	Bestimmungen	Anwendung
Eisenbahnfrachtgeschäft innerdeutsch	HGB ALB	teils zwingend, teils zu vereinbaren
Eisenbahnfrachtgeschäft international	COTIF, ER/CIM	zwingend
Gewerblicher Straßengüterverkehr innerdeutsch	HGB VBGL	teils zwingend, teils zu vereinbaren
Gewerblicher Straßengüterverkehr international	CMR	zwingend
Möbelverkehr (in besonders hierfür eingerichteten Fahrzeugen)	HGB, Umzugs-AGB, ALB	teils zwingend, teils zu vereinbaren
Binnenschifffahrt	HGB Ladeschein-/Konnossementsbedingungen	teils zwingend, teils zu vereinbaren
Seefracht	Fünftes Buch HGB Konnossementsbedingungen	teilweise nachgiebig, zu vereinbaren
Luftfracht innerdeutsch	HGB Bedingungen der Carrier	teils zwingend, teils zu vereinbaren
Luftfracht international	Montrealer Übereinkommen (MÜ) in Abhängigkeit der Verkehrsrelation; soweit das MÜ nicht ratifiziert, gilt das Warschauer Abkommen (WA)	zwingend

Tab. 3.2-2: Frachtgeschäfte und Rechtsgrundlagen **Quelle: Eigene Darstellung**

3.2.2.2 Frachtrecht beim Multimodalen Transport (§§ 452–452 d HGB)

Der Multimodale Transport wird im HGB geregelt. Der Multimodale Transportvertrag bezieht ausdrücklich auch die Teilstreckenbeförderung per Seeschiff ein.

Der Multimodale Transport stellt einen besonderen Vertragstypus dar, der nur unter folgenden Voraussetzungen zur Anwendung kommt:

1. Es wird ein einheitlicher Frachtvertrag geschlossen. Entscheidend ist, dass dieser nur einen Übernahme- und einen Ablieferungsort vorsieht.
2. Zum Einsatz müssen mindestens zwei verschiedene Beförderungsmittel gelangen.
3. Es müssen mindestens zwei hypothetisch sich unterscheidende Transportrechtsregime zur Anwendung kommen.

Mit diesen Vorschriften wird dem Umstand Rechnung getragen, dass unterschiedliche Risiken für das beförderte Gut bei Einsatz der verschiedenen Beförderungsmittel bei gleichzeitig unterschiedlichen Haftungsgrenzen bestehen. Strikt abzugrenzen ist der Multimodale Transport vom sogenannten **gebrochenen Transport**, der dann vorliegt, wenn über die einzelnen Teile der Gesamtstrecke Einzelverträge geschlossen werden und damit mehrere Übernahme- und Ablieferungsorte vorgesehen sind. Zu berücksichtigen bleibt, dass internationale Abkommen unabhängig vom Multimodalen Transport Vorrang haben, wie beispielsweise die zwingenden Vorschriften der CMR, des MÜ und der ER/CIM.

Bekannter Schadensort

Ist der Schadensort bekannt, ist also bekannt, auf welcher Teilstrecke der Schaden (Verlust, Beschädigung oder Lieferfristüberschreitung) eingetreten ist, so bestimmt sich die Haftung des Multimodalfrachtführers nach der Haftungsordnung für das Beförderungsmittel, bei dessen Verwendung der Schaden eingetreten ist (§ 452 a Satz 1).

Beweislastregelung: Der Beweis dafür, dass das Schadenereignis auf einer bestimmten Teilstrecke eingetreten ist, obliegt demjenigen, der dies behauptet (§ 452 a Satz 2).

Unbekannter Schadensort

Ist der Schadensort unbekannt (bzw. kann er nicht nachgewiesen werden), ist – grundsätzlich – eine Einheitshaftung geregelt. Dabei wird auf die Regelungen des unimodalen Transportrechts (Straße, Schiene, Binnenschiff, Luft, vgl. § 452 Satz 1) verwiesen – soweit anwendbare internationale Übereinkommen nichts anderes bestimmen.

Abweichende Vereinbarungen

Von den gesetzlichen Regelungen des Multimodalvertrags kann nicht abgewichen werden, soweit insbesondere zwingende internationale Vorschriften entgegenstehen (§ 452 d Abs. 3).

Soweit eine reine Geschäftsbesorgungsspedition (§ 453 HGB) vorliegt, findet § 452 HGB keine Anwendung, da in diesem Fall keine Beförderung geschuldet wird. Bei Vorliegen eines Selbsteintritts des Spediteurs (§ 458 HGB) gilt die Vorschrift nur, soweit diese ausreicht. Das Gleiche gilt für die Sammelladung (§ 460 HGB). Dagegen greift § 452 HGB (Multimodalverkehre) grundsätzlich bei der Spedition zu festen Kosten (§ 459 HGB), was in der Praxis im Regelfall vereinbart wird.

3.2.3 Der gesetzliche Speditionsvertrag (§§ 453–466 HGB)

Das speditionsrechtliche Haftungssystem greift weitgehend auf die Konzeption des Frachtrechts zurück. Nur der rein organisierende Geschäftsbesorgungsspediteur oder der sogenannte Sofa- oder Schreibtisch-Spediteur haftet als solcher nicht für die von ihm eingesetzten Frachtführer als seine Erfüllungsgehilfen, sondern für die ordentliche Auswahl der Frachtführer – vorausgesetzt, er hat keine Fixkosten vereinbart und die Versendung auch nicht im Wege der Sammelladung bewirkt (§§ 459, 460). Im Übrigen haftet der Spediteur weitgehend wie ein Frachtführer.

Der **gesetzliche Speditionsvertrag** – §§ 453, 454 HGB – hat vorrangig die Besorgung, die Organisation einer Güterbeförderung im vertraglich festgelegten Rahmen zum Inhalt; hierzu gehört wesentlich die Wahl der Frachtführer, Verfrachter und Zwischenspediteure, ferner das Erbringen von Nebenleistungen, z. B. Erstellen von Speditionsbelegen, Frachtbriefen, der Abschluss von Versicherungen zugunsten des Auftraggebers. Durch die Detailaufzählung im § 454 HGB erfolgt eine umfassende Pflichtendefinition.

Durch das in § 458 HGB eingeräumte Recht des Spediteurs, im **Selbsteintritt**, also mit eigenem oder gechartertem Laderaum Güterbeförderungen durchzuführen, werden ihm „hinsichtlich der Beförderung“ gesetzlich die Rechte und Pflichten eines Frachtführers oder Verfrachters zusätzlich zu denen des „reinen“ Speditionsvertrags übertragen. Es sind diesbezüglich die Vorschriften des Frachtrechts nach dem HGB heranzuziehen, die auf den Beförderungsvorgang anzuwenden sind. Der abgeschlossene Speditionsvertrag zwischen Versender/Auftraggeber und Spediteur deckt den Selbsteintritt ab. Im grenzüberschreitenden Straßengüterverkehr gilt zwingend für Speditionsverträge die Anwendung der international verbindlichen CMR (Convention relative au Contrat de Transport international de Marchandises par Route).

§ 459 HGB gewährt dem Spediteur die Möglichkeit der Vereinbarung eines Übernahmesatzes **(Fixkostenspedition)**, der § 460 HGB das Recht, Sendungen verschiedener Versender und/oder Empfänger in Sammelladung abzufertigen. In beiden Fällen ergibt sich die gleiche Rechtsfolge wie beim Selbsteintritt gemäß § 458 HGB: Für diese Speditionsverträge gelten uneingeschränkt die Rechte und Pflichten des Frachtvertrags gemäß dem HGB.

Hauptpflichten des Spediteurs

Spedition ist Besorgung der Versendung (§ 453). Sie umfasst die Organisation der Beförderung (§ 454). Die hiermit verbundenen Hauptpflichten des Spediteurs werden an drei Beispielen verdeutlicht:

1. **Konzeptionsphase:** Bestimmung des Beförderungsmittels und des Beförderungswegs
2. **Ausführungsphase:** Auswahl und Beauftragung der ausführenden Frachtführer, Erteilung von Informationen und Weisungen
3. **Nachbearbeitungsphase:** z. B. Sicherung von Schadenersatzansprüchen

Ferner trifft den Spediteur in allen Phasen die Hauptpflicht, das Interesse des Versenders wahrzunehmen und dessen Weisungen zu befolgen (§ 454 Abs. 4).

Der Spediteur beauftragt die Frachtführer, Lagerhalter usw. regelmäßig im eigenen Namen, ausnahmsweise beauftragt er sie – wenn er dazu bevollmächtigt ist – im Namen des Versenders (§ 454 Abs. 3).

Als zentrale Rechtsfolge für das Speditionsgeschäft ergibt sich hieraus, dass für die überwältigende Mehrheit aller Speditionsverträge die **Obhutshaftung**, eine Sonderform der Gefährdungshaftung, zur Anwendung kommt (vgl. § 461 Abs. 1 HGB). Die Verschuldenshaftung mit umgekehrter Beweislast (vgl. § 461 Abs. 2 HGB) kommt beim ausschließlichen Geschäftsbesorgungsspediteur zum Tragen und hat praktisch mit Ausnahme der Seespedition wenig Bedeutung, da meistens Fixkosten vereinbart werden. Zudem darf er zu keiner Zeit Obhut am Gut innehaben.

3.2.4 Das Lagergeschäft

Die gesetzlichen Vorschriften zum Lagergeschäft sind im HGB im Bereich von §§ 416–475h zu finden. Die Vorschriften gelten nur für sogenannte verfügte Lagerungen und nicht für sogenannte verkehrs- bzw. beförderungsbedingte Lagerungen.

> **Definition**
> Unter **verkehrsbedingten Lagerungen** versteht man Lagerungen im Rahmen eines Transports, insbesondere Zwischenlagerungen im Rahmen der speditionellen Behandlung.

Die gesetzliche Haftung des Lagerhalters ist konzipiert als der Höhe nach unbeschränkte Haftung für vermutetes Verschulden. Im neuen Lagerrecht wurde also im Unterschied zum neuen Speditionsrecht keine verschuldensunabhängige Obhutshaftung für Güterschäden eingeführt. Demgegenüber trifft den Einlagerer (wie im Fracht- und Speditionsrecht den Absender) eine regelmäßig der Höhe nach begrenzte verschuldensunabhängige Haftung entsprechend der Regelung in § 414 (§ 468 Abs. 3).

Anders als im Speditionsrecht sind die Haftungsregelungen des neuen Lagerrechts uneingeschränkt dispositiv – ausgenommen, der Einlagerer ist Verbraucher (§ 475 h HGB in § 13 BGB) und verfügt nicht über die Kaufmannseigenschaft.

3.2.5 Die Abgrenzung des Speditionsvertrags zum Frachtvertrag

Der **Speditionsvertrag** hat die gewerbsmäßige Organisation und die Besorgung von Güterversendungen durch den Spediteur durch Inanspruchnahme von Frachtführern oder Verfrachtern zum Inhalt. Berechtigt ist der Spediteur zum Selbsteintritt, zur **Fixkostenspedition** und zur Betreibung von Speditionssammelgutverkehren (siehe Kapitel 5.1). Vorrangig ist der Wille der Vertragsbeteiligten, einen Speditionsvertrag abzuschließen. In der Regel wird dieser Wille in der Schriftform durch die Bezeichnung des Vordrucks unterstrichen, z. B. Speditionsauftrag, Speditionsübergabeschein, Speditionsbrief u. Ä. Speditionsverträge kommen auch zwischen Haupt- und Zwischenspediteur zustande.

Der **Frachtvertrag** verpflichtet dagegen den Frachtführer oder Verfrachter zur Ausführung der Beförderung. Unter Berücksichtigung gesetzlicher oder vertraglicher Bestimmungen nationalen oder internationalen Rechts werden

- Frachtbrief (Eisenbahn, Lkw-Verkehr, Binnenschifffahrt),
- Ladeschein (Binnenschifffahrt),
- Konnossement (Seeschifffahrt),
- Luftfrachtbrief/AWB (Luftfahrt)

ausgestellt, die den Fracht- oder Beförderungsvertrag dokumentieren. In der Rechtsprechung wird bei Vorliegen solcher Frachtpapiere unterstellt, dass zwischen den Vertragspartnern ein Frachtvertrag gewollt war; dies trifft auch zu, wenn der Aussteller eines solchen Dokuments ein Spediteur ist.

Zwischen Spediteur und Versender (Auftraggeber) kommt regelmäßig ein Speditionsvertrag zustande, wenn die ADSp zugrunde liegen. Wird ein Frachtvertrag, Beförderungsvertrag oder Lohnfuhrvertrag abgeschlossen, gilt dagegen je nach Beförderungsart und -strecke zwingendes Frachtrecht. Ist gegenüber dem Auftraggeber ein Spediteur an einem Frachtvertrag beteiligt, beruft er sich regelmäßig auf die ADSp, es sei denn, dass sonstige Vereinbarungen getroffen wurden, was in der Praxis der absolute Ausnahmefall ist.

3.2.6 Versicherungspflicht nach dem GüKG

Für sämtliche Frachtführer, die erlaubnispflichtigen Güterkraftverkehr mit Be- und Entladeort in Deutschland betreiben, besteht die Verpflichtung, sich gegen alle Schäden zu versichern, für die sie nach dem neuen deutschen Frachtrecht in Verbindung mit dem Frachtvertrag haften. Erlaubnispflichtiger Güterkraftverkehr liegt vor, wenn Transporte mit Fahrzeugen mit einem zulässigen Gesamtgewicht von mehr als 3,5 t einschließlich eines Anhängers oder Aufliegers eingesetzt werden.

Eine zusätzliche Bedeutung kommt dabei dem § 7 a GüKG zu, der eine zwingende Regelung für Frachtführer zum Abschluss einer Haftpflichtversicherung enthält.

§ 7 a Haftpflichtversicherung

(1) Der Unternehmer ist verpflichtet, eine Haftpflichtversicherung abzuschließen und aufrechtzuerhalten, die die gesetzliche Haftung wegen Güter- und Verspätungsschäden nach dem Vierten Abschnitt des Vierten Buches des Handelsgesetzbuches während Beförderungen, bei denen der Be- und Entladeort im Inland liegt, versichert.

(2) Die Mindestversicherungssumme beträgt 600.000 Euro je Schadensereignis. Die Vereinbarung einer Jahreshöchstersatzleistung, die nicht weniger als das Zweifache der Mindestversicherungssumme betragen darf, und eines Selbstbehalts sind zulässig.

(3) Von der Versicherung können folgende Ansprüche ausgenommen werden:

1. Ansprüche wegen Schäden, die vom Unternehmer oder seinem Repräsentanten vorsätzlich begangen wurden,

2. Ansprüche wegen Schäden, die durch Naturkatastrophen, Kernenergie, Krieg, kriegsähnliche Ereignisse, Bürgerkrieg, innere Unruhen, Streik, Aussperrung, terroristische Gewaltakte, Verfügungen von hoher Hand, Wegnahme oder Beschlagnahme seitens einer staatlich anerkannten Macht verursacht werden,

3. Ansprüche aus Frachtverträgen, die die Beförderung von Edelmetallen, Juwelen, Edelsteinen, Zahlungsmitteln, Valoren, Wertpapieren, Briefmarken, Dokumenten und Urkunden zum Gegenstand haben.

(4) Der Unternehmer hat dafür zu sorgen, dass während der Beförderung ein Nachweis über eine gültige Haftpflichtversicherung, die den Ansprüchen des Absatzes 1 entspricht, mitgeführt wird. Das Fahrpersonal muss diesen Versicherungsnachweis während der Beförderung mitführen und Kontrollberechtigten auf Verlangen zur Prüfung aushändigen.

(5) (weggefallen)

3.3 Allgemeine Deutsche Spediteurbedingungen

3.3.1 Entstehung, Rechtsprechung und Entwicklung der ADSp

Die ADSp (Allgemeine Deutsche Spediteurbedingungen) waren von 1927 bis 2015 ein Gemeinschaftswerk aller an den Speditionsgeschäften in Deutschland interessierten Wirtschaftsorganisationen, -verbände und -kreise unter der Federführung des DIHK. Sie wurden 1927 erstmals geschaffen – „festgestellt" sagte man damals – und im Markt zur Anwendung empfohlen. Der Markt hat sie durchgängig und vorbehaltslos angenommen. Nach dem Krieg hat der Markt die ADSp selbstverständlich weiterbenutzt. Das hat dazu geführt, dass die ständige Rechtsprechung des BGH die ADSp in ihrer Gesamtheit als fertig bereitliegende Vertragsordnung anerkannt hat, der sich jeder Kaufmann, der mit Gütertransport zu tun hat, unterwirft, auch wenn er sie nicht im Einzelnen kennt. Die ADSp galten bis 2003 in ihrer Gesamtheit gegenüber Kaufleuten – also gleichsam automatisch. Bis zu diesem Zeitpunkt zählt es zu den weiteren Besonderheiten der ADSp, ein verbindliches Versicherungskonzept zu enthalten.

Trotz der enormen Veränderungen im Markt durch die Einführung des **Transportrechtsänderungsgesetzes (TRG)** zum 1.7.1998 und der nochmaligen Überarbeitung der ADSp, insbesondere der **Speditionsversicherung (SpV)** zum 1.1.1999, wurden die ADSp unverändert von allen Marktbeteiligten akzeptiert und verwendet. Eine Umfrage des DIHK hatte dies im Herbst 1999 nachdrücklich unter Beweis gestellt. Durch die Rechtsprechung wurde zwar die Haftung des Spediteurs insbesondere im Umschlagsbereich durch exzessive Auslegung ausgeweitet, dies änderte aber nichts an der Marktbedeutung. Eine weitere Entwicklung kam aber hinzu: Die Schadensverläufe der neuen Speditionsversicherung führten in den Jahren 1999 bis 2002 zu hohen zweistelligen Millionenverlusten mit der Konsequenz, dass der Gesamtverband der Deutschen Versicherungswirtschaft (GDV) Mitte 2002 verbindlich erklärte, ab dem Jahreswechsel 2003 keinen Versicherungsschutz mehr für die SpV zur Verfügung zu stellen.

Verhandlungen haben sich hieran angeschlossen unter der Federführung des DIHK. Massive Sanierungsmaßnahmen sowie weitgehende Verpflichtungen und Erklärungen durch die beteiligten Versicherungsmakler und die Verbände halfen nichts. Der GDV ließ sich trotz Einschaltung höchster Repräsentanten aus allen Bereichen nicht mehr dafür gewinnen, ein spezielles auf die ADSp abgestimmtes Versicherungsprodukt zukünftig im deutschen Markt anzubieten. Gerade in dem Jahr, als die ADSp 75 Jahre alt wurden, mussten die beteiligten Verbände einen neuerlichen Kraftakt vollziehen, um den Fortbestand zu sichern, der durch den Wegfall der eigenen Versicherungslösung zweifelsfrei zur Disposition gestanden hat. Eines zeigte sich aber in der Krise: Die Verbände hatten den unbrechbaren Willen, das gemeinschaftliche Bedingungswerk auch unter neuen Rahmenbedingungen fortzuschreiben. Dies ist gelungen.

Die Spitzenverbände der deutschen Wirtschaft und der damalige BSL (heute DSLV) haben trotz der gravierenden Veränderungen die Anwendung der ADSp auch für die Zukunft empfohlen und dies beim Bundeskartellamt angemeldet, was dann im Bundesanzeiger 2003 veröffentlicht wurde. Der Fortbestand der ADSp war damit gesichert. Nicht nur Veränderungen der Versicherungswirtschaft hatten im Jahr 2002 die Spedition vor neue Herausforderungen gestellt, sondern kaum waren die ADSp 2003 zur Anwendung gekommen, kam ein weiterer Paukenschlag: Der BGH hat in einer Entscheidung im Januar 2003 die ADSp in ihrer Gesamtheit nicht mehr als **fertig bereitliegende Vertragsordnung** anerkannt, sondern aufgrund der gesetzlichen Bestimmungen in § 449 HGB für die haftungsbeschränkenden Bestimmungen die nachweisliche Vereinbarung der Ziffer 23 ADSp als Voraussetzung für deren Anwendung bestimmt.

Die Entwicklung seit 2012

Durch zahlreiche Entscheidungen der Obergerichte und des BGH haben sich seit 2003 Handlungsbedarf und Anpassungsbedarf für die ADSp ergeben. Die gesetzliche Grundlage für das Seerecht, das im Jahr 2012 grundlegend reformiert wurde, hat für den Spediteur erhebliche neue Haftungsrisiken ergeben. Dies war Anlass für den DSLV, wieder mit den Verladerverbänden zu verhandeln. Die Verhandlungen dauerten bis zum Herbst 2015, als dann doch ziemlich überraschend die Verladerseite dem DSLV schriftlich mitteilet, dass die Verhandlungen gescheitert seien. Zeitgleich haben die Verladerverbände ein neues Bedingungswerk, die **„Deutschen Transport- und Lagerbedingungen“ (DTLB)** vorgestellt und ihren Mitgliedsbetrieben zur Anwendung empfohlen. In der Praxis, das lässt sich nach knapp einem Jahr feststellen, haben sie keinerlei Bedeutung gewonnen.

Das Scheitern der Verhandlungen über gemeinsame ADSp sowie die Empfehlung der DTLB waren Anlass für den DSLV, eine eigenständige Neufassung der ADSp zum 1.1.2016 in der Fassung vom 16.12.2015 zu entwickeln und den Speditionsunternehmen zur Anwendung zu empfehlen. Der DSLV hat auf das bewährte System und die Struktur der ADSp 2003 sowie die Ergebnisse der fast dreijährigen Verhandlungen mit den Verladern zurückgegriffen und notwendige Aktualisierungen vorgenommen. Insbesondere im Bereich der Haftung wurde die Interessenposition der Verlader nachhaltig verbessert, indem die Regelhaftungssumme von € 5,00 auf € 8,33 Sondertilgungsrechte (zurzeit ca. € 10,50) heraufgesetzt wurde, wodurch eine zentrale Forderung der Verlader nachhaltig erfüllt wurde.

Festzustellen ist, dass seit dem 1. Januar 2016 die ADSp kein Gemeinschaftswerk der Spedition und der Verlader mehr sind, sondern eine **einseitige Verbandsempfehlung**. Ob sich damit rechtlich tatsächlich etwas ändert, was in Streitangelegenheiten die Auslegung der Bedingungen durch die Gerichte anbelangt, dürfte in der Praxis – wenn überhaupt – nur sehr geringfügig sein. Bedeutsamer wird eine Diskussion beim Abschluss von Speditionsverträgen für unerfahrene Marktbeteiligte sein. Die ADSp, als ein einseitiges Bedingungswerk zu erläutern, dürfte womöglich in dem einen oder anderen Fall erklärungsbedürftig sein. Die Praxis seit dem 1.1.2016 zeigt, dass die Umstellung der ADSp 2003 auf die ADSp 2016 praktisch geräuschlos verlaufen ist und unverändert die ADSp im Massen- und Gelegenheitsgeschäft marktdurchdringend sind.

> **Hinweis**
> Zurzeit, im August 2016, gibt es wieder Gespräche zwischen den Verladern und den Spediteuren mit dem Ziel, womöglich doch wieder zu einem gemeinschaftlichen Bedingungswerk zurückzufinden. Die Zukunft wird zeigen, ob dies Erfolg hat.

3.3.2 Übersicht, Einzelbestimmungen der ADSp mit Erläuterungen

Allgemeine Deutsche Spediteurbedingungen 2016 (ADSp 2016)

Stand: 16. Dezember 2015

Die **Allgemeinen Deutschen Spediteurbedingungen 2016 (ADSp 2016)** werden ab dem 1. Januar 2016 vom Deutschen Speditions- und Logistikverband e. V. (DSLV) zur Anwendung empfohlen. Diese Empfehlung ist unverbindlich. Es bleibt den Vertragsparteien unbenommen, vom Inhalt dieser Empfehlung abweichende Vereinbarungen zu treffen.

Neu ist, dass es sich um einseitige Verbandsempfehlungen handelt und nicht mehr, wie in der Vergangenheit, ein Gemeinschaftswerk zwischen Verbänden der Verlader und Spediteure vereinbart wurde.

1. Interessenwahrungs- und Sorgfaltspflicht

1.1 Die ADSp 2016 gelten für alle Verträge und Leistungen des Spediteurs, es sei denn, die in Ziffern 2.3 und 2.4 definierten Ausnahmen liegen vor. Allgemeine Geschäftsbedingungen oder sonstige vorformulierte Vertragsbedingungen des Auftraggebers finden keine Anwendung, auch dann nicht, wenn sie lediglich ergänzende Regelungen zu den ADSp 2016 enthalten.

1.2 Nur gesetzliche Bestimmungen, von denen im Wege vorformulierter Vertragsbedingungen nicht abgewichen werden darf, gehen den ADSp 2016 vor.

Mit dieser Formulierung wird eine **Abwehrklausel** definiert. Danach finden die AGBs des Auftraggebers auch dann keine Anwendung, wenn diese lediglich ergänzende Regelungen zu den ADSp 2016 enthalten. Demzufolge gelten die ADSp 2016 nur dann nicht, wenn es gesetzliche Bestimmungen gibt, von denen im Rahmen von AGBs nicht abgewichen werden darf. In der Rechtsprechung wird dies unterschiedlich entschieden, sodass im Streitfall auch die gesetzlichen Regeln zur Anwendung kommen können.

2. Anwendungsbereich

2.1 Die ADSp 2016 gelten für alle Verkehrsverträge des Spediteurs als Auftragnehmer über alle Arten von Tätigkeiten, gleichgültig ob sie Speditions-, (See-) Fracht-, Lager- oder sonstige üblicherweise zum Speditionsgewerbe gehörende Geschäfte (z. B. Zollabwicklung, Sendungsverfolgung, Umschlag) betreffen.

2.2 Die ADSp 2016 gelten auch für speditionsübliche logistische Leistungen, wenn diese mit der Beförderung oder Lagerung von Gütern in Zusammenhang stehen, insbesondere für Tätigkeiten wie Bildung von Ladeeinheiten, Kommissionieren, Etikettieren und Verwiegen von Gütern und Retourenabwicklung.

2.3 Die ADSp 2016 gelten nicht für Geschäfte, die ausschließlich zum Gegenstand haben

2.3.1 Verpackungsarbeiten,

2.3.2 die Beförderung und Lagerung von abzuschleppendem oder zu bergendem Gut,

2.3.3 die Beförderung von Umzugsgut,

2.3.4 die Lagerung von Umzugsgut, wenn dafür die Allgemeinen Lagerbedingungen des Deutschen Möbeltransports (ALB) vereinbart sind,

2.3.5 Kranarbeiten, Schwer- oder Großraumtransporte und damit zusammenhängende Montagearbeiten, wenn dafür die Allgemeinen Geschäftsbedingungen der Bundesfachgruppe Schwertransporte und Kranarbeiten (AGB-BSK Kran und Transport) vereinbart sind.

2.4 Die ADSp 2016 finden keine Anwendung auf Verkehrsverträge mit Verbrauchern i.S.v. § 13 BGB.

Als Anwendungsbereich wird definiert, dass die ADSp 2016 für alle Verkehrsverträge des Spediteurs als Auftragnehmer gelten. Dies gilt aber ausschließlich für speditionsübliche Leistungen, die vom Verkehrsunternehmer erbracht werden. Als speditionsüblich gelten ausdrücklich nur Speditions-, Fracht- und Lagergeschäfte und die damit verbundenen Nebenleistungen. Diese Formulierung unterstreicht, dass die ADSp nicht für sogenannte speditionsunübliche Dienstleistungen gelten sollen. Ausdrücklicher Wille ist es, speditionsunübliche Geschäfte im Wege der Logistik-AGB auch zukünftig zu regeln. Im Übrigen werden einzelne Tätigkeiten ausdrücklich aus dem Anwendungsbereich der ADSp ausgeschlossen, wie beispielsweise Verpackungsarbeiten, Umzugsverkehre usw. Speditionsunternehmen, die in diesem Bereich tätig werden, benötigen hierfür gesonderte Bedingungen, da sie andernfalls in eine unbegrenzte Haftung hineingeraten können, was im Einzelfall dann oftmals nicht versichert ist.

3. Auftrag, Übermittlungsfehler, Inhalt, besondere Güterarten

3.1 Der Auftraggeber ist verpflichtet, den Spediteur rechtzeitig vor Auftragserteilung über alle wesentlichen, die Ausführung des Auftrags beeinflussenden Umstände zu unterrichten.

3.1.1 Hierzu zählen alle für die Leistungserbringung relevanten Daten wie Adressen, Zeichen, Nummern, Anzahl der Packstücke oder anders angegebene Mengen, Art, Beschaffenheit und Eigenschaften des Gutes (wie lebende Tiere und Pflanzen, Verderblichkeit), das Rohgewicht (inklusive Verpackung und Lademittel), Lieferfristen und der Warenwert (z. B. für zollrechtliche Zwecke oder eine Versicherung des Gutes nach Ziffer 21).

3.1.2 Insbesondere hat der Auftraggeber den Spediteur hinzuweisen auf

a. alle öffentlich-rechtlichen, z. B. zollrechtlichen, außenwirtschaftsrechtlichen (insbesondere waren-, personen- oder länderbezogene Embargos) und sicherheitsrechtlichen Verpflichtungen,

b. im Falle von Seebeförderungen alle nach den seerechtlichen Sicherheitsbestimmungen (z. B. SOLAS) erforderlichen Daten,

c. Dritten gegenüber bestehende gewerbliche Schutzrechte, z. B. marken- und lizenzrechtliche Beschränkungen, die mit dem Besitz des Gutes verbunden sind sowie gesetzliche oder behördliche Hindernisse, die der Auftragsabwicklung entgegenstehen,

d. besondere technische Anforderungen an das Beförderungsmittel und spezielle Ladungssicherungsmittel, die der Spediteur stellen soll.

3.2 Bei gefährlichem Gut hat der Auftraggeber im Auftrag dem Spediteur in Textform die Menge, die genaue Art der Gefahr und – soweit erforderlich – die zu ergreifenden Vorsichtsmaßnahmen mitzuteilen. Außerdem hat der Auftraggeber die Klassifizierung nach

dem einschlägigen Gefahrgutrecht mitzuteilen und spätestens bei Übergabe des Gutes die erforderlichen Unterlagen zu übergeben.
Gefährliche Güter sind Güter, von denen auch im Rahmen einer normal verlaufenden Beförderung, Lagerung oder sonstigen Tätigkeit eine unmittelbare Gefahr für Personen, Fahrzeuge und Rechtsgüter Dritter grundsätzlich ausgehen kann. Gefährliche Güter sind insbesondere die Güter, die in den Anwendungsbereich einschlägiger Gefahrgutgesetze und -verordnungen sowie Gefahrstoff-, Wasser- oder abfallrechtlichen Vorschriften fallen.

3.3 Bei wertvollem oder diebstahlsgefährdetem Gut hat der Auftraggeber im Auftrag den Spediteur in Textform über Art und Wert des Gutes und das bestehende Risiko zu informieren, so dass der Spediteur über die Annahme des Auftrags entscheiden oder angemessene Maßnahmen für eine sichere und schadenfreie Abwicklung des Auftrags treffen kann.
Wertvolles Gut ist Gut mit einem tatsächlichen Wert am Ort und zur Zeit der Übernahme von mindestens 50 Euro/kg oder 10.000 Euro/Packstück.
Diebstahlgefährdetes Gut ist Gut, das einem erhöhten Raub- und Diebstahlrisiko ausgesetzt ist, wie Geld, Edelmetalle, Schmuck, Uhren, Edelsteine, Kunstgegenstände, Antiquitäten, Scheckkarten, Kreditkarten oder andere Zahlungsmittel, Wertpapiere, Valoren, Dokumente, Spirituosen, Tabakwaren, Unterhaltungselektronik, Telekommunikationsgeräte, EDV-Geräte und -Zubehör.

3.4 Entspricht ein dem Spediteur erteilter Auftrag nicht den in den ADSp 2016 genannten Anforderungen, so steht es dem Spediteur frei,

3.4.1 die Annahme des Gutes zu verweigern,

3.4.2 bereits übernommenes Gut zurückzugeben beziehungsweise zur Abholung bereitzuhalten oder

3.4.3 den Auftrag ohne Benachrichtigung des Auftraggebers auszuführen und eine zusätzliche, angemessene Vergütung zu verlangen, wenn eine sichere und schadenfreie Ausführung des Auftrages mit erhöhten Kosten verbunden ist.

3.5 Der Spediteur ist nicht verpflichtet, die Angaben des Auftraggebers nachzuprüfen oder zu ergänzen.

3.6 Die im Auftrag enthaltenen Bezeichnungen wie „Messegut“ oder Hinweise wie „eilig“ verpflichten den Spediteur weder für eine beschleunigte Ausführung des Auftrags (z. B. als Expresssendung) noch für eine bevorzugte Abfertigung zu sorgen.

Alle Erklärungen im weitesten Sinn sind unter Kaufleuten im kaufmännischen Geschäft formlos gültig, d. h. gültig auch ohne Einhaltung einer besonderen gesetzlichen Form von Willenserklärungen, wie z. B. Schriftlichkeit, Beglaubigung, aber auch ohne Einhaltung sonstiger Förmlichkeiten wie z. B. Lesbarkeit.

Wie bisher wird in Ziffer 3.1.1 die Pflicht des Auftraggebers definiert, den Spediteur vor Auftragserteilung über alle wesentlichen, die Ausführung des Auftrags beeinflussenden Umstände zu unterrichten. Neu ist hier, dass das Rohgewicht (inklusive Verpackung und Lademittel) mitzuteilen ist. Damit sollen in Zukunft Unstimmigkeiten zwischen Auftraggeber und Spediteur vermieden werden.

In Ziffer 3.1.2 ist auch eine **Spezifizierung der Auftraggeberpflichten** erfolgt, indem alle öffentlich-rechtlichen Verpflichtungen, insbesondere aus zoll- und außenwirtschaftsrechtlichen Regelungen alle nach den seerechtlichen Sicherheitsbestimmungen erforderlichen Daten, auch bestehende gewerbliche Schutzrechte und die technischen Anforderungen an das Beförderungsmittel im Detail, bei Auftragserteilung zu erfolgen haben.

Auch in Ziffer 3.3 wurden die Pflichten des Auftraggebers weiter konkretisiert definiert, insbesondere wurden die **Wertgrenzen für diebstahlsgefährdetes Gut** auf € 50,00/kg sowie auf € 10.000,00/Packstück festgeschrieben.

Neu ist die Regelung in Ziffer 3.6, wonach der Auftraggeber verpflichtet ist, eine konkrete **Lieferfrist** zu vereinbaren und nicht lediglich einen allgemeinen Hinweis wie „eilig" mitzuteilen. Derartige unverbindliche Anmerkungen sind für die Ausführungsverpflichtungen des Speditionsauftrags ohne vertragsgestaltende Bedeutung. Eine bevorzugte Abfertigung ergibt sich hieraus vertragsgemäß nicht.

4. Verpackung, Gestellung von Ladehilfs- und Packmitteln, Verwiegung und Untersuchung des Gutes

4.1 Der dem Spediteur erteilte Auftrag umfasst mangels ausdrücklicher Vereinbarung nicht

4.1.1 die Verpackung des Gutes,

4.1.2 die Verwiegung, Untersuchung, Maßnahmen zur Erhaltung oder Besserung des Gutes und seiner Verpackung, es sei denn, dies ist geschäftsüblich,

4.1.3 die Gestellung und den Tausch von Paletten oder sonstigen Ladehilfs- und Packmitteln (Paletten).

Haben die Parteien eine abweichende Vereinbarung getroffen, gilt im Zweifel:

a. Palette und Ware bilden wirtschaftlich eine Einheit,

b. Paletten sind an der Entladestelle Zug-um-Zug zurückzugeben,

c. ein bei Nichttausch ausgestellter Palettenschein hat allein Quittungsfunktion, begründet aber keine weitergehenden Pflichten des Spediteurs,

d. nur gebrauchsfähige Paletten (mittlerer Art und Güte im Sinne von § 243 BGB) sind zu tauschen, bei Euroflachpaletten entspricht dies mindestens der Qualitätsstufe C (Qualitätsklassifizierung gemäß EPAL/GS 1 Germany, Stand 2015),

e. bei Nichttausch erfolgt eine Abholung nur, wenn ein neuer Auftrag erteilt wird, es sei denn, der Tausch unterbleibt auf Veranlassung des Spediteurs,

4.1.4 die Ver- und Entladung der Güter, es sei denn, aus den Umständen oder der Verkehrssitte ergibt sich etwas anderes.

Fahrer, die bei der Ver- oder Entladung ohne vertragliche Vereinbarung mitwirken, handeln ausschließlich auf Weisung und unter Aufsicht des Auftraggebers; sie sind Erfüllungsgehilfen des Auftraggebers und werden auf dessen Risiko tätig, es sei denn, die Ver- oder Entladung erfolgt eigenmächtig,

4.1.5 Retouren, Umfuhren und verdeckte Beiladungen,

4.1.6 ein Umladeverbot (§ 486 HGB findet keine Anwendung),

4.1.7 die Bereitstellung eines Sendungsverfolgungssystems.

4.2 Besorgt der Spediteur im Interesse des Auftraggebers Geschäfte nach Ziffer 4.1 oder erbringt er diese Leistungen, so steht ihm auch ohne Vereinbarung eine ortsübliche, ansonsten angemessene Vergütung zu.

Definiert wird in Ziffer 4.1.2, dass weitergehende Leistungspflichten des Spediteurs wie beispielsweise die Verpackung, die Untersuchung, die Verwiegung usw. ausdrücklich zu regeln sind. Unzureichend ist demzufolge ein mündlicher Hinweis. Ein Hinweis auf die Umstände oder die Verkehrssitte reicht somit für vertragsgestaltende Elemente nicht aus.

Haben die Parteien Palettentausch vereinbart, gilt entsprechend Ziffer 4.1.3 Folgendes: Die Palette und die Ware gelten grundsätzlich wirtschaftlich als eine Einheit. Die Paletten sind an der Entladestelle Zug-um-Zug zurückzugeben. Ein bei Nichttausch ausgestellter **Palettenschein** hat allein Quittungsfunktion. Er begründet keine weitergehenden Pflichten des Spediteurs. Grundsätzlich sind auch nur gebrauchsfähige Paletten zu tauschen und bei Nichttausch erfolgt eine Abholung nur, wenn ein neuer Auftrag erteilt wird. Das Tauschrisiko bleibt damit in der Sphäre des Auftraggebers, soweit nicht der Ausnahmefall vorliegt, wenn der Spediteur dies abweichend von der vertraglichen Vereinbarung unterlassen hat.

In Ziffer 4.1.4 wird definiert, wo exakt die Risikosphäre des Frachtführers/Spediteurs endet bzw. wo die des Auftraggebers beginnt. Die Regelung entspricht der neuen Rechtsprechung und ist daher als interessengerecht auszulegen.

Konsequent wird in Ziffer 4.2 aus der klarstellenden Definition, was grundsätzlich zum Speditionsauftrag zählt, und was als zusätzliche Dienstleistungen in Auftrag gegeben wird, eine entsprechende Vergütungsverpflichtung dem Grunde nach vereinbart. Gerade bei den in der Praxis häufig auftauchenden Fragen zum Palettentausch dürfte sich hier für die Praxis Klärendes ableiten lassen.

4a Kontaktperson, elektronische Kommunikation und Dokumente

1 Auf Verlangen einer Vertragspartei benennt jede Vertragspartei für den Empfang von Informationen, Erklärungen und Anfragen für die Vertragsabwicklung eine oder mehrere Kontaktpersonen und teilt Namen und Kontaktadressen der anderen Partei mit. Bestimmt eine Partei keine Kontaktperson, gilt diejenige Person als Kontaktperson, die den Vertrag für die Partei abgeschlossen hat.

2 Mangels ausdrücklicher Vereinbarung bedürfen Erklärungen des Lager- und Fahrpersonals zu ihrer Wirksamkeit der Genehmigung des Spediteurs.

3 Der Auftraggeber hat dafür Sorge zu tragen, dass der Verlader oder Empfänger für den Auftraggeber die an der Ver- oder Entladestelle zur Abwicklung des Verkehrsvertrags erforderlichen Erklärungen abgibt und tatsächliche Handlungen, wie die Übergabe oder Übernahme des Gutes, vornimmt.

Verlader ist die Person, bei der das Gut nach dem Verkehrsvertrag oder aufgrund wirksamer Weisung abzuholen ist.

4 Haben die Parteien den elektronischen Austausch von Daten unter Verwendung elektronischer Standards wie Edifact zur Auftragsdurchführung vereinbart, ist jede Partei berechtigt, Erklärungen und Mitteilungen auf elektronischem Wege zu erstellen, zu übermitteln und auszutauschen (elektronischer Datenaustausch), sofern die übermittelnde Partei erkennbar ist. Die übermittelnde Partei trägt die Gefahr für den Verlust und die Richtigkeit der übermittelten Daten. Der elektronische Datenaustausch umfasst auch die elektronische Rechnungserstellung, soweit steuerrechtliche Vorschriften dem nicht entgegenstehen.

5 Die Parteien sorgen dafür, dass das eigene IT-System betriebsbereit ist, die gelieferten Daten entsprechend verarbeiten kann und die üblichen Sicherheits- und Kontrollmaßnahmen durchgeführt werden, um den elektronischen Datenaustausch vor dem Zugriff Dritter zu schützen sowie der Veränderung, dem Verlust oder der Zerstörung elektronisch übermittelter Daten vorzubeugen. Die übermittelnde Partei trägt die Gefahr für den Verlust, die Richtigkeit und Vollständigkeit der übermittelten Daten bis zur vereinbarten, ansonsten üblichen Schnittstelle. Sofern zur Verbindung beider Datensysteme eine gemeinsame Schnittstelle durch den Spediteur einzurichten ist, erhält dieser die hierfür notwendigen Aufwendungen vom Auftraggeber erstattet. Jede Partei trägt die bei ihr entstehenden Kosten für die Einrichtung, den Betrieb und die Pflege ihres eigenen IT-Systems und ihrer eigenen EDI/DFÜ-Verbindung selbst. Jede Partei ist verpflichtet, der anderen Partei rechtzeitig Änderungen seines IT-Systems mitzuteilen, die Auswirkungen auf den elektronischen Datenaustausch haben können.

6 Elektronisch oder digital erstellte Dokumente, insbesondere Abliefernachweise, stehen schriftlichen Dokumenten gleich.

Zudem ist jede Partei berechtigt, schriftliche Dokumente lediglich elektronisch oder digital zu archivieren und unter Beachtung der gesetzlichen Vorschriften die Originale zu vernichten.

Mit dieser Neuregelung der Ziffern 1 bis 6 wird in den ADSp dem erklärten Wunsch der Auftraggeber entsprochen, eindeutige Vereinbarungen in Rahmenverträgen zwischen den Vertragsparteien über eine dauerhafte Zusammenarbeit zu treffen. Hier ist es pragmatisch geboten, einen sogenannten Vertragsmanager zu benennen, um auf kurzem Wege auftretende Probleme zu regeln. Dies erleichtert auch die Auslegung, was vertraglich geregelt und was schriftlich vom Verantwortlichen unterzeichnet ist. Eindeutig ist demzufolge, dass Ansprechpartner das kaufmännische Personal ist und nicht Lager- oder Fahrpersonal, die keine Vertretungsbefugnis haben, In Absatz 5 und Absatz 6 werden erstmals auch Regeln über den Datenaustausch über elektronische Standards (EDIFACT) getroffen. Voraussetzung ist, dass dies konkret vereinbart wurde. Dies gilt auch für die elektronische Rechnungserstellung. Zugeordnet wird die Verantwortlichkeit für das Funktionieren von allen IT-Systemen auf die jeweiligen Parteien. Dies gilt auch für die Kosten und die Gefahrentragung durch die übermittelnde Partei bis zur eindeutig definierten Schnittstelle. Wünscht der Auftraggeber die Einrichtung einer Schnittstelle durch den Spediteur, wird bestimmt, dass die Kosten hierfür der Auftraggeber zu tragen hat. Die Regel enthält eine Mitwirkungsverpflichtung beider Vertragsparteien. Dies ist im IT-Bereich von größter Bedeutung. Neu ist, dass eine Gleichwertigkeit zu Papierdokumenten definiert wird, sowie die Ermächtigung des Logistikdienstleisters, eine elektronische Archivierung von Papierdokumenten bei gleichzeitiger Vernichtung für zulässig zu erklären.

5. Zollamtliche Abwicklung

5.1 Der Spediteur ist berechtigt, die zollamtliche Abwicklung von der Erteilung einer schriftlichen Vollmacht abhängig zu machen, die ihm eine direkte Vertretung ermöglicht.

5.2 Der Auftraggeber hat dem Spediteur alle Urkunden und sonstigen Unterlagen zur Verfügung zu stellen und Auskünfte (z. B. Eintarifierung) zu erteilen, die für die ordnungsgemäße Zoll- oder sonstige gesetzlich vorgeschriebene Behandlung – hierzu zählen auch Sicherheitskontrollen z. B. für Luftfrachtsendungen – des Gutes notwendig sind.

5.3 Betrifft der dem Spediteur erteilte Auftrag den Transport einer Sendung nach einem Bestimmungsort im Ausland, ist der Spediteur zur zollamtlichen, sicherheitsrechtlichen oder einer anderen gesetzlich vorgeschriebenen Behandlung des Gutes berechtigt, wenn ohne sie die Beförderung bis zum Bestimmungsort nicht ausführbar ist. Er darf hierbei

5.3.1 im Namen des Auftraggebers handeln, wenn er hierzu bevollmächtigt ist.

5.3.2 Verpackungen öffnen, wenn dies zum Zweck der Durchführung einer gesetzlich vorgeschriebenen Kontrolle (z. B. Spediteur als Reglementierter Beauftragter) erforderlich ist, und anschließend alle zur Auftragsabwicklung erforderlichen Maßnahmen treffen, z. B. das Gut neu verpacken.

5.4 Betrifft der dem Spediteur erteilte Auftrag eine unter zollamtlicher Überwachung stehende Sendung, ist der Spediteur berechtigt, die erforderlichen Zollformalitäten zu erledigen und die zollamtlich festgesetzten Abgaben auszulegen, wenn ohne sie die Auftragsdurchführung, insbesondere die Ablieferung beim Empfänger nicht ausführbar ist.

5.5 Besorgt der Spediteur im Interesse des Auftraggebers die in Ziffern 5.3 und 5.4 beschriebenen Geschäfte oder erbringt er diese Leistungen, so steht ihm auch ohne Vereinbarung eine ortsübliche, ansonsten angemessene Vergütung zu.

Mit der Weiterentwicklung der früheren Regelung zur Zollabwicklung wird der neuen Sicherheitsrechtslage im Im- und Export Rechnung getragen. Geregelt werden dabei die Auftraggeberpflichten, sowie die Rechte und Verpflichtungen und Vollmachten des Spediteurs. Das Thema „Öffnen der Verpackung" sowie die Durchführung gesetzlich vorgeschriebener Sicherheitskontrollen (z. B. in der Luftfracht) wurde berücksichtigt. In Absatz 5 wird für die hier gesondert anfallenden Arbeiten vereinbart, eine angemessene Vergütung durch den Auftraggeber zu entrichten.

6. Verpackungs- und Kennzeichnungspflichten des Auftraggebers

6.1 Die Packstücke sind vom Auftraggeber deutlich und haltbar mit den für ihre auftragsgemäße Behandlung erforderlichen Kennzeichen zu versehen, wie Adressen, Zeichen, Nummern, Symbole für Handhabung und Eigenschaften; alte Kennzeichen müssen entfernt oder unkenntlich gemacht sein.

6.2 Darüber hinaus ist der Auftraggeber verpflichtet,

6.2.1 zu einer Sendung gehörende Packstücke als zusammengehörig leicht erkennbar zu kennzeichnen,

6.2.2 Packstücke so herzurichten, dass ein Zugriff auf den Inhalt ohne Hinterlassen äußerlich sichtbarer Spuren nicht möglich ist (Klebeband, Umreifungen oder ähnliches sind nur ausreichend, wenn sie individuell gestaltet oder sonst schwer nachahmbar sind; eine Umwickelung mit Folie nur, wenn diese fest verschweißt ist),

6.2.3 bei einer im Sammelgutverkehr abzufertigenden Sendung, die aus mehreren Stücken oder Einheiten mit einem Gurtmaß (größter Umfang zuzüglich längste Kante) von weniger als 1 m besteht, diese zu größeren Packstücken zusammenzufassen,

6.2.4 bei einer im Hängeversand abzufertigenden Sendung, die aus mehreren Stücken besteht, diese zu Griffeinheiten in geschlossenen Hüllen zusammenzufassen,

6.2.5 auf Packstücken von mindestens 1.000 kg Rohgewicht die durch das Gesetz über die Gewichtsbezeichnung an schweren auf Schiffen beförderten Frachtstücken vorgeschriebene Gewichtsbezeichnung anzubringen,

6.2.6 wertvolle oder diebstahlgefährdete Güter neutral zu verpacken.

6.3 Packstücke sind Einzelstücke oder vom Auftraggeber zur Abwicklung des Auftrags gebildete Einheiten, z. B. Kisten, Gitterboxen, Paletten, Griffeinheiten, geschlossene Ladegefäße, wie gedeckt gebaute oder mit Planen versehene Waggons, Auflieger oder Wechselbrücken, Container, Iglus, die der Spediteur als Ganzes zu behandeln hat (Frachtstück im Sinne von §§ 409, 431, 504 HGB).

6.4 Entsprechen die Packstücke nicht den in Ziffern 6.1 und 6.2 genannten Bedingungen, findet Ziffer 3.4 entsprechende Anwendung.

Ziel dieser Regelung ist es, vorrangig durch zielgerichtete Verpackung und Kennzeichnung des Transportguts, den Schutz vor Diebstahl maximal zu verbessern. Die Themen Fehlverladung und Griffeinheit sollen den Transportvorgang erleichtern und zur Vermeidung von Zusatzarbeiten bei der Transportabwicklung beitragen. Oberster Grundsatz ist dabei, wertvolle und diebstahlsgefährdete Güter neutral und verpflichtend zu verpacken. Zur Vermeidung von Fehlverladungen und zur Bildung von Griffeinheiten soll der Transportvorgang optimal gestaltet werden, um Zusatzarbeiten bei der Transportabwicklung zu vermeiden.

7. Kontrollpflichten des Spediteurs

7.1 Erfolgt die Ver- oder Entladung an mehr als einer Stelle, hat der Spediteur durchgehend für die Ladungssicherung hinsichtlich der bereits auf dem Fahrzeug befindlichen oder verbleibenden Güter zu sorgen.

7.2 Der Spediteur ist verpflichtet, nach Übernahme des Gutes an Schnittstellen

7.2.1 die Packstücke auf Vollzähligkeit und Identität sowie äußerlich erkennbare Schäden und Unversehrtheit von Plomben und Verschlüssen zu überprüfen und

7.2.2 Unregelmäßigkeiten zu dokumentieren (z. B. in den Begleitpapieren oder durch besondere Benachrichtigung).

7.3 Schnittstelle ist jeder Übergang der Packstücke von einer Rechtsperson auf eine andere sowie aus einer Haftungsordnung in eine andere.

In Ziffer 7 wird das Gegenstück zu den Verpackungspflichten des Auftraggebers auf der Seite des Spediteurs geregelt. Der Spediteur ist verpflichtet, eine nachhaltige und darlegbare **Schnittstellenkontrolle** einzurichten und zu gewährleisten. Diese hat grundsätzlich beim Wechsel von Rechtspersonen zu erfolgen. Neu wurde geregelt, dass dies auch beim Übergang zwischen Haftungsordnungen z. B. Land und See zusätzlich zu erfolgen hat. Der Spediteur ist verpflichtet, die Packstücke auf Vollzähligkeit und Identität sowie auf äußerlich erkennbare **Schäden und Unversehrtheit** zu kontrollieren und Abweichendes zu dokumentieren. Durch das einheitliche Haftungsregime während des Transports, des Umschlags und im Lager wird diese Bestimmung in der Praxis an Bedeutung verlieren.

8. Quittung

8.1 Der Spediteur ist verpflichtet, auf Verlangen des Auftraggebers die Übernahme des Gutes – gegebenenfalls mit Vorbehalt – zu quittieren.
Mit der Übernahmequittung bestätigt der Spediteur nur die Anzahl und Art der Packstücke, nicht jedoch deren Inhalt, Wert, Gewicht oder anders angegebene Menge.

8.1.1 Bei vorgeladenen oder geschlossenen Ladeeinheiten wie Containern oder Wechselbrücken und vorab vom Auftraggeber übermittelten Daten (Ziffer 4a) gilt die Richtigkeit einer Übernahmequittung über Anzahl und Art der geladenen Packstücke als widerlegt, wenn derSpediteur dem Auftraggeber unverzüglich (Mengen-) Differenzen und Beschädigungen meldet, nachdem er die Ladeeinheit entladen hat.

8.1.2 Bei Massengütern, Wagenladungen, Containern oder sonstigen vorgeladenen Ladeeinheiten enthält die Quittung im Zweifel keine Bestätigung des Rohgewichts oder der anders angegebenen Menge des Gutes.

8.2 Als Ablieferungsnachweis hat der Spediteur vom Empfänger eine Ablieferungsquittung über die im Auftrag oder in sonstigen Begleitpapieren genannten Packstücke zu verlangen. Weigert sich der Empfänger, die Ablieferungsquittung zu erteilen, so hat der Spediteur Weisung einzuholen. Ist das Gut beim Empfänger bereits ausgeladen, so ist der Spediteur berechtigt, es wieder an sich zu nehmen.
Der Auftraggeber kann die Herausgabe der Ablieferungsquittung nur innerhalb eines halben Jahres nach Ablieferung des Gutes verlangen.

8.3 Bei Verwendung eines Fracht- oder Seefrachtbriefs, Ladescheins oder Konnossements gelten diese als Übernahme- oder Ablieferungsquittung. Die Ziffern 8.1 und 8.2 gelten entsprechend.

8.4 Die Übernahme- oder Ablieferungsquittung kann auch elektronisch oder digital erstellt werden, es sei denn, der Auftraggeber verlangt die Ausstellung eines Fracht- oder Seefrachtbriefs, Ladescheins oder Konnossements.

In Absatz 1 und Absatz 2 sind jeweils unterschiedliche Empfangsbescheinigungen gemeint. Absatz 1 erfasst die **Übernahmequittung** des Spediteurs, die er verpflichtet ist, gegenüber dem Versender abzugeben.

In Absatz 2 wird die **Ablieferungsquittung** geregelt, die der Empfänger dem abliefernden Spediteur auszustellen hat. Beides dient der Beweissicherung. Abweichende Feststellungen sind zu dokumentieren durch einen Vorbehalt, soweit eine sichtbare Differenz, z. B. Fehlmenge oder Beschädigung, vorgelegen hat. Dies hat möglichst genau und im Detail zu erfolgen und ist auch so zu beschreiben wie es in § 438 HGB geregelt ist.

Neu ist in Absatz 4, dass diese Beweissicherung auf elektronischer Datenübermittlung statt der bisherigen traditionellen Papierform erfolgen kann. Neu geregelt wurde die Übernahmequittung für geschlossene Ladeeinheiten, wobei der Frachtführer nur die Anzahl der Ladeeinheiten – d. h. die Anzahl der Container oder der Anfliegerbrücken – zu dokumentieren hat, nicht aber deren Inhalt.

Verpflichtet ist der Spediteur, seinem Auftraggeber unverzüglich Mengendifferenzen und Beschädigungen mitzuteilen. Dies macht es notwendig, das Fahrpersonal fortlaufend zu schulen und organisatorisch sicherzustellen, dass auftretende Differenzen auf schnellstem Weg unverzüglich dem Auftraggeber auch tatsächlich angezeigt werden. Für die Praxis wichtig ist, dass die Herausgabe der Ablieferungsquittung nur innerhalb eines halben Jahres nach der Ablieferung des Gutes vom Auftraggeber verlangt werden kann.

9. Weisungen

Der Spediteur ist verpflichtet, jede ihm nach Vertragsschluss erteilte Weisung über das Gut zu beachten, es sei denn, die Ausführung der Weisung droht Nachteile für den Betrieb seines Unternehmens oder Schäden für die Auftraggeber oder Empfänger anderer Sendungen mit sich zu bringen.

Eine Spezifizierung der vertragsrechtlichen Regelungen im HGB erfolgt in Ziffer 9: Weisungen. Klargestellt wird, dass Haftungen und Mehrkosten, die dadurch verursacht wurden, zu einer zusätzlichen Leistungsverpflichtung führen.

10. Frachtüberweisung, Nachnahme

10.1 Die Mitteilung des Auftraggebers, der Auftrag sei unfrei abzufertigen oder der Auftrag sei, z. B. nach Maßgabe der Incoterms, für Rechnung des Empfängers oder eines Dritten auszuführen, berührt nicht die Verpflichtung des Auftraggebers gegenüber dem Spediteur, die Vergütung sowie die sonstigen Aufwendungen (Frachten, Zölle und sonstige Abgaben) zu tragen.

10.2 Die Mitteilung nach Ziffer 10.1 enthält keine Nachnahmeweisung.

Ausdrücklich Bezug genommen wird in den ADSp hier erstmals auf die Incoterms. Der Vergütungsanspruch des Spediteurs gegenüber seinem Auftraggeber besteht auch dann, wenn der Auftraggeber mitteilt, dass der Auftrag nach Maßgabe der Incoterms für Rechnung des Empfängers auszuführen ist.

11. Fristen

11.1 Hat der Auftraggeber das Fahrzeug zu beladen oder entladen, ist er verpflichtet, die vereinbarte, ansonsten eine angemessene Ver- oder Entladezeit einzuhalten.

11.2 Mangels Vereinbarung beträgt die Ver- oder Entladezeit für Straßenfahrzeuge unabhängig von der Anzahl der Sendungen pro Ver- oder Entladestelle bei

11.2.1 auf Paletten aller Art verladenen Gütern

a. bis zehn Europalettenstellplätze höchstens 30 Minuten

b. bis zwanzig Europalettenstellplätze höchstens 60 Minuten,

c. über zwanzig Europalettenstellplätze höchstens 90 Minuten;

11.2.2 in allen anderen Fällen bei Gütern (nicht jedoch bei schüttbaren Gütern) mit einem umzuschlagenden Gewicht

a. bis drei Tonnen höchstens 30 Minuten,

b. bis sieben Tonnen höchstens 60 Minuten,

c. über sieben Tonnen höchstens 120 Minuten.

11.3 Die Ver- oder Entladezeit beginnt mit der Ankunft des Straßenfahrzeugs an der Ver- oder Entladestelle (z. B. Meldung beim Pförtner) und endet, wenn der Auftraggeber seinen Verpflichtungen vollständig nachgekommen ist und er die Abfahrt des Straßenfahrzeugs freigegeben hat.

Ist jedoch für die Ankunft des Straßenfahrzeugs am Ver- oder Entladeort die Nutzung eines Zeitfenstermanagementsystems vereinbart, so beginnt die Ver- oder Entladezeit nicht vor der für die Gestellung vereinbarten Uhrzeit.

11.4 Wird die Ver- oder Entladezeit aufgrund vertraglicher Vereinbarung oder aus Gründen, die nicht dem Risikobereich des Spediteurs zuzurechnen sind, überschritten, hat der Auftraggeber dem Spediteur das vereinbarte, ansonsten ein angemessenes Standgeld als Vergütung zu zahlen.

11.5 Die vorstehenden Bestimmungen finden entsprechende Anwendung,

11.5.1 wenn der Auftraggeber verpflichtet ist, das Gut zur Verladung bereitzustellen oder nach Entladung entgegenzunehmen,

11.5.2 bei Unterbrechungen des Transports, die nicht dem Risikobereich des Spediteurs zuzurechnen sind, mit der Maßgabe, dass abweichend von Ziffer 11.2 mangels Vereinbarung eine Wartezeit von 30 Minuten als vereinbart gilt.

Neu ist die Regelung in den ADSp, wonach ein **Standgeld** bei Nichteinhaltung von **Ver- und Entladezeit** fällig wird. Ähnliche Regelungen existieren bereits in den Niederlanden und in Deutschland in den VBGL. Für beide Vertragsparteien wird damit ein interessengerechter Ausgleich geschaffen, wenn die Ver- oder Entladezeit vertragswidrig und über Gebühr nicht eingehalten werden. Neu ist hier, dass die Wartezeiten grundsätzlich differenziert werden zwischen der Ablieferung von Europaletten oder nach Tonnen-Einheiten. Definiert ist der Beginn der Ver- und Entladezeit mit der Ankunft des Straßenfahrzeugs an der Ver- und Entladestelle, beispielsweise mit Meldung beim Pförtner. Ende der Ver- und Entladezeit ist, wenn die Verpflichtung des Vertragspartners vollständig erfolgt ist, und die Abfahrt des Straßenfahrzeugs freigegeben ist. Die Regelung findet keine Anwendung, wenn Zeitfenster-Managementsysteme vereinbart sind. Auch greift die Ver- oder Entladezeit nicht bei Gestellung vor der vereinbarten Zeit.

Eine konkrete Standgeldabrede über die Höhe des Standgelds ist dann unter den Vertragsparteien zu treffen. Wenn dies nicht erfolgt, besteht ein grundsätzlicher Standgeldanspruch, vorausgesetzt, die Überschreitung der Ver- und Entladezeit ist nicht dem Risikobereich des Spediteurs zuzurechnen.

Geregelt werden die Fälle, wenn der Transport aus guten Gründen unterbrochen wird, die nicht im Risikobereich des Spediteurs anzusiedeln sind und die zu längeren Wartezeiten von 30 Minuten führen.

12. Hindernisse

12.1 Kann der Spediteur das Gut nicht oder nicht rechtzeitig übernehmen, so hat er dies dem Auftraggeber unverzüglich anzuzeigen und entsprechende Weisungen einzuholen; § 419 HGB findet entsprechende Anwendung.

12.2 Leistungshindernisse, die nicht dem Risikobereich einer Vertragspartei zuzurechnen sind, befreien die Vertragsparteien für die Dauer der Störung und den Umfang ihrer Wirkung von den Leistungspflichten. § 412 Abs. 3 HGB bleibt unberührt.
Als solche Leistungshindernisse gelten höhere Gewalt, Unruhen, kriegerische oder terroristische Akte, Streiks und Aussperrungen, behördliche Maßnahmen, Blockade von Beförderungswegen sowie sonstige unvorhersehbare, unabwendbare und schwerwiegende Ereignisse.

12.3 Im Falle eines Leistungshindernisses ist jede Vertragspartei verpflichtet, die andere Partei unverzüglich zu unterrichten.

Die Regelung enthält weitere Differenzierungen im Hinblick auf Leistungshindernisse und höhere Gewalt. So wird unterschieden zwischen dem Umstand, wonach das Gut nicht oder nicht rechtzeitig vom Spediteur übernommen werden kann, was eine umgehende und unverzügliche Anzeigepflicht des Spediteurs dem Auftraggeber gegenüber auslöst. Ebenso geregelt ist ein Leistungshindernis, das weder der Auftraggeber noch der Spediteur zu vertreten hat. Hier ergibt sich eine Leistungsfreiheit für die Dauer der Störung und den Umfang ihrer Wirkung. Als

Leistungshindernisse werden neu und ergänzend definiert die höhere Gewalt, Unruhen, Streiks und Aussperrungen, terroristische Akte sowie sonstige unvorhersehbare, unabwendbare und schwerwiegende Ereignisse.

13. *Ablieferung*

13.1 Wird mit der Entladung nicht innerhalb der Entladezeit (Ziffer 11) begonnen, ist der Spediteur berechtigt, dies als Ablieferungshindernis zu betrachten. In diesem Fall hat der Spediteur dies dem Auftraggeber unverzüglich anzuzeigen und entsprechende Weisungen einzuholen. § 419 HGB findet entsprechende Anwendung.

13.2 Wird der Empfänger in seiner Wohnung, in dem Geschäftsraum oder in einer Gemeinschaftseinrichtung, in der der Empfänger wohnt, nicht angetroffen, kann das Gut abgeliefert werden

a. in der Wohnung an einen erwachsenen Familienangehörigen, eine in der Familie beschäftigte Person oder einen erwachsenen ständigen Mitbewohner,

b. in Geschäftsräumen an eine dort beschäftigte Person,

c. in Geschäftseinrichtungen dem Leiter der Einrichtung oder einem dazu ermächtigten Vertreter, es sei denn, es bestehen offenkundige Zweifel an deren Empfangsberechtigung.

13.3 Wenn der Spediteur mit dem Auftraggeber oder Empfänger eine Vereinbarung getroffen hat, wonach die Ablieferung ohne körperliche Übergabe an dem Empfänger erfolgen soll, (z. B. Nacht-, Garagen- oder Bandanlieferung), erfolgt die Ablieferung mit der tatsächlichen Bereitstellung des Gutes am vereinbarten Ort.

Definiert werden die Verpflichtungen des Disponenten, wenn an der Entladestelle der Auftraggeber bzw. der Empfangsberechtigte nicht angetroffen wird. Bezug genommen wird dabei auf § 419 HGB. Als Ersatzempfänger werden da definiert: erwachsene Familienangehörige, beschäftigte Personen in Geschäftsräumen bzw. ermächtigte Vertreter in Gemeinschaftseinrichtungen u. a. Wenn allerdings offenkundige Zweifel beim Fachpersonal bei dem Empfangsberechtigten über dessen Empfangsberechtigung bestehen, so hat der Spediteur neue Weisungen einzuholen.

14. *Auskunfts- und Herausgabepflicht des Spediteurs*

14.1 Der Spediteur ist verpflichtet, dem Auftraggeber die erforderlichen Nachrichten zu geben, auf Verlangen über den Stand des Geschäftes Auskunft zu geben und nach dessen Ausführung Rechenschaft abzulegen; zur Offenlegung der Kosten ist er jedoch nur verpflichtet, wenn er für Rechnung des Auftraggebers tätig wird.

14.2 Der Spediteur ist verpflichtet, dem Auftraggeber alles, was er zur Ausführung des Geschäfts erhält und was er aus der Geschäftsführung erlangt, herauszugeben.

Definiert wird hier die Leistungsverpflichtung des Spediteurs, auf Verlangen des Auftraggebers berechtigte und erbetene Auskünfte auch nach Abwicklung des Auftrags einzuholen. Dies gilt vor allem in Schadenfällen, bei denen der Auftraggeber auf die entsprechenden Informationen des Logistikers essentiell angewiesen ist. Ein Leistungsverweigerungsrecht wird hiermit praktisch ausgeschlossen.

15. *Lagerung*

15.1 Die Lagerung erfolgt nach Wahl des Spediteurs in dessen eigenen oder fremden Lagerräumen. Lagert der Spediteur bei einem fremden Lagerhalter ein, so hat er dessen Namen und den Lagerort dem Auftraggeber unverzüglich schriftlich bekanntzugeben oder, falls ein Lagerschein ausgestellt ist, auf diesem zu vermerken.

15.2 Der Auftraggeber, der die Lagerräume besichtigt oder besichtigen lässt, hat alle Einwände oder Beanstandungen gegen die Unterbringung des Gutes oder gegen die Wahl des

Lagerraums unverzüglich vorzubringen. Macht er von dem Besichtigungsrecht keinen Gebrauch, so begibt er sich der Einwände gegen die Art und Weise der Unterbringung, die bei Besichtigung feststellbar gewesen wären, wenn und soweit die Wahl des Lagerraums und die Unterbringung unter Wahrung der Sorgfalt eines ordentlichen Spediteurs erfolgten.

15.3 Der Auftraggeber, der ein gelagertes Gut besichtigt oder besichtigen lässt, hat die Geschäftszeiten des Spediteurs zu beachten und auf Verlangen des Spediteurs zu dulden, dass die Besichtigung nur in seiner Begleitung stattfindet.

15.4 Der Auftraggeber, der Handlungen mit dem Gut (z. B. Probeentnahme) vornimmt, hat auf Verlangen des Spediteurs Anzahl, Gewicht und Beschaffenheit des Gutes gemeinsam mit ihm festzustellen. Kommt der Auftraggeber diesem Verlangen nicht nach, ist die Haftung des Spediteurs für später festgestellte Schäden ausgeschlossen, es sei denn, der Schaden ist nicht auf die vorgenommenen Handlungen mit dem Gut zurückzuführen.

15.5 Der Auftraggeber haftet für alle Schäden, die er, seine Angestellten oder Beauftragten beim Betreten des Lagers oder beim Betreten oder Befahren des Lagergrundstücks dem Spediteur, anderen Einlagerern oder sonstigen Dritten zufügen, es sei denn, dass den Auftraggeber, seine Angestellten oder Beauftragten kein Verschulden trifft.

15.6 Mangels abweichender Vereinbarung

15.6.1 beginnt die Übernahme zur Lagerung mit der Entladung des anliefernden Fahrzeugs und die Auslieferung endet mit dem Beladen des abholenden Fahrzeugs,

15.6.2 erfolgt die Bestandsführung durch die Lagerbuchhaltung des Spediteurs,

15.6.3 erfolgt eine physische Inventur pro Jahr.

15.7 Entstehen dem Spediteur nach Vertragsschluss begründete Zweifel, ob seine Ansprüche durch den Wert des Gutes gesichert sind, so ist er berechtigt, dem Auftraggeber eine angemessene Frist zu setzen, in der dieser entweder für Sicherung der Ansprüche des Spediteurs oder für anderweitige Unterbringung des Gutes Sorge tragen kann. Kommt der Auftraggeber diesem Verlangen nicht nach, so ist der Spediteur zur Kündigung ohne Kündigungsfrist berechtigt.

In Ziffer 15 ADSp ist die sogenannte **verfügte Lagerung** definiert. Gemeint ist damit eine ausdrücklich vom Auftraggeber beauftragte Lagerung durch den Spediteur oder Lagerhalter. Geregelt sind hier die Pflichten des Lagerhalters bzw. des Spediteurs, wie er über die Details der Lagerung seinen Auftraggeber zu informieren hat. Strickt hiervon zu trennen ist die **verkehrsbedingte Zwischenlagerung**, also Lagerung, die der Spediteur in Abwicklung des Speditionsauftrags veranlasst und organisiert, um seiner Beauftragung nachzukommen. Grundsätzlich hat der Spediteur bei einer verkehrsbedingten Zwischenlagerung keinerlei Informationsverpflichtungen gegenüber dem Auftraggeber. Immer dann, wenn die Art der Transportabwicklung einen Umschlag mit Zwischenlagerung zwangsläufig verursacht, liegt die sogenannte verkehrsbedingte Zwischenlagerung vor, die keinerlei Informationspflichten des Spediteurs zur Folge hat. Neu in Ziffer 15 Absatz 6: Mangels abweichender Vereinbarung obliegt die Gewährleistung ab dem Zeitpunkt der Entladung des anliefernden Fahrzeugs und mit der Beladung bei der Auslieferung dem Lagerhalter. Weiter ist er zur Bestandsführung verpflichtet, sowie zu einer physischen Inventur pro Jahr. Inventurdifferenzen fallen danach nicht mehr unter Ziffer 15 ADSp, sondern ausschließlich unter Ziffer 21.3 ADSp.

16. Angebote und Vergütung

16.1 Angebote des Spediteurs und Vereinbarungen mit ihm über Preise und Leistungen beziehen sich stets nur auf die namentlich aufgeführten Leistungen, Gut normalen Umfangs, normalen Gewichts und normaler Beschaffenheit und ein im Wesentlichen unverändertes Güter-, Auftragsaufkommen oder Mengengerüst.

Sie setzen normale unveränderte Beförderungsverhältnisse, ungehinderte Verbindungswege, Möglichkeit unmittelbarer sofortiger Weiterversendung, Weitergeltung der bisherigen der Vereinbarung zugrunde liegenden Frachten, Valutaverhältnisse und Tarife, unveränderte Datenverarbeitungsanforderungen, Qualitätsvereinbarungen und Verfahrensanweisungen sowie unveränderte öffentliche Abgaben, Energie- und Personalkosten voraus, es sei denn, die Veränderungen sind unter Berücksichtigung der Umstände bei Vertragsschluss vorhersehbar gewesen.

16.2 Wird ein Nachnahme- oder sonstiger Einziehungsauftrag nach Beförderungsbeginn zurückgezogen, oder geht der vom Empfänger einzuziehende Betrag nicht ein, kann der Spediteur dennoch Provision erheben.

17. Aufwendungen des Spediteurs, Freistellungsanspruch

17.1 Der Spediteur hat Anspruch auf Ersatz der Aufwendungen, die er den Umständen nach für erforderlich halten durfte, insbesondere Beiträge zu Havereiverfahren, Detention- oder Demurrage-Kosten, Nachverpackungen zum Schutz des Gutes.

17.2 Wenn der Auftraggeber den Spediteur beauftragt, Gut in Empfang zu nehmen und bei der Ablieferung an den Spediteur Frachten, Wertnachnahmen, Zölle, Steuern oder sonstige Abgaben oder Spesen gefordert werden, ist der Spediteur berechtigt, aber nicht verpflichtet, diese – soweit er sie den Umständen nach für erforderlich halten durfte – auszulegen und vom Auftraggeber Erstattung zu verlangen.

17.3 Von Aufwendungen wie Frachtforderungen, Beiträgen zu Havereiverfahren, Zöllen, Steuern und sonstigen Abgaben, die an den Spediteur, insbesondere als Verfügungsberechtigten oder als Besitzer fremden Gutes gestellt werden, hat der Auftraggeber den Spediteur auf Aufforderung sofort zu befreien, wenn sie der Spediteur nicht aufgrund pflichtwidrigen Verhaltens zu vertreten hat.

17.4 Der Auftraggeber hat den Spediteur und seine Erfüllungsgehilfen auch von allen Ansprüchen Dritter freizustellen, wenn und soweit dem Auftraggeber oder seinen Erfüllungsgehilfen diese Ansprüche zuzurechnen sind.

Der Spediteur ist Geschäftsbesorger und hat als solcher nach Geschäftsbesorgungs- und Auftragsrecht (§§ 670, 672 BGB) diesen Anspruch auf Aufwendungsersatz. Das gilt auch, wenn der Spediteur in Erfüllung seiner **Interessenwahrungsverpflichtung** ohne Weisung tätig wird und dabei notwendige Aufwendungen macht. Die Interessenwahrungspflicht ist fortlaufender Bestandteil eines jeden Speditionsvertrags. Dieser Freistellungsanspruch gilt auch für alle Ansprüche Dritter, wenn und soweit dem Auftraggeber und seinem Erfüllungsgehilfen diese Ansprüche zuzurechnen sind. Leistungsinhalt des Freistellungsanspruchs ist die vollumfängliche Befreiung von einer Verbindlichkeit.

18. Rechnungen, fremde Währung

18.1 Rechnungen des Spediteurs über fällige Forderungen sind sofort zu begleichen. Die Fälligkeit der Vergütung hängt nicht von der Vorlage eines Ablieferungsnachweises ab.

18.2 Der Spediteur ist berechtigt, von ausländischen Auftraggebern oder Empfängern nach seiner Wahl Zahlung in ihrer Landeswährung oder in deutscher Währung zu verlangen.

18.3 Schuldet der Spediteur fremde Währung oder legt er fremde Währung aus, so ist er berechtigt, entweder Zahlung in der fremden oder in deutscher Währung zu verlangen. Verlangt er deutsche Währung, so erfolgt die Umrechnung zu dem am Tage der Zahlung amtlich festgesetzten Kurs, es sei denn, dass nachweisbar ein anderer Kurs zu zahlen oder gezahlt worden ist.

18.4 Eine Zahlungsabwicklung im Gutschriftenverfahren ist ausdrücklich zu vereinbaren. Unabhängig davon sind Gutschriften nach Leistungserbringung sofort zu erteilen und zu bezahlen.

Kernaussage der Ziffer 18: **Fällige Forderungen** sind sofort zu begleichen. Klargestellt ist damit, dass die Fälligkeit nicht von der Vorlage eines Ablieferungsnachweises abhängig gemacht werden darf, entscheidend ist die tatsächliche Ablieferung des Gutes. Das Thema **Gutschriftsverfahren** wird dahingehend definiert, dass der Auftraggeber dem Spediteur eine Gutschrift zu erteilen hat. Voraussetzung ist, dass dies ausdrücklich zwischen dem Auftraggeber und dem Spediteur vereinbart wird, und: Gutschriften sind nach Leistungserbringung sofort zu erteilen und zu bezahlen, die Forderung also fällig ist.

19. Aufrechnung, Zurückbehaltungsrecht
Gegenüber Ansprüchen aus dem Verkehrsvertrag und damit zusammenhängenden außervertraglichen Ansprüchen ist eine Aufrechnung oder Zurückbehaltung nur zulässig, wenn der fällige Gegenanspruch unbestritten, entscheidungsreif oder rechtskräftig festgestellt ist.

20. Pfand- und Zurückbehaltungsrecht
20.1 Zur Absicherung seiner Forderungen aus verkehrsvertraglichen Leistungen darf der Spediteur sich auf die ihm zustehenden gesetzlichen Pfand- und Zurückbehaltungsrechte berufen.
20.2 Die Pfandverwertung erfolgt nach den gesetzlichen Bestimmungen mit der Maßgabe, dass
20.2.1 bei Ausübung des gesetzlichen Pfandrechts des Frachtführers oder Verfrachters die Androhung des Pfandverkaufs und die erforderlichen Benachrichtigungen an den Empfänger zu richten sind,
20.2.2 an die Stelle der in § 1234 BGB bestimmten Frist von einem Monat die von einer Woche tritt.
20.3 Der Auftraggeber ist berechtigt, die Ausübung des Pfandrechts zu untersagen, wenn er dem Spediteur ein hinsichtlich seiner Forderungen gleichwertiges Sicherungsmittel (z. B. selbstschuldnerische Bankbürgschaft) einräumt.

Das **Pfandrecht** (§§ 1204, 1257 BGB) ist ein Recht an der Sache, wonach der Gläubiger berechtigt ist, das Gut durch Versteigerung oder Verkauf zu verwerten und sich aus dem Erlös zu befriedigen. Das **Zurückbehaltungsrecht** ist nicht in gleicher Weise ein Recht an der Sache, sondern die Befugnis des einen Vertragspartners, mit der Erfüllung seiner Verpflichtung zu warten (und dadurch Druck auf den anderen Vertragspartner auszuüben), bis der andere Partner seinerseits leistet (§ 273 BGB). Die Lösung liegt dann in der gleichzeitigen Leistung beider Zug um Zug. Unter Kaufleuten besteht das kaufmännische Zurückbehaltungsrecht (§ 369 HGB) auch wegen früherer, **inkonnexer Forderungen**.

Die ADSp definieren kein eigenes vertragliches ADSp-Pfandrecht, da die Rechtsprechung der letzten Jahrzehnte dies nicht zuließ. Verwiesen wird auf das gesetzliche Pfandrecht des Spediteurs, Frachtenführers oder Lagerhalters mit der Maßgabe, bei Ausübung des Pfandrechts den Pfandverkauf dem Empfänger anzudrohen und an diesen auch weitere erforderliche Benachrichtigungen zu richten. Abgekürzt wird lediglich die Frist des § 1234 BGB, wonach der Pfandverkauf von einem Monat auf eine Woche reduziert wird **(Frist zwischen Androhung und Verkauf)**. Im Übrigen gelten die Regeln des gesetzlichen Pfandrechts. Dem Auftraggeber bleibt das Recht, dem Spediteur die Ausübung des Pfandrechts zu untersagen, aber nur dann, wenn hinsichtlich der Forderung des Spediteurs ein gleichwertiges Sicherungsmittel, (z. B. eine selbstschuldnerische Bürgschaft) angeboten wird.

21. Versicherung des Gutes

21.1 Der Spediteur besorgt die Versicherung des Gutes (z. B. Transport- oder Lagerversicherung) bei einem Versicherer seiner Wahl, wenn der Auftraggeber ihn vor Übergabe der Güter beauftragt.
Kann der Spediteur wegen der Art der zu versichernden Güter oder aus einem anderen Grund keinen Versicherungsschutz eindecken, hat der Spediteur dies dem Auftraggeber unverzüglich mitzuteilen.

21.2 Der Spediteur ist berechtigt, aber nicht verpflichtet, die Versicherung des Gutes zu besorgen, wenn dies im Interesse des Auftraggebers liegt. Der Spediteur darf vermuten, dass die Eindeckung einer Versicherung im Interesse des Auftraggebers liegt, insbesondere wenn
a. der Spediteur bei einem früheren Verkehrsvertrag eine Versicherung besorgt hat,
b. der Auftraggeber im Auftrag einen Warenwert für eine Versicherung des Gutes angegeben hat.
Die Vermutung des Interesses an der Eindeckung einer Versicherung besteht insbesondere nicht, wenn
a. der Auftraggeber die Eindeckung schriftlich untersagt,
b. der Auftraggeber ein Spediteur, Frachtführer oder Lagerhalter ist.
Der Spediteur hat nach pflichtgemäßem Ermessen über Art und Umfang der Versicherung zu entscheiden und sie zu marktüblichen Bedingungen abzuschließen, es sei denn, der Auftraggeber erteilt dem Spediteur unter Angabe der Versicherungssumme und der zu deckenden Gefahren in Textform eine andere Weisung.

21.3 Besorgt der Spediteur im Interesse des Auftraggebers eine Versicherung, die Einziehung eines Entschädigungsbetrags oder übernimmt er sonstige Tätigkeiten bei Abwicklung von Versicherungsfällen und Havarien, so steht dem Spediteur auch ohne Vereinbarung eine ortsübliche, ansonsten angemessene Vergütung neben dem Ersatz seiner Auslagen zu.

Die Versicherung des Gutes gemäß Ziffer 21 berechtigt den Spediteur, Versicherungsschutz für den Auftraggeber ohne ausdrückliche Beauftragung einzudecken. Gegenstand der Versicherung des Gutes ist die traditionelle, standardisierte Waren-Transportversicherung.

> **Hinweis**
> **Transportversicherung** ist die Versicherung von Gütern in Bewegung und Bewegungsbereitschaft gegen alle Gefahren.

Durch das Merkmal Bewegungsbereitschaft werden Vor-, Zwischen- und Nachlagerungen erfasst, nicht aber der stationäre, sozusagen endgültige Ruhezustand. Das Gut ist im stationären Ruhezustand zu versichern durch eine **Lagerversicherung**. Sie war früher durch Versicherungsaufsichtsrecht beschränkt auf die vier sogenannten klassischen Lagerrisiken und die darauf zugeschnittenen Versicherungen: Feuer, Einbruch-Diebstahl, Leitungswasser und Sturm. Aus Gründen solider Versicherungstechnik verfahren viele Versicherer weiterhin nach diesen Grundsätzen (vgl. auch oben zu § 472 HGB). Transport- und Lagerversicherung sind nur beispielhaft aufgeführt. Ein Messespediteur wird auch eine **Ausstellungsversicherung** besorgen können.

Der Versicherungsauftrag soll schriftlich vereinbart werden. Nach Ziffer 3.2 ADSp genügt Datenfernübertragung oder jede sonst lesbare Form, sofern sie den Aussteller erkennbar macht. Wird der Versicherungsauftrag mündlich oder telefonisch erteilt und vom Spediteur angenommen oder sogar ausgeführt, so ist der Auftrag wirksam.

Der Auftraggeber hat die Initiative, er soll die zu versichernde Summe (vgl. Ziffer 3 ADSp) und die zu deckenden Gefahren konkret benennen. Ist der Verkehrsvertrag nicht auf Lagerung (stationäre Ruhe) beschränkt und lautet der Auftrag nur „Versicherung", so ist Transportversicherung gemeint. Bei einer Lagerung wäre jedenfalls Feuer zu versichern; ob auch eine der anderen Gefahren, hängt von der Art des Guts ab. Im Zweifel darf und muss der Spediteur nach gewissenhaftem Ermessen handeln. Er darf zu marktüblichen Bedingungen versichern; auch über seine dafür bereitgehaltene Generalpolice, was Ziffer 21.2 voraussetzt.

Anzumerken bleibt, dass der Spediteur Versicherungsnehmer und Prämienschuldner ist mit einem Erstattungsanspruch gegenüber dem Auftraggeber, der der Versicherer ist.

Ziffer 21.1. regelt die Fälle der konkreten Auftragserteilung und nicht die der Vermutung, wonach der Spediteur Versicherungsschutz eindecken kann. Ein Interesse zur Eindeckung des Versicherungsschutzes liegt für den Spediteur dann vor, wenn er damit seine Haftung reduzieren kann und mögliche Regresse ausgeschlossen werden können. Zur Verkehrssitte zählt, dass Transportversicherungsschutz durch den Spediteur besorgt wird.

Ziffer 21.2 ermöglicht zudem eine handhabbare praktikable Regelung, gerade für das Massengeschäft bei der Sammelladung. Im letzten Satz der Ziffer 21.2 ist darüber hinaus zweifelsfrei klargestellt, wann kein Versicherungsschutz zu besorgen ist, nämlich dann, wenn schriftlich der Auftraggeber dies untersagt, oder wenn der Auftraggeber ein Spediteur, Frachtführer oder Lagerhalter ist.

22. *Haftung des Spediteurs, Abtretung von Ersatzansprüchen*

22.1 *Der Spediteur haftet für Schäden nach Maßgabe der gesetzlichen Vorschriften. Es gelten jedoch die folgenden Regelungen, soweit zwingende oder AGB-feste Rechtsvorschriften nichts anderes bestimmen.*

22.2 *In allen Fällen, in denen der Spediteur nach den Ziffern 23.3 und 24 verschuldensabhängig für Verlust oder Beschädigung des Gutes (Güterschäden) haftet, hat er statt Schadenersatz Wert- und Kostenersatz entsprechend den §§ 429, 430, 432 S. 1 HGB zu leisten.*

22.3 *Bei Inventurdifferenzen kann der Spediteur bei gleichzeitigen Fehl- und Mehrbeständen desselben Auftraggebers zur Ermittlung des Wertersatzes in den von Ziffer 24 erfassten Fällen eine wertmäßige Saldierung des Lagerbestands vornehmen.*

22.4 *Auf einen Verkehrsvertrag über eine Beförderung mit verschiedenartigen Beförderungsmitteln unter Einschluss einer Seebeförderung finden unabhängig davon, auf welcher Teilstrecke ein Schaden eintritt, stets die §§ 425 bis 439 HGB Anwendung.*

22.5 *Hat der Spediteur aus einem Schadenfall Ansprüche gegen einen Dritten, für den er nicht haftet, oder hat der Spediteur gegen einen Dritten seine eigene Haftung übersteigende Ersatzansprüche, so hat er diese Ansprüche dem Auftraggeber auf dessen Verlangen abzutreten, es sei denn, dass der Spediteur aufgrund besonderer Abmachung die Verfolgung der Ansprüche für Rechnung und Gefahr des Auftraggebers übernimmt.*

Hier werden die Grundsätze der **Haftung des Spediteurs** und die Abtretung von Ersatzansprüchen geregelt. Die Haftungsrundsätze des Frachtrechts, insbesondere Art und Grund der Haftung, Beweislast, Haftungsausschlüsse usw. können nicht durch AGB geändert werden, sie sind **AGB-fest** (vgl. oben § 449 HGB). Das gilt für den Spediteur i. S. des Gesetzes soweit, als Frachtrechtsvorschriften auf ihn Anwendung finden. Das gilt bei allen sogenannten Obhutsfällen, dem Selbsteintritt und der Fixkosten- und Sammelladungsspedition (vgl. §§ 461 Abs. 1, 458, 459, 460, 466 HGB). Wegen des Grundes der Haftung bleibt es bei den AGB-festen Vorschriften des Gesetzes ohnehin. Aber auch die **AGB-freie Haftung** des Gesetzes, z. B. für Vermögensschäden durch Dispositionsfehler (vgl. § 461 Abs. 2 HGB) wird hier zu Grunde gelegt.

Geregelt ist weiter die Haftung für Güterschäden in der Obhut des Spediteurs bei reinen Seebeförderungen und grenzüberschreitenden Transporten. In Absatz 5 wird festgelegt, wonach der disponierende Schreibtisch- oder Sofaspediteur ohne Fixkosten-Vereinbarung nicht für den bei einem Frachtführer oder Subunternehmer eingetretenen Schaden selbst haftet. Der Spediteur tritt nach Wahl des Auftraggebers seine Ansprüche gegen den Dritten an den Auftraggeber ab **(Drittschadensliquidation)** oder verfolgt ihn selbst und kehrt den Erlös aus.

23. Haftungsbegrenzungen

23.1 Die Haftung des Spediteurs für Güterschäden gemäß § 431 Abs. 1, 2 und 4 HGB ist mit Ausnahme von Schäden aus reinen Seebeförderungen und verfügten Lagerungen der Höhe nach wie folgt begrenzt:

23.1.1 auf 8,33 Sonderziehungsrechte für jedes Kilogramm, wenn der Spediteur

a. Frachtführer im Sinne von § 407 HGB,

b. Spediteur im Selbsteintritt, Fixkosten- oder Sammelladungsspediteur im Sinne von §§ 458 bis 460 HGB oder

c. Obhutsspediteur im Sinne von § 461 Abs. 1 HGB

ist;

23.1.2 auf 2 statt 8,33 Sonderziehungsrechte für jedes Kilogramm, wenn der Auftraggeber mit dem Spediteur einen Verkehrsvertrag über eine Beförderung mit verschiedenartigen Beförderungsmitteln unter Einschluss einer Seebeförderung nach Ziffer 22.4 geschlossen hat.

23.1.3 Übersteigt die Haftung des Spediteurs aus Ziffer 23.1.1. einen Betrag von 1 Million Euro je Schadenfall ist seine Haftung außerdem begrenzt aus jedem Schadenfall höchstens auf einen Betrag von 1 Million Euro oder 2 Sonderziehungsrechte für jedes Kilogramm, je nachdem, welcher Betrag höher ist.

23.2 Die Haftung des Spediteurs bei Güterschäden ist bei einem Verkehrsvertrag über eine reine Seebeförderung und bei grenzüberschreitenden Beförderungen auf den für diese Beförderung gesetzlich festgelegten Haftungshöchstbetrag begrenzt.

23.3 In den von Ziffern 23.1 und 23.2 nicht erfassten Fällen (wie § 461 Abs. 2 HGB, §§ 280 ff BGB) ist die Haftung des Spediteurs für Güterschäden entsprechend § 431 Abs. 1, 2 und 4 HGB der Höhe nach begrenzt

23.3.1 bei einem Verkehrsvertrag über reine Seebeförderungen oder eine Beförderung mit verschiedenartigen Beförderungsmitteln unter Einschluss einer Seebeförderung auf 2 Sonderziehungsrechte für jedes Kilogramm,

23.3.2 bei allen anderen Verkehrsverträgen auf 8,33 Sonderziehungsrechte für jedes Kilogramm.

23.3.3 Außerdem ist die Haftung des Spediteurs begrenzt aus jedem Schadenfall höchstens auf einen Betrag von 1 Million Euro.

23.4 Die Haftung des Spediteurs für andere als Güterschäden mit Ausnahme von Schäden bei verfügten Lagerungen, Personenschäden und Sachschäden an Drittgut ist der Höhe nach begrenzt auf das Dreifache des Betrags, der bei Verlust des Gutes nach Ziffern 23.3.1 oder 23.3.2 zu zahlen wäre.

23.4.1 Außerdem ist die Haftung des Spediteurs begrenzt aus jedem Schadenfall höchstens auf einen Betrag von 100.000 Euro.

23.4.2 Die §§ 413 Abs. 2, 418 Abs. 6, 422 Abs. 3, 431 Abs. 3, 433, 466, 487 Abs. 2, 491 Abs. 5, 520 Abs. 2, 521 Abs. 4, 523 HGB sowie entsprechende Haftungsbestimmungen in internationalen Übereinkommen, von denen im Wege vorformulierter Vertragsbedingungen nicht abgewichen werden darf, bleiben unberührt.

23.5 Übersteigt die Haftung des Spediteurs aus den Ziffern 23.1, 23.3 und 23.4 einen Betrag von 2 Millionen Euro je Schadenereignis, ist seine Haftung, unabhängig davon, wie viele Ansprüche aus einem Schadenereignis erhoben werden, außerdem begrenzt auf höchstens 2 Millionen Euro je Schadenereignis oder 2 Sonderziehungsrechte für jedes Kilogramm der verlorenen und beschädigten Güter, je nachdem, welcher Betrag höher ist; bei mehreren Geschädigten haftet der Spediteur anteilig im Verhältnis ihrer Ansprüche.

Die ADSp 2016 regeln erstmals eine durchgängige, einheitliche Haftung für Schäden, die auf der Strecke des Einsatzes eines Beförderungsmittels, im Umschlag und während der verkehrsbedingten Lagerung sich ereignen. Gehaftet wird hier durchgängig mit 8,33 Sonderziehungsrechten. Die seit 1998 bestehende Differenzierung zwischen Schäden im Umschlag und Transport wurde damit beendet. Die Streitigkeit über die Lokalisierung des Schadens – ist er im Lager, ist er im Umschlag, ist er während des Transports entstanden? – wird es in Zukunft nicht mehr geben. Begrenzt wird die Haftung des Spediteurs auf ein Maximum von 1 Mio. EUR. Ausnahme-Tatbestand bleibt ein Schaden während einer **Multimodal-Beförderung unter Einschluss einer Seestrecke**, in dem 2 SZR/kg auszugleichen sind. Deklaratorisch wird auf die gesetzliche Haftung bei reiner Seebeförderung und bei grenzüberschreitenden Transporten hingewiesen. In Ziffer 23.3 wird die Haftungsbegrenzung im Fall der Verschuldenshaftung (außerhalb der frachtrechtlichen Obhutshaftung) ebenfalls im Umfang des Absatzes 2 limitiert.

In Ziffer 23.4 wird die Haftung für andere als Güterschäden begrenzt. Die Grundhaftung beträgt den dreifachen Betrag, der bei Verlust zu zahlen wäre. Demnach ergeben sich als Berechnungsgrundlage 6 SZR/kg bei reinen Seebeförderungen und bei multimodalen Beförderungen unter Einschluss einer Seestrecke. Alternativ ergeben sich 24,99 SZR/kg bei allen Beförderungen, zusätzlich höchstens auf 100.000 EUR je Schadensfall begrenzt.

24. Haftungsbegrenzungen bei verfügter Lagerung

24.1 Die Haftung des Spediteurs bei Güterschäden ist bei einer verfügten Lagerung der Höhe nach begrenzt

24.1.1 entsprechend § 431 Abs. 1, 2 und 4 HGB auf 8,33 Sonderziehungsrechte für jedes Kilogramm,

24.1.2 höchstens 25.000 Euro je Schadenfall.

24.1.3 Besteht der Schaden eines Auftraggebers in einer Differenz zwischen Soll- und Ist-Bestand des Lagerbestands, ist die Haftung des Spediteurs abweichend von Ziffer 24.1.2 der Höhe nach auf 50.000 Euro pro Jahr begrenzt, unabhängig von Anzahl und Form der durchgeführten Inventuren und von der Zahl der für die Inventurdifferenz ursächlichen Schadenfälle.

24.2 Der Auftraggeber kann gegen Zahlung eines zu vereinbarenden Zuschlags vor Einlagerung in Textform einen Wert zur Erhöhung der Haftung angeben, der die in Ziffer 24.1 bestimmten Höchstbeträge übersteigt. In diesem Fall tritt der jeweils angegebene Wert an die Stelle des betreffenden Höchstbetrages.

24.3 Die Haftung des Spediteurs für andere als Güterschäden mit Ausnahme von Personenschäden und Sachschäden an Drittgut ist bei einer verfügten Lagerung begrenzt auf 25.000 Euro je Schadenfall.

24.4 Die Haftung des Spediteurs – mit Ausnahme von Personenschäden und Sachschäden an Drittgut – ist in jedem Fall, unabhängig davon, wie viele Ansprüche aus einem Schadenereignis erhoben werden, bei einer verfügten Lagerung auf 2 Millionen Euro je Schadenereignis begrenzt; bei mehreren Geschädigten haftet der Spediteur anteilig im Verhältnis ihrer Ansprüche. Ziffer 24.2 bleibt unberührt.

Neu ist hier die Grundhaftung mit 8,33 SZR/kg. Damit kommt zukünftig in den ADSp auch in diesen Bereich das gesetzliche Leitbild gemäß § 431 HGB im Lager zum Tragen. Die Begrenzung je Schadensfall wurde von 5.000 € auf 25.000 € erhöht. Ebenfalls erhöht wurde die Haftung für

Güterschäden je Inventurdifferenz auf 50.000 € statt bisher 25.000 €. Die Begrenzung gilt per anno und unabhängig von der Anzahl und Form der durchgeführten Inventuren.

Erstmals aufgenommen in die ADSp wurde in Ziffer 24.2 eine **Wertedeklaration** zur Erhöhung der Haftungssumme. Damit wird dem Auftraggeber ermöglicht, eine höhere Haftung als die Begrenzung auf 8,33 SZR/kg, die 25.000 € je Schadensfall oder die 50.000 € je Inventurdifferenz mit dem Auftraggeber zu vereinbaren. Für die Höher-Wertedeklaration wird ein Zuschlag vor Einlagerung in Textform mit dem Auftraggeber vereinbart. Mit diesem Konstrukt folgt der DSLV einem durch den BGH anerkannten Leitbild, wonach wirksam die Haftung begrenzt werden kann, wenn zugleich dem Auftraggeber eine Höher-Wertedeklaration – wie hier geschehen – angeboten wird. Als erster Versicherer hat die KRAVAG-Versicherung eine Ergänzung der Verkehrshaftungsversicherung, die ADSp-Lager-Plus seinen Versicherungsnehmern angeboten. Damit kommt der Spediteur seiner Verpflichtung nach, eine Absicherung für höher-deklarierte Lagergüter bereitzustellen. Zusätzlich wird darüber hinaus auf Wunsch des Auftraggebers angeboten, auch Güterfolgeschäden und Vermögensschäden bis 100.000 € zu versichern.

25. Beweislast

25.1 Gemäß §512 Abs. 2 Nr. 1 HGB ist vereinbart, dass der Spediteur in seiner Stellung als Verfrachter ein Verschulden seiner Leute und der Schiffsbesatzung nicht zu vertreten hat, wenn der Schaden durch ein Verhalten bei der Führung oder der sonstigen Bedienung des Schiffes, jedoch nicht bei der Durchführung von Maßnahmen, die überwiegend im Interesse der Ladung getroffen wurden, oder durch Feuer oder Explosion an Bord eines Schiffes entstanden ist.

25.2 Gemäß Art 25 Abs. 2 CMNI ist vereinbart, dass der Spediteur in seiner Stellung als Frachtführer oder ausführender Frachtführer nicht für Schäden haftet, die

25.2.1 durch eine Handlung oder Unterlassung des Schiffsführers, Lotsen oder sonstiger Personen im Dienste des Schiffes oder eines Schub- oder Schleppbootes bei der nautischen Führung oder der Zusammenstellung oder Auflösung eines Schub- oder Schleppverbandes verursacht werden, vorausgesetzt, der Spediteur hat seine Pflichten nach Art. 3 Abs. 3 CMNI hinsichtlich der Besatzung erfüllt, es sei denn, die Handlung oder Unterlassung wird in der Absicht, den Schaden herbeizuführen, oder leichtfertig und in dem Bewusstsein begangen, dass ein solcher Schaden mit Wahrscheinlichkeit eintreten werde,

25.2.2 durch Feuer oder Explosion an Bord des Schiffes verursacht werden, ohne dass nachgewiesen wird, dass das Feuer oder die Explosion durch ein Verschulden des Spediteurs, des ausführenden Frachtführers oder ihrer Bediensteten oder Beauftragten oder durch einen Mangel des Schiffes verursacht wurde,

25.2.3 auf vor Beginn der Reise bestehende Mängel seines oder eines gemieteten oder gecharterten Schiffes zurückzuführen sind, wenn er beweist, dass die Mängel trotz Anwendung gehöriger Sorgfalt vor Beginn der Reise nicht zu entdecken waren.

Mit dieser Regelung greifen die ADSp die gesetzliche Haftungsreduzierung bei See- und Binnenschiffbeförderungen auf. Das HGB regelt in §512 Abs. 2 Nr. 1 HGB ausdrücklich, dass grundsätzlich kein Haftungsausschluss für das sogenannte **nautische Verschulden** bzw. Schäden durch Feuer an Bord vorgesehen ist. Dieser Ausschluss kann in AGBs abweichend geregelt werden. Würde hiervon kein Gebrauch gemacht, so würde für all diese Schäden ein beauftragter Spediteur seinem Auftraggeber gegenüber eintreten müssen, obwohl er demgegenüber vom durchführenden Carrier keinen Ausgleich erhalten würde. Der Ausschluss ist insofern interessengerecht. Durch den Abschluss einer **Gütertransport-Versicherung** kann hierfür grundsätzlich Versicherungsschutz erlangt werden.

26. *Außervertragliche Ansprüche*

Die vorstehenden Haftungsausschlüsse und -begrenzungen finden nach Maßgabe der §§434, 436 HGB auch auf außervertragliche Ansprüche Anwendung.

Die §§413 Abs. 2, 418 Abs. 6, 422 Abs. 3, 431 Abs. 3, 433, 466, 487 Abs. 2, 491 Abs. 5, 520 Abs. 2, 521 Abs. 4, 523 HGB sowie entsprechende Haftungsbestimmungen in internationalen Übereinkommen, von denen im Wege vorformulierter Vertragsbedingungen nicht abgewichen werden darf, bleiben unberührt.

Ausdrücklich vereinbart wird, dass die vorstehenden Haftungsausschlüsse auch für außervertragliche Ansprüche zur Anwendung kommen, soweit dies gesetzlich zulässig ist.

27. *Qualifiziertes Verschulden*

27.1 Die in den Ziffern 22.2, 22.3, 23.3 und 23.4 i. V. m. 23.5, sowie 24 genannten Haftungsausschlüsse und -begrenzungen gelten nicht, wenn der Schaden verursacht worden ist

27.1.1 durch Vorsatz oder grobe Fahrlässigkeit des Spediteurs oder seiner leitenden Angestellten oder

27.1.2 durch Verletzung vertragswesentlicher Pflichten, wobei Ersatzansprüche in letzterem Fall begrenzt sind auf den vorhersehbaren, typischen Schaden.

Vertragswesentliche Pflichten sind Pflichten, deren Erfüllung die ordnungsgemäße Durchführung des Verkehrsvertrags erst ermöglicht und auf deren Einhaltung der Vertragspartner regelmäßig vertrauen darf.

27.1.3 Abweichend von Ziffer 27.1.2 entfallen die Haftungsbegrenzungen in Ziffer 24.1 und 24.2 nur bei einer grob fahrlässigen oder vorsätzlichen Verletzung vertragswesentlicher Pflichten.

27.2 §435 HGB bleibt in den von Ziffer 23.1 i. V. m 23.5 und §507 HGB bei einem Verkehrsvertrag über eine reine Seebeförderung in den von Ziffer 23.2 erfassten Fällen anwendbar.

27.3 Ziffer 27.1 findet keine Anwendung auf gesetzliche Vorschriften wie Art. 25 MÜ, Art. 36 CIM oder Art. 21 CMNI, die die Haftung des Spediteurs erweitern oder die Zurechnung des Verschuldens von Leuten oder sonstigen Dritten ausdehnen.

Der gesetzliche Begriff von schwerer Schuld, der außer dem Vorsatz auch etwas der bewussten **groben Fahrlässigkeit** Entsprechendes umfasst, gilt für das Frachtrecht (§435 HGB) und alle Fälle, in denen Frachtrecht Anwendung findet. Die Regel, dass im Falle solcher schwerer Schuld alle Haftungsbefreiungen und -begrenzungen unwirksam werden, wird von den ADSp hier übernommen. Sie führen den Gedanken weiter und wenden ihn auch auf die Haftung eines Spediteurs an, die nicht dem Frachtrecht unterliegt, insbesondere also bei Disposition und Lagerung. Dabei wird aber der frühere Begriff der schweren Schuld verwandt, der außer dem Vorsatz die grobe Fahrlässigkeit umfasst, und sich gemäß der Rechtsprechung auf das Verhalten des Spediteurs in eigener Person und seiner leitenden Angestellten konzentriert.

Der Begriff des **Groben Organisationsverschuldens** erfasst Fälle, in denen dem Spediteur strukturelle Mängel in der Organisation seines Betriebs vorgeworfen werden, insbesondere im Fall des Verlusts. Dabei geht der BGH davon aus, dass beim Umstand von Transportgütern eine besonders risikoanfällige Tätigkeit vorliegt, die der Spediteur so zu organisieren hat, sodass grundsätzlich durch intensive **Schnittstellenkontrollen** ein Verlust auszuschließen ist. Durch die langjährige praktisch unbegrenzte Haftung der Spediteure in diesen Fällen hat sich die Organisation der Logistiker gerade in diesen Bereichen entscheidend verbessert. Zudem hat der BGH seine Rechtsprechung von einer grundsätzlichen **Einlassungspflicht** des Frachtführers oder Spediteurs differenziert, sodass dieser nur dann einen konkreten Sachvortrag zum Schadenfall vorzulegen hat, wenn konkret vorgetragen ist, welche Sorgfaltspflicht der Spediteur verletzt hat und wie seine organisatorischen Maßnahmen getroffen wurden. Im Ergebnis führt dies dazu, dass gerade bei hochwertigen Gütern durch Anzeigepflichten des Auftraggebers – die dieser in der Praxis oftmals nicht erfüllt – zu einem Mitverschuldenanteil am Schadenfall herangezogen wird. Der Spediteur hat demzufolge keinen vollständigen Schadenersatz zu leisten. Diese Rechtsprechung ist jetzt kontinuierlich durch den BGH bestätigt worden und führt in vielen Schadensfällen wieder zu einer beschränkten Haftung des Spediteurs.

Mit der neuen Strukturierung nach

- Verschuldenshaftung,
- frachtrechtliche HGB-Haftung,
- frachtrechtliche Haftung nach internationalen Übereinkommen,
- Haftungsdurchbrechung bei Verschuldenshaftung,
- Vorsatz und grobe Fahrlässigkeit, § 309 Nr. 7b BGB
- fahrlässige Verletzung vertragswesentlicher Pflichten, § 307 Abs. 2 Nr. 2 BGB

werden die Anforderungen nach der Rechtsprechung definiert, in welchen Fällen von einem qualifizierten Verschulden und damit einer unbegrenzten Haftung auszugehen ist.

28. Haftungsversicherung

28.1 Der Spediteur ist verpflichtet, bei einem Versicherer seiner Wahl eine Haftungsversicherung abzuschließen und aufrecht zu erhalten, die mindestens im Umfang der Regelhaftungssummen seine verkehrsvertragliche Haftung nach den ADSp und nach dem Gesetz abdeckt.

28.2 Die Vereinbarung einer Höchstersatzleistung je Schadenfall, Schadenereignis und Jahr ist zulässig; ebenso die Vereinbarung einer angemessenen Selbstbeteiligung des Spediteurs.

28.3 Der Spediteur hat dem Auftraggeber auf Verlangen das Bestehen eines gültigen Haftungsversicherungsschutzes nachzuweisen. Hierfür genügt die Vorlage einer Versicherungsbestätigung. Erbringt er diesen Nachweis nicht innerhalb einer angemessenen Frist und verfügt er nicht über einen gültigen Versicherungsschutz, darf sich der Spediteur gegenüber dem Auftraggeber nicht auf die Haftungsbestimmungen der ADSp berufen.

Wie die Überschrift bereits besagt, wird in Ziffer 28 ausschließlich die **Haftungsversicherung** des Spediteurs geregelt. Zudem haben kartellrechtliche Zwänge dazu geführt, die Formulierung und Definition möglichst weit zu gestalten, um eine Marktverengung und ein Eingreifen der Kartellbehörden auszuschließen. Besonders zu bemerken ist, dass die Verpflichtung im Gegensatz zu früher dahingehend reduziert wurde, wonach der Spediteur lediglich dazu verpflichtet ist, seine verkehrsvertragliche Haftung nach ADSp und nach dem Gesetz im Umfang der Regelhaftungssummen abzuschließen. Deckungslücken können somit immer dann vorliegen, wenn eine unbegrenzte Haftung nach den ADSp bzw. dem HGB zum Tragen kommt. Dies gilt ebenso für den Versicherer, der im Rahmen seines Deckungsschutzes Deckungsgrenzen vorhalten kann, was die Konzeption des GDV im Bereich der Schadensfälle des Groben Organisationsverschuldens bzw. bei Ausschlüssen für wertvolle und diebstahlsgefährdete Güter bereits in die Praxis umgesetzt hat.

Auch diese Bestimmung war Voraussetzung für die Versicherungswirtschaft, zukünftig einen Versicherungsschutz für die ADSp anzubieten. Die Begrenzung der Versicherungsleistung je Schadenfall, je Schadenereignis und je Jahr ist zulässig und stellt für den Verlader ein zusätzliches Risiko dar, da er im regelmäßigen Geschäftsverkehr über die Details des Versicherungsschutzes für die Haftungsversicherung nicht informiert ist.

Bemerkenswert bleibt weiter, dass im Gegensatz zur Versicherung des Gutes in der Haftungsversicherung eine Selbstbeteiligung zulässig ist. Diese wird von der Art der Tätigkeit nach dem Schadensverlauf und den Besonderheiten des Versicherungsnehmers festzulegen sein. Was die Höhe anbelangt, so ist abgesehen von **Bagatellschäden** bis 1.000 € die Festlegung der Selbstbeteiligung bis zu 10 % unproblematisch. Bei höherer Selbstbeteiligung stellt sich die Frage, ob tatsächlich eine Versicherung noch vorliegt, durch die der Auftraggeber auch im Schadenfall eine Regulierung erwarten kann.

29. Geheimhaltung, Compliance

29.1 Die Parteien sind verpflichtet, sämtliche ihnen bei der Durchführung des Verkehrsvertrags bekannt werdenden und als vertraulich gekennzeichneten Informationen vertraulich zu behandeln. Die Informationen dürfen ausschließlich zum Zwecke der Leistungserbringung genutzt werden. Nicht erfasst hiervon sind Informationen, die öffentlich zugänglich oder bei objektiver Betrachtung für die andere Vertragspartei nicht schutzbedürftig sind.

29.2 Beide Parteien verpflichten sich bei der Ausführung der vertraglichen Verpflichtungen, die für ihr Unternehmen geltenden gesetzlichen Vorschriften einzuhalten, und unterstützen und achten die Grundsätze des „Global Compact" („UNGC"), der allgemeinen Erklärung der Menschenrechte der Vereinten Nationen und die Erklärung der International Labor Organization über grundlegende Prinzipien und Rechte bei der Arbeit von 1998 („Declaration on Fundamental Principles and Rights at Work") in Übereinstimmung mit nationalen Gesetzen und Gepflogenheiten. Insbesondere werden beide Parteien in ihren Unternehmen

a. keine Kinder beschäftigen oder Zwangsarbeiter einsetzen,
b. die jeweiligen nationalen Gesetze und Regelungen über Arbeitszeiten, Löhne und Gehälter, insbesondere zur Zahlung des gesetzlichen Mindestlohns, und sonstige Arbeitgeberverpflichtungen einhalten,
c. die geltenden Arbeits- und Gesundheitsbestimmungen einhalten und für ein sicheres und gesundheitsförderliches Arbeitsumfeld sorgen, um die Gesundheit der Beschäftigten zu erhalten und Unfälle, Verletzungen sowie arbeitsbedingte Erkrankungen zu vermeiden,
d. jegliche Diskriminierung aufgrund Rasse, Religion, Behinderung, Alter, sexueller Orientierung oder Geschlecht unterlassen,
e. die internationalen Antikorruptionsstandards, wie sie im UNGC und lokalen Antikorruptions- und -bestechungsgesetzen festgelegt sind, beachten,
f. alle geltenden Umweltgesetze und -regelungen einhalten.

Erstmals werden die Pflichtenkreise **Geheimhaltung** und Compliance in den ADSp geregelt.

Unter Geheimhaltung werden alle vertraulich gekennzeichneten Daten definiert, die ausschließlich zur Nutzung nur zum Zwecke der Leistungserbringung verwendet werden dürfen. Insbesondere jegliche anderweitige Nutzung oder Weitergabe stellt damit einen groben Vertragsverstoß mit der Rechtsfolge des Schadensersatzes dar.

Als **Compliance** wird klargestellt, dass es sich zentral um die Einhaltung sämtlicher Rechtsvorschriften und gesetzlichen Vorgaben handelt. Eine Ausdehnung auf firmenspezifische Werte wurde ausdrücklich nicht aufgenommen, da dies nur im Einzelfall geregelt werden kann. Ein Logistiker, der im Regelfall für eine Vielzahl von Kunden tätig ist, ist objektiv nicht in der Lage, die jeweils spezifischen Firmenregelungen generell und verbindlich zu übernehmen.

Mit der Übernahme dieser Pflichtenbestandteile eines Logistikvertrags wird insbesondere dem Wunsch der Verladerschaft Rechnung getragen, diese Weiterentwicklung der Rechtsordnung in den ADSp zu integrieren.

30. ***Erfüllungsort, Gerichtsstand, anzuwendendes Recht***

30.1 Für die Rechtsbeziehung zwischen Spediteur und Auftraggeber gilt deutsches Recht.

30.2 Der Erfüllungsort ist für alle Beteiligten der Ort derjenigen Niederlassung des Spediteurs, an die der Auftrag oder die Anfrage gerichtet ist.

30.3 Der Gerichtsstand für alle Rechtsstreitigkeiten, die aus dem Verkehrsvertrag, seiner versuchten Anbahnung oder im Zusammenhang damit entstehen, ist für alle Beteiligten, soweit sie Kaufleute sind, der Ort derjenigen Niederlassung des Spediteurs, an die der Auftrag oder die Anfrage gerichtet ist; für Ansprüche gegen den Spediteur ist dieser Gerichtsstand ausschließlich. Die vorstehende, ausschließliche Gerichtsstandsbestimmung gilt im Fall der Art. 31 CMR und 46 § 1 CIM als zusätzliche Gerichtsstandsbestimmung, im Falle der Art. 39 CMR, 33 MÜ, 28 WA nicht.

3.3.3 Exkurs: Die VBGL neben den ADSp

Seit 1998 werden mit den VBGL AGB für Logistiker angeboten, die auf Transportunternehmer fokussiert sind. Diese Bedingungen werden unverbindlich vom BGL zur Verwendung im Geschäftsverkehr empfohlen. Wie bei den ADSp ist es nicht zwingend, Mitglied im BGL zu sein, um die VBGL zu verwenden. Im Laufe der Jahre haben sich die VBGL bei Transportunternehmern in ihrem Verwendungsgrad deutlich gesteigert. Bereits im Juni 2013 hatte der BGL die VBGL aktualisiert. Die Gestaltungsmöglichkeiten im Transportrecht und insbesondere nach dem Seerechtsänderungsgesetz wurden genutzt. Die VBGL stehen für Transportlogistiker mit Fokussierung auf Straße als attraktives Bedingungswerk zur Verfügung. Die VBGL sind über das Internet zu erhalten unter www.bgl-ev.de.

Zur Haftung: Die **Haftung des Güterkraftverkehrsunternehmers** wird in den §§ 27–32 VBGL geregelt. Hier werden zunächst einmal die gesetzlichen Regelungen von §§ 425 f. HGB und §§ 461 f. HGB übernommen. Als durchgängige Frachtvertragsentschädigung für Schäden werden 8,33 Sonderziehungsrechte pro Kilogramm definiert. Dies gilt auch für die transportbedingte Zwischenlagerung.

In § 28 VBGL wird eine verschuldensunabhängige, beschränkte Haftung des Absenders gegenüber dem Frachtführer für Schäden und Aufwendungen gemäß § 414 HGB definiert. Diese Absenderhaftung ist damit dem Grunde nach zunächst einmal der Höhe nach unbeschränkt. Da diese z. B. durch AGB des Verladers beschränkt werden können, ist hier eine Haftungsmindestgrenze festgelegt. Die Haftungsmindestsumme des Absenders darf 1 Mio. € nicht unterschreiten, wenn dieser die Höchstsumme in seinen Vertragsbedingungen festlegt. Des Weiteren ist für das sogenannte nautische Verschulden sowie für Schäden durch Feuer und Explosionen an Bord auf die Gestaltungsmöglichkeiten des § 512 Abs. 1, Nr. 1 HGB zurückgegriffen worden, indem hier auch ein Haftungsausschluss für Reeder und Verfrachter in AGB vorgenommen wurden. Um sicherzustellen, dass der Spediteur im Außenverhältnis zu seinem Auftraggeber für nautisches Verschulden und Feuer an Bord auch nicht haftet, wurde in § 29 Abs. 1 VBGL eine entsprechende Regelung aufgenommen.

Ein weiterer Unterschied zu den ADSp ergibt sich bei der Haftung für verfügte Lagerung. Ersetzt werden Güterschäden bis zu 5 €/kg Rohgewicht der Sendung, höchstens 100.000,00 € je Schadensfall. Für Inventurdifferenzen wird auch ein maximaler Schadensersatz in einer Differenz zwischen Soll- und Ist-Bestand von 25.000,00 € geleistet. Die VBGL haben im Vergleich zu den ADSp die Haftungshöchstsummen erhöht, insofern dürften sie somit AGB-fest sein. Eine weitere Besonderheit der VBGL ist, dass für logistische Dienstleistungen, die mit der Beförderung oder Lagerung von Gütern im Zusammenhang stehen, aber nicht speditionsüblich sind, ebenfalls Schadensersatz geleistet wird. Die Haftung ist begrenzt für Güterschäden auf 1 Mio. €

je Schadensfall. Für sonstige Schäden wird die Haftung auf 20.000,00 € je Schadensfall bzw. für Serienschäden auf 1.000.000,00 € je Schadensfall definiert.

3.4 DTV-VHV 2003/2011 (GDV-Modell)

Unter Bezugnahme auf die Ausführungen zur Entwicklung der ADSp wurde bereits darauf hingewiesen, dass es seit dem 1.1.2003 keine fest verbundene Versicherungslösung mehr in den ADSp gibt. Als Ersatz wurden durch den Gesamtverband der Deutschen Versicherungswirtschaft e. V. (GDV) Musterbedingungen zur Abwicklung der speditionellen Haftung entwickelt und veröffentlicht, kurz das **GDV-Modell**, das **DTV-Verkehrshaftungsversicherungs-Bedingungen (DTV-VHV)** für Frachtführer, Spedition und Lagerhalter 2003/2011 heißt.

Was regelt das GDV-Modell?

Inhalte des GDV-Modells
• Bausteinsystem • Betriebsbeschreibung • Enge Vorsorgeversicherung • Enger Deckungsumfang der Haftungsversicherung • Stationäre Lagerrisiken nur eingeschränkt versichert • Schadenversicherung wird ersetzt durch Spediteur-Generalpolice mit auftragsbezogener Prämienabführung • Kein Automatismus für Schadenversicherung

Tab. 3.4-1: GDV-Modell: Übersicht – Systematik **Quelle: Eigene Darstellung**

Praktische Folgen des GDV-Modells
• Kein Gleichlauf zwischen Haftung des Spediteurs und seinem Versicherungsschutz • Eingeschränkter Geltungsbereich im Regelfall nicht weltweit, sondern begrenzt auf EWR • Keine automatische Bezugnahme auf die ADSp • Das GDV-Modell sieht den Ausschluss bestimmter Güterarten vor mit entsprechenden Problemen für Sammelgut-Spediteure in der Praxis • Sonder-Regelungen für Grobes Organisationsverschulden mit Jahresaggregat

Tab. 3.4-2: Die wirtschaftlichen und praktischen Auswirkungen des GDV-Modells
Quelle: Eigene Darstellung

Das GDV-Modell gilt also grundsätzlich für Schäden aus Verkehrsverträgen, die von einem Frachtführer, einem Spediteur oder Lagerhalter als Auftragnehmer im Rahmen seiner gewerblichen Tätigkeit verursacht wurden. **Leitbild des GDV-Modells** ist die Trennung von Verkehrshaftungsrisiken in die Bereiche der Haftungsrisiken und der Waren-Transportversicherung. Dabei ist insbesondere kein Direktanspruch für den Geschädigten vorgesehen. Ziel der Versicherer ist es dabei, einen risikobezogenen Versicherungsschutz durch individuelles Underwriting im Markt sicherzustellen.

Das GDV-Modell beinhaltet das Bausteinsystem. Hieraus ergeben sich besondere Risiken für den Versicherungsnehmer, den Spediteur, wenn er neue nicht angezeigte bzw. vorher nicht absehbare Tätigkeiten übernimmt und nicht rechtzeitig den Versicherer hierüber informiert. Bei der früheren Speditionsversicherung war dies anders, da nicht risikobezogen Versicherungsschutz zur Verfügung gestellt wurde, sondern generell die weltweite Tätigkeit des Spediteurs, des Lagerhalters oder Frachtführers grundsätzlich mitversichert waren.

Seit der Einführung der DTV-VHV 2003/2011 sind nun einige Jahre vergangen. Festzustellen ist, dass das ursprüngliche Ziel des Gesamtverbands der deutschen Versicherungswirtschaft in entscheidenden Punkten nicht durchgesetzt wurde. Zwischenzeitlich ist vielmehr positiv eine Entwicklung vorhanden, die wiederum die Spedition in die komfortable Lage versetzt, weitgehend – bei sorgfältigem Umgang mit der Betriebsbeschreibung – auch einen umfassenden Versicherungsschutz im Erfüllungsbereich zu erhalten. Die Logistikbranche hat durch eine Vielzahl von organisatorischen Veränderungs- und Kontrollstellenoptimierungen insgesamt das Schadenpotenzial reduziert, sodass auch die Belastung für die Versicherungswirtschaft deutlich geringer ist und seitens der Versicherungswirtschaft insofern Zugeständnisse im Markt möglich waren.

Nachfolgend werden die allgemeinen Versicherungsbedingungen mit kurzen Erläuterungen dargestellt, wobei sich die Darstellung nur auf die wesentlichen Besonderheiten konzentriert. Bezug genommen wird dabei auf die Bekanntgabe des GDV zur fakultativen Verwendung, wobei ausdrücklich darauf hingewiesen wird, dass abweichende Vereinbarungen möglich sind.

1 Gegenstand der Versicherung

1.1 Verkehrsverträge

Gegenstand der Versicherung sind Verkehrsverträge (Fracht-, Speditions- und Lagerverträge) des Versicherungsnehmers als Frachtführer im Straßengüterverkehr, als Spediteur oder Lagerhalter, die während der Laufzeit dieses Versicherungsvertrages abgeschlossen und nach Maßgabe der Ziffer 11 aufgegeben werden, wenn und soweit die damit zusammenhängenden Tätigkeiten in der Betriebsbeschreibung ausdrücklich dokumentiert sind.

Bezug genommen wird auf die Verkehrsverträge aller Verkehrsträger, soweit diese Frachtführer, Spediteure oder Lagerhalter sind. Verzichtet wird nach dem GDV auf die konkrete Einbeziehung der ADSp, was im Einzelnen zu Abwicklungsproblemen führen kann. Wesentliches Element stellt eine Betriebsbeschreibung dar, in der der Versicherungsnehmer, also der Spediteur, sämtliche Risiken, die sich aus seinem Geschäftsbetrieb ergeben, anzuzeigen und zu deklarieren hat. Werden in der Betriebsbeschreibung Tätigkeiten nicht angezeigt, so besteht hierfür grundsätzlich kein Versicherungsschutz. Insofern ist Folgendes zu beachten:

Die meisten Versicherungsprodukte nehmen ausdrücklich Bezug im Leistungsumfang auf die Betriebsbeschreibung, die weitgehend als Antrag für den Versicherungsschutz verstanden wird.

Hinweis
Die Betriebsbeschreibung sollte sorgfältig, vollständig und weitsichtig ausgefüllt werden. Wenn Unklarheiten beim Spediteur über die Anzeigepflicht bestehen, sollte Rücksprache und Abstimmung mit dem Versicherer oder Makler genommen werden.

1.2 Es besteht – unbeschadet der übrigen Vertragsbestimmungen – Versicherungsschutz nur, soweit und solange dem keine auf die Vertragsparteien direkt anwendbaren Wirtschafts-, Handels- oder Finanzsanktionen bzw. Embargos der Europäischen Union oder der Bundesrepublik Deutschland entgegenstehen.

Dies gilt auch für Wirtschafts-, Handels- oder Finanzsanktionen bzw. Embargos, die durch die Vereinigten Staaten von Amerika im Hinblick auf den Iran erlassen werden, soweit dem nicht europäische oder deutsche Rechtsvorschriften entgegenstehen.

1.3 Vorsorgeversicherung

Gegenstand der Versicherung sind auch Verkehrsverträge des Versicherungsnehmers als Frachtführer im Straßengüterverkehr, Spediteur oder Lagerhalter nach Maßgabe des

Versicherungsvertrages über zu diesem Verkehrsgewerbe üblicherweise gehörenden Tätigkeiten, wenn der Versicherungsnehmer nach Abschluss des Versicherungsvertrages diese Tätigkeiten neu aufnimmt (neues Risiko). Der Versicherungsschutz beginnt sofort mit dem Eintritt des neuen Risikos, ohne dass es einer besonderen Anzeige bedarf. Der Versicherungsnehmer ist aber verpflichtet, binnen eines Monats nach Beginn des neuen Risikos, dieses dem Versicherer anzuzeigen. Unterlässt der Versicherungsnehmer die rechtzeitige Anzeige oder kommt innerhalb Monatsfrist nach Eingang der Anzeige bei dem Versicherer eine Vereinbarung über die Prämie für das neue Risiko nicht zustande, so entfällt der Versicherungsschutz für das neue Risiko rückwirkend von Beginn an.
Der Versicherungsschutz der Vorsorge ist auf den Betrag von EUR … je Schadenereignis begrenzt.

Mit der Vorsorgeversicherung bietet der Versicherer außerhalb des bestehenden Versicherungsschutzes eine Risikoübernahme im beschränkten Umfang an, und zwar für Risiken, die während der Laufzeit der Police eintreten werden, für die zunächst ohne Mehrprämie Deckungsschutz im begrenzten Umfang und für einen zeitlich befristeten Zeitraum (meist ein Monat) gewährt wird.

Vorsorgeversicherung – Übersicht

- Versicherungsschutz im bedingten Umfang (Maxima)
- aufschiebend bedingter Versicherungsschutz
- Anzeigepflicht (ein Monat)
- Prämienvereinbarung notwendig

> **Hinweis**
> Ausgeschlossene Risiken und Gefahren werden nie von der Vorsorgeversicherung erfasst.

Quantitative Merkmale fallen grundsätzlich nicht unter die Vorsorgeversicherung, sondern sind Bestand des herkömmlichen Deckungsschutzes der Versicherungspolice, wie z. B. mehr Kunden – mehr Umsatz – mehr Fahrzeuge.

Die Vorsorgeversicherung hat regelmäßig eine sehr kurze Anzeigepflicht meist von einem Monat, das bedeutet, dass neue Risiken schnell anzuzeigen sind und umgehend eine Prämienvereinbarung zu treffen ist. Erst mit Anzeige und Einigung über die Prämie besteht Versicherungsschutz im Rahmen der vereinbarten Deckungssumme und nicht begrenzt im Umfang der Vorsorgeversicherung.

▶ **Beispiel**
Ein Spediteur hat als räumlichen Geltungsbereich den EWR vereinbart. Übernimmt dieser Spediteur nun einen Transport nach Moskau, so befindet sich dieser Auftrag außerhalb des räumlichen Geltungsbereichs und ist deshalb vom Versicherungsschutz ausgeschlossen, und zwar auch für den der Vorsorgeversicherung. Hat dagegen der Spediteur den EWR vereinbart und bislang nur innerdeutsch Aufträge abgewickelt und in der Betriebsbeschreibung angegeben, kommt ein neuer Auftrag nach Portugal nun zur Ausführung, so ergibt sich hier eine Anzeigepflicht. Anders liegt der Fall, wenn dies schon in der Betriebsbeschreibung durch die Angabe von gelegentlichen Transporten innerhalb der Mitgliedstaaten des EWR angezeigt wurde.

1.4 Die Versicherung gilt nicht für Verträge, die ganz oder teilweise zum Inhalt haben
- *Beförderung und beförderungsbedingte Lagerung von Gütern, die der Versicherungsnehmer als Verfrachter (Seefahrt und Binnenschifffahrt), Luftfrachtführer oder Eisenbahnfrachtführer im Selbsteintritt (tatsächlich) ausführt;*
- *Beförderung und Lagerung von folgenden Gütern: ...*
- *Beförderung und Lagerung von Umzugsgut;*
- *Beförderung und Lagerung von Schwergut sowie Großraumtransporte, Kran- oder Montagearbeiten;*
- *Beförderung und Lagerung von abzuschleppenden oder zu bergenden Gütern; Produktionsleistungen, werkvertragliche oder sonstige nicht speditions-, beförderungs- oder lagerspezifische vertragliche Leistungen im Zusammenhang mit einem Verkehrsvertrag, die über die primäre Vertragspflicht eines Frachtführers, Spediteurs und Lagerhalters gemäß dem deutschen Handelsgesetzbuch (HGB) hinausgehen. Hierzu zählen nicht das Kommissionieren, Etikettieren, Verpacken und Verwiegen von Gütern, wenn diese Tätigkeiten in Verbindung mit einem Verkehrsvertrag zu erfüllen sind.*

Harmlos liest sich hier die Ziffer 1.4, nämlich der Versicherungsausschluss der Beförderung und Lagerung von bestimmten Gütern. Die konkreten Versicherungsprodukte enthalten hier eine Vielzahl von Güterarten, zu denen alles zählt, was klein, griffig, wertvoll und diebstahlgefährdet ist. Hieraus ergeben sich in der Praxis weitere Probleme, insbesondere für die Sammelgut-Beförderung, da in den meisten Fällen der Spediteur nicht weiß, welches Gut konkret Gegenstand des Speditionsauftrags ist, der gerade abgewickelt werden soll.

2 Versicherungsnehmer/Versicherter

2.1 Versicherungsnehmer ist das in der Betriebsbeschreibung genannte Unternehmen unter Einschluss aller rechtlich unselbstständigen inländischen Niederlassungen und Betriebsstätten. Andere Betriebe können nach Vereinbarung in die Versicherung einbezogen werden.

Grundsätzlich gilt, dass unselbstständige Zweigniederlassungen automatisch mitversichert sind. Als Hauptbetrieb gilt im Regelfall die Betriebsstätte, bei der der Eintrag ins Handelsregister erfolgt ist. Wichtig ist die entsprechende Anzeige in der Betriebsbeschreibung.

2.2 Die Arbeitnehmer des Versicherungsnehmers sind im Umfange der Versicherung mitversichert, wenn diese in Ausführung der unter Ziffer 1 VB genannten Verkehrsverträge gehandelt haben.

Grundsätzlich gelten alle Mitarbeiter mit privatrechtlichem Vertrag, die gegen Entgelt unselbstständig arbeiten und weisungsgebunden sind, als mitversichert. Dazu zählen selbstverständlich auch Teilzeitkräfte, Leiharbeiter oder Aushilfen nicht dagegen Subunternehmen oder Dritte, die der Spediteur beauftragt.

3 Versicherte Haftung (Bausteinsystem)

Versichert ist die verkehrsvertragliche Haftung des Versicherungsnehmers nach Maßgabe

3.1 der deutschen gesetzlichen Bestimmungen, insbesondere der §§ 407 ff. HGB;

3.2 der Allgemeinen Geschäftsbedingungen (AGB) des Versicherungsnehmers, vorausgesetzt der Versicherer hat dem Einschluss dieser Bedingungen in den Versicherungsschutz zugestimmt;

3.3 der Allgemeinen Geschäftsbedingungen (AGB) im Umfange des § 449 Abs. 2 Nr. 1 HGB; vorausgesetzt der Versicherer hat dem Einschluss dieser Bedingungen in den Versicherungsschutz zugestimmt;

3.4 *des Übereinkommens über den Beförderungsvertrag im internationalen Straßengüterverkehr (CMR);*
3.5 *der jeweils nationalen gesetzlichen Bestimmungen für das Verkehrsgewerbe in den Staaten des Europäischen Wirtschaftsraumes (EWR);*
3.6 *des Übereinkommens über den internationalen Eisenbahnverkehr (Anhang B – COTIF, aktuelle Fassung) und der einheitlichen Rechtsvorschriften für den Vertrag über die internationale Eisenbahnbeförderung von Gütern (CIM);*
3.7 *des Montrealer Übereinkommens (MÜ) vom 28.5.1999, des Warschauer Abkommens von 1929 (WA) und soweit anwendbar – des Haager Protokolls vom 28.05.1955, des Zusatzabkommens von Guadalajara vom 18.09.1961 oder anderer maßgeblichen Zusatzabkommen für den Luftverkehr, soweit diese jeweils zwingend anwendbar sind;*
3.8 *der Haager Regeln und – soweit anwendbar – der Hague Visby Rules beziehungsweise des Seerechtsänderungsgesetzes vom 25.06.1986, der Hamburg-Regeln sowie anderer maßgeblicher internationaler Abkommen oder nationaler gesetzlicher Bestimmungen für den Seeverkehr; soweit diese jeweils zwingend anwendbar sind;*
3.9 *der Bestimmungen eines FIATA Combined Bill of Lading (FBL) oder Through Bill of* Lading (TBL) in der von der FIATA verabschiedeten Form;
3.10 *eines vom Versicherungsnehmer verwendeten eigenen House Airway Bill (HAWB), House Bill of Lading (House B/L) oder anderer Dokumente des Versicherungsnehmers, vorausgesetzt der Versicherer hat dem Einschluss derartiger Dokumente in den Versicherungsschutz zugestimmt;*
3.11 *der jeweils anwendbaren gesetzlichen Bestimmungen anderer Staaten, sofern sich der Versicherungsnehmer nicht mit Erfolg auf die Bestimmungen der vorgenannten Ziffern berufen kann. Die Deckung ist dann ausschließlich auf Güterschäden und mit 8,33 SZR je kg begrenzt.*
3.12 *Versichert sind auch Ansprüche nach dem Recht der unerlaubten Handlung (Deliktsrecht), wenn und soweit der Berechtigte diese gesetzlichen Ansprüche neben oder anstelle der Haftung aus dem Verkehrsvertrag geltend macht.*

Versichert ist also das eigene Interesse **(Erfüllungsinteresse)** des Spediteurs als Versicherungsnehmer, d. h. der Spediteur ist Versicherter und Prämienschuldner im Regelfall in eigener Person.

4 *Umfang des Versicherungsschutzes*

4.1 *Die Versicherung umfasst die Befriedigung begründeter und die Abwehr unbegründeter Schadenersatzansprüche, die gegen den Versicherungsnehmer als Auftragnehmer eines Verkehrsvertrages erhoben werden.*

Ziffer 4.1 umschreibt die charakteristische Zweispurigkeit der Leistung eines Haftpflichtversicherers. Gemeint ist damit die gesetzliche Verpflichtung jedes Schaden- und Haftpflichtversicherers, Schadenabwendungs- und Minderungskosten zu ersetzen, unter Bezugnahme auf §63 VVG. Praktisch von großer Bedeutung ist dabei, unbegründete Ansprüche abzuwehren. Damit wird eine Art Rechtsschutzversicherung gewährleistet, wobei sämtliche Anwalts-, Sachverständigen- und Gerichtskosten vom Risikoträger übernommen werden. Gerade im speditionellen Tätigkeitsbereich, der sich weit über die deutschen Grenzen hinaus erstreckt, ist dies von zentraler Bedeutung, wenn z. B. ein Haftungsanspruch in den USA gegen einen Spediteur geltend gemacht wird.

4.2 *Der Versicherer ersetzt dem Versicherungsnehmer*

- *die Aufwendungen zur Abwendung oder Minderung eines ersatzpflichtigen Schadens, wenn der Schaden droht oder eingetreten ist, soweit der Versicherungsnehmer sie nach den Umständen für geboten halten durfte*
  sowie

- *die gerichtlichen und außergerichtlichen Kosten, soweit sie den Umständen nach geboten waren.*

Ersatzpflichtig sind insbesondere Aufwendungen, die der Versicherungsnehmer gemäß § 62 VVG gemacht hat, auch wenn diese erfolglos geblieben sind. Entscheidend ist dabei, dass der Wareninteressent im Auftrag des Frachtführers, Spediteurs oder Lagerhalters Leistungen erbracht hat, die mit großer Wahrscheinlichkeit zur Schadensabwehr oder -minderung geführt haben. Abgestellt wird dabei auf die im Verkehr erforderliche Sorgfalt, die aber nicht zwingend zum Erfolg führen muss.

4.3 Der Versicherer ersetzt dem Versicherungsnehmer den Beitrag, den er zur großen Haverei aufgrund einer nach Gesetz oder den York-Antwerpener-Regeln oder den Rhein Regeln VR 1979 oder anderen international anerkannten Haverei-Regeln aufgemachten Dispache zu leisten hat, soweit durch die Haverei-Maßregel ein dem Versicherer zur Last fallender Schaden abgewendet werden sollte.

Der Versicherer ersetzt dem Spediteur den Beitrag, den er im Falle einer **großen Havarie** aufgrund einer nach Gesetz oder den York-Antwerpener-Regeln oder den Rhein Regeln VR 1979 aufgemachten Dispache zu leisten hat, soweit durch die Havarie-Maßregeln ein dem Versicherer zur Last fallender Schaden abgewendet werden sollte.

4.4 Der Versicherer ersetzt dem Versicherungsnehmer aufgewendete Beförderungsmehrkosten aus Anlass einer Fehlleitung, wenn sie zur Verhütung eines ersatzpflichtigen Schadens erforderlich waren, bis zu ... % des Wertes des Gutes, höchstens €... je Schadenereignis. (Baustein)

4.5 Der Versicherer ersetzt dem Versicherungsnehmer die aufgrund gesetzlicher oder behördlicher Verpflichtung aufzuwendenden Kosten bis zu einer Höhe von €... je Schadenereignis zur Bergung, Vernichtung oder Beseitigung des beschädigten Gutes, wenn ein ersatzpflichtiger Schaden vorliegt oder soweit nicht ein anderer Versicherer zu leisten hat. (Baustein)

5 *Räumlicher Geltungsbereich*

Soweit die geschriebenen Bedingungen keine abweichende Regelung enthalten, besteht Versicherungsschutz für Verkehrsverträge innerhalb und zwischen den Staaten des Europäischen Wirtschaftsraumes (EWR), Schweiz.

Diese Regelung ist in der Praxis äußerst problematisch. Weltweit operierende Spediteure haben oftmals Berührungen mit europäischen Anrainerstaaten, sodass für diese Speditionsaufträge der Versicherungsschutz nicht zum Tragen kommt. Insofern gilt gerade für die Ziffer 5 ein weitsichtiger und kluger Umgang in der Betriebsbeschreibung, in dem seitens des Spediteurs darauf bestanden wird, dass zumindest gelegentlich weltweit Speditionsaufträge ausgeführt werden, sodass grundsätzlich immer die Vorsorgeversicherung zur Verfügung steht.

6 *Versicherungsausschlüsse*

Vom Versicherungsschutz ausgeschlossen sind Ansprüche

6.1 aus Schäden durch Naturkatastrophen (z. B. Erdbeben, Blitzschlag, vulkanische Ausbrüche);

Gemeint sind hier außerordentlich extreme Naturereignisse, wodurch Transportgüter in besonderer Weise bedroht, beschädigt oder gar vernichtet werden. Gewöhnliche Unwetter zählen hierzu nicht.

6.2 aus Schäden durch Krieg, kriegsähnliche Ereignisse, Bürgerkrieg, innere Unruhen, Aufruhr;

6.3 aus Schäden durch Streik, Aussperrung, Arbeitsunruhen, terroristische Gewaltakte oder politische Gewalthandlungen;

6.4 aus Schäden, verursacht durch die Verwendung von chemischen, biologischen, biochemischen Substanzen oder elektromagnetischen Wellen als Waffen mit gemeingefährlicher Wirkung – gleichgültig durch wen – und zwar ohne Rücksicht auf sonstige mitwirkende Ursachen;

6.5 aus Schäden, verursacht durch Kernenergie oder sonstige ionisierende Strahlung;

6.6 aus Schäden durch Beschlagnahme, Entziehung oder sonstige Eingriffe von hoher Hand;

6.7 aus Schäden an Umzugsgut, Kunstgegenständen, Antiquitäten, Edelmetallen, Edelsteinen, echten Perlen, Geld, Valoren, Dokumenten, Urkunden;

6.8 aus Schäden an lebenden Tieren und Pflanzen;

6.9 die üblicherweise Gegenstand einer Betriebs-, Produkt-, Umwelt-, Gewässerschaden-, Kraftfahrzeug-, Privathaftpflicht-, Kreditversicherung sind oder aufgrund entsprechender üblicher Versicherungsbedingungen hätten gedeckt werden können;

6.10 die durch eine andere Verkehrshaftungsversicherung des Versicherungsnehmers versichert sind;

6.11 wegen Nichterfüllung der Leistungspflicht aus Verkehrsverträgen (Eigenschäden des VN);

6.12 aufgrund vertraglicher, im Verkehrsgewerbe nicht üblicher Vereinbarungen, wie Vertragsstrafen, Lieferfristgarantien usw., sowie aus Vereinbarungen, soweit sie über die Haftungshöhe von 8,33 SZR je kg des Rohgewichts der Sendung oder die für Verkehrsverträge geltende gesetzliche Haftung hinausgehen, wie z. B. Wert-oder Interessevereinbarungen nach Art. 24, 26 CMR, Art. 22 Abs. 2 WA, Art. 25 MÜ, § 660 HGB etc.;

Nicht gemeint sind hier Vertragsstrafen, die der Wareninteressent mit seinem Auftraggeber vereinbart hatte. Vielmehr sind Vereinbarungen des Frachtführers oder Spediteurs mit seinem Auftraggeber ausgeschlossen, die dann zur Zahlung fällig werden, wenn das Auftragsverhältnis nicht ordnungsgemäß abgewickelt wird. Weiter zu unterscheiden ist zwischen **Lieferfristgarantie** und Lieferfristangabe. Der Begriff Garantie stellt grundsätzlich darauf ab, dass ein Erfolg bzw. eine Verpflichtung, unabhängig vom Vertreten müssen, eintritt. Bei einer Lieferfristgarantie wird auch nicht auf einen tatsächlich entstandenen Schaden und Nachweis abgestellt, sondern unabhängig hiervon ist die eingegangene Verpflichtung zu erbringen.

6.13 die strafähnlichen Charakter haben, z. B. Geldstrafen, Verwaltungsstrafen, Bußgelder, Erzwingungs- und Sicherungsgelder und aus sonstigen Zahlungen mit Buß- oder Strafcharakter und den damit zusammenhängenden Kosten;

6.14 in unmittelbarem Zusammenhang mit der nicht zweckentsprechenden Verwendung, Weiterleitung oder Rückzahlung von Vorschüssen, Erstattungsbeträgen oder ähnliche;

6.15 die durch einen Mangel im Betrieb des Versicherungsnehmers (z. B. mangelnde Schnittstellenkontrolle) entstanden sind, dessen Beseitigung innerhalb einer angemessenen Frist der Versicherer unter Ankündigung der Rechtsfolgen (Risikoausschluss) verlangt hatte;

In der Praxis von Bedeutung ist die Frage, wann ein Mangel im Betrieb im Sinne einer mangelnden Schnittstellenkontrolle vorliegen kann. Abzustellen ist dabei grundsätzlich auf jede nachhaltige Schwachstelle in der Organisation, die mit Wahrscheinlichkeit zum Eintritt eines Schadens führen kann. Ziffer 6.15 stellt richtigerweise nur auf Schwachstellen im eigenen Betrieb ab und nicht auf die eines Subunternehmers. Eine Ausnahme könnte dann vorliegen, wenn dem auftraggebenden Spediteur dieser Mangel konkret bekannt ist und mit großer Wahrscheinlichkeit von einem Schadenseintritt ausgegangen werden musste.

6.16 wegen Schäden aus Charter- und Teilcharterverträgen im Zusammenhang mit der Güterbeförderung mit Schiffen, Eisenbahn- oder Luftfahrzeugen;

6.17 auf Entschädigungen mit Strafcharakter, insbesondere „punitive" oder „exemplary damages" nach amerikanischem und kanadischem Recht; (Baustein, siehe Ziffer 3.11)

6.18 aus Carnet TIR-Verfahren;

6.19 wegen Personenschäden;

6.20 wegen vorsätzlicher Herbeiführung des Versicherungsfalls durch den Versicherungsnehmer oder einen seiner Repräsentanten, ferner Ansprüche gegen den Erfüllungsgehilfen selbst, wenn dieser vorsätzlich gehandelt hat;

6.21 gegen den Arbeitnehmer des Versicherungsnehmers selbst, wenn dieser vorsätzlich gehandelt hat.

7 *Obliegenheiten*

Obliegenheiten sind typischer Bestandteil von Vertragsbedingungen für Versicherungsverträge, woraus sich Verpflichtungen für den Versicherungsnehmer ergeben. Die Verletzung dieser Pflichten kann grundsätzlich zur Beeinträchtigung des Versicherungsschutzes führen. Leistungsfreiheit wegen **Obliegenheitsverletzung** tritt nur bei Vorsatz oder grober Fahrlässigkeit des Versicherungsnehmers in eigener Person oder eines Repräsentanten ein. Repräsentant ist ein versicherungsrechtlicher Fachausdruck. Er bezeichnet jemanden, der in dem Geschäftsbereich, zu dem das versicherte Risiko gehört, aufgrund einer Vertretung oder eines ähnlichen Verhältnisses an die Stelle des Versicherungsnehmers getreten ist. Das kann z. B. der Leiter der Zweigniederlassung, der Lagerleiter, der Fuhrparkleiter oder ein ähnlicher Repräsentant sein.

Dem Versicherungsnehmer obliegt es,

7.1 vor Eintritt des Versicherungsfalls

7.1.1 nur einwandfreie und für den jeweiligen Auftrag geeignete Fahrzeuge und Anhänger, Wechselbrücken/Container, Kräne/Hubgeräte, sowie sonstiges Equipment (einschließlich Seile, Gurte) zu verwenden;

7.1.2 bei Beforderungen von temperaturgeführten Gütern nur Fahrzeuge und Anhänger mit ATP-Zertifikat und Kühlschreiber einzusetzen, die einzuhaltende Temperatur im Beförderungspapier zu vermerken und das Fahrpersonal anzuweisen, die Einhaltung der Temperatur während des Transportes regelmäßig zu prüfen und zu dokumentieren;

7.1.3 im Straßengüterverkehr einzusetzende Fahrzeuge des eigenen Betriebes mit je zwei voneinander unabhängig funktionierenden Diebstahlsicherungen auszustatten (hierzu zählen nicht Türschlösser) und die Fahrer anzuweisen, die Diebstahlsicherungen beim Verlassen des Fahrzeuges einzuschalten;

7.1.4 für die Sicherung eigener oder in seinem Einfluss- und Verantwortungsbereich befindlicher fremder beladener Kraftfahrzeuge, Anhänger und Wechselbrücken/Container gegen Diebstahl oder Raub zu sorgen, insbesondere auch zur Nachtzeit, an Wochenenden und Feiertagen;

7.1.5 dafür zu sorgen, dass für die Auftragsdurchführung erforderliche Genehmigungen vorliegen und behördliche Auflagen eingehalten werden;

7.1.6 dafür zu sorgen, dass die für die Auftragsabwicklung eingesetzten elektrischen Geräte, insbesondere die Hard- und Software zur Datenverarbeitung oder Steuerung von Maschinen und Anlagen, in ihrer Funktionsfähigkeit nicht gestört werden und eine den jeweiligen Erfordernissen entsprechende Sicherung der Daten gewährleistet ist;

7.1.7 nur für den jeweiligen Auftrag geeignete Lagerbeziehungsweise Umschlagsgebäude oder -flächen, sowie technisches oder sonstiges Equipment zu nutzen, und dafür Sorge zu tragen, dass gesetzliche oder behördliche Auflagen erfüllt werden und Sicherungseinrichtungen in ihrer Funktionsfähigkeit nicht gestört sind;

7.1.8 Schnittstellenkontrollen durchzuführen und zu dokumentieren.

Bezug genommen wird hier auf Ziffer 7 ADSp. Bemerkenswert bei der Formulierung ist, dass die Schnittstellenkontrolle nicht nur auf diejenigen des eigenen Betriebs abgestellt sind, d.h. Obliegenheitsverletzungen können auch entstehen, wenn eine Schnittstellenkontrolle in einem Betrieb eines Subunternehmers vorgelegen hat. Insofern ist es empfehlenswert, mit dem Versicherer Klarheit über die Auslegung der Bestimmung herbeizuführen.

7.1.9 auf Verlangen des Versicherers zusätzlich zu den auftragsgemäß vorgesehenen Inventuren beziehungsweise Inventurintervallen weitere Inventuren auf Kosten des Versicherungsnehmers durchzuführen;

7.1.10 Mitarbeiter sorgfältig auszuwählen und zu überwachen;

Auch hier wird nicht differenziert zwischen Mitarbeitern des eigenen oder eines Fremdbetriebs. Die Risiken für den Versicherungsnehmer sind die gleichen wie oben unter Ziffer 7.1.8 im Falle von Verletzungen von Schnittstellenkontrollen bereits beschrieben. Weitergehend ist neben der Sorgfalt bei der Auswahl der Mitarbeiter die fortlaufende Überwachungspflicht.

7.1.11 Die Auswahl der Subunternehmer und Erfüllungsgehilfen mit der Sorgfalt eines ordentlichen Kaufmanns zu treffen und darauf hinzuwirken, dass auch sie die Obliegenheiten der Ziffern 7.1.1 bis 7.1.10 erfüllen und eine in Kraft befindliche, den üblichen Bedingungen und evtl. anwendbaren gesetzlichen Vorschriften entsprechende Versicherung verfügen;

Die Bestimmung relativiert die obigen Obliegenheiten dahingehend, dass der Spediteur bei der **Auswahl von Erfüllungsgehilfen** die Sorgfalt eines ordentlichen Kaufmanns aufzuweisen hat. Das heißt für die Praxis: Kommt es bei einem Subunternehmer fortlaufend zu Verlusten, so hat der beauftragende Spediteur Nachforschung dahingehend vorzunehmen, ob womöglich systemimmanente Risikofaktoren vorhanden sind. Tut er dies nicht, gefährdet er wiederum den Versicherungsschutz.

7.1.12 Veränderungen der dem Versicherer zur Kenntnis gebrachten und durch die Besonderen Versicherungsbedingungen oder die Betriebsbeschreibung in den Versicherungsschutz einbezogenen Geschäftsbedingungen, Individualvereinbarungen, Dokumente, Frachtpapiere oder sonstiger die Haftung des Versicherungsnehmers betreffende Vereinbarungen dem Versicherer unverzüglich mitzuteilen;

7.1.13 Gesetze, Verordnungen, behördliche Anordnungen oder Verfügungen, berufsgenossenschaftliche Vorschriften oder sonstige Sicherheitsvorschriften einzuhalten.

7.2 nach Eintritt des Versicherungsfalls

7.2.1 jeden Schadenfall oder geltend gemachten Haftungsanspruch dem Versicherer unverzüglich, spätestens innerhalb eines Monats, zu melden und alle zur Beurteilung notwendigen Unterlagen vorzulegen;

7.2.2 für die Abwendung und Minderung des Schadens zu sorgen, dem Versicherer jede notwendige Auskunft zu geben und etwaige Weisungen zu befolgen;

7.2.3 die Versicherer unverzüglich zu benachrichtigen, wenn gerichtlich gegen ihn im Zusammenhang mit einer versicherten Tätigkeit vorgegangen wird, und die erforderlichen Rechtsmittel oder Rechtsbehelfe, insbesondere Widerspruch gegen Mahnbescheide, einzulegen;

7.2.4 ohne Einwilligung der Versicherer keine Versicherungs- oder Regressansprüche abzutreten;

7.2.5 *sich auf Verlangen und Kosten der Versicherer auf einen Prozess mit dem Anspruchsteller einzulassen und dem Versicherer die Prozessführung zu überlassen;*

7.2.6 *jeden Diebstahl, Raub sowie jeden Verkehrsunfall mit möglichem Schaden an der Ladung der zuständigen Polizeidienststelle und dem Versicherer unverzüglich anzuzeigen sowie bei allen Unfällen, Schäden über € ... und solchen, deren Umfang oder Höhe zweifelhaft sind, den nächst zuständigen Havariekommissar zu benachrichtigen und dessen Weisungen zu befolgen;*

7.2.7 *mögliche Regressansprüche gegen Dritte zu wahren und die Reklamationsfristen zu beachten.*

7.3 *Leistungsfreiheit bei Obliegenheitsverletzung*

7.3.1 *Verletzt der Versicherungsnehmer oder einer seiner Repräsentanten diese oder eine sonst vertraglich vereinbarte Obliegenheit vorsätzlich oder grobfahrlässig, ist der Versicherer von der Leistung frei, es sei denn, die Verletzung war weder für den Eintritt oder die Feststellung des Versicherungsfalls noch für die Feststellung oder den Umfang der Leistungspflicht ursächlich. Satz 1 gilt nicht, wenn der Versicherungsnehmer die Obliegenheit arglistig verletzt hat.*

7.3.2 *Bezieht sich die Verletzung von Obliegenheiten auf eine nach Eintritt des Versicherungsfalls bestehende Auskunfts- oder Aufklärungsobliegenheit wie z. B. nach Maßgabe der Ziffern 7.2.1, 7.2.2, 7.2.3 oder 7.2.6 wird der Versicherer auch ohne gesonderte Mitteilung der Rechtsfolge an den Versicherungsunternehmer von der Leistung frei.*

8 Begrenzung der Versicherungsleistung (Bausteinsystem)

8.1 *Schadenfall*

Begrenzung der Versicherungsleistung bei gesetzlicher oder vertraglicher Haftung Falls nichts anderes vereinbart ist, beträgt die maximale Versicherungsleistung je Schadenfall, also je Geschädigten und je Verkehrsvertrag

- *für Frachtverträge:*
  bei Güterschäden... €;
  bei reinen Vermögensschäden... €;
- *für Speditionsverträge:*
  bei Güter- und Güterfolgeschäden... €;
  bei reinen Vermögensschäden... €;
- *für Lagerverträge:*
  bei Güter- und Güterfolgeschäden... €;
  bei Differenzen zwischen Soll- und Ist-Bestand des Lagerbestandes leistet der Versicherer jedoch maximal... €, unabhängig von der Zahl der für die Inventurdifferenz ursächlichen Schadenfälle;
  bei reinen Vermögensschäden... €,
  für Ansprüche nach dem Recht der unerlaubten Handlung (Deliktsrecht) – unabhängig von der Art des Verkehrsvertrages oder des Schadens –... €

8.2 *Schadenereignis*

Begrenzung der Versicherungsleistung je Schadenereignis

Falls nichts anderes vereinbart ist, leistet der Versicherer höchstens... €. Die durch ein Ereignis mehreren Geschädigten entstandenen Schäden werden unabhängig von der Anzahl der Geschädigten und der Verkehrsverträge anteilmäßig im Verhältnis ihrer Ansprüche ersetzt, wenn sie zusammen die äußerste Grenze der Versicherungsleistung übersteigen.

In den meisten Versicherungspolicen werden in den hier nicht in der Höhe konkretisierten Begrenzungen sehr wohl die Vorgaben der Ziffer 29 ADSp (ADSp-konform) berücksichtigt.

8.3 Jahresmaximum

8.3.1 Begrenzung der Versicherungsleistung pro Versicherungsjahr
Falls nichts anderes vereinbart ist, beträgt die Höchstersatzleistung des Versicherers für alle Schadenereignisse der versicherten Verkehrsverträge eines Versicherungsjahres... €.

8.3.2 Zusätzliche Begrenzung bei qualifiziertem Verschulden
Falls nichts anderes vereinbart ist, ist die Versicherungsleistung des Versicherers zusätzlich je Versicherungsjahr bei Schäden, die vom Versicherungsnehmer, seinen gesetzlichen Vertretern oder seinen leitenden Angestellten durch Leichtfertigkeit und in dem Bewusstsein, dass ein Schaden mit Wahrscheinlichkeit entstehen werde, herbeigeführt, durch Kardinalpflichtverletzung oder durch grobes Organisationsverschulden verursacht worden sind, über die gesetzliche oder vertragliche Regelhaftung (§ 449 HGB-Korridor) und unabhängig vom Schadenfall und -ereignis, begrenzt bis maximal...€.

Für die Festlegung der Versicherungssummen gilt der Grundsatz, weitsichtig und risikogerecht die Deckungssummen zu vereinbaren. Abstellen sollte der Versicherungsnehmer dabei auf die Erfahrungswerte, zumindest der Schadensstatistiken der zurückliegenden drei bis fünf Geschäftsjahre, wobei sogenannte Reserven mit einzubeziehen sind. Ratsam ist darüber hinaus, einen Sicherheitszuschlag vorzunehmen, um auch bei Großschäden über hinreichenden Versicherungsschutz zu verfügen.

Neu und problematisch ist die Regelung 8.3.2, wonach zusätzlich eine Deckungsbegrenzung bei Schadenfällen mit dem Vorwurf des qualifizierten Verschuldens vorgenommen wird. Dieses sogenannte **Jahresaggregat** umfasst maximal einen der Höhe nach begrenzten Leistungsbetrag, der über die Regelhaftungssumme hinaus von Versicherern nach Gesetz geleistet wird. In vielen Policen ist hier eine sehr restriktive Begrenzung vorgenommen, sodass ein Eigenhaftungsrisiko für den Spediteur entsteht.

▶ **Beispiel**

Wird ein Lkw mit 20.000 kg PCs in Sofia geraubt (Wert der PCs 500.000 €) und wird der Spediteur aufgrund der durch die Rechtsprechung festgelegten Kriterien zu einer unbegrenzten Haftung verurteilt, so berechnet sich die Versicherungsleistung wie folgt: 20.000 kg x ca. 10 € (nach CMR) = gesetzliche Regelhaftungssumme = 200.000 €.

Vereinbart hatte der Spediteur ein Jahresaggregat für Schäden bei qualifiziertem Verschulden in Höhe von maximal 100.000 €, sodass sich die Versicherungsleistung insgesamt mit 200.000 € (gesetzliche Regelhaftungssumme) + 100.000 € (Jahresaggregat) = 300.000 € errechnet.

Der weitergehende Schaden in Höhe von € 200.000 wird nicht von der Versicherung übernommen, sodass der Spediteur hierfür selbst aufzukommen hat.

9 *Schadenbeteiligung*

9.1 Falls nichts anderes vereinbart ist, beträgt die allgemeine Schadenbeteiligung des Versicherungsnehmers ... % der Versicherungsleistung je Schadenfall, mindestens € ..., höchstens €...

9.2 Falls nichts anderes vereinbart ist, wird für die Schadenbeteiligung des Versicherungsnehmers bei Manko- oder Fehlmengenschäden bei verfügter Lagerung das Ausmaß eines Schadenfalls mit € ... angenommen, es sei denn, er weist einen anderen Betrag nach.

Zulässig ist es, eine Schadenbeteiligung zu vereinbaren. Dies ist auch ausdrücklich in Ziffer 29 ADSp vorgesehen. Die Festlegung ist letztlich Ermessenssache des Versicherungsnehmers, wobei ein Grundsatz gilt: Die Selbstbeteiligung sollte keinesfalls über der Höhe des Durchschnittschadens des versicherten Betriebs liegen, da ansonsten die Gefahr des Vorliegens einer **Nichtversicherungslösung** unterstellt werden könnte, was in der Konsequenz dazu führen kann, dass der Spediteur sich nicht auf die Haftungsbegrenzungen der ADSp berufen kann (Ziffer 29 ADSp).

Dagegen ist Schadenbeteiligung im Umfang von durchschnittlichen Kleinschäden vorgesehen und zweifelsfrei zulässig.

10 Rückgriff

10.1 Der Versicherer verzichtet auf einen Rückgriff gegen den Versicherungsnehmer und seine Arbeitnehmer. Der Versicherer ist jedoch berechtigt, gegen jeden Rückgriff zu nehmen, der den Schaden vorsätzlich herbeigeführt hat.

10.2 Der Versicherer ist ferner berechtigt, gegen den Versicherungsnehmer Rückgriff zu nehmen, wenn

10.2.1 er seine Anmelde- oder Zahlungspflichten vorsätzlich verletzt hatte, der Versicherer aber dennoch gegenüber dem Geschädigten zu leisten verpflichtet ist;

10.2.2 ein Versicherungsausschluss gegeben war oder eine Obliegenheitsverletzung durch den Versicherungsnehmer oder seine Repräsentanten zur Leistungsfreiheit des Versicherers geführt hätte, der Versicherer aber dennoch gegenüber dem Geschädigten zur Leistung verpflichtet ist.

11 Anmeldung, Prämie, Zahlung und Sanierung

11.1 Anmeldepflicht

Durch den Abschluss dieser laufenden Versicherung wird der Versicherungsnehmer verpflichtet, sämtliche unter diesen Versicherungsvertrag fallenden Verkehrsverträge nach Maßgabe der Ziffer 11.2 oder die vereinbarte Prämiengrundlage anzumelden.

11.2 Anmeldeverfahren

(Bausteinsystem: Raum für individuelles Anmeldeverfahren je vereinbarter Prämiengrundlage, z. B. Umsatz-, Einzel- oder summarische Anmeldungen, Deckungszusagen und viele mehr)

11.3 Verletzung der Anmeldepflicht

11.3.1 Hat der Versicherungsnehmer die Anmeldung unterlassen oder fehlerhaft vorgenommen, so ist der Versicherer von der Verpflichtung zur Leistung frei, ohne dass es einer Kündigung durch den Versicherer bedarf, es sei denn, dass der Versicherungsnehmer die Sorgfaltpflicht eines ordentlichen Kaufmannes nicht verletzt hat und dass er die Anmeldung unverzüglich nach Entdeckung des Fehlers nachgeholt oder berichtigt hat.

11.3.2 Verletzt der Versicherungsnehmer die Anmeldepflicht vorsätzlich, so kann der Versicherer den Vertrag fristlos kündigen. Dem Versicherer gebühren die Prämien, die ihm im Falle gehöriger Erfüllung des Vertrages bis zum Wirksamwerden der Kündigung zu zahlen gewesen wären.

11.4 Prämie (Bausteinsystem)

11.5 Zahlung (Bausteinsystem)

11.6 Sanierung (Bausteinsystem)

12 Bucheinsichts- und -prüfungsrecht

Der Versicherer ist berechtigt, die Prämienanmeldungen durch Einsichtnahme in die entsprechenden Geschäftsunterlagen des Versicherungsnehmers zu überprüfen. Er ist verpflichtet, über die erlangten Kenntnisse Stillschweigen gegenüber Dritten zu bewahren.

13 Kündigung

13.1 Der Versicherungsnehmer und die Versicherer sind berechtigt, den Versicherungsvertrag in Textform zum Ende des Versicherungsjahres zu kündigen. Die Kündigung muss drei Monate vor Ablauf des Vertrages zugegangen sein.

13.2 Nach Eintritt eines Versicherungsfalles können beide Parteien den Versicherungsvertrag kündigen. Die Kündigung ist in Textform zu erklären. Sie muss spätestens einen Monat nach dem Abschluss der Verhandlungen über die Entschädigung zugehen. Der Versicherer hat eine Kündigungsfrist von einem Monat einzuhalten. Kündigt der Versicherungsnehmer, so kann er bestimmen, dass seine Kündigung sofort oder zu einem späteren Zeitpunkt wirksam wird, jedoch spätestens zum Schluss der laufenden Versicherungsperiode.

13.3 Der Versicherungsschutz bleibt für alle vor Beendigung des Versicherungsvertrages abgeschlossenen Verkehrsverträge bis zur Erfüllung aller sich daraus ergebenden Verpflichtungen bestehen. Bei verfügten Lagerungen endet der Versicherungsschutz jedoch spätestens einen Monat nach Beendigung des Versicherungsvertrages.

14 Gerichtsstand, anwendbares Recht

14.1 Auf diesen Versicherungsvertrag findet deutsches Recht Anwendung, insbesondere die Vorschriften des VVG.

14.2 Für Klagen gegen den Versicherungsnehmer wegen Prämienzahlung, Zahlung von Schadenbeteiligung, Regressansprüchen oder aus sonstigem Grund ist das Gericht am Ort der Niederlassung oder des Sitzes des Versicherungsnehmers zuständig.

14.3 Für Klagen gegen den Versicherer ist das Gericht am Ort der zuständigen geschäftsführenden Stelle des Versicherers zuständig

15 Bundesdatenschutzgesetz (BDSG)

16 Beteiligungsliste und Führungsklausel

Hier hat der GDV lediglich Platzhalter vermerkt. Was den Datenschutz anbelangt, so gibt es unterschiedliche Positionierungen in den einzelnen Gesellschaften. Die Beteiligungsliste bzw. die Führungsklausel wird nur in den Fällen benötigt, wenn das Risiko von zwei oder mehreren Versicherern gezeichnet wird und in diesen Fällen gegenüber dem Versicherungsnehmer festgelegt wird, wer verantwortliche Entscheidungen trifft.

17 Schlussbestimmung

Die Bestimmungen des Vertrages gelten nur, soweit nicht die zwingende gesetzliche Pflichtversicherung gemäß § 7a GüKG mit den dort genannten Beschränkungen und Summen entgegen steht.

3.5 Die Logistik-AGB

Ergänzend zu den ADSp werden seit 2006 die Logistik-AGB zur unverbindlichen Anwendung vom DSLV empfohlen. Ziel der Logistik-AGB ist es, dem Spediteur Geschäftsbedingungen für alltägliche **speditionsunübliche Dienstleistungen**, sogenanntes „Zurufgeschäft", ergänzend zu den ADSp anzubieten. Mit den Logistik-AGB können Kontrakt-Logistik-Verträge nicht ersetzt werden. Anspruchsvollere Zusatzdienstleistungen bedürfen immer eines Individualvertrags, in dem alle Pflichten der Vertragsparteien im Detail geregelt werden.

Die Logistik-AGB stehen nun dem Logistikmarkt seit einigen Jahren zur Verfügung. Eine Vielzahl von Logistikunternehmen macht hiervon Gebrauch, nämlich diejenigen, die viele Zusatzdienstleistungen für Outsourcing anbieten und insofern im werkvertraglichen Bereich erhebliche Risiken im Schadenfall selbst zu tragen haben. Hinzu kommt, dass die Rechtsprechung der Obergerichte in Schadenfällen verdeutlicht hat, dass diese sehr exakt dem Risikobereich, entweder der originären speditionellen Tätigkeit oder eben der werkvertraglichen – mit der Konsequenz der unbegrenzten Haftung –, zuzuordnen sind. Gerade in diesen Fällen bieten die Logistik-AGB ein Bedingungssystem, das interessengerecht für Auftraggeber und Logistiker mit klaren Haftungsgrenzen der Einbezugnahme einer Versicherungslösung den Parteien in der Praxis weiterhelfen.

Auch zeigt die Praxis, dass sich die Logistik-AGB hervorragend als Checkliste für die Vertragsgestaltung eignen. Insofern verwundert es nicht, dass in der Kontraktlogistik oftmals auf die Logistik-AGB zurückgegriffen wird. Dies ändert aber nichts daran, dass die Logistik-AGB regelmäßig für logistische Zusatzdienstleistungen gerade im Zurufgeschäft optimal prädestiniert ist und eine standardisierte Vertragsgrundlage zur Verfügung stellt, die ein interessengerechtes Regelwerk für den Leistungsaustausch enthält.

Der DSLV hatte bereits bei der Entwicklung der Logistik-AGB auf den Aspekt der Versicherbarkeit von sogenannten speditionsüblichen Dienstleistungen großen Wert gelegt. Die Ziffern 14 und 18 der Logistik-AGB sind derartig gestaltet, dass grundsätzlich eine Versicherbarkeit für die Risiken aus dieser Tätigkeit gegeben ist. In einer Initiative im Jahr 2012 wurde dann zusammen mit der KRAVAG-Logistikversicherung die DSLV-Logistikpolice entwickelt, die vollumfänglich einen Deckungsschutz für die Haftung entsprechend den Logistik-AGB zur Verfügung stellt. Basis dieses Versicherungsschutzes ist ein durchgeschriebenes Wording für die Verkehrshaftungsversicherung (VHV) und die Betriebshaftpflichtversicherung (BHV). Der Deckungsschutz enthält auch eine Zusage für Risiken aus Kontraktlogistikverträgen im Umfang der Logistik-AGB ohne Anmeldung. Verwiesen wird wegen der weiteren Details auf den LORENZ 2, Kapitel 3.

1 Anwendungsbereich

1.1 Diese Logistik-AGB gelten für alle logistischen (Zusatz-) Leistungen, die nicht von einem Verkehrsvertrag nach Ziffer 2.1 der Allgemeinen Deutschen Spediteurbedingungen (ADSp) – soweit vereinbart – oder von einem Fracht-, Speditions- oder Lagervertrag erfasst werden, jedoch vom Auftragnehmer im wirtschaftlichen Zusammenhang mit einem solchen Vertrag erbracht werden.

Die logistischen Leistungen können Tätigkeiten für den Auftraggeber oder von ihm benannte Dritte sein, wie z. B. die Auftragsannahme (Call-Center), Warenbehandlung, Warenprüfung, Warenaufbereitung, länder- und kundenspezifische Warenanpassung, Montage, Reparatur, Qualitätskontrolle, Preisauszeichnung, Regalservice, Installation oder die Inbetriebnahme von Waren und Güter oder Tätigkeiten in Bezug auf die Planung, Realisierung, Steuerung oder Kontrolle des Bestell-, Prozess-, Vertriebs-, Retouren-, Entsorgungs-, Verwertungs- und Informationsmanagements.

1.2 Auftraggeber ist die Vertragspartei, die ihren Vertragspartner mit der Durchführung logistischer Leistungen im eigenen oder fremden Interesse beauftragt.

1.3 Auftragnehmer ist die Vertragspartei, die mit der Durchführung logistischer Leistungen beauftragt wird.

1.4 Soweit die ADSp vereinbart sind, gehen die Logistik-AGB vor, wenn sich einzelne Klauseln widersprechen sollten oder ein Sachverhalt nicht einer Vertragsordnung zugeordnet werden kann.

1.5 Die Logistik-AGB finden keine Anwendung auf Verträge mit Verbrauchern.

Die Logistik-AGB ist sind ein ergänzendes Regelwerk zu den ADSp für das sogenannte **„Zurufgeschäft“**. Durch entsprechende Hinweise auf dem Briefpapier, den Angeboten, Rechnungen, auf Fax und E-Mail des Logistikers werden die Logistik-AGB Vertragsinhalt, soweit der Auftraggeber diesen nicht widerspricht.

Festzuhalten bleibt, dass damit keine Konkurrenz für die ADSp entsteht, diese gelten unverändert für alle speditionsüblichen Dienstleistungen, die Logistik-AGB dagegen für speditionsunübliche Dienstleistungen.

2 Elektronischer Datenaustausch

2.1 Jede Partei ist berechtigt, Erklärungen und Mitteilungen auch auf elektronischem Wege zu erstellen, zu übermitteln und auszutauschen (elektronischer Datenaustausch), sofern die übermittelnde Partei erkennbar ist. Die übermittelnde Partei trägt die Gefahr für den Verlust und die Richtigkeit der übermittelten Daten.

2.2 Sofern zur Verbindung beider Datensysteme eine gemeinsame EDV-Schnittstelle durch den Auftragnehmer einzurichten ist, erhält dieser die hierfür notwendigen Aufwendungen vom Auftraggeber erstattet. Jede Partei ist zudem verpflichtet, die üblichen Sicherheits- und Kontrollmaßnahmen durchzuführen, um den elektronischen Datenaustausch vor dem Zugriff Dritter zu schützen sowie der Veränderung, dem Verlust oder der Zerstörung elektronisch übermittelter Daten vorzubeugen.

2.3 Für den Empfang von Informationen, Erklärungen und Anfragen für die Vertragsabwicklung bestimmt jede Partei eine oder mehrere Kontaktpersonen und teilt Namen und Kontaktadressen der anderen Partei mit. Bestimmt eine Partei keine Kontaktperson, gilt diejenige Person als Kontaktperson, die den Vertrag für die Partei abgeschlossen hat.

2.4 Elektronisch oder digital erstellte Urkunden stehen schriftlichen Urkunden gleich.

Ohne elektronischen Datenaustausch ist moderne Logistik nicht vorstellbar. Mit dieser Bestimmung wird bei den Vertragspartnern der EDV und dem Datenaustausch eine bedeutsame vertragliche Verbindlichkeit verliehen. Ob Schnittstellen bei der EDV, Datenmengen und Identifikationsschlüssel, die Vertragspartner gehen dabei vertragliche Verpflichtungen ein, die bei Verstößen dann eindeutig zurechenbar sind.

3 Vertraulichkeit

3.1 Jede Partei ist verpflichtet, alle nicht öffentlich zugänglichen Daten und Informationen vertraulich zu behandeln und ausschließlich für den vorgesehenen Zweck zu verwenden. Daten und Informationen dürfen nur an Dritte (z. B. Versicherer, Subunternehmer) weitergeleitet werden, die sie im Zusammenhang mit der Erfüllung des Vertrages benötigen. Für die Vertraulichkeit elektronischer Daten und Informationen gelten die gleichen Grundsätze.

3.2 Die Verpflichtung zur Vertraulichkeit gilt nicht für Daten und Informationen, die Dritten, insbesondere Behörden aufgrund gesetzlicher Verpflichtungen bekannt zu machen sind. Hierüber ist die andere Partei unverzüglich zu informieren.

In dieser Regelung wird zweifelsfrei festgestellt, dass für den Auftragnehmer, den Logistiker, alle Informationen und Unterlagen, die er in der Funktion als „verlängerte Werkbank" erhält, strikt unter dem Vorbehalt der Vertraulichkeit stehen. Mögliche Verstöße gegen diesen Grundsatz führen zu Schadensersatzansprüchen.

4 Pflichten des Auftraggebers, Schutz des geistigen Eigentums

4.1 Der Auftraggeber, insbesondere wenn er als „Systemführer" das Verfahren bestimmt, in dem der Auftragnehmer eingesetzt wird, ist verpflichtet, die für die Ausführung der logistischen Leistungen notwendigen Gegenstände, Informationen und Rechte zur Verfügung zu stellen und etwaige Mitwirkungshandlungen zu leisten, insbesondere

- *(Vor-) Produkte und Materialien zu gestellen,*
- *den Auftragnehmer über spezifische Besonderheiten der Güter und Verfahren und damit verbundene gesetzliche, behördliche oder berufsgenossenschaftliche Auflagen zu informieren und – soweit erforderlich – dessen Mitarbeiter zu schulen und*
- *Vorgaben, Verfahrens- und Materialbeschreibungen (Fertigungsanleitungen, Konstruktionen und Pläne) zu entwickeln, zu aktualisieren und deren Einhaltung durch den Auftragnehmer zu überprüfen.*

  Diese Vorleistungen und die Mitwirkungshandlungen sind rechtzeitig und vollständig zu erbringen. Hierzu zählen auch alle notwendigen Informationen, die für eine optimale Kapazitätsplanung notwendig sind.

4.2 Die nach Ziffer 4.1 übergebenen Unterlagen bleiben das geistige Eigentum des Auftraggebers. Ein Pfand- und Zurückbehaltungsrecht hieran kann vom Auftragnehmer nicht ausgeübt werden.

5 Pflichten des Auftragnehmers

5.1 Der Auftragnehmer ist verpflichtet, seine Leistungen entsprechend den Vorgaben des Auftraggebers nach Ziffer 4 zu erbringen. Er ist berechtigt, aber nicht verpflichtet, diese Vorgaben zu überprüfen.

5.2 Der Auftragnehmer, der logistische Leistungen innerhalb der betrieblichen Organisation des Auftraggebers oder auf dessen Weisung bei einem Dritten ausführt (z. B. Regalservice), erbringt diese Leistungen nach Weisung und auf Gefahr des Auftraggebers.

5.3 Der Auftragsnehmer ist verpflichtet, dem Auftraggeber Einwände oder Unregelmäßigkeiten, die bei der Vertragsausführung entstanden sind, unverzüglich anzuzeigen und diese zu dokumentieren.

Die Ziffern 4 und 5 ordnen die grundsätzlichen Verpflichtungen der jeweiligen Vertragspartei zu. Alles, was die Produktion betrifft, ist Sache des Auftraggebers, dem gegenüber sind alle Vertragsverpflichtungen, die die Ausführung der vereinbarten Dienstleistung belangen, wie z. B. Auswahl des qualifizierten Personals, dem Logistiker zuzuordnen.

6 Leistungshindernisse, höhere Gewalt

6.1 Leistungshindernisse, die nicht dem Risikobereich einer Vertragspartei zuzurechnen sind, befreien die Vertragsparteien für die Dauer ihrer Störung und den Umfang ihrer Wirkung von den Leistungspflichten.

Als Leistungshindernisse gelten Streiks und Aussperrungen, höhere Gewalt, Unruhen, kriegerische oder terroristische Akte, behördliche Maßnahmen sowie sonstige unvorhersehbare, unabwendbare und schwerwiegende Ereignisse.

6.2 Im Falle einer Befreiung nach Ziffer 6.1 ist jede Vertragspartei verpflichtet,
- *die andere Partei unverzüglich zu unterrichten und*
- *die Auswirkungen für die andere Vertragspartei im Rahmen des Zumutbaren so gering wie möglich zu halten.*

In dieser Bestimmung wird die Anwendung der BGB-Rechtsgedanken aus dem Allgemeinen Teil festgelegt. Interessengerecht werden Leistungsstörungen der höheren Gewalt keiner Partei zugerechnet. Den Logistiker trifft eine unverzügliche Mitteilungspflicht.

7 Vertragsanpassung

7.1 Vereinbarungen über Preise und Leistungen beziehen sich stets nur auf die namentlich aufgeführten Leistungen und auf ein im Wesentlichen unverändertes Güter-, Auftragsaufkommen oder Mengengerüst. Sie setzen zum einen unveränderte Datenverarbeitungsanforderungen, Qualitätsvereinbarungen und Verfahrensanweisungen und zum anderen unveränderte Energie- und Personalkosten sowie öffentliche Abgaben voraus.

7.2 Ändern sich die in Ziffer 7.1 beschriebenen Bedingungen, können beide Vertragsparteien Verhandlungen über eine Vertragsanpassung mit Wirkung ab dem Ersten des auf das Anpassungsbegehren folgenden Monats verlangen, es sei denn, die Veränderungen waren der Vertragspartei, die die Vertragsanpassung fordert, bei Vertragsabschluss bekannt. Die Vertragsanpassung hat sich an den nachzuweisenden Veränderungen einschließlich den Rationalisierungseffekten zu orientieren.

7.3 Sofern die Vertragsparteien innerhalb eines Zeitraums von einem Monat, nachdem Vertragsanpassung gefordert wurde, keine Einigung erzielen, kann der Vertrag von beiden Parteien, unter Einhaltung einer Frist von einem Monat bei einer Laufzeit des Vertrages bis zu einem Jahr beziehungsweise einer Frist von drei Monaten bei einer längeren Laufzeit, gekündigt werden. Diese Kündigung kann nur innerhalb eines Monats nach Scheitern der Vertragsanpassung erklärt werden.

Ob Mautänderungen, Treibstofferhöhung oder Aufkommensveränderung, die Vertragsparteien verpflichten sich interessengerechte Vertragsänderungen zu vereinbaren.

8 Betriebsübergang

Sofern mit dem Vertrag oder seiner Ausführung ein Betriebsübergang nach § 613a BGB verbunden ist, verpflichten sich die Parteien, die wirtschaftlichen Folgen unter Berücksichtigung der Laufzeit des Vertrages zu regeln.

Definiert wird hier ein Programmsatz zur Regelung möglicher Ausgleichansprüche. Weitgehend bestehen gesetzliche, nicht abdingbare Regelungen, die sich im Rahmen eines Betriebsübergangs ergeben können.

9 Aufrechnung, Zurückbehaltung

Gegenüber Ansprüchen aus einem Vertrag über logistische Leistungen nach Ziffer 1.1 und damit zusammenhängenden außervertraglichen Ansprüchen ist eine Aufrechnung oder Zurückbehaltung nur mit fälligen Gegenansprüchen zulässig, denen ein begründeter Einwand nicht entgegensteht.

Das Aufrechnungsverbot gilt sowohl für Auftragsgeber und Auftragsnehmer. Damit soll die Liquidität der Vertragsparteien sichergestellt werden, sollten Leistungsstörungen aus anderen Vertragsverhältnissen aufgetreten sein. Die Regelung entspricht Ziffer 19 ADSp (2003).

10 Pfand- und Zurückbehaltungsrecht, Eigentumsvorbehalt

10.1 Der Auftragnehmer hat wegen aller fälligen und nicht fälligen Forderungen, die ihm aus den in Ziffer 1.1 genannten Tätigkeiten gegenüber dem Auftraggeber zustehen, ein Pfandrecht und ein Zurückbehaltungsrecht an den in seiner Verfügungsgewalt befindlichen Gütern oder sonstigen Werten. Das Pfand- und Zurückbehaltungsrecht geht nicht über das gesetzliche Pfand- und Zurückbehaltungsrecht hinaus.

10.2 Der Auftragnehmer darf ein Pfand- oder Zurückbehaltungsrecht wegen Forderungen aus anderen mit dem Auftraggeber abgeschlossenen Verträgen über logistische Leistungen im Sinne von Ziffer 1.1 nur ausüben, soweit sie unbestritten sind, oder wenn die Vermögenslage des Auftraggebers die Forderung des Auftragnehmers gefährdet.

10.3 Der Auftraggeber ist berechtigt, die Ausübung des Pfandrechts zu untersagen, wenn er dem Auftragnehmer ein gleichwertiges Sicherungsmittel (z. B. selbstschuldnerische Bankbürgschaft) einräumt.

10.4 Ziffer 4.2 bleibt unberührt.

10.5 Sofern der Auftragnehmer bei der Erbringung logistischer Leistungen nach Ziffer 1.1 auch das Eigentum auf den Auftraggeber zu übertragen hat, so verbleibt das Eigentum beim Auftragnehmer bis zur vollständigen Zahlung.

Ziffer 20 ADSp (2003) ist hier ebenfalls übernommen worden. Dem Grunde nach ist dies das Gegenstück zur Aufrechnung, die den Logistiker bei Zahlungsverzug des Auftraggebers schützt. Voraussetzung ist, dass die Logistik-AGB Vertragsgegenstand sind, da der Logistiker diese als seine Allgemeinen Geschäftsbedingungen anbietet.

11 Abnahme, Mängel- und Verzugsanzeige

11.1 Soweit eine Abnahme der logistischen Leistung durch den Auftraggeber zu erfolgen hat, kann diese wegen des kooperativen Charakters der logistischen Leistungen durch Ingebrauchnahme, Weiterveräußerung oder Weiterbehandlung des Werkes, Ab- und Auslieferung an den Auftraggeber oder an von ihm benannte Dritte erfolgen. Soweit logistische Leistungen nicht abnahmefähig sind, tritt an die Stelle der Abnahme die Vollendung.

11.2 Der Auftraggeber ist verpflichtet, offensichtliche Mängel dem Auftragnehmer bei Abnahme anzuzeigen. Die Anzeige ist schriftlich oder elektronisch (Ziffer 2) zu erstatten. Zur Wahrung der Frist genügt die rechtzeitige Absendung, sofern die Anzeige den Auftragnehmer erreicht.

11.3 Unterlässt der Auftraggeber die Anzeige, gilt die logistische Leistung als vertragsgemäß, es sei denn, der Auftragnehmer hat den Mangel arglistig verschwiegen.

11.4 Ansprüche wegen der Überschreitung von Leistungsfristen erlöschen, wenn der Auftraggeber gegenüber dem Auftragnehmer diese nicht innerhalb von einundzwanzig Tagen nach Leistungserbringung anzeigt.

12 Mängelansprüche des Auftraggebers

12.1 Die Mangelhaftigkeit einer logistischen Leistung bestimmt sich nach dem Inhalt des Vertrages und den gesetzlichen Bestimmungen. Beschaffenheits- oder Haltbarkeitsgarantien werden vom Auftragnehmer nur übernommen, wenn diese im Vertrag im Einzelnen als solche bezeichnet werden.

12.2 Ist die logistische Leistung mangelhaft, hat der Auftraggeber Anspruch auf Nacherfüllung. Das Wahlrecht zwischen Mängelbeseitigung und Neulieferung/Neuleistung steht in jedem Fall dem Auftragnehmer zu. Führt die Nacherfüllung nicht zu dem vertraglich geschuldeten Erfolg, hat der Auftraggeber Anspruch auf eine zweite Nacherfüllung. Weitere Ansprüche auf Nacherfüllung bestehen nicht.

12.3 Schlägt die Nacherfüllung zweimal fehl oder ist eine Nacherfüllung wegen der Art der Leistung nicht möglich, kann der Auftraggeber die ihm zustehenden Minderungs-, Rücktritts- und Schadensersatzrechte sowie Selbstvornahme wie folgt ausüben.

12.3.1 Macht der Auftraggeber Minderung geltend, ist diese auf den Wegfall der vereinbarten Vergütung für die einzelne, mängelbehaftete logistische Leistung begrenzt.

12.3.2 Macht der Auftraggeber das Rücktrittsrecht geltend, gilt dieses nur in Bezug auf die einzelne, mängelbehaftete logistische Leistung. Im Übrigen steht dem Auftraggeber unter den Voraussetzungen der Ziffer 13 anstelle des Rücktrittsrechts das Sonderkündigungsrecht zu.

12.3.3 Schadensersatz statt der Leistung kann der Auftraggeber unter den Voraussetzungen von Ziffer 14 verlangen.

12.3.4 Bei Selbstvornahme ist der Anspruch des Auftraggebers auf Aufwendungsersatz auf einen Betrag bis zu 20.000 € begrenzt.

Die Ziffern 11 und 12 sind die Folge der Tatsache, dass die speditionellen Zusatzleistungen weitgehend einen werkvertraglichen Charakter haben. Interessengerecht werden hier die gesetzlichen Regelungen des Werkvertrags aus dem BGB übernommen. Dabei wurde die Besonderheit der „verlängerten Werkbank" mit einbezogen. Konkret hat der Logistiker Abnahme und Mängelanzeigepflichten, wenn der Auftraggeber im Pflichtenheft dies konkret vereinbart hat.

Geregelt ist zugleich, wann konkret der Logistiker Mängelansprüche zu vertreten hat und in eine Leistungspflicht gegenüber dem Auftraggeber gerät.

13 Sonderkündigungsrecht

13.1 Wenn eine der Parteien zweimal gegen vertragswesentliche Pflichten verstößt und dies zu einer wesentlichen Betriebsstörung führt, hat die andere Partei das Recht, diesen Vertrag mit angemessener Frist zu kündigen, nachdem sie der vertragsverletzenden Partei schriftlich eine angemessene Frist zur Beseitigung der Pflichtverletzung eingeräumt hat und diese Frist abgelaufen ist, ohne dass die Partei ihren Verpflichtungen nachgekommen ist.

13.2 Das Recht zur außerordentlichen Kündigung aus wichtigem Grund bleibt unberührt.

Ein Sonderkündigungsrecht für Dauerschuldverhältnisse gibt es nach dem Allgemeinen Teil des BGB grundsätzlich beim Vorliegen eines wichtigen Grundes. Ziffer 13 regelt hierzu ergänzend als Voraussetzung, dass ein Kündigungsrecht dann vorliegt, wenn gegen eine vertragswesentliche Pflicht zweimal trotz Beseitigungsaufforderung verstoßen wird.

14 Haftung des Auftragnehmers

14.1 Der Auftragnehmer haftet nur, wenn ihn ein Verschulden an dem von ihm verursachten Schaden trifft. Die hieraus folgende gesetzliche und vertragliche Haftung des Auftragnehmers ist auf den vorhersehbaren, typischen Schaden begrenzt sowie der Höhe nach

14.1.1 auf 20.000 € je Schadenfall,

14.1.2 bei mehr als vier Schadenfällen, die die gleiche Ursache (z. B. Montagefehler) haben oder die Herstellung/Lieferung mit dem gleichen Mangel behafteter Güter betreffen (Serienschaden), auf 100.000 €, unabhängig von der Zahl der hierfür ursächlichen Schadenfälle.
Diese Haftungsbegrenzung gilt auch bei Differenzen zwischen Soll- und Ist-Bestand der dem Auftragnehmer übergebenen Güter; diese Differenz ist bei gleichzeitigen Mehr- und Fehlbeständen durch wertmäßige Saldierung zu ermitteln.

14.1.3 für alle Schadenfälle innerhalb eines Jahres auf 500.000 €.

14.2 Die vorstehenden Haftungsbefreiungen und Haftungsbeschränkungen gelten auch für außervertragliche Ansprüche gegen den Auftragnehmer, seine Mitarbeiter und sonstigen Erfüllungsgehilfen.

14.3 Die vorstehenden Haftungsbefreiungen und Haftungsbeschränkungen gelten nicht

14.3.1 für die Verletzung des Lebens, des Körpers und der Gesundheit,

14.3.2 soweit gesetzliche Haftungsbestimmungen, wie z. B. das Produkthaftungsgesetz, zwingend anzuwenden sind.

14.4 Die Parteien können gegen Zahlung eines Haftungszuschlags vereinbaren, dass die vorstehenden Haftungshöchstsummen durch andere Beträge ersetzt werden.

Vereinbart wird hier die **Verschuldenshaftung**. Für Logistiker ungewöhnlich und neu ist, dass gewichtsunabhängig Haftungssummen festgelegt sind. Was die Höhe anbelangt, so wurden diese aufgrund von Erfahrungswerten großzügig festgelegt. Ebenso ist die Regelung für Serienschäden in diesen klar getroffenen Bestimmungen neu.

15 Qualifiziertes Verschulden

Die vorstehenden Haftungsbefreiungen und Haftungsbeschränkungen gelten nicht

15.1 bei grob fahrlässiger oder vorsätzlicher Verletzung

- *wesentlicher Vertragspflichten durch den Auftragnehmer, seine leitenden Angestellten oder Erfüllungsgehilfen*
- *sonstiger Pflichten durch den Auftragnehmer oder seine leitenden Angestellten.*

15.2 *soweit der Auftragnehmer den Schaden arglistig verschwiegen oder eine Garantie für die Beschaffenheit der logistischen Leistung übernommen hat.*

Die Vorgaben des BGH für Haftungsbefreiungen und Haftungsbeschränkungen wurden hier übernommen. Danach haftet der Logistiker unbegrenzt für grob fahrlässige und vorsätzliche Verletzungen wesentlicher Leistungspflichten.

16 Freistellungsanspruch des Auftragnehmers

Der Auftraggeber hat den Auftragnehmer und seine Erfüllungsgehilfen von allen Ansprüchen Dritter nach dem Produkthaftungsgesetz und anderer drittschützender Vorschriften freizustellen, es sei denn, der Auftragnehmer oder seine Erfüllungsgehilfen haben grob fahrlässig oder vorsätzlich den Anspruch des Dritten herbeigeführt.

Geregelt wird hier, dass der Logistiker, soweit gesetzlich zulässig, von möglichen Produkthaftpflichtansprüchen freigestellt wird.

17 Verjährung

17.1 *Ansprüche aus einem Vertrag nach Ziffer 1.1 verjähren in einem Jahr.*

17.2 *Die Verjährung beginnt bei allen Ansprüchen mit Ablauf des Tages der Ablieferung, bei werkvertraglichen Leistungen mit Ablauf des Tages der Abnahme nach Ziffer 11.1.*

17.3 *Die vorstehenden Verjährungsfristen gelten nicht*
- *in den in Ziffer 15 genannten Fällen,*
- *bei der Verletzung des Lebens, des Körpers, der Gesundheit oder*
- *soweit gesetzliche Verjährungsbestimmungen zwingend anzuwenden sind.*

Die hier vereinbarte einjährige Verjährung entspricht den üblichen Regelungen des Speditions- und Frachtrechts. Unter Kaufleuten ist die Verkürzung der Regelverjährungsfrist von drei Jahren zulässig und üblich. Soweit gesetzliche unabdingbare Fristen existieren, gelten diese, wie z. B. § 12 Produkthaftpflichtgesetz.

18 Haftungsversicherung des Auftragnehmers

18.1 *Der Auftragnehmer ist verpflichtet, bei einem Versicherer seiner Wahl eine Haftungsversicherung zu marktüblichen Bedingungen abzuschließen und aufrechtzuerhalten, die seine Haftung im Umfang der in Ziffer 14 genannten Haftungssummen abdeckt.*

18.2 *Die Vereinbarung einer Höchstersatzleistung je Schadenfall und Jahr ist zulässig; ebenso die Vereinbarung einer Schadenbeteiligung des Auftragnehmers.*

18.3 *Auf Verlangen des Auftraggebers hat der Auftragnehmer diesen Haftungsversicherungsschutz durch eine Bestätigung des Versicherers nachzuweisen.*

Angeknüpft wird hier an die Regelung der ADSp (2003). Im Rahmen der ADSp hat sich die Verpflichtung zum Abschluss einer Haftungsversicherung des Logistikers bewährt, wobei die Haftungssummen aus den Logistik-AGB als Mindestdeckung verpflichtend sind. Verfügt der Logistiker über keinen entsprechenden Versicherungsschutz, so darf sich dieser nicht auf die Haftungsbegrenzung und das weitere Regelwerk berufen.

19 Erfüllungsort, Gerichtsstand, anzuwendendes Recht

19.1 *Der Erfüllungsort ist für alle Beteiligten der Ort derjenigen Niederlassung des Auftragnehmers, an die der Auftrag gerichtet ist.*

19.2 *Der Gerichtsstand für alle Rechtsstreitigkeiten, die aus dem Auftragsverhältnis oder im Zusammenhang damit entstehen, ist für alle Beteiligten, soweit sie Kaufleute sind oder diesen gleichstehen, der Ort derjenigen Niederlassung des Auftragnehmers, an die der Auftrag gerichtet ist; für Ansprüche gegen den Auftragnehmer ist dieser Gerichtsstand ausschließlich.*

19.3 Für die Rechtsbeziehungen des Auftragnehmers zum Auftraggeber oder zu seinen Rechtsnachfolgern gilt deutsches Recht unter Ausschluss des UN-Kaufrechts.

Um den Gleichklang zu den ADSp sicherzustellen und bei Konfliktfällen keine widersprüchliche AGB anzubieten, wurde hier weitgehend Ziffer 19 ADSp übernommen.

20 Schlussbestimmungen

20.1 Bei der Bestimmung der Höhe der vom Auftragnehmer zu erfüllenden Ersatzansprüche sind die wirtschaftlichen Gegebenheiten des Auftragnehmers, Art, Umfang und Dauer der Geschäftsverbindung, etwaige Verursachungs- oder Verschuldensbeiträge des Auftraggebers nach Maßgabe von §254 BGB und dessen Grad an Überwachung und Herrschaft der angewendeten Verfahren zugunsten des Auftragnehmers zu berücksichtigen. Insbesondere müssen die Ersatzleistungen, Kosten und Aufwendungen, die der Auftragnehmer zu tragen hat, in einem angemessenen Verhältnis zum Erlös des Auftragnehmers aus den Leistungen für den Auftraggeber stehen.

Ziel dieser Bestimmung ist es, den Gesichtspunkt der Vertragsfreiheit als Grundlage für die getroffenen Haftungsbegrenzungen darzulegen. Insbesondere wird damit ein gesamtheitlicher Ansatz festgeschrieben, wonach ein interessengerechter Ausgleich zwischen Wertschöpfung, geringem Entgelt beim Logistiker und damit verbundener Haftungsbegrenzung gerechtfertigt wird.

20.2 Stellt ein Vertragspartner seine Zahlungen ein oder wird das Insolvenzverfahren über sein Vermögen oder ein außergerichtliches Vergleichsverfahren beantragt, so ist der andere berechtigt, für den nicht erfüllten Teil vom Vertrag zurückzutreten.

20.3 Sollte eine Bestimmung der Logistik-AGB und der getroffenen weiteren Vereinbarungen unwirksam sein oder werden, so wird dadurch die Gültigkeit des Vertrages im Übrigen nicht berührt. Die Vertragspartner sind verpflichtet, die unwirksame Bestimmung durch eine ihr im wirtschaftlichen Erfolg möglichst gleichkommende Regelung zu ersetzen.

Vereinbart wird grundsätzlich ein Rücktrittsrecht für den Vertragspartner, falls einer in die Insolvenz gerät. Des Weiteren wurde die obligatorische salvatorische Klausel abschließend vereinbart.

3.6 Transportversicherung

Das Thema Transport- und Lagerversicherung wird im LORENZ 2 ausführlich behandelt. Die klassische Transportversicherung deckt alle Gefahren, denen das Gut ausgesetzt ist, einschließlich höherer Gewalt. Für **Güterfolgeschäden** und reine **Vermögensschäden** bietet diese nur begrenzten Deckungsschutz. Bei wertvolleren Gütern und im Übersee-Export und -Import ist regelmäßig Transportversicherung zu empfehlen. Zur Eindeckung einer Transport- oder Lagerversicherung ist der Spediteur nur bei schriftlich erteiltem Auftrag verpflichtet (vgl. Ziffer 21 ADSp).

3.7 Zusammenfassende Übersichten

Eine Übersicht der wichtigsten Haftungsnormen in der Güterverkehrswirtschaft ist in Tabelle 3.7-1 abgedruckt.

3.8 Praktische Abwicklung von speditionellen Schäden

Bei der Vielfalt des Aufgabenbereichs des Spediteurs ist die Bearbeitung eines Schadenfalls selbstverständlich nur beispielhaft möglich. Welche Folgen ergeben sich aus der Feststellung eines Schadens?

a) Der Hauptspediteur verursacht schuldhaft einen Güterschaden; er verständigt unverzüglich den Auftraggeber, den Empfänger und vorsorglich die Speditionsversicherer.
b) Der Zwischenspediteur, z. B. Empfangsspediteur im Sammelgutverkehr, verursacht schuldhaft einen Güterschaden; er verständigt unverzüglich den Hauptspediteur, der daraufhin die weiteren Maßnahmen einleitet (siehe Abs. a)).
c) Der eingesetzte Frachtführer verursacht einen Güterschaden; er bestätigt den Sachverhalt bei Ablieferung des Gutes. Hier kommt es zu den unter b) dargestellten Folgen.

Zu a) bis c):

In den hier angesprochenen möglichen Fällen ist im Einzelnen zu klären, ob die Auslieferung an den Empfänger erfolgen kann; bei Annahmeverweigerung steht das Gut zur Verfügung des Auftraggebers (Versenders).

d) Der Empfänger bemerkt bei Anlieferung einen äußerlich erkennbaren Schaden oder nach der Übernahme einen verdeckten Schaden; grundsätzlich ist er zur sofortigen schriftlichen Schadensmeldung an die Speditionsversicherer, eventuell über den Spediteur, verpflichtet.

Die Feststellung eines Schadens erfordert folgende weitere Schritte:

- Erstellung eines Schadenprotokolls durch den Spediteur; wurde ein Frachtführer eingesetzt, kann die von ihm erstellte Schadensbestätigung als **Schadenprotokoll** genutzt werden. Vorsorglich wird der Spediteur den Frachtführer haftbar machen.
- Rückfrage beim Versender und Empfänger, ob eine Transportversicherung besteht, die gegebenenfalls unverzüglich zu unterrichten ist.

Bei größeren Schäden ist nach Abstimmung mit den Speditionsversicherern, bei Bestehen einer Transportversicherung mit den entsprechenden Versicherern, ein Havariekommissar/Sachverständiger einzuschalten (nur wenn die Schadenaufnahme durch einen Sachverständigen oder Havariekommissar durch die Versicherer veranlasst wurde, werden auch die Kosten hierfür übernommen).

Sofern die Schadensbearbeitung und Regulierung durch die Speditionsversicherer zu erfolgen hat, sind folgende Unterlagen einzureichen:

- **Schadensanmeldung** des Hauptspediteurs (Versicherungsnehmer)
- Originalauftrag an Spediteur, gegebenenfalls auch Ablieferungsquittung
- Schadensrechnung des Schadenstifters, gegebenenfalls Gutachten des Havariekommissars/Sachverständigen
- Schadensrechnung des Anspruchsberechtigten (i. d. R. ohne Umsatzsteuer; Umsatzsteuer wird nur erstattet, wenn der Anspruchsteller nicht zum Vorsteuerabzug berechtigt ist)

	Geltungsbereich	Haftungsregime	Haftungs-umfang	Haftungslimit bei Güterschäden	Haftungslimit bei Vermögens-schäden	Haftungsausschlüsse	Verjährung	Beginn der Verjährung	Meldefrist Güterschäden	Meldefrist Lieferfrist-Überschr.	Verschollenheits-regelung
HGB Schreibtischspe-diteur	Versendung besorgen § 453 (1)	Verschulden, umgekehrte Beweislast	Vermögenssch. durch eigenes Auswahlversch.	–	unbegrenzt	durch die Sorgfalt eines ordentlichen Kaufmanns nicht abwendbar	1 Jahr	Ablieferung, Lieferfrist-ablauf	–	keine	–
Fixkostenspediteur gilt auch für Sammelladungssped. Selbsteintrittssped.	weltweit § 459 § 460 § 458	Gefährdung	Güterschäden Lieferfrist-überschritten	8,33 SZR/kg - (Vereinb. 2-40 SZR/kg möglich durch AGB) siehe auch CMR, CIM WA, Haager Regeln	3fache Fracht	unabwendb. Ereignis offene Fahrzeuge mangelhaft verpackt natürl. Beschaffenheit lebende Tiere	1 Jahr 3 Jahre bei Vorsatz und wenn besonders leichtfertig	Ablieferung, Lieferfrist-ablauf	sofort, verdeck-te in 7 Tagen	21 Tage nach Ablie-ferung	national: 20 Tage nach Liefer-fr.-abl. grenzüberschreitend: 30 Tage nach Lieferfr.-abl.
Obhutssped.	national § 461 (1)	Gefährdung	Güterschäden	8,33 SZR/kg - (Vereinb. 2-40 SZR/kg möglich durch AGB)		wie oben	wie oben	wie oben	–	–	–
ADSp	Spediteur-geschäfte weltweit	Verschulden bei Geschäftsbesor-gung und verfüg-ter Lagerung Gefährdung bei Selbsteintritt festen Kosten Sammelladung	Güterschäden Güterfolgesch. Vermögenssch. soweit nach HGB dafür gehaftet	5,– €/kg - bei Beför-derung 8,33 SZR/kg Multimodal/See 2 SZR/kg Schadenfallmaximum = 1 Mio. €-mind. 2 SZR/kg je Ereignis maximal 2 Mio. €-mind. 2 SZR/kg Lagerei: 5,– €/kg Schadenfallmaximum = 5 000,– €/bei Inventur-differenzen 25 000,– € je Ereignis maximal 2 Mio. €	3facher Wert des Gutes, maximal 100 000 €	– bei Besorgung für beauftragten Dritten wenn Sorgfalt gew., – b. Beförderung wie HGB-Fixkostensped., sowie Güterfolge- und Vermögensschäden; – bei Lagerei für höhere Gewalt u.ä., Lagerung im Freien, Diebstahl, Raub, mangelh. verpackt	1 Jahr 3 Jahre bei Vorsatz und wenn besonders leichtfertig	Ablieferung, Lieferfrist-ablauf	sofort, verdeck-te in 7 Tagen	21 Tage nach Ablie-ferung	–
Logistik-AGB	Spediteur-geschäfte weltweit	Verschuldens-haftung, z.T. mit Beweislast-verschiebung (ProdHaftung)	Güter-, Güterfolge-, Personen-, Vermögens-schäden, Schmerzensgeld	grundsätzlich 20 000,- €/Schadensfall unbeschränkt bei Verletzung des Lebens, des Körpers und der Gesundheit		mangelndes Verschulden	1 Jahr	grundsätzlich mit Schluss des Jahres, in dem der Anspruch entstanden ist	unverzüglich	21 Tage nach Leistungs-erbringung	unverzüglich
Frachtführer HGB	national §§ 407-450 Lkw, Eisenbahn, Flugzeug, Binnenschiff	Gefährdung	Güterschäden Lieferfristüber-schreitung	8,33 SZR/kg - (Vereinb. 2-40 SZR/kg möglich durch AGB)	3fache Fracht	unabwendb. Ereignis offene Fahrzeuge mangelh. verpackt natürl. Beschaffenheit lebende Tiere	1 Jahr 3 Jahre bei Vorsatz und wenn besonders leichtfertig	Ablieferung, Lieferfristabl.	sofort verdeckte in 7 Tagen	21 Tage nach Abliefe-rung	national: 20 Tage nach Lieferfr.-Abl. grenzüberschreitend: 30 Tage nach Lieferfr.-Abl.

Tab. 3.7-1: Zusammenfassende Übersicht der Haftungsnormen — Quelle: Eigene Darstellung

	Geltungsbereich	Haftungsregime	Haftungs-umfang	Haftungslimit bei Güterschäden	Haftungslimit bei Vermögens-schäden	Haftungsausschlüsse	Verjährung	Beginn der Verjährung	Meldefrist Güterschäden	Meldefrist Lieferfrist-Überschr.	Verschollenheits-regelung
Umzugstransport HGB	national, auch international §§ 451-451h - vorbehaltlich zwingenden Rechts	Gefährdung	Güterschäden Lieferfristüberschreitung	620,- € je Kubikmeter des erforderlichen Laderaums	3fache Fracht	unabwendb. Ereignis, natürl. Beschaffenheit, Wertsachen, durch Absender verpackt/Verladen besonderes Hindernis	1 Jahr 3 Jahre bei Vorsatz und wenn besonders leichtfertig	Ablieferung, Lieferfristabl.	Tag nach der Ablieferung, sonst Erlöschen, verdeckte 14 Tage	21 Tage nach Ablieferung	national: 20 Tage nach Lieferfr.-Abl. grenzüberschreitend: 30 Tage nach Lieferfr.-Abl.
CMR	grenzüberschreitender Güterverkehr auf der Straße	Gefährdung	Güterschäden Lieferfristüberschreitung	8,33 SZR je kg Rohgewicht	Höhe der Fracht	unabwendb. Ereignis offene Fahrzeuge mangelh. verpackt natürl. Beschaffenheit lebende Tiere	1 Jahr	Ablieferung, Ablauf der Verschollenheitsfrist	sofort verdeckte in 7 Tagen ohne Sonn- u. Feiertage	21 Tage nach Ablieferung	30 Tage nach Lieferfr.-Abl. oder 60 Tage nach Übernahme
COTIF-ER/CIM	grenzüberschreitender Eisenbahnverkehr	Gefährdung	Güterschäden Lieferfristüberschreitung	17 SZR je kg Rohgewicht	4fache Fracht	unabwendb. Ereignis offene Fahrzeuge mangelh. verpackt natürl. Beschaffenheit lebende Tiere	1 Jahr	Ablieferung, 30ster Tag n. Lieferfristablauf	sofort verdeckte in 7 Tagen	60 Tage nach Ablieferung	30 Tage nach Lieferfr.-Abl.
MÜ	grenzüberschreitender Luftverkehr	Gefährdungshaftung; bei Lieferfristüberschreitung: Verschuldenshaftung mit umgekehrter Beweislast	Güterschäden, Vermögensschäden	19 SZR/kg	Verspätungsschäden – je Person 4 694 SZR – Reisegepäck 1 131 SZR je Reisender	Eigenart der Güter mangelhafte Verpackung bewaffneter Konflikt	2 Jahre (Ausschlussfrist)	ab geplantem Ankunftstag des Luftfahrzeugs	unverzüglich, verdeckte in 14 Tagen	21 Tage nach Ablieferung	Klage innerhalb 2 Jahren nach Ablieferung
WA	grenzüberschreitender Luftverkehr	Verschuldenshaftung mit umgekehrter Beweislast	Güterschäden, Vermögensschäden	27,35 € je kg	27,35 € je kg	alle erforderlichen Maßnahmen zur Schadenverhütung wurden getroffen	Klageerhebung innerhalb einer Ausschlussfrist von 2 Jahren, ggf. Anwendung nationaler Verjährung				
Haager Regeln/ Visby-Regeln	Seeschifffahrt Konnossementsbedingungen	Verschulden, umgekehrte Beweislast	Güterschäden	666,67 SZR je Packung oder Einheit oder 2 SZR je kg		Feuer an Bord nautisches Versch. Deckverladung	1 Jahr	Ende des Fälligkeitsjahres	sofort, verdeckte in 3 Tagen	–	–
Hamburg Regeln	Seeschifffahrt (nicht i.d.BRD)	Verschulden, umgekehrte Beweislast	Güterschäden, Verspätungssch.	835 SZR je Packung oder Einheit oder 2,50 SZR je kg		erleichterte Beweislast b. Feuer, lebende Tiere; sonst. Verbot von Haftungsschlüssen	2 Jahre				

Tab. 3.7-1: Zusammenfassende Übersicht der Haftungsnormen Quelle: Eigene Darstellung

- Kopie der Lieferantenrechnungen (zwecks Prüfung des Wertes, der Lieferkonditionen)
- gegebenenfalls Kostennachweis für Leistungen, durch die der eingetretene Schaden begrenzt oder gemindert werden konnte
- Nichtversicherungserklärung des Auftraggebers/Versenders und des Empfängers; hierdurch wird bestätigt, dass keine anderweitige Transport- bzw. Lagerversicherung eingedeckt worden ist

Nach der Schadensbearbeitung durch die Speditionsversicherer erfolgt die Regulierung entweder durch

- Gutschrift des nachgewiesenen Schadensbetrags durch die Speditionsversicherer an den Hauptspediteur unter Abzug der Selbstbeteiligung, anschließend Zahlung des vollen Schadensbetrags durch den Spediteur an den Anspruchsteller oder
- Gutschrift des nachgewiesenen Schadensbetrags durch die Speditionsversicherer direkt an den Anspruchsteller, sofern vor Zahlung an den Hauptspediteur die direkte Vergütung verlangt worden ist; die Schadenbeteiligung wird durch die Speditionsversicherer dann gesondert dem Hauptspediteur belastet.

Die **Schadenbeteiligung** wird gegebenenfalls an den schadenstiftenden Zwischenspediteur durch den Hauptspediteur weiterberechnet.

Bei **Güterfolge- oder Vermögensschäden**, die naturgemäß nur durch den Geschädigten festzustellen und nachzuweisen sind, wird im Prinzip nach dem gleichen System verfahren. Die Darlegungspflicht beim Verlader ist dabei, was die Höhe des Schadens anbelangt, sehr weitgehend.

4 Der Spediteur und die Verkehrsträger

4.1 Straßengüterverkehr

Hermann Pikelj

4.1.1 Die gesamtwirtschaftliche Bedeutung des Verkehrsträgers Straßengüterverkehr

Die Entwicklung des **Modal Splits** (Aufteilung der Gütermenge in Tonnen und erbrachte Verkehrsleistung in Tonnenkilometer (tkm) durch die Landverkehrsträger Straßengüterverkehr, Eisenbahngüterverkehr und Binnenschiffsgüterverkehr) zeigt, dass der Anteil des Straßengüterverkehrs am gesamten Güterverkehr sowohl in Deutschland als auch in Europa in den letzten Jahren enorm angestiegen ist, wenn auch 2012 ein leichter Einbruch zu verzeichnen war. Nach diesem leichten Rückgang hat jedoch die deutsche Güterverkehrswirtschaft im Einklang mit der konjunkturellen Entwicklung nach schwachem Jahresbeginn im Laufe das Jahres 2013 wieder zu einem moderaten Wachstum zurückgefunden.

Vor dem Hintergrund der positiven Entwicklung der deutschen Volkswirtschaft legte der Güterverkehr in Deutschland im Jahr 2014 dann weiter zu. Nach dem Jahresbericht 2014 des Bundesamts für Güterverkehr über die verkehrsträgerübergreifende Marktbeobachtung erhöhte sich die im Straßen-, Schienen- und Binnenschiffsgüterverkehr beförderte Gütermenge im Vergleich zum Vorjahr insgesamt um rund 2,5 % auf 3,61 Mrd. t. Die Verkehrsleistung im Inland stieg um 0,5 % auf 455,9 Mrd. t. (ohne Straßengüterverkehr ausländischer Fahrzeuge in Deutschland). Nachdem der Straßengüterverkehr mit deutschen Lastkraftfahrzeugen im Jahr 2013 von allen Verkehrsträgern noch die geringsten Steigerungsraten ausgewiesen hatte, erzielte er im Jahr 2014 im intermodalen Vergleich die höchsten prozentualen und absoluten Zuwächse. Der Schienenverkehr verzeichnete hingegen eine rückläufige Mengenentwicklung und eine Stagnation der Verkehrsleistung. Ein Hauptgrund hierfür waren die Streikmaßnahmen der GDL im Herbst 2014. In der Binnenschifffahrt standen im Vergleichszeitraum steigende Beförderungsmengen einer rückläufigen Verkehrsleistung gegenüber. Sowohl der Schienengüterverkehr als auch die Binnenschifffahrt verloren im Betrachtungszeitraum Anteile am Modal Split zugunsten des Straßengüterverkehrs. Bezogen auf die drei Landverkehrsträger erreichte der Straßengüterverkehr im Jahr 2014 einen Anteil von 83,7 % bei der Gütermenge und 62,3 % bei der Verkehrsleistung.

Ausführliche Informationen über die Marktentwicklung veröffentlicht das Bundesamt für Güterverkehr auf der Homepage www.bag.bund.de. Im Verlauf des zweiten Halbjahres 2016 werden neue Daten mit dem Marktbericht 2015 veröffentlicht.

Dieser Vergleich unterstreicht zwar einerseits nach wie vor die herausragende Stellung des Verkehrsmittels Lkw innerhalb unserer Volkswirtschaft, andererseits bedarf diese Darstellung auch einer weiteren Erläuterung: Untergliedert man nämlich den Straßengüterverkehr nach Nahbereich (bis 50 km), Regionalbereich (51–150 km) und Fernbereich (über 150 km) (einschließlich Werkverkehr), so wurden im Jahr 2014 allein im Nahbereich und Regionalbereich zusammengerechnet (also bis 150 km Beförderungsstrecke) 79,4 % (2010: 76,5 %) der gesamten Gütermenge des Straßengüterverkehrs befördert und nur 20,6 % (2010: 23,5 %) der Gütermenge wurden über eine Beförderungsstrecke mit mehr als 150 km transportiert. Interessant ist in diesem Zusammenhang die Feststellung des Bundesamts, dass sich die seit einiger Zeit beobachteten Verlagerungen vom Werkverkehr zum gewerblichen Verkehr weiter fortsetzten. Während im Werkverkehr sowohl im Nah- als auch im Regionalbereich Rückgänge zu verzeichnen waren, nahm der gewerbliche Verkehr in allen Bereichen deutlich zu. Diese Entwicklung erklärt auch die Veränderungen seit dem Jahr 2005 insbesondere im Nah- und Regionalbereich. Der Anteil des Werkverkehrs am gesamten Straßengüterverkehr ging von 44,0 % (2003) über 42,8 % (2004) und 37,9 % (2008) auf 26,0 % (2014) zurück, während der Anteil des gewerblichen Verkehrs von ursprünglichen 56 % (2003) auf 74,0 % (2014) gestiegen ist. Ursache dieser weiterhin rückläufigen Entwicklung ist nach wie vor der erhebliche Rückgang bei Baustoffbeförderungen, die insbesondere im Nahbereich mit einem hohen Mengenanteil und niedrigen Leistungsanteil (tkm) zu bewerten sind. Die Anteilsverschiebungen zugunsten des gewerblichen Verkehrs sind u. a. auch auf den hohen Preis- und Leistungswettbewerb zurückzuführen, dem zahlreiche Unternehmen mit Werkverkehr in ihrem Kerngeschäft ausgesetzt sind. Hier wirken sich auch die moderate Preisentwicklung auf dem Güterverkehrsmarkt sowie der Ausweitung des logistischen Dienstleistungsangebots seitens des gewerblichen Verkehrs aus. Ferner haben Industrie- und Handelsunternehmen in den vergangenen Jahren zum Teil ihre Versandabteilungen in eigenständige Unternehmen ausgegliedert. Auch dürfte die Einführung der Maut zu einer Kostenveränderung im Werkverkehr aufgrund des relativ hohen Leerfahrtanteils im Werkverkehr beigetragen haben; bekanntlich sind auch Leerfahrten mautpflichtig. Andererseits bleibt auch zu berücksichtigen, dass mit rückläufigem Werkverkehr nach und nach der Leerfahrtanteil im gewerblichen Verkehr zurückgegangen ist, da Gütermengen des Werkverkehrs auf den gewerblichen Verkehr verlagert worden sind und so eine verbesserte Auslastung im gewerblichen Verkehr erreicht wurde. Dabei darf nicht übersehen werden, dass diese Entwicklung auch einen positiven Beitrag im Rahmen des Umweltschutzes leistet.

Zusammenfassend bleibt festzustellen, dass Prozentvergleiche die realen Gewichtsmengen nicht widerspiegeln. So beträgt die vom Lkw beförderte Gütermenge fast das Fünffache der Gütermenge von Eisenbahn und Binnenschiff zusammen. Prozentuale Veränderungswerte sind entsprechend zu relativieren.

Diese kurze Analyse macht deutlich, dass der Lkw vorrangig im näheren Umkreis (regionaler Wirtschafts- und Verteilerverkehr), also für die Bedienung der Fläche und weiterhin auch als Ergänzung zu den übrigen Verkehrsträgern zum Einsatz kommt. Eine **„Haus-Haus-Leistung“** des Binnenschiffs oder der Eisenbahn ist aufgrund der Eigenart dieser Verkehrsmittel und der Verkehrswege nur beschränkt im Rahmen des Kombinierten Verkehrs und auch dann nur unter Einsatz des Lkw auf einem Teil der Gesamtstrecke (Vorlauf oder Nachlauf) möglich.

Wenn auch im Rahmen unserer gesellschaftlichen Entwicklung ökologische Aspekte heutzutage im Vordergrund stehen, so zeigen diese Zahlen aber auch, dass die Forderung nach Verlagerung von Gütermengen auf umweltfreundlichere Verkehrsträger wie Binnenschiff oder Eisenbahn nur für einen relativ kleinen Teil des Straßengüterverkehrs gelten kann. Dabei muss ferner noch bedacht werden, dass in diesem Bereich auch wiederum nur ein kleiner Teil aus den unterschiedlichsten Gründen „verlagerungsfähig“ ist. Verständlich wird diese Forderung eher für den grenzüberschreitenden Verkehr in ganz Europa.

Nach einer Studie im Auftrag des Bundesverkehrsministeriums kommen die Wirtschaftsforschungsinstitute Progtrans AG und Prognos AG (Basel) zu folgendem Ergebnis: Das Güterverkehrsaufkommen wird gegenüber dem Basisjahr 2007 bis 2050 um knapp die Hälfte zunehmen (von gut 3,7 Mrd. t auf dann fast 5,5 Mrd. t.). Die Güterverkehrsleistung wird sich mehr als verdoppeln (von heute etwas weniger als 600 Mrd. t km auf dann mehr als 1.200 Mrd. t km). Deutschland wird besonders von der anhaltenden Expansion des Weltmarktes und des internationalen Handels profitieren. Diese allgemein positive Entwicklung wird eine hohe Güterverkehrsnachfrage zur Folge haben. Die Entwicklung und Erhaltung einer bedarfsgerechten Infrastruktur, die den Anforderungen gewachsen ist und eine ideale Verteilung der Mengen auf die verschiedenen Verkehrsträger zulässt, wird daher auch zukünftig eine Schlüsselrolle spielen. Die

Hauptlast des Güterverkehrs wird allerdings auch weiterhin beim Straßengüterverkehr liegen. Eine besondere Bedeutung wird im Hinblick auf die prognostizierte Entwicklung der Erhaltung des Verkehrsnetzes (Infrastruktur) zukommen. Im Rahmen der europäischen Verkehrspolitik wird ein besonderer Wert dem Ausbau der Transeuropäischen Netze (TEN, engl.: Trans-European Networks) beigemessen. Die **Transeuropäischen Netze (TEN)** sollen den wirtschaftlichen und sozialen Zusammenhalt der Europäischen Union stärken und zur weiteren Entwicklung des Binnenmarkts beitragen. Folgende Bereiche sind in die TEN involviert: Verkehr (Straße, Eisenbahn, Binnenwasserstraßen, Häfen, Flughäfen, Güterterminals, Navigation mit künftig 30 Galileo-Satelliten), Energie und Telekommunikation. Gewichtsbedingt ist in diesem Zusammenhang insbesondere eine höhere Abnutzung der Infrastruktur durch zunehmende Gütertransporte zu erwarten.

Ein kurzer Rückblick soll noch einmal die **Entwicklung des Straßengüterverkehrs** beleuchten.

War das Straßenfuhrwerk zu Beginn des vorigen Jahrhunderts durch die Eisenbahn praktisch verdrängt worden, so erlebte es nach Ende des Ersten Weltkriegs vom Jahr 1918 an mit der einsetzenden Motorisierungswelle eine steile Aufwärtsbewegung. Die technische Entwicklung im Kraftfahrzeugbau ließ zum Ende der zwanziger Jahre den Lkw zu einem ernsthaften Konkurrenten der Eisenbahn heranwachsen, die ihre damalige Monopolstellung gefährdet sah. Technischer Fortschritt in Form von Schnelligkeit, Ladefähigkeit und auch steigende Sicherheit verschafften diesem Fahrzeug rasch Anerkennung. Auch die Anfang der 1930er-Jahre beginnende staatliche Einflussnahme durch Einführung eines Genehmigungszwangs für entgeltliche Güterbeförderungen für andere auf Entfernungen von mehr als 50 km und die Gleichstellung der Mindestbeförderungspreise für Eisenbahn und Lkw konnten die stürmische Aufwärtsentwicklung des Kraftwagens nicht bremsen.

Der vorübergehende Stillstand durch den Zweiten Weltkrieg ließ von 1945 an dann eine noch steilere Entwicklungsphase folgen. Waren bis zu diesem Zeitabschnitt vorrangig Motorfahrzeuge und Anhänger mit und ohne Plane und Spriegel im Einsatz, so begann im Verlauf der 1950er- und 1960er-Jahre verstärkt die Entwicklung von Spezialfahrzeugen. Der sich ständig verändernden Nachfrage nach individuellen und auf die jeweilige Güterart zugeschnittenen Transportmitteln konnte die Automobilindustrie durch Entwicklung diverser Aufbauarten stets gerecht werden. So wurden beispielsweise durch Silo-, Tank- und Kesselfahrzeuge nicht nur Verpackungsprobleme gelöst, auch ein rationellerer Fahrzeugeinsatz wurde durch Sattelkraftfahrzeuge und Wechselaufbauten ermöglicht.

Auch der sich immer stärker verbreitende Container und andere Spezialbehälter sind unter Einsatz von besonderen Fahrzeugen heute aus dem Alltag nicht mehr wegzudenken. So wurde der Kraftwagen dank seiner Vielgestaltigkeit und seiner universellen Einsatzmöglichkeiten zum bedeutendsten Transportmittel unserer Gegenwart.

Die Entwicklung des Lkw ist jedoch immer noch nicht als abgeschlossen zu betrachten. Gerade die ökologischen Probleme der heutigen Zeit lassen die findigen Techniker zu immer neuen und umweltschonenderen Ergebnissen kommen, sei es durch die Entwicklung von treibstoffsparenden und geräuscharmen Motoren oder sei es die Fertigung von laufleisen Reifen. Ein Ende ist in diesem Bereich noch nicht abzusehen.

Dies wird besonders deutlich an der Entwicklung der Lkw-Technologie, die nach bestimmten Richtlinien der EU im Hinblick auf **Lärmemissions- und Abgasemissionswerte** zusätzlich bestimmte technische und Sicherheits-Mindestanforderungen erfüllen muss. In der Zwischenzeit ist die Entwicklung bei Fahrzeugen mit Euro-5- und Euro-6-Werten angekommen. Hierunter sind Lkw zu verstehen, die als besonders umweltfreundlich und verkehrssicher einzustufen sind. Die Anforderungen, die an derartige Lkw gestellt werden, sind in Form von technischen Werten bei der Luftverschmutzung (Abgasemissionen), Lärmemissionen und bei der Verkehrssicherheit zu erfüllen. Ferner wird bereits an der Entwicklung von Dieselmotoren gearbeitet, die den Einbau eines Dieselrußfilters entbehrlich machen.

Im Rahmen des Aktionsplans Güterverkehr und Logistik untersucht zurzeit das Bundesministerium für Verkehr und digitale Infrastruktur (BMVI) in einem zeitlich befristeten Feldversuch (zunächst bis 31.12.2016, wobei mit Stand Juni 2016 eine Verlängerung des Feldversuchs nicht ausgeschlossen erscheint) die Chancen und Risiken innovativer Nutzfahrzeugkonzepte. Dabei geht es um den Einsatz von **Lang-Lkw** mit gleichbleibendem Gesamtgewicht (Gesamtmasse) von 40 t (Kombiverkehr 44 t). Lediglich die gültige Gesamtlänge von 16,50 m (Sattelzug) bzw. 18,75 m (Gliederzug) darf hierbei auf 17,80 m (Sattelkraftfahrzeug) oder bis maximal 25,25 m bei verschiedenen Fahrzeugkombinationen erweitert werden. Ziel ist es, insbesondere Umweltauswirkungen, Effizienzsteigerungen im Transport, Verkehrssicherheit und infrastrukturelle Auswirkungen zu prüfen und zu beurteilen.

Die stürmische Entfaltung des Güterkraftverkehrs führte dann auch zwangsläufig zu einem verstärkten **Ausbau des Verkehrswegenetzes**. Die Ende des Zweiten Weltkriegs vorhandenen, aber stark in Mitleidenschaft gezogenen Fernstraßen und das noch in der Anfangsphase befindliche Autobahnnetz bedurften zunächst einmal der dringenden Erneuerung. Gleichzeitig wurde auch der weitere Ausbau durch zusätzliche neue Straßen betrieben, sodass nach und nach ein Bundesfernstraßennetz von enormer Dichte entstand. Derzeit beträgt die Gesamtlänge aller Straßen des überörtlichen Verkehrs einschließlich Ortsdurchfahrten schon mehr als 230.000 km; hiervon entfallen allein auf Autobahnen rund 12.900 km und auf Bundesstraßen rund 40.900 km. Ein weiterer Ausbau sowie die Optimierung der Vernetzung aller Verkehrsträger bleibt ständige Zielsetzung der Verkehrspolitik. Verkehrsprognosen bilden die Grundlage für die Planung, die ihren Niederschlag in Form des jeweiligen **Bundesverkehrswegeplans (BVWP)** findet. Der Bundesverkehrswegeplan – kurz BVWP – ist eine Absichtserklärung der jeweiligen Bundesregierung über das künftige Investitionsgeschehen in die Verkehrsinfrastruktur des Bundes in den Bereichen Schiene, Straße und Wasserstraße. Er wird alle 10 bis 15 Jahre vom Bundesministerium für Verkehr und Infrastruktur (BMVI) aufgestellt und vom Bundeskabinett beschlossen. Derzeit laufen noch die Arbeiten am Bundesverkehrswegeplan 2030. Im Rahmen einer gesamtwirtschaftlichen Bewertungsphase werden die eingereichten Projektvorschläge einer standardisierten Bewertung unterzogen mit einer Kosten-Nutzen-Analyse und einer umwelt-/raumordnerischen Beurteilung. Vorliegende Prognosen bis zum Jahre 2030 werden bereits in die Planungen einbezogen. Bei dem Entwurf des BVWP 2030 ist erstmals eine stärkere Öffentlichkeitsbeteilung vorgesehen. Der BVWP wird voraussichtlich im Herbst 2016 (nach Redaktionsschluss) vom Bundeskabinett verabschiedet (weitere Details siehe Kapitel 1.5).

Der Lkw hat seinen Siegeszug nicht allein dem hervorragenden Fernstraßennetz zu verdanken, sondern es muss insbesondere seinen spezifischen Eignungsvorteilen zugeschrieben werden, dass er sich diesen enormen Marktanteil des gesamten Güteraufkommens gesichert hat. Beweglichkeit in Einsatz und Betrieb, seine jeweilige Anpassungsfähigkeit an die zu befördernden Gütermengen und Güterarten, seine stete Betriebsbereitschaft und auch seine Schnelligkeit im Kurz- und Mittelstreckenverkehr verschaffen ihm bereits die entscheidenden Vorteile gegenüber der schienengebundenen Eisenbahn oder dem wasserstraßengebundenen Binnenschiffsverkehr. Weitere Merkmale der Leistungsqualität zeigen sich darin, dass ohne Umladung eine direkte Haus-Haus-Bedienung auch in die entlegensten Gebiete durchgeführt werden kann und so eine Erschließung der Fläche erfolgt, die von Eisenbahn und Binnenschiff auf direktem Wege nicht möglich ist. Der Lkw stellt mithin auch einen nicht mehr verzichtbaren Partner der anderen Verkehrsträger dar; das kommt auch im verstärkten Einsatz im Kombinierten Verkehr (Multimodaler Verkehr) zum Ausdruck, bei dem der Lkw oder die Wechselaufbauten bzw. Container mit

Gütern beladen von der Eisenbahn oder dem Binnenschiff über größere Strecken als Ladeeinheit transportiert werden, ohne dass es einer Umladung der Güter selbst bedarf (ungebrochener Verkehr).

Mit dem Aufschwung des Straßengüterverkehrs verbunden waren dann allerdings auch ordnungs- und verkehrspolitische Probleme, die zu staatlichen Eingriffen führten, um eine funktionsfähige Transportwirtschaft gerade wegen des starken Wettbewerbs zu erhalten.

4.1.2 Die Marktordnung des Güterkraftverkehrs

4.1.2.1 Entwicklung, Zielsetzung und Überwachung der Vorschriften

Der Verkehr nimmt traditionell eine Schlüsselposition in modernen Volkswirtschaften ein, denn die Produktion von Gütern erfolgt regelmäßig nicht an den Orten der Nachfrage und nur durch die Ortsverlagerung der produzierten Güter in Form von Transportleistungen (Raumüberwindungsfunktion) kann also der Bedarf an den entsprechenden Stellen auch befriedigt werden. Diese Basisfunktion hat im Verlauf der Entwicklung unserer arbeitsteiligen Wirtschaft noch an Bedeutung gewonnen und daher ist es verständlich, dass sich gerade in diesem Bereich schon frühzeitig eine **wettbewerbspolitische Ausnahmestellung** herausgebildet hat. Nur eine gut funktionierende Verkehrswirtschaft kann die Versorgung eines Staatsvolks und im Zuge der Globalisierung die Versorgung der gesamten Weltbevölkerung sichern. Aus diesen Überlegungen heraus hatte in der Vergangenheit die jeweilige Regierung eines Staates die Gestaltung der Verkehrsmarktordnung auch weitestgehend selbst übernommen. Die allerdings je nach dem politischen Stellenwert unterschiedlichen Vorstellungen von einer Marktordnung in diesem Bereich der Volkswirtschaft, die zugleich auch wettbewerbsregulierend in das Marktgeschehen eingreift, lassen die verkehrspolitische Diskussion um den „kontrollierten" Wettbewerb nicht zur Ruhe kommen. Der in diesem Zusammenhang von staatlicher Seite eingeräumte mehr oder weniger weite Wettbewerbsrahmen, der die Freiheiten eingrenzt, stand und steht somit immer regelmäßig im Mittelpunkt der Auseinandersetzungen. Die Lösung dieser Problemstellung wird nicht geringer, je mehr Staaten sich im Zuge der europäischen Vereinigung zusammenschließen. Regelmäßig kollidiert das Ziel „Liberalisierung des Marktes" mit dem Erfordernis der Harmonisierung, um gleiche Wettbewerbsbedingungen für alle Marktteilnehmer zu gewährleisten. Eine Einschränkung der bereits vollkommen freigegebenen Kabotage auf nunmehr drei Fahrten innerhalb von sieben Tagen ist die Folge ungleicher Wettbewerbsbedingungen der Marktteilnehmer (siehe ausführliche Darstellung in Kapitel 4.1.6.1).

Die nationale Marktordnung des Verkehrsträgers Straßengüterverkehr wird zwar nach wie vor grundlegend durch das **Güterkraftverkehrsgesetz (GüKG)** geregelt und bestimmt. Entwicklungen und damit verbundene Veränderungen sind allerdings mehr und mehr von der jeweiligen internationalen verkehrspolitischen Zielsetzung abhängig. Eine freie Entfaltung der Kräfte am Markt ist nur innerhalb des gemeinsam abgestimmten Ordnungsrahmens möglich.

Dieser ursprünglich recht eng abgesteckte nationale Ordnungsrahmen hat durch die Entwicklung der **europäischen Verkehrspolitik** im Verlauf der letzten Jahre entscheidende Veränderungen erfahren. Bereits am 1.1.1993 wurde der **gemeinsame Binnenmarkt** der damals zwölf EU-Mitgliedstaaten verwirklicht. Das Ziel heißt nach wie vor, durch Angleichung der Wettbewerbsbedingungen (Harmonisierung) eine gemeinsame Basis zu finden, die ein verträgliches Nebeneinander im Rahmen eines gesunden Wettbewerbs gewährleistet und nicht eine totale Konfrontation hervorruft. Die Idealvorstellungen der Politiker sind sicherlich nur sehr schwer zu verwirklichen, aber nach den ersten vorsichtigen Schritten wurde am 1.7.1998 der entscheidende Schritt in Richtung auf eine gemeinsame Europäische Verkehrsmarktordnung getan.

Unter Berücksichtigung der fortschreitenden **Liberalisierung** im nationalen und internationalen Bereich wachsen die Verkehrsmärkte schneller zusammen und führen so zur politisch gewollten europäischen Integration.

Seit dem 1.11.1993 ist bereits der Vertrag über die Europäische Union **(Maastrichter Abkommen)** in Kraft getreten. Die ehemalige kennzeichnende Abkürzung EG ist durch die Abkürzung EU abgelöst worden. Zu dieser EU zählten zum Zeitpunkt des Inkrafttretens die 12 EG-Mitgliedstaaten. Im Rahmen von Erweiterungsverhandlungen waren dann Finnland, Schweden und Österreich dieser Union beigetreten, sodass zu diesem Zeitpunkt insgesamt 15 europäische Staaten mit insgesamt 368 Mio. Menschen im Rahmen der Vereinigten Staaten von Europa den weltweit stärksten gemeinsamen Markt anstrebten. Nahziel war die Einführung einer Wirtschafts- und Währungsunion mit dem weiteren Ziel einer politischen Union. Auf dem Weg dorthin wurde auch u. a. schon die Einführung einer gemeinsamen Währung zum 1.1.2002 verwirklicht. In 12 EU-Staaten (außer Großbritannien, Dänemark und Schweden) gilt seit diesem Zeitpunkt der Euro als gemeinsames Zahlungsmittel. Von den im Jahr 2004 beigetretenen neuen EU-Staaten zählen zwischenzeitlich Slowenien, Malta, Zypern (griechischer Teil) und die Slowakei zu den Euro-Teilnehmerländern. Estland folgte 2011 und Lettland führte am 1.1.2014 die gemeinsame Währung ein. Von den insgesamt 28 EU-Staaten haben sich zwischenzeitlich 18 EU-Staaten der Währungsunion angeschlossen. Weitere Länder werden nach Erfüllung der **EU-Konvergenzkriterien** (Preisentwicklung, finanzpolitische Entwicklung, Wechselkursentwicklungen, Entwicklung der langfristigen Zinssätze) folgen.

Erschwert wird die Harmonisierung immer wieder durch den Beitritt weiterer europäischer Staaten. Waren im Jahr 2004 die Staaten Estland, Lettland, Litauen, Malta, Polen, Slowakei, Slowenien, Tschechien, Ungarn und der griechische Teil von Zypern dem Bündnis beigetreten, folgten Bulgarien und Rumänien am 1.1.2007 und Kroatien am 1.7.2013. Weitere Staaten stehen bereits als Beitrittskandidaten mit der EU in Verhandlungen.

Vor diesem Hintergrund muss jedem Bürger in Europa klar werden, dass die noch unterschiedlich strukturierten Verkehrsmärkte in den verschiedenen Staaten im Rahmen der jeweiligen Volkswirtschaft eine mehr oder weniger große Bedeutung haben und ihnen so auch jeweils ein unterschiedlich hoch angesiedelter politischer Stellenwert beigemessen wird. Bei Angleichung, also bei Harmonisierung der ungleichen Bedingungen, sind somit auch zum Teil einschneidende aber unvermeidbare Veränderungen der historisch gewachsenen Strukturen hinzunehmen.

Welche konkreten Schritte sind nun nach dem Zeitplan der gemeinsamen verkehrspolitischen Zielsetzung bereits verwirklicht worden? Die Verkehrsminister der EU hatten sich auf einer Sondersitzung im Juni 1993 grundsätzlich auf **neue Rahmenbedingungen für den Straßengüterverkehr** geeinigt. Die hier gefassten Beschlüsse wurden auch bereits im Rahmen der Verkehrspolitik umgesetzt und sie stellen sich im Einzelnen wie folgt dar:

- Ab dem 1.1.1994 ist die Mineralölsteuer erhöht worden. Gleichzeitig wurden Mindestsätze für diese Steuerart EU-einheitlich festgelegt.
- Hierzu parallel sollte in Deutschland die Kraftfahrzeugsteuer als Ausgleich für Lkw abgesenkt werden. Diese Maßnahme konnte aber aus „verwaltungstechnischen" Gründen erst zum 1.4.1994 verwirklicht werden. In diesem Zusammenhang wurde auch einheitlich eine Untergrenze beschlossen, die zum 1.1.1995 die Mitgliedstaaten verpflichtete, einen Mindestsatz von 700 ECU (Vorgänger des Euro – damals etwa 1.400 DM) für einen 40-t-Lastzug (zulässiges Gesamtgewicht) zu erheben.
- Mit Beginn des Jahres 1995 wurde eine **Straßenbenutzungsgebühr für Lkw** eingeführt, und zwar in Deutschland, Dänemark und den Benelux-Ländern. Am 1.2.1998 ist Schweden diesem Verbund beigetreten. Diese Gebühren wurden für bestimmte Zeiträume als Jahresgebühr, Monatsgebühr, Wochengebühr oder als Gebühr für einen Tag erhoben. Zwischenzeit-

lich ist Deutschland aus diesem Bündnis ausgeschieden und erhebt seit dem 1.1.2005 diese Autobahnbenutzungsgebühr nach dem sogenannten „road-pricing-System" nicht mehr als zeitbezogene, sondern als streckenbezogene Gebühr, die sogenannte **„Autobahnmaut"**.

- Die zahlenmäßige Marktzugangsbeschränkung für den Binnenverkehr **(Kabotage)** in anderen Mitgliedstaaten wurde schrittweise abgebaut, indem das EU-Kabotagekontingent auf der Basis (31.12.1994) von 30.000 Genehmigungen seit 1.1.1995 jährlich um 30 % erhöht wurde und seit 1.7.1998 keine mengenmäßigen Beschränkungen mehr bestehen. Das bedeutet, dass innerhalb der damaligen Gemeinschaft jeder zum Güterkraftverkehr zugelassene Unternehmer seit diesem Zeitpunkt Beförderungen in jedem Mitgliedstaat durchführen darf, ohne dass er dort seinen Sitz oder eine andere Niederlassung hat. Diese uneingeschränkte Freiheit wurde zwischenzeitlich auf drei Fahrten in sieben Tagen beschränkt. Eine ausführliche Darstellung siehe Kapitel 4.1.6.1 zum Stichwort „Kabotage".

Gleichzeitig wurden alle Mitgliedstaaten verpflichtet, die erforderlichen Anpassungen der nationalen Marktordnungen vorzunehmen. Materiell bedeutete das für die deutsche Marktordnung, dass eine Unterscheidung zwischen Güternah-, Güterfern- und Umzugsverkehr nicht mehr haltbar war und dass alle Unternehmer, die die Marktzugangsvoraussetzungen erfüllen, ohne Beschränkungen Güterkraftverkehr auf dem gesamten Gebiet der Gemeinschaft durchführen dürfen. Diesem Erfordernis entsprach die deutsche Verkehrspolitik durch grundlegende Änderung des Güterkraftverkehrsgesetzes (GüKG) und der entsprechenden Verordnungen.

Seit dem 1.7.1998 ist jetzt jeder Frachtführer und Spediteur noch stärker gefordert, die ihm durch das HGB bereits seit mehr als 100 Jahren zugestandene „Kaufmannsqualifikation" positiv unter Beweis zu stellen. Sein Marktverhalten hat sich noch intensiver nach den Gesetzmäßigkeiten der Marktwirtschaft auszurichten, indem er in einem fairen Wettbewerb die Qualität seiner Leistungen ständig überprüft, um durch Verbesserungen des Angebots den Anforderungen des Marktes stets gewachsen zu sein. Dabei sind alle Rationalisierungsmöglichkeiten für die Leistungserstellung voll zu berücksichtigen, die in der Vergangenheit bei „garantierten Mindestpreisen" und einem „kontingentierten" Laderaumangebot durchaus nicht immer voll ausgeschöpft werden mussten.

Die Bundesregierung und auch alle EU-Administrationen sind sich darüber einig, dass der Weg in den freien Markt sich nicht unbedingt problemlos vollziehen muss. Im Zuge der zunehmenden Verflechtung des nationalen und des internationalen Straßengüterverkehrs und somit der internationalen Märkte (Globalisierung) ist mit Krisensituationen zu rechnen. Um diesen Entwicklungen entgegenwirken zu können, wurden bereits im Dezember 1990 mit dem Inkrafttreten der EWG-Verordnung Nr. 3916/90 über Maßnahmen bei Krisen auf dem Güterkraftverkehrsmarkt die erforderlichen Rechtsgrundlagen geschaffen. Allerdings bedarf es hier zunächst noch der Klarstellung des Begriffs „Krise" und auch der Festlegung des Zeitpunkts, zu dem eine Interventionsmöglichkeit ins Auge gefasst werden kann.

Für den Bereich der Bundesrepublik Deutschland wurde zumindest durch das am 1.1.1994 in Kraft getretene **Tarifaufhebungsgesetz** ein erster Schritt getan. Seit diesem Zeitpunkt wurden durch Änderung des Güterkraftverkehrsgesetzes (GüKG) dem Bundesamt für Güterverkehr (BAG) als Nachfolgebehörde der Bundesanstalt für den Güterfernverkehr die Aufgaben der **Marktbeobachtung** zugewiesen. Im Rahmen dieser Tätigkeit ist die Entwicklung des Marktgeschehens im Güterverkehr zu beobachten, um die Funktionsfähigkeit des mittelständisch strukturierten Verkehrsmarkts zu erhalten, ruinöse Konkurrenz mit dauerhaften Dumping-Frachten zu vermeiden und Ansätze zu struktureller Überkapazität rechtzeitig zu erkennen. Einzelheiten sind in Kapitel 4.1.3 ausführlich dargestellt.

Die Marktordnung des Verkehrsträgers Straßengüterverkehr hat in den letzten Jahren durch ständige Veränderungen im Zuge der dynamischen Entwicklung des europäischen Marktes ein vollkommen neues Gesicht erhalten. Grundlagen unserer „kontrollierten Wettbewerbsordnung" waren lange Zeit die beiden Säulen

- staatlich vorgeschriebene und kontrollierte Preise in Form von Tarifen,
- mengenmäßige Beschränkung des Laderaumangebots durch eine begrenzte Anzahl von Güterfernverkehrsgenehmigungen.

Dieser staatlich verordnete Ordnungsrahmen – Preisbindung und Kontingentierung – sollte eigentlich bereits am 1.1.1993 mit Verwirklichung des europäischen Binnenmarkts fallen. Da jedoch die Angleichung der Wettbewerbsbedingungen (Harmonisierung) in den anderen EU-Staaten noch nicht den vorgesehenen Stand erreicht hatte, wurden auch in Deutschland die weiteren Liberalisierungsmaßnahmen nicht so zügig weitergeführt, wie es ursprünglich vorgesehen war. Insoweit wurde zu vorgenanntem Zeitpunkt lediglich der grenzüberschreitende Güterkraftverkehr mit einer gemeinsamen Marktordnung ausgestattet.

Nachdem bereits seit dem 1.1.1990 nach dem Auslaufen der Margentarifverordnung die Preise für den grenzüberschreitenden Güterkraftverkehr frei vereinbart werden durften und seit dem 1.7.1990 der schrittweise Zugang zu den Binnenmärkten durch Einführung einer zahlenmäßig beschränkten Kabotagegenehmigung eröffnet wurde, fiel am 1.1.1993 die mengenmäßige Marktzugangsbeschränkung zum grenzüberschreitenden Güterkraftverkehr durch die **Einführung der Gemeinschaftslizenz**. Diese Genehmigung unterliegt keiner mengenmäßigen Beschränkung und jeder Unternehmer, der die Marktzulassungsvoraussetzungen erfüllt, erhält die Lizenz in der benötigten und der beantragten Anzahl. Nähere Einzelheiten sind in Kapitel 4.1.3 als Erläuterungen zu §§ 3–5 Güterkraftverkehrsgesetz ausgeführt.

Die letzten Maßnahmen zur Angleichung der nationalen Marktordnung wurden am 1.7.1998 verwirklicht.

4.1.2.2 Verkehrsmarktordnung und der Europäische Wirtschaftsraum (EWR)

Der 1.7.1998 wird sicherlich historisch als ein bedeutendes Datum – wenn nicht als das bedeutsamste überhaupt – den Weg zu einer **Gemeinsamen Europäischen Verkehrsmarktordnung** markieren, denn seit diesem Zeitpunkt ist der deutsche Verkehrsmarkt für alle Verkehrsunternehmen des Europäischen Wirtschaftsraums (EWR) ohne zahlenmäßige Beschränkung zugänglich. Dieser freie Zugang gilt selbstverständlich auch in gleichem Umfang für deutsche Unternehmen zu den Verkehrsmärkten der anderen Mitgliedstaaten.

Mehr als 50 Jahre sind nun seit der Gründung der Europäischen Wirtschaftsgemeinschaft (EWG) am 1.1.1958 durch die Römischen Verträge vergangen und das Bündnis der ehemals sechs Gründerstaaten umfasst zwischenzeitlich 28 Vollmitglieder. Im Rahmen des Abkommens über den Europäischen Wirtschaftsraum (EWR-Abkommen) vom 1.1.1994 hatten sich Island, Norwegen und Liechtenstein in einigen Wirtschaftsbereichen der Europäischen Wirtschaftsgemeinschaft angeschlossen; dazu zählt u.a. auch der Verkehrsbereich. Die Grundsätze der gemeinsamen Marktordnung einschließlich der Kabotagefreiheit galten zu diesem Zeitpunkt in folgenden 18 Mitgliedstaaten des EWR:

Belgien, Dänemark, Deutschland, Finnland, Frankreich, Griechenland, Irland, Island, Italien, Liechtenstein, Luxemburg, Niederlande, Norwegen, Österreich, Portugal, Schweden, Spanien, Vereinigtes Königreich.

Für die am 1.5.2004 beigetretenen neuen EU-Mitgliedstaaten gelten die Grundsätze der gemeinsamen **Marktordnung** in vollem Umfang. Lediglich den am 1.1.2007 beigetretenen Staaten Bulgarien und Rumänien wurde erst vom 1.1.2012 an auch das Kabotagerecht zugestanden. In einer Übergangszeit von bis zu fünf Jahren war politisch zu prüfen und zu entscheiden, zu welchem Zeitpunkt für diese „Neumitglieder“ der jeweilige Binnenmarkt (Kabotage) geöffnet werden konnte. Für Kroatien gilt zunächst noch eine Sperrfrist bis längstens 1.7.2017. Im Verlauf der schrittweisen Verwirklichung eines einheitlichen Europäischen Güterverkehrsmarkts mussten planmäßig zum 1.7.1998 die letzten Schranken für den Straßengüterverkehr fallen, nachdem bereits für die anderen Verkehrsträger die zahlenmäßige Beschränkung im Zugang zu den nationalen Märkten aufgehoben und die Kabotage unbeschränkt zugelassen worden war. Lediglich der Eisenbahngüterverkehr ist in dem Umfang noch nicht liberalisiert.

Die nachstehende Kurzfassung fasst die Entwicklung noch einmal zusammen:

Die wichtigsten Stationen auf dem Weg zur Europäischen Union (EU)

23.7.1952	Inkrafttreten des **EGKS-Vertrags** (Montanunion) **Sechs Gründerstaaten:** Deutschland, Belgien, Niederlande, Frankreich, Italien, Luxemburg
1.1.1958	Inkrafttreten des **EWG-Gründungsvertrags** (Europäische Wirtschaftsgemeinschaft) und des **EURATOM-Vertrags** (sogenannte Römische Verträge) Sechs Gründerstaaten des EGKS-Vertrags Diese drei Verträge stellen nunmehr die **EG** (Europäische Gemeinschaften) dar.
1.1.1973	Großbritannien, Dänemark und Irland treten der Gemeinschaft bei.
1.1.1981	Griechenland tritt der Gemeinschaft bei.
1.1.1986	Spanien und Portugal treten der Gemeinschaft bei.
1.11.1993	Maastrichter Abkommen der Regierungschefs. Beschluss zur Gründung einer Europäischen Union (EU) Das ursprüngliche Ziel einer Wirtschaftsgemeinschaft wird nun ergänzt mit dem Ziel einer politischen Gemeinschaft. Die Abkürzung EG wird nunmehr durch EU ersetzt.
1.1.1994	Die zwölf Staaten der EU gründen im Rahmen eines Abkommens mit den Staaten Island, Norwegen und Liechtenstein das Bündnis Europäischer Wirtschaftsraum (EWR). Der vierte EFTA-Staat Schweiz hat sich diesem Bündnis nicht angeschlossen.
1.1.1995	Finnland, Schweden und Österreich treten der Europäischen Union bei. (EU: 15 Staaten; EWR: 18 Staaten)
1.1.1999	Nach einer Vorbereitungszeit tritt die **Währungsunion** (ein Ziel des EWG-Vertrags) in ihre entscheidende Phase. Die gemeinsame Währung des Euro wird als Buchgeld in den einzelnen Mitgliedstaaten – außer Großbritannien, Dänemark und Schweden – eingeführt. Die Vollendung vollzieht sich am 1.1.2002. Zu diesem Zeitpunkt werden Euro-Banknoten und Münzen eingeführt. Spätestens am 1.7.2002 verlieren die nationalen Währungen ihre Gültigkeit.
1.5.2004	Es treten die Staaten Estland, Lettland, Litauen, Malta, Polen, Slowakei, Slowenien, Tschechien, Ungarn und der griechische Teil von Zypern der Gemeinschaft bei. Malta, Slowenien und Zypern wird mit Beitritt sofort die Kabotagefreiheit zugestanden. Vom 1.1.2009 an gilt für alle Staaten die gemeinsame Marktordnung in vollem Umfang.
1.1.2007	Bulgarien und Rumänien treten als neue Mitgliedstaaten bei. In einer Übergangszeit von bis zu fünf Jahren wurde auch hier die Zulassung zur Kabotage geprüft und erst am 1.1.2012 zugelassen.
1.7.2013	Nach Abschluss der Beitrittsverhandlungen und einer Volksabstimmung wird Kroatien der 28. Mitgliedstaat der Europäischen Union.

Es ist zurzeit nicht absehbar, zu welchem Zeitpunkt weitere Staaten dem Bündnis beitreten. Gespräche werden derzeit mit verschiedenen Staaten geführt.

Der Weg zu einer gemeinsamen Verkehrsmarktordnung in Europa

Beginn einer Annäherung der europäischen Staaten durch Verträge. Die folgenden drei Europäischen Gemeinschaften (EG) bestanden am 1.1.1958.

- **Europäische Gemeinschaften**
  - EGKS-Vertrag (1951): Europäische Gemeinschaft Kohle und Stahl (Montanunion)
  - EURATOM-Vertrag (1957): Europäische Atomgemeinschaft
  - EWG-Vertrag (1957): Europäische Wirtschaftsgemeinschaft
- **Gemeinsame Organe der Gemeinschaften**
  - der Rat (Ministerrat) die Vertreter der Mitgliedstaaten
  - die Kommission sie bildet die eigentliche Regierung durch Kommissare (Minister)
  - das Europäische Parlament (EP)
  - der Europäische Gerichtshof (EuGH)
  - der Europäische Rechnungshof er unterstützt das Europäische Parlament und den Rat bei der Kontrolle der Ausführung des Haushaltsplans

  Der Vertrag zur Gründung der EWG (Vertrag von Rom) bildet seit dem 1.1.1958 die Grundlage für die Entwicklung der Verkehrsmarktordnung.
- **Zielsetzung**
  Zusammenschmelzung der Volkswirtschaften der Mitgliedstaaten über einen Stufenplan zu einem Binnenmark
- **Reihenfolge des Stufenplans**
  1. Zollunion
  2. Wirtschaftsunion
  3. Währungsunion
  4. Politische Union (Ergänzung durch Maastrichter Abkommen von 1993)
- **Maßnahmen**
  Angleichung der unterschiedlichen Marktordnungen der Mitgliedstaaten durch Veränderung und Anpassung der einzelnen Wettbewerbsordnungen
- **Problemstellung: Liberalisierung bei gleichzeitiger Harmonisierung**
  Beseitigung der nationalen Beschränkungen des grenzüberschreitenden Dienstleistungs-, Zahlungs- und Kapitalverkehrs, die dem freien wirtschaftlichen Wettbewerb entgegenstehen (Liberalisierung)
  Angleichung der Wettbewerbsbedingungen durch Abstimmung wirtschaftspolitischer Maßnahmen sowie Rechts- und Verwaltungsvorschriften im fiskalischen, sozialen und technischen Bereich zur Beseitigung bestehender und zur Verhinderung weiterer Wettbewerbsverzerrungen (Harmonisierung).
  Für den Teilbereich Verkehrsmarkt erforderte dies die Entwicklung der gemeinsamen Verkehrspolitik:
  - zunächst nur unwesentliche Fortschritte in Richtung auf eine gemeinsame Verkehrspolitik
  - Liberalisierungsmaßnahmen in den 1970er-Jahren und am Anfang der 1980er-Jahre nur im grenzüberschreitenden Verkehr
  - Probleme bei Liberalisierungsmaßnahmen im Verbund mit Harmonisierungsmaßnahmen
  - keine Maßnahmen zur Öffnung der Binnenmärkte für andere Mitgliedstaaten
  - Protektionismus – Politik der Vaterländer – alle Staaten sehen nur nationale Nachteile

> **Hinweis**
> Wendepunkt in der Europäischen Verkehrspolitik: Das Europäische Parlament verklagte im Jahr 1983 den Rat vor dem Europäischen Gerichtshof. Das Urteil des EuGH 1985 stellt eine Untätigkeit des Rates fest und droht eigene Maßnahmen an.

Daraufhin wurden schnell **Liberalisierungsmaßnahmen** in Angriff genommen:

- am 1.1.1990 wird die **freie Preisbildung** zwischen allen Mitgliedstaaten im grenzüberschreitenden Verkehr eingeführt;
- am 1.7.1990 wird durch Einführung einer **zahlenmäßig beschränkten Kabotagegenehmigung** der Zugang zu den Binnenmärkten aller Staaten geöffnet;
- am 1.1.1993 wird die zahlenmäßig begrenzte EWG-Genehmigung durch die nicht mehr zahlenmäßig begrenzte **Gemeinschaftslizenz** ersetzt;
- am 1.1.1994 wird durch Verordnung festgelegt, dass die Anzahl der Kabotagegenehmigungen jährlich um einen festen Prozentsatz erhöht wird und dass am 1.7.1998 der **freie Zugang zu den Märkten** aller Mitgliedstaaten eingeführt wird.

4.1.2.3 Nationale Verkehrsmarktordnung und Frachtrecht

Als Marktordnungsgesetz hatte das **Güterkraftverkehrsgesetz (GüKG)** seit seiner Einführung im Jahr 1952 trotz vielfacher Änderungen bis zur Neufassung 1998 immerhin einen Umfang von gut 100 Paragrafen. Zusätzlich ergänzte eine Reihe von Verordnungen den staatlichen Regelungsbedarf unserer kontrollierten Wettbewerbsordnung. Die Neufassung des GüKG ist nunmehr im Zuge der Liberalisierung auf insgesamt 25 Paragrafen beschränkt worden. Außerdem konnte auf die Mehrzahl der Verordnungen verzichtet werden.

In diesem Zusammenhang ist auch gleichzeitig eine Reform des gesamten Transportrechts erforderlich geworden. Die bisher mit öffentlich-rechtlichem Charakter ausgestatteten vertragsrechtlichen Bestimmungen der Kraftverkehrsordnung (KVO) und der Beförderungsbedingungen für den Umzugsverkehr und für die Beförderung von Handelsmöbeln in besonders für die Möbelbeförderung eingerichteten Fahrzeugen im Güterfernverkehr und Güternahverkehr (GüKUMB), die als Rechtsverordnungen auch auf der Basis des GüKG erlassen worden waren, sind aufgehoben worden. Diese Gelegenheit wollte der Gesetzgeber nutzen, um eine Zusammenfassung des Transportrechts für alle Verkehrsträger ausschließlich im Handelsgesetzbuch (HGB) vorzunehmen. Gleichzeitig sollte in Anlehnung an das Übereinkommen über den Beförderungsvertrag im internationalen Straßengüterverkehr (CMR) das Vertragsrecht insgesamt vereinheitlicht werden. Zum ersten Mal wurden auch Bestimmungen über den Multimodalen Verkehr, also für die Güterbeförderung mit verschiedenartigen Beförderungsmitteln auf der Basis eines einheitlichen Frachtvertrags geschaffen. Diese Änderungen erfolgten durch das Transportrechtsreformgesetz (TRG) und sind in Kapitel 3 ausführlich dargestellt.

4.1.2.4 Ordnungsrahmen des Straßengüterverkehrs

Mit Inkrafttreten des neuen GüKG am 1.7.1998 trat gleichzeitig das GüKG in der Fassung der Bekanntmachung vom 3.11.1993 außer Kraft. Zeitgleich hätten die mit dem GüKG in Verbindung stehenden Rechtsverordnungen zum Teil aufgehoben und zum Teil angepasst werden müssen. Diese Maßnahmen wurden aus Zeitgründen erst in der zweiten Jahreshälfte nachgeholt. Folgende Ausführungsverordnungen wurden am Ende des Jahres 1998 in Kraft gesetzt:

- Berufszugangsverordnung für den Güterkraftverkehr
- Erlaubnisverordnung für den Güterkraftverkehr
- Verordnung über den grenzüberschreitenden Güterkraftverkehr und den Kabotageverkehr
- Kostenverordnung für den Güterkraftverkehr

Ebenfalls wurde eine Neufassung der Allgemeinen Verwaltungsvorschrift zum Güterkraftverkehrsgesetz veröffentlicht.

Die ab 1.7.1998 auf dem GüKG und auf den hiermit in Verbindung stehenden Rechtsverordnungen basierende **nationale Marktordnung** des Straßengüterverkehrs ist in folgender Kurzübersicht zusammengefasst dargestellt. Als Stand wurde hierbei die Fassung des GüKG mit den letzten Änderungen vom 22.11.2011 berücksichtigt. Diese Änderungen waren aufgrund des sogenannten **„Road Package"** der EU erforderlich geworden. Das EU-Recht wurde bisher durch Verordnungen und Richtlinien geregelt, die nicht als unmittelbar geltendes Recht in den einzelnen Staaten der EU veröffentlicht wurden. Nunmehr werden EU-Regelungen ausschließlich in Form von Verordnungen verkündet, die somit unmittelbar in allen EU-Staaten geltendes Recht darstellen. Das bedeutet aber auch, dass in den einzelnen Staaten das jeweils geltende nationale Recht an diese Verordnungen innerhalb eines vorgeschriebenen Zeitraums anzupassen ist. Einzelheiten hierzu werden jeweils an den betreffenden Stellen des GüKG in den Erläuterungen ausgeführt:

Das GüKG unterscheidet zwischen dem **Werkverkehr** und dem **gewerblichen Güterkraftverkehr**, der Beförderungen von Gütern mit Kraftfahrzeugen, die einschließlich Anhänger ein höheres zulässiges Gesamtgewicht als 3,5 t haben, umfasst.

- Eine Unterscheidung zwischen Nah-, Fern- und Umzugsverkehr ist nicht vorgesehen. Kraftfahrzeuge mit einem zulässigen Gesamtgewicht einschließlich Anhänger von bis zu 3,5 t unterliegen nicht dem GüKG. Übergangsregelungen galten bis zum 30.6.1999 u. a. für Pkw und für den Einsatz von Kraftfahrzeugen im grenzüberschreitenden Verkehr.
- Sämtliche Vorschriften über Standorte, Ortsmittelpunkte und die hiermit zusammenhängenden Regelungen sowie die Regelungen über Mietfahrzeuge sind weggefallen. Der Umzugsverkehr ist ebenfalls begrifflich weggefallen und dem Sammelbegriff des gewerblichen Verkehrs zugeordnet worden. Die nur im Güterfernverkehr vorgeschriebene Pflicht zur Führung eines Fahrtenbuches ist ebenfalls entbehrlich geworden.

Das Gesetz gestattet – wie vorher auch schon – einige Ausnahmetatbestände, die weder dem gewerblichen noch dem Werkverkehr zugeordnet werden und die von der Anwendung des Gesetzes direkt ausgenommen sind. Infolge Aufhebung der Kontingentierung konnte allerdings der **Ausnahmekatalog** auf wenige Fälle beschränkt bleiben, wie z. B. die gelegentliche, nicht gewerbsmäßige Beförderung von Gütern durch Vereine für ihre Mitglieder oder für gemeinnützige Zwecke oder hoheitliche Beförderungen im Rahmen öffentlicher Aufgaben. Auch bestimmte Beförderungsfälle aus dem landwirtschaftlichen Bereich wurden von den Bestimmungen ausgenommen.

Der gewerbliche Güterkraftverkehr ist erlaubnispflichtig. Die Erlaubnis ist zahlenmäßig nicht beschränkt. Sie wird einem Unternehmer mit Sitz im Inland erstmalig für die Dauer von zehn Jahren erteilt. Eine Erlaubnis, deren Gültigkeitsdauer abgelaufen ist, wird zeitlich unbefristet erteilt, wenn der Unternehmer die Berufszugangsvoraussetzungen nach wie vor erfüllt.

Gleichzeitig verpflichtet die **Berufszugangsverordnung** die nach Landesrecht zuständigen Behörden, regelmäßig und mindestens alle zehn Jahre zu prüfen, ob das Unternehmen die erforderlichen Berufszugangsvoraussetzungen erfüllt:

- persönliche Zuverlässigkeit des Unternehmers und des Verkehrsleiters
- finanzielle Leistungsfähigkeit
- fachliche Eignung des Unternehmers oder des Verkehrsleiters

Der Begriff **„Verkehrsleiter"** ersetzt mit Änderung der Rechtsvorschriften im Dezember 2011 die zuvor als „Geschäftsführer (fachkundige Person)" bezeichnete Person. Neu ist in diesem Zusammenhang nach EU-Recht, dass nicht nur interne Personen (also zum Betrieb gehörende Angestellte), sondern auch externe Personen als Verkehrsleiter vertraglich beauftragt werden können (weitere Einzelheiten hierzu siehe Erläuterungen zu § 3 GüKG).

Die **Gemeinschaftslizenz** gilt als Erlaubnis für Beförderungen mit Be- und Entladeort im Inland und für Beförderungen zwischen und in allen EWR-Mitgliedstaaten. Für Bulgarien und Rumänien wurde am 1.1.2012 das Kabotagerecht zugelassen, Kroatien folgt am 1.1.2017.

Der gewerbliche Güterkraftverkehr im Sinne des GüKG – Kraftfahrzeuge mit mehr als 3,5 t zulässigem Gesamtgewicht einschließlich Anhänger – unterliegt einer **Versicherungspflicht** für alle Inlandsbeförderungen (gilt auch für Kabotagebeförderungen) im Rahmen der Haftung nach den Bestimmungen des HGB in Verbindung mit dem Frachtvertrag.

Werkverkehr ist erlaubnisfrei und nicht versicherungspflichtig. Jeder Unternehmer, der Werkverkehr mit Lkw, Zügen (Lkw mit Anhänger) und Sattelkraftfahrzeugen durchführen will, deren zulässiges Gesamtgewicht 3,5 t übersteigt, muss sein Unternehmen beim Bundesamt für Güterverkehr vor Beginn der ersten Beförderung mit bestimmten Daten anmelden. Der sogenannte „Konzernverkehr" bleibt dem gewerblichen Verkehr zugeordnet. Einzelheiten hierzu siehe Erläuterungen zu § 1 GüKG.

Das **Bundesamt für Güterverkehr** und die jeweils nach Landesrecht zuständigen Behörden überwachen die Einhaltung der Vorschriften des GüKG und der Ausführungsverordnungen.

Das Bundesamt für Güterverkehr beobachtet und begutachtet die Entwicklung des Marktgeschehens verkehrsträgerübergreifend und berichtet dem Bundesministerium für Verkehr über den jeweiligen Stand der Entwicklung.

Weitere Schwerpunkte des Gesetzes sind die Stärkung des Datenschutzes und der Abbau administrativer Pflichten sowie eine Rechts- und Verwaltungsvereinfachung. So wurden insbesondere das Verfahren zur Erteilung einer Erlaubnis und die beim Bundesamt für Güterverkehr geführte Unternehmensdatei an die gestiegenen Datenschutzerfordernisse angepasst. Es ist nunmehr gesetzlich vorgeschrieben, welche Daten erfasst und zu welchem Zweck sie verwendet werden dürfen. Außerdem wurde festgelegt, zu welchem Zeitpunkt diese Daten wieder gelöscht werden müssen. Die Zusammenarbeit zwischen Erlaubnisbehörden und dem Bundesamt wurde verbessert und als Folge konnte auf die Meldepflicht der Unternehmen des gewerblichen Güterkraftverkehrs verzichtet werden. Die Aufhebung der Kontingentierung führte ebenfalls zum Wegfall administrativer Pflichten (z. B. Führen eines Fahrtenbuches) und aufwendige und kostenträchtige Verwaltungsverfahren entfallen. Als Schlusspunkt muss festgehalten werden, dass im sogenannten „untergesetzlichen Regelwerk" mehrere Verordnungen überflüssig geworden sind oder der Gesetzgeber Bestimmungen zusammenfassen konnte.

4.1.2.5 Erprobungszeitraum der deutschen Marktordnung

In einem Entschließungsantrag zum **Gesetz zur Reform des Güterkraftverkehrsrechts** wurde die Bundesregierung zusätzlich vom Deutschen Bundestag aufgefordert, angesichts der Herausforderungen, die mit der dynamischen Entwicklung der Verkehrsmärkte in Europa verbunden sind, die Effizienz des neuen nationalen Ordnungsrahmens zu beobachten und dem Deutschen Bundestag zum 1.7.2001 zu berichten, inwieweit sich die Regelungen bewährt haben. Dies galt insbesondere für

- die Erfahrungen mit den güterkraftverkehrsrechtlichen Ausnahmetatbeständen und die Frage, ob sich im Bereich der Freistellungen Probleme ergeben haben,
- die Erfahrungen mit der Entwicklung im Werkverkehr und die Frage, ob Konzernverkehr als Werkverkehr zugelassen werden sollte,
- die Erfahrungen mit der Marktbeobachtung und der Datei über die Unternehmen des Werkverkehrs.

Dieser Bericht sollte Aufschluss darüber geben, ob und inwieweit Handlungsbedarf besteht, Regelungen des Ordnungsrahmens der aktuellen Entwicklung anzupassen und ob die Veränderungen im Verkehrsmarkt Anlass zur weiteren Beobachtung geben.

Die oben erwähnten besonderen Beobachtungstatbestände haben damals eine Änderung des Ordnungsrahmens nicht erforderlich gemacht. Vielmehr wurde das GüKG wegen anderer erkennbarer Entwicklungen zwischenzeitlich mehrmals geändert.

Die Mitführungspflicht einer EU-Fahrerbescheinigung bei Beschäftigung von Fahrpersonal aus Nicht-EU-Ländern (Aufenthalts- und Arbeitsgenehmigung) ist zwar schon in anderen Rechtsvorschriften geregelt, wurde aber nunmehr zur Klarstellung auch im Wortlaut des GüKG erfasst.

Auch wurden die Kontrollbefugnisse des Bundesamtes für Güterverkehr insbesondere im Hinblick auf den Einsatz von ordnungsgemäß beschäftigtem Fahrpersonal erweitert.

Ebenso ist eine Anpassung des Wortlauts infolge Änderung der Versicherungspflicht im Hinblick auf die Vertragshaftung des Güterkraftverkehrsunternehmers erforderlich geworden.

Die letzten Veränderungen des Güterkraftverkehrsrechts im Jahr 2011 wurden bereits im vorhergehenden Text kurz angesprochen.

Das Bundesamt für Güterverkehr veröffentlichte hierzu folgende Zusammenfassung:

Am 14.11.2009 wurde das sogenannte „Road Package“ im Amtsblatt der EU veröffentlicht. Das Verordnungspaket regelt den Markt- und Berufszugang für Kraftverkehrsunternehmer umfassend neu und fasst die bislang auf dem Gebiet des Personen- und Güterverkehrs geltenden europäischen Rechtsgrundlagen in folgenden drei EU-Verordnungen zusammen:

1. **Verordnung (EG) Nr. 1071/2009** des Europäischen Parlaments und des Rates vom 21.10.2009 zur Festlegung gemeinsamer Regeln für die Zulassung zum Beruf des Kraftverkehrsunternehmers und zur Aufhebung der Richtlinie 96/26/EG des Rates;
2. **Verordnung (EG) Nr. 1072/2009** des Europäischen Parlaments und des Rates vom 21.10.2009 über gemeinsame Regeln für den Zugang zum Markt des grenzüberschreitenden Güterkraftverkehrs;
3. **Verordnung (EG) Nr. 1073/2009** des Europäischen Parlaments und des Rates vom 21.10.2009 über gemeinsame Regeln für den Zugang zum grenzüberschreitenden Personenkraftverkehrsmarkt und zur Änderung der Verordnung (EG) Nr. 561/2006.

Das Road Package enthält insbesondere folgende Neuerungen:

Erstmals gelten vom 14.5.2010 an gemeinschaftsweit einheitliche Kabotagebestimmungen (Art. 8ff. VO (EG) Nr. 1072/2009 und die Verordnungen (EWG) 881/92 und (EWG) 3118/93 sowie die Richtlinie 2006/94/EG werden durch die Verordnung (EG) Nr. 1072/2009 ersetzt).

Die Richtlinie 96/26/EG des Rates vom 29.4.1996 über den Zugang zum Beruf des Güter- und Personenkraftverkehrsunternehmers im innerstaatlichen und grenzüberschreitenden Verkehr wird durch die Verordnung (EG) Nr. 1071/2009 ersetzt, deren Bestimmungen nunmehr unmittelbar Anwendung finden.

Eine faktische Niederlassung im Mitgliedstaat ist Teil der Berufszugangsvoraussetzungen (Art. 5 VO (EG) Nr. 1071/2009).

Einem Unternehmer bzw. der zur Führung der Kraftverkehrsgeschäfte bestellten Person (sogenannter „Verkehrsleiter") kann die Führung von Kraftverkehrsgeschäften wegen Unzuverlässigkeit untersagt werden (Art. 14 VO (EG) Nr. 1071/2009).

Die Optimierung und Modernisierung des gemeinschaftsweiten Austauschs von Informationen, die relevant sind für die Beurteilung der Zuverlässigkeit eines Verkehrsunternehmers und damit für die Erteilung oder den Entzug einer Gemeinschaftslizenz, erfolgt durch die Vernetzung einzelstaatlicher Register bis Ende 2012 sowie die Einrichtung nationaler Kontaktstellen bis Ende 2011 (Art. 16, 18 VO (EG) Nr. 1071/2009).

Mit der Änderung des GüKG im Dezember 2011 wurde bereits in Deutschland als Kontaktstelle das Bundesamt für Güterverkehr bestellt.

Die deutsche Verkehrsmarktordnung (Wettbewerbsordnung) basiert nunmehr – angepasst nach dem Road Package – auf folgenden maßgeblichen Rechtsgrundlagen:

- Güterkraftverkehrsgesetz (GüKG) – zuletzt geändert durch Gesetz vom 22.11.2011
- Berufszugangsverordnung für den Güterkraftverkehr (GBZugV) vom 21.12.2011
- Verordnung über den grenzüberschreitenden Güterkraftverkehr und den Kabotageverkehr (GüKGrKabotageV) vom 28.12.2011

4.1.3 Das Güterkraftverkehrsgesetz (GüKG)

Zurzeit gilt das Güterkraftverkehrsgesetz vom 22.6.1998 (BGBl. I. S. 1485), zuletzt geändert durch Art. 492 der Verordnung vom 31.8.2015 – (BGBl I Nr. 35 S. 1474) mit folgendem Inhalt:

1. *Abschnitt – Allgemeine Vorschriften*
   §§ 1–2
2. *Abschnitt – Gewerblicher Güterkraftverkehr*
   §§ 3–8
3. *Abschnitt – Werkverkehr*
   § 9
4. *Abschnitt – Bundesamt für Güterverkehr*
   §§ 10–17 a
5. *Abschnitt – Überwachung, Bußgeldvorschriften*
   §§ 18–21 a
6. *Abschnitt – Gebühren und Auslagen, Ermächtigungen*
   §§ 22–23

1. Abschnitt – Allgemeine Vorschriften

§ 1 – Begriffsbestimmungen

(1) Güterkraftverkehr ist die geschäftsmäßige oder entgeltliche Beförderung von Gütern mit Kraftfahrzeugen, die einschließlich Anhänger ein höheres zulässiges Gesamtgewicht als 3,5 Tonnen haben.

(2) Werkverkehr ist Güterkraftverkehr für eigene Zwecke eines Unternehmens, wenn folgende Voraussetzungen erfüllt sind:

   1. Die beförderten Güter müssen Eigentum des Unternehmens oder von ihm verkauft, gekauft, vermietet, gemietet, hergestellt, erzeugt, gewonnen, bearbeitet oder instand gesetzt worden sein.

2. Die Beförderung muss der Anlieferung der Güter zum Unternehmen, ihrem Versand vom Unternehmen, ihrer Verbringung innerhalb oder – zum Eigengebrauch – außerhalb des Unternehmens dienen.
3. Die für die Beförderung verwendeten Kraftfahrzeuge müssen vom eigenen Personal des Unternehmens geführt werden oder von Personal, das dem Unternehmen im Rahmen einer vertraglichen Verpflichtung zur Verfügung gestellt worden ist.
4. Die Beförderung darf nur eine Hilfstätigkeit im Rahmen des gesamten Unternehmens darstellen.

(3) Den Bestimmungen über den Werkverkehr unterliegt auch die Beförderung von Gütern durch Handelsvertreter, Handelsmakler und Kommissionäre, soweit
1. deren geschäftliche Tätigkeit sich auf diese Güter bezieht,
2. die Voraussetzungen nach Absatz 2 Nr. 2 bis 4 vorliegen und
3. ein Kraftfahrzeug verwendet wird, dessen Nutzlast einschließlich der Nutzlast des Anhängers 4 Tonnen nicht überschreiten darf.

(4) Güterkraftverkehr, der nicht Werkverkehr im Sinne der Absätze 2 und 3 darstellt, ist gewerblicher Güterkraftverkehr.

Die **Definition des Güterkraftverkehrs** als geschäftsmäßige oder entgeltliche Beförderung von Gütern schließt Beförderungen, die bisher im Rahmen der Freistellungsverordnung gesondert geregelt waren, von den Bestimmungen dieses Gesetzes aus. So sind beispielsweise Beförderungen zu privaten Zwecken oder zu mildtätigen oder kirchlichen Zwecken bereits durch die Wortwahl vom Anwendungsbereich des GüKG ausgeschlossen.

Der Begriff Kraftfahrzeuge schließt nunmehr grundsätzlich auch den Pkw mit ein. Die Regelungsschwelle von mehr als 3,5 t zulässigem Gesamtgewicht einschließlich Anhänger (in Anlehnung an das Fahrerlaubnisrecht oder Sozialvorschriften im Straßenverkehr) stellt allerdings sicher, dass auch zukünftig der größte Teil der Güterbeförderungen mit Pkw nicht vom Gesetz geregelt wird. Es sollen nur die Pkw im Rahmen von Güterbeförderungen erfasst werden, die von ihrer Ladekapazität kleineren Lkw gleichzusetzen sind.

Die **Definition des Werkverkehrs** entspricht inhaltlich im Wesentlichen der Fassung des aufgehobenen GüKG. Sprachlich wurde auf die im EU-Recht gebräuchliche Fassung abgestellt. Um der wachsenden Bedeutung des Einsatzes gemieteter oder geleaster Fahrzeuge Rechnung zu tragen, wurde auf Einschränkungen bezüglich Miet- oder Ersatzfahrzeugen verzichtet. Die Einschränkung, dass Kraftfahrzeuge nur vom eigenen Personal des Unternehmens geführt werden und nur zeitlich begrenzt im Krankheitsfall durch Fremdpersonal ersetzt werden, wurde im November 2011 aufgehoben. Nunmehr darf im Rahmen einer vertraglichen Einigung auch „angemietetes" Personal eingesetzt werden (siehe weitere Erläuterungen zu § 9).

Der Abs. 3 entspricht in weiten Teilen dem Wortlaut des aufgehobenen § 49. In der neuen Fassung wurde aus den bereits erwähnten Gründen der Begriff Lastkraftwagen durch Kraftfahrzeug ersetzt. Außerdem wurde die Nutzlastgrenze auf 4 t einschließlich Anhänger begrenzt, während nach der alten Fassung Lkw nur ohne Anhänger eingesetzt werden durften.

Zum gewerblichen Verkehr gehört auch der sogenannte **„Konzernverkehr"**. Hierunter versteht man folgenden Sachverhalt: Werden Beförderungen durch Kraftfahrzeuge eines Unternehmens für ein anderes Unternehmen desselben Konzerns durchgeführt und handelt es sich bei den Unternehmen um jeweils eigenständige juristische Personen, so werden diese Beförderungen dem gewerblichen Verkehr zugeordnet, da es sich um Güterbeförderungen für andere handelt.

§2 – Ausnahmen

(1) Die Vorschriften dieses Gesetzes finden keine Anwendung auf

1. die gelegentliche, nicht gewerbsmäßige Beförderung von Gütern durch Vereine für ihre Mitglieder oder für gemeinnützige Zwecke,

2. die Beförderung von Gütern durch Körperschaften, Anstalten und Stiftungen des öffentlichen Rechts im Rahmen ihrer öffentlichen Aufgaben,

3. die Beförderung von beschädigten oder reparaturbedürftigen Fahrzeugen aus Gründen der Verkehrssicherheit oder zum Zwecke der Rückführung,

4. die Beförderung von Gütern bei der Durchführung von Verkehrsdiensten, die nach dem Personenbeförderungsgesetz in der Fassung der Bekanntmachung vom 8.8.1990 (BGBl. I S. 1690) in der jeweils geltenden Fassung genehmigt wurden,

5. die Beförderung von Medikamenten, medizinischen Geräten und Ausrüstungen sowie anderen zur Hilfeleistung in dringenden Notfällen bestimmten Gütern,

6. die Beförderung von Milch und Milcherzeugnissen für andere zwischen landwirtschaftlichen Betrieben, Milchsammelstellen und Molkereien durch landwirtschaftliche Unternehmer im Sinne des Gesetzes über die Alterssicherung der Landwirte vom 29.7.1994 (BGBl. I S. 1890) in der jeweils geltenden Fassung,

7. die in land- und forstwirtschaftlichen Betrieben übliche Beförderung von land- und forstwirtschaftlichen Bedarfsgütern oder Erzeugnissen

a) für eigene Zwecke,

b) für andere Betriebe dieser Art

aa) im Rahmen der Nachbarschaftshilfe oder

bb) im Rahmen eines Maschinenringes oder eines vergleichbaren wirtschaftlichen Zusammenschlusses, sofern die Beförderung innerhalb eines Umkreises von 75 Kilometern in der Luftlinie um den regelmäßigen Standort des Kraftfahrzeugs, den Wohnsitz oder den Sitz des Halters im Sinne des §6 Abs. 4 Nummer 1 der Fahrzeug-Zulassungsverordnung mit Zugmaschinen oder Sonderfahrzeugen durchgeführt wird, die nach §3 Nr. 7 des Kraftfahrzeugsteuergesetzes in der Fassung der Bekanntmachung vom 26.9.2002 (BGBl. I S. 3818), von der Kraftfahrzeugsteuer befreit sind,

8. die im Rahmen der Gewerbeausübung erfolgende Beförderung von Betriebseinrichtungen für eigene Zwecke sowie

9. die Beförderung von Postsendungen im Rahmen von Universaldienstleistungen durch Postdienstleister gemäß §1 Absatz 1 der Post-Universaldienstleistungsverordnung.

(1a) Werden bei Beförderungen nach Abs. 1 Nr. 7 nicht von der Kraftfahrzeugsteuer befreite Fahrzeuge eingesetzt, hat der Beförderer dafür zu sorgen, dass während der Beförderung ein Begleitpapier oder ein sonstiger Nachweis mitgeführt wird, in dem das beförderte Gut, Be- und Entladeort sowie der land- und forstwirtschaftliche Betrieb, für den die Beförderung erfolgt, angegeben werden. Das Fahrpersonal muss das Begleitpapier oder den sonstigen Nachweis nach Satz 1 während der Beförderung mitführen und den Kontrollberechtigten auf Verlangen zur Prüfung aushändigen oder in anderer Weise zugänglich machen.

(2) §14 bleibt unberührt.

Der Wortlaut des §2 regelt umfassend und zurzeit abschließend sämtliche Ausnahmen vom Anwendungsbereich des GüKG. Mit dem Wegfall der Kontingentierung der Güterfernverkehrsgenehmigungen ist der wichtigste Grund für eine Freistellung von den gesetzlichen Regelungen entfallen. Daraufhin konnte der umfangreiche Katalog der bisher freigestellten Beförderungsfälle bis auf wenige reduziert werden, die nunmehr ausschließlich im GüKG geregelt sind. Die **Freistellungsverordnung GüKG** konnte somit entfallen. Die Freistellung im Rahmen dieser Verordnung für Beförderungen im gewerblichen Güterkraftverkehr geschah weitgehend mit der Maßgabe, dass die subjektiven Berufszugangsvoraussetzungen auch für freigestellte Beförderungen dennoch erfüllt sein mussten. Mit Wegfall der zahlenmäßigen Beschränkung konnte somit eine wesentliche Vereinfachung geschaffen werden, indem die Freistellungen insgesamt in acht Punkten zusammengefasst werden konnten.

Durch Einfügung eines neuen Absatzes (1a) wurden die Kontrollmöglichkeiten hinsichtlich der Freistellung land- und forstwirtschaftlicher Sonderverkehre von den Vorschriften des GüKG deutlich verbessert. Künftig ist es erforderlich, bei Einsatz von nicht von der Kraftfahrzeugsteuer befreiten Fahrzeugen ein Begleitpapier mitzuführen, das die Freistellung einer derartigen Beförderung erkennen lässt.

Diese Regelung in Abs. 2 soll sicherstellen, dass trotz Freistellung die Entwicklung dieses Marktsektors beobachtet wird. Bei erkennbaren Fehlentwicklungen könnte somit rechtzeitig durch verkehrspolitische Maßnahmen entgegengewirkt werden.

2. Abschnitt – Gewerblicher Güterkraftverkehr

§3 – Erlaubnispflicht

(1) Der gewerbliche Güterkraftverkehr ist erlaubnispflichtig, soweit sich nicht aus dem unmittelbar geltenden europäischen Gemeinschaftsrecht etwas anderes ergibt.

(2) Die Erlaubnis wird einem Unternehmer, dessen Unternehmen seinen Sitz im Inland hat, für die Dauer von bis zu zehn Jahren erteilt, wenn er die in Artikel 3 Absatz 1 der Verordnung (EG)Nr.1071/2009 des Europäischen Parlaments und des Rates vom 21.10.2009 zur Festlegung gemeinsamer Regeln für die Zulassung zum Beruf des Kraftverkehrsunternehmers und zur Aufhebung der Richtlinie 96/26/EG (ABl. L 300 vom 14.11.2009, S. 51) genannten Voraussetzungen für die Ausübung des Berufs eines Kraftverkehrsunternehmers erfüllt. Eine Erlaubnis, deren Gültigkeitsdauer abgelaufen ist, wird zeitlich unbefristet erteilt, wenn der Unternehmer die Berufszugangsvoraussetzungen nach wie vor erfüllt.

(3) Der Erlaubnisinhaber erhält auf Antrag neben der Erlaubnis so viele Erlaubnisausfertigungen, wie ihm weitere Fahrzeuge und die für diese erforderliche finanzielle Leistungsfähigkeit nach der Verordnung (EG) Nr. 1071/200 in der jeweils geltenden Fassung zur Verfügung stehen. Eigenkapital und Reserven, aufgrund deren beglaubigte Kopien der Gemeinschaftslizenz nach der Verordnung (EG) Nr. 1072/2009 des Europäischen Parlaments und des Rates vom 21.10.2009 über gemeinsame Regeln für den Zugang zum Markt des grenzüberschreitenden Güterkraftverkehrs (ABl.L 300 vom 14.11.2009, S. 72) in der jeweils geltenden Fassung erteilt wurden, können im Verfahren auf Erteilung der Erlaubnis und Erlaubnisausfertigungen nicht nochmals in Ansatz gebracht werden. Verringert sich nach der Ausstellung von Ausfertigungen der Erlaubnis der Fahrzeugbestand nicht nur vorübergehend, so hat das Unternehmen überzählige Ausfertigungen an die zuständige Behörde zurückzugeben. Stellt das Unternehmen den Betrieb endgültig ein, so hat es die Erlaubnis und alle Ausfertigungen unverzüglich zurückzugeben.

(4) Die Erlaubnis kann befristet, unter Bedingungen oder mit Auflagen erteilt werden.

(5) Eine Erlaubnis ist zurückzunehmen, wenn nachträglich bekannt wird, dass die Erlaubnis hätte versagt werden müssen. Eine Erlaubnis ist zu widerrufen, wenn nachträglich Tatsachen eintreten, die zur Versagung hätten führen müssen. Die Finanzbehörden dürfen die nach Landesrecht zuständigen Behörden davon in Kenntnis setzen, dass der Unternehmer die ihm obliegenden steuerrechtlichen Verpflichtungen wiederholt nicht erfüllt hat oder eine Vermögensauskunft nach §284 der Abgabenordnung abgegeben hat.

(5a) Rechtzeitig vor der Entscheidung über die Erteilung, die Rücknahme oder den Widerruf der Erlaubnis und von Erlaubnisausfertigungen gibt die nach Landesrecht zuständige Behörde dem Bundesamt für Güterverkehr, den beteiligten Verbänden des Verkehrsgewerbes, der fachlich zuständigen Gewerkschaft und der zuständigen Industrie und Handelskammer Gelegenheit zur Stellungnahme. Vor der Entscheidung über die Erteilung, die Rücknahme oder den Widerruf von Erlaubnisausfertigungen kann die nach Landesrecht zuständige Behörde hiervon absehen.

(5b) Rechtfertigen Tatsachen die Annahme, dass der Unternehmer oder der Verkehrsleiter die Voraussetzungen hinsichtlich der Zuverlässigkeit nach Artikel 6 der Verordnung (EG) Nr. 1071/2009 nicht erfüllt, kann dem Unternehmer oder dem Verkehrsleiter die Führung von Güterkraftverkehrsgeschäften untersagt werden. Das Untersagungsverfahren gegen diese Personen kann unabhängig vom Verlauf eines Verfahrens auf Widerruf der Erlaubnis fortgesetzt werden. Auf Antrag ist dem Unternehmer oder dem Verkehrsleiter die Führung von Güterkraftverkehrsgeschäften wieder zu gestatten, wenn Tatsachen die Annahme rechtfertigen, dass eine Unzuverlässigkeit im Sinne des Satzes 1 nicht mehr vorliegt. Vor Ablauf eines Jahres nach Bestandskraft der Unterlassungsverfügung kann die Wiederaufnahme nur gestattet werden, wenn hierfür besondere Gründe vorliegen. Rechtzeitig vor der Entscheidung über die Untersagung der Führung von Güterkraftverkehrsgeschäften gegenüber dem Unternehmer oder dem Verkehrsleiter gibt die nach Landesrecht zuständige Behörde dem Bundesamt für Güterverkehr Gelegenheit zur Stellungnahme.

(6) Das Bundesministerium für Verkehr und digitale Infrastruktur wird ermächtigt, mit Zustimmung des Bundesrates durch Rechtsverordnung Vorschriften zu erlassen, durch die

1. die Anforderungen an die Berufszugangsvoraussetzungen zur Gewährleistung eines hohen Niveaus näher bestimmt werden und

2.a) das Verfahren zur Erteilung, zur Rücknahme und zum Widerruf der Erlaubnis und zur Erteilung und Einziehung der Erlaubnisausfertigungen einschließlich der Durchführung von Anhörungen,

2.b) Form und Inhalt, insbesondere die Geltungsdauer der Erlaubnis und der Ausfertigungen,

2.c) das Verfahren bei Eintritt wesentlicher Änderungen nach der Erteilung der Erlaubnis und der Ausfertigungen,

3. die Voraussetzungen für die Erteilung beglaubigter Kopien nach Maßgabe der Verordnung (EG) Nr. 1071/2009 in der jeweils geltenden Fassung sowie

4. die Voraussetzungen zur Rücknahme und zum Widerruf der Entscheidung über die Erteilung beglaubigter Kopien entsprechend Artikel 12 Absatz 1 der Verordnung (EWG) Nr. 1072/2009 in der jeweils geltenden Fassung geregelt werden.

(7) Die nach Landesrecht zuständigen Behörden führen dieses Gesetz, die Verordnungen (EG) Nr. 1071/2009 und (EG) Nr. 1072/2009 und die auf diesem Gesetz beruhenden Verordnungen aus, soweit nicht etwas anderes bestimmt ist. Örtlich zuständig ist die Behörde, in deren Zuständigkeitsbereich das Unternehmen seine Niederlassung im Sinne von Artikel 5 der Verordnung (EG) Nr. 1071/2009 hat. Soweit keine Niederlassung besteht, richtet sich die Zuständigkeit nach dem Wohnsitz des Betroffenen.

Wer nach den Bestimmungen des GüKG Güterkraftverkehr gewerbsmäßig betreiben will, wird im Rahmen des Marktzugangs der Erlaubnispflicht unterworfen. Ergänzend wird an dieser Stelle auf unmittelbar geltendes europäisches Gemeinschaftsrecht verwiesen. Bestimmte Tatbestände – wie z. B. das Kabotagerecht in Verbindung mit der Gemeinschaftslizenz – werden bereits durch supranationales Recht erschöpfend geregelt und bedürfen daher keiner Regelung im deutschen Recht.

Nach der Aufhebung der Kontingentierung für Güterfernverkehrsgenehmigungen, die zudem noch mit einem aufwendigen öffentlichen Ausschreibungsverfahren verbunden war, besteht nunmehr nach Neufassung des GüKG (Dezember 2011) ein Rechtsanspruch auf Erteilung einer zunächst auf zehn Jahre befristeten Erlaubnis, wenn das Unternehmen des Antragstellers seinen Sitz im Inland hat und die in Art. 3 Abs. 1 der EU-Verordnung zur Festlegung gemeinsamer Regeln für die Zulassung zum Beruf des Kraftverkehrsunternehmers genannten Voraussetzungen erfüllt werden. Das deutsche GüKG nimmt nun unmittelbar Bezug auf die im Zuge des Road Package maßgebende EU-Verordnung. Es handelt sich dabei um eine personenbezogene Erlaubnis, die grundsätzlich nicht auf eine andere Person übertragen werden kann. Die Befristung auf zehn Jahre und die Erfüllung der geforderten Voraussetzungen entspricht auch den neuen Erteilungsgrundsätzen der EU-Gemeinschaftslizenz. Allerdings wird auch gleichzeitig in der neuen **Berufszugangsverordnung (GBZugV)** festgelegt – Einzelheiten hierzu siehe Erläuterungen zu Abs. 3 –, dass die zuständigen Behörden sich regelmäßig und mindestens alle zehn Jahre vergewissern, dass das Unternehmen die Berufszugangsvoraussetzungen nach § 3 des GüKG in Verbindung mit dieser Verordnung noch erfüllt.

Infolge des Wegfalls der zahlenmäßigen Beschränkung erhält der Erlaubnisinhaber auf Antrag neben der Erlaubnis so viele Erlaubnisausfertigungen, wie ihm weitere Fahrzeuge unter Nachweis der erforderlichen finanziellen Leistungsfähigkeit zur Verfügung stehen. Verringert sich nicht nur vorübergehend der Fahrzeugbestand, so sind überzählige Ausfertigungen an die zuständige Behörde zurückzugeben. Wird der Betrieb endgültig eingestellt, so sind die Erlaubnis und alle Erlaubnisausfertigungen zurückzugeben. Die näheren Einzelheiten über die Ausgestaltung der Zulassungsvoraussetzungen wurden zunächst in einer Ausführungsverordnung zum GüKG geregelt. Diese Berufszugangsverordnung für den Güterkraftverkehr trat am 31.12.1998 in Kraft. Mit mehrfachen Änderungen galt sie bis zum 20.12.2011. Im Zuge der nationalen Anpassungen infolge des Road Package der EU wurde mit Inkrafttreten am 21. Dezember 2011 eine neue Berufszugangsverordnung für den Güterkraftverkehr (GBZugV) herausgegeben.

Nach § 3 GüKG ist der Marktzugang zum gewerblichen Güterkraftverkehr erlaubnispflichtig. Diese Erlaubnis wird nur erteilt, wenn, wie bereits vorher erwähnt, die nach der entsprechenden EU-Verordnung geforderten Zulassungsvoraussetzungen erfüllt sind. Somit sind für die deutsche Erlaubnis, die bekanntlich nur deutschen Unternehmen erteilt wird, die gleichen Marktzugangsvoraussetzungen vorgeschrieben wie für die Gemeinschaftslizenz. In der neuen Berufszugangsverordnung sind die näheren Einzelheiten aufgeführt:

1. *persönliche Zuverlässigkeit des Unternehmers und des Verkehrsleiters*
2. *finanzielle Leistungsfähigkeit*
3. *fachliche Eignung des Unternehmers oder des Geschäftsführers*

Die Einzelheiten im Hinblick auf die Erfüllung dieser Zulassungsvoraussetzungen sind ausführlich in der neuen Berufszugangsverordnung ergänzend geregelt. Gesetze und Verordnungen sind im Internet kostenlos abrufbar unter www.gesetze-im-internet.de/index. html. Der wesentliche Inhalt der neuen Verordnung lässt sich wie folgt zusammenfassen:

1. Persönliche Zuverlässigkeit

Die persönliche Zuverlässigkeit wird verlangt vom Unternehmer und vom Verkehrsleiter. Der Begriff Verkehrsleiter tritt an die Stelle des Geschäftsführers (die für die Führung der Geschäfte bestellte Person). Diese Begriffsänderung wurde infolge der EU-Verordnung erforderlich. Vorstehende Personen gelten als zuverlässig, wenn keine Tatsachen dafür vorliegen, dass

- bei der Führung des Unternehmens gegen gesetzliche Bestimmungen verstoßen oder
- bei dem Betrieb des Unternehmens die Allgemeinheit geschädigt oder gefährdet wird.

Die erforderliche Zuverlässigkeit besitzen der Unternehmer und der Verkehrsleiter in der Regel nicht, wenn sie wegen eines schwersten Verstoßes gegen Gemeinschaftsvorschriften im Sinne des Anhangs IV der Verordnung (EG) Nr. 1071/2009

- rechtskräftig verurteilt worden sind oder
- ein gegen sie ergangener Bußgeldbescheid unanfechtbar geworden ist.

Darüber hinaus können Unternehmer und Verkehrsleiter insbesondere dann unzuverlässig sein, wenn sie rechtskräftig verurteilt worden sind oder ein gegen sie ergangener Bußgeldbescheid unanfechtbar geworden ist

- wegen eines schwerwiegenden Verstoßes gegen Gemeinschaftsvorschriften im Sinne des Art. 6 Abs. 1 Unterabsatz 3 Buchstabe b der Verordnung (EG) Nr. 1071/2009 in einem oder mehreren Mitgliedstaaten der Europäischen Union,
- wegen eines schweren Verstoßes gegen strafrechtliche Vorschriften oder
- wegen eines schweren Verstoßes gegen
  - GüKG oder andere Verordnungen,
  - arbeits- oder sozialrechtliche Pflichten (Lenk- und Ruhezeiten),
  - Vorschriften der Verkehrs-, Betriebs- und Lebensmittelsicherheit,
  - abgabenrechtliche Pflichten,
  - Pflichtversicherungsrecht,
  - Regelungen, die für die Beförderung lebender Tiere gelten,
  - Umweltschutzvorschriften, Abfall- und Imissionsschutzrecht, Gefahrgutvorschriften oder
  - Vorschriften des Handels- und Insolvenzrechts.

2. Finanzielle Leistungsfähigkeit

Der Unternehmer besitzt in der Regel die erforderliche finanzielle Leistungsfähigkeit, wenn er die Voraussetzungen des Art. 7 der Verordnung (EG) Nr. 1071/2009 erfüllt. Danach ist der bisherige Grundsatz erhalten geblieben, dass das Eigenkapital zuzüglich Reserven mindestens

- 9.000 € für das erste Fahrzeug und
- 5.000 € für jedes weitere Fahrzeug betragen muss.

Neu ist in diesem Zusammenhang, dass jedes Jahr nach Jahresabschluss dieser Eigenkapitalnachweis zu führen ist. Weitere Einzelheiten sollten der vorgenannten Verordnung entnommen werden. Der Text der EU-Verordnungen ist kostenlos abrufbar im Internet unter http://eur-lex.europa.eu/de/index.htm.

3. Fachliche Eignung

Diese Voraussetzung wird in der neuen Berufszugangsverordnung unter Bezugnahme auf das EU-Recht wie folgt definiert:

Fachlich geeignet im Sinne des Art. 3 Abs. 1 Buchstabe d der Verordnung (EG) Nr. 1071/2009 ist, wer über die Kenntnisse verfügt, die zur ordnungsgemäßen Führung eines Güterkraftverkehrsunternehmens erforderlich sind, und zwar auf den jeweiligen Sachgebieten, die im Anhang I Teil I dieser Verordnung in der jeweils geltenden Fassung aufgeführt sind.

Die Fachkundeprüfung vor einem Prüfungsausschuss der IHK steht nach wie vor als Nachweis der fachlichen Eignung an erster Stelle. Einzelheiten zum Prüfungsumfang und Ablauf der Prüfung sind umfangreich in der neuen Berufszugangsverordnung geregelt.

Daneben werden – wie bisher – weitere Abschlussprüfungen im Sinne der fachlichen Eignung unter Berücksichtigung bestimmter Ausschlussfristen anerkannt. Auch kann die fachliche Eignung unter Berücksichtigung einer leitenden Tätigkeit von der IHK unter bestimmten Voraussetzungen anerkannt werden. In diesem Fall sind ebenfalls Übergangsregelungen zu beachten. Allerdings wird nunmehr eine Tätigkeitsdauer von zehn Jahren verlangt.

Erlaubnisverfahren nach der Berufszugangsverordnung

Wenn die vorstehenden Voraussetzungen erfüllt sind, kann bei der nach Landesrecht zuständigen Behörde ein Antrag auf Erteilung einer Erlaubnis für den gewerblichen Güterkraftverkehr gestellt werden. Da in den einzelnen Bundesländern die Zuständigkeit unterschiedlich geregelt ist, können hier die Behörden nicht im Einzelnen aufgeführt werden.

Folgende wesentliche Merkmale kennzeichnen die Erlaubnis:

- Die Erlaubnis ist zahlenmäßig nicht begrenzt und eine amtliche Ausfertigung ist in jedem Kraftfahrzeug mitzuführen und bei einer Kontrolle vorzulegen.
- Die Erlaubnis und deren Ausfertigungen werden dem Unternehmen unter Berücksichtigung und Erfüllung bestimmter Voraussetzungen (siehe hierzu § 10 und Anlage 1 der Berufszugangsverordnung) erteilt. Sie sind nicht übertragbar.
- Verringert sich nach der Ausstellung von Ausfertigungen der Erlaubnis der Fahrzeugbestand nicht nur vorübergehend, so hat das Unternehmen überzählige Ausfertigungen an die Erlaubnisbehörde zurückzugeben. Stellt das Unternehmen den Betrieb endgültig ein, so hat es die Erlaubnis und alle Ausfertigungen unverzüglich zurückzugeben.
- Ändern sich nach Erteilung der Erlaubnis bestimmte Voraussetzungen, so ist eine Berichtigung der Erlaubnis und deren Ausfertigungen bei der Erlaubnisbehörde zu beantragen.
- Zwar wird dem Unternehmen die Erlaubnis für die Zeit von zehn Jahren erteilt. Dennoch sind die zuständigen Behörden verpflichtet, sich regelmäßig und mindestens in Abständen von zehn Jahren zu vergewissern, ob die Berufszugangsvoraussetzungen auf der Grundlage dieser Verordnung weiterhin erfüllt werden.

Das Erlaubnisverfahren fällt in die Zuständigkeit der jeweils nach Landesrecht zuständigen Behörde. Die Landesregierung bestimmt wiederum eine von ihr ermächtigte Stelle als Erlaubnisbehörde. Örtlich zuständig ist dann die Behörde, in deren Zuständigkeitsbereich das Unternehmen seine Niederlassung im Sinne von Art. 5 der Verordnung (EG) Nr. 1071/2009 hat. Soweit keine Niederlassung besteht, richtet sich die Zuständigkeit nach dem Wohnsitz des Betroffenen.

Die Erlaubnis kann befristet, unter Bedingungen oder mit Auflagen erteilt werden. Sie kann widerrufen oder zurückgenommen werden, wenn bei der Erteilung bestimmte Voraussetzungen nicht vorgelegen haben oder diese nachträglich entfallen sind. Sowohl im Rahmen des Erteilungsverfahrens als auch im Fall eines Rücknahme- oder Widerrufverfahrens ist die Erlaubnisbehörde verpflichtet, dem Bundesamt für Güterverkehr, den beteiligten Verbänden des Verkehrsgewerbes, der fachlich zuständigen Gewerkschaft und der zuständigen Industrie- und Handelskammer rechtzeitig Gelegenheit zur Stellungnahme zu geben. Dieses Anhörverfahren soll sicherstellen, dass auch in der Erlaubnisbehörde nicht bekannte Tatbestände für die Beurteilung des einzelnen Falles gegebenenfalls berücksichtigt werden können.

Außerdem enthält das Gesetz an dieser Stelle eine Ermächtigung des Bundesministeriums für Verkehr und digitale Infrastruktur auf der Grundlage einer Rechtsverordnung mit Zustimmung des Bundesrates die Anforderungen an die Berufszugangsvoraussetzungen zu verändern, insbesondere einem höheren Niveau anzupassen. Auch bezieht sich diese Ermächtigung auf die Regulierungen im Rahmen des Erteilungs-, Rücknahme- und Widerrufverfahrens.

§4 – Unterrichtung der Berufsgenossenschaft

Die nach Landesrecht zuständige Behörde hat der zuständigen Berufsgenossenschaft unverzüglich die Erteilung der Erlaubnis mitzuteilen. Die Anzeigepflicht des Unternehmers nach §192 des Siebten Buches Sozialgesetzbuch bleibt unberührt.

Die Verpflichtung der Erlaubnisbehörde, die zuständige Berufsgenossenschaft als gesetzliche Unfallversicherung über die Erteilung einer Erlaubnis an ein Unternehmen in Kenntnis zu setzen, entspricht der Regelung im GüKG alter Fassung. Diese Vorschrift ist erforderlich, da trotz Anzeigepflicht der Unternehmer die zuständigen Berufsgenossenschaften häufig erst durch die Mitteilungen anderer Behörden von dem Bestehen neuer Unternehmen Kenntnis erhalten.

§5 – Erlaubnispflicht und Gemeinschaftslizenz

Die Gemeinschaftslizenz nach Artikel 3 und 4 der Verordnung (EG) Nr. 1072/2009 gilt für Unternehmer, deren Unternehmenssitz im Inland liegt, als Erlaubnis nach §3, es sei denn, es handelt sich um eine Beförderung zwischen dem Inland und einem Staat, der weder Mitglied der Europäischen Union noch anderer Vertragsstaaten des Abkommens über den Europäischen Wirtschaftsraum, noch die Schweiz ist. Satz 1 gilt nicht für Inhaber von Gemeinschaftslizenzen aus der Republik Kroatien.

Die Neufassung des §5 berücksichtigt die politische Entwicklung in Europa. Einerseits ist zu berücksichtigen, dass die Marktordnung nach einer jeweiligen Erweiterung der EU noch nicht unmittelbar für alle Mitgliedstaaten in vollem Umfang gilt, andererseits wurde zwischen der EU und der Schweizerischen Eidgenossenschaft ein Landverkehrsabkommen zur Regelung des Güter- und Personenverkehrs abgeschlossen. Mit Inkrafttreten dieses Abkommens berechtigt die Gemeinschaftslizenz der EU Beförderungen in und durch die Schweiz und im Gegenzug hat die EU der Schweiz gestattet, Beförderungen mit der Schweizerischen Lizenz in und durch die **EU-Staaten** durchzuführen. Weitere Einzelheiten sind in Kapitel 4.1.6.1 (Der grenzüberschreitende Güterkraftverkehr) ausgeführt.

Mit dieser Regelung wurden gleiche Rechtsgrundsätze für deutsche und für Unternehmen aus den anderen EWR-Staaten geschaffen. Durch die Freigabe der Kabotage auf maximal drei Fahrten innerhalb von sieben Tagen dürfen nunmehr die Unternehmer aus den EWR-Staaten mit der Gemeinschaftslizenz innerdeutsche Beförderungen durchführen. Gleiches Recht gilt somit für deutsche Unternehmer, die ebenfalls für diese Beförderungen die Lizenz als Erlaubnis einsetzen dürfen. Im Grundsatz wäre also eine Erlaubnis für einen deutschen Unternehmer nicht erforderlich, wenn er über eine Gemeinschaftslizenz verfügt und seine geschäftliche Tätigkeit ausschließlich auf den Bereich der Staaten des Europäischen Wirtschaftsraums beschränkt. Rechtliche Probleme gäbe es jedoch bei grenzüberschreitenden Beförderungen mit Staaten, die nicht dem EWR-Abkommen beigetreten sind. Die Gemeinschaftslizenz basiert auf supranationalem Recht der Europäischen Union und berechtigt zu Beförderungen ausschließlich zwischen und innerhalb der Staaten des EWR. Problematisch gestaltet sich zurzeit die Regelung für sogenannte **„Drittlandverkehre"**. Hierunter fallen Beförderungen aus einem Mitgliedstaat des EWR in einen Staat, der nicht Mitglied des EWR ist und umgekehrt. Es muss sich also um ein sogenanntes „Drittland" handeln. In diesem Fall ist für den deutschen Streckenteil für deutsche Unternehmer eine Erlaubnis deutschen Ursprungs zugrunde zu legen und das wäre also die Erlaubnis für den gewerblichen Güterkraftverkehr. Für den ausländischen Streckenteil gilt die Genehmigung des entsprechenden Drittstaats (sogenannte **„bilaterale Genehmigung"**).

Bis zur endgültigen Regelung durch EU-Recht werden derartige Beförderungen in sogenannten „bilateralen (zweiseitigen) Abkommen" zwischen den Mitgliedstaaten und den jeweiligen Drittländern geregelt.

Mit dem Inkrafttreten der neuen Verordnung über den grenzüberschreitenden Güterkraftverkehr und den Kabotageverkehr zum 31.12.1998 wurde für den grenzüberschreitenden Verkehr mit Drittstaaten für den deutschen Transportunternehmer eine Verwaltungsvereinfachung eingeführt: Bei Einsatz einer bilateralen Genehmigung von oder nach einem oder durch einen Staat, der weder Mitglied der Europäischen Union noch anderer Vertragsstaat des Abkommens über den Europäischen Wirtschaftsraum (EWR) ist, ersetzt diese bilaterale Genehmigung auf dem Streckenteil im Inland die nach § 3 GüKG erforderliche Erlaubnis. Die bilaterale Genehmigung gilt vom Grundsatz her als ausländische Genehmigung eigentlich nur auf dem Territorium des jeweiligen ausländischen Staates.

Verfügt der Unternehmer mit Sitz im Inland über eine sogenannte **„CEMT-Genehmigung“** (CEMT-Umzugsgenehmigung) und ist der im grenzüberschreitenden Verkehr zu befahrende Staat ein CEMT-Mitgliedstaat, so gilt diese Genehmigung für die Gesamtstrecke. Nähere Einzelheiten sind in den Erläuterungen zu § 6 dargelegt.

§ 6 – Grenzüberschreitender Güterkraftverkehr durch Gebietsfremde

Ein Unternehmer, dessen Unternehmen seinen Sitz nicht im Inland hat, ist für den grenzüberschreitenden gewerblichen Güterkraftverkehr von der Erlaubnispflicht nach § 3 befreit, soweit er Inhaber der jeweils erforderlichen Berechtigung ist. Berechtigungen sind die

1. *Gemeinschaftslizenz,*
2. *Genehmigung aufgrund der Resolution des Rates der Europäischen Konferenz der Verkehrsminister (CEMT) vom 14.6.1973 (BGBl. 1974 II S. 298) nach Maßgabe der Verordnung über den grenzüberschreitenden Güterkraftverkehr und den Kabotageverkehr (GüKGrKabotageV) vom 28.12.2011 (BGBl.2012 I S.42) in der jeweils geltenden Fassung,*
3. *CEMT-Umzugsgenehmigung,*
4. *Schweizerische Lizenz für den gewerblichen Güterkraftverkehr aufgrund des Abkommens zwischen der Europäischen Gemeinschaft und der Schweizerischen Eidgenossenschaft über den Güter- und Personenverkehr auf Schiene und Straße vom 21.6.1999 (ABl. L 114 vom 30.4.2002, S. 91) in der jeweils geltenden Fassung oder*
5. *Drittstaatengenehmigung.*

Dieser Paragraf regelt, dass ein Unternehmer aus anderen Staaten von der Erlaubnispflicht befreit ist, wenn er Inhaber der für die jeweilige Fahrt erforderlichen Berechtigung ist. Als Berechtigungen gelten in diesem Fall die Gemeinschaftslizenz, die CEMT-Genehmigung (CEMT-Umzugsgenehmigung), die Schweizerische Lizenz und die Drittstaatengenehmigung.

CEMT-Genehmigungen werden nach der Resolution des Ministerrats der Europäischen Konferenz der Verkehrsminister (CEMT) als multilaterale Genehmigungen ausgegeben. Es handelt sich dabei um **kontingentierte Inhabergenehmigungen** und sie berechtigen zur Durchführung aller Beförderungen im gewerblichen internationalen Güterkraftverkehr, bei denen die Be- und Entladeorte im Hoheitsgebiet verschiedener Mitgliedstaaten liegen. Sie gilt auch für Beförderungen im Transitverkehr sowie für Leerfahrten auf dem Gebiet der Mitgliedstaaten, in denen auch insoweit eine Genehmigung erforderlich ist. Kabotagebeförderungen innerhalb eines Mitgliedstaates sind nicht zugelassen.

Seit dem 1.1.2006 ist die sogenannte **„2+3-Regelung“** gültig. Diese Regelung besagt, dass eine CEMT-Genehmigung zwischen Hin- und Rückfahrt von/nach dem Heimatstaat nunmehr höchstens für drei aufeinanderfolgende Beförderungen ohne Befahren des Heimatstaates eingesetzt werden darf. Leerfahrten zählen hierbei nicht. Nach der dritten Beförderung muss das Fahrzeug für mindestens eine Fahrt im Wechsel- oder Transitverkehr in den Heimatstaat zurückkehren. Hierfür genügt eine Leerfahrt. Ohne Rückfahrt in den Heimatstaat ist jede weitere

Beförderung zwischen zwei anderen CEMT-Staaten eine Ordnungswidrigkeit nach dem Güterkraftverkehrsgesetz und kann nunmehr als ungenehmigter Güterkraftverkehr mit einem Bußgeld in Höhe von 2.500 € geahndet werden.

Als Mitglieder sind dem **CEMT-Abkommen** bisher folgende **43 Staaten** beigetreten: Deutschland, Österreich, Belgien, Bosnien-Herzegowina, Bulgarien, Kroatien, Dänemark, Spanien, Estland, Finnland, Frankreich, Griechenland, Ungarn, Irland, Italien, Lettland, Litauen, Luxemburg, Fyrom (ehem. jugoslaw. Rep. Mazedonien), Moldawien, Norwegen, Niederlande, Polen, Portugal, Tschechische Republik, Slowakische Republik, Rumänien, Vereinigtes Königreich, Slowenien, Schweden, Schweiz, Türkei, Georgien, Russische Föderation, Aserbaidschan, Albanien, Weißrussland (Belarus), Ukraine, Liechtenstein, Malta, Serbien, Montenegro und Armenien.

Die CEMT-Genehmigung mit einer Gültigkeit von einem Jahr wird vom Bundesamt für Güterverkehr ausgegeben. Die Ausnutzung ist anhand von vorzulegenden Unterlagen, insbesondere Fahrtenberichten, nachzuweisen; sie ist jedes Jahr neu zu beantragen. Seit dem 1.1.1999 werden nur noch CEMT-Genehmigungen für den Einsatz Euro-3-sicherer, Euro-4-sicherer und Euro-5-sicherer Lkw ausgegeben.

CEMT-Umzugsgenehmigungen werden seit dem 1.1.1999 ebenfalls vom BAG ausgegeben. Sie sind zahlenmäßig nicht beschränkt und werden mit einer zeitlichen Befristung von fünf Jahren ausgegeben.

Weitere ergänzende Informationen sind auch in Kapitel 4.1.6.1 (Grenzüberschreitender Verkehr) ausgeführt.

Drittstaatengenehmigungen des Bundesministeriums für Verkehr berechtigen ausländische Güterkraftverkehrsunternehmen zum grenzüberschreitenden Güterkraftverkehr mit Deutschland. Sie werden durch ausländische Stellen im Heimatstaat der Unternehmer ausgegeben. Im Rahmen von **bilateralen Verkehrsabkommen** mit den verschiedenen Staaten wird der gegenseitige Austausch von zahlenmäßig beschränkten Genehmigungen vereinbart. Der deutsche Unternehmer benötigt z. B. für Beförderungen in oder durch einen Nicht-EWR-Staat ebenfalls eine derartige Genehmigung.

§ 7 – Mitführungs- und Aushändigungspflichten im gewerblichen Güterkraftverkehr

(1) Der Unternehmer hat dafür zu sorgen, dass bei einer Güterbeförderung im Inland, für die eine Erlaubnis nach § 3 oder eine Berechtigung nach § 6 erforderlich ist, während der gesamten Fahrt folgende Dokumente und Nachweise mitgeführt werden:

1. *die Erlaubnis oder eine Erlaubnisausfertigung, eine beglaubigte Kopie der Gemeinschaftslizenz oder der Schweizerischen Lizenz, eine CEMT-Genehmigung, eine CEMT-Umzugsgenehmigung oder eine Drittstaatengenehmigung.*
2. *der für das eingesetzte Fahrzeug vorgeschriebene Nachweis über die Erfüllung bestimmter Technik-, Sicherheits- und Umweltanforderungen,*
3. *ein Begleitpapier oder ein sonstiger Nachweis, in dem das beförderte Gut, der Be- und Entladeort und der Auftraggeber angegeben werden.*

Die Dokumente oder Nachweise nach Satz 1 Nummer 1 und 2 dürfen nicht in Folie eingeschweißt oder in ähnlicher Weise mit einer Schutzschicht überzogen werden. Bei Kabotagebeförderungen im Sinne des Artikels 8 der Verordnung (EG) Nr. 1072/2009 hat der Unternehmer, der weder Sitz noch Niederlassung in Deutschland hat, dafür zu sorgen, dass Nachweise im Sinne des Artikels 8 Absatz 3 Unterabsatz 2 der Verordnung (EG) Nr. 1072/2009 für die grenzüberschreitende Beförderung und jede einzelne durchgeführte Kabotagebeförderung während der Dauer der Beförderung mitgeführt werden. Das Fahrpersonal muss die erforderliche Berechtigung und die Nachweise nach Absatz 1 während der Fahrt mitführen und Kontrollberechtigten auf Verlangen zur Prüfung aushändigen. Das Begleitpapier oder der sonstige Nachweis nach Absatz 1 Satz 1 Nummer 3 kann statt durch Aushändigen des Dokuments auf andere geeignete Weise zugänglich gemacht werden. Ausländisches Fahrpersonal muss auch den Pass oder ein sonstiges zum Grenzübertritt berechtigendes Dokument mitführen und Kontrollberechtigten auf Verlangen zur Prüfung aushändigen. Langfristig Aufenthaltsberechtigte im Sinne der Richtlinie 2003/109/EG des Rates vom 25.11.2003 betreffend die Rechtsstellung der langfristig aufenthaltsberechtigten Drittstaatsangehörigen (ABl. L 16 vom 23.1.2004, S. 44) haben außerdem die langfristige Aufenthaltsberechtigung-EG mitzuführen und Kontrollberechtigten auf Verlangen auszuhändigen.

(3) (weggefallen).

Diese Vorschrift legt fest, dass der Unternehmer und das Fahrpersonal bestimmte Pflichten zu erfüllen haben. Hierzu zählt insbesondere die **Mitführungspflicht** der Erlaubnis, Gemeinschaftslizenz, CEMT-Genehmigung, CEMT-Umzugsgenehmigung, Schweizerische Lizenz oder Drittstaatengenehmigung. Im grenzüberschreitenden Verkehr mit CEMT-Genehmigungen beziehen sich diese Pflichten auch auf Nachweise über die Erfüllung bestimmter Technik-, Sicherheits- und Umweltanforderungen für die eingesetzten Kraftfahrzeuge. Die Einzelheiten hinsichtlich der zu erfüllenden Werte bei den Abgas- und Lärmemissionen enthält die **Richtlinie für das Verfahren zur Erteilung der CEMT-Genehmigungen**. Diese Genehmigungsart wird nur noch als fahrzeuggebundene Genehmigung ausschließlich für umweltfreundliche und verkehrssichere Lkw der Euronorm 3, 4 und 5 erteilt. Seit Dezember 2011 sind nunmehr bei Kabotagebeförderungen Nachweise über die grenzüberschreitende Beförderung und jede einzelne durchgeführte Kabotagebeförderung während der Dauer der Beförderung mitzuführen. Diese Maßnahme dient der Überwachung der einzuhaltenden Vorschrift über die eingeschränkte Ausübung der Kabotage. Seit Mai 2010 dürfen nur noch drei Kabotagefahrten innerhalb von sieben Tagen mit demselben Kraftfahrzeug innerhalb eines Landes durchgeführt werden (weitere Details siehe Kapitel 4.16.1).

Neben der Mitführungspflicht wird auch eine **Aushändigungspflicht** vorgeschrieben, die sich auf Unterwegskontrollen bezieht und bei denen auf Verlangen den Kontrollberechtigten diese Unterlagen auszuhändigen sind.

Um Missbrauch vorzubeugen, wurde diese Vorschrift dahingehend ergänzt, dass die fahrzeugbezogenen Nachweise, die während der Fahrt mitzuführen sind, nicht in Folie eingeschweißt oder in ähnlicher Weise mit einer Schutzschicht überzogen sein dürfen. Auch muss ausländisches Fahrpersonal den Pass oder ein sonstiges zum Grenzübertritt berechtigendes Dokument und gegebenenfalls die langfristige Aufenthaltsberechtigung-EG mitführen.

Gegenüber der Regelung im GüKG alter Fassung bis 1998 wurden die Anforderungen an das mitzuführende **Begleitpapier** erheblich vereinfacht. Dabei ist zu berücksichtigen, dass bislang nur eine **Frachtbriefpflicht** für den gewerblichen Güterfernverkehr bestand, während für den Güternahverkehr eine entsprechende Vorschrift nicht gegeben war. Nunmehr sieht im Rahmen einer Kompromisslösung die Vorschrift nur noch ein Mindestmaß an Inhaltsangaben für ein Begleitpapier oder einen sonstigen Nachweis vor. Unter „sonstigen Nachweis“ ist z.B. auch ein **elektronischer Frachtbrief** oder Ähnliches zu verstehen.

Diese Regelung entbindet jedoch den Unternehmer nicht von seiner Verpflichtung, nach wie vor das nach den Bestimmungen der CMR und der Verordnung Nr. 11 über die Beseitigung von Diskriminierungen auf dem Gebiet der Frachten und Beförderungsbedingungen gemäß Artikel 79 Absatz (3) des Vertrages zur Gründung der Europäischen Wirtschaftsgemeinschaft vom 27.6.1960, geändert durch Verordnung (EWG) Nr. 3626/84 vom 19.12.1984 obligatorische Beförderungspapier im grenzüberschreitenden Verkehr und bei bestimmten Binnenbeförderungen mitzuführen. Da für diese Beförderungspapiere umfangreichere Inhaltsangaben gefordert werden, ist das nach den jetzigen Bestimmungen geforderte Mindestmaß an Inhaltsangaben in jedem Fall erfüllt.

Auch diese Bestimmung ist mit einer Aushändigungspflicht verbunden oder die geforderten Angaben sind in anderer geeigneter Weise zugänglich zu machen.

In anderen Staaten wird wie in Frankreich die Mitführung eines CMR-Frachtbriefs zwingend vorgeschrieben und stellt bei Nichtbeachtung eine Ordnungswidrigkeit dar, die mit empfindlichen Geldbußen geahndet wird.

§ 7 a – Haftpflichtversicherung

(1) Der Unternehmer ist verpflichtet eine Haftpflichtversicherung abzuschließen und aufrecht zu erhalten, die die gesetzliche Haftung wegen Güter- und Verspätungsschäden nach dem Vierten Abschnitt des Vierten Buches des Handelsgesetzbuches während Beförderungen, bei denen der Be- und Entladeort im Inland liegt, versichert.

(2) Die Mindestversicherungssumme beträgt 600.000 € je Schadensereignis. Die Vereinbarung einer Jahreshöchstersatzleistung, die nicht weniger als das Zweifache der Mindestversicherungssumme betragen darf, und eines Selbstbehalts sind zulässig.

(3) Von der Versicherung können folgende Ansprüche ausgenommen werden:

1. Ansprüche wegen Schäden, die vom Unternehmer oder seinem Repräsentanten vorsätzlich begangen wurden,

2. Ansprüche wegen Schäden, die durch Naturkatastrophen, Kernenergie, Krieg, kriegsähnliche Ereignisse, Bürgerkrieg, innere Unruhen, Streik, Aussperrung, terroristische Gewaltakte, Verfügungen von hoher Hand, Wegnahme oder Beschlagnahme seitens einer staatlich anerkannten Macht verursacht werden,

3. Ansprüche aus Frachtverträgen, die die Beförderung von Edelmetallen, Juwelen, Edelsteinen, Zahlungsmitteln, Valoren, Wertpapieren, Briefmarken, Dokumenten und Urkunden zum Gegenstand haben.

(4) Der Unternehmer hat dafür zu sorgen, dass während der Beförderung ein Nachweis über eine gültige Haftpflichtversicherung, die den Ansprüchen des Absatzes 1 entspricht, mitgeführt wird. Das Fahrpersonal muss diesen Versicherungsnachweis während der Beförderung mitführen und Kontrollberechtigten auf Verlangen zur Prüfung aushändigen.

(5) (weggefallen)

Nach dem Wortlaut hat sich der Unternehmer für Güterschäden und für sogenannte „Vermögensschäden“, die als Verspätungsschäden geltend gemacht werden, zu versichern. Der Versicherungsumfang richtet sich nach den Bestimmungen des HGB in Verbindung mit dem geschlossenen Frachtvertrag. Er haftet z. B. auch für den Schaden, der durch Überschreiten der Lieferfrist entsteht, ohne dass dabei die Güter selbst Schaden erleiden.

Die nach dem GüKG alter Fassung nur für den Güterfernverkehr und für den Umzugsverkehr geltende **Versicherungspflicht** wurde beibehalten und auf den gesamten gewerblichen Güterkraftverkehr ausgedehnt. Die Beibehaltung der Versicherungspflicht wurde als notwendig erachtet, weil der Unternehmer im Rahmen der hier vorgesehenen **Gefährdungshaftung** wesentlich umfassender zu haften hat als nach einem Prinzip, das nur dann Schäden ersetzt, wenn ein schuldhaftes Handeln des Haftenden vorausgesetzt wird. Darüber hinaus dient die Pflichtversicherung auch zum Schutz aller am Frachtvertrag Beteiligten. Sie schützt nicht nur den Unternehmer, insbesondere den Kleinunternehmer, sondern sie schützt auch den geschädigten Verlader. Außerdem trägt eine solche Maßnahme zu einem fairen Wettbewerb und zu Wettbewerbsgleichheit bei. Der besondere Gedanke des Verbraucherschutzes rückt insbesondere bei

Umzugsbeförderungen in den Vordergrund, weil in diesen Fällen der Auftraggeber oftmals nicht über kaufmännische Kenntnisse verfügt, da es sich vielfach um Umzüge privater Natur handelt.

Die vom Unternehmer abzuschließende Haftpflichtversicherung muss eine Mindestdeckung von 600.000 € je Schadensereignis umfassen. Eine **Jahreshöchstersatzleistung** und auch eine **Selbstbeteiligung** des Unternehmers werden zugelassen. Auch können nach dem Wortlaut des Abs. 3 bestimmte Tatbestände von der Versicherung ausgeschlossen werden.

Die Versicherungspflicht gilt nur für Beförderungen mit Be- und Entladeort im Inland. Frachtverträge im grenzüberschreitenden Verkehr sind zwingend nach den Bestimmungen der CMR abzuschließen. Für diese Fälle ist eine Versicherungspflicht nicht vorgesehen. Die Versicherungspflicht gilt allerdings auch für ausländische Transportunternehmen, wenn diese innerdeutsche Beförderungen (Kabotage) durchführen.

Sowohl Unternehmer als auch das Fahrpersonal werden verpflichtet, dass während der Beförderung ein **Versicherungsnachweis** mitgeführt wird und dieser Nachweis Kontrollberechtigten auf Verlangen zur Prüfung ausgehändigt wird. Besondere Einzelheiten sind hier nicht gefordert. Es reicht aus, wenn die Versicherung bestätigt, dass der Unternehmer eine Versicherung, die dem Versicherungsumfang des Abs. 1 entspricht, abgeschlossen hat.

§ 7 b – Einsatz von ordnungsgemäß beschäftigtem Fahrpersonal

(1) Ein Unternehmer, dessen Unternehmen seinen Sitz im Inland hat, darf bei Fahrten im Inland im gewerblichen Güterkraftverkehr einen Angehörigen eines Staates, der weder Mitglied der Europäischen Union, eines anderen Vertragsstaates des Abkommens über den Europäischen Wirtschaftraum noch Schweizer Staatsangehöriger ist, nur als Fahrpersonal einsetzen, wenn dieser im Besitz eines Aufenthaltstitels nach § 4 Abs. 3 des Aufenthaltsgesetzes, einer Aufenthaltsgestattung oder einer Duldung ist, die zur Ausübung der Beschäftigung berechtigen, oder eines solchen nicht bedarf (§ 4 Abs. 3 Satz 3 des Aufenthaltsgesetzes), oder im Besitz einer von einer inländischen Behörde ausgestellten gültigen Fahrerbescheinigung nach Artikel 5 der Verordnung (EG) Nr. 1072/2009 ist. Der Unternehmer hat dafür zu sorgen, dass ausländisches Fahrpersonal

1. den Pass, Passersatz oder Ausweisersatz und
2. den nach § 4 Abs. 3 des Aufenthaltsgesetzes erforderlichen Aufenthaltstitel, die Aufenthaltsgestattung oder die Duldung, die zur Ausübung der Beschäftigung berechtigen, mitführt. Der Aufenthaltstitel kann für Zwecke dieses Gesetzes durch eine von einer inländischen Behörde ausgestellte gültige Fahrerbescheinigung nach Artikel 3 Abs. 1 der Verordnung (EWG) Nr. 881/92 ersetzt werden.

(2) Das Fahrpersonal muss die Unterlagen nach Absatz 1 Satz 2 während der gesamten Fahrt mitführen und Kontrollberechtigten auf Verlangen zur Prüfung aushändigen.

(3) Die Fahrerbescheinigung nach Artikel 5 der Verordnung (EG) Nr. 1072/2009 wird von der nach Landesrecht zuständigen Behörde erteilt.

§ 7 c – Verantwortung des Auftraggebers

Wer zu einem Zwecke, der seiner gewerblichen oder selbstständigen beruflichen Tätigkeit zuzurechnen ist, einen Frachtvertrag oder Speditionsvertrag mit einem Unternehmen abgeschlossen hat, darf Leistungen aus diesem Vertrag nicht ausführen lassen, wenn er weiß oder fahrlässig nicht weiß, dass der Unternehmer

1. nicht Inhaber einer Erlaubnis nach § 3 oder einer Berechtigung nach § 6 oder einer Gemeinschaftslizenz ist, oder die Erlaubnis, die Berechtigung oder die Lizenz unzulässig verwendet,

2. bei der Beförderung Fahrpersonal einsetzt, das die Voraussetzungen des § 7b Abs. 1 Satz 1 nicht erfüllt, oder für das er nicht über eine Fahrerbescheinigung nach den Artikeln 3 und 5 der Verordnung (EG) Nr. 1072/2009 verfügt,
3. einen Frachtführer oder Spediteur einsetzt oder zulässt, dass ein solcher tätig wird, der die Beförderung unter den Voraussetzungen von
a) Nummer 1,
b) Nummer 2 durchführt.

Die Wirksamkeit eines zu diesem Zwecke geschlossenen Vertrags wird durch einen Verstoß gegen Satz 1 nicht berührt.

Am 7.9.2001 ist das **Gesetz zur Bekämpfung der illegalen Beschäftigung** im gewerblichen Güterkraftverkehr (GüKBillBG) in Kraft getreten. Die Vorschriften des Gesetzes sind im Wesentlichen Bestandteil des Güterkraftverkehrsgesetzes (GüKG) geworden und durch die §§ 7 b–c im Wortlaut erfasst. Das Bundesamt für Güterverkehr (BAG) erhält in diesem Zusammenhang zusätzliche Kontrollkompetenzen.

Ziel der Neuregelung ist es, Sozialdumping im Güterkraftverkehr zu verhindern. Das Gesetz bringt wichtige Neuerungen für Auftraggeber und Transportunternehmer als Beteiligte am Speditions- oder Frachtvertrag sowie für das Fahrpersonal.

Der Auftraggeber eines Speditions- oder Frachtvertrags hat künftig darauf zu achten, dass

- die Beförderung von einem Unternehmer durchgeführt wird, der Inhaber einer Erlaubnis oder Berechtigung nach dem GüKG ist, und
- dass dieser bei der Beförderung Fahrpersonal aus Drittstaaten (Definition siehe Gesetzestext) nur dann einsetzen darf, wenn die Voraussetzungen nach dem Aufenthaltsgesetz erfüllt sind.

Der Auftraggeber handelt vorwerfbar, wenn er weiß oder fahrlässig nicht weiß, dass die Beförderung ohne Erfüllung dieser Voraussetzungen durchgeführt wird. In diesem Fall darf der Auftraggeber die Leistungen aus dem Vertrag nicht ausführen lassen. Die Wirksamkeit des Vertrags bleibt unberührt.

Unternehmer aus EU-/EWR-Staaten dürfen Fahrpersonal aus Drittstaaten bei Fahrten in Deutschland nur mit Fahrerbescheinigung entsprechend EU-Vorschriften einsetzen. Die erforderlichen Dokumente sind sowohl im Original als auch in amtlich beglaubigter deutscher Übersetzung bei der Fahrt mitzuführen. Andernfalls kann die Weiterfahrt untersagt werden. Verstöße gegen die neuen Verpflichtungen sind als Ordnungswidrigkeiten bußgeldbewehrt. Es können Geldbußen bis zu 200.000 € festgesetzt werden.

Das BAG überwacht seit November 2001 die strikte Einhaltung dieser Vorschriften. Bei Verstößen gegen die Mitführungspflicht der Unterlagen im Sinne vorgenannter Rechtsvorschriften werden Ordnungswidrigkeiten-Verfahren eingeleitet. In eindeutigen Fällen werden die Kontrolleure des BAG die Weiterfahrt untersagen. Unabhängig davon werden wie bisher schon andere Behörden (Polizei, Zoll, Bundesgrenzschutz, Ausländeramt, gegebenenfalls Staatsanwaltschaften) eingeschaltet.

§ 8 – Vorläufige Weiterführung der Güterkraftverkehrsgeschäfte

(1) Nach dem Tode des Unternehmers darf der Erbe die Güterkraftverkehrsgeschäfte vorläufig weiterführen. Das Gleiche gilt für den Testamentsvollstrecker, Nachlasspfleger oder Nachlassverwalter während einer Testamentsvollstreckung, Nachlasspflegschaft oder Nachlassverwaltung.
(2) Die Befugnis nach Absatz 1 erlischt, wenn nicht der Erbe binnen drei Monaten nach Ablauf der für die Ausschlagung der Erbschaft vorgesehenen Frist oder eine der in Absatz 1

Satz 2 genannten Personen binnen drei Monaten nach der Annahme ihres Amtes oder ihrer Bestellung die Erlaubnis beantragt hat. Ein in der Person des Erben wirksam gewordener Fristablauf wirkt auch gegen den Nachlassverwalter. Die Frist kann auf Antrag einmal um drei Monate verlängert werden.

(3) Im Falle der Erwerbs- oder Geschäftsunfähigkeit des Unternehmers oder des Verkehrsleiters darf ein Dritter, bei dem die Voraussetzungen nach den Artikeln 6 und 8 der Verordnung (EG) Nr. 1072/2009 noch nicht festgestellt worden sind, die Güterkraftverkehrsgeschäfte bis zu sechs Monaten nach der Feststellung der Erwerbs- oder Geschäftsunfähigkeit weiterführen. Die Frist kann auf Antrag einmal um drei Monate verlängert werden.

Erläuterungen zu **§ 8**

Diese Regelung entspricht dem Inhalt des § 19 alter Fassung. Mit dem Tod einer Person erlischt auch die ihm persönlich erteilte Erlaubnis zum Betreiben eines Güterkraftverkehrsgeschäftes. Gleichzeitig geht aber das Vermögen auf eine oder mehrere andere Personen (Erben) über. Im Rahmen dieses Erbvorgangs nach dem BGB gehen alle dinglichen und persönlichen Vermögensrechte und auch Verbindlichkeiten auf die Erben über, sofern nicht die Erbschaft ausgeschlagen wird. Zum Vermögen gehört zwar auch ein Handelsgeschäft, aber in diesem Fall kann die dem Unternehmer für seine Person erteilte Erlaubnis nicht vererbt werden. Unverändert wird daher dem Erben eine Frist von drei Monaten eingeräumt. Während dieser Frist kann das Geschäft weitergeführt werden, aber gleichzeitig ist die Beantragung einer Erlaubnis auf den Namen des Erben vorzunehmen. Das gleiche Recht mit gleicher Frist wird einem Testamentsvollstrecker, Nachlasspfleger oder Nachlassverwalter eingeräumt.

Sofern der Erbe die Berufszugangsvoraussetzungen erfüllt, besteht ein Rechtsanspruch auf Erteilung dieser Erlaubnis. Die vorgesehene Frist von drei Monaten kann auf Antrag einmal um drei Monate verlängert werden. Es ist davon auszugehen, dass diese Zeit ausreicht, um die Erfüllung der subjektiven Zulassungsvoraussetzungen nachzuweisen.

Eine Ausnahmeregelung besteht ferner, wenn bei dem Unternehmer oder bei dem Verkehrsleiter eine Erwerbs- oder Geschäftsunfähigkeit eintritt. In diesem Fall darf ein Dritter, der noch nicht die Voraussetzungen erfüllt, die Güterkraftverkehrsgeschäfte bis zu sechs Monaten weiterführen. Diese Frist kann dann noch einmal um drei Monate verlängert werden.

3. Abschnitt – Werkverkehr

§ 9 – Erlaubnis- und Versicherungsfreiheit

Der Werkverkehr ist erlaubnisfrei. Es besteht keine Versicherungspflicht.

Erläuterungen zu **§ 9**

Der Werkverkehr, also die Beförderung von Gütern für eigene Zwecke, unterliegt auch weiterhin keinerlei Zugangsbeschränkungen und wird nicht der Erlaubnispflicht unterworfen. Darüber hinaus ist auch eine Versicherungspflicht nicht vorgesehen. Der Wegfall der Kontingentierung des Güterfernverkehrs führte auch zur Aufhebung der Unterscheidung zwischen Güternah- und Güterfernverkehr. Gleichermaßen ist auch für den Werkverkehr diese Unterscheidung weggefallen. Auch ist im Zuge dieser Änderung die Beantragung einer Standortbescheinigung nicht mehr erforderlich.

Im Übrigen sind ebenfalls die vormals vorgeschriebenen Beförderungs- und Begleitpapiere nicht mehr vorgesehen. Allerdings wird gemäß § 15a verlangt, dass ein Werkverkehrsunternehmen vor Beginn der ersten Beförderung beim Bundesamt für Güterverkehr anzumelden ist.

Ferner siehe Erläuterungen zu § 1 Abs. 2 und 3 und zu § 15 a.

4. Abschnitt – Bundesamt für Güterverkehr

§ 10 – Organisation

(1) Das Bundesamt für Güterverkehr (Bundesamt) ist eine selbstständige Bundesoberbehörde im Geschäftsbereich des Bundesministeriums für Verkehr und digitale Infrastruktur. Es wird von dem Präsidenten geleitet.

(2) Der Aufbau des Bundesamtes wird durch das Bundesministerium für Verkehr und digitale Infrastruktur geregelt.

Das Bundesamt für Güterverkehr hat bereits am 1.1.1994 als Bundesoberbehörde im Geschäftsbereich des Bundesministeriums für Verkehr und digitale Infrastruktur seine Tätigkeit aufgenommen. Es gliedert sich in eine Zentrale mit Sitz in Köln, 11 Außenstellen und die Nebenstelle in Berlin/Brandenburg. Diese Nebenstelle ist organisatorisch der Außenstelle Schwerin zugeordnet und sie gibt in einer Übergangszeit im Auftrag der Landesregierung Brandenburg bilaterale Genehmigungen (Drittländergenehmigungen) für osteuropäische Länder aus.

Bundesamt für Güterverkehr				
	Postfachadresse	Hausadresse	Telefon-Nr. Telefax-Nr.	E-Mail-Adresse
Zentrale Köln	Postfach 19 01 80 50498 Köln	Werderstaße 34 50672 Köln	0221 5776-0 0221 5776-1777	bag.bund.de
Außenstellen/ Dienststellen				
ASt Bremen	Postfach 10 68 49 28068 Bremen	Bürgermeister-Smidt-Straße 55–61 28195 Bremen	0421 16082-0 0421 16082-55	bag-bremen@bag.bund.de
ASt Dresden	Postfach 12 01 54 01002 Dresden	Bernhardstraße 62 01187 Dresden	0351 87996-0 0351 87996-90	bag-dresden@bag.bund.de
ASt Erfurt	Postfach 80 04 53 99030 Erfurt	Bahnhofstraße 37 99084 Erfurt	0361 66489-0 0361 66489-66	bag-erfurt@bag.bund.de
ASt Hannover	Postfach 11 46 30011 Hannover	Goseriede 6 30159 Hannover	0511 126074-0 0511 126074-66	bag-hannover@bag.bund.de
ASt Kiel	Postfach 16 40 24015 Kiel	Willestraße 5–7 24103 Kiel	0431 98277-0 0431 98277-88/89	bag-kiel@bag.bund.de
ASt Mainz	Postfach 15 48 55005 Mainz	Rheinstraße 4B 55116 Mainz	06131 14672-0 06131 14672-75	bag-mainz@bag.bund.de
ASt München	Postfach 40 02 49 80702 München	Winzererstraße 52 80797 München	089 12603-0 089 12603-321	bag-münchen@bag.bund.de
ASt Münster	Postfach 20 11 54 48092 Münster	Grevener Straße 129 48159 Münster	0251 53405-0 0251 53405-99	bag-münster@bag.bund.de
ASt Saarbrücken	Postfach 10 03 41 66003 Saarbrücken	Mainzer Straße 32–34 66111 Saarbrücken	0681 96702-0 0681 96702-90	bag-saarbrücken@bag.bund.de
ASt Schwerin	ohne	Bleicherufer 11 19053 Schwerin	0385 59141-0 0385 59141-290	bag-schwerin@bag.bund.de
DSt. Berlin /Brandenburg	10108 Berlin	Schiffbauerdamm 13 10117 Berlin	030 2888563 030 2829262	bag-berlin@bag.bund.de
Genehmigungs-ausgabe			030 2808080	
ASt Stuttgart	Postfach 10 07 43 70006 Stuttgart	Schloßstraße 49 70174 Stuttgart	0711 615557-0 0711 615557-88	bag-stuttgart@bag.bund.de

Tab. 4.1-1: BAG-Struktur — Quelle: BAG

In der **Zentrale** – gegliedert in vier Abteilungen – sind die Aufgaben wahrzunehmen, deren einheitliche Bearbeitung für den gesamten Geschäftsbereich des Amtes notwendig oder zweckmäßig ist.

Die **Außenstellen** sind in Sachbereiche gegliedert. Die Sachbereiche unterstehen direkt den fachaufsichtsführenden Referaten der Zentrale. Die Leitung der Außenstelle wird in Personalunion von einem Sachbereichsleiter wahrgenommen. Der Außenstellenleiter führt die Dienstaufsicht über alle Mitarbeiter der Außenstelle. Daneben nimmt er fachneutrale Aufgaben der Koordination und der Repräsentation wahr. Die Anschriften der einzelnen Dienststellen sind der Tabelle 4.1-1 zu entnehmen.

Die Umwandlung der ehemaligen Bundesanstalt für den Güterfernverkehr war erforderlich geworden, nachdem mit Wegfall der Tarife durch das Tarifaufhebungsgesetz am 1.1.1994 eine der wichtigsten Aufgaben der Bundesanstalt, nämlich die Überwachung der Einhaltung von Tarifvorschriften, weggefallen war. Die beibehaltene Abkürzung BAG erweckt zwar zunächst den Eindruck, als handele es sich hier um die Fortführung der ehemaligen Bundesanstalt für den Güterfernverkehr, aber mit der Änderung des GüKG zum 1.1.1994 wurde sowohl von der Struktur als auch von der Aufgabenstellung her ein neues Amt geschaffen. Während die Finanzierung des Haushalts der Bundesanstalt durch Umlagen und Beiträge der Verkehrswirtschaft erfolgte, wird nunmehr das Bundesamt aus allgemeinen Steuermitteln des Bundes finanziert. Die Aufgabenstellung wurde darüber hinaus nicht nur auf das Gebiet des Güterkraftverkehrs beschränkt, sondern auf Verwaltungsaufgaben des Bundes auf das Gesamtgebiet des Verkehrs ausgedehnt, die durch das GüKG oder durch andere Bundesgesetze zugewiesen werden. So sind bereits Aufgaben übertragen worden, die bislang vom BMVI wahrgenommen wurden, z. B. die Zuständigkeit zur Überwachung der Beförderungsentgelte im Fluglinienverkehr oder die Wahrnehmung der Aufgaben zur Erhebung von Konzessionsabgaben für Autobahnnebenbetriebe. Welche Aufgaben im Einzelnen direkt durch das GüKG übertragen worden sind, ergibt sich aus dem Wortlaut des folgenden § 11.

§ 11 – Aufgaben

(1) Das Bundesamt erledigt Verwaltungsaufgaben des Bundes auf dem Gebiet des Verkehrs, die ihm durch dieses Gesetz, durch andere Bundesgesetze oder aufgrund dieser Gesetze zugewiesen sind.

(2) Das Bundesamt hat darüber zu wachen, dass

1. in- und ausländische Unternehmen des gewerblichen Güterkraftverkehrs und alle anderen am Beförderungsvertrag Beteiligten die Pflichten erfüllen, die ihnen nach diesem Gesetz und den hierauf beruhenden Rechtsvorschriften obliegen,

2. die Bestimmungen über den Werkverkehr eingehalten werden,

3. die Rechtsvorschriften über

a) die Beschäftigung und die Tätigkeiten des Fahrpersonals auf Kraftfahrzeugen einschließlich der aufenthalts-, arbeitsgenehmigungs- und sozialversicherungsrechtlichen Vorschriften,

b) die zulässigen Abmessungen sowie die zulässigen Achslasten und Gesamtgewichte von Kraftfahrzeugen und Anhängern,

c) die im internationalen Güterkraftverkehr verwendeten Container gemäß Artikel VI Abs. 1 des Internationalen Übereinkommens über sichere Container (CSC) in der Fassung der Bekanntmachung vom 2.8.1985 (BGBl. II S. 1009) in der jeweils durch Rechtsverordnung nach Artikel 2 des Zustimmungsgesetzes umgesetzten Fassung,

d) die Abgaben, die für das Halten oder Verwenden von Fahrzeugen zur Straßengüterbeförderung sowie für die Benutzung von Straßen anfallen,

e) weggefallen

f) die Beförderung gefährlicher Güter auf der Straße,
g) die Beförderungsmittel nach den Vorgaben des Übereinkommens über internationale Beförderungen leicht verderblicher Lebensmittel und über die besonderen Beförderungsmittel, die für diese Beförderungen zu verwenden sind (ATP), vom 1.9.1970 (BGBl. 1974 II S. 566) in der jeweils durch Rechtsverordnung nach Artikel 2 des Zustimmungsgesetzes umgesetzten Fassung,
h) die Beschaffenheit, Kennzeichnung und Benutzung von Beförderungsmitteln und Transportbehältnissen zur Beförderung von Lebensmitteln und Erzeugnissen des Weinrechts,
i) das Mitführen einer Ausfertigung der Genehmigung für die Beförderung von Kriegswaffen nach dem Gesetz über die Kontrolle von Kriegswaffen in der Fassung der Bekanntmachung vom 22.11.1990 (BGBl. I S. 2506) in der jeweils geltenden Fassung,
j) die Beförderung von Abfall mit Fahrzeugen zur Straßengüterbeförderung und
k) die zulässigen Werte für Geräusche und für verunreinigende Stoffe im Abgas von Kraftfahrzeugen zur Güterbeförderung,
l) die Ladung,
m) die nach Artikel 4 Abs. 1 in Verbindung mit Anhang I Nr. 10 der Richtlinie 2000/30/EG des Europäischen Parlaments und des Rates vom 6.6.2000 über die technische Unterwegskontrolle von Nutzfahrzeugen, die in der Gemeinschaft am Straßenverkehr teilnehmen (ABl. EG Nr. L 203 S. 1) zu prüfenden technischen Anforderungen an Kraftfahrzeuge zur Güterbeförderung,
n) die Erlaubnis- und Ausweispflicht beim Führen von Kraftfahrzeugen zur Straßengüterbeförderung,
o) das Sonn- und Feiertagsfahrverbot sowie die Ferienreiseverordnung und
p) das Mitführen einer Erlaubnis, eines Befähigungsscheines oder einer Verbringungsgenehmigung nach dem Sprengstoffgesetz eingehalten werden, soweit diese Überwachung im Rahmen der Maßnahmen nach § 12 Abs. 1 und 2 durchgeführt werden kann.

(3) In den Fällen des Absatzes 2 Nr. 3 Buchstabe d hat das Bundesamt ohne Ersuchen den zuständigen Finanzbehörden die zur Sicherung der Besteuerung notwendigen Daten zu übermitteln.

(4) Allgemeine Verwaltungsvorschriften zu den Aufgaben nach Absatz 2 Nr. 3 Buchstabe j und k werden von der Bundesregierung mit Zustimmung des Bundesrates erlassen.

§ 12 – Befugnisse

(1) Soweit dies zur Durchführung der Aufgaben nach § 11 Abs. 2 erforderlich ist, kann das Bundesamt insbesondere auf Straßen, auf Autohöfen und an Tankstellen Überwachungsmaßnahmen im Wege von Stichproben durchführen. Zu diesem Zweck dürfen seine Beauftragten Kraftfahrzeuge zur Güterbeförderung anhalten, die Identität des Fahrpersonals durch Überprüfung der mitgeführten Ausweispapiere feststellen sowie verlangen, dass die Zulassungsdokumente des Fahrzeugs, der Führerschein des Fahrpersonals und die nach diesem Gesetz oder sonstigen Rechtsvorschriften bei Fahrten im Güterkraftverkehr mitzuführenden Nachweise, Berechtigungen oder Bescheinigungen zur Prüfung ausgehändigt werden. Das Fahrpersonal hat, soweit erforderlich, den Beauftragten des Bundesamtes unverzüglich die zur Erfüllung der Überwachungsaufgaben erforderlichen Auskünfte wahrheitsgemäß nach bestem Wissen und Gewissen zu erteilen, vorhandene Hilfsmittel zur Verfügung zu stellen, Zutritt zum Fahrzeug zu gestatten sowie Hilfsdienste zu leisten. Die Verpflichtung nach Satz 3 besteht nicht, soweit ihre Erfüllung für das Fahrpersonal oder einen der in § 383 Abs. 1 Nr. 1 bis 3 der Zivilprozessordnung bezeichneten Angehörigen die Gefahr einer Verfolgung wegen einer Straftat oder Ordnungswidrigkeit begründet.

(2) Zur Überwachung von Rechtsvorschriften über die Beschäftigung und die Tätigkeiten des Fahrpersonals auf Kraftfahrzeugen können Beauftragte des Bundesamtes auf Antrag eines Landes auch Kraftomnibusse anhalten.

(3) Das Fahrpersonal hat die Zeichen und Weisungen der Beauftragten des Bundesamtes zu befolgen, ohne dadurch von seiner Sorgfaltspflicht entbunden zu sein.

(4) Soweit dies zur Durchführung der Aufgaben nach § 11 Abs. 2 Nr. 1 und 2 sowie Nr. 3 Buchstabe d (Rechtsvorschriften über die Abgaben für die Benutzung von Straßen) erforderlich ist, können Beauftragte des Bundesamtes bei Eigentümern und Besitzern von Kraftfahrzeugen zur Güterbeförderung und allen an der Beförderung oder an den Handelsgeschäften über die beförderten Güter Beteiligten

1. Grundstücke und Geschäftsräume innerhalb der üblichen Geschäfts- und Arbeitsstunden betreten sowie

2. alle geschäftlichen Schriftstücke und Datenträger, insbesondere Aufzeichnungen, Frachtbriefe und Unterlagen über den Fahrzeugeinsatz einsehen und hieraus Abschriften, Auszüge, Ausdrucke und Kopien anfertigen oder elektronisch gespeicherte Daten auf eigene Datenträger übertragen.

Die in Satz 1 genannten Personen haben diese Maßnahmen zu gestatten.

(5) Die in Absatz 4 genannten und für sie tätigen Personen haben den Beauftragten des Bundesamtes auf Verlangen alle für die Durchführung der Überwachung nach § 11 Abs. 2 Nr. 1 und 2 sowie Nr. 3 Buchstabe d (Rechtsvorschriften über die Abgaben für die Benutzung von Straßen) erforderlichen

1. Auskünfte zu erteilen,

2. Nachweise zu erbringen sowie

3. Hilfsmittel zu stellen und Hilfsdienste zu leisten. Absatz 1 Satz 3 und 4 gilt entsprechend.

(6) Stellt das Bundesamt in Ausübung der in den Absätzen 1 und 2 genannten Befugnisse Tatsachen fest, die die Annahme rechtfertigen, dass Zuwiderhandlungen gegen

1. §§ 142, 263, 266a, 267, 268, 269, 273, 281, 315c oder § 316 des Strafgesetzbuches,

2. §§ 21, 22 oder 22b des Straßenverkehrsgesetzes,

2a. §§ 10, 10a oder 11 des Schwarzarbeitsbekämpfungsgesetzes,

2b. § 404 Abs. 2 Nr. 3 und 4 des Dritten Buches Sozialgesetzbuch,

2c. (weggefallen),

3. § 24 des Straßenverkehrsgesetzes, die nach dem aufgrund des § 26a des Straßenverkehrsgesetzes erlassenen Bußgeldkatalog in der Regel mit Geldbußen von mindestens sechzig Euro geahndet werden,

4. § 24a oder 24c des Straßenverkehrsgesetzes,

5. § 18 Abs. 1 Nr. 3 Buchstabe a oder Abs. 3 Nr. 2 Buchstabe a des Tierschutzgesetzes oder

6. § 69 Abs. 1 Nr. 8 und Abs. 2 Nr. 14 des Kreislaufwirtschaftsgesetzes, bei denen das Bundesamt nicht Verwaltungsbehörde im Sinne des § 36 Abs. 1 Nr. 1 des Gesetzes über Ordnungswidrigkeiten ist, begangen wurden, übermittelt es derartige Feststellungen den zuständigen Behörden. Bei Durchführung der Überwachung nach den Absätzen 4 und 5 gilt gleiches für schwerwiegende Zuwiderhandlungen gegen die in § 11 Abs. 2 Nr. 3 genannten Rechtsvorschriften. Das Recht, Straftaten oder Ordnungswidrigkeiten anzuzeigen, bleibt unberührt.

(7) Erfolgen Werbemaßnahmen, veröffentlichte Anzeigen oder Angebote ohne Angabe von Namen und Anschrift und bestehen in vorgenannten Fällen Anhaltspunkte für ungenehmigten Güterkraftverkehr oder die Aufforderung hierzu, können das Bundesamt oder die nach § 21a zuständigen Behörden von demjenigen, der die Werbemaßnahmen, die Anzeigen oder das Angebot veröffentlicht hat, Auskunft über Namen und Anschrift des Auftraggebers verlangen.

Die Befugnisse des Bundesamtes blieben im Wesentlichen unverändert gegenüber dem GüKG alter Fassung. Der Tatsache, dass der Umfang der Betriebskontrollen aus Gründen der Gleichbehandlung gebietsansässiger und gebietsfremder Unternehmen stark abgenommen und die Befugnis zur Durchführung von Straßenkontrollen erheblich an Bedeutung gewonnen hat, wurde durch eine entsprechende redaktionelle Überarbeitung Rechnung getragen. Neu ist die Mitwirkungspflicht des Fahrzeugführers, der unverzüglich die zur Erfüllung der Überwachungsaufgaben erforderlichen Auskünfte unter Berücksichtigung des Aussageverweigerungsrechts nach der Zivilprozessordnung wahrheitsgemäß nach bestem Wissen und Gewissen zu erteilen hat.

Die **Straßenkontrollbefugnisse** erstrecken sich nicht nur auf den „ruhenden Verkehr" auf Straßen, auf Autohöfen und an Tankstellen, sondern auch auf den „fließenden Verkehr". Zu diesem Zweck dürfen die Straßenkontrolleure selbstständig Kraftfahrzeuge zur Güterbeförderung anhalten und der Zutritt zum Fahrzeug ist zu gestatten. Insoweit sind ihnen Polizeibefugnisse durch das Gesetz zugestanden worden. Eine Klarstellung hierzu erfolgte durch Änderung des Gesetzestextes 1990 und eine weitere Ergänzung zuletzt 2013. Zwar wurde allgemein die Rechtsauffassung vertreten, dass der bis zum jeweiligen Zeitpunkt gültige Wortlaut des GüKG die Befugnis zum selbstständigen Anhalten umfasste, dennoch wollte man diese wichtige Aufgabenstellung nicht im Wege der Interpretation eines Gesetzes, sondern durch klaren Wortlaut geregelt wissen.

Die Überwachung des Straßengüterverkehrs geschieht einerseits in Form von **Standkontrollen** an ausgewählten festen Standorten auf Plätzen an Bundesstraßen oder Bundesautobahnen, andererseits werden auch Kontrollen gezielt aus dem fließenden Verkehr heraus durch speziell für diese Kontrolltechnik ausgerüstete Fahrzeuge vorgenommen. Diese beiden Kontrollarten wurden mit Einführung der Mautpflicht zwischenzeitlich ergänzt durch Videokontrollen vor Autobahnausfahrten.

Hinweis
In der Praxis werden alle Kontrollen mit der Polizei vorher im Rahmen eines Kontrollplans langfristig abgestimmt. Es kommt allerdings vor, dass die Polizei infolge Wahrnehmung anderer wichtiger Aufgaben kurzfristig diesen Kontrollen fernbleiben muss, sodass in einem solchen Fall die Kontrolleure des Bundesamts aufgrund der Anhaltebefugnis die Kontrollen eigenständig durchführen können.

Das **Straßenkontrollrecht** erstreckt sich auch grundsätzlich auf die Überwachung der Rechtsvorschriften über die Beschäftigung und Tätigkeiten des Fahrpersonals. Dieses Kontrollrecht gilt auf Antrag eines Landes auch für das Fahrpersonal von Kraftomnibussen. Zwischenzeitlich hat das Bundesamt bekanntgegeben, dass auf Antrag auf den Gebieten von 15 Bundesländern derartige Kontrollen regelmäßig durch das Bundesamt vorgenommen werden. Das Land Bayern hat bisher diese Aufgaben dem Bundesamt für Güterverkehr noch nicht übertragen.

In diesen Vorschriften wird das Betriebskontrollrecht des Bundesamts für Güterverkehr auf die Einhaltung der Vorschriften über die inzwischen eingeführte **Autobahnmaut** ausgedehnt. Dies erschien erforderlich, um im Wege von Stichproben feststellen zu können, ob die Pflicht zur Entrichtung von Maut erfüllt und Erstattungsverfahren ordnungsgemäß durchgeführt wurden.

Das Betriebskontrollrecht erstreckt sich auf alle Eigentümer und Besitzer von Kraftfahrzeugen zur Güterbeförderung und allen an der Beförderung und an den Handelsgeschäften über die beförderten Güter Beteiligten. Grundstücke und Geschäftsräume dürfen innerhalb der üblichen Geschäftszeiten und Arbeitsstunden betreten und Einsicht in Geschäftsunterlagen genommen werden. Auch in dieser Bestimmung ist eine Mitwirkungspflicht der Betroffenen festgelegt worden, die die Ermittlungen in einem bestimmtenUmfang zu unterstützen und zu gestatten haben.

In vielen Fällen wirkt das Bundesamt für Güterverkehr als Ermittlungsbehörde, nicht jedoch als eigenständige Verwaltungsbehörde zur Ahndung von Ordnungswidrigkeiten. Werden im Zuge der Ermittlungen Tatbestände festgestellt, für die die Zuständigkeit anderen Behörden übertragen ist, werden derartige Feststellungen den zuständigen Behörden mitgeteilt.

§ 13 – Untersagung der Weiterfahrt

(1) Das Bundesamt kann die Fortsetzung der Fahrt untersagen, soweit dies zur Wahrnehmung der ihm nach § 11 Abs. 2 Nr. 1 oder 3 übertragenen Aufgaben erforderlich ist.

(2) Werden die in § 7b Abs. 1 Satz 2 genannten Unterlagen oder die nach Artikel 3 und 5 der Verordnung (EG) Nr. 1072/2009 vorgeschriebene Fahrerbescheinigung nicht im Original mitgeführt oder auf Verlangen nicht zur Prüfung ausgehändigt, so können das Bundesamt sowie sonstige Kontrollberechtigte dem betroffenen Fahrpersonal die Fortsetzung der Fahrt so lange untersagen, bis diese Unterlagen vorgelegt werden. Das Bundesamt sowie sonstige Kontrollberechtigten können die Fortsetzung der Fahrt ferner untersagen, wenn

1. eine Erlaubnis nach § 3 oder eine Berechtigung nach § 6 nicht mitgeführt wird oder nicht zur Prüfung ausgehändigt wird oder

2. eine nach § 46 Abs. 1 des Gesetzes über Ordnungswidrigkeiten in Verbindung mit § 132 Abs. 1 Nr. 1 der Strafprozessordnung angeordneten Sicherheitsleistung nicht oder nicht vollständig erbracht wird.

(3) Widerspruch und Anfechtungsklage gegen die Untersagung der Weiterfahrt nach den Absätzen 1 und 2 haben keine aufschiebende Wirkung.

Mit Neufassung des § 13 im Jahr 2004 erhält das Bundesamt für Güterverkehr neue gesetzliche Aufgaben für die Durchführung der **technischen Unterwegskontrolle** und zur **Kontrolle der Ladungssicherung**. Dadurch ist das Bundesamt nunmehr auch befugt, im Fall von festgestellten Verstößen die Weiterfahrt des beanstandeten Fahrzeugs so lange zu untersagen, bis der verkehrssicherheitsgefährdende Zustand beseitigt ist. Diese Erweiterung des gesetzlichen Auftrags für das BAG entspricht langjährigen Forderungen vieler Experten und trägt dazu bei, den **gemeinsamen Kontrollauftrag von Bund und Ländern** noch effizienter zu gestalten und damit einen wesentlichen eigenen Beitrag zur Verkehrssicherheit zu leisten.

Mit dem Recht, die Weiterfahrt zu untersagen, wird ein Mittel der Gefahrenabwehr wahrgenommen. Gefahren besonderer Art drohen z. B. bei Nichtbeachten der Gefahrgutvorschriften, bei Überschreiten der vorgeschriebenen Lenk- und Ruhezeiten oder bei Einsatz eines nicht den Straßenverkehrszulassungsvorschriften entsprechenden Fahrzeugs. Im Rahmen dieser Kontrollmaßnahmen und Anordnungen ist in jedem Fall die Verhältnismäßigkeit der Mittel zu beachten. Nach einer vom Bundesamt für Güterverkehr veröffentlichten Statistik für das Jahr 2014 wurden rund 500.000 in- und ausländische Fahrzeuge kontrolliert. Insgesamt wurden bei den Kontrollen annähernd 220.000 Verstöße festgestellt.

§ 14 – Marktbeobachtung

(1) Das Bundesamt beobachtet und begutachtet die Entwicklung des Marktgeschehens im Verkehr (Marktbeobachtung). Die Marktbeobachtung umfasst den Eisenbahn-, Straßen- und Binnenschiffsgüterverkehr, den Luftverkehr sowie die Logistik. Mit der Marktbeobachtung sollen Entwicklungen auf dem Verkehrs- und Logistikmarkt frühzeitig erkannt werden. Es besteht keine Auskunftspflicht.

(2) *Das Bundesamt berichtet dem Bundesministerium für Verkehr und digitale Infrastruktur über den jeweiligen Stand der Entwicklung des Marktgeschehens und die absehbare künftige Entwicklung. Es bereitet dazu Daten aus dem Verwaltungsvollzug auf und erstellt oder betreut kurz oder mittelfristige Prognosen zum Güter- und Personenverkehr.*

(3) *Zur Erfüllung der Aufgaben nach den Absätzen 1 und 2 dürfen dem Bundesamt vom Statistischen Bundesamt, dem Kraftfahrt-Bundesamt und den Statistischen Ämtern der Länder aus den von diesen geführten Wirtschaftsstatistiken, insbesondere der Verkehrsstatistik, zusammengefasste Einzelangaben übermittelt werden, sofern diese keine Rückschlüsse auf eine bestimmte oder bestimmbare Person zulassen.*

(4) *Die vom Bundesamt im Rahmen der Marktbeobachtung gewonnenen personenbezogenen Daten dürfen nur für Zwecke der Marktbeobachtung gespeichert und genutzt werden. Sie sind zu löschen, sobald sie nicht mehr benötigt werden.*

Der erste Schritt zur Einführung einer Marktbeobachtung wurde bereits mit der Verordnung (EWG) Nr. 4058/89 des Rates vom 21.12.1989 über die Preisbildung im Güterkraftverkehr zwischen den Mitgliedstaaten getan. Anlass war die mit dieser Verordnung eingeführte freie Preisbildung für den gewerblichen Güterkraftverkehr zwischen den Mitgliedstaaten zum 1.1.1990. In Art. 3 Abs. 1 dieser VO wurde festgelegt:

Die Verkehrsunternehmer, die Spediteure und die Frachtvermittler haben im Hinblick auf die endgültige Einführung eines Marktbeobachtungssystems auf dem Gebiet des Güterverkehrs den zuständigen Behörden ihres Mitgliedstaates auf Verlangen Angaben über die im grenzüberschreitenden Güterkraftverkehr praktizierten Beförderungsentgelte zu erteilen.

Diese Regelung sollte sicherstellen, dass insbesondere die Entwicklung der Beförderungsentgelte im grenzüberschreitenden Straßengüterverkehr nach Wegfall der Tarife beobachtet werden sollte.

Die vorstehende Verordnung wurde dann durch die Verordnung (EWG) Nr. 3916/90 des Rates über Maßnahmen bei Krisen auf dem Güterkraftverkehrsmarkt mit Wirkung vom 1.1.1991 ergänzt. Mit dieser VO sollte ein gemeinschaftlicher Schutzmechanismus geschaffen werden, um möglichen schweren Marktstörungen begegnen zu können. Die Krise wurde in Art. 2 dieser VO wie folgt definiert:

Eine Krise im Sinne dieser Verordnung ist das Auftreten auf dem Markt des grenzüberschreitenden gewerblichen Güterkraftverkehrs zwischen den Mitgliedstaaten von diesem Markt eigenen Problemen, die geeignet sind, zu einem möglicherweise anhaltenden deutlichen Angebotsüberhang zu führen, der das finanzielle Gleichgewicht und das Überleben zahlreicher Unternehmen im Güterkraftverkehr ernstlich gefährden könnte, sofern die kurz- und mittelfristigen Prognosen für den betreffenden Markt keine deutliche und dauerhafte Besserung erwarten lassen.

Nach dem weiteren Wortlaut der Verordnung kann ein Mitgliedstaat, sofern er die Auffassung vertritt, dass eine Krise besteht, beantragen, dass die Kommission Nachforschungen anstellt.

Mit Wegfall der Tarife für den Straßengüterverkehr durch das Tarifaufhebungsgesetz seit dem 1.1.1994 wurde auch die damit verbundene systematische Tarifüberwachung durch Vorlage von Prüfungsunterlagen aufgehoben. Eine Beobachtung der weiteren Preisentwicklung war somit auf dieser Basis nicht mehr möglich.

Gleichwohl war aufgrund der tiefgreifenden Veränderungen des Güterkraftverkehrsmarkts im Verlauf der schrittweisen **Anpassung der nationalen Verkehrsmarktordnung** an die EG-Vorschriften ein weiteres Beobachten der Entwicklung unverzichtbar auch unter Berücksichtigung der bereits erwähnten bestehenden EG-Vorschriften. Die Befürchtungen im Hinblick auf einen ruinösen Wettbewerb bei einer weiteren Liberalisierung und zunehmenden Harmonisierungsdefiziten innerhalb der Gemeinschaft nahm auch der Druck der Verbände des deutschen

Güterkraftverkehrs zu. Damit unter den Bedingungen eines verschärften Wettbewerbs (bei auf nationaler Ebene nur noch geringen Einwirkungsmöglichkeiten auf die Wettbewerbsbedingungen) bei weiterhin stark steigendem Verkehrsvolumen eventuelle Fehlentwicklungen so frühzeitig erkannt werden, dass Abhilfemaßnahmen eingeleitet werden können, war eine fortlaufende und zeitnahe Beobachtung des Verkehrsmarkts erforderlich.

Mit der Novellierung des GüKG zum 1.1.1994 wurden daraufhin die Aufgaben einer Marktbeobachtung dem Bundesamt für Güterverkehr übertragen. Die Marktbeobachtung umfasst den Eisenbahn-, Straßen- und Binnenschiffsgüterverkehr sowie den Luftverkehr. Der Bereich „Logistik" wurde der Marktbeobachtung mit Änderung des GüKG im November 2011 ergänzend zugewiesen. Ein im BMVI erarbeitetes Anforderungsprofil wurde zur Umsetzung der Marktbeobachtung herangezogen. Als Erkennungsziele der fortlaufenden und systematischen Marktbeobachtung sind nun die **Auswirkungen der Deregulierungen** sowie anderer verkehrspolitisch relevanter Maßnahmen öffentlicher Stellen auf die wirtschaftliche Situation der Verkehrsunternehmen und deren Verhaltensänderungen sowie die Verkehrssicherheit, die Infrastrukturbelastung und die Umwelt zu beobachten. Die Ergebnisse der Marktbeobachtung werden in regelmäßigen Abständen oder auch, wenn notwendig, im Rahmen einer Sofort-Berichterstattung und/oder eines Sonderberichts, z. B. Auswertung der Arbeitsbedingungen in Güterverkehr und Logistik oder Auswirkungen der EU-Osterweiterung auf den Modal Split, dem Bundesministerium für Verkehr und digitale Infrastruktur mitgeteilt. Die Berichte stehen in der Regel für jeden öffentlich und frei zugänglich zum kostenlosen Download unter www.bag. bund.de zur Verfügung. Darüber hinaus muss, wie im Gesetz festgelegt, das Bundesamt auch die Entwicklung begutachten.

Unter Berücksichtigung der fortschreitenden Liberalisierung wird es künftig noch mehr als in der Vergangenheit notwendig sein, Fehlentwicklungen am Markt rechtzeitig zu erkennen. Die Marktbeobachtung selbst stellt zwar kein Marktsteuerungsinstrument dar, sie kann jedoch bei frühzeitigem Erkennen kritischer Entwicklungen verkehrspolitische Maßnahmen induzieren.

§ 14 a – Durchführung von Beihilfeverfahren

Das Bundesamt ist zuständig für die Durchführung von Beihilfeprogrammen des Bundes nach

1. *der Verordnung (EG) Nr. 1998/2006 der Kommission vom 15.12.2006 über die Anwendung der Artikel 87 und 88 EG-Vertrag auf „De-minimis"-Beihilfen (ABl. EU Nr. L 379 S. 5) und*
2. *dem Abschnitt 8 der Verordnung (EG) Nr. 800/2008 der Kommission vom 6.8.2008 zur Erklärung der Vereinbarkeit bestimmter Gruppen von Beihilfen mit dem Gemeinsamen Markt in Anwendung der Artikel 87 und 88 EG-Vertrag (allgemeine Gruppenfreistellungs-Verordnung) (ABl. EU Nr. L 214 S. 3).*

Die Zuständigkeit des Bundesamtes nach Satz 1 umfasst sämtliche Aufgaben im Zusammenhang mit der Beihilfegewährung.

Mit Wirkung vom 1.1.2009 wurde durch Änderung des GüKG und Einführung des § 14 a dem Bundesamt für Güterverkehr eine neue Aufgabe zugewiesen. Es handelt sich um sogenannte **„De-minimis-Beihilfen"**. Nach dem EG-Vertrag Art. 87 und 88 bedürfen Beihilfen oder Subventionen eines Mitgliedstaates an Unternehmen der Genehmigung durch die Europäische Kommission, um Wettbewerbsverzerrungen zu verhindern. Zur Vereinfachung dieses Verfahrens wurde die De-minimis-Regelung eingeführt. Danach müssen Subventionen, die eine bestimmte Bagatellgrenze nicht überschreiten, bei der EU-Kommission nicht mehr angemeldet und auch von ihr nicht genehmigt werden. Die EU-Kommission geht davon aus, dass diese kleineren Subventionen keine spürbaren Auswirkungen auf den Handel und den Wettbewerb zwischen den Mitgliedstaaten haben. Als Bagatellgrenze wurde durch Verordnung festgelegt, dass staatliche Beihilfen für einen Zeitraum von drei Jahren den Höchstbetrag von 200.000 € nicht überschreiten dürfen. Für den Straßentransportsektor gilt ein besonderer Höchstbetrag von nur 100.000 €. Einzelheiten hierzu sind ausgeführt auf der Homepage des Bundesamts unter www.bag.bund.de.

§ 14b – Durchführung von Verfahren nach der Verordnung (EU) Nr. 1214/2011

(1) Das Bundesamt für Güterverkehr ist zuständig für die Aufgaben nach den Artikeln 4, 11, 12, 21 und 22 der Verordnung (EU) Nr. 1214/2011 des Europäischen Parlaments und des Rates vom 16. November 2011 über den gewerbsmäßigen grenzüberschreitenden Straßentransport von Euro-Bargeld zwischen den Mitgliedstaaten des Euroraumes (ABl. L 316 vom 29.11.2011, S 1).

(2) Bei der Kontrolle der Einhaltung der Bestimmungen nach Artikel 21 gilt § 12 Absatz 4, 5 und 6 Satz 1 Nummer 1 bis 4 und Satz 2 und 3 entsprechend; bei der Verfolgung von Zuwiderhandlungen gilt § 20 entsprechend.

§ 15 – Datei über Unternehmen des gewerblichen Güterkraftverkehrs und des gewerblichen Personenverkehrs mit Kraftomnibussen (Verkehrsunternehmensdatei)

(1) Das Bundesamt führt die Verkehrsunternehmensdatei über alle im Inland niedergelassenen Unternehmen des gewerblichen Güterkraftverkehrs und des gewerblichen Personenverkehrs mit Kraftomnibussen, um unmittelbar feststellen zu können, über welche Berechtigungen (Erlaubnis nach § 3, Gemeinschaftslizenz nach Artikel 4 der Verordnung (EG) Nr. 1072/2009, CEMT-Genehmigung, CEMT-Umzugsgenehmigung, bilaterale Genehmigung für den grenzüberschreitenden gewerblichen Güterkraftverkehr, Gemeinschaftslizenz nach Artikel 4 der Verordnung (EG) Nr. 1073/2009 des Europäischen Parlaments und des Rates vom 21.10.2009 über gemeinsame Regeln für den Zugang zum grenzüberschreitenden Personenverkehrsmarkt und zur Änderung der Verordnung (EG) Nr. 561/2006 (ABl. L 300 vom 14.11.2009, S. 88) sowie Genehmigungen nach dem Personenbeförderungsgesetz zur Beförderung von Personen mit Kraftomnibussen im Linienverkehr oder im Gelegenheitsverkehr) die jeweiligen Unternehmer verfügen. Die Verkehrsunternehmensdatei muss nach näherer Bestimmung durch Rechtsverordnung gemäß Absatz 7 einen allgemein zugänglichen Teil enthalten.

(2) Die nach Landesrecht zuständige Behörde übermittelt dem Bundesamt unverzüglich die nach näherer Bestimmung durch Rechtsverordnung gemäß Absatz 7 zu speichernden oder zu einer Änderung einer Eintragung führenden Daten im Wege der Datenfernübertragung.

(3) Ergeben sich beim Bundesamt Anhaltspunkte dafür, dass ihm übermittelte Daten nicht mehr richtig sind, teilt es dies der zuständigen Landesbehörde mit. Diese kann vom Unternehmer Auskunft verlangen und unterrichtet das Bundesamt. Der Unternehmer ist zur Auskunft nach Satz 2 verpflichtet.

(4) Das Bundesamt darf die in der Verkehrsunternehmensdatei gespeicherten Daten für die

1. Erteilung von CEMT-Genehmigungen und bilateralen Genehmigungen für den grenzüberschreitenden gewerblichen Güterkraftverkehr,

2. Beantwortung von Anfragen der für die Erteilung der Genehmigung zur Beförderung von Kriegswaffen zuständigen Behörden nach der Zuverlässigkeit des Antragstellers gemäß dem Gesetz über die Kontrolle von Kriegswaffen in der Fassung der Bekanntmachung vom 22.11.1190 (BGBl. I S. 2506) in der jeweils geltenden Fassung,

3. *Erledigung der Aufgaben, die ihm nach dem Gesetz zur Sicherstellung des Verkehrs in der Fassung der Bekanntmachung vom 8.10.1968 (BGBl. I S. 1082) in der jeweils geltenden Fassung übertragen sind,*
4. *Überwachung der Einhaltung der für Verkehrsunternehmer geltenden Pflichten einschließlich der Verfolgung und Ahndung von Zuwiderhandlungen,*
5. *Durchführung von Beihilfeverfahren im Sinne des § 14a und*
6. *Beantwortung von Anfragen von Erteilungsbehörden und zuständigen öffentlichen Stellen in einem Mitgliedstaat der Europäischen Union zum Zweck der Überprüfung der Einhaltung der Zugangsvoraussetzungen zum Beruf des Güter- und Personenkraftverkehrsunternehmers verarbeiten und nutzen, soweit dies zur Erfüllung der genannten Aufgaben erforderlich ist.*

(5) Das Bundesamt ist berechtigt, die Verkehrsunternehmensdatei als Auswahlgrundlage für die Durchführung der Unternehmensstatistik im gewerblichen Güterkraftverkehr und der Marktbeobachtung nach § 14 zu verwenden.

(6) Die in der Verkehrsunternehmensdatei gespeicherten Daten sind zu löschen, wenn sie für die Aufgaben nach Absatz 1, 4 und 5 nicht mehr benötigt werden, spätestens aber zwei Jahre nachdem das Unternehmen seinen Betrieb eingestellt hat.

(7) Das Bundesministerium für Verkehr und digitale Infrastruktur wird ermächtigt, durch Rechtsverordnung mit Zustimmung des Bundesrates die Einzelheiten der Führung der Verkehrsunternehmensdatei zu regeln, insbesondere das Nähere

1. *zu den in der Verkehrsunternehmensdatei zu speichernden Daten einschließlich der Angaben zur Identifizierung der Unternehmen, der Inhaber, der geschäfts-, führungs- und vertretungsberechtigten Gesellschafter, der gesetzlichen Vertreter sowie Verkehrsleiter,*
2. *zur Veröffentlichung des allgemein zugänglichen Teils der Datei,*
3. *zum Verfahren der Übermittlung von Daten an und durch das Bundesamt,*
4. *über Zugriffsrechte und das Verfahren der Erteilung von Auskünften,*
5. *zur Verantwortung für den Inhalt der Verkehrsunternehmensdatei und die Datenpflege sowie*
6. *zu den nach § 9 des Bundesdatenschutzgesetzes erforderlichen technischen und organisatorischen Maßnahmen.*

Der § 15 wurde im November 2011 dahingehend geändert, dass diese Datei auch auf Unternehmen des gewerblichen Personenverkehrs mit Kraftomnibussen ausgedehnt worden ist. Diese Regelung schreibt vor, dass vom Bundesamt für Güterverkehr eine Datei über alle im Inland niedergelassenen Unternehmen des gewerblichen Güterkraftverkehrs und des gewerblichen Personenverkehrs mit Kraftomnibussen zu führen ist. Diese Datei dient wie bisher der Zielsetzung, dass nach diesem Zentralregister festgestellt werden kann, über welche Berechtigungen und Genehmigungen zur Ausübung des jeweiligen Gewerbes die Unternehmer verfügen. Dem gestiegenen Datenschutz wurde entsprochen, indem nunmehr im Einzelnen im Gesetz aufgelistet ist, welche Daten das Bundesamt für welche Zwecke speichern darf und nach welchem Fristablauf Daten zu löschen sind. Außerdem wurde auch vorgeschrieben, dass das Bundesamt wiederum den zuständigen Landesbehörden Mitteilung zu machen hat, wenn sich Anhaltspunkte dafür ergeben, dass die erfassten Daten nicht mehr richtig sind. Insoweit ist also eine Zusammenarbeit der Landes- und Bundesbehörden untereinander gesetzlich vorgeschrieben.

Diese erfassten Daten dienen neben der Durchführung von Ordnungswidrigkeiten-Verfahren u. a. auch als Grundlage zur Durchführung der Unternehmensstatistik und der Marktbeobachtung. Zur Beurteilung der Struktur und der Entwicklung des Straßengüterverkehrs werden bei Unternehmen, die Straßengüterverkehr betreiben, bestimmte Daten durch das Bundesamt für

Güterverkehr und durch das Kraftfahrt-Bundesamt repräsentative Erhebungen von Verkehrsleistungs-, Preis- und Unternehmensangaben über wirtschaftliche Tätigkeiten, Umsatz, Geschäfte, Investitionen und Fuhrpark im Rahmen einer Bundesstatistik mit Auskunftspflicht durchgeführt.

§ 15a – Werkverkehrsdatei

(1) Das Bundesamt führt eine Datei über alle im Inland niedergelassenen Unternehmen, die Werkverkehr mit Lastkraftwagen, Zügen (Lastkraftwagen und Anhänger) und Sattelkraftfahrzeugen durchführen, deren zulässiges Gesamtgewicht 3,5 Tonnen übersteigt, um unmittelbar feststellen zu können, welche Unternehmen Werkverkehr mit größeren Kraftfahrzeugen betreiben.

(2) Jeder Unternehmer, der Werkverkehr im Sinne des Absatzes 1 betreibt, ist verpflichtet, sein Unternehmen vor Beginn der ersten Beförderung beim Bundesamt anzumelden.

(3) Zur Speicherung in der Werkverkehrsdatei hat der Unternehmer bei der Anmeldung folgende Angaben zu machen und auf Verlangen nachzuweisen:

1. *Name, Rechtsform und Gegenstand des Unternehmens,*
2. *Anschrift sowie Telefon- und Telefaxnummern des Sitzes,*
3. *Vor- und Familiennamen der Inhaber, der geschäftsführungs- und vertretungsberechtigten Gesellschafter und der gesetzlichen Vertreter,*
4. *Anzahl der Lastkraftwagen, Züge (Lastkraftwagen und Anhänger) und Sattelkraftfahrzeuge, deren zulässiges Gesamtgewicht 3,5 Tonnen übersteigt, sowie*
5. *Anschriften der Niederlassungen.*

(4) Das Bundesamt darf die in Absatz 3 genannten Angaben

1. *zur Vorbereitung verkehrspolitischer Entscheidungen durch die zuständigen Stellen,*
2. *zur Überwachung der Einhaltung der für den Werkverkehrsunternehmer geltenden Pflichten einschließlich der Verfolgung und Ahndung von Zuwiderhandlungen,*
3. *als Auswahlgrundlage für Unternehmensbefragungen im Rahmen der Marktbeobachtung nach § 14 sowie für die Durchführung der Unternehmensstatistik im Werkverkehr,*
4. *zur Durchführung von Beihilfeverfahren im Sinne des § 14 a und*
5. *für die Erledigung der Aufgaben, die ihm nach dem Gesetz zur Sicherstellung von Verkehrsleistungen übertragen sind, verarbeiten und nutzen, soweit dies zur Erfüllung der genannten Aufgaben erforderlich ist.*

(5) Ändern sich die in Absatz 3 genannten Angaben, so hat der Unternehmer dies dem Bundesamt unverzüglich mitzuteilen und auf Verlangen nachzuweisen.

(6) Führt der Unternehmer keinen Werkverkehr im Sinne des Absatzes 1 mehr durch, hat er sich unverzüglich beim Bundesamt abzumelden.

(7) Die nach Absatz 3 gespeicherten Daten sind zu löschen, wenn sie für die in Absatz 4 genannten Aufgaben nicht mehr benötigt werden, spätestens aber ein Jahr, nachdem sich der Unternehmer beim Bundesamt abgemeldet hat.

Nach dieser Regelung soll ähnlich wie für den gewerblichen Güterkraftverkehr eine Datei über die im Bereich des Werkverkehrs tätigen Unternehmen geführt werden. Auch diese Datei war bereits nach dem GüKG alter Fassung vom Bundesamt zu führen. Allerdings war bisher die Meldepflicht auf Unternehmen beschränkt, die Werkfernverkehr unter Einsatz von Kraftfahrzeugen mit mehr als 4 t Nutzlast und Zugmaschinen mit einer Leistung über 40 kW betrieben haben. Für jedes derartige Kraftfahrzeug oder Zugmaschine wurde dann vom Bundesamt eine Meldebestätigung erteilt, die im Fahrzeug mitzuführen und bei Kontrollen vorzuweisen war. Die Unternehmen, die bislang ausschließlich Fahrzeuge im Werknahverkehr eingesetzt hatten, unterlagen somit keiner Meldepflicht.

Nach dem GüKG neuer Fassung und Wegfall des Nahverkehrs besteht nunmehr eine An- und Abmeldepflicht für Unternehmen, die Werkverkehr mit Lkw, Zügen (Lkw und Anhänger) und Sattelkraftfahrzeugen durchführen, deren zulässiges Gesamtgewicht 3,5 t übersteigt. Ebenfalls sind eintretende Änderungen unverzüglich dem Bundesamt mitzuteilen. Zu diesem Zweck wird vom Bundesamt der Einfachheit halber ein entsprechendes Formular zur Verfügung gestellt. Eine Meldebestätigung wird nicht mehr erteilt, sodass eben auch die Mitführungspflicht im Fahrzeug entfallen ist. Bei Unterwegskontrollen sollte aber zweckmäßigerweise aus den ohnehin jeweils mitgeführten Unterlagen (Lieferscheine oder ähnliches) erkennbar sein, dass es sich bei der Beförderung um Werkverkehr im Sinne der Vorschriften des GüKG handelt. Eine Ablichtung des ausgefüllten Anmeldeformulars würde auch diesem Zweck genügen.

Das bereits beim Kraftfahrt-Bundesamt in Flensburg geführte zentrale Fahrzeugregister kann die Zielsetzungen der neuen Datei nicht ersetzen. Die dort erfassten Merkmale betreffen nur Angaben über Kraftfahrzeuge mit den dazugehörigen Halteranschriften und Angaben über Haltergruppen (Wirtschaftszweige). Es fehlen aber generell Angaben zu Unternehmen, die Werkverkehr betreiben, nach ihren Betriebsgrößen und Angaben hinsichtlich Sitz und Niederlassungen.

Gerade diese Angaben sind unbedingt erforderlich als Grundlage bei der Vorbereitung verkehrspolitischer Entscheidungen. Auch soll diese Datei als Auswahlgrundlage für Unternehmensbefragungen im Rahmen der Marktbeobachtung dienen und auch die Abwicklung von Ordnungswidrigkeiten-Verfahren erleichtern. In diesem Zusammenhang wären beispielsweise aufwendige Rückfragen nach den verantwortlichen Personen im Unternehmen unumgänglich, die zu Verfahrensverzögerungen führen und es erschweren, die unter rechtsstaatlichen Gesichtspunkten erforderliche zeitliche Nähe zwischen Verstoß und Ahndung herzustellen.

§ 16 – Datei über abgeschlossene Bußgeldverfahren

(1) Das Bundesamt darf zum Zweck der Verfolgung und Ahndung weiterer Ordnungswidrigkeiten desselben Betroffenen sowie zum Zweck der Beurteilung der Zuverlässigkeit des Unternehmers und der Verkehrsleiter folgende personenbezogenen Daten über abgeschlossene Bußgeldverfahren, bei denen es Verwaltungsbehörde im Sinne des § 36 Abs. 1 Nr. 1 des Gesetzes über Ordnungswidrigkeiten ist, in Dateien speichern und verändern:

1. Geburtsname, Familienname, Vorname, Geschlecht, Geburtsdatum, Geburtsort, Geburtsstaat und Staatsangehörigkeit des Betroffenen, seine Stellung im Unternehmen sowie Name und Anschrift des Unternehmens,
2. Zeit und Ort der Begehung der Ordnungswidrigkeit,
3. die gesetzlichen Merkmale der Ordnungswidrigkeit und die angewendeten Bußgeldvorschriften,
4. Bußgeldbescheide mit dem Datum ihres Erlasses und dem Datum des Eintritts der Rechtskraft, gerichtliche Entscheidungen in Bußgeldsachen mit dem Datum der Entscheidung und dem Datum des Eintritts ihrer Rechtkraft sowie jeweils die entscheidende Stelle samt Geschäftsnummer oder Aktenzeichen und
5. die Höhe der Geldbuße.

Das Bundesamt darf diese Daten nutzen, soweit es für die in Satz 1 genannten Zwecke erforderlich ist.

(2) Zum Zweck der Vorbereitung und Durchführung der Überwachung nach § 12 Abs. 4 und 5 sowie der Beurteilung der Zuverlässigkeit des Unternehmers und der Verkehrsleiter gilt Absatz 1 entsprechend für abgeschlossene Bußgeldverfahren wegen Zuwiderhandlungen nach § 19, die in einem Unternehmen mit Sitz im Inland begangen wurden. Über diese Verfahren teilen die zuständigen Verwaltungsbehörden im Sinne des § 36 Abs. 1 Nr. 1 des Gesetzes über Ordnungswidrigkeiten dem Bundesamt die Daten nach Absatz 1 Satz 1 mit.

(3) Das Bundesamt hat eine schwerwiegende Zuwiderhandlung des Betroffenen und sonstige Zuwiderhandlungen oder anderer Unternehmensangehöriger dem Unternehmen und der nach Landesrecht zuständigen Behörde mitzuteilen, soweit Anlass besteht, an der Zuverlässigkeit des Unternehmers oder der Verkehrsleiter zu zweifeln. Zur Feststellung solcher Wiederholungsfälle hat es die Zuwiderhandlungen der Angehörigen desselben Unternehmens zusammenzuführen.

(4) Das Bundesamt übermittelt die Daten nach Absatz 1 Satz 1

1. an in- und ausländische öffentliche Stellen, soweit dies für die Entscheidung über den Zugang zum Beruf des Güter- und Personenkraftverkehrsunternehmers erforderlich ist,

1a. bei Verstößen gegen die Vorschriften zur Verhinderung illegaler Beschäftigung und Vorschriften für die Sozialversicherung an die Bundesagentur für Arbeit, die Hauptzollämter, die Einzugsstellen und die Träger der Rentenversicherung sowie die Ausländerbehörden, soweit dies zur Vorbereitung und Durchführung weiterer Ermittlungen, insbesondere von Betriebskontrollen, erforderlich ist.

2. auf Ersuchen an Gerichte und an die Behörden, die hinsichtlich der in § 11 genannten Aufgaben Verwaltungsbehörde nach § 36 Abs. 1 Nr. 1 des Gesetzes über Ordnungswidrigkeiten sind, soweit dies zur Verfolgung und Ahndung von Ordnungswidrigkeiten erforderlich ist.

(5) Die Übermittlung an ausländische öffentliche Stellen nach Absatz 4 Nr. 1 unterbleibt, soweit Grund zu der Annahme besteht, dass durch sie gegen den Zweck eines deutschen Gesetzes verstoßen würde. Sie unterbleibt außerdem, wenn durch sie schutzwürdige Interessen des Betroffenen beeinträchtigt würden, insbesondere wenn im Empfängerland ein angemessener Datenschutzstandard nicht gewährleistet ist. Die ausländische öffentliche Stelle ist darauf hinzuweisen, dass sie die nach Absatz 4 Nr. 1 übermittelten Daten nur zu dem Zweck nutzen darf, zu dem sie übermittelt wurden.

(6) Eine Übermittlung an inländische öffentliche Stellen unterbleibt, soweit das schutzwürdige Interesse des Betroffenen am Ausschluss der Übermittlung das öffentliche Interesse an der Übermittlung überwiegt. Die inländische öffentliche Stelle darf die nach Absatz 4 übermittelten Daten nur für den Zweck verarbeiten oder nutzen, zu dessen Erfüllung sie übermittelt wurden.

(7) Erweisen sich übermittelte Daten als unrichtig, so ist der Empfänger unverzüglich zu unterrichten, wenn dies zur Wahrung schutzwürdiger Interessen des Betroffenen erforderlich ist.

(8) Das Bundesamt hat die nach Absatz 1 Satz 1 gespeicherten Daten zwei Jahre nach dem Eintritt der Rechtskraft des Bußgeldbescheides oder der gerichtlichen Entscheidung zu löschen, wenn in dieser Zeit keine weiteren Eintragungen im Sinne des Absatzes 1 Satz 1 Nr. 4 hinzugekommen sind. Sie sind spätestens fünf Jahre nach ihrer Speicherung zu löschen.

Im Rahmen einer weiteren Datei sind abgeschlossene Bußgeldverfahren zu erfassen. Diese Regelung wurde nicht erst mit Neufassung des GüKG eingeführt. Aus Datenschutzgründen wurde umfassend geregelt, welche Daten gespeichert werden dürfen und welche Daten auch an andere Behörden weitergegeben werden dürfen oder sogar weitergegeben werden müssen. Ebenfalls werden dem Bundesamt Daten von anderen Behörden übermittelt, soweit die Zuständigkeit für die Durchführung der Ordnungswidrigkeiten-Verfahren bei diesen Behörden liegt. Die Zusammenführung der Daten dient der Vorbereitung und Durchführung der Überwachung im Rahmen von **Betriebskontrollen** und für die **Beurteilung der Zuverlässigkeit** des Unternehmers und der zur Führung der Güterkraftverkehrsgeschäfte bestellten Personen.

Außerdem ist das Bundesamt verpflichtet, Zuwiderhandlungen eines Betroffenen oder anderer Unternehmensangehöriger dem Unternehmen selbst auch mitzuteilen. Über diese werden nämlich in ihrer Eigenschaft als Arbeitgeber Daten gespeichert, obwohl sie selbst bußgeldrechtlich nicht in Erscheinung getreten sind. Diese Unterrichtung dient dem Zweck, die Unternehmer rechtzeitig über die von ihren Angestellten verübten Ordnungswidrigkeiten in Kenntnis zu setzen, um eventuelle Organisationsmängel beheben zu können, die sonst ihre Zuverlässigkeit in Frage stellen könnten.

§ 17 – Nationale Kontaktstelle und europäischer Informationsaustausch

(1) Das Bundesamt ist nationale Kontaktstelle nach Artikel 18 Absatz 1 der Verordnung (EG) Nr. 1071/2009.

(2) Das Bundesamt leitet als nationale Kontaktstelle Daten über schwerwiegende Verstöße gegen Gemeinschaftsvorschriften in den in Artikel 6 Absatz 1 Buchstabe b der Verordnung (EG) Nr. 1071/2009 genannten Bereichen, die in einem Güter- oder Personenkraftverkehrsunternehmen mit Sitz in einem anderen Mitgliedstaat der Europäischen Union begangen wurden, von Amts wegen an die nationale Kontaktstelle des Niederlassungsstaates weiter. Hierzu übermitteln Staatsanwaltschaften und Verwaltungsbehörden im Sinne des § 36 Absatz 1 Nummer 1 des Gesetzes über Ordnungswidrigkeiten dem Bundesamt nach Eintritt der Rechtskraft der gerichtlichen Entscheidung oder des Bußgeldbescheides die erforderlichen Informationen einschließlich personenbezogener Daten. Das Bundesamt leitet Mitteilungen aus dem Niederlassungsmitgliedstaat über anlässlich des übermittelten Verstoßes veranlasste Maßnahmen im Sinne des Artikels 12 Absatz 1 der Verordnung (EG) Nr. 1072/2009 und des Artikels 22 Absatz 1 der Verordnung (EG) Nr. 1073/2009 an die übermittelnde deutsche Stelle weiter.

(3) Das Bundesamt leitet als nationale Kontaktstelle Mitteilungen aus anderen Mitgliedstaaten der Europäischen Union über schwerwiegende Verstöße gegen Gemeinschaftsvorschriften in den in Artikel 6 Absatz 1 Buchstabe b der Verordnung (EG) Nr. 1071/2009 genannten Bereichen, die in einem Güter- oder Personenkraftverkehrsunternehmen mit Sitz im Inland begangen wurden, von Amts wegen an die jeweils zuständige Erteilungsbehörde weiter. Das Bundesamt leitet Mitteilungen der zuständigen Landesbehörde über anlässlich des übermittelten Verstoßes veranlasste Maßnahmen im Sinne des Artikel 12 Absatz 1 der Verordnung (EG) Nr. 1072/2009 und des Artikels 22 Absatz 1 der Verordnung (EG) Nr. 1073/2009 an die nationale Kontaktstelle des mitteilenden Mitgliedstaates der Europäischen Union weiter.

(4) Das Bundesamt leitet als nationale Kontaktstelle von Amts wegen Anfragen von zuständigen Landesbehörden zu bestandskräftigen Entscheidungen von Behörden anderer Mitgliedstaaten der Europäischen Union, durch die einer bestimmten Person nach Maßgabe des Artikels 6 Absatz 2 und des Artikels 14 der Verordnung (EG) Nr. 1071/2009 die Führung von Kraftverkehrsgeschäften wegen Unzuverlässigkeit untersagt wird, an nationale Kontaktstellen anderer Mitgliedstaaten der Europäischen Union weiter. Das Bundesamt leitet an die anfragende Landesbehörde in diesem Zusammenhang eingegangene Antworten aus anderen Mitgliedstaaten der Europäischen Union weiter.

(5) Das Bundesamt erteilt als nationale Kontaktstelle den nationalen Kontaktstellen anderer Mitgliedstaaten der Europäischen Union auf Anfrage Auskunft über Personen, denen eine deutsche Behörde nach § 3 Absatz 5b oder § 25 des Personenbeförderungsgesetzes die Führung von Kraftverkehrsgeschäften wegen Unzuverlässigkeit bestandskräftig untersagt hat, soweit dies über die Entscheidung über den Zugang zum Beruf des Güter- und Perso-

nenkraftverkehrsunternehmers erforderlich ist. Die für die Untersagung nach Satz 1 zuständige Landesbehörde teilt dem Bundesamt unverzüglich eine Untersagung und die Identifizierungsdaten des Betroffenen mit; das Bundesamt darf die Identifizierungsdaten für den in Satz 1 genannten Zweck speichern. Wird die persönliche Ausübung von Verkehrsgeschäften wieder gestattet oder wird die Untersagung aus anderen Gründen gegenstandslos, teilt die zuständige Behörde dies dem Bundesamt unverzüglich mit, das die Identifizierungsdaten unverzüglich löscht.

(6) Die Datenübermittlung zwischen den beteiligten inländischen Stellen und dem Bundesamt erfolgt im Wege der Datenfernübertragung. Dabei sind dem jeweiligen Stand der Technik entsprechende Maßnahmen zur Sicherstellung von Datenschutz und Datensicherheit zu treffen, die insbesondere die Vertraulichkeit und Unversehrtheit der Daten gewährleisten; im Falle der Nutzung allgemein zugänglicher Netze sind dem jeweiligen Stand der Technik entsprechende Verschlüsselungsverfahren anzuwenden.

(7) Den Inhalt der für die Zwecke der Absätze 2 bis 5 erforderlichen Informationen sowie die Einzelheiten der Kommunikation zwischen den beteiligten inländischen Stellen und dem Bundesamt einschließlich der Vorgaben über den Aufbau der Datensätze und der Datenstruktur regeln Durchführungsbestimmungen, die vom Bundesamt mit Zustimmung des Bundesministeriums für Verkehr und digitale Infrastruktur erlassen und geändert werden.

Mit der GüKG-Novellierung im November 2011 wurden der ehemalige § 17 zu § 17 a und die vorstehende Neufassung des § 17 beschlossen. Die Schaffung einer „Nationalen Kontaktstelle für den europäischen Informationsaustausch" wurde bereits mit der Verordnung (EG) Nr. 1071/2009 zwingend vorgeschrieben. Um die Verwaltungszusammenarbeit zwischen den Mitgliedstaaten zu gewährleisten, mussten die Mitgliedstaaten der EU-Kommission eine einzelstaatliche Kontaktstelle für den Informationsaustausch benennen. Als Kontaktstelle im Sinne dieser Vorschriften wurde das Bundesamt für Güterverkehr bestimmt. Im Zuge der Optimierung und Modernisierung des gemeinschaftlichen Austauschs von Informationen, die wichtig sind für die Beurteilung der Zuverlässigkeit eines Verkehrsunternehmers und des Verkehrsleiters und damit für die Erteilung oder den Entzug einer Gemeinschaftslizenz, war eine Anpassung der nationalen Vorschriften der einzelnen Mitgliedstaaten dringend geboten. Die Vernetzung der einzelstaatlichen Register im Sinne der EU-Verordnung ist heute so gestaltet, dass eine zuständige Behörde eines jeden Mitgliedstaates das einzelstaatliche elektronische Register aller Mitgliedstaaten abfragen kann.

§ 17a – Zuständigkeit für die Durchführung internationalen Verkehrsrechts

Das Bundesministerium für Verkehr und digitale Infrastruktur wird ermächtigt, durch Rechtsverordnung mit Zustimmung des Bundesrates das Bundesamt als die für die Bundesrepublik Deutschland zuständige Stelle zu bestimmen, soweit eine solche Bestimmung auf dem Gebiet des Verkehrs zur Durchführung von Rechtsakten der Europäischen Union oder eines internationalen Abkommen erforderlich ist.

Diese Vorschrift war auch schon im GüKG alter Fassung enthalten. Sie ermächtigt das Bundesministerium für Verkehr mit Zustimmung des Bundesrats (also unter Berücksichtigung der Länder), bestimmte Aufgaben auf dem Gebiet des Verkehrs zur Durchführung von Rechtsakten der Europäischen Gemeinschaft oder eines internationalen Abkommens durch Rechtsverordnung dem Bundesamt für Güterverkehr zu übertragen. Rechtsverordnungen haben die gleiche verbindliche Wirkung wie Gesetze. Der Vorteil liegt jedoch darin, dass die Vorbereitungszeit bis zum rechtswirksamen Erlass einer Rechtsverordnung wesentlich kürzer anzusetzen ist, als es bei einem ordentlichen Gesetzgebungsverfahren unter Einschaltung des Bundestags und gegebenenfalls anderer an der Gesetzgebung beteiligter Gremien der Fall ist. Mit dem Erlass einer Verordnung kann somit verkehrspolitisch schneller und auch flexibler auf bestimmte Entwicklungstendenzen reagiert werden. Die Ermächtigung in einem Gesetz muss, wie in diesem Fall, allerdings bereits klar erkennen lassen, in welchen Fällen der Verordnungsgeber von dieser Ermächtigung Gebrauch machen darf und mit welchem Inhalt die zu erlassende Verordnung ausgestattet sein muss.

5. Abschnitt – Überwachung, Bußgeldvorschriften

§ 18 – Grenzkontrollen

Die für die Kontrolle an der Grenze zuständigen Stellen sind berechtigt, Kraftfahrzeuge zurückzuweisen, wenn die nach diesem Gesetz erforderlichen Unterlagen, deren Mitführung vorgeschrieben ist, trotz Aufforderung nicht vorgelegt werden.

Dieses Recht, Kraftfahrzeuge bereits an der Grenze zurückzuweisen, wurde nicht auf eine bestimmte Behörde abgestellt, sondern bezieht sich auf alle für die Kontrolle an der Grenze zuständigen Stellen. Somit sind neben dem Bundesamt u. a. Polizei, Bundesgrenzschutz oder der Zoll zur Zurückweisung von Fahrzeugen befugt. Bereits 1971 wurde diese „Universallösung" in das GüKG eingestellt. Ursprünglich konnte nur das BAG dieses Zurückweisungsrecht wahrnehmen. Da diese Grenzkontrollen unter Berücksichtigung des Personalstandes jedoch zeitlich und örtlich nur beschränkt durchgeführt werden, wurde das Zurückweisungsrecht allen an der Grenze zuständigen Stellen übertragen.

Weiterhin ist zu berücksichtigen, dass Vorschriften zur schrittweisen Verwirklichung eines Binnenmarktes, d. h. eines Raumes ohne Binnengrenzen für den freien Verkehr von Waren, Personen, Dienstleistungen und Kapital erlassen worden sind. Nach dem Inkrafttreten der Verordnung (EWG) Nr. 4060/89 des Rates vom 21.12.1989 über den Abbau von Grenzkontrollen der Mitgliedstaaten im Straßen- und Binnenschiffsverkehr und weiterer Folgeverordnungen (sogenanntes **„Schengener Abkommen"**) werden die Kontrollen innerhalb der Gemeinschaft nicht mehr als Grenzkontrollen, sondern nur noch im Rahmen der üblichen Kontrollen im gesamten Gebiet eines Mitgliedstaates ohne Diskriminierung durchgeführt. Als Folge werden daher verstärkt die EU-Außengrenzen kontrolliert. Die seit dem Jahr 2015 bestehende Flüchlingswelle hat dazu geführt, dass einige Länder die Grenzkontrollen temporär wieder eingeführt haben.

Deutschland, Belgien, Dänemark, Estland, Finnland, Frankreich, Griechenland, Island, Italien, Lettland, Liechtenstein, Litauen, Luxemburg, Malta, Niederlande, Norwegen, Österreich, Polen, Portugal, Schweden, Schweiz, Slowakei, Slowenien, Spanien, Tschechische Republik und Ungarn sind dem Schengener Abkommen beigetreten und gelten daher als Schengen-Staaten. Es handelt sich folglich um die bisherigen EU-Staaten mit Ausnahme Großbritanniens, Irlands und Zyperns (griechischer Teil), jedoch zuzüglich Island, Liechtenstein, Norwegen und der Schweiz. Die Länder Bulgarien, Rumänien und Kroatien sind zwar Mitglieder der Europäischen Union, treten aber vorerst diesem Abkommen nicht bei.

§ 19 – Bußgeldvorschriften

(1) Ordnungswidrig handelt, wer vorsätzlich oder fahrlässig

1. entgegen § 2 Abs. 1a Satz 1 nicht dafür sorgt, dass ein Begleitpapier oder ein sonstiger Nachweis mitgeführt wird,

1a. entgegen § 2 Abs. 1a Satz 2 das Begleitpapier oder den sonstigen Nachweis nicht mitführt, nicht oder nicht rechtzeitig aushändigt oder nicht oder nicht rechtzeitig zugänglich macht,

1b. ohne Erlaubnis nach § 3 Abs. 1 gewerblichen Güterkraftverkehr betreibt,

1c. einer vollziehbaren Auflage nach § 3 Abs. 4 zuwiderhandelt,
2. einer Rechtsverordnung nach § 3 Abs. 6 Nr. 2 Buchstabe c, Nr. 3 oder 4 oder § 23 Abs. 3 Satz 1 oder Abs. 5 oder einer vollziehbaren Anordnung aufgrund einer solchen Rechtsverordnung zuwiderhandelt, soweit die Rechtsverordnung für einen bestimmten Tatbestand auf diese Bußgeldvorschrift verweist,
3. entgegen § 7 Abs. 1 Satz 1 oder Satz 3 nicht dafür sorgt, dass ein dort genanntes Dokument oder ein dort genannter Nachweis mitgeführt wird,
4. entgegen § 7 Abs. 1 Satz 2 ein dort genanntes Dokument oder einen dort genannten Nachweis einschweißt oder mit einer Schutzschicht überzieht,
5. entgegen
a) § 7 Abs. 2 Satz 1 oder
b) § 7 Abs. 2 Satz 3 oder Satz 4 ein dort genanntes Dokument, einen dort genannten Nachweis, einen Pass, ein sonst zum Grenzübertritt berechtigendes Dokument oder eine langfristige Aufenthaltsberechtigung-EG nicht mitführt oder nicht rechtzeitig aushändigt,
6. (weggefallen)
6a. entgegen § 7a Abs. 4 Satz 1 nicht dafür sorgt, dass ein dort genannter Nachweis mitgeführt wird,
6b. entgegen § 7a Abs. 4 Satz 2 einen Versicherungsnachweis nicht mitführt oder nicht oder nicht rechtzeitig aushändigt,
6c. entgegen § 7b Abs. 1 Satz 1 einen Angehörigen eines dort genannten Staates als Fahrpersonal einsetzt,
6d. entgegen § 7b Abs. 1 Satz 2 nicht dafür sorgt, dass das ausländische Fahrpersonal eine dort genannte Unterlage mitführt,
6e. entgegen § 7b Abs. 2 eine dort genannte Unterlage nicht mitführt oder nicht oder nicht rechtzeitig aushändigt,
7. entgegen § 12 Abs. 1 Satz 3 oder Abs. 5 Satz 1 Nr. 1, § 15 Abs. 3 Satz 3 oder § 21a Abs. 3 Satz 1 eine Auskunft nicht, nicht richtig, nicht vollständig oder nicht rechtzeitig erteilt,
8. entgegen § 12 Abs. 3 ein Zeichen oder eine Weisung nicht befolgt,
9. entgegen § 12 Abs. 4 Satz 2 oder § 21a Abs. 2 Satz 2 eine Maßnahme nicht gestattet,
10. entgegen § 12 Abs. 5 Satz 1 Nr. 2 oder § 21a Abs. 3 Satz 1 einen Nachweis nicht, nicht richtig, nicht vollständig oder nicht rechtzeitig erbringt,
11. entgegen § 12 Abs. 5 Satz 1 Nr. 3 oder § 21a Abs. 3 Satz 1 ein Hilfsmittel nicht oder nicht rechtzeitig stellt oder Hilfsdienste nicht oder nicht rechtzeitig leistet,
12. einer vollziehbaren Untersagung nach § 13 Abs. 1 oder Abs. 2 zuwiderhandelt,
12a. entgegen § 15a Abs. 2 und 3 sein Unternehmen nicht, nicht richtig, nicht vollständig oder nicht rechtzeitig anmeldet,
12b. entgegen § 15a Abs. 3 die Angaben auf Verlangen nicht, nicht richtig, nicht vollständig oder nicht rechtzeitig nachweist,
12c. entgegen § 15a Abs. 5 Änderungen nicht, nicht richtig, nicht vollständig oder nicht rechtzeitig mitteilt,
12d. entgegen § 15a Abs. 5 Änderungen nicht, nicht richtig, nicht vollständig oder nicht rechtzeitig nachweist,
12e. entgegen § 15a Abs. 6 sein Unternehmen nicht rechtzeitig abmeldet.

(1a) Ordnungswidrig handelt, wer
1. entgegen § 7c Satz 1 Nr. 1 oder 3 Buchstabe a oder
2. entgegen § 7c Satz 1 Nr. 2 oder 3 Buchstabe b
eine Leistung ausführen lässt.

(2) Ordnungswidrig handelt, wer gegen die Verordnung (EG) Nr. 1072/2009 des Europäischen Parlaments und des Rates vom 21.10.2009 über gemeinsame Regeln für den Zugang zum Markt des grenzüberschreitenden Güterkraftverkehrs (ABl. L 300 vom 14.11.2009, S. 72) verstößt, indem er vorsätzlich oder fahrlässig

1. ohne Gemeinschaftslizenz nach Artikel 3 grenzüberschreitenden Güterkraftverkehr betreibt,

2. entgegen Artikel 5 Abs. 6 Satz 1 als Unternehmer dem Fahrer die Fahrerbescheinigung nicht oder nicht rechtzeitig zur Verfügung stellt oder

3. entgegen Artikel 5 Abs. 6 Satz 3 die Fahrerbescheinigung nicht oder nicht rechtzeitig vorzeigt.

(2a) Ordnungswidrig handelt, wer vorsätzlich oder fahrlässig im Kabotageverkehr nach Artikel 8 der Verordnung (EG) Nr. 1072/2009

1. vor der ersten Kabotagebeförderung eine grenzüberschreitende Beförderung aus einem Mitgliedstaat der Europäischen Union oder einem Drittland nicht durchführt,

2. vor der letzten Entladung der nach Deutschland eingeführten Lieferung eine Kabotagebeförderung durchführt,

3. mehr als drei Kabotagebeförderungen im Anschluss an die grenzüberschreitende Beförderung durchführt,

4. nicht dasselbe Fahrzeug für alle Kabotagebeförderungen verwendet oder im Fall von Fahrzeugkombinationen nicht das Kraftfahrzeug desselben Fahrzeugs für alle Kabotagebeförderungen verwendet,

5. später als sieben Tage nach der letzten Entladung der eingeführten Lieferung eine Kabotagebeförderung durchführt oder Deutschland später als sieben Tage nach der letzten Entladung verlässt,

6. nach Durchführung von mehr als zwei Kabotagebeförderungen in einem oder mehreren anderen Mitgliedstaaten nach unbeladener Einfahrt eine Kabotagebeförderung in Deutschland durchführt,

7. nach Durchführung einer grenzüberschreitenden Beförderung in einen Mitgliedstaat und unbeladener Einfahrt nach Deutschland mehr als eine Kabotagebeförderung durchführt oder

8. eine Kabotagebeförderung nicht innerhalb von drei Tagen im Anschluss an eine unbeladene Einfahrt nach Deutschland beendet.

(3) Ordnungswidrig handelt, wer als Fahrer, der Staatsangehöriger eines Drittstaates ist, vorsätzlich oder fahrlässig eine Kabotagebeförderung nach Artikel 8 der Verordnung (EG) Nr. 1072/2009 durchführt, ohne die Fahrerbescheinigung mitzuführen.

(4) Ordnungswidrig handelt, wer vorsätzlich oder fahrlässig

1. im grenzüberschreitenden Güterkraftverkehr einen Fahrer einsetzt, für den eine Fahrerbescheinigung nach Artikel 5 Abs. 2 der Verordnung (EG) Nr. 1072/2009 nicht ausgestellt worden ist,

2. Kabotage nach Artikel 8 Abs. 1 der Verordnung (EG) Nr. 1072/2009 betreibt, ohne Inhaber einer Gemeinschaftslizenz nach Artikel 4 der Verordnung (EG) Nr. 1072/2009 zu sein, oder

3. im Kabotageverkehr nach Artikel 8 Abs. 1 der Verordnung (EG) Nr. 1072/2009 einen Fahrer einsetzt, für den eine Fahrerbescheinigung nach Artikel 5 Abs. 2 der Verordnung (EG) 1072/2009 nicht ausgestellt worden ist.

(5) Ordnungswidrig handelt, wer gegen die Verordnung (EU) Nr. 1214/2011 des Europäischen Parlament und des Rates vom 16. November 2011 über den gewerbsmäßigen grenzüberschreitenden Straßentransport von Euro-Bargeld zwischen den Mitgliedstaaten des Euroraumes (ABl. L 316 vom 29.11.2011, S 1) verstößt, indem er vorsätzlich oder fahrlässig

1. ohne Lizenz nach Artikel 4 Absatz 1 einen grenzüberschreitenden Geldtransport betreibt,
2. entgegen Artikel 4 Absatz 3 Satz 2 ein Original oder eine beglaubigte Kopie einer gültigen Lizenz nicht oder nicht rechtzeitig vorweist,
3. entgegen Artikel 6 Absatz 4 Satz 1 eine erforderliche Waffengenehmigung nicht besitzt oder
4. entgegen Artikel 10 dort genannte Banknoten nicht oder nicht unverzüglich nach dem Entdecken aus dem Verkehr zieht.

(6) Ordnungswidrig handelt, wer vorsätzlich oder fahrlässig
1. als Verantwortlicher eines lizenzierten Unternehmens Sicherheitspersonal einsetzt, das einer in Artikel 5 Absatz 1 Unterabsatz 1 oder Absatz 2 Satz 1 der Verordnung (EU) Nr. 1214/2011 genannten Anforderung nicht genügt,
2. als Verantwortlicher eines lizenzierten Unternehmens ein Fahrzeug einsetzt, das einer Anforderung des Artikels 7 Absatz 1, 2, 3 oder Absatz 4 Satz 1 der Verordnung (EU) Nr. 1214/2011 nicht genügt, oder
3. einen Transport in einer nicht nach Artikel 13 Absatz 1 Satz 1 der Verordnung (EU) Nr. 1214/2011 genannten Option durchführt.

(7) Die Ordnungswidrigkeit kann in den Fällen des Absatzes 1 Nr. 6c, Absatzes 1a Nr. 2 und des Absatzes 4 Nr. 1 und 3 mit einer Geldbuße bis zu zweihunderttausend Euro, in den Fällen der Absätze 5 und 6 mit einer Geldbuße bis zu hunderttausend Euro, in den Fällen des Absatzes 1 Nr. 1b, 12, des Absatzes 1a Nr. 1, des Absatzes 2 Nr. 1 und des Absatzes 4 Nr. 2 mit einer Geldbuße bis zu zwanzigtausend Euro, in den übrigen Fällen mit einer Geldbuße bis zu fünftausend Euro geahndet werden. Sie können auf der Grundlage und nach Maßgabe internationaler Übereinkünfte auch dann geahndet werden, wenn sie im Bereich gemeinsamer Grenzabfertigungsanlagen außerhalb des räumlichen Geltungsbereiches dieses Gesetzes begangen werden.

Mit dem Wortlaut von § 19 werden alle Tatbestände näher beschrieben, die bei Nichtbeachten der Vorschriften eine **Ordnungswidrigkeit** darstellen. Der Katalog der Ordnungswidrigkeiten konnte nach Wegfall der Unterscheidung zwischen Nah-, Fern- und Umzugsverkehr und den damit zusammenhängenden Ausführungsverordnungen wesentlich verkürzt werden. Eine ganze Reihe von Tatbeständen ist inzwischen weggefallen und somit hat die Liberalisierung in dieser Hinsicht sowohl für die Betriebe als auch für die Behörden spürbare Erleichterungen gebracht.

§ 20 – Befugnisse des Bundesamtes bei der Verfolgung von Zuwiderhandlungen

(1) Bei der Durchführung der Überwachungsaufgaben nach § 11 haben das Bundesamt und seine Beauftragten Zuwiderhandlungen gegen die gesetzlichen Vorschriften zu erforschen und zu verfolgen. Die Beauftragten des Bundesamtes haben insoweit die Rechte und Pflichten der Beamten des Polizeivollzugsdienstes nach den Vorschriften der Strafprozessordnung und nach dem Gesetz über Ordnungswidrigkeiten. § 163 der Strafprozessordnung und § 53 des Gesetzes über Ordnungswidrigkeiten bleiben unberührt.

(1a) In den Fällen des Absatzes 1 Satz 1 haben die Beauftragten des Bundesamtes bei Gefahr im Verzuge das Recht zur Anordnung von Sicherheitsleistungen nach § 46 Abs. 1 des Gesetzes über Ordnungswidrigkeiten in Verbindung mit § 132 Abs. 1 Satz 1 Nr. 1, Satz 2, Abs. 2 der Strafprozessordnung.

(2) In den Fällen des Absatzes 1 Satz 1 können auch das Bundesamt und seine Beauftragten die Verwarnung nach § 56 des Gesetzes über Ordnungswidrigkeiten erteilen. § 57 Abs. 1 des Gesetzes über Ordnungswidrigkeiten gilt entsprechend.

Der Gesetzgeber verpflichtet mit dem Wortlaut „erforschen und zu verfolgen“ das Bundesamt im Rahmen seiner Tätigkeit, zunächst den Betroffenen einer Zuwiderhandlung anzuhören, also ihm Gelegenheit einzuräumen, sich zu einer Beschuldigung äußern zu können. Erst nach Abschluss der Ermittlungen hat es nach pflichtgemäßem Ermessen darüber zu entscheiden, ob der festgestellte Sachverhalt eine Ordnungswidrigkeit darstellt und in welchem Umfang diese Ordnungswidrigkeit angemessen geahndet werden muss. Als Maßnahme können auch **Verwarnungen** mit und ohne Verwarnungsgeld ausgesprochen werden. Eine Verwarnung wird nur wirksam und ein Verwarnungsgeld kann nur erhoben werden, wenn der Betroffene nach Belehrung über sein Verweigerungsrecht damit einverstanden ist. Die Zahlung kann sofort oder auch innerhalb einer festgesetzten Frist erfolgen. Wird eine Verwarnung im vorstehenden Sinne wirksam, so kann die Ordnungswidrigkeit nicht mehr in einem Bußgeldverfahren verfolgt werden. Wird eine Verwarnung nicht wirksam, so ist von der zuständigen Behörde ein Bußgeldverfahren einzuleiten. Bußgeldbehörde kann das Bundesamt sein. Im anderen Fall hat das Bundesamt den ermittelten Sachverhalt zur weiteren Ahndung an die vorgesehene Bußgeldbehörde zur Durchführung des Verfahrens weiterzugeben.

§21 – Zuständigkeiten für die Ahndung von Zuwiderhandlungen

(1) Wird eine Zuwiderhandlung in einem Unternehmen begangen, das seinen Sitz im Inland hat, ist Verwaltungsbehörde im Sinne des §36 Abs. 1 Nr. 1 des Gesetzes über Ordnungswidrigkeiten die von der Landesregierung bestimmte Behörde. Die Landesregierung kann die Ermächtigung auf die zuständige oberste Landesbehörde übertragen.

(2) Wird eine Zuwiderhandlung in einem Unternehmen begangen, das seinen Sitz im Ausland hat, ist Verwaltungsbehörde im Sinne des §36 Abs. 1 Nr. 1 des Gesetzes über Ordnungswidrigkeiten das Bundesamt.

(3) Abweichend von Absatz 1 ist das Bundesamt Verwaltungsbehörde im Sinne des §36 Abs. 1 Nr. 1 des Gesetzes über Ordnungswidrigkeiten für Zuwiderhandlungen nach §19 Abs. 1 Nr. 5 Buchstabe b, Nummer 6c, 6d, 6e, Abs. 1a, 2 Nr. 2, 3 und Abs. 4 Nr. 1, die in einem Unternehmen, das seinen Sitz im Inland hat, begangen wurden.

(4) §405 des Dritten Buches Sozialgesetzbuch bleibt unberührt.

Die Verfolgung von Ordnungswidrigkeiten nach den Vorschriften des Straßengüterverkehrs obliegt nach deutscher Rechtsordnung verschiedenen Behörden. Im Rahmen des GüKG wird an dieser Stelle festgelegt, dass für Zuwiderhandlungen in einem Unternehmen mit Sitz im Inland die Zuständigkeit den Länderbehörden übertragen wird. Da auch hier wiederum in den verschiedenen Bundesländern unterschiedliche Regelungen bestehen, kann an dieser Stelle im Einzelnen nicht aufgeführt werden, welcher speziellen Länderbehörde die jeweiligen Aufgaben zugewiesen sind.

Bei Zuwiderhandlungen in einem Unternehmen, das seinen Sitz im Ausland hat, liegt die Zuständigkeit beim Bundesamt für Güterverkehr.

§21a – Aufsicht

(1) Der Unternehmer des gewerblichen Güterkraftverkehrs und alle am Beförderungsvertrag Beteiligten unterliegen wegen der Erfüllung der gesetzlichen Vorschriften der Aufsicht der nach Landesrecht zuständigen Behörde.

(2) Soweit dies zur Wahrnehmung der Aufgaben nach Absatz 1 erforderlich ist, können die Beauftragten der Aufsichtsbehörde gegenüber Eigentümern und Besitzern von Fahrzeugen

zur Güterbeförderung und allen an der Beförderung oder an den Handelsgeschäften über die beförderten Güter Beteiligten folgende Maßnahmen ergreifen:
1. Grundstücke und Geschäftsräume innerhalb der üblichen Betriebs- und Geschäftszeiten betreten sowie
2. die erforderlichen Schriftstücke und Datenträger, insbesondere Aufzeichnungen, Frachtbriefe und Unterlagen über Fahrzeugeinsatz einsehen und hieraus Abschriften, Auszüge, Ausdrucke und Kopien anfertigen oder elektronisch gespeicherte Daten auf eigene Datenträger übertragen.

Die in Satz 1 genannten Personen haben diese Maßnahmen zu gestatten.

(3) Die in Absatz 2 genannten Personen haben den Beauftragten der Aufsichtsbehörden auf Verlangen alle für die Durchführung der Aufsicht erforderlichen Auskünfte zu erteilen, Nachweise zu erbringen, Hilfsmittel zu stellen und Hilfsdienste zu leisten. § 12 Abs. 1 Satz 3 und 4 gilt entsprechend.

Diese Regelung wurde notwendig, damit aus rechtssystematischen Gründen den zuständigen Länderbehörden für die Durchführung von Betriebskontrollen die gleichen Rechtsbefugnisse zuerkannt werden, wie sie auch dem Bundesamt für Güterverkehr durch dieses Gesetz übertragen worden sind.

6. Abschnitt – Gebühren und Auslagen, Ermächtigungen

§ 22 – Gebühren und Auslagen

(1) Für Amtshandlungen nach diesem Gesetz, nach den auf diesem Gesetz beruhenden Rechtsvorschriften, nach Rechtsakten der Europäischen Gemeinschaften sowie aufgrund internationaler Abkommen und diese ergänzender nationaler Rechtsvorschriften sind Gebühren und Auslagen nach den Bestimmungen des Verwaltungskostengesetzes in der bis zum 14. August 2013 geltenden Fassung und der Rechtsverordnung nach Absatz 2 zu erheben.

(2) Das Bundesministerium für Verkehr und digitale Infrastruktur wird ermächtigt, im Einvernehmen mit dem Bundesministerium der Finanzen und dem Bundesministerium für Wirtschaft und Energie durch Rechtsverordnung mit Zustimmung des Bundesrates die gebührenpflichtigen Tatbestände und die Gebühren nach festen Sätzen oder als Rahmengebühren näher zu bestimmen. Im Bereich der Gebühren der Landesbehörden übt das Bundesministerium für Verkehr und digitale Infrastruktur die Ermächtigung nach Satz 1 auf der Grundlage eines Antrags oder einer Stellungnahme von mindestens fünf Ländern beim Bundesministerium für Verkehr und digitale Infrastruktur aus. Der Antrag oder die Stellungnahme sind mit einer Schätzung des Personal- und Sachaufwandes zu begründen. Das Bundesministerium für Verkehr und digitale Infrastruktur kann die übrigen Länder ebenfalls zur Beibringung einer Schätzung des Personal- und Sachaufwands auffordern.

(3) Auskünfte nach § 19 des Bundesdatenschutzgesetzes werden unentgeltlich erteilt.

Diese Regelung bestimmt, dass für öffentliche Leistungen im Bereich des Güterkraftverkehrsrechts in der Regel Kosten zu erheben sind. Sie enthält weiterhin die Ermächtigungsgrundlage zu Ausführungsverordnungen. Der ausdrückliche Hinweis auf die einheitliche bundesweite Anwendbarkeit des Verwaltungskostengesetzes ermöglicht eine übersichtliche Fassung der Kostenverordnung für den Güterkraftverkehr und macht darüber hinaus umfangreiche Verweise, wie sie die bisherige Kostenverordnung enthält, entbehrlich.

§23 – Ermächtigungen zum Erlass von Durchführungsbestimmungen

(1) Die Bundesregierung erlässt mit Zustimmung des Bundesrates die allgemeinen Verwaltungsvorschriften, die zur Durchführung von Rechtsakten der Europäischen Union, dieses Gesetzes und der auf diesem Gesetz beruhenden Rechtsverordnungen erforderlich sind.

(2) Das Bundesministerium für Verkehr und digitale Infrastruktur wird ermächtigt, mit Zustimmung des Bundesrates durch Rechtsverordnung andere als in §2 Abs. 1 genannte Beförderungsfälle ganz oder teilweise von den Bestimmungen dieses Gesetzes auszunehmen, soweit sich deren Unterstellung unter dieses Gesetz als unverhältnismäßig erweist.

(3) Das Bundesministerium für Verkehr und digitale Infrastruktur wird ermächtigt, im Bereich des grenzüberschreitenden Güterkraftverkehrs, des Durchgangsverkehrs und des Kabotageverkehrs (innerstaatlicher Güterkraftverkehr durch Unternehmer, die in einem anderen Staat niedergelassen sind) einschließlich des Werkverkehrs zur Ordnung dieser Verkehre und zur Durchführung internationaler Abkommen sowie von Rechtsakten der Europäischen Union, die den Güterkraftverkehr betreffen, Rechtsverordnungen zu erlassen, durch die

1. der Zugang zum Beruf des Güterkraftverkehrsunternehmers und zum Markt des Güterkraftverkehrs, insbesondere die Voraussetzungen für die Erteilung, die Rücknahme und den Widerruf von Genehmigungen, den Erlass von Nebenbestimmungen, das zugehörige Verfahren einschließlich der Durchführung von Anhörungen und der Behandlung wesentlicher Änderungen nach der Erteilung der Genehmigungen sowie die Bedingungen für den Fahrzeugeinsatz geregelt werden,

1a. die Voraussetzungen für die Erteilung, die Rücknahme und den Widerruf von Fahrerbescheinigungen, den Erlass von Nebenbestimmungen, das zugehörige Verfahren einschließlich der Durchführung von Anhörungen und der Behandlung wesentlicher Änderungen nach Erteilung der Fahrerbescheinigungen, die Bedingungen für den Einsatz des Fahrpersonals, sowie die Überwachung der Erteilungsvoraussetzungen geregelt werden,

2. für Unternehmer, deren Unternehmen ihren Sitz in einem Staat haben, der weder Mitglied der Europäischen Union noch anderer Vertragsstaat des Abkommens über den Europäischen Wirtschaftsraum ist, der Zugang zum Markt des Güterkraftverkehrs und die Bedingungen bei der Durchführung des Güterkraftverkehrs abweichend von den Bestimmungen dieses Gesetzes geregelt sowie der vorübergehende oder dauernde Ausschluss vom Güterkraftverkehr vorgesehen wird, wenn wiederholt oder schwerwiegend gegen im Inland geltende Vorschriften verstoßen wird,

3. Bestimmungen zur Gewährleistung zwischenstaatlicher Gegenseitigkeit oder gleicher Wettbewerbsbedingungen, insbesondere über die Erteilung von Genehmigungen, die Voraussetzungen für die Erteilung und die Aufhebung einer Genehmigung, die Überwachung sowie das Verfahren, eingeführt und

4. die Pflicht zur Vorlage von Unterlagen zur Beobachtung des Marktgeschehens geregelt werden.

Rechtsverordnungen nach den Nummern 1 bis 3 bedürfen der Zustimmung des Bundesrates.

(4) Das Bundesministerium für Verkehr und digitale Infrastruktur kann abweichend von den aufgrund des Absatzes 3 erlassenen Rechtsverordnungen im Rahmen internationaler Regierungs- und Verwaltungsabkommen Beförderungsfälle ganz oder teilweise von der Genehmigungspflicht für den grenzüberschreitenden gewerblichen Güterkraftverkehr mit Staaten außerhalb der Europäischen Union und des Europäischen Wirtschaftsraumes freistellen, soweit diese sich als unverhältnismäßig erweist. Ebenso kann das Bundesministerium für Verkehr und digitale Infrastruktur mit einem Nachbarstaat Vereinbarungen treffen, durch die Verkehre durch das Inland mit Be- und Entladeort in dem Nachbarstaat von der Erlaubnispflicht nach §3 Abs. 1 ausgenommen werden.

(5) Das Bundesministerium für Verkehr und digitale Infrastruktur wird ermächtigt, durch Rechtsverordnung mit Zustimmung des Bundesrates auf dem Gebiet des grenzüberschreitenden Kombinierten Verkehrs zur Ordnung dieses Verkehrs und zur Durchführung internationaler Abkommen sowie von Verordnungen, Entscheidungen und Richtlinien des Rates der Europäischen Union und der Kommission der Europäischen Gemeinschaften Vorschriften zu erlassen, durch die

1. das Vorliegen von grenzüberschreitendem Kombiniertem Verkehr einschließlich der Bestimmung des nächstgelegenen geeigneten Bahnhofs sowie die Pflicht zur Mitführung und Aushändigung von Papieren geregelt werden, die dem Nachweis der Erfüllung der Berufszugangsvoraussetzungen und der Durchführung von Kombiniertem Verkehr dienen,

1a. Besonderheiten, insbesondere genehmigungsrechtliche Erleichterungen, vorgesehen werden sowie

2. Bestimmungen zur Gewährleistung zwischenstaatlicher Gegenseitigkeit oder gleicher Wettbewerbsbedingungen eingeführt werden.

Diese Vorschrift ermächtigt die Bundesregierung und das BMVI, weitere Ausführungsverordnungen über die in §22 geregelte Verordnungsermächtigung hinaus zu erlassen. Es können insbesondere weitere Beförderungsfälle von den Bestimmungen des Gesetzes freigestellt werden. In diesem Fall müsste nicht der §2 Ausnahmen im umständlichen Gesetzgebungsverfahren novelliert werden, sondern es könnte durch den schnelleren Weg einer Rechtsverordnung flexibler reagiert werden. Weiterhin besteht Regelungsbedarf im Rahmen des grenzüberschreitenden Güterkraftverkehrs. Die dynamische Entwicklung des Verkehrsmarktes in Europa auch im Hinblick auf die bereits vollzogene Osterweiterung bei Aufnahme neuer Staaten in den Staatenbund der EU/EWR fordert geradezu eine schnelle und problemlose Anpassung der nationalen Vorschriften. Die rechtlichen Voraussetzungen wurden mit dem §23 grundlegend geschaffen.

Die nunmehr auf den Grundsätzen des Güterkraftverkehrsgesetzes (GüKG) vom 22.6.1998 in der jeweils neuesten Fassung basierende Markt- und Wettbewerbsordnung wird zwar durch weitere, aber von der Anzahl her nur wenige Verordnungen ergänzt. Mit dem Erlass dieser Verordnungen wurden gleichzeitig die noch bis zu diesem Zeitpunkt bestehenden Verordnungen und Vorschriften aufgehoben. Insgesamt führte die Novellierung des Straßengüterverkehrsrechts im Jahr 1998 zu einer erheblichen Reduzierung von Verwaltungsvorschriften. Der Wegfall staatlicher Auflagen, die wiederum bei Nichtbeachtung mit Maßnahmen auf der Basis des Ordnungswidrigkeitenrechts zu ahnden waren, brachte somit umfangreiche Arbeitserleichterungen sowohl für alle beteiligten Behörden als auch für die gesamte Verkehrswirtschaft. Im Verlauf der vergangenen Jahre mussten allerdings die Rechtsgrundlagen unserer nationalen Markt- und Wettbewerbsordnung mehrfach geändert werden. Der Grund liegt in der ständigen EU-Erweiterung bis nunmehr auf 28 Staaten, in Verbindung auch mit dem EWR-Vertrag auf 31 Staaten. Eine stetige Anpassung (Harmonisierung) aller Vorschriften mit dem Ziel, gleiche Wettbewerbsbedingungen für alle Staaten zu schaffen und zu erhalten, ist daher nicht zu vermeiden. Die letzte größere Vereinheitlichung wurde 2009 durch Maßnahmen der EU in Form des Road Package verwirklicht. In einer Übergangszeit von zwei Jahren mussten alle EU-Staaten bis Dezember 2011 ihre nationalen Marktordnungen den geforderten Bedingungen anpassen (Einzelheiten siehe Kapitel 4.1.2.5 und Erläuterungen zum GüKG).

4.1.4 Der Frachtvertrag

Die Verwirklichung des gemeinsamen Verkehrsmarkts in Europa in Verbindung mit der wachsenden Anzahl der Mitgliedstaaten der Europäischen Union und die damit verbundene einheitliche Markt- und Wettbewerbsordnung verlangt auch ständig eine Anpassung der deutschen Rechtsordnung. Daher wurden am 1.7.1998 die des deutschen Transportrechts umfassend und richtungweisend verändert. Diese Änderungen waren nicht nur auf eine Zusammenfassung im HGB der bislang auf verschiedene Gesetze und Verordnungen verstreuten Rechtsregelungen beschränkt, sondern sie brachten gleichzeitig auch eine umfassende Deregulierung für dieses schwierige und umfangreiche Rechtsgebiet. Die Neuregelung erfolgte zum einen durch **Reform des Güterkraftverkehrsrechts** vom 22.6.1998, mit dem der öffentlich-rechtliche Rahmen der Verkehrsmarktordnung geändert wurde und zum anderen durch das Transportrechtsreformgesetz vom 29.6.1998, das die Rechtsnormen des Vertragsrechts (Privatrecht) im HGB entscheidend reglementiert. Dennoch ist nach der deutschen Rechtsordnung für innerdeutsche Beförderungsverträge grundsätzlich die Vertragsfreiheit verwirklicht. Die Regeln des HGB gelten nur dann, wenn keine Individualvereinbarungen zwischen den Vertragsparteien getroffen werden. Verträge sind nur in dem Fall nichtig, wenn sie gegen grundsätzliche Bestimmungen des Bürgerlichen Gesetzbuchs (BGB) verstoßen.

Bis zu vorgenanntem Zeitpunkt mussten Fracht- bzw. Beförderungsverträge in fast allen Bereichen im innerdeutschen Güterkraftverkehr (Binnenverkehr) zwingend auf der Grundlage öffentlich-rechtlicher Beförderungsbedingungen abgeschlossen werden. Ausnahmen bestanden nur für den gewerblichen Güternahverkehr und für vom GüKG freigestellte Beförderungen. Nunmehr sind die rechtlichen Grundlagen für den Frachtvertrag im Binnenverkehr allein im HGB umfassend geregelt. Der Frachtvertrag im grenzüberschreitenden Güterkraftverkehr bleibt jedoch weiterhin zwingend den Bestimmungen der CMR unterworfen (siehe hierzu die Ausführungen im Kapitel 4.1.6.1, Der grenzüberschreitende Güterkraftverkehr).

Die Bestimmungen des HGB von 1998 sind – wie bisher auch schon – im Allgemeinen nicht zwingend wie öffentlich-rechtliche Vorschriften, sondern als Privat-/Zivilrecht gestatten sie grundsätzlich abweichende Vereinbarungen. Allerdings hat der Gesetzgeber eine Neuerung eingeführt, die es bisher im HGB nicht gab. Es handelt sich hierbei um sogenannte **„AGB-feste Regelungen“**, von denen die Vertragsparteien durch **Allgemeine Geschäftsbedingungen (AGB)** auch in beiderseitigem Einvernehmen nicht abweichen dürfen. Es geht hier insbesondere um die Haftungshöhe, indem die allgemeine Vertragsfreiheit durch einen sogenannten **„Haftungskorridor“** eingeschränkt wird. Innerhalb dieses Haftungskorridors können die Vertragspartner allerdings über Ersatzleistungen im Schadensfall Vereinbarungen treffen (siehe hierzu auch Kapitel 3).

Trotz dieser umfassenden Novellierung des Transportrechts müssen Frachtverträge nicht ausschließlich auf der Basis des HGB abgeschlossen werden, denn es wurden zeitgleich von der Transport- und Speditionswirtschaft verschiedene AGB parallel zu den Bestimmungen des HGB erarbeitet und mit Billigung des Bundeskartellamts veröffentlicht und zur Anwendung empfohlen. Diese Geschäftsbedingungen gelten nur im Vereinbarungsfall und nur ergänzend neben den AGB-festen Bestimmungen des HGB, die durch AGB nicht verdrängt werden können. Sie können also nur wirksam werden, wenn sie aufgrund einer Vereinbarung Bestandteil des privatrechtlichen Vertrags geworden sind. Eine Ausnahme hiervon bildeten die Allgemeinen Deutschen Spediteurbedingungen (ADSp), die als „zweiseitige Geschäftsbedingungen“ als fertig bereitliegende Rechtsordnung zwischen Kaufleuten (automatisch) kraft Kaufmannsbrauch galten. Diese Rechtsauffassung wurde durch die Rechtsprechung im Januar 2003 durch den Bundesgerichtshof (BGH) revidiert. Danach konnte nicht mehr davon ausgegangen werden, dass die ADSp automatisch als fertig bereitliegende Rechts- bzw. Vertragsordnung gelten, die stillschweigend einbezogen werden. Der Aufdruck auf dem Briefbogen „Wir arbeiten nach den neuesten ADSp“ genügt nun nicht mehr.

Eine Neufassung der ADSp wurde dann durch die Reform des Seehandelsrechts im Jahre 2013 erforderlich. Der Deutsche Speditions- und Logistikverband (DSLV) und die Verbände der verladenden Wirtschaft, die gemeinsam in der Präambel zur ADSp seit 1927 diese Geschäftsbedingungen jeweils ihren Mitgliedsunternehmen zur Anwendung empfehlen, konnten sich trotz zweijähriger Verhandlungen nicht darauf einigen, die ADSp in wesentlichen Eckpunkten an die aktuelle Rechts- und Gesetzeslage anzupassen. Die Verladerverbände – Bundesverband der Deutschen Industrie (BDI), Bundesverband Großhandel, Außenhandel, Dienstleistungen (BGA), Bundesverband Wirtschaft, Verkehr und Logistik (BWVL) und Handelsverband Deutschland (HDE) – haben daraufhin eigene Geschäftsbedingungen mit dem Namen **Deutsche Transport- und Lagerbedingungen (DTLB)** ihren Mitgliedsfirmen zur Anwendung empfohlen. Der DSLV hat am 1.1.2016 **die eigenen und nun einseitigen neuen ADSp 2016** veröffentlicht und zur Anwendung empfohlen (siehe hierzu die Ausführungen in Kapitel 3).

Folgende wesentliche **privatrechtliche Geschäftsbedingungen** werden derzeit z. B. als Ergänzung zum HGB beim Abschluss eines Frachtvertrags für den Straßengüterverkehr zur Anwendung empfohlen:

- **Allgemeine Vertragsbedingungen für den Güterkraftverkehrs-, Speditions und Logistikunternehmer (VBGL)**
  (herausgegeben vom Bundesverband Güterkraftverkehr, Logistik und Entsorgung e.V. (BGL), Frankfurt)
- **Allgemeine Bedingungen der deutschen Möbelspediteure für Beförderungen von Handelsmöbeln (ABBH)**
  und
- **Geschäftsbedingungen für die Beförderung von Umzugsgut**
  (beide herausgegeben vom Bundesverband Möbelspedition (AMÖ) e.V., Frankfurt)
- **Allgemeine Deutsche Spediteurbedingungen (ADSp 2016)**
  (herausgegeben vom Deutschen Speditions- und Logistikverband (DSLV))
- **Logistik AGB**
  (ebenfalls vom Deutschen Speditions- und Logistikverband (DSLV) herausgegeben).

In den nächsten Abschnitten werden die Rechtsgrundlagen im Einzelnen erörtert. Ergänzend hierzu wird auf Kapitel 3 verwiesen.

4.1.4.1 Der Frachtvertrag nach dem HGB

Die Umgestaltung des HGB im Jahr 1998 hat gleichzeitig auch zu einer neuen Eintellung der Rechtsregelungen geführt. Der Vierte Abschnitt regelt nunmehr das **Frachtgeschäft**. Dieser Abschnitt ist wiederum in drei Unterabschnitte aufgeteilt. Der Erste Unterabschnitt umfasst Allgemeine Vorschriften und normiert den allgemeinen Frachtvertrag. Der Zweite Unterabschnitt hat die Beförderung von Umzugsgut und somit den **Umzugsvertrag** zum Inhalt und der Dritte Unterabschnitt regelt den Vertrag, wenn die Beförderung mit verschiedenartigen Beförderungsmitteln durchgeführt wird. Hier wird historisch zum ersten Mal der sogenannte „Multimodale Verkehr" definiert und in eine besondere gesetzliche Regelung eingebunden.

Als spezielleres Handelsrecht enthält das HGB als Fünftes Buch das Seehandelsrecht. Am 25.4.2013 ist durch Gesetz eine Reform des Seehandelsrechts in Kraft getreten. Auch das im Vierten Buch des HGB geregelte Allgemeine Transportrecht über Fracht-, Speditions- und Lagerverträge musste in diesem Zusammenhang angepasst und in einigen wesentlichen Punkten modernisiert werden:

- Die gesetzliche summenmäßige Beschränkung der Haftung des Absenders für Fehlinformationen wird beseitigt.
- Auf das Erfordernis einer drucktechnischen Hervorhebung von Haftungshöchstbeträgen in AGB, die von den gesetzlichen Beträgen abweichen, wird verzichtet.
- Die Hemmung der Verjährung eines Anspruchs gegen den Frachtführer wird erleichtert, indem auch eine durch E-Mail übermittelte Erklärung des Absenders oder Empfängers, mit der dieser Ersatzansprüche erhebt, als formgültige Erklärung anerkannt wird, die die Verjährung hemmt.
- Erstmalig wird die Verwendung eines elektronischen Frachtbriefs, Ladescheins oder Lagerscheins ermöglicht.

Weitere Einzelheiten werden im Verlauf des folgenden Abschnitts angesprochen.

Mit dem neuen Seehandelsrecht entfällt auch der bisherige Haftungsausschluss für Verfrachter bei Schäden durch Feuer oder nautisches Verschulden. In diesem Zusammenhang wird auf die durchgängige Haftung des Fixkostenspediteurs hingewiesen, der weiterhin einen Haftungsausschluss in vorgenanntem Fall vereinbaren sollte (siehe Kapitel 3).

Erster Unterabschnitt

Der allgemeine Frachtvertrag beginnt mit § 407, in dem bekanntlich bis 1998 die Definition des Spediteurs verankert war. Auf die Definitionen der Vertragspartner wurde nunmehr vollständig verzichtet und der Vertrag selbst wurde in den Vordergrund gerückt. Dabei wurden gleichzeitig einzelne Rechte und Pflichten der Vertragsparteien festgelegt, sowie der Geltungsbereich für die einzelnen Verkehrsträger als Frachtführer beschrieben. Danach gelten diese Vorschriften für Verträge, wenn

1. das Gut zu Lande, auf Binnengewässern oder mit Luftfahrzeugen befördert werden soll und
2. die Beförderung zum Betrieb eines gewerblichen Unternehmens gehört.

Alle Frachtverträge für Beförderungen mittels Lkw (auch Pkw), Eisenbahnen, Rohrleitungen, Binnenschiffen und Flugzeugen unterliegen nunmehr grundsätzlich den Bestimmungen des HGB, wenn diese Beförderungen durch **gewerbliche Betriebe** durchgeführt werden. Beförderungen durch Privatpersonen werden somit nicht erfasst. Da dieser Abschnitt des Leitfadens den Straßengüterverkehr behandelt, wird in den nachstehenden Ausführungen der Begriff Frachtführer durch den Begriff Transportunternehmer ersetzt.

Als Verpflichtung aus dem Vertrag obliegt nach diesen Bestimmungen

- dem Frachtführer
  die Beförderung des Gutes zum Bestimmungsort und dort die Ablieferung an den Empfänger und
- der Absender
  wird verpflichtet, die vereinbarte Fracht zu zahlen.

Diese Pflichten bedeuten im Umkehrschluss gleichzeitig

- für den Transportunternehmer das Recht auf Bezahlung
- und für den Absender das Recht auf Beförderung.

Die hier gewählten Begriffe legen also fest, dass die Rechtsbeziehungen in Form eines Frachtvertrages zwischen Transportunternehmer und Absender bestehen.

Wer im Einzelnen als Absender und somit als Vertragspartner des Transportunternehmers auftritt, ist eine Frage der Vertragsgestaltung. Ist ein Spediteur Vertragspartner eines Transportunternehmers, so erfüllt er in diesem Fall die Funktion des Absenders.

Der Frachtvertrag kommt durch übereinstimmende Willenserklärungen der Vertragsparteien zustande. Es handelt sich somit um einen **Konsensualvertrag**, der keiner Schriftform bedarf. Bereits eine verbindliche telefonische Absprache bedeutet den Vertragsabschluss. Rücktritt vom Vertrag oder auch Abweichungen von den mündlich getroffenen Vereinbarungen können bereits zu Schadensersatzansprüchen nach dem HGB auf beiden Seiten führen, bevor der Vertrag überhaupt ausgeführt wird.

Dennoch kann nach den Bestimmungen der Transportunternehmer die Ausstellung eines **Frachtbriefs** verlangen. Die Form ist nicht vorgeschrieben und ebenfalls sind die im § 408 aufgeführten Inhaltsangaben nur beispielhaft zu verstehen. Es bleibt auch in diesem Fall den Vertragspartnern überlassen, welche Angaben sie in den Frachtbrief als Begleitpapier eintragen wollen. Sofern ein Frachtbrief ausgefertigt und von beiden Partnern unterzeichnet wurde, dient er bis zum Beweis des Gegenteils als Nachweis für den Abschluss und den Inhalt des Frachtvertrags sowie für die Übernahme des Gutes durch den Transportunternehmer. Dieser Beweis des ersten Augenscheins ist sicherlich für beide Seiten ein wichtiges Dokument, um Unstimmigkeiten erst gar nicht aufkommen zu lassen. Dem Frachtbrief gleichgestellt ist mit Modernisierung des Seehandelsrechts auch eine elektronische Aufzeichnung, die dieselben Funktionen erfüllt wie der Frachtbrief. Auch der Gesetzgeber fordert aus öffentlich-rechtlichen Gründen nach § 7 Abs. 3 GüKG die Mitführung eines Begleitpapiers oder eines sonstigen Nachweises, in dem das beförderte Gut, der Be- und Entladeort und der Auftraggeber angegeben sein müssen. Wird ein solches Dokument bei einer Unterwegskontrolle nicht mitgeführt, so handelt es sich hierbei um eine Ordnungswidrigkeit, die mit Bußgeld geahndet wird. Der Frachtbrief oder diese elektronische Aufzeichnung entspricht in aller Regel dieser Vorschrift.

Besondere Pflichten werden dem Absender auferlegt, wenn **gefährliche Güter** befördert werden sollen. In diesem Fall hat er dem Transportunternehmer rechtzeitig schriftlich oder in sonst lesbarer Form die genaue Art der Gefahr und, soweit erforderlich, zu ergreifende Vorsichtsmaßnahmen mitzuteilen. Ein mündlicher Hinweis reicht in diesem Fall nicht aus. Auch ist der Absender unter Berücksichtigung der vereinbarten Beförderung verpflichtet, das Gut zu kennzeichnen und so zu verpacken, dass es vor Verlust und Beschädigung geschützt ist und dass auch dem Transportunternehmer keine Schäden entstehen. Soll das Gut in einem Container, auf einer Palette oder auf einem sonstigen Lademittel, das zur Zusammenfassung von Frachtstücken verwendet wird, zur Beförderung übergeben werden, hat der Absender das Gut auch in oder auf dem Lademittel beförderungssicher zu stauen und zu sichern. Diese Regelung ist erst mit der Reform 2013 eingeführt worden. In diesem Fall haftet der Absender, auch wenn ihn kein Verschulden trifft, für entstandene Schäden und Aufwendungen des Transportunternehmers. Eine gesetzliche Haftungshöchstgrenze besteht zwar nicht mehr, gleichwohl kann im Rahmen von AGB jedoch eine Haftungsbeschränkung vereinbart werden. Einzelheiten sind im § 449 Abs. 2 geregelt. In diesem Sachzusammenhang ist von einem **Verbraucher** die Rede.

Definition
Nach dem BGB ist Verbraucher jede natürliche Person, die ein Rechtsgeschäft zu einem Zweck abschließt, der weder ihrer gewerblichen noch ihrer selbstständigen beruflichen Tätigkeit zugerechnet werden kann. Der Verbraucher haftet nur, soweit ihn ein Verschulden trifft.

Eine wesentliche Änderung seit 1998 bringt der § 412 für die Vertragsgestaltung. Grundsätzlich hat nun der Absender die Pflicht, das Gut beförderungssicher zu laden, zu stauen und zu befestigen. Es handelt sich somit begrifflich um das Verladen. Ebenso hat er die Pflicht, zu entladen.

Der Transportunternehmer hat für die betriebssichere Verladung zu sorgen.

Die Frage nach dem Unterschied zwischen beförderungssicherer und betriebssicherer Verladung wurde bereits in der Vergangenheit durch Rechtsprechung geklärt, da diese Begriffsbestimmungen auch in den früheren Beförderungsbedingungen enthalten waren. Die Tätigkeiten des Absenders im Hinblick auf die Beförderungssicherheit sind hier durch die Begriffe laden, stauen und befestigen bereits näher definiert. Erklärungsbedarf besteht bei dem Begriff **„betriebssicher“**. Hierzu vertreten die Gerichte – (insbesondere der Bundesgerichtshof in seinem Urteil vom 24.9.1987 (I ZR 197/85, VRS 74, 345)) die Auffassung, dass die Begriffe betriebssicher und **verkehrssicher** im Sinne der Straßenverkehrsordnung (StVO) einander entsprechen. Der Transportunternehmer wäre zwar nicht verpflichtet, über die Überprüfung der Verladung auf Betriebssicherheit hinaus auch die Beförderungssicherheit des Gutes (Ladungssicherheit) zu überprüfen. Jedoch trifft ihn die allgemeine Rechtspflicht, auf eine ordnungsgemäße, das Gut vor Schaden bewahrende Verladung hinzuwirken, wenn er z. B. bei der Überprüfung der Betriebssicherheit des Fahrzeugs erkennt, dass das Gut nicht beförderungssicher verladen ist, oder wenn die Gefahr eines Schadenseintritts nach den Umständen für ihn ohne Weiteres ersichtlich ist. Erkennt ein Transportunternehmer oder hätte er erkennen können, dass das Gut mangelhaft verladen ist, so muss er, obwohl dieser Umstand nicht in seinen Risikobereich fällt, dafür sorgen, dass eine Beschädigung der Frachtstücke vermieden wird. Diese Vorschrift wurde mit Änderung des HGB im Jahr 2013 dahingehend ergänzt, dass der Absender ebenfalls verpflichtet ist, das Gut bei Übergabe in einem Container, auf einer Palette oder in oder auf einem sonstigen Lademittel, das zur Zusammenfassung von Frachtstücken verwendet wird, in oder auf dem Lademittel beförderungssicher zu stauen und zu sichern.

Die Regelung, dass dem Absender die **Pflicht des Entladens** auferlegt worden ist, wurde bereits mit der Änderung 1998 eingeführt. Bei dieser Konstruktion bleibt der Absender vertraglich verpflichtet, auch die Entladung zu organisieren, denn er wird in aller Regel nicht selbst am Entladeort zugegen sein. Dies wird nur der Fall sein, wenn der Auftraggeber als Absender auch gleichzeitig der Empfänger der Sendung ist. Dieser Grundsatz nach § 412 HGB ist allerdings im Zusammenhang mit § 421 Abs. 1 und Abs. 3 HGB zu beurteilen. Nach neuerer Rechtsprechung ist der Empfänger auch bei fehlender vertraglicher Beziehung zum Transportunternehmer zur Entschädigung einer Wartezeit verpflichtet, wenn er einerseits die Ablieferung des Gutes verlangt, die Entladung des Gutes jedoch nicht in einer angemessenen Frist vornimmt.

Eine besondere **Lade- oder Entladezeit** ist der Dauer nach nicht bestimmt und entsprechend den Umständen kann der Transportunternehmer bei einer angemessenen Frist keine besondere Vergütung verlangen. Ist jedoch eine Lade- oder Entladezeit vereinbart und wird diese Zeit nicht eingehalten, so hat er Anspruch auf eine angemessene Vergütung als **Standgeld**.

Wird das Gut innerhalb einer vereinbarten Frist nicht verladen, so kann der Transportunternehmer nach Nichteinhaltung einer erneuten Fristsetzung den Vertrag kündigen und Schadensersatzforderungen erheben. Entsprechende Rechtsansprüche stehen dem Absender im umgekehrten Fall auch gegen den Transportunternehmer zu.

Der Absender ist berechtigt, über das Gut zu verfügen. Er kann somit während der Beförderung in den Ablauf des Beförderungsgeschehens eingreifen und andere Weisungen erteilen. Entstehen zusätzliche Kosten, so hat er diese zu erstatten. Der Transportunternehmer ist nur insoweit zur Befolgung solcher Weisungen verpflichtet, als deren Ausführung weder Nachteile für den Betrieb seines Unternehmens noch Schäden für die Absender oder Empfänger anderer Sendungen mit sich zu bringen droht.

Das **Verfügungsrecht** des Absenders erlischt nach Ankunft des Gutes an der Ablieferungsstelle und Beachtung der vertraglichen Vereinbarungen. Ab diesem Zeitpunkt kann der Empfänger über die Sendung verfügen. Auch in diesem Fall hat der Transportunternehmer bei Mehraufwendungen Anspruch auf Erstattung seiner Auslagen und eine angemessene Vergütung.

Die Ausübung des Verfügungsrechts kann vertragsgemäß von der Vorlage des Frachtbriefs abhängig gemacht werden. Trägt der Frachtbrief einen solchen **Sperrvermerk**, so muss sich der Transportunternehmer die Absenderausfertigung des Frachtbriefs vorlegen lassen. Bei Nichtbeachtung dieser Weisung haftet der Transportunternehmer im Schadensfall ohne Haftungsbeschränkungen in voller Höhe.

Bei Beförderungs- und Ablieferungshindernissen ist der Transportunternehmer verpflichtet, Weisungen vom Verfügungsberechtigten einzuholen. Er hat nur Anspruch auf Ersatz seiner Aufwendungen, wenn diese Hindernisse nicht seinem Risikobereich zuzurechnen sind. Im Übrigen müsste er bei Nichtbeachtung seiner Pflichten mit den Folgen einer Vertragsverletzung und den damit verbundenen Schadensersatzforderungen rechnen. Er kann auch unter Berücksichtigung der Interessenlage des Verfügungsberechtigten selbstständig handeln, wenn eine Weisung nicht rechtzeitig oder überhaupt nicht erfolgt.

Nach dem HGB ist die Fracht bei Ablieferung des Gutes zu zahlen. Ab diesem Zeitpunkt tritt somit rechtlich Verzug ein. Bei nach diesem Zeitpunkt liegenden Zahlungen könnten Verzugszinsen geltend gemacht werden.

Der Frachtvertrag ist ein zweiseitiges Rechtsgeschäft zugunsten eines Dritten. Dieser Dritte ist der Empfänger. Er ist zwar nicht am Beförderungsvertrag beteiligt, aber ihm werden bestimmte Rechte eingeräumt und damit verbundene Pflichten auferlegt. Er hat somit das Recht, vom Transportunternehmer zu verlangen, ihm das Gut gegen Erfüllung der Verpflichtungen aus dem Frachtvertrag abzuliefern. Ist das Gut beschädigt oder verspätet abgeliefert worden oder verlorengegangen, so kann der Empfänger die Ansprüche aus dem Frachtvertrag im eigenen Namen gegen den Transportunternehmer geltend machen. Eine wichtige Regelung ist dahingehend getroffen worden, dass der Absender zur Zahlung der nach dem Vertrag geschuldeten Beträge verpflichtet bleibt. Damit ist sichergestellt, dass der Absender Zahlungsverpflichteter bleibt. Selbstverständlich können die Vertragspartner auch vereinbaren, dass der Transportunternehmer nur gegen Zahlung der geschuldeten Beträge das Gut abliefert und dass er Weisung einzuholen hat, wenn der Empfänger einer eventuellen Zahlungsverpflichtung bei Ablieferung des Gutes nicht nachkommt. Ein eventuelles Pfandrecht kann später im Fall einer Insolvenz nicht mehr ausgeübt werden.

Eine andere Regelung sieht das HGB in dem Fall der Einziehung einer **Nachnahme** vor. Wird nämlich vereinbart, dass das Gut nur gegen Einziehung der Nachnahme abgeliefert werden darf, so haftet der Transportunternehmer dem Absender bei Nichtbeachtung dieser Vereinbarung bis zur Höhe des Betrags der Nachnahme, auch wenn ihn kein Verschulden trifft. Der Betrag ist in bar oder in Form eines gleichwertigen Zahlungsmittels einzuziehen. Hier wird im Übrigen außerdem geregelt, dass der eingezogene Betrag im Verhältnis zu den Gläubigern des Transportunternehmers als auf den Absender übertragen gilt. Somit können die Gläubiger des Transportunternehmers diesen Betrag nicht pfänden oder anderweitig herausverlangen.

Eine **Lieferfrist** zur Durchführung des Frachtvertrags ist nicht vorgeschrieben. Diese müsste im Einzelfall gesondert vereinbart werden. Ansonsten gilt die Frist, die einem sorgfältigen Frachtführer zur Durchführung der Beförderung unter Berücksichtigung der Umstände vernünftigerweise zuzubilligen ist.

Nach der Neuregelung im HGB haftet der Frachtführer nunmehr nach dem Prinzip der eingeschränkten **Gefährdungshaftung** in Anlehnung an die Bestimmungen der CMR. Er haftet im Einzelnen sowohl für Güter- als auch für Vermögensschäden. **Güterfolgeschäden** werden jedoch nicht ersetzt. Diese Schadensart liegt vor, wenn infolge eines Güterschadens ein weiterer **Vermögensschaden** (z. B. Produktionsausfall) folgt.

Er haftet für den Schaden, der durch gänzlichen oder teilweisen Verlust oder Beschädigung des Gutes in der Zeit von der Übernahme zur Beförderung bis zur Ablieferung oder durch Überschreiten der Lieferfrist entsteht. Mit der Zeitbestimmung kommt die sogenannte **„Obhutshaftung"** bzw. **„Gewahrsamshaftung"** zum Ausdruck. Der Unternehmer haftet demnach nur in der Zeit, in der sich die Güter in seinem Gewahrsam befinden und er Gewalt über sie ausüben kann. Das Prinzip der eingeschränkten Gefährdungshaftung befreit den Transportunternehmer grundsätzlich dann von seiner Haftung, wenn der Verlust, die Beschädigung oder die Überschreitung der Lieferfrist auf Umständen beruht, die der Transportunternehmer auch bei größter Sorgfalt nicht vermeiden und deren Folgen er nicht abwenden konnte. Generell ist dem Transportunternehmer damit eine verschärfte Sorgfaltspflicht auferlegt worden, denn schon ein geringfügiges Verschulden würde das unabwendbare Ereignis ausschließen und die volle Haftung wirksam werden lassen.

Daneben ist der Transportunternehmer von seiner Haftung befreit, soweit der Verlust, die Beschädigung oder die Überschreitung der Lieferfrist auf besondere Gefahren zurückzuführen ist, wie z. B. besondere Bruchgefahr des Gutes oder die Beförderung lebender Tiere. Auch kann ein Verschulden des Absenders z. B. bei ungenügender Verpackung oder ungenügender Kennzeichnung der Frachtstücke die Haftung des Unternehmers aufheben. In diesem Fall muss allerdings – hier spricht man von bevorrechtigten Haftungsausschlussgründen – der Transportunternehmer darlegen, dass der Schaden aus einer der genannten Gefahren entstanden ist und er besondere Weisungen des Absenders beachtet hat. Gegenbeweis ist jedoch immer zulässig.

Wie bereits an anderer Stelle ausgeführt, hat der Transportunternehmer Handlungen und Unterlassungen seiner Leute in gleichem Umfang zu vertreten wie eigene Handlungen, wenn die Leute in Ausübung ihrer Verrichtung handeln. Gleiches gilt auch für Handlungen und Unterlassungen anderer Personen, derer er sich bei Ausführung der Beförderung bedient.

Nach den neuen HGB-Regeln ist das **Prinzip des Wertersatzes** im Güterschadensfall anzuwenden. So dient der Wert des Gutes am Ort und zur Zeit der Übernahme zur Beförderung als Maßstab für Schadensersatz. Der Wert bestimmt sich nach dem Marktpreis, sonst nach dem gemeinen Wert von Gütern gleicher Art und Beschaffenheit.

Die zu leistende Entschädigung wegen Verlust oder Beschädigung der gesamten Sendung ist auf einen Betrag von 8,33 SZR je kg des Rohgewichts (Bruttogewicht) der Sendung begrenzt. Hinzu kommen Ersatz für Fracht, öffentliche Abgaben und sonstige Kosten aus Anlass der Beförderung. Wie bereits erwähnt, werden Güterfolgeschäden nicht ersetzt. Als Güterfolgeschäden gelten weitergehende Vermögensschäden infolge eines entstandenen Güterschadens.

Bei Überschreitung der Lieferfrist ist die Haftung auf den dreifachen Betrag der Fracht begrenzt.

Bei weiteren vertragsbezogenen Schäden, die nicht Güterschäden oder Schäden aus Lieferfristüberschreitung darstellen, also andere Vermögensschäden aus sogenannter „positiver Vertragsverletzung" durch den Transportunternehmer, ist die Haftung begrenzt auf das Dreifache des Betrages, der bei Verlust des Gutes zu zahlen wäre. Nähere Einzelheiten hierzu werden im Nachfolgenden in Verbindung mit dem Haftungskorridor ausgeführt.

Hinweis
Der Transportunternehmer kann sich auf die Haftungsbeschränkungen (Haftungshöchstgrenzen) nicht berufen, wenn der Schaden auf die Handlung oder Unterlassung zurückzuführen ist, die der Frachtführer oder seine Verrichtungsgehilfen vorsätzlich oder leichtfertig und in dem Bewusstsein, dass ein Schaden mit Wahrscheinlichkeit eintreten werde, begangen hat. In diesem Fall ist der Schaden in voller Höhe zu ersetzen.

Um ein **Erlöschen der Ansprüche** zu verhindern, sind

- äußerlich **erkennbare Schäden** oder Verluste vom Absender oder vom Empfänger dem Transportunternehmer spätestens bei Ablieferung des Gutes anzuzeigen;
- äußerlich **nicht erkennbare Schäden** und Verluste (verdeckte Schäden) innerhalb von sieben Tagen – gerechnet nach Kalendertagen – nach Ablieferung schriftlich anzuzeigen;
- Ansprüche wegen **Überschreitung der Lieferfrist** erlöschen, wenn der Empfänger sie nicht innerhalb von 21 Tagen nach Ablieferung schriftlich anzeigt.

Das Erlöschen von Ansprüchen bedeutet, dass eine gerichtliche Durchsetzbarkeit nicht mehr gegeben ist, denn diese sogenannte „Ausschlussfrist" hat ein Gericht in jedem Fall von Amts wegen zu beachten, auch wenn sich der Gegner im Prozess nicht darauf beruft. Ein erloschener Anspruch besteht somit rein rechtlich nicht mehr.

Alle gesetzlichen und vertraglichen Ansprüche sind zudem einer **Verjährung** unterworfen und somit auf ihre Durchsetzbarkeit zeitlich begrenzt. Verjährung bedeutet, dass der Schuldner gegenüber dem Forderungsberechtigten (Gläubiger) nach Ablauf einer bestimmten Frist die Leistung mit Berufung auf den Fristablauf verweigern kann. Die Verjährung lässt eine Forderung nicht erlöschen, sondern räumt dem Schuldner lediglich ein **Leistungsverweigerungsrecht** ein, sofern er sich auf die Verjährung beruft und diese Einrede geltend macht. Bei einer gerichtlichen Auseinandersetzung hat in diesem Fall das Gericht nicht von Amts wegen zu prüfen, ob bereits Verjährung eingetreten ist, sondern der Schuldner muss sein Leistungsverweigerungsrecht durch Berufung auf Verjährung geltend machen.

Ansprüche aus einer Beförderung, die den Vorschriften dieses Unterabschnitts unterliegt, verjähren in einem Jahr. Bei Vorsatz oder bei einem dem Vorsatz gleichstehenden Verschulden beträgt die Verjährungsfrist drei Jahre. Mit dieser Regelung sind Ansprüche sowohl gegen den Transportunternehmer (Herausgabe des Gutes, Schadensersatzleistungen, Abtretung von Ansprüchen gegen andere, Auszahlung einer kassierten Nachnahme) als auch gegen den Absender (Frachtzahlung, Ersatz von Aufwendungen, Schadensersatzforderungen) erfasst. Die Frist beginnt mit Ablauf des Tages, an dem das Gut abgeliefert wurde oder mit Ablauf des Tages, an dem es hätte abgeliefert werden müssen.

Eine Neuerung bringt das HGB in Bezug auf das **Pfandrecht**, mit dem der Transportunternehmer seine Forderungen sichern kann. Während bisher nur das konnexe Pfandrecht ausgeübt werden konnte und das inkonnexe Pfandrecht nur durch Vereinbarung über Geschäftsbedingungen wirksam wurde, ist nunmehr dieses Recht auf inkonnexe Forderungen aus anderen mit dem Absender geschlossenen Verträgen ausgedehnt worden. Es muss sich allerdings um unbestrittene Forderungen handeln. Neu ist in diesem Zusammenhang auch, dass sich das Pfandrecht auf die Begleitpapiere erstreckt. In der Regel wäre auch eine Verwertung des Pfandes ohne Papiere kaum möglich.

Pfandrecht ist das dingliche Recht, sich wegen einer Forderung aus einem fremden Gegenstand (Sachen oder Recht) zu befriedigen. Nach Androhung und fruchtlosem Ablauf einer gesetzten Zahlungsfrist kann der Gegenstand grundsätzlich durch öffentliche Versteigerung verwertet werden. Im Einvernehmen mit dem Eigentümer kann auch eine andere Verwertungsart vereinbart werden. Der BGH hat infolge immer wieder auftretender Rechtsunsicherheiten mit Rechtsprechung vom Juni 2010 zusammenfassend folgende Rechtsauffassung verkündet:

- Das **konnexe Pfandrecht** kann nur an den Gütern der Sendung ausgeübt werden, auf die sich die Forderung bezieht, es kann also nur **vertragsbezogen** angewendet werden. Steht das zur Beförderung übergebene Gut nicht im Eigentum des Absenders, so genügt es für die Entstehung eines Frachtführerpfandrechts, dass der Eigentümer mit dem Transport uneingeschränkt einverstanden ist, was sich auch aus einem konkludent erklärten generellen Einverständnis des Eigentümers ergeben kann.
- Das **inkonnexe Pfandrecht** bezieht auch offenstehende Forderungen aus vorhergehenden Verträgen ein, es kann also **nicht nur vertragsbezogen** ausgeübt werden. Die Entscheidung des BGH stellt nunmehr endgültig klar, dass ein inkonnexes Frachtführerpfandrecht nur an Gütern entstehen kann, wenn der Absender und somit Frachtschuldner zugleich auch Eigentümer der Güter ist. Wird der ausführende Frachtführer von einem Spediteur/Frachtführer beauftragt, muss er in der Regel davon ausgehen, dass dieser nicht der Eigentümer des zu befördernden Gutes ist.

Die letzten Bestimmungen des Ersten Unterabschnitts befassen sich mit dem sogenannten **„Haftungskorridor"**. Diese Regelung wurde neu eingeführt und die Vereinbarungsmöglichkeit erinnert an die nicht mehr bestehenden Margentarife, die auch innerhalb eines bestimmten Margenbereichs die freie Vereinbarung des Beförderungsentgelts zuließen.

Zunächst ist anzumerken, dass unter besonderer Berücksichtigung des Verbraucherschutzes im Rahmen der Vertragsfreiheit von den vorgeschriebenen Haftungsgrundsätzen nur dann abgewichen werden kann, wenn die Vertragsparteien einvernehmlich jeweils für den einzelnen Vertrag Abweichungen aushandeln. Diese abweichenden Vereinbarungen können dann allerdings auch für eine Mehrzahl von gleichartigen Verträgen zwischen denselben Vertragsparteien getroffen werden. Somit sind derartige Vereinbarungen unter Anwendung von vorformulierten Vertragsbedingungen, wie sie beispielsweise AGB darstellen, ausgeschlossen. Diese Vorschriften sind somit als AGB-fest zu bezeichnen; sie können also durch AGB nicht verdrängt werden.

Auf der Grundlage von AGB, also sogenannten „vorformulierten Vertragsbedingungen", kann nur von den Grundsätzen der zu leistenden Entschädigung wegen Verlust und Beschädigung der Güter abgewichen werden. In diesem Fall kann von der Regelhaftung (8,33 RE der Sonderziehungsrechte je kg) abgewichen werden, wenn dieser Betrag

1. zwischen zwei und vierzig Rechnungseinheiten liegt und der Verwender der vorformulierten Vertragsbedingungen seinen Vertragspartner in geeigneter Weise darauf hinweist, dass diese einen anderen als den gesetzlichen vorgesehenen Betrag vorsehen oder
2. für den Verwender der vorformulierten Vertragsbedingungen ungünstiger ist als der in § 431 Abs. 1 und 2 vorgesehene Betrag.

Gleiches gilt für die vom Absender nach § 414 zu leistende Entschädigung.

Somit soll sichergestellt werden, dass der Vertragspartner des Frachtführers, der sich derartigen Bedingungen unterwirft, ebenfalls im Rahmen von AGB seine nach § 414 unbeschränkte Haftung limitieren kann. Liegt der abweichende Betrag über der Regelhaftung von 8,33 RE der SZR, so ist er vom Grundsatz her für den Verwender ungünstiger.

Bei Abweichungen von der Regelhaftung ist jedoch die Haftungsregelung für Vertragsverletzungen besonders zu berücksichtigen, nach der die Haftung auf das Dreifache des Betrags, der bei Verlust des Gutes zu zahlen wäre, begrenzt ist. Wird nun – nach oben – bis zur zugelassenen Obergrenze (40 SZR entsprechen etwa 50 € je br/kg, Stand: April 2016) eine abweichende

Haftung bei Güterschäden vereinbart, so wirkt sich diese Vereinbarung dahingehend aus, dass im Fall von Vertragsverletzungen bis zu einer Höhe von etwa 150 € je br/kg Schadensersatz zu leisten ist. Das bedeutet bei einer Sendung von 20.000 kg eine Anhebung der Haftungshöchstgrenze auf etwa 3 Mio. €.

Hinweis
Der Wert der Sonderziehungsrechte (SZR) wird täglich vom International Monetary Fund (IMF bzw. deutsch IWF = Internationaler Währungsfond) festgesetzt. Die aktuellen Tageskurse können jederzeit unter HYPERLINK „http://www.imf.org" www.imf.org eingesehen werden. Zur rückwirkenden Bearbeitung von Schadensfällen führt der Gesamtverband der Deutschen Versicherungswirtschaft e.V. (GDV) ein Fachinformationssystem, das auch ältere Kursdaten liefert unter www.tis-gdv.de.

Einen besonderen Schutz genießt nach dieser Rechtsnorm der Absender, wenn es sich um einen Verbraucher (dieser Begriff wurde bereits am Anfang der Ausführungen definiert) handelt. In diesem Fall hat der Gesetzgeber eine zwingende Anwendung vorgeschrieben und es kann nicht zu seinem Nachteil von der gesetzlichen Haftungshöhe (8,33 SZR je kg) abgewichen werden.

Auch wenn der Frachtvertrag ausländischem Recht unterliegt, so gelten vorstehende Haftungsregelungen immer dann, wenn nach dem Vertrag der Ort der Übernahme und der Ort der Ablieferung im Inland (also in Deutschland) liegen (Territorialitätsprinzip). Diese Regelung ist wichtig, sofern es sich um Kabotagebeförderungen handelt und der ausländische Transportunternehmer somit den deutschen Rechtsvorschriften unterworfen bleibt.

Zweiter Unterabschnitt

Dieser Abschnitt normiert die **Beförderung von Umzugsgut** und somit den Umzugsvertrag. Grundsätzlich sind auch in diesem Fall die Bestimmungen des Ersten Unterabschnitts anzuwenden, soweit in diesem Zweiten Unterabschnitt keine Sonderregelungen vorgesehen sind.

Die Pflichten des Transportunternehmers – in der Praxis spricht man hier vom Möbelspediteur – umfassen auch das Ab- und Aufbauen der Möbel sowie das Ver- und Entladen des Umzugsgutes. Ist der Absender ein Verbraucher, so zählt zu den Pflichten des Transportunternehmers ferner die Ausführung sonstiger auf den Umzug bezogener Leistungen wie die Verpackung und Kennzeichnung des Umzugsgutes.

Einen besonderen Schutz genießt auch hier der Absender, wenn es sich um einen Verbraucher handelt. Abweichend vom Ersten Unterabschnitt ist der Absender nicht verpflichtet, einen Frachtbrief auszustellen. Auch ist er von einer umfassenden Informationspflicht bei gefährlichen Gütern befreit. In diesem Fall genügt ein allgemeiner Hinweis über die vom Gut ausgehende Gefahr. Ergänzend werden **besondere Haftungsausschlussgründe** aufgeführt, die wiederum zum Schutze des Transportunternehmers gedacht sind. So ist er von der Haftung befreit, soweit der Verlust oder die Beschädigung auf eine der folgenden Gefahren zurückzuführen ist:

1. Beförderung von Edelmetallen, Juwelen, Edelsteinen, Geld, Briefmarken, Münzen, Wertpapieren oder Urkunden
2. ungenügende Verpackung oder Kennzeichnung durch den Absender
3. Behandeln, Verladen oder Entladen des Gutes durch den Absender
4. Beförderung von nicht vom Transportunternehmer verpacktem Gut in Behältern

5. Verladen oder Entladen von Gut, dessen Größe oder Gewicht den Raumverhältnissen an der Ladestelle oder Entladestelle nicht entspricht, sofern der Transportunternehmer den Absender auf die Gefahr einer Beschädigung vorher hingewiesen und der Absender auf der Leistung bestanden hat
6. Beförderung lebender Tiere oder von Pflanzen
7. natürliche oder mangelhafte Beschaffenheit des Gutes, der zufolge es besonders leicht Schäden, insbesondere durch Bruch, Funktionsstörungen, Rost, inneren Verderb oder Auslaufen, erleidet.

Ist ein Schaden eingetreten, der nach den Umständen des Falles aus einer der vorgenannten Gefahren entstehen konnte, so wird vermutet, dass der Schaden aus dieser Gefahr entstanden ist. Der Transportunternehmer kann sich auf Haftungsbefreiung nur berufen, wenn er alle ihm nach den Umständen obliegenden Maßnahmen getroffen und besondere Weisungen beachtet hat. Hierfür hat er Beweis anzutreten.

Abweichend vom Ersten Unterabschnitt haftet der Transportunternehmer wegen Verlust oder Beschädigung bis zu einem Höchstbetrag von 620 € je m^3 Laderaum, der zur Erfüllung des Vertrages benötigt wird.

Ebenfalls abweichend geregelt ist das Erlöschen von Ansprüchen wegen Verlust oder Beschädigung des Gutes:

- Ansprüche für äußerlich erkennbare Schäden erlöschen, wenn sie nicht spätestens am Tag nach der Ablieferung angezeigt worden sind.
- Verdeckte Schäden sind innerhalb von vierzehn Tagen nach der Ablieferung anzuzeigen.

Im Zusammenhang mit den Haftungsbestimmungen und den Reklamationsfristen hat der Transportunternehmer zu beachten, dass er im Fall eines Verbrauchers als Partner diesen auf die besonderen Haftungsbestimmungen schriftlich aufmerksam zu machen hat. Auch hat er die Verpflichtung, auf die Möglichkeiten einer weitergehenden Haftung oder den Abschluss einer Versicherung hinzuweisen. Ebenfalls hat er spätestens bei der Ablieferung des Gutes den Empfänger über die Form und Frist der Schadensanzeige sowie die Rechtsfolgen bei Unterlassung der Schadensanzeige zu unterrichten.

Ähnlich wie im Ersten Unterabschnitt können auch hier zwischen den Vertragspartnern von den Haftungsbestimmungen abweichende Vereinbarungen getroffen werden, sofern wiederum der Partner nicht ein Verbraucher ist. Ein Haftungskorridor ist jedoch nicht vorgesehen, sodass es in diesem Fall den Vertragspartnern selbst überlassen bleibt, welche Vereinbarungen sie im Einzelfall treffen wollen.

Dritter Unterabschnitt

Zum ersten Mal wird im deutschen Recht der sogenannte **„multimodale Transport“** geregelt. Der Wortlaut des HGB beschreibt diesen Tatbestand wie folgt:

Wird die Beförderung des Gutes aufgrund eines einheitlichen Frachtvertrags mit verschiedenartigen Beförderungsmitteln durchgeführt und wären, wenn über jeden Teil der Beförderung mit jeweils einem Beförderungsmittel (Teilstrecke) zwischen den Vertragsparteien ein gesonderter Vertrag abgeschlossen worden wäre, mindestens zwei dieser Verträge verschiedenen Rechtsvorschriften unterworfen, so sind auf den Vertrag die Vorschriften des Ersten Unterabschnitts anzuwenden, soweit die folgenden besonderen Vorschriften oder andere internationale Übereinkommen nichts anderes bestimmen. Dies gilt auch dann, wenn ein Teil der Beförderung zur See durchgeführt wird.

Diese Vorschrift erfasst Beförderungsfälle, die nach derzeitiger Rechtslage im innerdeutschen Verkehr kaum vorkommen können, da die Verkehrsträger Straßengüterverkehr, Eisenbahngüterverkehr, Binnenschiffsgüterverkehr und auch der Luftfrachtverkehr gleichermaßen zurzeit ohnehin denselben Bestimmungen des HGB unterworfen sind und somit die Anwendung unterschiedlicher Rechtsvorschriften nicht vorkommen kann. Lediglich die Einbeziehung eines Seeschiffs in die Transportkette z. B. von Bremen durch den Nord-Ostsee-Kanal nach Lübeck würde diesem Tatbestand entsprechen, da hierfür andere Vertragsbestimmungen gelten.

4.1.4.2 Vertragsrechtsempfehlungen der Frachtführer und Speditionsverbände

Die Transportrechtsreform sollte im Grundsatz zu einer Vereinheitlichung und insbesondere zu einer Vereinfachung des gesamten Frachtrechts führen. Die Vereinheitlichung durch Zusammenfassung des Frachtführerrechts im Vierten Abschnitt des HGB ist insoweit als weitgehend verwirklicht anzusehen. Eine Anlehnung an die Bestimmungen der CMR ist dabei auch in weiten Teilen erkennbar.

Eine Vereinfachung wäre zusätzlich erzielt worden, wenn allein die Bestimmungen des HGB als Vertragsrechtsgrundlage für alle Verkehrsträger einheitlich zur Anwendung ausgereicht hätten. Da jedoch die verschiedenen Verkehrsträger bzw. Frachtführerverbände ergänzenden Regelungsbedarf für unverzichtbar hielten, wurden als Ergänzung zum HGB eine Reihe von Allgemeinen Geschäfts- oder Vertragsbedingungen erarbeitet, dem Kartellamt zur Genehmigung vorgelegt und den Unternehmern dann zur Anwendung empfohlen. Die ausgesprochene Vielfalt von neuen Vertragsrechtsempfehlungen wird sicherlich bei einigen Unternehmern Verwirrung hervorgerufen haben und sie führt auch nicht unbedingt zu einer Erleichterung bei der Ausbildung von Kaufleuten für Speditions- und Logistikdienstleistungen. Es muss daher an dieser Stelle noch einmal ausdrücklich darauf hingewiesen werden, dass diese unverbindlichen Empfehlungen nur Geltung erlangen, wenn sie von beiden Vertragspartnern einvernehmlich dem Vertrag zugrunde gelegt werden. Außerdem können vom HGB abweichende Vereinbarungen nur außerhalb der AGB-festen Bestimmungen getroffen werden.

Nach derzeitigem Stand wurden weitere Empfehlungen, wie z. B. Allgemeine Lagerbedingungen des Deutschen Möbeltransports (ALB), als Konditionenempfehlung beim Bundeskartellamt angemeldet und die Bundesfachgruppe Schwertransporte und Kranarbeiten (BSK) hat ebenfalls eigene spezielle AGB veröffentlicht.

Es ist weiterhin zu berücksichtigen, dass sämtliche Kurier- und Expressdienste über eigene Geschäftsbedingungen ihre Tätigkeiten abwickeln.

Der Umfang dieses Leitfadens gestattet es verständlicherweise nicht, auf Einzelheiten aller Verbandsempfehlungen einzugehen. Die nachstehenden Ausführungen sollen lediglich dazu dienen, eine kurze Übersicht über die wesentlichen Vertragsempfehlungen für den Straßengüterverkehr zu vermitteln.

Vertragsbedingungen für den Güterkraftverkehrs-, Speditions- und Logistikunternehmer (VBGL)

Diese Verbandsempfehlungen wurden im Januar 2003 herausgegeben und mit Fassung vom 13.6.2013 dem geänderten Seehandelsrecht angepasst. Sie stellen ergänzende Regelungen zum HGB dar und sollen im Einzelnen präziser das regeln, wofür das HGB Gestaltungsspielraum gelassen hat:

- Bei der Haftung im Frachtgeschäft bleibt es bei einer durchgängigen Haftung von 8,33 SZR je br/kg über die gesamte Beförderungskette, also auch bei der transportbedingten Zwischenlagerung.
- Das Speditionsgeschäft wird eigenständig geregelt. In § 29 VBGL ist die Haftungsbeschränkung im Speditionsgeschäft – mit Ausnahme der verfügten Lagerung – auf 8,33 SZR je br/kg durchgängig festgeschrieben. Ergänzend wurde nunmehr bei einer Beförderung mit verschiedenartigen Beförderungsmitteln unter Einschluss einer Seebeförderung im Hinblick auf den Wegfall des Haftungsausschlusses bei Schäden durch nautisches Verschulden oder Feuer die Haftung für diese Ursachen ausgeschlossen.
- Im Bereich der verfügten Lagerung bleibt es bei der Grundhaftung von 5 € je br/kg gegenüber 8,33 SZR in den ADSp. Die Begrenzung der Haftung je Schadensfall beträgt 25.000 € wie in den ADSp.
- Die Haftung des Spediteurs für andere als Güterschäden mit Ausnahme von Personenschäden und Sachschäden an Drittgut ist an § 433 HGB angepasst worden und enthält zwei Haftungsgrenzen. Der Spediteur haftet der Höhe nach begrenzt auf das Dreifache des Betrags, der bei Verlust zu zahlen wäre, höchstens auf einen Betrag von 100.000 € je Schadensfall.
- Unverändert blieben die Informationspflichten des Absenders, dass dieser bereits bei Auftragserteilung mitzuteilen hat, ob es sich um Güter handelt, die regelmäßig von der Versicherungsdeckung ausgeschlossen sind, wie z. B. Kunstgegenstände oder Antiquitäten.
- Weiterhin haben sich Frachtführer und Spediteur gegen Schäden in marktüblichem Umfang zu versichern, für die sie nach den Bedingungen und nach dem HGB im Rahmen der Regelhaftungssummen haften. Auf besonderen schriftlichen Wunsch besorgt der Spediteur für den Kunden die Versicherung des Gutes.

Wie schon eingangs erwähnt, weichen diese Geschäftsbedingungen nicht von den Grundsätzen des HGB ab. Sie sollen nur in den Bereichen mit Gestaltungsspielraum den Vertragspartnern als Hilfestellung dienen und eventuellen späteren Auseinandersetzungen vorbeugen, sodass bei Vertragsabschluss für die nötige Klarheit gesorgt ist.

Allgemeine Bedingungen der deutschen Möbelspediteure für Beförderungen von Handelsmöbeln (ABBH)

Das HGB erfasst nach der Transportrechtsreform in besonderen Vorschriften nur die Beförderung von Umzugsgut. Darüber hinaus werden in diesem Transportbereich üblicherweise auch Handelsmöbel, EDV-Anlagen, medizinische Geräte, andere transportempfindliche Güter sowie Kunstgegenstände mit besonders eingerichteten Fahrzeugen befördert. Mit Ausnahme des Umzugsverkehrs würde demnach die Beförderung der anderen Güterarten den allgemeinen Beförderungsbedingungen des HGB grundsätzlich unterliegen. Da jedoch die Leistungsanforderungen in diesen genannten Bereichen gerade nicht den Beförderungen von allgemeinem Transportgut entsprechen, sah sich die Gewerbevertretung der Möbelspediteure (AMÖ) veranlasst, ergänzende Geschäftsbedingungen nach Anmeldung beim Bundeskartellamt zur Anwendung zu empfehlen. So entstanden nicht nur die in der Überschrift genannten ABBH, sondern zusätzlich

- Allgemeine Geschäftsbedingungen für Umzugstransporte,
- Allgemeine Bedingungen der deutschen Möbelspediteure für Beförderungen von EDV-Anlagen, medizintechnischen Geräten und ähnlichen transportempfindlichen Gütern (ABB-EDV),
- Allgemeine Bedingungen der deutschen Kunstspediteure (AB-KUNST),
- Allgemeine Lagerbedingungen des deutschen Möbeltransports (ALB).

(Die Abkürzung ALB darf nicht verwechselt werden mit den Allgemeinen Leistungsbedingungen (ALB) der Deutschen Bahn AG, nunmehr der DB Cargo AG.)

Wie bereits bei den VBGL ausgeführt, handelt es sich in allen Fällen ebenfalls um ergänzende Bestimmungen zum HGB, die im Einzelnen vor Vertragsabschluss für klärende Vertragsvereinbarungen sorgen sollen. So wird beispielsweise eine Standgeldregelung bei Wartezeiten in Bezug auf die Sendungsgröße spezifiziert. Derartige Regelungen werden im HGB nicht gesondert behandelt.

Die Vielfalt der Geschäftsbedingungen kann verständlicherweise im Rahmen dieses Buches nicht dargestellt werden.

Allgemeine Deutsche Spediteurbedingungen 2016 (ADSp 2016)

Die Allgemeinen Deutschen Spediteurbedingungen 2016 (ADSp 2016) sind in Kapitel 3 ausführlich behandelt.

4.1.5 Die Preisbildung im gewerblichen Güterkraftverkehr

4.1.5.1 Preisbildungsempfehlungen der Unternehmerverbände

Mit Änderung des GüKG zum 1.7.1998 wurde bekanntlich auch der Unterschied zwischen den Verkehrsbereichen Güternahverkehr, Güterfernverkehr und Umzugsverkehr aufgegeben und es wurden die drei Bereiche zum gewerblichen Güterkraftverkehr zusammengeschmolzen.

Nachdem am 1.1.1994 die Tarifvorschriften für den damaligen Güternahverkehr und den Möbelverkehr (Umzugsverkehr und Handelsmöbelverkehr) aufgehoben worden waren, hatten die Unternehmerverbände ihren Mitgliedern unverbindliche Preisempfehlungen als Erleichterung für den Übergang bis zur kostenorientierten und somit eigenverantwortlichen Preisbildung zur Verfügung gestellt. Für den Nahverkehr waren Kostenorientierte Unverbindliche Richtpreistabellen (KURT) veröffentlicht worden. Die Möbelspediteure orientierten sich bei der Preisbildung an sogenannten „Mittelstandsempfehlungen" der Arbeitsgemeinschaft Möbeltransport Bundesverband (AMÖ). Diese unverbindlichen Preistabellen sind zwischenzeitlich ersatzlos ausgelaufen und die Unternehmer kalkulieren nunmehr ihre Entgelte auf der Basis einer eigenen Kostenrechnung oder eigener Haustarife.

Mit Wirkung vom 1.1.1994 wurde auch der Güterfernverkehrstarif (GFT) aufgehoben und an die Stelle der verordneten Entgelte trat die eigenverantwortliche Preiskalkulation.

Anders als im Güternahverkehr hatte sich der damalige Bundesverband des Deutschen Güterfernverkehrs (BDF), inzwischen umbenannt in Bundesverband Güterkraftverkehr, Logistik und Entsorgung e.V. (BGL), gegen die Veröffentlichung von Preisempfehlungen entschieden. Die Bedenken richteten sich in erster Linie gegen bestimmte Annahmen, die bei der Kalkulation dieser Art als Grundlage heranzuziehen wären. Sowohl der benötigte Zeitaufwand als auch die Auslastung des Fahrzeugs wären von grundlegender Bedeutung und sie könnten so nicht als ausgewogene Größen Berücksichtigung finden. Ferner würde zur Ermittlung der reinen Fahrzeit eine Durchschnittsgeschwindigkeit von 60 km/h unterstellt und mit den Be- und Entladezeiten würde in gleicher Weise verfahren. In diesen Fällen müssten Durchschnittswerte in die Kalkulation von Richtpreisen eingehen, unabhängig davon, ob beispielsweise ein Industrie- oder Handelskunde mit höchst unterschiedlichen Warte- und Abfertigungszeiten bedient würde. Ebenfalls wäre der zugrunde zu legende Leerfahrtanteil in einer Richtpreistabelle nur über einen Durchschnittswert zu kalkulieren. Da jedoch täglich wechselnde und höchst unterschiedliche Einsatzbedingungen vorkommen, könne man mithilfe von Durchschnittswerten pauschal nicht kalkulieren. Eine Reduzierung der Durchschnittsgeschwindigkeit von 60 km/h auf 40 km/h führe so schon zu Mehrkosten in zweistelliger Höhe. Individuelle auftragsbezogene Abweichungen von den Durchschnittswerten bewirkten, dass die tatsächlich bei der Transportabwicklung entstandenen Kosten über den in den Richtpreistabellen ausgewiesenen und mit dem Kunden vereinbarten Abrechnungssätzen lägen. Der Unternehmer könne somit bei Anwendung empfohlener Richtpreise keine Kostendeckung und erst recht keinen Gewinn erzielen.

Aus diesen Grundüberlegungen heraus hat der BGL zur Unterstützung der mittelständischen Transportunternehmen ein **Kosteninformationssystem** entwickelt.

Kernstück dieses Informationssystems ist die regelmäßige Ermittlung und Weitergabe von durchschnittlichen Kalkulationssätzen für bestimmte Fahrzeugtypen, für das Fahrpersonal und für Neben- und Zusatzleistungen. Konkret zum Ausweis kommen Kostenverrechnungssätze aus gutgeführten Transportunternehmen für bestimmte Fahrzeugtypen und bestimmte Einsatzarten, Personalkostenverrechnungssätze für den Fahrer und Beifahrer sowie Kostenrichtwerte für standardisierbare Neben- und Zusatzleistungen. Im Vergleich hierzu zitiert der BGL das „Handwerk“, bei dem eine derartige Praxis in Form der Veröffentlichung von Verrechnungssätzen seit Jahren üblich sei.

Zur Ermittlung und Berechnung der aktuellen Kostenverrechnungssätze im Gewerbe werden regelmäßig in gutgeführten Unternehmen **Kalkulationseckdaten** durch den BGL erhoben. Diese Kalkulationseckdaten werden unter Wahrung des Datenschutzes in Durchschnittswerten zusammengefasst und dann in Form von Kostenverrechnungssätzen zur Veröffentlichung bereitgestellt.

Der BGL sieht in diesem System gegenüber von Empfehlungspreisen folgende Vorteile:

- Der Unternehmer wird in die Lage versetzt, auf Basis der aktuellen auftragsspezifischen Kostensituation Angebote zu kalkulieren.
- Bei der Angebotserstellung werden die jeweiligen individuellen Leistungsbedingungen berücksichtigt, z. B. Wartezeiten zur Be- und Entladung, Fahrzeiten, Auslastungsgrade, etc.
- Es gibt keine „ausgerechneten Preise“ und damit auch keine sogenannten „marktgegebenen“ oder „marktüblichen“ Prozentabschläge; die Marktpartner werden veranlasst, über Mengengerüste, Leistungen und deren Kosten zu verhandeln und nicht nur über Prozentabschläge auf fiktive Durchschnittspreise.

Zu diesem Kosteninformationssystem hat der BGL zusätzlich eine Anleitung in Form eines Leitfadens herausgegeben, mit dem die Anwendung dieses Systems erläutert wird.

Der gleichen Zielsetzung dient das EDV-Programm **KALIF** (Kalkulation im Güterfernverkehr). Gegenüber dem manuellen System hat diese EDV-gestützte Lösung den Vorteil, dass nur die Eckdaten einer Tour bzw. eines Umlaufs vom Anwender eingegeben werden müssen. KALIF ermittelt daraufhin automatisch die zeitoptimale Route, die Gesamtentfernung sowie den für die Durchführung zu veranschlagenden Zeitaufwand. Mithilfe von KALIF kann eine komplette Kalkulation in wenigen Sekunden durchgeführt werden.

Wie bei dem manuellen System können betriebsindividuelle Werte oder die Kostensätze des BGL-Kosteninformationssystems verarbeitet werden. Da die Daten einer ständigen Veränderung unterliegen, ist eine Veröffentlichung in diesem Rahmen hier wenig sinnvoll.

Beide Systeme können über den BGL-Infoservice in Frankfurt bezogen werden.

4.1.5.2 Preisbildung auf der Grundlage einer Fahrzeugkostenrechnung

Die Kosten- und Leistungsrechnung des Spediteurs wird umfassend im LORENZ 2 behandelt, sodass an dieser Stelle nur kurz die Fahrzeugkostenrechnung als Teilbereich der gesamten Kostenrechnung vorgestellt wird.

Die Kostenrechnung im Transportgewerbe kann – je nach Größe des Betriebs – im Wesentlichen auf der Fahrzeugkostenrechnung aufbauen. Bei dieser Rechnungsart wird die Kalkulation im Grundsatz von den Kosten ausgehen, die direkt durch den Betrieb eines Kraftfahrzeugs entstehen. Die allgemeinen Verwaltungskosten, wie z. B. Miete, Telefon, Werbung, Postgebühren usw., sind im Fall einer Vollkostenrechnung allerdings auch zu berücksichtigen. Diese Kosten weisen in mittleren bis größeren Betrieben wegen der individuell umfangreicheren Angebotspalette auch einen wesentlich größeren Anteil auf und sie nehmen somit auch einen höheren Stellenwert im Rahmen der Kostenrechnung ein. Da sie bei kleineren Betrieben überschaubarer sind und sich diese Kosten mit der Anzahl der Fahrzeuge nicht proportional verändern, d. h. sie entwickeln sich nicht je Fahrzeug in der gleichen Größe, können pauschale Werte angenommen werden.

Bei der Fahrzeugkostenrechnung kennt man einerseits die Vollkostenrechnung und andererseits die Teilkostenrechnung. Der Unterschied wird bereits durch die beiden Begriffe selbst definiert:

Im Rahmen der **Vollkostenrechnung** werden nämlich sämtliche anfallende Kostenarten erfasst und dem Fahrzeug voll zugerechnet. Hierzu zählen dann nicht nur die Kosten, die allein durch den Betrieb des Fahrzeugs entstehen und die direkt dem Fahrzeug zugeordnet werden können, sondern hinzu kommen auch alle anderen Kosten, die unter „Gemeinkosten" zusammengefasst werden, wie Verwaltungs-/Bürokosten und andere kalkulatorische Kosten, die als indirekte Kosten bezeichnet werden; für diese Kosten ist dann allerdings bei Einsatz von mehreren Fahrzeugen ein entsprechender Verteilerschlüssel festzulegen. Als Basis für die Preisbildung würde diese Art der Kostenrechnung verständlicherweise zu einem optimalen Betriebsergebnis führen.

Bei der **Teilkostenrechnung** werden nur die direkten Kosten berücksichtigt; die indirekten Kosten werden nicht in die Kalkulation miteinbezogen. Geht man bei der Preisbildung von dieser Rechnungsart aus, so wird hierbei auch nur ein Teil der anfallenden Gesamtkosten gedeckt.

Beide Rechnungsarten stellen keine Alternativlösung dar, sondern sie sind im Rahmen einer vernünftigen Betriebsführung stets nebeneinander anzuwenden. Denn einerseits wird man den über die Vollkostenrechnung gebildeten Transportpreis naturgemäß nicht zu jeder Zeit am Markt durchsetzen können, andererseits kann logischerweise auf Dauer ein Betrieb nicht überleben, wenn nur ein Teil der Gesamtkosten unter Anwendung der Deckungsbeitragsrechnung erlöst wird.

Die verkehrswirtschaftliche Praxis hat verschiedene Ausprägungen der **Deckungsbeitragsrechnung** entwickelt, die nicht in allen Fällen mit den wirtschaftswissenschaftlich erarbeiteten Grundlagen der Deckungsbeitragsrechnung übereinstimmen. Auf diese sachlich fachlichen Differenzen zwischen Praxis und Wissenschaft soll hier nicht weiter eingegangen werden.

Diese Art der Kostenrechnung berücksichtigt bei der Kalkulation jeweils nur einen Teil der Gesamtkosten und entsprechend dem erzielten Frachterlös wird später der sogenannte „Grad des Deckungsbeitrags" festgestellt. Da bekanntlich nicht zu jeder Zeit am Markt ein Preis auf der Basis der Vollkostenrechnung durchsetzbar ist, kann im Rahmen der Deckungsbeitragsrechnung unter Berücksichtigung der dem jeweiligen Auftrag zurechenbaren Einzelkosten zumindest ein Teil der anfallenden Gesamt-/Fixkosten gedeckt werden. Selbstverständlich würde auf lange Sicht bei ausschließlicher Anwendung dieser Rechnungsart die Existenz eines Betriebes vernichtet werden. Für kurzfristige Entscheidungen ist es allerdings unerlässlich, hiervon Gebrauch zu machen, insbesondere dann, wenn dadurch anfallende Leerfahrten vermieden werden, bei denen naturgemäß nicht einmal ein Teil der Kosten erlöst wird.

Eine erschöpfende Beschreibung dieser beiden Arten der Kostenrechnung ist vom Umfang her im Rahmen dieser Darstellung nicht möglich. Die Vielschichtigkeit und die Bedeutung von weiteren Kosteneinflussgrößen, wie z. B. Dauer der Be- und Entladezeiten und Anzahl der Be- und Entladestellen eines Auftrags, die Dauerbeschäftigung für einen Großauftraggeber oder die Einflüsse der Konjunkturentwicklung mussten verständlicherweise ausgelassen werden.

Hinweis
Die Darstellungen einer aktuellen Fahrzeugkostenrechnung werden im LORENZ 2 im Rahmen der Kosten- und Leistungsrechnung des Spediteurs aufgeführt.

Zur Orientierung, welche Kostengrößen in eine Fahrzeugkostenrechnung einfließen und wie diese in der Praxis aussehen könnte, ist das folgende Beispiel abgebildet.

Fahrzeugkostenrechnung

Fernverkehrsfahrzeug

Basisdaten und Kapitalwerte

Basisdaten	Motorwagen Zugmaschine	Anhänger Auflieger	Lastzug Sattelzug
A. Technische Angaben			
1. Amtl. Kennzeichen			
2. Fabrikat			
3. Typ	SZM	Curtainsider	
4. Baujahr	2000		
5. Anschaffungsjahr	2000		
6. Leistung in KW/PS	213		
7. Zul. Gesamtgewicht in t	15	25	40,0
8. Nutzlast in t	8	17	25,0
9. Reifengröße	315/70 R 22,5	385/65 R 22,5	
10. Anzahl Achsen/Reifen	2/6	3/6	
B. Kalkulationsdaten			
11. km Leistung im Jahr	120.000	120.000	
12. Einsatztage im Jahr	240	240	
13. Nutzungsdauer in Jahren	5	8	
14. Nutzungsdauer in km	600.000	960.000	
Laufleistungen:			
15. Reifen Vorderachse	80.000	120.000	
16. Reifen Hinterachse	80.000	120.000	
17. Reifen Liftachse			
Einzelpreise:			
18. Reifen Vorderachse	388,00 €	360,00 €	
19. Reifen Hinterachse	388,00 €	360,00 €	
20. Reifen Liftachse			
Kraftstoff:			
21. Verbrauch Liter/100 km	42,0		42,0
22. Preis Eigentankungen			
23. Preis Fremdtankungen			Durchschnittspreis
24. Anteil Eigentankungen %			0,86 €/l
C. Kapitalwerte			
25. Wiederbeschaffungspreis ohne Bereifung	108.950 €	32.360 €	
26. Restwert	10.000 €	5.000 €	
27. Kaufpreis mit Bereifung	97.948 €	25.360 €	
28. Kaufpreis ohne Bereifung	95.620 €	23.200 €	
29. Halber Kaufpreis mit Bereifung	48.974 €	12.680 €	
30. Tagesumsatz je Einsatztag	825 €	600 €	
31. Geldeingang in Tagen	20	20	
32. Umlaufvermögen	11.000 €	8.000 €	
33. Betriebsnotw. Vermögen	59.974 €	20.680 €	80.654 €

Tab. 4.1-2: Fahrzeugkostenrechnung Basisdaten

Quelle: BSH, Fachwissen für Speditions- und Logistikkaufleute

Errechnung der Fahrzeugkosten

Fernverkehrsfahrzeug (Vollkostenrechnung)

D. Auswertung	Motorwagen €/Jahr	Anhänger €/Jahr	Zug €/Jahr	Cent/km	€/Tag
34. Abnutzung (50 %)	9.895	1.710	11.605	9,67	
35. Treibstoff	43.344		43.344	36,12	
36. Schmierstoff (3 %)	1.300		1.300	1,08	
37. Reifen	3.492	2.160	5.652	4,72	
38. Reparatur. eigen					
39. Reparatur. fremd	8.860	1.580	10.440	8,70	
40. Sonst. Betriebskosten	250		250	0,20	
41.					
42. km-abhängige Kosten	**67.141**	**5.450**	**72.591**	**60,49**	
43. Fahrerlohn	28.280				
44. Urlaubsgeld	480				
45. Weihnachtsgeld					
46. Personalfaktor/Aushilfe	5.750				
47. Sozialaufwendungen	8.826				
48. Fahrerspesen	4.100				
49. Sonst. Personalkosten					
50.					
51. Fahrpersonalkosten	**47.436**		**47.436**		**197,65**
52. Entwertung (50 %)	9.895	1.710	11.605		
53. Zins (11,5 % vom betriebsnotwendigen Vermögen)	6.897	2.378	9.275		
54. Kfz-Steuer	1.054	845	1.899		
55. Haftpflicht	4.730	75	4.805		
56. Kasko	1.596	280	1.876		
57. Güterschadenhaftpflichtversicherung	870		870		
58. Autobahngebühr	1.340		1.340		
59. Feste Fahrzeugkosten	**26.382**	**5.288**	**31.670**		**131,96**
60. Einsatzkosten (100%) Summe 42. + 51. + 59.	**140.959**	**10.738**	**151.697**		
61. Allgem. Verwaltungskst.(10 %)			15.170		
62. Unternehmerlohn (13 %)			19.721		
63. Unternehmensrisiko (2,5 %)			3.868		
64. Unternehmensgewinn (nicht berücksichtigt)					
65. Gebühren					
66.					
67.					
68. Gemeinkosten			**38.759**		
69. Gesamtkosten Summe 60. + 68.			**190.456**		

Tab. 4.1-3: Fahrzeugkosten Vollkostenrechnung

Quelle: BSH, Fachwissen für Speditions- und Logistikkaufleute

4.1.6 Der grenzüberschreitende Güterkraftverkehr

Die Problemstellung des grenzüberschreitenden internationalen Güterkraftverkehrs ergibt sich in erster Linie aus der Überwindung der unterschiedlichen Rechtsvorschriften der einzelnen Staaten. Nach dem sogenannten **„Territorialitätsprinzip"** unterliegt nämlich jeder Unternehmer regelmäßig den gesetzlichen Vorschriften des Staates, auf dessen Territorium er sich jeweils bewegt.

4.1.6.1 Die Marktzugangsregelungen

Jedes in die Bundesrepublik Deutschland einfahrende Fahrzeug und damit auch der Unternehmer hat sich den Vorschriften des GüKG zu unterwerfen, da die Beförderung von Gütern mit Kraftfahrzeugen durch dieses Gesetz geregelt wird. Dadurch wird eine Gleichstellung der ausländischen Unternehmer mit den deutschen Unternehmern erzielt und eine sogenannte „Diskriminierung" deutscher Unternehmer verhindert.

Gleichzeitig ist aber zu berücksichtigen, dass in anderen Staaten aufgrund anderer verkehrs- und wirtschaftspolitischer Zielsetzungen der Straßengüterverkehr anderen Regelungen unterworfen wird.

Gleichwohl bleiben deutsche Unternehmer bei Beförderungen im grenzüberschreitenden Güterkraftverkehr für den deutschen Streckenteil zunächst dem deutschen Verkehrsrecht unterworfen. Sie können demnach nur unter Einhaltung der Vorschriften des GüKG deutsches Territorium verlassen. Das bedeutet im Grundsatz für die deutschen Unternehmer, dass sie die deutschen Marktzugangsvoraussetzungen zu erfüllen haben. Nach Vereinheitlichung der Marktzugangsvoraussetzungen innerhalb der EU und Abschluss ergänzender Abmachungen mit den Staaten des EWR und der Schweiz ergeben sich Problemstellungen nur noch mit den Drittstaaten.

Die Bundesrepublik Deutschland hat daher mit den meisten europäischen Staaten **bilaterale Abkommen** (Verwaltungs- oder Regierungsabkommen) getroffen, die den aktuellen Erfordernissen ständig angepasst werden. Ziel dieser Vereinbarungen ist es, auf der Basis gemeinsamer Regeln einen Ausgleich zu finden, der einen möglichst reibungslosen grenzüberschreitenden Güterkraftverkehr zulässt. So wird im Wesentlichen im Rahmen dieser Abkommen das Verfahren des gegenseitigen Austausches und die Anzahl der Genehmigungen geregelt und gleichzeitig festgelegt, welche Beförderungen von der Genehmigungspflicht befreit werden. Ferner verpflichten sich die Vertragsstaaten, die jeweiligen Rechtsvorschriften des anderen Staates einzuhalten und keine Beförderungen durchzuführen, bei denen sowohl Be- als auch Entladestelle auf dem Gebiet des anderen Vertragsstaates liegen; hierbei handelt es sich um Binnenverkehr, der in der Fachsprache auch als Kabotage bezeichnet wird.

Die Genehmigungen werden je nach Bedarf als Einzelfahrtgenehmigungen oder auch als Zeitgenehmigungen ausgegeben und sind während der Fahrt im Fahrzeug mitzuführen. Es handelt sich dabei um **nicht übertragbare Inhabergenehmigungen**, mit denen wiederum der Unternehmer eigene Fahrzeuge seiner Wahl einsetzen kann. Der Antrag auf Erteilung einer Genehmigung ist bei den deutschen Landesverkehrsbehörden zu stellen, die in den jeweiligen Abkommen als zuständig benannt sind. Für bestimmte Staaten werden diese Genehmigungen auch vom Bundesamt für Güterverkehr ausgegeben. Die deutschen Behörden geben somit auf Antrag die Genehmigungen des jeweiligen Vertragsstaates aus und umgekehrt. Jeder Güterkraftverkehrsunternehmer, der unter Berücksichtigung seiner verkehrsrechtlichen Möglichkeiten grenzüberschreitenden Güterkraftverkehr betreiben darf, kann im Rahmen des jeweils zur Verfügung stehenden Kontingents Genehmigungen eines anderen Landes beantragen. Werden anlässlich einer Beförderung weitere Länder durchfahren, so benötigt der Unternehmer auch für diese Länder eine sogenannte **„Transitgenehmigung"**. Diese Regelung gilt seit dem 1.1.1993 nur noch für Nicht-EU-Staaten, da seit diesem Zeitpunkt für die EU- bzw. EWR-Mitgliedsländer jegliche mengenmäßigen Beschränkungen im Rahmen der Einführung der neuen **EU-Lizenz** als Gemeinschaftslizenz aufgehoben worden sind.

Mit der Verordnung VO EWG Nr. 1018/68 vom 19.7.1968 des Rates der Europäischen Gemeinschaften (EG) war die Bildung eines Gemeinschaftskontingents ab 1.1.1969 für den Güterkraftverkehr zwischen den Mitgliedstaaten der EG beschlossen worden. Die aufgrund dieser VO erteilten Genehmigungen (EWG-Genehmigungen) berechtigten ihre Inhaber, Beförderungen im gewerblichen grenzüberschreitenden Güterkraftverkehr zwischen den Mitgliedstaaten (nicht nur zwischen zwei, sondern zwischen allen) unter Ausschluss jeglichen Inlandsverkehrs (Kabotage) im Hoheitsgebiet eines Mitgliedstaates durchzuführen.

Seit 1993 sind jegliche mengenmäßigen Beschränkungen weggefallen, sodass jeder Unternehmer unter Einsatz einer unbeschränkten Anzahl von Fahrzeugen gewerblichen grenzüberschreitenden Güterkraftverkehr betreiben kann, der die geltenden subjektiven Marktzulassungsvoraussetzungen erfüllt.

Diese Regelung betrifft jedoch nur den grenzüberschreitenden Güterkraftverkehr zwischen den EU-/EWR-Mitgliedstaaten und der Schweiz. Im Verkehr mit anderen Staaten (Drittstaaten) sind nach wie vor für den ausländischen Streckenteil entsprechende Genehmigungen für das betreffende Land vorher zu beantragen und während der Beförderung im Fahrzeug mitzuführen. Diese **bilateralen Genehmigungen (Drittstaatengenehmigungen)** unterliegen weiterhin einer mengenmäßigen Beschränkung.

Wie bereits erwähnt, wurde die zahlenmäßig beschränkte Gemeinschaftsgenehmigung von der neuen zahlenmäßig nicht mehr beschränkten Gemeinschaftslizenz – allgemein als EU-Lizenz bezeichnet – am 1.1.1993 abgelöst und aufgrund der Verordnung (EWG) Nr. 881/92 vom 26.3.1992 ausgegeben. Diese Lizenz galt zunächst nur im grenzüberschreitenden Güterkraftverkehr; die Kabotagebeförderungen bedurften bis zum 1.7.1998 einer besonderen Kabotagegenehmigung. Die Entwicklung ist im nächsten Abschnitt beschrieben. Vorgenannte Verordnung Nr. 881/92 wurde inzwischen durch die Nachfolgeverordnung (EG) Nr. 1072/2009 im Zuge des Road Package ersetzt.

Da diese Lizenz zahlenmäßig nicht begrenzt ist, kann jeder Unternehmer, der die geforderten subjektiven Zulassungsvoraussetzungen erfüllt, diese Lizenz für alle Fahrzeuge beantragen, über die er aufgrund von Eigentum, Ratenkauf, Miete oder Leasing verfügt. Er erhält ein Original und für jedes Fahrzeug eine beglaubigte Abschrift, die jeweils während der Fahrt im Fahrzeug mitzuführen ist. Die Lizenz wird auf den Namen des Unternehmens ausgestellt und ist nicht übertragbar. Sie wird vom Dezember 2011 an für eine Frist von zehn Jahren (davor nur fünf Jahre) erteilt, kann dann jeweils verlängert werden, wenn die Marktzugangsvoraussetzungen weiterhin erfüllt werden. Der Antrag der Lizenz ist bei der zuständigen Behörde des Landes zu stellen, in dem der Unternehmer eine Niederlassung betreibt.

Bereits seit dem 1.7.1990 wurde für Unternehmer innerhalb der EU/EWR der schrittweise Zugang zu den jeweiligen Binnenmärkten dahingehend eröffnet, dass auf der Grundlage einer weiteren EWG-Verordnung ein sogenanntes **„Kabotagekontingent"** eingeführt wurde. Danach konnten mit besonderen Genehmigungen Beförderungen auf dem Gebiet eines Mitgliedstaates von dort nicht ansässigen Unternehmern durchgeführt werden, sogenannte „Kabotagebeförderungen". Die Unternehmer unterlagen dann den jeweiligen Rechtsvorschriften des betreffenden Gastlandes (Territorialitätsprinzip). Das bedeutet für ausländische Unternehmer, die in der Bundesrepublik Deutschland Güter befördern, dass die hier geltenden Vorschriften (z. B. GüKG/HGB) zwingend anzuwenden sind und u. a. auch die Versicherungspflicht nach GüKG gilt.

Seit dem 1.7.1998 ist die zahlenmäßige Beschränkung aufgehoben worden und die zahlenmäßig unbeschränkte Gemeinschaftslizenz gilt für alle Beförderungen innerhalb der EU-/EWR-Staaten. Nach einer Übergangsfrist von fünf Jahren wurde am 1.1.2012 das Kabotagerecht auch für die beiden EU-Staaten Bulgarien und Rumänien zugelassen. Bis zum 1.7.2017 bleibt der zuletzt beigetretene EU-Staat Kroatien von der Kabotage ausgeschlossen.

Zwischenzeitlich musste die zunächst unbeschränkte **Kabotagefreigabe** modifiziert werden. Es hatte sich nämlich herausgestellt, dass verschiedene Unternehmen mit wenig grenzüberschreitenden Beförderungen ihre Tätigkeiten fast ausschließlich in andere Länder verlagert hatten. Nach Einführung unterschiedlicher Regelungen in den einzelnen EU-Staaten wurde nunmehr durch Einführung der Verordnung (EG) Nr. 1072/2009 einheitliches Recht für alle Mitgliedstaaten geschaffen. Seit dem 14.5.2010 gelten gemeinschaftsweit **einheitliche Kabotagebestimmungen** (Art. 8ff. vorgenannter Verordnung). Danach sind Güterkraftverkehrsunternehmer berechtigt, im Anschluss an eine grenzüberschreitende Beförderung aus einem anderen Mitgliedstaat oder einem Drittland in den Aufnahmemitgliedstaat nach Auslieferung der Güter bis zu drei Kabotagebeförderungen mit demselben Fahrzeug oder im Fall von Fahrzeugkombinationen mit dem Kraftfahrzeug desselben Fahrzeugs innerhalb von sieben Tagen durchzuführen. Nach der Regelung lässt Art. 8 Kabotagebeförderungen im Anschluss an eine grenzüberschreitende Beförderung erst nach vollständiger Entladung des Fahrzeugs zu. Zudem kann innerhalb von drei Tagen nach der Einfahrt mit einem unbeladenen Fahrzeug in das Hoheitsgebiet eines Mitgliedstaates eine Kabotagebeförderung durchgeführt werden. Dies setzt voraus, dass zuvor eine grenzüberschreitende Beförderung in einen anderen Mitgliedstaat stattgefunden hat und dass insgesamt die „Sieben-Tage-Frist" eingehalten wird. Mit sieben Tagen ist nicht die Kalenderwoche zu verwechseln.

Hinweis

Das in Deutschland die Kabotage kontrollierenden Bundesamt für Güterverkehr (BAG) vertritt zu dem Begriff „Beförderung" folgende Auffassung: Übernimmt ein Kabotageunternehmer vom Absender an einem Beladeort beispielsweise drei Teilpartien für drei Empfänger, liegen drei Beförderungen vor. D.h., für das BAG stellt ein Entladeort eine Beförderung dar. Wenn zuvor bereits eine Kabotagebeförderung nach der beladenen Einfahrt absolviert wurde, handelt es sich nach Auffassung des BAG bei dem dritten und letzten Teilladungstransport um verbotene Kabotage, da dann insgesamt vier Transporte vorliegen. Dies gilt auch dann, wenn der Transport in einer Rechnung vergütet wird und nur ein Frachtbrief für die gesamte Sendung mit den drei Entladestellen ausgestellt wurde. Diese Auslegung wird derzeit von einigen Juristen bezweifelt, die davon ausgehen, dass es sich dabei nur um eine Kabotagefahrt handelt. Gerichtliche Entscheidungen zu dieser Streitfrage liegen aktuell noch nicht vor.

Eine grundlegende Veränderung hatte sich 1994 ergeben:

Am 1.1.1994 ist das Abkommen über den Europäischen Wirtschaftsraum (EWR) in Kraft getreten. Zum Europäischen Wirtschaftsraum haben sich damals die EU-Mitgliedstaaten und die Staaten Island, Norwegen und Liechtenstein zusammengeschlossen. Für alle Staaten, die dem EWR-Abkommen beigetreten sind, gelten somit in verkehrsrechtlicher Hinsicht gleiche Marktregulierungen.

Die Gemeinschaftslizenz gilt somit seit dem 1.7.1998 für alle Beförderungen zwischen und innerhalb aller EWR-Staaten.

Eine weitere Besonderheit besteht für den Straßengüterverkehr mit der Schweiz. Wie an anderer Stelle ausgeführt, ist die Schweiz (neben Liechtenstein, Norwegen und Island der vierte

EFTA-Staat) dem EWR-Abkommen nicht beigetreten. Somit wäre die Schweiz als Drittstaat zu behandeln. In einem besonderen Landverkehrsabkommen hat allerdings die Europäische Union stellvertretend für alle **EU-Staaten** mit der Schweiz eine Sonderregelung vereinbart. Seit 1.6.2002 gilt die Gemeinschaftslizenz für Beförderungen in, aus und durch die Schweiz. Im Gegenzug dürfen Unternehmen aus der Schweiz mit der Schweizerischen Lizenz Beförderungen in, aus, durch und zwischen EU-Staaten durchführen. Kabotagebeförderungen innerhalb eines EU-Staates sind nicht zugelassen (siehe auch Erläuterungen zu §§3–6 GüKG).

Eine weitere Genehmigungsart erleichtert ebenfalls den grenzüberschreitenden Güterkraftverkehr in Europa. Es handelt sich hierbei um die sogenannten **„CEMT-Genehmigungen"**. Diese zahlenmäßig begrenzten Genehmigungen sind mit Wirkung vom 18.7.1974 aufgrund einer Resolution des Rates der Europäischen Konferenz der Verkehrsminister (CEMT) eingeführt worden. Die CEMT-Genehmigung wird jeweils nur für ein Jahr und nur an Unternehmer ausgegeben, die Inhaber einer Erlaubnis für den gewerblichen Güterkraftverkehr oder einer Gemeinschaftslizenz sind. Voraussetzung ist, dass die Genehmigung für Beförderungen zwischen verschiedenen CEMT-Staaten genutzt wird und nicht nur für Beförderungen mit einem CEMT-Mitgliedstaat beschränkt bleibt. Die Ausgabe erfolgt durch das Bundesamt für Güterverkehr entsprechend den dafür bestehenden Richtlinien.

Das Kontingent umfasst für das Jahr 2016 insgesamt 43.441 Jahresgenehmigungen und 15.948 Kurzzeitgenehmigungen. Aus diesem Kontingent entfallen auf Deutschland 1.230 Jahresgenehmigungen und zusätzlich 540 Kurzzeitgenehmigungen. CEMT Genehmigungen berechtigen grundsätzlich zu allen grenzüberschreitenden Beförderungen zwischen den Mitgliedstaaten der CEMT. Insgesamt haben sich zurzeit 43 europäische Staaten dem CEMT-Abkommen angeschlossen. Die Liste aller Staaten ist in den Erläuterungen zu §6 GüKG aufgeführt.

Die Inhaber einer CEMT-Genehmigung haben je Genehmigung ein Fahrtenberichtsheft zu führen. Die einzelnen Fahrtenberichte sind als Nachweis des Einsatzes der Genehmigung der Ausgabestelle – in Deutschland (Bundesamt für Güterverkehr) – ausgefüllt einzureichen (weitere ergänzende Einzelheiten siehe Erläuterungen zu §6 GüKG).

Die CMR als Grundlage für den Frachtvertrag

Als Beförderungsbedingungen im grenzüberschreitenden Güterkraftverkehr gelten zwingend die Bestimmungen der CMR. Es handelt sich hierbei um das Übereinkommen über den Beförderungsvertrag im internationalen Straßenverkehr (Convention relative au contrat de transport international de marchandises par route (CMR)).

Die CMR ist ein völkerrechtliches Übereinkommen, das durch die von der Bundesrepublik Deutschland vorgenommene Ratifizierung mit anschließender Überleitung am 5.2.1962 durch Gesetz nationales deutsches Recht geworden ist. Nach deutschem Recht ist daher im grenzüberschreitenden entgeltlichen Straßengüterverkehr dieses Abkommen anzuwenden, wenn die Voraussetzungen des Art. 1 CMR gegeben sind, und zwar wenn der Ort der Übernahme des Gutes und der für die Ablieferung vorgesehene Ort, wie sie im Vertrag angegeben sind, in zwei verschiedenen Staaten liegen, von denen **mindestens einer** ein Vertragsstaat ist. Diesem Übereinkommen sind bisher 56 Staaten beigetreten:

- alle 28 EU-Mitgliedstaaten, und
- Albanien, Armenien, Aserbaidschan, Bosnien-Herzegowina, Georgien, Iran, Island, Jordanien, Kasachstan, Kirgisistan, Libanon, Marokko, Mazedonien, Moldawien, Mongolei, Montenegro, Norwegen, Russland, Schweiz, Serbien, Syrien, Tadschikistan, Tunesien, Turkmenistan, Türkei, Ukraine, Usbekistan und Weißrussland.

Da Deutschland Vertragsstaat dieses Abkommens ist, gelten die Vorschriften der CMR für alle Beförderungsfälle verbindlich, wenn die Be- oder Entladestelle in Deutschland liegt, ungeachtet der Nationalität des Transportunternehmers. Im grenzüberschreitenden Umzugsverkehr gilt die CMR nicht, wohl dagegen bei der Beförderung von Handelsmöbeln und für den Kombinierten Verkehr, sofern das beladene Fahrzeug auf einem Teil der Strecke zur See, mit der Eisenbahn, auf Binnenwasserstraßen oder auf dem Luftwege befördert wird und das Gut nicht umgeladen wird. Trifft die CMR keine abschließende Regelung oder lässt sie für einen bestimmten Tatbestand eine Regelung überhaupt vermissen, gelten ergänzungsweise im Streitfall das jeweils geltende nationale Recht wie z. B. BGB/HGB oder andere Vereinbarungen.

Die CMR enthält folgende Bestimmungen:

Kapitel I	Geltungsbereich
Kapitel II	Haftung des Frachtführers für andere Personen
Kapitel III	Abschluss und die Ausführung des Beförderungsvertrages
Kapitel IV	Haftung des Frachtführers
Kapitel V	Reklamationen und Klagen
Kapitel VI	Beförderung durch aufeinanderfolgende Frachtführer
Kapitel VII	Nichtigkeit von dem Übereinkommen widersprechenden Vereinbarungen
Kapitel VIII	Schlussbestimmungen

Sie regelt verbindlich die privatrechtlichen Vertragsverhältnisse des Beförderungsvertrags und somit die Rechte und Pflichten der beiden am Beförderungsvertrag beteiligten Parteien. Es handelt sich zwar nicht um öffentliches Recht im herkömmlichen Sinn, gleichwohl sind die Vorschriften in ihrer Wirkungsweise mit „öffentlich-rechtlichem Charakter“ ausgestattet, da abweichende Vereinbarungen unwirksam sind.

Der Beförderungsvertrag wird auch hier zwischen dem Unternehmer (Frachtführer) und dem Absender abgeschlossen. Einige Regelungen betreffen auch den Empfänger, dem man zwar bestimmte Rechte einräumt, ihm aber auch gleichfalls verschiedene Pflichten auferlegt.

Es handelt sich hier um einen Werkvertrag mit gegebenenfalls Elementen eines Geschäftsbesorgungsvertrags, wenn z. B. der Unternehmer mit dem Inkasso einer Nachnahme beauftragt wird.

Die CMR kennt keinen Sendungsbegriff, bei dem die Sendung auf eine bestimmte Größe beschränkt wird. Vielmehr kann nach Art. 5 CMR das Gut auch auf mehreren Fahrzeugen verladen werden. Allein aus der Inhaltsangabe des Frachtbriefes ergibt sich, dass ein Absender und ein Empfänger vorgegeben sind und der Vertrag mit einem Frachtführer geschlossen wird. Diese Formulierung schließt wiederum nicht aus, dass später weitere Frachtführer als sogenannte „Unterfrachtführer“ in den Vertrag eintreten können. Daraus ergibt sich dann eine gesamtschuldnerische Haftungsverpflichtung für alle beteiligten Frachtführer.

Der Vertrag wird zwar in einem **Frachtbrief** festgehalten, dessen Form aber nicht vorgeschrieben ist, wohl der Inhalt. Fehlt der Frachtbrief oder ist er unvollständig ausgefüllt, so wird weder der Bestand noch die Gültigkeit des Beförderungsvertrags hiervon berührt. Somit hat der Frachtbrief keine konstitutive Bedeutung. Allein die übereinstimmenden Willenserklärungen begründen den Vertrag. Die Übernahme des Gutes und das Unterschreiben des Frachtbriefs sind in diesem Fall nicht erforderlich. Es handelt sich daher um einen reinen Konsensualvertrag und nicht um einen Formal- und Realvertrag (siehe hierzu die Ausführungen zu § 7 Abs. 3 GüKG im Hinblick auf öffentlich-rechtliche Forderungen an ein Begleitpapier).

Der Vertrag kommt somit bei Vorliegen übereinstimmender Willenserklärungen zustande. Die Übergabe von Gut und Frachtbrief ist nicht gefordert. Bei nicht fristgemäßer vereinbarter Stellung des Fahrzeugs ist Schadensersatz nach den allgemeinen Regelungen des BGB/HGB zu leisten.

Eine Pflicht zur Übernahme von Beförderungsaufträgen besteht in diesem Bereich nicht; insoweit gilt hier die Vertragsfreiheit.

Eine **Lieferfrist** ist nicht vorgesehen, es sei denn, die Vertragsparteien hätten eine solche vereinbart. Im Übrigen wird dem Unternehmer die Frist zugebilligt, die ein sorgfältiger Frachtführer für die Ausführung der Beförderung benötigt. In diesem Zusammenhang ist zu berücksichtigen, dass der Unternehmer nicht gegen andere straßenverkehrsrechtliche oder arbeitsrechtliche Vorschriften verstoßen darf.

Der Absender haftet für alle Kosten und Schäden, die dem Unternehmer entstehen, z. B. infolge unrichtiger Angaben im Frachtbrief oder auch durch mangelhafte Verpackung.

Das Verfügungsrecht besteht solange, bis der Frachtführer dem Empfänger ein Frachtbriefexemplar ausgehändigt hat und somit das Gut in die Verfügungsgewalt des Empfängers übergegangen ist.

Nach Ankunft beim Empfänger hat dieser das Recht auf Herausgabe des Gutes. Er kann auch verfügen, dass der Frachtführer das Gut an einen Dritten ausliefert.

Generell liegt die Zahlungsverpflichtung aufgrund eines Werkvertrags beim Absender; Fälligkeit und somit Erfüllung des Vertrags ergibt sich spätestens bei Ablieferung des Gutes beim Empfänger. Durch Annahme der Sendung wird bei „Unfrei-Sendungen" der Empfänger Zahlungsverpflichteter. Das bedeutet aber auch, dass der Unternehmer nach Ablieferung der Sendung an den Empfänger die Fracht nicht mehr vom Absender kassieren kann, wenn nachträglich Zahlungsschwierigkeiten auftreten. Es ist in diesem Fall empfehlenswert, bei Verweigerung der Frachtzahlung Weisung vom Absender vor Ablieferung der Sendung einzuholen. Wird die Ablieferung angeordnet, kann sich der Absender später nicht auf eine Pflichtverletzung des Unternehmers berufen.

Hindernisse, die unterwegs **(Beförderungshindernisse)** oder bei der Ablieferung **(Ablieferungshindernisse)** der Sendung auftreten, sind unverzüglich dem Absender zu melden und der Frachtführer ist verpflichtet, Weisungen einzuholen. Im Unterlassungsfall haftet er für den Schaden in voller Höhe, es gibt dann keine Begrenzung der Haftung. Holt er Weisungen ein, hat er jedoch Anspruch auf Ersatz sämtlicher Kosten, wie z. B. Standgelder bei Streik an der Grenze.

Die CMR enthält keine besondere Regelung über das **Pfandrecht**. Es ist daher auf nationales Recht zurückzugreifen, und zwar auf das BGB/HGB. Es handelt sich in einem solchen Fall dann um das gesetzliche Pfand- und Zurückbehaltungsrecht in Form des seit dem 1.7.1998 bestehenden konnexen und inkonnexen Pfandrechts.

Der Unternehmer haftet nach dem Prinzip der **Gefährdungshaftung** in einer abgeschwächten Form, eine insoweit eingeschränkte Gefährdungshaftung. Dabei kann er sich von der Haftung befreien, wenn er beweist, dass der eingetretene Schaden durch Umstände verursacht worden ist, die er nicht vermeiden und deren Folgen er nicht abwenden konnte. Generell ist dem Frachtführer daher eine verschärfte Sorgfaltspflicht auferlegt worden, sodass auch schon ein geringfügiges Verschulden die Annahme eines unabwendbaren Ereignisses – höhere Gewalt – ausschließt.

Er haftet also nicht generell für die dem Kraftwagen eigentümlichen Gefahren bei Transportmittelunfällen oder Betriebsunfällen, sondern nur dann, wenn er seine Sorgfaltspflicht verletzt hat.

Ein besonderer Katalog über **Haftungsausschlussgründe** (z. B. höhere Gewalt oder Beschlagnahme) ist in der CMR nicht aufgeführt. Es wird hier zwischen bevorrechtigten und nichtbevorrechtigten Haftungsausschlüssen unterschieden. Bei den **nichtbevorrechtigten Haftungsausschlüssen** liegt daher auch die Beweislast beim Frachtführer, wenn er sich auf solche Ereignisse beruft. Gegenbeweis kann angetreten werden.

Bei den **bevorrechtigten Haftungsausschlüssen** liegt zwar auch die Beweislast beim Frachtführer, aber in diesen Fällen muss er nur den Tatbestand darlegen, um eine Vermutung für die Richtigkeit seiner Angaben zu begründen. Auch hier ist der Gegenbeweis natürlich zulässig.

Im Grundsatz haftet er dabei außerdem für alle Handlungen und Unterlassungen seiner Bediensteten und aller anderen Personen, deren er sich bei Ausführung der Beförderung bedient.

Der Zeitraum der Haftung erstreckt sich von der Übernahme des Gutes bis zur Ablieferung. Es handelt sich auch hier um eine sogenannte **„Obhutshaftung/Gewahrsamshaftung“**.

Der Unternehmer haftet demnach nur, solange sich das Gut noch vertragsgemäß in seinem Gewahrsam befindet.

Er haftet für:

- **Sachschäden:** gänzlicher oder teilweiser Verlust und Beschädigung
- **Vermögensschäden:** Überschreitung der Lieferfrist und Fehler bei Nachnahmen

Güterfolgeschäden (Vermögensschäden als Folge eines Güterschadens) werden nach diesen Bestimmungen nicht ersetzt.

Er haftet nicht bei Verschulden des Verfügungsberechtigten und für Umstände, die der Frachtführer nicht vermeiden und deren Folgen er nicht abwenden konnte. Mit dieser Formulierung werden u. a. im Wesentlichen die Begriffe der höheren Gewalt bzw. des unabwendbaren Ereignisses umschrieben.

Ersatzpflichtiger Wert ist der Wert des Gutes am Ort und zur Zeit der Übernahme zur Beförderung (also ohne entgangenen Gewinn). Übersteigt der Wert des Gutes die Haftungshöchstgrenze, so wird nur Ersatz bis zu dieser Grenze geleistet.

Die Haftung ist begrenzt auf 8,33 Rechnungseinheiten für jedes fehlende Kilogramm des Rohgewichts. Bei diesen Rechnungseinheiten handelt es sich um die sogenannten **„Sonderziehungsrechte des Internationalen Währungsfonds“**. Da bei diesem Berechnungsmodus der Kurs eines Sonderziehungsrechts bestimmten Einflussfaktoren ausgesetzt ist – insbesondere schwankender Dollar-Kurs –, kann ein konkreter Wert in Euro nicht festgeschrieben werden. Der Kurs wird regelmäßig im Bundesanzeiger und in der einschlägigen Fachpresse – z. B. in der DVZ Deutsche Verkehrs-Zeitung – veröffentlicht. Der Wert schwankte nach vorstehendem Berechnungsmodus im April 2016 für 8,33 SZR um 10,40 € je br/kg. Dieser Wert gilt nur für Sachschäden.

Bei **Lieferfristüberschreitungen** wird der Schaden nur bis zur Höhe der vereinbarten Fracht ersetzt.

Bei **Nachnahmefehlern** haftet der Unternehmer bis zur Höhe der Nachnahme.

Der Absender kann gegen Zahlung eines zu vereinbarenden **Zuschlags zur Fracht** für Verlust, Beschädigung oder Überschreitung der vereinbarten Lieferfrist in Abweichung von dieser Höchstgrenze einen **höheren Wert** vereinbaren. Durch Eintragung in den Frachtbrief kann er ebenfalls den Betrag eines **besonderen Interesses** an der Lieferung festlegen. Dieser Betrag kann den Wert des eigentlichen Gutes somit erheblich überschreiten. Hierbei ist jedoch zu berücksichtigen, dass die Haftung im Rahmen einer solchen besonderen Vereinbarung von einer normalen CMR-Versicherungspolice nicht abgedeckt wird. In diesem Fall ist auch eine Vereinbarung mit der Versicherungsgesellschaft besonders zu treffen.

Die CMR schreibt keine Versicherungspflicht vor, sodass nicht in jedem Fall darauf vertraut werden kann, dass der Frachtführer auch eine seinem Haftungsumfang entsprechende Versicherung eingedeckt hat. Bei deutschen Güterkraftverkehrsunternehmern ist allerdings durch eine kombinierte Versicherungspolice in aller Regel die Gewähr für Versicherungsschutz gegeben, da für innerdeutsche Beförderungen nach dem GüKG eine Versicherungspflicht vorgeschrieben ist und deutsche Unternehmer üblicherweise die Deckung auch auf grenzüberschreitende Beförderungen ausgedehnt haben.

Äußerlich erkennbare Schäden sind bei Ablieferung des Gutes sofort festzustellen und zu reklamieren.

Verdeckte Schäden müssen binnen sieben Tagen – ohne Sonn- und Feiertage – in schriftlicher Form reklamiert werden.

Die Überschreitung der Lieferfrist ist binnen 21 Tagen nach Ablieferung schriftlich beim Frachtführer zu reklamieren. Nach Ablauf vorstehender Fristen sind alle Schadensersatzansprüche erloschen.

Ansprüche aus dem Beförderungsvertrag verjähren in einem Jahr. Bei Vorsatz und Verschulden beträgt die Frist drei Jahre.

Die Frist beginnt

- bei teilweisem Verlust, Beschädigung, Überschreitung der Lieferfrist mit dem Tage der Ablieferung;
- bei gänzlichem Verlust mit dem 30. Tage nach Ablauf einer vereinbarten Lieferfrist, ohne Lieferfrist mit dem 60. Tage nach Übernahme des Gutes durch den Frachtführer;
- sonst allgemein mit dem Ablauf einer Frist von drei Monaten nach dem Abschluss des Beförderungsvertrags.

4.1.6.2 Der Kombinierte Verkehr

Zum Geltungsbereich des GüKG gehörte bis zum 1.7.1998 auch der Kombinierte Verkehr. Darunter versteht man im Allgemeinen die durchgehende Transportkette von Ladeeinheiten durch verschiedene Verkehrsträger, ohne dass dabei das Gut selbst umgeladen wird. Es bestanden Zweifel über die Zuordnung zum Güternahverkehr oder Güterfernverkehr, wenn die An- und Abfuhr innerhalb der Nahzone des für die An- und Abfuhr eingesetzten Kraftfahrzeugs erfolgte. Nach Wegfall der Unterscheidung zwischen Nah- und Fernverkehr und Aufhebung der zahlenmäßigen Genehmigungsbeschränkung wurde dieser Bereich vollkommen neu reglementiert. Der Binnenverkehr bedarf nunmehr keiner besonderen Regelung und somit beschränkt sich der Gesetzgeber nur noch auf Vorschriften für den grenzüberschreitenden gewerblichen Kombinierten Verkehr.

Die Verordnung über den grenzüberschreitenden Güterkraftverkehr und den Kabotageverkehr (GüKGrKabotageV) vom 22.12.1998 wurde aufgehoben und durch Neufassung vom 28.12.2011 ersetzt. Diese Maßnahme war infolge des Road Package der EU erforderlich geworden. Diese Verordnung regelt abschließend in einem besonderen Abschnitt den sogenannten „Kombiverkehr" mit folgender Definition:

Als **grenzüberschreitender Kombinierter Verkehr** gelten Güterbeförderungen, bei denen

1. das Kraftfahrzeug, der Anhänger, der Fahrzeugaufbau, der Wechselbehälter oder der Container von mindestens sechs Meter Länge einen Teil der Strecke auf der Straße und einen anderen Teil der Strecke mit der Eisenbahn oder dem Binnen- oder Seeschiff (mit einer Seestrecke von mehr als 100 km Luftlinie) zurücklegt,
2. die Gesamtstrecke zum Teil im Inland und zum Teil im Ausland liegt und
3. die Beförderung auf der Straße im Inland lediglich zwischen Be- oder Entladestelle und
   a) dem nächstgelegenen geeigneten Bahnhof oder
   b) einem innerhalb eines Umkreises von höchstens 150 km Luftlinie gelegenen Binnen- oder Seehafen

durchgeführt wird (An- oder Abfuhr).

Der nächstgelegene geeignete Bahnhof im Sinne dieser Vorschriften ist derjenige Bahnhof,

1. der über Einrichtungen der notwendigen Umschlagsart des Kombinierten Verkehrs verfügt;
2. von dem regelmäßig Kombinierter Verkehr der entsprechenden Art und Richtung durchgeführt wird und
3. der die kürzeste, verkehrsübliche Straßenverbindung zur Be- und Entladestelle hat.

Auf Antrag des Unternehmers kann das Bundesamt für Güterverkehr (BAG) abweichend einen anderen Bahnhof zum nächstgelegenen geeigneten Bahnhof bestimmen, sofern dies der Förderung des Kombinierten Verkehrs dient. Das Bundesamt kann vor seiner Entscheidung die betroffenen Eisenbahnen und Terminalbetreiber anhören.

Der Unternehmer hat dafür zu sorgen, dass während der gesamten Beförderung im grenzüberschreitenden Kombinierten Verkehr die Bescheinigung über die Bestimmung eines anderen Bahnhofs mitgeführt wird. Das Fahrpersonal hat die Bescheinigung im Kraftfahrzeug mitzuführen und den Kontrollberechtigten auf Verlangen zur Prüfung auszuhändigen.

Ein Unternehmer, dessen Unternehmen seinen Sitz in einem Mitgliedstaat der Europäischen Union oder in einem anderen Vertragsstaat des Abkommens über den Europäischen Wirtschaftsraum hat, darf An- oder Abfuhren im Kombinierten Verkehr im Inland durchführen, wenn er die Voraussetzungen für den Zugang zum Beruf und für den Zugang zum Markt für den Güterkraftverkehr zwischen den Mitgliedstaaten erfüllt.

Der Unternehmer hat dafür zu sorgen, dass während einer Beförderung bei der An- oder Abfuhr ein Nachweis über die Erfüllung der Voraussetzungen für den Zugang zum Beruf und für den Zugang zum Markt für den Güterkraftverkehr zwischen den Mitgliedstaaten mitgeführt wird. Das Fahrpersonal hat den Nachweis im Kraftfahrzeug mitzuführen und dem Kontrollberechtigten auf Verlangen auszuhändigen.

Ein Unternehmer, dessen Unternehmen seinen Sitz weder in einem Mitgliedstaat der Europäischen Union noch in einem anderen Vertragsstaat des Abkommens über den Europäischen Wirtschaftsraum hat,

1. darf An- oder Abfuhren im Kombinierten Verkehr im Sinne dieser Vorschriften im Inland durchführen, wenn ihm aufgrund internationaler Abkommen eine **besondere Genehmigung** dafür erteilt ist;
2. ist bei An- oder Abfuhren im Kombinierten Verkehr im Sinne dieser Vorschriften im Inland von der **Erlaubnis- oder Genehmigungspflicht** befreit, wenn
   a) das Kraftfahrzeug im unbegleiteten Kombinierten Verkehr bei der An- oder Abfuhr die deutsche Grenze überschreitet oder
   b) das Kraftfahrzeug im begleiteten Kombinierten Verkehr während der Mitbeförderung auf der Eisenbahn oder dem Binnen- oder Seeschiff die deutsche Grenze überschreitet und nur eine An- oder Abfuhr durchgeführt wird, die beim begleiteten Kombinierten Verkehr Schiene/Straße (Rollende Landstraße) nur zwischen Be- oder Entladestelle und innerhalb eines Umkreises von 150 km Luftlinie gelegenen geeigneten Bahnhof erfolgen darf, und
   c) der Unternehmer in dem Staat, in dem sein Unternehmen den Sitz hat, zum grenzüberschreitenden Güterkraftverkehr für andere zugelassen ist und über ihn keine Tatsachen vorliegen, aus denen sich Bedenken gegen seine persönliche Zuverlässigkeit ergeben.

Der Unternehmer hat dafür zu sorgen, dass während einer Beförderung im Sinne dieser Vorschriften die Genehmigung oder während einer Beförderung bei der An- oder Abfuhr im Inland ein Nachweis über die Zulassung zum grenzüberschreitenden Güterkraftverkehr für andere mitgeführt wird. Das Fahrpersonal hat den jeweils erforderlichen Nachweis im Kraftfahrzeug mitzuführen und dem Kontrollberechtigten auf Verlangen zur Prüfung auszuhändigen.

Der Unternehmer hat dafür zu sorgen, dass während einer Anfuhr eine **Reservierungsbestätigung** der Eisenbahn oder des Schifffahrtstreibenden oder der von ihnen beauftragten Stellen mitgeführt wird. Wird das Kraftfahrzeug beim Grenzübertritt auf der Eisenbahn oder dem Binnen- oder Seeschiff mitbefördert und wird nur eine An- oder Abfuhr durchgeführt, so hat die Reservierungsbestätigung auch das amtliche Kennzeichen des Kraftfahrzeugs zu enthalten. Das Fahrpersonal hat die Reservierungsbestätigung im Kraftfahrzeug mitzuführen und dem Kontrollberechtigten auf Verlangen zur Prüfung auszuhändigen.

Der Unternehmer hat dafür zu sorgen, dass während einer Abfuhr ein **Nachweis** über den Entladebahnhof oder Hafen von der Eisenbahn oder den Schifffahrtstreibenden oder der von ihnen beauftragten Stellen mitgeführt wird. Wie im vorhergehenden Absatz bereits beschrieben, ist in diesem Fall auch das amtliche Kennzeichen des Kraftfahrzeugs in die Bescheinigung einzutragen. Das Fahrpersonal hat den Nachweis im Kraftfahrzeug mitzuführen und dem Kontrollberechtigten auf Verlangen zur Prüfung auszuhändigen.

4.1.7 Die Kraftwagenspedition

Die Vielfalt der speditionellen Tätigkeiten hat im Laufe der Zeit dazu geführt, dass sich unter dem klassischen Oberbegriff „Spediteur" immer mehr „Spezialisten" herausgebildet haben. Auch die Berufsbezeichnung im Rahmen der Berufsausbildung ist zwischenzeitlich von „Speditionskaufmann/Speditionskauffrau" in „Kaufmann/Kauffrau für Spedition und Logistikdienstleistung" geändert worden. Neben der ursprünglichen Grundtätigkeit, „Güterversendungen zu besorgen" – wie es bis 1998 im HGB beschrieben wurde – haben sich immer mehr Tätigkeitsbereiche herausgebildet. Eine spezielle Leistungsfähigkeit auf einem ganz bestimmten Gebiet wird insbesondere schon dadurch zum Ausdruck gebracht, dass die Firmenbezeichnung bereits einen spezifischen Werbeeffekt für einen bestimmten Verkehrsträger enthält. So bezeichnen sich Spediteure als „Kraftwagenspediteure", die sich insbesondere des Verkehrsmittels Lkw bedienen. Das kann in verschiedener Art und Weise geschehen, nämlich mit und ohne eigene Lkw.

Jeder Spediteur ist berechtigt, sich auch als Transportunternehmer zu betätigen. Macht er von seinem sogenannten **„Selbsteintrittsrecht"** im Sinne von § 458 HGB Gebrauch, so hat er hinsichtlich der Beförderung die Rechte und Pflichten eines Frachtführers, und zwar neben den Rechten und Pflichten nach den ADSp, sofern diese wiederum Grundlage des Speditionsvertrags geworden sind (siehe hierzu nähere Einzelheiten in Kapitel 3). Er kann in diesem Fall entweder eigene Kraftfahrzeuge einsetzen oder sich auch nur als Hauptfrachtführer betätigen und andere Unternehmer als Unterfrachtführer mit Kraftfahrzeugen die Beförderung ausführen lassen.

4.1.8 Autobahngebühren

Bereits seit dem 1.1.1995 werden – mit kurzer Unterbrechung – in Deutschland vom Schwerlastverkehr für die Benutzung der Autobahnen Gebühren erhoben. Rechtsgrundlage für diese Maßnahme war das **Autobahnbenutzungsgebührengesetz (ABBG)** vom 20.8.1994.

Das ABBG diente der Umsetzung des in Brüssel am 9.2.1994 von Deutschland unterzeichneten Übereinkommens über die Erhebung von Gebühren für die Benutzung bestimmter Straßen mit schweren Nutzfahrzeugen. Das Übereinkommen wurde als multilaterale Vereinbarung zwischen den Benelux-Staaten, Dänemark und Deutschland aufgrund der Richtlinie 93/89/EWG des Rates der Europäischen Gemeinschaften vom 25.10.1993 über die Besteuerung bestimmter Kraftfahrzeuge zur Güterbeförderung sowie die Erhebung von Maut und Benutzungsgebühren für bestimmte Verkehrswege durch die Mitgliedstaaten abgeschlossen. Später war auch Schweden diesem Übereinkommen beigetreten.

Im Grundsatz hatte man sich darauf geeinigt, dass für die Benutzung bestimmter Straßen auf dem Territorium dieser Verbundstaaten vom Schwerlastverkehr Gebühren erhoben werden. Die erworbene Gebührenbescheinigung **(Autobahnvignette)** berechtigte dann zur Benutzung aller gebührenpflichtigen Straßen in allen Verbundländern. Ziel dieser Maßnahme war es, nach dem Verursacherprinzip den Schwerlastverkehr an den Kosten für die Erhaltung des Schnellstraßennetzes angemessen zu beteiligen. Auch der Schwerlastverkehr, insbesondere Transitverkehr anderer nicht dem Verbund beigetretener Staaten, waren in die Gebührenpflicht einbezogen worden.

Die Gebührenpflicht erfasste Kraftfahrzeuge oder Fahrzeugkombinationen, die ausschließlich für den Güterverkehr bestimmt waren und deren zulässiges Gesamtgewicht mindestens 12 t betrug. Die Gebühr musste auch dann bezahlt werden, wenn z. B. das Motorfahrzeug selbst unter 12 t zulässigem Gesamtgewicht lag, die Kombination mit einem Anhänger aber die 12 t-Grenze erreichte oder überschritt. Grundsätzlich musste in Deutschland für die Benutzung aller Bundesautobahnen die Gebühr im Voraus bezahlt werden. Ausnahmen von der Gebührenpflicht bildeten nur Teilstücke der Autobahn im Dreiländereck Freiburg und bei Saarbrücken. In Belgien und Schweden war die Gebührenpflicht auch auf bestimmte Fernstraßen ausgedehnt worden.

Die **zeitbezogene Benutzungsgebühr** (Vignette) wurde nach Zeit, der Anzahl der Achsen und seit dem 1.4.2001 auch nach der Schadstoffklasse (Emissionsklasse) des Kraftfahrzeugs bemessen. Gebührenpflichtig waren sowohl beladene als auch unbeladene Kraftfahrzeuge ab einem zulässigen Gesamtgewicht von 12 t. Die Gebühr konnte für einen einzelnen Kalendertag, eine Woche, einen Monat oder ein Jahr im Voraus entrichtet werden. Bereits nach der Einführung der zeitbezogenen Gebühr wurde im Rahmen der damaligen verkehrspolitischen Zielsetzung in Deutschland angekündigt, dass dieses System so schnell wie möglich von einer verursachergerechteren streckenbezogenen Autobahngebühr mittels eines elektronischen Erhebungssystem abgelöst werden sollte. Die Einführung dieses Systems konnte dann allerdings aufgrund technischer Probleme erst am 1.1.2005 realisiert werden.

Die rechtliche Grundlage für die Erhebung einer streckenbezogenen **Lkw-Maut** ab 1.1.2005 in Deutschland ist das am 12.4.2002 in Kraft getretene Gesetz zur Einführung von streckenbezogenen Gebühren für die Benutzung von Bundesautobahnen mit schweren Nutzfahrzeugen (BGBl. I, Nr. 23, s. 1234) in Verbindung mit der Lkw-Maut-Verordnung und der Mauthöheverordnung, jeweils vom 24.6.2003. Die Einführung der Lkw-Maut löste das bisherige System der Autobahnvignetten ab. Nach Aussage der Bundesregierung sollen damit folgende vier Ziele verfolgt werden:

1. Schwere Lkw verursachen in besonderem Maße Kosten für den Bau, die Erhaltung und den Betrieb von Autobahnen. Die Belastung der Straßen durch einen schweren Lkw mit 40 t Achslast ist etwa 60.000 mal größer als durch einen Pkw. Die Bundesregierung verfolgt deshalb im Einklang mit der EU-Verkehrspolitik das Ziel, durch eine verursachergerechtere Anlastung der Wegekosten den Lkw stärker an der Finanzierung der Infrastruktur zu beteiligen. Deshalb soll beim Lkw ein Systemwechsel vollzogen werden – weg von der alleinigen Finanzierung über Steuer und Eurovignette und hin zu einer Nutzerfinanzierung durch eine streckenbezogene Lkw-Gebühr (Maut).
2. Mit der Lkw-Maut sollen die Wettbewerbsbedingungen Straße und Schiene gerechter strukturiert werden. Bahnen und Binnenschiffe sollen damit eine echte Chance erhalten, mehr Güterverkehr von der Straße vor allen Dingen auf die Schiene zu verlagern.
3. Die Lkw-Maut bringt zusätzlich Einnahmen, die für den Erhalt und den weiteren Ausbau der Verkehrswege in Deutschland dringend erforderlich sind. Die Mehreinnahmen sollen für den Ausbau von Straße, Schiene und Wasserstraße verwendet werden.

4. Deutschland wird mit der weitgehenden automatischen Erhebung der Lkw-Maut eine Vorreiterrolle in diesem Technologiebereich in Europa und weltweit einnehmen können. Dies eröffnet neue Marktchancen für die Industrie und trägt zur Sicherung von Arbeitsplätzen bei. Die weltweit erstmalige Realisierung eines solchen Systems kann in Deutschland zudem auch auf anderen Feldern der Informationstechnologie einen Innovationsschub auslösen.

Nicht alle Grundsätze des bisherigen sogenannten „Vignettensystems" wurden verändert. Weiterhin blieben alle Lkw, auch ausländische, mit einem zulässigen Gesamtgewicht ab 12 t (seit 1.10.2015 7,5 t) gebührenpflichtig. Von der Zahlungspflicht befreit waren Omnibusse sowie Fahrzeuge bestimmter staatlicher Organisationen und sonstiger Einrichtungen wie Bundeswehr, Polizei, Feuerwehr, Katastrophenschutz usw. Auch blieben Autobahnabschnitte im Grenzbereich zur Schweiz und nach Frankreich weiter gebührenfrei. Darüber hinaus berücksichtigte die neue Regelung bei der Gebührenhöhe die Umweltfreundlichkeit (Staffelung nach Schadstoffklassen) und die Anzahl der Achsen des Nutzfahrzeugs.

Die wesentlichen Veränderungen gegenüber dem bisherigen System lagen einerseits in der Höhe der Gebühren, die nunmehr nach der zurückgelegten Strecke erhoben wurden und andererseits in dem **Erhebungssystem**.

Die Mauthöheverordnung (MautHV) vom 24.6.2003 wurde zwischenzeitlich mehrfach geändert. Die ursprünglich nur bis zum 31.12.2010 gültigen Gebührensätze sollten ab dem 1.1.2011 erhöht werden. Auf Druck der Wirtschaft wurde die geplante Mauterhöhung zunächst ausgesetzt und es galten weiterhin die alten Gebührensätze.

Die ursprünglich nur für Autobahnen gedachte Mautpflicht wurde in der Zwischenzeit auf drei Abschnitte von Bundesstraßen ausgedehnt. Es hatte sich gezeigt, dass einzelne Abschnitte von Bundesstraßen dazu benutzt wurden, der Mautpflicht zu entgehen. Dies führte wiederum zu einer stärkeren Belastung der Ortsdurchfahrten. Daher wurde zum 1.8.2012 die Maut auf 1.135 km ausgewählte vierspurige Bundesstraßen ausgedehnt.

Die Systemstruktur sieht ein **duales Mauterhebungssystem** vor: Einerseits kann der Benutzer der Autobahn das automatische Mauterhebungssystem in Anspruch nehmen oder seine Gebühren andererseits über ein Einbuchungssystem manuell an Zahlstellenterminals oder online über das Internet entrichten.

Die automatische Gebührenerhebung erfolgt mittels Satellitennavigation **GPS** (Global Positioning System) in Verbindung mit **GSM** (Global System for Mobile Communication) über virtuelle Zahlstellen, die in bestimmten Abständen auf den Autobahnabschnitten angebracht sind. Die Fahrzeuge selbst müssen mit einer **On-Board-Unit (OBU)** ausgestattet sein. Das Gerät erkennt, ob sich das Fahrzeug auf einer mautpflichtigen Strecke befindet. Es berechnet dann automatisch Abschnitt für Abschnitt die Gebühren und sendet die Daten an das Rechenzentrum.

Für das manuelle System werden etwa 3.500 Einbuchungsstellen mit Automaten ausgestattet. Diese Automaten sind vornehmlich an Tankstellen, Auto- und Rasthöfen installiert. Hier können entsprechend dem zu befahrenden Streckenabschnitt Mautbelege gelöst werden, die der Fahrer dann während der Fahrt im Fahrzeug mitzuführen hat. Zu diesem Zweck können entweder bestimmte Daten eingegeben werden oder sie können durch eine Fahrzeugkarte weitgehend ersetzt werden.

Außerdem kann eine Einbuchung auch online über das Internet erfolgen. Sowohl bei diesem System als auch bei dem System der automatischen Gebührenerhebung ist es jedoch erforderlich, dass Firma und Fahrzeug zuvor bei einer Betreibergesellschaft registriert worden sind.

Die Überwachung obliegt wie bisher dem Bundesamt für Güterverkehr. Daneben können auch andere Dienststellen (Zoll, Polizei) in die Überwachungsmaßnahmen einbezogen werden. Es sind vier Kontrollarten vorgesehen:

- automatische Kontrolle mittels Videoerfassung
- Standkontrollen mit automatischer Vorkontrolle
- mobile Kontrollen
- Betriebskontrollen

Die Nichtzahlung der Maut führt neben der Nacherhebung – in Zweifelsfällen ist die Gebühr für 500 Mautkilometer zu entrichten – zu einem Bußgeld bis maximal 20.000 €. In schwerwiegenden Fällen kann die Weiterfahrt bis zur Entrichtung der Maut oder Hinterlegung einer Sicherheitsleistung untersagt werden. Bei wiederholten Verstößen muss mit einer Betriebskontrolle gerechnet werden.

Ein weiteres Kapitel im Zuge der Erhebung von Straßenbenutzungsgebühren wurde mit der Einführung neuer Rechtsvorschriften im Juli 2011 geöffnet. Die bis zu diesem Zeitpunkt geltenden Rechtsvorschriften wurden komplett aufgehoben und durch folgende Vorschriften ersetzt:

1. Gesetz über die Erhebung von streckenbezogenen Gebühren für die Benutzung von Bundesautobahnen und Bundesstraßen (Bundesfernstraßenmautgesetz (BFStrMG))
2. Verordnung zur Ausdehnung der Mautpflicht auf bestimmte Abschnitte von Bundesstraßen (Mautstreckenausdehnungsverordnung (MautStrAusdehnV))
3. Verordnung zur Erhebung, zum Nachweis der ordnungsgemäßen Entrichtung und zur Erstattung der Maut (LKW-Maut-Verordnung (LKW-MautV))

Auf der Basis dieser Rechtsgrundlagen wurde bereits die Mautpflicht ab 1.8.2012 auf 1.135 Kilometer Bundesstraßen ausgedehnt, die autobahnähnlich ausgebaut und an eine Bundesautobahn angebunden sind. Die Höhe der Mautsätze wurde zu diesem Zeitpunkt noch nicht geändert. Das Bundesministerium für Verkehr und digitale Infrastruktur (BMVI) hatte aber auf Basis des vorliegenden Wegekostengutachtens für 2013 bis 2017 den Fahrplan der Bundesregierung für eine Ausweitung der Straßenbenutzungsgebühren in Deutschland konkretisiert:

- neue Mautsätze mit einer eigenen Mautklasse für Euro-6-Fahrzeuge ab 1.1.2015
- Ausweitung der Lkw-Maut zum 1.7.2015 auf zusätzliche ca. 1.000 km vierstreifige Bundesstraßen
- Absenkung der Mautpflichtgrenze zum 1.10.2015 auf Lkw $\geq$ 7,5 t
- zum 1.1.2016 eine Pkw-Maut auf Bundesautobahnen, die durch Kompensationseffekte faktisch nur für im Ausland zugelassene Fahrzeuge wirksam werden soll
- Einbeziehung sämtlicher Bundesfernstraßen in das für Lkw mautpflichtige Netz ab 1. Juli 2018

Mit Ausnahme der Pkw-Maut und der terminlich noch ausstehenden Einbeziehung sämtlicher Bundesstraßen in die Mautpflicht wurden vorstehende Änderungen bereits durchgeführt. Seit dem 1.10.2015 gelten bereits die neuen Vorschriften.

Die Mauttarife sind im Bundesfernstraßenmautgesetz festgeschrieben. Der Gesamtbetrag ergibt sich aus der Strecke, die ein Fahrzeug oder eine Fahrzeugkombination auf mautpflichtigen Straßen zurücklegt und einem Mautsatz je Kilometer, der die Infrastrukturkosten und die Kosten für die verursachte Luftverschmutzung enthält. Es wird nicht nach Last- und Leerkilometern unterschieden.

Der Maut-Teilsatz für die Infrastrukturkosten unterscheidet zwischen Lkw mit bis zu drei Achsen und Lkw mit vier und mehr Achsen.

Der Maut-Teilsatz für die Kosten der verursachten Luftverschmutzung richtet sich nach der Schadstoffklasse. Dabei wird jedes Fahrzeug aufgrund seiner Schadstoffklasse einer der sechs Kategorien A, B, C, D, E und F zugeordnet.

Für moderne Lkw der Schadstoffklasse Euro 6 (Kategorie A) werden keine Kosten für die Verursachung von Luftverschmutzung berechnet. Hier fällt nur der Maut-Teilsatz zur Finanzierung der Infrastruktur an.

Folgende Gebührensätze in Cent werden zurzeit für Fahrzeuge ab 7,5 t zul. Gesamtgewicht erhoben:

	2 Achsen	3 Achsen	4 Achsen	5+ Achsen
A Euro 6	8,1	11,3	11,7	13,5
B Euro 5 (EEV *)	10,2	13,4	13,8	15,6
C Euro 4	11,3	14,5	14,9	16,7
D Euro 3	14,4	17,6	18,0	19,8
E Euro 2	15,4	18,6	19,0	20,8
F Euro 0/1	16,4	19,6	20,0	21,8

*) EEV = Enhaced environmentally friendly vehicles (Fahrzeuge mit fortschrittlicher Umwelttechnologie)

Die weitere Entwicklung bleibt abzuwarten.

4.1.9 Die Sozialvorschriften

Die Sozialvorschriften stellen einen wesentlichen Faktor im Bereich des Güterkraftverkehrs dar. Ziel dieser Vorschriften ist die Harmonisierung der Bedingungen des Wettbewerbs zwischen Landverkehrsunternehmen, insbesondere im Straßenverkehr, sowie die Verbesserung der Arbeitsbedingungen und der Sicherheit im Straßenverkehr.

Da die bestehenden Vorschriften aufgrund ihrer Weiterentwicklung ständigen Änderungen unterworfen sind, ist es nicht möglich, den jeweils aktuellen Stand im Rahmen eines Buches zu gewährleisten. Die Komplexität dieser Vorschriften und die vielseitigen Möglichkeiten zu Veränderungen im täglichen oder wöchentlichen Arbeitsrhythmus lassen im Übrigen eine vollständige Darstellung dieses Rechtsgebiets in diesem Leitfaden nicht zu.

Dessen ungeachtet soll jedoch nachstehend kurz auf die wichtigsten Bestimmungen eingegangen werden, sofern Fahrzeuge zum Einsatz gelangen, die zur Güterbeförderung dienen und deren zulässiges Gesamtgewicht, einschließlich Anhänger oder Sattelanhänger, 3,5 t übersteigt. Der Begriff „Gesamtgewicht" wurde zwischenzeitlich durch das Wort „Gesamtmasse" ersetzt. Regelungen und Arbeitszeiten für Fahrpersonal in Verbindung mit kleineren Fahrzeugen unter diesen Werten werden in diesem Abschnitt nicht berücksichtigt.

Die Arbeitszeitvorschriften für das Fahrpersonal von Kraftfahrzeugen, Art und Einsatz der zu betreibenden Kontrollgeräte sowie die entsprechende Überwachung sind in folgenden Rechtsvorschriften geregelt:

- Verordnung (EWG) Nr. 3821/85 des Rates über das Kontrollgerät im Straßenverkehr
- Verordnung (EG) Nr.2135/98 (Änderungsverordnung)
- Verordnung (EG) Nr. 561/2006 vom 15.3.2006 zur Harmonisierung bestimmter Sozialvorschriften
- Europäisches Übereinkommen über die Arbeit des im internationalen Straßenverkehr beschäftigten Fahrpersonals (AETR)
- Gesetz zum AETR
  (Dieses Übereinkommen findet Anwendung und gilt für die gesamte Fahrstrecke bei Fahrten, die streckenweise außerhalb der EU, des EWR oder der Schweiz erfolgen, sofern das Fahr-

zeug in der EU, EWR oder einem AETR-Staat zugelassen ist. Ist das Fahrzeug außerhalb dieser Staaten zugelassen, gelten die Vorschriften des AETR nur für die Streckenabschnitte, die innerhalb der EU, des EWR oder eines AETR-Staates liegen. Die Vorschriften des AETR stimmen allerdings nahezu vollständig mit den fahrpersonalrechtlichen Bestimmungen der EU-Vorschriften überein.)

In Verbindung mit vorstehenden Regelungen gelten ferner die nationalen Regeln Fahrpersonalgesetz (FPersG) und Fahrpersonalverordnung (FPersV) in Verbindung wiederum mit bestimmten Regelungen des Arbeitszeitgesetzes (ArbZG), der Straßenverkehrszulassungsordnung (StVZO) und dem Straßenverkehrsgesetz (StVG).

Der Bereich der Sozialvorschriften ist durch das Zusammenwirken von nationalen und internationalen Bestimmungen (Nicht-EU- und EWR-Staaten) und insbesondere infolge der Weiterentwicklung im Zuge der Harmonisierung äußerst komplex ausgestaltet.

In der jüngsten Vergangenheit sind die Vorschriften für die Arbeitszeiten, für Lenk- und Ruhezeiten und für die Art der Kontrollgeräte regelmäßig geändert worden.

Mit VO (EG) Nr.561/2006 vom 15.3.2006 zur Neuregelung der Lenk- und Ruhezeiten für Kraftfahrer wurde die VO Nr. 3820/85 aufgehoben und in Teilbereichen die Kontrollgeräteverordnungen Nr. 3821/85 und Nr. 2135/98 geändert.

In Verbindung mit vorstehenden Regelungen ist die Änderung des Arbeitszeitgesetzes (ArbZG) vom 1.9.2006 zu beachten. Hier wird festgelegt, dass die Arbeitszeit des Fahrpersonals 48 Stunden wöchentlich nicht überschreiten darf. Sie kann auf bis zu 60 Stunden verlängert werden, wenn innerhalb von vier Kalendermonaten oder 16 Wochen im Durchschnitt 48 Stunden wöchentlich nicht überschritten werden. Daneben sind die Vorgaben zu den Lenk- und Ruhezeiten aus der VO Nr. 561/2006 sowie dem Fahrpersonalgesetz (FPersG) und der Fahrpersonalverordnung (FPersV) zu beachten. So darf beispielsweise nach Art. 6 Abs. 2 der VO Nr. 561/2006 die wöchentliche Lenkzeit 56 Stunden nicht überschreiten. Bei maximaler Ausnutzung dieser 56 Stunden Lenkzeit und der wöchentlichen Höchstarbeitszeit von 60 Stunden könnte der Fahrer in der betreffenden Woche noch vier Stunden andere Arbeiten verrichten (wie Be- und Entladen, Verwaltungstätigkeiten, Lagerarbeiten).

Nach vorstehenden umfangreichen Rechtsgrundlagen ist von folgenden Begriffsdefinitionen und Zeiten im Einzelnen auszugehen:

Fahrer
Als Fahrer gilt jede Person, die das Fahrzeug, sei es auch nur kurze Zeit, selbst lenkt oder sich in dem Fahrzeug befindet, um es – als Bestandteil seiner Pflichten – gegebenenfalls lenken zu können.

Lenkzeit
Hierunter ist die Zeit zu verstehen, in der der Fahrer das Fahrzeug lenkt. Es wird unterschieden zwischen der

- ununterbrochenen Lenkzeit,
- Tageslenkzeit,
- Wochenlenkzeit und der
- Doppelwochen-Lenkzeit.

Unterbrechungen von weniger als 15 Minuten gelten nicht als Fahrtunterbrechung.

Woche
Dieses ist der Zeitraum zwischen Montag 00.00 Uhr und Sonntag 24.00 Uhr.

Ruhezeit
Dieser Begriff umfasst jede Unterbrechung von mindestens einer Stunde, in der der Fahrer frei über seine Zeit verfügen kann.

Tägliche Lenkzeit	Sie beträgt höchstens 9 Stunden. Sie darf 2 x wöchentlich auf 10 Stunden erhöht werden.
Fahrtunterbrechung	Nach 4 ½ Stunden Lenkzeit ist eine Unterbrechung von mindestens 45 Minuten einzuhalten. Diese Unterbrechung kann in zwei Unterbrechungen von mindestens 15 Minuten (1. Abschnitt) und mindestens 30 Minuten (2. Abschnitt) aufgeteilt werden.
Tägliche Ruhezeit	Sie beträgt mindestens 11 Stunden. Eine Verkürzung 3 x wöchentlich auf 9 Stunden ist zulässig oder 12 Stunden bei Aufteilung in zwei Abschnitte von mindestens 3 Stunden (1. Abschnitt) und mindestens 9 Stunden (2. Abschnitt) jeweils innerhalb eines Zeitraumes von 24 Stunden nach einer Ruhezeit. Bei Doppelbesetzung: 9 Stunden innerhalb von 30 Stunden nach einer Ruhezeit.
Wöchentliche Ruhezeit	Es ist eine Zeit von mindestens 45 Stunden einschließlich einer Tagesruhezeit einzuhalten. Eine Verkürzung auf 24 Stunden am Standort oder außerhalb ist zulässig.

Die Lenkzeit zwischen zwei wöchentlichen Ruhezeiten darf höchstens 56 Stunden betragen.

Die Lenkzeit in zwei aufeinanderfolgenden Wochen darf höchstens 90 Stunden betragen. Die Überwachung der Einhaltung dieser Vorschriften erfolgt anhand von verschiedenen Kontrollgeräten und Schaublättern.

Weitere Änderungen sind mit dem Kontrollgerät verbunden. Vom 1.5.2006 an müssen alle erstmals zugelassenen Fahrzeuge mit einem digitalen Kontrollgerät ausgestattet sein. Eine Nachrüstpflicht für ältere Fahrzeuge wurde nicht verordnet. Es besteht lediglich für bestimmte Fahrzeuge eine Ersatzpflicht, wenn das gesamte analoge System reparaturbedingt durch ein digitales System ersetzt werden muss.

Bei dem digitalen Kontrollgerät handelt es sich um ein System, das elektronisch auf einem eigenen sogenannten „Massenspeicher" über einen Zeitraum von 365 Tagen (oder auch kürzer, je nach Nutzung des Fahrzeugs) folgende Daten aufzeichnet:

- Fahrerdaten
- Lenk-, Ruhe- und Arbeitszeiten für Fahrer und Beifahrer
- Fahrzeugidentifizierungsnummer
- Fahrzeugkennzeichen
- Sicherheitselemente
- besondere Ereignisse (wie Verfälschungen, Überdrehzahl)
- Fehler/Probleme mit der Fahrerkarte/dem Kontrollgerät
- gefahrene Geschwindigkeit in den letzten 24 Stunden
- zurückgelegte Wegstrecke (Kilometerstand)
- Werkstattdaten/Kalibrierung
- Kontrollaktivitäten
- unternehmensbezogene Daten

Für das Auslesen des Massenspeichers sind vier unterschiedliche **Kontrollgerätekarten** erforderlich, die jeweils mit einem Prozessor (Mikrochip) ausgestattet sind:

- Fahrerkarte: für den Fahrer und nicht übertragbar auf andere Personen
- Unternehmenskarte: zum Auslesen unternehmensbezogener Daten
- Werkstattkarte: zur Prüfung; Kalibrierung und zum Herunterladen durch die Werkstatt
- Kontrollkarte: zum Auslesen des Massenspeichers oder der Fahrerkarte durch Kontrollorgane

Mit Änderung der vorstehenden Rechtsvorschriften wurde ebenfalls die Mitführungspflicht der **Tätigkeitsnachweise** des Fahrpersonals neu geregelt. Folgende Tätigkeitsnachweise sind im Fahrzeug mitzuführen und bei einer Kontrolle zur Prüfung auszuhändigen:

- beim Lenken von Fahrzeugen, die mit einem analogen Kontrollgerät ausgerüstet sind (Kontrollgeräte mit Schaublättern):
  a) die Schaublätter für den laufenden Tag und für die vorausgehenden 28 Tage und
  b) die Fahrerkarte, falls er Inhaber einer solchen Karte ist und
  c) sofern im unter a) genannten Zeitraum ein Fahrzeug mit digitalem Kontrollgerät gelenkt wurde und die Fahrerkarte wegen Beschädigung, Fehlfunktion oder Verlust nicht genutzt werden konnte, die vorgeschriebenen Ausdrucke und bei einem Defekt des Gerätes die vorgeschriebenen handschriftlichen Aufzeichnungen
- beim Lenken von Fahrzeugen, die mit einem digitalen Kontrollgerät ausgerüstet sind (Kontrollgeräte, die mit Fahrerkarte betrieben werden):
  a) die Fahrerkarte, falls er Inhaber einer solchen Karte ist
  b) die am laufenden Tag und den vorausgehenden 28 Tagen vorgeschriebenen erstellten handschriftlichen Aufzeichnungen und Ausdrucke und
  c) die Schaublätter für den laufenden Tag und die vorausgehenden 28 Tage, falls er in dieser Zeit ein Fahrzeug mit analogem Kontrollgerät gelenkt hat

Abschließend muss noch angemerkt werden, dass die Vorschriften nach dem Arbeitszeitgesetz nur für Arbeitnehmer gelten, die als Fahrer oder Beifahrer tätig sind, während die Lenk- und Ruhezeiten auch durch selbstständige Fahrer (Unternehmer) einzuhalten sind.

Diese Kurzübersicht kann lediglich einen kleinen Überblick über die Vielfalt der einzuhaltenden Vorschriften liefern. Sie soll alle, die für den Einsatz von Kraftfahrzeugen verantwortlich sind, darauf aufmerksam machen, wie wichtig es ist, sich über die jeweils geltenden Vorschriften zu informieren und diese auch einzuhalten. Häufig sind neben dem Konkurrenzdruck allerdings unzureichende Kenntnis der gesetzlichen Vorschriften und ein geringes Unrechtsbewusstsein des Fahrpersonals Ursachen für vermeidbare Verstöße. Bei Nichtbeachtung dieser Vorschriften kann Unkenntnis den Tatbestand der Ordnungswidrigkeit nicht entschuldigen. Mit Geldbußen in drastischer Höhe sind nicht nur die Fahrer bedroht, sondern auch Unternehmer und sogar Disponenten müssen mit derartigen Ahndungsmaßnahmen rechnen. Allein schon Prämien, die nach Maßgabe der zurückgelegten Strecke und/oder der beförderten Gütermenge gewährt werden, sind untersagt. Eine ständige Belehrung und Schulung des eigenen Fahrpersonals und auch aller Verantwortlichen ist für jeden Betrieb, der Kraftfahrzeuge einsetzt, unverzichtbar. Dabei muss außerdem berücksichtigt werden, dass auch beim Einsatz von Kraftfahrzeugen unter 3,5 t zulässigem Gesamtgewicht entsprechende Fahrpersonalvorschriften bestehen, die ebenfalls verbindlich zu beachten sind.

Ergänzt und verschärft werden diese Vorschriften noch durch das **Berufskraftfahrer-Qualifikations-Gesetz (BKrFQG)**. Nach dieser Rechtsvorschrift benötigen Fahrerinnen und Fahrer, die gewerblichen Güterkraft- oder Personenverkehr auf öffentlichen Straßen durchführen und die ihre Fahrerlaubnis der Klassen D1, D1E, D, DE, C, C1, C1E, C oder CE nach dem 10.9.2008 (Personenverkehr) bzw. 10.9.2009 (Güterverkehr) erworben haben, eine **Grundqualifikation** oder **beschleunigte Grundqualifikation**. Diese wird erworben durch erfolgreiche Ablegung einer Prüfung bei der Industrie- und Handelskammer. Außerdem ist eine regelmäßige Weiterbildung im Abstand von jeweils fünf Jahren zu wiederholen.

Es besteht die Möglichkeit, den Weiterbildungsrhythmus und die Gültigkeit der Fahrerlaubnis aufeinander abzustimmen, da Fahrerlaubnisinhaber, die keine Grundqualifikation absolvieren müssen, den ersten Weiterbildungsnachweis erst bis zum 10.9.2015 bzw. 10.9.2016 erbringen müssen, sofern die Gültigkeit der aktuellen Fahrerlaubnis in diesem Zeitraum endet.

Das BKrFQVG ist durch europäische Vorgaben erforderlich geworden und dient der Umsetzung der Richtlinie 2003/59/EG. Es wird durch die Berufskraftfahrer-Qualifikations-Verordnung (BKrF-QV) präzisiert, die insbesondere Einzelheiten in Bezug auf das Ausbildungsverfahren und deren Inhalte regelt. Ziele dieser Rechtsvorschriften sind die Erhöhung der Verkehrssicherheit und die Verbesserung des Umweltschutzes durch zusätzliche Qualifizierungen. Das Bundesamt für Güterverkehr ist nach diesen Vorschriften zuständige Verwaltungsbehörde für die Ahndung von Verstößen, die bei einer Kontrolle durch den Kontrolldienst des Bundesamts für Güterverkehr oder gegenüber einem im Ausland ansässigen Betroffenen festgestellt werden. Die Zuständigkeit ist zudem gegeben für Verstöße, die in Unternehmen mit Sitz im Ausland begangen worden sind.

4.1.10 Ordnungswidrigkeiten und Ahndungsmaßnahmen

Nach der Bestimmung des § 1 Gesetz über Ordnungswidrigkeiten (OWiG) ist eine Ordnungswidrigkeit eine rechtswidrige und vorwerfbare Handlung, die den Tatbestand eines Gesetzes verwirklicht, das die Ahndung mit einer Geldbuße zulässt.

Die staatliche Rechtsordnung kann sich an den Bürger mit Geboten oder Verboten richten. Zuwiderhandlungen können mit Strafe (Freiheitsstrafe oder Geldstrafe) oder mit Geldbuße bedroht sein. Je nach der angedrohten Rechtsfolge stellen begangene Zuwiderhandlungen Straftaten oder Ordnungswidrigkeiten dar. Als Ordnungswidrigkeiten hat der Gesetzgeber meistens Verstöße gegen verwaltungsrechtliche Ordnungsvorschriften eingestuft. Die gesetzlichen Vorschriften, die Tatbestände von Ordnungswidrigkeiten enthalten, stehen daher regelmäßig innerhalb der für ein Rechtsgebiet getroffenen Regelung, also in einem Spezialgesetz. So sind z. B. Verstöße gegen die Vorschriften des Güterkraftverkehrsgesetzes auch innerhalb des GüKG (§ 19 GüKG) geregelt.

Das Verfahren für die Verfolgung und Ahndung von Ordnungswidrigkeiten ist hingegen einheitlich im 1. und 2. Teil des Gesetzes über Ordnungswidrigkeiten (OWiG) geregelt. Während die Verfolgung und Ahndung von Straftaten grundsätzlich bei Staatsanwaltschaft und Gericht liegen, sind für die Verfolgung und Ahndung von Ordnungswidrigkeiten grundsätzlich die Verwaltungsbehörden zuständig (§ 35 OWiG). In dieser Funktion werden sie auch als Bußgeldbehörden bezeichnet. Welche Verwaltungsbehörde im Einzelfall die Aufgaben wahrzunehmen hat, regelt die sachliche Zuständigkeit (§ 36 OWiG). Sie wird regelmäßig durch eine besondere gesetzliche Vorschrift bestimmt. Diese findet sich häufig in dem jeweiligen Spezialgesetz im Zusammenhang mit den dort geregelten Ordnungswidrigkeit Tatbeständen; z. B. §§ 19, 20, 21 und 21a GüKG.

In anderen Fällen wird die Bestimmung durch eine selbstständige Zuständigkeitsregelung in einem besonderen Gesetz oder einer Verordnung getroffen.

Nach den vorgenannten Beispielen ist gemäß § 21a GüKG bei bestimmten Verstößen zuständige Verwaltungsbehörde im Sinne des OWiG die untere Verkehrsbehörde.

Gemäß §§ 20 und 21 ist zuständige Verwaltungsbehörde das Bundesamt, wenn ein Verstoß u. a. in einem Unternehmen begangen wird, das im Geltungsbereich des GüKG (also in der Bundesrepublik Deutschland) weder Sitz noch eine geschäftliche Niederlassung hat, und auch der Betroffene im Geltungsbereich des Gesetzes keinen Wohnsitz hat.

Die **Ahndungsmaßnahmen** reichen von der mündlichen Verwarnung, Verwarnungsgeld, Bußgeld bis zur Rücknahme oder Widerruf der Erlaubnis oder der Genehmigung. Diese äußersten Maßnahmen bedeuten somit, zumindest in dem Tätigkeitsbereich, in dem die Ordnungswidrigkeiten begangen worden sind, den Ausschluss vom Verkehrsmarkt.

Aber nicht nur der Unternehmer wird von diesen Maßnahmen betroffen, auch die in seinem Geschäftsbetrieb tätigen Personen oder sonst am Beförderungsvertrag Beteiligten, die entsprechende Ordnungswidrigkeiten begehen, können mit Geldbußen bis zu 200.000 € belegt werden. Auch kann es in Verbindung mit einer Ordnungswidrigkeit durchaus zu einer strafbaren Handlung kommen, die Ahndungsmaßnahmen noch größeren Ausmaßes nach sich ziehen kann. Der Bundesgerichtshof (4 StR 578/85) bestätigte eine Freiheitsstrafe ohne Bewährung, die das Landgericht Stuttgart gegen die Prokuristin einer Spedition verhängt hatte. Sie war dort für die Abwicklung des Fernverkehrs zuständig und machte sich strafbar, da sie ihren Berufskraftfahrern Routen und Arbeitszeiten vorschrieb, die nur unter Verstoß gegen Geschwindigkeitsbeschränkungen und Arbeitszeitvorschriften einzuhalten waren. Dabei war es zu einem folgenschweren Unfall gekommen, bei dem mehrere Menschen den Tod fanden.

Derartige Sachverhalte geben immer wieder Veranlassung, bereits bei der Berufsausbildung darauf hinzuweisen, dass der bestehende Ordnungsrahmen nicht nur aus bloßen Formvorschriften besteht. Ein umfassendes Wissen ist unumgänglich, da bekanntlich Unkenntnis nicht vor Strafe schützt und in diesem Fall „Vorbeugen“ besser als „Heilen“ ist.

4.1.11 Der praktische Beförderungsfall

Nachdem in den vorhergehenden Abschnitten umfassend der Verkehrsträger Straßengüterverkehr behandelt wurde, soll nun abschließend die Handhabung der Vorschriften anhand eines praktischen Beispiels dargestellt werden. Um das Zusammenwirken und die Vertragsgestaltung zwischen Versender, Spediteur und Frachtführer besser verstehen zu können, wurde nicht nur ein „reiner“ Frachtvertrag gewählt, der zwischen Absender und Frachtführer zustande kommt, sondern in die Abwicklung wurde zusätzlich ein Spediteur eingeschaltet.

Folgender Beförderungsfall dient als Beispiel:

Die Maschinenfabrik A erteilt dem Speditionsunternehmen B am 2.1.2016 den Auftrag, eine Maschine im Gewicht von 12.000 kg (Wert 250.000 €) von Düsseldorf nach Rom zu transportieren. Die Maschine kann erst am 6.1.2016 im Werk des Herstellers übernommen werden. Für die Abwicklung des Auftrags vereinbaren die Spedition B und die Maschinenfabrik A einen Festpreis in Höhe von 3.500 €. Da die Spedition B nicht über eigene Kraftfahrzeuge verfügt, setzt man sich am selben Tag noch mit dem Transportunternehmer C telefonisch in Verbindung, der den Auftrag auch sofort annimmt. Für die Abwicklung der Beförderung wird eine bestimmte Lieferfrist nicht vereinbart.

Auf dem Weg nach Rom verunglückt das Fahrzeug auf der Autobahn. Die Maschine erleidet einen Totalschaden.

Folgende Fragen ergeben sich in Verbindung mit dem oben aufgeführten Beförderungsfall:

1. Um welche Art von Verträgen handelt es sich hier und zu welchem Zeitpunkt wurden sie zwischen welchen Vertragspartnern abgeschlossen?
2. Welche Vertragsrechtsgrundlagen könnten für die Verträge zur Anwendung kommen?
3. Sind Beförderungs- und Begleitpapiere zwingend vorgeschrieben und worauf ist bei der Ausfertigung zu achten?
4. Welche Lieferfristen könnten vereinbart werden unter Berücksichtigung der aktuellen Fahrpersonalvorschriften?
5. Welche Genehmigungsarten sind für die Beförderung erforderlich und welche weiteren Abgaben sind im Hinblick auf den Beförderungsweg zu entrichten?

6. Um welche Art von Schaden handelt es sich im obigen Fall, wer hat für den Schaden zu haften und in welcher Höhe ist der Schaden zu ersetzen?
7. Muss der Unternehmer den Schaden aus der „eigenen Tasche“ bezahlen?
8. Beim Empfänger entsteht ein Produktionsausfall, da die bestellte Maschine nicht einsatzfähig ist. Wie nennt man in diesem Fall diesen Schaden und wer haftet?
9. Es kommt gegebenenfalls auch zu einem Produktionsausfall, wenn ein Unternehmer infolge eines Beförderungshindernisses zu spät ankommt. Wie nennt man diesen Schaden und wie ist in diesem Fall die Haftung geregelt?
10. Es gibt Fälle, in denen der Empfänger auch ohne Güterschaden die Annahme der Sendung verweigert. Wie ist in diesem Fall zu verfahren?

Einzelheiten zu den vorhergehenden Fragen:

Zu 1. Zwischen der Maschinenfabrik A und dem Empfänger in Rom wurde ein **Kaufvertrag** geschlossen, der hier nicht näher zu untersuchen ist.
Maschinenfabrik A schließt mit Spedition B einen **Speditionsvertrag**.
Spedition B schließt mit Transportunternehmen C einen **Fracht-** bzw. **Beförderungsvertrag**.
Beide Vertragsarten sind im HGB definiert: Frachtvertrag ab § 407 und Speditionsvertrag ab § 453 (Einzelheiten hierzu siehe Kapitel 3 und 4.1.4.1)
Es ist aber auch zu berücksichtigen, dass die Rechte und Pflichten der Vertragsparteien sich nicht nur von privatrechtlichen Grundsätzen ableiten. Vielmehr nimmt im Rahmen unserer Marktordnung das Öffentliche Recht Einfluss auf die Abwicklung derartiger Beförderungen. Durch § 7c GüKG wird auch dem Auftraggeber eines Fracht- oder Beförderungsvertrags Verantwortung auferlegt. Es handelt sich beispielsweise um eine Ordnungswidrigkeit, wenn Versender oder Spediteur wissen oder fahrlässig nicht wissen, dass gegen Marktzugangsvoraussetzungen oder gegen Fahrpersonalvorschriften verstoßen wird. Das ist insbesondere dann der Fall, wenn der Fahrer auf das Ende seiner Arbeitszeit hinweist und dieser Hinweis missachtet wird. Auch muss ein Spediteur aufgrund seiner Fachkenntnisse wissen, dass für innerdeutsche Beförderungen (Kabotage) nur Unternehmer aus EU/EWR-Staaten eingesetzt werden dürfen, denen bereits die Kabotagefreiheit zugestanden worden ist. (Einzelheiten hierzu siehe Kapitel 4.1.3, Erläuterungen zu § 7c, und Kapitel 4.1.6.1)
In beiden Fällen handelt es sich um **Konsensualverträge**, die allein durch übereinstimmende Willenserklärungen formlos zustande kommen. Obwohl die Maschine erst am 6.1. übernommen werden kann, wurde der Auftrag bereits am 2.1. sowohl von der Spedition als auch von dem Transportunternehmer sofort angenommen. Sollte nun eine der Vertragsparteien vom Vertrag zurücktreten (Kündigung), wären bereits zu diesem Zeitpunkt jeweils Schadenersatzforderungen fällig. (Einzelheiten hierzu siehe Kapitel 3 und 4.1.4.1)

Zu 2. Grundsätzlich gilt nach deutschem Recht für innerdeutsche Rechtsgeschäfte die **Vertragsfreiheit**, d. h., es können freie Vereinbarungen getroffen werden. Einschränkungen sind durch das BGB dahingehend vorgesehen, dass diese Vereinbarungen z. B. nicht gegen die „guten Sitten verstoßen oder eine arglistige Täuschung“ darstellen.
Weitergehende Regelungen finden wir für den Speditionsvertrag (BGB – Dienstvertrag) und den Frachtvertrag (BGB – Werkvertrag) im HGB. Auch hier sind dann Einschränkungen vorgesehen, wenn es sich nicht um Individualvereinbarungen handelt. (Einzelheiten hierzu siehe Kapitel 3 und 4.1.4.1)
Da nicht jeder Speditions- oder Frachtvertrag aufgrund des Verwaltungsaufwands individuell einzeln abgeschlossen werden kann, vereinbaren die Vertragspartner als Ergän-

zung zur Vertragsgestaltung zum HGB üblicherweise AGB, wie z. B. die ADSp oder die VBGL, die an anderer Stelle dieses Leitfadens erläutert sind. Ein alter Rechtsgrundsatz lautet, „Verträge sollen klar sein". Dadurch werden spätere Streitigkeiten vermieden. Es empfiehlt sich daher, sämtliche Vereinbarungen entweder schriftlich niederzulegen oder darauf zu achten, dass die Vereinbarung von AGB wie die ADSp diese Einzelheiten im Allgemeinen regeln.

In dem vorhergehenden Beispiel handelt es sich um eine Beförderung im grenzüberschreitenden Straßengüterverkehr. In diesem Fall sind jedoch weitere Besonderheiten zu berücksichtigen, da für diese Beförderung nicht die nationalen Vorschriften gelten. Die Bundesrepublik Deutschland ist dem völkerrechtlichen Übereinkommen über den Beförderungsvertrag im internationalen Straßenverkehr (CMR) beigetreten und aus diesem Grund gilt die CMR zwingend für jeden Vertrag über die entgeltliche Beförderung von Gütern, wenn der Ort der Übernahme und der Ort der Ablieferung in zwei verschiedenen Staaten liegen, von denen mindestens einer Vertragsstaat der CMR ist. Sowohl Deutschland als auch Italien sind Vertragsstaat dieses Abkommens. (Einzelheiten hierzu siehe Kapitel 4.1.6.1)

Die Beförderungspreise sind nicht in Tarifen festgelegt und sie richten sich im Rahmen der Marktwirtschaft nach Angebot und Nachfrage. Im Speditionsvertrag werden vielfach das Gewicht, das Volumen, die Länge der Beförderungsstrecke oder andere Merkmale als Berechnungsparameter zugrunde gelegt. Für die Kalkulation im Frachtvertrag greift der Transportunternehmer regelmäßig auf die Fahrzeugkostenrechnung (siehe Kapitel 4.1.5.2) zurück. Es ist jedoch auch üblich, dass sich für bestimmte Relationen und für bestimmte Güterarten saisonbedingt bestimmte Preise herausgebildet haben. In dem vorliegenden Fall handelt es sich um eine besondere Beförderung (ein Teil auf einer besonderen Beförderungsstrecke), für die üblicherweise auch ein besonderer Preis vereinbart wird. Regelmäßig können in diesem Fall keine anderen Güter zugeladen werden, sodass man von einer „Sonderfahrt" sprechen kann.

Da der Spediteur mit dem Versender einen Festpreis vereinbart hat, handelt es sich im Sinne von § 459 HGB um „Spedition zu festen Kosten" (Fixkostenspedition). In diesem Fall hat der Spediteur hinsichtlich der Beförderung die Rechte und Pflichten eines Frachtführers und somit gilt auch für den Spediteur für diese Beförderung die CMR. Da die CMR aus öffentlich-rechtlicher Sicht zwingend vorgeschrieben ist, verdrängt sie somit zunächst vereinbarungsbedürftige deutsche Regelungen. Enthält die CMR keine abschließende Regelung für besondere Tatbestände, so gilt ergänzend wiederum deutsches Recht.

So enthält beispielsweise die CMR keine Vorschriften über das Be- und Entladen (Verladen) der Güter. Ersatzweise ist in diesem Fall wieder auf die Bestimmungen des Frachtvertrags nach HGB zurückzugreifen. Danach liegt diese Verladepflicht beim Absender und in diesem besonderen Fall beim Hersteller der Maschine. Der Transportunternehmer hat für die Betriebssicherheit der Verladung zu sorgen. (Einzelheiten hierzu siehe Kapitel 3 und 4.1.6.1)

Zu 3. Beförderungs- und Begleitpapiere sind aus privatrechtlicher Sicht nicht zwingend vorgeschrieben. Die CMR regelt zwar in Art. 4, dass der Beförderungsvertrag in einem Frachtbrief festgehalten wird, aber auch, dass das Fehlen, die Mangelhaftigkeit oder der Verlust des Frachtbriefs weder den Bestand noch die Gültigkeit des Vertrags berühren und der Vertrag den Bestimmungen dieses Übereinkommens unterworfen bleibt. Dennoch sollte – aus Gründen der Beweisführung im Streitfall – immer ein Dokument erstellt werden, in dem sämtliche Vereinbarungen aufgeführt sind. Eine dementsprechende Empfehlung ergibt sich aus Art. 9 CMR.

Zu beachten ist jedoch die bußgeldbedrohte öffentlich-rechtliche Forderung in §7 Abs. 3 GüKG und in der EWG-Verordnung Nr. 11. Nach diesen Bestimmungen ist zwingend ein Begleitpapier oder ein sonstiger Nachweis während der Beförderung mitzuführen, aus dem bestimmte Angaben hervorgehen. Der bekannte CMR-Frachtbrief erfüllt in jedem Fall diese Forderungen.

Neben diesen Unterlagen ist jedoch darauf zu achten, dass der Fahrer persönliche Dokumente wie Führerschein, Personalausweis, Sozialversicherungsausweis, möglicherweise die EU-Fahrerbescheinigung mitführt und eventuell weitere erforderliche Papiere. Neben diesen persönlichen Dokumenten sind natürlich die fahrzeugbezogenen Dokumente wie Fahrzeugschein/Anhängerschein, Abgasnormprüfberichte, grüne Versicherungskarte, Ausfertigung der Gemeinschaftslizenz und mögliche zoll- oder länderspezifische Dokumente mitzuführen. (Einzelheiten hierzu siehe Kapitel 4.1.3, Erläuterungen zu §7 GüKG, und Kapitel 4.1.4.1)

Zu 4. Nach den Bestimmungen der CMR sind bestimmte Lieferfristen nicht vorgeschrieben. Art. 19 überlässt es vielmehr den Vertragspartnern, eine Lieferfrist zu vereinbaren. Werden hierüber keine Vereinbarungen getroffen, so wird dem Unternehmer die Frist zugebilligt, die ein sorgfältiger Frachtführer für die Ausführung der Beförderung benötigt. Ein sorgfältiger Frachtführer hat in diesem Zusammenhang insbesondere die Fahrpersonalvorschriften zu beachten. Danach sind die Arbeitszeiten für das Fahrpersonal von Kraftfahrzeugen, deren zulässige Höchstmasse (Gesamtgewicht) einschließlich Anhänger oder Sattelanhänger 3,5 t übersteigt, Art und Einsatz der zu betreibenden Kontrollgeräte sowie die entsprechende Überwachung in umfangreichen nationalen und internationalen Rechtsvorschriften geregelt. Verstöße gegen diese Gesetze und Verordnungen werden mit empfindlichen Ahndungsmaßnahmen verfolgt. (Einzelheiten hierzu siehe Kapitel 4.1.9)

Für den vorstehenden Beförderungsfall wird als Beispiel folgender Beförderungsablauf dargestellt:

Abfahrt in Düsseldorf am 6.1.2016 um 13.00 Uhr			
1. Lenkzeit	4 h 30 Min.	= 17.30 Uhr	
Fahrtunterbrechung1	45 Min.	= 18.15 Uhr	
2. Lenkzeit	4 h 30 Min.	= 22.45 Uhr	reine Fahrzeit: 9 h
Tagesruhezeit	11 h	= 9.45 Uhr (7.1.2016)	
7.1.2016			
1. Lenkzeit	4 h 30 Min.	= 14.15 Uhr	
Fahrtunterbrechung1	45 Min.	= 15.00 Uhr	
2. Lenkzeit	4 h 30 Min.	= 19.30 Uhr	reine Fahrzeit: 18 h
Tagesruhezeit	11 h	= 6.30 Uhr (8.1.2016)	
8.1.2016			
1. Lenkzeit	4 h 30 Min.	= 11.00 Uhr	
Fahrtunterbrechung1	45 Min.	= 11.45 Uhr	
2. Lenkzeit	1 h 30 Min.	= 13.15 Uhr	Gesamtfahrzeit: 24 h

1 Der Begriff Lenkzeitunterbrechung wurde infolge einer Änderung der Verordnung ab dem 11.4.2007 durch den Begriff Fahrtunterbrechung ersetzt

Tab. 4.1-4: Beispiel Beförderungsablauf **Quelle: Eigene Darstellung**

Die Beförderungsstrecke von Düsseldorf nach Rom (Transit Schweiz) beträgt 1.440 km; wird diese Strecke mit einer Durchschnittsgeschwindigkeit von 60 km/h befahren, so beträgt die reine Fahrzeit 24 Stunden.
Ist das Fahrzeug nur mit einem Fahrer besetzt und hat der Fahrer bis zu diesem Einsatz seine Ruhezeiten eingehalten und werden während der Beförderung die Tagesruhezeiten und die Lenkzeiten weder verkürzt noch verlängert, so ergibt sich folgender Ablauf: Die Sendung würde bei vorstehendem Beförderungsablauf am 8.1.2016 um 13.15 Uhr beim Empfänger in Rom eintreffen.
Bei günstiger Disposition könnte die Tagesruhezeit zweimal von 11 auf 9 Stunden verkürzt werden. Im vorliegenden Fall könnte die Dauer der Beförderung bei zwei Tagesruhezeiten um insgesamt 4 Stunden verkürzt werden. Der Lastzug würde dann bereits um 9.15 Uhr beim Empfänger eintreffen.

Zu 5. Es handelt sich in diesem Fall um eine grenzüberschreitende Güterbeförderung zwischen zwei EU-Staaten. Als Beförderungsweg stehen dem Unternehmer zwei Routen zur Verfügung. Er könnte im Transit durch Österreich oder durch die Schweiz fahren.
Bei der Österreich-Route würde sich folgender Streckenverlauf ergeben: Autobahn A3 bis Nürnberg, A9 über München bis zum Inntaldreieck, A93 Richtung Kufstein und anschließend in Österreich A12 und A13 bis zum Brenner, danach in Italien über Bozen, Modena, Florenz bis Rom.
Über die Schweiz ergibt sich folgender Streckenverlauf: A3 bis Raum Frankfurt, A67, A6 und A5 über Karlsruhe bis Basel, danach in der Schweiz über Luzern durch den Gotthard-Tunnel bis Lugano, von dort in Italien über Mailand, Florenz bis Rom.
Welche Strecke der Unternehmer wählt, hängt im Allgemeinen von der jeweiligen Verkehrslage ab.
Zur Anschauung wurde in diesem Fall der Beförderungsablauf im Transit nicht durch einen weiteren EU-Staat (Österreich) gewählt, sondern es wird die Schweiz durchfahren. Seit 2002 hat die EU-Administration – rechtswirksam für alle EU-Staaten – mit der Schweiz im Rahmen eines Landverkehrsabkommens die gegenseitige Anerkennung der Lizenzen vereinbart und so kann die Schweiz mit der Gemeinschaftslizenz ohne Probleme durchfahren werden. (Einzelheiten hierzu siehe Kapitel 4.1.3, Erläuterungen zu § 5 GüKG und Kapitel 4.1.6.1)
Die Beförderungsstrecke führt durch die Länder Deutschland, Schweiz und Italien. Die Benutzung der Autobahnen ist in allen drei Ländern gebührenpflichtig. Die Regelungen im Ausland können im Rahmen dieses Buches nicht näher erläutert werden. In Deutschland ist nach den Bestimmungen eine Autobahnmaut zu entrichten. (Einzelheiten hierzu siehe Kapitel 4.1.8)

Zu 6. Bei der Beschädigung der Maschine handelt es sich um einen Güterschaden.
Nach Art. 17 CMR haftet der Frachtführer für derartige Schäden im Rahmen der Gefährdungshaftung nach dem Obhuts- oder Gewahrsamsprinzip.
Die Höhe der Entschädigung richtet sich einerseits nach dem Wert des Gutes am Ort und zur Zeit der Übernahme, andererseits wird jedoch die Höhe begrenzt auf 8,33 Einheiten der Sonderziehungsrechte des Internationalen Währungsfonds je Kilogramm des Rohgewichts. Die CMR stellt es allerdings dem Absender frei, höhere Haftungsbeträge gegen Zahlung von Zuschlägen zu vereinbaren. Auch diese Vereinbarungen sollten aus Beweisgründen im Beförderungspapier eingetragen werden. (Einzelheiten hierzu siehe Kapitel 4.1.6.1)

Zu 7. Da der Schaden während der Beförderung durch den Transportunternehmer eingetreten ist, haftet auch dieser Unternehmer ursächlich für den Schaden. Allerdings bleibt in diesem Fall zu berücksichtigen, dass der Spediteur in seinem Speditionsvertragsverhältnis gegenüber dem Versender, der Maschinenfabrik A, hinsichtlich der Beförderung ebenfalls wie der Frachtführer zu haften hat. Da nach dem GüKG im grenzüberschreitenden Verkehr keine Versicherungspflicht vorgeschrieben ist, wäre der Unternehmer zum Abschluss einer Haftungsversicherung nicht gezwungen. In einem solchen Fall müsste er den Schaden tatsächlich aus der „eigenen Tasche" bezahlen. Der Spediteur wiederum hätte sich im Speditionsvertragsverhältnis gegenüber dem Versender vereinbarungsgemäß nach Nr. 29 ADSp verpflichtet, eine Haftungsversicherung abzuschließen, die u. a. seine verkehrsvertragliche Haftung abdeckt. Daneben würde er infolge der Wertangabe des Gutes als sorgfältiger Kaufmann nach Nr. 21 ADSp dem Versender empfehlen, eine Transportversicherung mit höheren Haftungsbeträgen abzuschließen. Ähnliche Bestimmungen enthalten auch die VBGL, die ebenfalls im Rahmen des Speditionsvertrags hätten vereinbart werden können. (Einzelheiten hierzu siehe Kapitel 3 und 4.1.4.2)

Zu 8. Der hier angesprochene Vermögensschaden entsteht als „Folge eines Güterschadens" und wird somit auch als **Güterfolgeschaden** bezeichnet. Für Güterfolgeschäden sehen die Haftungsbestimmungen keine Ersatzpflicht vor. Vielmehr wäre für diese Schadensart eine besondere Versicherung abzuschließen, die jedoch nicht unter die allgemeinen Pflichten der Verkehrsunternehmen fällt. (Einzelheiten hierzu siehe Kapitel 3 und 4.1.4.1)

Zu 9. Bei diesem Vermögensschaden handelt es sich nicht um einen Güterfolgeschaden, denn das Gut kommt unbeschädigt aber zu spät an. Insbesondere ist hier die Überschreitung einer vereinbarten oder allgemeinen Lieferfrist die Ursache für den Vermögensschaden im Rahmen des Produktionsausfalls. Nach den Bestimmungen der CMR kann maximal ein Schaden bis zur Höhe der vereinbarten einfachen Fracht gefordert werden. Nach den Regelungen des HGB – bei diesem Beförderungsfall jedoch nicht anwendbar – sieht die Ersatzpflicht einen Betrag bis zur Höhe der dreifachen Fracht vor. (Einzelheiten hierzu siehe Kapitel 3 und Kapitel 4.1.4.1 und 4.1.6.1)

Zu 10. Nach dem Wortlaut des HGB wird der Frachtvertrag zwischen dem Frachtführer und dem Absender zugunsten eines Dritten abgeschlossen, der wiederum an diesem Vertrag nicht unmittelbar beteiligt ist. Dieser Dritte ist der Empfänger, dem sowohl Rechte zugebilligt als auch Pflichten auferlegt worden. Einerseits hat er das Recht gegenüber dem Frachtführer auf Herausgabe des Gutes, andererseits obliegt ihm die Pflicht, weitere Verpflichtungen (z. B. Nachnahmen/Frachtzahlung) aus dem Frachtvertrag zu erfüllen. Ebenfalls kann er die Annahme des Gutes verweigern. Diese Regelungen ergeben sich nach deutschem Recht aus den §§ 418, 419 und 421 HGB. Ähnliche Regelungen finden wir in der CMR. Treten Störungen irgendwelcher Art während der Beförderung oder bei Ablieferung des Gutes auf, so hat der Transportunternehmer vom Vertragspartner Weisungen einzuholen. Der Unternehmer ist allerdings zur Befolgung solcher Weisungen nur verpflichtet, sofern die Ausführung weder Nachteile für den Betrieb des Unternehmers noch Schäden für die Absender oder Empfänger anderer Sendungen mit sich zu bringen droht. (Einzelheiten hierzu siehe Kapitel 4.1.4.1 und 4.1.6.1)

Abschließend muss noch darauf hingewiesen werden, dass die Einhaltung öffentlich-rechtlicher Vorschriften durch Straßenkontrollen in allen Staaten überwacht wird. In Deutschland sind verschiedene Behörden mit den Kontrollen beauftragt. Nach dem GüKG hat insbesondere das Bundesamt für Güterverkehr die Einhaltung vieler Vorschriften zu überwachen und bei Verstößen durch ausländische Unternehmen ist es vom Gesetzgeber auch als Bußgeldbehörde bestellt worden. (Einzelheiten hierzu siehe Kapitel 4.1.3 §§ 14–20)

4.1.12 Mitzuführende Dokumente und Bescheinigungen

Die im Straßengüterverkehr mitzuführenden Dokumente und Bescheinigungen müssen in Abhängigkeit des jeweiligen Beförderungsauftrags überprüft werden, um Probleme bei der Abwicklung des Beförderungsvertrags zu vermeiden. Die nachfolgend abgedruckte Checkliste, herausgegeben vom Deutschen Speditions- und Logistikverband, bietet hierfür eine gute Orientierung. Ergänzend muss hinzugefügt werden, dass kurzfristig eingetretene Veränderungen möglicherweise in der Liste keine Berücksichtigung gefunden haben.

Vor Antritt jeder Fahrt sollten Disposition und Fahrpersonal überprüfen, ob die entsprechend des durchzuführenden Beförderungsauftrags im Güterkraftverkehr mitzuführenden Dokumente und Bescheinigungen vollständig und gültig sind. Hierzu kann die folgende vom DSLV erstellte und herausgegebene Checkliste verwendet werden. Einige Dokumente und Bescheinigungen sind nur in bestimmten Beförderungsfällen mitzuführen. Diese sind durch die vorangestellte Abkürzung „ggf." gekennzeichnet. Die Checkliste erhebt keinen Anspruch auf Vollständigkeit. Zusätzliche Anforderungen an die Dokumentation können sich durch nationale Vorschriften im Ausland und bei Gefahrguttransporten ergeben.

Checkliste

1. **Persönliche Dokumente**
   - Führerschein (ggf. Nachweis für Berufskraftfahrerweiterbildung, z. B.: Schlüsselzahl 95; bei inländischen Fahrten im Rahmen des Ausbildungsverhältnisses Kopie des Ausbildungsvertrags)
   - ggf. Internationaler Führerschein
   - Personalausweis/Reisepass
   - Visum (ggf. Transitvisum für die zu durchfahrenden Länder)
   - Fahrerkarte (Digitaler Tachograf)
   - ggf. Arbeits- und Aufenthaltserlaubnis
   - ggf. Fahrerbescheinigung (für Fahrer aus Drittstaaten)
   - ggf. Krankenversicherungsnachweis
   - ggf. Impfnachweise

2. **Fahrzeugpapiere**
   - Kraftfahrzeugschein/Anhängerschein
   - Grüne Versicherungskarte(n)
   - (Europäischer) Unfallbericht

3. **Nationaler Güterkraftverkehr**
   - Erlaubnisurkunde/Erlaubnisausfertigung
   - EU-Lizenz (beglaubigte Abschrift)
   - Nachweis der Güterschaden-Haftpflicht-Versicherung (Kopie)
   - Begleitpapiere (oder Frachtbrief)
   - Schaublätter des laufenden Tages und der vorausgehenden 28 Kalendertage (nicht Arbeitstage), an denen der Fahrer gefahren ist

- Ausreichende Anzahl von Schaublättern für die zu beginnende Tour
- Ersatzpapierrolle (Digitaler Tachograf)
- ggf. Autobahnbenutzungsgebührenbescheinigung
- ggf. Ausnahmegenehmigungen gemäß Straßenverkehrsordnung (StVO), Straßenverkehrszulassungsordnung (StVZO), Ferienreiseverordnung

4. **Zusätzlich im grenzüberschreitenden Verkehr innerhalb der EU**
   - EU-Lizenz (beglaubigte Abschrift)
   - CEMT-Genehmigung/CEMT-Umzugsgenehmigung (im Original)
   - CEMT-Nachweis der Übereinstimmung mit den technischen Sicherheitsanforderungen für ein Kraftfahrzeug (grün)
   - CEMT-Nachweis der Übereinstimmung eines Anhängers mit den technischen Sicherheitsanforderungen (gelb)
   - CEMT-Nachweis der technischen Überwachung für Kraftfahrzeuge und Anhänger (weiß)
   - CMR-Frachtbrief
   - Bestätigung über berücksichtigungsfreie Tage/Urlaubsscheine (nach EU-Format)
   - ggf. beglaubigte Abschrift des Mietvertrags (beim Einsatz von Mietfahrzeugen)
   - ggf. T2-Versandschein (Schweiztransit)
   - ggf. Schreiben der EU-Kommission zur „Gegenseitigen Anerkennung der Übergangsfristen der Berufskraftfahrerqualifikation in der EU“ (Frankreich, Großbritannien, Italien)
   - ggf. Document de Suivi (Frankreich)
   - ggf. Attestation d'employeur de personnel de conduite (Frankreich)
   - ggf. Arbeitsvertrag/Lohnabrechnung (Italien)
   - ggf. Checkliste Illegale Einwanderer (Großbritannien)
   - ggf. Verfügungsberechtigung des Fahrzeughalters/Fahrervollmacht (Polen)
   - ggf. ATP-Bescheinigung (temperaturgeführte Güter) (im Original)
   - ggf. weitere länderspezifische Dokumente

5. **Zusätzlich im Kabotageverkehr**
   - Nachweis für jede einzelne Kabotagebeförderung mit folgenden Angaben:
     - Name, Anschrift und Unterschrift des Absenders
     - Name, Anschrift und Unterschrift des Verkehrsunternehmers
     - Name und Anschrift des Empfängers sowie nach erfolgter Lieferung dessen Unterschrift und das Datum der Lieferung
     - Ort und Datum der Übernahme der Ware sowie die Lieferadresse
     - die übliche Beschreibung der Art der Ware und ihrer Verpackung sowie bei Gefahrgütern ihre allgemein anerkannte Beschreibung, die Anzahl der Packstücke sowie deren besondere Zeichen und Nummern
     - die Bruttomasse der Güter oder eine sonstige Mengenangabe
     - das amtliche Kennzeichen des Kraftfahrzeugs und des Anhängers

- CMR-Frachtbrief, Inlandsfrachtbrief oder Document de Suivi (Frankreich)
- Attestation d'employeur de personnel de conduite – bei Fahrern auf Fahrzeugen aus Nicht-EU-Staaten (Drittstaaten) (Frankreich)
- Nachweis einer ausreichenden Haftpflichtversicherung (Deutschland) (Kopie)
- ggf. Limosa-1-Bescheinigung/Fahrerregistrierung (Belgien)
- EU-Entsendebestätigung (A1-Bescheinigung) beim Einsatz von Fahrern aus Drittstaaten und aus den EU-Staaten Estland, Lettland, Litauen, Polen, Slowakei, Slowenien, Tschechien und Ungarn
  - auf Antrag (Österreich)
- CMR-Frachtbrief oder Begleitpapier (bolla di accompagnamento) (Italien)
- ggf. Arbeitsvertrag/Lohnabrechnung (Italien)

6. **Zusätzlich im grenzüberschreitenden Verkehr mit Nicht-EU-Staaten**
   - Bilaterale Fahrt- bzw. Zeitgenehmigung (im Original)
   - CEMT-Genehmigung/CEMT-Umzugsgenehmigung (im Original)
   - CEMT-Nachweis der Übereinstimmung mit den technischen Sicherheitsanforderungen für ein Kraftfahrzeug (grün)
   - CEMT-Nachweis der Übereinstimmung eines Anhängers mit den technischen Sicherheitsanforderungen (gelb)
   - CEMT-Nachweis der technischen Überwachung für Kraftfahrzeuge und Anhänger (weiß)
   - CMR-Frachtbrief
   - ggf. Devisenerklärung
   - Carnet TIR
   - Zollverschlussanerkenntnis
   - ggf. Verfügungsberechtigung des Fahrzeughalters/Fahrervollmacht (auf Firmenbriefbogen)
   - ggf. T1-Versandschein
   - ggf. Carnet ATA
   - ggf. Carnet de Passage
   - ggf. Abschluss Haftpflichtversicherung
   - ggf. Ladeliste
   - ggf. Ursprungszeugnisse
   - ggf. Handelsrechnungen
   - ggf. Packliste
   - ggf. Warenverkehrsbescheinigung (EUR 1)
   - ggf. Herstellererklärung
   - ggf. Konnossement
   - ggf. Gesundheitszeugnisse (Pflanzen etc.)

7. **Zusätzlich bei Gefahrguttransporten**
   - ADR-Beförderungspapier mit Angaben zum gefährlichen Gut (Abschnitte 5.4.1 und 8.1.2.1a) ADR)
   - Schriftliche Weisungen (Abschnitte 5.4.3 und 8.1.2.1b) ADR)
   - Bescheinigung über die Schulung des Fahrzeugführers (ADR-Schulungsbescheinigung) (Abschnitte 8.1.2.2 b) und 8.2.1 ADR)
   - Lichtbildausweis für jedes Mitglied der Fahrzeugbesatzung (Abschnitt 1.10.1.4 ADR)
   - ggf. Zulassungsbescheinigung des Fahrzeugs (zur Beförderung bestimmter gefährlicher Güter) (Abschnitt 9.1.3)
   - ggf. Kopie einer multilateralen ADR-Vereinbarung, sofern eine Mitführpflicht besteht
   - ggf. Ausnahmezulassung nach § 5 GGVSEB
   - ggf. Bescheid über Fahrwegbestimmung nach § 35 GGVSEB und ggf. ergänzend Bescheinigung des Eisenbahn-Bundesamtes (EBA) bzw. der Wasser- und Schifffahrtsdirektion (WSD)
   - ggf. Prüfungsbescheinigung (z. B. für (Aufsetz-)Tanks)
   - ggf. Großcontainer- und Fahrzeugpackzertifikat (falls im Anschluss Transport über Seeweg erfolgt) (Abschnitt 5.4.2 ADR)
   - ggf. Genehmigungen zum Transport bestimmter Stoffe der Klasse 1, 5.2 und 7

   Für ausgewählte Transporte gefährlicher Güter sind weitere Bescheinigungen mitzuführen.

8. **Zusätzlich bei Abfalltransporten**

   a) National für gefährliche Abfälle zur Beseitigung oder Verwertung sowie für nicht gefährliche Abfälle zur Beseitigung
   - Ausdruck oder Kopie der (Beförderungs-)Erlaubnis beim Transport gefährlicher Abfälle (§ 54 Kreislaufwirtschaftsgesetz (KrWG), Anlage 3, Anzeige- und Erlaubnisverordnung (AbfAEV))
   - Ausdruck oder Kopie der bestätigten Anzeige der Beförderungstätigkeit beim Transport nicht gefährlicher Abfälle (§ 53 KrWG, Anlage 1)
   - Ausdruck des elektronischen Begleitscheins (BS)* oder Übernahmeschein (ÜN)
   - Entsorgungsnachweis (EN)

* Seit 1. April 2010 unterliegen alle innerdeutschen Beförderungen von gefährlichen Abfällen dem elektronischen Abfallnachweisverfahren (eANV). Die Abgleitscheine müssen zudem spätestens seit 1. Februar 2011 vom Erzeuger und dem Beförderer elektronisch signiert werden; vom Entsorger bereits seit 1. April 2010!

   b) Grenzüberschreitend für alle Abfälle
   - Ausdruck oder Kopie der (Beförderungs-)Erlaubnis beim Transport gefährlicher Abfälle (§ 54 Kreislaufwirtschaftsgesetz (KrWG), Anlage 3, Anzeige- und Erlaubnisverordnung (AbfAEV))
   - Ausdruck oder Kopie der bestätigten Anzeige der Beförderungstätigkeit beim Transport nicht gefährlicher Abfälle (§ 53 KrWG, Anlage 1)

- ggf. Notifizierungsformular für die grenzüberschreitende Verbringung von Abfällen gemäß Anhang IA der VVA (Verbringungsverordnung für Abfälle) einschließlich Kopien der Nebenbestimmungen und/oder Auflagen sowie Begleitformular gemäß Anhang IB der VVA
- Formular nach Anhang VII der VO (EG) Nr. 1013/2006 (Mitzuführende Informationen für die Verbringung der grün gelisteten Abfälle)
- Mitführung des Registrierungsnachweises empfohlen (bei einigen EU-Staaten wie z. B. in den Niederlanden, Belgien (Wallonien) und Luxemburg ist eine vorherige Registrierung des Beförderers zwingend für alle Abfallbeförderungen vorgeschrieben – auch für z. B. Altglas oder Altpapier)

  Zu beachten ist auch die Fahrzeugkennzeichnung mit den A-Warntafeln auf dem deutschen Hoheitsgebiet bei allen Beförderungen gemäß der vorgenannten Ziffern 8 a) und b) (§ 10 Abfallverbringungsgesetz (AbfVerbrG)).

  In Deutschland durchgeführte Abfalltransporte von oder zum Seehafen-Import oder-Export sind grenzüberschreitende Beförderungen gemäß vorgenannter Ziffer 8 b).

Stand: August 2014

4.2 Eisenbahngüterverkehr

Thorsten Hölser

Nach einer etwa 30-jährigen Stagnation in den Jahren 1970–2000 erfreut sich der Eisenbahngüterverkehr seit der Jahrtausendwende wieder einer zunehmenden Nachfrage nach schienengebundenen Leistungen im Güterverkehr. Die Gründe dafür sind vielfältig: wachsende Warenströme mit den bekannten Nebenerscheinungen, die fortschreitende Globalisierung und dadurch umfangreichere Transportstrecken sowie ein Umdenken bei Wirtschaft und Verbrauchern. Heute prägen die Begriffe Nachhaltigkeit und Green Logistic die verkehrspolitische Diskussion und immer wieder steht die Aussage im Raum „Güter gehören auf die Schiene“.

4.2.1 Historischer Rückblick

Zusammen mit der Erfindung der Dampfmaschine und dem ersten industriellen Gebrauch im Jahr 1712 zum Abpumpen von Wasser im Bergbau wurde das Fundament für die Entwicklung der Eisenbahn gelegt. Mit der Inbetriebnahme der ersten Eisenbahn auf deutschem Boden zwischen Nürnberg und Fürth am 7.12.1835 begann ein Zeitalter neuer Mobilität. Von ihr gingen starke Impulse auf die in Deutschland Mitte des 19. Jahrhunderts einsetzende Industrialisierung aus.

Ein wichtiger Schritt war Anfang der 20er-Jahre des 20. Jahrhunderts der Übergang einer Vielzahl bedeutsamer Landeseisenbahnen zur Deutschen Reichsbahngesellschaft und einige Jahre später zur Deutschen Reichsbahn unter Aufsicht des 1873 gegründeten Reichseisenbahnamtes. Noch heute sind viele Eisenbahnen in öffentlicher Hand.

Nach dem Zusammenbruch des Deutschen Reiches 1945 begann der Wiederaufbau des Eisenbahnwesens zunächst getrennt in den vier Besatzungszonen. Mit der Gründung der Bundesrepublik Deutschland (BRD) und der Deutschen Demokratischen Republik (DDR) im Jahr 1949 entwickelten sich je nach Gesellschaftsordnung zwei unterschiedliche Staatsbahnen: im Westen die **Deutsche Bundesbahn (DB)** und im Osten die **Deutsche Reichsbahn (DR)**, welche auch die Hoheitsrechte über die komplette Berliner S-Bahn hatte.

In der Bundesrepublik existiert neben den bundeseigenen Eisenbahnen noch eine Vielzahl von nichtbundeseigenen Eisenbahnen mit öffentlichem und nicht öffentlichem Güterverkehr (z. B. Werksbahnen).

Während sich bei der Reichsbahn im Laufe der Zeit bei Überschreiten einer bestimmten Beförderungsentfernung ein Transportzwang auf der Schiene entwickelte und damit eine Vollauslastung gesichert wurde, musste sich die Bundesbahn in einer freien Marktwirtschaft dem Wettbewerb mit den Verkehrsträgern Binnenschifffahrt und Straße stellen. Bis zu 80 % aller in der ehemaligen DDR beförderten Güter wurden über die Schiene transportiert.

Eine weitere Zäsur leitete der Beitritt der DDR zur Bundesrepublik am 3.10.1990 ein. Im vereinten Deutschland arbeiteten die beiden Bahnen zunächst getrennt, jedoch erhielten die Vorstände beider Eisenbahnen des Bundes den Auftrag, beide Bahnen sowohl technisch als auch organisatorisch zusammenzuführen. Bei der Deutschen Reichsbahn musste ein enormer Investitionsrückstau bei der Infrastruktur im Rahmen des Investitionsprogramms Ost beseitigt werden. Mit Ablauf des 31.12.1993 endete die Existenz beider Bahnen durch die in Kapitel 4.2.4 behandelte **Bahnreform**.

4.2.2 Die Eisenbahn im Wettbewerb

Während in anderen Ländern noch immer eine Monopolstellung für die Eisenbahn besteht, muss sich diese in Deutschland mit ihren Stärken und Schwächen kontinuierlich dem Wettbewerb zum Straßengüterverkehr und zur Binnenschifffahrt neu stellen.

Ein Indikator für den Stellenwert des Verkehrsträgers Schiene ist der **Modal Split** in der Aufkommens- und Leistungsstruktur. Dieser zeigt seit Jahren eine kontinuierliche Steigerung beim Lkw auf (1950: 20,3 % bis 2014: 70,9 %) und sinkende Anteile für die Eisenbahn und das Binnenschiff. Nach dem Jahr 2000 konnte die Eisenbahn diesen Abwärtstrend jedoch durchbrechen und ihre Anteile am Gesamtgüterverkehrsaufkommen von 15,5 % auf über 17 % leicht steigern und zuletzt stabilisieren, während das Binnenschiff weitere Marktanteile verloren hat.

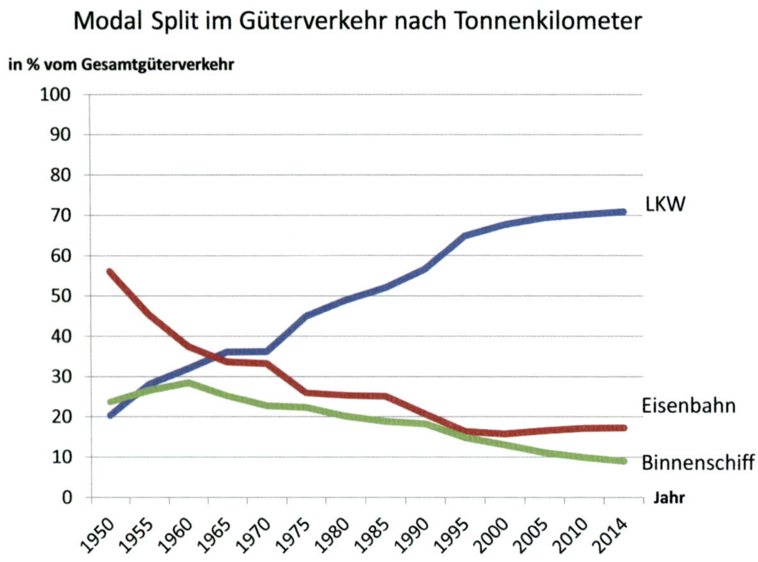

Abb. 4.2-1: Modal Split im Güterverkehr nach Tonnenkilometern (eigene Darstellung)

Es ist zu vermuten, dass sich die frühzeitige Öffnung der Schieneninfrastruktur und die damit eingeleitete **Liberalisierung des Schienenverkehrsmarkts** für alle Eisenbahnen in Deutschland unter Verkehrsträgerwettbewerbsaspekten positiv auf den Schienenanteil im Güterverkehrsmarkt ausgewirkt haben.

Der Anteil der Eisenbahnen an den Transportleistungen (tkm) ist von 56 % im Jahr 1950 auf ca. 17 % im Jahr 2014 deutlich zurückgegangen.

Ohne Zweifel ist ein starker Zuwachs des Lkw-Transportaufkommens ab den 1960er/70er-Jahren zu verzeichnen. Hierfür sind mehrere vielschichtige Gründe maßgeblich, z. B.

- verbesserte Straßeninfrastruktur,
- technische Entwicklungen,
- Wegfall von Zugangsbeschränkungen,
- Vordringen ausländischer Straßengüterverkehrsunternehmen in den letzten Jahren,
- Güterstrukturveränderungen,
- Logistikeffekte.

Anhand der Mautstatistiken ist nachvollziehbar, dass der Anteil der mautpflichtigen Transporte deutscher Unternehmer kontinuierlich sinkt, während vor allem die osteuropäischen Firmen ihre Marktanteile weiter ausbauen.

Die Güterstrukturveränderungen wurden durch den Produktionsrückgang in der Grundstoffindustrie bei gleichzeitigem Ansteigen von hochwertigen aber leichteren Konsum- und Investitionsgütern ausgelöst. Diese Veränderungen haben sich auf das Transportaufkommen ausgewirkt.

in Mrd. tkm bzw. Anteile in Prozent

Güterabteilung	Straße Mrd. tkm	Bahn Mrd. tkm	zus. Mrd. tkm	Anteil Straße	Anteil Schiene	Anteil Güterabt. *)
Land- u. forstwirtschaftliche Erzeugnisse	32,4	1,5	33,9	95,6%	4,4%	5,9%
Konsumgüter zum kurzfristigen Verbrauch	109,2	6,2	115,4	94,6%	5,4%	20,1%
Sekundärrohstoffe, Abfälle	21,5	2,5	24,0	89,6%	10,4%	4,2%
Maschinen, langlebige Konsumgüter	51,1	6,1	57,2	89,3%	10,7%	10,0%
Chemische und Mineralerzeugnisse	73,5	11,9	85,4	86,1%	13,9%	14,9%
Metalle und Metallerzeugnisse	40,2	12,3	52,5	76,6%	23,4%	9,2%
Erze, Steine u. Erden, Bergbau	32,6	12,5	45,1	72,3%	27,7%	7,9%
Sonstige Produkte	87,9	42,2	130,1	67,6%	32,4%	22,7%
Kokerei- und Mineralölerzeugnisse	11,0	10,4	21,4	51,4%	48,6%	3,7%
Kohle, Rohöl, Erdgas	1,3	7,2	8,5	15,3%	84,7%	1,5%

*) Anteil der Güterabteilung an der Verkehrsleistung insgesamt

Tab 4.2-1: Straße versus Schiene: Wer ist bei welchen Gütern vorn? Verkehrsleistungen nach tkm – 2014 Quelle: BGL Stand Januar 2016

Bei näherer Betrachtung ist festzustellen, dass die Eisenbahnen ihre höchsten Marktanteile in den stagnierenden oder rücklaufigen Hauptgütergruppen (u. a. schwere Schüttgüter) besitzen. Der Straßengüterverkehr ist dadurch im Vorteil, weil er sich flexibler an den veränderten Produktions- und Handelsrhythmus anpassen kann, sich durch Schnelligkeit, die Begleitung der Transportgüter durch den Fahrer und durch ein Straßensystem mit hoher Netzdichte und entsprechender Haus-Haus-Bedienung einen Vorsprung gegenüber den Eisenbahnen verschafft. Hinzu kommt, dass der **Güterstruktureffekt** zu kleineren Sendungsgrößen führt, was durch den **Logistikeffekt** (u. a. Verzicht oder Reduzierung der Lagerhaltung) noch verstärkt wird.

Die Affinität der logistikrelevanten Güter zum Straßengüterverkehr ist systemimmanent, obwohl die Bahnen durch ihr Engagement im Kombinierten Verkehr, durch Transportlösungen für die Automobilindustrie und für die Hersteller langlebiger Konsumgüter sowie die Entwicklung einer Kaufhauslogistik einige Erfolge erzielen konnten. Dies ist sowohl der innovativen Verknüpfung von Transportketten als auch der Einbeziehung eines zunehmend modernen Waggonfuhrparks zu verdanken.

Dennoch können solche Erfolge nicht darüber hinwegtäuschen, dass es im Bereich Waggonequipment enormes Nachholpotenzial gibt. Insbesondere im Bereich von Lebensmittel- und Spezialtransporten sind Bahnen und Ingenieure zugleich gefragt, effiziente Möglichkeiten zu entwickeln. Nachstehend sind die Stärken und Schwächen des Verkehrsmittels Eisenbahn dargestellt.

Stärken des Eisenbahngüterverkehrs

Die Schienengebundenheit ermöglicht es der Eisenbahn, mit einer relativ hohen **Zuverlässigkeit** die Transportgüter bis zum Bestimmungsbahnhof zu befördern. Es entstehen in der Regel keine Stauprobleme durch eine Verkehrswegeüberlastung. Durch den bestehenden **Güterzugfahrplan** ist die Ankunftszeit planbar. Sowohl im klassischen Wagenladungsverkehr als auch im Kombinierten Verkehr wird mit exakten Fahrplänen gearbeitet, wobei die Genauigkeit im Kombinierten Verkehr durch das geschlossene Zugsystem überwiegt.

Bis auf wenige Ausnahmen betreiben die meisten Bahnen in Europa ein sogenanntes „schwarzes Netz". Es gibt keine konkreten Transportpläne mit Zugzuordnungen und Soll-Ankunftszeiten, sondern nur vordefinierte Laufwege für Destinationen. Daher gibt es im Allgemeinen keine verbindlichen Transportlaufzeiten und Pünktlichkeitszusagen. Für viele Güter- und Produktionssysteme ist die angebotene Transportqualität nicht ausreichend, beispielsweise für just-in-time-Produktion. Aufgrund dessen ist zu beobachten, dass, wenn überhaupt zeitsensible Transporte auf der Schiene laufen, diese nur in Ganzzugsystemen/KV befördert werden.

Unter dem Namen **XRAIL** (www.xrail.eu) gründeten sechs europäische Eisenbahnunternehmen (CFL, DB, Green Cargo, Rail Cargo Group, SBB Cargo und SNCB Logistics) eine Kooperation, um den **europäischen Einzelwagen- und Waggongruppenverkehr** im Rahmen eines europäischen Netzwerks zwischen den ehemaligen sogenannten „Staatsbahnen" effizienter und planbarer zu gestalten. Grenzüberschreitende Produktstandards, ein einheitlicher IT-Support und ein XRAIL Capacity Booking System (XCB) sollen dazu beitragen, die Laufzeitzusagen zu mindestens 90 % einzuhalten. Dabei muss der Kunde bereits bei der Leerwaggonbestellung gleichzeitig ein festes Zeitfenster für die Bereitstellung buchen sowie eine preisgebundene Festlegung der gewünschten Transportzeit treffen. Diese Form der Buchung erlaubt es sowohl dem Kunden als auch den beteiligten Bahnen, die eigenen Prozesse besser zu planen. Überkapazitäten werden besser genutzt und Nachfragehöhepunkte mit einhergehender Unplanbarkeit der Laufzeiten vermieden.

An dieser Stelle sei angemerkt, dass der Einzel- und Waggongruppenverkehr in erster Linie ein Betätigungsfeld der ehemaligen und noch existierenden Staatsbahnen ist. Bedarfsorientierte Bündelungen von Einzelwagen und Waggongruppen werden auch im Rahmen von Privatbahnnetzwerken realisiert.

Ein weiterer wichtiger Vorteil der Schienengebundenheit ist das Thema **Sicherheit**. Statistische Erhebungen haben erwiesen, dass das Unfall- sowie das Beschädigungsrisiko für die zu transportierenden Güter im Straßengüterverkehr wesentlich höher liegen als vergleichsweise im Schienengüterverkehr. Dies ist vor allem bei der Beförderung von gefährlichen Gütern nach den Bestimmungen des Gefahrgutrechts RID und GGVSE wichtig. So sind einige Gefahrgüter nur für den Transport auf der Schiene freigegeben. Zudem muss der Straßengüterverkehr im Bereich Ladungsdiebstahl wesentlich höhere Verluste als der Schienengüterverkehr verzeichnen.

Die Bahnunternehmen sind im grenzüberschreitenden Verkehr in Europa durch EDV-Systeme vernetzt. Dies ermöglicht die rechtzeitige Übertragung der Zug- und Wagendaten für eine organisierte Übernahme an den Landesgrenzen und/oder an nationalen/internationalen Übergabestationen. So werden größere Aufenthaltszeiten an den Übergabepunkten vermieden. Eine zentrale Schnittstellenfunktion übernimmt u. a. in Deutschland und der Schweiz das **KundenService-Zentrum (KSZ)** im Rahmen der Zusammenarbeit zwischen DB Cargo und den Schweizerischen Bundesbahnen SBB. Dort laufen alle Informationen aus dem laufenden Betrieb zusammen.

Die Vorteile dabei sind:

- Transportaufträge und nachträgliche Weisungen werden sofort erledigt
- genaue Sendungsverfolgung
- exakt berechenbare Ankunftsmeldung
- Frachtberechnung ohne großen Schriftverkehr

Es bestehen im Gegensatz zum Straßenverkehr **keine Fahrverbote** an Wochenenden, Feiertagen und in der Ferienzeit.

Im Kombinierten Verkehr darf der im Vor- bzw. Nachlauf eingesetzte Lkw ein **höheres zulässiges Gesamtgewicht** von bis zu 44 t aufweisen, wohingegen im normalen Straßengüterverkehr nur 40 t als zulässiges Gesamtgewicht erlaubt sind. Auch hier gelten keine Wochenend- und Feiertagsverbote, solange es sich um den Vor- und Nachlauf im Rahmen des schienengebundenen Kombinierten Verkehrs handelt.

In Abhängigkeit von der Güterwagengattung mit einer Tragfähigkeit bis 100 t und bezogen auf den Güterzug mit einem Gesamtgewicht von 1.000 bis zu 4.000 t sprechen wir von der **Massenleistungsfähigkeit** des Verkehrsträgers Schiene. Witterungsbedingte Beförderungsausfälle durch Glatteis, Schnee etc. im Straßengüterverkehr können durch eine schienenbasierende Transportlösung auf ein Minimum reduziert werden. In Teilen Osteuropas sowie der GUS und Russlands sind einige Regionen sogar nur über die Schiene zuverlässig erreichbar.

Schwächen des Eisenbahngüterverkehrs

Durch die **begrenzte Netzdichte** von ca. 33.300 km Schiene ergibt sich gegenüber dem Straßenverkehr (Straßen mit überörtlichem Verkehr) mit ca. 243.000 km Straßen (ohne Gemeindestraßen) ein erheblicher Nachteil, die Eisenbahn ist nicht flächendeckend. Güter müssen umgeschlagen werden, sollte kein Gleisanschluss verfügbar sein. Eine Alternative bietet der Kombinierte Verkehr (siehe auch Kapitel 6).

Durch die **Schienengebundenheit** ergibt sich eine begrenzte Haus-Haus-Beförderungsmöglichkeit, die durch Gleisanschlüsse (ca. 2.200 in Deutschland) nur zum Teil relativiert werden kann. Zur Steigerung des Schienengüterverkehrs hat die Bundesregierung eine Förderung von Gleisanschlüssen beschlossen. Die Zuwendungen gelten für die Errichtung, Reaktivierung und den Ausbau von privaten Gleisanschlüssen.

Bedingt durch Umstellungen im Beförderungsablauf (Sammelbahnhof → regionaler Großrangierbahnhof in Region A → regionaler Großrangierbahnhof in Region B → Sammelbahnhof) ergeben sich vor allem bei Einzelwagen und Wagengruppen in vielen Fällen längere **Beförderungszeiten**. Dies gilt nicht für Güterbeförderung in Direktverbindungen bei entsprechendem Aufkommen, geeigneten Anschlüssen sowie logistisch sinnvollen Abfahrtstaktungen.

Viele Eisenbahnen in Europa haben sich in der Marktfähigkeit noch nicht auf eine moderne Eisenbahn umgestellt. Bei einigen Eisenbahnen im EU-Bereich ist die EU-Richtlinie 91/440 noch nicht umgesetzt. Es fehlt noch der diskriminierungsfreie Zugang zu der bestehenden Eisenbahninfrastruktur der beteiligten Länder. Der **Wettbewerbsindex** im Rahmen der Liberalisierung am Schienenverkehrsgütermarkt ist ohnehin in Westeuropa höher als aktuell in Osteuropa.

Wenn sich im Beförderungsablauf bei der Deutschen Bahn AG Engpässe ergeben, haben Personenreisezüge in der Regel **Vorrang vor Güterzügen**.

Weil bei einzelnen Eisenbahnen unterschiedliche Strom- und Sicherungstechniken bestehen, sind häufig Lokwechsel und zusätzliche **zeitintensive Aufenthalte** (z. B. an Ländergrenzen) erforderlich. Neue leistungsfähigere Lokomotiven sind in der Lage mehrere unterschiedliche Strom- und Sicherungssysteme zu verarbeiten. Mit diesen Lokomotiven sind strom- und sicherheitssystembedingte Aufenthalte vermeidbar.

Der Eisenbahnbetrieb erfolgt zum Großteil nach Fahrplan. Man spricht in diesem Fall von Regelzügen. Dadurch besteht nur eine geringe Flexibilität, da für die Fahrplanerstellung eine längere Vorlaufzeit erforderlich ist. Neben den **Regelzügen** mit festgelegtem Fahrplan verkehren Züge auf Bedarfstrassen. Diese Züge werden je nach freiem Zeitfenster zwischen den Regelzügen eingetaktet und dispositiv gesteuert.

Für die pünktliche Abwicklung der Zugfahrten spielen die jeweiligen **Infrastrukturunternehmen** eine zentrale Rolle. Größter Infrastrukturbetreiber in Deutschland ist die DB Netz AG. An deren Streckennetz sind zahlreiche Eisenbahninfrastrukturen von Nichtbundeseigenen Eisenbahnen angeschlossen, die sowohl Strecken als auch Serviceeinrichtungen betreiben. Die Infrastrukturunternehmen haben das Hoheitsrecht und entscheiden im eigenen Ermessen über die Vergabe der freien Trassen.

4.2.3 Die Bahnstrukturreform in Deutschland

Ziel der Bahnstrukturreform, die zum 1.1.1994 in Kraft getreten ist, war es, die bisherigen institutionellen Rahmenbedingungen der Eisenbahnen in Deutschland zu verbessern. Im Mittelpunkt standen die damals noch nebeneinander existierenden Behördenbahnen Deutsche Bahn und Deutsche Reichsbahn. Durch eine Veränderung der rechtlichen und organisatorischen Grundlagen sollten die Voraussetzungen für eine Überführung der bisherigen Staatsunternehmen in ein privatwirtschaftlich organisiertes Unternehmen und die Möglichkeiten für die Betätigung weiterer Eisenbahnunternehmen geschaffen werden. Die Überführung der deutschen Bahnen in ein privatwirtschaftlich organisiertes Unternehmen sollte es diesem ermöglichen, eigenständige unternehmerische Entscheidungen zu treffen und eigene Angebote am Markt zu entwickeln, um so insgesamt die Leistungsfähigkeit der Eisenbahn zu erhöhen. Zentrales Ziel war es, ein wirtschaftliches Unternehmen Eisenbahn am Logistikmarkt zu etablieren **(Kapitalmarktfähigkeit)**.

Zwei Entwicklungen waren für die Bahnstrukturreform maßgebend. Zum einen war es die katastrophale wirtschaftliche Entwicklung der Deutschen Bahnen (DB und DR) und zum anderen die Bestrebungen auf europäischer Ebene zur Reform/Liberalisierung des nationalen Eisenbahnwesens. Wie bereits dargestellt, hatte die Deutsche Bahn mit einem ständigen Rückgang der zu transportierenden Gütermengen in den Jahrzehnten vor der Bahnstrukturreform zu kämpfen und es zeichnete sich zunehmend eine weitere Verschlechterung der Situation ab. Es wurde 1991 von der Regierungskommission Bundesbahn ein Anstieg des Jahresverlustes auf 42 Mrd. DM bzw. auf 21,5 Mrd. € und eine Haushaltsbelastung von 62 Mrd. DM bzw. 31,7 Mrd. € im Jahr 2000 prognostiziert. Dadurch entstand dringender Handlungsbedarf von Seiten der Bundesregierung, um einen Kollaps der Bahn und des Bundeshaushalts zu vermeiden. Begünstigt wurde die Bahnstrukturreform durch die EG-Eisenbahnpolitik. Durch die verbindliche Richtlinie 91/440 EWG wurde eine nachhaltige Änderung in der Eisenbahnpolitik der EG-Mitgliedstaaten festgelegt. Die Bahnstrukturreform in Deutschland stellt somit auch eine Umsetzung der in dieser Richtlinie enthaltenen Forderungen dar.

Wesentliche **Kernelemente der Bahnstrukturreform** sind:

- die Gründung einer Aktiengesellschaft (AG)
- die unternehmerische Eigenständigkeit (kaufmännische Führung)
- die Entschuldung der Bahn
- die Entlastung von nicht benötigtem Personal und die Befreiung vom öffentlichen Dienstrecht
- die Befreiung der Bahn von gemeinwirtschaftlichen Aufgaben
- die Trennung der Geschäftsbereiche Fahrweg/Infrastruktur und Verkehrsunternehmen Personen- und Güterverkehr
- die Öffnung des Netzes für Dritte (Liberalisierung)

Mit der Gründung einer Aktiengesellschaft wurde eine privatwirtschaftliche Organisationsform gewählt. Dadurch sollte eine stärkere Unabhängigkeit der Bahn (die deutschen Bahnen wurden bisher in Form von Behörden geführt) und eine Orientierung an wirtschaftlichen Zielen (Kostendeckung bzw. Gewinnerzielung) erreicht werden. Die Deutsche Bahn AG soll sich am Kunden orientieren und marktorientierte Angebote unterbreiten. Im Zuge der Überführung der deutschen Bahnen in eine Aktiengesellschaft wurde eine Entschuldung der bisherigen Staatsbetriebe vorgenommen und diese wurden vom öffentlichen Dienstrecht befreit. Die Deutsche Bahn wurde vor der Bahnstrukturreform von der Politik häufig zur Erfüllung von gemeinwirtschaftlichen Aufgaben eingesetzt. **Gemeinwirtschaftliche Aufgaben** sind Leistungen, die aus übergeordneten (volkswirtschaftlichen) Überlegungen erbracht werden, aber aus einzelwirtschaftlicher Perspektive (aus Sicht des Unternehmens) nicht kostendeckend zu erbringen sind. Beispielhaft ist an dieser Stelle die für die jeweilige Region strukturell lebenswichtige Aufrechterhaltung diverser Personenverkehrsstrecken im Nah- und Regionalverkehr zu nennen. Mittlerweile haben sich auf solchen Streckenabschnitten Privatbahnen erfolgreich etabliert. Beim gemeinwirtschaftlichen Prinzip erfolgt eine Orientierung an gesamtwirtschaftlichen Interessen.

Durch die Privatisierung der Deutschen Bahn hat sich das Spannungsverhältnis zwischen gemeinwirtschaftlichem Prinzip und erwerbswirtschaftlichem Denken (Gewinnerzielung) eindeutig in Richtung erwerbswirtschaftliches Denken verlagert. Gemeinwirtschaftliche Überlegungen spielen aus der Sicht der Bahn heute eine nachrangige Rolle. Die Trennung in die Geschäftsbereiche Fahrweg, Personenverkehr und Güterverkehr zielt auf die Öffnung des Netzes für Dritte ab. Der Fahrweg soll, aus volkswirtschaftlichen Überlegungen, als teure Investition nur einmal bereitgestellt werden. Innerhalb des bestehenden Netzes soll Wettbewerb ermöglicht werden, d. h. die einzelnen Geschäftsbereiche der Bahn sollen mit anderen Anbietern um die Inanspruchnahme der Infrastruktur konkurrieren. Bisher stand die Bahn nur im **intermodalen Wettbewerb** zu anderen Verkehrsträgern (Straßengüterverkehr, See- und Binnenschiff). Durch die Eröffnung des Wettbewerbs auf der Schiene **(intramodaler Wettbewerb)** soll auch innerhalb des Verkehrsträgers Eisenbahn mehr Effizienz erzielt werden.

Der dritte Schritt der Bahnreform wurde zum 1.1.1999 vollzogen und die bisherige AG mit dem Bund als 100%-iger Eigentümer in eine Holding Struktur überführt. Die Auflösung der Holding ist bis heute noch nicht vollzogen. Nach einer längeren schwierigen politischen Diskussion über die Privatisierung der DB AG, bei der insbesondere die Eisenbahninfrastruktur eine dominierende Rolle eingenommen hat, hat man sich schließlich auf einen Kompromiss geeinigt. Im Mai 2008 haben sowohl der Bundestag als auch der Aufsichtsrat der DB AG die Ausgründung der Personenverkehrs- und Logistikbereiche in eine zu 24,9% zu privatisierende DB Mobility Logistics AG (DB ML AG) mit Wirkung zum 2.6.2008 beschlossen. Die betroffenen einzelnen Geschäftsbereiche bleiben unter dem Dach der DB ML AG als zusätzliche Holding rechtlich und wirtschaftlich selbstständig.

Die Bahnstrukturreform wurde in mehreren Stufen umgesetzt. Einzelheiten sind in Abbildung 4.2-2 dargestellt.

Zur Vorbereitung und Umsetzung der Bahnstrukturreform waren zahlreiche Gesetzesänderungen und die Neufassung von Rechtsverordnungen notwendig. Im folgenden Kapitel 4.2.4 werden die wesentlichen gesetzlichen Grundlagen für den Eisenbahngüterverkehr dargestellt.

Die europäische Verkehrspolitik steht in einem engen Zusammenhang mit der Schaffung eines europäischen Wirtschaftsraums. Im europäischen Binnenmarkt gibt es zwischen den einzelnen

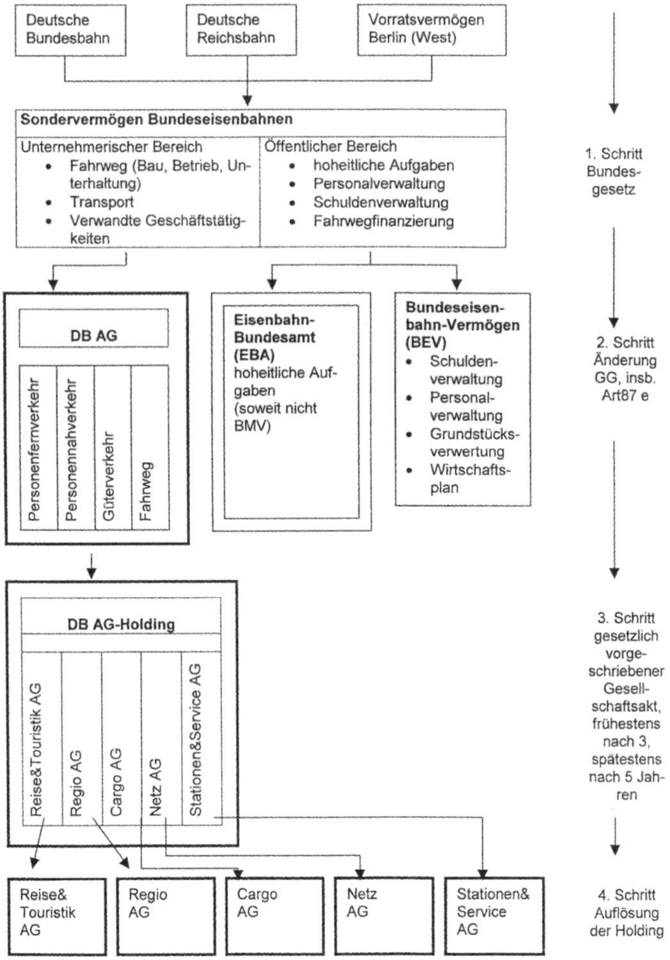

Abb. 4.2-2: Verfahrensschritte und Aufgabenverteilung für die privatrechtliche Umstrukturierung der Deutschen Eisenbahnen **Quelle: Aberle, Verkehrswirtschaft, 2003**

Mitgliedstaaten einen freien Austausch von Gütern und Dienstleistungen und Beweglichkeit der Produktionsfaktoren (Arbeit, Kapital, Boden in Form von Rohstoffen usw.). Die Schaffung eines Binnenmarkts erfordert auch den Abbau von Hindernissen im Verkehrsbereich. Ziel der europäischen Verkehrspolitik ist die Schaffung eines Verkehrsbinnenmarkts. Während jedoch die Liberalisierung im Straßengüterverkehr bereits weit fortgeschritten ist, besteht im Eisenbahngüterverkehr noch immer Handlungsbedarf.

Wichtige Ziele der europäischen Bahnpolitik sind zum einen der Ausbau bzw. die Erweiterung der **Transeuropäischen Netze (TEN)** durch eine möglichst hohe Interoperabilität zwischen den nationalen Netzen. Zum anderen werden eine Öffnung der Schienenverkehrsnetze, die Schaffung von einheitlichen Zugangsbedingungen und ein einsetzender Wettbewerb zwischen den verschiedenen Eisenbahngesellschaften angestrebt.

Den Ausgangspunkt bildet die im Jahr 1991 verabschiedete Richtlinie 91/440 EWG, der im Bereich der europäischen Eisenbahnpolitik eine zentrale Bedeutung zukommt. Sie wurde bereits im Rahmen der Bahnstrukturreform erwähnt. Die auf EU-Ebene durchgeführten und geplanten Schritte sind nachstehend dargestellt.

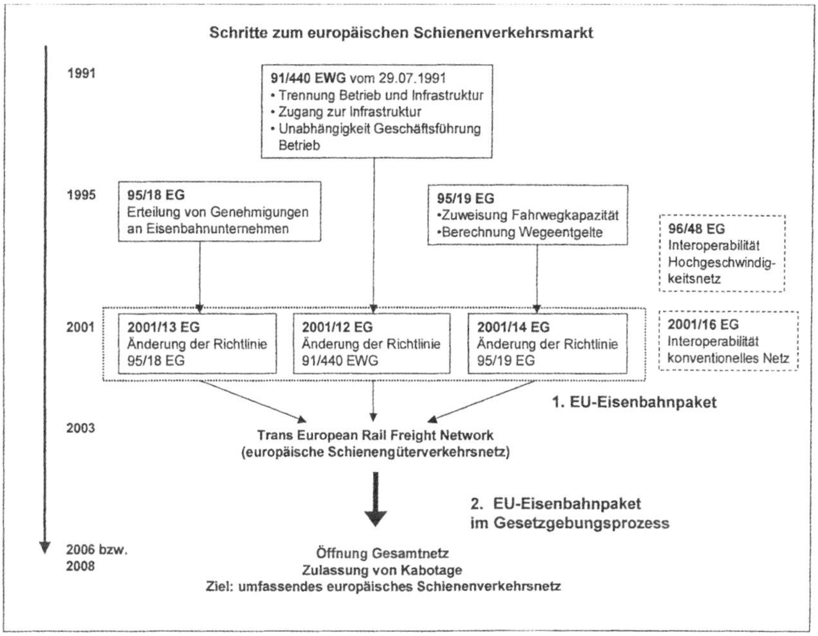

Abb. 4.2-3: Schritte zum europäischen Schienenverkehrsmarkt Quelle: Eigene Darstellung

4.2.4 Gesetzliche Grundlagen des Eisenbahngüterverkehrs

Die gesetzlichen Grundlagen (Grundgesetz, einfache Gesetze und Rechtsverordnungen) stellen Rahmenbedingungen dar, an denen sich die Eisenbahnen zu orientieren haben. Im Rahmen des Grundgesetzes werden vor allem die Zuständigkeiten und die Gesetzgebungskompetenzen des Bundes und der Länder festgelegt und abgegrenzt.

Das **Eisenbahnneuordnungsgesetz (ENeuOG)** war das Kernstück zur Umwandlung der Bahnen von einer Bundesbehörde in eine Aktiengesellschaft. Beim ENeuOG handelt es sich um ein „Artikel-“ bzw. „Mantelgesetz“. Dadurch konnten alle elf Gesetze in einem Gesetzgebungsverfahren beschlossen werden.

Besonders hervorzuheben ist hierbei das **Allgemeine Eisenbahngesetz (AEG)**. Es enthält unter anderem Vorschriften zur Betriebsgenehmigung, Nutzung der Infrastruktur und beförderungsrechtliche Grundsätze.

Die Bestimmungen des Bürgerlichen Gesetzbuches (BGB) und des Handelsgesetzbuches (HGB) enthalten die wesentlichen Bestimmungen zum Abschluss von Transport- bzw. Frachtverträgen. Im BGB findet sich das allgemeine Vertragsrecht, während das HGB die transportrechtlichen Bestimmungen enthält, die einheitlich für den Güterverkehr auf der Straße, mit der Eisenbahn, auf Binnengewässern und im Inlandsflugverkehr gelten.

Die den Eisenbahngüterverkehr betreffenden rechtlichen Bestimmungen lassen sich wie in Abb. 4.2-4 dargestellt zusammenfassen:

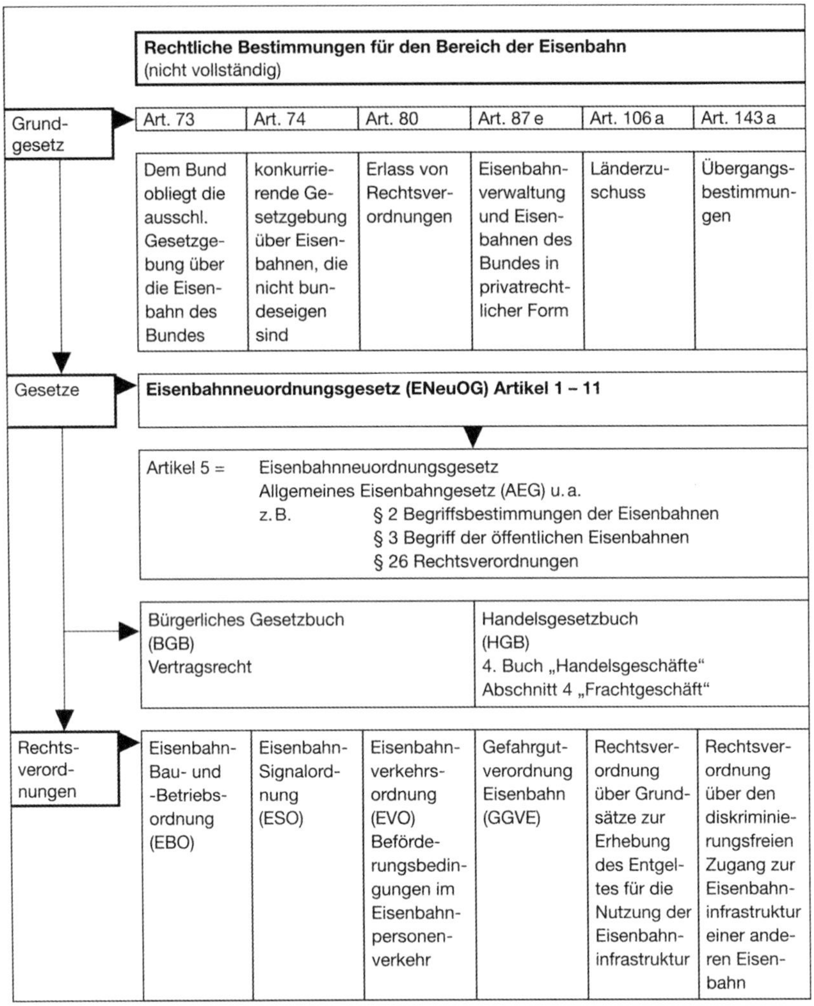

Abb. 4.2-4: Gesetze zur Neuordnung des Schienengüterverkehrs **Quelle: Deutsche Bahn AG**

Die folgenden Auszüge aus dem Grundgesetz sollen die obige Übersicht erläutern.

Der Hinweis auf die ausschließliche Gesetzgebung des Bundes bedeutet, dass für den Bereich der DB AG nur der Bund Gesetze erlassen kann. Im Grundgesetz wird die Gesetzgebungskompetenz des Bundes und der Länder für die Eisenbahnen festgelegt. Der Bund hat die **ausschließliche Gesetzgebung** über:

[...] den Verkehr der Eisenbahnen, die ganz oder mehrheitlich im Eigentum des Bundes stehen, den Bau, die Unterhaltung und das Betreiben von Schienenwegen der Eisenbahnen des Bundes sowie die Erhebung von Entgelten für die Benutzung dieser Schienenwege.

Im Rahmen der **konkurrierenden Gesetzgebung** haben die Länder die Gesetzgebungskompetenz, solange der Bund von seinem Gesetzgebungsrecht keinen Gebrauch macht und kein Bedürfnis nach bundeseinheitlicher Regelung besteht.

Art. 74

Die Länder haben die Kompetenz im Rahmen der konkurrierenden Gesetzgebung über ...... die Schienenbahnen, die nicht Eisenbahnen des Bundes sind.

Bedeutung und Einzelheiten der bundeseigenen Verwaltung werden im Eisenbahnneuordnungsgesetz (Art. 3 Gesetz über die Eisenbahnverkehrsverwaltung des Bundes) geregelt. Die Eisenbahnverkehrsverwaltung ist vom Eisenbahn-Bundesamt (EBA) wahrzunehmen. Das EBA nimmt hoheitliche Aufgaben wahr. Außerdem wird hier die rechtliche Grundlage zur Gründung der DB AG gegeben.

Art. 87e

Die Eisenbahnverkehrsverwaltung des Bundes wird in bundeseigener Verwaltung durchgeführt. Durch Bundesgesetz, das der Zustimmung des Bundesrates bedarf, können Aufgaben der Eisenbahnverkehrsverwaltung den Ländern übertragen werden. Der Bund nimmt die über den Bereich der Eisenbahnen des Bundes hinausgehenden Aufgaben der Eisenbahnverkehrsverwaltung wahr. Eisenbahnen des Bundes werden als Wirtschaftsunternehmen in privatrechtlicher Form geführt.

Art. 106a

Den Ländern steht ab 1.1.1996 für den öffentlichen Personennahverkehr (ÖPNV) ein Betrag aus dem Steueraufkommen zu.

Zur Regelung der Umwandlung der Deutschen Bundesbahn und der Deutschen Reichsbahn in die privatrechtliche Form waren umfassende Regelungen erforderlich. Die Kompetenz zum Erlass dieser Gesetze ist dem Bund übertragen worden.

Art. 143

Der Bund hat die ausschließliche Gesetzgebung über alle Angelegenheiten, die sich aus der Umwandlung der in bundeseigener Verwaltung geführten Bundeseisenbahnen in Wirtschaftsunternehmen ergeben. Beamte der Bundeseisenbahnen können durch Gesetz unter Wahrung ihrer Rechtsstellung und der Verantwortung der Dienstherren einer privatrechtlich organisierten Eisenbahn des Bundes zur Dienstleistung zugewiesen werden.

Die vorgenannten Bestimmungen des Grundgesetzes und des Eisenbahnneuordnungsgesetzes stellen die Basis für die neuen Strukturen des Unternehmens Deutsche Bahn AG dar. Das Eisenbahnneuordnungsgesetz ist das Kernstück der rechtlichen Bestimmungen zur Umwandlung der Bahnen von der Bundesbehörde zur privatrechtlichen Aktiengesellschaft.

Innerhalb des AEG wird eine Einteilung und Unterscheidung der Eisenbahnen getroffen. Dabei werden Eisenbahnen grundsätzlich von anderen Schienenbahnen abgegrenzt. Eisenbahnen sind zunächst einmal öffentlich oder privatrechtlich organisierte Unternehmen, die Eisenbahnverkehrsleistungen **(Eisenbahnverkehrsunternehmen (EVU))** erbringen oder eine Eisenbahninfrastruktur **(Eisenbahninfrastrukturunternehmen (EIU))** betreiben. Innerhalb der Eisenbahnen wird zwischen öffentlichen und nichtöffentlichen Eisenbahnen unterschieden. **Öffentliche**

Artikelgesetze	
Art. 1 Gesetz zur Zusammenführung und Neugliederung der Bundeseisenbahnen	Zusammenfassung beider Sondervermögen (DB und DR) Gründung der DB AG Verwaltungsbereich Bundeseisenbahnvermögen (BEV) hoheitliche Aufgaben im EBA
Art. 2 Gesetz über die Gründung der Deutschen Bahn AG	Ausgliederung unternehmerischer Bereiche Zuweisung der Beschäftigten Bildung der Holding DB AG (nach drei Jahren) Auflösung der Holding (nach fünf Jahren)
Art. 3 Gesetz über die Eisenbahnverwaltung des Bundes	Erfüllung hoheitlicher Aufgaben (EBA) Aufsichts-/Genehmigungsbehörde Planfeststellung für Schienenwege
Art. 4 Gesetz zur Regionalisierung des ÖPNV	Begriffe Finanzbedarf, Mittelverteilung Sicherstellung des Verkehrs
Art. 5 Allgemeines Eisenbahngesetz	rechtliche Neugliederung Begriffsdefinitionen Vorschriften zur Betriebsgenehmigung und Nutzung der Infrastruktur Beförderungsrechtliche Grundsätze
Art. 6 Anpassung anderer Rechtsvorschriften	Detailänderungen in verschiedenen Gesetzen, z. B.: internationale Containerbeförderung, Beamtengesetze, Statistikgesetze, HGB, RVO, StVO, GGVS, GGVE, internationale Abkommen
Art. 7 Übergangsbestimmungen	Bildung einer Eisenbahn-Unfallkasse Güterkraftverkehr
Art. 8 Außerkrafttreten	Aufhebung bisherigen Rechts
Art. 9 Verbesserung der personellen Struktur	personelle Möglichkeiten beim Bundeseisenbahnvermögen und den Unternehmen der Bundespost
Art. 10 Rückkehr zum einheitlichen Verordnungsrang	
Art. 11 Inkrafttreten	1.1.1994

Tab. 4.2-2: Übersicht zum Eisenbahnneuordnungsgesetz **Quelle: Eigene Darstellung**

Eisenbahnen sind gewerbs- und geschäftsmäßig betriebene Eisenbahnunternehmen (d. h. Verkehrs- oder Infrastrukturunternehmen), deren Leistungen aufgrund ihrer Zweckbestimmung jedermann zur Verfügung stehen. Dabei kann es sich sowohl um Unternehmen, die im Eigentum des Bundes stehen, als auch um nichtbundeseigene Unternehmen handeln. **Nichtöffentliche Eisenbahnen** sind privatrechtliche Einrichtungen, deren Leistungen aufgrund ihrer Zweckbestimmung nicht jedermann zur Verfügung stehen. Hier handelt es sich beispielsweise um Hafen-, Werk-, Gruben- und Museumsbahnen.

Im Jahre 2015 haben in Deutschland 412 Eisenbahnverkehrsunternehmen (EVU) auf dem Streckennetz der öffentlichen Eisenbahninfrastrukturunternehmen (EIU) Schienenverkehr durchgeführt.

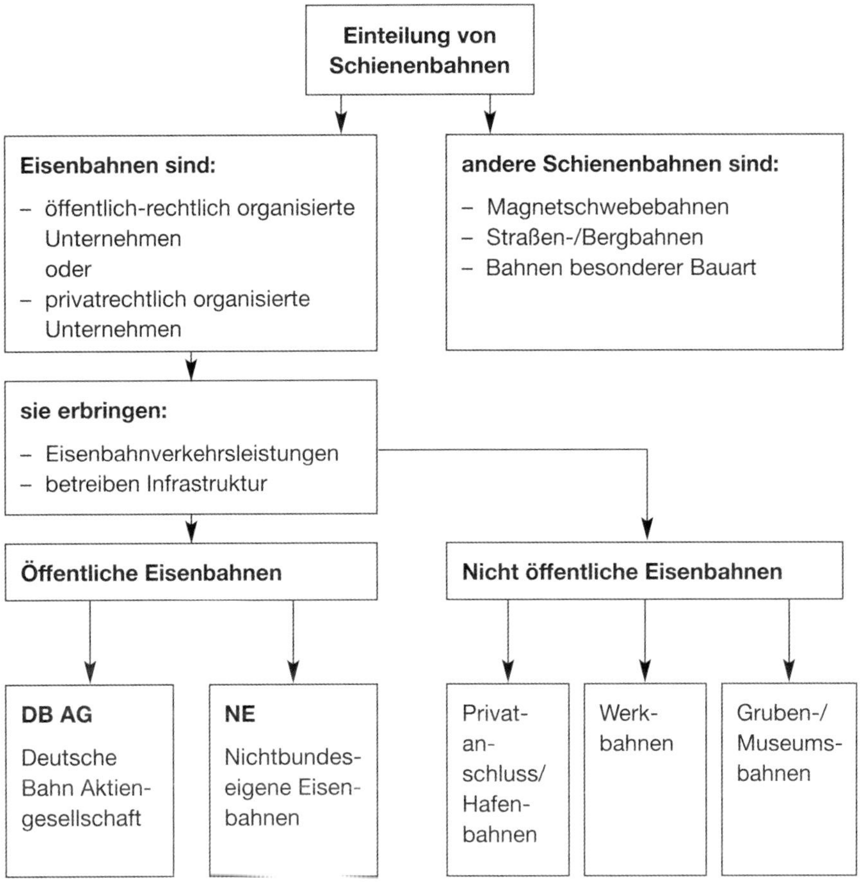

Abb. 4.2-5: Abgrenzung und Unterteilung von Eisenbahnen Quelle: Eigene Darstellung

Wichtige Regelungen des AEG (Allgemeines Eisenbahngesetz)

Nach § 1 des AEG haben Bundes- und Länderregierungen mit dem Ziel bester Verkehrsbedienung darauf hinzuwirken, dass die Wettbewerbsbedingungen angeglichen werden und dass durch einen lauteren Wettbewerb der Verkehrsträger eine volkswirtschaftlich sinnvolle Aufgabenteilung ermöglicht wird. Die Bestimmungen verpflichten die Eisenbahnen zur sicheren Betriebsführung, zur Instandhaltung der Eisenbahninfrastruktur, zum sicheren Bau/Instandhaltung von Fahrzeugen und zur Einhaltung der Arbeits- und Fahrzeitenregelungen.

Öffentliche Eisenbahnverkehrsunternehmen, die dem Personenverkehr dienen, sind zur Beförderung von Personen verpflichtet, wenn die Beförderungsbedingungen eingehalten werden, die Beförderung mit den regelmäßig verwendeten Beförderungsmitteln möglich ist und die Beförderung nicht durch höhere Gewalt verhindert wird. Im Güterverkehr gibt es **keine Beförderungspflicht** mehr; die Eisenbahn nimmt Güter zur durchgehenden Beförderung von und nach Güterverkehrsstellen nach Maßgabe der Abfertigungsbefugnisse an.

Eisenbahnverkehrsunternehmen mit Sitz in der Bundesrepublik Deutschland haben nach § 14 des AEG das Recht auf **diskriminierungsfreie Nutzung der Eisenbahninfrastruktur** von Eisenbahnverkehrsunternehmen, die dem öffentlichen Verkehr dienen.

Am 8. Juli 2016 haben Bundestag und Bundesrat mit dem Ziel den Wettbewerb und die Effizienz im Eisenbahnsektor weiter zu verbessern, das **Gesetz zur Stärkung des Wettbewerbs im Eisenbahnbereich** beschlossen. Damit sollen der diskriminierungsfreie Zugang zum Schienennetz gestärkt und die Entgelte zur Nutzung der Schienenwege erstmals durch die Bundesnetzagentur ex-ante genehmigt werden. Das gibt den Eisenbahnverkehrsunternehmen eine höhere Rechts- und Planungssicherheit. Ziel des Gesetzes ist es, über niedrige Infrastrukturnutzungsentgelte die positiven Wirkungen des Wettbewerbs auch in dem von Staatsbahnen dominierten Eisenbahnverkehrsmarkt zu tragen. Dazu müssen alle Eisenbahnen die Möglichkeit haben die Infrastruktur (Netz, Bahnhöfe, Terminals etc.) gleichberechtigt zu gleichen Preisen zu nutzen. Das Gesetz umfasst sieben Artikel:

- Das Eisenbahnregulierungsgesetz
- Änderung des AEG
- Änderung des Bundeseisenbahnverkehrsverwaltungsgesetzes
- Änderung des Gesetzes über die Bundesnetzagentur
- Änderung des Personenbeförderungsgesetzes
- Aufhebung des bisherigen Gesetzes
- Inkrafttreten

Kernelemente des **Eisenbahnregulierungsgesetzes** sind:

- **Genehmigung der Trassenpreise vor Einführung**
  Künftig genehmigt die Bundesnetzagentur die von der DB Netz AG erhobenen Entgelte für die Nutzung der Bahntrassen bevor sie erhoben werden. Die Kompetenz der Bundesnetzagentur wird so erheblich gestärkt.
- **Anreize zur Kostensenkung**
  Den Betreibern der Schienennetze werden Anreize zur Senkung der Infrastrukturkosten und damit zur Senkung der Trassenentgelte gegeben.
- **Stärkung der Bundesnetzagentur**
  Bei der Bundesnetzagentur werden Beschlusskammern für den Eisenbahnbereich eingesetzt. Die Bundesnetzagentur genehmigt künftig die Trassenentgelte und überwacht die Einhaltung der Regelungen für die Unabhängigkeit der Infrastrukturbereiche innerhalb der Struktur des Eisenbahnunternehmens.

Das über 100 Jahre alte Transportrecht war gekennzeichnet durch eine große Normenvielfalt und durch eine Zersplitterung der Rechtsgebiete. Im Interesse einer größeren Rechtssicherheit und zur Schaffung gleicher Wettbewerbsbedingungen der verschiedenen Verkehrsträger wurden die unterschiedlichen Transportrechte vereinheitlicht und unter Berücksichtigung internationaler Übereinkommen modernisiert. Seit1998 gilt das durch das **Transportrechtsreformgesetz (TRG)** geänderte Handelsgesetzbuch (HGB) für den Güterverkehr auf der Straße, der Eisenbahn, auf Binnengewässern, im Inlandsluftverkehr und für die Spedition.

Während beim Eisenbahnpersonen- und Reisegepäckverkehr die **Eisenbahnverkehrsordnung (EVO)** – Beförderungsbedingungen für den Eisenbahnpersonenverkehr – noch weiter gültig bleibt, mussten sich Eisenbahnverkehrsunternehmen im Güterverkehr von der über 100-jährigen EVO verabschieden. Die Auswirkungen auf das Frachtgeschäft werden in Kapitel 4.2.16 erläutert.

Im internationalen Eisenbahnverkehr existiert das **COTIF** (Convention relative aux Transports Internationaux Ferroviaires/Übereinkommen über den internationalen Eisenbahnverkehr). Das COTIF regelt den internationalen Verkehr auf der Schiene sowohl für die Beförderung von Personen als auch von Gütern.

Das COTIF lässt sich in **CIM-** (Règles uniformes concernant le Contrat de transport International ferroviaire des Marchandises/Einheitliche Rechtsvorschriften für den Vertrag über die internationale Eisenbahnbeförderung von Gütern) und **CIV-Regelungen** (Règles uniformes concernant le Contrat de transport International ferroviaire des Voyageurs/Einheitliche Rechtsvorschriften für den Vertrag über die internationale Eisenbahnbeförderung von Personen) einteilen. Weiterführende Informationen finden sich in Kapitel 4.2.18.

4.2.5 Technische Grundlagen im Eisenbahngüterverkehr

Für das Passieren von Brücken, Tunneln und anderen Baulichkeiten ist das **Lichtraumprofil** entscheidend. Bei jedem Transport ist das kleinste Lichtraumprofil auf der zu durchfahrenden Strecke für die Verwendung des Wagens maßgebend.

> **Definition**
> Als Lichtraumprofil wird die Begrenzung bezeichnet, die eine Ladung im geraden Gleis zu den Seiten und nach oben nicht überragen darf.

Im Wesentlichen werden folgende Lichtraumprofile unterschieden:

- Das **Lichtraumprofil der deutschen Eisenbahnen** entspricht auch dem Lichtraumprofil der Bahnen in Albanien, Bosnien-Herzegowina, Bulgarien, Dänemark, Griechenland, Irak, den Staaten des ehemaligen Jugoslawiens, Kroatien, Litauen, Luxemburg, Mazedonien, Niederlande, Österreich, Polen, Rumänien, Slowakei, Slowenien, Syrien, Tschechien, Türkei und Ungarn.
- Das **internationale Lichtraumprofil** gilt für die übrigen Eisenbahnen bis auf die Großbritanniens, die über ein noch kleineres Lichtraumprofil als die anderen Nationen verfügen.

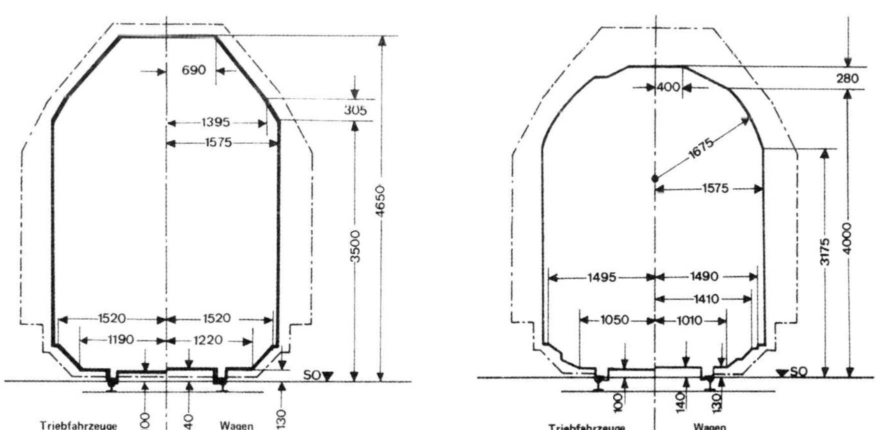

Abb. 4.2-6: Lademaß national (links) und international (rechts) **Quelle: Deutsche Bahn AG**

Es entspricht			
die Streckenklasse	einer Radsatzlast (Achslast) bis	bei einem Fahrzeuggewicht je Längeneinheit (Meterlast) bis	
A	16 t	5,0 t/m	
B 1	18 t	5,0 t/m	
B 2	18 t	6,4 t/m	
C 2	20 t	6,4 t/m	*)
C 3	20 t	7,2 t/m	*)
C 4	20 t	8,0 t/m	*)
D 2	22,5 t	6,4 t/m	
D 3	22,5 t	7,2 t/m	
D 4	22,5 t	8,0 t/m	
E 4	25,0 t	8,0 t/m	
*) Überschreitung der Radsatzlast um 0,5 t in Ausnahmefällen möglich; siehe Verladerichtlinien Anlage II, Band 3. Die Klasse E4 existiert nur auf der Strecke zwischen Hamburg und Salzgitter für die schweren Erzzüge.			

Tab. 4.2-3: Übersicht Streckenklassen Quelle: Deutsche Bahn AG

<table>
<tr><th>Streckenklasse</th><th>RSL*) 2x/4x</th><th>Gewicht je Längeneinheit</th><th>Radsatzabstand [m]
Abstand des Endradsatzes zum nächstgelegenen Pufferende [m]
Abstand der beiden inneren Radsätze[m]</th></tr>
<tr><td>D 4
Erweiterung für 6-achsige Wagen</td><td>22,5 t</td><td>8,0 t/m</td><td>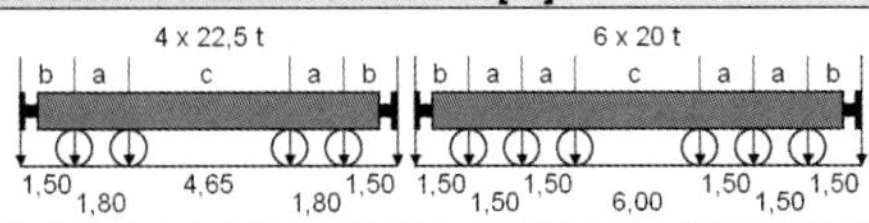
</td></tr>
<tr><td>CM 4
Erweiterung von C4</td><td>21 t</td><td>8,0 t/m</td><td>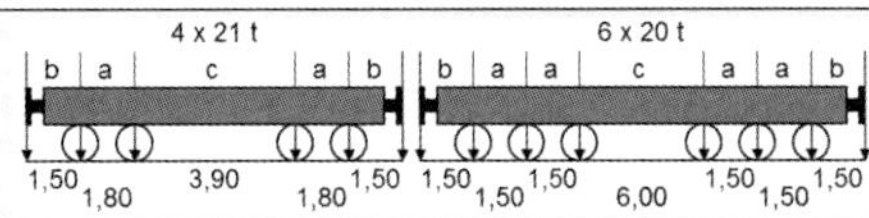
</td></tr>
<tr><td>CM 3
Erweiterung von C3</td><td>21 t</td><td>7,2 t/m</td><td>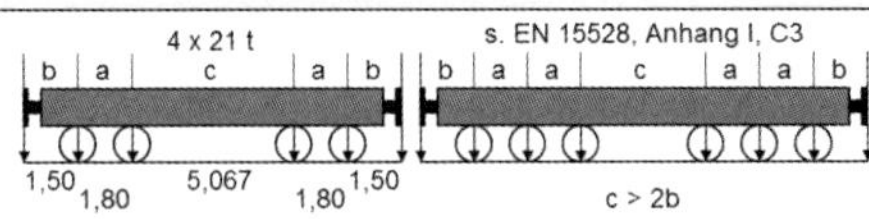
</td></tr>
<tr><td>CM 2
Erweiterung von C2</td><td>21 t</td><td>6,4 t/m</td><td>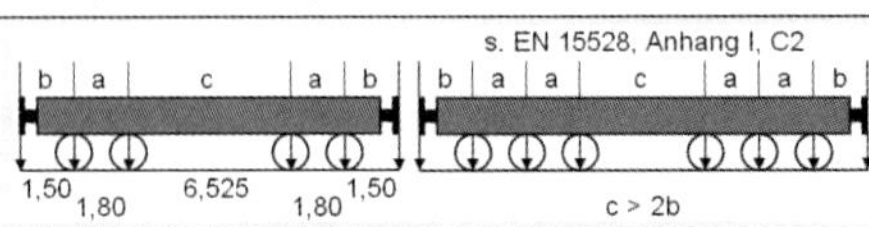
</td></tr>
<tr><td>CE
Erweiterung von C4</td><td>20 t</td><td>8,0 t/m</td><td>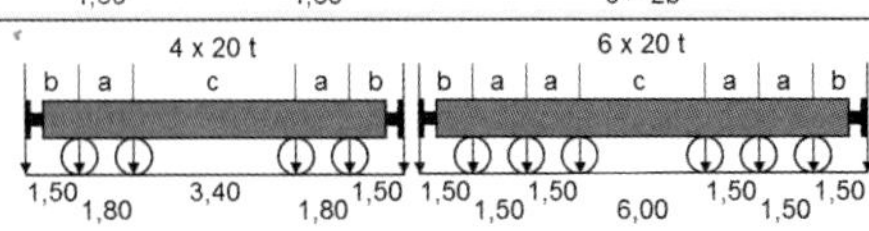
</td></tr>
</table>

Tab. 4.2-4: Weitere nationale Streckenklassen
Quelle: DB Netze, Infrastrukturregister Grundsätze (Stand Januar 2016)

Für den Einsatz der Güterwagen auf dem Streckennetz der beteiligten Bahnen gibt es für bestimmte Strecken und für bestimmte Wagentypen gewisse Einschränkungen. Diese betreffen z. B. die Radsatzlast, die Meterlast, den Achsstand oder das Lichtraumprofil. Dabei bestimmt der Streckenunterbau die Belastbarkeit der Schienenwege. Maßstäbe für die beförderte Last in einem Güterwagen sind die höchstzulässige Radsatzlast (Achslast) und das höchstzulässige Fahrzeuggewicht je Längeneinheit (Meterlast).

Die Strecken der Bahnen sind deshalb hinsichtlich der Belastbarkeit (zulässige Radsatzlast und Meterlast) in sogenannte **„Streckenklassen"** eingeteilt. Jede Bahn hat eine Regelstreckenklasse. Die Regelstreckenklasse ist diejenige, die der überwiegenden Streckenlänge dieser Bahn entspricht.

Die Strecken der Bahnen sind hinsichtlich der Radsatzlast und Meterlast gemäß Tabelle 4.2-3 in Klassen eingeteilt.

Die **Radsatzlast** eines Wagens ist gleich der Summe von Eigengewicht des Wagens und Gewicht der Ladung geteilt durch die Zahl der Radsätze (Achsen).

Die **Meterlast** ist gleich der Summe von Eigengewicht des Wagens und Gewicht der Ladung geteilt durch die Länge des Wagens in Metern über die nicht eingedrückten Puffer gemessen.

Darüber hinaus gibt es noch die in Tabelle 4.2-4 aufgeführten Streckenklassen.

Die **Lastgrenzen** geben die Höchstlademasse an, bis zu der ein Wagen bei der Beförderung über Strecken der angegebenen Klassen beladen werden darf (siehe Tabelle 4.2-5).

	A	B	C	D
90	40,5 t	48,5t	56,5 t	66,5 t
S	40,5 t	48,5 t	56,5 t	
120	00,0 t			

Tab. 4.2-5: Beispiel für ein internationales Lastgrenzraster **Quelle: Deutsche Bahn AG**

▶ Beispiel

Die Lastgrenze (Zuladegewicht) gemäß oben stehendem Beispiel beträgt auf Strecken der Klasse A: 40,5 t, B: 48,5 t, C: 56,5 t, D: 66,5 t. Bei Einstellung des Wagens in Züge mit einer Geschwindigkeit über 90 km/h bis 100 km/h – Beförderungsart S – vermindert sich die Lastgrenze der Streckenklasse D auf 56,5 t. Die Geschwindigkeit 120 km/h darf brems- und lauftechnisch uneingeschränkt nur mit leerem Wagen gefahren werden.

Sternchen neben einem Lastgrenzraster bedeuten z. B.:

* = lauftechnische Eignung für 100 km/h,

** = lauftechnische Eignung für 120 km/h

auf bestimmten Strecken der DB Netz AG unter Nutzung der in den Streckenklassen angegebenen Lastgrenzen.

Weitere Informationen und Details sind den Verladerichtlinien des Internationalen Eisenbahnverbands (UIC) zu entnehmen, nach denen auch die DB Cargo AG arbeitet (Download unter www.dbcargo.com).

4.2.6 Das Schienennetz der Eisenbahn

Die Gleisinfrastruktur in Deutschland wird durch die DB Netz AG verwaltet. Eigentümer der Infrastruktur ist der Bund. DB Netz AG hat die Aufgabe, die Infrastrukturnutzung zu angemessenen Kosten allen Eisenbahnverkehrsunternehmen, welche die rechtlichen Zugangsvoraussetzungen erfüllen, zur Verfügung zu stellen.

Eckdaten der Eisenbahninfrastruktur der DB Netz AG (Stand: 2014):

Betriebslänge (in km)	33.281
Länge der Gleise (in km)	61.090
Weichen und Kreuzungen	69.400
Bahnübergänge	13.777
Tunnel (Anzahl / Länge in km)	701/509,2
Eisenbahnbrücken	24.970
Stellwerke (davon elektronische Stellwerke)	3.090 (424)

Tab. 4.2-6: Eckdaten der DB-Netz AG **Quelle: Geschäftsbericht DB Netz AG 2014**

Neben der DB Netz AG befinden sich zudem einzelne Streckenabschnitte in Deutschland im Besitz und in der Verwaltung von privaten Infrastrukturbetreibern. Diese können Werksbahnen oder auch Privatbahnen sein. Von den privaten Infrastrukturunternehmen wird ein Streckennetz von über 4000 km betreiben.

Die **Spurweite** des deutschen öffentlichen Streckennetzes (1.435 mm) – Spurweite ist der Abstand zwischen den Schienenkörpern bzw. Schienenkanten – entspricht grundsätzlich der Spurweite der meisten europäischen Länder. Diese Spurweite bezeichnet man auch als **Normalspur, Regel- oder Vollspur**. Abweichend von der Normalspur unterscheidet man in **Breitspur** (> 1.435 mm) und **Schmalspur** (< 1.435 mm). Für den europäischen Eisenbahngüterverkehr ist neben der Normalspur jedoch nur die Breitspur von Bedeutung. Die Breitspur ist anzutreffen in: Finnland, Portugal, Spanien, den Baltischen Staaten (Estland, Lettland, Litauen) und der Gemeinschaft unabhängiger Staaten (GUS). Schmalspurnetze sind in Europa in der Regel nur bei Privat- und Werkbahnen vorhanden.

Die unterschiedlichen Spurweiten verhindern, dass z. B. Normalspurwagen im durchgehenden Verkehr zu Bahnen mit abweichender Spurweite eingesetzt werden können. Es gibt jedoch **umspurbare/umachsbare Spezialgüterwagen** (Transfesa nach Spanien und Portugal, Transwaggon nach Finnland), die einen durchgehenden Eisenbahnverkehr mit diesen Ländern ermöglichen. Spanien hat sogar eine Normalspur-Hochgeschwindigkeitsstrecke von der französischen Grenze über Barcelona bis Madrid gebaut.

Anders sieht es im Verkehr nach Osteuropa aus: Als Alternative bleibt im Grundsatz nur ein aufwendiges Umladen der Ladung auf Wagen der entsprechenden Spurweite (z. B. Verkehre nach Russland → Grenzübergang Brest, Tschop, Medyka u. v. m.). Die Umladung von verpackter Ware auf Paletten verläuft vergleichsweise zügig, wobei die Umladung (Umpumpen) von Flüssigprodukten/lose Schüttung (break bulk) aufwendiger ist. Das Umachsen an der Grenze zu GUS und Russland wird hauptsächlich zeitbedingt bei Personenzügen sowie zur Gefahrenvermeidung bei wenigen Gefahrgutkesselwagen durchgeführt.

Nachstehend in Abbildung 4.2-7 sind die Hauptabfuhr- und Transitstrecken von DB Cargo AG Deutschland dargestellt.

Die Hauptabfuhrstrecken sind etwas stärker gezeichnet, die Rangierbahnhöfe (überregionale Zugbildungsanlagen) sind eingerahmt. Die Grenzübergänge sind von Flensburg aus fortlaufend im Uhrzeigersinn nummeriert und unterhalb der Karte tabellarisch aufgeführt.

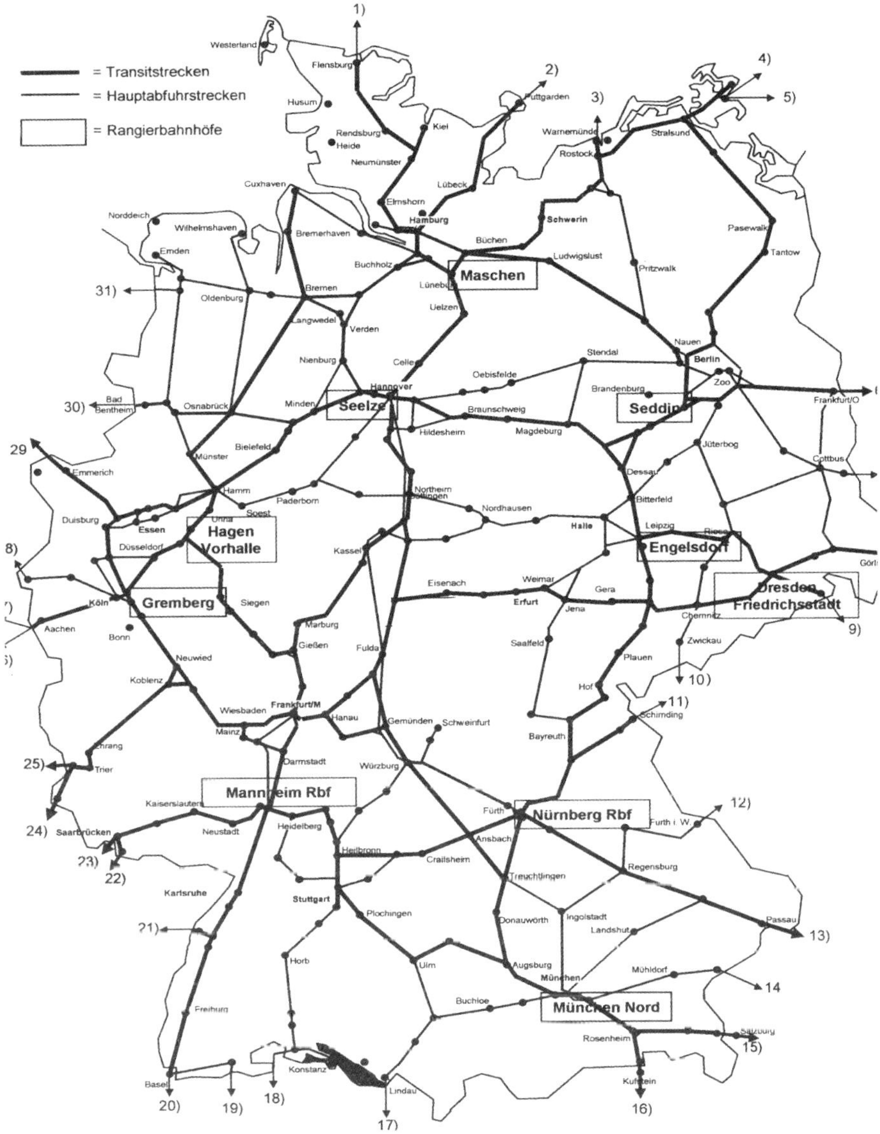

Nr.	Grenzübergang	Nr.	Grenzübergang	Nr.	Grenzübergang
1	Flensburg - Padborg	2	Puttgarden - Rödby Færge	3	Rostock-
4	Mukran - Trelleborg	5	Mukran - Kleipeda/Memel	6	Trelleborg
					Frankfurt (Oder) - Kuno-
7	Forst - Zasieki	8	Görlitz - Zgorzelec	9	wice
10	Bad Brambach - Vojtanov	11	Schirnding - Cheb	12	Bad Schandau - Decin
13	Passau Hbf	14	Simbach (Inn)	15	Furth i. W. - Domazlice
16	Kufstein	17	Lindau - Bregenz	18	Salzburg Hbf
19	Waldshut	20	Basel Bad Bf	21	Schaffhausen
22	Saarbrücken - Hanweiler	23	Saarbrücken - Forbach	24	Kehl - Strasbourg
25	Igel - Wasserbillig	26	Aachen West - Montzen	27	Perl - Apach
28	Kaldenkirchen - Venlo	29	Emmerich - Zevenaar	30	Herzogenrath - Haanrade
31	Weener - Nieuweschans				Bad Bentheim - Oldenzaal

Abb. 4.2-7: Schienennetz in Deutschland; Transitstrecken, Hauptabfuhrstrecken, Rangierbahnhöfe
Quelle: Deutsche Bahn AG

4.2.7 Vermarktung der Eisenbahninfrastruktur

Im Zuge der Bahnreform wurde in Deutschland als erstem Land das EU-Recht nach Richtlinie 91/440 EWG aus dem Jahr 1991 in deutsches Recht umgesetzt. Weitere zurzeit gültige EU-Richtlinien, die sich mit dieser Materie befassen, sind die Richtlinien 95/18/EG, 2001/12/EG und 2001/14/EG. Die Regelungen wurden im Allgemeinen Eisenbahngesetz (AEG) § 14 festgelegt (siehe Kapitel 4.2.4).

Die Deutsche Bahn AG hat im Zuge dieser Bahnreform als erste europäische Bahn ihre Infrastruktur diskriminierungsfrei für deutsche und europäische Eisenbahnverkehrsunternehmen geöffnet. Wie der Zugang zur Eisenbahninfrastruktur der DB AG und anderer deutscher Eisenbahninfrastrukturunternehmen zu handhaben ist, ist in der in §26 AEG Abs. 1 Punkte 6 und 7 geforderten Rechtsverordnung Verordnung über die diskriminierungsfreie Benutzung der Eisenbahninfrastruktur und über die Grundsätze zur Erhebung von Entgelt für die Benutzung der Eisenbahninfrastruktur **(Eisenbahninfrastruktur-Benutzungsverordnung (EIBV))** neu geregelt worden.

Eisenbahnverkehrsunternehmen (EVU), die die Infrastruktur von DB Netz AG oder eines anderen Eisenbahninfrastrukturunternehmens nutzen wollen, müssen als EVU zugelassen sein. Dies wird in folgenden Rechtsvorschriften gefordert:

- Richtlinie der EU 95/18/EG vom 19.6.1995
- AEG vom 27.12.1993; §6: Ohne Genehmigung dürfen keine Eisenbahnverkehrsleistungen erbracht werden.

Im Zuge dieser Forderungen ist in Verbindung mit §26 AEG die **Eisenbahnunternehmer-Berufszugangsverordnung (EbZugV)** herausgegeben worden. Sie setzt die Forderungen der Richtlinie 95/18/EG und des AEG hinsichtlich der Voraussetzungen für die Genehmigung fest.

Für Eisenbahnverkehrsunternehmen (EVU) mit Sitz in der Bundesrepublik Deutschland erteilt immer die Genehmigungsbehörde des entsprechenden Bundeslandes die Betriebsgenehmigung. Die Genehmigung ist an folgende Voraussetzungen geknüpft:

- Zuverlässigkeit
- finanzielle Leistungsfähigkeit
- Fachkunde

Die Betreiber von Schienenwegen (EIU) sind nach §4 EIBV verpflichtet, **Schienennetz-Benutzungsbedingungen (SNB)** für das Erbringen der vom Verordnungsgeber festgelegten Leistungen zu erstellen. Die SNB müssen auch die Allgemeinen Geschäftsbedingungen (ABN) für die Benutzung der Zugtrassen beinhalten. Außerdem müssen in den SNB

- Angaben über die Art des zur Verfügung stehenden Schienenwegs und die betreffenden Zugangsbedingungen aus rechtlicher und betrieblich-technischer Sicht enthalten,
- die Entgeltgrundsätze im Einzelnen dargestellt und
- die Grundsätze und Kriterien für die Zuweisung von Schienenkapazitäten aufgeführt sein.

Für den Zugang zu Serviceeinrichtungen und die Erbringung der vom Verordnungsgeber definierten Leistungen haben die EIU nach den in § 10 EIBV festgelegten Regeln **Nutzungsbedingungen (NBS)** aufzustellen.

Die SNB und NBS sind vollständig im Bundesanzeiger und/oder im Internet zu veröffentlichen.

Diese verbindlichen Vorgaben gelten sowohl für die bundeseigenen als auch für die ca. 170 nicht bundeseigenen EIU, die dem öffentlichen Verkehr dienen. Während die Konzerngesellschaften der DB AG eigenständig formulierte SNB und NBS veröffentlicht haben, publizieren die als EIU zugelassenen NE diese auf der Grundlage der vom **Verband Deutscher Verkehrsunternehmen (VDV)** ausgesprochenen Empfehlung für die Erstellung der SNB und der NBS.

Grundlage für einen Vertragsabschluss mit der DB Netz AG sind die SNB und NBS in der jeweils gültigen Fassung. Der Vertrag kommt zustande durch

1. **Anmeldung von Zugtrassen** durch das EVU
   Termine für die Anmeldung von Zugtrassen, den Beginn der Trassenkonstruktion, Konfliktlösungsgespräche sowie die Abgabe und Annahme von Nutzungsangeboten ergeben sich aus dem Rahmenterminplan, der der Vorbereitung jedes Fahrplanwechsels dient. Der Rahmenterminplan sowie mögliche Änderungen sind dem EVU durch die DB Netz AG rechtzeitig zu übermitteln.
2. **Vertragsangebote durch DB Netz AG**
   Für Anmeldungen, für die Zugtrassen konfliktfrei konstruiert werden können oder in einem Konfliktlösungsgespräch eine einvernehmliche Lösung gefunden werden konnte, erhält das EVU ein schriftliches Angebot zum Abschluss eines Nutzungsvertrages, an das die DB Netz AG einen Monat gebunden ist.
3. die **fristgerechte und schriftliche Annahme des Angebots** durch das EVU bei Bestehen eines Rahmennutzungsvertrags durch Übergabe der Fahrplanunterlagen.

Zwei Bestellmöglichkeiten stehen den EVU für Güterverkehrsleistungen zur Verfügung:

1. **Regeltrassen**, für die die DB Netz AG Fahrpläne im Jahresfahrplan aufgrund alter Nutzungsverträge und neuer Bestellungen zur Verfügung stellt. Bestellungen für diese Trassen müssen zu dem im Terminplan genannten Anmeldetermin bei der DB Netz AG vorliegen, um noch im Fahrplan aufgenommen zu werden.
2. **Sondertrassen**, für die plötzlich ein Bedarf besteht.

Die **Fahrplanerstellung** oder auch Trassenkonstruktion wird nach hierfür geltenden Richtlinien durchgeführt. Mit dem Ziel der bestmöglichen Auslastung ihrer Eisenbahninfrastruktur behandelt die DB Netz AG die Anmeldungen in der Reihenfolge der nachstehenden Grundsätze:

1. fristgerechte Anmeldungen vor nicht fristgerechten Anmeldungen
2. vertraglich gebundene Trassen vor Neuanmeldungen
3. Anmeldungen, die zum Zeitpunkt der betreffenden Fahrplanperiode vorangehenden Anmeldetermins bereits durch die DB-Netz AG veröffontlichten betrieblich-technischen Vorgaben für bestimmte Strecken entsprechen, vor abweichenden Anmeldungen
4. Anmeldungen für Verkehrsleistungen, die aufgrund ihrer Regelmäßigkeit eine höhere Infrastrukturauslastung innerhalb einer Fahrplanperiode ermöglichen, vor Anmeldungen für unregelmäßig oder bedarfsweise verkehrende Verkehrsleistungen
5. Anmeldungen von Verkehrsleistungen mit Laufzeit über mehrere Fahrplanperioden vor Anmeldungen für Verkehrsleistungen mit Laufzeit von einer Fahrplanperiode oder weniger

Für die Nutzung der Infrastruktur der DB AG gibt es seit der Bahnreform ein **Trassenpreissystem (TPS)**.

Der Begriff „Trasse“ umfasst die zeitlich begrenzte Nutzung der Eisenbahninfrastruktur zwischen zwei Orten. Mit dem Kauf einer Trasse ist ein Paket mit Basisleistungen abgegolten. Für die Nutzung von gesonderten Anlagen können weitere Entgelte anfallen. Nicht mit dem Trassenpreis abgegolten werden die Kosten für verbrauchte Traktionsenergie, also Dieselkraftstoff, Heizöl oder elektrischer Strom. Diese Energiekosten rechnete das EVU mit einem Energieversorgungsunternehmen getrennt ab. Die Basisleistungen umfassen:

- Erstellung eines Fahrplans einschließlich der Übersendung der betriebsnotwendigen Fahrplanunterlagen an den Besteller
- Nutzung der für die Zugfahrten bereitgestellten Strecken-, Bahnhofs-, Überholungs- und Kreuzungsgleise

- Betriebsführung während der planmäßigen Besetzungszeit der Betriebsstellen von DB Netz AG
- im Einzelfall vereinbarte Aufenthaltszeiten vor Abfahrt bzw. nach Ankunft eines Zuges im Anfangs- bzw. Endbahnhof
- vereinbarte planmäßige Aufenthalte während der Zugfahrt

Wie bereits in Kapitel 4.3.4 ausgeführt, soll das Eisenbahnregulierungsgesetz dazu beitragen Anreize für niedrigere Infrastrukturnutzungsentgelte zu setzen. Das Trassenpreissystem ist modular aufgebaut und enthält vier den Preis bestimmende Komponenten:

- **nutzungsabhängige Komponente** (Trassenprodukte und Streckenkategorie)
- **leistungsabhängige Komponente** (Mindestgeschwindigkeit, Störungsverringerung)
- **lärmabhängige Komponente**
- **sonstige Komponenten** (Regionalfaktoren, Lastkomponente)

Die vier den Trassenpreis bestimmende Komponenten werden miteinander kombiniert und somit der endgültige Trassenpreis gebildet:

Nach technisch-betrieblichen Merkmalen werden insgesamt **neun verschiedene Streckenkategorien** gebildet (Fernstrecken: F1-F6, Fplus und Zulaufstrecken: Z1-Z2), aus denen sich der Grundpreis berechnet. Diese Einteilung berücksichtigt neben den infrastrukturellen Ausrüstungsmerkmalen auch die verkehrlichen Wirkungen der einzelnen Relationen innerhalb des Gesamtnetzes.

Die DB Netz AG bietet im Güterverkehr differenzierte Produkte (Trassen) an. Über einen multiplikativen Produktfaktor werden die verschiedenen Produkte (Trassen) über die **nutzungsabhängigen** Komponenten im Trassenpreis berücksichtigt. Es gibt im Güterverkehr folgende Trassen:

- **Standard-Trassen**, die für alle Züge des Güterverkehrs zur Verfügung stehen
- **Express-Trassen**, die eine schnelle und direkte Verbindung mit hoher Zuverlässigkeit zwischen den wichtigen Zentren in Deutschland bieten
- **Zubringer-Trassen**, die für die Überführung beladener und leerer Wagen zwischen den Güterverkehrsstellen und den Zugbildungsanlagen bestellt werden können
- **Lz-Trassen** für die Durchführung von Lokfahrten und Schadzügen mit Lokomotiven und Güterwagen

Die Nutzung der Standard-Trassen (z. B. im Kombinierten Ladungsverkehr) wird mit dem Produktfaktor „eins", die Nutzung der Express-Trassen mit dem höheren Produktfaktor 1,65, die Nutzung der Lz-Trassen mit dem Produktfaktor 0,65 und die Nutzung der Zubringer-Trassen mit dem Produktfaktor 0,5 belegt.

Um Störungen zu vermeiden und Anreize zur Erhöhung der Leistungsfähigkeit zu bieten beinhaltet der Trassenpreis eine weitere **leistungsabhängige Komponente**. Zur Verringerung von Störungen auf dem Schienennetz wird ein Anreizentgelt von 10 Cent pro anrechenbare Zusatzverspätungsminute berechnet, wenn die vereinbarten Jahrespünktlichkeitszielwerte nicht erreicht wurden. Zur Erhöhung der Leistungsfähigkeit des Schienennetzes wird ein multiplikativer Zuschlag von 1,5 berechnet, wenn zugbedingt eine Mindestgeschwindigkeit von 50 km/h nicht erreicht wird.

Für den nachhaltigen Unternehmenserfolg und die gesellschaftliche Akzeptanz ist die Ökologie ein wichtiger und bedeutender Baustein, um Wachstum auf der Schiene zu gewährleisten. Im Interesse der Anwohner und der Umwelt hat sich die Deutsche Bahn das Ziel gesetzt, den Schienenverkehrslärm bis 2020 deutlich und dauerhaft zu reduzieren. Neben der direkten Förderung der Wagenhalter durch das BMVI hat die DB Netz AG eine **lärmabhängige Komponente** beim Trassenpreissystem **(LaTPS)** eingeführt. Diese sieht einen 2,5prozentigen Zuschlag für laute Züge und einen laufleistungsabhängigen Bonus von 0,5 Cent pro Achslastkilometer für den

Nutzungsabhängige Komponente

Streckenkategorie

Grundpreis

Fplus	-> 9,74 Euro / Trkm
F1	-> 4,97 Euro / Trkm
F2	-> 3,44 Euro / Trkm
F3	-> 3,10 Euro / Trkm
F4	-> 2,98 Euro / Trkm
F5	-> 2,20 Euro / Trkm
F6	-> 2,94 Euro / Trkm
Z1	-> 3,03 Euro / Trkm
Z2	-> 3,13 Euro / Trkm
S1	-> 1,97 Euro / Trkm
S2	-> 2,63 Euro / Trkm
S3	-> 3,13 Euro / Trkm

× Trassenproduktfaktor

Personenverkehr	Güterverkehr
Express-Trasse 1,80	Express-Trasse 1,65
Takt-Trasse 1,65	Standard-Trasse 1,00
Economy-Trasse 1,00	LZ-Trasse 0,65
	Zubringer-Trasse 0,50

Leistungsabhängige Komponente

Anreizsystem zur Erhöhung der Leistungsfähigkeit

× Zugbedingte Abweichung von der Mindestgeschwindigkeit

Zur effizienteren Nutzung der Schienenwege wird ein **Zuschlagsfaktor von 1,5** erhoben, wenn auf Fernstrecken und Strecken des Stadtschnellverkehrs eine Mindestgeschwindigkeit von 50 km/h bauartbedingt nicht erreicht wird.

+/- Anreizsystem zur Verringerung von Störungen

Zur Verringerung von Störungen auf dem Schienennetz wird bei vordefinierten Zügen ein Betrag in Höhe von 10 Cent pro Zusatzverspätungsminute für die beeinflussbaren Verspätungsursachen erhoben.

Lärmabhängige Komponente

+ Zuschlag für laute Güterzüge (GS, GZ, GX) in Höhe von 2,5%

Zur Förderung der Lärmminderung

Sonstige Komponenten

+ Lastkomponente (Schienengüterverkehr)

Bruttozuggewichte ab 3.000 t: Zuschlag 1,00 Euro / Trkm

+ Angebotsentgelt

Entgelt bei Nichtannahme einer bestellten Zugtrasse: 80 Euro

+ Stornierungsentgelt

> 60 Tage:	Entgelt für Angebotserstellung
> 30 Tage:	Entgelt für Angebotserstellung + 10%
< 30 Tage:	Entgelt für Angebotserstellung + 20%
< 24 Stunden:	Entgelt für Angebotserstellung + 40%

Weitere Komponenten

Weitere „Sonstige Komponenten" sind auf den Seiten 10-13 beschrieben.

So werden die Komponenten miteinander verrechnet und der Trassenpreis gebildet:

Der entfernungsabhängige Grundpreis der Streckenkategorie wird mit dem Produktfaktor des gewählten Trassenproduktes multipliziert. Der sich daraus ergebende Preis wird ggf. durch leistungsabhängige, lärmabhängige Komponenten ergänzt. Zuletzt finden mögliche sonstige Preiskomponenten Berücksichtigung bei der Berechnung des Trassenpreises. Bei weiteren Detailfragen zum Trassenpreissystem stehen die auf den Seiten 18 und 19 genannten Ansprechpartner im Vertrieb gerne zur Verfügung.

Die DB Netz AG bietet folgende Neben- und Zusatzleistungen an:

Nebenleistungen

- Anbindung EVU-Leitstellen (GSM-R)
- Betriebsprogrammstudien
- Dispositionsarbeitsplätze in Betriebszentralen
- Eisenbahnkarten
- Fahrplanstudien
- Fahrzeitberechnungen
- Gedruckte Buchfahrpläne und La-Hefte
- Leitsystem zur Netzdisposition Kunde (LeiDis-NK)
  - Basisversion (browserbasierte Anwendung)
  - Premiumversion (Desktopanwendung)
- LiveMaps
- Lizenz zur Datenabnahme
- Statistiken
- Trassengrafiken
- Trassenstudien

Zusatzleistungen

- Abstellen auf Schienenwegen außerhalb zugewiesener Zugtrassen
- Änderungen nach Übermittlung des Trassenangebots
- Fahrten außerhalb der Streckenöffnungszeiten
- „Machbarkeitsstudie aT"
- Zusatzausstattungen an Schienenwegen

Nähere Informationen zu den Neben- und Zusatzleistungen als auch deren Entgeltlisten stehen im Internet unter www.dbnetze.com/nl zur Verfügung.

Tab. 4.2-7: Aufbau des Trassenpreissystems — Quelle: DB Netz AG (2016)

Einsatz leiser umgerüsteter Wagen vor. Die Einnahmen aus der lärmabhängigen Komponente werden ausschließlich zur Finanzierung des Bonus verwendet. Ein Zug gilt per Definition als leise, wenn dieser zu mindestens 90 % aus leisen Wagen besteht. Dieser Grenzwert wird stufenweise auf 100 % erhöht.

Die gewichtsabhängige **Lastkomponente** spiegelt den zusätzlichen Aufwand wider, den schwere Züge durch erhöhten Verschleiß und Kapazitätsverbrauch verursachen. Der Trassenpreis der Verkehrsleistung Schienengüterverkehr enthält eine vom Bruttogewicht des Wagenzugs abhängige Entgeltkomponente. Für Zuggewichte ab 3.000 t Bruttogewicht wird ein zusätzliches Entgelt von 1 Euro je **Trassenkilometer (TRkm)** erhoben.

Hinweis
Für einen vertiefenden Einstieg in die Details der Trassenbepreisung ist folgende Website zu empfehlen: fahrweg.dbnetze.com. Hier stellt DB Netz neben allen Informationen zum Trassenpreissystem auch Software für Preiskalkulationen zur Verfügung.

Neben dem Trassenpreissystem umfasst das Angebot der DB Netz AG auch noch ein **Anlagenpreissystem (APS)** für Service- und Zusatzleistungen. Hierfür kommen die **Nutzungsbedingungen für Serviceeinrichtungen (NBS)** zur Anwendung. Das Angebot der DB Netz AG umfasst dabei Zugbildungsanlagen für den Einzelwagenverkehr, Gleise für die Bereit- und Abstellung von Fahrzeugen sowie Ladestellen für Be-und Entladung von Wagen. Alle Infrastrukturelemente werden zu sogenannten Nutzungsobjekten zusammengefasst.

Die Serviceeinrichtungen werden nach ihrer Funktionalität, einer Produktkategorie und ihren technischen Merkmalen eingeteilt.

Funktionalität	Produktkategorie	Technische Merkmale
Zugbilden und -auflösen	Zugbildung I	Vollautomatische Ablaufbetriebstechnik
	Zugbildung II	Halbautomatische Ablaufbetriebstechnik
	Zugbildung III	Kein bzw. einfachster Technisierungsgrad > 2 Gleise mit mind. 400 m
Ab- und Bereitstellen und Disposition	Abstellung I	Zweiseitig angebunden, > 215 m NL, mind. 1 ferngestellte Weiche
	Abstellung II	Ein- oder zweiseitig (≤ 215 m NL) angebunden, keine ferngest./manuellen W.
	Abstellung III	Manuelle Weichentechnik
Be- und Entladen	Beladung I	Ladekantenlänge > 215 m
	Beladung II	Ladekantenlänge zwischen > 90 m und ≤ 215 m
	Beladung III	Ladekantenlänge ≤ 90 m

+ Zusatzausstattung

Tab. 4.2-8: Funktionalität der Serviceeinrichtungen Quelle: DB Netz AG

Zugbildungsanlagen stellen ein besonderes Bindeglied in den Logistikketten des Schienengüterverkehrs dar. Abhängig von ihrer Größe und technischen Ausstattung unterscheiden sich Zugbildungsanlagen in ihrer Bedienung, Leistungsfähigkeit sowie Ressourcenintensität für den Nutzer. Die Spannbreite reicht von Betriebsstellen mit einfachen Zugbildungsanlagen (Produktkategorie Zugbildung III) über Dispositionsleistungen bis zu großen Be- und Entladevorgängen (Produktkategorie Beladung I). Für die **Ab- und Bereitstellung** von Zügen und Wagen sowie die damit verbundene notwendige wagentechnische Behandlung vor oder nach einer Zug- oder Rangierfahrt werden spezielle Techniken und Weichen zur Verfügung gestellt. Des Weiteren können Dispositionsgleise und Abstellanlagen für Züge genutzt werden. **Ladestellen, -gleise und -rampen** ermöglichen das reibungslose Be- und Entladen sowie den Warenumschlag auf verschiedene Verkehrsträger.

Die Produktkategorien werden nach dem Technisierungsgrad der Ausstattung abgestuft. Dementsprechend werden auch die Nutzungsentgelte für die einzelnen Produktkategorien festgelegt. Die Preisbildung erfolgt auf Basis des Entgeltes je Produktkategorie multipliziert mit der Anzahl der Nutzungsstunden. Dabei wird je Produktkategorie ein Mindestentgelt von 50 € für einen zusammenhängenden Nutzungszeitraum veranschlagt.

Produktkategorie	Entgelt je Nutzungsstunde*
Zugbildung I	6,51 Euro
Zugbildung II	4,61 Euro
Zugbildung III	3,61 Euro
Abstellung I	3,61 Euro
Abstellung II	1,62 Euro
Abstellung III	1,04 Euro
Beladung I	2,82 Euro
Beladung II	2,15 Euro
Beladung III	1,43 Euro

Tab. 4.2-9: **Nutzungsentgelte im APS 2016** **Quelle: DB Netz AG**

▶ **Beispiel**

Nutzung eines 700 Meter langen Abstellgleises mit Weichenanbindung und Zugbildungsanlage mit vollautomatischer Ablaufbetriebstechnik für 72 Stunden:
Produktkategorie Abstellung I: 72 Std x 3,61 € = 259,92 €
Produktkategorie Zugbildung I: 72 Std x 6,51 € = 468,72 €
Der Gesamtpreis für die Nutzung der Serviceeinrichtungen beträgt 728,64 €

Zusätzlich gibt es noch Entgelte für Zusatzausstattungen (z. B. Gleiswaagen) und sonstige Entgelte (z. B. Neben- und Verbrauchskosten).

Um diskriminierende Zugangsregelungen, Ungleichbehandlung bei der Entgeltregelung und Fahrplanerstellung zu verhindern, ist nach der EU-Richtlinie 2001/14/EG eine **Regulierungsstelle (Trassenbeauftragter)** von allen Mitgliedstaaten gefordert, die in ihren Entscheidungen unabhängig ist. Diese Aufgaben wurden in Deutschland zunächst dem Eisenbahn-Bundesamt übertragen. Seit 2006 liegt diese Aufgabe bei der **Bundesnetzagentur**. Zudem hat die DB Netz AG zwischenzeitlich einen Netzbeirat (Kundenforum der Netznutzer) eingerichtet. Die Aufgaben der Regulierungsstelle sind in den EU-Richtlinien Art. 30 Abs. 2, 3 und 5 festgelegt und sind folgende:

(2) Ist ein Antragsteller der Auffassung, ungerecht behandelt, diskriminiert oder auf andere Weise in seinen Rechten verletzt worden zu sein, so kann er die Regulierungsstelle einschalten.

Diese befasst sich insbesondere mit Entscheidungen des Betreibers der Infrastruktur oder gegebenenfalls des Eisenbahnunternehmens betreffend
a) der Schienennetz-Nutzungsbedingungen,
b) der darin enthaltenen Kriterien,
c) der Zulassungsverfahren und dessen Ergebnis,
d) der Entgeltregelung,
e) der Höhe oder Struktur der Wegeentgelte, die er zu zahlen hat oder hätte,
f) der Sicherheitsbescheinigung sowie der Durchsetzung und Überwachung der Sicherheitsnormen und -regeln.

(3) Die Regulierungsstelle gewährleistet, dass die vom Betreiber der Infrastruktur festgesetzten Entgelte dem Kapitel II der Richtlinie 2001/14 EG entsprechen und nicht diskriminierend sind.

(5) Die Regulierungsstelle hat über Beschwerden zu entscheiden und binnen zwei Monaten ab Erhalt aller Auskünfte Abhilfemaßnahmen zu treffen. Entscheidungen der Regulierungsstelle sind für alle Beteiligten verbindlich.

Zur Wahrnehmung dieser Aufgaben haben die EIU eine beabsichtigte Neufassung oder Änderung ihrer SNB oder NBS der Bundesnetzagentur mitzuteilen.

Den Zugang zum Netz der DB AG nutzen derzeit rund 400 EVU, darunter stellen die privaten EVU den größten Anteil. Den Wettbewerb bekommt die DB AG bereits zu spüren. Mit knapp 70.000 Trassenanmeldungen verzeichnete die DB Netz AG 2015 ein Allzeithoch, nachdem es 2014 nur ca. 61.000 Trassenanmeldungen gab. Der Anteil der privaten EVUs am Güterverkehr gemessen an der Verkehrsleistung stieg dabei gegenüber dem Vorjahr um 5,5 % auf 39,1 %, während der Gesamtmarkt für den Schienengüterverkehr in Deutschland nur um 3,6 % gestiegen ist.

4.2.8 Unternehmensstrategie der DB AG

Durch die Bahnstrukturreform und neue Rechtsvorschriften wurden die Rahmenbedingungen im Verkehrsmarkt geändert. Bei der DB AG hatte man erkannt, dass man sich selbst in ein modernes Dienstleistungsunternehmen wandeln und sich strategisch neu ausrichten musste, um auf dem liberalisierten schienengebundenen Güterverkehrsmarkt langfristig bestehen zu können. Dabei steht die DB AG mit DB Cargo als Güterverkehrsbahn im direkten Wettbewerb mit den mittlerweile zahlreichen und leistungsstarken Privatbahnen. Diese haben aufgrund ihrer kleineren Unternehmensgröße eine wesentlich schlankere Struktur und zeichnen sich in der Regel durch ihre kürzeren Entscheidungswege sowie ihre größere Flexibilität im Vergleich zu DB Cargo aus. Vor diesem Hintergrund war es erforderlich, die eigene Organisation den Marktbedürfnissen anzupassen.

Nachfolgend sind die Punkte der Unternehmensstrategie des Geschäftsfeldes Güterverkehr der DB AG aufgeführt, die für den Spediteur von Bedeutung sind und die ihn in seiner Tätigkeit bei der Abwicklung von Güterverkehrsleistungen berühren können.

- **Sanierung des Kerngeschäfts**
  - Marktorientierung Einzelwagenverkehr
  - Neuausrichtung „Kombinierter Verkehr"
  - Neuausrichtung „Qualität und Kundenzufriedenheit"
- **Servicestrategie**
  - KundenServiceZentrum
  - Einstieg in den E-Commerce
- **Internationalisierung**
- **Partnerschaften und Beteiligungen**
- **Neuausrichtung zum Logistikdienstleister**

Unter DB Cargo AG (früher Schenker Rail) wurden alle Aktivitäten im schienengebundenen Wagenladungsverkehr zusammengefasst. Man unterscheidet in diesem Fall die Durchführung von Ganzzug- und Einzelwagenverkehren. In einer erweiterten Betrachtung werden zudem Einzelwagenverkehre von Waggongruppenverkehren unterschieden, welche sich jedoch vom Einzelwagensystem nicht wesentlich unterscheiden.

DB Schenker umfasst hingegen alle anderen Transport- und Logistiksparten (Landverkehrs-, Seeverkehrs-, Luftverkehrs- und Kontraktlogistik).

Für die weltweite Kernkraftwerks-Logistik und den Schwerlastverkehr auf Schiene, Straße und Schiff mit Spezialequipment bis 400 t ist die Schenker Deutschland AG tätig.

DB Cargo ist in fünf Marktbereiche/Branchenbereiche gegliedert. Die Gliederung in Marktbereiche dient zur Optimierung der branchenbezogenen Betreuung der Kunden. Zudem wird durch eine klare Struktur eine verbesserte Ressourcensteuerung (Personal, Waggons, Loks) und damit verbunden eine optimierte Preisgestaltung ermöglicht. Auch die Betreuung der Bahnspeditionen durch DB Cargo erfolgt anhand der geschäftsbezogenen Eingliederung in die fünf Marktbereiche. Jeder Marktbereich schließt mit seinen Kunden Leistungsverträge, sogenannte „Kundenabkommen" ab. Die Abwicklung der Einzelverträge wird durch das KundenServiceZentrum (siehe Kapitel 4.2.15) übernommen. Der Begriff „Kunde" steht an dieser Stelle ebenfalls für dem Konzern zugehörige Beteiligungsunternehmen, welche die Traktionsleistung von DB Cargo beanspruchen. „Kunde" können also sowohl interne als auch externe Bahnspeditionen sein.

Marktbereich Montan

Fast jede zweite Tonne, die von DB Cargo in Deutschland gefahren wird, stammt aus dem Marktbereich Montan. Im Marktbereich Montan werden Kunden mit Produkten wie Stahl, Kohle, Erz, Schrott und NE-Metallen betreut.

Marktbereich Baustoffe, Industrie- und Konsumgüter

Der Marktbereich Baustoffe, Industrie- und Konsumgüter bietet schienengebundene Transportleistungen für die Bau-, Industrie und Konsumgüterbranche. Neben Baustoffen wie Kies und Zement werden in diesem Marktbereich auch schienengebundene Transportleistungen für Industriegüter (z. B. weiße und braune Ware) sowie für Konsumgüter (z. B. Hygieneartikel etc.) angeboten. Zu diesem Marktbereich gehören ebenso Papierprodukte. Verkehre für Holzprodukte werden im Beteiligungsunternehmen DB Schenker Nieten GmbH organisiert.

Marktbereich Chemie & Mineralöl

Dieser Marktbereich hat sich zusammen mit der Tochter DB Cargo BahnTank Transport GmbH (BTT) zu einem europäischen Dienstleister für logistische Gesamtleistungen entwickelt. Die Mineralöl- und Flüssiggasprodukte werden in der Regel in privaten Kesselwagen gefahren. Die Leistungspalette von der Be- und Entladung über das Rangieren bis zum Transport sowie ein europaweites Kesselwagenmanagement wird von diesem Marktbereich abgedeckt. Die Kunden aus den Bereichen Chemie und Düngemittel werden direkt von der DB Cargo BTT betreut.

Marktbereich Automotive

Jeder zweite in Deutschland produzierte Pkw macht seine erste Fahrt mit der Eisenbahn. Zwischen drei und vier Millionen Fahrzeuge werden über den Marktbereich Automotive im Jahr befördert. Außerdem trägt dieser Marktbereich erheblichen Anteil an der Logistik für die Autohersteller, wenn es für den Transport von Material oder Autoteilen zwischen den einzelnen Werken erforderlich ist. Etwa die Hälfte der Verkehre bewegt sich im internationalen Verkehr. Um den strengen Transportanforderungen der Automobilhersteller gerecht zu werden, wurde die DB Schenker Rail Automotive GmbH gegründet. Sie bietet sowohl im Ganzzug- und im Einzelwagenverkehr als auch im Kombinierten Verkehr für Zuliefer- und Zwischenwerkstransporte der Automobilindustrie europäische Lösungen an. Dazu ist sie mit über 6.000 Güterwagen und ca. 300 Lkw der größte Anbieter von Fahrzeugtransporten auf der Schiene. Sie bietet den Automobilherstellern die Distribution vom Herstellerwerk der Fahrzeuge bis zum Händler europaweit mit der Bahn, dem Schiff und einer eigenen Lkw-Flotte an.

Marktbereich DB Intermodal

Dieser Marktbereich hat das Ziel, den Verkehrsträger Schiene mit anderen Verkehrsträgern im maritimen und kontinentalen Verkehr zu verknüpfen. Dazu arbeitet der Marktbereich mit diversen Kombiverkehrsoperateuren am Markt zusammen. Zwei der wichtigsten Partner und DB-Beteiligungen sind die Kombiverkehr (Deutsche Gesellschaft für Kombinierten Güterverkehr mbH & Co. KG) sowie die Hangartner AG. Aus Gründen der Wettbewerbsneutralität gilt für den **Kombinierten Verkehr (KV)** die Marke DB Intermodal. Durch die Zusammenführung von Vertrieb und Produktion des KV soll die Effizienz im Geschäftsfeld DB Intermodal erhöht werden.

Das Verkehrsaufkommen auf dem Gebiet des Kombinierten Verkehrs erfährt seit der Jahrtausendwende in Europa eine deutliche Steigerung, dies u. a. auch wegen der gestiegenen Im- und Exporte über die europäischen Seehäfen. Die profitable Steigerung des Marktanteils ist dabei ein strategisches Unternehmensziel. Nach der Bündelung der maritimen Verkehre sowie der Speditions- und KEP-Verkehre zu Ganzzügen ist eine weitere Aufgabe die Optimierung der Transportkette.

Mit der Einführung einer Drei-Achsen-Struktur wird das Netz des Kombinierten Verkehrs (KV) weiter optimiert. Es werden die Nordseehäfen Hamburg und Bremerhaven mit dem Rheintal, Süddeutschland und der Schweiz verbunden. Die Nord-Süd-Achse verbindet Skandinavien und die Benelux-Länder mit der Schweiz und Italien. Auf der Ost-West-Achse werden die KV-Verkehre von/nach dem Benelux-Raum, Frankreich und Spanien von und nach Ost- und Südost-Europa konzentriert.

Um zusätzliche Marktpotenziale für den Schienengüterverkehr zu erschließen, hat DB Cargo sowohl im In- als auch im Ausland sogenannte **Railports** geschaffen. Es handelt sich um Logistik-Punkte mit Schienenanbindung, die für die unterschiedlichsten Güter den Umschlag Schiene/Straße, die Lagerung, den Lkw-Vor-/Nachlauf sowie am Kundenbedarf orientierte weitere Dienstleistungen organisieren und erbringen. Dieses Railport-System wird, auch in Kooperation mit Partnern aus der Logistikbranche, weiter ausgebaut.

Grundsätzlich sind Railports für jede Güterbahn und jeden Spediteur zugänglich, sofern sie keine erklärten Infrastruktureinrichtungen von DB Cargo sind. Durch die in den letzten Jahren vorangeschrittene Stilllegung und Bedieneinschränkungen kundenseitiger Gleisanschlüsse dienen Railports in erster Linie dazu, Güterströme gebündelt aus der Fläche für den Transport auf der Schiene zu konsolidieren und von der Schiene in die Fläche zu distribuieren. Railports stellen quasi eine Art Gleisanschluss-Ersatz bzw. ein gleisangeschlossenes Umschlagslager dar.

Zertifizierte Qualitätsmanagementsysteme sind heute ein wichtiger Bestandteil jeder Unternehmensstrategie. Nachstehend ist eine Auswahl von Gründen angegeben, die auch DB Cargo dazu bewogen haben, ein Qualitätsmanagement nach DIN EN ISO 9001 und das Umweltmanagementsystem nach DIN EN ISO 14001 einzuführen und zertifizieren zu lassen. Im Gefahrgutbereich hat DB Cargo die Beurteilung nach **SQAS (Security and Quality Assessment System)** erreicht.

- **Kundenzufriedenheit:** jedes Unternehmen braucht zufriedene Kunden, deshalb orientiert sich die Qualitätspolitik an den Anforderungen der Kunden, also des Marktes.

- **Umweltschutz und Sicherheit:** gemeint sind hier vor allem die sichere Durchführung von Gefahrgut- und Abfalltransporten, aber auch die Einhaltung von Sozialvorschriften sowie geschultes Personal und der Verbrauch von umweltfreundlicher Energie.
- Wirkungsvolles **Marketinginstrument:** Qualität spricht sich herum, das gilt vor allem bei Spezialtransporten.
- **Lokalisierung von Fehlerursachen:** In QM-Systemen werden Fehler rechtzeitig erkannt und deren Ursachenbeseitigung ist dadurch schneller möglich.
- **Zuordnung von Kompetenzen:** Durch die klare Zuordnung von Kompetenzen in der Aufbau- und Ablauforganisation werden Doppelarbeiten vermieden und eine einheitliche Denkweise, auch im Umweltbereich, im gesamten Unternehmen wird unterstützt.

In diesem Zusammenhang sind die **Cargo-Leitzentrale/-Leitstellen** zu nennen. Ziel ist es, durch eine effiziente Disposition in Zusammenarbeit mit der DB Netz AG für eine pünktliche Abwicklung aller Züge in den Güterzugsystemen zu sorgen.

Die Organisation von DB Cargo wird trotz intensiver Bemühungen nicht immer den Marktanforderungen gerecht. So sind notwendige Einsparmaßnahmen dafür verantwortlich, dass die Ausdünnung in der Fläche (Infrastruktur, Personal, Lok- und Waggonkapazität etc.) attraktive Marktnischen für Privatbahnen (Rangierdienste, Hafenbahnen, Anschlussbahnen etc.) schafft. Denn gerade ein hohes Maß an Servicequalität beim Kunden, also bei der Abholung und Zustellung der Waggons, ist für die Stärkung des Kundenzuspruchs für die Schiene unersetzbar. So tragen Privat-, Hafen- und Anschlussbahnen einen wichtigen Bestandteil für den Lückenschluss zwischen Bedienung in der Fläche und Langstreckenverkehrsbahnhöfen (siehe auch Kapitel 4.2.9).

Der DB Cargo Verbund ist wichtiges Standbein in der **Internationalisierung**. Rund 60 % der Verkehrsleistungen von DB Cargo gehen über eine innereuropäische Grenze. Die DB AG hat eine Vielzahl an eigenen Tochterunternehmen in verschiedenen Ländern Europas. Darüber hinaus will DB Cargo in Kooperation mit anderen Bahnen und Beteiligungen bzw. Joint Ventures mit anderen Bahnen durch die Nutzung durchgehender Güterzüge die zeitaufwendigen Grenzaufenthalte verkürzen oder ganz entfallen lassen, sowie die Wagenströme optimieren. Hierzu sei nochmals auf das Projekt XRail in Kapitel 4.2.3 verwiesen.

Hinweis

Zum Zeitpunkt der Drucklegung dieses Buches arbeitet die DB Cargo an einer neuen Unternehmenstrategie. Um Qualität und Effizienz zu steigern wird über ein 5-Punkte Programm diskutiert:

- Zum Abbau von Störungen sollen die Schnittstellen im Betreib reduziert werden und die neun Produktionszentren auf drei zusammengefasst werden.
- Die Lokumläufe sollen verkürzt werden, um Verzögerungen und Ausfälle zu vermeiden und ein stabileres System aufzubauen.
- Zur Steigerung der Wirtschaftlichkeit im Nahbereich ist geplant, 215 der insgesamt 1500 Güterverkehrsstellen nicht mehr zu bedienen.
- Die Produktivität der Lokführer gilt es zu erhöhen, da diese bisher nur ca. 55 % ihrer Arbeitszeit mit Fahrtätigkeit verbracht haben. Dieser Anteil soll auf bis zu 70 % gesteigert werden.
- Änderungen sind auch im Vertrieb geplant, so dass die oben aufgeführten fünf Marktbereiche zu drei Bereichen zusammengefasst werden sollen:
  1. Industrial
  2. Logistics
  3. Intermodal

4.2.9 Die nichtbundeseigenen Eisenbahnunternehmen

Wie bereits in Kapitel 4.2.1 erwähnt, sind eine Vielzahl von Eisenbahnen nicht auf das Reich bzw. den Bund übergegangen, sondern stehen im Eigentum der Länder, einer Gebietskörperschaft oder privater Investoren.

Gegenwärtig sind über 400 Unternehmen als Eisenbahnverkehrsunternehmen (EVU) im öffentlichen Güterverkehr konzessioniert. Davon sind rund 300 nichtbundeseigene Eisenbahnen (NE). Etwa 160 NE sind gleichzeitig Eisenbahninfrastrukturunternehmen (EIU), die vorschriftsmäßig sowohl rechnerisch als buchhalterisch getrennt arbeiten. Beginnend mit der Bahnreform im Jahr 1994, mit der die Eisenbahnen nicht mehr nur auf ihre eigene Schieneninfrastruktur beschränkt sind und diskriminierungsfreien Zugang zu den Netzen anderer Bahnen, insbesondere der DB Netz AG, haben, ist eine deutliche Erhöhung des Schienenmarktanteils eingetreten, wie Abb. 4.2-8 verdeutlicht:

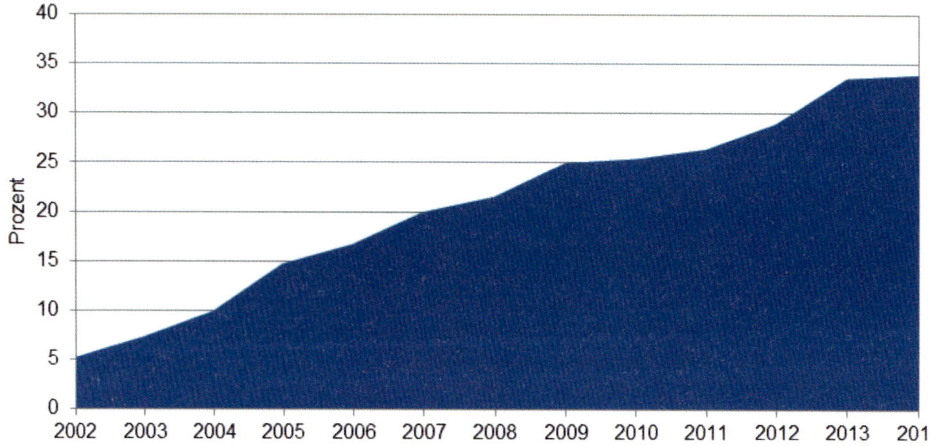

Abb. 4.2-8: Marktanteil der privaten EVU
Quelle: Wettbewerber-Report 2015/16 – Netzwerk europäischer Eisenbahnen

Während vor der Bahnreform bei einer NE beginnende oder endende Schienentransporte über weite Entfernungen fast immer im Wechselverkehr mit der DB AG durchgeführt wurden, liegt nunmehr bei den Verkehrsleistungen der Anteil der Wechselverkehre mit der DB Cargo AG bei unter 30 %.

Den stärksten Wettbewerb liefern sich NE-Bahnen und DB Cargo im **Ganzzugsegment**. Die Bedienung in der Fläche ist systembedingt hauptsächlich bei DB Cargo angesiedelt. Als Ursache sind die historisch gewachsene Flächenpräsenz und die Vorhaltung investitionsintensiver Gerätschaften sowie Infrastruktureinrichtungen wie Gleise, Rangierlokomotiven, Rangierbahnhöfe, Stellwerke, Personal etc. zu nennen.

In zunehmendem Maße werden jedoch von einigen NE-Bahnen im Verbund für den **Einzelwagenverkehr**, der bisher immer nur in Kooperation mit DB Cargo durchgeführt wurde, eigene Netzwerke aufgebaut. Diese Entwicklung ist insbesondere auf den Hauptverkehrsrelationen zwischen den großen nationalen Wirtschaftsballungsgebieten zu erkennen. Die Verstärkung der Wettbewerbssituation wird auch dadurch verdeutlicht, dass der Wechselverkehr zwischen DB Cargo und den NE des öffentlichen Verkehrs abnimmt. Aufgrund niedrigerer Produktionskosten konnten in jüngster Zeit einige NE von DB Cargo Deutschland die Bedienung von Güterverkehrsstellen übernehmen.

Im Bereich der Privatbahnen existieren mehrere Organisationsformen. Einige Privatbahnen verfügen über einen eigenen Lokomotiven- und/oder Waggon-Fuhrpark und andere mieten/leasen sich die Lokomotiven auftragsbezogen von Lokomotivvermietern an. Es ist heute möglich, für nahezu jede länderspezifische Anforderung in Europa die entsprechenden Lokomotiven anzumieten. Hinsichtlich des Fahrpersonals (Triebfahrzeugführer, Rangierer etc.) sind ebenso Anbieter am Markt zu finden, welche für auftragsbezogene Einsätze das geschulte Personal zur Verfügung stellen – ähnlich einer Leiharbeitervermittlung.

Die Güterwagen werden bei Inanspruchnahme einer Privatbahn in der Regel vom Auftraggeber/ Kunden bereitgestellt. Dieser kann sich die Waggons von Waggonvermietern anmieten, wenn er – wie es meist der Fall ist – keine eigenen Wagen besitzt. VTG und GATX gehören zu den größten in Europa tätigen Waggonvermieter. Nur sehr wenige Privatbahnen verfügen über einen kleinen Waggonfuhrpark.

Die Privatbahnen sind in der Regel zur Verstärkung der Interessen gegenüber z. B. der DB Netz AG u. v. m. Mitglied im **Netzwerk Privatbahnen** (www.netzwerk-bahnen.de). Eine weitere Interessenorganisation der Eisbahnverkehrsunternehmen ist der **Verband Deutscher Verkehrsunternehmen (VDV** – www.vdv.de).

Die DVV Media Group GmbH veröffentlicht jährlich das Verzeichnis in Buchform Europäische Bahnen (aktuelle Auflage 15/16). Darin sind alle in Europa gelisteten Eisenbahnverkehrsunternehmen mit ihren wichtigsten Unternehmensdaten aufgeführt.

Parallel gründet die verladende Industrie eigene private Eisenbahnen, um die eigenen Logistikanforderungen in Form eines eigenen Eisenbahnunternehmens erfüllt zu sehen. Diese Unternehmen bieten in der Regel ihre Leistungen auch auf dem freien Schienengüterverkehrsmarkt an und treten als konventionelles privates Eisenbahnunternehmen auf.

Für den Kunden ist es schwierig, die einzelnen Beteiligungsgesellschaften und Leistungen verschiedener Bahngesellschaften im schienengebundenen Güterverkehr stets auf seine eigenen Transportanforderungen hin zu durchleuchten. Entsprechend empfiehlt sich die Hinzuziehung von **Bahnspeditionen**, welche in der Regel den nationalen und internationalen Marktüberblick haben und den Kunden mit konkreten Angeboten weiterhelfen können.

Dabei genießt der Kunde den Vorteil, dass der Bahnspediteur den durch die Liberalisierung gegebenen Wettbewerb im Sinne des Kunden nutzt und darüber hinaus schienennahe Leistungen wie Lkw-Vor- und Nachläufe, Umschlag, Zwischenlagerung, Verzollung, Kommissionierung etc. mit anbieten kann. Ähnlich wie im Bereich der See-, Luft- und Landverkehrsspedition im Bereich des Lkw-Verkehrs ist die Existenzberechtigung eines Bahnspediteurs in der Vermittlung von Frachten, der Zusammenstellung von kundenspezifischen Komplettlösungen sowie der bürokratischen Vereinfachung (Abrechnung, wenige Ansprechpartner) etc. zu finden.

4.2.10 Transportmittel

Für den Transport der Sendungen im Schienengüterverkehr werden sowohl Lokomotiven als auch Güterwagen und diverse Ladeeinheiten benötigt.

4.2.10.1 Triebfahrzeuge/Traktionsmittel

Für das Bewegen und Befördern der beladenen und leeren Güterwagen werden Lokomotiven benötigt. Eigentümer der Lokomotiven sind die jeweiligen Staatsbahnen, verschiedene private

Eisenbahnen des öffentlichen Verkehrs und private Vermietgesellschaften. Zunehmend treten, wie bei den Güterwagen, auch Vermiet- und Leasinggesellschaften als Eigentümer von Lokomotiven auf. Lokomotiven können je nach Bedarf sehr speziell hinsichtlich Anmietzeit, Verkehr und ihrer technischen Parameter angemietet werden – ähnlich wie bei Pkw-Anmietungen.

Grundsätzlich kann man Lokomotiven nach ihrer Aufgabe und nach ihrer Betriebsart unterscheiden.

Zur Unterscheidung sind die Lokomotiven in Baureihen eingeteilt, die durch eine dreistellige Nummer gekennzeichnet sind. Die erste Ziffer bezeichnet die Betriebsart.

1XX – Elektrische Lokomotiven

2XX – Diesellokomotiven

3XX – Kleinlokomotiven

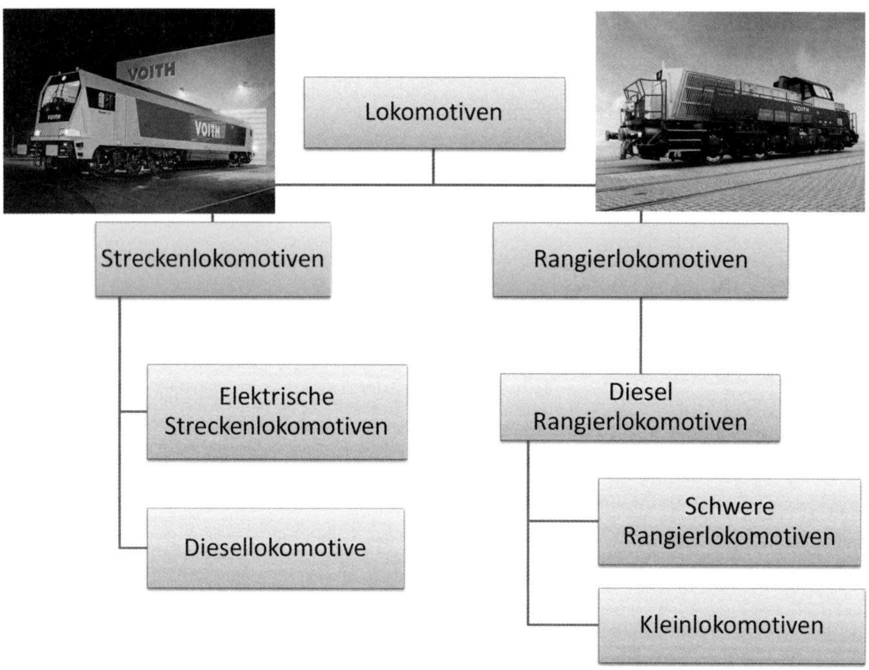

Abb. 4.2-9: Einteilung der Lokomotiven nach Betriebsarten Quelle: Thorsten Hölser/Voith Turbo

	Baureihen	Leistung	Höchstgeschwindigkeit
Elektrische Lokomotiven	139 bis 189	3.000 bis 6.400 kW	bis zu 140 km/h (teilweise darüber)
Streckendiesellokomotiven	204 bis 232	1.000 bis 3.000 kW	bis zu 120 km/h
Rangierlokomotiven	290 bis 298	bis 1.000 kW	bis zu 90 km/h
Kleinlokomotiven	312 bis 365	bis 500 kW	bis zu 60 km/h

Tab. 4.2-10: Einteilung der Lokomotiven bei DB Cargo Quelle: DB Cargo AG

Wegen der zunehmenden Bedeutung des grenzüberschreitenden Verkehrs werden zur Vermeidung von Grenzaufenthalten mit steigender Tendenz Mehrstromlokomotiven beschafft und eingesetzt.

4.2.10.2 Güterwagen

Die deutschen Eisenbahnen befördern Güter aller Art. Dabei muss sich die beauftragte Bahn mit ihrem Güterwageneinsatz auf die Art der Güter und auf die Be- und Entladeeinrichtungen ihrer Kundschaft einstellen. Dies wird über die Vorhaltung eines für verschiedenste Güter geeigneten Waggonparks ermöglicht. Alle Güterwagen werden in folgende Kategorien eingeteilt: Wagen der Regelbauart, Wagen der Sonderbauart und Spezialwagen.

Darüber hinaus werden Güterwagen diversen Gattungen zugeordnet und nach Gattungsbuchstaben kodifiziert. Jeder Gattungsbuchstabe bestimmt eine Gattung, die dann nach kleinen Buchstaben in ihrer differenzierten Bedeutung (wie Laderaum, Transportschutzeinrichtungen, Schwerkraftentladung usw.) unterschieden wird.

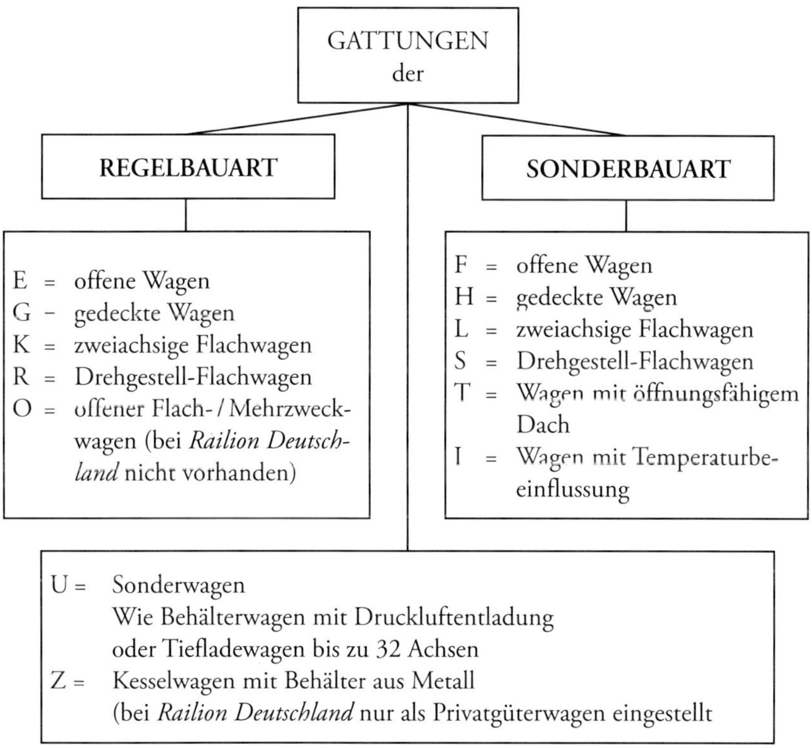

Abb. 4.2-10: Gattungen der Eisenbahngüterwagen **Quelle: DB Cargo AG**

Nicht mehr wegzudenken und elementar wichtig für die Waggonversorgung des Markts sind die europäischen Privatwaggonvermieter. Einige der größten Vermieter sind VTG, GATX, Nacco, AAE u. v. m. Allein die VTG verfügt über 60.000 Privatwagen unterschiedlichster Bauarten.

Die an der Benutzung der **Privatgüterwagen** interessierten Verlader haben folgende Möglichkeiten:

- Beschaffung von Privatgüterwagen mit Genehmigung des Eisenbahn-Bundesamtes (EBA) zur Eigennutzung oder zur Vermietung oder Leasing an Dritte
- Anmietung bei Mietgesellschaften oder Leasing bei Leasingfirmen

Für den Nutzer von Privatgüterwagen ergeben sich eine Reihe besonderer Regeln:

- Auf den Frachtpreis wird in der Regel ein Privatwagenabschlag eingeräumt (zur Mietkompensation), also der Anteil, der bei bahneigenen Wagen zur Deckung der eigenen Waggonkosten einkalkuliert wurde.
- Für die Überschreitung der Ladefristen auf bahneigenen Gleisen wird ein Gleisbenutzungsentgelt vereinbart und berechnet.
- Für das Abstellen von leeren Wagen auf bahneigenen Gleisen wird ein Entgelt erhoben.
- Die Disposition leerer Privatwagen zur Beladung sowie der Abtransport der Wagen nach Entladung muss durch den Verlader/Kunden/Spediteur bezahlt werden.
- Privatwagen können entweder für Tripcharter-Einsätze (auftragsbezogene Anmietung/ein bedeutender Anbieter ist Transwaggon GmbH in Hamburg) oder für langfristige Mietzeiträume (in der Regel für mindestens ein Jahr) u. a. bei o. g. Anbietern angemietet werden.

Die sogenannte Güterwagenanschrift gibt Auskunft über die wichtigsten Eigenschaften des Wagens. In der Regel sind diese Anschriften auf der linken Hälfte der Seitenwände angebracht. Wagen ohne Wände tragen sie am Längsträger. Nachstehend ein Beispiel für die Anschriften an einem Güterwagen der Gattung T:

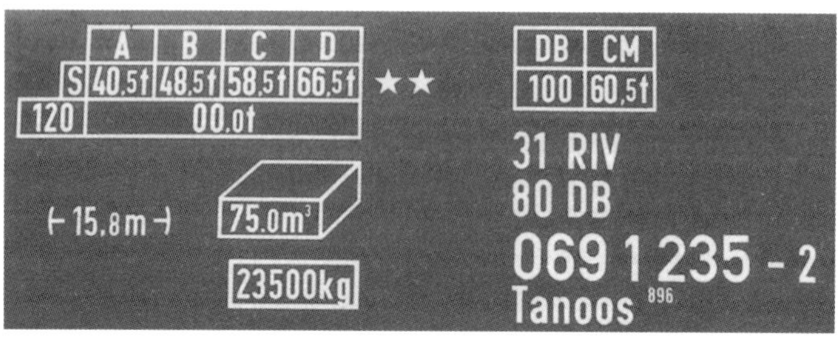

Abb. 4.2-11: Beispiel einer Güterwagenanschrift **Quelle: DB Cargo AG**

Was die einzelnen Angaben am Güterwagen bedeuten, soll nachstehend erörtert werden. Die Visitenkarte des Güterwagens sollte der Spediteur kennen und bei der Waggonbestellung berücksichtigen, gibt sie doch eine Menge Auskünfte über die technische Ausrüstung und die internationale Verwendbarkeit. So sind auf Seiten des Bahnspediteurs Kenntnisse über das für das zu verladende Produkt geeignete Waggonmaterial, dessen Verwendbarkeit, Zuladungsbeschränkungen, Ladungssicherungsvorschriften, Verfügbarkeit sowie die zu befahrenen Streckenklassen erforderlich, um Kunden qualifiziert bedienen zu können.

In Abb. 4.2-12 sind die Wagennummer und die Gattungsbezeichnung beispielhaft erläutert.

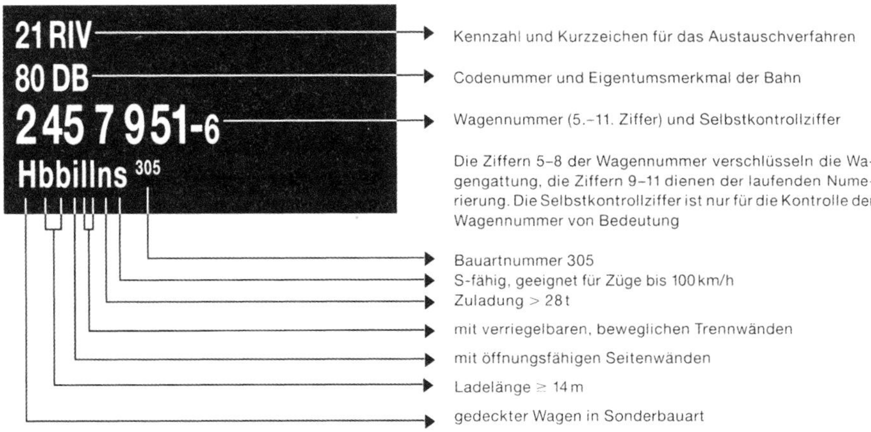

Abb. 4.2-12: Struktur der Wagennummer **Quelle: DB Cargo AG**

Für das Austauschverfahren, das den internationalen Austausch bzw. die internationale Benutzung der Güterwagen regelt, steht das Kurzzeichen RIV im Anschriftenbild. **RIV** ist die Abkürzung für Regolamento Internationale Veicoli (Übereinkommen über die gegenseitige Benutzung von Güterwagen im internationalen Verkehr). Jeder Güterwagen, der in seiner Bauart dem RIV-Übereinkommen entspricht und somit für den grenzüberschreitenden Verkehr geeignet ist, trägt im Anschriftenbild zur Kennzeichnung des grenzüberschreitenden Austauschverfahrens demnach das Zeichen RIV.

Mit Inkrafttreten des Anhangs D (ER-CUV) zum COTIF Mitte 2006 wurden neue Einheitliche Richtlinien für Verträge über die Verwendung von Wagen im internationalen Eisenbahnverkehr erlassen. Um ein einheitliches Vorgehen aller EVU (Staatsbahnen und Privatbahnen) sicherzustellen, hat der Internationale Eisenbahnverband (UIC) den Allgemeinen Verwendungsvertrags (AVV) entwickelt, der das RIV-Übereinkommen 2006 abgelöst hat. Dennoch bleibt auf den Güterwagenanschriften weiterhin das Kürzel RIV bestehen.

Der elementare Unterschied zwischen RIV und AVV besteht darin, dass die international versendende Güterbahn nunmehr die Selbstverantwortung besitzt, die eigenen Güterwagen auf eigene Kosten nach der Entladung aus dem Ausland ins Heimatland zurückzuholen. Im RIV-Abkommen sind alle beteiligten Staatsbahnen bisher dafür verantwortlich, die an den Landesgrenzen von der Auslandsbahn übernommenen Wagen entweder auf eigene Kosten der versendenden Bahn zurückzusenden und/oder die Wagen zurückzubeladen. Im Rahmen des allgemeinen Austauschs von Güterwagen unter den Bahnen, welche das RIV-Abkommen ratifiziert haben, gilt bisher das Prinzip des Kostenausgleichs durch den Verzicht des Umladens an der Grenze (Ausnahme: Landesgrenzen mit Spurbreitenwechsel). Das RIV-Abkommen stellt quasi eine Art Nutzungsentgeltzahlung der Auslandsbahn an die versendende Bahn und umgekehrt dar.

Die Bedeutungen der Elemente der Güterwagenanschriften können Tabelle 4.2-11 entnommen werden.

Zu den **Regelbauarten** zählen die ursprünglichen – die „klassischen“ – universell verwendbaren offenen, gedeckten und flachen Güterwagen. Sie sind immer noch im Angebot von DB Cargo, weil ihre Verwendung von der Kundschaft gewünscht wird. Die folgende Darstellung zeigt einen dieser Gattung.

Zeichen oder Anschrift	Bedeutung
	Länge über Puffer
	Eigengewicht des Wagens
	Ladelänge des Wagens
	Ladefläche des Wagens
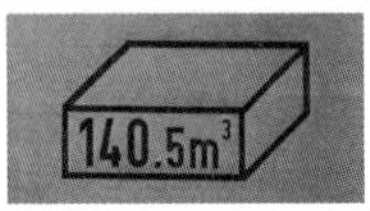	Laderaum des Güterwagens
	Internationaler Lastgrenzenraster. Die Lastgrenzen geben an, wie weit ein Wagen bei der Beförderung über Strecken der angegebenen Klassen beladen werden darf. Die Geschwindigkeit 120 km/h darf brems- und lauftechnisch uneingeschränkt nur mit leerem Wagen gefahren werden. Die Sternchen neben dem Raster bedeuten die lauftechnische Eignung für 120 km/h auf bestimmten Strecken der *DB AG* unter Nutzung der in den Streckenklassen angegebenen Lastgrenzen.
	Zusatzraster: Erhöhte Lastgrenze für Güterwagen mit sechs und mehr Radsätzen
	Hinter der Wagennummer = Privatgüterwagen
	Nach dem Standard des UIC gebauter Wagen

Tab. 4.2-11: Wichtige Güterwagenanschriften **Quelle: DB Cargo AG**

Wagen der **Sonderbauart** (Wagengattungen F, H, L, S, T, I) sind beispielsweise Wagen mit öffnungsfähigen Wagendächern, Seiten- oder Stirnwänden, die eine Be- und Entladung mit Kran, Bagger, Förderband oder Gabelstapler ermöglichen oder Selbstentladewagen für Massengüter wie Kohle, Erze, Schotter etc. Diese Wagen, von denen einige nachfolgend dargestellt sind, bieten eine Fülle von Einsatzmöglichkeiten, vor allem bei empfindlichen Gütern und den sogenannten „Kaufmannsgütern“. In Tabelle 4.2-13 werden einige dieser Wagengattungen vorgestellt.

Gattung	Angaben für die Beladung	Wagenbeschreibung
E (offene Wagen) Eas 	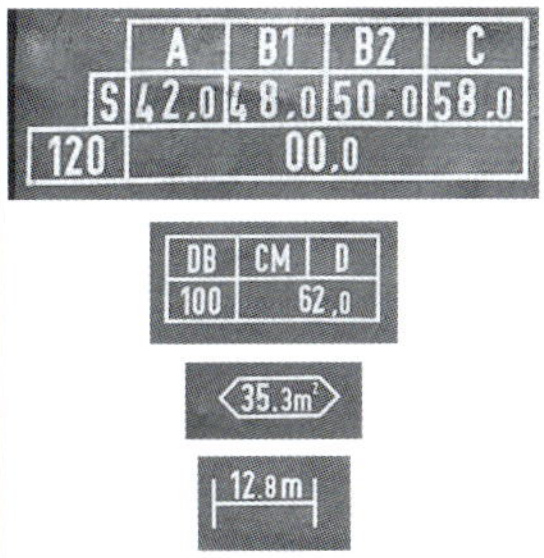	**E- und Ea(n)(o)s-Wagen** gestatten die Beförderung vieler unterschiedlicher Güter sowohl in loser Schüttung (Kohle, Briketts, Schrott, Erze, Steine und Erden) als auch in Stücken (Ballen, Collis, Fässer, Rundholz oder Stabeisen). Außen an den Wagen angebrachte Ringe ermöglichen die sichere Befestigung von Wagendecken zum Schutz nässeempfindlicher Güter.

Tab. 4.2-12: Güterwagen der Regelbauart Quelle: DB Cargo AG

DB Cargo hat über 15.000 Güterwagen mit Sendereinrichtung für das **GPS** (Global Positioning System) ausgerüstet. Es handelt sich um ein Satelliten-Navigationssystem. Es ermöglicht nicht nur die genaue Bestimmung des Standorts der sich im Umlauf befindlichen Wagen, es liefert auf Wunsch mithilfe besonderer Sensoren auch Daten über die Ladung oder den technischen Wagenzustand. Mit dieser zukunftsweisenden Technik schließt DB Cargo Informationslücken in der Überwachung von Einzelwagen und Ganzzügen, insbesondere im internationalen Verkehr. Das Herzstück des GPS-Systems befindet sich im KundenServiceZentrum in Duisburg. Hier ist die zentrale Stelle für die satellitengestützte Überwachung untergebracht. Ein Beispiel für die Ortungsmöglichkeit von Eisenbahnwaggons finden Sie unter www.waggontracker.com.

<table>
<tr>
<td>Hbbills
</td>
<td>Beladeangaben
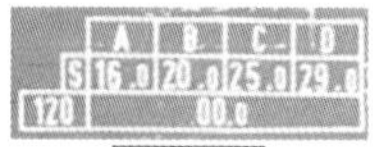

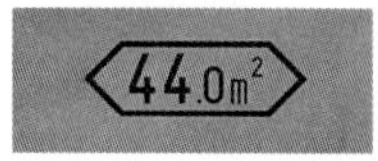</td>
<td>Diese großräumigen Wagen sind mit leichtgängigen Schiebewänden ausgerüstet. Im geöffneten Zustand ist der Zugang zur gesamten Ladefläche von beiden Seite für das Ladegeschäft möglich. Dieser Wagen ist mit der Transportschutzeinrichtung „Verriegelbare Trennwände“ ausgestattet, die eine schonende Beförderung hochempfindlicher Güter verschiedener Art gewährleistet.</td>
</tr>
<tr>
<td>Shimmns

</td>
<td>Beladeangaben
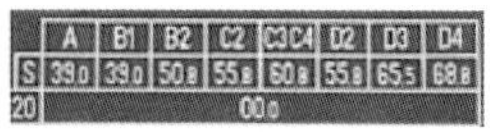
</td>
<td>Die Shimmns-Wagen dienen zur Beförderung nässeempfindlicher Coils. Sie haben 5 Lademulden, die im Untergestell fest eingebaut sind, und Teleskophauben zur Abdeckung des Gutes. Diese Hauben können jeweils soweit ineinandergeschoben werden, dass zum Be- und Entladen zwei Drittel des Wagens freigelegt sind. Ein Teil der Wagen ist mit besonderen Festlegeeinrichtungen zum Sichern gebündelter Schmalbandcoils gegen Kippen ausgerüstet.</td>
</tr>
<tr>
<td>Snps
</td>
<td>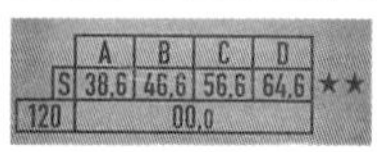

</td>
<td>Die Snps-Wagen zeigen ihre Stärken vornehmlich bei der Beförderung von Rohren, Stamm- und Schnittholz. Zur Verzurrung des Ladesgutes ist jedes Rungenpaar mit einer Niederbindeeinrichtung versehen, die von einer Person bedient werden kann. Dieser Wagen zeichnet sich durch seine hohe Ladekapazität und optimierte Ladesicherung aus. Zur Schonung des Ladeguts wurden die Rungen mit Schichtholzleisten und Kunststoffspitzen versehen.</td>
</tr>
<tr>
<td></td>
<td>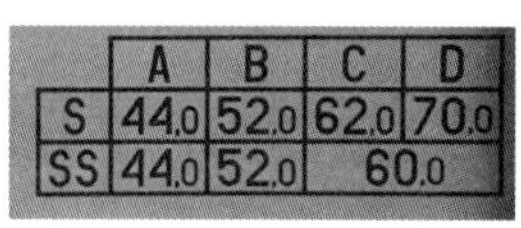</td>
<td>Dieser Wagen ist für die Beförderung von Großcontainern und Wechselbehältern vorgesehen. Er besitzt eine Zug- und Stoßeinrichtung, die den sicheren Beförderungsablauf garantiert.</td>
</tr>
</table>

Tab. 4.2-13: Güterwagen der Sonderbauart Quelle: DB Cargo AG

4.2.10.3 Ladeeinheiten

Im Eisenbahngüterverkehr werden die Ladeeinheiten über das kleinste zu transportierende Behältnis definiert. So stellen ein Waggon im **konventionellen Wagenladungsverkehr** und ein standardisiertes Behältnis (Seecontainer, Wechselbrücke, Bahncontainer, Lkw-Trailer etc.) im **Kombinierten Ladungsverkehr** die kleinste Ladeeinheit im Eisenbahngüterverkehr dar. In beiden Segmenten werden weitere Unterscheidungen nach Waggon- und Behältertypen hinsichtlich ihres Einsatzgebietes getroffen (siehe dazu 4.2.10.2 Güterwagen für den konventionellen Wagenladungsverkehr).

Im **Kombinierten Verkehr Straße/Schiene/Schiff** werden die jeweiligen Verkehrsträger so miteinander verbunden, dass die Systemvorteile miteinander verknüpft werden. Im Gegensatz zum Straßengüterverkehr erfolgt der Hauptlauf auf der Schiene. Nur der Vor- und/oder Nachlauf wird über die Straße bzw. das Schiff abgewickelt.

Im Hauptlauf wird die Eisenbahn mit ihren Vorteilen in der Bewältigung hoher Transportaufkommen über längere Distanzen eingesetzt. In Kombination mit dem Eisenbahngüterverkehr werden die hohe Flexibilität des Straßengüterverkehrs und die mögliche flächendeckende Bedienung der Kunden in den Vor- und Nachläufen genutzt.

Auf den Waggons für den Kombinierten Verkehr können die verschiedenen standardisierten Ladeeinheiten befördert werden:

- Container, Wechselbrücken und -behälter
- Sattelanhänger ohne Zugmaschine (unbegleitet)
- Sattelanhänger mit Zugmaschine (begleitet)

Die Container werden nach Überseecontainer und Binnencontainer unterschieden. Der Überseecontainer wurde schon frühzeitig seitens der Internationalen Normenorganisation (ISO) (siehe Tab. 6.3-2 in Kapitel 6) genormt.

Im **Überseecontainerverkehr** erfolgen die Transporte überwiegend mit den 20'- und mit den 40'-Containern. Mittlerweile kommen auch 40′ palettenweite Container (PW) zum Einsatz, welche ebenso 33 standardisierte Euro-Paletten aufnehmen können wie ein gewöhnlicher 13,60 m langer Sattelauflieger. Neben der geschlossenen Containerbox (Standardcontainer) sind noch folgende genormte Containertypen im Einsatz:

- Schüttgut-Container
- Tank-Container für Flüssigkeiten und Gase
- Open-Top-Container
- Flat
- Temperaturgeführte Container
- Plattform

Beim **Wechselbehälter** handelt es sich um die am häufigsten genutzte Transporttechnik für den kontinentalen europäischen Verkehr Straße/Schiene. Wechselbehälter kommen jedoch vornehmlich in Westeuropa zum Einsatz. Wechselbehälter werden sowohl nach Aufbauarten wie z. B. Plane und Spriegel, Koffer, Thermo, Tank, Silo usw. als auch in zwei Größenklassen nach DIN EN 284 und Entwurf DIN EN 452 eingeteilt.

Sattelanhänger kommen in zwei Versionen zum Einsatz. Einerseits kranbar (vier Greifkanten) für den vertikalen Umschlag und andererseits durch horizontalen Umschlag mittels Fahren mit dem Motorfahrzeug auf das Transportmittel.

Da ein großer Teil der im europäischen Straßengüterverkehr eingesetzten Sattelanhänger derzeit nicht kranbar ist, besteht hier ein erhebliches Potenzial, das das EVU TX-Logistics erkannt und ein neues System entwickelt hat. Durch das neue NiKRASA System können auch nicht kranbare Sattelauflieger kranbar gemacht werden. Dazu müssen keinerlei Veränderungen am Equipment wie Waggons oder Sattelaufliegern vorgenommen werden. Auch die vorhandenen Umschlaganlagen in den Terminals können ohne zusätzliche Investition weiterhin genutzt werden.

Weitere Informationen zu den Ladeeinheiten im Kombinierten Verkehr finden sich auch in Kapitel 6.3.

Abb. 4.2-13: NiKRASA System zum Umschlag nicht kranbarer Auflieger **Quelle: NiKRASA**

4.2.11 Lademittel

In den Transportketten werden Güter häufig auf standardisierten Euro-Paletten (120 x 80 cm) transportiert. Entsprechen die verwendeten Paletten nicht dem Euro-Paletten-Maß, so spricht man von Industriepaletten. Diese können als **Einweg- oder Mehrwegpaletten** eingesetzt werden.

Paletten sind unterfahrbare, stapelbare Ladeplattformen:

a. ohne Seitenwand dann sprechen wir von EUR-Flachpaletten (Abkürzung = FP)	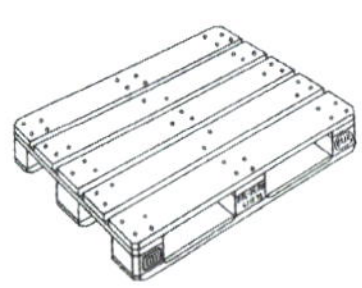	**b.** mit Seitenwand dann sprechen wir von EUR-Boxpaletten (Abkürzung = BP)	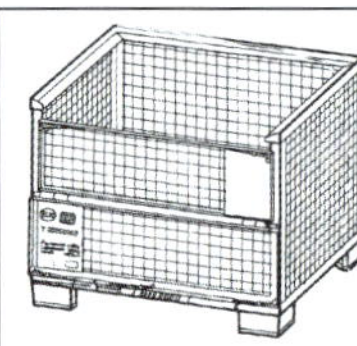

Abb. 4.2-14: Flach-/Gitterboxpaletten **Quelle: DB Cargo AG**

Sie werden mittels dafür geschaffener mechanischer Geräte wie

- Gabelstapler und
- Gabelhubwagen

bewegt und sind auf oder ohne Regale stapelbar. Sie sind sehr vielseitig zu verwenden, beispielsweise als

- Lade- und Transporteinheit,
- Lager- und Regaleinheit,
- Versand- und Verpackungseinheit.

Im Güterverkehr sind die Paletten aus dem täglichen Arbeitsablauf nicht mehr wegzudenken. Sie erleichtern wesentlich die Beförderung von Gütern, weil sich hiermit

a) Einzelgüter von geringem Gewicht und geringem Umfang zu größeren Ladeeinheiten zusammenfassen lassen;
b) schwere, unhandliche oder empfindliche Einzelgüter leichter transportieren, verladen und umladen lassen (die Güter brauchen bei der Umladung in andere Transportgefäße nicht umgepackt zu werden).

Euro-Paletten sind tauschfähig. Das Tauschverfahren steht allen Verladern offen, die über tauschfähige Paletten verfügen. Private Paletten werden frachtpflichtig befördert, jedoch nicht getauscht. Der Tausch der Euro-Paletten erfolgt auf der Grundlage von Geschäftsbedingungen, den Allgemeinen Bedingungen über den Tausch von EUR-Paletten mit Eisenbahnen. Die Bedingungen regeln den Palettentausch zwischen den Eisenbahnen und dem Absender sowie dem Empfänger. Palettentausch ist an allen internationalen Stellen des Europäischen Palettenpools möglich.

Sofort bei Aufgabe der Paletten erfolgt auf dem Palettenkonto des Absenders über die aufgelieferten Paletten eine Gutschrift. Der Empfänger wird mit der Übergabe entsprechend belastet.

Für den Palettentausch wird ein Entgelt erhoben. Das Eigengewicht der Euro-Paletten wird bei diesem Verfahren zur Frachtberechnung nicht herangezogen. Beschädigungen an Paletten werden vom Gegenwert abgezogen. Die Tauschstellen des Europäischen Palettenpools tragen dafür Sorge, dass nur einwandfreie, der Ladungssicherheit entsprechende Paletten eingesetzt bzw. wieder herausgegeben werden.

4.2.12 Produkte der DB Cargo

4.2.12.1 Ganzzugverkehr

Für die Beförderung größerer Mengen werden geschlossene Güterzüge (Ganzzüge) von der Versandstelle ohne rangierdienstliche Zwischenbehandlung bis zur Entladestelle eingesetzt. In Abhängigkeit von verschiedenen Parametern (z. B. Betriebsart der Lok, Streckenklasse, Steigung, Güterwagengattung) werden Ganzzüge (in Deutschland max. 700 m ohne Lokomotive) mit bis zu 4.000 Bruttotonnen (Waggonmaterial + Zuladungsgewicht) befördert. Dieses Angebot ist die wirtschaftlichste und eine zeitsparende Produktionsart im Schienengüterverkehr, vorausgesetzt, dass der Absender und der Empfänger über einen ganzzugfähigen Gleisanschluss verfügen. Sollte dies nicht der Fall sein, so können Lkw-Vor-, Nachläufe, Umladungen und Rangierungen für die Aufteilung eines Ganzzuges in Waggongruppen in die Transportkette eingebaut werden.

> **Hinweis**
> Ein wichtiges Instrumentarium um die Wirtschaftlichkeit des Schienengüterverkehrs zu steigern ist aus Sicht der DB AG die Option längere Züge als 700 m einzusetzen. Derzeit werden solche Züge jedoch aufgrund von Sicherheitsfragen und Verkehrsproblemen noch nicht zugelassen und zudem fehlt es auch an Rahmenbedingungen, z. B. längeren Gleisanschlüssen etc.

Während die Beförderung von Ganzzügen bis zur 1994 einsetzenden Liberalisierung des Netzzugangs eine Domäne der DB Cargo war, haben sich mittlerweile weitere leistungsstarke Marktteilnehmer/Privatbahnen in diesem Marktsegment etabliert. Für die Abwicklung von Ganzzügen bedarf es im Vergleich zum Einzelwagenverkehr, welcher nach wie vor hauptsächlich durch die

	Plantrain	Variotrain	Flexotrain
Produktvarianten/ Produktprofile	Sie haben regelmäßig feste Mengen zu festen Zeiten zu transportieren	Sie haben große Mengen zu transportieren, können Ihre Transporte aber nur variabel planen	Transporttermine, -mengen und Relationen können Sie nur sehr kurzfristig bestimmen
Bestellfrist	Mindestens zwei Monate vor dem ersten Verkehrstag für gesamte Vertragsdauer	Reservierung der Relationen und Grobkonzept der Verkehrstage und -zeiten mindestens zwei Monate vor dem ersten Verkehrstag. Verbindliche Nennung der tatsächlich zu nutzenden Verkehrstage und -zeiten jeweils bis Donnerstag der Vorwoche bzw. bis zum 20. des Vormonats	Bis 24 Stunden vor Abfahrt; schriftliche Bestätigung erforderlich
Stornomöglichkeit	Ja (entgeltpflichtig nach dem Donnerstag der Vorwoche vor Verkehrswoche, 10 Uhr)	Ja (entgeltpflichtig nach dem Donnerstag der Vorwoche vor Verkehrswoche, 10 Uhr)	Ja (entgeltpflichtig nach dem Donnerstag der Vorwoche vor Verkehrswoche, 10 Uhr)
Stornoentgelte	Je nach Entfernung gestaffelte Pauschale: 1.145 € < 200 km 2.290 € > 200 km 3.435 € > 400 km	Je nach Entfernung gestaffelte Pauschale: 1.145 € < 200 km 2.290 € > 200 km 3.435 € > 400 km	Je nach Entfernung gestaffelte Pauschale: 1.100 € < 200 km 2.200 € > 200 km 3.435 € > 400 km
Leerwagenbestellung	Bis 10 Uhr des Vortages bzw. Pendelverkehre	Bis 10 Uhr des Vortages bzw. Pendelverkehre	Bis 10 Uhr des Vortages bzw. Pendelverkehre
Ladefrist	In der Regel acht Stunden oder individuelle Vereinbarung	In der Regel acht Stunden oder individuelle Vereinbarung	In der Regel acht Stunden oder individuelle Vereinbarung
Mindestmengen je Relation und Vertragsdauer	Ja	Ja	Nein
Mindestauslastung je Zug	Ja	Ja	Ja

Tab. 4.2-14: Produktvarianten der DB Cargo AG im Ganzzugverkehr **Quelle: DB Cargo AG**

jeweiligen Staatsbahnen abgewickelt wird, einer reduzierten Vorhaltung von Infrastruktur, Personal und Organisationseinheiten. An erster Stelle stehen hier in- und ausländische Privatbahnen sowie ausländische Staatsbahnen. Häufig werden diese Leistungen auch in Kooperation mit anderen privaten Eisenbahnverkehrsunternehmen erbracht.

Aus diesem Grund stieg auch der Marktanteil der Privatbahnen am öffentlichen Schienengüterverkehr in den letzten Jahren deutlich an. Aber auch neu gegründete Eisenbahnverkehrsunternehmen, an denen Speditionen beteiligt sind, betätigen sich in diesem Geschäftsfeld.

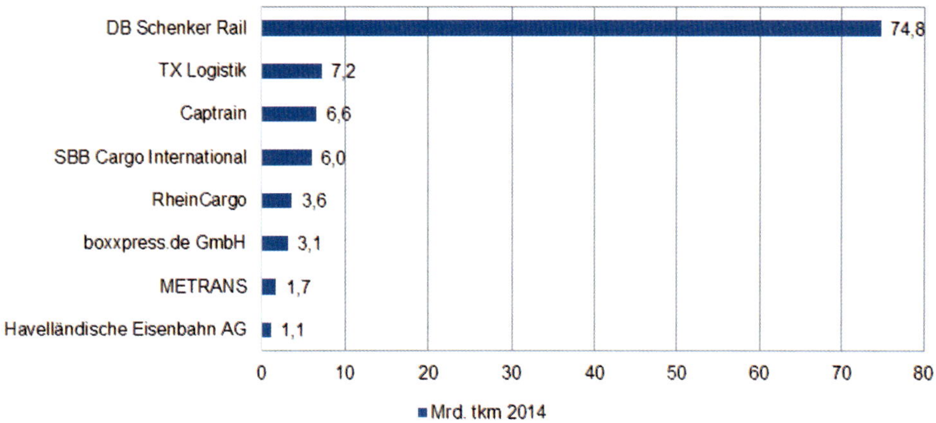

Abb. 4.2-15: Die größten EVU im Güterverkehr 2014
(Quelle: Wettbewerber-Report Eisenbahn 2015/16)

DB Cargo hat für eine bessere Marktposition ihr Ganzzugangebot in drei **Produktvarianten** strukturiert:

- **Plantrain** mit langem Planungszeitraum
- **Variotrain** mit variabler Planung
- **Flextrain** mit kurzfristiger Planung

Die Produktvariante Plantrain ist preislich am günstigsten, weil die Ressourcen langfristig geplant werden können. Mit Zunahme der Flexibilität steigt der Preis der Produktvarianten.

Die variantenspezifischen Einzelheiten sind in Tabelle 4.2-14 dargestellt.

4.2.12.2 Einzelwagenverkehr

Der Einzelwagenverkehr umfasst alle konventionellen Güterwagenbeförderungen. Das sind solche Güterwagen, die am Abgangsbahnhof be- und am Empfangsbahnhof entladen werden. Der Einzelwagenverkehr, welcher in Deutschland fest in der Hand von DB Cargo liegt, gilt in Kooperation mit den Nichtbundeseigenen Eisenbahnen (NE), also Privatbahnen, im Binnen- und internationalen Güterverkehr als eines der weltweit größten Systeme dieser Art. In ihm werden täglich rund 60.000 Güterwagen bewegt.

Zunächst muss man zwischen nationalem und internationalem Verkehr unterscheiden, weil hierfür sowohl frachtrechtliche als auch technisch unterschiedliche Regeln gelten. Unabhängig davon werden Güterwagen mit Ladungen entweder als Einzelwagen oder kleine Wagengruppen verschiedener Absender in einem festgelegten Gebiet gesammelt und mit Unterwegsumstellungen in ein Zielgebiet befördert. Zur Sendungsverfolgung stellt DB Cargo das Internetportal **RailServiceOneline (RSO)** zur Verfügung. In dieses Beförderungssystem sind im Inland rund 200 Gleisanschlüsse und rund 1.300 Güterverkehrsstellen einbezogen. Die Art und Weise der Leistungserstellung wird in Kapitel 4.2.14 behandelt.

4.2.12.3 Kombinierter Verkehr

Das Schwergewicht des Kombinierten Verkehrs bilden mit rund 60 % die internationalen Verkehre. Grundsätzlich wird der Kombinierte Verkehr unterteilt in

- maritime Verkehre,
- kontinentale Verkehre.

Während in den maritimen Verkehren von/nach den norddeutschen Seehäfen Bremerhaven und Hamburg, den ARA-Häfen sowie drei italienischen Mittelmeerhäfen Großcontainer verschiedener Gattungen zum Einsatz kommen, werden in den unbegleiteten kontinentalen Verkehren Wechselbehälter und Sattelanhänger befördert.

Um das Auslastungsrisiko zu minimieren, werden vorrangig ganze Züge vom jeweiligen **Traktionär** (Eisenbahnverkehrsunternehmen) verkauft. Zum Erreichen dieser Zielsetzung kooperieren die Traktionäre oft mit einer Vielzahl von Operateuren. Die **Operateure** übernehmen entscheidende Aufgaben wie die Bündelung von Verkehren, Vermarktung der einzelnen Produkte und operative Funktionen. Beispielsweise arbeitet die DB Intermodal mit den in Tabelle 4.2-15 aufgeführten als Operateure tätigen Beteiligungs- und Tochterunternehmen zusammen.

Maritimer Verkehr	Kontinentaler Verkehr
• *TFG Transfracht Internationale Gesellschaft für den Kombinierten Güterverkehr mbH* • *METRANS a. s* • *POLZUG GmbH* • *Conliner Container Transport* • *Services B. V.* • *TX Logistik AG* • *CFL Cargo Deutschland GmbH* • *RS Interrail Services GmbH*	• *Kombiverkehr Deutsche Gesellschaft für Kombinierten Güterverkehr mbH & Co. KG* • *EuroShuttle A/S* • *BTT Bahn Tank Transport GmbH (BTT)* • *TX Logistik AG* • *CFL Cargo Deutschland GmbH* • *RS Interrail Services GmbH* • *Hupac*

Tab. 4.2-15: Operateure im Kombinierten Verkehr **Quelle: Eigene Darstellung**

Im nationalen Verkehr bietet die Kombiverkehr ein umfassendes Streckennetz an Direktzugverkehren an, das in der Karte in Abbildung 4.2-17 abgebildet ist.

4.2.12.4 Der Transport außergewöhnlicher Sendungen

Außergewöhnliche Sendungen werden nur unter besonderen Bedingungen zur Beförderung angenommen, da sie wegen ihrer äußeren Abmessungen, ihres Gewichts oder ihrer Beschaffenheit mit Rücksicht auf den Bahnbetrieb bei der Beförderung besondere Maßnahmen erfordern.

Folgende Unterscheidungen gibt es bei außergewöhnlichen Sendungen:

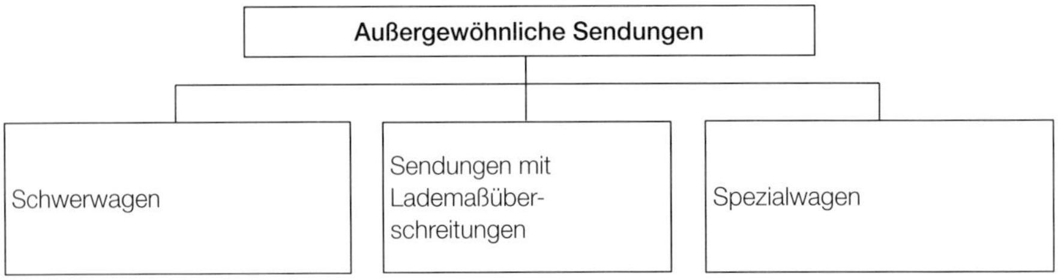

Abb. 4.2-16: Außergewöhnliche Sendungen im Schienengüterverkehr **Quelle: Eigene Darstellung**

Merkmale außergewöhnlicher Sendungen:

- Metergewicht und/oder Achslast der zu befahrenden Stecken wird überschritten.
- Die Sendung überschreitet das Lademaß einer zu befahrenden Strecke.
- Starre Ladung, die auf mehreren Wagen verladen ist.
- Biegsame Ladungen, die länger als 36 m sind (nur bei gewissen Bahnen).
- Ungenügend gesicherte Ladungen, auch Ladungen, die eine besonders vorsichtige Behandlung erfordern (Ablauf- und Abstoßverbot).
- Wagen, die als Fracht auf eigenen Rädern durch ein Land verkehren, in dem keine Zulassung vorhanden ist (kein RIV-RIC-Zeichen).
- Wagen mit mehr als acht Achsen, wenn sie beladen sind.
- Wagen, die Eisenbahnfähren befahren, aber nicht allen Vorgaben dafür entsprechen.
- Ladung, die umgeladen werden muss und mehr als 25 t wiegt oder auf Spezialwagen verladen ist.

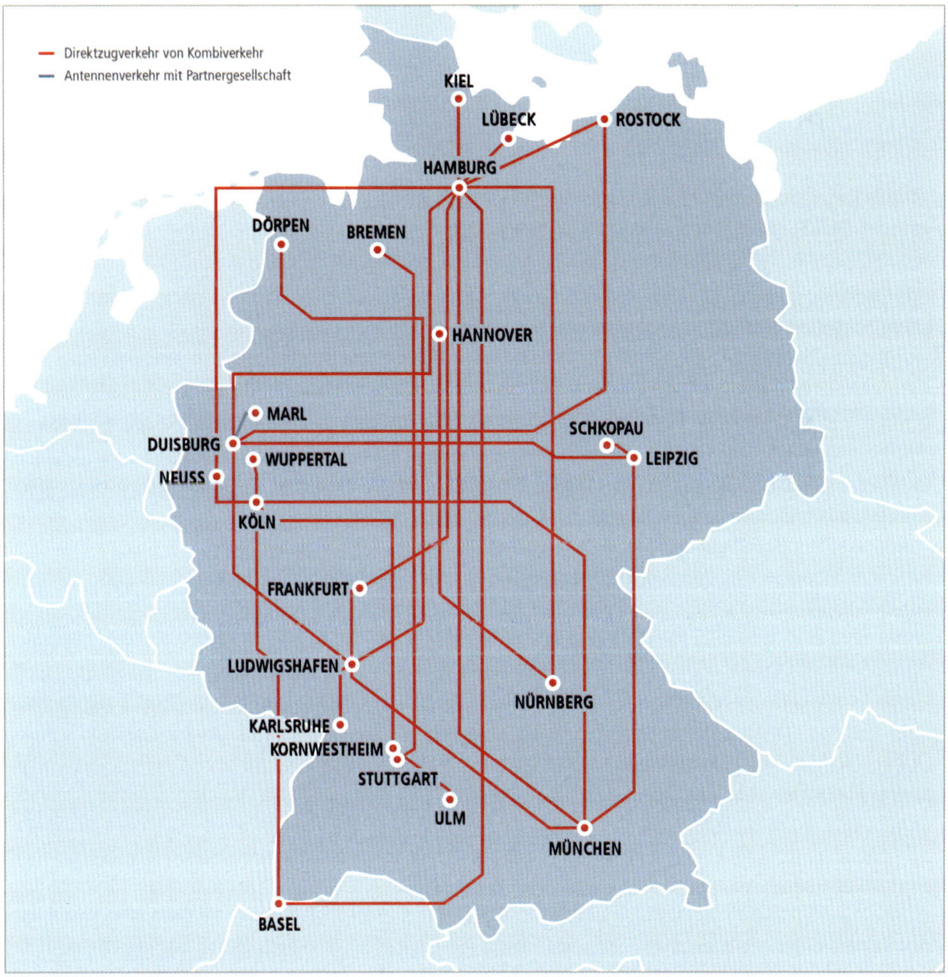

Abb. 4.2-17: de.NETdirekt+ Nationales Streckennetz Kombiverkehr (20.6.2016)
Quelle Kombiverkehr

Schwerwagen sind Güterwagen und Nebenfahrzeuge, die über die höchste angeschriebene Lastgrenze hinaus beladen sind bzw. die zulässige Achs- und Meterlast überschreiten, Fahrzeuge mit der Aufschrift „Schwerwagen" und beladene Güterwagen ohne Lastgrenzanschrift.

Wird das Lademaß der „Deutschen Eisenbahnen", das „Internationale Lademaß" oder im Verkehr mit Großbritannien das „Besondere Lademaß" nach den Verladerichtlinien überschritten, so handelt es sich um eine **Sendung mit Lademaßüberschreitung**.

Die Bahnen bieten ihren Kunden die Möglichkeit, große schwere Einzelstücke auf **Spezialwagen** zu transportieren. Diese Transporte erfordern technische und betriebliche Sonderbehandlungen. So kann es z. B. vorkommen, dass Signale abgebaut und/oder die Ladungen vor Hindernissen auf den Spezialwagen verschoben werden müssen. Oftmals ist es erforderlich, dass auf dem Nachbargleis keine anderen Züge entgegenkommen dürfen. In bestimmten Bereichen kann der Transport nur in Schrittgeschwindigkeit in Begleitung von Technikern durchgeführt werden. Häufig werden bei diesen Transporten Tiefladewagen eingesetzt, die Güter und Einzelgewichte bis zu 500 t (beispielsweise Transformatoren) befördern können.

4.2.13 Leistungserstellung im Schienengüterverkehr

4.2.13.1 Knotenpunktsystem

Um den Einzelwagenverkehr wirtschaftlich durchführen zu können, wurde das **„Knotenpunktsystem" (KPS)** geschaffen. Hierbei handelt es sich um eine, nach bestimmten Ordnungskriterien und nach einheitlichen Grundsätzen gestaltete Produktionsmethode im Frachtenzugnetz.

Dem Ordnungsprinzip entsprechend werden kleinere Aufkommenspunkte sogenannte **„Güterverkehrsstellen (Gvst)"** mit geringem Wagenaufkommen – Satelliten genannt – jeweils einem **Knotenpunktbahnhof** (Regionale Zugbildungsanlage) zugeordnet und auf diese Weise Knotenpunktbereiche geschaffen. Je nach Größe und Aufgabenbereich eines Satelliten können ihm Rangiermittel (Rangierlok und Personal) zugewiesen werden. Es können ihm auch weitere Satelliten (Gvst) zugeordnet sein.

Die Knotenpunktbereiche sind im Transportablauf mit bestimmten **Rangierbahnhöfen (Rbf)** (Überregionale Zugbildungsanlagen) verbunden und bilden mit diesen Sammler- und Verteilerbereiche, auch Rangierbahnhofsbereiche genannt. Der größte seiner Art in Deutschland ist Hamburg-Maschen. In den **Zugbildungsanlagen (ZBA)** großer Rbf werden Güterzüge gebildet oder aufgelöst und Wagen ausgetauscht (Wagenumstellung). Sie bilden die Schnittstelle zwischen dem Nahbereich, der sich aus Satelliten und Knotenpunktbahnhöfen zusammensetzt, und dem Fernbereich.

In einem Rangierbahnhof/Knotenpunktbahnhof werden ankommende Güterzüge in die Einfahrgleise gelenkt. Der eingefahrene Zug wird anschließend in der Regel über einen Ablaufberg geleitet, wo die einzelnen Wagen des Zuges nach dem Richtpunktverfahren durch die vorgegebene Richtzahl des Bestimmungsbahnhofs in die Richtungsgleise der abzufahrenden Richtungsgüterzüge ablaufen. In den Richtungsgleisen werden die Wagen wiederum gekuppelt und nach der abgeschlossenen Zugbildung in die Empfangsrichtung als Ganzzug abgefahren. An der Empfangsseite angekommen, läuft der dargestellte Prozess in umgekehrter Reihenfolge, wobei eine Zugzusammenstellung über den Ablaufberg entfällt. Sollte der Absender, Empfänger über keinen Gleisanschluss verfügen, kommen die beschriebenen Railports zum Einsatz.

Die zehn Rangierbahnhöfe von DB Cargo sind in der Streckenkarte in Abb. 4.2.7 besonders gekennzeichnet.

Zwischen den Rangierbahnhöfen verkehren aufkommensabhängig ein oder mehrere Regelgüterzüge. Einen Überblick über dieses System zeigt die folgende schematische Darstellung.

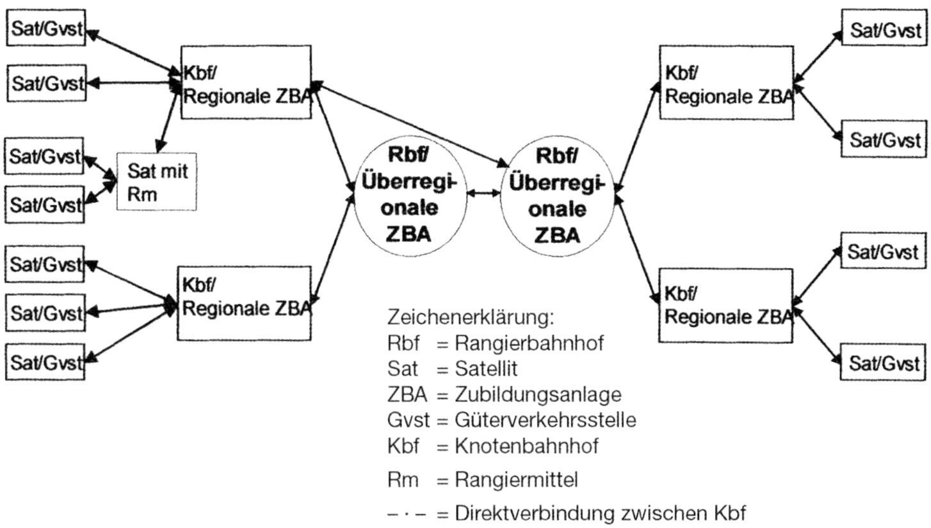

Abb. 4.2-18: Struktur des Knotenpunktsystems im Schienengüterverkehr
Quelle: Eigene Darstellung

4.2.13.2 Güterzugnetz für den Einzelwagenverkehr

Für die Beförderung von Einzelwagen und Wagengruppen nach dem beschriebenen Knotenpunktsystem werden arbeitstäglich allein von DB Cargo rund 2.000 **Bedienungsfahrten** für das Sammeln und Verteilen innerhalb der Knotenbereiche durchgeführt.

Die Zugbildungsanlagen der DB Cargo, das sind die Rangierbahnhöfe und aufkommensstarke Knotenbahnhöfe, sind durch ein Transportkettennetz miteinander verbunden. Abhängig vom Aufkommen werden auch mehrere Abfahrten, insbesondere von Dienstag bis Freitag, am Tag durchgeführt. In diesem **Transportkettennetz** werden täglich über 1.000 Güterzüge eingesetzt.

Mit der Einführung des **Produktionssystems 200X** im Jahre 2006 wurde der Einzelwagenverkehr optimiert. Beim Produktionssystem 200X handelt es sich um eine weitere Modifizierung des KPS, mit weiteren Direktverbindungen und der Konzentration auf nur noch neun große ZBA.

Dies wurde durch Reduzierung der Anzahl der Knotenbahnhöfe und durch die Zurückstufung eines Rangierbahnhofs auf die ausschließliche Aufgabe eines Knotenpunktbahnhofs erreicht. Durch diese Straffung konnten die Güterwagenströme im Fernverkehr stärker gebündelt werden. Neben einer besseren Zugauslastung erhöhten sich sowohl die Effizienz beim Ressourceneinsatz als auch die Flexibilität bei unterschiedlichem Wagenaufkommen.

4.2.13.3 Güterzugnetze für den Kombinierten Verkehr

Im Kombinierten Verkehr gibt es mehrere Güterzugnetze, die auf die Bedürfnisse der beteiligten Operateure und Kunden abgestimmt sind. Für den maritimen Verkehr mit Großcontainern ab/nach den norddeutschen Seehäfen zu einer Vielzahl an Terminals im Hinterland besteht das **Albatross-Express-Netz der TFG Transfacht.** Der AlbatrosExpress verbindet über Direktzüge und über die Drehscheibe Hamburg-Maschen die bedeutendsten Wirtschaftszentren Deutschlands, Österreichs, der Schweiz und der Tschechischen Republik mit den Deutschen Seehäfen, Hamburg, Bremerhaven und Wilhelmshaven – und das 270 mal wöchentlich was zu über 13.000 Verbindungen jährlich führt.

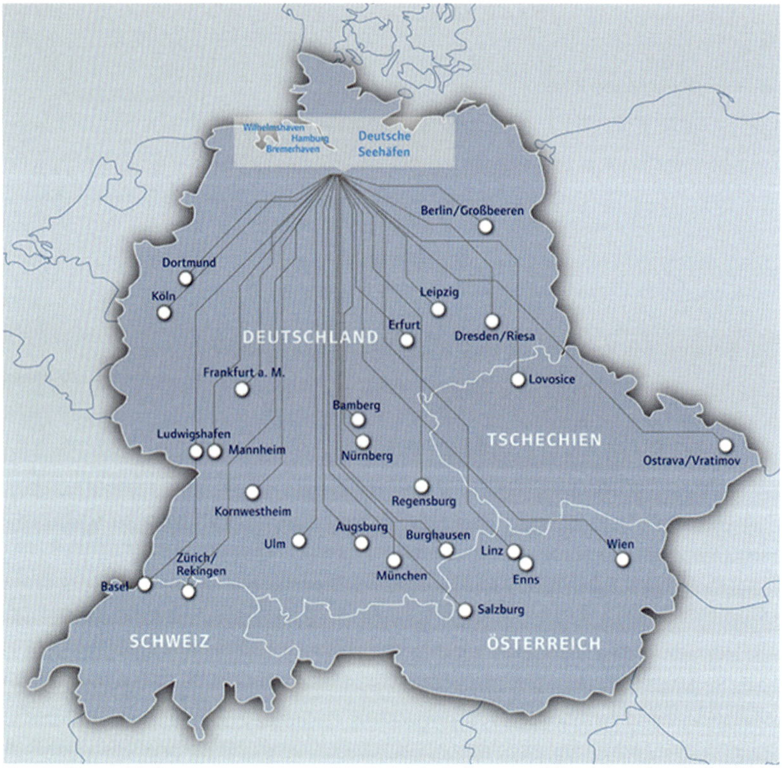

Abb 4.2-19: Das Albatros-Express-Netz **Quelle: TFG Transfracht**

Für den Hinterlandverkehr von/nach den ARA-Häfen verkehren Ganzzüge von/nach verschiedenen Terminals. Ein weiteres System verbindet die Häfen Hamburg und Bremerhaven mit den sieben wichtigsten Wirtschaftszentren in Polen und weitere Linien verbinden Südosteuropa mit den norddeutschen Häfen. Darüber hinaus bestehen weitere Linien, welche den internationalen Kombinierten Verkehr stärken. Das komplexeste System ist das nationale **Kombi-Netz 2000+**, das über Gateway-Terminals mit einem europäischen Ganzzugnetz verknüpft ist. Über dieses Netz werden bundesweit annähernd 60 Relationen bedient.

Der **Parcel-InterCity (PIC)** in den Relationen Hamburg–Hannover–Nürnberg–München sowie Unna–Wustermark und umgekehrt ist ein Premiumangebot für die KEP-Branche mit 160 km/h und hoher Pünktlichkeitsquote.

Ein Schwerpunkt ist der internationale Kombinierte Verkehr, der etwa zwei Drittel der Güterzuganzahl ausmacht. Schwerpunktrelationen sind Italien, Südosteuropa, Frankreich, Spanien und der Transit. In der Woche verkehren rund 1.000 Güterzüge im internationalen Kombinierten Güterverkehr.

4.2.14 Preise und Konditionen für Eisenbahngütertransporte

Die Preise und Konditionen sind in den besonderen Bedingungen Preise und Leistungen der DB Cargo AG enthalten.

Die Preise und Leistungen der DB Cargo gliedern sich nach folgenden Bereichen

1. Wagenladungsverkehr
   - Frachten
   - Zusatzleistungen
2. Kombinierter Verkehr
   - Frachten
   - Zusatzleistungen
3. Sonderleistungen
4. Weitere Bestimmungen, u. a.
   - Schäden
   - Ladefristen
   - Gleisbenutzung
   - Standgeld
   - Stornierung

Die Preise und Leistungen der DB Cargo gelten für Transporte zwischen den im Bahnhofsverzeichnis genannten Güterverkehrsstellen. Sie gelten im internationalen Verkehr für den deutschen Streckenabschnitt, soweit die Preise nicht nach internationalen Tarifen zu berechnen sind. Für den Kombinierten Verkehr, Sendungen mit beladenen oder leeren Großcontainern, Wechselbehältern und Sattelanhängern, gelten zusätzliche Bestimmungen für den Kombinierten Verkehr. Für **Privatgüterwagen** gelten zusätzlich die Bestimmungen für Privatgüterwagen/ Güterwagen anderer Halter.

Die Entfernungen werden dem Entfernungswerk von DB Cargo für den Eisenbahngüterverkehr (DIUM) entnommen. Es gelten die Allgemeinen Leistungsbedingungen (ALB) von DB Cargo jeweils in der neuesten Fassung (Stand für dieses Buch 1.1.2016). Für die Ganzzug-Produkte im Wagenladungsverkehr der DB Cargo gelten vorrangig die Bedingungen Ganzzug-Produkte. Für Sendungen im grenzüberschreitenden Verkehr gelten die Bestimmungen der DB Cargo für den internationalen Verkehr.

Die in oder auf einem Frachtbrief aufgelieferten Güter bilden eine Sendung (Wagenladung). **Geschlossene Züge** sind Sendungen aus Wagen, die geschlossen auf der Gesamtstrecke von einem Gleisanschluss/Ladegleis und einem Absender nach einem Gleisanschluss/Ladegleis und einem Empfänger befördert werden.

Die Preise (Frachten) z. B. im **Wagenladungsverkehr (WLV)** umfassen folgende Leistungen:

- die Bereitstellung der Wagen innerhalb der festgelegten Ladefristen für die Be- und Entladung am öffentlichen Ladegleis bzw. an der vereinbarten Übergabestelle des Versandortes sowie
- den Transport der Wagen bis in das öffentliche Ladegleis bzw. bis an die vereinbarte Übergabestelle einschließlich der Bahnwagen.

Das wirkliche Gewicht einer Sendung wird auf die volle Tonne in der Weise gerundet, dass Gewichte unter 500 kg abgerundet, Gewichte von 500 kg und mehr aufgerundet werden. Das so gerundete Gewicht bestimmt die anzuwendende Preisreihe. Ist eine Mindestauslastung vereinbart, wird die Fracht auch mindestens für diese Auslastung berechnet

Sind die zu einer Sendung gehörenden Güter wegen ihrer Länge auf mehrere Wagen verladen, so wird jeder Wagen als zu gleichen Teilen belastet angesehen.

Für leere Schutz- oder Zwischenwagen wird die Fracht nach der Preistafel 1, Gewichtsstufe bis 13,499 t abzüglich 25 % berechnet.

Für beladene Schutz- oder Zwischenwagen wird nur die Fracht für das aufgeladene Gut nach der jeweiligen Preisliste berechnet.

Euro-Paletten zum Tausch werden im Vollauf frachtfrei befördert, wenn das Eigengewicht der Paletten im Frachtbrief oder in der Nachweisung/Wagenliste getrennt von dem Gewicht des Ladeguts angegeben ist.

Darüber hinausgehende Leistungen werden besonders berechnet. Sofern nichts anderes vereinbart ist, wird die Fracht für jeden Wagen gesondert berechnet.

Für Leistungen, die im mutmaßlichen Interesse des Kunden erbracht werden, kann DB Cargo ein dem Aufwand angemessenes Entgelt berechnen. Hierunter fallen am Beispiel des Wagenladungsverkehr u. a. folgende **Zusatz- und Sonderleistungen**:

- Abstellen von Wagen anderer Halter auf bahneigenen Gleisen
- Aufpreis für die Fährstrecke Sassnitz – Mukran
- Beförderung von Wagen mit Ladungsrückständen
- Nutzung bestimmter Infrastrukturen und Serviceeinrichtungen
- Gefahrgutbeförderung
- Reinigung von Güterwagen und Ladestraßen
- Sammelverfahren für leere oder beladene Wagen
- Vermietung von Güterwagen
- Verwiegen von Güterwagen

Weitere Bestimmungen von Sonderleistungen und Preisen gelten sowohl für den Wagenladungsverkehr als auch den kombinierten Verkehr, z. B.:

- Ersatz von Schäden an Wagen
- Leerlaufkosten zur nächstgelegenen Servicestelle
- Wagenausfallkosten
- Ladefristen und Überschreitungen
- Rückgabe nicht verwendungsfähiger Wagen
- Standgeld
- Stornierungen

Für die Stornierung eines Ganzzugs im Wagenladungsverkehr werden 50 % des Stornierungsentgelts erhoben, wenn der Stornierungsauftrag nach 12 Uhr, Mittwoch der Vorwoche vor Verkehrstag erfolgt. 100 % fallen an, wenn der Stornierungsauftrag nach 12 Uhr am Kalendertag 2 vor Verkehrstag erfolgt. Die Stornierungsentgelte betragen je nach Entfernung: bis 200 km 1.722 €, über 200 bis 400 km 3.443 € und über 400 km 5164 €.

Der Absender kann die in Tabelle 4.2-16 genannten Zahlungsvermerke wählen:

Zahlungsvermerk	Bedeutung
	Der Absender bezahlt
frei Fracht	▪ die Fracht für die gesamte Beförderungsstrecke.
frei Fracht einschließlich...	▪ die Fracht für die gesamte Beförderungsstrecke und die besonders bezeichneten Kosten.
Frei	▪ die Fracht für die gesamte Beförderungsstrecke und alle Kosten, die beim Versand berechnet werden können.
frei... (Bezeichnung der Kosten)	▪ <u>nur</u> bestimmte Kosten.
frei aller Kosten	▪ für die gesamte Beförderungsstrecke alle Kosten (Fracht, Entgelte, auch Zölle, und sonstige während der Beförderung anfallende Kosten), jedoch nicht die vom Empfänger verursachten Kosten.
Unfrei	Der Empfänger bezahlt die Fracht, Entgelte und alle sonstigen Kosten.

Der Zahlungspflichtige für die Fracht ist auch für die Zusatz- und Sonderleistungen gemäß Ziffer 3 zahlungspflichtig, mit Ausnahme:
- der Entgelte für Eisenbahninfrastrukturbetreiber gemäß Ziffer 3.1.5 / 3.2.3, die nur dann unter den Zahlungsvermerk frei fallen, wenn sie auf dem Versandbahnhof entstehen.
- des Aufschlags für die kurzfristige Bestellung eines Ganzzuges gemäß Ziffer 3.4.2, der vom frachtbriefmäßigen Absender erhoben wird.
- des Aufschlags für den Transportauftrag gemäß Ziffer 3.1.12 / 3.2.6, der vom frachtbriefmäßigen Absender erhoben wird.

Tab. 4.2-16: Zahlungsvermerke im Schienengüterverkehr — Quelle: DB Cargo AG

Locofrachten werden für die Beförderung innerhalb eines Güterbahnhofs berechnet.

Locofrachten für die Beförderung innerhalb eines Güterbahnhofs	Betrag EUR	Preislistennr.
1. Bahnhofssendung Für jede Beförderung einer Sendung, die innerhalb eines Güterbahnhofs ver- und entladen wird, wird Bahnhofsentgelt pro Wagen berechnet.	228	0118 00 0
2. Umstellungen Für jede Beförderung einer Sendung **nach der Bereitstellung** wird, wenn eine Beförderung vorausgegangen ist oder nachfolgt, ein Umstellentgelt pro Wagen berechnet.	115	0119 00 8
3. Schienenfahrzeuge auf eigenen Rädern Für Schienenfahrzeuge, die mit oder ohne Ladung auf eigenen Rädern befördert werden, werden Entgelte nach den Ziffern 1. oder 2. berechnet.		0118 00 0 oder 0119 00 8
4. Güterwagen anderer Halter Für die Beförderung leerer zugelassener Güterwagen anderer Halter werden die Wagenpreise der ersten Entfernungsstufe der Preistafeln für Leerlauffrachten berechnet.		0120 00 6

Tab. 4.2-17: Preise für Locofrachten — Quelle: DB Cargo AG

Die **Preistafeln** gelten für den Transport von:

- Einzelwagen, Wagengruppen und geschlossenen Zügen (Ganzzügen)
- Schienenfahrzeugen auf eigenen Rädern (bei Beförderung in Güterzügen)
- leeren Schutz- oder Zwischenwagen

Darüber hinaus kann der Kunde/Frachtzahler mit DB Cargo ein sogenanntes „Kundenabkommen" schließen. Darin sind kundenspezifische Daten zur Sendungsstruktur, die ausgehandelten individuellen Frachtkonditionen und die Gültigkeit hinterlegt. Kundenabkommen bilden bei regelmäßigen Verladungen und/oder vereinbarten Mengen den Ersatz zu den Preistafeln.

Preistafel 1 für Frachten des WLV (Preislistennummer 01 10 007)

Für Transporte in einem Wagen mit zwei Achsen						
Sendungsgewicht in t	bis 13,499	13,500-17,499	17,500-21,499	21,500-25,499	25,500-30,499	jede weitere Tonne kostet
Entfernung bis km	**Wagenpreise in EUR**					
100	692	692	692	762	850	30
110	704	704	724	809	907	34
120	704	704	764	850	952	38
130	793	793	798	893	1000	39
140	793	793	838	935	1046	40
150	829	829	872	975	1095	41
160	829	829	910	1017	1139	43
170	846	846	945	1059	1184	43
180	846	868	985	1100	1234	44
190	883	904	1026	1141	1279	47
200	883	937	1059	1183	1329	47
220	883	982	1113	1243	1391	52
240	904	1039	1179	1316	1474	54
260	952	1100	1246	1391	1561	58
280	1004	1160	1312	1467	1641	63
300	1056	1218	1378	1540	1723	65
320	1101	1273	1442	1611	1802	66
340	1146	1324	1503	1678	1878	69
360	1195	1376	1561	1744	1951	70

Tab. 4.2-18: Preistafel 1 der Preise und Leistungen der DB Cargo **Quelle: DB Cargo AG**

Weitere Details enthält die Broschüre Preise und Leistungen der DB Cargo AG, die unter http://www.dbcargo.com/rail-deutschland-de/agb_de.html zum Download zur Verfügung steht.

Der Frachtbrief

Soweit mit dem Kunden nicht anderes vereinbart wird, ist die Ausstellung eines Frachtbriefs nach folgendem Muster vorgeschrieben. Der Frachtbrief wird vom jeweiligen Traktionär (Eisenbahnverkehrsunternehmen) bei Übernahme der Sendung abgestempelt. Im nationalen Transport behält sich DB Cargo vor, den Frachtbrief nicht zu unterschreiben, zumal national kaum noch mit Frachtbriefen gearbeitet wird. In den meisten Fällen reicht die Aufgabe eines Transportauftrags formlos per E-Mail. Für den Absender ist jedoch Unterschrift, Ort und Tag der Ausstellung vorgesehen. Mit der fortschreitenden Anbindung von Kunden an das KundenServiceZentrum von DB Cargo ist die Ausstellung des Frachtbriefs für nationale Transporte zur Ausnahme geworden.

Ausgenommen sind Inlandssendungen unter Zollüberwachung und gewisse Gefahrguttransporte mit radioaktiven Gütern.

Der Frachtbrief ist ein vierteiliger Formularsatz mit Logo des Frachtführers und wie folgt aufgebaut:

1. Blatt	Versandblatt	– bleibt beim Versandbahnhof
2. Blatt	Frachtbriefdoppel	– erhält der Absender
3. Blatt	Empfangsblatt	– erhält der Empfangsbahnhof
4. Blatt	Frachtbrief	– erhält der Empfänger

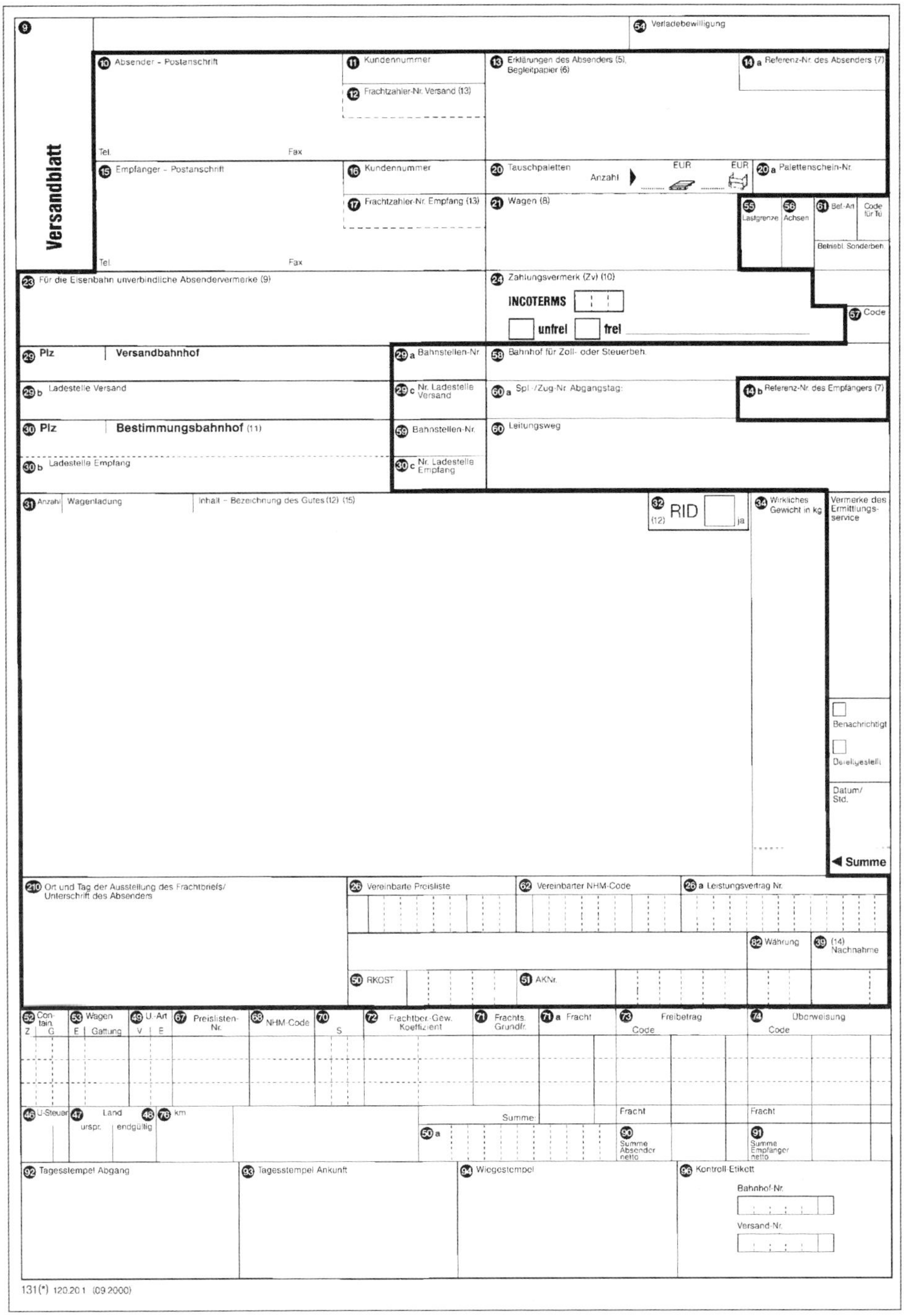

Abb. 4.2-20: Frachtbrief national, Vorderseite, von DB Cargo Quelle: DB Cargo AG

Stempel der Zugwechselbahnhöfe

1	2	3	4

Anmerkungen

(1) Für die Beförderung gelten die Allgemeinen Leistungsbedingungen (ALB) und nachstehende Hinweise.

(2) Die innerhalb der fettgedruckten Linie gelegenen Felder sind für Eintragungen durch den Absender bestimmt. **Bitte drücken Sie beim Schreiben fest auf, damit Ihre Eintragungen auch auf allen Teilen lesbar sind.** Frachtbriefe mit Abänderungen, Radierungen oder Überklebungen brauchen nicht angenommen zu werden. Durchstreichungen sind nur zulässig, wenn der Absender sie mit seiner Unterschrift anerkennt.

(3) Auf einen Frachtbrief können bis zu 3 Wagenladungen aufgeliefert werden, wenn diese an den selben Empfänger und an den selben Bestimmungsbahnhof aufgeliefert werden. Nach besonderer Vereinbarung können auch Wagengruppen mit mehr als 3 Wagen oder ganze Züge gleichzeitig mit einem Frachtbrief aufgeliefert werden, wenn sie an den selben Empfänger und an den selben Bestimmungsbahnhof gerichtet sind. Bei Auflieferung von zwei oder drei Wagenladungen mit einem Frachtbrief werden die Angaben für jede Einzelsendung in den Frachtbrief eingetragen. Bei Auflieferung ab 4 Wagen mit einem Frachtbrief ist diesem der Vordruck „Nachweisung/Wagenliste zum Frachtbrief“ ausgefüllt (in der vorgeschriebenen Zahl) beizufügen.

(4) Mit einem und demselben Frachtbrief können nicht aufgeliefert werden:
a) Güter, die nach ihrer Beschaffenheit nicht ohne Nachteil zusammengeladen werden können, sowie Güter, die nach den Vorschriften des RID weder miteinander noch mit anderen Gütern zusammengeladen werden dürfen;
b) Güter, durch deren Zusammenladung Zoll- oder sonstige Verwaltungsvorschriften verletzt würden;
c) Güter, die von der Eisenbahn verladen werden, mit Gütern, die der Absender verlädt.

Die auf der Vorderseite in Klammern aufgeführten Ziffern weisen auf die in nachstehenden Erläuterungen genannten Besonderheiten hin.

(5) Hier sind Erklärungen des Absenders einzutragen: z.B.
- Erklärung über Befreiung von der Umsatzsteuer gemäß Umsatzsteuergesetz (UStG),
- bahnseitig verwiegen,
- Zoll-(Steuer-)behandlung in ...,
- bei Transportzwischenfällen (Leckagen) usw. von Gefahrgutsendungen ist zu benachrichtigen ... .

(6) Hier sind Anzahl und Art der beigegebenen Begleitpapiere und Beilagen einzutragen.

(7) Bei Teilnahme am Verfahren „Zentrale Frachtberechnung und Fakturierung im Ladungsverkehr (ZFL)“ oder nach besonderer Vereinbarung kann hier eine bis zu 10-stellige Nummer angegeben werden, die als Referenz-, Dispositions- oder sonstige Kennnummer dient und in der periodischen Rechnung wiedergegeben wird.

(8) Hier ist die 12-stellige Wagennummer wie folgt „2180 150 2305 2“ anzugeben; ferner das angeschriebene Gattungskennzeichen und bei Privatwagen „P“.

(9) Hier können für die Eisenbahn unverbindliche kurze Vermerke, die die Sendung betreffen, nachrichtlich eingetragen werden, z. B. „im Auftrage des N. N.“, „Zur Verfügung des N. N.“,

(10) Im Feld „Zahlungsvermerk“ ist das Zutreffende anzukreuzen. Eine nach den Preislisten zulässige Erweiterung oder Einschränkung der gewünschten Kostenübernahme (z. B. frei einschließlich ..., frei Fracht) ist hinter dem vorgesehenen Zahlungsvermerk „frei“ unter genauer Bezeichnung anzugeben. Frachtbriefe mit Änderungen oder mehreren Angaben im Feld „Zahlungsvermerk“ werden nicht angenommen.

(11) Hier ist die genaue Bezeichnung des Bestimmungsbahnhofes und – ohne Verbindlichkeit für die Eisenbahn – ggf. die Ladestelle Empfang einzutragen.

(12) Güter, die den Vorschriften des RID unterliegen, sind den Bestimmungen entsprechend zu bezeichnen; das Feld 32 ist anzukreuzen.

(13) Will ein anderer als der im Frachtbrief genannte Absender (Feld 10) bzw. Empfänger (Feld 15) nach besonderer Vereinbarung die Kosten im Versand bzw. Empfang übernehmen, ist hier die Kundennummer dieses Dritten einzutragen.

(14) Eintragungen sind nur zulässig, wenn eine entsprechende Vereinbarung im Leistungsvertrag abgeschlossen ist.

(15) Bei Sendungen mit Abfällen ist zusätzlich der Abfallschlüssel nach der Verordnung über das Europäische Abfallverzeichnis mit dem Zusatz „AVV“ anzugeben.

Abb. 4.2-21: Frachtbrief national, Rückseite, von DB Cargo — Quelle: DB Cargo AG

4.2.15 Auftragsabwicklung im Schienengüterverkehr über das KSZ

Mit der Installation eines KundenServiceZentrums verfolgt die DB Cargo das Ziel, die komplexen Abläufe und Prozesse national zu bündeln und die Steuerung aus einer Hand gewährleisten zu können.

Das **KundenServiceZentrum (KSZ)** in Duisburg hat im Juli 1998 den Betrieb als zentrale Schaltstelle für das gesamte Auftragsmanagement von DB Cargo übernommen und ist für die Kommunikation mit den Kunden verantwortlich. Um eine optimale Bedienung und Betreuung der Kunden zu gewährleisten, wurden analog den Marktbereichen bei DB Cargo gleichnamige Servicebereiche installiert (siehe Kapitel 4.2.8).

Damit den branchenspezifischen Anforderungen und den regionalen Besonderheiten Rechnung getragen werden kann, sind Branchen-/Regionalteams in den genannten Servicebereichen eingesetzt. Die für die Aufgabenerfüllung des KSZ notwendigen Prozessabläufe sind nachstehend schematisch dargestellt:

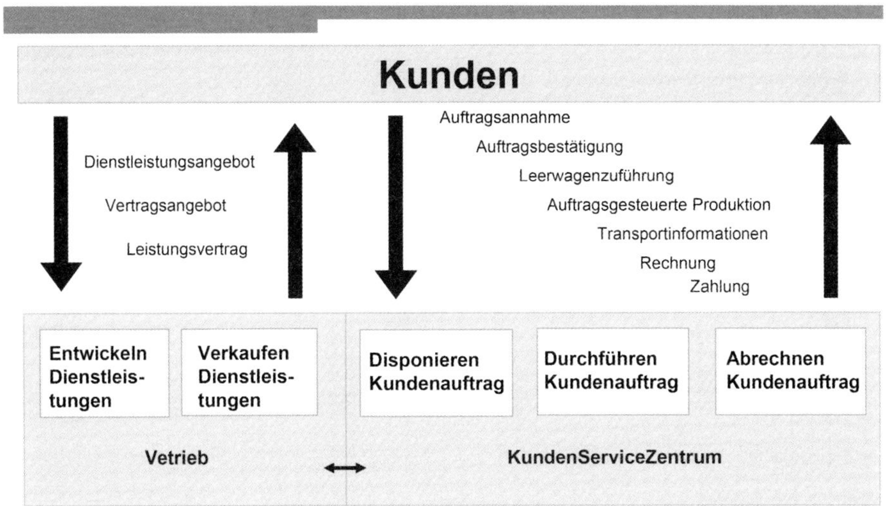

Abb. 4.2-22: Kernprozesse im KundenServiceZentrum (KSZ) **Quelle: DB**

Will ein Auftraggeber/Verlader/Kunde Geschäftsbeziehungen zu DB Cargo aufnehmen, so kann er sich an den Neukundenservice beim KSZ wenden. Für die Erstellung eines Preis- und Leistungsangebots sind einige Angaben über die geplanten Transporte zwingend erforderlich. Details hierzu sind aus der nachstehend abgebildeten **Transportanfrage beispielhaft zu entnehmen**, die über die Website der DB Cargo (http://www.dbcargo.com/rail-deutschland-de/products_services/kundenservice_st/transport_inquiry.html) an das KSZ gerichtet werden kann.

Oftmals empfiehlt es sich seitens der verladenden Kundschaft, einen Bahnspediteur in die Frachtuntersuchung einzubinden bzw. sich an diesen zuerst zu wenden. Nur so kann der Verlader/Kunde aufgrund der Unabhängigkeit des Bahnspediteurs sicher sein, dass er das unter Wettbewerbsaspekten günstigste oder praxisgerechteste Angebot erhält.

Natürlich kann der Verlader/Kunde auch direkt mit einer Frachtanfrage an ein EVU herantreten. Jedoch sind diese oft auf Bahnspeditionen und deren Organisationsarbeit angewiesen, sobald der Versandort und/oder Empfangsort über keinen Gleisanschluss verfügen, Umschlagleistungen jeglicher Art (auch Container und Wechselbehälter) erforderlich sind und/oder die Waggonbereitstellung seitens des EVU nicht mit angeboten werden kann. **Bahnspediteure** verfügen in der Regel im eigenen Haus über einen großen Pool an Waggons unterschiedlichster Bauarten und können diese neben den frachttechnischen Details aus eigener Hand mit anbieten. So gibt es eine Auswahl an professionellen Bahnspeditionen, welche in einem europäischen Netzwerk mit eigenen Niederlassungen im In- und Ausland ein wettbewerbsfähiges und auf den Bedarf des Verladers ausgerichtetes Transportkonzept entwickeln können. Zudem kann der Verlader seine individuelle Schnittstelle zum Verkehrsträger Schiene besser über einen Bahnspediteur bündeln, als im direkten Kontakt zum KSZ.

Transportanfrage für Einzelwagen und Ganzzüge

Wir wollen Sie von Anfang an individuell betreuen. Bitte beantworten Sie uns die nachfolgenden Fragen möglichst ausführlich, damit wir uns ein genaues Bild von Ihrer Transportaufgabe machen können. Unsere Kundenberater setzen sich schnellstmöglich mit Ihnen in Verbindung. Die mit einem (*) gekennzeichneten Felder sind Pflichtfelder.

Geben Sie hier bitte Ihre Transportdaten an.

Gutart*		Bitte beschreiben Sie ausführlich die zu versendende Gutart sowie die Verpackung.
NHM-Code	NHM-Code suchen	
Transportzeitraum	Von: 08 08 2016 Bis: 08 08 2016	
Gesamtgewicht in t*		
Anzahl Transporte/Jahr		
Bruttogewicht pro Transport		
Transportart	Einzelwagen	
Welche Wagen sollen verwendet werden (ggf. Alternativen)		Bahn-eigene Wagen oder Privat-Wagen; Wagengattung; 2-,4-,6-Achsen

Versender

Firma*		Bitte geben Sie den vollständigen Handelsregisternamen an.
Kunden-Nr.		
Güterverkehrsstelle*		Suchen
Versandland*	Deutschland	
Gleisanschluss bei Versender vorhanden*	Ja Nein	

Abb. 4.2-23: Angebotsanfrage Quelle: DB Cargo AG

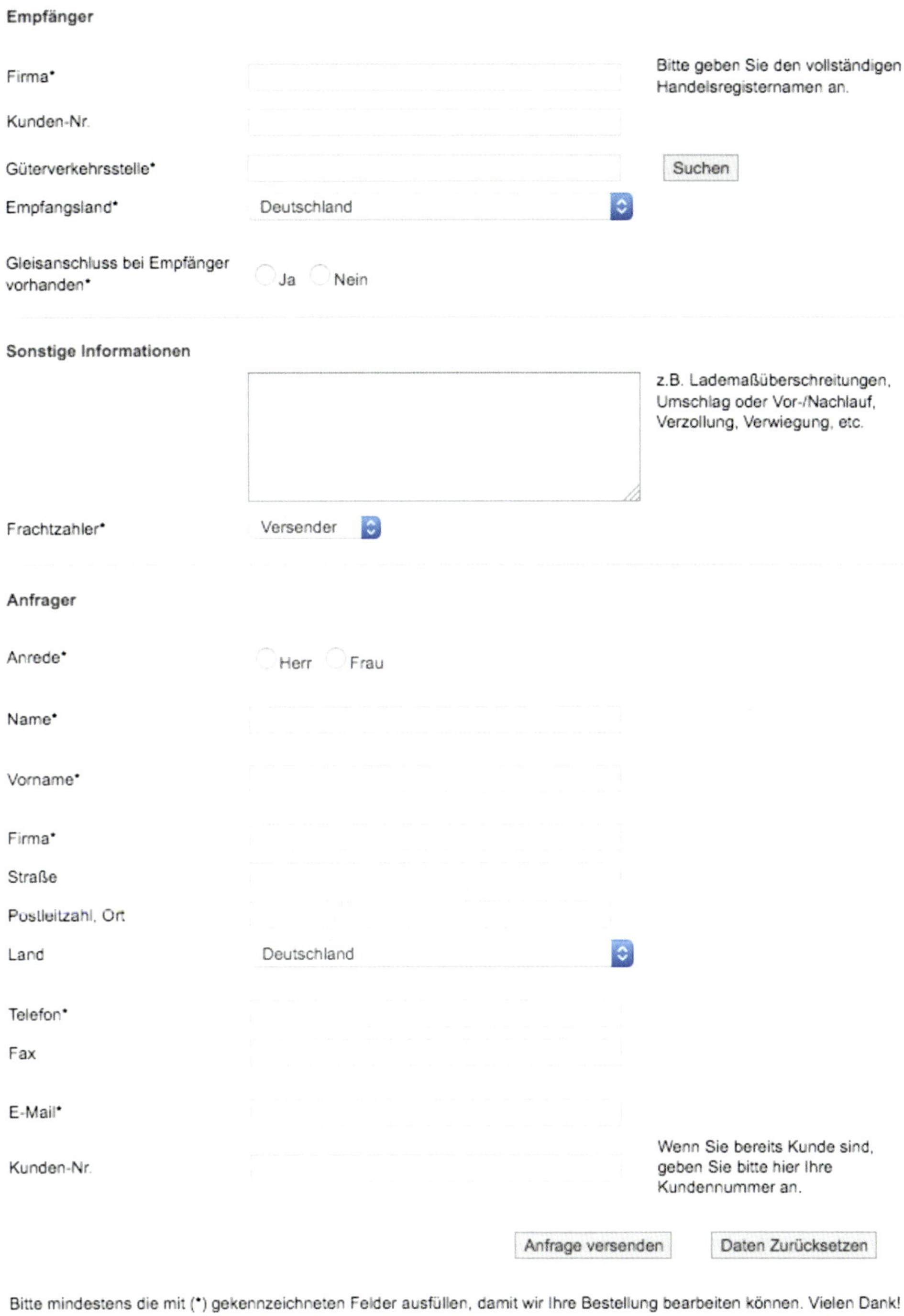

Empfänger

Firma*		Bitte geben Sie den vollständigen Handelsregisternamen an.
Kunden-Nr.		
Güterverkehrsstelle*		Suchen
Empfangsland*	Deutschland	
Gleisanschluss bei Empfänger vorhanden*	Ja / Nein	

Sonstige Informationen

		z.B. Lademaßüberschreitungen, Umschlag oder Vor-/Nachlauf, Verzollung, Verwiegung, etc.
Frachtzahler*	Versender	

Anfrager

Anrede*	Herr / Frau	
Name*		
Vorname*		
Firma*		
Straße		
Postleitzahl, Ort		
Land	Deutschland	
Telefon*		
Fax		
E-Mail*		
Kunden-Nr.		Wenn Sie bereits Kunde sind, geben Sie bitte hier Ihre Kundennummer an.

Anfrage versenden Daten Zurücksetzen

Bitte mindestens die mit (*) gekennzeichneten Felder ausfüllen, damit wir Ihre Bestellung bearbeiten können. Vielen Dank!

Abb. 4.2-24: Angebotsanfrage Fortsetzung Quelle: DB Cargo AG

Ein renommierter Bahnspediteur ist die unter dem Dach der Hamburger VTG AG angesiedelte VTG Rail Logistics. Mit leistungsstarken Niederlassungen in Deutschland, Benelux, Frankreich, Italien, Österreich, Serbien, Ungarn, Tschechien und Polen verfügt diese Gruppe an Erfahrungen in den Transportbereichen Chemie-, Agrar- und Industriegüter. Mit dem Transpetrol existiert ein Tochterunternehmen als Spezialist für flüssige und Gefahrgüter. Die VTG Rail Logistic oder andere Bahnspeditionen nehmen dem Kunden die Detailarbeit ab und treten als „One-face-to-the-customer-Kundenbetreuer" auf. Weitere Informationen zu dem Beispiel Bahnspediteur VTG Rail Logistics finden sich unter: www.vtg.de.

Um eine Transportanfrage fachgerecht bearbeiten/kalkulieren zu können, bedarf es einiger Informationen, welche der Verlader/Kunde dem Bahnspediteur oder der Bahn über das KSZ zur Verfügung stellen muss.

Nimmt ein anfragendes Unternehmen das vom Vertrieb von DB Cargo/oder von der jeweiligen Bahnspedition entwickelte Angebot an, so sind im Regelfall folgende Schritte erforderlich:

- Abschluss eines **Leistungsvertrags** (Rahmenvertrag) auf der Grundlage der ALB der DB, der kein Frachtvertrag ist (entfällt über die Bahnspedition)
- Vergabe von **Auftrag-Codes** durch das KSZ (übernimmt der Bahnspediteur)
- Teilnahme am bargeldlosen Frachtausgleichsverfahren (Ausnahme ist Zielzahlung) (entfällt über den Bahnspediteur – normale Speditionsrechnung)
- Abschluss eines **Frachtausgleichsvertrags** mit der DVB Bank AG (entfällt über den Bahnspediteur)
- Sollte auch der Palettentausch zum Angebot gehören, ist eine **Vereinbarung der Tauschbedingungen** erforderlich.

KSZ-Funktionen im Rahmen der Abwicklung eines anschließenden Frachtauftrags:

- Informationsservice
- Zentrale Auftragsbearbeitung
- Güterwagenservice
- Auskunft über Transportstatus und ggfs. Störfallmeldungen
- Reklamationsmanagement

Will der Auftragnehmer im Rahmen des abgeschlossenen Leistungsvertrags einen Einzelwagen oder Ganzzug zum Versand bringen, sind in der Regel zwei getrennte Aktivitäten erforderlich, zunächst die Bestellung des/der Güterwagen und dann die Erteilung des Auftrags.

1. **Güterwagenbestellung**
   Der Besteller sollte bei Bestellung folgende Angaben machen:
   - Bedarfstag
   - Bedarfsstelle mit Nennung der Güterverkehrsstellennummer (GVST)
   - Anzahl und Gattung der benötigten Güterwagen (zur Prüfung der Verfügbarkeit)
   - Bei Sendungen ins Ausland den Bestimmungsbahnhof und gewünschten Leitungsweg, wobei Letzterer durch das beauftragte Bahnunternehmen selbst bestimmt wird – es sei denn, der Kunde wünscht einen anderen Leitungsweg, welcher sich auf den Frachtpreis auswirken kann.

Eine Garantie für eine Waggongestellung über das KSZ besteht jedoch nicht. So obliegt es dem Verlader/Kunden, für die pünktliche Waggongestellung Sorge zu tragen, indem anhand der von KSZ versendeten Auftragsbestätigung nochmals vor Bereitstellungsdatum die Waggonverfügbarkeit geprüft wird. Über einen Bahnspediteur werden dem Verlader weitere Möglichkeiten der Waggonbereitstellung/-vorhaltung angeboten.

Den Bestellvorgang verdeutlicht nachstehende Systemdarstellung:

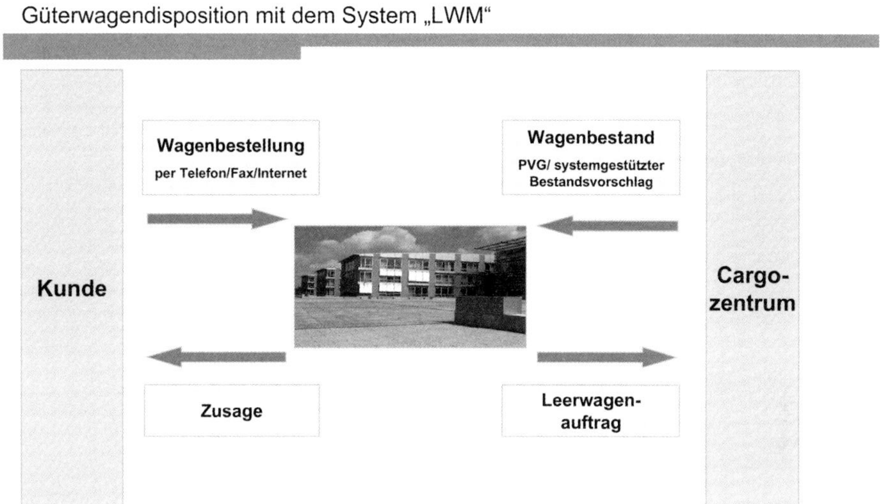

Abb. 4.2-25: Bestellvorgang beim KSZ **Quelle: DB**

Wenn das KSZ nicht in einer angemessenen Frist widerspricht, kommt mit dem Besteller ein Wagengestellungsvertrag zustande. Wird der Wagengestellungsvertrag gekündigt, kann dies zu einer Wagenstandgeldrechnung führen.

2. **Zentrale Auftragsbearbeitung**
   Die Auftragsbearbeitung ist die Grundlage für die Transportdurchführung und Auftragsberechnung. Der Transportauftrag kann über verschiedene Kommunikationswege erfolgen. Wenn kein Frachtbrief Verwendung findet, muss der Transportauftrag mindestens die sogenannten „Mussangaben“ eines Frachtbriefs enthalten. Soweit vereinbart, ist außerdem der Auftragscode anzugeben. Dadurch wird eine schnellere Zuordnung zu den in einer Stammdatei hinterlegten Daten des Leistungsvertrags als Grundlage für die Frachtabrechung in dem Verfahren der Zentralen Frachtberechnung und Fakturierung im Ladungsverkehr (ZFL) möglich. Der Frachtbrief ist nur noch zwingend im internationalen Güterverkehr sowie im Binnenverkehr für Sendungen mit Zollüberwachung sowie für bestimmte Gefahrguttransporte notwendig. Die administrative Auftragsabwicklung vom Versand- bis zum Empfangskunden ist in Abbildung 4.2-26 schematisch dargestellt.

In den Fällen, in denen ein Frachtbrief erforderlich ist, wird am zuständigen Knotenbahnhof ein einteiliger **Transportschein** erzeugt, der dem Muster des Frachtbriefes entspricht. Dieser begleitet die Sendung bis zum Empfänger – entweder am Waggon oder mit dem Lokführer.

Wenn kein Frachtbrief erforderlich ist, erhält der Absender als Ersatz für das Frachtbriefdoppel eine **Auftragsquittung**. Der Empfänger kann auf Wunsch zum Zeitpunkt der Auftragsannahme eine **Auftragsvormeldung** erhalten. Grundsätzlich erhalten jedoch alle Empfangskunden zum Zeitpunkt der Ankunft ihres Wagens im Empfangs-Knotenbahnhof per Fax oder E-Mail einen **Ablieferschein**, der inhaltlich mit der Auftragsvormeldung bzw. -quittung identisch ist.

Bei Einsatz eines Bahnspediteurs stimmt dieser mit dem Versender und Empfänger die Gestellungszeiten des Waggons individuell ab und kann im bestimmten Maß Einfluss auf die Bedienzeitfenster nehmen.

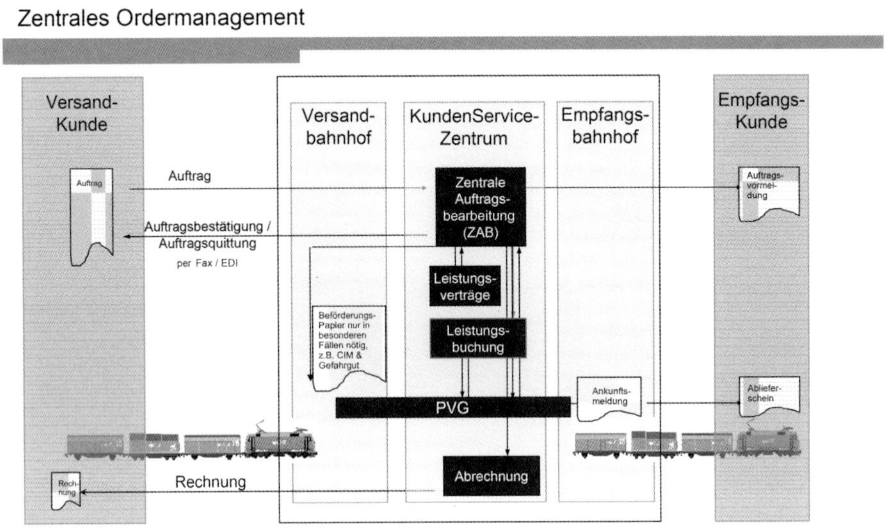

Abb. 4.2-26: Zentrales Ordermanagement Güterwagendisposition **Quelle: DB**

Jeweils am Ende einer Dekade erhält der Frachtzahler eine Rechnung über alle Forderungen, die auch die Grundlage zur Ausgleichszahlung gegenüber der DVB Bank AG bildet. Bei Beauftragung eines Bahnspediteurs sendet dieser eine übliche Speditionsrechnung an den Kunden, wenn im Vorfeld keine andere Form der Zahlung vereinbart wurde.

Die Serviceteams im KSZ überwachen bei zeitsensiblen Sendungen oder störungsanfälligen Relationen den Lauf eines Güterwagens und betreiben ein aktives Störfallmanagement. Bei Verspätungen und Zugausfällen werden zunächst interne Maßnahmen gemeinsam mit den beteiligten Stellen der DB-Netz AG, CargoLeitZentrale und Cargo-Bahnhöfen zur Beseitigung der Störung getroffen. Ist dies nicht möglich, sollte der Kunde informiert werden und Ersatzmaßnahmen sollten abgesprochen werden. Dabei wird das DV-Verfahren **Produktionsverfahren Güterverkehr (PVG)** genutzt. Mit diesem Instrument ist das KSZ jederzeit in der Lage, auf Kundenanfrage mit Angabe der Wagennummer Auskunft über den Standort des Wagens zu geben, sollte sich dieser im Inland befinden. Auslandsstandorte sind nur länderspezifisch über das KSZ erfragbar.

Im KSZ werden durch die erwähnten Serviceteams auch alle anderen Reklamationen wie Entschädigungen und Erstattung von Frachten und anderen Entgelten nach sorgfältiger Prüfung kundenorientiert in definierten Zeiten erledigt. Im Falle der Beauftragung eines Bahnspediteurs übernimmt dieser alle zuvor dargestellten Aufgaben und informiert den Kunden auf Wunsch über den aktuellen Transportablauf. Insbesondere im internationalen Eisenbahngüterverkehr kann es für den Kunden vorteilhaft sein, wenn ein Bahnspediteur die unterschiedlichen Informationssysteme der verschiedenen Eisenbahnen miteinander verknüpft und dem Kunden ein geschlossenes Informationspaket übermittelt.

Ablieferschein
zu Auftr.-Nr. 80200507113940729

An Dt. Gleis- u.Tiefbau GmbH

Wir haben folgende Sendung für Sie im Zulauf:

Versandnummer: 80 25445-8 71141-6

Absenderdaten

Absender, Kunden-Nr:	DB Netz AG - Zentrale N.DV	1690916
Absender, Auftragsnummer:		
Zahlungsvermerk:	frei	
Erklärungen des Absenders:	AAR-Nr. f. Wagenstandgebühr: 051477 Ansprechpartner BV: Hr. Schmitz, Tel: 0163/3207553	

Empfängerdaten

Empfänger, Kunden-Nr:	Dt. Gleis- u Tiefbau GmbH	736017

Referenzen/Begleitpapiere

Begleitpapiere (Anzahl):	Referenz Absender 3220533184 / Übernahmeschein (Abfall) 225809151311

Relation

Versanddatum und -zeit:	11.07.2005
Versandbahnhof:	NEUNKIRCHEN(SAAR)HBF
Ladestelle Versand (Hafen):	
Zusatzinfo Versandstelle:	
Empfangsbahnhof:	KARLSRUHE GBF
Ladestelle Empfang (Hafen):	
Zusatzinfo Empfangsstelle:	

Transportdaten

Produktname:	
Zollüberwachung:	Nein
Schiffsankunft/Schiffsabfahrt:	
Zugnummer:	
Auftragsgesamtgewicht:	20000 kg
Anzahl EUR-Paletten:	
LV-/Preislistennr.:	/ 2250157
RKOST/AKNr.:	051476
Service-Entgeltcode/-Entgelt:	

Wagendaten

Wagenanzahl: 1	Gefahrgut (J/N): Nein
Bezeichnung des Gutes:	Betonschwellen zur Entsorgung

Wagennummer	NHM-Nr.	AVV-Schlüssel	Lad.-Gew.	Gef.-Nr.	UN-Nr.	Klasse/Verp.-Gruppe	Gefahrzettel
4280 346 8134-9	6810	170101	20000				

Vermerke des Absenders für den Empfänger

BV: Idar Oberstein - Kronweiler

DB

Abb. 4.2-27: Ablieferschein DB Cargo Quelle DB Cargo AG

4.2.16 Frachtrechtliche Grundlagen im Eisenbahngüterverkehr

Wenn Beförderungsleistungen von DB Cargo erbracht werden sollen, hier im Besonderen von Gütern im Wagenladungsverkehr, müssen sich die Vertragsparteien (Absender und Frachtführer) über die anzuwendenden frachtrechtlichen Grundlagen und Bedingungen einig sein.

Gesetzliche Vorschriften	Staatliche Rechtsverordnungen	Geschäftsbedingungen der DB Cargo (Allgemeine Leistungsbedingungen (ALB))
• Bürgerliches Gesetzbuch (BGB) • Handelsgesetzbuch (HGB) • Gefahrgutbeförderungsgesetz (GGBefG)	• Gefahrgutverordnung Straße, Eisenbahn und Binnenschiff (GGVSEB)	Ergänzend zu den ALB gelten noch folgende Bedingungen • Preise und Konditionen für den Wagenladungsverkehr (PKL) • Verladerichtlinien DB Cargo • Vorschriften für die Beförderung gefährlicher Güter mit der Eisenbahn • Allg. Bedingungen über den Tausch von EUR-Paletten mit den Eisenbahnen (ATB) • Geschäftsbedingungen für das Frachtausgleichsverfahren der Deutschen VerkehrsBank AG

Tab. 4.2-19: Frachtrechtliche Vorschriften der Bahn **Quelle: Eigene Darstellung**

Jeder **Eisenbahnfrachtvertrag** ist ein Werkvertrag (im Sinne des §§ 631 ff. BGB). Diese und gegebenenfalls weitere **BGB**-Vorschriften finden nur insoweit Anwendung, als dass spezielle Vorschriften keine Regelungen für den konkreten Fall enthalten. Der Vertragsabschluss wird normal nach dem Handelsgesetzbuch (HGB) durchgeführt. Weitere grundsätzliche Aussagen zum BGB-Vertragsrecht findet man im BGB unter §§ 145–150 z. B. zur Abschlussform (formfrei).

Das **HGB** ist gegenüber dem BGB die speziellere gesetzliche Vorschrift. Vorschriften zum Eisenbahnfrachtgeschäft sind vor allem im Vierten Buch des HGB über die Handelsgeschäfte enthalten,

- im vierten Abschnitt – Speditionsgeschäft – §§ 407 ff.
- im fünften Abschnitt – Lagergeschäft – §§ 416 ff.
- im sechsten Abschnitt – Frachtgeschäft – §§ 425 ff.
- im siebten Abschnitt – Beförderung von Gütern und Personen auf Eisenbahnen des öffentlichen Verkehrs – §§ 453 ff.

In den oben genannten Bestimmungen des HGB findet man wichtige Regelungen zum Frachtvertrag, so u. a. die Rechte und Pflichten der am Frachtvertrag Beteiligten.

Der Begriff der Beförderung im Sinne des Gefahrgutbeförderungsrechts umfasst – nach § 2 Abs. 2 des **Gefahrgutbeförderungsgesetzes (GGBefG)** – nicht nur die Ortsveränderungen, also den eigentlichen Transportvorgang, sondern auch die Übernahme und Ablieferung sowie zeitweilige Aufenthalte des Guts, Vorbereitungs- und Abschlusshandlungen, auch wenn diese Handlungen nicht vom Beförderer ausgeführt werden. Wegen des umfassenden Begriffs der Beförderung fällt grundsätzlich die gesamte Beschäftigung der Eisenbahn mit dem Gefahrgut ihrer Kunden unter das Gefahrgutbeförderungsrecht.

Die Eisenbahn hat bei der Beförderung gefährlicher Güter nach der Verordnung über die innerstaatliche und grenzüberschreitende Beförderung gefährlicher Güter auf der Straße, mit Eisenbahnen und auf Binnengewässern **(GGVSEB)** die nach Art und Ausmaß der vorhersehbaren Gefahren erforderlichen Vorkehrungen zu treffen, um Schadensfälle zu verhindern und bei Eintritt eines Schadens dessen Umfang so gering wie möglich zu halten.

Die Eisenbahnen arbeiten auf Basis der **Allgemeinen Leistungsbedingungen (ALB)**. Die ALB werden den Eisenbahnverkehrsunternehmen (EVU) über den Verband Deutscher Verkehrsunternehmen (VDV) als Konditionenempfehlung zur Verfügung gestellt. Dadurch wird nicht nur eine größere Marktakzeptanz, sondern unter dem neuen Recht auch die notwendige Klarheit für Vertragsabschlüsse des Verladers mit den Eisenbahnen geschaffen.

Grundlagen des Eisenbahnfrachtrechts

Für den Frachtvertrag mit der Eisenbahn gilt das HGB §§ 407 ff. als spezielle Rechtsvorschrift.

Vertragliche Vereinbarungen zwischen den Vertragspartnern Absender und Frachtführer DB Cargo können individuell oder mit bereits vorformulierten Vertragstexten getroffen werden, z. B. aufgrund der Allgemeinen Leistungsbedingungen (ALB) der DB Cargo.

Anstelle des bisherigen Formal-/Realvertrags, bei dem der Frachtvertrag als abgeschlossen galt, wenn Gut und Frachtbrief der Eisenbahn übergeben wurden, tritt der **Konsensualvertrag** in Kraft, bei dem Kunde und Eisenbahn übereinstimmende Willenserklärungen abgeben. Ein Frachtbrief ist nach dem HGB nicht zwingend vorgeschrieben, der Frachtführer kann aber gemäß § 408 die Ausstellung eines Frachtbriefs verlangen. Allerdings entfällt die Bedeutung des Frachtbriefs als Dokumentation des abgeschlossenen Frachtvertrags. Der Frachtbrief hat allenfalls noch eine Beweisfunktion und Bedeutung als Sperrpapier nach § 418 Abs. 4 HGB.

Grundlage für die von der DB Cargo zu erbringenden Leistungen sind **Leistungsverträge**, die schriftlich mit einer Laufzeit von z. B. zwölf Monaten mit den Kunden abgeschlossen werden. Die Leistungsverträge enthalten im Wesentlichen frachtvertragliche Stammdaten (Relationen, Ladegut, Wagentyp, Preis je Sendung) und werden im KundenServiceZentrum der DB Cargo in Duisburg hinterlegt und bilden die Grundlage für den Abschluss von **Einzelverträgen**, in denen der Kunde die variablen Daten für eine bestimmte Sendung (Wagen-Nr., Gewicht) mitteilt. Einzelverträge kommen durch Auftrag des Kunden und die Annahme durch DB Cargo zustande. Der Einzelvertrag (Frachtvertrag) gilt als abgeschlossen, wenn das KundenServiceZentrum nicht innerhalb einer angemessenen Frist widerspricht.

Diese oben genannten Bestimmungen gelten für Kunden, die an das KundenServiceZentrum angebunden sind. Für sie gilt, dass die Beigabe eines Frachtbriefs nicht mehr erforderlich ist. In Zukunft soll eine vollständige Kundenanbindung an das KundenServiceZentrum erreicht werden, das dann auch die Beförderungspapiere erstellt.

Nach der Bereitstellung der Güterwagen an der vereinbarten Empfangs-Übergabestelle des Gleisanschlusses oder nach Bereitstellung auf einem öffentlichen Ladegleis und Benachrichtigung des Kunden ist der Frachtvertrag beendet.

Nach dem neuen Frachtrecht gibt es keine starren **Transportfristen/Lieferfristen** mehr. Flexiblere Regelungen, auf individuelle Kundenwünsche/Bedürfnisse ausgerichtet, können vereinbart werden.

Die Absenderpflichten bei der Beförderung von Gefahrgut sind neben dem Gefahrgutrecht im HGB geregelt (HGB § 414 Abs. 1 Nr. 3).

Entfallen ist die Regelung, dass die Eisenbahn für von ihr entdeckte oder vermutete Schäden oder teilweisen Verlust eine **Tatbestandsaufnahme** zu fertigen hat. Nach § 438 des HGB ist es nunmehr die Aufgabe des Absenders oder Empfängers, dem Frachtführer Verlust, Beschädigung oder Überschreitung der Lieferfrist anzuzeigen.

Bei äußerlich erkennbaren Schäden muss diese Anzeige spätestens bei Ablieferung des Gutes, bei äußerlich nicht erkennbaren Schäden innerhalb von sieben Tagen nach Ablieferung erfolgen. Ohne diese **Schadensanzeige** durch den Kunden wird vermutet, dass die Sendung in vertragsgemäßem Zustand abgeliefert worden ist. Hinsichtlich Form und Inhalt der Schadensanzeige schreibt der Gesetzgeber lediglich vor, dass die Anzeige den Schaden hinreichend deutlich kennzeichnen muss. Eine Schadensanzeige bei äußerlich nicht erkennbaren Schäden nach der Ablieferung bedarf darüber hinaus zwingend der Schriftform. Zur Vereinfachung kann hierfür als die Schadensanzeige unterstützender Vordruck das „Schadensprotokoll" verwendet werden. Unabhängig von vorgenannten gesetzlichen Vorgaben soll DB Cargo als Frachtführer Gelegenheit zur Besichtigung des Schadens gegeben werden, siehe ALB Ziff. 12.5 (die ALB von DB Cargo stehen zum Download zur Verfügung unter http://www.dbcargo.com/rail-deutschland-de/agb_de.html).

Die **Rechtsgrundlage für Schadensersatzansprüche** aus Verlust, Beschädigung oder Lieferfristüberschreitung bildet § 425 Abs. 1 HGB.

Bei Frachtsendungen des internationalen Verkehrs bleibt es nach den Bestimmungen des **internationalen Frachtrechts CIM** unverändert bei dem bisherigen Verfahren der Schadensdokumentation mit Tatbestandsaufnahme durch die DB Cargo.

Bei Überschreitung der vereinbarten Lieferfrist haftet die DB Cargo bis zur Schadenshöhe. Der Haftungshöchstbetrag ist jedoch auf das Dreifache der Fracht begrenzt. Im internationalen Verkehr ist der Haftungshöchstbetrag auf das Vierfache der Fracht begrenzt.

Bei Verlust und Beschädigung wird die Höchstgrenze der Haftung beschränkt auf

- nach HGB: 8,33 SZR je kg Rohgewicht,
- nach ALB: je Schadensfall zwar mindestens 2 SZR je kg Rohgewicht, aber max 1 Mio. €.

Bei der Verlustvermutung nach HGB § 424 kann der Anspruchsberechtigte das Gut als verloren betrachten, wenn es weder innerhalb der Lieferfrist noch eines weiteren Zeitraums abgeliefert wird, der allerdings durch die ALB Ziff. 7 auf max. 30 Tage nach Ablauf der Lieferfrist begrenzt wird.

4.2.17 Besonderheiten bei Frachtverträgen im nationalen Verkehr

Der Absender kann den abgeschlossenen Frachtvertrag nachträglich durch eine Beauftragung/ Weisung abändern. Die Möglichkeiten der **Weisung des Absenders** ergeben sich aus den frachtrechtlichen Bestimmungen des § 418 HGB. Die dort aufgeführten Weisungsmöglichkeiten sind jedoch nicht abschließend, da der Absender zu jeder Zeit über sein Gut verfügen kann. Nachfolgend sind die wichtigsten Arten der nachträglichen Weisungen des Absenders zusammengefasst:

- Rückgabe an den Absender auf dem Versandbahnhof
- Ablieferung erst nach Eingang weiterer Verfügungen
- Ablieferung auf dem bisherigen Bestimmungsbahnhof an einen Dritten
- Ablieferung auf einem anderen Bestimmungsbahnhof an einen anderen Empfänger
- Rücksendung an den Absender
- Ablieferung ohne Erhebung der Nachnahme

Der Absender erteilt seine Weisungen dem KundenServiceZentrum (KSZ) in Duisburg. DB Cargo ist aber nur zur Befolgung solcher Weisungen verpflichtet, wenn die Ausführung der nachträglichen Weisung weder Nachteile für den Betrieb noch Schäden für die Absender und Empfänger anderer Sendungen mit sich zu bringen droht. Für die Ausführung von nachträglichen Weisungen kann ein Entgelt erhoben werden. Im nationalen Verkehr sind die nachträglichen Weisungen, im Gegensatz zum internationalen Verkehr, nicht mehr formgebunden.

Im Inlandsverkehr abgegebene Weisungen müssen dahingehend von DB Cargo geprüft werden, ob sie eindeutig vom Absender stammen. Die Vorlage des Frachtbriefdoppels ist nur im Inlandsverkehr erforderlich, wenn mit dem Absender im Leistungsvertrag die Sperrfunktion des Frachtbriefdoppels ausdrücklich vereinbart ist.

Wenn die vertragsgemäße Beförderung oder Ablieferung des Guts nicht möglich ist, liegt ein **Beförderungshindernis** bzw. **Ablieferungshindernis** vor. Für diese Fälle holt DB Cargo Weisungen des Verfügungsberechtigten ein. Der Verfügungsberechtigte darf alle Weisungen erteilen, die ausführbar sind und zum Erfolg führen. Für die Durchführung der Weisung hat DB Cargo Anspruch auf Ersatz der Aufwendungen und auf eine angemessene Vergütung. Der Anspruch auf Vergütung erlischt, wenn das Hindernis dem Risikobereich von DB zuzurechnen ist.

Die Abänderung des Frachtvertrags durch den Absender im Inlandsverkehr ist nicht mehr möglich, wenn das Gut an der Ablieferstelle eingetroffen ist, da dann die Verfügungsgewalt dem Empfänger zusteht. Obwohl der Empfänger nicht direkt am Frachtvertrag beteiligt ist, hat er gleichwohl Rechte und Pflichten:

- Er hat z. B. nach § 421 HGB das Recht, nach Ankunft der Güter an der Ablieferstelle vom Frachtführer zu verlangen, ihm das Gut gegen Erfüllung der Verpflichtungen aus dem Frachtvertrag abzuliefern. Er ist zur Zahlung der nach dem Vertrag geschuldeten Beträge verpflichtet.
- Er kann nach Ankunft des Gutes an der Ablieferstelle von seinem Verfügungsrecht, der **Empfängeranweisung**, Gebrauch machen (Wechsel des Verfügungsrechts vom Absender auf den Empfänger, HGB § 418 Abs. 2).

Der Empfänger kann bereits vor Ankunft des Gutes am Bestimmungsort Anweisungen abgeben. Diese werden jedoch erst ausgeführt, wenn das Gut an der Ablieferstelle eingetroffen ist und die Verfügungsgewalt nicht mehr beim Absender ist. Die Empfängeranweisung kann nur vom Empfänger gegeben werden. Sollte der Empfänger die Weisung erteilt haben, das Gut einem Dritten auszuliefern, ist dieser nicht berechtigt, einen anderen Empfänger zu bestimmen. Ansonsten können grundsätzlich alle Anweisungen erteilt werden, deren Ausführung ohne Nachteile für die Betriebsabläufe möglich ist.

4.2.18 Internationaler Eisenbahngüterverkehr

Da bei der Eisenbahn, im Gegensatz zum Straßen-, Luft- und Schiffsverkehr, an den Grenzen das ausführende Beförderungsunternehmen in der Regel wechselt, war auch ein einheitliches internationales Eisenbahnverkehrsrecht erforderlich, das Reisende und Transportgüter von einem ins andere Land begleitet. Dabei haben die Eisenbahnkunden und die Eisenbahnen selbst ein Interesse daran, dass Transit- und Zielländer nach gleichem Recht handeln. Die internationalen Rechtsordnungen regeln einerseits das Verhältnis zwischen Eisenbahnen und Kunden und andererseits die Rechtsbeziehungen zwischen den beteiligten Eisenbahnverwaltungen.

4.2.18.1 Übereinkommen zum internationalen Eisenbahnverkehr – COTIF

Seit den Anfängen des internationalen Eisenbahnverkehrs gibt es bereits solche einheitlichen Rechtsordnungen im Eisenbahntransportrecht. Das erste internationale **Übereinkommen über den internationalen Eisenbahnverkehr (COTIF)** stammt aus dem Jahr 1890. Die Abkürzung COTIF ergibt sich aus dem französischen Titel Convention relative aux Transports Internationaux Ferroviaires. Es schuf eine dem damaligen Stand des Völkerrechts entsprechende Verwaltungsunion mit einem ständigen Sekretariat, dem Zentralamt für den einheitlichen Eisenbahnverkehr (1893), die sogenannte „Berner Konvention". Diese Rechtsordnungen werden seither regelmäßig den veränderten wirtschaftlichen und politischen Rahmenbedingungen angepasst. Das COTIF in der aktuellen Fassung ist 1999 reformiert und nach der Ratifizierung durch die Mitgliedstaaten 2006 in Kraft getreten.

Ein wesentlicher Grundsatz der Reform ist eine weitgehende Harmonisierung der internationalen Beförderungsrechte der unterschiedlichen Verkehrsträger, vor allem mit der im Straßengüterverkehr geltenden CMR. Gleichzeitig wurde das Transportrecht für den Wettbewerb liberalisiert, so wie es die EU für ihre Mitgliedstaaten in der Richtlinien 91/440 und 2001/12 EG fordert.

Die Schaffung eines internationalen Eisenbahnrechts bedarf entsprechender Institutionen. Als wichtigste Institution ist hier die zwischenstaatliche Organisation für den internationalen Eisenbahnverkehr **(Organisation intergouvernementale pour les Transports Internationaux Ferroviaires (OTIF))** – siehe auch www.otif.org – zu nennen. Die Organisation OTIF in der heutigen Form ist 1985 entstanden. Sie hat eine eigene Rechtspersönlichkeit sowohl im Völkerrecht als auch in den nationalen Rechtsordnungen der Mitgliedstaaten. Der Organisation gehören 49 Staaten in Europa, Nordafrika, Asien und im Nahen Osten als Mitglieder sowie als assoziiertes Mitglied Jordanien an (Stand: Juli 2016).

OTIF-Aufgaben und Schwerpunkte der Tätigkeit der Organisation sind:

1. Weiterentwicklung des Eisenbahntransportrechts in den Bereichen
   - Beförderungsverträge im internationalen Personen- und Güterverkehr (CIV und CIM)
   - Beförderung gefährlicher Güter (RID)
   - Verträge über die Verwendung von Wagen (CUV)
   - Vertrag über die Nutzung der Eisenbahninfrastruktur (CUI)
   - Verbindliche Erklärung technischer Normen und Annahme einheitlicher technischer Vorschriften für Eisenbahnmaterial (APTU)
   - Verfahren für die technische Zulassung von Eisenbahnfahrzeugen und sonstigem Eisenbahnmaterial zur Verwendung im internationalen Verkehr (ATMF)
2. Ausweitung des Geltungsbereichs des COTIF, um langfristig durchgehende Eisenbahnbeförderungen vom Atlantik bis zum Pazifik unter einem einheitlichen Rechtsregime zu ermöglichen
3. Vorbereitung auf das Inkrafttreten des Protokolls von Luxemburg (Register für internationale Sicherungsrechte an rollendem Eisenbahnmaterial, Sekretariat der Aufsichtsbehörde)
4. Beseitigung von Hindernissen beim Grenzübertritt im internationalen Eisenbahnverkehr
5. Mitwirkung an der Ausarbeitung anderer internationaler Übereinkommen betreffend den Eisenbahnverkehr im Rahmen von ECE/UNO und anderen internationalen Organisationen

Übersicht über das COTIF als internationales Eisenbahnrecht

Das sogenannte „Grundübereinkommen" COTIF, das institutionelle Bestimmungen, die das Verhältnis der Vertragsstaaten zueinander, den Beitritt und den Austritt aus der Gemeinschaft der Vertragsstaaten, die Abänderungen und das Außerkrafttreten des jeweiligen Übereinkommens regeln, enthält ein Protokoll über die Vorrechte und Immunitäten der zwischenstaatlichen

Organisation für den internationalen Eisenbahnverkehr (OTIF), welches ebenfalls ausschließlich institutionelle Bestimmungen enthält.

- **Anhang A – Einheitliche Rechtsvorschriften für den Vertrag über die internationale Eisenbahnbeförderung von Personen (ER-CIV)**
  Diese einheitlichen Rechtsvorschriften enthalten die beförderungsrechtlichen Bestimmungen für den internationalen Eisenbahn-Personenverkehr. Mit den Worten Vertrag über die internationale Eisenbahnbeförderung ist der einzelne Beförderungsvertrag gemeint. CIV = französische Abkürzung für Règles uniformes concernant le Contrat de transport International ferroviaire des Voyageurs.
- **Anhang B – Einheitliche Rechtsvorschriften für den Vertrag über die internationale Eisenbahnbeförderung von Gütern (ER-CIM)**
  Diese einheitlichen Rechtsvorschriften enthalten die beförderungsrechtlichen Bestimmungen für den internationalen Eisenbahngüterverkehr. Die Worte Vertrag über die internationale Eisenbahnbeförderung von Gütern beziehen sich auf den einzelnen Frachtvertrag. CIM = französische Abkürzung für Règles uniformes concernant le Contrat de transport International ferroviaire des Marchandises.
- **Anhang C – Ordnung für die internationale Eisenbahnbeförderung gefährlicher Güter (RID)**
  Diese einheitlichen Rechtsvorschriften enthalten die Bestimmungen für die internationale Beförderung gefährlicher Güter auf der Schiene auf dem Gebiet der Mitgliedstaaten. RID = französische Abkürzung für Règlement concernant le transport International ferroviaire des marchandises Dangereuses.
- **Anhang D – Einheitliche Rechtsvorschriften für Verträge über die Verwendung von Wagen im internationalen Eisenbahnverkehr (ER-CUV)**
  Diese einheitlichen Rechtsvorschriften gelten für zwei- oder mehrseitige Verträge über die Verwendung von Eisenbahnwagen als Beförderungsmittel zur Durchführung von Beförderungen. CUV = französische Abkürzung für Règles uniformes concernant les Contrats d'Utilisation de Véhicules en trafic international ferroviaire.
- **Anhang E – Einheitliche Rechtsvorschriften für den Vertrag über die Nutzung der Infrastruktur im internationalen Eisenbahnverkehr (ER-CUI)**
  Diese einheitlichen Rechtsvorschriften gelten für jeden Vertrag über die Nutzung einer Eisenbahninfrastruktur zum Zwecke der Durchführung internationaler Eisenbahnbeförderungen. CUI = französische Abkürzung für Règles uniformes concernant le Contrat d'Utilisation de l'Infrastructure en trafic international ferroviaire.
- **Anhang F – Einheitliche Rechtsvorschriften für die Verbindliche Erklärung technischer Normen und für die Annahme einheitlicher technischer Vorschriften für Eisenbahnmaterial, das zur Verwendung im internationalen Verkehr bestimmt ist (ER-APTU)**
  Diese einheitlichen Rechtsvorschriften legen das Verfahren fest, nach dem für Eisenbahnmaterial, das zur Verwendung im internationalen Verkehr bestimmt ist, technische Normen für verbindlich erklärt und einheitliche technische Vorschriften angenommen werden. APTU = französische Abkürzung für Règles uniformes concernant la validation de normes techniques et l'Adoption de Prescriptions Techniques Uniformes applicables au matériel ferroviaire destiné à être utilisé en trafic international.
- **Anhang G – Einheitliche Rechtsvorschriften für die technische Zulassung von Eisenbahnmaterial, das im internationalen Verkehr verwendet wird (ER-ATMF)**
  Diese einheitlichen Rechtsvorschriften legen das Verfahren fest, nach dem Eisenbahnfahrzeuge und sonstiges Eisenbahnmaterial zum Einsatz oder zur Verwendung im internationalen Verkehr zugelassen werden. ATMF = französische Abkürzung für Règles uniformes concernant l'Admission Technique de Matériel Ferroviaire utilisé en trafic international.

Hinweis
Die Organisation für den internationalen Eisenbahnverkehr (OTIF) hat im Sommer 2016 eine konsolidierte Fassung der Änderungen für die Regelung zur Ordnung für die internationale Eisenbahnbeförderung gefährlicher Güter (RID) 2017 zusammengestellt. Die am 1. Januar 2017 gültigen Änderungen der Vorschriften des RID, für die, sofern nichts anderes vorgeschrieben ist, eine allgemeine Übergangsfrist bis zum 30. Juni 2017 gilt, können unter http://www.otif.org/fileadmin/user_upload/otif_verlinkte_files/05_gef_guet/06_notifi_16/NOT_2017_d_Notifizierungstexte.pdf abgerufen werden.

Zum vertiefenden Studium des COTIF sei u. a. auf die Broschüre COTIF-Recht und EG-Recht im internationalen Eisenbahnverkehr: Spannungsfelder und Lösungsansätze verwiesen, die vom International Rail Transport Committee herausgegeben wird. Auf der website www.cit-rail.org/de/eisenbahntransportrecht/cotif finden sich zudem detaillierte Informationen zu allen oben aufgeführten Anhängen zum kostenlosen Download.

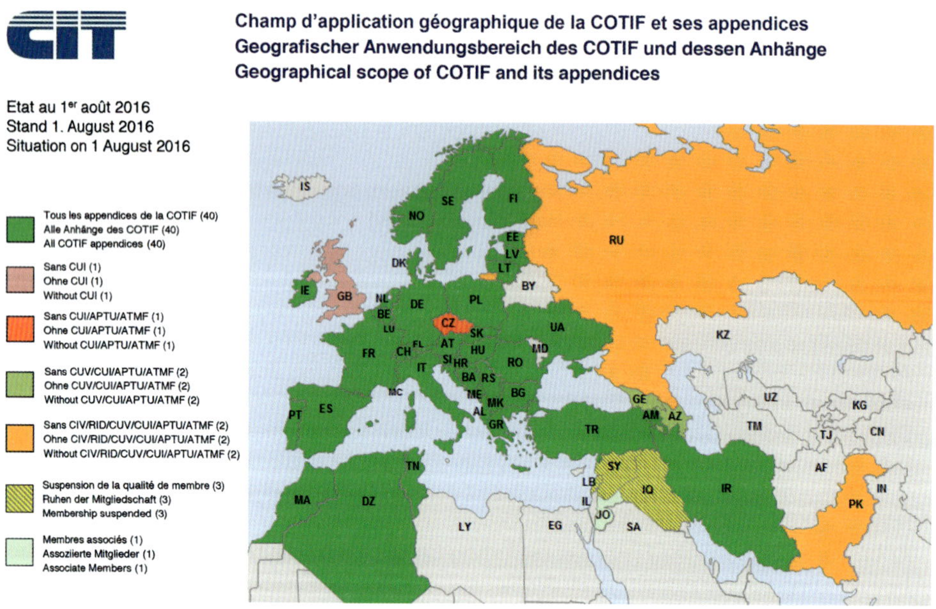

Abb 4.2-28: Geografischer Anwendungsbereich des COTIF
Quelle: International Rail Transport Committee

4.2.18.2 Rechtsgrundlagen für den internationalen Eisenbahngüterverkehr (ER-CIM)

Der Anhang B des Übereinkommens über den internationalen Eisenbahnverkehr (COTIF), der die CIM enthält (die offizielle Abkürzung hierfür ist seit 1985 **ER-CIM**), ist derjenige Teil, der für die internationale Beförderung von Gütern bedeutend ist. Da der weitaus größte Teil der ausländischen Eisenbahnverkehrsunternehmen das COTIF und damit auch die ER-CIM-Bestimmungen anwenden müssen, sind diese Bestimmungen für Spediteure in der internationalen Güterbeförderung per Eisenbahn vor allem von Bedeutung.

ER-CIM		
Titel I *Allgemeine Bestimmungen* *Art. 1–5* Anwendungsbereich Öffentlich-Rechtliche Vorschriften Begriffsbestimmungen Abweichungen Zwingendes Recht	*Titel II* *Abschluss und Ausführung des Frachtvertrages* *Art. 6–22* Beförderungsvertrag; Inhalt des Frachtbriefes; Haftung für die Angaben im Frachtbrief; Gefährliche Güter; Zahlung der Kosten; Nachprüfung; Beweiskraft des Frachtbriefes; Verladen und Entladen des Gutes; Verpackung; Erfüllung verwaltungsbehördlicher Vorschriften; Lieferfristen; Ablieferung; Verfügungsrecht über das Gut; Ausübung des Verfügungsrechtes; Beförderungshindernisse; Ablieferungshindernisse; Folgen der Beförderungs- und Ablieferungshindernisse	*Titel III* *Haftung* *Art. 23–41* Haftungsgrund; Haftung bei Beförderung von Eisenbahnfahrzeugen als Gut; Beweislast; Aufeinanderfolgende Beförderer; Ausführender Beförderer; Schadensvermutung bei Neuaufgabe; Vermutung für den Verlust des Gutes; Entschädigung bei Verlust; Haftung bei Schwund; Entschädigung bei Beschädigung; Entschädigung bei Überschreitung der Lieferfrist; Entschädigung bei Wertangabe; Entschädigung bei Angabe des Interesses an der Lieferung; Verlust des Rechts auf Haftungsbeschränkung; Umrechnung und Verzinsung; Haftung im Eisenbahn-Seeverkehr; Haftung bei nuklearem Ereignis; Personen, für die der Beförderer haftet; sonstige Ansprüche

Anlagen	
Titel IV *Geltendmachung von Ansprüchen* *Art. 42–48* Tatbestandaufnahme; Reklamationen; Zur gerichtlichen Geltendmachung von Ansprüchen berechtigte Personen; Beförderer, gegen die Ansprüche gerichtlich geltend gemacht werden können; Gerichtsstand; Erlöschen der Ansprüche; Verjährung	*Titel V* *Beziehungen der Beförderer untereinander* *Art. 49–52* Abrechnung; Rückgriffsrecht; Rückgriffsverfahren; Vereinbarung über den Rückgriff

Tab. 4.2-20: Übersicht ER-CIM **Quelle: DB Cargo AG**

Diese einheitlichen Rechtsvorschriften gelten für jeden Vertrag über die entgeltliche Beförderung von Gütern auf der Schiene, wenn der Ort der Übernahme des Gutes für Beförderung und der für die Ablieferung vorgesehene Ort in zwei verschiedenen Mitgliedstaaten liegen. Sie gelten auch für Verträge über die entgeltliche Beförderung von Gütern auf der Schiene, wenn der Ort der Übernahme des Gutes zur Beförderung und der für die Ablieferung vorgesehene Ort in zwei verschiedenen Staaten liegen, von denen nur einer Mitgliedstaat ist, und die Parteien des Vertrags vereinbaren, dass der Vertrag diesen einheitlichen Rechtsvorschriften unterliegt.

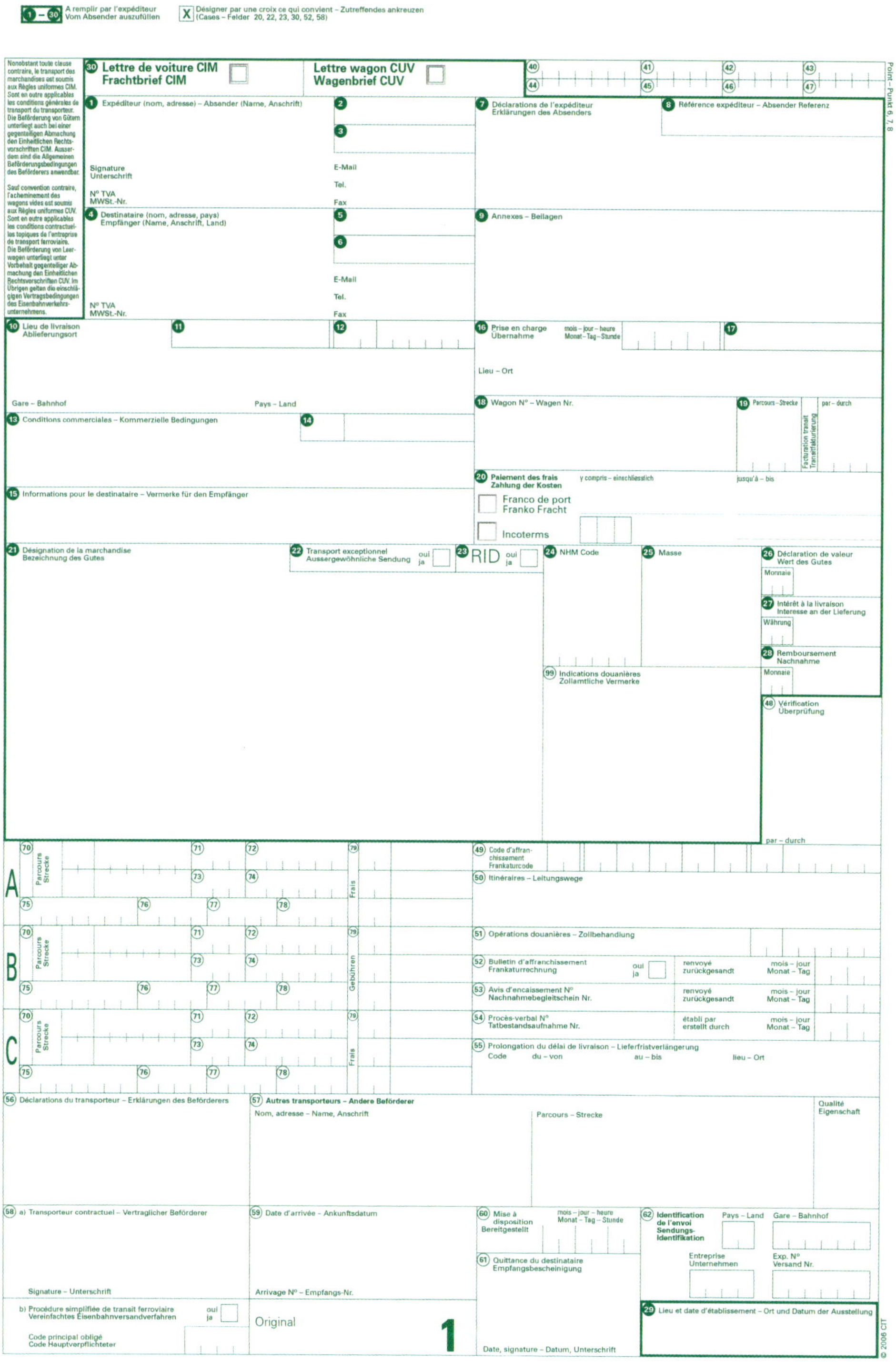

1 – 30 A remplir par l'expéditeur / Vom Absender auszufüllen

X Désigner par une croix ce qui convient – Zutreffendes ankreuzen (Cases – Felder 20, 22, 23, 30, 52, 58)

Nonobstant toute clause contraire, le transport des marchandises est soumis aux Règles uniformes CIM. Sont en outre applicables les conditions générales de transport du transporteur. Die Beförderung von Gütern unterliegt auch bei einer gegenteiligen Abmachung den Einheitlichen Rechtsvorschriften CIM. Ausserdem sind die Allgemeinen Beförderungsbedingungen des Beförderers anwendbar.

Sauf convention contraire, l'acheminement des wagons vides est soumis aux Règles uniformes CUV. Sont en outre applicables les conditions contractuelles topiques de l'entreprise de transport ferroviaire. Die Beförderung von Leerwagen unterliegt unter Vorbehalt gegenteiliger Abmachung den Einheitlichen Rechtsvorschriften CUV. Im Übrigen gelten die einschlägigen Vertragsbedingungen des Eisenbahnverkehrsunternehmens.

30 Lettre de voiture CIM / Frachtbrief CIM

Lettre wagon CUV / Wagenbrief CUV

40 41 42 43 44 45 46 47

Point – Punkt 6, 7, 8

1 Expéditeur (nom, adresse) – Absender (Name, Anschrift)

Signature / Unterschrift

N° TVA / MWSt.-Nr.

2 3 E-Mail Tel. Fax

7 Déclarations de l'expéditeur / Erklärungen des Absenders

8 Référence expéditeur – Absender Referenz

4 Destinataire (nom, adresse, pays) / Empfänger (Name, Anschrift, Land)

N° TVA / MWSt.-Nr.

5 6 E-Mail Tel. Fax

9 Annexes – Beilagen

10 Lieu de livraison / Ablieferungsort

11 12

Gare – Bahnhof / Pays – Land

16 Prise en charge / Übernahme — mois – jour – heure / Monat – Tag – Stunde

17

Lieu – Ort

13 Conditions commerciales – Kommerzielle Bedingungen

14

18 Wagon N° – Wagen Nr.

19 Parcours – Strecke / par – durch / Facturation transit / Transitfakturierung

15 Informations pour le destinataire – Vermerke für den Empfänger

20 Paiement des frais / Zahlung der Kosten — y compris – einschliesslich — jusqu'à – bis

Franco de port / Franko Fracht

Incoterms

21 Désignation de la marchandise / Bezeichnung des Gutes

22 Transport exceptionnel / Aussergewöhnliche Sendung — oui / ja

23 RID — oui / ja

24 NHM Code

25 Masse

26 Déclaration de valeur / Wert des Gutes — Monnaie

27 Intérêt à la livraison / Interesse an der Lieferung — Währung

28 Remboursement / Nachnahme — Monnaie

99 Indications douanières / Zollamtliche Vermerke

48 Vérification / Überprüfung

par – durch

A / B / C: 70 Parcours / Strecke, 71, 72, 73, 74, 75, 76, 77, 78, 79, Frais / Gebühren

49 Code d'affranchissement / Frankaturcode

50 Itinéraires – Leitungswege

51 Opérations douanières – Zollbehandlung

52 Bulletin d'affranchissement / Frankaturrechnung — oui / ja — renvoyé / zurückgesandt — mois – jour / Monat – Tag

53 Avis d'encaissement N° / Nachnahmebegleitschein Nr. — renvoyé / zurückgesandt — mois – jour / Monat – Tag

54 Procès-verbal N° / Tatbestandsaufnahme Nr. — établi par / erstellt durch — mois – jour / Monat – Tag

55 Prolongation du délai de livraison – Lieferfristverlängerung — Code — du – von — au – bis — lieu – Ort

56 Déclarations du transporteur – Erklärungen des Beförderers

57 Autres transporteurs – Andere Beförderer — Nom, adresse – Name, Anschrift — Parcours – Strecke — Qualité / Eigenschaft

58 a) Transporteur contractuel – Vertraglicher Beförderer

Signature – Unterschrift

b) Procédure simplifiée de transit ferroviaire / Vereinfachtes Eisenbahnversandverfahren — oui / ja

Code principal obligé / Code Hauptverpflichteter

59 Date d'arrivée – Ankunftsdatum

Arrivage N° – Empfangs-Nr.

Original

1

60 Mise à disposition / Bereitgestellt — mois – jour – heure / Monat – Tag – Stunde

61 Quittance du destinataire / Empfangsbescheinigung

Date, signature – Datum, Unterschrift

62 Identification de l'envoi / Sendungs-Identifikation — Pays – Land — Gare – Bahnhof — Entreprise / Unternehmen — Exp. N° / Versand Nr.

29 Lieu et date d'établissement – Ort und Datum der Ausstellung

© 2006 CIT

Abb. 4.2-29: CIM-Frachtbrief Quelle: DB AG

Nach dem Beispiel der CMR sind die ER-CIM auf Verträge über durchgehende internationale Eisenbahngüterbeförderungen anzuwenden, und zwar grundsätzlich unabhängig von einem System eingetragener Linien. Das System der Listen der Linien nach Art. 24 des COTIF wurde so reformiert, dass in die Liste der Linien CIM nur noch die Strecken eingetragen werden, bei denen ein Mitgliedstaat einen Vorbehalt für die Anwendung der ER-CIM auf einem genau bezeichneten Teil der Eisenbahninfrastruktur angemeldet hat.

Straßenbeförderungen und Beförderungen auf Gewässern (Fluss, Übersee) unterliegen den ER-CIM nur insoweit, als sie die internationale Schienenbeförderung um eine solche Beförderung im Binnenverkehr ergänzen und es sich um einen einzigen Vertrag handelt. Nur im Fall von Beförderungen, die eine nationale oder internationale Seestrecke oder eine grenzüberschreitende Beförderung auf Binnengewässern einschließen, wird das System eingetragener Linien beibehalten.

Die ER-CIM sind zwingendes Recht. Dies gilt künftig auch im Fall durchgehender internationaler Beförderungen, die durch einen einzigen Eisenbahnbeförderer unter Nutzung verschiedener, auch fremder Infrastrukturen, durchgeführt werden.

Seit der Einführung des neuen COTIF 2006 gibt es eine **Trennung zwischen Transportrecht und Wagenrecht**. Damit werden die Grundlagen für die Leerbeförderung von Güter- und Personenwagen aus den ER-CIM in die neu geschaffene ER-CUV verlagert. Da diese Bestimmungen gleichermaßen für Privatwagen wie für bahneigene Wagen gilt, ist es faktisch eine Gleichstellung in der Behandlung der Wagen.

Die Tabelle 4.2-20 vermittelt einen Gesamtüberblick über die ER-CIM.

4.2.18.3 Tarife im internationalen Eisenbahngüterverkehr

Mit dem neuen Transportrecht wurde die Beförderungs- und Tarifaufstellungspflicht aufgehoben. Dies bedeutet aber nicht, dass keine Tarife erstellt werden dürfen. Gerade mit Hinsicht auf die vielen bestehenden Sonderabmachungen und die neuen Kundenabkommen, wie die Verträge zwischen den Eisenbahnverkehrsunternehmen und den Kunden bezeichnet werden, stellen auch künftige Transporte in aufeinander folgender Transportführerschaft das klassische Vertragsverhältnis zwischen Kunde und Eisenbahnverkehrsunternehmen dar. Aus diesem Grund hat die DB Cargo AG mit fast allen Bahnen in Europa die bestehenden Tarife beibehalten. Sie wurden inhaltlich den Bestimmungen der ER-CIM angepasst, damit sie weiterhin verwendet werden können und sind als zusätzliche vertragliche Vereinbarungen Bestandteil der Kundenabkommen.

Diese **internationalen Tarife** sind entweder vereinbart

- zwischen zwei Eisenbahnverkehrsunternehmen verschiedener Länder oder
- zwischen mehreren Eisenbahnverkehrsunternehmen in einer Länderachse.

Der **Geltungsbereich** umfasst demnach nur den Verkehr in den Ländern, zwischen denen sie vereinbart sind. Entsprechend enthält jeder Tarif den Hinweis auf den Geltungsbereich. Er umfasst

- die Bezeichnung der beteiligten Eisenbahnverkehrsunternehmen,
- die Angabe, ob er für alle Waren in Wagenladungen oder lediglich für bestimmte Warenarten (z. B. Eisen- und Stahlerzeugnisse) gilt,
- die Angabe, ob er für alle Bahnhöfe der beteiligten Eisenbahnverkehrsunternehmen oder nur für bestimmte Bahnhöfe gilt.

Alle Tarife haben die zwingenden rechtlichen Bestimmungen der ER-CIM zur Grundlage. Sie enthalten in einigen Fällen noch die ER-CIM-Bestimmungen ergänzende Regelungen, z. B. bezüglich der Frachtzahlung und – was sehr wesentlich ist –

- einheitliche Grundsätze für die Frachtberechnung sowie
- auf der Grundlage des Harmonisierten Güterverzeichnisses (Nomenclature Harmonisée Marchandises (NHM)) einheitliche Warenbezeichnungen.

Bei den Tarifen sind folgende Arten zu unterscheiden:

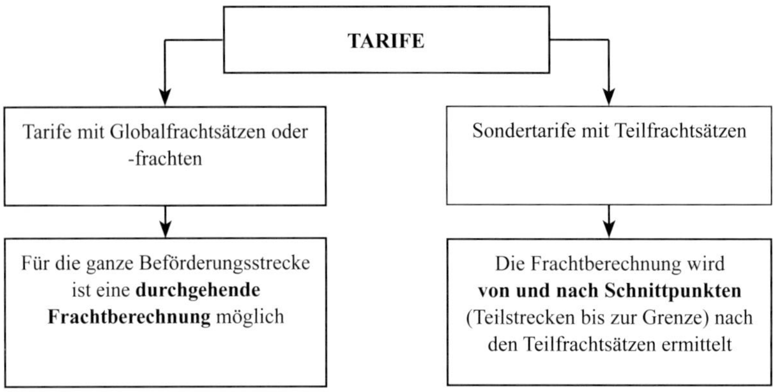

Abb. 4.2-30: Unterschiedliche Tarife im internationalen Eisenbahngüterverkehr
Quelle: Eigene Darstellung

Außerdem bestehen in verschiedenen Ländern noch **Durchfuhr- oder Transittarife**. Darunter sind solche Tarife zu betrachten, die in Durchfuhrländern (Transitländern) für die Transitgüter anzuwenden sind.

Die Länder Aserbaidschan, Albanien, Belarus (Weißrussland), Bulgarien, China, Estland, Georgien, Iran, Kasachstan, Kirgisien, Koreanische Volksrepublik, Lettland, Litauen, Mongolei, Polen, Republik Moldau, Russland, Sozialistische Republik Vietnam, Tadschikistan, Turkmenistan, Ukraine und Usbekistan haben ein besonderes Abkommen für den internationalen Eisenbahnverkehr dieser Staaten abgeschlossen, das nach verschiedenen Überarbeitungen unter der Abkürzung **SMGS (Soglaschenje Meschdunarodnoje Grusowoje Ssoobschtschnije)** 1951 in Kraft getreten ist. Einige dieser Länder sind sowohl Vertragsstaaten der SMGS als auch des COTIF. Der SMGS-Frachtbrief ist in Anlehnung an den CIM-Frachtbrief aufgebaut. Das wichtigste Unterscheidungsmerkmal vom CIM-Frachtbrief ist die kyrillische Schreibweise.

In Europa gibt es somit drei Gruppen:

- COTIF-Vertragsstaaten, die nur COTIF-Mitglieder sind
- COTIF- und SMGS-Vertragsstaaten, die beiden Abkommen angehören.
- SMGS-Staaten, die nur SMGS-Mitglieder sind

4.2.19 Der Spediteur und die Eisenbahnen

Nach einer etwa **30-jährigen Stagnation** in den Jahren 1970–2000 erfreut sich der Eisenbahngüterverkehr seit der Jahrtausendwende einer zunehmenden Nachfrage nach schienengebundenen Leistungen im Güterverkehr. Die Gründe dafür sind vielfältig. Wachsende Warenströme mit den bekannten Nebenerscheinungen wie Staus und Feinstaubdiskussionen, die fortschreitende Globalisierung und dadurch umfangreichere Transportstrecken und -kosten sowie schließlich die stetig steigenden Kraftstoffkosten sorgen für ein Umdenken bei Wirtschaft und Verbraucher. Heute prägen die Begriffe **Nachhaltigkeit und Green Logistic** die verkehrspolitische Diskussion.

Diese Trendwende ist sowohl mit Chancen als auch mit Risiken für die Volkswirtschaften verbunden. Chancen, welche sich durch die zunehmende Nachfrage nach schienengebundenen Leistungen ergeben, werden zum einen durch die europäische Bahnliberalisierung unterstützt. Allein in Deutschland wurden seit Marktöffnung im Jahr 1994 mehr als 400 private Eisenbahnverkehrsunternehmen (EVU) gegründet. Durch die Schaffung von mehr Wettbewerb auf der Schiene bieten sich der verladenden Wirtschaft mehr Lösungen für umweltfreundliche Transporte. Zudem wären die Mengenzuwächse an Import- und Exportcontainern in die deutschen und ARA-Seehäfen ohne den Verkehrsträger Schiene für die Hinterlandanbindung nicht lösbar.

Trotz Erweiterung der Europäischen Union und des damit einhergehenden Wegfalls von Zollgrenzen bekommt die Transportbranche bei keinem anderen Verkehrsträger als dem der Schiene die Existenz von Landesgrenzen mehr zu spüren. Unterschiedliche Spurweiten beispielsweise in Russland, der GUS, Spanien und Portugal, abweichende Sicherheits- und Signalsysteme wie auch wechselnde Stromsysteme stellen heute die größte Hürde einer **flächendeckenden Harmonisierung** dar. Dennoch schreitet der technische Fortschritt voran, sodass führende Hersteller von rollendem Material mittlerweile mehrere länderspezifische Strom- und Sicherheitssysteme in modernen Lokomotiven vereinen. Diese Technik ermöglicht es, grenzüberschreitende Verkehre ohne Lokwechsel an den Grenzen durchzuführen.

Die verladende Wirtschaft ist permanent auf der Suche nach ausreichend flexiblem Laderaum zu günstigen Konditionen. Diese Parameter bilden somit das Entscheidungskriterium bei der Auswahl des zu nutzenden Verkehrsträgers. Insbesondere saisonale Hochphasen wie europäische Feiertage, aber auch regelmäßig wiederkehrende Verknappungen des Lkw-Laderaums sorgen für einen Angebotsengpass an Laderaum auf der Schiene. Das höhere Risiko bei kapitalintensiven Investitionen im Schienensektor aufgrund der längeren Abschreibungszeiträume im Vergleich zum Lkw sorgt für eine verhaltene Investitionsbereitschaft bei den Bahnen.

Entsprechend sind die verladende Wirtschaft und der Bund als Infrastrukturinhaber gefordert, gemeinsam mit den Bahnen und Speditionsunternehmen im permanenten Dialog zu stehen. Nur so kann ein bedarfsorientiertes Angebot an schienengebundenen Transportlösungen in Zukunft sichergestellt werden, um die seit der Jahrtausendwende steigende Nachfrage seitens der verladenden Wirtschaft nach schienengebundenen Transportlösungen zu befriedigen. Die Eisenbahnverkehrsunternehmen wie auch die Bahnspediteure sind heute umso mehr gefragt, wenn es um die Entwicklung von **nachhaltigen Transportkonzepten** unter Einbeziehung des Verkehrsträgers Schiene geht.

Eine Studie der Berufsakademie Lörrach gemeinsam mit dem Bundesverband Materialwirtschaft und Einkauf (BME) zum Modal Split verdeutlicht das Problem, aber auch das Potenzial das für den Schienengüterverkehr besteht. Rund 16 % der Versandleiter von mittelständischen Unternehmen in Deutschland haben weder ein Preisgefühl für schienenbezogene Leistungen, noch kennen sie einen Ansprechpartner bei einem Bahnunternehmen. Die Informations- und Kontaktlücke zwischen verladender Wirtschaft und den Bahnen entwickelt sich nach wie vor als Hauptbetätigungsfeld eines Bahnspediteurs. Werden Verlader u. a. für die Abfertigung von Ganzzügen direkt von den Bahnen betreut, so sucht die nicht diesem Kundenklientel angehörende verladende Wirtschaft oft den Kontakt über einen Bahnspediteur. Diese Entwicklung gleicht der bekannten und bewährten Arbeitsteilung zwischen der verladenden Wirtschaft, Reedern, Airlines, Lkw-Unternehmern und Speditionen.

Sind die Bahnen auf der einen Seite in erster Linie am Verkauf ihrer eigenen Inhouse-Produkte interessiert, so wählt der unabhängig arbeitende **Bahnspediteur** aus einer Vielzahl sich auf dem Bahnmarkt bietenden Möglichkeiten aus. Dabei gewinnt der Bahnspediteur aus der Sicht der verladenden Wirtschaft an Bedeutung, versucht er doch stets verkehrsträgerübergreifende Transportkonzepte unter Einbeziehung des Verkehrsträgers Schiene zu entwickeln. Dabei spielt der Wettbewerbsgedanke im Vergleich zu vielen noch bestehenden Staatsbahnen eine übergeordnete Rolle. Insbesondere der Bahnspediteur ist hinsichtlich des ausgeprägten Wettbewerbs in diesem Marktsegment auf neue Ideen, Netzwerke und eine effiziente Transportdurchführung angewiesen.

Dabei liegt der Fokus auf der paarigen Ausgestaltung der Verkehrsverbindungen. So hat der Bahnspediteur durch den parallelen engen Kontakt zu einer Vielzahl von Kunden aus unterschiedlichsten Branchen ein ausgeprägtes Gespür für das Auffinden von Rückladungen. Im Vergleich dazu sind viele Bahnen in der Kundenbetreuung nach Branchenfeldern strukturiert. Daher wird eine zunehmende Verzahnung der einzelnen Marktbereiche und die gemeinsame Ausrichtung zur Aufdeckung von Rückladungs- und Synergiepotenzial das Ziel der Bahnen in der Zukunft sein.

Ein nicht unerheblicher Anteil der verladenden Wirtschaft empfindet eine gewisse Überforderung bei der praktischen Einbeziehung des Verkehrsträgers Schiene in die Warenimport- und Warenexportverkehre. Hintergründe bilden sowohl mangelndes Fachwissen im Umgang mit den technischen Parametern als auch die oft unübersichtliche Struktur bei den Bahnen, welche die Suche nach einem kompetenten Ansprechpartner nicht unterstützen. Dies gilt insbesondere für die ehemaligen und noch existierenden Staatsbahnen.

Dabei ist die verladende Wirtschaft zunehmend bereit, sich in Bezug auf Versandgröße, Verpackung, Laufzeit etc. an die bahntechnischen Gegebenheiten anzupassen. Waggonauslastungen von bis zu 90 t und die anhaltende Modernisierung des Fuhrparks bei den Bahnen und Vermietern begünstigen die Bereitschaft der verladenden Wirtschaft, über Verladungen auf der Schiene nachzudenken.

Die **Zusammenarbeit von Bahnen und Speditionen** hat vielschichtige Erscheinungsbilder. Auf der einen Seite bestehen Kooperationen zwischen Speditionen und Staats- sowie Privatbahnen. Letztere verstärken zunehmend den nationalen und internationalen Wettbewerb, welchen sich der Spediteur zunutze macht. Auf der anderen Seite arbeiten auch Verlader auf direktem Wege mit Staats- und Privatbahnen zusammen.

Aktuelle Entwicklungen verdeutlichen, dass seitens der Bahnen zunehmend das Interesse besteht, neben den klassischen Traktionsleistungen auch Speditionsleistungen im eigenen Portfolio anzubieten. Umgekehrt gilt auch, dass zunehmend Speditionen Anteile an Privatbahnen erwerben oder selbst als Traktionär durch Lizenzerwerb betätigen. Zudem ist in jüngster Zeit am Markt stark zu beobachten, dass eine Konsolidierung bzw. Marktbereinigung durch Aufkäufe, Anteilsverkäufe und Fusionen unter den Privatbahnen stattfindet.

Im Gegensatz zum Straßengüterverkehr sieht sich der Spediteur im Bahnverkehr einer Vielzahl von Akteuren gegenüber, so dass die Organisation eines reibungslosen Ablaufs der Lieferkette anspruchsvoll ist. Mangelnde Flexibilität und Angebote der EVUs sowie die vorhandenen Engpässe an den Terminals und der Infrastruktur erklären zum Teil die noch relativ geringe Nutzung des Verkehrsträgers Schiene.

Schienenverkehre lassen sich von der Spedition nur vermarkten und in Logistikprojekte integrieren, wenn sie qualitativ hochwertig und preislich wettbewerbsfähig sind. Das klassische Betätigungsfeld der Spedition ist der **Kombinierte Verkehr (KV)**, in den Spediteure über Operateure des KV oder mit eigenen intermodalen Zügen einbezogen sind. Insbesondere der Betrieb eigener Intermodalzüge oftmals in Kooperation mit anderen Partner ist derzeit ein Wachstumsbereich bei Spediteuren. So betreibt z. B. das EVU Boxxpress in Kooperation mit dem Logistikdienstleister Contargo einen Zug für den Hinterlandverkehr zwischen Hamburg und Frankfurt.

Bis Ende 1994 bestand eine enge vertragliche Bindung zwischen der Deutschen Bundesbahn und den sogenannten DB-Stückfrachtunternehmern. Die 1996 gegründete **Interessengemeinschaft der Bahnspediteure (IBS)** soll der gemeinsamen Zusammenarbeit neue Impulse geben und die Stellung des Bahnspediteurs und der Bahn verbessern. Nach einer Branchenerhebung des Deutschen Speditions- und Logistikverbandes (DSLV) aus dem Jahre 2015 sind 13 % der Mitgliedsunternehmen Auftraggeber der Eisenbahnen. Für 5 % der Spediteure ist die Bahnbefrachtung sogar Leistungsschwerpunkt. Dass dieser Geschäftsbereich bei den Spediteuren wächst, ist zum einen daran erkennbar, dass bei der Branchenerhebung 2010 nur 3 % der Spediteure dies als Leistungsschwerpunkt angegeben haben. Des Weiteren unterstreicht auch die Gründung des neuen **DSLV-Fachausschuss Schienengüterverkehr** den Bedarf und das steigende Interesse an Eisenbahngüterverkehren unter den Speditionsunternehmen. Der DSLV-Fachausschuss arbeitet u. a. an einem **Kooperationsprojekt Wagenladungsverkehr**, mit dem die Zusammenarbeit der Bahnspediteure vergleichbar der seit langem erfolgreichen Stückgutkooperationen gefördert werden soll.

4.2.20 Ausblick zur strategischen Ausrichtung der Eisenbahnen

Der Verkehrsträger Schiene steht heute nicht nur wegen des gestiegenen Umweltbewusstseins bei Verladern und Kunden, sondern auch aufgrund seiner zunehmenden Leistungswahrnehmung, vor einer Weichenstellung. Gemäß einer Studie der Allianz pro Schiene wird ein Schienenanteil von 25 % der in Deutschland zu transportierenden Güter im Jahr 2020 nicht ausgeschlossen.

Im Bereich der Staatsbahnen kann beobachtet werden, dass sowohl national als auch international ein verstärkter Wettbewerb Einzug hält. Geschlossene Allianzen werden aufgekündigt, Allianzen mit privaten EVU werden geschlossen, Tochtergesellschaften werden im Ausland gegründet – stets mit dem Ziel, über die eigenen Landesgrenzen hinweg Marktanteile in wachsenden Märkten erschließen zu können.

Gelingt es den großen Staatsbahnen zukünftig, ihre sehr komplexen Systeme stärker an den Marktbedürfnissen auszurichten, zunehmend wettbewerbsfähiger zu werden und ihre Bürokratie- und Entscheidungsprozesse wesentlich zu verschlanken, so haben diese die große Chance, einen verbesserten Stellenwert in der Wahrnehmung der Industrie zu erlangen. Dabei besteht die Herausforderung für die eine oder andere Staatsbahn, den Kunden als Basis für die Organisation des eigenen Unternehmens in den Mittelpunkt zu stellen. Was selbstverständlich sein sollte, ist aufgrund der teilweise unübersichtlichen Unternehmensgrößen, der dezentralen Entscheidungsgremien und der über Jahrzehnte währenden Stellung als Monopolist leider nicht immer gegeben.

Genau in dieser Wahrnehmungslücke sehen die privaten Eisenbahnverkehrsunternehmen ihre große Chance, wie die vergangenen Jahre der Liberalisierung bereits erfolgreich aufgezeigt haben. Beide Unternehmensformen sollten weniger ihre Kraft dafür einsetzen, in allen Produktbereichen (WLV, KLV, Spezialverkehre) jeweils der Beste und Einzige sein zu wollen, sondern vielmehr Allianzen mit den jeweiligen Profis im entsprechenden Leistungsbereich anstreben. So können beide Systeme voneinander lernen und den Markt gemeinsam für mehr Güter auf der Schiene bearbeiten.

Die aktuelle eher positive Wahrnehmung des Verkehrsträgers Schiene birgt eine große Chance, die Schiene weiter zu stärken, inkludiert jedoch auch Risiken, sollten notwendige Umstrukturierungen nicht zeitnah realisiert werden.

Neben dem dringend notwendigen Ausbaus der Infrastruktur für den Güterverkehr gehören ebenso die Erweiterung und Modernisierung des Waggon- und Lokomotivenfuhrparks sowie die Aufhebung diverser Wettbewerbsverzerrungsfaktoren (Mineral- und Ökosteuer auf der Schiene versus Straßen- und Luftverkehr, Lkw-Mautanhebung, Einpreisung der tatsächlichen Umweltkosten durch den Lkw etc.) seitens der Politik zur Aufgabenstellung der nächsten Jahre. Investitionen in Maßnahmen zur Reduktion von Bahnlärm, insbesondere auf stark befahrenen Strecken wie dem Rheintal, würden die Akzeptanz des Verkehrsträgers Schiene zudem stärken. Technische Lösungen gibt es bereits. So sorgen Achsen mit einer wieder entfernbaren gummiähnlichen Beschichtung sowie Kunststoffbremssohlen für eine deutliche Reduktion der Lärmemission.

Entwicklungen in der Loktechnik bieten durch die Verknüpfung von Elektro- und Dieselantrieb in einer Lokomotive nunmehr die Möglichkeit, die meist kostenintensive sogenannte „erste" und „letzte" Meile ohne Fahrdraht mit der elektrisch fahrenden Streckenlok zu bedienen. So können teure Zuführungen von Rangier-/Diesellokomotiven vermieden werden.

Mögen Projekte wie Stuttgart 21 bauarchitektonisch richtungsweisend sein, stellt sich doch die Frage, in welcher Form der Güterverkehr von solchen Milliardeninvestitionen profitiert. Sind vor dem Hintergrund der bereits heute knappen Infrastrukturkapazitäten für den Güterverkehr Investitionen in diesen Größenordnungen nicht volkswirtschaftlich sinnvoller im Güterverkehrsbereich angesiedelt?

So kommt beispielsweise der Ausbau der dringend erforderlichen NEAT (Neue Eisenbahn-Alpen-Transversale) in Deutschland nicht wirklich voran. Die Schweiz hingegen investiert seit Jahren massiv in die Alpenquerung durch gigantische Tunnelbauprojekte wie beispielsweise den Lötschberg- und der zum Jahresende 2016 in Betreib gehende Gotthardbasistunnel. Während sich in Deutschland Infrastrukturprojekte über Jahrzehnte hinauszögern und Kostenexplosionen keine Seltenheit sind, hat die Schweiz nachgewiesen, dass solche Megaprojekte sowohl im Kosten- als auch im Zeitrahmen (die Planungen in 2009 sahen vor, den Gotthardtunnel erst 2017 in Betrieb zu nehmen) zu realisieren sind. Dies alles geschieht vor dem Hintergrund der wachsenden Warenströme in Nord-Süd-Nord-Richtung. Ein solcher auf internationaler Ebene harmonisierter Ausbau der Gleisinfrastruktur kann natürlich nur dann einen Verlagerungseffekt des Güterverkehrs von der Straße auf die Schiene aufzeigen, wenn die Gesamtstrecke und somit auch der deutsche Streckenanteil den Kapazitätsstandards der Nachbarländer entsprechen.

Diese und weitere Fragen gilt es in Zukunft klar zu untersuchen und unter Abwägung aller Einflussfaktoren nüchtern und objektiv zu entscheiden. Wie alle Infrastrukturen, so ist auch die Schiene seit Jahren stark unterfinanziert. Und auch wenn die Finanzmittel für alle Verkehrsbereiche inkl. Schiene für die nächsten Jahre nochmals angehoben wurden, so bleibt auch die Schiene weit unter den 5 Mrd. € pro Jahr, die z. B. von der Allianz pro Schiene für den Ausbau und die Wartung des deutschen Schienennetzes vom Bund gefordert werden, um auf Dauer den Anforderungen durch die steigenden Waren- und Personenverkehre gerecht werden zu können.

Das Rückgrat der EU-Strategie zur Belebung des Schienengüterverkehrs bilden neun **Güterverkehrskorridore (TEN-T)**. Sie sollen vor allem den grenzüberschreitenden Güterverkehr beschleunigen. Ein Positionspapier zum Ausbau der Korridore und des europäischen Schienengüterverkehrs hat im Frühjahr 2016 der europäische Dachverband **ERFA (European Rail Freight Association)** mit folgen Forderungen und Vorschlägen vorgelegt:

- organisatorische Unabhängigkeit des Korridor-Managements
- Festlegung von Leistungsziel und Kennziffern zur Qualitätskontrolle

- Nutzerbeteiligung an Strategieplanungen
- Priorität der Langstreckenverkehre vor Regionalzügen

Ebenso wichtig ist der Ausbau der **Interoperabilität** der länderspezifischen Bahnsysteme in Europa. Denn bei keinem anderen Verkehrsträger außer der Schiene stellen Staatsgrenzen heute noch für den reibungslosen und schnellen Betrieb teilweise enorme Hindernisse in den Sicherungs-, Strom-, Dokumentations- und Abwicklungssystemen dar. Durch eine hier ansetzende Optimierung könnten Transitzeiten deutlich optimiert werden.

Ein weiteres Problem für den europäischen Schienengüterverkehr sind auch die großen Differenzen bei den Trassenpreisen in den jeweiligen Ländern. Während 1000 Tonnen Fracht pro Kilometer im europäischen Durchschnitt 2,90 € kosten, liegen die Konditionen in Deutschland bei 2,68 €, in Lettland dagegen bei fast 10 € und Dänemark bei nur 50 Cent.

Kritisch hinterfragt werden muss vor dem Hintergrund der Wettbewerbsgleichheit und Perspektiven für den Schienengüterverkehr das **Änderungsgesetz zum Allgemeinen Eisenbahngesetz**. Dieses fordert von Spediteuren und anderen Betreibern privater Eisenbahninfrastruktur die ungehinderte Zugangsmöglichkeit von Wettbewerbern zu den eigenen privaten Gleisanschlüssen unter Aufsicht der Preisbildung durch die Behörden. Dies könnte einige Bahnspediteure, vor dem Hintergrund notwendiger großer und langlebiger Investitionen in die Schieneninfrastruktur, dazu bewegen, sich aus unternehmensstrategischen Gründen aus dem Schienengüterverkehr wieder zurückzuziehen.

4.3 Binnenschifffahrt

Erwin Spitzer

4.3.1 Die Binnenschifffahrt im Güterverkehrsmarkt

4.3.1.1 Qualitative Leistungsmerkmale der Binnenschifffahrt

Die Binnenschifffahrt ist der einzige Landverkehrsträger, der noch über **erhebliche freie Kapazitäten** verfügt. Diese freien Kapazitäten zu nutzen, könnte andere Verkehrsträger entlasten. Ein solches Vorhaben ist nicht ganz einfach zu realisieren. Denn das Leistungsspektrum der Binnenschifffahrt und die Anforderungen der Transportwirtschaft überdecken sich nur in Teilbereichen.

Binnenschiffe entfalten ihre Vorteile insbesondere beim Transport großer Mengen flüssiger, gasförmiger, schütt- oder greiferfähiger Güter über große Entfernungen. Die moderne Binnenschifffahrt zeichnet sich durch eine stark zunehmende Zahl von Containertransporten aus. Marktnischen besetzt die Binnenschifffahrt beim **Transport sperriger und schwerer Einzelstücke**, beim Transport von Neuwagen und Landmaschinen. Die Binnenschifffahrt ist stets offen für neue Aufgaben – vorausgesetzt die zu transportierenden Güter fallen in einer Menge an, die ein Binnenschiff annähernd auslasten.

Der manchmal als Nachteil angesehenen relativ geringen Geschwindigkeit von Binnenschiffen kann durch vorausschauende Planung begegnet werden. Insofern sind auch Binnenschiffstransporte ohne Weiteres „just-in-time" zu organisieren (z. B. in der Eisen- und Stahlindustrie). Auf selten eintretende witterungsbedingte Einflüsse (Hoch- und Niedrigwasser auf den Flüssen, Eisgang auf den Kanälen) muss mit entsprechender Lagerhaltung reagiert werden. Der Klimawandel wird die Aktivitäten der Binnenschifffahrt in Westeuropa in den nächsten Jahrzehnten nicht beeinträchtigen.

Das Binnenschiff ist das **energiesparsamste Verkehrsmittel**. Die Auftriebskräfte des Wassers und (wo vorhanden) die Strömung sorgen dafür, dass die Binnenschifffahrt bei einem Vergleich zwischen den verschiedenen Verkehrsträgern für eine vorgegebene Transportaufgabe (z. B. den Transport von 2.000 t Gütern über eine Entfernung von 500 km) den geringsten Energieeinsatz benötigt. Die daraus resultierenden Kostenvorteile schlagen sich in relativ niedrigen Preisen (Frachtraten) nieder und fördern den Transport von großströmigen meist transportkostenempfindlichen Massengütern auf dem Wasser.

Gemessen an den sogenannten „externen Kosten" schneidet das Binnenschiff im Vergleich mit den übrigen Verkehrsträgern am besten ab. In Bezug auf die spezifischen Emissionen (d. h. Emissionen im Verhältnis zu den erbrachten Transportleistungen) muss allerdings eingeräumt werden, dass sich die früher deutlich bessere Position der Binnenschifffahrt langsam verschlechtert. Hintergrund ist das geringe Innovationsvermögen des Sektors. Diese Schwäche ist das Ergebnis eines hohen internen und externen Wettbewerbsdrucks.

Binnenschiffe sind Transportmittel, die auf eine sehr lange Lebensdauer (z. B. 30 Jahre für Tankschiffe und 50 Jahre für konventionelle (Trocken-)Güterschiffe) ausgelegt sind. Unter den heutigen Rahmenbedingungen ist bei den meisten bestehenden Schiffen eine Umrüstung auf eine moderne umweltschonende Antriebstechnik aus eigener Kraft der Unternehmen wirtschaftlich nicht darstellbar. Deshalb werden im Rahmen nationaler Förderprogramme durchaus spürbare Anreize für die erwünschte Modernisierung gesetzt.

Anders als in der Seeschifffahrt, die zumindest bei Fahrt fern der Küsten Schweröl als Treibstoff verwendet, wird von Binnenschiffen seit dem 1.1.2011 schwefelfreier Treibstoff eingesetzt, wie er auch in dieselgetriebenen Personenkraftwagen eingesetzt wird. Darüber hinaus sieht sich die Binnenschifffahrt immer strengeren Anforderungen an die Abgasgrenzwerte der eingesetzten

Motoren gegenüber. Die europäische Gesetzgebung droht den Sektor zu überfordern – ganz abgesehen davon, dass die Hersteller der Motoren und Filteranlagen angesichts geringer Stückzahlen mit ihrer Entwicklungsarbeit kaum nachkommt.

Das Verkehrssystem Binnenschiff/Wasserstraße verfügt über erhebliche freie Kapazitäten. Ohne größere Investitionen lässt sich die Transportleistung der Binnenschifffahrt kurzfristig um 20 % steigern. Auf vielen Wasserstraßen (insbesondere auf dem Rhein) könnte die transportierte Gütermenge theoretisch um über 100 % erhöht werden. Um eine solche Steigerung erzielen zu können, müsste aber auch die Kapazität der Umschlagsanlagen erhöht werden. Entlang der Rheinschiene dürfte das heute von Eisenbahnen und Lkw transportierte und auf Binnenschiffe verlagerbare Gütervolumen ca. 50 Mio. t betragen. Angesichts von Engpässen auf Schienen und Straßen sind die freien Kapazitäten der Wasserstraße ein verkehrspolitisch bedeutsamer Faktor.

Weitere **Vorteile der Binnenschifffahrt** sind

- hohe Verkehrssicherheit (unter anderem Eignung für den Transport gefährlicher Güter),
- weitgehende Nutzung natürlicher Verkehrswege,
- ein günstiges Verhältnis von Nutzlast zu Totallast (als Voraussetzung für einen geringen Energieeinsatz),
- Einsatz von wenig Personal,
- Großräumigkeit der Schiffe.

Im **Kombinierten Verkehr** Wasser/Schiene/Straße steht das Binnenschiff abgesehen vom Containertransport erst am Anfang der Entwicklung (Wechselbehältereinsatz/Roll-on/Roll-off-Verkehre). Mit dem Binnenschiff können die meisten Industrie- und Verbrauchszentren der Bundesrepublik erreicht werden. Drei Viertel aller deutschen Großstädte verfügen über einen Wasserstraßenanschluss.

Die Wasserstraßen der Bundesrepublik Deutschland umfassen eine Länge von rund 7.500 km. Daraus folgt, dass die Dichte des Verkehrsnetzes für die Binnenschifffahrt gegenüber dem Straßen- und dem Eisenbahnverkehr relativ gering ist; gebrochene Verkehre bzw. der Zwang zur Umladung von Gütern sind in der Binnenschifffahrt häufig anzutreffen. 6.400 km der 7.500 km Bundeswasserstraßen stellen klassifizierte Wasserstraßen dar (vgl. Kapitel 4.3.3.2). Entsprechend dem von der ECE (Economic Commission for Europe) 1992 beschlossenen Klassifizierungssystem für die europäischen Binnenwasserstraßen entfallen davon 25 % auf Wasserstraßen mit regionaler Bedeutung (Klasse I bis III) und 75 % auf Wasserstraßen mit internationaler Bedeutung (Klasse IV bis VII).

Als **Leistungsnachteile des Binnenschiffs** werden gegenüber anderen Verkehrsträgern angesehen

- die längere Transportdauer
- die Witterungsabhängigkeit: Eisgang, Hochwasser und Niedrigwasser können die Versorgungssicherheit in bestimmten Fahrgebieten gefährden und erfordern entsprechend vorausschauende Planungen für den Fall eintretender meist kurzfristiger Störungen.

Wenn es für den Verlader darum geht, den „richtigen" Verkehrsträger auszuwählen, dürfte bei Massenguttransporten (z. B. Importkohle vom Seehafen zu den Kraftwerken) die Gesamttransportzeit von untergeordneter Bedeutung sein. Beim Containertransport (z. B. beladen mit hochwertigen Konsumgütern) gewinnt dieses Kriterium an Bedeutung; allerdings nur bedingt, wenn man bedenkt, dass dem Transport im Binnenland ein wochenlanger Transport auf See vorausgeht.

In Anbetracht des Wochenendfahrverbots im Straßengüterverkehr kann das Binnenschiff sogar gegenüber dem Lkw in bestimmten Relationen und zu bestimmten Zeiten (z. B. ab Mannheim nach Rotterdam) schneller sein. Die Ausrüstung der Binnenschiffe mit modernen Radaranlagen ermöglicht einen „Rund-um-die-Uhr"-**24/7-Betrieb** und erhöht damit die Transportberechenbarkeit und verkürzt die Transportzeit. Durch Einführung elektronisch verfügbarer Wasserstraßeninformationen (www.elwis.de) steht allen Interessenten am System Binnenschiff/Wasserstraße ein moderner, stets aktueller Informationsdienst kostenfrei zur Verfügung. Binnenschiffe sind mit AIS-Geräten (Automatic Identification System) zur weiteren Erhöhung der Sicherheit und zukünftig auch für eine effizientere Transportdurchführung ausgerüstet.

Nachfolgende Übersicht fasst die Systemvorteile/-nachteile des Verkehrsträgers Binnenschifffahrt zusammen:

Infrastruktur (Binnenwasserstraßen)	**Schnittstellen (Häfen)**	**Transportraum (Güterschiffe)**
Systemvorteile		
– weitestgehend natürlicher Verkehrsweg – geringer Flächenverbrauch – geringer Unterhaltungsaufwand – hohe Sicherheit des Verkehrswegs – hohe Durchlassfähigkeit/freie Kapazitäten (Keine Staus!) – kein Nacht- und Sonntagsfahrverbot – Raum für Freizeit und Erholung – hoher ökologischer Wert – Energiegewinnung	– Lage in Ballungsräumen – Multimodalität – große Lagerkapazität – gute Schienen- und Straßenanbindung – flexible Umschlagtechnik – Zentrum für GVZ-Funktionen	– große Kapazität – kostengünstiges Transportmittel – lange Lebensdauer – geringer spezifischer Energieverbrauch – geringe Lärm- und Abgasemission – hohe Transportsicherheit
Systemnachteile		
– geringe Netzdichte – Befahrbarkeitsbeschränkung durch Hoch-, Niedrigwasser und Eisgang – Kanalabgaben – Schleusungsgebühren	– geringe Anzahl fixer Zugangsstellen (Folge: Gebrochener Verkehr*), d. h. „Zwang" zur Kooperation (Vor-, Nachlauf und Umschlagkosten) – Hafengebühren – Hafenbahntarife – teils hohe Umweltschutzauflagen – zeitliche Begrenzung für Zu-/Ablauf Lkw	– relativ geringe Transportgeschwindigkeit – Auslastung (Abladetiefe) abhängig von Fahrwassertiefe, Brückendurchfahrtshöhe (betr. Containerlagen)
Möglichkeiten für den „Abbau" von diversen Systemnachteilen		
– Sanierung/Ausbau der Wasserstraßen – Netzerweiterung des Nautischen Informationsfunks (NIF)	– Modernisierung der Ausrüstung – Angebot logistischer Komplettlösungen – Einrichtung temporärer Schiffsumschlagplätze – Bündelung kleiner Stückgutpartien	– Modernisierung und Spezialisierung der Flotte
– Einsatz von Telematikkomponenten zur Optimierung der Transportkette (Verkehrsleitung, Sendungsverfolgung, ...) – Kooperationen zwischen den Verkehrsträgern, zwischen Binnenschifffahrtsunternehmen		
*) Kostenvorteil der gebrochenen Transportkette mit Hauptlauf Binnenschiff gegenüber dem Direktverkehr Bahn/Straße ist abhängig vom Verhältnis Vorlauf/Nachlauf (Straße/Bahn) zu Hauptlauf (Binnenschiff)		

Tab. 4.3-1: Zusammenstellung wichtiger systembedingter Komponenten der Verkehrswertigkeit „Verkehrssystem Binnenschifffahrt" Quelle: Handbuch Güterverkehr Binnenschifffahrt, Bundesministerium für Verkehr (Hrsg.), März 1997

4.3.1.2 Quantitative Leistungsmerkmale der Binnenschifffahrt

Die jährlich mit Binnenschiffen auf deutschen Wasserstraßen transportierte Gütermenge hat sich seit 1970 mit wenigen Ausnahmen in einem Korridor zwischen 220 und 250 Mio. t bewegt. 2007 wurde mit 249,3 Mio. t das größte jemals auf Binnenwasserstraßen registrierte Transportaufkommen erzielt. Im wirtschaftlichen Krisenjahr 2009 fiel das Transportaufkommen mit 203,9 Mio. t für ein Jahr auf das Niveau der 1960er-Jahre.

2015 lag das Aufkommen wieder bei rund 220 Mio. t. In der Binnenschifffahrt besteht kein Zweifel, dass in einigen Jahren wieder ein Aufkommen von 250 Mio. t oder mehr erzielt werden kann. Die Entwicklung zeigt aber eine stark ausgeprägte Abhängigkeit von der konjunkturellen Lage bestimmter Massengüter verarbeitender Industrien. Aufgrund ihres Leistungsspektrums ist die Binnenschifffahrt für diese Wirtschaftsbereiche unverzichtbar. Wenn diese Wirtschaftsbereiche Einbrüche erleiden, wirkt sich dies unmittelbar auf die Binnenschifffahrt aus. Ein (kurzfristiges) Ausweichen der Binnenschifffahrt auf andere Wirtschaftsbereiche ist kaum möglich, weil das Leistungsspektrum der Binnenschifffahrt und ein kleinteiliger spezifischer Transportbedarf vieler anderer Branchen nur schwer zur Deckung zu bringen sind.

Deutlich spürbar ist in der Binnenschifffahrt die zunehmende internationale Verflechtung. Zum einen zeigt das innerdeutsche Transportaufkommen seit Jahren eine eher abnehmende Tendenz. Erkennbar wird diese Entwicklung an der Verkehrsleistung, rechnerisch dem Produkt aus durchschnittlicher Transportweite und insgesamt transportierter Menge. Seit 1992, dem Jahr der Fertigstellung des Main-Donau-Kanals, nahm die Verkehrsleistung der gesamten Binnenschifffahrt ständig zu und betrug im Jahr 2007 64,8 Mrd. tkm. 1992 lag sie im Vergleich dazu bei 57,2 Mrd. tkm, im Krisenjahr 2009 lediglich bei 55,5 Mrd. tkm und liegt 2015 wieder bei 60 Mrd. tkm.

Knapp 500 deutsche Unternehmen sind im Güterverkehr der deutschen Binnenschifffahrt tätig, sie bieten auf dem Güterverkehrsmarkt mit rund 2.500 Schiffseinheiten (Motorgüterschiffe, Tankmotorschiffe, Schubleichter, Tankschubleichter, Schleppkähne, Tankschleppkähne, Trägerschiffsleichter, Schubboote, Schlepper) Laderaum mit einer Tragfähigkeit von rund 2,6 Mio. t an. Von allen Transportgütern der Binnenschifffahrt entfällt etwa ein Viertel auf die Gütergruppe Erze, Steine und Erden. Rund 15 % entfallen auf Steinkohlen (ganz überwiegend Import); Kokerei- und Mineralölerzeugnisse werden in ähnlicher Größenordnung (17 %) transportiert. Auf Chemieprodukte entfallen etwa 12 %. Die beiden Gruppen Landwirtschaftliche Erzeugnisse und Holz kommen zusammen auf ein vergleichbares Ergebnis (ca. 13 %). Metallerzeugnisse und Abfälle machen jeweils rund 5 % aus. Heute transportiert etwa jedes zehnte Binnenschiff auf dem Rhein Container. Deren Ladung ist in den vorstehend aufgeführten Gütergruppen enthalten.

4.3.1.3 Historischer Rückblick

Der Verkehrsträger Binnenschifffahrt ist der älteste Verkehrsträger. Bereits 10 000 Jahre v. Chr. fuhren auf dem Nil Flöße. Auf dem Rhein verkehrten die ersten Floßschiffe 2000 v. Chr.In der Zeit der sogenannten „Stadtwirtschaften" vom 12.–17. Jahrhundert wurden auf den natürlichen Wasserläufen Treidelschiffe eingesetzt, die zum Teil von menschlicher oder tierischer Arbeitskraft gezogen, bis zu 40 t Güter beförderten. 1757 wurde der heute größte deutsche **Binnenhafen Duisburg-Ruhrort** gegründet. 1815 forderte der Wiener Kongress erstmalig die Freiheit der Schifffahrt auf allen Strömen. Das erste deutsche Dampfschiff Die Weser verkehrte 1816.

Um 1900 herum wurde das Ruhrgebiet bis Dortmund über Kanäle mit der Nordseeküste und dem Rhein verbunden. Der **Mittellandkanal**, die einzige und deshalb sehr wichtige Ost-West-Verbindung, wurde 1938 eröffnet. Während bis 1950 die Schleppschifffahrt vorherrschend war, begannen die Unternehmen in dieser Zeit mit dem Bau von Motorgüterschiffen (der bekannteste Schiffstyp ist das sogenannte „Europaschiff" mit einer Tragfähigkeit von 1.350 t). 1960 kam die Schubschifffahrt nach amerikanischem Vorbild auf. Schubverbände (bestehend aus einem Schubschiff und bis zu sechs Schubleichtern) können eine Gütermenge bis maximal 17.000 t transportieren.

Im September 1992 wurde der **Main-Donau-Kanal** mit einer Länge von 171 km eröffnet. Seitdem steht ein durchgehender Binnenschifffahrtsweg über 3.500 km von Rotterdam bis zum Schwarzen Meer zur Verfügung. Im Oktober 2003 wurde die Trogbrücke über die Elbe in Betrieb genommen. Damit sind Verkehre zwischen Berlin und dem Ruhrgebiet sowie Hamburg möglich, die von den nicht selten niedrigen Wasserständen der Elbe unabhängig sind.

4.3.1.4 Die Marktordnung in der Binnenschifffahrt

Eine Marktordnung in der nationalen Güterverkehrswirtschaft kann aus kapazitätsbegrenzenden Maßnahmen und aus qualitativen Marktzugangsbeschränkungen bestehen (fachliche Eignung, persönliche Zuverlässigkeit, finanzielle Leistungsfähigkeit). Theoretisch gibt es in der Binnenschifffahrt nur wenige **Beschränkungen beim Marktzugang**. Die nautisch-technischen Anforderungen stellen aber Hürden dar, sodass ein Markteintritt als „Jungunternehmer" praktisch nur für „Insider" (ausgebildete Schiffsführer) in Betracht kommt. Ein Unternehmer im Binnenschiffsgüterverkehr benötigt eine Erlaubnis, die er immer dann erhält, wenn er die Voraussetzungen der Verordnung über den Zugang zum Beruf des Unternehmers im innerstaatlichen und grenzüberschreitenden Binnenschiffsgüterverkehr erfüllt.

Die Erlaubnis wird erteilt, wenn ein Antragsteller einen entsprechenden Lehrgang besucht hat. Der Tatbestand des traditionell relativ freien Marktzugangs und die noch zu behandelnde **Freiheit der Binnenschifffahrt** führen dazu, dass der Verkehrsträger Binnenschifffahrt tendenziell Überkapazitäten aufwies und heute noch aufweist, denen durch verschiedene Maßnahmen (nationale Abwrackaktionen von 1969 bis 1989 und internationale Abwrackaktionen sowie ein erschwerter Marktzugang für neue Schiffe von 1989 bis 2003) entgegengewirkt wurde.

Von der Befähigung, als Unternehmer in der Binnenschifffahrt tätig zu sein, ist die Befähigung zum Führen der Schiffe zu unterscheiden. Zum Führen eines Schiffes werden sogenannte „Patente" benötigt, die nach entsprechenden Schulungsmaßnahmen streckenbezogen bei Nachweis praktischer Erfahrungen erteilt werden.

Nach Art. 89 des Grundgesetzes ist der Bund Eigentümer der Bundeswasserstraßen. Im Gesetz über die Aufgaben des Bundes auf dem Gebiet der Binnenschifffahrt **(Binnenschifffahrtsaufgabengesetz (BinSchAufG))** sind die Aufgaben des Bundes im Einzelnen angesprochen; u. a. Förderung der Binnenflotte und des Binnenschiffsverkehrs im allgemeinen deutschen Interesse, Abwehr von Gefahren für die Sicherheit des Verkehrs sowie Verhütung von von der Schifffahrt ausgehenden Gefahren (Schifffahrtpolizei), die Schiffseichung auf den Bundeswasserstraßen, die Erteilung der Erlaubnis zur Fahrt auf den Bundeswasserstraßen für Wasserfahrzeuge.

Weitere im Binnenschiffsverkehr zu beachtende Gesetze und Verordnungen sind das Gesetz über Rechte an eingetragenen Schiffen und Schiffsbauwerken, die Schiffsregisterordnung, die Verordnung über die Eichung von Binnenschiffen, das Gesetz betreffend die privatrechtlichen Verhältnisse der Binnenschifffahrt (BinSchG), das Gesetz über das gerichtliche Verfahren in Binnenschifffahrtssachen (BinSchVerfG), die Binnenschifffahrtsstraßen-Ordnung (BinSchStrO), die Rheinschifffahrtspolizeiverordnung (RheinSchPVO), die Moselschifffahrtspolizeiverordnung (MoselSchPVO), die Rheinschiffs-Untersuchungsordnung (RheinSchUO), die Binnenschiffs-Untersuchungsordnung (BinSchUO). Die BinSchUO ist Basis für die Verkehrszulassung in der Form der Erteilung des Schiffsattests/Schiffszeugnisses. Ferner gilt die Binnenschifffahrt-Patentverordnung. Wer sich als „Schiffer“ betätigen will, d. h. wer ein eigenes oder fremdes Schiff auf Binnengewässern führen will, bedarf dazu eines Befähigungsnachweises. Es wird ihm ein **Schifferpatent** ausgestellt.

Am 1.11.2009 ist das Übereinkommen über die Sammlung, Abgabe und Annahme von Abfällen in der Rhein- und Binnenschifffahrt (Abfallübereinkommen) in Deutschland und fünf weiteren Vertragsstaaten in Kraft getreten. Das Übereinkommen weist Rechte und Pflichten der Ladungsbeteiligten bei Gütertransporten mit Binnenschiffen zu. Grundsätzlich ist der Verlader dazu verpflichtet, das Schiff auf seine Kosten zu reinigen, wenn Waschwasser anfällt, das mit Ladungsrückständen vermischt ist, welches nicht in das Gewässer gelangen darf.

Mit dem **Tarifaufhebungsgesetz** wurde das Binnenschiffsverkehrsgesetz zum 1.1.1994 aufgehoben. Seitdem gilt im innerdeutschen Binnenschiffsverkehr der Grundsatz der Tariffreiheit, d. h., dass die Marktpartner sich untereinander auf Frachtpreise und Nebenbedingungen einigen. Für die Binnenschifffahrt gelten seitdem im innerdeutschen Verkehr (ungefähr ein Drittel der damaligen Verkehrsleistungen) die gleichen Bedingungen wie im grenzüberschreitenden Verkehr (rund zwei Drittel der Beförderungsleistungen auf deutschen Wasserstraßen), für den es im Bereich der Binnenschifffahrt niemals staatliche Regulierungen gab.

Eine weitere wichtige Veränderung erfuhren per 1.7.1998 die vertragsrechtlichen Bestimmungen in der Binnenschifffahrt durch das Inkrafttreten des **Transportrechtsreformgesetzes (TRG)**. Die gesetzlichen Vorschriften, die das nationale Frachtvertragsrecht in der Binnenschifffahrt regeln, wurden gestrichen. Für die Binnenschifffahrt gelten seitdem in vielen Punkten die gleichen Vorschriften aus dem Handelsgesetzbuch (HGB) wie für die anderen Verkehrsträger. Es gibt aber auch Spezialregeln, wie die Verordnung über die Lade- und Löschzeit in der Binnenschifffahrt sowie das Liegegeld.

Mit dem Gesetz über die Aufgaben des Bundes auf dem Gebiet der Binnenschifffahrt (Binnenschifffahrtsaufgabengesetz (BinSchAufgG)) werden die Aufgaben und Zuständigkeiten der betreffenden Bundesbehörden geregelt. Mit dem Ziel bester Verkehrsbedienung ist die Bundesregierung ermächtigt, auf eine Angleichung der Wettbewerbsbedingungen der Verkehrsträger hinzuwirken und durch einen lauteren Wettbewerb der Verkehrsträger eine volkswirtschaftlich sinnvolle Aufgabenteilung zu erreichen.

Der Bund verwaltet die Bundeswasserstraßen durch eigene Behörden. Zuständig für die Verwaltung der Bundeswasserstraßen und für die Aufgaben der Binnenschifffahrt ist der Bundesminister für Verkehr, Bau und digitale Infrastruktur.

Die dem Bundesministerium für Verkehr, Bau und digitale Infrastruktur zur Verwaltung der Bundeswasserstraßen nachgeordnete **Wasser- und Schifffahrtsverwaltung (WSV)** gliedert sich in Mittelinstanz und Unterinstanz. Als Mittelinstanz fungieren die ehemaligen Wasser- und Schifffahrtsdirektionen Nord (Kiel), Nordwest (Aurich), Mitte (Hannover), West (Münster), Südwest (Mainz), Süd (Würzburg) und Ost (Magdeburg) als Außenstellen der 2013 neu gegründeten Generaldirektion Schifffahrt und Wasserstraßen (GDSW).

Ferner gibt es Sonderstellen mit zentralen Aufgaben für den Gesamtbereich der WSV, so z. B. das Seezeichenversuchsfeld in Koblenz und die Sonderstelle „Ölunfälle See/Küste“ in Cuxhaven. Den Außenstellen der GDSW obliegen die Erhaltung des gebrauchsfähigen Zustands der Verkehrsinfrastruktur und die Gewährung der Sicherheit und Leichtigkeit des Verkehrs. Den Außenstellen der GDSW sind als Unterinstanz Wasser- und Schifffahrtsämter (WSÄ), Wasserstraßenmaschinenämter (WMÄ) sowie Wasserstraßenneubauämter (WNÄ) nachgeordnet. Den Wasser- und Schifffahrtsämtern sind regional Außenbezirke mit Betriebsstellen, wie z. B. Schleusen, Hebewerke sowie Bauhöfe zugeordnet.

In der internationalen Binnenschifffahrt gelten die folgenden Regelungen:

Auf dem Wiener Kongress wurde bereits 1815 die **Freiheit der Binnenschifffahrt** proklamiert. Die Bemühungen der Anliegerstaaten schiffbarer Ströme, den Binnenschiffsverkehr von willkürlichen Sperrungen, Behinderungen und Einschränkungen zu befreien, fanden ihren Niederschlag in verschiedenen internationalen Stromakten bzw. Schifffahrtsakten.

Von besonderer Bedeutung war und ist heute noch die **Mannheimer Akte** für das Rheinstromgebiet (1831 in Mainz beschlossen und 1868 in Mannheim revidiert). Die Mannheimer Akte gestattet Schiffen aller Nationen, Binnenschiffstransporte auf dem Rhein und seinen Ausflüssen von Basel bis ins offene Meer abgabenfrei durchzuführen Zur gemeinsamen Beratung über die Angelegenheiten der Rheinschifffahrt besteht die Zentralkommission für die Rheinschifffahrt (ZKR) mit Sitz in Straßburg. Ihr Aufbau und ihre Rechtstellung gründen sich auf die Mannheimer Akte. In der ZKR werden die von den einzelnen Staaten zu erlassenden Verkehrs- und Schiffssicherheitsvorschriften beschlossen sowie wichtige Baumaßnahmen im Strom (Fahrwasserverbesserung) und seiner Umgebung (z. B. Brücken) begutachtet. Vertragsstaaten der Rheinschifffahrtsakte (Mannheimer Akte) sind die Schweiz, Frankreich, Deutschland, Niederlande, Belgien; die Rechtswirkungen der Rheinschifffahrtsakte gelten darüber hinaus für alle EU-Mitgliedstaaten.

Bei der schrittweisen EU-Erweiterung auf inzwischen 28 Mitgliedstaaten gelten die von den Europäischen Institutionen erlassenen Regeln für die Binnenschifffahrt uneingeschränkt und ohne Übergangsfrist für die neu beigetretenen Staaten. Nach der Erweiterung durch den Beitritt von Polen, Tschechien, Ungarn, Rumänien, Bulgarien und der Slowakei ist diese Entwicklung erst einmal abgeschlossen. Schiffe aus diesen Staaten können vom Beitritt ihrer Staaten an unmittelbar in den Wettbewerb mit den Unternehmen aus den westeuropäischen Staaten eintreten, wenn sie die technischen Voraussetzungen erfüllen. Früher war dies für osteuropäische Schiffe nur auf besonderen Antrag im Einzelfall erlaubt (hohe bürokratische Hürde). Die neuen Freiheiten für die osteuropäische Konkurrenz führten im Binnenschifffahrtsgewerbe zu der Befürchtung, dass aufgrund des Lohnkostengefälles weitere Reduzierungen der Frachtpreise sowie Marktanteilsverluste unvermeidlich werden würden.

In der Praxis haben sich diese Befürchtungen bisher nicht in dem vermuteten Umfang bemerkbar gemacht. Binnenschiffe aus den neuen EU-Mitgliedstaaten mit direktem Wasserstraßenzugang entsprachen vielfach nicht dem hohen technischen Standard der Rheinschifffahrt. Folglich konnten sie der westeuropäischen Schifffahrt zunächst nur in Randbereichen Konkurrenz machen. Osteuropäische Schiffe werden oft im Auftrag westeuropäischer Befrachter tätig, sodass vor allem die heimischen Binnenschiffer (Partikuliere) im Bereich zwischen Elbe und Oder sowie im nordwestdeutschen Kanalgebiet von der veränderten Wettbewerbssituation negativ berührt werden.

Westeuropäische Reedereien suchen auch in Osteuropa nach Beteiligungs- und Kapitalanlagemöglichkeiten. Solange noch ein Kostengefälle zwischen den neuen Mitgliedstaaten und den traditionell Binnenschifffahrt betreibenden Staaten besteht, versprechen Investitionen in den neuen Staaten gute Renditen. Solche Möglichkeiten stehen aber nur entsprechend kapitalkräftigen Unternehmen offen und stehen dem einzelnen kleinen Binnenschiffer nicht zur Verfügung.

Der grenzüberschreitende Verkehr zwischen den Niederlanden, Belgien und Frankreich sowie der Binnenschiffsverkehr innerhalb dieser Länder war bis zum 1.1.2000 strengen Reglementierungen unterworfen (Lizenzierung und **Tour-de-Rôle-System**). Tour-de-Rôle war ein in der Binnenschifffahrt praktiziertes Befrachtungssystem. Dabei wurden die Transportaufträge der Kunden auf einer Frachtbörse zu vorher festgesetzten Preisen an die wartenden Binnenschiffer vergeben. Die Verkehrsunternehmen wurden in der Reihenfolge ihrer Eintragung in ein entsprechendes Verzeichnis aufgefordert, sich für eine der angebotenen Ladungen zu entscheiden.

Diskussionen über die Marktordnung und stärkere Eingriffe des Staates ergeben sich immer dann, wenn sich gravierende wirtschaftliche Schwierigkeiten zeigen. Beispielsweise wird in Belgien und Frankreich vom Gewerbe immer wieder die Forderung nach Mindestentgelten im Binnenschiffsverkehr erhoben. Angesichts des hohen Stellenwertes, den die Europäische Kommission in „liberalen Marktverhältnissen" sieht, ist schwer vorstellbar, dass es in den nächsten Jahren zu einer Rückkehr zu solchen marktordnenden Elementen kommen wird.

4.3.1.5 Die Unternehmensformen in der Binnenschifffahrt

Die Binnenschifffahrt treibenden Unternehmen lassen sich in sogenannte „Partikuliere" (auch Klein-, Einzel- oder Privatschiffer genannt), Reedereien, Genossenschaften und Befrachter unterscheiden.

Der **Partikulier** verfügt in der Regel über ein Schiff. Das Schiff dient ihm als Wohn- und Arbeitsstätte zugleich. Als Schiffseigner ist er Eigentümer des Schiffes, als Ausrüster setzt er ein in seinem Besitz befindliches aber nicht im Eigentum stehendes Schiff zur gewerblichen Güterbeförderung ein. Der Partikulier ist selbst in der Regel nicht akquisitorisch tätig. Partikuliere erhalten ihre Transportaufträge fast immer von Reedereien, Genossenschaften, Befrachtern oder Spediteuren.

Knapp die Hälfte der deutschen Partikuliere hat sich in zwei großen **Genossenschaften** zusammengeschlossen. Die Genossenschaften handeln am Transportmarkt wie die Reedereien und lassen die akquirierten Transporte durch ihre Mitglieder durchführen. Genossenschaften übernehmen darüber hinaus auch andere Funktionen wie gemeinsamer Einkauf, betriebswirtschaftliche Betreuung und Ähnliches. Als Mitglied einer Genossenschaft bestimmen Partikuliere in gewissen Grenzen mit über die Geschäftspolitik der Genossenschaft.

Von der anderen Hälfte der Partikuliere haben sich die allermeisten den Reedereien als sogenannte **„Hauspartikuliere"** angeschlossen. Sie erhalten ihre Transportaufträge von den Reedereien. Anders als Genossenschaftspartikuliere haben Hauspartikuliere kaum Möglichkeiten zur Einflussnahme auf die Geschäftspolitik der Unternehmung, für die sie tätig sind. Klug geführte Reedereien informieren ihre Hauspartikuliere über das Marktgeschehen, damit Entscheidungen der Reederei, die die Hauspartikuliere unmittelbar finanziell spüren könnten, transparenter werden.

Einige wenige sogenannte **„freie" Partikuliere** haben sich weder an eine Genossenschaft noch an eine Reederei gebunden. Sie versuchen, ihren Schiffsraum selbst zu vermarkten und tragen dabei das Risiko einer weniger kontinuierlichen Beschäftigung.

Die Rolle der **Reedereien** hat sich in Deutschland seit den 1990er-Jahren stark verändert. Bis dahin haben die Reedereien ihre Transportaufgaben zu einem wesentlichen Teil mit eigenen Binnenschiffsflotten erfüllt, die mit angestelltem Personal der Reedereien besetzt waren. Der infolge der Tarifaufhebung in Deutschland im Jahr 1994 vorhersehbare Frachtratenverfall führte dazu, dass die meisten Reedereien ihr bis dahin angestelltes fahrendes Personal weitgehend freisetzten.

Mit vielen ehemaligen Mitarbeitern wurden Kauf-, Miet- oder Charterverträge über die Schiffe der Reedereien geschlossen. Mit diesen Schiffen arbeiteten die ehemaligen Angestellten dann als Hauspartikuliere für die Reedereien weiter. Nur noch wenige Reedereien betreiben heute Binnenschiffe mit angestelltem Personal. Als sinnvoll und notwendig erweist sich dies allerdings in bestimmten Teilmärkten mit Spezialanforderungen (z. B. Gasschifffahrt, Chemikalientransport).

Eine gesetzlich definierte Trennung zwischen **gewerblichem Verkehr** und **Werkverkehr** (das ist die Beförderung von eigenen Gütern für eigene Zwecke des Unternehmens mit eigenen Schiffen) gibt es in der Binnenschifffahrt nicht mehr.

In der Praxis der Binnenschifffahrt wird derjenige als **Befrachter** bezeichnet, der Frachtverträge mit dem Absender abschließt und dann Partikuliere als Unterfrachtführer einsetzt. Hier handelt es sich also weniger um eine betriebswirtschaftlich-technische Kategorie einer Betriebsform, im Vordergrund stehen hier Fragen des Abschlusses des Frachtvertrags im Allgemeinen und der Beteiligten am Frachtvertrag im Besonderen. Gelegentlich wird auch der ursprüngliche Auftraggeber als Befrachter in einer mehrgliedrigen Kette angesehen. Zur Vermeidung von Missverständnissen sollte die Rolle des Befrachters im jeweiligen Zusammenhang genau beschrieben werden.

Der Spediteur findet Partner aus der Binnenschifffahrt auf allen beschriebenen Ebenen. Zumeist dürfte dies die Reederei oder Genossenschaft sein, seltener dagegen ein „freier" Partikulier, obwohl dies für beide Seiten wirtschaftlich lukrativ sein kann. Eine solche Zusammenarbeit muss sich aber an den Aspekten der Versorgungssicherheit für den Verlader und der kontinuierlichen Beschäftigung für den Partikulier messen lassen.

4.3.1.6 Die gewerbepolitische Organisation der Binnenschifffahrt

Der **Bundesverband der Deutschen Binnenschifffahrt e.V. (BDB)** in Duisburg ist die Gewerbe- und Wirtschaftsvertretung aller Unternehmen der deutschen Binnenschifffahrt und hat die Aufgabe, die Mitglieder des Verbands zu betreuen, sie in jeder das Gewerbe berührenden Frage zu beraten und bei allen in Betracht kommenden Behörden, Organisationen und politischen Institutionen zu vertreten.

Im **Bundesverband der Selbstständigen, Abteilung Binnenschifffahrt e.V. (BDS)** in Bonn arbeitet eine Gruppe von Partikulieren in der Zielsetzung zusammen, dort insbesondere ihre mittelständischen Interessen vertreten zu können.

Die **Europäische Binnenschifffahrts-Union (EBU)** mit Sitz in Brüssel ist die Spitzenorganisation der Binnenschifffahrt der westeuropäischen Länder Belgien, Deutschland, Frankreich, Luxemburg, Italien, Niederlande, Österreich, Schweiz und Tschechien. Sie bezweckt die Wahrung der Interessen und die Vertretung der europäischen Binnenschifffahrt auf internationaler Grundlage und die Behandlung von Fragen, die internationale Auswirkungen haben können.

Die westeuropäischen Partikulierverbände haben sich in der Europäischen Schiffer-Organisation (ESO) mit Sitz in Brüssel zusammengeschlossen.

Die öffentlichen Binnenhäfen sind im **Bundesverband der öffentlichen Binnenhäfen (BöB)** zusammengeschlossen. Angelegenheiten der Binnenhäfen von europäischer Tragweite werden von dem **Europäischen Verband der Binnenhäfen (EFIP)** mit Sitz in Brüssel behandelt.

4.3.2 Verkehrsmittel der Binnenschifffahrt

4.3.2.1 Schiffstypen

Binnenschiffe können nach folgenden Typen systematisiert werden:

a) **Schlepper und Schubboote** haben keinen eigenen Laderaum und dienen nur der Fortbewegung anderer antriebsloser Schiffe
b) **Schubleichter und Schleppkähne** verfügen nur über Laderaum und nicht über einen eigenen Motor zur eigenen Fortbewegung
c) **Motorgüterschiffe** verfügen gleichzeitig über eigenen Antrieb und Laderaum

Ein allein fahrendes Motorgüterschiff wird auch als Selbstfahrer bezeichnet. Zieht ein Motorgüterschiff ein Schiff ohne eigenen Antrieb, dann sprechen wir von einem **Motorgüterschiff-Schleppverband**; eine heute nur noch selten vorkommende Kombination. Schiebt ein Motorgüterschiff ein antriebsloses Schiff (oder mehrere antriebslose Schiffe), wenn also Motorschiff und Leichter aneinandergekoppelt sind, spricht man von einem **Koppelverband**. Ein solcher Verband ist heutzutage durchaus gängig, da sich die durch eine solche Einheit transportierte Gütermenge bei gleichbleibendem Personal erheblich vergrößert.

Besonders großvolumige Transportaufgaben zwischen zwei Punkten (z. B. Erz und Kohlentransporte ab Rotterdam zur Eisen- und Stahlindustrie in Duisburg) werden am effizientesten mit der Schubschifffahrt erledigt. Ein Schubverband besteht aus einem Schubboot (Motorleistung von z. B. 6.000 PS), das bis zu sechs Schubleichter mit standardisierten Abmessungen (76,50 m lang und 11,40 m breit) und einem Fassungsvermögen von fast 17.000 t (mit 2.800 t pro Leichter) schieben kann.

Rund 80 % der deutschen Binnenschiffe gehören zur Kategorie der einzeln fahrenden bis 135 m langen Motorgüterschiffe mit Tragfähigkeiten von etwa 1.000 t bis hin zu 6.000 t. Weit verbreitet ist der Begriff **„Europaschiff"**, das mit einer Länge von 85 m, einer Breite von 9,50 m und einem Tiefgang von 2,50 m eine Tragfähigkeit von 1.350 t hat. Schiffe mit diesen Abmessungen sind in der Lage, das Hauptnetz der europäischen Wasserstraßen von Nordfrankreich bis Ostdeutschland und von Norddeutschland bis Österreich zu befahren.

Die zu befahrende Strecke und die zu transportierende Gütermenge entscheiden darüber, ob als Transportmittel Schubverbände, einzeln fahrende Motorgüterschiffe oder eine Zwischenform, sogenannte „Koppelverbände", eingesetzt werden. Für diese Variante werden meist besonders stark motorisierte Motorgüterschiffe (z. B. 3.000 PS) eingesetzt, die meistens einen (manchmal auch bis zu drei) Schubleichter mitnehmen können.

Als eine Variante der Schubschifffahrt erweist sich das für den Kombinierten Fluss-Seeverkehr geeignete **Barge-Carrier-System**. Hierbei werden die Leichter (englisch: barge) für den seewärtigen Anteil der Transportkette inklusive der Ladung auf Leichter-Mutterschiffe (Barge Carrier) übernommen und über das Meer transportiert. Die sogenannten „LASH-Schiffe" (Lighter Aboard Ship) sind dafür mit bordeigenen Portalkränen für Selbstbe- und -entladung ausgerüstet. Für den Weitertransport auf der Binnenwasserstraße werden die Bargen dann wieder zu einem „konventionellen" Schubverband zusammengestellt. Dies ist eine seltene Sonderform der Binnenschifffahrt im Rahmen von Transportketten zu überseeischen Zielen (z. B. Nordamerika, Afrika).

Binnenschiffe fahren auf dem Rhein mit Geschwindigkeiten von 8–10 km/h in der Bergfahrt (gegen den Strom) und 18–20 km/h in der Talfahrt (mit dem Strom). Moderne Containerbinnenschiffe benötigen für die Fahrt von Frankfurt/Main nach Rotterdam 26–28 Stunden, im Vergleich dazu benötigt der Lkw 8–10 Stunden und die Eisenbahn bei Einsatz eines Ganzzuges 14–19 Stunden, bei Einzelwagenbeförderung 36–48 Stunden.

Seit Anfang der 1980er-Jahre wird in der Entwicklung der Binnenschifffahrtsflotte der Trend zu größeren Schiffen immer deutlicher. Die Abmessungen vieler Neubauten liegen mit 135 m Länge und bis zu 17 m Breite weit oberhalb der des Europaschiffs. Solch große Schiffe sind nicht in der Lage, die kanalisierten Nebenflüsse und das Kanalgebiet zu befahren. Dort lassen die Schleusenabmessungen nur Schiffsbreiten bis 11,45 m zu. Neubauten von kanalgängigen Fahrzeugen sind eher selten.

Im Jahr 2007 ist eine für die Tankschifffahrt folgenschwere Entscheidung gefallen. Von bestimmten Stichtagen an dürfen flüssige Gefahrgüter nur noch in doppelwandigen Schiffen transportiert werden. Seit 1.1.2016 trifft dies Benzin und benzinähnliche Produkte (z. B. Naphtha). Bis 1.1.2019 dürfen Diesel, Heizöl, Gasöl und Kerosin noch in Einhüllenschiffen transportiert werden. Solange ältere und wirtschaftlich abgeschriebene Einhüllentankschiffe und neue Doppelhüllentankschiffe mit hoher Belastung durch Zinsen und Tilgung miteinander im Wettbewerb stehen, herrschen schwierige Marktverhältnisse.

Eine Übersicht der wichtigsten Schiffstypen ist nachstehend abgebildet:

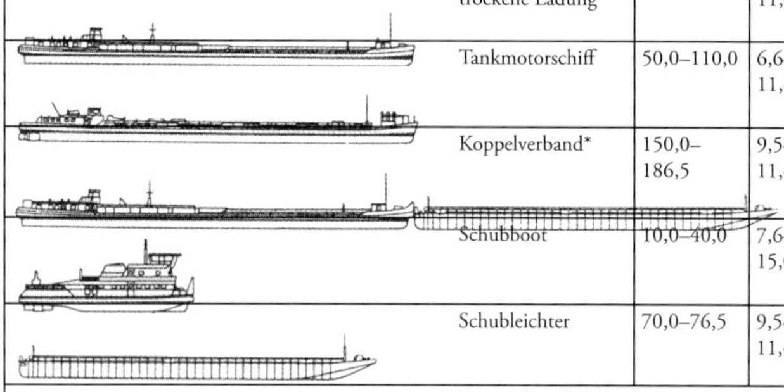

	Länge m	Breite m	Tiefgang m	Tragfähigkeit t	Leistung PS
Motorgüterschiff für trockene Ladung	38,5–110,0	5,0–11,4	2,0–3,5	220–3 000	100–3 000
Tankmotorschiff	50,0–110,0	6,6–11,4	2,2–3,5	400–3 200	250–2 000
Koppelverband*	150,0–186,5	9,5–11,4	2,5–3,5	2530–5 000	800–3 000
Schubboot	10,0–40,0	7,6–15,0	1,4–2,2		500–6 000
Schubleichter	70,0–76,5	9,5–11,4	2,5–4,0	1240–2 800	1240–2 800
Die größten Schubboote schieben sechs Leichter = 15 000 t)					
* schiebendes Motorschiff mit Leichter					

Abb. 4.3-1: Binnenschiffstypen

Quelle: Bundesverband der Deutschen Binnenschifffahrt e.V., Duisburg

4.3.2.2 Die Schiffspapiere

Der Schiffer muss an Bord folgende Dokumente mitführen:

- **Schifferdienstbücher** (jedes Mitglied der Besatzung muss im Besitz eines auf seinen Namen lautenden Schifferdienstbuches sein)
- **Schifferpatent** (Rheinschifferpatent, Binnenschifferpatent, Donauschifferpatent)
- **Schiffszeugnis** (Rheinschiffsattest, Binnenschiffsattest)
- **Eichschein**
- **Bordbuch** (nur auf dem Rhein)
- **Fahrtenbuch** sowie **Ölkontrollbuch und Gasölbezugsnachweise**
- **Entladebescheinigungen** nach dem Abfallübereinkommen
- gegebenenfalls **Radarschifferzeugnis, Sprechfunkzeugnis**
- ADN-Urkunden soweit erforderlich, **Rheinschifffahrtszugehörigkeitsurkunde** für Binnenschiffe aus Ländern der EU und der Schweiz, ausgestellt von der zuständigen Wasser- und Schifffahrtsverwaltung

Die Tragfähigkeit eines Schiffes wird in Gewichtstonnen gemessen. Über das Ergebnis der amtlichen Eichung wird ein Eichschein ausgestellt. Bei der Eichung selbst geht man von der Schwimmlage des unbeladenen, aber voll ausgerüsteten, bemannten und mit Vorräten versehenen Schiffes aus. Diese untere „gesetzte Wasserlinie“ wird auch **Leergang** genannt.

Die obere Eichebene ist diejenige Wasserlinie, bis zu welcher das Schiff höchstens beladen werden darf. Der höchstzulässige Tiefgang hängt von dem einzuhaltenden Freibord ab, das ist diejenige Seitenbordfläche, mit der das beladene Schiff noch über die Wasserlinie hinausragen muss. An den Schiffen wird die Eichskala bzw. der Tiefganganzeiger mit Markierungen in Abständen von zwei Zentimetern angebracht. Mithilfe dieser Eichskala, die auch im Eichschein vermerkt wird, kann später auf das Ladegewicht geschlossen werden.

Das **Schiffszeugnis** trifft Aussagen über die Tauglichkeit des Schiffes zum Befahren bestimmter Wasserstraßen. Nach der **Schiffsregisterordnung** muss über jedes Schiff ein **Schiffsbrief** ausgestellt sein. Ein **Schiffsregister** ist vergleichbar mit dem Grundbuch für das Eintragen von Liegenschaften und wird bei bestimmten Amtsgerichten geführt. Das Schiffsregister und der Schiffsbrief geben über die Eigentums- und Pfandrechte an dem Schiff eine verlässliche Auskunft. Der Spediteur sollte, die Interessen seines Auftraggebers wahrend, Bedeutung und Inhalt der Schiffspapiere kennen.

Dokumente, die die Ladung betreffen, sind in Kapitel 4.3.5.4 erwähnt.

4.3.2.3 Container und Roll-on/Roll-off-Verkehre

Der Kombinierte Verkehr auf Binnenwasserstraßen nahm seinen Anfang in Form des Containertransports in den frühen 1970er-Jahren. Die rasche Zunahme des Containertransports mit Binnenschiffen stellt eine intelligente Vernetzung der verschiedenen Verkehrsträger mit ihren jeweiligen Vorteilen dar. Verkehrspolitisch interessant ist, dass durch diese Verkehre freie Kapazitäten auf dem Wasser genutzt werden und die Straßeninfrastruktur entlastet wird.

Der Verkehrsträger Binnenschifffahrt hatte den Transport hochwertiger Kaufmannsgüter fast ganz an die Verkehrsträger Straße und Eisenbahn verloren. Dies änderte sich ab Anfang der 1970er-Jahre grundlegend durch den sich verstärkenden Einsatz des Containers, in den die Kaufmannsgüter wieder verpackt wurden.

Container sind Großbehälter mit standardisierten Abmessungen, die ein einfaches Umladen zwischen verschiedenen Verkehrsmitteln (Lkw, Eisenbahn, Binnenschiff, Seeschiff) erlauben. Demgegenüber war eine Umladung einzelner Ladegüter mit unterschiedlichen Abmessungen erheblich arbeits- und kostenintensiver. Der Container funktioniert insofern Stückgut in Massengut um, indem er als Lademittel relativ viele kleine Stückgutsendungen und Teile von Ladungen, die früher alle einzeln umgeschlagen werden mussten, zu einer kompakten Sendung/ zu einer Partie zusammenfasst, die leicht durch leistungsstarke Containerumschlagsanlagen umgeschlagen werden kann und im Vor- oder Nachlauf per Lkw auf der Straße problemlos ist.

Den Nachteil ihrer geringen Transportgeschwindigkeiten korrigiert die Binnenschifffahrt in der Containerschifffahrt insbesondere durch den sogenannten „Continue-Einsatz“ der Binnenschiffe, der Tag- und Nachtfahrten durch den Einsatz moderner Radaranlagen erlaubt. Die größten Containerschiffe können in vier Lagen bis zu 400 Container (TEU (Twenty foot Equivalent Unit)) befördern.

Wurden auf dem Rhein im Jahr 1975 erst rund 10.000 Container TEU transportiert, so betrug die Zahl im Jahr 2015 deutlich mehr als 2 Mio. Container TEU. Leistungsstarke Containerumschlagsanlagen in den Seehäfen Rotterdam und Antwerpen sowie rund 30 Containerumschlagsanlagen am Rhein und seinen Nebenflüssen erlaubten diese stürmische Entwicklung.

Inzwischen sind auch auf der Elbe, der Donau, im Bereich der Weser und des westdeutschen Kanalgebiets regelmäßige Containerliniendienste mit gutem Erfolg eingerichtet worden. Containertransporte auf der Elbe müssen regelmäßig mit niedrigen Wasserständen rechnen. Containertransporte im Kanalgebiet können wegen niedriger Brückendurchfahrtshöhen nur zweilagig durchgeführt werden. Auf der Strecke nach Berlin wurden die letzten Hindernisse beseitigt, um zweilagige Transporte durchführen zu können.

Bei sich nähernder Vollauslastung der Umschlagsanlagen in den Seehäfen wurde erstmalig im Jahr 2004 deutlich, dass an der Schnittstelle von See- und Binnenschifffahrt eine bessere Ordnung benötigt wird. In der Vergangenheit hat sich das Fehlen einer solchen Ordnung noch problemlos organisatorisch-wirtschaftlich ausgleichen lassen. In Zukunft bedarf es einer besser geordneten Zusammenarbeit von Seeschifffahrt, Binnenschifffahrt und Umschlagsbetrieben in den Seehäfen.

In einem zukunftsträchtigen Markt kann sich auch der Transport stapelbarer **Wechselbehälter** auf Binnenschiffen entwickeln. In einer Studie des Bundesverkehrsministeriums wurde ein Marktpotenzial in der Größenordnung von 2,5 bis 4,6 Mio. Einheiten ermittelt, das zurzeit allein im Rheineinzugsgebiet über die Straße transportiert wird.

Neue Perspektiven ergeben sich für die Binnenschifffahrt durch die sogenannte **„Roll-on/Roll-off-Technik“**. Hier werden Straßenfahrzeuge wie beim Huckepackverkehr Straße/Schiene per Binnenschiff transportiert. Eine regelmäßige Roll-on/Roll-off-Verbindung besteht derzeit zwischen Rotterdam und den Häfen Mannheim und Mainz, ferner gibt es auf der Donau regelmäßige RO/RO-Verkehre. Der RO/RO-Verkehr spielt heute eine wichtige Rolle bei der Neuwagendistribution am Rhein und an der Donau. In schwimmenden „Parkhäusern“ können bis zu 600 Pkw umweltfreundlich, sicher und kostengünstig befördert werden.

4.3.3 Binnenschifffahrtsverkehrswege

4.3.3.1 Das deutsche Wasserstraßennetz

Bundeswasserstraßen werden entsprechend ihrer überwiegenden Verkehrsnutzung in **Binnenschifffahrtsstraßen** und **Seeschifffahrtsstraßen** unterteilt. Das Netz der Bundeswasserstraßen umfasst ca. 7.500 km. Hiervon entfallen 6.900 km auf Binnenwasserstraßen. Etwa drei Viertel der Netzlänge sind natürliche Wasserstraßen und rund ein Viertel künstliche. Im Vergleich dazu verfügen die Länder West- und Mitteleuropas über ein Netz natürlicher und künstlich angelegter Binnenwasserstraßen mit einer schiffbaren Länge von ca. 25.000 km.

Die Seeschifffahrtsstraßen, die von der seewärtigen Begrenzung des Küstenmeeres bis tief hinein in die Unterläufe der Flüsse sowie in die Förden und Buchten des Meeres reichen, dienen in erster Linie der deutschen und der internationalen Seeschifffahrt als Zufahrten zu den deutschen Seehäfen.

Zu den natürlichen Wasserstraßen gehören die Flüsse Rhein, Donau, Ems, Weser, Elbe nebst Nebenflüssen, Seen und die Seen-Wasserstraßen an der Küste. Künstliche Wasserstraßen sind die Kanäle, sie ergänzen und/oder verbinden die natürlichen Wasserstraßen (siehe Tab. 4.3-2). Im Überblick sind auch die mitteleuropäischen Wasserstraßen dargestellt (siehe Abb. 4.3-3). Erkennbar ist, dass Güter per Binnenschiff beispielsweise von Basel bis nach Stettin oder von Lille nach Budapest befördert werden können.

Ausbau und Unterhaltung des deutschen Binnenwasserstraßennetzes stehen Mitte des 21. Jahrhunderts unter dem Eindruck erheblicher finanzieller Restriktionen und einem Rückstau bei den Unterhaltungsmaßnahmen. Nicht auszudenken wäre es, wenn durch mangelnde Wartung ein Systemversagen (z. B. Ausfall eines Schleusentors an einem Kanal oder kanalisiertem Fluss) einträte, das die Binnenschifffahrt in einzelnen Fahrtgebieten über Monate unterbrechen würde.

Solche Befürchtungen gelten nicht für den Rhein, die mit Abstand leistungsfähigste Großwasserstraße Europas. Als Großschifffahrtsweg wurden auf dem deutschen Teil des Rheins im Jahr 2015 rund 150 Mio. t Güter transportiert. Das ist nicht ganz die Hälfte des gesamten mit Binnenschiffen transportierten Güteraufkommens in Europa. Mit Duisburg-Ruhrort verfügt der Rhein auch über den größten europäischen Binnenhafen.

Die **deutschen Binnenwasserstraßen** können wie folgt eingeteilt werden:

1. Rheinstromgebiet	mit Rhein sowie den schiffbaren Nebenflüssen Neckar, Main, Mosel und Ruhr
2. Westdeutsches Kanalgebiet	mit Rhein-Herne-Kanal (RHK), Wesel-Datteln-Kanal (WDK), Datteln-Hamm-Kanal (DHK), Dortmund-Ems-Kanal, Küstenkanal, Mittellandkanal

3. Weserstromgebiet	mit Weser, Fulda, Aller sowie der unteren Hunte
4. Elbestromgebiet	mit Elbe, Elbe-Lübeck-Kanal, Trave, Nord-Ostsee-Kanal, Elbe-Seitenkanal
5. Donaustrom	mit Donau und Main-Donau-Kanal
6. Märkische Wasserstraßen	mit Elbe-Havel-Kanal, Spree, Teltow-Kanal, Oder-Spree-Kanal, Havel-Oder-Kanal
7. Oderstromgebiet	mit Oder, Peene, Uecker

Die Länge der Bundeswasserstraßen ergibt sich aus der folgenden Übersicht:

Rhein und Nebenflüsse	1.797 km
Rhein (Rheinfelden – niederländische Grenze)	623 km
Neckar (Mündung Rhein – Plochingen)	201 km
Main (Mündung Rhein – Moenns)	388 km
Main-Donau-Kanal (Mündung Main – Mündung Donau)	171 km
Mosel (französische Grenze – Mündung Rhein)	242 km
Lahn (Mündung Rhein – Steeden)	67 km
Wasserstraßen zwischen Rhein und Elbe	1.437 km
Ruhr (Mündung Rhein – Mülheim)	12 km
Rhein-Herne-Kanal (Duisburg – Mündung Dortmund-Ems-Kanal)	49 km
Wesel-Datteln-Kanal (Wesel – Mündung Dortmund-Ems-Kanal)	60 km
Datteln-Hamm-Kanal (Mündung Dortmund-Ems-Kanal – Schmehausen)	47 km
Dortmund-Ems-Kanal und Unterems (Dortmund – Seegrenze)	303 km
Küstenkanal und Untere Hunte (Mündung Dortmund-Ems-Kanal – Seegrenze)	95 km
Mittellandkanal (Mündung Dortmund-Ems-Kanal – Mündung Elbe)	326 km
Weser und Unterweser (Hannoversch-Münden – Seegrenze)	430 km
Elbe-Seitenkanal (Mündung Mittellandkanal – Mündung Elbe)	115 km
Elbegebiet	1.049 km
Nord-Ostsee-Kanal (Mündung Elbe – Kieler Förde)	109 km
Elbe-Lübeck-Kanal und Kanaltrave (Mündung Elbe – Seegrenze)	88 km
Elbe und Unterelbe (tschechische Grenze – Seegrenze)	728 km
Saale (Leuna-Kreypau – Mündung Elbe)	124 km
Wasserstraßen zwischen Elbe und Oder	916 km
Berliner Haupt- und Nebenwasserstraßen	189 km
Havel-Oder-Wasserstraße und Nebengewässer	485 km
Spree-Oder-Wasserstraße und Nebengewässer	242 km
Oder (polnische Grenze – Abzweigung Westoder)	162 km
Gewässer an der Ostseeküste	526 km
Donau (Kelheim – österreichische Grenze)	213 km
Sonstige Bundeswasserstraßen	1.376 km
Gesamt	7.476 km

Tab. 4.3-2: Länge der Bundeswasserstraßen — Quelle: BDB Daten & Fakten 2014/2015

Abb. 4.3-2: Netz der Binnenwasserstraßen des Bundes

Quelle: Wasser- und Schifffahrtsverwaltung des Bundes

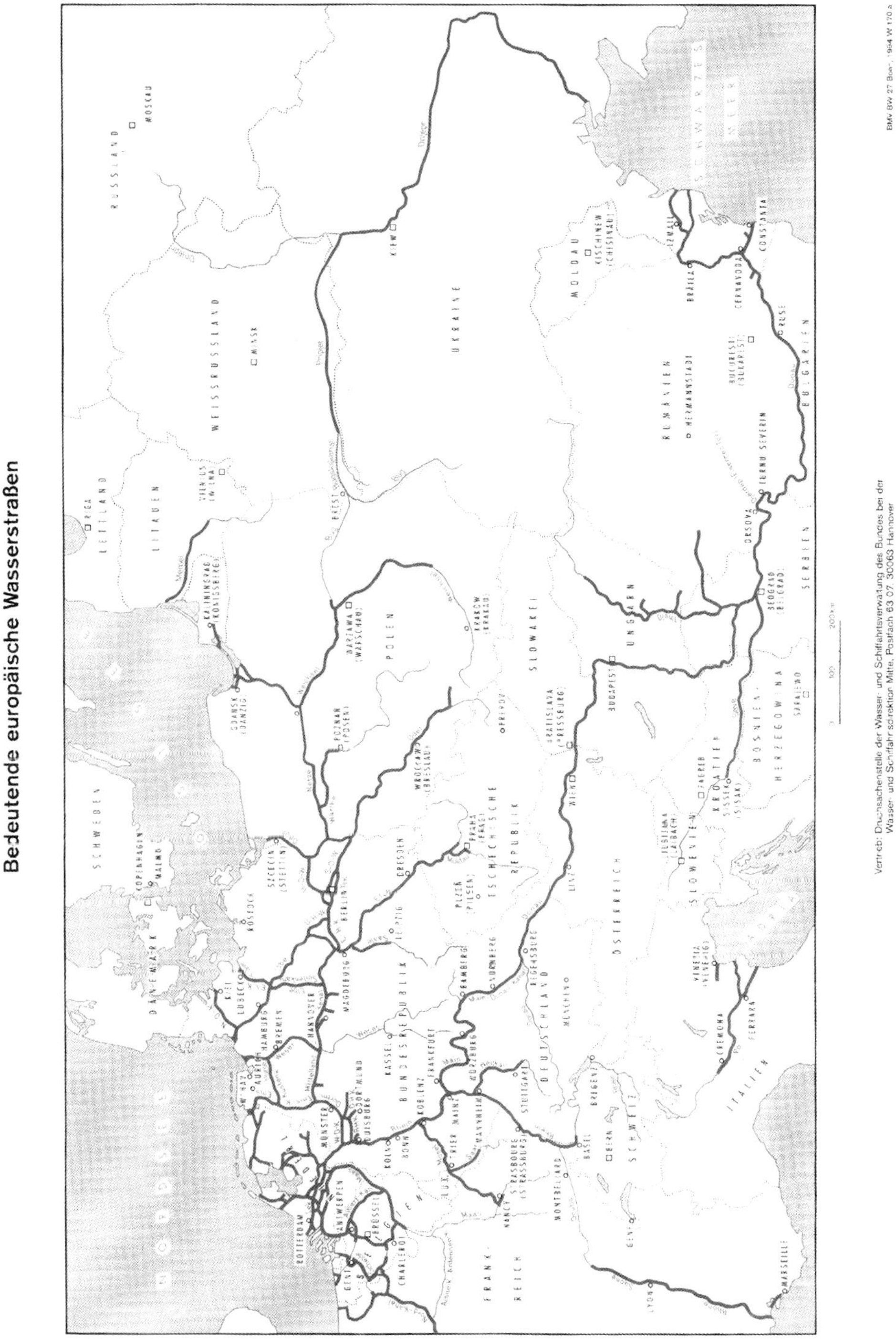

Abb. 4.3-3: Bedeutende europäische Wasserstraßen
Quelle: Wasser- und Schifffahrtsverwaltung des Bundes

4.3.3.2 Klassifizierung des Binnenwasserstraßennetzes

Um die Befahrbarkeit der Binnenwasserstraßen für bestimmte Schiffstypen zu bezeichnen, hat man sie in Klassen eingeteilt. Hinter dieser Klassifizierung verbergen sich in erster Linie technische Daten wie die

- Wassertiefe,
- Breite der Fahrrinne,
- Brückendurchfahrtshöhe,
- Schleusen und deren Abmessungen etc.

Typ der Binnenwasserstraße	Klasse Binnenwasserstraße	MOTORSCHIFFE UND SCHLEPPKÄHNE Typ des Schiffes: Allgemeine Merkmale					SCHUBVERBÄNDE Art des Schubverbandes: Allgemeine Merkmale					Brückendurchfahrtshöhe [2]
		Bezeichnung	maxim. Länge L (m)	maxim. Breite B (m)	Tiefgang d (m)	Tonnage T (t) [7]	Formation	Länge L (m)	Breite B (m)	Tiefgang d (m) [7]	Tonnage T (t)	
1	2	3	4	5	6	7	8	9	10	11	12	13
VON REGIONALER BEDEUTUNG – WESTLICH DER ELBE	I	Penische	38,5	5,05	1,8-2,2	250-400						4,0
	II	Kempenaar	50-55	6,6	2,5	400-650						4,0-5,0
	III	Gustav Koenigs	67-80	8,2	2,5	650-1 000						4,0-5,0
VON REGIONALER BEDEUTUNG – ÖSTLICH DER ELBE	I	Gross Finow	41	4,7	1,4	180						3,0
	II	BM-500	57	7,5-9,0	1,6	500-630						3,0
	III	[6]	67-70	8,2-9,0	1,6-2,0	470-700		118-132[1]	8,2-9,0[4]	1,6-2,0	1 000-1 200	4,0
VON INTERNATIONALER BEDEUTUNG	IV	Johann Welker	80-85	9,50	2,50	1 000-1 500		85	9,50 [5]	2,50-2,80	1 250-1 450	5,25 od. 7,00 [4]
	V a	Große Rheinschiffe	95-110	11,40	2,50-2,80	1 500-3 000		95-110 [1]	11,40	2,50-4,50	1 600-3 000	5,25 od. 7,00 od. 9,10 [4]
	V b						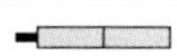	172-185[1]	11,40	2,50-4,50	3 200-6 000	
	VI a						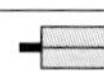	95-110 [1]	22,80	2,50-4,50	3 200-6 000	7,00 od. 9,10 [4]
	VI b	[3]	140	15,00	3,90			185-195[1]	22,80	2,50-4,50	6 400 12 000	7,00 od. 9,10 [4]
	VI c						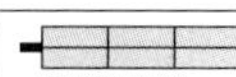 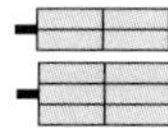	270-280[1] 195-200[1]	22,80 33,00 34,20 [1]	2,50-4,50 2,50-4,50	9 600-18 000 9 600 18 000	9,10 [4]
							 [8]		[1]			[4]

Fußnoten zur Tabelle

1) Die erste Zahl berücksichtigt die bestehende Situation, während die zweite sowohl zukünftige Entwicklungen als auch – in einigen Fällen – die bestehende Situation darstellt.
2) Berücksichtigt einen Sicherheitsabstand von etwa 30 cm zwischen dem höchsten Fixpunkt des Schiffes oder seiner Ladung und einer Brücke.
3) Berücksichtigt die Abmessungen von Fahrzeugen mit Eigenantrieb, die im RO/RO- und Containerverkehr erwartet werden. Die angegebenen Abmessungen sind annähernde Werte.
4) Für die Beförderung von Containern ausgelegt:
   5,25 m für Schiffe, die zwei Lagen Container befördern
   7,00 m für Schiffe, die drei Lagen Container befördern
   9,10 m für Schiffe, die vier Lagen Container befördern
   50 % der Container können leer sein, sonst Ballastierung erforderlich
5) Einige vorhandene Wasserstraßen können aufgrund der größten zulässigen Länge von Schiffen und Verbänden der Klasse IV zugeordnet werden, obwohl die größte Breite 11,40 m und der größte Tiefgang 4,00 m beträgt.
6) Schiffe, die im Gebiet der Oder und auf den Wasserstraßen zwischen Oder und Elbe eingesetzt werden.
7) Der Tiefgangswert für eine bestimmte Binnenwasserstraße ist entsprechend den örtlichen Bedingungen festzulegen.
8) Auf einigen Abschnitten von Wasserstraßen der Klasse VII können auch Schubverbände eingesetzt werden, die aus einer größeren Anzahl von Leichtern bestehen. In diesem Fall können die horizontalen Abmessungen die in der Tabelle angegebenen Werte übersteigen.

Tab. 4.3-3: Klassifizierungssystem für europäische Binnenwasserstraßen
Quelle: Elektronisches Wasserstraßeninformationssystem des Bundes (ELWIS)

Die Wasserstraßenklassen richten sich insbesondere nach der Befahrbarkeit durch folgende charakteristische Schiffstypen: Peniche, Kempenaar, Gustav-Königs-Schiff, Europaschiff und Großmotorschiff.

Für die Beladung der Schiffe ist die Fahrwassertiefe von Bedeutung. Wenn zu viel geladen wird, sinkt das Schiff zu tief ein und es besteht die Gefahr von Grundberührungen oder Festfahrungen; für den Schiffer bedeutet bei zu geringer Ladungsmenge jede Ladungstonne weniger eine Mindereinnahme – trotz gleichbleibender Kosten. In diesem Spannungsfeld gilt es für ihn beim Beladen seines Schiffs die „optimale" Entscheidung zu treffen. Es ist Aufgabe der Wasser- und Schifffahrtsverwaltung, eine bestimmte Fahrrinnentiefe vorzuhalten und den Schifffahrttreibenden Informationen über Veränderungen der Fahrrinne und des Wasserstandes zur Verfügung zu stellen.

Die Wasserstände werden von Pegeln abgelesen. **Pegel** sind relative Wasserstandsanzeiger bezogen auf eine an einer bestimmten Stelle festgelegte Nulllinie. Gewöhnlich ist ein Pegel eine senkrecht an gut gegründeten Ufermauern oder Brückenpfeilern errichtete Skala aus Holz oder Flacheisen, die nach Zentimetern oder Dezimetern eingeteilt ist.

Die Wasserstände an den Hauptpegeln der Ströme werden täglich veröffentlicht. Die so bekannt gegebenen Wasserstände liefern der Schifffahrt wichtige Anhaltspunkte für die Beladung der Schiffe. Jeder Schiffer entscheidet in eigener Verantwortung nach Bauart seines Schiffes und aufgrund früherer Erfahrungen darüber, welche Gütermengen er bei bestimmten Wasserständen (Pegelständen) in sein Schiff laden kann.

In Zeiten geringer Wasserstände besteht der Handelsbrauch, längerfristig vereinbarte Frachtraten (z. B. in Rahmenverträgen) durch sogenannte „Kleinwasserzuschläge" zu erhöhen. Zwischen Auftraggeber und Schiffer wird auf diese Weise das bei Abschluss eines längerfristigen Vertrags nicht vorhersehbare und von keinem der Beiden zu verantwortende Risiko wasserstandsbedingter Minderabladungen der Schiffe gemeinsam getragen. Die Höhe der Kleinwasserzuschläge richtet sich nach sogenannten „Pegelstaffeln" in den Frachtverträgen. Bei einzeln vereinbarten Transporten spielen in Niedrigwasserzeiten Kleinwasserzuschläge keine Rolle, weil durch Preisverhandlungen die unter Kosten- und Marktgesichtspunkten „richtige" Fracht ausgehandelt werden kann.

4.3.4 Die Binnenhäfen und ihre Funktionen

Die Binnenhäfen sind als Verteilungszentrum für Rohstoffe und massenhafte Vorprodukte Bindeglieder zwischen Erzeugung und Verbrauch. Zu den **schifffahrtseigenen Anlagen** und Einrichtungen zählen die Wasserfläche, die Wassertiefe und die Uferanlagen. Zu den **landseitigen Anlagen** der Häfen zählen Lagerhäuser, Umschlagsanlagen, Freilagerflächen, Siloanlagen, Krananlagen, Hafenbahnen, Containerterminals, Lageranlagen für die Lagerung flüssiger Güter u. a. Wichtigster Partner des Binnenhafens ist heute das Verkehrsmittel Lkw. Insofern gehen in aller Regel die Verkehrsträger Binnenschifffahrt, Eisenbahn und Straße im Binnenhafen eine enge Verbindung ein, sodass ein hoch qualifiziertes Güterverkehrszentrum entsteht. Für den Spediteur ist der alternative Zugriff auf die einzelnen Verkehrsträger von großer Bedeutung.

Das Dienstleistungsspektrum der Binnenhäfen hat sich gewandelt und erweitert. Der Nutzen eines Binnenhafens kann nicht allein aus dem wasserseitigen Umschlag abgeleitet werden. Immer mehr erfüllen die Binnenhäfen zusätzliche Funktionen als **Drehscheiben der Landverkehrsträger** und ermöglichen dem Organisator von Logistikketten jede gewünschte effiziente Kombination von Wasser, Schiene und Straße. Unter dem Eindruck der zunehmenden Kapazitätsengpässe in den Seehäfen zeichnet sich die Tendenz immer deutlicher ab, Seehafenfunktionen in Binnenhäfen im näher gelegenen Hinterland der Seehäfen zu verlagern. Dieser Entwicklung kommt entgegen, dass in vielen Häfen Ansiedlungsflächen, die früher für Massengüter benötigt wurden und heute nicht mehr gebraucht werden, zur Verfügung stehen.

Das Dienstleistungsangebot der öffentlichen Häfen ist breit gefächert und reicht von der bloßen Vermarktung von Flächen bis hin zur aktiven Beteiligung am Transportgeschäft. In der Bundesrepublik Deutschland gibt es rund 330 Häfen, von denen rund 180 öffentliche Binnenhäfen und rund 150 Privathäfen sind. Die öffentlichen Binnenhäfen sind mit mehr als der Hälfte am gesamten Schiffsgüterumschlag in Deutschland beteiligt.

Öffentliche Binnenhäfen liegen in der Verwaltung der öffentlichen Hand (Stadt, Land oder auch als Kapitalgesellschaft mit öffentlichen Gesellschaftern) und dienen dem öffentlichen Verkehr. In **Privathäfen oder Werkshäfen** darf dagegen nur für eigene Zwecke des Betreibers umgeschlagen werden. Größter deutscher Binnenhafen ist der Hafen Duisburg-Ruhrort.

Zu den großen deutschen öffentlichen Binnenhäfen im Rheinstromgebiet zählen, bezogen auf das Umschlagsvolumen per Binnenschiff (nasser Umschlag) 2015 in Mio. t:

Name des Hafens	Umschlagvolumen in öffentlichen und privaten Häfen
Duisburg-Ruhrort (einschließlich Lokalverkehr)	54,1
Köln	11,1
Mannheim	8,2
Ludwigshafen	7,0
Karlsruhe	6,6
Neuss	7,2
Frankfurt am Main	4,2
Saarlouis-Dillingen	3,4

Tab. 4.3-4: Übersicht der deutschen Binnenhäfen nach Umschlagvolumen
Quelle: Statistisches Bundesamt, Fachserie 8, Reihe 4, 2015, Wiesbaden

4.3.5 Der Frachtvertrag in der Binnenschifffahrt

4.3.5.1 Die rechtlichen Grundlagen des Frachtvertrags

Gegenstand des Frachtvertrags ist die Beförderung von Gütern mit dem Binnenschiff gegen Entgelt auf Flüssen und sonstigen Binnengewässern. Da der Vertrag auf die Herbeiführung eines bestimmten Erfolgs durch Dienstleistungen ausgerichtet ist, ist der Frachtvertrag seiner rechtlichen Natur nach ein **Werkvertrag**. Die Dienstleistung wird zugleich für Dritte erbracht, damit ist der Frachtvertrag auch **Geschäftsbesorgungsvertrag**. An eine besondere Form ist der Abschluss des Frachtvertrags nicht gebunden, er kann mündlich oder schriftlich zustande kommen.

Der Frachtvertrag ist ein **Konsensualvertrag**. Soweit ein Frachtbrief oder Ladeschein ausgestellt wird, beweist dieser Abschluss und Inhalt des Frachtvertrags.

Die gesetzlichen Grundlagen für die Abwicklung des Frachtvertrags in der Binnenschifffahrt finden wir seit dem 1.7.1998 im **Handelsgesetzbuch (HGB)**, §§ 407 ff. Bezogen auf das Frachtgeschäft in der Binnenschifffahrt entfallen damit die bisher gültigen Regelungen in den §§ 26–77 des Gesetzes betreffend die privatrechtlichen Verhältnisse der Binnenschifffahrt (BinSchG), kurz **Binnenschifffahrtsgesetz**. Damit wird dieses Gesetz für den Verkehrsträger Binnenschifffahrt aber nicht vollends außer Kraft gesetzt. Die Bestimmungen über den Schiffseigner, den Schiffer, die Schiffsmannschaft, die Haverei u. a. sind weiterhin gültig. Wegen des Charakters des Frachtvertrags in der Binnenschifffahrt als Werkvertrag und Geschäftsbesorgungsvertrag gelten ergänzend die Bestimmungen des **Bürgerlichen Gesetzbuchs (BGB)**.

Eine Sonderregelung trifft §450 HGB für den Fall, dass ein Gut ohne Umladung sowohl auf Binnen- als auch auf Seegewässern transportiert wird und der Frachtvertrag den gesamten Transport umfasst. Seefrachtrecht findet in diesem Fall Anwendung, wenn ein Konnossement ausgestellt ist oder die Strecke zur See die längere ist. Für eine Beförderung ohne Umladung mittels eines Küstenmotorschiffs von Duisburg oder Mannheim rheinabwärts über die Nordsee nach England oder über die Ostsee nach Skandinavien gilt unter den genannten Bedingungen Seefrachtrecht.

Ein Grundpfeiler des neuen Transportrechts, das voll inhaltlich auch für den Güterverkehr per Binnenschiff gilt, ist die **AGB-Festigkeit** von Regelungen, die gesetzliche Haftung im Frachtgeschäft betreffen. Dazu gehören:

- Haftung des Frachtführers für die ihm übergebenen Urkunden (§413 Abs. 2 HGB)
- Verschuldensunabhängige Haftung des Absenders, z. B. für Verpackung und Richtigkeit des Frachtbriefs (§414 HGB)
- Ausführung einer Weisung durch den Frachtführer ohne Vorlage der Absenderausfertigung des Frachtbriefs (§418 Abs. 6 HGB)
- Haftung für Güter- und Verspätungsschäden (§425 ff. HGB)
- Haftung der Leute (§426 HGB)
- Haftung für andere (§428 HGB) des Frachtvertrags
- Haftungshöchstbeträge (§431 HGB)
- Haftung des ausführenden Frachtführers (§437 HGB)
- Schadenanzeige (§438 HGB)
- Ablieferung des Gutes ohne Rückgabe des Ladescheins (§447 HGB)

Eine entsprechende Regelung gilt auch für die Verjährung, §439 Abs. 4 HGB.

Von den aufgeführten grundsätzlichen haftungsrechtlichen Bestimmungen darf insbesondere im kaufmännischen Verkehr nur durch eine Vereinbarung abgewichen werden, die im Einzelnen ausgehandelt ist, auch wenn sie für eine Mehrzahl von gleichartigen Verträgen zwischen denselben Vertragsparteien getroffen ist. Welche Anforderungen an das Erfordernis der einzeln ausgehandelten Vereinbarung zu stellen sind, ist noch weitgehend offen.

Zum Teil werden die Anforderungen so hoch geschraubt, dass es sich bei Vertragsverhandlungen um ein zähes Ringen gehandelt haben muss. Richtigerweise wird man sich an der Parallelvorschrift des §305 Abs. 1 BGB orientieren müssen, wonach es ausreicht, wenn der andere Vertragspartner die reale Möglichkeit erhalten hat, den Inhalt der Vertragsbedingungen zu beeinflussen. Insofern ist auch zu empfehlen, Aufzeichnungen über den Verlauf von Vertragsverhandlungen zu machen, um gegebenenfalls nachweisen zu können, dass ein Aushandeln tatsächlich stattgefunden hat. Die unterschiedlichen Auslegungen verdeutlichen die Probleme, die durch dieses Tatbestandsmerkmal aufgeworfen werden.

Bewusst zugelassen hat der Gesetzgeber hingegen, dass die abweichende Vereinbarung in einzeln ausgehandelten **Rahmenverträgen**, die für eine Vielzahl gleichartiger noch abzuschließender Verträge gelten sollen, erfolgen kann. Die Vereinbarung solcher Rahmenverträge ist insbesondere in der Binnenschifffahrt in Form von sogenannten „Jahreskontrakten" häufig anzutreffen, bei denen sich eine Reederei verpflichtet, eine bestimmte Menge über das Jahr hinweg zu transportieren, z. B. bei der gleichmäßigen Belieferung von Kohle an Kraftwerke. Bei der Vereinbarung dieser Rahmenverträge sind die Unternehmen der Binnenschifffahrt gefordert, ihre Interessen durch vom Gesetz abweichende Vereinbarungen hinreichend zu vertreten.

Von der AGB-festen Ausgestaltung des Haftungsrechts macht der Gesetzgeber bei „Nicht-Verbraucher-Geschäften" zwei Ausnahmen, von denen eine auch von besonderer Bedeutung für die Binnenschifffahrt ist. Zum einen ist das Haftungsrecht bei der Beförderung von Briefen und briefähnlichen Sendungen dispositiv. Zum anderen kann die vom Frachtführer für Güterschäden (nicht Verspätungsschäden) zu zahlende Entschädigung auch durch vorformulierte Vertragsbedingungen/Allgemeine Geschäftsbedingungen (AGB) auf einen anderen Betrag als 8,33 SZR/kg begrenzt werden, wenn dieser Betrag

1. zwischen 2 und 40 SZR/kg liegt und in drucktechnisch deutlicher Gestaltung besonders hervorgehoben ist oder
2. für den Verwender ungünstiger als 8,33 SZR/kg ist.

Insofern ist es für die Unternehmen in der Binnenschifffahrt möglich, den Haftungshöchstbetrag auf das seefrachtrechtliche Haftungsniveau abzusenken. Will der Unternehmer hiervon Gebrauch machen, muss er jedoch die sich aus dem Formerfordernis der drucktechnischen Gestaltung ergebenden Anforderungen berücksichtigen. Denn der BGH (Urteil vom 23.1.2003, TranspR 2003, 119) legt diese Bestimmung so aus, dass sie sich auch auf die Einbeziehung von Haftungsklauseln in einem Frachtvertrag auswirkt, wenn der Verwender zu seinen Gunsten von der gesetzlichen Regelhaftung abweicht. Insofern verlangt der BGH eine qualifizierte Unterrichtung des Absenders durch den Frachtführer.

Am 1.9.1998 ist das **Gesetz zur Änderung der Haftungsbeschränkung** in der Binnenschifffahrt in Kraft getreten (BGBl 1998, Teil I Nr. 58 vom 31.8.1998). Durch dieses Gesetz, welches das Straßburger Übereinkommen über die Haftungsbegrenzung in der Binnenschifffahrt (CLNI) in nationales Recht umsetzt, wird für den Bereich der Binnenschifffahrt das alte System der gegenständlichen, auf Schiff und Fracht beschränkenden Haftung des Schiffseigners abgelöst durch ein System der persönlichen, jedoch summenmäßig beschränkten Haftung des Schiffseigners. Die Begrenzung der Frachtführerhaftung nach dem HGB lässt sich von der globalen Haftungsbeschränkung nach dem CLNI wie folgt abgrenzen:

In der Binnenschifffahrt ist die vertragliche Haftung des Frachtführers für Güterschäden auf den Handelswert der Güter und darüber hinaus auf bestimmte Haftungsbeträge begrenzt. Das HGB sieht in § 431 einen Haftungshöchstbetrag von 8,33 SZR/kg vor. Soweit der Vertragspartner des Binnenschifffahrtsunternehmers kein Verbraucher ist, was regelmäßig der Fall sein wird, kann diese Haftungshöchstsumme in dem oben erläuterten Korridor zwischen 2 und 40 SZR/kg durch vorformulierte Vertragsbedingungen erhöht oder gesenkt werden. Durch Individualabrede kann insgesamt von den gesamten Haftungsbedingungen des HGB abgewichen werden.

Diese wertmäßige Begrenzung des Schadensersatzanspruchs ist zu unterscheiden von der **„globalen Haftungsbeschränkung"** nach dem CLNI. Während die Bestimmungen des HGB den vertraglichen Ersatzanspruch begrenzen, gewährt das CLNI dem Schiffseigner und einer Reihe ihm gleichgestellter Personen das Privileg, durch Einrede zu bewirken, dass sich seine Haftung für alle Ansprüche, die aus einem bestimmten Ereignis entstanden sind, auf die im CLNI festgelegten Haftungsbeträge beschränkt. Im Ergebnis bedeutet dies, dass sich der Frachtführer nicht nur auf die vertraglichen Haftungsbegrenzungen nach dem Gesetz oder Vertrag berufen kann, sondern auch auf die Haftungsbeschränkungen nach dem CLNI. Hieraus kann sich eine weitere Reduzierung des Schadensersatzanspruchs ergeben. So werden etwa bei einem Schiffsuntergang nach der Kollision die Ladungsschäden (frachtvertragliche Haftung) und der Schaden des geschädigten anderen Schiffes gleichrangig anteilig befriedigt. Im Extremfall kann auch der Wert einer einzelnen Ladung die Haftungssumme nach dem CLNI überschreiten, sodass eine weitere Kürzung des Vertragsanspruchs eintritt. Der **Fixkostenspediteur** (§ 459 HGB) und der **Sammelladungsspediteur** (§ 460 HGB) gehören jedoch nicht zu dem vom CLNI begünstigten Personenkreis, da nach der CLNI nur der Eigentümer, Charterer und Ausrüster des Schiffs durch die globale Haftungsbeschränkung geschützt wird. Dies gilt für die Fälle, in denen der Fixkosten- oder Sammelladungsspediteur wie ein Frachtführer in der Binnenschifffahrt haftet, er sich nicht auf das CLNI berufen kann; jedoch der von ihm eingesetzte Binnenschiffer. Sein Regress ist damit nicht in voller Höhe abgesichert. Die Spedition profitiert als Verkehrsnutzer von dem Inkrafttreten auch dieser neuen gesetzlichen Regeln nur insoweit, als das neue Haftungssystem den Vorteil hat, dass bei Schadensfällen von größerem Ausmaß auch tatsächlich eine Haftung des Schiffseigners besteht.

Beim Handelsgesetzbuch handelt es sich grundsätzlich um sogenanntes „dispositives oder nachgiebiges Recht“. Das neue HGB-Transportrecht ist nur hinsichtlich der haftungsrechtlichen Bestimmungen AGB-fest ausgestaltet, was besagt, dass durch AGB die Haftung nicht abweichend vom Gesetz geregelt werden darf. Sehr wohl dürfen aber alle übrigen Bestimmungen des Gesetzes abgeändert und/oder ergänzt werden. Von dieser Möglichkeit wird im Frachtgeschäft der Binnenschifffahrt Gebrauch gemacht. Der Frachtführer (Reederei, Partikulier) vereinbart mit dem Absender als seinem Vertragspartner in aller Regel sogenannte „Verlade- und Transportbedingungen“, häufig auch Konnossementsbedingungen genannt, die den gesetzlichen Vorschriften vorgehen.

In der verkehrswirtschaftlichen Praxis kommt diesen Verlade- und Transportbedingungen eine nicht unerhebliche Bedeutung zu. Der Inhalt der Konnossementsbedingungen unterliegt dem Gesetz zur Regelung des Rechts der Allgemeinen Geschäftsbedingungen (AGB-Gesetz). Die einzelnen Reedereien haben in den Verlade- und Transportbedingungen allgemeine Geschäftsbedingungen zur Ausgestaltung und Abwicklung des Frachtvertrags in der Binnenschifffahrt entwickelt, die in aller Regel aus den sogenannten **„Oberrheinischen Konnossementsbedingungen (ORKB)“** abgeleitet worden sind. Die ORKB galten früher in der gesamten, auch der ausländischen, Rheinschifffahrt, sie wurden darüber hinaus auch im Stromgebiet der Weser und im westdeutschen Kanalnetz benutzt.

Darüber hinaus hat der Verein für europäische Binnenschifffahrt und Wasserstraßen e. V. die **(IVTB) Internationale Verlade- und Transportbedingungen** für die Binnenschifffahrt erarbeitet, die eine Orientierungslinie für die Vertragsgestaltung bieten, das seit 1.7.1998 geltende Haftungsrecht berücksichtigen und die Rechtsvereinheitlichung in der europäischen Binnenschifffahrt fördern.

Für den grenzüberschreitenden Binnenschiffsverkehr gilt das **Internationale Übereinkommen über die Güterbeförderung auf Binnenwasserstraßen (CMNI)**. Das CMNI ist zum 1.4.2005 in Kraft getreten. Inzwischen haben mehr als ein Dutzend Staaten das CMNI ratifiziert; darunter auch Deutschland. Das CMNI gilt nur in den Staaten, von denen es bereits ratifiziert worden ist und im Wechselverkehr mit diesen Staaten.

Soweit Verkehre noch nicht die Anwendung des CMNI erfordern, bleibt es auch bei internationalen Transporten bei der Anwendung deutschen Rechts, wenn dies verankert oder nach den Regeln des internationalen Privatrechts anzuwenden ist. Bei Kabotagetransporten findet aber – aus Gründen der Wettbewerbsgleichheit – deutsches Haftungsrecht Anwendung.

Das CMNI enthält in vielerlei Hinsicht vom HGB abweichende Regelungen, die aber meist besser auf die Besonderheiten des Binnenschiffstransports angepasst sind. Die Haftung des Frachtführers ist wie folgt geregelt: Der Frachtführer haftet für Schäden wegen Verlust oder

Beschädigung der Güter in der Zeit von der Übernahme zur Beförderung bis zur Ablieferung oder Überschreitung der Lieferfrist, wenn er nicht beweist, dass die Schäden durch Umstände verursacht wurden, die ein sorgfältiger Frachtführer nicht hätte vermeiden und deren Folgen er nicht hätte abwenden können (Art. 16 Abs. 1). Von dieser Regelung ausgenommen ist die Haftung des Frachtführers für Schäden, die vor dem Einladen der Güter in das Schiff oder nach deren Ausladung aus dem Schiff entstanden sind.

Der Frachtführer ist von seiner Haftung befreit, wenn er nachweisen kann, dass bestimmte **Haftungsausschlüsse**, wie etwa fehlende oder mangelhafte Verpackung oder ungenügende Kennzeichnung der Güter, vorliegen und die Möglichkeit besteht, dass aufgrund eines dieser Haftungsausschlussgründe der Schaden entstanden ist (Art. 18 Abs. 2). Die Haftungsausschlussgründe werden in Art. 18 Abs. 1 abschließend aufgeführt. Den Vertragsparteien wird jedoch gestattet, unter bestimmten Voraussetzungen als weiteren Haftungsausschlussgrund auch nautisches Verschulden, Feuer und Explosion oder Mängel des Schiffes zu vereinbaren (Art. 25 Abs. 2).

Die **Schadensersatzpflicht des Frachtführers** beschränkt sich auf den Ersatz des Wertes der Güter (Art. 19 Abs. 1). Darüber hinaus ist die Haftung summenmäßig begrenzt. Für Verlust oder Beschädigung der Güter beläuft sich der Haftungshöchstbetrag nach Art. 20 Abs. 1 Satz 1 auf 2 Sonderziehungsrechte (SZR) pro kg der verlorenen oder beschädigten Güter oder auf 666,67 SZR je Packung oder Einheit. Abweichend hiervon beträgt er jedoch bei der Beförderung von Containern 1.500 SZR für den Container und zusätzlich 25.000 SZR für die darin verstauten Güter (Art. 20 Abs. 1 Satz 2). Dieser Haftungshöchstbetrag gilt allerdings nur, wenn in der Frachturkunde kein Hinweis auf in den Containern eventuell enthaltene Packung oder Einheiten enthalten ist und wenn der Haftungshöchstbetrag geringer ist als der nach Art. 20 Abs. 1 Satz 1 auf der Grundlage des Gewichts der verlorenen oder beschädigten Güter zu berechnende Betrag.

Die im Übereinkommen aufgeführten oder die vertraglich vereinbarten Haftungsbefreiungen und Haftungshöchstbeträge gelten auch für gegen den Frachtführer gerichtete konkurrierende deliktische Ansprüche (Art. 22). Werden die Bediensteten oder Beauftragten oder auch der ausführende Frachtführer unmittelbar in Anspruch genommen, können auch diese sich auf die für den Frachtführer geltenden Haftungsbefreiungen und Haftungshöchstbeträge berufen (Art. 17 Abs. 3, Art. 4 Abs. 4). Der Frachtführer verliert allerdings sein Recht, sich auf die Haftungsbefreiungen und Haftungshöchstbeträge zu berufen, wenn er vorsätzlich oder bewusst grob fahrlässig gehandelt hat (Art. 21 Abs. 1); Vorsatz oder bewusste grobe Fahrlässigkeit der Bediensteten oder Beauftragten des Frachtführers oder des ausführenden Frachtführers lassen dagegen dieses Recht unberührt. Werden die Bediensteten oder Beauftragten oder auch der ausführende Frachtführer aber ihrerseits unmittelbar in Anspruch genommen, führt deren vorsätzliches oder bewusst grob fahrlässiges Verhalten zu deren unbeschränkter Haftung (Art. 21 Abs. 2).

Die Regelungen über die Haftung des Frachtführers, des ausführenden Frachtführers sowie der Bediensteten und Beauftragten sowie über die Fristen für die Schadensanzeige oder die Verjährung können nicht zu Lasten des Absenders modifiziert werden (Art. 25 Abs. 1 Satz 1). Nichtig ist darüber hinaus eine Vereinbarung über die Abtretung der Ansprüche aus Warenversicherung an den Frachtführer (Art. 25 Abs. 1 Satz 2).

Solange ein internationales Übereinkommen nicht besteht, greift das nach den Regeln des internationalen Privatrechts maßgebliche nationale Recht ein. Dabei ist primär auf den Parteiwillen abzustellen, d. h. die Vertragspartner können die anzuwendende Rechtsordnung bestimmen. Fehlt es an einer solchen Rechtswahl, so ergibt sich das anzuwendende nationale Recht aus Art. 28 Einführungsgesetz zum Bürgerlichen Gesetzbuch. Als Faustformel kann man davon ausgehen, dass häufig das „Ortsrecht" des Frachtführers anzuwenden ist.

4.3.5.2 Die Beteiligten am Frachtvertrag

Der Frachtvertrag in der Binnenschifffahrt wird zwischen dem Absender und dem Frachtführer abgeschlossen. Absender ist der Hersteller oder der Verkäufer des zu transportierenden Gutes oder auch der Spediteur, der im eigenen Namen für fremde Rechnung Frachtverträge abschließt. Der Frachtführer befördert das Gut zum Bestimmungsort, verbunden mit der Verpflichtung, es dort an den Empfänger abzuliefern.

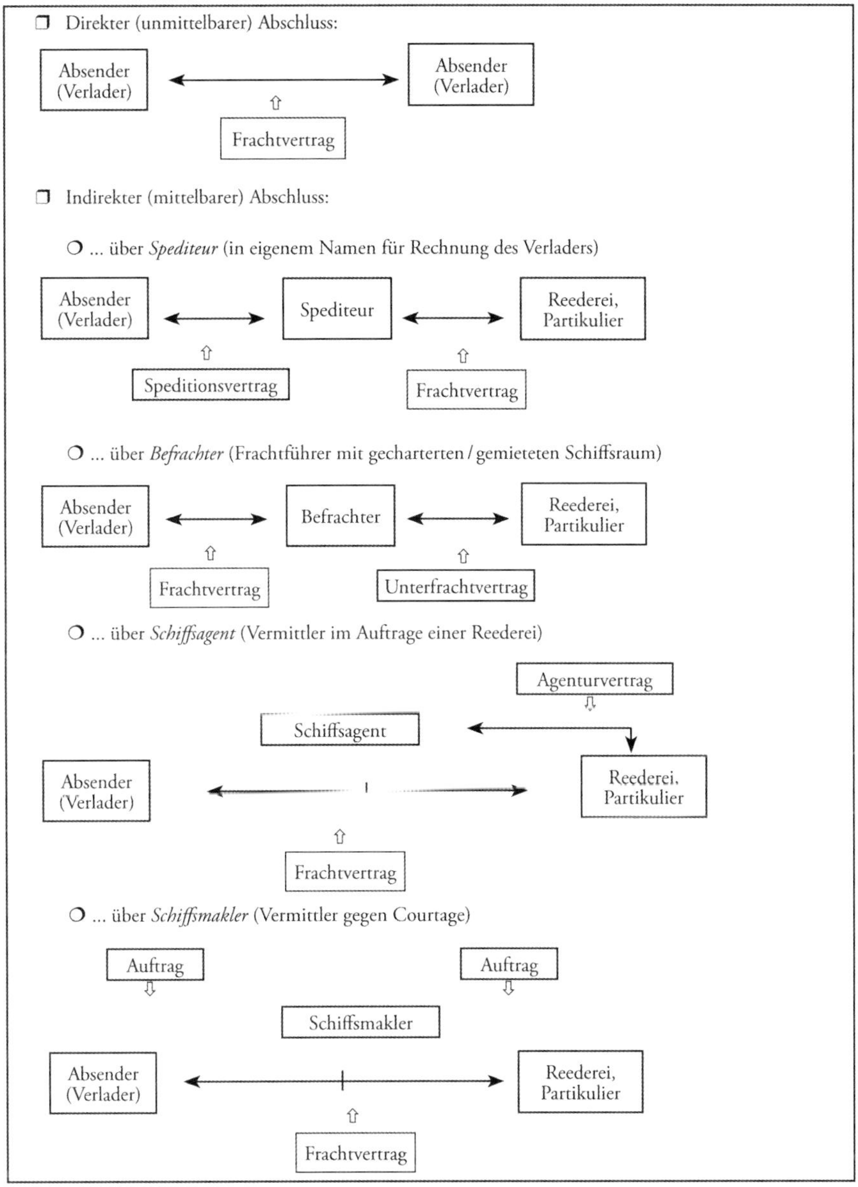

Abb. 4.3-4: Mögliche Varianten für den Abschluss von Binnenschiffsfrachtverträgen

Quelle: Handbuch Güterverkehr Binnenschifffahrt, Bundesministerium für Verkehr (Hrsg.), März 1997

Frachtführer kann sein der Schiffseigner, das ist nach dem Binnenschifffahrtsgesetz der Eigentümer eines für die Schifffahrt auf Flüssen oder sonstigen Binnengewässern bestimmten und hierzu von ihm zu verwendenden Schiffes. Es kann aber auch sein der Ausrüster, das ist derjenige, der ein ihm nicht gehörendes Schiff zur Binnenschifffahrt verwendet und es entweder selbst führt oder die Führung einem Schiffer anvertraut. Absender und Frachtführer schließen einen Frachtvertrag zu Gunsten eines Dritten, des Empfängers, ab.

Schiffer ist nach dem Binnenschifffahrtsgesetz der Führer des Schiffes. Er hat bei allen Dienstverrichtungen, namentlich bei der Erfüllung der von ihm auszuführenden Verträge, die Sorgfalt eines ordentlichen Schiffers anzuwenden.

Frachtverträge werden in der Binnenschifffahrt unmittelbar oder mittelbar abgeschlossen. Bei dem **unmittelbaren Vertragsabschluss** schließt der Hersteller, Verkäufer der Ware, mit dem Frachtführer einen Vertrag ab. Beim **mittelbaren Vertragsabschluss** kann sich der Ladungseigentümer an einen **Agenten** wenden, der durch einen Agenturvertrag mit der Reederei verbunden ist und sie nach außen hin vertritt. Selten ist in der Binnenschifffahrt der **Schiffsmakler** anzutreffen, der einen Frachtvertrag zwischen dem Absender und dem Frachtführer vermittelt.

Der **Binnenschifffahrtsspediteur** schließt mit der Reederei im eigenen Namen einen Frachtvertrag ab, er ist mit seinem Auftraggeber durch einen Speditionsvertrag verbunden.

Auch von Partikulieren gebildete **Genossenschaften** schließen im eigenen Namen mit dem Ladungseigentümer Frachtverträge in der Binnenschifffahrt ab. Schifferbörsen, auf denen durch Ladungsangebot und Laderaumnachfrage Preise gebildet und Frachtverträge zustande kommen, gibt es nicht mehr.

Eine Übersicht über die möglichen Varianten für den Abschluss von Schiffsfrachtverträgen bietet die Abbildung 4.3-4.

4.3.5.3 Die Arten der Verfrachtung

Unter „Arten der Verfrachtung" verstehen wir den Gegenstand des Frachtvertrags. Gegenstand des Frachtvertrags kann sein:

1. **Gesamtverfrachtung:** Überlassung des gesamten Schiffes kann erfolgen:
   a) **„In Fracht"**, dann gilt der Vertrag für eine Fahrt über eine bestimmte Transportstrecke, das Entgelt bestimmt sich nach dem Gewicht der Ladung.
   b) **„In Miete"**, dann werden der Frachtberechnung die Tragfähigkeit des Schiffes und die Vertragszeit zugrunde gelegt.
2. **Teilverfrachtung:** Überlassung von bestimmten Räumen oder eines verhältnismäßigen Teils eines Schiffes
3. **Stückgutverfrachtung:** Transport eines bestimmten Gutes und einer bestimmten Menge

Sendungen, die nach Zahl, Maß oder Gewicht gekennzeichnet und nicht Teilladungen oder Schiffsladungen sind, werden als Stückgüter bezeichnet. Im Allgemeinen gelten Sendungen im Gewicht bis 300 t als Stückgüter, wenn hierfür nicht ein Frachtvertrag für die Verfrachtung von Schiffen im Ganzen oder auf eine Teilverfrachtung geschlossen ist.

Für Stückgutverfrachtungen und Teilladungen gelten in Bezug auf die Ladezeit, das Liegegeld, die Fehlfracht und die Löschzeit Bestimmungen, die von den Bestimmungen für ganze Schiffsladungen abweichen.

In der verkehrswirtschaftlichen Praxis spricht man von **Tagesgeschäften**, wenn die Frachtverträge nach den relevanten Preisen von Fall zu Fall abgeschlossen werden. Sogenannte **„Kontrakte"** werden vereinbart, wenn Binnenschiffstransporte regelmäßig und über einen längeren Zeitraum durchgeführt werden. Hier geht es quasi um die Sicherung von Transportraum.

4.3.5.4 Die Frachtpapiere

Nach § 408 HGB kann der Frachtführer die Ausstellung eines **Frachtbriefs** verlangen. Der Frachtvertrag kommt durch übereinstimmende Willenserklärungen zustande, eines Frachtbriefs bedarf es nicht. Es steht den Parteien aber frei, einen Frachtbrief herzustellen und zu verwenden, sie können auch jede andere Dokumentation verwenden. Ist ein Frachtbrief ausgestellt und von beiden Parteien unterschrieben, so dient er als Beweisurkunde für den Inhalt des Vertrags und als **Übernahmequittung** durch den Frachtführer (§ 409 HGB). Veranlassung zur Ausstellung eines Frachtbriefs kann in der Binnenschifffahrt nur dann vorliegen, wenn die Vereinbarungen über die Abwicklung des Frachtvertrags zwischen Absender und Frachtführer sich auf das Verhältnis zwischen diesen beiden beschränken und dem Empfänger gegenüber keine Wirksamkeit haben sollen.

> **Hinweis**
> Der Gebrauch von Frachtbriefen oder vergleichbaren Dokumenten ist in der Binnenschifffahrt selten.

Über die Verpflichtung zur Ablieferung des Gutes kann von dem Frachtführer ein **Ladeschein** ausgestellt werden, durch welchen der Frachtführer sich zur Auslieferung der Güter an den legitimierten Besitzer des Scheins verpflichtet. Der Ladeschein ist das in der Binnenschifffahrt übliche Transportdokument. In der verkehrswirtschaftlichen Praxis spricht man in Bezug auf den Ladeschein auch häufig von dem sogenannten „Konnossement“.

Der Ladeschein soll nach § 444 HGB folgenden **Inhalt** haben:

1. Ort und Tag der Ausstellung
2. Name und Anschrift des Absenders
3. Name und Anschrift des Frachtführers
4. Stelle und Tag der Übernahme des Gutes sowie die für die Ablieferung vorgesehene Stelle
5. Name und Anschrift des Empfängers und eine etwaige Meldeadresse
6. die üblichen Bezeichnungen der Art des Gutes und die Art der Verpackung, bei gefährlichen Gütern ihre nach den Gefahrgutvorschriften vorgesehene, sonst ihre allgemein anerkannte Bezeichnung
7. Anzahl, Zeichen und Nummern der Frachtstücke
8. das Rohgewicht oder die anders angegebene Menge des Gutes
9. die vereinbarte Fracht und die bis zur Ablieferung anfallenden Kosten sowie einen Vermerk über die Frachtzahlung
10. den Betrag einer bei der Ablieferung des Gutes einzuziehenden Nachnahme
11. Weisungen für die Zoll- und sonstige amtliche Behandlung des Gutes
12. eine Vereinbarung über die Beförderung in offenem, nicht mit Planen gedecktem Fahrzeug oder auf Deck

Der Ladeschein muss vom Frachtführer unterzeichnet sein. Der Ladeschein ist nicht nur eine **Beweisurkunde** über den Abschluss des Frachtvertrags, er stellt gleichzeitig dar:

1. eine **Empfangsbescheinigung** für die übernommenen Güter hinsichtlich ihrer Zahl, ihrer Maße und ihres Gewichts, es sei denn, der Frachtführer hat auf dem Ladeschein den Zusatz angebracht „Zahl, Maß, Gewicht unbekannt“,
2. ein **Beförderungsversprechen** für den Transport der übernommenen Güter,
3. ein **Ablieferungsversprechen** gegenüber dem legitimierten Besitzer des Ladescheins.

Die Bedeutung des Ladescheins liegt in seiner Wirksamkeit für die Rechtsbeziehungen zwischen dem Frachtführer und dem Empfänger (dem legitimierten Besitzer des Scheins), während der Frachtvertrag das Rechtsverhältnis zwischen Frachtführer und Absender bestimmt. In der Regel wird der Inhalt des Ladescheins mit dem Frachtvertrag übereinstimmen, da in dem Ladeschein Bezug genommen wird auf die frachtrechtlichen Bestimmungen. Der Frachtführer hat das Original des Ladescheins nach Ausstellung dem Absender auszuhändigen. Der Originalladeschein dient dem legitimierten Besitzer zum Nachweis seiner Empfangsberechtigung. Seine Begebung ersetzt die Übergabe der Frachtgüter, der Frachtführer ist nur gegen seine Rückgabe zur Ablieferung der Güter verpflichtet. Der Ladeschein ist Traditionspapier. Mit Übergabe des Papiers wird das Eigentum am Gut übertragen.

In der verkehrswirtschaftlichen Praxis erhält der Absender den vom Frachtführer unterschriebenen Originalladeschein zurück, der Frachtführer benutzt eine Kopie des Ladescheins quasi als Frachtbrief. Derjenige, der den Originalladeschein besitzt, hat die Verfügungsgewalt über die darin bezeichneten Güter; die Weitergabe des Ladescheins ersetzt die Übergabe der Güter.

Wir unterscheiden folgende Ladescheine/Konnossemente:

- Ist der Ladeschein auf den Namen des Empfängers ausgestellt, dann handelt es sich um ein sogenanntes **„Namenspapier" (Rektaladescheine)**. Nur der Empfänger oder sein Rechtsnachfolger sind zum Empfang der Güter berechtigt. Für die Abtretung der Rechte aus dem Namensladenschein ist eine besondere Zession erforderlich, in der der Erwerber der Zession allerdings nur diejenigen Rechte erhält, die im Zeitpunkt der Veräußerung dem Abtretenden gegenüber dem Frachtführer verblieben sind. Der Namensladeschein ist in der verkehrswirtschaftlichen Praxis relativ selten anzutreffen.
- Lautet der Ladeschein „An Order" bzw. an einen Empfänger oder an dessen Order, so handelt es sich um einen **Orderladeschein**. Die im Orderladeschein bezeichneten Güter können von dem Inhaber des Papiers an einen anderen Empfangsberechtigten per **Indossament** eigentumsmäßig übertragen werden. Bei dem Indossament handelt es sich um eine Erklärung, mit der der jeweilige **Inhaber des Ladescheins (Indossant)** die Rechte aus dem Ladeschein auf den von ihm im Indossamentvermerk **genannten Berechtigten (Indossator)** überträgt.

Hinweis

Der Orderladeschein ist das in der Praxis des Binnenschiffsverkehrs übliche Dokument.

- Schließlich ist es auch zulässig, den Ladeschein auf den Inhaber, also ohne Bezeichnung eines bestimmten Empfängers, auszustellen; dann bestimmt sich die Empfangsberechtigung aus dem Besitz des Ladescheins, wir sprechen dann von einem **Inhaberladeschein**.
- Von einem **Durchladeschein** oder **Durchkonnossement** sprechen wir, wenn an der Binnenschifffahrtsbeförderung mehrere Frachtführer (Hauptfrachtführer, Unterfrachtführer) beteiligt sind und eine durchgehende Haftung/Gesamthaftung aller Frachtführer gegeben sein soll.

Der Frachtführer kann die Angabe einer sogenannten **„Meldeadresse"** verlangen, wenn der Ladeschein an die Order einer Person ausgestellt ist, die am Ablieferungsort weder ihren Wohnsitz noch eine Niederlassung hat. Die Aufnahme einer solchen Meldeadresse soll den Zweck haben, dem Frachtführer die Ermittlung des Empfängers zu erleichtern, sie soll ferner sicherstellen, dass der Frachtvertrag ordnungsgemäß abgewickelt wird.

LADESCHEIN **ORIGINAL** **Sped.-Nr.** ....

Schiff: .... Schiffsführer: ....

Absender: ....

Ladehafen: .... Ladestelle: ....

Empfänger: ....

Meldeadresse: ....

Löschhafen: .... Löschstelle: ....

Frachtvorschrift: ....

Grenzabfertigung: ....

Markierung	Anzahl und Art	Inhalt	angebliches Gewicht kg

Der Schiffsführer ist verpflichtet, uns jeden außergewöhnlichen Aufenthalt sofort fernmündlich zu melden.

Pos.-Nr.: .... Güterklasse: ....

Bestimmungs-/Herkunftsland: ....

für/ex Seeschiff: .... vom: .... 1. Lade-/Löschtag: ....

Allen gegenwärtigen und zukünftigen Transporten für den Frachtnehmer/Frachtzahler liegen unsere umseitig abgedruckten Verlade- und Transportbedingungen zugrunde; dies gilt auch dann,wenn wir abweichenden Bedingungen oder Gegenbestätigungen, die wir hiermit ausdrücklich ablehnen, nicht widersprechen.

Vermerke

Im Ladehafen

angekommen: .... Uhr
gemeldet: .... Uhr
geladen: .... von .... bis .... Uhr
.... von .... bis .... Uhr
.... von .... bis .... Uhr
.... von .... bis .... Uhr

.... den .... 199..........

für den/der Schiffsführer: ....

Folie-Druck

Abb. 4.3-5: Muster Ladeschein

Bei dem Orderladeschein kann der Frachtführer dem Empfänger bzw. berechtigten Inhaber nur solche Einwendungen entgegenhalten, die sich aus dem Inhalt der Urkunde ergeben (Hinweise auf Mengen- und Gewichtsangaben), die die Gültigkeit seiner Erklärung im Ladeschein betreffen (Echtheit der Unterschrift) und die dem Frachtführer unmittelbar gegen den Ladescheininhaber zustehen (z. B. Aufrechnung von Forderungen).

Der Frachtführer haftet für die Richtigkeit der im Ladeschein (Konnossement) enthaltenen Zahl, der Maße oder des Gewichts. Die Ermittlung des Umfangs der verladenen Frachtgüter muss unter der Kontrollmöglichkeit des Frachtführers vorgenommen sein.

Ist die Ermittlung des Umfangs der Frachtgüter bei der Einladung entweder überhaupt nicht oder nicht ordnungsgemäß möglich, so ist der Frachtführer nicht verpflichtet, einen reinen, vorbehaltlosen Ladeschein zu zeichnen. Er muss in diesem Falle den folgenden Zusatz vermerken: „Zahl, Maß, Gewicht unbekannt".

Der Frachtführer haftet für die Richtigkeit der im Ladeschein (Konnossement) enthaltenen Bezeichnungen der Güter. Darunter wird die Bezeichnung nach Gattung, Art und Beschaffenheit verstanden, z. B. „gesunder, trockener amerikanischer Mais". Der Frachtführer kann sich von der Haftung für die Bezeichnung der Güter im Ladeschein entlasten, wenn die Unrichtigkeit der Bezeichnung bei Anwendung der Sorgfalt eines gewöhnlichen (einfachen) Frachtführers nicht zu erkennen war. Es wird also keine kaufmännische Sach- und Warenkenntnis des äußerlich erkennbaren Zustands der Güter vom Frachtführer verlangt.

Aufbau und Inhalt eines Ladescheins sind aus dem folgenden Muster (Abb. 4.3-5) zu ersehen. Die Verlade- und Transportbedingungen, die untrennbar damit verbunden sind, können wegen ihres Umfangs nicht dargestellt werden.

4.3.5.5 Die Abwicklung des Frachtvertrags

Bei der Abwicklung eines Frachtvertrags in der Binnenschifffahrt sind hinsichtlich der Organisation drei Komplexe zu beachten. Diese sind:

- der Vor- und der Nachlauf
- der Umschlag
- der Binnenschifffahrtstransport

Die **Vor- und Nachlaufproblematik** ist wegen der geringen Netzdichte des Verkehrsträgers Binnenschifffahrt wichtiger als bei den anderen Verkehrsträgern. Es sind zum Teil erhebliche Entfernungen per Lkw oder per Eisenbahn zurückzulegen, wobei in aller Regel der Lkw der wichtigere Partner der Binnenhäfen ist. Die Landverkehrsmittel sind so zu disponieren, dass die angelieferten oder zu übernehmenden Güter möglichst direkt unter Einhaltung der für das Binnenschiff vereinbarten Ladezeit umgeschlagen werden können. Unabhängig davon kann sich in Abhängigkeit von der Transportentfernung auch der indirekte **Umschlag** (Zwischenlagerung im Binnenhafen) als notwendig erweisen. Für den Umschlag selbst ist dafür Sorge zu tragen, dass die erforderlichen technischen Geräte (z. B. Kräne) der Art, der Anzahl und der Leistung nach sowie das erforderliche Umschlagspersonal bereitstehen.

Beim **Binnenschiffstransport** selbst muss das richtige Schiff der Art, der Tragfähigkeit, der Abladetiefe und den Abmessungen nach disponiert werden, gegebenenfalls ist auch darauf zu achten, dass das Schiff für Tag- und Nachtfahrten geeignet ist. Hinsichtlich der zu benutzenden Wasserstraßen müssen die Wasserstände, die Wasserstraßenklasse, die Schleusenöffnungszeiten, die Durchfahrtshöhen und die Fahrtbeschränkungen beachtet werden. Bei gefährlichen

Gütern ist die Gefahrgutverordnung Straße–Eisenbahn–Binnenschifffahrt (GGVSEB) zu beachten. Mit der GGVSEB wird in Deutschland das **ADN** (D'accord européen relatif au transport international des marchandises dangereuses par voie de navigation intérieure) in Kraft gesetzt.

Im ADN werden alle Personen angesprochen, die mittelbar oder unmittelbar mit der Beförderung gefährlicher Güter auf dem Wasser befasst sind. Angesprochen sind die Industrie im weitesten Sinne (z. B. die Mineralölwirtschaft, die Chemische Industrie, Petro-Chemie), die Verlader, die Frachtführer und Spediteure, der Schiffseigner und die übrige Schiffsbesatzung.

Alle genannten Personenkreise sind im ADN in irgendeiner Form verantwortlich gestellt, damit durch das gefährliche Gut niemand, und zwar weder die an der Beförderung Beteiligten noch die Unbeteiligten (die Bevölkerung) in irgendeiner Form geschädigt werden.

Das ADN erfasst alle gefährlichen Güter und legt fest, ob und wie sie auf den Wasserstraßen befördert werden dürfen; sie enthält Vorschriften über die Art der Verpackung der gefährlichen Güter, regelt die Zusammenladung der verschiedenen Güter, schreibt vor, welche besonderen Bedingungen hinsichtlich Bau und Ausrüstung der Schiffe (Binnenschiffe und Seeschiffe) zu erfüllen sind, wie sich ein Fahrzeug mit gefährlichen Gütern während der Fahrt und beim Stillliegen sowie beim Laden und Löschen zu verhalten hat (Betriebsvorschriften).

Eine enge Verknüpfung zwischen allgemeinem Untersuchungsrecht und den Vorschriften über die Beförderung gefährlicher Güter ist dadurch gegeben, dass Fahrzeuge, die für die Beförderung gefährlicher Güter bestimmt sind, nur dann bestimmte gefährliche Güter befördern dürfen, wenn sie ein **Zulassungszeugnis** nach der ADN besitzen. Erst dann erhalten sie ein Schiffsattest nach der BinSchUO (Binnenschiffs-Untersuchungsordnung). Für Fahrzeuge, die nur gelegentlich bestimmte andere gefährliche Güter in Versandstücken befördern sollen, trifft dies nicht in vollem Umfang zu.

Seit der sogenannten „Strukturreform" wurden die Gefahrgutregelwerke der Landverkehrsträger ADR, RID und ADN in eine vergleichbare Struktur überführt. Dies erleichtert denjenigen die Anwendung, die bislang nur mit einem Werk vertraut waren und sich bei der Planung multimodaler Ketten auch mit den anderen Regelwerken auseinandersetzen müssen.

In der Praxis der Binnenschifffahrt hat der Absender gepackte Güter auf das Schiff, lose Güter in das Schiff zu liefern, umgekehrt sind gepackte Güter auf dem Schiff und lose Güter im Schiff zu übernehmen. Der Frachtführer hat die eventuell weitere Verladung der Güter im Schiff zu bewirken. In der Praxis werden zwischen dem Absender und dem Frachtführer Vereinbarungen über das Ein- und Ausladen getroffen. Lautet beispielsweise die Klausel „frei Schiff", so wird damit zum Ausdruck gebracht, dass der Absender die Kosten der Beladung zu tragen hat. Im Allgemeinen sind die Bestimmungen über die Beladung/Entladung und die Kostentragung in den Konnossementsbedingungen der Reederei geregelt.

Das Be- und Entladegeschäft in der Binnenschifffahrt regelt sich seit dem 1.7.1998 nach § 412 HGB. Nach § 412 Abs. 3 HGB wird aber der Bundesminister der Justiz ermächtigt, im Einvernehmen mit dem Bundesminister für Verkehr durch Rechtsverordnung für die Binnenschifffahrt unter Berücksichtigung der zur Beförderung bestimmten Fahrzeuge, der Art und Menge der umzuschlagenden Güter, der beim Güterumschlag zur Verfügung stehenden technischen Mittel und der Erfordernisse eines beschleunigten Verkehrsablaufs die Voraussetzung für den Beginn der Lade- und Löschzeit, deren Dauer sowie die Höhe des Liegegeldes (dies ist das Standgeld im Straßengüterverkehr) zu bestimmen.

Rechtsgrundlage hierfür ist die am 11.12.1999 in Kraft getretene Verordnung über die Lade- und Löschzeiten sowie das Liegegeld in der Binnenschifffahrt **(Lade- und Löschzeitenverordnung)**. Die neue Verordnung ist nicht unumstritten. Problematisch ist immer wieder die Frage, ob die darin festgesetzten Lade- und Löschzeiten überhaupt eingehalten werden können. Diese hat das Bundesministerium der Justiz (BMJ) nunmehr auf 45 t pro Stunde festgeschrieben.

Obwohl die Vertreter der verladenden Wirtschaftsverbände sowie der Spedition letztendlich zugestimmt haben, weicht die Praxis häufig von der aktuellen Regelung ab und greift noch auf die Vorläuferregelung aus dem Jahr 1994 zurück. Da die heutige Verordnung dispositives Recht zählt, ist diese Vorgehensweise unbenommen.

Darüber hinaus wurden in der aktuellen Verordnung die Bestimmung des Meldetags, die Sonn- und Feiertagsregelung sowie die Dauer der üblichen Geschäftszeiten überarbeitet. Der dispositive Rechtscharakter wurde in der Verordnung selbst nicht noch einmal ausdrücklich herausgestellt, sondern ergibt sich aus der Rechtssystematik im Zusammenhang mit § 412 Abs. 4 HGB. Die zurzeit geltende Verordnung ist im Folgenden abgedruckt.

Die zum 31.12.2009 in Kraft getretene Aktualisierung dieser Verordnung betrifft ausschließlich die Tankschifffahrt. Wegen des technischen Fortschritts konnten die Lade-/Löschzeiten für Tankschiffe verkürzt werden. Für Doppelhüllentankschiffe wurden höhere Liegegelder eingeführt.

Verordnung über die Lade- und Löschzeiten sowie das Liegegeld in der Binnenschifffahrt

(Lade- und Löschzeitenverordnung – BinSchLV)

Abschnitt 1 – Trockenschifffahrt

§ 1 – Beginn der Ladezeit

(1) Hat der Frachtvertrag die Beförderung von anderem als flüssigem oder gasförmigem Gut zum Gegenstand, so beginnt die Ladezeit nach Ablauf des Tages, an dem der Frachtführer die Ladebereitschaft dem Absender oder der vereinbarten Meldestelle anzeigt.

(2) Haben die Parteien vereinbart, dass der Zeitpunkt der Ladebereitschaft voranzumelden ist, so beginnt die Ladezeit abweichend von Absatz 1 zwei Stunden nach dem in der Voranmeldung genannten Zeitpunkt. Voraussetzung ist jedoch, dass die Voranmeldung mindestens acht Stunden vor dem angemeldeten Zeitpunkt dem Absender oder der vereinbarten Meldestelle zugeht und der Frachtführer zum angemeldeten Zeitpunkt ladebereit ist.

(3) Wird an dem Tag, an dem der Frachtführer seine Ladebereitschaft anzeigt, oder wird bei einer Voranmeldung noch vor Ablauf der Frist von zwei Stunden nach dem angemeldeten Zeitpunkt der Ladebereitschaft geladen, so beginnt die Ladezeit mit dem Beginn des Ladens.

§ 2 – Dauer der Ladezeit

(1) Die Ladezeit beträgt eine Stunde für jeweils 45 Tonnen Rohgewicht der für ein Schiff bestimmten Sendung. Als ein Schiff im Sinne von Satz 1 ist auch ein Schub- oder Koppelverband anzusehen.

(2) Bei der Berechnung der Ladezeit kommen folgende Zeiten nicht in Ansatz:

1. Sonntage und staatlich anerkannte allgemeine Feiertage an der Ladestelle,

2. an Werktagen die Zeit zwischen 20.00 Uhr und 6.00 Uhr,

3. die Zeit, in der aus Gründen, die dem Risikobereich des Frachtführers zuzurechnen sind, das Verladen jeder Art von Gut unmöglich ist.

(3) Absatz 2 Nr. 1 und 2 ist nicht anzuwenden, soweit der Frachtführer während der darin genannten Zeiten vereinbarungsgemäß oder auf Weisung des Absenders oder der Meldestelle ladebereit ist.

§ 3 – Löschzeit

Für die Bestimmung des Beginns der Entladezeit (Löschzeit) sowie ihrer Dauer sind die §§ 1 und 2 entsprechend mit der Maßgabe anzuwenden, dass an die Stelle des Absenders der Empfänger tritt.

§ 4 – Liegegeld

(1) Das dem Frachtführer geschuldete Standgeld (Liegegeld) beträgt bei einem Schiff mit einer Tragfähigkeit bis zu 1.500 Tonnen für jede angefangene Stunde, während der der Frachtführer nach Ablauf der Lade- oder Löschzeit wartet, 0,05 Euro je Tonne Tragfähigkeit. Bei einem Schiff mit einer Tragfähigkeit über 1.500 Tonnen beträgt das für jede angefangene Stunde anzusetzende Liegegeld 75 Euro zuzüglich 0,02 Euro für jede über 1.500 Tonnen liegende Tonne.

(2) Bei der Berechnung des Liegegeldes sind die Stunden nicht zu berücksichtigen, in denen aus Gründen, die dem Risikobereich des Frachtführers zuzurechnen sind, das Verladen oder Entladen jeder Art von Gut unmöglich ist.

(3) Als ein Schiff im Sinne von Absatz 1 ist auch ein Schub- oder Koppelverband anzusehen.

Abschnitt 2 – Tankschifffahrt

§ 5 – Beginn der Lade- und Löschzeit

(1) Hat der Frachtvertrag die Beförderung flüssigen Gutes durch ein Tankschiff zum Gegenstand, so beginnen die Lade- und die Löschzeit jeweils in dem Zeitpunkt, in dem der Frachtführer die Lade- oder Löschbereitschaft anzeigt. Voraussetzung ist jedoch, dass der Frachtführer den Zeitpunkt der Lade- oder Löschbereitschaft mindestens acht Stunden zuvor vorangemeldet. Die Voranmeldung und die Anzeige müssen montags bis freitags zwischen 7.00 Uhr und 16.00 Uhr oder samstags zwischen 7.00 Uhr und 13.00 Uhr dem Absender oder der vereinbarten Meldestelle zugehen.

(2) Hat der Frachtführer den Zeitpunkt der Lade- oder Löschbereitschaft nicht oder nicht fristgerecht vorangemeldet, beginnt die Frist in dem in § 1 Abs. 1 genannten Zeitpunkt oder, wenn vor diesem Zeitpunkt geladen oder gelöscht wird, mit dem Beginn des Ladens oder Löschens.

§ 6 – Dauer der Lade- und Löschzeit

(1) Die gesamte Lade- und Löschzeit beträgt in der Tankschifffahrt bei einer für ein Schiff bestimmten Sendung mit einem Gewicht
bis zu 1.100 Tonnen 24 Stunden,
bis zu 1.500 Tonnen 26 Stunden,
bis zu 2.000 Tonnen 28 Stunden, wenn es sich um ein Tankschiff in Doppelhüllenbauweise handelt, sonst 30 Stunden.
Bei einer Sendung über 2.000 Tonnen erhöht sich die Lade- und Löschzeit um vier Stunden je weitere angefangene 1.000 Tonnen. Bei einer Sendung über 5.000 Tonnen erhöht sich die Lade- und Löschzeit um vier Stunden je weitere angefangene 1.000 Tonnen. Die erforderliche Aufheizzeit wird auf die Lade- und Löschzeit angerechnet. Als ein Schiff im Sinne von Satz 1 ist auch ein Schub- oder Koppelverband anzusehen.

(2) Beträgt die Mindestpumpenkapazität des Tankschiffs weniger als 200 Kubikmeter pro Stunde, so erhöht sich die nach Absatz 1 anzusetzende Lade- und Löschzeit um die Zeit, die der effektiven Stundenleistung während des Lade- und Löschvorgangs entspricht.

(3) Bei der Berechnung der Lade- und Löschzeit ist die für das Laden und Löschen tatsächlich benötigte Zeit getrennt festzustellen; angefangene Stunden, die sich bei der Ermittlung der tatsächlich benötigten Ladezeit und der tatsächlich benötigten Löschzeit ergeben, sind auf volle Stunden aufzurunden. Nicht in Ansatz kommen folgende Zeiten:

1. im Falle des Ladens Sonntage und staatlich anerkannte allgemeine Feiertage an der Ladestelle, im Falle des Löschens Sonntage und staatlich anerkannte allgemeine Feiertage an der Löschstelle,

2. an Werktagen, die einem Sonntag oder einem gesetzlichen Feiertag an der Lade- oder Löschstelle nachfolgen, die Zeit zwischen 0.00 Uhr und 7.00 Uhr, an einem Samstag und am 24. und 31. Dezember zusätzlich die Zeit zwischen 13.00 Uhr und 24.00 Uhr,

3. die Zeit, in der aus Gründen, die dem Risikobereich des Frachtführers zuzurechnen sind, das Verladen oder Entladen jeder Art von Gut unmöglich ist. Satz 2 Nr. 1 und 2 ist nicht anzuwenden, soweit der Frachtführer während der darin genannten Zeiten vereinbarungsgemäß oder auf Weisung der Meldestelle oder des Absenders lade- oder löschbereit ist.

§ 7 – Liegegeld

(1) Das dem Frachtführer geschuldete Standgeld (Liegegeld) beträgt für jede angefangene Stunde, in der der Frachtführer nach Ablauf der Lade- und Löschzeit wartet, bei Tankschiffen mit einer Tragfähigkeit
bis zu 500 Tonnen 25 Euro,
bis zu 1.000 Tonnen 54 Euro,
bis zu 1.500 Tonnen 75 Euro.
Bei Tankschiffen mit einer Tragfähigkeit über 1.500 Tonnen beträgt das für jede angefangene Stunde anzusetzende Liegegeld 75 Euro zuzüglich 10 Euro je weitere angefangene 500 Tonnen.

(2) Abweichend von Absatz 1 beträgt das für jede angefangene Stunde anzusetzende Liegegeld bei Tankschiffen in Doppelhüllenbauweise
bis zu 500 Tonnen 60 Euro,
bis zu 1.000 Tonnen 804 Euro,
bis zu 1.500 Tonnen 100 Euro,
über 1.500 Tonnen 100 Euro zuzüglich 20 Euro je weitere angefangene 500 Tonnen.

(3) Bei der Berechnung des Liegegeldes sind die Stunden nicht zu berücksichtigen, in denen aus Gründen, die dem Risikobereich des Frachtführers zuzurechnen sind, das Verladen oder Entladen jeder Art von Gut unmöglich ist.

(4) Als ein Schiff im Sinne von Absatz 1 ist auch ein Schub- oder Koppelverband anzusehen.

Der **Ladeort** ist der Ort (Hafen), an dem nach dem Frachtvertrag die Übernahme der Frachtgüter erfolgen soll. Der **Ladeplatz** oder die Ladestelle ist die Stelle am Ladeort, die der Frachtführer zur Einladung der Frachtgüter aufzusuchen hat. Ist das Schiff im Ganzen verfrachtet, hat es der Frachtführer zur Übernahme der Ladung an den vom Absender ihm angewiesenen Platz hinzulegen. Hat der Frachtvertrag Güter im Gewicht von weniger als 10.000 kg zum Gegenstand, so legt der Frachtführer am ortsüblichen Ladeplatz an.

Sobald der Frachtführer zur Annahme der Ladung bereit ist, hat er dies dem Absender anzuzeigen und das Schiff muss zu diesem Zeitpunkt wirklich ladebereit sein. Eine besondere Form für die Meldung der Ladebereitschaft ist nicht vorgeschrieben; sie kann persönlich, fernmündlich oder schriftlich erfolgen. Die Meldung muss innerhalb der ortsüblichen Geschäftszeiten vorgenommen werden. Ein Meldetag kann vereinbart werden.

Mit dem auf die Anzeige der Ladebereitschaft folgenden Tag beginnt die Ladezeit. Die **Ladezeit** ist die Frist, die der Frachtführer dem Absender ohne besondere Vergütung zu gewähren hat, damit die Ladung eingenommen werden kann. Als Regelzeit für das Laden soll der Zeitraum zwischen 6.00 Uhr und 20.00 Uhr gelten. Die Ladeleistung pro angefangener Stunde beträgt 45 t Rohgewicht der Sendung je Stunde.

Wird die Beladung nicht innerhalb der Ladezeit vollendet, weil der Absender die Ladung nicht rechtzeitig liefert, so hat der Frachtführer **Anspruch auf Liegegeld**. Unabhängig davon, dass dem Schiff Liegegeld gezahlt wird, kann eine sogenannte **„Überliegezeit"** vereinbart werden.

Hat der Absender innerhalb der Ladezeit und der etwa vereinbarten Überliegezeit die Ladung nicht geliefert, so ist der Frachtführer nicht verpflichtet, noch länger zu warten. Er muss jedoch dem Absender erklären, nicht länger warten zu wollen. Die Erklärung des Frachtführers entspricht also einer Kündigung und die Wartezeit hat die Rechtsnatur einer gesetzlichen **Kündigungsfrist** (§ 417 HGB). Hat der Absender bis zum Ablauf der Wartezeit keine Ladung geliefert, so ist der Frachtführer an den Vertrag nicht länger gebunden und ist befugt, von dem Absender nach § 415 Abs. 2 HGB

- die vereinbarte Fracht, das etwaige Standgeld sowie zu ersetzende Aufwendungen unter Anrechnung dessen, was er infolge der Aufhebung des Vertrages an Aufwendungen erspart oder anderweitig erwirbt oder zu erwerben böswillig unterlässt, oder
- ein Drittel der vereinbarten Fracht (Fautfracht) zu verlangen. Beruht die Kündigung auf Gründen, die dem Risikobereich des Frachtführers zuzurechnen sind, so entfällt der Anspruch auf Fautfracht nach Satz 1 Nr. 2; in diesem Falle entfällt auch der Anspruch nach Satz 1 Nr. 1, soweit die Beförderung für den Absender nicht von Interesse ist.

Der **Löschort** ist der Bestimmungsort (Hafen, Ablieferungsort), der im Frachtvertrag bestimmt und im Ladeschein als solcher bezeichnet worden ist. **Löschplatz/Löschstelle** ist die Stelle am Ablieferungsort, an der die Frachtgüter zu löschen sind. Auch der Löschplatz ist im Frachtvertrag oder im Ladeschein zu bezeichnen. Der Empfänger hat auf Aufforderung einen geeigneten Löschplatz zu bezeichnen. Tut er dies nicht, so legt der Frachtführer an einem der ortsüblichen Löschplätze an. Bei der Wahl des Löschplatzes hat er das Interesse des Empfängers tunlichst zu berücksichtigen.

Sobald der Frachtführer zum Löschen bereit ist, hat er dies dem Empfänger in der ortsüblichen Geschäftszeit anzuzeigen. Die Anzeige der Löschbereitschaft ist an eine bestimmte Form nicht gebunden. Ein Meldetag kann vereinbart werden.

Die **Löschzeit** beginnt mit dem auf die Anzeige der Löschbereitschaft folgenden Tag. Übernimmt der Empfänger die Ladung nicht bis zum Ablauf der Löschzeit, so hat der Frachtführer Anspruch auf Liegegeld. Die beim Laden oder Löschen eventuell anfallenden Liegegelder werden der Höhe nach unterschiedlich berechnet für die Trockenschifffahrt und für die Tankschifffahrt. Entsprechend unterschiedlich sind auch die Lade- und Löschzeiten.

Die **Überliegezeit** ist eine Verlängerung der Löschzeit. Für die Überliegezeit ist Liegegeld zu entrichten. Nach Ablauf der Löschzeit und einer angemessenen Wartezeit ist der Frachtführer nicht mehr verpflichtet, auf die Löschung länger zu warten. Er muss jedoch seinen Willen, nicht länger zu warten, vor Ablauf der Löschzeit oder der Überliegezeit dem Empfänger erklären.

Sofern keine andere Vereinbarung vorliegt, hat der Empfänger gepackte Güter auf dem Schiff, lose Güter in dem Schiff abzunehmen und die weitere Entladung zu bewirken. Diese Regelung gilt für Gesamt-, Teil- und Stückgutverfrachtungen.

Der Frachtführer hat sein Schiff an den Löschplatz zu legen und löschbereit zu stellen. Er hat sein Schiff für die Abnahme der Frachtgüter bereitzuhalten und ist an der Entladung selbst nicht völlig unbeteiligt, sondern hat insofern mitzuwirken, als er die Güter im Schiff dem Empfänger anweisen und ihm zugänglich machen muss.

Hinweis
Der Frachtführer und seine Schiffsbesatzung haben gegebenenfalls mit dem Empfänger der Ware Hand in Hand zu arbeiten und die ihnen hierbei obliegenden Leistungen auszuführen und die Kosten hierfür zu tragen.

	Beladen ⇨	**Befördern ⇨**	**Entladen ⇨**	**Abliefern**
Ort/Relation	Ladeort, Ladeplatz	Relation, Entfernung	Löschort, Löschplatz	Übergabeort
Prozess	Durchführung der Beladung	Durchführung der Beförderung	Durchführung der Entladung (Löschen)	Durchführung der Ablieferung
Zeit	Ladebereitschaft/ Meldetag, Ladezeit, Überliegezeit, Wartezeit	Beförderungsantritt, Beförderungsdauer, (Fahrtzeiten inkl. Schleusungsdauer, Wartezeit, ...)	Löschbereitschaft, Löschzeit, Überliegezeit, Wartezeit	Lieferfrist
Entgelte	Liegegeld, [Fehlfracht], Hafengebühren, [Umschlaggebühr]	Frachtberechnung, Frachtzahlung (inkl. Kleinwasserzuschläge, Abgaben)	Liegegeld, Hafengebühr, [Umschlaggebühr]	Logistische o.a. Zusatzleistungen
„Weiteres“	Frachtbrief u./o. Ladeschein	sonstige Beförderungspapiere, Abgabenerklärung, Umladung, Leichterung, Beförderungshindernisse	Frachtbrief u./o. Ladeschein, Nachträgliche Verfügungen des Absenders	Frachtbrief u./o. Ladeschein, Ablieferungshindernisse, Haftung im Schadenfall, Pfandrecht, Verjährung der Ansprüche

Tab. 4.3-5: Abwicklung des Frachtgeschäfts in der Binnenschifffahrt
Quelle: Handbuch Güterverkehr Binnenschifffahrt, Bundesministerium für Verkehr (Hrsg.), März 1997

Ist über die Sendung ein Ladeschein ausgestellt worden, so darf der Schiffer die Güter nur gegen Rückgabe dieses Papiers aushändigen.

Die Abwicklung des Frachtgeschäfts in der Binnenschifffahrt lässt sich an der folgenden Darstellung (Tabelle 4.3-5) gut aufzeigen. Der Transport eines Gutes per Binnenschiff lässt sich in die vier Teilprozesse Beladung des Schiffes, Befördern, Entladen des Schiffes und Ablieferung des Gutes untergliedern.

4.3.5.6 Besondere Einzelheiten des Frachtvertrags

Mit der Transportrechtsreform wurde das Frachtrecht für die Verkehrsträger Straße, Schiene, Luftfahrzeug und Binnenschiff vereinheitlicht. Dies hatte zur Folge, dass bestimmte haftungsrechtliche Besonderheiten, die bisher nur der Verkehrsträger Binnenschiff kannte, entweder für alle Verkehrsträger übernommen wurden oder ersatzlos entfielen.

4.3.5.6.1 Haftungsregelungen in der Binnenschifffahrt

Keine Sonderregelungen enthält das neue Frachtrecht zum Thema **„nautisches Verschulden"**. Unter nautischem Verschulden versteht man Fehler bei der nautischen Führung eines Schiffs. Für fahrlässig begangene nautische Fehler wurde regelmäßig in den Verlade- und Transportbedingungen ein Haftungsausschluss vereinbart. Ein solcher Haftungsausschluss ist heute nicht mehr zeitgemäß, zumal sich die technischen Möglichkeiten zur Führung eines Schiffs erheblich verbessert haben. Deshalb hat der Gesetzgeber einen solchen Haftungsausschluss nicht in § 427 HGB aufgenommen.

In § 427 Abs. 1 HGB werden **besondere Haftungsausschlussgründe** normiert, die zum Teil mit den früheren Bestimmungen in § 59 BinSchG übereinstimmen. Dazu gehören neben der Verwendung offener Fahrzeuge (dies kommt insbesondere beim Transport von Kraftfahrzeugen sowohl auf Straße und Schiene als auch mit dem Binnenschiff vor) auch die Verladung auf Deck. Ist ein Schaden eingetreten, der aus den entsprechenden Gefahren herrühren konnte, so wird gesetzlich vermutet, dass der Schaden aus dieser Gefahr entstanden ist. Bei „außergewöhnlich großem Verlust" (Fehlen ganzer Frachtstücke oder großer Mengen) gilt diese Vermutung jedoch nicht im Falle offener Verladung bzw. Decksverladung (§ 427 Abs. 2 HGB).

Einen weiteren Haftungsausschlussgrund bildet die ungenügende Verpackung durch den Absender (§ 427 Abs. 1 Nr. 2 HGB), die auch schon im nunmehr aufgehobenen § 59 Abs. 1 Nr. 2 BinSchG enthalten war.

Auch dann, wenn Absender oder Empfänger das Gut behandeln, verladen oder entladen, soll dem Frachtführer ein Schaden nicht zuzurechnen sein (§ 427 Abs. 1 Nr. 3 HGB, vgl. § 59 Abs. 1 Nr. 3 BinschG).

Wenn die natürliche Beschaffenheit des Gutes für den Schaden verantwortlich ist, soll der Frachtführer ebenfalls nicht haften (§ 427 Abs. 1 Nr. 4 HGB, vgl. § 59 Abs. 1 Nr. 4 BinSchG in der bisher gültigen Fassung). Allerdings muss der Frachtführer, wenn er nach dem Frachtvertrag zum besonderen Schutz des Gutes verpflichtet war, nachweisen, dass er die notwendigen Maßnahmen ergriffen hat (§ 427 Abs. 2 HGB).

Letztlich soll die Haftung des Frachtführers auch bei ungenügender Kennzeichnung der Frachtstücke durch den Absender sowie bei der Beförderung lebender Tiere ausgeschlossen sein (§ 427 Abs. 1 Nr. 5, 6 HGB, vgl. der aufgehobene § 59 Abs. 1 Nr. 5 BinSchG). Bei der Beförderung lebender Tiere entfällt die Haftung jedoch nur, wenn der Frachtführer die ihm obliegenden Maßnahmen getroffen und besondere Weisungen beachtet hat (§ 427 Abs. 4 HGB).

Keinen Haftungsausschluss sieht das neue Transportrecht für den in anderen Rechtsordnungen besonders geregelten Fall vor, dass der Frachtführer einem anderen Schiff Hilfe geleistet, Leben oder Eigentum gerettet bzw. dies versucht hat. Die **Hilfeleistung** in der Binnenschifffahrt hat im Unterschied zu Straße und Schiene eine erhebliche Bedeutung. So kann bei der Festfahrung eines Schiffes oftmals nur ein anderes Schiff Hilfe leisten, indem es dieses freischleppt. Außerdem kann die Hilfeleistung in der Binnenschifffahrt behördlich angeordnet werden (vgl. § 26 Bundeswasserstraßengesetz).

Da eine Sonderregelung im neuen Transportrecht fehlt, ist insoweit die allgemeine Regel des §426 HGB anzuwenden: Bei einem Schaden aufgrund einer Verspätung wegen Hilfeleistung ist der Frachtführer also nur dann von der Haftung befreit, wenn die Verspätung aufgrund der Hilfeleistung auch bei größter Sorgfalt nicht vermieden werden konnte. Dies wird man dann bejahen können, wenn eine behördliche Anordnung den Frachtführer zur Hilfeleistung verpflichtet hat, weil von niemandem verlangt werden kann, zur Vermeidung von Nachteilen gegen behördliche Anordnungen zu verstoßen. Auch wenn die Hilfeleistung freiwillig vorgenommen wurde, um einem fremden Schiff zu helfen, dürfte eine Haftung entfallen, da der Frachtführer nicht rechtswidrig handelt.

Während das neue verkehrsträgerübergreifende Transportrecht die besonderen Haftungsausschlussgründe aus dem Bereich der Binnenschifffahrt zum großen Teil übernommen hat, sind die Regelungen zur **Haftungshöchstgrenze** neu und durch AGB nur in geringem Maße veränderbar. §431 Abs. 1 HGB bestimmt, dass Schadenersatz wegen Verlust oder Beschädigung bis zu einem Betrag von 8,33 Rechnungseinheiten je Kilogramm zu leisten ist. Die Rechnungseinheit ist das Sonderziehungsrecht (SZR) des Internationalen Währungsfonds (IWR). Der Wert des Sonderziehungsrechts schwankt, in der Regel liegt er zwischen 10 und 12 €.

Von dieser Haftungsgrenze darf gemäß §449 Abs. 2 HGB nur in folgenden Fällen durch vorformulierte Vertragsbedingungen (AGB) abgewichen werden:

1) wenn der Betrag zwischen 2 und 40 Rechnungseinheiten liegt und darüber hinaus „in drucktechnisch deutlicher Gestaltung besonders hervorgehoben ist" oder
2) wenn der Betrag für den Verwender der Bedingungen ungünstiger ist als der gesetzlich vorgeschriebene Betrag.

Hinweis
Der zweite Fall hat in der Binnenschifffahrt keinen praktischen Anwendungsbereich, denn kaum ein Binnenschifffahrtsunternehmer, der die AGB anwendet, wird bereit sein, für sich ungünstigere, d.h. höhere Haftungsgrenzen als die gesetzlichen 8,33 Sonderziehungsrechte in seine Regelungen hineinzuschreiben. In der Praxis wird nur der erste Fall Bedeutung erlangen.

In der Binnenschifffahrt wird dabei der gesetzliche Korridor weitgehend nach unten voll ausgeschöpft, weil ein Haftungshöchstbetrag von 2 SZR/kg weitgehend der seefrachtrechtlichen Haftung entspricht. Eine solche Regelung in den **Verlade- und Transportbedingungen (VTB)** muss zunächst drucktechnisch besonders hervorgehoben werden, was im Regelfall die Hervorhebung durch Fettdruck oder durch eine sonstige besondere Kennzeichnung notwendig macht. Der BGH (TranspR. 2003, 119) vertritt die Auffassung, dass das Formerfordernis der drucktechnischen Hervorhebung nicht nur die Ausgestaltung, sondern auch die Einbeziehung von AGB in dem Sinne betreffe, dass der Vertragspartner des Verwenders in qualifizierter Form von den vom Gesetz abweichenden Haftungshöchstbeträgen unterrichtet werden muss. Damit reicht ein allgemeiner Hinweis auf die AGB (z.B. VTB) in Briefbögen, Formularen oder sonstigen Vertragsbegründenden Schriftstücken nicht aus, sondern der Frachtführer muss seinen Kunden darüber unterrichten, inwieweit seine Haftungsklauseln in den AGB die gesetzliche Haftung zu seinen Gunsten abändern.

Wo der Haftungsbetrag wegen eines höheren Warenwertes (z.B. bei Containertransporten) nicht ausreicht, kann für den gesamten Transportablauf eine Warentransportversicherung eingedeckt werden.

Der Frachtführer haftet für den Schaden, der durch

a) **Verlust** oder
b) **Beschädigung** des Gutes oder
b) **Überschreitung der Lieferfrist** entsteht.

Es handelt sich um eine **Obhutshaftung** (§ 425 Abs. 1 HGB), die bis zur Grenze des unabwendbaren Ereignisses besteht (§ 426 HGB AGB). Dieser strenge Haftungsmaßstab wird weiterhin gemildert durch besondere Haftungsausschlussgründe (siehe oben), wenn das Gut Risiken ausgesetzt ist, die nicht dem Verantwortungsbereich des Frachtführers zuzurechnen sind (§ 427 HGB).

Dabei haftet der Frachtführer für seine Leute in gleichem Umfang wie für eigenes Tun oder Unterlassen, wenn die Leute in Ausübung ihrer Verrichtung handeln (§ 428 Abs. 1 HGB). Zu den Leuten gehören sowohl Bedienstete als auch z. B. mitarbeitende Familienangehörige des Partikuliers. Das Tatbestandsmerkmal, dass die zum Schaden führende Tätigkeit „in Ausübung der Verrichtung" begangen sein muss, schränkt die Haftung des Frachtführers insoweit ein, als z. B. Aufgaben, die nicht in den Aufgabenkreis des Betroffenen gehören, nicht zu einer Haftung des Frachtführers führen.

Für andere Personen, die nicht betriebszugehörig sind, haftet der Frachtführer dann, wenn er sich ihrer „bei Ausführung der Beförderung bedient" (§ 428 Abs. 2 HGB).

Um den Frachtführer und seine Leute gegen außervertragliche Ansprüche des Verladers zu schützen, bestimmen die §§ 434, 436 HGB, dass sich diese auf die vertraglichen Haftungsbegrenzungen und -befreiungen berufen dürfen.

Eine Sonderregelung schafft § 433 HGB auch für die meisten Fälle der **positiven Forderungsverletzung**, für die normalerweise keine Haftungsbeschränkungen gelten. Verletzt der Frachtführer eine „mit der Ausführung der Beförderung des Gutes zusammenhängende vertragliche Pflicht", so haftet er unter bestimmten Bedingungen nur bis zum Dreifachen des Betrags, der bei Verlust des Gutes zu zahlen wäre. Der Frachtführer haftet danach auch für von ihm eingesetzte Unterfrachtführer und Subunternehmer.

Im Frachtrecht ist nach wie vor nur Wertersatz zu leisten. Ersetzt wird der Wert des Gutes am Ort und zur Zeit der Übernahme zur Beförderung. Entgangener Gewinn, Mehraufwendungen für einen Deckungskauf usw. und Güterfolgeschäden werden nicht ersetzt. Der zu leistende Ersatz ist nach dem Gesetz bei Güterschäden auf 8,33 SZR/kg und bei Verspätungsschäden auf die dreifache Fracht begrenzt.

Der Frachtführer und dessen Leute können sich jedoch nicht auf die Haftungsbefreiungen und -begrenzungen berufen, wenn eine dieser Personen den Schaden vorsätzlich oder leichtfertig und in dem Bewusstsein verursacht hat, dass ein Schaden mit Wahrscheinlichkeit eintreten werde.

Neu ist der Begriff des **ausführenden Frachtführers**, der als Dritter die Beförderung durchführt (§ 437 Abs. 1 HGB). Dieser haftet für einen Schaden genauso wie der (Haupt-)Frachtführer. Dafür steht ihm das Recht zu, alle Einwendungen geltend zu machen, die dem Hauptfrachtführer aus dem Frachtvertrag zustehen (§ 437 Abs. 2 HGB). Haupt- und Unterfrachtführer haften dabei als Gesamtschuldner.

4.3.5.6.2 Havarie

Unter Havarie werden die Schäden verstanden, die ein Schiff und seine Ladung während der Schiffsreise treffen können sowie die eigentlichen Schifffahrtskosten der Binnenschifffahrt.

Man unterscheidet drei Arten der Havarie:

- die große Havarie (Havarie-grosse)
- die besondere Havarie
- und die kleine Havarie

Die Havarie in der Binnenschifffahrt korrespondiert mit der Havarie im Seerecht und wird in dem Teil Seeschifffahrt ausführlich behandelt.

Die Bestimmungen über die **große Havarie** (Havarie-grosse) sind in dem 5. Abschnitt §§ 78 – 91 BSchG geregelt. Hier werden der Begriff große Havarie bestimmt und die Fälle der großen Havarie, der Havariekosten und Havariekostenbeteiligung, die Havariekostenabrechnung (Dispache) und anderes mehr behandelt. Die große Havarie (Havarie-grosse) umfasst alle Schäden, die einem Schiff oder der Ladung zur Errettung aus einer gemeinsamen Gefahr vorsätzlich zugefügt werden, und alle Kosten, die dabei aufgewendet werden. Die große Havarie wird von Schiff und Ladung gemeinschaftlich getragen. Die Havarieverteilung tritt nur ein, wenn sowohl das Schiff als auch die Ladung ganz oder teilweise wirklich gerettet worden sind.

Die Zusammenstellung der Vergütungsansprüche nach den Aufwendungen und den beitragspflichtigen Werten erfolgt in einer Dispache, die mit einem Verteilungsplan abschließt, aus dem jeder berechtigte oder verpflichtete Beteiligte an der Havarie-grosse im Einzelnen ersehen kann, was er erhalten bzw. zu zahlen hat.

Bevor es zur Beauftragung eines Dispacheurs kommt, der in aller Regel von der zuständigen Industrie- und Handelskammer öffentlich bestellt und vereidigt ist, muss aus dem vom Schiffsführer erhobenen Protest (Unfallbericht) hervorgehen, dass die Voraussetzungen einer Havarie-grosse gegeben sind. Der beauftragte Dispacheur, dessen Benennung sich der Frachtführer/Reeder nach dessen Frachtvertrags-(Konnossements-)Bedingungen vorbehält, verlangt von den Ladungseignern vor der Herausgabe der geretteten Güter die Unterzeichnung eines **Reverses (Verpflichtungsscheins)** mit allen erforderlichen Angaben über die Güter sowie über die Höhe der Beitragswerte. Nach Eingang der Reverse fordert der Dispacheur Vorschüsse (Havarieeinschüsse) von den Beteiligten in Höhe der voraussichtlich auf sie entfallenden Beitragsanteile an.

Hinweis
Dispacheure, Sachverständige, Eichaufnehmer, Messer, Zähler und Wieger werden von den zuständigen Industrie- und Handelskammern öffentlich bestellt und vereidigt.

Sobald die Dispache erstellt ist und auf Gesetz- und Ordnungsmäßigkeit von der zuständigen Dispacheprüfungsstelle geprüft worden ist (für das Rheinstromgebiet ist dies z. B. die Internationale Vereinigung des Rheinschiffsregisters in Rotterdam), werden die Restbeträge (Havariebeiträge) angefordert und die Vergütungsbeträge ausgezahlt. Verzögert der Frachtführer/Reeder die Aufstellung einer Dispache, so kann jeder Beteiligte die Aufstellung verlangen. Sie muss dann spätestens an dem Ort erfolgen, an dem die Reise endet.

Das Schiff (Kasko) kann u. a. gegen das Havarie-grosse-Risiko durch die **Flusskaskoversicherung**, die Ladung durch die **Transportversicherung** geschützt werden.

Aus der Begriffsbestimmung der großen Havarie (Havarie-grosse) ergibt sich die Abgrenzung zur besonderen Havarie. **Besondere Havarie** sind also alle nicht zur großen Havarie gehörigen, durch einen Unfall verursachten Schäden und Kosten, ohne dass eine gemeinsame Gefahr bestanden hat. Diese Kosten werden von dem Eigentümer des Schiffes und der Ladung von jedem für sich allein getragen. Das Risiko ist versicherbar, da es sich hierbei um einen echten

Schadensfall handelt, den entweder das Schiff (z. B. durch einen Zusammenstoß) oder die Ladung (z. B. durch einen Stauungsfehler) erleiden kann. Gegen derartige Schäden kann sich der Schiffseigner wegen des Schiffes (Kasko) durch eine Flusskaskoversicherung, der Ladungseigner durch eine Transportversicherung schützen.

Nach BSchG hat der Frachtführer die bei der Ausführung der Beförderung regelmäßig entstehenden „eigentlichen Schiffskosten“ zu tragen, während ihm besondere Aufwendungen, die nur im Interesse der Ladung notwendig sind oder auf Verlangen der Ladungsbeteiligten entstehen, erstattet werden müssen.

Der Hinweis darauf, dass die „eigentlichen Schifffahrtskosten“ die Bestimmungen der großen Havarie nicht berühren, mag dazu geführt haben, dass diese Schifffahrtskosten als „kleine Havarie“ bezeichnet werden.

Die **kleine Havarie** ist also im eigentlichen Sinne kein Schadensfall, sondern ein Kostenfall, der je nach der getroffenen Vereinbarung den Frachtführer oder den Ladungsbeteiligten (Versender oder Empfänger) betrifft. Derartige Kosten zählen zu den üblicherweise nicht versicherten Risiken.

4.3.5.6.3 Pfandrecht

Der Frachtführer in der Binnenschifffahrt hat nach § 441 HGB wegen aller durch den Frachtvertrag begründeten Forderungen ein Pfandrecht an dem Gut. Neu ist die Erweiterung des gesetzlichen Pfandrechts des Frachtführers auf inkonnexe Forderungen aus anderen mit dem Absender abgeschlossenen Frachtverträgen, sofern die Forderungen unbestritten sind.

Das Pfandrecht besteht auch nach der Ablieferung fort, wenn der Frachtführer es innerhalb von drei Tagen nach der Ablieferung geltend macht und das Gut noch im Besitz des Empfängers ist.

4.3.6 Die Frachtberechnung in der Binnenschifffahrt

Wenn die Fracht nach Maß, Gewicht oder Menge der Güter bedungen ist, so ist die Angabe in dem Ladeschein über Maß, Gewicht oder Menge für die Berechnung der Fracht entscheidend. In Ermangelung solcher Angaben ist anzunehmen, dass Maß, Gewicht oder Menge der abgelieferten Güter, nicht der übernommenen, über die Höhe der Fracht entscheiden sollen.

Für Güter, die durch Unfall verloren gegangen sind, ist die Fracht nach dem Verhältnis des zur Zeit des Unfalls bereits zurückgelegten Teils der Reise zur ganzen Reise zu entrichten. Diese Fracht heißt **Distanzfracht**. Bei der Bemessung der Höhe der Distanzfracht können außer den zurückgelegten Entfernungen auch noch die Aufwendungen an „Kosten, Zeit und Mühe, die durchschnittlich mit dem vollendeten und nicht vollendeten Teil der Reise verbunden sind“, berücksichtigt werden.

Der Verlust der Frachtgüter muss nach deren Einladung und vor der Auslieferung entstanden sein. Der Frachtführer trägt die Beweislast für die durch den Unfall verloren gegangenen Güter.

Die Entgelte für Verkehrsleistungen der Schifffahrt zwischen deutschen Lade- und Löschplätzen werden seit 1.1.1994 zwischen Absender und Frachtführer frei vereinbart.

Die Zusammensetzung der Binnenschiffsfracht ergibt sich aus der Übersicht in Tab. 4.3-6

Mit **„Leichtern“** ist ein teilweises Entladen des Schiffes gemeint, damit das Schiff im „geleichterten“ Zustand einen anschließenden Wasserstraßenabschnitt mit niedrigen Wasserständen gefahrlos passieren kann.

Binnenschiffsfracht	
freie Entgeltvereinbarung laut Frachtvertrag	öffentlich-rechtliche Schifffahrtsabgaben nach Tarif
✧ Motorschiffsanteilfracht (nach Gewicht der Ladung) ✧ Zuschläge (u. a. Kleinwasserzuschläge)	✧ Kanalgebühren ✧ Schleusengebühren
Die Höhe des Entgeltes kann durch gesetzliche und vertragliche Ansprüche aus Sachverhalten beeinflusst werden, wie ☐ vollständige oder teilweise Unterlassung der Beladung ☐ Beförderungshindernisse ☐ Leichtern/Umladen ☐ nachträgliche Verfügungen des Absenders	

Tab. 4.3-6: Zusammensetzung der Binnenschiffsfracht

Quelle: Handbuch Güterverkehr Binnenschifffahrt, Bundesministerium für Verkehr (Hrsg.), März 1997

Neben den Schiffsfrachten werden je nach Sachlage berechnet:

- Umschlagsentgelte an den Lade- und Löschplätzen
- Kaigebühren
- Werft- oder Ufergelder
- Krangebühren
- Hafenbahnfrachten
- Hafenanliegergebühren
- Lagergelder
- Schifffahrtsabgaben; Kanal- und Schleusengebühren

Für die Benutzung der abgabenpflichtigen Bundeswasserstraßen durch Wasserfahrzeuge werden Schifffahrtsabgaben erhoben. Abgabenpflichtig sind die meisten staugeregelten (kanalisierten) Flüsse und die Kanäle. Der Rhein, die Elbe, die Donau, die Oder sowie die Mündungsstrecken von Weser und Ems sind abgabenfrei. Die Schifffahrtsabgaben sind ein Beitrag zu den laufenden Ausgaben der Wasser- und Schifffahrtsverwaltung für Betrieb, Unterhaltung und allgemeine Verwaltung der Bundeswasserstraßen.

Durch den Wasserstand wird die mögliche Tauchtiefe des Fahrzeugs bestimmt. Unter größter Tauchtiefe versteht man die größtmögliche Eintauchung eines Schiffes, das während der Fahrt auf der entsprechenden Wasserstraßenstrecke keine Grundberührung bekommen soll. Sinkt der Wasserstand soweit ab, dass das Fahrzeug nicht mehr voll abgeladen (eingetaucht) werden kann, weil es sonst zur Grundberührung kommen würde, so muss zur wirtschaftlichen Betriebsführung zu den Grundfrachten ein Zuschlag erhoben werden. Dieser Zuschlag heißt **Kleinwasserzuschlag**. Für die Berechnung des Kleinwasserzuschlags kommen verschiedene Stichtage in Betracht. Im Allgemeinen wird die Berechnung in der Bergfahrt nach dem niedrigsten Wasserstand am letzten Ladetag vorgenommen.

Auch **Hochwasser** beeinträchtigt die Binnenschifffahrt. Die Ladefähigkeit der Binnenschiffe wird von Hochwasser nicht betroffen. Bei Erreichen bestimmter Pegelstände (Hochwassermarke I) muss die Schifffahrt zunächst nur ihre Fahrgeschwindigkeit anpassen. Erst bei extrem hohen Wasserständen (Hochwassermarke II) wird die Schifffahrt eingestellt. Solche hochwasserbedingten Sperrungen dauern in der Regel nur wenige Tage.

Eiszuschläge können bei Erschwerung der Binnenschifffahrt festgelegt werden, um den Mehraufwand und die besonderen Gefahren bei Behinderung der Binnenschifffahrt durch Eis oder Eisgefahr abzugelten.

Für die Ermittlung der Gesamtkosten eines Binnenschifffahrtstransports sind neben den Schiffsfrachten die **Umschlagkosten** und **Hafengebühren** zu berücksichtigen. Die Umschlagkosten setzen sich zusammen aus den Kosten, die die Binnenhafenspediteure im eigenen Betrieb für Arbeitslöhne, Verwendung der Umschlagseinrichtungen und anderes mehr aufwenden müssen, und den Gebühren, die sie an die Hafenverwaltungen (Krangelder, Werftgebühren, Anschlussgleisgebühren und anderes mehr) abzuführen haben. Die Gebühren der Hafenverwaltungen sind in den Gebührentarifen dieser meist staatlichen oder kommunalen Unternehmen enthalten.

Die Zahlung der Entgelte in der Binnenschifffahrt wird durch Lieferklauseln geregelt.

Hinweis

Die im Frachtvertrag für die Binnenschiffbeförderung gebräuchlichsten Klauseln lauten:

(A) Frei gestaut Abgangsschiff Ladehafen

(B) Frei Ankunftsschiff Löschhafen

Klausel	Entgelt zahlt Absender	Entgelt zahlt Empfänger
(A)	Vorlauffracht, Umschlagentgelt Laden, Ufergeld, Liegegeld ...	Binnenschiffsfracht bis Löschhafen, Umschlagentgelt Löschen, Ufergeld, Liegegeld, ...,Nachlauffracht
(B)	wie oben; plus Binnenschiffsfracht bis Löschhafen	Umschlagentgelt Löschen, Ufergeld, Liegegeld, ..., Nachlauffracht

Tab. 4.3-7: Frachtvertragsklauseln für die Binnenschiffsbeförderung

Quelle: Handbuch Güterverkehr Binnenschifffahrt, Bundesministerium für Verkehr (Hrsg.), März 1997

4.3.7 Der Spediteur in der Binnenschifffahrt

Zur Einschaltung des Spediteurs bei Binnenschifffahrtsbeförderungen kommt es immer dann, wenn

- der Absender oder Empfänger keinen eigenen Wasseranschluss hat, also
- auf einen anderen Verkehrsträger umgeschlagen werden muss,
- die Güter zwischengelagert und/oder bearbeitet werden müssen und keine eigenen Umschlagseinrichtungen zur Verfügung stehen,
- es sich um keine großen Transportmengen handelt, mehrere Empfänger oder Absender vorhanden sind, die Ware gesammelt oder verteilt werden muss,
- es sich um kein homogenes Massengut, sondern um schwieriger umzuschlagendes Stückgut handelt und
- in diesem Zusammenhang klassische Speditionsleistungen, wie Zollabfertigung, Wiegen, Neutralisieren, Verpacken etc. gefordert werden.

Spediteure prägen in nicht wenigen Fällen das Bild der Hafenwirtschaft von Binnenhäfen. 15 % aller im DSLV organisierten Speditions- und Logistikbetriebe betätigen sich in der Binnenschifffahrts- und 10 % in der Binnenumschlagspedition. In beiden Bereichen ist dies jedoch nur für jeweils 4 % auch ein Leistungsschwerpunkt. In Binnenhäfen ansässig, besorgen Speditionen Transporte mit dem Binnenschiff, übernehmen Umschlagleistungen und betreiben häufig eine umfangreiche Lagerhaltung. Zahlreiche Betriebe sind auch mit besonderen Anlagen für die Behandlung von Massengütern wie zum Beispiel Düngemittel, Saatgut, Kohle, Erze und Mineralöle ausgestattet.

Der zunehmende Containerverkehr in der Binnenschifffahrt bringt auch neue Aufgaben für die Binnenumschlagspedition. Diese dynamische Entwicklung spiegelt sich in den folgenden Zahlen wider. Spediteure haben einen erheblichen Anteil an der Entwicklung der Containerfahrt auf dem Rhein. Das Leistungspaket umfasst neben dem Binnenschiffstransport den Umschlag im Binnenhafen, den Vor- und Nachlauf der Container auf der Straße, Depothaltung, Containerreparatur und Containerinformationssysteme.

Der Binnenschifffahrts- und Binnenumschlagspediteur wickelt seine Geschäfte – wie jeder andere Spediteur auch – in der Regel auf der Basis der neuesten ADSp ab.

4.4 Seeschifffahrt

Matthias Trott

Die Globusoberfläche ist zu drei Viertel mit Wasser bedeckt. Auf der nördlichen Halbkugel liegen die Hauptlandmassen mit den industrialisierten Wirtschaftszentren. Somit ist der Außenhandel auf leistungsfähige Seeverkehrsverbindungen angewiesen. Die ständig fortschreitende internationale Arbeitsteilung, die Verbesserung der Produktivität und der steigende Energiebedarf haben das über See bewegte Gütervolumen in den zurückliegenden Jahrzehnten außerordentlich dynamisch wachsen lassen. Der Weltseehandel erreichte 2015 mit 10.760 Mio. t ein weiteres Wachstum. Der EU-Außenhandel wird zu 90 %, der EU-interne Handel zu 40 % über See abgewickelt.

4.4.1 Seeverkehrswege und Seehäfen

4.4.1.1 Seeverkehrswege

Die Seeverkehrswege werden durch die Lage der Seehäfen, die am Anfang bzw. am Ende der Schifffahrtsverbindung liegen, bestimmt. Bestimmte küstennahe Teile der Meere, durch die ein dichter Schiffsverkehr läuft, werden im übertragenen Sinn als Straßen bezeichnet, z. B. Straße von Calais/Dover, Straße von Gibraltar, Straße der Dardanellen/Bosporus, Straße von Malakka und Straße von Hormus. Daneben gibt es künstlich angelegte Schifffahrtskanäle: Nord-Ostsee-Kanal, Suez-Kanal, Welland-Kanal des Sankt-Lorenz-Seeweges (Kanada) und den Kanal von Korinth. Einer der bekanntesten ist der Panama-Kanal, dessen Ausbau und Erweiterung im Juni 2016 nach 9 Jahren Bauzeit abgeschlossen wurde, so dass nun noch größere Schiffe diesen Kanal passieren können.

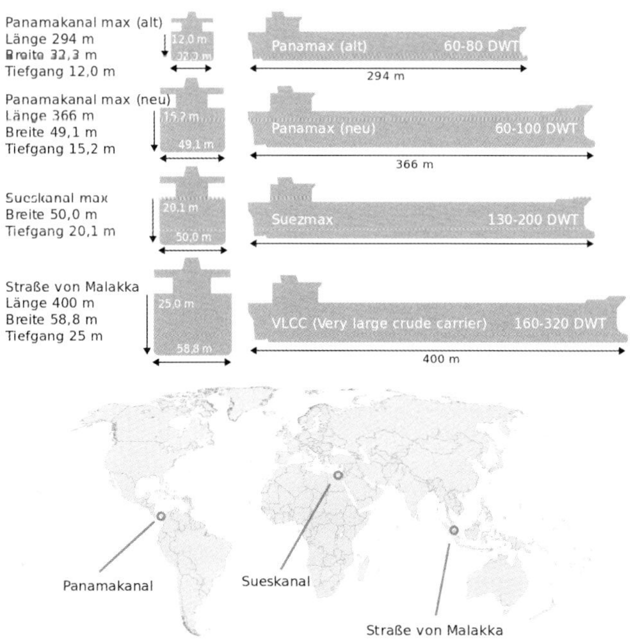

Abb. 4.4-1: Kanäle im Seeverkehr und Schiffsgrößen **Quelle: Wiki-Furfurt**

Generell ist jeder Nation das Befahren der Weltmeere nach dem Grundsatz der **Freiheit der Meere** möglich, der erstmals 1625 von dem holländischen Rechtsgelehrten Hugo Grotius aufgestellt wurde. Dieser internationale Grundsatz soll einen freien Güteraustausch über See ermöglichen und gilt auch für binnenländische Staaten gemäß Art. 92 der UN-Seerechtskonvention (Schifffahrtsfreiheit).

Sowohl das Seehafenstatut (1923) als auch die Genfer UN-Seerechtskonferenz von 1958 erweiterten diesen **Freiheitsgrundsatz** wie folgt:

- die Freiheit der Schifffahrt soll es jedem Handelsschiff erlauben, ungehindert auf hoher See zu verkehren
- den freien Zugang zu den Handelshäfen zu erlangen und
- dort nach dem Prinzip der Inländerbehandlung abgefertigt zu werden (keine Beschränkung der Lade- und Löschrechte)

Weitere Freiheitsempfehlungen sind:

- die Freiheit, die hohe See ungehindert mit Zivilflugzeugen zu überfliegen und
- die Freiheit, Unterseekabel und Rohrleitungen zu verlegen und die Freiheit des Fischfangs

Hinweis
Zwischenstaatliche Streitfälle können seit 1994 dem Internationalen UN-Seegerichtshof in Hamburg zur Entscheidung vorgelegt werden.

Als staatliche Souveränitätsgrenze zur See hin hat sich im 18. Jahrhundert eine sogenannte **„Drei-Seemeilen-Zone"** (1 Seemeile = 1,852 km) herausgebildet. Diese wurde seit den 1970er-Jahren von einer Reihe von Staaten einseitig/willkürlich ausgedehnt.

Art. 3 der UN-Seerechtskonvention (1982) erlaubt den Zeichnerstaaten eine Ausdehnung ihres Hoheitsgebiets (Küstenmeer) auf bis zu zwölf Seemeilen von einer Küstenlinie (z. B. inklusive vorgelagerter Inseln wie Borkum, Wangerooge, Scharhörn, Sylt) an gerechnet. Mit an-/gegenüberliegenden Nachbarstaaten hat eine friedliche Abstimmung dieser teils historischen Grenzlinien auf See zu erfolgen.

Durch die **Zwölf-Seemeilen-Hoheitsgewässer-Regelung** wurden über 100 Meerengen zu Territorialgewässern, wobei aber einige Meerengen gemäß Art. 34 UN-Seerechtskonvention den Status von **„Transit-Meerengen"** erhielten, sodass eine freie Durchfahrt für alle Seehandelsschiffe sichergestellt ist.

Weiterhin wurde eine **24-Seemeilen-Anschlusszone** (Art. 33 UN-Seerechtskonvention) aus Gründen des Umweltschutzes eingeführt. Diese zählt nicht zum Hoheitsgebiet, aber dem Anrainer-Staat stehen gewisse Überwachungs- und Polizeibefugnisse (Vermeidung von Verunreinigungen etc.) zu.

Art. 56 UN-Seerechtskonvention räumt den Küstenstaaten ein ausschließliches Kontroll- und Verfügungsrecht über die lebenden und nicht lebenden Ressourcen des Meeres (z. B. Fische, Bodenschätze) auf offener See ein. Diese Wirtschaftszone von 200 Seemeilen kann im Bereich des Festlandsockels bis maximal 350 Seemeilen (Art. 77) betragen. Sie unterliegt nicht der Hoheit des Küstenstaats (Freiheit für Schifffahrt, Luftfahrt). Ein (zukünftiger) Rohstoffabbau im Bereich des Tiefseebodens wird von der **UN-Meeresbodenbehörde** in Jamaika geregelt.

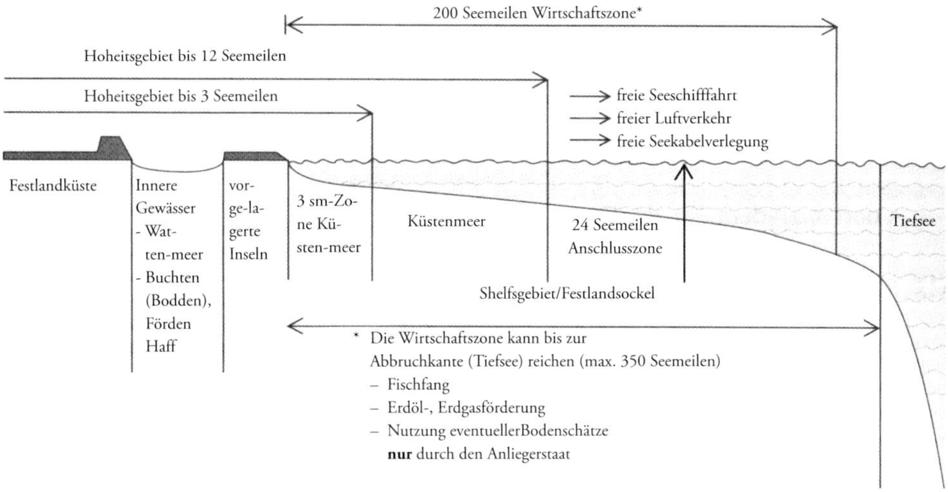

Abb. 4.4-2: Aufteilung Hoheitsgewässer **Quelle: Lothar Bockholt**

Die Bundesrepublik Deutschland dehnte 1985 das bisher drei Seemeilen breite Küstenmeer in der Deutschen Bucht/Nordsee auf teilweise zwölf Seemeilen aus. Nach der Vereinigung galt in der Ostsee ein drei bis zwölf Seemeilen breiter Streifen des Küstenmeeres als Hoheitsgewässer, wobei internationale Seeschifffahrtsstraßen (z. B. Kadett-Rinne zwischen Gedser/DK und Mecklenburg-Vorpommern) nicht zu Territorialgewässern wurden. Seit.1995 wurde in der Nordsee das Hoheitsgebiet auf zwölf Seemeilen ausgeweitet. Im Bereich der Ostsee blieben die bisherigen Hoheitsgewässer fast unverändert bestehen.

4.4.1.2 Seehäfen

Seehäfen sind die Versand- und Empfangsorte mit Seeschiffen im Seehandel. Die Bundesrepublik hat an Nord- und Ostsee folgende internationale Seehäfen: Hamburg, Brunsbüttel, Cuxhaven, Bremische Häfen (Bremen und Bremerhaven), Brake, Nordenham, Wilhelmshaven, Emden, Lübeck, Kiel und Flensburg, Rostock, Stralsund und Wismar. Hamburg und die Bremischen Häfen sind für den überseeischen Bereich die traditionellen Stückgut-/Containerhäfen. Wilhelmshaven wickelt als Tiefwasserhafen für große Tanker die Erdölimporte ab. Die Länder Bremen und Niedersachsen haben einen neuen Containerhafen nördlich von Wilhelmshaven (Jade-Weser-Port) gebaut. Dieser kann seit Eröffnung des Jade-Weser-Port am 21. September 2012 von Jumbo-/Mega-Containercarriern (Länge bis 430 m/Tiefgang bis 16,50 m) angelaufen werden. Die Kailänge beträgt insgesamt 1.725 m und die ersten Dienste laufen diesen Hafen bereits an. Lübeck, Kiel und Rostock haben sich auf die RO/RO-Verkehre im Ostseeraum spezialisiert. Über Duisburg, den größten deutschen Binnenschifffahrtshafen, werden regelmäßig auch Seetransporte nach allen europäischen Relationen per Küstenschiff angeboten.

Die Verkehrsbranche dieser Seehäfen arbeitet fast ausschließlich für den seewärtigen Außenhandel. Neben den Arbeitsplätzen im Hafen (Hafenbetriebe, Werften und Zulieferindustrien) bieten die Seehäfen Arbeitsplätze bei Speditionen, Schiffsmaklern und Reedereien. Die deutsche maritime Wirtschaft beschäftigt ca. 380.000 Arbeitskräfte. In Hamburg hängen insgesamt über 150.000 aller Arbeitsplätze direkt oder indirekt von den Seehafenaktivitäten ab.

Neben den obigen deutschen Seehäfen werden Import- und Exportverkehre über die sogenannten „Westhäfen“ Amsterdam, Rotterdam und Antwerpen (auch ARA-Häfen) geroutet, die durch den Rhein bzw. diverse Kanäle mit den deutschen Industriezentren an Rhein, Mosel, Main, Main-Donau-Kanal, Neckar eng verbunden sind.

Als Südhäfen bezeichnet man die Mittelmeerhäfen Marseille (F), Genua, Venedig, Triest (I), Koper (SLO) und Rijeka (HR). Der süddeutsche Raum, die Schweiz und Österreich nutzen diese Häfen für Transportdestinationen im Mittelmeer, aber auch für Überseetransporte.

Diverse **Hafenanlagen** (Kaibetriebe für Stück- und Massengut, Container-, RO/RO-Terminals) bieten ein- und auslaufenden Seeschiffen an den unterschiedlichsten Liegeplätzen (Länge, Wassertiefe, Umschlagsfazilitäten) der Hafenbecken die Möglichkeit zum Ladungsumschlag. Laden und Löschen wird mit Kaikranen/Containerbrücken, etc. vorgenommen. Schiffsgeschirr/ Bordkrane werden nur mit Zustimmung der Hafenverwaltung eingesetzt. Die Lagerung der Exportgüter bis zur Schiffsabfahrt mit indirektem Ladungsumschlag erfolgt in Kaischuppen, auf den Terminals, Freiflächen, etc. Gelöschte Importladung wird ebenso bis zur Auslieferung zwischengelagert. Diese Kaischuppen etc. sind reine Durchgangs-/Zwischenlager. Sie sind für einen schnellen Güterumschlag konzipiert. Daneben verfügen Seehäfen über reine Lager-, Kühl- und Speicherhäuser (Getreidesilos), Massengut-/Tanklagerraum, die für eine längere Lagerzeit eingerichtet sind.

Der Ladungsumschlag in und aus Seeschiffen kann wasserseitig in/ex Schuten/Leichter und Binnenschiffen und landseitig in/ex Eisenbahnwaggons und Lastkraftwagen erfolgen **(Direktumschlag)**. Schwergutumschlag (meistens Direktumschlag) erfolgt mit Schwimmkranen. Ferner werden spezielle Umschlagsanlagen für Südfrüchte/Kühlgüter ex Kühlschiffe, Papier/ Zellulose (gelegentlich gedeckte All-Weather-Liegeplätze), Holz, flüssige Chemikalien ex/in Produktentanker, Stahl und andere Massengüter wie Baustoffe, Getreide, Erz, Kohle, Mineralöl etc. bereitgestellt.

Alle Welthäfen verfügen über sehr weitläufige Seehafenterminals und **Containerterminals** (Container Yard (CY)). Die Containerschiffe schlagen die unterschiedlichen Containergrößen (20', 30', 40' und 45') mittels eines verstellbaren Spreaders (Umschlaggeschirr) an den Containerumschlagsbrücken um.

Für die Zwischenlagerung der zu verschiffenden Container benötigt man große Vorstauflächen, die eine reibungslose stauplangerechte Containerzuführung zu den Umschlagsbrücken garantieren. Die Containerbewegung zwischen Vorstaufläche und Schiffsliegeplatz erfolgt je nach hafenseitigem Automatisierungsgrad mit selbstfahrenden oder ferngesteuerten Fahrzeugen z. B. automatischen Stapelkränen (ACS), fahrerlosen Transporter – Automated Guided Vehicles (AGV), fahrergesteuerten Portalhubwagen (Straddle Carrier) oder alternativ mit Zugmaschinen und Chassis, die den gesamten Flächenverkehr innerhalb eines Containerterminals ausführen.

Jeder Terminal benötigt weitläufige Lagerflächen für Leercontainer, die auf ihren Einsatz warten (Gestellung im Hinterland etc.), sowie für beladene Container, die zur Verschiffung oder Empfängerabnahme anstehen. Für die Zwischenlagerung von beladenen Kühlcontainern müssen unterschiedliche Kühlanschlüsse verfügbar sein, damit eine konstante Kühltemperatur garantiert ist.

Für die vielfältigen angelieferten Stückgüter (früher eine konventionelle Verschiffung), die keine Vollcontainer-Ladung ausmachen, werden in **Packstationen** (Packing Center/Container Freight Stations (CFS)) im Reedereiauftrag Pier/Pier-(LCL/LCL-)Container gestaut (gestufft). Einkommende Pier/Pier-(LCL/LCL-)Container sind an diesen Packstationen zu entladen (gestrippt). Danach erfolgt die Auslieferung an die einzelnen Empfänger.

Roll-on/Roll-off (RO/RO) bedeutet, dass rollfähige Güter über die Schiffsrampe in das RO/RO-Schiff gefahren und dort gelascht (niedergezurrt) werden.

Die diversen Stückgüter werden an einer Packstation (wie vorstehend beschrieben) analog von LCL-Container-Ladungen auf fahrbare Ladepritschen/Flats (Roll-Trailer, sogenannte „Mafi-Trailer“) verladen und mit Sicherungsnetzen niedergezurrt. Diese Ladeeinheiten werden mittels landseitiger Zugfahrzeuge an oder von Bord gerollt.

Im RO/RO-Verkehr zwischen Nord- und Ostseehäfen befördert man Sattelauflieger und komplette Lkw beladen mit Speditionsgütern. Im Überseeverkehr ist dies nicht gegeben, dafür werden rollfähige Güter (Baumaschinen, Generatoren, Neu-Lkw etc.) neben oben erwähntem Stückgut (auf Ladepritschen) verschifft.

Um die nationalen Zollbestimmungen nicht im gesamten Hafengebiet anwenden zu müssen, wurden **Zollfreizonen** eingerichtet, die besser unter dem Begriff **Freihafen** bekannt sind. Bremerhaven,und Cuxhaven verfügten über Freihafengebiete. Ähnliche Zollfreizonen gibt es auch in Dänemark, Griechenland, Italien, Portugal, Spanien und England (UK). In diesen umzäunten Freihafengebieten werden Ein- und Ausfuhr-, sowie Transitgüter ohne zollamtliche Abfertigungsverfahren ein-, aus-, umgeladen, zwischengelagert und eventuell auch bearbeitet. 2008 hat der Neustädter Hafen in Bremen, 2010 die Häfen Kiel und Emden und zum 1.1.2013 auch Hamburg den Status eines Freihafens verloren. Dies wurde von der Bundesregierung aus wirtschaftlichen Gründen beschlossen.

4.4.2 Transportmittel der Seeschifffahrt

4.4.2.1 Die deutsche Handelsflotte, Flaggen- und Registerrecht

160 deutsche Reedereien bieten dem Außenhandel rund 100 internationale Liniendienste. Aufgrund ihres geringen Altersdurchschnitts (unter zehn Jahre) und ihres hervorragenden technischen Standards zählen sie zu den leistungsfähigsten Handelsflotten, wobei die Containerschifffahrt nach Flaggenführung (Platz 3 in der speziellen Statistik mit einem Durchschnittsalter von fünf Jahren) besonders hervorzuheben ist. Die Ladungsbeteiligung am deutschen Außenhandel über See liegt für die deutsche Handelsflotte bei knapp 10 %. Vor 40 Jahren lag der Anteil bei 40 bis 50 %. Die deutsche Containerschiffsflotte liegt 2015 nach der Nationalität des Eigners sogar auf Platz 1 mit 1.324 Schiffen und einem TEU-Anteil von 29 %. Die Tendenz ist in den letzten Jahren jedoch fallend.

> **Hinweis**
> Nach Art. 27 Grundgesetz bilden alle deutschen Kauffahrteischiffe eine einheitliche Handelsflotte, die nach Art. 22 GG die schwarz-rot-goldene Bundesflagge am Mast führen.

Alle Seehandelsschiffe, deren Eigentümer Deutsche sind, die ihren ständigen Wohnsitz in Deutschland haben, müssen nach dem **Flaggenrechtsgesetz** vom 8.2.1951 die Bundesflagge führen, wenn der Raumgehalt des Schiffes über 50 m^3 liegt. Reedereien in den Gesellschaftsformen OHG, KG, GmbH und AG sind dieser Vorschrift entsprechend zu behandeln, wenn Deutsche in der Geschäftsführung die Mehrheit haben.

Seeschiffe, die zur Passagier- und/oder Güterbeförderung eingesetzt werden, nennt man Handelsschiffe. Diese Schiffe müssen im **Seeschiffsregister** ihres Heimathafens eingetragen werden. Diese Eintragung wird durch das Schiffszertifikat beurkundet, womit das Recht zur Führung der Nationalflagge nachgewiesen ist. Hiermit erhält ein Schiff seine „Staatszugehörigkeit“, d. h. es untersteht den nationalen Gesetzen auch auf „Hoher See“ und genießt einen völkerrechtlichen Schutz.

Deutsche Seeschiffsregister werden bei den Amtsgerichten der Seehäfen und einigen binnenländischen Amtsgerichten (z. B. Duisburg-Ruhrort) geführt. Sie sind analog dem Grundbuch für Immobilien in drei Abteilungen (technische Daten und Name/Eigentümer/Eintragung eventuell Pfandrecht) eingeteilt. Nach § 7 Flaggenrechtsgesetz (1951) können deutsche Seeschiffe für zwei Jahre befristet ausgeflaggt werden, wobei sie allerdings weiterhin im hiesigen Seeschiffsregister geführt werden. Sie sind somit immer noch Betriebsvermögen deutscher Reedereien, was für ausgeflaggte, auslandsregistrierte Seeschiffe nicht gilt.

Nach der Nationalität der Schiffseigner liegt Deutschland 2015 mit 3.015 Schiffen (7,9 % der Welthandelsflotte) auf Platz vier der Weltrangliste mit Griechenland auf Platz eins gefolgt von Japan und China. Nach der **Flaggenstaatenstatistik** sind davon ca. 353 Schiffe im deutschen Schiffsregister beheimatet. Hierbei liegt Deutschland auf Platz 16 der Weltrangliste, die von Panama angeführt wird. Die Differenz zwischen Eignernationalität und Flaggenstaat ergibt die ausgeflaggte Schiffsanzahl.

Aufgrund der Kostensituation (Gewerbe- und Vermögenssteuer, Einkommenssteuer und Sozialaufwendungen für die Besatzung und sonstige gesetzliche Auflagen) flaggten deutsche Reedereien aus, d. h. ihre gesamte Reedereitonnage oder nur ein Teil der Seeschiffe wurde in die Schiffsregister von Billigflaggenländern eingetragen. Sie unterliegen dort den Rechtsvorschriften dieser Registrierländer, d. h. geringere Besatzungsanzahl, niedrigere Heuer (Lohn für Seeleute) und Sozialkosten. Betriebssteuern und Registrierkosten fallen ebenfalls niedriger aus bzw. werden eingespart. Deutsche Reedereien machen aus Kosten- und Wettbewerbsgründen hiervon ebenfalls Gebrauch, d. h. sie registrieren in Panama, Liberia, Bahamas, Malta, (griechisch) Zypern, Singapur, Antigua und Barbuda, Costa Rica, Honduras etc.

Billigflaggenländer führen meistens **„offene Schiffsregister“**. Jeder ausländische Reeder kann dort Schiffe registrieren lassen, ohne Gründung eines Firmensitzes in diesen Ländern. Hierdurch wird Alttonnage mit erheblichen Sicherheitsmängeln angezogen. Wenige Billigflaggenländer begegnen dieser Entwicklung (schlechter Ruf ihrer Handelsflotte) mit der Einführung eines **„geschlossenen Schiffsregisters“**, d. h. limitiertes Schiffsalter, Firmensitz im Flaggenstaat unter Beteiligung von Staatsangehörigen im Firmenmanagement, Quotenvorgabe hinsichtlich Beschäftigung von einheimischen Seeleuten.

Um diesen Ausflaggungstrend zu stoppen, wurde 1989 vom Bundestag ein **Internationales Seeschiffsregister (ISR)** per Gesetz eingeführt. Das ISR wird vom Bundesverkehrsminister (BMVI) – genauer Bundesamt für Seeschifffahrt und Hydrographie – geführt. Es ermöglicht deutschen Reedereien, ausgeflaggte Seeschiffe wieder der deutschen Handelsflotte zuzuführen. Wichtigste strittige Regelung war die Beschäftigung von ausländischen Seeleuten zu deren niedrigeren Heimatlohnbedingungen.

Seit 1990 wurden viele Schiffe zurückgeflaggt (z. B. die Rickmer Rickmers, die in 2011 fünf Handelsschiffe zurückgeflaggt hat), wobei auch die Problematik der zunehmenden Piraterie dabei eine entscheidende Rolle spielt. Gewerkschaften und einige Bundesländer hatten Verfassungsbeschwerde beim Bundesgerichtshof in Karlsruhe eingelegt, da man einen Arbeitsplatzverlust für deutsche Seeleute befürchtete. Der BGH verwarf am 10.1.1995 diese Beschwerde. Das deutsche Internationale Schiffsregister ist somit verfassungskonform. Dieses Zweitregister wird besonders gut überwacht (siehe Kapitel 4.4.2.4). Das deutsche Schiffsregister – Erst-/Zweitregister – steht allen EU-Reedereien offen (EU-Rechtsangleichung).

Der deutsche Gesetzgeber folgte hier nur den Initiativen anderer europäischer Schifffahrtsländer (z. B. Norwegen, Dänemark, Schweden). England, Finnland, Frankreich, Niederlande, Portugal und Spanien bieten ihren Reedereien lokale Inselflaggen (Isle of Man, Åland-Inseln, Niederländische Antillen, Azoren, Kanaren) als Zweitregister an.

Die Interessen der deutschen Seeschifffahrt werden vom **Verband Deutscher Reeder (VDR)**, Hamburg (früher nur für die weltweite Seeschifffahrt (Deepsea) zuständig) wahrgenommen. Der frühere VDK Verband Deutscher Küstenschiffer (short international voyage) ist im VDR integriert worden. Der VDR hat zurzeit fast 220 Mitglieder (Schlepp-, Fahrgast- und Frachtschiffe).

Die Welthandelsflotte verfügt über ca. 55.092 Schiffe (ab 100 BRZ, ausgenommen Fischerei und Wasserfahrzeuge) mit 1.556 Mio. Tragfähigkeitstonnen und 1.036 Mio. BRZ.

Die Erweiterung der EU-Staaten (2004) brachte der EU-Handelsflotte einen beträchtlichen Aufschwung (194,6 Mio. BRZ), wobei die griechische Handelsflotte den größten Anteil hat. Die EU-Staaten plus Island und Norwegen, also EWR, verfügen über eine Tonnage von fast 209 Mio. BRZ.

Schon mit der englischen Navigationsakte von 1651 (erst 1848 aufgehoben) beschränkte Oliver Cromwell den Grundsatz der Freiheit der Meere. Bis heute können ausländische Schiffe nicht in jedem Hafen der Welt Güter laden oder löschen. Weiterhin schränken Zoll-, Devisen-, Import-, Lizenz- und Akkreditiv-Vorschriften die freie Ladungsakquisition für ausländische Schiffe ein. In diesen Fällen spricht man von einer **Flaggendiskriminierung** (ausländische Schiffe) oder von **Flaggenprotektionismus** (Bevorzugung der eigenen Schiffe).

Um international eine Chancengleichheit zu erreichen, wurde der **UNCTAD-Code 40:40:20** (United Nations Conference of Trade and Development (UN-Welthandelskonferenz)) verkündet. Nach dieser Formel sollen im Außenhandel zwischen zwei Ländern die Ladungsmengen, die mit Schiffen einer Schifffahrtskonferenz befördert werden, zu jeweils 40 % von den Schiffen dieser Länder und 20 % von Drittland-Konferenztonnage gefahren werden. Dies ist keine Monopolisierung der Konferenzschiffe, da die Laderechte der Outsider hiervon nicht betroffen sind. Allerdings greift diese Ladungsteilungsregelung kaum, da auf bilateraler Ebene (Regelungen zwischen zwei Staaten) andere Mengenteilungen vereinbart werden.

Werden Schiffe im internationalen Linienverkehr eingesetzt, ohne hierbei einen Hafen des Heimatlandes anzulaufen, so spricht man von **Cross-Tradern**. Beispielsweise wird die dänische Handelsflotte überwiegend im Cross Trade beschäftigt.

Wie bei anderen Verkehrsträgern ist es ausländischen Schiffen verboten, Ladung zwischen zwei binnenländischen Häfen zu befördern **(Kabotage)**.

4.4.2.2 Arten der Seeschiffe

Seehandelsschiffe (Fahrgast- und Frachtschiffe) unterscheiden sich nicht nur hinsichtlich der Schiffsgröße, sondern nach Einsatzgebiet und Verwendungszweck.

Küstenschiffe mit unterschiedlicher Tragfähigkeit (von unter 1.000 bis zu 6.000 t) sind sowohl als konventionelle Frachter als auch als Containerschiffe im lokalen Seeverkehr eingesetzt: Nord- und Ostsee, Irische See, europäische Atlantikhäfen und Mittelmeerhäfen (inklusive Nordafrika). Beträchtliche Ladungs- und Containermengen werden im Feeder Service (Sammel- und Verteilerfunktion) bewegt.

Der **konventionelle Frachter** befährt auch heute noch als traditioneller Schiffstyp die Weltmeere. Vor drei Jahrzehnten wurde er zu einem Mehrzweckfrachter (multi-purpose ship) weiterentwickelt.

Er verfügt meistens über:

- mehrere Laderäume, unterteilt in einzelne Decks
- einen Decksraum, besser Decksfläche (für Gefahrgut, eventuell Schwergut, etc.)
- eventuell unterschiedlich große Ladetanks und/oder Pluskühl- und Gefrierräume

Seine Umschlagsleistung beeinflussen:

- schiffseigenes Geschirr (Ladebäume) und Deckskräne
- mehrere Luken über die Schiffsbreite nebeneinander, fortgesetzt in den Unterräumen
- faltbare Lukendeckel, die sich hydraulisch/mechanisch öffnen lassen
- Gabelstapler in den Laderäumen, die den Transport zum Stauplatz ausführen
- eventuell Seitenpforten (Übergabe der Ladung vom Kai an den Schiffsgabelstapler)

Durch diese schiffsseitigen Vorrichtungen wurde der zeit- und personalaufwendige Umschlagprozess entscheidend rationalisiert.

Betriebsform	Linienschiffe		Tramp- und Massengutschiffe	
	⇨ geografisch abgegrenzte Fahrtgebiete		⇨ produktbezogenes, weltweites Einsatzgebiet	
Ladungsaggregatzustand	Trockenfrachtschiffe		Trockenfracht- und Tankschiffe (Flüssigkeit/Gas)	
Einsatzgebiete	Deepsea	Shortsea	Deepsea	Shortsea
Fluss-/Seeverkehre		Seeschiff, flussgängig		Seeschiff, flussgängig
Ladungsart, Umschlags-technik	Stückgut-, RO/RO-, Container-schiffe, Barge Carrier	Stückgut-, Fähr-, RO/RO-, Container-schiffe (auch als Feeder-schiffe im Einsatz)	Massengutschiffe für Trocken-/Flüssigladung (Bulk Carrier) ⇨ Spezialschiffe wie Autotransporter (Pure Car Truck Carrier), Kühlschiffe, Produktentanker, Schwergutschiffe, Seeleichter (Pontons) mit Seeschlepper	

Tab. 4.4-1: Betriebsformen der Seeschiffe **Quelle: Lothar Bockholt**

1966 kam der Containerverkehr mit den 35'-Containern der Reederei Sealand nach Europa. Seit 1967/68 setzen auch europäische Reedereien Vollcontainerschiffe mit einer TEU-Kapazität von 500 bzw. 736 im Verkehr von und in die USA ein (**TEU** (Twenty foot Equivalent Unit) = eine 20'-Container-Verrechnungseinheit).

Containerschiffe haben durchgehende Laderäume ohne Deckunterteilung. In jeder Luke befinden sich vier Gleit-/Eckschienen (Cellguides), ausgerichtet nach den jeweiligen Containergrößen 20' (6 m) oder 40' (12 m). In diese Containerzellen werden die Container übereinander (unter Deck bis maximal neun Container übereinander, das bedeutet gewichtsmäßig vollbeladen nach ISO-Norm) abgesetzt. Auf Deck können Container in mehreren Lagen (zwei bis sechs) gefahren werden. Die Sicherung dieser Deckscontainer erfolgt mit Laschketten/-stangen über Kreuz von den Containereckpfosten zum Lukendeckel abgespannt. Gelegentlich sind Cellguides auch auf Deck vorhanden. Beide Sicherungsarten sollen ein Überbordgehen beim Stampfen/Rollen/Schlingern oder durch Seeschlag vermeiden. Seit 1992 werden Containerschiffe vermehrt ohne Lukendeckel (Open-Top oder Open-Hatch-Schiffe) eingesetzt, d. h. die Cellguides sind durchlaufend vom Laderaumboden bis über Deck. Leistungsfähige Lenzpumpen sorgen für einen trockenen Laderaumboden.

Je nach Containerstellplatz-/TEU-Kapazitäten unterscheidet man zwischen Vollcontainerschiffen nach Generationen (somit keine Angabe des Schiffsalters):

- der ersten Generation (bis 500–800 TEUs)
- der zweiten Generation (bis 1.500 TEUs)
- der dritten Generation (bis 3.000 TEUs)
- der vierten Generation (bis 4.500 TEUs)
- der fünften Generation (über 5.500 TEUs)
- der sechsten Generation (über 8.000 TEUs)
- der siebten Generation (über 14.000 TEUs)

Containerschiffe mit einer maximalen Breite von 32,30 m, einem Tiefgang von 12,04 m und einer Länge von 294 m können noch die Schleusen des Panama-Kanals passieren. Je nach Bauart liegt hier die „Panama-Maximal-Größe" bei 4.000 bis 5.000 TEUs mit 65.000 bis 68.000 tdw. Wenn nur eine Dimension über obige Schleusenabmessungen hinausgeht, spricht man von „Post-Panamax-Schiffen". Die Schiffe über 7.000 TEU werden als „Super-Post-Panamax-Schiffe" bezeichnet. Mit dem Umbau des 82 km langen Panama-Kanals wurde bereits 2007 begonnen und er ist aktuell zu ca. 2/3 fertiggestellt. Die Fertigstellung war für 2014/2015 geplant. Der Eröffnungstermin wird sich jedoch aufgrund aktueller finanzieller Probleme verschieben. Es sollen die Schleusengrößen des Panama-Kanals auf eine Breite von 55 m und eine Länge von 427 m vergrößert werden.

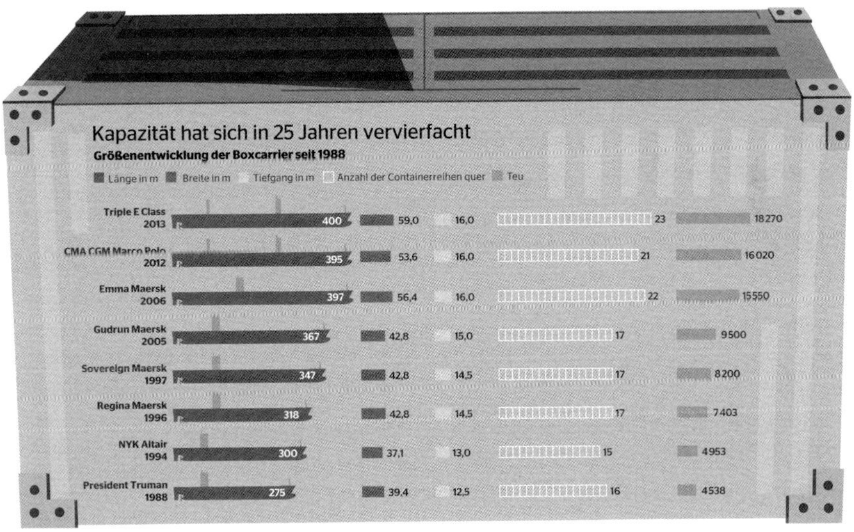

Abb. 4.4-3: Größenentwicklung der Boxcarrier seit 1988 **Quelle: DVZ**

Die derzeit weltgrößten Containerschiffe gehören zur Triple-E-Klasse von der Maersk Line (Länge 399 m/Breite 59 m/Tiefgang 16 m/Tragfähigkeit 194.153 dwt/182.270 BRZ); sie können nach offiziellen Angaben 18.270 TEU laden. Insgesamt sind von dieser Größe 20 Schiffe bei Maersk geplant. Jedoch ist das derzeit größte Containerschiff nach Containerstellplätzen die MSC Oskar der Olympic-Serie mit von der Reederei angegebenen 19.224 TEU. Die Mediterranean Shipping Company mit Hauptsitz in Genf hat insgesamt sechs Containerschiffer der Olympic Klasse fertigstellen lassen.

Mittlerweile sind auch große, renommierte Containerhäfen mit den volkswirtschaftlichen Folgekosten bei der Verkehrsinfra- und -suprastruktur überfordert. Für Schiffe der Größenordnung der Triple-E-Klasse wurde der Tiefwasserhafen in Wilhelmshaven gebaut. Die Wendestelle vor der Stromkaje des CT Bremerhaven in der Weser wurde extra für die Triple-E-Klasse auf 600 m verbreitert.

Liegezeiten sollen kurz sein – ein Containerschiff liegt nur noch Stunden in einem Hafen –, damit möglichst viele produktive Seetage anfallen. Das Verhältnis 20 Hafenliegetage zu 80 Seetagen drückt anschaulich den Rationalisierungserfolg aus. Bei einem konventionellen Frachter kommen auf 50 Hafenliegetage auch 50 Seetage im Überseeverkehr. Beim Feeder Service greifen diese Vorteile wegen der kurzen Reisezeiten und einer hohen Zahl von Anlaufhäfen nicht.

In manchen Containerfahrtgebieten hat die Hafensuprastruktur hinsichtlich der Containerumschlagsmöglichkeiten noch nicht den Standard der Industrienationen erreicht. Die Containerschiffe besorgen mit bordeigenen Containerbrücken das Laden und Löschen der Container. Durch diesen Containerkran gehen Containerstellplätze an Deck verloren.

Ebenfalls unter dem Aspekt kurzer Hafenliegezeiten und eines schnellen Ladungsumschlags in den Seehäfen ist das **Roll-on/Roll-off-System** zu sehen. System-Mutter ist hier das frühere Fährschiff mit Bug- und Heckpforten, das schon seit Jahrzehnten im Kurzstreckenverkehr nach England, Skandinavien etc. eingesetzt wird.

Diese **RO/RO-Schiffe** verfügen über Heck- und/oder Seitenpforten, über die am Kai oder im Schuppen vorgestaute Ladung mittels Radfahrzeugen (Ladepritschen/Flats) auf die einzelnen Decks der Laderäume befördert wird. Schiffseigene Laderampen stellen die Landverbindung her. Im Schiffsinneren wird das rollende Gut (auch Schwer- und Projektgüter) entweder mit Fahrstühlen oder über bewegliche Rampen auf die einzelnen Decks gefahren und dort verzurrt. An Deck können auch Container gestaut werden (siehe Kapitel 4.4.1.2).

In **Tidehäfen** (z. B. Antwerpen) wurden schwimmende Pontons an den RO/RO-Anlegestellen installiert, damit bei wechselndem Wasserstand kein zu starker Neigungswinkel bei den Rampen entstehen kann, was ein Befahren unmöglich machen würde.

Barge Carrier sind Mutterschiffe bzw. Trägereinheiten, die Leichter über See transportieren. Grundgedanke des Transportkonzepts ist ebenfalls die radikale Kürzung der Hafenliegezeiten und Hafenkosten, wie auch beim RO/RO- und Containerschiffsystem. Auch verstopfte Häfen (keine Wartezeiten für das Mutterschiff) bzw. Häfen mit geringem Tiefgang können bedient werden. Der Barge-Umschlag geschieht auf Reede bzw. im Mündungsbereich eines Flusses. Die Entladung der Leichter am Kai erfolgt später, wobei diese Kaianlagen nur einen geringen Tiefgang für die Leichter benötigen. (Fahrtgebiet: atlantische US-Häfen/östliches Afrika und Arabien/Pakistan und Indien.)

Leichter (amerikanisch: **barges**) sind größengenormt/kastenförmig. In Schubverbänden werden sie zu binnenländischen Hafenplätzen befördert. Daher sind Leichter nach deutschen Vorschriften als Binnenschiffe anzusehen.

Ein **LASH-Schiff** (LASH = Lighter Aboard Ship) ist mit einem bordeigenen Portalkran (dieser fährt auf zwei Schienen in Längsrichtung über das Schiff) ausgestattet, der die Barges am Heck mit einem Spreader aus dem Wasser nimmt und in die einzelnen Luken oder auf Deck absetzt. LASH Barges (18,75 x 9,50 x 3,96 m = 380 t/ca. 570 m^3 Ladung) sind gelegentlich auf deutschen Wasserstraßen zu sehen.

Barge Container Liner: Bei diesen Systemen erfolgt der Barge-Umschlag bei geflutetem Mutterschiff, d. h. die Leichter werden wie bei einem Trockendock in die zwei Laderäume eingeschwommen. Hiernach werden die Ballasttanks gelenzt und das Mutterschiff schwimmt auf. Auf Deck werden Container befördert (Fahrtgebiet nach Westafrika).

4.4.2.3 Seeschiffsvermessung

Um einen Schiffsgrößenvergleich zu ermöglichen, wurde bis 1982/1994 bei der Schiffsvermessung, die einer Eintragung in das Schiffsregister vorangeht, das internationale Raummaß, die **Registertonne** (100 cbf = 2,8313 cbm) angewandt.

Bei der Vermessung nach **Bruttoregistertonnen/BRT** wurde der gesamte Schiffsraum mit Ausnahme des Doppelbodens, des Ruderhauses, der Niedergänge, der Licht- und Luftschächte, der Kombüse und der Wasch- und Toilettenräume, eingemessen. Die international gebräuchliche Bezeichnung lautet: Gross Ton (GT).

Der für die Ladung und Passagiere verbleibende Nutzraum wurde mit **Nettoregistertonnen/ NRT** bezeichnet. (BRT ./. Besatzungs- und Proviantträume, Maschinenraum, Schiffsausrüstungsräume, Wasserballasttanks, Bunkeröltanks = NRT).

BRT/NRT wurden ab 1994 von der **Brutto-/Nettoraumzahl (BRZ/NRZ)**, mit einer vorherigen Übergangsfrist von zwölf Jahren, abgelöst. Bei diesen neuen internationalen Schiffsgrößenmaßen **BRZ** (Gesamtraumgehalt aller geschlossenen Schiffsräume auf Innenkante Außenhaut) und **NRZ** (Gesamtraumgehalt aller Laderäume auf Innenkante Außenhaut) handelt es sich um eine dimensionslose Größe, die keinem Maßsystem zugeordnet werden kann. Die internationale Bezeichnung für BRZ lautet: ct Gross Ton (ct GT), wobei „ct" für „compensated" steht.

Um eine gewisse Vergleichbarkeit zwischen BRT/NRT und BRZ/NRZ zu erreichen, wird einer Tabelle ein Umrechnungsfaktor entnommen, sodass die zu erwartende BRZ/NRZ im Mittel in der Nähe der früheren BRT/NRT-Zahl liegt. Bei 8.000 bis 10.000 BRT erhält man eine vergleichbare BRZ von 10.000. Bei Massengut-/Tankschiffen entspricht 1 BRT = 1,0 BRZ. Für RO/RO- und Fährschiffe gilt 1 BRT = 3,3 BRZ.

Das vom Schiff verdrängte Wasser wird in Tonnen zu 1.000 kg oder 1.016 kg (long tons) gemessen (= Wasserverdrängung). Bei der **Tragfähigkeit** (tons deadweight all told (tdwat)) handelt es sich um die Wasserverdrängung des beladenen Schiffes auf Sommerfreibord abzüglich der Wasserverdrängung des leeren Schiffes, gemessen in Gewichtstonnen (1.000/1.016 kg).

Zur Kennzeichnung der maximalen Tragfähigkeit eines Schiffes dient die Freibordmarkierung auf Sommerfreibord an beiden Seiten des Schiffes (Freibord = mittschiffs/senkrecht gemessener Abstand zwischen dem obersten durchlaufenden Deck und der Wasseroberfläche). Diese **Freibordmarkierung** ist nach Wasser (See-/Süßwasser) und Verkehrsgebiet (Tropen/Nordatlantik mit Sommer- und Wintereinteilung) unterschiedlich und soll eine Überladung des Schiffes sichtbar machen (zur Sicherheit des Schiffes, seiner Besatzung und der Ladung).

Wenn von der Tragfähigkeit Einzelgewichte wie Brennstoff- und Schmierölvorräte, der Proviant, die Ausrüstung, Wasch-, Trink-, Kessel- und Ballastwasser, die Besatzung mit ihren Effekten, abgezogen werden, so erhält man die **Ladefähigkeit** (dead weight carrying capacity (tdwcc)), auch Nutzlast genannt.

4.4.2.4 Schiffsklassifikation

Sowohl die Versicherung eines Seeschiffes als auch die der Ladungsgüter gegen die Gefahren der See setzt eine objektive Beurteilung/Klassifikation des Schiffs nach Art und Unterhaltungszustand nach einem einheitlichen Bewertungsmaßstab voraus. Hierbei beurteilt man den technischen Schiffszustand (Grad der Modernität, der Abnutzung und der Betriebsfähigkeit). Hiernach werden die Schiffe je nach Gebrauchsverschleiß in Güteklassen eingeteilt.

Der **Germanische Lloyd (GL)** in Hamburg ist mit dieser hoheitsrechtlichen Aufgabe auf dem Gebiet der Schiffssicherheit betraut. Die **GL-Klasse** wird von mehr als 100 Ländern anerkannt, die staatliche Schiffssicherheit zu garantieren. Im Jahr 2006 klassifizierte der GL 5.492 Seeschiffe mit 64,4 Mio. BRZ. Knapp 46 % aller Containerfrachter sind weltweit durch den GL klassifiziert worden. Es erfolgen eine Bauüberwachung/Materialprüfung mit anschließenden periodischen Untersuchungen und eine Überwachung gravierender Reparaturen.

Weitere renommierte Klassifizierungsgesellschaften nach Gründungsjahren sind:

- LR Lloyd's Register, London (1760)
- BV Bureau Veritas, Paris (1828)
- RINA Registro Italiano Navale, Genua (1861)
- ABS American Bureau of Shipping, New York (1862)
- DnV Det Norske Veritas, Oslo (1864)
- NK Nippon Kaiji Kyokai, Tokio (1900)

Die Prämienhöhe bei einer Seetransportversicherung ist abhängig von der Schiffsklassifikation und vom Schiffsalter (z. B. Schiffe nicht älter als 15 Jahre).

4.4.3 Betriebsformen der Seeschifffahrt

4.4.3.1 Organisatorische Seeschifffahrtsformen

Die **Linienschifffahrt** wickelt den Stückgutverkehr nach einem festen Fahrplan in einem bestimmten Verkehrsgebiet mit festgelegten Lade- und Löschhäfen ab. Die verschiedenen Häfen in einer bestimmten Region werden als Range-Häfen bezeichnet, z. B. die Nordkontinenthäfen von Hamburg, Bremen, Bremerhaven, Amsterdam, Rotterdam und Antwerpen werden zur Hamburg-Antwerpen-Range.

Linienschifffahrt wird von Konferenzreedereien und unabhängigen Liniendiensten – auch „Outsider" genannt – betrieben und setzt ein Tarifgefüge voraus, das gegenüber jedem Ladungsbeteiligten (Befrachter) angewandt wird.

Bei der **Massengutschifffahrt** richtet sich der Einsatz nach dem Transportbedarf im Einzelfall (Angebot und Nachfrage) und wechselt häufig hinsichtlich der zu bedienenden Relation und der zu transportierenden Gutarten. In der **Trampschifffahrt** werden flüssige und feste Ladung (Erdöl, Erz, Kohle, Bauxit, Phosphat, Getreide, Holz, Metalle, Düngemittel, Zement, etc.) befördert. Sie steht – bezogen auf die Transportkapazität des einzelnen Schiffs – während einer Reise nur mit einem oder wenigen Befrachtern in ökonomischer Beziehung. Sie bedient im Zeitablauf jedoch unterschiedliche Befrachter.

Die **Spezialfahrt/Kontraktfahrt** ist durch eine langfristige Bindung ihrer Transportkapazität an einen Befrachter aufgrund eines regelmäßig auftretenden umfangreichen Transportbedarfs über einen längeren Zeitraum hinweg charakterisiert. Zum Einsatz kommen stark spezialisierte Schiffe (z. B. Tanker, Erzfrachter etc.). Sind Befrachter und Reederei in einen Industriekonzern eingebunden, auch wenn die Reederei einen anderen Namen führt, dann spricht man von **Werkschifffahrt**.

4.4.3.2 Tarifarische Seeschifffahrtsformen

Eine **Schifffahrtskonferenz** besteht aus mehreren Linienschiffsreedereien, die auf einer bestimmten Route zwischen den Häfen eines klar abgegrenzten Verkehrsgebiets operieren, um den Befrachtern/Abladern (Verladern) einen regelmäßigen Dienst zu gleichen und festen Seefrachtraten für allgemeine Stückgüter zu bieten. Schifffahrtskonferenzen sind Verkehrsgemeinschaften internationalen Charakters mit internationalen Gebiets-, Konditionen- und Preis-Kartelle. Bis 2008 waren sie sowohl aus der deutschen Kartellgesetzgebung herausgenommen, als auch nach §§ 81, 82 und 85 Abs. 1 des EU-Vertrags vom Kartellverbot freigestellt.

Konferenzen haben folgende Aufgabenstellung:

- Aufrechterhaltung eines regelmäßigen Linienverkehrs in einem Fahrtgebiet
- Erlass von einheitlichen Beförderungskonditionen und Preisvorschriften
- Überwachung der Einhaltung der Konferenzbestimmungen und eventuellen Kontrakte
- Abwehr/Beobachtung von Outsideraktivitäten zum Zweck der Ratenstabilität

1875 wurde die erste Konferenz im Verkehr zwischen England und Kalkutta/Indien wegen des Teehandels gegründet. Zum Oktober 2008 haben die Konferenzen in der Seefracht ihre Aktivitäten einstellen müssen. Hierdurch sind den Reedereien neue Preisstrategien entstanden, da alle Zuschläge frei verhandelt werden können.

Weltweit nehmen geschlossene/regulierte Konferenzen neue Mitglieder nur mit Mehrheitsbeschluss auf. Man will hiermit eine Überkapazität/Overtonnage vermeiden, die die vorhandene Ladung noch mehr aufsplittet. Alle Konferenzen im Verkehr von und in die USA sind aufgrund der amerikanischen Anti-Trust-Gesetzgebung weltweit offen. Jeder Reeder, der dies wünscht, kann dieser USA-Schifffahrtskonferenz beitreten.

Reedereien, die in einem Konferenzfahrtgebiet ebenfalls einen mehr oder weniger dichten Liniendienst unterhalten, werden aus Konferenzsicht als **Outsider/Außenseiter** bezeichnet. Diese Outsider verwenden für ihre Aktivitäten den Begriff **„konferenzunabhängiger Liniendienst“**. Normalerweise setzen Outsider einen ebenso guten Schiffspark wie Konferenzliniendienste ein. Gelegentlich fährt ein Outsider nur in einer Verkehrsrichtung eines Fahrgebiets als Outsider (z. B. ausgehend als Konferenzlinie und heimkehrend wieder als Outsider). Die Outsider-Seefrachtraten liegen beträchtlich unter den Konferenztarifen.

4.4.3.3 Kooperationsformen der Seeschifffahrt

Im Rahmen eines gemeinsamen Liniendienstes mit einheitlichen Tarifbedingungen können mehrere Reedereien einen Pool gründen, mit dem Ziel, die transportierte Ladung und/oder die vereinnahmten Seefrachten nach einem vereinbarten Schlüssel untereinander aufzuteilen. Man unterscheidet Geld/**Frachten- und Ladungspools**

Die beträchtlichen Investitionen für Containerschiffe und Containerequipment haben seit 1973 zu einer Zusammenarbeit zwischen einzelnen Reedereien geführt, die früher Konkurrenten waren. Ziel dieser Zusammenarbeit ist, die Investitionslasten/-risiken auf mehreren Schultern zu verteilen. Mit den Schiffen aller Konsortialpartner wird ein Liniendienst angeboten. Das eigenständige, wirtschaftliche Handeln wird im Konsortium gebündelt (die Europäische Kommission hat die Gruppenfreistellung 823 aus dem Jahr 1995 nur bis zum 25.4.2010 verlängert, was dann zur Auflösung der Konferenzen geführt hat):

- größere Containerschiffe zu bauen und wirtschaftlicher zu betreiben
- gemeinsame Schiffsabfertigung/Stauplanung/Terminalnutzung
- eventuell gemeinsame Linienagenten in den Häfen des Fahrgebiets
- eventuell gemeinsame Containersteuerung mit Equipmentaustausch
- eventuell gemeinsames Containeroperating im Vor-/Nachlauf

Ergebnis: Ein Synergieeffekt bei den Schiffsbetriebs-, Ladungs- und Hafenkosten.

Da jeder Konsortialpartner in den Ländern des Fahrtgebiets eine eigene Verkaufsorganisation unterhält, spricht man von **„Separate Marketing“**. Diese verschiedenen Organisationen bieten unabhängig voneinander den Befrachtern und Empfängern für das gleiche Schiff/die gleiche Abfahrt ihre Dienste zu gleichen Konditionen an. Jede Verkaufsorganisation erhält auf jeder Schiffsabfahrt einen bestimmten Slotanteil.

In der Containerschifffahrt hat das Verbot von Konferenzen für die ausgehenden Verkehre aus der Europäischen Union zu einer Welle neuer Kooperationen geführt. Fusionen und Übernahmen von großen Reedern haben dazu beigetragen, dass die Marktmacht sich auf wenige konzentriert hat. Beispielsweise haben Maersk und MSC bis zum Zusammenschluss von CMA CGM mit APL und der Fusion von CSCL mit COSCO lange Zeit einen größeren Abstand zu den Wettbewerbern halten können. Der Markt ist dieser Situation, ähnlich wie im Luftverkehrsmarkt zu beobachten, mit der Bildung von immer neuen Allianzen entgegengetreten. In der Grafik (Abb. 4.4-4) ist das Gefüge des heutigen Containermarkts schematisch dargestellt.

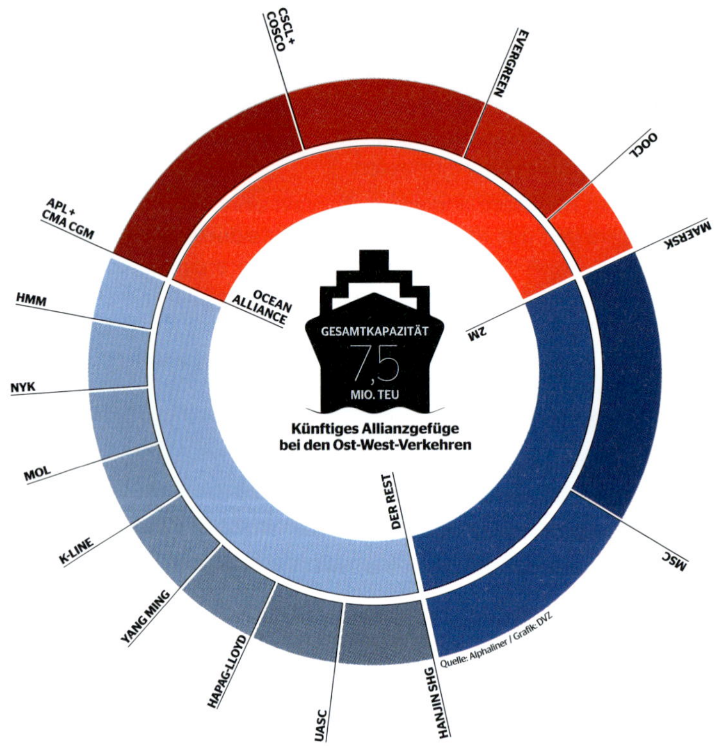

Abb. 4.4-4: Gefüge des Containermarkts **Quelle: DVZ vom 22.4.2016**

4.4.3.4 Reeder und deren Vertreter

Reeder ist der Eigentümer eines ihm zum Erwerb durch die Seefahrt dienenden Schiffes (§ 484 HGB). Ist der Reeder Eigner nur eines Schiffes und befehligt dieses als Kapitän, nennt man ihn in der Küstenschifffahrt Kapitänsreeder.

Wird von mehreren Personen ein ihnen gemeinschaftlich zustehendes Schiff zum Erwerb durch die Seefahrt für gemeinschaftliche Rechnung verwendet, so besteht eine Reederei (§ 489 HGB). Im allgemeinen Sprachgebrauch wird eine Personen- oder Kapitalgesellschaft als Reederei bezeichnet.

Mehrere Miteigentümer eines Seeschiffes bilden eine **Partenreederei**. Partenreeder sind Mitunternehmer, die entsprechend ihrem Schiffspart/Schiffsanteil zu den Kosten der Partenreederei beitragen. Dementsprechend werden Gewinne und Verluste geteilt.

Bei der Abwicklung von Seefrachtgeschäften bedient sich der Reeder traditionell des Schiffsmaklers oder Reederei-/Linienagenten. Je nach Maklervertrag zwischen Schiffsmakler und Reederei erfolgt die Geschäftsabwicklung auf Basis des § 93 HGB in Form eines Handelsmaklergeschäfts oder eines Agenturgeschäfts (§§ 84 und 92c HGB, Handelsvertreter). Im allgemeinen Sprachgebrauch wird auch die Agenturtätigkeit eines Hafenagenten im Oberbegriff als Schiffsmaklertätigkeit bezeichnet.

Der **Schiffsmakler** oder auch **Reedereiagent** ist Mittler zwischen Befrachter, Ablader, Empfänger und Verfrachter/Reederei. Seine Funktionen für den Verfrachter sind: Schiffsabfertigung im Hafen, Besorgung der Lade- und Löschoperationen, Beauftragung der Stauerei, Empfang und Ablieferung der Ladung, Einzug der Seefrachten und Überweisung an den Verfrachter (§ 86b HGB, Delkredere-Haftung), Erstellung der Lade- und Frachtmanifeste, Ein- und Ausklarierung des Schiffs im Hafen (Liegeplatz, Schlepper- und Festmacherhilfe, Zahlung der Lotsengelder und Hafenliegegelder, Zollformalitäten, Pass- und Quarantänebestimmungen), eventuell Besorgen von Treibstoff und Proviant, Frachtverkauf (Frachtraumbuchung, Abschluss von Seefrachtverträgen, Zeichnung der Konossemente bzw. der Charterpartie). Der Schiffsmakler in den deutschen Seehäfen übt keine Speditionstätigkeit aus.

Für den Frachtverkauf im Binnenland unterhalten Großreedereien eigene Büros. Diese Inlandsvertretungen beraten die verladende Wirtschaft, die Speditionen, nehmen Schiffsraumreservierungen und Seefrachtvertragsabschlüsse vor. Nur noch wenige selbstständige Schiffsmakler, Reedereiagenturen arbeiten im Inland auf Provisionsbasis.

4.4.4 Seefrachtgeschäft

4.4.4.1 Grundlegende gesetzliche Regelungen

Bestimmungen über das Frachtgeschäft zur Beförderung von Gütern über See sind im HGB (Teil Seehandel) enthalten. Die **Haager Regeln** von 1924 wurden in einer dem deutschen Recht angepassten Form 1937 in das Handelsgesetzbuch als 4. Buch Seehandel übernommen (gültig von 1940 bis Mitte 1986). In elf Abschnitten regelt es die Rechtsbeziehung zwischen den Vertragsbeteiligten (§§ 474–905), wobei diverse Paragrafen zwischenzeitlich aufgehoben wurden. Mit dem Zweiten Seerechtsänderungsgesetz von 1986 wurden im Bereich der Haftungssumme gravierende Veränderungen vorgenommen. Seit diesem Zeitpunkt wird das Seehandelsrecht im 5. Buch des HGB behandelt.

Solange nicht bei einzelnen Paragrafen deren Anwendung explizit/ausdrücklich als unabdingbar, also zwingend vorgeschrieben ist (= normatives Recht), kann man diese durch Privatvereinbarungen abändern (= nachgiebiges/dispositives Recht).

Die vereinbarten Transportbedingungen sind identisch mit den **Konnossementsbedingungen** auf der Vorderseite des B/L (Seite 1 des B/L = Konnossementsbedingungen; Seite 2 des B/L = Angaben zum Schiff, zur Ladung, zu den Vertragsbeteiligten). Die Konnossementsbedingungen haben somit den Charakter von Allgemeinen Geschäftsbedingungen (AGB) und gehen in Deutschland dem dispositiven Recht/Gesetz des HGB vor.

Diese Konnossementsbedingungen sind umso wichtiger, als man es im Seefrachtgeschäft mit einer Vielzahl nationaler Reedereien zu tun hat, die nicht den deutschen Gesetzesbestimmungen unterliegen und deren nationale Gesetzgebung – trotz versuchter internationaler Vereinheitlichung – dann maßgeblich sein könnte.

4.4.4.2 Beteiligte des Seefrachtgeschäfts

Die Beteiligten am Seefrachtgeschäft sind der Verfrachter (Landfrachtrecht: Frachtführer), der Befrachter (Landfrachtrecht: Absender), der Ablader – nur im deutschen Recht – und der Empfänger.

Der **Verfrachter/Carrier** übernimmt die Beförderung der Güter zur See. Er schuldet den Beförderungserfolg. Wenn der Verfrachter hierzu sein eigenes Schiff einsetzt, dann ist er gleichzeitig Reeder. Verwendet er ein gemietetes/gechartertes Schiff, dann ist er Verfrachter und Charterer zugleich. Im Chartergeschäft heißt der Verfrachter „Owner".

Verpflichtung des Verfrachters aus dem Seefrachtvertrag (§ 559 HGB) ist die anfängliche Ladungs- und Seetüchtigkeit zum Ladebeginn sowie die Reisetüchtigkeit während der Seereise. Diese Verpflichtungen des Verfrachters fallen beim Abschluss eines Stückgutfrachtvertrags nicht ins Auge und werden daher an dieser Stelle nicht ausführlicher behandelt. Beim Abschluss von Charterpartien sind sie von hervorragender Bedeutung.

Als Vertragspartner (Kontrahent) des Verfrachters verpflichtet sich der **Befrachter/Shipper** zur Gutanlieferung (Bereitstellung am vereinbarten Ort zur vereinbarten Zeit) und schuldet die vereinbarte Seefracht. Befrachter kann sein: Hersteller, Exporteur – je nach Lieferbedingungen des Kaufvertrags – und eventuell der Spediteur, wenn dieser Befrachtereigenschaften annimmt. Die Benennung im Chartergeschäft für den Befrachter lautet „Charterer".

Nur das deutsche Seefrachtrecht kennt neben dem Verfrachter und dem Befrachter noch einen dritten Beteiligten am Frachtgeschäft, den **Ablader**. Der Ablader/Shipper übernimmt trotz eigenen Verfügungsrechts im Auftrag des Befrachters die Beförderung und Anlieferung der Güter zum Schiff. Ist der Seefrachtvertrag zwischen Befrachter und Verfrachter noch nicht abgeschlossen, so kann der Ablader als Vertreter des Befrachters den Seefrachtvertrag durch die Gutanlieferung abschließen. Übernimmt der Verfrachter die Güter, so entsteht zwischen ihm und dem Ablader ein besonderes Schuldverhältnis. Der Ablader wird Reiseinteressent und Ladungsbeteiligter, er hat Anspruch auf das Konnossement und bestimmt den Adressaten. Als Besitzer aller B/L-Exemplare kann er alleine über die Ladung verfügen.

Ein Spediteur, der sowohl den Seefrachtvertrag abgeschlossen als auch die Ware an das Schiff herangebracht hat, ist Befrachter und Ablader zugleich, wenn er im Konnossement als „Shipper" auftritt. Fertigt er dagegen das Konnossement unter seinem Namen aus und ergänzt „as agent", dann zeigt er hiermit nur seinen Abladerstatus an. Deutsche Verfrachter verlangen hier eventuell die Nennung des Befrachters.

Da ein Ablader nach englischem Seehandelsrecht mit keinem der obigen Rechte ausgestattet ist, besteht auch keine Veranlassung, ihn namentlich zu kennzeichnen (Befrachter/ Ablader = Shipper).

Der **Empfänger/Consignee** ist der Begünstigte aus dem Seefrachtvertrag und kann seine im Vertrag verbrieften Rechte geltend machen, wenn er sich durch 1/3 Originalkonnossement legitimieren kann. Er hat einen einklagbaren Auslieferungsanspruch, wenn das Schiff im Bestimmungshafen angekommen ist. Hierzu muss er 1/3 Originalkonnossement dem Verfrachter oder dessen Vertreter präsentieren.

4.4.4.3 Seefrachtverträge

Alle Seefrachtverträge sind **Konsensualverträge**. Sie kommen durch Angebot und Annahme (übereinstimmende Willenserklärung) zustande.

Der Stückgutfrachtvertrag ist rechtlich ein Werkvertrag. Hier steht die Beförderung des Transportguts im Vordergrund. Hierfür wird ein Konnossement gezeichnet.

Beim Raumfrachtvertrag stellt der Schiffseigner (Owner) nur den Schiffsraum (Mietvertrag) zur Transportleistungserstellung durch den Charterer zur Verfügung. Der Owner schließt als Beweisurkunde mit dem Charterer/Befrachter einen **Chartervertrag/Charter Party (C/P)**. Diese C/P regelt die Rechtsbeziehungen zwischen den Beteiligten.

Bei der **Voll- oder Ganzcharter** wird ein Raumfrachtvertrag für ein „ganzes Schiff" zwischen Owner und Charterer abgeschlossen. Wird das Schiff ohne Besatzung und Ausrüstung gechartert, spricht man von einer **Bareboot-Charter**. Nach HGB ist hier der Charterer auch Ausrüster.

Bei einer **Reisecharter** wird entweder für eine bestimmte Reise (One Way oder Roundtrip) oder eine bestimmte Anzahl aufeinanderfolgender (konsekutiver) Reisen ein Chartervertrag geschlossen.

Wird ein bestimmter Zeitraum zugrunde gelegt, dann ist dies eine **Zeitcharter**. Die Vertragsdauer wird in Tagen, Wochen, Monaten oder Jahren gemessen.

Bei der **Teilcharter** wird ein unbestimmter, verhältnismäßiger Teil des Gesamtfrachtraumes eines Schiffs gemietet:

- die Hälfte der Lade- und/oder Raumfähigkeit,
- 2.000 Gewichtstonnen von der Tragfähigkeit oder
- 3.000 cbm vom Laderaum (Raumfähigkeit) oder
- man kann auch einen bestimmten Laderaum/bestimmte Laderäume chartern: z. B. Laderaum 1 und 2 von insgesamt vier Laderäumen eines Schiffes,
- 500 Slots von der Stellplatz- oder TEU-Kapazität.

Im Rahmen der Containerschifffahrt fallen **Vessel Sharing Agreements** bei Gemeinschaftsdiensten, Reedereikonsortien und Schifffahrtsallianzen hierunter. Bei einer Slotcharter von Containerstellplätzen à 20' oder 40' wird eine bestimmte Stellplatz-/TEU-Kapazität gemietet. Diese Teilcharter-Form wird von **NVOCC-Diensten** (Non Vessel Operating Common Carrier) = Verfrachter ohne eigenen Schiffsraum: gelegentlich der Fixkostenspediteur im Selbsteintritt; überwiegend aber ein **Combined Transport Operator** (CTO) oder **Multimodal Transport Operator** (MTO) genutzt.

Diese bestimmten Ladungs- oder Containermengen werden vom Verfrachter eigenverantwortlich in die jeweilig verfügbaren Laderäume gestaut.

Auch bei einer Teilcharter ist der Zeitfaktor (Reise- oder Zeitcharter) zu regeln.

Für Massengüter werden produkt- und relationsabhängige standardisierte Charterbedingungen in der Massengut- bzw. Bulk-Schifffahrt angewandt.

Als Reisecharter für Voll- oder Ganzcharter:

- AMWELSH — Americanised Welsh Coal Charter
- MULTIFORM 1982 — Multi-purpose Charter Party der FONASBA
- NIPPONORE — The Japan Shipping Exchange, inc. Iron Ore Charter Party
- SYNACOMEX — Northamerican Grain Charter Party (1973)

Als Zeitcharter für Voll- oder Ganzcharter:

- LINERTIME — The Baltic and International Maritime Conference Deepsea Time Charter
- NTERTANKTIME — International Association of Independent Tanker Owners (INTERTANK) Tanker Time Charter Party

Solche Standardformen werden u.a. vom Documentary Council der International Baltic and Maritime Conference (BIMCO), Kopenhagen, herausgegeben. Die BIMCO ist der Zusammenschluss bedeutender Reedereien und Schiffsmakler.

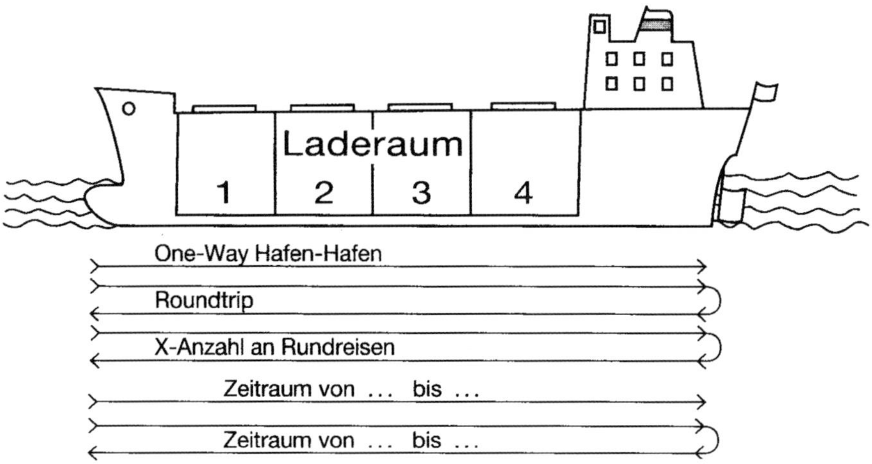

Abb. 4.4-5: Charterformen in der Seefracht Quelle: Lothar Bockholt

Owner/Verfrachter verpflichten sich, einen bestimmten Schiffstyp (Antriebsart, Lukenanzahl, Containerstellplatzkapazität, Ladegeschirr etc.) mit gewissen Eigenschaften (Klassifizierung, Trag- und/oder Raumfähigkeit, Geschwindigkeit) in einer bestimmten Position bei Vertragsabschluss verfügbar zu haben, der rechtzeitig zur vereinbarten Zeit im Ladehafen vorgelegt wird. Die Charterpartie regelt weiterhin die Kostenseite (Lade- und Löschkosten, Liegegelder und Fehlfracht), die Lade-, Lösch- und Überliegezeit, die Wartezeit. Der Befrachter ist verpflichtet, eine bezeichnete Ladungsmenge und -art in einem bestimmten Zeitraum anzuliefern bzw. durch den Empfänger abnehmen zu lassen. Der Lade- und Löschplatz muss diesem Schiffstyp frei zugänglich sein. Die Charterfrachten reagieren auf Ladungs- oder Schiffsraumangebot und sind demzufolge starken Schwankungen unterworfen. Sie werden u. a. an den Schiffsfrachtenbörsen in den wichtigen Welthandelszentren ermittelt.

Alle in der Linienschifffahrt beförderten Ladegüter – unabhängig von der Größe (Gewicht/Volumen) – sind Stückgüter, wenn hierfür ein Konnossement gezeichnet wird. Somit werden auch große Partien mit 1.000 t und mehr als Stückgutladung angesehen.

Der Abschluss eines Seefrachtvertrags unterliegt keiner Formvorschrift. Er kann (fern-)mündlich, schriftlich, per Telefax, E-Mail oder durch konkludentes (schlüssiges) Handeln der Beteiligten zustande kommen, z. B. Anlieferung der Güter am Schuppen durch den Befrachter/Ablader und Übernahme dieser Güter an Bord durch den Verfrachter. Der **Kaiannahmeschein** (dock receipt) dokumentiert keinen Vertragsabschluss.

Normalerweise kommt der Vertrag durch eine Frachtraumbuchung bei dem Verfrachter oder dessen Vertreter zustande. Auch wenn keine Buchungsnote erteilt wird, ist der Vertrag geschlossen. Die **Buchungsnote/Ladungsanmeldung** sollte einen Hinweis auf die derzeitigen Konnossements- und Tarifbedingungen enthalten, damit diese einwandfrei Vertragsbestandteil werden. Das später gezeichnete Konnossement hat dann nur noch eine zusätzliche Beweisfunktion.

Eine **Festbuchung** bewirkt zwischen Verfrachter und Befrachter den Abschluss eines Seefrachtvertrags. Der Transport erfolgt zu einer bestimmten Seefrachtrate, die vereinbart wurde oder zur üblichen Fracht. Das Transportgut (eventuell Konnossementsdeklaration) ist zu benennen. Wird das Gut nur allgemein umschrieben, so wird auch der Verfrachter nur die Anwendung der Tarifkonditionen bestätigen, ohne eine bestimmte Ratenhöhe festzuschreiben. Der Verfrachter bestätigt ein Beförderungs- und Auslieferungsversprechen. Der Befrachter gibt ein Anlieferungsversprechen, das bei Nichterfüllung einen Fehlfrachtanspruch begründet. Der Befrachter schuldet die Seefrachtzahlung sowohl bei prepaid als auch bei collect.

Mit einer **konditionellen Buchung** wird dagegen ein solches Anlieferungsversprechen nicht manifestiert. Der Befrachter hat wohl die Absicht einer Gutanlieferung. Er kann ohne Begründung davon Abstand nehmen. Dann wäre der Seefrachtvertrag annulliert. Es bestünde somit kein Fehlfrachtanspruch. Normalerweise wird bei konditionellen Buchungen eine Erklärungsfrist (x Tage vor Schiffsabgang im Ladehafen) vereinbart. Wird diese vom Befrachter nicht wahrgenommen, so gilt die konditionelle Buchung als storniert.

Der Verfrachter kann eine konditionelle Buchung vor der Erklärungsfrist nicht willkürlich kündigen. Ebenso hat er bei einer Festbuchung kein willkürliches Kündigungsrecht.

Konditionelle Buchungen sind für Befrachter von Interesse, die in Kürze mit einem Kaufvertragsabschluss rechnen, der sich allerdings noch zerschlagen kann. Sie sichern sich mit dieser Buchung nicht nur den Schiffsraum, sondern auch die derzeit gültigen Tarifkonditionen und -preise. Gemäß Konferenztarifbedingungen werden die Tarifbedingungen mit einer Buchung normalerweise für den laufenden und zwei weitere Monate festgeschrieben.

Steht der Löschhafen bei Buchung nicht fest, kann eine Optionsverladung erfolgen, z. B. Löschhafen: Option New York/Baltimore/Norfolk. Hier muss das Ladegut optional gestaut werden, was einen Seefrachtzuschlag (Optionszuschlag) bewirkt. Der Empfänger verpflichtet sich zu einer vertraglich vereinbarten Erklärungsfrist (z. B. 48 Stunden/5 Tage/10 Tage vor Schiffsankunft im ersten Optionslöschhafen). Er muss bis zu diesem Zeitpunkt seine Option erklären/den endgültigen Löschhafen benennen. Falls er diese Fristvereinbarung ignoriert, kann der Verfrachter in einem Optionshafen seiner Wahl löschen (meistens der letztgenannte Optionshafen).

4.4.4.4 Zurückbehaltungsrecht des Verfrachters

Solange der Verfrachter die vereinbarte Seefracht nicht erhält – unabhängig vom vereinbarten Frachtzahlungsort –, hat er ein **gesetzliches Zurückbehaltungsrecht**. Er kann z. B. die Konnossementsausgabe verweigern. Dies gilt vor allem bei „Collect/Freight-payable-at-destination"-Sendungen, wenn der Empfänger sich nur durch Präsentation eines Originalkonnossementes legitimiert, aber die Seefrachtsumme nicht zahlt.

Werden Prepaid-Konnossemente ohne Seefrachtzahlung an den Befrachter gegeben und zahlt dieser nicht oder sehr verspätet, dann besteht gegenüber dem Empfänger kein Zurückbehaltungsrecht (Empfängerschutz).

Wenn ihm aus anderen und früheren Frachtverträgen noch Forderungen gegen den Befrachter oder Empfänger zustehen, kann er die Güter auch wegen jener Forderungen zurückbehalten, die in einem „inneren natürlichen wirtschaftlichen Zusammenhang mit den Forderungen stehen", wegen derer das Zurückbehaltungsrecht ausgeübt wird, z. B. bei ständiger Geschäftsverbindung. Dies gilt auch für das Pfandrecht.

Bei Havarie-grosse ist der Verfrachter gesetzlich verpflichtet, die Güter erst dann auszuliefern, wenn die Bezahlung dieser Kosten sichergestellt ist.

4.4.4.5 Pfandrecht des Verfrachters

Der Verfrachter hat wegen der Fracht und aller sonstigen Forderungen nach Maßgabe des Frachtvertrags/der Konnossementsbedingungen ein gesetzliches Pfandrecht, das die Ablieferung um 30 Tage überdauert.

Verkäufer — Kaufvertrag — Käufer

1. Versandort — Transportstrecke — Zielort

Vorlauf zum
- per Bahn
- per LKW
- per Bischi
- per Kombi

Ladehafen via Kaischuppen oder bis längsseits Seeschiff

Seetransport durch Verfrachter per Seeschiff
- laden/stauen
- befördern →
- löschen

Löschhafen via Kaischuppen oder ab längsseits Seeschiff

und Nachlauf
- per Bahn
- per LKW
- per Bischi
- per Kombi

(Bischi = Binnenschiff; Kombi = Kombi-Verkehr (Bahn/LKW/Bischi) soweit diese landseitig für Vor- und/oder Nachlauf gegeben sind)

FOB – Kaufvertrag gemäß INCOTERMS

Verkäufer liefert FOB – Ladehafen und wird damit Ablader. Hiermit kann auch ein Spediteur beauftragt werden; der FOB-Spediteur.

Käufer ist gleichzeitig Empfänger und muss den Abschluss des Seefrachtvertrages veranlassen. Er kann einen Direktabschluss beim Verfrachter oder dessen Vertreter/Schiffsmakler/Linienagent/Reederei-Inlandsvertretung tätigen. Er wird somit Befrachter. Mittels Speditionsvertrag kann er einen Spediteur im Verschiffungsland mit dem Seefrachtvertragsabschluss beauftragen. Dieser Verschiffungsspediteur wird selbst zum Befrachter oder zum Erfüllungsgehilfen des Befrachters/Käufers; je nach Inhalt des Speditionsvertrages.

CFR- oder CIF-Kaufvertrag gemäß INCOTERMS

Verkäufer muss den Abschluss des Seefrachtvertrages bis zum Löschhafen veranlassen. Er kann dies direkt beim Verfrachter oder dessen Vertreter (Schiffsmakler/Linienagent/Reederei-Inlandsvertretung) tätigen. Er ist somit Befrachter. Mittels Speditionsvertrag kann er einen Spediteur mit dem Abschluss des Seefrachtvertrages beauftragen. Als FOB- und Verschiffungsspediteur kann dieser selbst zum Befrachter werden oder zum Erfüllungsgehilfen des Befrachters/Verkäufers; je nach Inhalt und Umfang des Speditionsvertrages.

Käufer/Empfänger ist der Begünstigte des Seefrachtvertrages. Er kann nach Schiffsankunft im benannten Löschhafen durch Präsentation von 1/3 Originalkonnossement sich zum Gutempfang legitimieren; dies ist ein einklagbarer Auslieferungsanspruch.

Seefrachtvertragsabschluss bei FOB

Verkäufer oder sein Spediteur, je nach Inhalt des Speditionsvertrages sind Ablader

Käufer/Empfänger oder dessen Verschiffungsspediteur, je nach Inhalt des Speditionsvertrages sind Befrachter

- unmittelbar mit → Verfrachter
- oder mittelbar mit → Schiffsmakler (= Maklervertrag)
- oder mittelbar mit → Linienagent (= Agenturvertrag)
- oder mittelbar mit → Inlandsagent (= Agenturvertrag)

Seefrachtvertragsabschluß bei CFR oder CIF

Befrachter oder sein Spediteur, je nach Inhalt des Speditionsvertrages

- unmittelbar mit → Verfrachter — Begünstigter → Empfänger
- oder mittelbar mit → Schiffsmakler (= Maklervertrag mit Verfrachter)
- oder mittelbar mit → Linienagent (= Agenturvertrag mit Verfrachter)
- oder mittelbar mit → Inlandsagent (= Agenturvertrag mit Verfrachter)

Tab. 4.4-2: Abwicklung von Seefrachtgeschäften — Quelle: Lothar Bockholt

Frachtschuldner ist zunächst der Befrachter (auch bei collect). Reicht der Empfänger die Konnossemente zum Abstempeln – für die Auslieferung – ein, so ist dies in der Praxis ein **kumulativer** (anhäufender) **Schuldeintritt**. Nimmt der Empfänger das Gut an, so wird er **alleiniger Frachtschuldner**. Die Konnossementsbedingungen lassen jedoch auch alle übrigen Ladungsbeteiligten weiterhaften und enthalten ein vertragliches Pfandrecht, das die Ablieferung überdauert.

Wenn ein Empfänger die Collect-Fracht nicht bezahlt und die Abnahme verweigert, kann der Verfrachter ohne Benachrichtigung der Ladungsbeteiligten einen privaten Pfandverkauf veranlassen. Bei leicht verderblichen Gütern ist sofortiges Handeln angezeigt. Normalerweise wird er vorher den Befrachter in Kenntnis setzen.

4.4.4.6 Ende des Seefrachtvertrags

Der Seefrachtvertrag wird durch die Gutauslieferung an den Empfänger im Bestimmungshafen beendet. Bei collect ist auch die Seefrachtsumme zu bezahlen.

Die gesetzlichen Bestimmungen der §§ 628–641 HGB berühren im Wesentlichen die Auflösung des Frachtvertrags bei Charterverträgen. Wenn Schiff und Ladung durch Zufallsereignisse verloren gehen, ist keine der Vertragsparteien zu einer Entschädigung verpflichtet. Ausnahme: Die volle Seefracht ist zu zahlen, wenn die Güter durch ihre eigene Beschaffenheit untergehen (z. B. Auslaufen lecker Fässer). Eine Distanzfracht ist zu zahlen, wenn das Schiff untergeht (strandet) und die an Bord befindlichen Güter gerettet werden. Die Konnossementsbedingungen sehen jedoch vor, dass in jedem Fall die volle Fracht zu zahlen ist. Eine Kündigung aus wichtigem Grund, d. h. bei jeder objektiven Vereitelung des Vertragszweckes, ist jederzeit möglich.

Das deutsche Seehandelsrecht gewährt nur dem Befrachter die Befugnis, unter Zahlung eines bestimmten Teils der Seefracht (Fautfracht) den Seefrachtvertrag aus beliebigem (willkürlichem) Anlass zu kündigen. Dieses Recht kann auch der Ablader ausüben, wenn die Ladung bereits angeliefert ist.

Anders ist es dagegen im angloamerikanischen Seehandelsrecht. Die Nichtanlieferung der Ladung bedeutet hier immer einen Bruch des Seefrachtvertrags, der den Verfrachter zu Schadensersatzansprüchen berechtigt. Der Begriff der Fautfracht ist daher in diesen Ländern unbekannt.

Die Frachtforderung des Verfrachters gegen den Befrachter verjährt nach zwei Jahren. Die Verfrachterhaftung für Verlust und Beschädigung verjährt jedoch schon innerhalb eines Jahres nach Löschung (Haftung nach Konnossementsbedingungen/Haager Regeln).

4.4.5 Seefrachtberechnung

4.4.5.1 Grundsätzliche Seefrachtberechnungsarten

Der Seefrachtanspruch des Owners gegenüber dem Charterer wird durch die Bedingungen der Charterpartie geregelt. Auch hier bestimmen Angebot und Nachfrage die Frachthöhe/den Preis. Wird zu einem festen Gesamtbetrag für die Ladung ohne Rücksicht auf Gewicht oder Raummaß abgeschlossen, spricht man von einer Pauschalfracht/Lumpsum. Bei einer Zeitcharter wird die Vergütung pro Tonne Tragfähigkeit und Zeiteinheit (Monat zu 30 Tagen) oder einer Pauschalsumme pro Zeiteinheit (meist per Tag) festgelegt. Die jeweils geladene Ladungsmenge ist auf die Zeitfracht ohne Einfluss. Bei einer Reisecharter wird die Seefracht als Gewichtsfracht unter Berücksichtigung der Ladefähigkeit des Schiffes in Gewichtstonnen berechnet.

Die in den Seefrachttarifen der Reedereien ausgewiesenen Beförderungspreise nennt man Seefrachtrate. Ein Seefrachttarif deckt ein geografisch klar abgegrenztes Verkehrsgebiet ab (Auflistung der Lade- und Löschhäfen); weiterhin wird der Gültigkeitszeitraum aufgeführt. Er beinhaltet ferner die **Tarifbedingungen** (rules and regulations) und ein **Artikel- und Ratenverzeichnis** (commodity and rate section). Es besteht weder eine gesetzliche noch eine tarifarische Beförderungspflicht.

4.4.5.2 Seefrachtratenarten/-regeln

Die Seefrachtrate ist der Beförderungspreis pro Frachteinheit. Die Frachteinheit wird Frachttonne (frt, F/T) genannt. Zur Abrechnung kommt die Frachteinheit/Frachttonnen (Maß oder Gewicht), die der Reederei die höhere Frachteinnahme bringt, z. B.:

- 1 Kiste = 1.600 kg = 2,4 m³ – Abrechnung: Rate x 2,4 m³ = Maßabrechnung
- 1 Kiste = 1.800 kg = 1,6 m³ – Abrechnung: Rate x 1,8 t = Gewichtsabrechnung

Diese Frachteinheit wird wie folgt dokumentiert:

- Maß/Gewicht – (M/G) – per Frachttonne (F/T) – in Schiffswahl oder
- weight/measurement – (w/m) – per freightton (f/t) – in ship's option

Tarifliche Maß- und Gewichtssysteme sind: 1.000 kg oder 1 m³.

Der Abrechnungsgrundsatz **„Line-by-Line"** unterstreicht die Basisaussage, dass die höhere Frachteinnahme für die Reederei maßgebend ist. Besteht eine Sendung aus zwei oder mehr Kolli, so ist jedes Kollo einzeln abzurechnen, wenn sie nicht gleichmaßig und gleichgewichtig sind. Das obige Beispiel (Totalsendung zwei Kisten mit 1.600 kg + 1.800 kg = 3.400 kg bzw. 2,4 m³ + 1,4 m³ = 4,0 m³) zeigt auf, dass durch die Einzelabrechnung (Maßabrechnung 2,4 m³ plus Gewichtsabrechnung 1,8 tons => 4,2 Frachttonnen) eine höhere Frachteinnahme erzielt wird, als bei einer Abrechnung nach dem Effektivmaß der zwei Kolli. Dies ist der Hintergrund für das Verlangen einer Kolli-, Maß- und Gewichtspezifikation.

Da die Seefrachtrate artikelabhängig ist, wird bei unterschiedlichem Inhalt und unterschiedlichen Ratenhöhen von Mehr-Kolli-Sendungen auch differenziert pro Kollo und Artikelinhalt abgerechnet. Ist eine Differenzierung pro Kollo nicht möglich, so gilt auch hier die Höchsttarifierungsregel. Daher werden bei Mehr-Kolli-Sendungen Aufstellungen über Maß, Gewicht und Kolloinhalt verlangt.

Die Seefrachtraten basieren auf den **Liner-Terms-Bedingungen**. Das Schiff bestimmt den Lade- und Löschplatz, die Kosten für Laden, Stauen, Löschung trägt die Reederei. Fahrtgebietsweise gibt es Ausnahmen (Hinweis auf nachfolgende Spesenklauseln).

Neben Seefrachtraten mit Maß-/Gewichtsabrechnung in Schiffswahl enthalten die Seefrachttarife auch

- reine **Gewichtsraten** per 1.000 kg unabhängig vom Raummaß der Sendung,
- reine **Maßraten** per 1 m³ unabhängig vom eventuell höheren Sendungsgewicht.

Wertgestaffelte Raten gibt es in Verbindung mit Maß-/Gewichtsraten, reinen Maßraten, reinen Gewichtsraten (auch Mischformen sind möglich). Maßgeblich ist immer der FOB-Wert, der durch eine Handelsrechnung eventuell nachgewiesen werden muss. Im Konnossement eingedruckte Werterklärungen – explizit nur für die Seefrachtfestlegung – erhöhen nicht die summenmäßige Verfrachterhaftung.

Seefrachtraten mit Wertstaffel für einen benannten Artikel, z. B.:

bis 1.000 US-$ per frt = Seefrachtrate 100 $ w/m
über 1.000 US-$ per frt = Seefrachtrate 125 $ w/m
über 1.500 US-$ per frt = Seefrachtrate 140 $ w/m

Diese kommen jedoch in der Praxis sehr selten zur Anwendung.

Handelt es sich bei einer Verschiffung um besonders wertvolle Güter, unabhängig vom Gewicht oder Volumen der Sendung, kann der Seefrachttarif eine **Wertfracht** vorschreiben, die in Prozenten vom FOB-Wert berechnet wird (meistens 3 %). Auch dies bedeutet keine Erhöhung der summenmäßigen Verfrachterhaftung.

Lumpsum-Raten werden als Pauschalfrachten per Ladeeinheit für einen benannten Artikel (z. B. pro Pferd/pro Motorrad etc.) quotiert.

FAK-Raten (Freight All Kinds) sind artikelunabhängige Pauschalfrachten. Unter scharfen Wettbewerbsbedingungen sind viele Verfrachter gezwungen, auch im Containerverkehr FAK-Raten herauszulegen.

Die Commodity-Box-Raten im Containerverkehr sind artikelabhängige Pauschalfrachten per Containereinheit (20' oder 40' oder 45'). Bei Mixed-Commodity-Box-Raten können mehrere benannte Artikel/Produkte in einem Container geladen werden und pauschal abgerechnet werden. Die Mixed-CBR wurde für Kaufhaus-/Versandhandelsunternehmen eingeführt. Mixed-CBR darf man nicht mit FAK-Raten verwechseln.

Für Spediteursammelgutcontainer werden auch CBR-Raten, die artikelunabhängig sind, quotiert, dabei müssen mindestens drei Versender und drei Empfänger ladungsmäßig vorhanden sein. Diese Sammelgut-CBR kann als FAK-Rate angesehen werden.

Für jedes Konnossement ist eine **Mindestfracht**, die Minimale, zu zahlen. Für Gefahrgut und Kühlgut kommen höhere Mindestfrachten zur Anwendung.

Beanspruchen 1.000 kg eines Transportgutes weniger als 1 m^3 Schiffsraum, so spricht man von **Gewichtsgut**. Liegt dagegen das Raummaß über dem Gewichtsmaß, handelt es sich um **Maßgut**, z. B.:

1 Kiste 1.500 kg = 1,0 m^3 = Gewichtsgut
1 Kiste 1.000 kg = 1,5 m^3 = Maßgut

Das Verhältnis zwischen Raum- und Gewichtsmaß nennt man **„mal-messend"**. Demzufolge ist die erste Kiste „0,666 mal-messend" (Rechnung 1.000 : 1.500 = 0,666) und die zweite Kiste „1,5 mal-messend" (Rechnung 1.500 : 1.000 = 1,5).

Hinweis
Die verkehrsbetriebswirtschaftliche Darstellung des Containerverkehrs beinhaltet aus Verständnisgründen auch die besonderen tarifarischen Aspekte (siehe Kapitel 4.4.6.2). Die Reedereien sind an einer langfristigen Bindung der Verlader interessiert. Um dies zu erreichen, zeichnen die Reedereien und Verlader Volumenkontrakte, in denen der Verlader sich verpflichtet, eine bestimmte Anzahl von TEU innerhalb eines festgesteckten Zeitrahmens zu verladen.

4.4.5.3 Seefrachtzu- und -abschläge, Hafenkosten

Neben der Grundseefracht sieht der Seefrachttarif folgende **Zu- und Abschläge** vor, die fahrtgebietsweise vorkommen können:

- Währungszuschläge/Currency Adjustment Factor (CAF) – in Prozenten je nach Verkehrsrichtung unterschiedlich (gelegentlich auch negative CAFs (Abschläge)); sollen starke Wechselkursschwankungen zu den jeweiligen Tarifwährungen ausgleichen
- Bunkerölzuschläge/Bunker Adjustment Factor (BAF) – in Prozenten oder per frt oder getrennt als Gewichtszuschlag und Volumenzuschlag „as freighted"; bei Containerverladungen unterschiedliche BAF per TEU oder Fixbetrag
- Schwergewichtszuschläge/Heavy Lifts (H/L) – heute meistens ab 20 t Stückgewicht (keine Abrechnung im Haus/Haus-Containerverkehr, bei Haus/Pier und Pier/Haus werden nur halbe heavy lifts berechnet)
- Längenzuschläge/Long Lengths (L/L) – meistens ab 12 m Kollolänge
- Verstopfungszuschläge/Congestion Surcharge/Port Delay Charge – je nach Verkehrsrichtung unterschiedlich
- Optionszuschläge bei optionaler Stauung für verschiedene, benannte Bestimmungshäfen
- Outport-/Transshipment Additionals kommen zur Abrechnung, wenn der Bestimmungshafen nicht zu den tarifarischen Baseports zählt
- Kanalzuschläge (z. B. Panama Canal Transit Charge)
- Administrativer Aufwand für die Aufbereitung der B/L-Daten für den Kanadischen-Zoll und US-Zoll (ACI bzw. AMS)
- ISPS-Zuschlag (International Ship and Port Facility Security Code) – Zahlung einer Sicherheitsgebühr an die Schifffahrtslinien
- Winter- und Eiszuschläge (z. B. nach Finnland oder St. Petersburg/Russland)
- Notstands-/Kriegszuschlag (Contingency-/War-Clauses, War-Risk-Surcharge (WRS))
- Peak Season Surcharge (PSS)

Hierbei handelt es sich um die üblich zur Anwendung kommenden Zuschläge. Jeder Reederei steht es jedoch frei, eigene Zuschläge einzuführen, die generell oder linienbezogen zur Abrechnung kommen.

Seit dem Verbot von Konferenzen in von Europa ausgehenden Verkehren hat sich mit den neuen Angebotsstrukturen der Reedereien auch die Verwendung der üblichen Abkürzungen von Zuschlägen geändert. So wird BAF heute bspw. auch als BUC (Bunker Charge) abgekürzt.

Hafenkosten der Verfrachter, die neben der Seefracht plus eventueller Zuschläge zur Abrechnung kommen können:

- Port Liner Term Charges und LCL Break Bulk Service Charges
- Container Service Charges und Terminal Handling Charges
- gelegentlich Kai- und Löschgelder (wharfage charges).

Hinweis

As-freighted: Bei Seefrachtzu- und -abschlägen werden diese auf der gleichen Maß- oder Gewichtsbasis berechnet, die der angewandten Seefrachtgrundrate entspricht.

4.4.5.4 Basisregeln in der Seefracht

Seefrachtraten decken nur den Seetransport zwischen den im Tarif benannten **Haupthäfen** (base ports) in Europa und Übersee ab. **Nebenhäfen** (outports) werden durch **Feeder Services** (Zubringerdienste) an die Haupthäfen angebunden. Diese Vor- und/oder Nachläufe werden als **Outport-/Transshipment Additionals** (Umladungszuschläge) in Addition zur Seefracht in Rechnung gestellt.

Die „Seefracht gilt als verdient, sobald das Gut an Bord ist", d. h. es gibt keinen Erstattungsanspruch auf eine Distanzseefracht bei Seeschlag, besonderer Havarie, Havarie-grosse und Schiffsuntergang (Konnossementsklausel).

Konnossementsnachnahmen (keine Warenwertnachnahme!) für Nebenkosten/Disbursements (z. B. Kosten bis FOB) sind möglich, soweit dies in den Transportbedingungen vorgesehen ist. Eine hohe Gebühr/Collection Fee soll abschrecken.

Die **Notstandsklausel** (Contingency Clause) und die **Kriegsklausel** (War Clause) begründen nach Konnossements- und Tarifbedingungen außerordentliche Seefrachtzuschläge bei höherer Gewalt und Krieg oder Bürgerkrieg.

Generelle Ratenerhöhungen müssen innerhalb der Quotierungsfristen (meistens ein bis drei Monate) angekündigt werden. Entscheidend für die Berechnung der neuen Frachtraten ist das Abfahrtsdatum des Schiffes im Abgangshafen.

4.4.5.5 Seefrachtzahlung

Der Zahlungsanspruch des Verfrachters setzt sowohl bei prepaid als auch bei collect keine vorherige Rechnungslegung gegenüber dem Befrachter/Empfänger voraus.

Seefrachten sind grundsätzlich im Verschiffungshafen im Voraus (bei Konnossementsausgabe) zu zahlen **(prepaid)**. Bestimmte Güter (temperaturempfindliche Güter, Umzugsgut, persönliche Effekte, gebrauchte Pkw etc.) sind grundsätzlich prepaid abzufertigen.

Collect-Seefrachten (freight payable at destination) bedeuten eine Frachtkreditierung durch den Verfrachter. Der Befrachter schuldet die Bezahlung der Collect-Seefracht, bis der Empfänger durch Einreichung von 1/3 Originalkonnossement im Bestimmungshafen und gleichzeitiger Frachtzahlung in den Frachtvertrag eintritt. Die Frachtkosten müssen in der Regel vor Abnahme der Sendung an den Reeder bezahlt werden.

Nach bestimmten devisenschwachen Ländern oder bei nicht frei konvertierbarer Währung werden von den Verfrachtern keine Collect-Seefrachten akzeptiert, d. h. es wird nur auf Prepaid-Basis abgerechnet **(Frankaturzwang)**.

4.4.5.6 Währungen in der Seefracht

Jeder Seefrachttarif hat eine **Tarifwährung**: meistens US-Dollar oder Euro. Somit wurde der Euro neben dem US-Dollar zu einer führenden Seefrachttarifwährung. Im Shortsea-Bereich sind auch diverse lokale Währungen in einzelnen, kleinen Fahrtgebieten anzutreffen.

Die Reedereiagentur im Verschiffungs- (prepaid) und im Bestimmungshafen (collect) fakturiert die Seefracht normalerweise in der jeweiligen Landeswährung. Diese muss frei konvertierbar sein, damit eine Verrechnung/Überweisung zwischen Verfrachter und dem jeweiligen Linienagenten erfolgen kann.

Zahlung bedeutet Barzahlung oder Geldgutschrift auf dem Konto des Verfrachters oder Agenten. Das Akzept eines Seefrachtschecks ist lediglich eine praxisgerechte Kann-Lösung. Mit Verfrachterzustimmung kann man auch in der Tarifwährung zahlen, wenn Stichtag- und Zahltagumrechnungskurs nicht gravierend voneinander abweichen.

Der **Umrechnungskurs** auf Basis eines **Stichtagkurses** liegt bei prepaid einige Tage (meistens fünf bis zehn Werktage) vor dem oder bei collect nach dem angezeigten Verschiffungsdatum des Verschiffungshafens. Der Euro hat hier eine Vergleichbarkeit zwischen den Häfen der Euro-Zone geschaffen.

4.4.5.7 Incoterms®/Spesenklauseln in der Seefracht

Die Incoterms® werden von der Internationalen Handelskammer (ICC) entwickelt und aufgestellt. Der Stand wird durch den Vermerk der Jahreszahl angegeben. Die letzte Anpassung erfolgte 2010. Da die Seetransporte in der Regel mit überseeischen Außenhandelsgeschäften (Export, Import) zusammenhängen, werden in handelsüblichen Vertragsformen die Incoterms® „neueste Fassung" vereinbart.

Nachstehend die beim Seetransport anwendbaren Klauseln in Kurzform:

- EXW = Ex Works ab Werk Versender
- FCA = Free Carrier...(named place)
  frei Frachtführer/Verfrachter... (benannten Ort)
  (nur Containerverkehr: LCL = Packstation/FCL = Container Yard)
- FAS = Free Alongside Ship
  frei längsseits Schiff im benannten Verschiffungshafen
  (neu: Exportfreimachung durch den Verkäufer)
- FOB = Free On Board
  frei an Bord benannten Verschiffungshafen
- CFR = Cost and Freight
  Kosten und Fracht benannter Bestimmungshafen
- CIF = Cost, Insurance, Freight
  Kosten, Versicherung, Fracht benannter Bestimmungshafen
- DAT = Delivered At Terminal
  Kosten und Fracht benanntes Terminal
- DAP = Delivered At Place
  Kosten und Fracht benannter Bestimmungsort im Empfangsland
- CPT = Carriage Paid
  Kosten und Fracht bezahlt bis benannter Bestimmungsort
- CIP = Carriage, Insurance Paid
  Kosten und Fracht, Versicherung bezahlt bis benannter Bestimmungsort
- DDP = Delivered Duty Paid
  Kosten, Fracht und Zölle bezahlt bis Lieferort im Empfangsland

Kosten- und Gefahrenübergang werden im LORENZ 2, Kapitel 5 detailliert dargestellt.

Die Kaufverträge werden analog den Incoterms® abgeschlossen. Abweichend hierzu kann der Seefrachtvertrag nach folgenden **Spesenklauseln** geschlossen werden. Diese Spesenklauseln weichen ebenfalls von den Liner-Terms-Bedingungen ab:

- FIO = Free In/Free Out
  Ladekosten trägt der Befrachter. Nicht geregelt sind die Staukosten (eventuell Streitpunkt). Der Empfänger zahlt die Löschkosten.

Optimaler hinsichtlich einer Streitvermeidung sind:

- FIOS = Free In/Free Out: stowed (gestaut) oder
- FIOT = Free In/Free Out: trimmed (getrimmt);
- Liner In/Free out
  Laden/Stauen nach Liner Terms/Löschen Free Out
- Free In/Liner Out, auch Liner Discharge
- Ladekosten wie oben mit strittigen Staukosten/Löschen auf Basis Liner Terms, d.h. das Schiff muss das Anschlagen des Umschlagsgeschirrs im Laderaum veranlassen/Löschkosten bezahlen.
- Gate In/Gate Out für FCL/FCL-(CY/CY-) Container

4.4.5.8 Ratenanfragen in der Seefracht

Seefrachtraten werden auf Anfrage vom Verfrachter, dem Linienagenten oder der Reedereivertretung notiert, d.h., man kann eine schriftliche oder telefonische Ratenauskunft erhalten. Diese Ratenauskünfte sind freibleibend bis zur Festbuchung, sie sind also keine verbindliche Beförderungspreisauskunft, wenn nicht Gegenteiliges – unter Nennung eines Zeitpunktes, z.B. gültig bis ... – vereinbart ist.

Gemäß § 147 Abs. 1 BGB ist ein telefonisches Angebot sofort anzunehmen. Wurde dagegen telefonisch eine Frist vereinbart, so kann die Angebotsannahme nur innerhalb dieser Frist erfolgen (§ 148 BGB). Sollte die telefonische Ratenauskunft dagegen später in eine Buchung einmünden, so handelt es sich hier nach § 150 BGB um ein Vertragsangebot des Befrachters an den Verfrachter. Die dann gültigen Tariffrachten werden hier Vertragsbestandteil.

In der Praxis kann dies bedeuten: Ratenauskunft heute, Ratenveränderungen morgen (war am Auskunftstag dem Auskunftserteilenden nicht bekannt), Festbuchung übermorgen. Bei Nichtvereinbarung einer Laufzeit für diese Quotierung ist die am Tag der Festbuchung gültige (eventuell höhere) Seefrachtrate anzuwenden. In diese Richtung ist auch § 619 HGB zu interpretieren, da die Mehrzahl der Anfragen fernmündlich erfolgt. Oftmals werden dem Quotierenden nur ungenügende Artikelbezeichnungen, Maß-, Gewichts- und Wertangaben genannt.

Die nachstehende Auflistung soll eine Hilfestellung geben, welche **Tarifkriterien** wichtig sein können:

- Geografische Fakten: Verschiffungshafen, Anlieferungsart: Bahn, Lkw, Binnenschiff (eventuell Direktumschlag), Bestimmungshafen, eventuell Endbestimmungsort (kostengünstiger Nachlauf im Containerverkehr)
- Produktbezogene Fakten: Warenname, Verwendungszweck, Materialbeschaffenheit, technischer bzw. chemischer Name, HS Code, englische Warenbezeichnung, Konnossements- bzw. Akkreditiv-Deklaration
- Wareneigenschaften: fester oder flüssiger Stoff, spezifisches Gewicht, eventuell Gefährlichkeit nach IMDG-Code, Temperaturbereich bei Kühlgut, Flammpunkt
- Verpackungsangaben: unverpackt, verpackt (Nennung ob Kisten, Fässer, Säcke, Kartons etc.) palettisiert oder auf Schlitten

- Maß/Gewichtsangaben: Gewichte pro Kollo (eventuell Schwergewichtszuschläge), Maße pro Kollo (eventuell Längenzuschläge), Maß-Gewichtsverhältnis
- Wertangaben: FOB-Wert, Wert per Frachttonne
- Frachtzahlung: Frachtzahlungsort
- Verladeart: Stückgut, LCL-Container, FCL-Container (eventuell Spezialcontainer)

Diese Aufstellung soll zeigen, welche Kriterien bei einer Offertenstellung von Bedeutung sein können, d. h. sich kostenmäßig auswirken können.

4.4.6 Containerseeverkehr

4.4.6.1 Containerarten, -größen und Containertypen

Der Container ist ein ISO-genormter Behälter, der dauerhaft gebaut und mehrmals einsetzbar ist. Er ist speziell konstruiert, um beim Transport von Gütern ohne deren Umladung mehrere Verkehrsträger (Transportkette) zu durchlaufen. Container haben Vorrichtungen für eine einfache und rasche Handhabung (Umsetzung von einem Verkehrsträger zum anderen) und sind so konstruiert, dass sie leicht be- und entladen werden können.

Im interkontinentalen Seeverkehr werden 20‘-, 40‘und 45‘-Container eingesetzt, die alle im Außenmaß eine ISO-Normbreite von 8‘ = 2,435 m haben, wobei die Höhe variabel ist, z. B. 4‘ = half height, 8‘6“, 9‘6“ = high cube. Die 45‘-Container haben eine Höhe von 9‘6“ (= 2,895 m) und können nur mit Niedrig-Chassis auf Europas Straßen gefahren werden. Sie eignen sich hervorragend für großvolumige Güter (bis 85,7 m³ pro 45‘). 45‘-Container werden nur von einigen Reedereien angeboten und sollten vorab beim Reeder angemeldet werden.

Im Shortsea-Verkehr werden auch 30‘-Container (zum Teil auch 45‘-Container mit einer Innenhöhe von 3 m) eingesetzt. Teilweise haben die Container eine größere Innenbreite (also palettengerechtes Innenmaß), während sich die Normbreite auf 2,35 m beläuft.

Die Containerwände sind aus den Werkstoffen Stahl, Aluminium oder glasfaserverstärktem Kunststoff (plywood) und haben eine Boden- und Wandbelastbarkeit von 2,5 t pro Quadratmeter.

Je nach Einsatz- und Verwendungsart gibt es: Standard-, Open-top-, Flatrack-, Open-side-, Tank-, Isolier-, Kühl- (mit/ohne Kühlaggregat), Bulk-, Conair-(Frucht-)Container bspw. mit Stickstoffbeimischung. Platforms/Flats/Artificial Tweendecks werden nur auf Pier/Pier-Basis eingesetzt. Hapag-Lloyd hat neben Open-tops (mit üblicher Planenabdeckung) auch Hard-tops (mittels Kran abnehmbarem, festem Dach) im Einsatz, die sich durch besondere Witterungsunabhängigkeit auszeichnen und daher auch für hochwertiges Stückgut einsetzbar sind.

4.4.6.2 Containerverlademodi

Im Rahmen des Intermodalen Containerverkehrs werden Container mit Lkw, Bahn und Binnenschiff im Inland von der Beladestelle zum Ladehafen bzw. vom Löschhafen zur Entladestelle befördert. Dieser Transportmodus hat neue Begriffsbestimmungen geprägt:

FCL/Full Container Load (volle Containerladung) wird am Container Yard (CY) im Ladehafen angeliefert bzw. im Löschhafen abgeholt:

- FCL/FCL- (auch CY/CY-)Verkehr ist eine Haus/Haus- (Door/Door-)Verladung. Bei FCL/FCL werden das Beladen und die Ladungssicherung durch den Befrachter und das Entladen des Containers durch den Empfänger besorgt. Der Container verlässt (meistens) den Hafenbereich (CY) zum Beladen oder Entladen.

LCL/Less than Container Load (keine (volle) Containerladung) wird an der Container Freight Station (CFS) (Packing Center) im Ladehafen gestaut und im Löschhafen gestrippt.

- LCL/LCL- (auch CFS/CFS-)Verkehr ist eine Pier/Pier-Verladung (gleich einer konventionellen Verschiffung).

Bei LCL/LCL (CFS/CFS) veranlasst/bezahlt der Verfrachter das Beladen/Stuffen und Entladen/Strippen des Containers in den Lade-/Löschhäfen.

Folgende **Mischformen** gibt es:

- FCL/LCL: Haus/Pier- (auch CY/CFS-)Containerverkehr
- LCL/FCL: Pier/Haus- (auch CFS/CY-)Containerverkehr

Beim **Spediteursammelgutcontainer** handelt es sich um reine FCL/FCL-Verschiffung, da dieser beim Versand/Empfangsspediteur gestufft/gestrippt wird. Wenn auf dem Container Yard die einzelnen Sendungen konsolidiert werden, dann beauftragt und bezahlt der Spediteur das Packing Center (CFS) mit dem Stuffen. Analog verhält es sich beim Strippen am Container Yard.

Die **Seefrachtrate im Containerverkehr** bzw. Commodity Box Rate (eine produktbezogene Lumpsum-Fracht pro Container) gilt nur für die reine Seetransportstrecke, also Verschiffungshafen/Bestimmungshafen (Baseport/Baseport). Man spricht von einer „Multi-Faktor-Rate", da THC/CSC und Vor- und Nachlaufkosten für den Landtransport (Carrier's Haulage/Merchant's Haulage) noch hinzugerechnet werden müssen. Während der Seereise entsteht keine Containermiete.

Beim Import fällt eine tarifliche **Demurrage** (Containermiete) an, wenn Container im Löschhafen verspätet vom Empfänger abgenommen werden, das bedeutet eine Überziehung der tariflichen Freetime (Freizeit) nach Schiffslöschung. Zum Teil sind die Lagerkosten der Hafengesellschaft in den Demurrage-Gebühren des Reeders inkludiert.

Beim Export kann eine tarifliche Demurrage anfallen, wenn ein beladener Container im Ladehafen gelagert und nicht mit dem nächsten erreichbaren Schiff dieses Verfrachters verladen werden soll. Eine oder mehrere Abfahrten sollen überschlagen werden. Grundsätzlich sind Hafenstandzeiten beladener und gebuchter Container bis zum nächsten, erreichbaren Schiff (= tarifliche Freetime) des Verfrachters Demurrage-frei.

Für Spezialequipment (Kühl-, Open-top-, Bulk-Container, etc.) kann die tarifliche Freetime kürzer festgelegt sein. Je nach Containerart werden höhere **Demurrage Charges** berechnet (progressive Containermietgebühren zwecks Beschleunigung des Containerumlaufs).

4.4.6.3 Container-Vor- und/oder -Nachläufe

Von den Reedereien werden Inter-/Multimodale Verkehrsabläufe (Seetransport/Landtransport mit Bahn/Lkw/Binnenschiff) angeboten, um den Kunden echte **Door/Door-Verkehre** anzubieten. Vielfältige, wiederholte Untersuchungen belegen, dass bis zu 75 % der Transportkosten auf der Landseite entstehen. Der reine Seetransport ist nicht der große Kostenverursacher.

Landseitige Container-Vorläufe bzw. -Nachläufe können in Carrier's Haulage oder Merchant's Haulage ausgeführt werden. Das Speditionsgewerbe sieht in den tariflichen Vor- und Nachlaufregeln eine Benachteiligung und Beschneidung des Wettbewerbs. Trotzdem können Speditionsofferten in Europa auch auf Basis Merchant's Haulage dem Versender oder Empfänger Kostenvorteile bieten.

Carrier's Haulage bedeutet, dass der Verfrachter den Vorlauf oder Nachlauf mit Bahn, Lkw, Kombiniertem Verkehr (Bahn/Lkw oder Binnenschiff/Lkw) oder Binnenschiff ausführt, d. h.:

- Im Export: Gestellung des Leercontainers an der Ladestelle und Lastlauf zum Ladehafen (ex nächstgelegenem Reederei-Container-Depot oder aus Import-Carrier's-Haulage).
- Im Import: Zustellung des Vollcontainers zur Entladestelle und Leerrückführung zum Reederei-Container-Depot oder sofortige Gestellung zur nächsten Export-Ladestelle.
- Der Verfrachter versucht hiermit **Deadheadings** (Transport von Leercontainern) zu vermeiden, d. h. ein schnellerer, rationeller Containerumlauf ist kostengünstiger.

Wird ein Container nicht prompt beladen oder entladen, entstehen neben Waggonstandgeldern/Lkw-Wartezeiten (zwei bis vier Stunden können frei sein) noch **Detention Charges** (im USA-Verkehr auch „per diem-charges" genannt) für den Container. Diese progressive Containermiete soll den Containerumlauf beschleunigen.

Container stellen keinen billigen Lagerraum dar. Demurrage- und Detentions-Charges haben den gleichen tarifarischen Hintergrund. Sie unterscheiden sich nur hinsichtlich ihrer Art des Anfalls (Zurechnung zum Seehafenbereich oder Zurechnung zum Vor-/Nachlauf).

Bei **Merchant's Haulage** ist der Verkehrsträgereinsatz wie bei Carrier's Haulage allerdings nicht im Verfrachterauftrag. Hier übernimmt der Befrachter oder der Empfänger den Leer- und Lastlauf des Containers. Er beauftragt mit der Durchführung einen Spediteur oder Frachtführer seiner Wahl.

- Im Export: Abnahme des Leercontainers im Verfrachterdepot, Zustellung zur Ladestelle mit anschließendem Lastlauf zum Ladehafen.
- Im Import: Übernahme des beladenen Containers im Löschhafen, Zustellung zur Entladestelle und anschließend Rückführung des Leercontainers zum Verfrachterdepot.
- Um das Containerequipment wieder zügig in die Verfrachter-Regie zurückzuerhalten, wird je nach Entfernung zum Lade-/Löschhafen eine gestaffelte Freetime zugestanden, die sich nach dem eingesetzten Verkehrsträger richtet. Freetime-Überschreitungen begründen die Berechnung von Detention Charges.

4.4.6.4 Frachtkostenelemente im Containerverkehr

Folgende Frachtkostenelemente sind im Containerverkehr üblich:

Vor- und Nachlaufkosten in Europa, eventuell auch in Übersee:

- Lastlauffrachten bei Carrier's Haulage nach dem Landfrachttarif des jeweiligen Verfrachters
- eventuell Positioning Charge bei Carrier's Haulage, d. h. kilometerunabhängige Pauschalfracht für die Leergestellung zum Inlandsdepot
- Lastlauffrachten bei Merchant's Haulage nach Kosten-/Leistungsrechnung der jeweiligen Frachtführer
- eventuelle Lift-on-/Lift-off-Charge oder Equipment-Hand-over-Charge bei Merchant's Haulage beinhalten die Auf- und Absetzkosten im Seehafen
- eventuelle Pick-up-/Drop-off-Charge bei Merchant's Haulage für die Übernahme/Anlieferung von Leercontainern im Inlandsdepot des Reeders

Hafenumschlagskosten sowohl in Europa als auch Übersee sind:

- LCL Break Bulk Service Charges im Pier/Pier-Verkehr (LCL/LCL, CFS/CFS) (plus Kaigebühren der deutschen Häfen)
- Container Service Charges/Terminal Handling Charges bei FCL/FCL, CY/CY (plus Kaigebühren der deutschen Seehäfen)

Die tarifarischen Benennungen divergieren in den Reedereitarifen.

Transport-Folge Fcl / Fcl (Cy / Cy)	**Transport-abwicklung**	**Transport-kosten**	**Nebenkosten**	**Frankatur: Incoterms®**
Leer-Containergestellung vom ⇨ Seehafen oder Inlandsdepot zur Ladestelle des Lieferanten/ Verkäufers	Leerlauf per Lkw/ Bahn/ Binnenschiff/ Kombiverkehr	eventuell Positioning-Charge für Leercontainergestellung	eventuell Detention-Charge bei M/H-Freetime-Überschreitung	ab Werk
Containerbeladung und Ladungssicherung/Versiegelung an der Ladestelle	durch den Lieferanten/Verkäufer		eventuell Detention-Charge bei Freetime-Überschreitung zuzüglich Storage charges vom Terminalbetreiber	
Containerbeförderung zum Verschiffungshafen	Lastlauf wie im Leerlauf oben aufgezeigt	Frachtkosten für Carrier's- oder Merchant's-Haulage (=C/H oder M/H)	eventuell Detention-Charge bei M/H-Freetime-Überschreitung	
Containeranlieferung am Container-Terminal (= CY) des Verschiffungshafens plus Umschlag auf Seeschiff	Containerannahme und Vorstauung durch Terminalbetrieb im Verfrachterauftrag	Terminal-Handling-Charge (= THC) plus Kaigebühren in deutschen Seehäfen	eventuell Demurrage-Charge bei vom Befrachter veranlasster Verschiffungsverzögerung	Der Verkäufer zahlt die F O B-Kosten und der Käufer zahlt die Verschiffungskosten
Seetransport vom Verschiffungs- zum Bestimmungshafen	per Seeschiff durch den Verfrachter	Seefracht plus eventuell Zuschläge (CAF/BAF/Feeder-/Transshipment-Additional, etc.)		CFR-/CIF-/DES – Bestimmungshafen
Containerlöschung ex Seeschiff	Containerannahme durch Terminalbetrieb, Zwischenlagerung bis Auslieferung	Terminal-Handling-Charge (= THC) plus Kaigebühren bei Import via deutsche Häfen	eventuell Demurrage-Charge bei Freetime-Überschreitung der Containerabnahme	
Containertransport zum Endbestimmungsort/Entladestelle des Empfängers/Käufers	Lastlauf je nach Verkehrsträgereinsatzmöglichkeit in Übersee	Frachtkosten für Carrier's- oder Merchant's-Haulage (=C/H oder M/H)	eventuell Detention-Charge bei M/H-Freetime-Überschreitung	DDU – benannter Bestimmungsort
Containerentladung und Innensäuberung des Containers; Entfernung eventueller Gefahrgutlabel auf den Außenwänden	durch den Empfänger/ Käufer		eventuell Detention-Charge bei Freetime-Überschreitung	
Leer-Containertransport zum Vertrachterdepot im Seehafen oder Inland	Leerlauf je nach Verkehrsträgereinsatzmöglichkeit in Übersee		eventuell Detention-Charge bei M/H-Freetime-Überschreitung	
Eine Detention-Charge wird bei einer Freetime-Überschreitung im Vor- und/oder Nachlauf abgerechnet. Bei Containerstandzeiten (1 Tag oder länger) aufgrund Belade- und/oder Entladeverzögerung durch den Lieferanten und/oder Empfänger fällt die Detention-Charge bei C/H- und M/H- Vor-/Nachläufen sowie eine Chassismiete an. Eine Lift-On/Lift-Off- (Equipment Transfer-) Charge kann bei M/H- Vor-/Nachläufen anfallen.				

Tab. 4.4-3: Transportabwicklung und Transportkosten für Container auf Basis FCL/FCL
Quelle: Lothar Bockholt

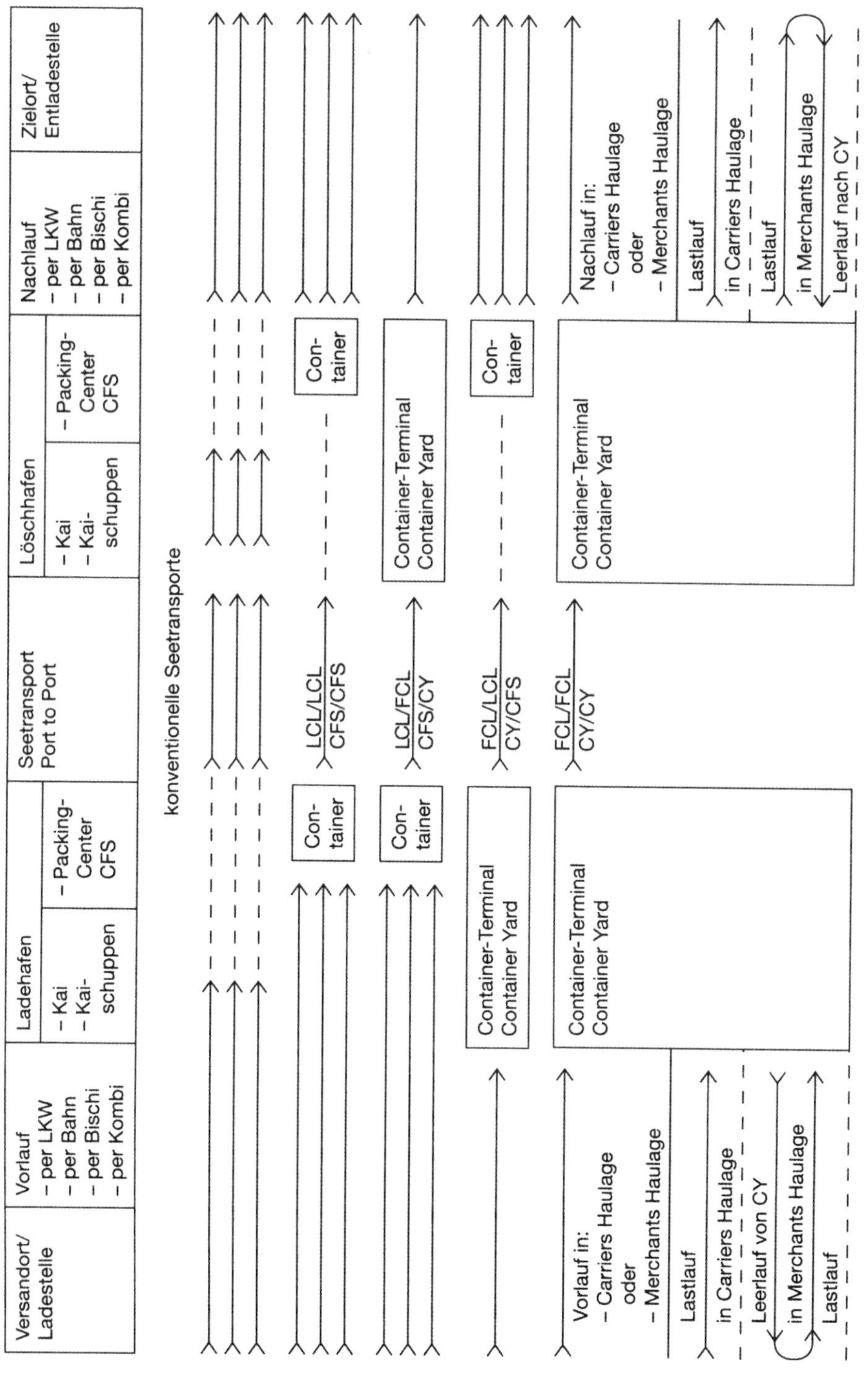

Abb. 4.4-6: Abwicklung konventionelle Seetransporte und Containerverkehre im Vergleich
Quelle: Lothar Bockholt

Seefrachtkosten im Containerverkehr:

- CBR-Seefracht (Commodity Box Rate): Ausweisung einer Seefrachtsumme pro 20'/40'/45'-Container nach Art des Ladegutes. CBR-Raten vereinfachen das Tarifsystem des Containerverkehrs, da man hier keine Minimum-Auslastungen mit entsprechender „Short-Fall"-Berechnung durchführen muss.

> **Hinweis**
> Bei Addition obiger Kostenelemente errechnet sich ein Door/Door-Preis, der sich um eventuelle Seefrachtzuschläge (siehe Kapitel 4.4.5.3) erhöhen kann.

Obige Seefrachtkosten beziehen sich nur auf **Carriers-owned Container** (reedereigene Container). **Shippers-owned Container** (befrachtereigene Container) können eventuell einen pauschalen Frachtabschlag erhalten oder es wird ein pauschaler Zuschlag pro unterschiedliche Containergröße zur Tariffracht addiert. Gelegentlich gibt es eine tarifarische Gleichbehandlung der Carriers-/Shippers-owned Container.

4.4.7 Dokumente und Konnossementsarten in der Seefracht

4.4.7.1 Grundsätzliche Bedeutung des Konnossements

Beim Konnossement (Bill of Lading), dem traditionellen Seefrachtbrief, handelt es sich um ein **Warenwert-/Traditions-/Dispositionspapier** (§ 650 HGB), das die Ware repräsentiert. Das Konnossement gleicht einem Wechsel. Man kann es weitergeben, d. h. verkaufen, kaufen und verpfänden, d. h. Eigentumsübergang während der Seereise. Es ist Beweisunterlage für den Frachtvertrag und dessen Inhalt, aber keinesfalls eine Vertragsurkunde (siehe Stückgutfrachtvertrag). Der Verfrachter, sein Bevollmächtigter (Linienagent) bzw. der Kapitän erkennen die Empfangnahme des Gutes (spezifiziert nach Menge, Art und Zustand) an (anerkennen = lateinisch cognoscere), versprechen einen **Beförderungserfolg** und bestätigen den **Auslieferungsanspruch** im Bestimmungshafen an den sich legitimierenden Empfänger.

Das HGB schreibt in § 643 nicht fest, wie das Konnossement abgefasst werden muss. Es umschreibt den wesentlichen Inhalt in zwölf Ziffern als Sollvorschriften – nicht als Mussvorschriften – wie folgt:

1. Name des Verfrachters
2. Name des Kapitäns (kaum noch verwendet)
3. Name und Nationalität des Schiffes (Nationalität kaum noch genannt)
4. Name des Abladers
5. Name des Empfängers/zusätzlich Notadresse (notify address)
6. Abladehafen (heute eventuell unterteilt nach Lade- und Verschiffungshafen)
7. Löschhafen oder der Ort, an dem Weisung über ihn einzuholen ist
8. Art der an Bord genommenen Güter, deren Maß, Zahl oder Gewicht (nur eine Angabe als Quittungsfunktion erforderlich), ihre Merkzeichen und ihre äußerlich erkennbare Verfassung und Beschaffenheit
9. Bestimmungen über die Fracht, den Seefrachtbetrag, die Frankatur (prepaid/collect)
10. Ort und Tag der Ausstellung
11. Zahl der ausgestellten Ausfertigungen (Originalkonnossement)
12. Originalunterschrift des Zeichners

Das Fehlen einzelner Angaben beeinträchtigt nicht die Gültigkeit dieser Beweisurkunde.

Die Konnossementsbedingungen sind auf Seite 1 des Konnossements (fälschlich als Rückseite des B/L bezeichnet) abgedruckt, demzufolge befinden sich obige Angaben des Konnossementsinhalts auf der Seite zwei (fälschlich als Vorderseite bezeichnet).

Der Ablader teilt vor Beginn des Einladens dem Verfrachter mit, welche Angaben hinsichtlich Maß, Gewicht, Anzahl, Art der Güter und Merkzeichen in das Konnossement aufgenommen werden sollen. Um die Quittungsfunktion zu erfüllen, muss mindestens eine genau bezeichnete Mengenangabe (Maß, Gewicht, Anzahl der Kolli) aufgeführt werden. Werden, wie in der Praxis üblich, zwei Mengenangaben in das Konnossement übernommen, so kann der Verfrachter einer dieser Angaben eine einfache (unbegründete) **Unbekanntklausel** hinzufügen, z. B. „Gewicht unbekannt/said to weight". Nach deutschem Recht kann der Verfrachter nur begründete Zusätze (§ 646 HGB Unbekanntklausel) hinzufügen, z. B. „Merkzeichen unleserlich", „Gewicht unbekannt, da nicht gewogen", „Gewicht nicht kontrolliert, da aus Leichter übernommen". Diese vorstehend dargestellten Unbekanntklauseln machen das Konnossement für eine Akkreditivabwicklung nicht unrein.

Hinsichtlich der Art der Güter ist der Verfrachter nicht an die Angaben des Abladers gebunden. Er kann stets verlangen, dass die tarifmäßige Bezeichnung in das Konnossement aufgenommen wird, da sich hiernach die Frachtberechnung richtet. Meistens erhalten Inhaltsangaben (Warenbenennungen) den Zusatz „shipper's load, stowed and count", da die Skriptur-Haftung nach § 656 HGB durch diese Unbekanntklausel aufgehoben wird und in eine Rezeptur-Haftung umgewandelt wird (siehe Kapitel 4.4.8.2).

Als **reines Konnossement** wird ein Konnossement bezeichnet, das keinen Vermerk über Schäden an dem abgeladenen Gut bzw. der Verpackung enthält. Ein solcher Vermerk ist rechtlich eine Abschreibung. Diese kann wie folgt aussehen: „Kisten beschädigt/cases damaged" – „Säcke zerrissen/bags torn" – „acht Fässer leck/eight barrels leaking". Diese Vermerke würden ein Konnossement „unrein" und für das Akkreditivgeschäft unbrauchbar machen.

Auch wenn Ladungsmängel bei der Übernahme durch den Verfrachter vorliegen, versuchen Ablader/Befrachter trotzdem, ein reines Konnossement (clean Bill of Lading) gegen Zeichnung eines **Reverses** (Letter of Indemnity) zu erhalten. Mit dieser Revers-Zeichnung verpflichtet sich der Ablader/Befrachter, den Verfrachter gegen etwaige Schadenersatzansprüche späterer Konnossementsinhaber freizustellen (siehe nachstehend beschriebene sittenwidrige Reverse).

Anspruch auf **Ausstellung des Konnossements** hat nach deutschem Recht nur der Ablader, nicht der Befrachter. Die Ausstellung muss unverzüglich nach Übernahme bzw. Abladung der Güter vorgenommen werden. Das Konnossementsdatum muss wahrheitsgemäß sein, daher haftet der Verfrachter für vorsätzliche Falschdatierungen. Die praxisübliche Reverszeichnung für ein „vordatiertes Konnossement" ist ebenfalls sittenwidrig (siehe nachstehend beschriebene sittenwidrige Reverse). Ausstellung bedeutet: der Ablader/sein Spediteur erstellt (= schreibt) das Konnossement, der Verfrachter/sein Vertreter unterzeichnet es. Durch die Übergabe an den Ablader/Spediteur wird es erst zum Transportdokument.

Mit der Unterzeichnung der gleichlautenden Originale eines Konnossements (international gebräuchlich sind drei Originale, kurz 3/3 B/L) quittiert der Verfrachter den Empfang einer benannten Sendung, die er an den benannten Empfänger oder sich legitimierenden Empfänger ausliefern muss. Mit der Unterzeichnung durch den Verfrachter und Übergabe an einen Dritten (= Begebung) wird es zum handelbaren Transportdokument. Es reist nicht mit dem Schiff.

Grundsätzlich sollte ein Satz Originalkonnossemente nie in einer Postsendung versandt werden. Vielmehr sollten 2/3 Originale mit der ersten Post und 1/3 Original mit der zweiten Post per Einschreiben oder Kurier verschickt werden. Geraten trotzdem alle Ausfertigungen eines Originalkonnossements in Verlust, dann muss ein neuer Satz „Originalkonnossemente" ausgestellt werden. Der verlustige Satz Originalkonnossemente kann durch ein amtsgerichtliches Aufgebotsverfahren für ungültig erklärt werden, was mindestens sechs Monate dauert.

Hinweis
In der Praxis wird folgende Lösung praktiziert: Nach Zeichnung eines Reverses mit Bankgarantie kann ein neuer Satz „Originalkonnossemente" eventuell mit dem Zusatz „Zweitausfertigung" ausgegeben werden.

Eine nachträgliche Verfügung für eine sich unterwegs befindliche oder bereits im Bestimmungshafen angekommene Sendung darf der Verfrachter nur befolgen, wenn der Konnossementsinhaber sämtliche Ausfertigungen des Originalkonnossements zurückgibt.

Für die Auslieferung des Gutes im benannten Bestimmungshafen – dieser Anspruch ist einklagbar – benötigt man nur ein (1/3) Originalkonnossement. Die restlichen (meistens 2/3) Originale werden aufgrund der **kassatorischen Klausel** (Kassation = für ungültig erklären, vernichten, entwerten) nach der Vorlage (= Legitimierung) des Originalkonnossements ungültig.

Bei **Orderkonnossement** hat der Verfrachter bzw. der Linienagent nur die Richtigkeit des ersten Indossaments und die Lückenlosigkeit der Indossamentskette sowie die Identität des Einreichers/letzten Indossanten zu überprüfen.

Treten zu unterschiedlichen Zeiten verschiedene, berechtigte Inhaber mit einem (1/3) Originalorderkonnossement auf, die Ansprüche auf die Auslieferung des Gutes erheben, dann gehen die Rechte desjenigen vor, der sich zuerst mit 1/3 Original legitimiert hat. Dieser Fall kann vorkommen, wenn die (3/3) Originalkonnossementsausfertigungen vom gemeinsamen Vormann durch Indossament an unterschiedliche Personen übertragen und diesen einzeln übergeben wurden. Beanspruchen mehrere legitimierte Inhaber eines Orderkonnossements eine Gutauslieferung, bevor einem von ihnen das Gut übergeben wurde, dann ist der Verfrachter verpflichtet, alle, die einen Anspruch erheben, zurückzuweisen und das Gut in einem öffentlichen Lagerhaus zu hinterlegen. Die verschiedenen Inhaber eines Originalorderkonnossements sind hiervon in Kenntnis zur setzen. Der Verfrachter ist berechtigt, aber nicht verpflichtet, über diesen Vorgang, das Verfahren und die Gründe hierzu eine öffentliche Urkunde zu erstellen, deren Kosten zu Lasten der Ware gehen.

Vorstehende Ausführungen verdeutlichen die Wichtigkeit, immer in den Besitz aller (3/3) Originalkonnossemente zu gelangen, wenn man eine durch Konnossement repräsentierte Ware kauft oder zum Pfand erhält. Dieser letzte Satz bezieht sich auch auf das **Namens-/Rekta-Konnossement**, auch wenn hier durch Zession nur der Auslieferungsanspruch übertragen wird.

Verfügt der Empfänger nach Löschung des Gutes noch nicht über 1/3 Originalkonnossement, so besitzt er keinen Auslieferungsanspruch. Mit Verfrachterzustimmung kann er einen Revers (letter of indemnity) zeichnen, um das Gut ausgeliefert zu bekommen. Der Verfrachter sollte vor Akzept eines Reverses mit Bankgarantie den Befrachter erklären lassen, dass der Garantiegeber auch der berechtigte Empfänger ist. Es besteht kein Rechtsanspruch auf Akzept eines Reverses/einer Bankgarantie durch den Verfrachter.

4.4.7.2 Garantieverträge im Seefrachtgeschäft

Ein **Revers** ist ein Garantievertrag. Der Reverszeichner verpflichtet sich in Schriftform, den Verfrachter von irgendwelchen Ersatzansprüchen Dritter frei zu halten. Reverse werden gezeichnet vom Ablader wegen „Ausstellung eines reinen Konnossements" und „Erstellung eines Zweitsatzes von Originalkonnossementen bei Verlust des ersten Originalsatzes". Ein Empfänger zeichnet Reverse für eine „Gutauslieferung ohne Vorlage eines (1/3) Originalkonnossements".

Um dem Verfrachter eine Realisierung seiner Forderung gegenüber dem Reverszeichner zu erleichtern, sind solche Garantieverträge meistens mit Bankgarantien gekoppelt, deren Besorgung und Kosten dem Reverszeichner obliegen. Diese Bankgarantien sind meistens über 150 bis 400 % (der Prozentsatz wird vom Verfrachter festgesetzt) des Warenwerts der Sendung auszustellen.

Ein Reversvertrag ist sittenwidrig, wenn Ablader und Verfrachter wussten, dass das Konnossement geeignet ist, einen späteren Konnossementsinhaber über den Zustand des Gutes oder über das Abladedatum zu täuschen. Ob diese Sittenwidrigkeit eines solchen Reversvertrags auch die Nichtigkeit des Vertrags zur Folge hat, ist umstritten. Der Verfrachter hat zumindest einen teilweisen Ausgleichsanspruch (Quotelung, d. h. 50 : 50 Beteiligung nach OLG-Urteil, Hamburg) gegenüber dem Reverszeichner aus dem Gesichtspunkt der gemeinschaftlich begangenen unerlaubten Handlung gemäß § 826 BGB (sittenwidrige Schäden).

In der folgenden Tabelle werden die wichtigsten Arten von Konnossementen differenziert nach Transportdurchführung/Empfangsbekenntnis/Empfängerbenennung auf der Basis „Traditionelles Konnossement" zusammenfassend aufgelistet. Die Übersicht soll dem besseren Verständnis der folgenden Beschreibung der Konnossementsarten dienen.

Darstellung nach Transportdurchführung/Empfangsbekenntnis/Empfängerbenennung **Traditionelles Konnossement/Bill of Lading** (Verlademodus Hafen – Hafen) ⇩		
Durch-/Durchfrachtkonnossement **Through Bill of Lading** Verlademodus **Schiff – Schiff, etc.** **Bord-Konnossement** **Shipped on Board – B/L** (Empfangsbekenntnis)	⇦·········⟷·········⇨ ⇩ ⇦·········⟷·········⇨ ⇩ ⇦·········⟷·········⇨ ⇩ ⇩	**Combined/Multimodales Konnossement** **Combined/Multimodal Bill of Lading** Verlademodi **Land – Schiff – Land** oder auch **Sea – Air oder Port/Port** **Übernahme-Konnossement** **Received for Shipment – B/L** (Empfangsbekenntnis)
⇦······································	⟷	······································⇨
⇩	⇩	⇩
Inhaber - Konnossement keine Empfängerbenennung und keine Order-Klausel	**Rekta-/Namenskonnossement** **Straight Bill of Lading** Empfängerbenennung	**Order-Konnossement** **Order Bill of Lading** aktive/passive Order-Klausel
⇨ Jedes Konnossement kann „rein/clean" oder „unrein" sein. ⇨ Jede dieser Konnossementsarten kann ein Multiple Bill of Lading sein. ⇨ Jede dieser Konnossementsarten kann ein Spediteur-Sammelkonnossement sein.		

Tab. 4.4-4: Arten von Konnossementen **Quelle: Lothar Bockholt**

4.4.7.3 Bord-/Übernahmekonnossement

Nach den Arten des Empfangsbekenntnisses (der Quittung) unterscheidet man Bord- und Übernahmekonnossemente.

Das **Bordkonnossement** bestätigt eine Anbordnahme mit dem Vermerk „shipped on board the above ocean vessel" – kurz: „shipped on board" oder „actually on board". Es darf erst nach vollständiger Abladung der betreffenden Partie ausgestellt werden. Im Akkreditiv werden fast ausschließlich Bordkonnossemente gefordert.

Wird dagegen nur eine An-Bord-Bescheinigung verlangt, so stellt der Ladungsoffizier nach erfolgter Verladung an Bord ein Mate's Receipt aus, das zum Empfang von Bordkonnossementen berechtigt. Das **Mate's Receipt** ist nicht unbedingt eine Voraussetzung für den Erhalt von Bordkonnossementen.

Das **Übernahmekonnossement** bescheinigt lediglich, dass das Gut zur Beförderung (received for shipment) angenommen wurde (am Kaischuppen/Terminal oder als Carrier's-Haulage-Container), aber noch nicht an Bord verladen wurde. Ein Übernahmekonnossement steht dem Bordkonnossement gleich, wenn später in ihm vermerkt wird, wann die Güter an Bord genommen worden sind. Durch den Stempelaufdruck und Datumsnennung „shipped on board" bzw. „actually on board" bzw. „since shipped" sowie die Unterschrift, erfolgt die Umwandlung in ein Bordkonnossement. Im Containerverkehr sind die Konnossementsbedingungen automatisch auf „received for shipment" abgestellt. Im Unterschied zum Bordkonnossement enthält es gewöhnlich eine Substitutionsklausel, die es erlaubt, das Gut auf ein anderes als das im Übernahmekonnossement vorgesehene Schiff zu verladen.

4.4.7.4 Order-, Namens-, Inhaberkonnossement

Das HGB unterscheidet in § 647 Order- und Rekta-(Namens-)konnossemente.

Das **Orderkonnossement** herrscht in der Praxis vor und wird erst durch die Orderklausel zum Orderpapier. Auf Verlangen des Abladers ist das Konnossement, wenn nicht das Gegenteil vereinbart ist, an die Order des Empfängers oder lediglich an Order zu stellen. Im letzteren Fall ist unter der Order die Order des Abladers zu verstehen. Hierzu ist eine positive Orderklausel, z. B. „an Order", „to order or assigns", „order of" erforderlich. Nach einigen ausländischen Rechten ist ein Konnossement stets ein Orderpapier, wenn es keine negative Orderklausel (z. B. „non-negotiable") enthält. Auf das Orderkonnossement kommt eine Reihe wechselrechtlicher Bestimmungen zur Anwendung, die es mit wertpapierrechtlichen Wirkungen ausstatten.

Seine Übertragung erfolgt regelmäßig durch das **Indossament**, z. B. „für mich an X" oder einfach „an X". Das Indossament muss auf das Konnossement (Seite 1 = Konnossementsbedingungen/wird meist als Rückseite des Dokuments verstanden, da hier in Kleinschrift die Bedingungen abgedruckt werden) gesetzt und vom Indossanten oder dessen Vertreter eigenhändig, rechtsgültig unterschrieben werden. Bei den obigen Indossamenten handelt es sich um **Vollindossamente**, d. h. der nächste Bezogene (= Indossatar) ist namentlich genannt.

Erster Indossant ist der im Konnossement benannte Empfänger oder bei einem nur an „Order" gestellten Konnossement der Ablader. Ist im Indossament der Name des Indossatars („X") nicht genannt, so handelt es sich um ein **Blankoindossament**. Ist der Indossant eine GmbH, so muss als GmbH indossiert werden. Das lediglich mit seinem Namen gezeichnete Indossament des Geschäftsführers genügt nicht. Generell sollen alle Originalausfertigungen eines Orderkonnossementes indossiert werden. Doch reicht auch ein Indossament auf nur einer Ausfertigung des Konnossements, das dann bei der Auslieferung vorgelegt werden muss.

Das Indossament hat Legitimationswirkung, d. h. eine ununterbrochene Reihe von Indossamenten bewirkt

- zugunsten des Inhabers: seine Besitzberechtigung wird vermutet;
- zugunsten des Erwerbers: Sein guter Glaube an die Berechtigung des Veräußerers heilt nach heute herrschender Meinung alle Mängel des Erwerbsakts (z. B. Veräußerer hat das B/L gestohlen);
- zugunsten des Schuldners/Verfrachters: Er darf das Gut an den formell legitimierten Inhaber herausgeben (mit Einschränkung des § 615 HGB bei Havarie).

Dem Indossament kommt Transportwirkung zu, es bewirkt die Übertragung aller Rechte, die sich aus dem Konnossement ergeben.

Beim Orderkonnossement gibt die Notify-Adresse dem Linienagenten im Bestimmungshafen die Möglichkeit, dieser Meldeadresse eine Ankunftsanzeige zu geben.

Das **Namens-(Rekta-)konnossement** (straight Bill of Lading) enthält einen Empfängernamen ohne Orderklausel. Die Ansprüche werden nicht durch Indossament, sondern nach bürgerlichem Recht (§§ 398 ff. BGB, Forderungsabtretung) durch Einigung, Zession/Abtretung und Übergabe des Papiers abgetreten. Die Abtretung hat in der Form einer Zession wie beim Namenslagerschein zu erfolgen.

Befindet sich auf einem Namenskonnossement trotzdem ein Indossament, so kann dies als ein Indiz für eine Abtretung nach bürgerlichem Recht angesehen werden, der aber keine spezifische wertpapierrechtliche Wirkung wie bei einem Indossament zukommt.

Ein **Inhaberkonnossement** enthält weder eine Orderklausel noch einen Empfängernamen. Es wird durch Einigung über den Eigentumsübergang der Urkunde und durch Übergabe derselben übertragen. Der jeweilige Konnossementsinhaber legitimiert sich für die Gutauslieferung. Aus diesen Gründen wird es kaum ausgefertigt.

4.4.7.5 Arten und Funktionen des Bill of Lading

Teilkonnossement/Part-Bill of Lading: Soll eine verschiffte Gesamtladung im im B/L benannten Bestimmungshafen in diverse Einzelladungen mit verschiedenen Empfängern aufgeteilt werden, so kann der dortige Linienagent gegen Rückgabe von 1/3 Original-B/L für die Gesamtladung, die vom Empfänger/Käufer, etc. ausgestellten Teilkonnossemente unterzeichnen und an diesen zurückgeben. Dieser übergibt jedes Teil-B/L an den jeweiligen Teilpartie-Empfänger. Dieser ist somit zur Gutabnahme legitimiert. Jedes Teil-B/L ist ein vollwertiges Konnossement und stimmt bis auf die Warenmenge sowie Gewicht mit dem ersten Originalkonnossement inhaltlich überein.

Multiple Bill of Lading: Im Rahmen des FCL/FCL-(CY/CY-) und FCL/LCL-(CY/ CFS-) und LCL/ FCL-(CFS/CY-)Containerverkehrs wurde dieses B/L eingeführt.

- Ein Verkäufer hat zeitgleich mehrere Lieferungen aufgrund unterschiedlicher Kaufverträge für einen Käufer versandbereit, die in einen bzw. mehrere FCL/FCL-Container verladen werden können (pro Kaufvertrag/Lieferung ein B/L-Satz).
- Ein Verkäufer hat zeitgleich mehrere Lieferungen für verschiedene Käufer über einen Bestimmungshafen versandbereit, die in einen bzw. mehrere FCL/LCL-Container verladen werden können (pro Kaufvertrag/Lieferung ein B/L-Satz).
- Mehrere Verkäufer haben zeitgleich mehrere Lieferungen aufgrund verschiedener Kaufverträge für einen Käufer versandbereit. Diese werden in einen oder mehrere LCL/FCL-Container verladen. Der Käufer gibt diese Vorgabe an jeden Verkäufer. Pro Kaufvertrag/Lieferung erhält jeder Verkäufer einen B/L-Satz.

Eine nachträgliche Verfügung kann nur bei gleichzeitiger/gemeinsamer Vorlage aller Originalkonnossementssätze ausgeübt werden. Nach deutschem Seehandelsrecht durfte dieses Durchfrachtkonnossement (englisch Through-B/L) nur bei einem reinen Seetransport innerhalb einer Transportkette mit Umladung von Schiff zu Schiff, etc. ausgestellt werden. Bei Vor-/Nachläufen per Bahn, Binnenschiff, Flugzeug, Lkw auf Frachtbrief konnte ein Durchkonnossement nicht ausgefertigt werden. Nur bei Ausfertigung eines Ladescheins (gemäß BinSchG) für die Binnenschifffahrtsteilstrecke war eine Abwicklung auf Durchkonnossement möglich. Da seit der Transportrechtsreform (TRG 25.6.1998) jedem Frachtführer die Ausstellung/Zeichnung eines

Ladescheins (§ 444 – 448 HGB) zugestanden wird, ist eine Begrenzung nur auf die Binnenschifffahrt theoretisch aufgehoben worden. In ausländischen Rechtsordnungen bestand diese strenge Unterscheidung wie im deutschen Recht nicht.

Ladehafen	Seetransport	Umladehafen	Seetransport	Umladehafen	Seetransport	Löschhafen

< Lokalkonnossement >   < Lokalkonnossement >

< Echtes Durchfracht-(Durch-)Konnossement des Hauptverfrachter >

➩ Ähnelt dem CTO-/MTO- Bill of Lading ohne „Mode of Transport" - Wechsel.

< 1. Verfrachter >< 2. Verfrachter >< 3. Verfrachter >

(Unechtes Durchfracht-(Durch-)Konnossement)

➩ Der Aussteller eines „unechten Durchkonnossementes" haftet für die weiteren Verfrachter und für deren Transportstrecke wie ein Spediteur nur im Rahmen eines Geschäftsbesorgungsvertrages!

Tab. 4.4-5: Echtes und unechtes Durchfrachtkonnossement **Quelle: Eigene Darstellung**

Bei der Transportabwicklung von FCL-/FCL-(CY-/CY-)Containerladungen per Seeschiff und Bahn, Binnenschiff, Flugzeug, Lkw wird ein **Combined-/Multimodal-Transport Bill of Lading** ausgegeben.

Die Bolero User Association Ltd. (BUA) in London entwickelt seit 1994 das sogenannte **„Bolero-Bill of Lading"**. Hierbei werden die Warendaten gemäß Kaufvertrag und die Sendungsdaten sowie alle Transportdokumente von den berechtigten Nutzern (Verkäufer, Käufer, Banken, Reedereien, Spediteure, Versicherer etc.) in einen virtuellen Briefkasten eingestellt und digital übermittelt. Die Beteiligten zahlen für ihre Zugangsberechtigung und die digitale Übermittlung. Die digitale Unterschrift auf dem Bolero-B/L dokumentiert keine Warenwert-/Traditionspapiereigenschaft (= Eigentumsübergang). Langfristig wird diese zum Einsatz kommen. Nachstehend ersehen Sie die Unterschiede zwischen traditionellem Konnossement und elektronischem Konnossement:

Traditionelles Konnossement	Elektronisches Konnossement
➩ Nachweis einer Lieferung durch den Verkäufer	
➩ Nachweis über den Abschluss eines Beförderungsvertrages (Seefrachtvertrag)	
➩ Nachweis einer Verschiffung	
➩ Versprechen auf Auslieferung am Bestimmungsort an den benannten Empfänger (Käufer)	
➩ Eigentumsübergang während der Seereise an den benannten Empfänger/Käufer	
➩ Während der Seereise kann die Ware mit diesem Warenwert- und Traditionspapier jederzeit weiterverkauft, etc. werden (erneuter Eigentumsübergang!).	➩ Sollte während der Seereise die Ware weiterverkauft, etc. werden, so geht das Eigentum an der Ware an den nachfolgenden Käufer erst bei der Warenübernahme im Bestimmungshafen über. ➩ Es handelt sich nicht um ein klassisches Warenwert- und Traditionspapier.

Tab. 4.4-6: Gegenüberstellung traditionelles/elektronisches Konnossement **Quelle: Lothar Bockholt**

Die Erstellung eines B/L erfolgt heute bereits überwiegend per Datenverarbeitung. Teilweise werden schon heute die B/L-Daten elektronisch auf Basis bilateraler Vereinbarungen oder lokaler Standards zwischen den Beteiligten übertragen. Die EDIFACT-Norm (Electronic Data Interchange for Administration, Commerce and Transport) ist ein international anerkannter Standard, der bereits breite Anwendung findet (siehe LORENZ 2, Kapitel 7).

4.4.7.6 Elektronischer Seefrachtbrief

Sea Waybills (datenfernübertragbare Frachtbriefe) wurden geschaffen, um Verzögerungen, die durch lange Postwege im Vergleich zu den schnellen Transitzeiten der Containerschiffe bei der Auslieferung der Güter entstehen, weitgehend zu vermeiden. Der Verfrachter hat auch hier eine volle Haftung gemäß Beförderungs-/Konnossementsbedingungen. Er haftet aber nicht für die fehlerhafte Eingabe oder Übermittlung von Daten in bzw. durch das Computersystem.

Der Befrachter/Ablader erhält eine nicht handelbare Empfangsbestätigung (receipt non-negotiable) des Verfrachters, die nach Art des Konnossementsformulars gestaltet ist. Gegen Receipt-Rückgabe vor Gutauslieferung kann eine nachträgliche Verfügung ausgesprochen werden oder man kann einen Satz (3/3) Originalkonnossemente erhalten. Die inhaltlichen Frachtbriefdaten werden per EDI der Linienagenten in den Bestimmungshäfen weitergeleitet. Hier wird dem Empfänger eine **Ankunftsnotiz** (arrival notice) ausgestellt und zugesandt. Somit kann das Gut vom Empfänger nach Löschung abgenommen werden. Die Reederei ist jedoch nicht verpflichtet, dem Empfänger eine Arrival Notice zukommen zu lassen.

Sea Waybills bieten vor allem langjährigen Verkäufer/Käufer-Verbindungen (ebenso im Spediteursammelgeschäft) große Abwicklungsvorteile im Dokumentenbereich, obwohl sie nicht Order (non-negotiable) gestellt werden können und somit nicht akkreditivfähig sind.

4.4.7.7 Konnossementsteilscheine

Konnossementsteilscheine sind Urkunden über Teilmengen aus einem Konnossement, über die man gesondert verfügen kann. Sie geben dem Abnehmer eine eigene Empfangslegitimation und werden gewöhnlich auf Empfängerantrag vom Linienagenten gegen Rückgabe eines (1/3) Originalkonnossements aufgestellt. Sie enthalten eine an das Schiff oder die Kaiverwaltung gerichtete Auslieferungsanweisung über die benannte Teilmenge. Die Teilscheine werden gelegentlich auch vom Inhaber des Originalkonnossements ausgestellt und nach dessen Rückgabe vom Linienagenten mit einer Einverständniserklärung versehen.

4.4.7.8 Sonstige Seefrachtpapiere

Der **Schiffszettel** ist der Antrag des Befrachters/Abladers – er wird vom Spediteur ausgestellt – an die Kaiverwaltung zur Übernahme des Transportgutes. Er wird auch Verladeschein, Übernahmeschein oder Shipping Order genannt. Der Kai-Empfangsschein (auch Kai-Receipt, Dock-Receipt) ist Teil des Schiffszettels und Empfangsbestätigung der Kaiverwaltung. Er ist somit Quittung, Beweisurkunde und Legitimationspapier für den Ablader, der daraufhin ein Übernahmekonnossement vom Linienagenten ausgehändigt bekommt. Wichtig: Der Kaiempfangsschein bestätigt nicht die Anbordnahme der Güter.

Vorlauf per Bahn/Lkw/ Leichter/KOMBI-Verkehr	Ladehafen	Seetransport Port/Port	Löschhafen	Nachlauf per Bahn/Lkw/ Leichter/KOMBI-Verkehr
Konventionelle Anlieferung von x Einzelsendungen durch unterschiedliche Befrachter	Stuffen des Containers am Packing Center/ Container Freight Station (CFS)	im LCL/LCL (CFS/CFS-) Container mit Carrier Stuffen/Strippen	Strippen des Containers am Packing Center/ Container Freight Station (CFS)	Konventionelle Abholung von x Einzelsendungen durch unterschiedliche Empfänger
1 Befrachter <-------FCL/LCL - (CY/CFS-) Verschiffung ------> an verschiedene Empfänger Verschiedene Befrachter ---><------LCL / FCL- (CFS/CY-)Verschiffung ----------> 1 Empfänger				
-->Vor- und/oder Nachläufe in Carrier's und/oder Merchant's Haulage sind selbstverständlich auf den jeweiligen FCL-(CY-)Seiten auch hier möglich				

Tab. 4.4-7: Einsatz des Multiple Bill of Lading bei Transportmischformen LCL/FCL und FCL/LCL
Quelle: Lothar Bockholt

<table>
<tr><td>Beladestelle des Container

Place of Receipt</td><td>Vorlauf per Bahn / Lkw / Leichter / KOMBI-V.
Precarriage Rail / Truck / Barge</td><td>Ladehafen Container-Terminal

Port of Loading Container Yard (CY)</td><td>Seetransport durch Verfrachter

Sea-Carriage by Carrier</td><td>Löschhafen Container-Terminal

Port of Discharge Container Yard (CY)</td><td>Nachlauf per Bahn / Lkw / Leichter / KOMBI-V.
Oncarriage Rail / Truck / Barge</td><td>Entadestelle des Container

Place of Delivery</td></tr>
<tr><td>Container-Stauung (Stuffen)</td><td colspan="5"><-----------------------------Haus / Haus - Containerverschiffung ----------------------------->
(FCL/FCL (CY/CY-) Container-Shipment)
auf
<---------------------- Combined Transport Bill of Lading ---------------------------></td><td>Container-Entladung (Strippen)</td></tr>
<tr><td>durch Befrachter (Shipper)</td><td colspan="5"><--Place of Receipt-----------------------------to-----------------------------Place of delivery-->
bei Carrier's Haulage bei Carrier's Haulage
<--- Port of Loading / Port of discharge --->
bei Merchant's Haulage bei Merchant's Haulage
<Place of Receipt ----------------------------------to Port of discharge>
bei Carrier's Haulage bei Merchant's Haulage
<------- Port of Loading to --------------------------------Place of Delivery --->
bei Merchant's Haulage bei Carrier's Haulage</td><td>durch Empfänger (Consignee)</td></tr>
<tr><td>-“-</td><td colspan="2"><Frachtführerfrachtbrief >
--> Carrier's Haulage im Verfrachterauftrag oder
--> Merchant's Haulage im Auftrag des Befrachters</td><td colspan="2"><Verfrachterkonnossement>
--> Combined Transport Bill of Lading mit unterschiedlichen Empfangs- und Auslieferungsplätzen, wie oben dargestellt</td><td><Frachtführerfrachtbrief >
--> Carrier's Haulage im Verfrachterauftrag oder
--> Merchant's Haulage im Auftrag des Empfängers</td><td>-“-</td></tr>
<tr><td colspan="7">-->Vor- und / oder Nachläufe in Carrier's und / oder Merchant's Haulage sind selbstverständlich auf den jeweiligen FCL- (CY-)Seiten auch hier möglich</td></tr>
<tr><td colspan="7">--> Auch für reine Hafen- / Hafen-Verschiffungen (Port- / Port-Shipment) wird dieses Combined Transport-B/L eingesetzt</td></tr>
</table>

Tab. 4.4-8: Combined-/Multimodal-Transport Bill of Lading bei FCL/FCL-Transporten

Quelle: Lothar Bockholt

Das **Manifest** gibt als Ladungsverzeichnis über alle an Bord befindlichen Güter Auskunft. Zusammen mit den Kopiekonnossementen wird es für die zolltechnische Ein- und Ausklarierung des Seeschiffes benutzt. Das Frachtmanifest bildet gegenüber dem Verfrachter die Abrechnungsgrundlage der Seefrachten mit den jeweiligen Linienagenten. Der **Stauplan** zeigt an, in welchem Schiffsteil (Laderaum, Deck (Back-, Steuerbord, mittschiffs) bzw. Containerbay) ein bestimmtes Gut/ein Container gestaut wurde. Gefahrgüter werden in einem separaten Gefahrgutstauplan zusammengefasst.

Die Transportabwicklung von FCL-/FCL (CY-/CY) Containerverladungen per Seeschiff (vgl. auch Kapitel 4.4.7.5) ist zum besseren Verständnis in der Tabelle 4.4-8 dargestellt.

Die Transportabwicklung bei Transportmischformen LCL/FCL und FCL/FCL unter Einsatz des Multiple Bill of Lading ergibt sich aus der Tabelle 4.4-7 (siehe auch die Ausführungen in Kapitel 4.4.7.5, Multiple Bill of Lading).

4.4.8 Haftung des Verfrachters

4.4.8.1 Grundsätze der Haftung im Seefrachtverkehr

Der Schiffseigner haftet bei Schiffsunfällen (Ölverschmutzung, Hebung/Beseitigung havarierter Schiffe, Beseitigung/Unschädlichmachung von Ladung etc.). Die Haftung ist summenmäßig beschränkt (§ 486 ff. HGB).

Die Verletzung vertraglich übernommener Pflichten durch Tun/Unterlassen begründet die Haftung des Schädigers/Verfrachters (= vermutetes Verschuldensprinzip, d. h. eine Beweislastumkehr).

Der Verfrachter haftet für Güterschäden (Teil-/Totalverlust und -beschädigung). Güterfolge- und Vermögensschäden sind nicht gedeckt. Der Haftungszeitraum umfasst die Zeit von der Annahme bis zur Ablieferung nach HGB (§ 606, der allerdings dispositiv ist). Durch die Freizeichnungsklausel für „Land- und Leichterschäden" erhält man den zwingenden Haftungszeitraum vom Einladen (Stauen/Behandeln/Befördern) bis zum Ausladen nach den Haager Regeln von 1924. Voraussetzung für eine Haftung nach HGB bzw. Haager Regeln ist die Ausstellung eines Konnossements.

Bei einem Schaden, der auf mangelnde anfängliche Ladungs- und Seetüchtigkeit des Schiffes bzw. mangelnde Ladungsfürsorge (Stauung nach gutem Seemannsbrauch) zurückzuführen ist, haftet der Verfrachter sowohl für eigenes Verschulden als auch das Verschulden seiner Leute. Bei nachgewiesenem Vorsatz und bei kommerziellem Verschulden greift keine Haftungsbeschränkung; der Verfrachter haftet voll, d. h. auch für Vermögensschäden.

Weiterhin engen gesetzliche Haftungsausschlüsse und vertragliche Freizeichnungsklauseln die Haftungsmöglichkeiten des Verfrachters ein.

Ladehafen • ex Kai • ex Kaischuppen • ex längsseits Seeschiff (= Landschäden bis Anschlagen des Krangeschirrs) Packing Center (CFS) • Laden/Stauen(Stuffen)	Seetransporthaftung • Laden/Stauen >----------Befördern--------> • Löschen „Tackle to Tackle - Klausel" • Container laden >---------Befördern--------> • Container löschen	Löschhafen • auf Kai • in Kaischuppen • bis längsseits Seeschiff (= Landschäden ab Lösen des Krangeschirrs) Packing Center (CFS) • Entladen (Strippen)
Haftung von der Annahme bis Abnahme bei LCL/LCL-(CFS/CFS-)Verladung		

Tab. 4.4-9: Haftungszeitraum bei konventioneller und LCL-/LCL-Verladung Quelle: Lothar Bockholt

4.4.8.2 Haftungsbeschränkungen

Der Verfrachter haftet nach § 656, Abs. 2 HGB **(Skriptur-Haftung)** für den im Konnossement beschriebenen Inhalt des Gutes, wenn er nicht den Zusatz „**s**hipper's **l**oad, stowed **a**nd **c**ount" oder kurz „SLAC" ins Konnossement aufnimmt (§ 646 HGB, unbegründete Unbekanntklausel). Durch diesen Zusatz erreicht der Verfrachter eine **Rezeptur-Haftung**, d. h., dass das Gut an Bord keine Wandlung erfährt. So wie es angenommen wurde, so wird es auch ausgeliefert.

Ein Haftungsausschluss gilt für Schäden, die entstehen aus

- Gefahren oder Unfällen der See oder anderer schiffbarer Gewässer,
- kriegerischen Ereignissen, Unruhen oder Verfügung von hoher Hand sowie aus Quarantänebeschränkungen,
- gerichtlicher Beschlagnahme,
- Streik, Aussperrung oder sonstigen Arbeitsbehinderungen,
- Rettung oder dem Versuch der Rettung von Menschen oder Eigentum zur See,
- Schwund an Raumgehalt oder Gewicht oder aus verborgenen Mängeln oder der eigentümlichen natürlichen Art der Beschaffenheit des Gutes (z. B. Leckage bei Fässern).

Für Bereiche, die ein besonderes Risiko für den Verfrachter darstellen, kann er sich freizeichnen. Unter **Freizeichnung** versteht man Vertragsklauseln, mit denen der Verfrachter gesetzliche Regelungen bezüglich Haftung und Beweislast zu seinen Gunsten in den Konnossements-(Geschäfts-)Bedingungen abändert. Freizeichnungsregelungen bestehen für:

- Feuer
- nautisch/technisches Verschulden
- Seetransport lebender Tiere
- Decksladung, wenn dies zwischen Ablader und Verfrachter vereinbart ist; auch die stillschweigende Duldung eines Decksvermerks „shipped on deck" im Konnossement gilt als solche Vereinbarung
- Land- und Leichterschäden vor dem Laden und nach dem Löschen
- die Schiffsbesatzung (frühere Himalaya-Klausel), d. h. ein Ladungsbeteiligter, der im Rahmen der Höchsthaftungssumme entschädigt wurde, kann eine eventuelle Mehrforderung nicht nochmals gegen Besatzungsangehörige vorbringen

4.4.8.3 Schadensabwicklung mit dem Verfrachter

Dem Verfrachter oder seinem Vertreter im Löschhafen sind schriftlich anzuzeigen:

a) **offene Mängel**
   - laut HGB spätestens bei beendeter Auslieferung (aufgrund der Freizeichnung für Land- und Leichterschäden greift die nachstehende Frist nach Haager Regeln),
   - laut Haager Regeln spätestens nach Löschung,

b) **versteckte Mängel** spätestens nach drei Tagen

Verstreichen diese Fristen, so wird vermutet, dass der Verfrachter den Schaden nicht zu vertreten hat. Der Geschädigte hat nachzuweisen, dass der Schaden auf Ursachen zurückzuführen ist, für die der Verfrachter haften muss **(Umkehrung der Beweislast)**.

Auslieferung bedeutet, das Gut geht in die Obhut des Empfängers oder seines Beauftragten (z. B. Spediteur) über. Die Verfrachter können durch Vertragsklauseln (Freizeichnung für Land- und Leichterschäden) bestimmen, dass das Gut ausgeliefert ist, wenn es der Kaiverwaltung übergeben wurde, unabhängig von einer späteren Abnahme durch den Empfänger.

Bei der **Schadensfeststellung** ist die Gegenpartei (Verfrachter oder Empfänger oder eventuell Transportversicherer) hinzuzuziehen. Sie sollte durch einen amtlichen Gütersachverständigen, einen Havariekommissar, erfolgen. Die Kosten der Schadensfeststellung (= Besichtigung) tragen sowohl der Antragsteller als auch der Verfrachter erst einmal selbst. Schlussendlich hat aber die Partei diese Kosten zu zahlen, die auch den Schaden zu tragen hat. Wenn der Verfrachter nachweist, dass eine Schadensursache vorliegt, für die er nicht haftet, so kann er die Schadensforderung abwehren.

Der Schaden ist allgemein zu benennen. Die schriftliche Schadensanzeige unterliegt keiner Formvorschrift. Sie kann unterbleiben, wenn der Schaden im Beisein beider Parteien festgestellt und protokolliert wurde.

Für die Schadensreklamation ist der FOB-Wert gemäß Handelsrechnung maßgebend. Seefrachtsumme, Hafen- und eventuelle Nachlaufkosten, Zölle und Steuern sowie Entsorgungsaufwendungen werden im Rahmen der Höchsthaftungssummen berücksichtigt. Der entgangene Gewinn durch den Mindererlös oder Nichtverkauf des beschädigten Gutes wird nicht ersetzt.

Ansprüche des Ladungsbeteiligten bei Verlust oder Beschädigung erlöschen ein Jahr nach Gutlöschung. Damit geht eine verspätete Abnahme des auslieferbereiten Gutes zu Lasten des Empfängers. Die **Verjährung** wird unterbrochen durch Klageerhebung (365 Tage nach Löschung) bei Gericht oder wenn der Verfrachter vorher schriftlich einer Verjährungshemmung zugestimmt hat.

4.4.8.4 Höchsthaftungssummen der internationalen Übereinkommen

Die **Haager Regeln** von 1924 legten eine Mindest-/Höchsthaftungssumme von £ 100 Goldwert (= 798,8 Gramm 11/12 reinen Goldes) fest. Diese Goldwertbindung endete 1931. Durch eine Übernahme in verschiedene nationale Schifffahrtsgesetze ergaben sich verschiedene Valutabeträge (lawfull money):

- Original Haager Regeln 100 £ jeweils pro Packung oder Einheit
- 1931 Belgien 17.500 bfrs. jeweils pro Packung oder Einheit
- 1936 USA 500 US-$ jeweils pro Packung oder Einheit
- 1937/40 Deutschland 1.250 RM jeweils pro Packung oder Einheit

Wenn vor dem Einladen ein Wert im Konnossement deklariert wird, was einen Frachtzuschlag nach sich zieht, dann haftet der Verfrachter bis zum angegebenen Wert. Eine Haus/Haus-Transportversicherung wird immer kostengünstiger sein.

Aufgrund der inflationären Entwicklung aller Währungen sollten die **Visby-Regeln** von 1968 wieder zu einer einheitlichen Haftungssumme führen. Eine diplomatische Seehandelsrechtskonferenz beschloss eine Höchsthaftung für den Verfrachter von 10.000 Poincaré-Francs (ca. 1.355 €) pro Packung oder Einheit bzw. 30 Poincaré-Francs (ca. 3,90 €) pro Kilo. Der jeweils höhere Haftungsbetrag sollte maßgeblich sein.

Dieses Abkommen trat 1977 (mit den Haftungssummen SZR 666,67 per Packung/Einheit oder SZR 2 pro Brutto-kg) in Kraft. Diese neuen Regeln gelten heute z. B. in: Australien, Belgien, China, Dänemark, Deutschland (seit 25.7.1986), Ecuador, England, Finnland, Frankreich, Italien, Japan, Kanada, Korea, Luxemburg, Neuseeland, Niederlande, Norwegen, Polen, Russland, Schweden, Schweiz, Singapur, Spanien, Sri Lanka, Syrien, Tonga. Obige Länder sind entweder Ratifikationsstaaten (Zeichnung des UN-Übereinkommens) oder Länder wie z. B. Deutschland, die die (Haager-)Visby-Regeln nur in das materielle nationale Seehandelsrecht übernommen haben.

Wenn man die SZR anderer Währungen (GBP, DKK, NOK, JPY etc.) mit den jeweiligen Referenzkursen zum Euro umrechnet, so herrscht in den Ländern, die die (Haager-)Visby-Regeln übernommen haben, summenmäßig Haftungsgleichheit.

Die Haager Regeln wurden bis 1982 von 42 Staaten ratifiziert. Ungefähr 30 Staaten haben die (Haager-)Visby-Regeln verabschiedet, wobei hiervon einige Staaten früher auch die Haager Regeln ratifiziert hatten. Beispielsweise gelten in den USA noch heute die Haager Regeln, wie in vielen anderen Ländern der Welt. Es besteht somit ein Nebeneinander dieser Übereinkommen mit unterschiedlichen Haftungssummen. Weiterhin gibt es noch Staaten, die keines dieser beiden Übereinkommen ratifiziert haben bzw. über keine entsprechenden nationalen Seehandelsgesetze verfügen.

Da 162 Staaten internationale Seeschifffahrt betreiben, kommt es zu Überschneidungen dieser Regelwerke bzw. zu regelungsfreien Räumen. Diese Unterschiede können durch eine **Paramount-Klausel** im Konnossement behoben werden. Diese Klausel unterstellt den Seetransport entweder den

- gesetzlichen Regeln des Verschiffungslandes (präziser Konnossementszeichnungsort),
- danach den gesetzlichen Regeln des Bestimmungslandes
- oder der Originalfassung der Haager Regeln von 1924 bzw. den (Haager-)Visby-Regeln 1968.

Das deutsche Seehandelsrecht (HGB, 4. Buch Seehandel) basierte von 1937/40 bis zum 24.7.1986 auf den Haager Regeln von 1924. Obwohl die Bundesregierung die (Haager-)Visby-Regeln von 1968 nicht ratifizierte, erhielten diese mit dem Zweiten Seerechtsänderungsgesetz ab 25.7.1986 Gültigkeit (HGB, 5. Buch Seehandel).

Hinweis

Nach § 660 HGB haftet der Verfrachter zwingend für Verlust oder Beschädigung der Güter in jedem Fall höchstens bis zu einem Betrag von 666,67 Rechnungseinheiten für das Stück oder die Einheit oder einem Betrag von zwei Rechnungseinheiten für das Kilogramm des Rohgewichts der verlorenen oder beschädigten Güter, je nachdem, welcher Betrag höher ist.

Werden in einem Konnossement bei Container-/Behälter- und Palettenverladung einzelne Kolli-Stückzahlen angegeben, so haben diese Stückzahlen trotz des Zusatzes „said to contain" entsprechende Auswirkung auf die Höhe der Haftung.

Rechnungseinheit ist das **Sonderziehungsrecht (SZR)** des Internationalen Währungsfonds. Die Schwankungsbreite lag bis 1998 bei ca. DM 2,15 bis DM 2,49 pro SZR. Anfang 1999 wurde 1 SZR mit 1,20/1,21 € veröffentlicht. Somit haben die Verfrachter in der Euro-Zone eine einheitliche Haftungssumme. In der DVZ Deutsche Verkehrs-Zeitung wird das Sonderziehungsrecht zum Euro regelmäßig veröffentlicht.

Auf einer internationalen Seehandelsrechtskonferenz in Hamburg verabschiedeten 78 UN-Mitglieder am 31.3.1978 folgende **Änderungen zur Haftung beim Seetransport** (keine Freizeichnungsmöglichkeit mehr, Haftung bei vereinbarter Lieferfrist etc.):

- Haftung für Feuer und nautische Fehler
- Haftung des Verfrachters bei Warenbeschädigung an Land (zwingender Haftungszeitraum von der Annahme bis zur Auslieferung)
- Haftungserweiterung bei Durchfrachtverschiffungen
- Haftung für Schäden bei verspäteter Schiffsankunft/Verzögerungsschäden (Haftung bei vereinbarter Lieferfrist mit dem 2,5fachen der Fracht)

- Haftung bei Decksladung und lebenden Tieren
- Erhöhung der Haftungssummen bei Verlust und Beschädigung auf SZR 835 pro Packung oder Einheit oder SZR 2,50 pro Brutto-kg

Diese Hamburger Regeln setzen keine Konnossementszeichnung voraus. Sie gelten bei jedem Frachtpapier. Verboten ist auch die Revers-Zeichnung bei einer Abschreibung (unreine Konnossemente) und manipulierten Shipped-on-Board-Daten. Diese internationale Übereinkunft wurde von ca. 20 Staaten ratifiziert. Bis jetzt haben diese Regeln kaum internationale Bedeutung, da es sich meistens um Dritte-Welt-Länder handelt. Österreich, Ungarn, Ägypten, Marokko und Chile sind die bedeutendsten Zeichnerstaaten. Dies wird sich ändern, sobald die USA auf Drängen der dortigen Verladerschaft diese Hamburger Regeln in das US-Seehandelsrecht übernehmen.

4.4.8.5 Havarien im Seeverkehr

Man unterscheidet drei Arten von Havarien, die kleine, die besondere, und die Havarie-grosse (große – gemeinschaftliche – Haverei).

> **Definition**
> Unter Havarie werden Schäden verstanden, die das Schiff und/oder die Ladung während einer Seereise treffen, sowie gewöhnliche und ungewöhnliche Kosten der Schifffahrt.

Die **kleine Havarie** hat mit einem Schaden an Schiff und Ladung nichts zu tun. Sie war vor ihrer Aufhebung im § 621 HGB definiert. Hierbei handelt es sich um Frachtzuschläge, also gewöhnliche Kosten der Schifffahrt, wie Lotsengelder, Hafengelder, Leuchtfeuergelder, Schlepplohn, Quarantänegelder, Auseisungskosten, die zu Lasten des Verfrachters gehen. Seit der Neuerung des deutschen Seerechts 2013 findet sich die kleine Havarie nicht mehr im HGB.

Unter **besonderer Havarie** (Particular Average) versteht man alle Schäden, die ein Schiff oder eine Ladung zufällig treffen, z. B. durch allgemeine Gefahren der See (Ladung an Deck wird über Bord gespült, die Maschinenanlage fällt aus oder Leck durch Schiffskollision, Ladung wird durch Wassereinbruch beschädigt).

Jeder für sich, das Schiff oder die Ladung, haben die anfallenden Kosten alleine zu tragen. Der Schiffseigner deckt hierfür eine Seekaskoversicherung ein. Der Ladungseigner sollte eine Transportversicherung eingedeckt haben.

Auf hoher See bilden Schiff und Ladung eine Gefahrengemeinschaft, beide sind den Gefahren der See gleichermaßen ausgesetzt. Wird eine solche gemeinsame Gefahr akut, z. B. durch Schiffskollision, Maschinen- und Ruderschaden (Schiff droht Strandung), Feuer an Bord, Seeschlag, und der Kapitän muss bestimmte Maßnahmen zur Rettung von Schiff und Ladung ergreifen (z. B.: Ladungsteile über Bord werfen, Schlepperhilfe annehmen, einen Nothafen anlaufen), so handelt es sich um eine gemeinsame Gefahr, deren Opfer und Kosten ebenso gemeinschaftlich zu tragen sind. Dies ist in den **York Antwerp Rules (YAR 1950)** geregelt, die nach der Fassung von 1974 die gesetzlichen Vorschriften ersetzen (letztmalige Änderung 1990).

> **Hinweis**
> Bei der Havarie-grosse (General Average) werden also die Opfer und die Aufwendungen vorsätzlich erbracht, um Schiff und Ladung aus gemeinschaftlicher Gefahr zu retten.

Fälle der **großen Havarie** sind:

- wenn Ladung, Schiffsteile oder Gerätschaften über Bord geworfen werden; die Schäden selbst sowie die durch diese Maßnahmen an Schiff und Ladung verursachten Schäden gehören dazu
- wenn eine Leichterung von Ladung oder Schiffszubehör (z. B. Abgabe von Bunkeröl) erfolgt; der Leichterlohn und die Schäden, die hierbei entstehen, gehören dazu
- wenn das Schiff absichtlich aufgrund gesetzt wird, um es vor dem Sinken zu bewahren; die Kosten für das Flottmachen gehören dann ebenfalls dazu
- wenn das Schiff einen Nothafen anlaufen muss; Kosten der Bergungsschlepperhilfe gehören dazu
- wenn das Schiff gegen Feinde oder Seeräuber verteidigt wird oder wenn Schiff und Ladung freigekauft werden müssen
- wenn durch die Beschaffung der zur Deckung der großen Haverei während der Reise erforderlichen Gelder Verluste und Kosten entstehen

Bei der **Schadensberechnung** bleiben die Verluste für Beschädigungen außer Ansatz, wenn es sich

- um auf Deck verladene Güter,
- um Güter, über die kein Konnossement ausgestellt ist und die im Manifest nicht aufgeführt sind,
- um Kostbarkeiten, Kunstgegenstände, Geld, Wertpapiere, die dem Kapitän nicht mehr gehörig gezeichnet worden sind, handelt (§ 708 HGB).

Das HGB regelt in den §§ 709–726 sehr ausführlich die Vergütungsansprüche und Havarie-grosse-Beiträge. **Beitragskapital** haben einzubringen:

- das Schiff (Wert des Schiffes am Reiseende und bei Beginn der Löschung minus eventuell Havarie-grosse-Schäden an Schiff und Schiffszubehör)
- die Ladung (unabhängig, ob am Reiseende noch vorhanden oder beschädigt) laut Spezifikation anhand der Handelsrechnungen
- die Seefrachtgelder (siehe § 721 HGB). Wenn die Konnossementsbedingungen die Klausel „...ship and/or cargo lost or not lost ...“ enthalten, dann entfällt die Seefracht, da sie nicht im Risiko der Reise steht

4.4.8.6 Dispache im Seeverkehr

Nach allen Unfällen, die zur Beschädigung des Schiffes und der Ladung führen, muss der Kapitän unverzüglich im nächsten Hafen bei einem örtlichen Gericht oder bei einem Konsul des Heimatflaggenlandes ein **Beweissicherungsverfahren** beantragen und seine Schuldlosigkeit darlegen und eidesstattlich erklären. Diese Verfahren nennt man **Verklarung**. Die Amtsstelle erklärt die Havarie-grosse (Havarie-See-Protest) und bestellt den unabhängigen Sachverständigen, den **Dispacheur**. Dieser Dispacheur hat die Aufgabe, den Verteilungsplan des Havarie-grosse-Schadens, die Dispache, zu erstellen.

Jeder Beteiligte ist verpflichtet, die zur Aufmachung der Dispache erforderlichen Urkunden, insbesondere die Wertangaben, Versicherungssummen etc., dem Dispacheur bekannt zu geben.

Der Dispacheur verlangt von allen Ladungsbeteiligten einen **Havarie-grosse-Anteil**, der in Form eines gezeichneten **Havarie-grosse-Verpflichtungsscheins (General Average Bond)** erbracht werden kann. Bei beträchtlichen Havarie-grosse-Aufwendungen kann der Dispacheur neben dem Verpflichtungsschein eine provisorische Einschusszahlung (General Average Deposit) verlangen.

Abschließend erstellt der Dispacheur einen Schlussbericht und eine Schlussabrechnung (General Average Statement). Eine solche Havarie-grosse-Abwicklung erstreckt sich oftmals über Jahre.

Zahlenbeispiel nach HGB:

a) **Havarie-grosse-Kosten:**

Schlepperkosten	100.000 €
Nothafenkosten/Entladung und Sortierung der Ladung	20.000 €
Reparatur der beim Ladungswurf beschädigten Reling	10.000 €
Schäden an diversen Ladungspartien	30.000 €
total	**160.000 €**

b) **Beitragskapital:**

Schiffswerte	2.500.000 €
Ladungswert laut Handelsrechnung	3.500.000 €
Seefracht	200.000 €
total	**6.200.000 €**

c) Errechnung der Beitragsquoten, Formel:

$$\frac{\text{Havarie-grosse Schäden x 100}}{\text{Beitragskapital}} = \frac{\text{Beitragsquote in \%}}{\text{Beitragskapital}}$$

$$\frac{160.000\ € \times 100}{6.200.000\ €} = \frac{16.000.000\ €}{6.200.000\ €} = 2{,}581\ \%$$

d) Ermittlungen der Beitragssummen:

	Beitragswerte	Beitragsquote 2,581 %
das Schiff	2.500.000 €	64.516,13 €
die Ladung	3.500.000 €	90.322,58 €
die Seefracht	200.000 €	5.161,29 €
	6.200.000 €	160.000 €

Zur Leistung der Havarie-grosse-Beiträge werden also das Schiff, die Ladung und die Seefracht herangezogen. Die Auftraggeber der Spediteure müssen im Havariefall die auf die Ladung und die Seefracht entfallenden Havarie-Kostenbeiträge leisten. Da Spediteure gegenüber dem Verfrachter oft als Befrachter und Ablader auftreten, werden sie somit Havarie-Beteiligte, indem sie der Dispacheur mit dem Einzug der Havarie-grosse-Verpflichtungsscheine, der Havarie-grosse-Vorschüsse und schließlich der Havarie-Beiträge nach Abschluss des Dispache-Verfahrens beauftragt (siehe auch LORENZ 2).

Hinweis

Es ist ratsam, dass der Spediteur seinem Auftraggeber die Eindeckung einer entsprechenden Seetransportversicherung empfiehlt (HGB §§ 778–893), die auch Havarie-grosse-Schäden einschließt.

4.4.9 Gefährliche Seefrachtgüter

Im Kapitel 8 des LORENZ 2 werden die wichtigsten Zusammenhänge beim Gefahrguttransport dargestellt. Somit sollen in diesem Kapitel nur noch ergänzende Ausführungen vermittelt werden.

Der Gesetzgeber setzte am 5.7.1978 eine **Verordnung über die Beförderung gefährlicher Güter mit Seeschiffen (GGVSee)** in Kraft. Diese Gefahrgutverordnung See ist eingebunden in das Internationale Übereinkommen von 1960 zum Schutz des menschlichen Lebens auf See (Gesetz zum internationalen Schiffssicherheitsvertrag vom 17.6.1960).

Im Januar 2016 wurde die GGVSee angepasst, um den IMDG-Code in der Fassung des 37. Amendments (37-14) und Änderungen weiterer internationaler Codes über die Beförderung gefährlicher Güter mit Seeschiffen zu entsprechen. Diese Anpassung war zudem zum Anlass genommen worden, die GGVSee grundsätzlich zu überarbeiten. Wichtige Neuerungen in der GGVSee:

- Der Aufbau ist nun an den Aufbau der Gefahrgutverordnung Straße, Eisenbahn und Binnenschifffahrt (GGVSEB) angepasst.
- Neu als Verantwortlicher ist der Empfänger; damit kennt die GGVSee jetzt neun Verantwortliche.
- Werden Vorschriften betreffend der Sicherung gemäß Kap. 1.4 IMDG-Code nicht beachtet, ist dies eine Ordnungswidrigkeit.
- Für das Packen oder Beladen von Güterbeförderungseinheiten (Cargo Transport Unit – CTU) sind nicht mehr die CTU-Packrichtlinien, sondern es ist der CTU-Code zu beachten.

Der Versand von Gefahrgut muss in anerkannten oder zugelassenen Verpackungen erfolgen, wobei die Versandstücke mit Labels und Container mit Placards gekennzeichnet werden müssen. Beförderungspapiere und Unfallmerkblätter sind beizufügen. Verstöße gegen diese zwingenden Vorgaben sind vorsätzliche oder fahrlässige Ordnungswidrigkeiten, die bestraft werden. Hierbei wird klar unterschieden zwischen der Verantwortlichkeit des

- Herstellers oder Vertreibers (Verlader/Ablader),
- Ausstellers des Verladescheins/Schiffszettels (Spediteur),
- Verantwortlichen für den Umschlag (Hafenbetrieb/Stauerei),
- Kapitäns (Schiffsführung und Operating-Organisation an Land, z. B: Reedereiagenten/zentrale Stau-Planung),
- Kapitäns (Schiffsführung) während der Seereise,
- Verfrachters (Reederei).

Eine Telefon-Hotline der Hersteller, Vertreiber, Empfänger soll zur Schadensbegrenzung bei Unfällen beitragen.

4.4.9.1 International Maritime Dangerous Goods Code

Die nationalen Vorschriften für Gefahrguttransporte auf Seeschiffen müssen im internationalen Seeverkehr mit den Bestimmungen und Vorschriften anderer Länder abgestimmt werden. Diesem Ziel der Angleichung nationaler Transportvorschriften dient die UN-Liste (List of Dangerous Goods most commenly carried), die gefährliche Güter numerisch mit ihren Eigenschaften erfasst. Diesem Anliegen widmete sich auch die IMO (International Maritime Organization) in Zusammenarbeit mit dem UN-Committee of Experts on the Transport of Dangerous Goods. Erst am 16.7.1982 trat die deutsche Fassung des IMDG-Codes als Anlage zur Gefahrgut-V-See als verbindliches deutsches Recht in Kraft. Der IMDG-Code ist somit für alle am Gefahrguttransport

Beteiligten im Seeverkehr bindend. Deutsche Seeschiffe müssen die GGVSee und den IMDG-Code an Bord mitführen.

Seit 2001 entspricht die Klasseneinteilung des IMDG-Codes in wesentlichen Teilen dem anderer Verkehrsträger (ADR und RID).

4.4.9.2 Praxisempfehlungen für Gefahrgüter

Sammelbezeichnungen, wie z. B. harmlose Chemikalien, harmlose Düngemittel, Farbstoffe, Zusatzmittel, Zwischenprodukte, Kunstharz etc., sollten im Speditionsauftrag des Versenders nicht akzeptiert werden. Diese Begriffe lassen keine Rückschlüsse auf die Eigenschaften oder Reaktionsmöglichkeiten zu. Verwendet der Gefahrgutversender derartige Sammelbegriffe ohne weitere Zusätze, dann werden diese Produkte als völlig harmlos/neutral angesehen und gegebenenfalls auch mit gefährlichen, anderen Ladungsteilen zusammengestaut. Schon Zusatzvermerke wie z. B. „kühl stauen", „nicht mit Lebensmitteln zusammen verladen", „stark riechend", „entfernt von Wärmequelle stauen", etc. auf dem Verladeschein/Schiffszettel lassen die Stauverantwortlichen aufhorchen und entsprechend bei der Stauplanung reagieren. Um derartige Probleme zu vermeiden, sollte immer ein Sicherheitsdatenblatt oder eine Gefahrguterklärung vorliegen.

Bei der **Stauung von Gefahrgut** im Seeverkehr ist zu beachten:

- Der Container muss ohne Beschädigung und trocken sein.
- Alte Gefahrengut-Placards am Container sind zu entfernen.
- Nur unbeschädigte und den Vorschriften entsprechende Packstücke dürfen verladen werden.
- Packstücke sind mit IMDG-Gefahrgutlabel (10 x 10 cm) zu versehen; Container mit Placards an allen vier Seiten. Auf der Containertür muss die Kurzbeschreibung des Gefahrguts, Kolli-Anzahl, Kolli-Art, eventuell Flammpunkt, etc. angebracht werden (z. B. 20 iron-drums inflammable preparation, containing toluene FP 22 Grad Celsius). Außerdem ist die Anbringung der UN-Nr. im IMDG-Code gefordert.
- Es dürfen nur Güter jeweils einer Gefahrgutklasse in einen Container gestaut werden.

Verschiedene Güter einer Gefahrenklasse dürfen nur dann zusammen verladen werden, wenn die geltenden Vorschriften es gestatten und die Güter „verträglich" sind.

- Werden nur einzelne Packstücke gefährlicher Güter zusammen mit anderer – ungefährlicher – Ladung in einen Container geladen, so müssen diese gefährlichen Packstücke unmittelbar hinter der Containertür gestaut werden.
- Soll ein Container mit giftigen, ätzenden, übelriechenden Flüssigkeiten beladen werden, so ist er vorher durch Auslegen mit Plastikfolie oder Streuen von absorbierendem Material so herzurichten, dass Beschädigungen/Verunreinigungen des Containers (hauptsächlich des Bodens) weitgehend unmöglich gemacht werden.

Abschließende Hinweise zum Gefahrguttransport auf Seeschiffen:

- Trotz internationaler Vereinheitlichung gibt es nationale Sondervorschriften, die die Verschiffung von Gefahrgut, obwohl nach IMDG-Code korrekt verpackt, gekennzeichnet, deklariert, mit einem Schiff dieses Staates nicht gestatten. Vereinzelt trifft dies auch auf Hafenvorschriften zu, die eine Verladung in diesem Hafen nicht zulassen oder stark einschränken.
- Durch das Zusammenstauverbot unterschiedlicher Gefahrenklassen (d. h. diese verschiedenen Gefahrenklassen müssen von ungefährlicher Ladung separiert werden) kann es zu einem Nichtakzept von Gefahrgut für ein Schiff führen, obwohl noch Schiffsraum (an Deck oder unter Deck) verfügbar ist. Oder Gefahrgut einer bestimmten IMDG-Klasse wird nicht akzeptiert, da die Höchstlademengen für diesen Schiffstyp schon erreicht wurde.

- Der IMDG-Code schreibt eine „An-Deck-Stauung oder Unter-Deck-Stauung" oder optionale „An-oder-Unter-Deck-Stauung" für Gefahrgut vor.

Neben IMDG-Code, GGVSee müssen im Intermodalen Containerverkehr auch die Gesetze der anderen beteiligten Verkehrsträger beachtet werden:

- Straße GGVSE/ADR
- Eisenbahn GGVSE/RID
- Binnenschiff GGVBinSch/ADN bzw. ADNR
- Kombinierter Verkehr (Bahn/Straße und Binnenschiff/Straße)

4.4.10 Der Spediteur im Seefrachtgeschäft

Der Spediteur ist ein bewährter Partner für Versender oder Empfänger und Reeder/Reedereien. Durch sein enges Verhältnis zur Verladerschaft (Verkäufer/Versender oder Käufer/Empfänger von Handelsgütern/Industrieprodukten) verfügt der Spediteur über umfassende Detailkenntnisse, die ihm einen festen Platz in der Transportkette sichern. Diese Stellung innerhalb der gesamten Verkehrswirtschaft wurde auch nicht durch den Multi-/Intermodalen Containerverkehr erschüttert. Er ist ein geschätzter Partner vor Ort, d. h. er organisiert und wickelt Transportaufträge mit einer Vielzahl von Verkehrsträgern ab. Im Rahmen des Seeverkehrs kommen folgende **speditionelle Dienstleistungen** zur Ausführung:

- Fachberatung in Außenhandels- und Verkehrsfragen (Ausfuhrbestimmungen, Incoterms®, Internationaler Zahlungsverkehr, geografische Besonderheiten, Transportrecht, Haftung, Versicherung). Die Konsulats- und Mustervorschriften der Handelskammer Hamburg (Außenwirtschaftsabteilung) geben hier Aufschluss.
- Ermittlung des kostengünstigsten, eventuell schnellsten und sichersten Transportwegs, d. h. Vergleich der unterschiedlichen Verkehrsträger (Land-, Luft-, See- und Binnenschifffahrtsverkehrsmittel) je nach Einsatzmöglichkeiten.
- Erstellung von Seefrachtofferten inklusive Vor- und/oder Nachlauf (diese Offerten ermöglichen dem Exporteur oder Importeur oftmals erst die Platzierung eines qualifizierten Verkaufs- oder Kaufangebots).

Nach dieser Beratungsphase kommt bei Auftragserteilung durch den Versender oder Empfänger für den Spediteur die Organisations- und Abwicklungsphase:

- eventuell Preshipment Inspection für bestimmte Länder, besonders afrikanische Staaten
- Buchung des Schiffsraums beim Linienagenten oder bei der Reedereivertretung im Inland, eventuell direkt bei der Reederei (entweder Abschluss eines Seefrachtvertrags im eigenen Namen oder für fremde Rechnung)
- eventuell Eindeckung einer Transportversicherung (möglichst Haus-zu-Haus)
- Absprache eines Anlieferungstermins, Längsseitstermins, Beachtung der Ladeschlusszeiten für LCL- oder FCL-Güter
  - Abruferteilung an den Versender im Inland
  - Übernahme der Güter im Inland, Disposition des Vorlaufs zum Ladehafen oder
  - Empfangnahme der Güter im Hafen (Schnittstellenkontrolle: Verpackungsbeschaffenheit, Stückzahl und eventuell Schadensanzeige beim beteiligten Frachtführer)
- Beseitigung von Verpackungsmängeln
- Besorgung der FOB-Lieferung (Kaiempfangsschein/Schiffszettel) und der elektronischen, zollamtlichen Anmeldung (BHT und ZAPP) für Exporte via deutsche Häfen
- Besorgung der Verschiffung, Ausstellung eines Konnossements, Sea Waybills und Einreichung beim Agenten, Entgegennahme der gezeichneten Konnossemente

- Erstellen und Ausgeben eigener Dokumente: FIATA-B/L, FCR, FCT
- Besorgung/Erstellen von Konsulatsfakturen, Ursprungszeugnissen, Zollfakturen und eventuell Beglaubigung durch amtliche Stellen
- Dokumentenkontrolle/-versand gemäß Instruktion des Auftraggebers
- Überprüfung der Seefrachtabrechnung, eventuell Zahlung der Seefracht
- Erstellung des Ausfuhrnachweises für Umsatzsteuerzwecke

Weitere Speditionstätigkeiten können sein:

- Sammelladungsabwicklung: Konsolidieren, Verteilen von Teilpartien/Einzelsendungen
- eigenes Stuffen, Strippen von Sammelcontainern im Betrieb oder Pack-/Strippauftrag an die Packstation (Container Freight Station) des Containerterminals
- Besorgung von seemäßiger Verpackung bei Verpackungsbetrieben im Rahmen der Projektspedition für die Investitionsgüterindustrie
- Besorgung einer Begasung von Packmitteln (z.B. Sirex-Wespe/Australien)
- Zwischenlagerung oder Lagerung von Gütern

Bei der Importabwicklung kommen im Gegensatz zur vorher dargestellten Exportabwicklung noch weitere speditionelle Tätigkeitsmerkmale hinzu:

- Einreichung des Originalkonnossementes beim Reedereiagenten
- eventuell Zahlung der Seefracht bei Collect-Sendungen
- Erfragen des erwarteten schiffsseitigen Ablieferungstermins (Löschende) etc.
- Ab- und Übernahme der Güter am Schiff, am Kaischuppen, an der Packstation
- Schnittstellenkontrolle: eventuelle äußerliche Beschädigungen, der Stückzahl (eventuell Waren und Qualitätskontrolle bei bestimmten Produkten)
- Schadensabwicklung mit Transportversicherung und Verfrachter
- eventuell zollamtliche Abfertigung
- Zwischenlagerung, Distribution, Lagerung von Gütern
- Abrechnung der Transportkosten

Neben der Tätigkeit für die heimische Wirtschaft wickelt der Spediteur sowohl im Export als auch Import eventuell auch Transitverladungen ab. Weiterhin haben sich manche Spediteure auf bestimmte Produktgruppen konzentriert/spezialisiert, z.B. Baumwolle, Frischfrucht, Kühlgut etc. Auch das Projektgeschäft für die Investitionsgüterindustrie (große Anlagen wie ein Kraftwerk) basiert auf einer solchen Spezialisierung.

International Convention for the Safety of Life at Sea (SOLAS)

Die International Convention for the Safety of Life at Sea, 1974 (SOLAS) ist eine UN-Konvention zur Schiffssicherheit. Ziel dieses Abkommens ist es, das menschliche Leben auf See zu schützen. Anlass zu diesem internationalen Abkommen waren der Untergang der Titanic und die sich daraus ergebenden Unklarheiten für den Verhalt von Schiffen, die zur Rettung in Betracht kommen und Funk- sowie Notrufregularien.

Ende 2014 hat die „International Maritime Organization" (IMO) Änderungen von Kapitel VI beschlossen, die zum 1. Juli 2016 in Kraft getreten sind. Kapitel VI, Teil A, Vorschrift 2 erfordert eine Verifizierung des Bruttogewichts gepackter Container vor dem Stauen an Bord eines Schiffs. Bisher gab es keine einheitliche Regelung zur Übermittlung der Containergewichte durch den Befrachter an den Verfrachter. Daraus ergeben sich beachtliche Konsequenzen für Speditions- und Logistikunternehmen.

Die SOLAS-Regel schreibt zwei Verfahren vor, mit deren Hilfe der Verlader die bestätigte Bruttomasse eines gepackten Containers ermitteln kann:

1. Der Befrachter kann den gepackten und versiegelten Container mit einem kalibrierten und zertifizierten Gerät wiegen.
2. Der Befrachter kann das Gewicht jedes Packstücks im Container und das Verpackungs- und Sicherungsmaterial addieren und das Leergewicht des verwendeten Containers hinzurechnen. Die Methode selbst muss von einer nationalen Regulierungsbehörde zertifiziert und genehmigt werden. Eine Schätzung des Gewichts, wie bisher praktiziert, ist demnach unzulässig.

Wer für die korrekte und bindende Übermittlung der sogenannten VGM (Verifid Gross Mass) verantwortlich ist, ergibt sich aus den Vertragsverhältnissen. Grundsätzlich ist der Befrachter (Absender/Versender) für die Einhaltung der fristgerechten Übermittelung verantwortlich. Befrachter ist derjenige, der mit dem Verfrachter (meist der Reederei) den Seefrachtvertrag abschließt. Dies bedeutet, dass dies also in den meisten Fällen der Spediteur sein wird. Da für Methode 2 nur der Auftraggeber des Spediteurs Angaben zum VGM machen kann, sollte sich der Spediteur Regressmöglichkeiten offen halten, falls es durch eine falsche oder fehlerhafte Übermittlung zu Strafen oder Unfällen kommt. Dies ist zum Beispiel durch die Anwendung der ADSp 2016 gegeben. Ziffer 3.1.2 b beinhaltet einen Passus, wonach der Auftraggeber den Spediteur im Falle einer Seebeförderung auf alle nach seerechtlichen Bestimmungen erforderlichen Daten hinzuweisen hat. Über diesen Passus kann der Spediteur durch die Vertragskette, auf die Richtigkeit und Verbindlichkeit der Angaben des Auftraggebers vertrauen.

Für Möglichkeit 1 ergibt sich bis dato das Problem, dass es noch nicht genügend kalibrierte und zertifizierte Wiegeeinrichtungen gibt oder auch deren Standorte nicht bekannt sind. Eine Übersicht des DSLV von öffentlichen Waagen sowie speziellen Firmenangeboten, die grundsätzlich für die Verifikation von Containergewichten in Frage kommen können, befindet sich im Aufbau und wird stetig aktualisiert.

4.5 Luftfrachtverkehr

Hans Fischer

4.5.1 Historie und Entwicklung

Fliegen zu können war schon immer ein Traum der Menschheit. Bereits 1880 gelangen Otto Lilienthal mehr als 1.000 Segelflüge. Er hat sein Leben für die Fliegerei geopfert und sich bei einem Absturz den Halswirbel gebrochen. Im Jahr 1903 absolvierten die Gebrüder Wright in den USA den ersten Motorflug über 40 Meter in 12 Sekunden. In Deutschland wurde der erste kommerzielle Luftfrachttransport am 19.8.1911 durchgeführt. Eine einmotorige Harlan transportierte die Zeitung Berliner Morgenpost von Berlin-Johannistal nach Frankfurt an der Oder. In den USA wurde der erste kommerzielle Linienflug mit einem Passagier von St. Petersburg nach Tampa in Florida am 1.1.1914 registriert. Zwischen 1919 und 1936 wurden erste Fluggesellschaften gegründet. Durch Fusion des Deutschen Aero Lloyd mit der Junkers Luftverkehr AG wurde im Januar des Jahres 1926 die Deutsche Luft Hansa AG gegründet. Der heute größte deutsche Flughafen Frankfurt/Main wurde 1936 zum internationalen Start- und Landeplatz ausgebaut. Das seit 1935 im Einsatz befindliche Flugzeug DC 3, welches bis zu 35 Passagiere befördern konnte, aber auch als Frachtversion (3 Tons Nutzlast) im Markt auftauchte, wurde auch in Europa für Luftfrachttransporte genutzt.

Bis zum Zweiten Weltkrieg blieb die Beförderung im Luftverkehr fast ausschließlich auf Passagiere, Zeitungen und Post beschränkt. Während des Zweiten Weltkriegs wurde von Boeing in Seattle das erste Flugzeug mit einer Druckkabine, die Boeing 307 Stratoliner, gebaut. Da dieses Flugzeug geeignet war, über den Wolken zu fliegen, konnte man fortan auch Schlechtwettergebiete ohne Sauerstoffmasken überfliegen.

Dies änderte sich grundlegend nach 1945. Die Flugzeughersteller konnten ihre Erfahrungen, die sie im Bau von größeren Militärflugzeugen gewonnen hatten, in die Konstruktion von Zivilmaschinen einbringen. Solche **Passagierflugzeuge** waren jetzt in der Lage, größere Frachtmengen in den zwar immer noch kleindimensionierten Frachträumen unter dem Passagierdeck aufzunehmen. Frachtflugzeuge vom Typ DC-47 (auch „Rosinenbomber" genannt) kamen z. B. während der von den Amerikanern in Gang gesetzten Luftbrücke bei der Blockade West-Berlins im Jahr 1948 zum Einsatz.

Noch zu Beginn des Jet-Zeitalters in den 1960er-Jahren war bei den ersten Düsen-Passagiermaschinen (Douglas DC-8, Caravelle, Boeing 707 und 727) die Frachtkapazität relativ gering, denn sie mussten teilweise mit Transportbändern oder mit der Hand beladen werden. Die **Großraumflugzeuge (widebody)** der zweiten Jet-Generation (Boeing 747, Douglas DC-10, Airbus) hingegen wurden ganz auf den Transport von palettierbarer Fracht in den breiten Rümpfen konzipiert.

Die in den **Unterflur-Frachträumen** dieser Flugzeugtypen zur Verfügung stehende sogenannte **„Bellykapazität"** war nicht mehr nur ein „Nebenprodukt". Nutzung und Auslastung mit Fracht tragen bis heute wesentlich zur Rentabilität eines Passagierflugs bei. Ca.60 % der weltweiten Fracht fliegt in den Bellies.

Eine weitere Ausweitung des Frachtraumangebots ergab sich Mitte der 1970er-Jahre. Passagierflugzeuge des Typs Boeing 747 wurden als sogenannte **„Kombis"** gebaut. Sie ermöglichen den Fluggesellschaften auf dem Hauptdeck (hinter der Passagierkabine), containerisierte oder palettisierte Fracht zu befördern. Damit bestand die Möglichkeit, auf saisonale Einflussgrößen zu reagieren, indem die Fluggesellschaften auf bestimmten Strecken jahreszeitlich oder auch kurzfristig Fluggerät austauschen konnten, um einer unterschiedlichen und wechselnden Nachfrage nach Passagiersitzen und/oder Frachtraum nachkommen zu können.

Die Entwicklung der **Frachtflugzeuge** ging im Wesentlichen mit der Konstruktion und Inbetriebnahme der Passagiermaschinen einher. Geeignete Typen wurden mit einer großen Frachttür und/oder einem aufklappbaren Bug bzw. Heck ausgerüstet. Im Flugzeuginnern installierte Rollensysteme stellen auch heute noch eine schnelle Be- und Entladung der Lademittel (Paletten oder Container) sicher. Für den innerdeutschen Fracht- und Posttransport war z. B. das Fluggerät B 737 QC (Quick Change) ideal. Nach dem Tageseinsatz als Passagierflugzeug wurden abends die Sitze entfernt und in beheizten Containern zwischengelagert. Danach wurde Fracht auf Paletten (sogenannten **„Unit Load Devices (ULD)“**) zum Transport während der Nacht eingeladen.

Als im Jahr 1972 die Deutsche Lufthansa AG als erste Fluggesellschaft den **Jumbo-Frachter** namens Cargonaut, eine Boeing 747 C, mit einer Nutzlast von ca. 100 t auf der Strecke Frankfurt–New York in Dienst stellte, waren erst 25 Jahre seit dem Einsatz des viel verwendeten Frachtflugzeugs Douglas DC 3 vergangen.

Mit der zum Ende des letzten Jahrhunderts in Dienst gestellten Frachtmaschine MD 11F von McDonnell Douglas erweiterte die 1994 gegründete **Lufthansa Cargo AG (LCAG)** im Jahr 1998 ihre Frachterflotte um eines der damals wirtschaftlichsten und umweltverträglichsten Frachtflugzeuge der Welt. Die MD 11F verbraucht 25 % weniger Treibstoff als die vergleichbare Boeing 747 bei deutlich geringeren Emissionswerten. Mit einer Frachtkapazität von maximal 93,2 t hat diese Maschine durch ein halbautomatisches Be- und Entladesystem eine Umkehrzeit (zwischen Ankunft und Abflug) von zweieinhalb Stunden. Bis 18 Maschinen dieses Typs hatte die LCAG bis zur Einstellung der Produktion durch Boeing – Douglas Products Division, Long Beach – in Dienst gestellt. Da Airbus Industries den A 380 nicht als Frachtversion bauen wird, haben sich in jüngerer Vergangenheit zwei neue Frachtflugzeuge in den Flottenplanungen der großen Cargo Airlines etabliert. LCAG wird sukzessive die MD 11F durch die seit 2005 im Markt befindliche Boeing 777F ersetzen. Zwischenzeitlich transportiert LCAG die ihr anvertraute Luftfracht mit 14 x MD-11F und 5 x B777F sowie in 340 Passagierflugzeugen (Stand Juni 2016). Darüber hinaus vermarktet sie auch die Frachtkapazität der Austrian Airlines und Eurowings. Die seit September 2011 im Einsatz befindliche Boeing 747 8-F, welche z. B. mit 13 Fluggeräten die Frachterflotte der Cargolux Airlines International S.A. ergänzt, wird vom Hersteller Boeing als „Königin der Lüfte“ bezeichnet. Vom größten Frachtflugzeug der Welt, einer Antonov (An-225 Mrija), mit sechs Triebwerken und einer Nutzlast bis 250 tons gibt es jedoch nur ein Exemplar.

Frachter sind vor allem auf solchen Strecken rentabel einsetzbar, wo Frachtverkehrsströme paarig, d. h. in beide Richtungen fließen, bzw. wo Frachtaufkommen im Rahmen von Poolflügen und Frachtallianzen im „Round the world“-Service über mehrere Abgangs- und Zielflughäfen, z. B. auf der Route Europa–Nordamerika–Asien/Pazifik–Nah-/Mittelost–Europa, verknüpft werden kann.

Das Verkehrsmittel Flugzeug zeichnet sich durch **Schnelligkeit**, **Zuverlässigkeit** und **Frequenzdichte** aus. Weltweit stehen ihm eine Vielzahl von Luftstraßen und über 4.000 größere und kleinere Flughäfen zur Verfügung. Insofern ist der Luftfrachtverkehr hinsichtlich der Schnelligkeit/Beförderungszeit gegenüber dem Oberflächenverkehr konkurrenzlos. Lediglich in Europa auf den Kurzstrecken und für Transporte von Haus zu Haus verliert der Schnelligkeitsvorteil des Flugzeugs an Bedeutung. Hier ist der Straßengüterverkehr meistens in der Lage, schnellere Gesamtbeförderungszeiten vom Absender zum Empfänger darzustellen. In den kommenden Jahren werden auch unbemannte Fluggeräte (UAV's unmanned aerial vehicles) in Form von **Drohnen** eine bedeutendere Rolle beim Transport von Frachten einnehmen. In Afrika, werden Drohnen schon heute für den Transport von Medikamenten eingesetzt. Aber auch in dünnbesiedelten Gebieten in Europa verwendet man z. B. für Inspektionen in der Landwirtschaft solche UAV. Ende 2014 hat die Deutsche Post Tochter DHL ein unbemanntes Fluggerät für den Transport von Impfstoffen von Norddeich auf die Nordseeinsel Juist erfolgreich getestet.

Frachtflugzeuge Cargo Aircrafts	 Foto: LCAG	 Foto: Cargolux
Flugzeugtyp / Type	MD 11 - F	B 747 – 8F Spec.
Max. Payload	ca. 93.000 kg	ca. 134.000 kg
Max. Volume	ca. 500 cbm	ca. 850 cbm
Main Deck dims	4800 x 350 x 245 cm	5600 x 590 x 300 cm
Cargo side door	W 355 x H 255 cm	W 330 x H 300 cm
Cargo nose door	no	W 264 x H 240 cm
Usable Main Deck Positions	26 á 240 x 306 x 240 cm, = ca. 16,5 cbm each	27 - 34 à 240 x 310 x 300 cm = 27 + 7 ca. 19 + 17 cbm each
Usable Lower Deck Positions	10 á 240 x 306 cm, height: max 160 cm = ca. 10,5 cbm each	12 á 240 x 306 cm height: max 160 cm = ca. 10,5 cbm each

Frachtflugzeuge Cargo Aircrafts	 Foto: EmiratesSky Cargo	 Foto: Airbus
Flugzeugtyp / Type	B 777 - F	A 330 - 200 F
Max. Payload	ca. 103.000 kg	ca. 64.000 kg
Max. Volume	ca. 550 cbm	ca. 470 cbm
Main Deck dims	4800 x 350 x 300 cm	5000 x 350 x 245 cms
Cargo side door	W 360 x H 300 cm	W 355 x H 255 cm
Cargo nose door	no	no
Usable Main Deck Positions	27 á 240 x 306 x 300 cm, = ca. 19,0 cbm each	22 à 240 x 306 x 240 cm = ca. 16,5 cbm each
Usable Lower Deck Positions	10 á 240 x 306 cm, height: max 160 cm = ca. 10,5 cbm each	8 à 240 x 306 cms, height: max 160 cm = ca. 10,5 cbm each

Abb. 4.5-1: Frachtflugzeuge **Quelle: Eigene Darstellung**

Die Lufttransportkosten sind immer höher als die Frachtkosten im Oberflächenverkehr. Die in der Tabelle 4.5-1 dargestellten Vor- und Nachteile des Luftfrachtverkehrs verdeutlichen die Unterschiede zu anderen Verkehrsträgern.

Vorteile	Nachteile
schnelle Transportzeiten, dichtes Streckennetz, viele Landeplätze und Flugfrequenzen	Lärm, umweltschädliche Emissionen
kurze Vor- und Nachläufe zu/von den Flughäfen	Start- und Landeverbot während definierter Nachtstunden
geringe Lagerhaltung und Reduzierung der Distributionskosten	Verschwendung von Energie bzw. Treibstoff
niedriger Finanzbedarf, schnellerer Kapitalumschlag, reduzierte Verzinsung	Aufwendige Lademittel, begrenzte Transportmengen, Frachtraumkapazität, komplizierte Beladung
keine aufwendige Verpackung notwendig	erheblich höhere Transportkosten als im Oberflächenverkehr
preiswerte Transportversicherungsprämien	kleiner Laderaum, beschränkte Packstückabmessungen, limitierte Packstückgewichte

Tab. 4.5-1: Leistungsmerkmale Luftfracht **Quelle: Eigene Darstellung**

Beim interkontinentalen Lufttransport gibt es Warenarten, die man als luftfrachtbedingte Güter bezeichnet. Dies sind Produkte, die über weite Strecken nur mit einem Flugzeug befördert werden sollten. Zeitungen, lebende Tiere (Küken), Bruteier, Organe, Zierfische, Frischfleisch, Schnittblumen etc. sind z. B. für den Oberflächenverkehr nur bedingt geeignet. Aber auch Modeartikel, Pharmaprodukte, Hilfsgüter, Auto und Flugzeugersatzteile, Computer und alle besonders hochwertigen Produkte werden heute mit dem Flugzeug verschickt, weil sie schnell den Empfänger erreichen müssen und die höheren Transportkosten vertragen.

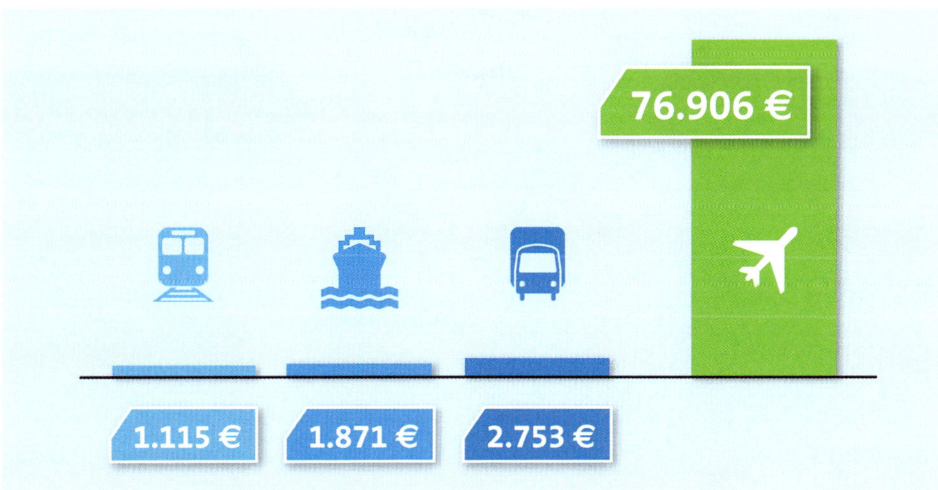

Abb. 4.5-2: Durchschnittlicher Wert einer Tonne Fracht der unterschiedlichen Verkehrsträger **Quelle: BDL**

Die durchschnittliche Transportzeit einer gewöhnlichen Luftfrachtsendung vom Absender zum Empfänger beträgt seit vielen Jahren sechs Tage. Obwohl der reine Lufttransport nur Stunden in Anspruch nimmt, kommt es bei hohem Frachtaufkommen immer wieder zu Engpässen und Verzögerungen in der Bodenabfertigung. Die an der Bodenabfertigung beteiligten Unternehmen am Flughafen, wie Handling Gesellschaften, Umschlagsbetriebe, Zoll- und Sicherheitsbehörden,

Spediteure und Lkw-Unternehmen, sind ständig bemüht, durch Reorganisation und den Einsatz moderner IT-Systeme die Bodenabfertigung zu beschleunigen. Im Gegensatz zu den Luftfrachtspediteuren agieren die Handling Gesellschaften, auch **Cargo Handling Agents (CHA)** genannt, im Auftrag der Luftverkehrsgesellschaften und sind für die Annahme und Auslieferung von deren Fracht zuständig.

Für die zollamtliche Gestellung von Luftfrachten im Zusammenhang mit der Ausfuhrzollabfertigung wurden an vielen deutschen Flughäfen Zollterminals von dem Softwareunternehmen Kewill GmbH installiert, an denen die anliefernden Lkw-Fahrer dem Zoll die Ankunft der an Bord ihres Lkw befindlichen Luftfracht-Exporte avisieren und die Freigabe zur Ausfuhr einholen können. Am Flughafen Frankfurt/Main kann jeder Lkw-Fahrer die Gestellung seiner Export-Frachten auch über ein System namens ZAPP-Air von Dakosy telefonisch vornehmen lassen.

Von der Dakosy Datenkommunikationssystem AG wurde im Januar 2015 ein sogenanntes „Cargo Community System" unter dem Namen FAIR@Link in Betrieb genommen. Über eine neutrale IT-Plattform können Sendungsdaten bereits bei Einfahrt des Lkw in die Sicherheitsbereiche des Flughafens an Luftfrachtspediteure, Cargo Handling Agents und Airlines kommuniziert werden, um so eine schnellere und optimale Bodenabfertigung sicherzustellen. Dieses Projekt wird von den Speditionen Dachser, Kühne + Nagel und Panalpina sowie von LCAG und Fraport Cargo Services und LUG aircargo handling unterstützt. Diese Plattform soll nicht nur den ausfuhrrechtlichen Prozess automatisieren, sondern auch die Abfertigung von Importsendungen, z.B. die Aufteilung von eingetroffenen Sammelsendungen, Zoll-Verwahrlagerwechsel oder die Bereitstellung von Statusmeldungen, beschleunigen.

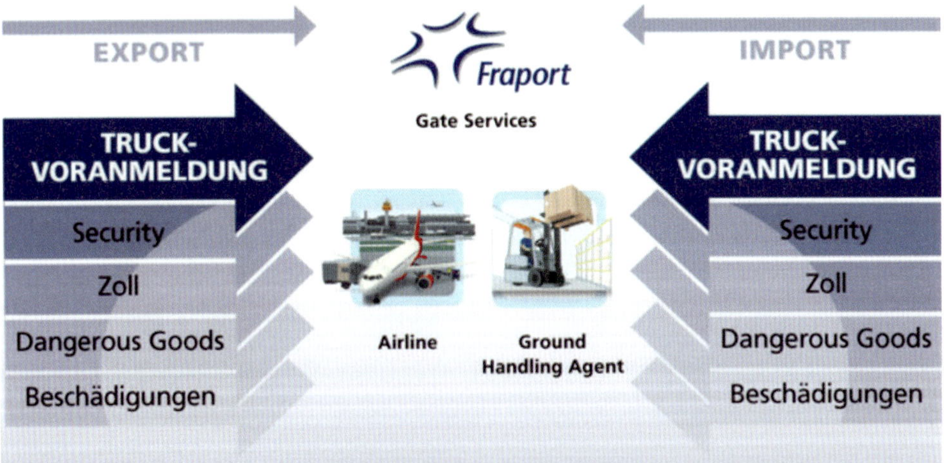

Abb. 4.5-3: Fair@Link Quelle: Fraport, Dakosy

Fast alle Luftverkehrsgesellschaften stellen darüber hinaus sogenannte **„Tracking and Tracing"**-Systeme im Internet zur Verfügung. Durch Eingabe der Nummer des Luftfrachtbriefs (AWB Nr.) kann jedermann in Erfahrung bringen, wo sich eine Luftfrachtsendung befindet.

Zu diesem Zweck gründeten bereits im Jahr 1990 die Luftverkehrsgesellschaften Lufthansa, Air France, Cathay Pacific und Japan Airlines eine IT-Gesellschaft unter dem Namen Traxon Europe, welche für die weltweite Kommunikation und den Datenaustausch zwischen Fluggesellschaften, deren General Sales Agents und den Luftfrachtspediteuren ein IT-Netzwerk aufbaute. Heute sind weltweit ca. 200 Airlines mit deren General Sales Agents sowie 3.000 Spediteure mit 9.000 Büros in diesem Netzwerk verbunden. Ende 2011 hat die Champ Cargosystems S.A., Luxemburg, 95 % der Anteile von Traxon Europe übernommen. Fortan bietet **Champ Cargosystems** folgende IT-Dienstleistungen an:

- Buchung, Buchungskorrektur und Stornos von Sendungen bei den Fluggesellschaften
- Abfrage Sendungsstatus
- Übermittlung der AWB-Daten – auch HAWB-Daten – an Behörden
- Online-Zugriff auf TACT-Raten und Flugplandaten weltweit
- Informationsaustausch jeglicher Art zwischen den Systemnutzern
- papierlose Transportabwicklung (e-freight) mittels elektronischem Luftfrachtbrief (e-AWB)

Für Luftfrachtspediteure mit einem geringen Frachtaufkommen bietet Champ auch ohne einen Online-Anschluss die Möglichkeit, im Internet Statusinformationen, Flugpläne und Verfügbarkeitsmeldungen kostengünstig abzufragen (http://www.cargoserv.com). Die weltweite Vernetzung der Datensysteme von Fluggesellschaften, Spediteuren und auch Verladern, verbunden mit der Lockerung der Anforderungen in den Rechtsgrundlagen des Montrealer Übereinkommens – z. B. bei Verwendung eines e-AWB (electronic AWB) – ist die Grundlage für die Bestrebungen nach einer vollkommen papierfreien Luftfrachtabwicklung und Kommunikation. Die gesamte Luftfrachtindustrie unterstützt das Ziel der IATA weltweit mit dem e-AWB den gedruckten AWB zu ersetzen. Luftfrachtspediteuren wird daher empfohlen, das IATA Multilateral e-AWB Agreement, gemäß IATA-Resolution 672, zu unterzeichnen.

In Deutschland sind Fluggesellschaften, Spediteure, Cargo Handling Agents und Betreiber der Flughafen-Zolllager an das Zollsystem **ATLAS** (Automatisiertes Tarif- und Lokales Zollabwicklungssystem) für die weitgehend automatisierte Abfertigung und Überwachung des EU-grenzüberschreitenden Warenverkehrs angeschlossen. Das Zollsystem ATLAS hat die administrativen und operativen Aufgaben und Arbeitsschritte der Zollabfertigung für nahezu alle Zollverfahren bei der Ein- und Ausfuhr von Luftfrachtsendungen erheblich vereinfacht und beschleunigt. Mit Ausnahme einiger spezieller Zollverfahren in den Bereichen Veredelung, Ausbesserung und Erstattung finden heute die Kommunikation und Abfertigung zwischen Zollbeteiligten und den Ein- bzw. Ausgangszollstellen im Luftfrachtverkehr beleglos statt.

Angeschoben durch gesetzliche EU-Regelungen – VO (EU) Nr. 430/2010 –, die sich am zuvor bereits in den USA eingeführten **A-AMS** (Air-Automated Manifest System) orientieren, wurde in der EU für den Export und Import nach bzw. von Drittländern ebenfalls eine frühzeitige Bereitstellung von Sendungsdaten seitens der Fluggesellschaften auf den Zollsystemen der Ein- und Ausgangszollstellen in der EU eingeführt. Gemäß dem seit Januar 2011 geltenden Import (ICS) und Export Control System (ECS/AES= Automated Export System) müssen die Airlines bei Langstreckenflügen die manifestierten Sendungsdaten für solche Sendungen, die für Empfänger in der EU und im EWR (Europäischer Wirtschaftsraum) – also inklusive Schweiz, Lichtenstein, Norwegen und Island – bestimmt sind, mindestens vier Stunden vor Ankunft der Sendung am Zielflughafen auf den Rechnern der Eingangszollstellen durch Summarische Eingangs- und Ausgangsmeldungen (SumA) bereitstellen. Bei Flugzeiten von bis zu vier Stunden müssen die Daten 30 Minuten vor Abheben am Abgangsflughafen bereitgestellt werden. In gleicher Weise geschieht dies bereits seit einigen Jahren für Luftfrachtsendungen aus den EU-Ländern mit Zielorten und damit Eingangszollstellen in den USA, Canada, China, Indien, Pakistan, Südafrika, Brasilien, Mexico, Thailand etc.

Eine zunehmend an Bedeutung gewinnende Variante im Dienstleistungsangebot ist der Haus-zu-Haus-Verkehr für besonders eilige Sendungen zu festen Endpreisen. Solche Luftfrachtdienste werden speziell von sogenannten **„Integratoren“** wie UPS, DHL-Express, TNT, Fedex, aber auch von einigen global agierenden Luftfrachtspediteuren angeboten. Den Bedürfnissen der

Kunden wird dadurch Rechnung getragen, dass der Gesamtpreis die sofortige Abholung, eine bevorzugte Abfertigung zum Luftfrachtversand, die Zollabfertigung am Abgangs- und Bestimmungsflughafen, die unverzügliche Zustellung und die Benachrichtigung des Absenders über die erfolgte Auslieferung einbezieht. Einige Dienstleistungsbetriebe schließen auch eine Transportversicherung und eine garantierte Laufzeit ein. Manche Luftfrachtspediteure bieten tools über ihre Web-Seiten für Preis- und Produktanfragen an, die dann verbindliche Transportpreisofferten auslegen

Auch Tochtergesellschaften einiger Luftverkehrsgesellschaften, die den Vor- und Nachlauf selbst arrangieren, offerieren solche Haus-zu-Haus-Dienste.

Den seit Jahren stetig wachsenden Anforderungen an immer höhere Standards bei Zuverlässigkeit und Qualität im Luftfrachtversand trägt die LCAG durch die bewährten **time definite (td) services** Rechnung. Innerhalb dieser td services bietet die LCAG u. a. folgende Möglichkeiten an:

- **td.Pro**
  Dies ist ein wirtschaftliches Angebot für Standardfrachten – unabhängig von Größe und Gewicht. Die Sendung steht am zweiten bis vierten Arbeitstag nach Annahme morgens am Ziel. Dieses Produkt wird von Luftfrachtspediteuren auch für den Transport von Sammelsendungen (consolidations) genutzt.
- **td.Flash, Courier solutions, Emergency solution**
  Für jede Sendung werden die individuell schnellste Laufzeit ermittelt und ein Kapazitätszugang zum Fluggerät garantiert. Der Transport kann auch durch persönliche Überwachung am Boden ergänzt werden. Im Notfall werden alle Hebel in Bewegung gesetzt, die Sendung pünktlich ans Ziel zu bringen.

Abb. 4.5-4: Die wichtigsten Warengruppen in der Luftfracht Quelle: BDL 2014

Diese genannten laufzeitbezogenen Angebote werden im ständig expandierenden und sich spezialisierenden Luftfrachtmarkt durch verknüpfte branchen- und produktorientierte Serviceangebote ergänzt, die sich durch produktspezifische Leistungsanforderungen bei der Abwicklung unterscheiden, z. B.

- Cool-td – für temperatursensitive Produkte,
- Care-td – für besonders wertvolle Fracht,
- Fresh-td – für verderbliche und temperaturempfindliche Waren,
- Save-td – für Wertfrachten wie Geld, Juwelen und Kunstgegenstände.

(Siehe hierzu Abb. 4.5-4).

Solche und ähnliche Leistungen und Serviceangebote gehören heute zum selbstverständlichen Anforderungsprofil der Verladenden Wirtschaft und werden deshalb auch von vielen anderen Luftverkehrsgesellschaften (z. B. SWISS X-Presso), die ein globales Netzwerk vorweisen, angeboten. In der Kommunikation zwischen Spediteuren und der Verladenden Wirtschaft spielen natürlich die effektiven Flugdaten eine wichtige Rolle. Deshalb bieten fast alle Luftfrachtspediteure auf ihren Webseiten sogenannte „Sendungsverfolgungssysteme" (Tracking and Tracing) an. Dabei sind Verlader und Empfänger meistens an den effektiven Flugdaten interessiert bzw. erwarten automatisch Auskunft darüber, wenn eine Sendung nicht wie versprochen pünktlich am Bestimmungsflughafen eintrifft (Negativinformation).

Die verstärkte **Globalisierung** im internationalen Wettbewerb wirkte sich auch auf die Luftfrachtbranche aus. Stetig wachsende Luftfrachttonnagen bei gleichzeitig steigenden Qualitätsansprüchen und fallenden Preisen führten zu Allianzen, Kooperationen, Konzentrationen und sogenannten „Joint Ventures".

Internationale Fluggesellschaften vereinbarten im Passagierverkehr Partnerschaften (z. B. die Star Alliance: Adria Airways, Aegean Airlines, Air Canada, Air China, Air India, Air New Zealand, ANA, Asiana Airlines, Austrian Airlines, Avianca, Brussels Airlines, Copa Airlines, Croatia Airlines, Egyptair, Ethiopian Airlines, Eva Air, LOT, Lufthansa, SAS Scandinavian Airlines System, Shenzhen Airlines, Singapore Airlines, South African Airways, Swiss, Thai Airways International, TAP Portugal, Turkish Airlines, United Airlines.

Gleiches gilt auch für die Frachtbereiche großer Fluggesellschaften. Air France-KLM Cargo und Martinair bündeln nach ihrem Zusammenschluss gemeinsam mit anderen namhaften Fluggesellschaften wie Delta Cargo, Aeroflot, Aerolineas Cargo, Aeromexico Cargo, Alitalia, Czech Airlines, China Airlines, China Southern und Korean Air Cargo ihre Kapazitäten und Interessen in der Allianz Skyteam Cargo, welcher insgesamt zwölf Airlines angehören. Neben der Zusammenarbeit in größeren und kleineren Airline-Allianzen versuchen die Fluggesellschaften aktuell, sich auch Anteile am Luftfrachtaufkommen einzelner Wachstumsmärkte (Asien) und hier insbesondere China und Indien durch Vereinbarung strategischer Partnerschaften und/oder Beteiligungen zu sichern. Auch die in 2007 durch Lufthansa Cargo und DHL Express als gleichberechtigte Partner neu gegründete Fluggesellschaft AeroLogic GmbH ist als ein Schritt zu verstehen, keine Entwicklung im dynamischen, globalen Luftfrachtmarkt zu verpassen. Auf die Wachstumsmärkte in Fernost fokussieren sich auch die expansiven Emirates Sky Cargo, ETIHAD und die Qatar Airways. Ihr Blick richtet sich dabei insbesondere auf Transitladungen von und nach Asien, Europa und in die USA, auch Südamerika, die sie mit einer massiven Flottenerweiterung und gleichzeitigen Neubaumaßnahmen an den Flughäfen Dubai, Abu Dhabi und Doha von europäischen Wettbewerbern und deren Frachthubs (Frankfurt, Luxemburg, London, Paris etc.) abziehen wollen. Große global agierende Speditionsunternehmen wie DHL Global Forwarding, DB Schenker, Kühne + Nagel und Panalpina versuchen mit eigenen **Voll- oder Teilcharter-Operationen** auf bestimmten Routen (z. B. zwischen China–Europa–USA) die Märkte zu erobern.

Auch kleine und mittlere Spediteure flechten globale Netzwerke, um ihren Kunden integrierte, weltumspannende Dienstleistungen aus einer Hand anbieten zu können. Kooperationen wie z.B. die Luftfrachtallianz Future (6 Mitgliedsunternehmen) und die Iglu Air Cargo GmbH (22 Mitgliedsunternehmen) sollen die Wettbewerbsfähigkeit mittelständischer Luftfrachtspeditionsunternehmen stärken.

Mit dem Ziel, die stetig und immer schneller wachsenden operativen, administrativen und systemischen Erfordernisse der weltweiten Luftfrachtbeförderung und deren Umfeld zu analysieren, zu kanalisieren und zur Erstellung eines einheitlichen Qualitätsmanagementsystems zu dokumentieren, wurde unter Federführung der IATA und unter Beteiligung namhafter Carrier, Luftfrachtspediteure, IT-Systemanbieter und Bodendienstleister das Projekt **Cargo 2000** gestartet. Eine bereits 1997 unter dem Namen Cargo iQ gegründete Interessengruppe führender Luftfrachtspeditionen und IATA Airlines hatte sich zum Ziel gesetzt, die Qualität in der Luftfrachtindustrie zu verbessern. **Cargo iQ** entwickelte ein Planungs- und Überwachungssystem, welches heute monatlich bei mehr als 800.000 Luftfrachtsendungen kontrolliert, ob der Status „flown as booked“ oder „geliefert wie versprochen“ eingehalten wurde. Durch einheitliche Prozesse für die operative Abwicklung von Luftfrachtsendungen wurden die Kommunikation zwischen den heute 78 Mitgliedern, die Dokumentation sowie die Sendungsverfolgung und vor allem die Messbarkeit dieser Parameter entwickelt und standardisiert.

4.5.2 Luftverkehrsrecht

Auf einer internationalen Konferenz für Zivilluftfahrt im Dezember 1944 in Chicago schlossen 54 Staaten ein Abkommen über die Internationale Zivilluftfahrt ab, welches 191 Staaten ratifizierten Die Bundesrepublik Deutschland trat dem **Chicagoer Abkommen** 1956 bei.

Die Durchführung und Durchsetzung, aber auch die Fortschreibung der in Chicago gefassten Beschlüsse wurden der **International Civil Aviation Organisation (ICAO)** übertragen. Diese hat mit 191 Mitgliedstaaten ihren Sitz in Montreal und ist seit 1947 eine Unterorganisation der UNO.

Mitglied kann jeder Staat werden, der sich am internationalen, zivilen Luftverkehr beteiligt und in die UNO wählbar ist. Zum Aufgabenbereich der ICAO gehören u.a. die Flugsicherheit, der Wetterdienst, die Zulassung von fliegendem Personal und Luftfahrtgerät, die Förderung der Einrichtung neuer Flugstrecken, die Vereinfachung von Zollformalitäten und das Luftverkehrsrecht.

Nach internationalem Recht steht jedem selbstständigen Staat auch die Lufthoheit für sein Hoheitsgebiet zu. Der Luftraum kann deshalb nur mit Zustimmung der zuständigen staatlichen Organe benutzt werden. Die zuständige Behörde in der Bundesrepublik Deutschland ist das Bundesministerium für Verkehr und digitale Infrastruktur (BMVI). Die Abwicklung des Verkehrs aller in- und ausländischen Luftverkehrsgesellschaften in der Bundesrepublik Deutschland bedarf der Genehmigung des Bundesaufsichtsamts für Flugsicherung (BAF). Ebenso muss die Tätigkeit der deutschen Fluggesellschaften in anderen Staaten von den jeweils zuständigen ausländischen Behörden – meist Civil Aviation Authority genannt – genehmigt werden.

Um Linienflugverkehr durchführen zu können, ist mithin die Gewährung von **Verkehrsrechten (traffic rights)** erforderlich. Sie werden auf der Basis der Gegenseitigkeit im Rahmen von zweiseitigen Luftverkehrsabkommen oder, wenn kein Abkommen besteht, aufgrund von provisorischen Betriebsbewilligungen, die im Allgemeinen jeweils für eine Flugplanperiode erteilt werden, zwischen den Staaten vereinbart. Versuche, durch ein internationales Abkommen weltweit Verkehrsrechte auszutauschen, sind bisher gescheitert. Nur für die Rechte zum Überflug und zu technischen Zwischenlandungen (erste und zweite Freiheit der Luft) gibt es eine mehrseitige internationale Vereinbarung durch ICAO-Beschluss.

Die im gewerblichen internationalen Linienflugverkehr geltenden Verkehrsrechte sind in den sogenannten **„neun (offiziell nur fünf) Freiheiten“** durch die ICAO wie folgt definiert:

Definition

Die **neun Freiheiten der Luft**:

1. Freiheit	das Recht, das Hoheitsgebiet des (fremden) Staates ohne Landung zu überfliegen (Überflugrecht)
2. Freiheit	das Recht auf Landung in einem fremden Staat zu nicht gewerblichen Zwecken (z. B. Reparaturen)
3. Freiheit	das Recht zum Abladen von Fracht, Post bzw. zum Absetzen von Passagieren im Direktverkehr
4. Freiheit	das Recht zum Aufnehmen von Passagieren, Fracht, Post im Nachbarland und das Recht, diese in das Heimatland zu befördern
5. Freiheit	gewerblicher Transport zwischen zwei fremden Staaten, der im Heimatland beginnt und endet (Unterwegsverkehr)
6. Freiheit	gewerblicher Transport zwischen zwei fremden Staaten mit Zwischenlandung im Heimatstaat
7. Freiheit	gewerblicher Transport zwischen zwei fremden Staaten ohne Anknüpfung an den Heimatstaat
8. Freiheit	gewerblicher Transport innerhalb eines fremden Staates bzw. Drittlandes, aber in Verbindung mit dem Heimatland (Kabotage)
9. Freiheit	das Recht, Passagiere, Fracht und Post ohne Verbindung zum Heimatland innerhalb eines fremden Staates zu befördern

Die Freiheiten eins bis fünf wurden während der Konferenz im Jahr 1944 in Chicago festgelegt. Mit dem zunehmenden Luftverkehr entwickelten sich jedoch Flugstreckenvarianten, denen die ursprünglichen Freiheiten nicht mehr ausreichend Rechnung trugen. Im Laufe der Zeit entstanden daher so die Freiheiten sechs bis neun, ohne dass sie in einem weiteren multilateralen Abkommen modifiziert wurden.

Hinweis

Regelmäßig werden nur die ersten vier Freiheiten vereinbart. Die achte und neunte Freiheit wird praktisch nie eingeräumt (Sonderregelungen gelten jedoch für die Mitgliedstaaten der EU und des EWR).

Als 1957 der Vertrag zur Gründung der Europäischen Wirtschaftsgemeinschaft (EWG) in Rom unterzeichnet und damit der Grundstein für einen gemeinsamen Markt gelegt wurde, hatte die europäische Zivilluftfahrt noch keine große Bedeutung. So fand die Luftverkehrspolitik im Vertragswerk keine besondere Berücksichtigung und es fehlten Vereinbarungen darüber, welche konkreten Maßnahmen zur Gestaltung eines gemeinsamen Luftverkehrsmarkts in Angriff zu nehmen seien.

Dieser Umstand, aber auch das Desinteresse der Mitgliedstaaten, den Linienluftverkehr in den Gesamtmarkt einzubeziehen, führten dazu, dass die Luftfracht fast 30 Jahre aus dem Aufbau ausgeklammert blieb. Die Regierungen der Europäischen Gemeinschaft (EG) und ihre Fluggesellschaften hielten sich an bilaterale Abkommen und Absprachen innerhalb eines über viele Jahre gewachsenen Ordnungsrahmens der innereuropäischen Luftfahrt. An seiner Gestaltung hatten und haben die 44 Staaten der Europäischen Luftfahrtkonferenz **(European Civil Aviation**

Conference (ECAC)) und die 30 Luftverkehrsgesellschaften der Vereinigung der Europäischen Fluggesellschaften **(Association of European Airlines (AEA))** maßgeblichen Anteil.

Dieser Ordnungsrahmen berücksichtigte weitgehend die Interessen der Luftfahrtunternehmen, die bei einer uneingeschränkten Anwendung des EG-Wettbewerbsrechts einen ruinösen Wettbewerb zu eigenem Nachteil, aber letztlich auch zum Nachteil der Kunden, befürchteten. Andererseits war aber auch unstrittig, dass die praktizierte Marktordnung mit ihren Tendenzen zur Abschottung der nationalen Märkte einer Reform bedurfte.

Zwei Ereignisse änderten Mitte der 1980er-Jahre die Situation grundlegend. Der Europäische Gerichtshof bestätigte in einem richtungsweisenden Urteil die Rechtmäßigkeit der EG-Wettbewerbsbestimmungen auch für den Luftverkehrsbereich. Zusätzlich verabschiedeten die EG-Regierungschefs die Einheitliche Europäische Akte zur Änderung und Ergänzung des EWG-Gründungsvertrags.

Ende Juni 1992 gaben die EU-Verkehrsminister grünes Licht für die **Liberalisierung des Flugverkehrs** in Europa:

- EU-Flugunternehmen können ihre Preise von 1993 an frei gestalten und seit 1997 auch Inlandsstrecken im EU-Ausland betreiben (Kabotageregelungen, siehe achte und neunte Freiheit).
- Die sowohl für den Passagier als auch für den Frachtverkehr vorgesehene Regelung umfasst auch einheitliche Vorschriften für die Betriebsgenehmigung und den Marktzugang von Fluggesellschaften (Wettbewerbsordnung).

Andere Sachgebiete zur **Harmonisierung und Liberalisierung** beziehen sich auf:

- Tarifpolitik (EU-einheitliche Tarifrichtlinien zum Zwecke der Preissenkung)
- Kapazitätsaufteilung (das Kapazitätsangebot der Fluggesellschaften zweier Staaten kann abweichend von einer 50:50-Aufteilung geregelt werden)
- Kontrolle der staatlichen Beihilfen an die nationalen Fluggesellschaften
- Überwachung des Luftverkehrs
- Kapazitätsausbau und Verbesserung der Flughafen-Infrastrukturen (Bereitstellung von Investitionsmitteln)

Am 30.3.2008 ist das **Open Sky-Abkommen** in Kraft getreten. Das zwischen der EU und den USA vereinbarte Abkommen regelt den freien Zugang aller Fluggesellschaften der Vertragsstaaten zu allen Flughäfen und zu allen Verkehrsverbindungen zwischen den Vertragsstaaten und öffnet damit interessierten Fluggesellschaften auch den direkten Zugang zu Frachtaufkommen aus Regionen, die bisher per Vor- bzw. Nachlauf vom oder zum „Home-Hub" befördert werden mussten. Ob, von wem und in welchem Umfang diese Möglichkeiten in Zukunft genutzt werden können, wird von den an internationalen Flughäfen verfügbaren Bodenkapazitäten und dem damit verbundenen Angebot an attraktiven Slots abhängen.

Im Abkommen zur Vereinheitlichung von Regeln über die Beförderung im internationalen Luftverkehr wurde bereits 1929 in Warschau **(Warschauer Abkommen (WA))** erstmals internationales Luftprivatrecht paraphiert. Die damalige deutsche Reichsregierung gehörte zu den Mitunterzeichnern. Rechtskraft erhielt das Warschauer Abkommen für das Deutsche Reichsgebiet jedoch erst nach Ratifizierung 1933.

Dieses Abkommen wurde durch die Zusatzvereinbarung Protokoll zur Änderung des Abkommens zur Vereinheitlichung der Regeln über die Beförderung im internationalen Luftverkehr den Nachkriegsverhältnissen angepasst und 1955 in Den Haag **(Haager Protokoll (HP))** durch die beteiligten Staaten unterzeichnet. Die Bundesrepublik Deutschland ratifizierte es 1958 und es erhielt Rechtskraft 1963, nachdem die vorher vereinbarte Mindestanzahl von Ratifizierungsurkunden hinterlegt war.

Das Warschauer Abkommen setzt internationales Recht für den grenzüberschreitenden Güterverkehr mit dem Verkehrsträger Flugzeug fest. Es ist Grundlage für die Beförderungsbedingungen aller IATA-Fluggesellschaften. Einen breiten Raum nehmen die Haftungsbestimmungen ein.

Die Regelungen des WA sind mehr oder weniger allgemeinverbindlich gehalten und bedürfen bei Auslegungsschwierigkeiten oder Gesetzeslücken einer Ausfüllung durch die jeweilige Landesrechtsprechung bzw. durch vertragliche Regelung in den Beförderungsbedingungen der Fluggesellschaften. Dies gilt auch für das Haager Protokoll, das zwar Verbesserungen brachte, jedoch weiterhin Fragen offen ließ.

Fast alle am internationalen Luftverkehr beteiligten Länder (152 Staaten) haben das Warschauer Abkommen von 1929 ratifiziert; 15 dieser Signatarstaaten haben jedoch bislang von einer Ratifizierung des Haager Protokolls von 1955 Abstand genommen.

Dies bedeutet, dass möglicherweise unterschiedliches Recht bei einer Beförderung zwischen zwei Staaten zu berücksichtigen ist. Grundsätzlich findet in solchen Fällen aber das Warschauer Abkommen Anwendung. Gehört in Ausnahmefällen ein Staat nicht zu den Signatarländern des Warschauer Abkommens, gelten das nationale Luftverkehrsrecht bzw. die vereinbarten Conditions of Contract, welche auf der Rückseite der Luftfrachtbrief-Originale zu finden sind.

Das Warschauer Abkommen wurde in einer Konferenz in Montreal im Jahr 1998 durch das sogenannte **„Montrealer Protokoll Nr. 4 (MP4)“** in einigen Punkten verändert. Besonders zwei Punkte, Art. 5 (2) und die Ergänzung von Art. 22 WA durch einen Absatz (b), sind hervorzuheben: Zum einen die Möglichkeit, sofern der Absender zustimmt, anstatt eines Luftfrachtbriefs andere Mittel (e-AWB) zu verwenden und zum anderen die Möglichkeit, die Haftung auf 17 (heute 19) Sonderziehungsrechte (SZR) zu begrenzen.

Ein Jahr später, 1999 auf einer diplomatischen Konferenz in Montreal, wurde als Übereinkommen die Convention for the Unification of Certain Rules for International Carriage by Air verabschiedet. Es trat das Montrealer Übereinkommen (MÜ), nachdem es von mehr als 30 Signatarstaaten, u. a. USA, Kanada, Japan sowie von fast allen EU-Mitgliedstaaten einschließlich der Bundesrepublik Deutschland, ratifiziert wurde, als Rechtsgrundlage für die Luftbeförderung zwischen diesen Signatarstaaten in Kraft.

Das MÜ wird künftig das WA als führende Rechtsnorm für die internationale Luftbeförderung ablösen.

Zunächst ist jedoch zu beachten, dass weiterhin unterschiedliche Rechtsgrundlagen für die Luftbeförderung gelten, wenn nicht beide, Abgangs- und Bestimmungsland einer Luftfrachtsendung/eines Luftfrachtvertrags, das Montrealer Übereinkommen in Kraft gesetzt haben. Den stets aktuellen Status aller Länder im Hinblick auf die dort geltenden Luftfahrtabkommen, insbesondere den Ratifizierungsstatus (zurzeit 119 Staaten) des Montrealer Übereinkommen, kann man im Internet unter http://www.icao.int/secretariat/ legal/List%20of%20Parties/Mtl99_EN.pdf einsehen (vgl. Abb. 4.5-5).

Die derzeitige **Rangfolge der Rechtsnormen im internationalen Luftverkehr** ist:

1. Montrealer Übereinkommen
2. Haager Protokoll und Montrealer Protokoll MP4
3. Warschauer Abkommen
4. IATA Conditions of Contract
5. Nationale Gesetzgebung (z. B.HGB)

CONVENTION FOR THE UNIFICATION OF CERTAIN RULES FOR INTERNATIONAL CARRIAGE BY AIR DONE AT MONTREAL ON 28 MAY 1999

Entry into force:	The Convention entered into force on 4 November 2003*.
Status:	119 parties.

State	Date of signature	Date of deposit of instrument of ratification, acceptance (A), approval (AA) or accession (a)	Date of entry into force
Albania	-	20/10/04 (a)	19/12/04
Argentina (22)	-	16/12/09 (a)	14/2/10
Armenia	-	16/04/10 (a)	15/6/10
Australia	-	25/11/08 (a)	24/1/09
Austria (10)	-	29/4/04 (a)	28/6/04
Azerbaijan (26)	-	10/2/15 (a)	11/4/15
Bahamas	28/5/99	-	-
Bahrain	-	2/2/01(a)	4/11/03
Bangladesh	28/5/99	-	-
Barbados	-	2/1/02 (a)	4/11/03
Belgium (1)(15)	28/5/99	29/4/04	28/6/04
Belize	28/5/99	24/8/99	4/11/03
Benin	28/5/99	30/3/04	29/5/04
Bolivia (Plurinational State of)	28/5/99	6/5/15	5/7/15
Bosnia and Herzegovina	-	9/3/07 (a)	8/5/07
Botswana	-	28/3/01 (a)	4/11/03
Brazil	3/8/99	19/5/06	18/7/06
Bulgaria		10/11/03 (a)	9/1/04
Burkina Faso	28/5/99	25/6/13	25/8/13
Cabo Verde	-	23/8/04 (a)	22/10/04
Cambodia	28/5/99	-	-
Cameroon	27/9/01	5/9/03	4/11/03
Canada (6)	1/10/01	19/11/02	4/11/03
Central African Republic	25/9/01	-	-
Chile (21)	28/5/99	19/3/09	18/5/09
China (18)	28/5/99	1/6/05	31/7/05
Colombia	15/12/99	28/3/03	4/11/03
Congo	-	19/12/11 (A)	17/2/12
Cook Islands	-	22/5/07 (a)	21/7/07
Costa Rica	20/12/99	9/6/11	8/8/11
Côte d'Ivoire	28/5/99	4/2/15	5/4/15
Croatia	-	23/1/08 (a)	23/3/08
Cuba	28/5/99	14/10/05	13/12/05
Cyprus	-	20/11/02 (a)	4/11/03
Czech Republic (3)	28/5/99	16/11/00	4/11/03
Democratic Republic of the Congo	-	21/7/14 (a)	19/9/14
Denmark (1)(11)	28/5/99	29/4/04	28/6/04
Dominican Republic	28/5/99	21/9/07	20/11/07
Ecuador	-	27/6/06 (a)	26/8/06
Egypt	-	24/2/05 (A)	25/4/05
El Salvador	-	7/11/07 (a)	6/1/08
Equatorial Guinea	-	18/9/15 (AA)	17/11/15
Estonia	4/2/02	10/4/03	4/11/03
Ethiopia	-	23/4/14 (a)	22/6/14
Fiji	-	10/11/15 (a)	9/1/16
Finland (4)	9/12/99	29/4/04	28/6/04
France (1)	28/5/99	29/4/04	28/6/04
Gabon	28/5/99	4/2/14	5/4/14

Abb. 4.5-5: Ausschnitt Ratifizierungsstatus, MÜ Quelle: ICAO

Die gravierendsten Änderungen im Montrealer Übereinkommen gegenüber dem Haager Protokoll bzw. dem Warschauer Abkommen unter dem Aspekt der Luftfrachtbeförderung resultieren aus

- der Zulassung des elektronischen (papierlosen) e-AWB ohne frachtvertragliche Nachteile für die Beteiligten,
- der Abkehr vom Prinzip der Verschuldenshaftung hin zum Prinzip der schärferen Gefährdungshaftung für den Luftfrachtführer (Carrier).

Folgende Staaten, die im Luftfrachtverkehr von mehr oder weniger großer Bedeutung sind, haben weder das Warschauer Abkommen noch das Montrealer Übereinkommen unterzeichnet: Georgia, Guyana, Guinea Bissau, Mozambique, Nicaragua, Tajikistan, Thailand.

Das **Luftverkehrsgesetz (LuftVG)** aus dem Jahr 1922 mit den inzwischen vorgenommenen Änderungen und Ergänzungen (zuletzt geändert 2016) setzt nationales Recht für die Bundesrepublik Deutschland fest. Es beinhaltet die Bestimmungen über die Benutzung des Luftraums und regelt die Verkehrszulassung der Flugzeuge sowie die Erteilung der Erlaubnis zur Führung von Luftfahrzeugen. Ferner enthält es die Genehmigungsvorschriften für die Anlage und den Betrieb von Flughäfen sowie für die Errichtung von Luftfahrtunternehmungen.

Die Luftaufsicht zur Abwendung von Gefahren im Luftverkehr ist gemäß LuftVG Aufgabe der Luftfahrtbehörden. So wurde 1954 das **Luftfahrt-Bundesamt (LBA)** eingerichtet. Es hat als Bundesoberbehörde seinen Sitz in Braunschweig und ist u.a. zuständig für die Erteilung von Sondergenehmigungen zur Beförderung von gefährlichen Gütern. Das LBA untersteht dem BMVI. Demgegenüber ist die Bundespolizei, welche dem Bundesminister des Innern (BMI) untersteht, gemäß Luftsicherheitsgesetz für Maßnahmen zum Schutz vor Angriffen auf die Sicherheit des zivilen Luftverkehrs und der Überwachung des gesamten Flugplatzgeländes zuständig.

4.5.3 Luftsicherheit beim Gütertransport

Das Luftfahrt-Bundesamt ist für die Umsetzung und Überwachung aller nationalen gesetzlichen Grundlagen und Durchführungsvorschriften des neuen **Luftsicherheitsgesetzes (LuftSiG)** im Zuge der letzten Verordnung (EG) Nr. 300/2008 (inkraftgetreten am 29.4.2010) zuständig. Detaillierte Maßnahmen für die Durchführung der Grundstandards in der Luftsicherheit sind in der ab 1.2.2016 gültigen, Verordnung (EU) Nr. 2015/1998 vom 5.11.2015 geregelt, welche die Verordnung (EU) Nr. 185/2010 aus dem Jahr 2010 aufhebt. Wie man der LBA-Webseite (www.LBA.de) entnehmen kann, existieren Rahmenbedingungen und Anhänge zu diesen EU-Verordnungen, die verbindlich vorschreiben, wie Unternehmen ihre Luftfracht in der zivilen Luftfahrt abzuwickeln haben.

Zunächst verpflichtet diese Gesetzgebung alle Betreiber, einschließlich Fluggesellschaften, die Dienstleistungen an europäischen Flughäfen erbringen, alle für die Beförderung in Passagier- oder Frachtflugzeugen vorgesehenen Luftfrachtgüter genau definierten Sicherheitskontrollen zu unterwerfen. In Ergänzung zu bereits bestehenden Sicherheitsvorschriften zur Beförderung von Frachtgütern an Bord von Flugzeugen müssen die Regelungen auch die Transportstrecke und den Umschlag der Güter vom Versender bis zur Verbringung in das Flugzeug absichern, d.h., grundsätzlich haben die Fluggesellschaften und die genannten Dienstleister zu kontrollieren, dass die Luftfrachtgüter jederzeit vor dem Zugriff und Manipulation durch Unbefugte geschützt waren.

Die Forderung an die Beteiligten lautet, bei Annahme und beim Handling von Luftfrachtgütern zu garantieren, dass durch ordnungsgemäß durchgeführte Sicherheitskontrollen das Verbringen von verbotenen Gegenständen in Luftfrachtgütern, wie z.B. Sprengstoffe, Waffen und Munition,

Elektroschockgeräte, brennbare und ätzende Substanzen oder Ähnliches, ausgeschlossen wird. Die Sicherheitskontrollen müssen durch fest angestelltes und ordnungsgemäß qualifiziertes Personal durchgeführt werden.

Als Methoden der Sicherheitskontrollen sind genehmigt:

- physische Überprüfung (Durchsuchung von Hand)
- Röntgengeräte
- Metalldetektoren
- Sprengstoffspurendetektoren – sogenannte „Sniffer" (in Deutschland nur als Ergänzung)
- Sprengstoffspürhunde

Art und Umfang der durchgeführten Sicherheitskontrollen sind zu dokumentieren.

Die wichtigsten Bausteine und Begriffsbestimmungen in dem gesamten Luftsicherheitskonzept lauten:

- Sicherung der Transportkette vom Produzenten bis zum Flugzeug
- sichere Fracht
- unsichere Fracht
- Sicherheitskontrollen durch Luftfahrtunternehmen
- Sicherheitskontrollen durch Reglementierten Beauftragten
- behördliche Zulassung zum Bekannten Versender

Was bedeuten diese Bausteine und Begriffsbestimmungen für die heutige und zukünftige praktische Abwicklung von Luftfracht und für die Zusammenarbeit aller am Luftfrachttransport Beteiligten?

Da die Fluggesellschaften in der praktischen Umsetzung der geforderten Sicherheitsstandards allein kaum in der Lage wären, jedes einzelne Packstück in der geforderten Weise zu untersuchen und dabei noch eine verzögerungsfreie Abwicklung und eine flugplankonforme Beförderung sicherzustellen, wurden die Verantwortlichkeiten für die Umsetzung der Sicherheitsnormen auf die Luftfrachtspediteure und die Verladende Wirtschaft ausgedehnt. So entstanden die Funktionen **Reglementierter Beauftragter (RegB)** und **Bekannter Versender (BV)**, deren Bedeutung und Aufgabenbereich nachfolgend beschrieben werden.

Der Begriff Reglementierter Beauftragter oder **Regulated Agent (RA)** ist ein Status, der bei Erfüllung entsprechender Voraussetzungen durch das Luftfahrt-Bundesamt (LBA) vergeben werden kann.

Die LBA-Definition lautet:

„Reglementierte Beauftragte sind Luftfahrtunternehmen, Agenturen, Spediteure oder sonstige Stellen, die die Sicherheitskontrollen für Fracht oder Post gewährleisten."

Unternehmen, die als Reglementierter Beauftragter vom LBA zugelassen werden wollen, müssen u. a.

- die Lagerung und den Umschlag von Luftfrachtgütern in gesicherten Betriebsräumen,
- die Schulung, Qualifizierung und Ernennung eines Luftsicherheitsbeauftragten, eines Stellvertreters sowie gegebenenfalls die Kontaktdaten einer Beauftragten Person im Falle von Niederlassungen,
- die Vorlage eines Handbuchs Luftfracht-Sicherheitsprogramm und dessen praktische Umsetzung beim Umgang mit Luftfrachtgütern,
- die technischen Einrichtungen und Hilfsmittel zur Durchführung der beschriebenen Sicherheitskontrollen

nachweisen und die Anforderungen dauerhaft erfüllen – im Falle des Luftsicherheitsbeauftragten ist eine gültige Zuverlässigkeitsüberprüfung durch Sicherheitsorgane (Polizei, Gerichte, etc.) und entsprechende Akteneinsicht angezeigt.

Der Reglementierte Beauftragte erhält eine Zulassungsnummer vom Luftfahrt-Bundesamt (LBA). Diese Zulassungsnummer (z. B.: BE/RA/00010-01/0812) wird in einer von der Europäischen Kommission eingerichteten EU-Datenbank RAKCD zusammen mit den Adressen von allen anderen in der EU zugelassenen RegB und BV hinterlegt.

Liefert ein zugelassener RegB eine Luftfrachtsendung bei einer Fluggesellschaft an, so kann diese darauf vertrauen, dass die geforderten Sicherheitskontrollen bereits durchgeführt wurden und kann vorbehaltlich behördlich angeordneter oder eigener Zusatzkontrollen die Sendung zum Lufttransport akzeptieren.

Um das Sicherheitsnetzwerk der Transportkette bis zum Versender und damit zum Ausgangspunkt von eventuellen Risiken und Gefahrenpotenzial zu schließen, wurden gesetzliche Regelungen geschaffen, die es ermöglichen, Luftfrachtgüter bereits an ihrem Ausgangspunkt (Versender) so zu behandeln und zu sichern, dass beim RegB und bei der Fluggesellschaft auf Kontrollen verzichtet werden kann. Generell darf Luftfracht nur mit dem Status „sicher" (SPX) in hierfür vorgesehene Flugzeuge verladen und verflogen werden. Produzierende Unternehmen, die ihre Produkte per Luftfracht versenden möchten, haben zwei Möglichkeiten, diesen Sicherheitsstatus zu erreichen.

1. **Sicherheitskontrolle**
   „Unsichere" Luftfracht wird mittels Sicherheitskontrolle durch Reglementierte Beauftragte oder Luftfahrtunternehmen nach gesetzlichen Vorgaben „sicher" gemacht. Die Art und Weise der Sicherheitskontrolle legt der Reglementierte Beauftragte oder das Luftfahrtunternehmen nach den Eigenschaften der zu prüfenden Luftfracht (z. B. Dichte oder Größe des Materials) und den gesetzlichen Vorschriften fest. Zu beachten ist, dass derartige Sicherheitskontrollen Zeit in Anspruch nehmen und zusätzliche nicht unerhebliche Kosten verursachen.
2. **Behördliche Zulassung zum Bekannten Versender**
   Die zweite Möglichkeit für produzierende Unternehmen, Luftfracht „sicher" zu versenden, ist die behördliche Zulassung zum Bekannten Versender. Der bekannte Versender gewährleistet eigenverantwortlich, dass die identifizierbare Luftfracht/Luftpost an seinem Betriebsstandort oder auf seinem Betriebsgelände ausreichend vor unbefugtem Zugriff und Manipulationen geschützt wird. Somit muss die identifizierte Luftfracht des Bekannten Versenders keiner erneuten Sicherheitskontrolle unterzogen werden, sondern kann an jedes Unternehmen, welches den Status als Reglementierter Beauftragter besitzt, sofort „sicher" übergeben werden.

Ein **Bekannter Versender (BV)** oder **Known Consignor (KC)** kann nur noch behördlich akkreditiert, zugelassen und in der EU-Datenbank RAKCD gespeichert werden, wenn er einen Antrag beim LBA in Braunschweig gestellt hat, und von diesem in einem entsprechenden Überprüfungs- und Zertifizierungsverfahren – welches auch eine Überprüfung der Betriebsstätte sowie der operativen und administrativen Organisation bei der Verpackung und Abfertigung von Luftfrachtsendungen vorsieht – zugelassen wurde. In Deutschland sind im Jahr 2015 insgesamt 2.332 Unternehmen als BV vom LBA registriert. Bei Luftfrachtsendungen vom BV kann von Luftsicherheitskontrollen abgesehen werden, sofern ein sicherer Transport zum Flughafen gewährleistet ist.

Luftfrachtgüter und Sendungen von unbekannten, nicht geprüften und akkreditierten gewerblichen oder privaten Versendern oder Güter, die von Spediteuren aufgegeben werden, die nicht als RegB oder BV registriert sind, müssen den Sicherheitsüberprüfungen im vollen Umfang unterzogen werden.

Alle Sendungen, die einer Sicherheitsüberprüfung unterzogen wurden, müssen im Air Waybill mit einem dieser **Sicherheitsstatus-Codes** ausgewiesen werden:

SPX = Secured for Passenger and Cargo Aircraft oder
SPX by KC = Secured by Known Consignor (KC)

Hinweis
Die mögliche Benennung sogenannter **Geschäftlicher Versender (GV)** durch deutsche RegB wurde vom LBA zum 1.4.2016 ausgesetzt. Auch der Sicherheitsstatus „SCO" für den Transport mit Nur-Frachtflugzeugen ist nicht mehr zulässig.

4.5.4 Luftverkehrsgesellschaften und Flughäfen

1919 gründeten in Den Haag sechs europäische Fluggesellschaften eine Dachorganisation unter dem Namen **International Air Traffic Association (IATA)** mit dem Ziel einer wirtschaftlichen Zusammenarbeit auf dem Gebiet der Passagier-, Fracht- und Postbeförderung. Als die sogenannte „alte IATA" im Jahr 1941 infolge der Kriegsereignisse aufgelöst wurde, hatte sie bereits viel für die Vereinheitlichung und Regelung des internationalen Luftverkehrs geleistet.

Gleich nach Beendigung des Zweiten Weltkriegs wurde 1945 in Havanna die Nachfolgeorganisation unter der alten Abkürzung IATA, die aber jetzt für **International Air Transport Association** stand, ins Leben gerufen. Die Zielsetzung war im Wesentlichen die gleiche geblieben, nur dass sich die neue Dachorganisation nicht mehr ausschließlich europäisch, sondern weltweit orientierte, zum Zwecke der

a) Förderung eines sicheren, regelmäßigen und wirtschaftlichen Luftverkehrs, zum Wohle der Völker der ganzen Welt, Pflege der Handelsbeziehungen durch Nutzbarmachung der Luftwege und Studium der hiermit verbundenen Probleme,
b) Förderung der Zusammenarbeit unter den Luftverkehrsgesellschaften, soweit sie direkt oder mittelbar am internationalen Luftverkehr beteiligt sind,
c) Pflege der Zusammenarbeit mit der ICAO und anderen internationalen Organisationen.

Die gesetzten Ziele werden dadurch erreicht, dass die IATA u. a.

- Beförderungsbedingungen und -leistungen vereinheitlicht,
- einheitliche Tarife empfiehlt,
- die Abrechnung zwischen den angeschlossenen Mitgliedern zentral über das IATA Clearing House durchführt, und über CASS (Cargo Account Settlement System) die mit den IATA Agenten vereinbarten Fracht- und Nebenkosten einzieht,
- Schulungsprogramme und Kurse für IATA Agenten anbietet,
- Beförderungsdokumente und Formulare normt,
- Richtlinien für die Zulassung von Reisebüros und Spediteuren als IATA-Agenten festlegt,
- verbindliche Richtlinien (regulations) über die Behandlung von Gefahrgut (DGR) und von Flugzeuglademitteln (ULDR) erarbeitet und weltweit publiziert.

Die Mitgliedschaft in der IATA steht allen Luftverkehrsgesellschaften offen, die einen regelmäßigen internationalen Flugverkehr nach einem veröffentlichten Flugplan (Linienverkehr) durchführen. Voraussetzung ist ferner, dass die antragstellende Fluggesellschaft durch einen Staat zugelassen wurde, der Mitglied der UNO oder in sie wählbar ist.

Gesellschaften, die lediglich Inlandsdienste unterhalten, können den Status von assoziierten (nicht stimmberechtigten) Mitgliedern erhalten. Die ca. 265 IATA-Mitglieder (Stand Juni 2016) wickeln ca. 83 % des internationalen Linien-Luftfrachtverkehrs ab.

Die laufenden Geschäfte der IATA-Hauptverwaltung mit ihren Dienststellen in Montreal und Genf werden unter der Leitung eines ausführenden Ausschusses erledigt. Das Schwergewicht der Arbeit liegt bei den Ausschüssen für Verkehr, Technik, Budget/Verwaltung/Personal und Wirtschaft/Finanzen. Hier werden die anstehenden Fragen beraten und Vorschläge für die Beschlussfassung auf der Hauptversammlung erarbeitet. Dort treten alle IATA-Fluggesellschaften gleichberechtigt auf. Die einstimmig zu fassenden Beschlüsse werden als **IATA-Resolutionen** bekanntgegeben und in Kraft gesetzt, sofern die Regierungen der IATA-Mitglieder diese genehmigen.

Um diese Abstimmungsverfahren für das besonders wichtige Gebiet des Verkehrs zu vereinfachen und zu beschleunigen, hat man hier auf eine Beschlussfassung sämtlicher IATA-Fluggesellschaften verzichtet und die Welt in drei Konferenzgebiete (Traffic Conference Areas) aufgeteilt. **Verkehrskonferenzen** finden nur unter Beteiligung der Luftverkehrsgesellschaften statt, die von oder nach bzw. innerhalb der betreffenden Gebiete ihre Dienste unterhalten.

Da auf diesen Konferenzen vor allem auch einheitliche Tarife vereinbart wurden, kam es bei der unterschiedlichen Interessenlage der beteiligten Gesellschaften zu Kompromissen, die nicht immer den Marktbedürfnissen entsprachen. Die Preisgestaltung stieß daher zunehmend auf den Widerstand von Kartellbehörden, der Verlader, aber auch einiger Carrier.

Daraufhin wurde die **IATA-Organisationsstruktur** wie folgt geändert:

Oberstes Entscheidungsorgan ist die jährliche Generalversammlung, welche auch den Verwaltungsrat (Board of Governors) bestimmt. Diesem arbeiten Ausschüsse und Unterausschüsse zu. Für den Luftfrachtbereich sind die IATA-Ausschüsse Legal Commitee, Operations Commitee und Cargo Commitee von Bedeutung. Die Verkehrskonferenzen werden z. B. vom Cargo Commitee unterstützt und diese geben Empfehlungen zu nachfolgend beschriebenen Themen ab.

Die Cargo Agency Conference befasst sich mit den Resolutionen in Bezug auf das Verhältnis zwischen Airlines und IATA-Cargo-Agenten, z. B. dem **European Air Cargo Programme (EACP)**. Die Cargo Service Conference beschäftigt sich mit operativen Fachfragen, wie Gefahrgut (DGR Board), Lademitteln (ULD Panel) und dem Board für lebende Tiere bzw. verderbliche Güter. Die Boards werden wiederum von sogenannten „Advisory Groups" aus allen Teilen der Luftverkehrsindustrie (Hersteller von Flugzeugen und deren Zubehör, Veterinären, Chemikern und Luftfrachtspediteuren) beraten.

Die Namen von über 550 Fluggesellschaften, die in allen Erdteilen operieren, sind im TACT rules book mit ihren offiziellen Abkürzungen und den dreistelligen Codenummern zur Kennzeichnung ihrer Beförderungsdokumente aufgeführt. Es handelt sich um zivile Linien- und Chartergesellschaften, die nur Passagier- bzw. nur Frachtdienste oder aber Passagier- und Frachtbeförderung anbieten.

Da keine Fluggesellschaft in der Lage ist, weltweit sämtliche mehr oder weniger bedeutende Flughäfen in das eigene Streckennetz einzubeziehen, bedarf es für ein optimales Angebot der engen Zusammenarbeit zwischen den unterschiedlichen Airlines. Die derzeit zehn größten Frachtflughäfen und Frachtairlines sind in der Tab. 4.5-3 aufgelistet.

Die Kooperation wird durch **Interline-Abkommen** vertraglich geregelt und erstreckt sich u. a. auf die gegenseitige Anerkennung der Beförderungsdokumente. Solche Abkommen können auch zwischen IATA-Fluggesellschaften und Non-IATA-Carriern geschlossen werden.

Eine besonders enge Zusammenarbeit wird in **Poolverträgen** vereinbart. Ein Pool dient der kommerziellen Kooperation auf Strecken zwischen den Heimatländern der Partner. Der gemeinsame Betrieb erfolgt nach einem abgestimmten Flugplan, die Einnahmen und Ausgaben werden zwischen den Poolpartnern aufgeteilt.

Die engste Zusammenarbeit vollzieht sich in **Joint Ventures**. Das sind Gemeinschaftsdienste der Vertragspartner, bei denen ein Partner das Flugzeug und die Besatzung stellt. Der zweite Partner beteiligt sich an den Betriebskosten und erwirbt dadurch das Recht zur eigenen Nutzung des vereinbarten Kapazitätsanteils. Solche Gemeinschaftsflüge **(Code-Sharing-Allianzen)** sind im Flugplan durch unterschiedliche Flugnummern gekennzeichnet. Luftverkehrsgesellschaften bilden auch gesellschaftsrechtliche Joint Ventures, z. B. kollaborieren Air France-KLM Cargo und Martinair, aber auch British Airways und die spanische Iberia unter dem Namen **IAG (International Airlines Group)** nicht nur operativ, sondern sie bilden auch jeweils wirtschaftliche und juristische Konzerneinheiten.

Sämtliche Städte/Flughäfen, die von den Luftverkehrsgesellschaften bedient werden, sind im **The Air Cargo Tariff Manual (TACT rules book)** unter „IATA Areas and CITY/AIRPORT CODES" als Dreibuchstaben-Abkürzung (three-letter-code) mit Angabe des Staates (two-letter-code) zu finden. Die schnelle Entwicklung im Flugzeugbau von relativ kleinen Maschinen mit Kolbenmotor bis hin zu Großraum-Jets, die keine Zwischenlandungen zur Treibstoffaufnahme einlegen müssen, veranlasste die Fluggesellschaften, zur maximalen Nutzung der Kapazität im Langstreckenverkehr vornehmlich nur noch zentral gelegene Flughäfen zu bedienen.

Die Großflughäfen wurden durch Zubringerdienste per Flugzeug – aber auch im Oberflächenverkehr durch Lkw-Dienste **(Road Feeder Service (RFS))** – mit den Regionalflughäfen verbunden. Auch zwischen den europäischen Luftfrachtschwerpunkten London, Amsterdam, Paris, Frankfurt am Main, Luxemburg u. v. m. gibt es jeweils in beide Richtungen am interkontinentalen Flugplan ausgerichtete Road Feeder Services. Ziel ist, das interkontinentale Frachtraumangebot des jeweiligen National Carrier, z. B. der Cargolux von und nach Luxemburg mit Fracht aus und nach Deutschland, der Schweiz und vielen anderen europäischen Nachbarländern aufzufüllen, um damit eine bessere Auslastung der eigenen Frachtkapazitäten zu erreichen. Diese Zubringerdienste (RFS) per Lkw sind schon deshalb erforderlich, da das Frachtraumangebot bei den im nationalen und europäischen Verkehr eingesetzten Flugzeugtypen auf den Unterflurladeraum mit Ladehöhen von 120 cm bis 160 cm beschränkt ist und damit viele Frachtstücke und größere Volumina nicht transportiert werden könnten.

Damit das Luftfrachtaufkommen bewältigt werden konnte, mussten neue, moderne Umschlagsanlagen gebaut werden, die die Abfertigungszeiten verkürzten. Jedoch sind einer Zeitverkürzung am Boden Grenzen gesetzt, sodass Fluggesellschaften neuerdings wieder eine gewisse Dezentralisierung betreiben (bei Lufthansa: Neben Frankfurt Rhein-Main entstanden Frachtzentren in München und gemeinsam mit DHL-Express in Leipzig). Andere Airlines, wie Air France, Aeroflot Cargo, etablierten sich an dem gut für den Luftfrachtumschlag ausgebauten Flughafen Hahn im Hunsrück (HHN) mit einem Umschlags-Hub für Ex- und Importfrachten, wegen der Möglichkeit, diesen Flughafen 24 Std. an 365 Tagen anzufliegen. Zwischenzeitlich haben sich jedoch einige Gesellschaften operativ von HHN wieder zurückgezogen.

Engpässe im Flughafenbetrieb besonders stark frequentierter Verkehrsflughäfen können auch dadurch auftreten, dass sich die von den Carriern gewünschten Verkehrszeiten **(Slots)** überschneiden. Die Flughafenbetreiber sind dann nicht in der Lage, die beantragten Ankunfts-/Abflugzeiten in jedem Fall auch zuzuweisen.

Insbesondere die eingeführten Start- und Landeverbote während der Nacht lassen an vielen der 22 deutschen internationalen Flughäfen einen 24-stündigen Flugbetrieb nicht zu. Das Bundesverwaltungsgericht in Leipzig, aber auch die Verwaltungsgerichte der Bundesländer haben aufgrund von Klagen aus der Bevölkerung bzw. den Flughafen-Randgemeinden Urteile erlassen, die einen Flugbetrieb in den nächtlichen Kernruhezeiten (z. B. Frankfurt/Main von 23.00 Uhr bis 05.00 Uhr bzw. teilwesie sogar von 22:00 Uhr bis 06:00 Uhr) strikt untersagen. Nur den größeren Flughäfen Leipzig (LEJ) und Hahn (HHN) wurden Sonderregelungen eingeräumt. Diese Maßnahmen beeinträchtigen natürlich den Wettbewerb mit anderen europäischen Flughäfen.

Für die Vergabe von sogenannten „Slots" hat man in der Bundesrepublik Deutschland die Dienststelle Flugplankoordinator (FPK) beim Bundesverkehrsministerium (BMVI) eingerichtet. Nach Prüfung der Verkehrsdichte auf den betreffenden Flughäfen weist der Flugplankoordinator den Luftverkehrsgesellschaften für jede Flugplanperiode die Slots zu. Bei Schwierigkeiten schlägt er den Antragstellern freie Zeiten vor. Im Übrigen erfolgt die Slotvergabe aufgrund einer besonderen Prioritätenregelung, die u. a. vorsieht, dass solche Carrier vorrangig berücksichtigt werden, die in der vorhergehenden Flugplanperiode bereits Slots erhielten. Insbesondere von der Vergabe von Slots, die den Anforderungen der im Wettbewerb stehenden Fluggesellschaften gerecht werden, wird es abhängen, ob der jederzeit freie Zugang zu Flughäfen in den USA und der EU und den Verkehrsverbindungen über den Nordatlantik, wie er im Open Sky-Abkommen vorgesehen ist, verwirklicht werden kann.

Die deutschen Verkehrsflughäfen mit ihren Flughafenbetreibern, die sich 1947 in der **Arbeitsgemeinschaft Deutscher Verkehrsflughäfen (ADV)** zusammenschlossen, sind nicht nur für die Bodenorganisation zuständig, sondern fungieren auch als Berater für Wirtschaft, Politik und Regionen. Der heutige von 21 internationalen und 9 regionalen Mitgliedsflughäfen getragene Flughafenverband ADV veröffentlicht regelmäßig Statistiken über die Verkehrsentwicklung im Passagier- und Frachtbereich.

Diese Statistiken kann jedermann von der Webseite http://www.adv.aero/verkehrszahlen/ abrufen.

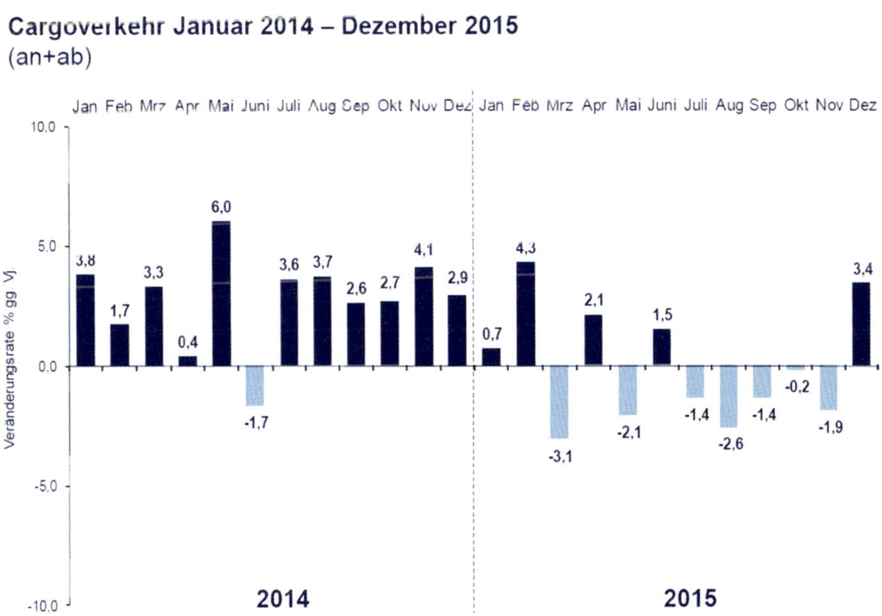

Abb. 4.5-6: ADV-Statistik Quelle: Flughafenverband ADV

BARIG steht für **Board of Airline Representatives in Germany**. BARIG wurde 1951 gegründet. Mitglieder können Fluggesellschaften mit betrieblicher oder operationeller Präsenz in Deutschland werden. Die Organisation vertritt die Interessen von zurzeit 100 Fluggesellschaften gegenüber Politik, Wirtschaft und Industrie.

Daneben hat sich noch der Bundesverband der Deutschen Luftverkehrswirtschaft (BDL) etabliert. Der BDL ist die gemeinsame Stimme der deutschen Luftfahrt und verbindet alle am Luftfahrtprozesse Beteiligten, d. h. Deutschlands Fluggesellschaften, Flughäfen, die Deutsche Flugsicherung und Leistungsanbieter aus der Luftfahrt. Sein Ziel ist es, die deutsche Luftfahrt als einen wichtigen Motor für Wirtschaft, Arbeit und Entwicklung in Deutschland zu stärken. Weitere interessante Infos u. a. auch Studien, Daten und Fakten finden Sie unter www.bdl.aero.

4.5.5 IATA-Bedingungen für den Luftfrachttransport

Das Warschauer Abkommen (WA), das Haager Protokoll (HP) und das Montrealer Übereinkommen (MÜ) bilden die Grundlage für die Luftfrachtbeförderungsbedingungen der IATA. Diese Bedingungen enthalten:

a) die IATA-Bedingungen für die Beförderung von Fluggästen und Gepäck
b) die IATA-Bedingungen für die Beförderung von Fracht

Für alle Luftfrachttransporte gelten also die Beförderungsbedingungen (Conditions of Carriage) der IATA, sofern sie durch die jeweiligen Regierungen genehmigt sind. Sie stellen Allgemeine Geschäftsbedingungen (AGB) dar, die dort Anwendung finden, wo das Warschauer Abkommen oder das Montrealer Übereinkommen keine Gültigkeit haben oder keine Regelung vorsehen, stehen aber rechtlich den nationalen Gesetzen nach.

Die **IATA-Vertragsbedingungen (Conditions of Contract)** gemäß IATA Resulotion 600b sind seit 1.7.2010 zwingend vorgeschrieben. Als Auszug aus den Beförderungsbedingungen wurden sie durch sämtliche Regierungen anerkannt. Sie sind auf der Rückseite der drei Luftfrachtbrief-Originale abgedruckt. Die beschränkte Haftung für Schäden wurde auf 19 Sonderziehungsrechte per kg festgelegt.

Die weltweit beflogenen Gebiete sind bei der IATA in drei Verkehrsgebiete **(Traffic Conference Areas (TC))** aufgeteilt, die auch als Tarifgebiete gelten. Für jedes Gebiet besteht eine Verkehrskonferenz, die als Cargo Agency Conference, Cargo Service Conference und Cargo Tariff Coordinating Conference, Themen hinsichtlich Beförderungsbedingungen, Gefahrgütern, Lademitteln, Tarifangelegenheiten behandeln. Die Verkehrskonferenzen umfassen folgende Verkehrsgebiete:

TC 1 Nord-, Mittel-, Südamerika mit den benachbarten Inseln, Grönland und die USA-Territorien im Pazifik

TC 2 IATA-Europa, Afrika, Mittlerer Osten bis einschließlich Iran

TC 3 Asien, Australien und die Inseln im Pazifischen Ozean

Innerhalb ihrer Gebiete sind die Verkehrskonferenzen selbstständig. Ihre Entscheidungen müssen einstimmig getroffen werden und bedürfen der Genehmigung der Regierungen.

Die im IATA-Luftverkehr angewendeten geografischen Begriffe weichen teilweise von den allgemeinen geografischen Begriffsbestimmungen ab.

IATA AREAS

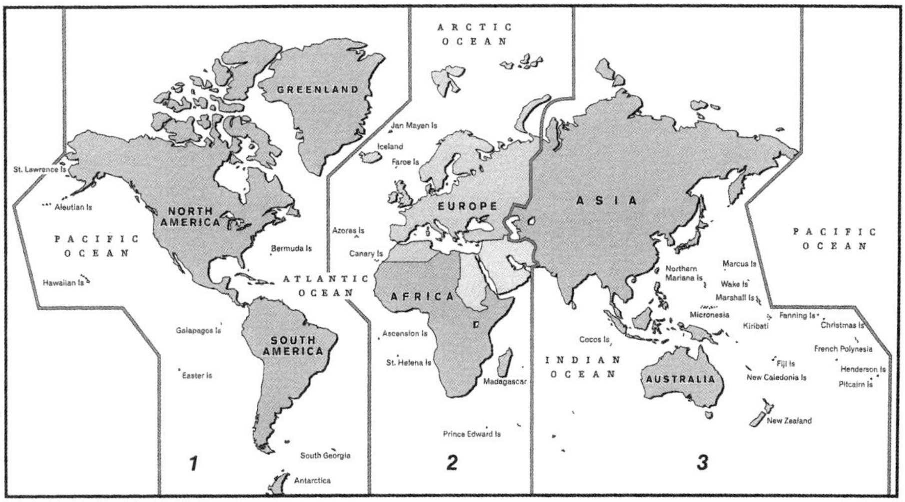

IATA

AREA 1 • **NORTH, CENTRAL, SOUTH AMERICA AND ENVIRONS**
AREA 2 • **EUROPE, MIDDLE EAST, AFRICA**
AREA 3 • **FAR EAST, AUSTRALIA, NEW ZEALAND, PACIFIC ISLANDS**

Abb. 4.5-7: IATA-Verkehrsgebiete — Quelle: IATA EACP handbook

So umfasst:

IATA-Europa geografisches Europa, asiatische Türkei, Kanarische Inseln, Madeira, Algerien, Marokko, Tunesien, Inseln des Mittelmeers außer Zypern

Naher Osten (Middle East) Aden, Ägypten, Bahrein-Inseln, Föderation Arabischer Emirate (u. a. Abu Dhabi, Dubai), Iran, Irak, Israel, Jordanien, Kuweit, Libanon, Katar, Saudi-Arabien, Sudan, Sultanat Maskat und Oman, Syrien, Jemen, Zypern

4.5.6 Luftfrachttarife

Für die Luftfrachtbeförderung gelten jeweils am Tag der AWB-Ausstellung die von den Luftverkehrsgesellschaften angebotenen Tarife. Es sind Luftfrachtraten per kg unter Berücksichtigung von Minimalbeträgen oder **Behälter- und Palettentarife** (Pauschalpreise für sogenannte „Unit Load Devices (ULD)“). Für bestimmte Warenarten gibt es Warenklassenraten mit Zu- oder Abschlägen auf Allgemeine Frachtraten.

Sämtliche Tarifarten gelten grundsätzlich vom Abgangs- bis zum Bestimmungsflughafen. Eine Ausnahme gilt lediglich, wenn Haus-zu-Haus-Tarife angeboten wurden.

Alle von den einzelnen Luftverkehrsgesellschaften herausgegebenen Tarife sind frei vereinbar und werden auf Anfrage von den Airlines auch schriftlich (e-rate sheet) angeboten. Die Tarife der Airlines sind sehr differenziert und teilweise unübersichtlich. Viele Luftverkehrsgesellschaften bieten zwischenzeitlich All-in Raten an, aber einige trennen nach wie vor die Kostenfaktoren für Lufttransport-, Treibstoff- und Sicherheitsaufwendungen, indem sie die reinen Frachtkosten (weight charges), Kerosinzuschlag (FSC) und Sicherheitszuschlag (SSC) entweder per tatsächlichem Gewicht oder frachtpflichtigem Gewicht oder einfach als Luftfrachtzuschlag (ASC) per frachtpflichtigem Gewicht anbieten.

Ein bekanntes Tarifwerk, an dessen Herausgabe mehr als 100 Luftverkehrsgesellschaften beteiligt sind, heißt **The Air Cargo Tariff Manual (TACT)**. Es erscheint regelmäßig in gedruckter Ausgabe (dreimal im Jahr) in drei Bänden bestehend aus **TACT rules**, **TACT worldwide** (except North America) und **TACT North America**. Der Tarif steht gegen Entgelt auch online zur Verfügung.

Das **IATA-Tarifgefüge**, welches nicht mehr bindend ist und lediglich eine Preisempfehlung darstellt und an dem sich auch Nicht-IATA-Carrier orientieren, ist in folgende Gruppen unterteilt:

a) Mindestfrachtbeträge – **Minimum Charges**
b) Allgemeine Frachtraten – **General Cargo Rates**
c) Warenklassenraten – **Class Rates**
d) Spezialraten – **Specific Commodity Rates**
e) Container- und Palettentarife – **Unit Load Device (ULD) Charges**
f) **Besondere Tarifkonzepte wie Kontraktraten**

In den Frachttarifen sind die für Nebenleistungen zu erhebenden Entgelte nicht eingeschlossen, werden aber teilweise im TACT rules book unter „Informations by Carrier“ bekanntgegeben.

Die Beförderungskosten müssen am Abgangsflughafen **(prepaid (pp))**, können aber – sofern zulässig – am Bestimmungsflughafen **(charges collect (cc))** gezahlt werden. Dabei dürfen die sogenannten „Gewichtskosten (weight charges)“ und die anderen (Neben-) Kosten (other charges) im Luftfrachtbrief in den Spalten „prepaid“ und „charges collect“ aufgeteilt, nicht aber darf die einzelne der beiden Kostenarten gesplittet werden.

Die **Fracht- und Nebenkostennachnahme** (charges collect (cc)) ist nach einigen im TACT rules book unter „Payment Facilities“ aufgeführten Ländern nicht möglich.

Die nachstehend aufgeführten Güter dürfen unter Frachtkostennachnahme (cc) nur dann zum Versand kommen, wenn der Absender oder der Empfänger vor dem Versand eine entsprechende Sicherheit leistet für:

- Gegenstände und Waren, die an eine Regierungsstelle, an einen sich nicht in Freiheit befindlichen Empfänger oder an einen Empfänger, der identisch mit dem Absender ist, adressiert sind
- Waren, deren Verkaufswert geringer ist als die Frachtkosten sind
- lebende Tiere
- leicht verderbliche Güter
- sterbliche Überreste
- persönliche Effekten und gebrauchtes Haushaltsgut

Grundsätzlich haftet der Absender für die Bezahlung der Lufttransportkosten, falls die Sendung am Bestimmungsflughafen nicht eingelöst wird.

Da die Frachtraten in der Währung des Abgangslandes veröffentlicht sind und auch so im Luftfrachtbrief erscheinen, erfolgt die Zahlung der Prepaid-Kosten in der Landeswährung. Die Frachtkostennachnahme ist vom Empfänger in der Währung des Bestimmungslandes zu entrichten. Dabei ist als Umrechnungskurs der Bankkurs nur dann anzuwenden, wenn dieser für die Luftverkehrsgesellschaft günstiger ist als der **IATA-Umrechnungskurs** gemäß TACT rules book.

Die Frachttarife für den internationalen Verkehr werden auf den IATA-Verkehrskonferenzen von den Mitgliedern der Gruppe Tariff Coordination empfohlen. Im Zuge der Liberalisierung des Weltluftverkehrs und im Einklang mit kartellrechtlichen Bestimmungen können sie aber auch ohne

Mitwirkung der IATA eingeführt werden. Es handelt sich hier fast immer um Tarife, die der jeweiligen Marktsituation angepasst sind (Marktpreise) und erheblich unter den im TACT empfohlenen Raten liegen. Marktpreise sind also nicht im TACT veröffentlicht.

Tarife des Inlandverkehrs sind frei vereinbar. In der Bundesrepublik ist Gesetzesgrundlage § 21, Abs. 2 des Luftverkehrsgesetzes (LuftVG).

Bei der Frachtberechnung ist – außer bei den Unit Load Devices und Pauschaltarifen – das tatsächliche Bruttogewicht (actual weight) oder das Volumengewicht (chargeable weight) zugrunde zu legen. Unter Aufrundung auf das nächste halbe oder volle Kilogramm ist das dazu berechnende Gewicht (chargeable weight), wenn 1 kg einen Rauminhalt von 6.000 cm^3 nicht überschreitet. Eine Volumenberechnung kommt also immer dann zur Anwendung, wenn eine Luftfrachtsendung mehr als sechsmal messend ist, d. h. wenn eine Frachttonne mehr als 6 m^3 Frachtraum beansprucht. Also ist für den Verlader die Volumenberechnung im Luftfrachtverkehr günstiger als bei der Seeschifffahrt (1 zu 1).

Das **Volumengewicht** (chargeable weight) wird aus den größten rechtwinkligen Ausmaßen aller Packstücke nach folgender Formel ermittelt:

$$\frac{\text{Länge x Breite x Höhe (in cm)}}{6.000} = \text{Volumengewicht (Vol.-kg)}$$

Für die Aufrundung auf die nächsten 0,5 oder 1,0 eines Vol.-kg gelten die gleichen Bestimmungen wie bei der Berechnung nach tatsächlichem Bruttogewicht-kg.

Bei der Ermittlung des frachtpflichtigen Gewichts für eine Sendung, die aus mehreren Packstücken besteht, ist der Rauminhalt der einzelnen Packstücke zu berechnen und dann zu addieren, um so das Gesamtvolumen (die Cubage) einer Sendung mit dem tatsächlichen Gesamtgewicht (actual weight) vergleichen zu können.

Die alternative Frachtberechnung ist eine Grundregel bei jeder Frachtberechnung. Es ist immer das günstigere Ergebnis in Anwendung zu bringen. Die allgemeinen Frachtraten **(General Cargo Rates (GCR))** werden pauschal (flat) oder in Gewichtsstufen (breakpoints) – N (Normal) und Q (Quantity) + 45; + 100 kg etc. angeboten.

▶ **Beispiel**

M = 70 €, N = 1,80 €/kg + Q 100 kg = 1,20 €/kg + Q 300 kg = 0,90 €/kg
Bei einem chargeable weight von 235 kg x 1,20 € ergibt das 282 €. Dies ist teurer als 300 kg x 0,90 € = 270 €.
Es werden als chargeable weight in diesem Fall 300 kg abgerechnet, weil hierfür der zu zahlende Frachtbetrag günstiger ist.

Für die Beförderung von Kleinsendungen hat die IATA innerhalb bestimmter, im Tarif näher bezeichneter Gebiete **Mindestfrachten (Minimum Charges)** empfohlen. Wenn die Gewichts- oder Volumen-Frachtkosten (Ergebnis: chargeable weight x kg) niedriger sein sollten als die Mindestfrachten, müssen Letztere angewendet werden.

Die **Warenklassenraten (Class Rates)** gelten für einige wenige, im TACT rules book näher bezeichnete Warenarten. Sie werden grundsätzlich nicht in festen Beträgen je kg veröffentlicht, sondern sind – bezogen auf die jeweilige Normalrate – durch prozentuale Aufschläge (surcharge) oder Abschläge (reduction) zu bilden. Bei der Tarifierung ist zu berücksichtigen, dass zu einigen Bestimmungsflughäfen Spezialfrachtraten veröffentlicht sind, die preisgünstiger sein können. Auch sind die meisten Warenklassenraten nicht für Lufttransporte nach und von Australien und den USA anwendbar.

Die Warenklassenraten werden u. a. für folgende Warenarten angewendet:

- Zeitungen, Zeitschriften, Bücher, Magazine, Kataloge und Blindenschriftausrüstungen.
- **Unbegleitetes Reisegepäck:** Das sind die persönlichen Effekten (personal effects) des Passagiers, die nicht als Reisegepäck, sondern als Luftfracht befördert werden. Die Frachtbeförderung ist für den Fluggast preisgünstiger, weil er für jedes kg Gepäck, das über seine Freigrenze hinausgeht, Übergepäckkosten (Excess Bagage) in Höhe von einem Prozent des 1. Klasse-Flugpreises zu zahlen hätte.
- **Lebende Tiere:** Sie werden teils mit einem Aufschlag, teils ohne Aufschlag befördert, bei Letzterem unter Umständen ohne Berücksichtigung eines sonst möglichen Mengenrabatts. Es kommen die normalen Minimum-Frachtkosten zur Anwendung. Sonderregelungen bestehen für den Transport von Tieren in Ställen.
- **Sterbliche Überreste:** z. B.: Im Verkehr innerhalb des Verkehrsgebietes TC 2 wird 200 % bei Särgen und 300 % bei Urnen von der Normalrate berechnet. Beim Transport zwischen Europa und Fernost sowie im Atlantikverkehr ist nur die Normalrate anzuwenden. Urnen werden auf diesen Verkehrsverbindungen nach allgemeinen Frachtraten tarifiert.
- **Wertfrachten:** Waren aller Art mit einem deklarierten Beförderungswert ab 1.000

US-$ oder Gegenwert pro Brutto-kg, Gold, Platin, Platinmetalle, Wertpapiere, Banknoten, Aktien, Coupons, Reiseschecks, Diamanten (einschließlich Zuchtperlen). Innerhalb und zwischen allen Verkehrsgebieten wird ein Aufschlag von 100 % auf die Normalrate berechnet. Das Minimum beträgt 200 % der normalen Mindestfrachtkosten. Für Wertsendungen über 1.000 kg bestehen teilweise niedrigere Raten.

Im TACT haben die Luftverkehrsgesellschaften zur Förderung des Luftfrachtverkehrs für eine große Anzahl von Gütern **Spezialraten (Specific Commodity Rates)** aufgelistet. Diese Spezialraten sind gegenüber den publizierten Allgemeinen Frachtraten ermäßigt. Allerdings werden sie nicht mehr angewendet, weil heute von den einzelnen Airlines verstärkt sogenannte „Freight All Kind (FAK)"-Raten angeboten werden.

Aufgrund von Marktentwicklungen, Kundennachfragen und Produkt- und Vertriebsstrategien der Airlines wurden im Laufe der Zeit folgende besondere Tarife im Markt platziert:

a) **Haus-zu-Haus-Tarife**
Das sind nach Gewichten gestaffelte Endpreise, die außer den reinen Luftfrachtkosten auch die Kosten für Abholung und Zustellung, die Ausstellung der Beförderungsdokumente, die Zollabfertigung und eventuell eine Transportversicherung einschließen.

b) **Expresstarife (z. B. LCAG td.flash)**
Bei Bezahlung von höheren Frachtkosten werden besonders eilige, zumeist kleine Sendungen, durch die anbietenden Fluggesellschaften bei der Export- und Importabfertigung bevorzugt behandelt.

c) **Pauschaltarife pro Stück/Einheit**
Es handelt sich um Gesamtpreise (lumpsum charges), die unabhängig vom Gewicht des Stücks oder der Einheit für besondere Warenarten auf bestimmten Strecken berechnet werden (z. B. Flugzeugtriebwerke, Pkw, Pferde einschließlich Stallmiete und Reinigungsgebühren für den Stall).

d) **Kontraktraten**
Kontraktraten sind zwischen Absender oder Luftfrachtspediteuren bzw. Sammelladern und Luftverkehrsgesellschaften schriftlich vereinbarte Sonderraten, die auf einer Mindesttonnage für einen festgelegten Zeitraum basieren. Kontraktraten reagieren am schnellsten auf Verän-

derungen am Luftfrachtmarkt und nehmen in den Vereinbarungen zwischen Fluggesellschaften, Spediteuren und Verladender Wirtschaft mit steigender Tendenz den breitesten Raum ein.

e) **Block Space Agreements oder Part Charter Agreements**
Block Space Agreements (BSA) oder auch General Capacity Agreements (GCA) sind vertragliche Laderaumreservierungen zwischen Spediteuren und Fluggesellschaften bzw. zwischen Fluggesellschaften untereinander. Sie werden zeitlich begrenzt für eine feste Anzahl von Container- bzw. Palettenpositionen oder Tonnagen auf bestimmten Flügen an bestimmten Tagen verbindlich vereinbart mit dem Ziel, festen Frachtraumzugang für termingebundene Ladung zu gewährleisten.

Großraum- oder Widebody- bzw. Frachtflugzeuge werden nicht per Hand bzw. konventionell mit Fracht beladen, sondern man verwendet Flugzeugpaletten/Container als sogenannte „Lademittel". Die Verwendung von Containern und Paletten als Ladeeinheiten = **Unit Load Devices (ULD)** dient wie bei anderen Verkehrsträgern auch der **Rationalisierung der Güterbeförderung** und bietet den am Luftfrachtverkehr Beteiligten folgende Vorteile:

- Standardisierung der Verpackung und Einsparungen an Verpackungsmaterial und Verpackungskosten
- optimale Nutzung des Frachtraums durch flugzeugsystemgerechte Palettenausmaße und Containerkonturen
- geringes Beschädigungs- und Verlustrisiko
- schnelles Beladen und Entladen der Flugzeuge
- Haus-Haus-Verkehr mit ULD
- Frachtrabatte für den Kunden, wenn dieser die Be- und Entladung vornimmt

Die von den Luftverkehrsgesellschaften angebotenen ULD-Programme können sowohl von Verladern als auch von Luftfrachtspediteuren genutzt werden.

Dem Nutzer dieser Programme steht eine Reihe von Paletten- und Containertypen unterschiedlicher Größen zur Verfügung, die im TACT rules book section 3.10. aufgeführt und beschrieben sind. Es handelt sich um flugzeugsystemgerechte Lademittel, die innerhalb der Laderäume der Flugzeuge oder auch Lkw auf Rollenböden bewegt werden.

Sie kommen natürlich bei allen Fluggesellschaften auch außerhalb des Paletten-/Container-Tarifprogramms als Ladehilfsmittel zum Einsatz. Verschiedene Carrier oder auch sogenannte „Pooling Companies" verfügen über Spezialladeмittel in Form von Kühlcontainern, Pferde- und Rinderställen, Kleidercontainern (hanging garments) und Pkw-Transportpaletten (car racks).

Die Warenart hat wenig Einfluss auf die Frachtkosten, nur das Gewicht bzw. Volumen ist maßgebend. Die Frachtkosten für vom Absender gebaute **Freight All Kind-Ladeeinheiten** liegen bei optimaler Nutzung des zur Verfügung stehenden Raumes erheblich unter den für Loose Cargo zu zahlenden Frachtraten. Inzwischen werden von manchen Airlines – wie in der Seeschifffahrt – auch sogenannte „Boxpreise" angeboten, die unabhängig vom zugeladenen Bruttogewicht zur Abrechnung gelangen. Es muss auf jeden Fall sichergestellt sein, dass Größe und Kontur der Lademittel den Flugzeugtransport vom Abgangs- bis zum Bestimmungsflughafen auch dann zulassen, wenn auf Umladeflugplätzen ein Wechsel des Flugzeugtyps **(Durchpalettendienst)** erfolgt. Der Absender und der Empfänger sind gehalten, die Paletten und Container selbst zu beladen bzw. zu entladen. Die Ladeeinheiten werden dem Absender und dem Empfänger oftmals für jeweils 48 Stunden kostenlos zur Verfügung gestellt, um auch auf diese Weise einen Anreiz für den Haus-Haus-Verkehr zu geben. Darüber hinaus wird der Absender/Luftfrachtspediteur für das korrekte „build up" von ULD mit einem Bonus entlohnt. Die fachgerechte

Behandlung von Lademitteln (ULD) wird in den von der IATA veröffentlichten ULD Regulations (ULDR) beschrieben. Die aktuellen ULDR (4. Ausgabe vom Januar 2016) bestimmen genau, wie die Flugtauglichkeit dieser sehr wertvollen Lademittel zu erhalten ist und wer bei Beschädigungen die Verantwortung übernehmen muss. Gemäß ULDR ist jedes Lager- und Verladepersonal bezüglich des sorgfältigen Umgangs mit den wertvollen Lademitteln regelmäßig zu schulen.

Abb. 4.5-8: ULD – Unit Load Devices **Quelle: Autor**

Ausgeschlossen von der Beförderung im ULD-Programm sind sterbliche Überreste, lebende Tiere, Wertfrachten und solche Sendungen, die aufgrund ihrer Gefährlichkeit besonderen Beförderungsbedingungen gemäß IATA Dangerous Goods Regulations (DGR) unterliegen.

Im Gegensatz zu den sonst üblichen Gewichtsraten erfolgt die Preisquotierung in einem Festbetrag je ULD (Paletten- oder Containereinheit). Dieser ist abhängig vom Fassungsvermögen der Ladeeinheit und gilt bis zu dem im Tarif genannten Gewichtslimit (pivot weight), das insofern frachtpflichtiges Mindestgewicht ist. Die frachtpflichtigen Mindestgewichte sind je nach Flugzeugtyp in einer Tabelle im TACT rules book veröffentlicht. In der Regel wird für Lower Deck ULD 1.650 kg und für Main Deck ULD 2.860 kg als pivot weight vorgeschrieben. Wird das pivot-Gewicht einer ULD-Einheit überschritten, so ist für das darüber liegende Gewicht bis zur maximalen tatsächlichen Auslastung des Paletten-/Behältertyps die im Tarif genannte kg-Rate (over pivot rate) anzuwenden.

Zuschläge (Surcharges)

Außer den reinen Luftfrachtkosten (weight charges) kommen seit dem Jahr 1990 auch sogenannte Zuschläge zur Abrechnung. Es begann mit dem Zweiten Golfkrieg in den Jahren 1990–1991, als die Luftverkehrsgesellschaften sogenannte **„War Risk Surcharges“** (Kriegsrisikozuschläge) einführen mussten, weil die Kasko-Versicherungsprämien für zivile Fluggeräte in enorme Höhen stiegen. Auch mussten wegen der Kriegsereignisse auf den Südrouten zeitraubende und kostenintensive Umwege geflogen werden. Momentan werden keine Kriegszuschläge erhoben.

Die steigenden Kosten für Energie, insbesondere für Öl und damit Kerosin, zwangen die Luftfahrtindustrie, zusätzliche Einnahmequellen zu erfinden. Da man glaubte, dass die Kostensteigerungen nur von vorübergehender Natur seien, hat man nicht die Luftfrachtraten den Marktgegebenheiten angepasst, sondern Zuschläge eingeführt. Ab dem 1.11.2000 wurden deshalb erstmals sogenannte **„Fuel Surcharges (FSC)“** (Treibstoffzuschläge) von 0,17 € per actual kg erhoben, die im Luftfrachtbrief in der Spalte Total Other Charges Due Carrier“ einzutragen und zu bezahlen sind.

Um diese Zuschläge variabel zu halten, hat jede Luftverkehrsgesellschaft individuell einen eigenen Index erarbeitet, mit der die FSC im Laufe der Jahre nach oben oder unten angepasst werden konnte. Innerhalb der letzten zwölf Jahre haben die Fuel Surcharges ein Niveau von 0,50 € bis 1,15 € per actual oder chargeable kg erreicht und liegen auf vielen Routen weit über den offerierten und tatsächlich berechneten Luftfrachtraten. Nachdem die internationalen Kartellbehörden in Bezug auf die FSC Preisabsprachen zwischen einigen Fluggesellschaften aufgedeckt hatten, erheben die Airlines stark differierende Kerosin-Zuschläge in unterschiedlichen Zeitspannen, um so den Eindruck von Preisabsprachen zu vermeiden. Im Oktober 2013 veranlasste dies einige größere Airlines, darunter auch LCAG, Swiss WorldCargo, Emirates SkyCargo und andere, die Berechnung der FSC auf „per chargeable kg“ umzustellen.

Der Terroranschlag am 11.9.2001 in New York veränderte auch die Luftverkehrsindustrie. Der Aufwand zur sicheren Abwicklung des weltweiten Luftfrachtverkehrs erhöhte sich dramatisch. Die sukzessive Einführung von Sicherheitskontrollen und die Investitionen in zusätzliches Personal, für sichere Frachtterminals sowie für den Kauf von Röntgen- und anderen Kontrollgeräten zwangen die Luftverkehrsgesellschaften erneut, ihre Einnahmen durch Einführung einer **Security Surcharge (SSC)** zu erhöhen. Bereits ab 8.10.2001 wurde für diesen Kostenfaktor ein Sicherheitszuschlag von 0,15 € per actual kg eingeführt. Nur wenige Fluggesellschaften erhöhten diesen Satz im Laufe der Jahre bis auf 0,20 € per actual oder chargeable kg. Inzwischen haben einige Airlines die Berechnung der SSC auf chargeable kg umgestellt oder in eine sogenannte **Airfreight Surcharge** inkludiert. Andere große Carrier, wie Delta Airlines, Saudi Airlines, British Airways, Emirates, Air Bridge Cargo, etc. sind wieder zu den Frachtberechnungsgrundsätzen wie vor 20 Jahren zurückgekehrt und verzichten gänzlich auf die Berechnung von Surcharges. LCAG und mehrere andere Airlines haben sogenannte **Airfreight Surcharge** (ASC) – Stand April 2016 = 0,55 € pro chargeable kg – eingeführt, die alle möglichen Kostenkomponenten einschließen. Der Nachteil dieser Gesamtsurcharges ist, dass man die einzelnen Kostenentwicklungen nicht nachvollziehen kann.

Alle Luftfrachttarife und Surcharges gelten nur für die Beförderung von Flughafen zu Flughafen. Nebenkosten für andere Dienstleistungen werden getrennt berechnet. Diese Nebenkosten sind im **Luftfracht-Nebengebührenverzeichnis (LNGV)** enthalten. Luftfracht-Nebengebührenverzeichnisse (LNGVs) sind unternehmensbezogene individuelle Preisverzeichnisse, in denen die Nebengebühren für die betreffenden Flughäfen und Luftverkehrsgesellschaften aufgeführt sind. In der speditionellen Umgangssprache werden diese Verzeichnisse immer noch als LNGT (Luftfracht-Nebengebührentarif) bezeichnet. Die LCAG hat ihre Nebengebühren im TACT rules book unter „Information by Carrier“ veröffentlicht.

Auch von den Luftfrachtspeditionen können für deren Dienstleistungen zusätzlich gesonderte Gebühren abgerechnet werden:

Im Export:

- Abfertigungsgebühren (nach dem Bruttoewicht der Sendung gestaffelt)
- AWB-Ausstellungsgebühr
- zollamtliche Abfertigung

- Ausfertigung und Besorgung von Präferenznachweisen, Ursprungszeugnissen usw.
- Formularkosten und Beglaubigungsgebühren
- Terminal-Handling Gebühren
- Sicherheitsgebühren für Röntgen- und andere Sicherheitskontrollen
- Erledigen der Ausfuhrzollanmeldung/Export Control Systems
- Frachtkosten für den Vortransport vom Absender zum Abflughafen
- andere Gebühren wie Verpacken, Markierung, Überlagernahme, Staplerkosten etc.

Im Import:

- Abfertigungsgebühren für Gemeinschaftswaren und solche Sendungen aus Drittländern, die einer Zollbehandlung bedürfen
- Vorlageprovision für Zölle, Einfuhrumsatzsteuer (EUSt), Frachten und andere Auslagen
- ATLAS-Gebühr
- Frachtkosten für den Transport vom Bestimmungsflughafen zum Empfänger

Örtliche Rollgebühren für ausgehende und einkommende Luftfrachtsendungen:

- Vortransport- und Nachlaufkosten für alle Verkehrsarten im Oberflächenverkehr
- Lagergebühren

Zusätzliche Kosten:

- für Leistungen, die aufgrund von Gesetzen, behördlichen Auflagen oder Wünschen des Kunden über die normale Abwicklung hinausgehen, wie Telefon-, Telegrammgebühren nach Auslage, ausgenommen ist jedoch die erste Benachrichtigung des Empfängers
- für Abfertigung im automatisierten Luftfrachtabfertigungsverfahren, wie den Export/Import Control Systems

4.5.7 Der Beförderungsvertrag

Beförderungsdokument und Nachweis für die im Frachtvertrag geschlossenen Vereinbarungen für die Beförderung von Luftfracht vom Abgangsflughafen bis zum Bestimmungsflughafen ist der **Luftfrachtbrief (Air Waybill (AWB))**. Nach dem Warschauer Abkommen hat die Ausstellung und Übergabe zwingend in Schriftform zu erfolgen. Das Montrealer Abkommen lässt unter Erfüllung entsprechender Bedingungen die Erfassung und Übermittlung der Daten des AWB in elektronischer Form (e-AWB) zu.

Der zwischen Luftfrachtführer (Carrier/Airline) und Absender (shipper) zu schließende Beförderungsvertrag kann auch durch deren Bevollmächtigte (IATA Agent) gezeichnet werden. Der Luftfrachtspediteur ist in Erfüllung seines Speditionsauftrags gegenüber dem Kunden einerseits und als IATA-Cargo-Agent und des Carriers andererseits unterschriftsberechtigt.

Der AWB dient nicht nur der Beweisführung für den Vertragsabschluss, er kann gleichzeitig auch sein:

- Annahmebestätigung/Empfangs- und Ablieferquittung
- Anweisung für Behandlung des Gutes und Leitweg
- Zolldeklaration
- Frachtrechnung
- Auslieferungsbestätigung
- Versicherungspolice

Für alle Textangaben soll die englische Sprache verwendet werden.

Der im Kopf des AWB eingedruckte Hinweis „not negotiable" (nicht begebbar) kennzeichnet den Luftfrachtbrief als nicht handelbar. Er ist im Gegensatz zum Konnossement des Seefrachtverkehres kein Traditionspapier, repräsentiert somit nicht die Ware und ist lediglich Transport-Begleitdokument.

Der Absender haftet dem Luftfrachtführer für die Richtigkeit und Vollständigkeit aller Angaben im Luftfrachtbrief.

Der **Air Waybill-Satz** besteht aus drei Originalen und mindestens sechs bis vierzehn Kopien. Die Ausfertigungen werden wie folgt verwendet:

Original 1 für die ausstellende **Luftverkehrsgesellschaft** (grün), **Original 2** für den **Empfänger** (rot) begleitet die Sendung, **Original 3** für den **Absender** (blau). Auf der Rückseite der drei Originale sind die Conditions of Contract angegeben. Nachträgliche Verfügungen (Änderung des Routings, des Bestimmungsflughafens oder Adresse des Empfängers) können nur durch den Beteiligten erfolgen, der im Besitz des Original 3 (for shipper) ist. Somit erfüllt der AWB auch die Funktion eines Sperrpapiers.

Der Verwendungszweck der Kopien 4 bis 14 ist am unteren Rand der Ausfertigung angegeben. Unter anderem dienen die Kopien als Auslieferungsbestätigung (gelb copy 4) sowie als Unterlage für die am Transport beteiligten Luftverkehrsgesellschaften, für den IATA-Cargo-Agenten und für Zollbehörden.

Sämtliche AWB-Ausfertigungen tragen den dreistelligen Zahlen-Code (Prefix) des den Frachtbrief zur Verfügung stellenden Carriers mit nachfolgender achtstelliger Seriennummer. Diese Codenummern der weltweit operierenden Fluggesellschaften sind im TACT rules book aufgeführt.

Moderne Bürotechnik unter Einsatz elektronischer Datenverarbeitung machte es sinnvoll, keine carriereigenen AWB-Formulare an die Agenten zu vergeben. So werden dem IATA-Cargo-Agenten **AWB-Nummernkreise** zugewiesen, die er zur Ausstellung von neutralen, dem IATA-Standard entsprechenden Endlos-Frachtbriefdokumenten (Abb. 4.5-9) verwenden kann.

Folgende Eintragungen ergeben den vollständigen Luftfrachtbrief:

(1) **Air Waybill Number**
Airline Code (Prefix), Code des Abgangsflughafens, AWB-Seriennummer

(2) **Shipper's Name and Address**
vollständiger Name und die Adresse des Absenders

(3) **Shipper's Account Number**
bei elektronischer Abrechnung des AWB die Abrechnungsnummer des Absenders

(4) **Consignee's Name and Address**
Name und vollständige Postadresse des Empfängers, möglichst mit Telefon Nr.

(5) **Consignee's Account Number**
bleibt frei für die Abrechnungsnummer des Empfängers bei einer eventuellen elektronischen Abrechnung der ausliefernden Fluggesellschaft

(6) **Issuing Carrier's Agent, Name and City**
Firmenname und -sitz des ausstellenden IATA-Agenten

(7) **Agent's IATA Code**
IATA-Nummer des ausstellenden IATA-Agenten und, ergänzend, seine CASS-Registrier-Nummer

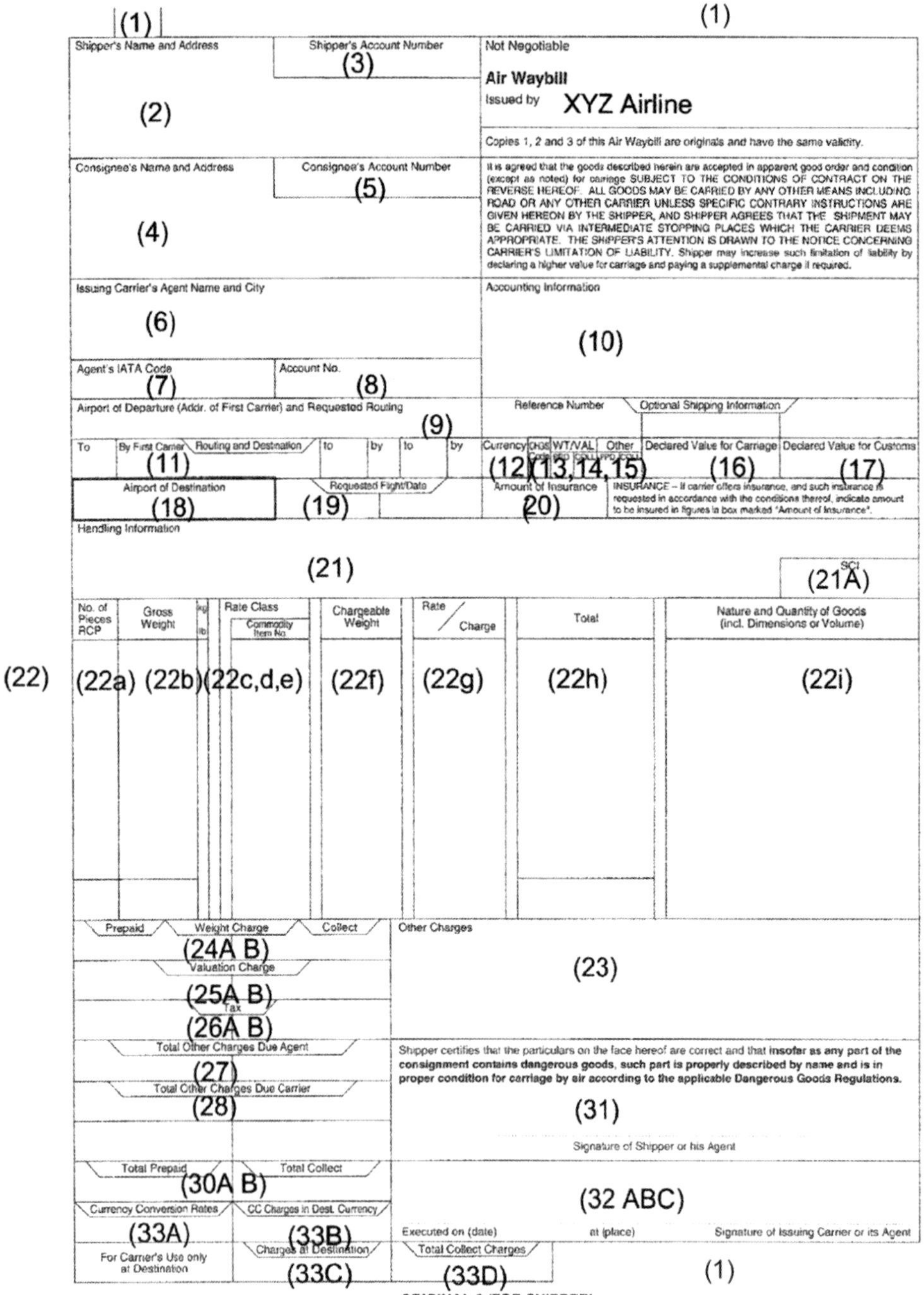
(1) (1)

Shipper's Name and Address (2)

Shipper's Account Number (3)

Not Negotiable

Air Waybill

Issued by XYZ Airline

Copies 1, 2 and 3 of this Air Waybill are originals and have the same validity.

Consignee's Name and Address (4)

Consignee's Account Number (5)

It is agreed that the goods described herein are accepted in apparent good order and condition (except as noted) for carriage SUBJECT TO THE CONDITIONS OF CONTRACT ON THE REVERSE HEREOF. ALL GOODS MAY BE CARRIED BY ANY OTHER MEANS INCLUDING ROAD OR ANY OTHER CARRIER UNLESS SPECIFIC CONTRARY INSTRUCTIONS ARE GIVEN HEREON BY THE SHIPPER, AND SHIPPER AGREES THAT THE SHIPMENT MAY BE CARRIED VIA INTERMEDIATE STOPPING PLACES WHICH THE CARRIER DEEMS APPROPRIATE. THE SHIPPER'S ATTENTION IS DRAWN TO THE NOTICE CONCERNING CARRIER'S LIMITATION OF LIABILITY. Shipper may increase such limitation of liability by declaring a higher value for carriage and paying a supplemental charge if required.

Issuing Carrier's Agent Name and City (6)

Accounting Information (10)

Agent's IATA Code (7) | Account No. (8)

Airport of Departure (Addr. of First Carrier) and Requested Routing (9)

Reference Number | Optional Shipping Information

To | By First Carrier | Routing and Destination | to | by | to | by (11)

Currency | CHGS Code | WT/VAL PPD COLL | Other PPD COLL | Declared Value for Carriage | Declared Value for Customs (12) (13,14,15) (16) (17)

Airport of Destination (18) | Requested Flight/Date (19) | Amount of Insurance (20)

INSURANCE – If carrier offers insurance, and such insurance is requested in accordance with the conditions thereof, indicate amount to be insured in figures in box marked "Amount of Insurance".

Handling Information (21)

SCI (21A)

(22)

No. of Pieces RCP	Gross Weight	kg lb	Rate Class / Commodity Item No.	Chargeable Weight	Rate / Charge	Total	Nature and Quantity of Goods (incl. Dimensions or Volume)
(22a)	(22b)	(22c,d,e)		(22f)	(22g)	(22h)	(22i)

Prepaid | Weight Charge | Collect (24A B)

Valuation Charge (25A B)

Tax (26A B)

Total Other Charges Due Agent (27)

Total Other Charges Due Carrier (28)

Other Charges (23)

Shipper certifies that the particulars on the face hereof are correct and that **insofar as any part of the consignment contains dangerous goods, such part is properly described by name and is in proper condition for carriage by air according to the applicable Dangerous Goods Regulations.**

(31)

Signature of Shipper or his Agent

Total Prepaid | Total Collect (30A B)

Currency Conversion Rates (33A) | CC Charges in Dest. Currency (33B)

(32 ABC)

Executed on (date) | at (place) | Signature of Issuing Carrier or its Agent

For Carrier's Use only at Destination | Charges at Destination (33C) | Total Collect Charges (33D)

(1)

ORIGINAL 3 (FOR SHIPPER)

Abb. 4.5-9: Muster Luftfrachtbrief — Quelle: Eigene Darstellung

(8) **Account-No.**
Abrechnungsnummer des Agenten (bei EDV-Abrechnung)

(9) **Airport of Departure (Address of First Carrier) and Requested Routing**
ausgeschriebener Name der Stadt (oder des Flughafens), in der (oder wo) die Luftfrachtbeförderung beginnt. Dieser gilt gleichzeitig als Anschrift des ersten Frachtführers. Ferner kann die gewünschte Streckenführung eingetragen werden

(10) **Accounting Information**
besondere Abrechnungsinformationen, z. B.: Barzahlung, Zahlung durch Scheck, Kontrakt-Nr., Notify: Adresse des ebenfalls zu benachrichtigenden Endempfängers

(11) **Routing and Destination**
Feld „by first carrier": Name des ersten Luftfrachtführers mit seiner Kurzbezeichnung
Feld „to": IATA-3-Buchstaben-Städte-Code
Feld „by": IATA-2-Buchstaben-Code der Luftverkehrsgesellschaften, die für den Transport auf den jeweiligen Teilstrecken vorgesehen sind

(12) **Currency**
ISO-Währungscode (drei Buchstaben) des Abgangslandes. Alle im Frachtbrief eingesetzten Beträge müssen in dieser Währung ausgewiesen sein mit Ausnahme der CC-Charges in Destination Currency, Feld 33BCD

(13) **Charges Code**
freibleibend für den Carrier – zur Nutzung bei elektronischer Übermittlung eines e-AWB

(14) **Weight Charge and Valuation Charge-Prepaid/Collect**
Frachtkosten, d. h. Gewichtskosten und Wertzuschlag müssen entweder ganz vorausbezahlt oder ganz nachzunehmen sein. Dies ist durch Eintragung eines „x" in dem entsprechenden Feld zu kennzeichnen

(15) **Other Charges at Origin – Prepaid/Collect**
alle übrigen Kosten, die am Abgangsort entstehen, entweder als ganz vorausbezahlt oder als ganz nachzunehmen. Die Kennzeichnung erfolgt durch ein „X" in dem betreffenden Feld

(16) **Declared Value for Carriage**
der vom Absender deklarierte Wert für die Beförderung, welcher die Höhe des vom Luftfrachtführer gegebenenfalls zu erhebenden Wertzuschlags bestimmt. Wenn für die Beförderung kein Wert deklariert wird, muss die Abkürzung „NVD" (no value declared) eingetragen werden. Der Hinweis „no value" ist keine ausreichende Eintragung

(17) **Declared Value for Customs**
der nach den Angaben des Absenders für Zollzwecke deklarierte Wert, falls dies für die Zollabfertigung erforderlich ist

(18) **Airport of Destination**
ausgeschriebener Name der Stadt (oder des Flughafens), in der die Luftbeförderung endet

(19) **Flight/Date**
Flugdaten der Flüge, für die Buchungen vorgenommen oder die Sendungen disponiert wurden

(20) **Amount of Insurance**
nur dann auszufüllen, wenn die Sendung über die Luftverkehrsgesellschaft versichert wird

(21) **Handling Information**
all jene Informationen, die aus Eintragungen an anderer Stelle des Luftfrachtbriefs nicht ersichtlich, jedoch aus bestimmten Gründen erforderlich sind (z. B. Markierung und Art der Verpackung; dem Luftfrachtbrief beigefügte Dokumente; besondere Abfertigungshinweise; sicherheitsrelevante Informationen mit Codenummer des Reglementierten Beauftragten; bei Gefahrgut der Hinweis auf die beigefügte Absendererklärung „Dangerous Goods as per attached Shipper's Declaration" oder „Shipper's Declaration not required", „Cargo Aircraft only", wenn die gefährlichen Güter nur auf Frachtflugzeugen befördert werden dürfen)

(21A) **Special Customs Information (SCI)**
In der EU wird in dieser Box der Zollstatus (z.B. Gemeinschaftsware = C oder X, Zollgut = T1) der Sendung vermerkt

(22) **Consignment Details and Rating**
für jeden unterschiedlich zu tarifierenden Teil der Sendung ist in den vorgesehenen Spalten eine besondere Zeile zu benutzen

(22a) **Number of Pieces**
Anzahl der Packstücke, bei mehreren Eintragungen zur Gesamtstückzahl zu addieren oder Anzahl der gebauten ULD-Einheiten
RCP (Rate Combination Point)
Falls erforderlich, ist auf besonderer Zeile der Kombinationspunkt anzugeben, über den die Rate konstruiert wurde (3-Buchstaben-City-Code)
Die Konstruktion/Kombination von nicht veröffentlichten Durch-Raten ist im TACT rules book geregelt

(22b) **Gross Weight**
für jede Eintragung in Spalte 22b ist hier das auf 100 g aufgerundete Bruttogewicht zu vermerken und zum Gesamtgewicht zu addieren

(22c) **kg/lb**
für die Gewichtseinheit Kilogramm ist die Abkürzung K und für Pound die Abkürzung L zu verwenden

(22d) **Rate Class**
die anwendbare Tarifart durch einen oder mehrere der nachstehenden Codes kennzeichnet:
M – Minimumgebühr (minimum charge) N – Normalfrachtrate (normal rate)
Q – Mengenrabattrate (quantity discount) R – Warenklassenrate (reduction)
P – Priority Service rate (Express Pauschalpreise)
S – Warenklassenrate (surcharge)
C – Spezialfrachtrate (specific commodity rate)
U – Pivot-Gewicht (pivot weight) und -Kosten (pivot charges)
E – Over-Pivot-Gewicht (over pivot weight) und -Kosten (over pivot charges)
X – Container/Paletten Tara Gewicht
K – Kontraktrate
Y – ULD-Rabatt

(22e) **Commodity Item Number**
bei Anwendung einer Spezialfrachtrate (SCR): vierstellige Kennzahl
Kommt die Sendung unter einer Warenklassenrate zum Versand, wird der für die Frachtkostenberechnung maßgebliche Prozentsatz vermerkt.
Bei einer ULD-Tarifierung: Code für den Paletten-/Containertyp, und zwar in Höhe der Kennzeichnung „X" in Spalte „Rate Class".

(22f) **Chargeable Weight**
frachtpflichtiges Brutto- oder Volumengewicht (das jeweils höhere Gewicht muss berücksichtigt werden); bei Minimum-Sendungen erfolgen keine Gewichtseintragungen

(22g) **Rate/Charge**
auf jeweils gleicher Zeile zu den Eintragungen in Spalte „Rate Class" die anwendbaren kg- oder lb-Raten bzw. die Minimum Charge, die pivot weight charges und die Pauschaltarife für besondere Sendungsarten

(22h) **Total**
für jede in Spalte „Rate/Charge" auf besonderer Zeile erfolgte Eintragung sind hier die Frachtkosten, gegebenenfalls auch Containerrabatte, auszuwerfen. Müssen mehrere Positionen berücksichtigt werden, ist die Endsumme unter dem Querstrich einzusetzen

(22i) **Nature and Quantity of Goods**
genaue Warenbezeichnung; sofern erforderlich das Ursprungsland; die Packstückausmaße, oder das bereits errechnete Volumen in cbm; Ausmaße bei Wertsendungen; die spezifische Bezeichnung der gefährlichen Güter und deren Klassifikation; bei Verwendung von Flugzeugpaletten/-behältern die betreffende IATA-Kennzeichnung und zwar auf der Zeile, auf der in Spalte „Rate Class" der Code „X" angebracht ist
Bei Nutzung eines ULD sollte die darauf verstaute Packstückanzahl als SLAC (Shipper's Load And Count) angegeben werden

(23) **Other Charges**
Bezeichnung und Höhe der einzelnen Kosten und Gebühren (außer Gewichtskosten, Palettentarife, Wertzuschlag) mit dem Hinweis, zu wessen Gunsten diese Beträge abzurechnen sind. Stehen sie dem Agenten zu, ist dem jeweiligen Einzelbetrag ein „A" voranzusetzen. Die Abkürzung „C" steht für Kosten und Gebühren des Carriers. Für die nähere Bezeichnung der „Other Charges" können Abkürzungen verwendet werden, so z. B.:

AC	Animal Container	GT	Government tax
AW	Air Waybill Fee	IN	Insurance premium
BR	Bank Release	MA	Miscellaneous – due agent
CD	Clearance and handling – destination	MY	Fuel surcharge – due issuing Carrier
CH	Clearance and handling – origin	PU	Pick-up and delivery
CG	Electronic processing or transmission	RA	Dangerous goods fee of data for customs purposes
DB	Disbursement fee	SC	Security charge
DH	AWB charges correction advice	SR	Storage – destination
FC	Charges collect fee	XD	War risk surcharge

(24AB) **Weight Charge Prepaid/Collect**
Frachtkosten gemäß Spalte „Total" als insgesamt „prepaid" oder insgesamt „collect"

(25AB) **Valuation Charge Prepaid/Collect**
Betrag, der als Wertzuschlag (wegen Haftungserweiterung) aufgrund einer Beförderungswertangabe durch den Absender (prepaid) oder den Empfänger (collect) zahlbar ist

(26AB) **Tax Prepaid/Collect**
öffentliche Abgaben, die im Zusammenhang mit den Frachtkosten und Wertzuschlägen erhoben wurden, als „prepaid" oder „collect"

(27, 28) **Total Other Charges Prepaid/Collect**
a – Due Agent
Summe der unter Ziffer (23) spezifizierten „Other Charges" zugunsten des Agenten, sofern diese nachzunehmen sind. Für das Inkasso beim Empfänger berechnen die Fluggesellschaften eine besondere Gebühr (agents disbursement fee). Auch die Prepaid-Kosten für die Ausstellung des Luftfrachtbriefs (AWB fee) werden dort erfasst
b – Due Carrier
Summe der Kosten und Gebühren gemäß Feld (23) zugunsten des Luftfrachtführers, und zwar unaufgeteilt nach „prepaid" oder „collect" z.B. Fuel- und Security Surcharges

(30AB) **Total Prepaid/Collect**
Diese Felder dienen der Summierung sämtlicher Prepaid- und Collect-Kosten

(31) **Shipper's Certificate Box**
Unterschrift des Absenders als vertragsschließende Partei oder des Agenten in seiner Eigenschaft als Vertreter/Bevollmächtigter des Absenders (handschriftlich, gedruckt oder gestempelt)

(32ABC) **Carrier's Execution Box**
Datum und Ort der Frachtbriefausstellung, wobei die Monatsangabe nicht als Ordinalzahl erfolgen darf. Der Frachtführer oder der IATA-Agent in seiner Eigenschaft als Vertreter der Luftverkehrsgesellschaft unterzeichnet den Beförderungsvertrag (handschriftlich, gedruckt oder gestempelt)

(33A) **Currency Conversion Rates**
zur Ermittlung der Collect-Kosten in der Landeswährung des Bestimmungsflughafens trägt hier der ausliefernde Luftfrachtführer den Umrechnungskurs ein

(33B) **CC Charges in Dest. Currency**
die vom Empfänger nachzunehmenden Kosten bei Charges-Collect-Sendungen, die in der Währung des Abgangslandes im Frachtbrief ausgeworfen werden müssen, sind am Bestimmungsflughafen in die jeweilige Landeswährung umzurechnen und hier einzutragen

(33C) **Charges at Destination**
Kosten, die der ausliefernden Luftverkehrsgesellschaft zur Belastung an den Empfänger entstehen

(33D) **Total Collect Charges**
Summe aus den Feldern 24B bis 28B

Die Luftverkehrsgesellschaft übernimmt nur dann eine höhere als in den Beförderungsbedingungen (WA oder MÜ) beschränkte Haftung, wenn der entsprechende Beförderungswert durch den Absender deklariert, im Luftfrachtbrief als „declared value for carriage" (16) vermerkt und ein Wertzuschlag (valuation charge) berechnet wurde. In diesem Fall haftet der Frachtführer bis zur Höhe des deklarierten Wertes, es sei denn, dass der im Luftfrachtbrief angegebene Wert höher ist als der tatsächliche Schaden.

Der **Wertzuschlag** beträgt 0,75 % des Differenzbetrags zwischen der Höchsthaftung gemäß Beförderungsbedingungen und dem deklarierten Wert. Er wird im AWB unter Valuation Charge (25AB) eingetragen.

▶ **Beispiel**
Wert einer Sendung von 100 kg = 5.000 €
Höchsthaftung für 100 kg x SZR 19,00/ca. 23,37 € = 2337 €
Valuation Charge = von Differenz 2663 € x 0,75 % = 19,98 €

Jedes Packstück einer Luftfrachtsendung ist mit einem **Etikett (Barcode Label)** zu versehen, damit man es jederzeit während des Transports bzw. beim Umschlag am Abgangs-, Transit-, und Empfangsflughafen identifizieren kann. Das Label enthält Hinweise auf die Airline, die Air Waybill No., die Destination und die Anzahl der Packstücke. Zur elektronischen Verarbeitung mit einem Lager-Verwaltungssystem sind die AWB No. und die Anzahl der Packstücke als Barcode aufgedruckt. Optional kann auf dem Label auch über die HAWB-Nummer des vertraglichen Luftfrachtführers (Luftfrachtspediteur) und den Abgangsflughafen (threeletter-code) informiert werden. Im Luftfracht-Sammelverkehr druckt und befestigt man meistens zwei Bar Coded Label auf jedem Packstück. Das eine enthält Daten aus dem HAWB vom Luftfrachtspediteur und das andere informiert über die genannten MAWB-Daten.

Abb. 4.5-10: Bar Coded Label — Quelle: IATA EACP handbook

4.5.8 Beförderungsbeschränkungen

Luftfrachtgüter werden nach Maßgabe des verfügbaren Laderaums und entsprechender Einrichtung der Flugzeuge zur Beförderung angenommen. Hierbei wird vorausgesetzt, dass

a) die Beförderung sowie die Aus- oder Einfuhr der Luftfrachtgüter nicht durch Gesetze oder Bestimmungen irgendeines Landes verboten sind, welches angeflogen oder überflogen wird,
b) die Luftfrachtgüter in geeigneter Art für die Beförderung im Flugzeug verpackt sind,
c) die erforderlichen Verladepapiere vorliegen, die Ausfuhrzollabfertigung erledigt ist und dass die Luftfrachtgüter jede Gefährdung von Flugzeug, Personen oder Sachen und jede Belästigung der Fluggäste ausschließen.

Die Luftverkehrsgesellschaften – aber auch Luftfrachtspeditionen – sind berechtigt, aber nicht verpflichtet, den Inhalt der Sendungen zu prüfen.

Der Luftfrachtversand lebender Tiere ist im **IATA Live Animals Manual** geregelt und enthält Sonderbestimmungen, die einzuhalten der Absender und die am Transport beteiligten Luftverkehrsgesellschaften verpflichtet sind. Diese IATA-Vorschriften sehen im Wesentlichen vor, dass

- keine kranken und hochtragenden Tiere zum Transport angenommen werden dürfen,
- die vorgeschriebenen Transportbehälter Verwendung finden und diese mit besonderen Behandlungsaufklebern versehen werden,
- die Behandlungsvorschriften (Fütterung, Tränkung) des Absenders zu beachten sind,
- alle erforderlichen Vorkehrungen für eine zügige Abfertigung und Beförderung getroffen werden und damit auch die Einhaltung der Gesundheits-, Quarantäne- und Zollbestimmungen sichergestellt ist,
- der Absender alle erforderlichen Unterlagen (Gesundheitszeugnis, Impfbescheinigung, Einfuhrlizenzen) beibringt,
- der Absender eine Bescheinigung (Shippers Certificate for Live Animals) abzugeben hat, in der er bestätigt, dass er die besonderen IATA-Bestimmungen anerkennt.

Die Bestimmungen über die Beförderung von gefährlichen Gütern sind in den **IATA Dangerous Goods Regulations (DGR)** enthalten. Hierin sind einbezogen jene Vorschriften, die die ICAO mit den Technical Instructions for the Safe Transportation of Dangerous Goods by Air als internationales Recht gesetzt hat.

Jeder, der Güter zur Gepäck- oder Frachtbeförderung im Luftverkehr aufliefern will, ist in der Bundesrepublik Deutschland verpflichtet, die DGR-Vorschriften zu beachten. Die Bestimmungen geben Auskunft darüber, welche gefährlichen Güter von der Beförderung als Gepäck und Fracht oder nur als Gepäck ausgeschlossen sind und daher nicht zur Beförderung angenommen werden dürfen.

Bei den bedingt zugelassenen Gütern ist der Absender dafür verantwortlich, dass insbesondere die Vorschriften über die Verpackung, die höchstzulässige Nettomenge pro Versandstück, die Klassifikation des Gefahrenguts sowie dessen korrekte Deklaration in den Versandpapieren und die Kennzeichnung auf der Verpackung beachtet werden.

Dies schließt nicht aus, dass sowohl der IATA-Cargo-Agent als auch der Carrier verpflichtet sind, die Einhaltung der DGR strengstens zu überprüfen. Beide müssen über ausgebildetes Personal verfügen, dessen regelmäßige Schulung der Kontrolle des Luftfahrt-Bundesamtes unterliegt.

Der Absender ist verpflichtet, hinsichtlich der Ordnungsmäßigkeit eine besondere von ihm unterschriebene Absendererklärung **(Shipper's Declaration for Dangerous Goods)** vorzulegen. Ebenso muss jedes Packstück, welches Gefahrgut enthält, mit den vorgegebenen Etiketten (Labeln) und Markierungen versehen werden.

Bei Nichtbeachtung der DGR-Bestimmungen haften der Absender und/oder der Eigentümer der Güter gegenüber der Fluggesellschaft und Dritten.

Die den DGR-Bestimmungen unterliegenden, von der Beförderung ausgeschlossenen oder nur bedingt zugelassenen Stoffe sind insbesondere folgende: ätzende, explosionsgefährliche, selbstentzündliche, brennbare, giftige, gesundheitsschädliche, radioaktive, oxydierende, zur Polymerisation neigende Stoffe, permanente Magnete und andere Güter, die gefährliche Wirkungen verursachen können, sowie Gase und Krankheitserreger. Solche Stoffe können auch in Maschinen, Apparaten, Instrumenten und anderen Konsumgütern enthalten sein. Insbesondere der Lufttransport von Lithium Batterien wird weiter eingeschränkt. Lithium-Ionen-Batterien dürfen zukünftig nur noch im Flugzeug befördert werden, wenn der Ladezustand 30% ihrer gesamten Kapazität nicht übersteigt.

Die Carrier und IATA-Cargo-Agenten erheben für die Abfertigung von Dangerous Goods eine besondere Gebühr **(DGR-Fee)**.

Abb. 4.5-11: Muster IATA DGR Label **Quelle: IATA EACP handbook**

4.5.9 Ende des Frachtvertrags

Die Auslieferung der Sendung am Bestimmungsflughafen durch den Luftfrachtführer wird nur gegen schriftliche Quittung des Empfängers und gegen Erfüllung aller maßgebenden Bestimmungen und Bedingungen des Luftfrachtbriefs vorgenommen. Empfangsberechtigt ist der im Luftfrachtbrief bezeichnete Empfänger oder sein durch ihn bevollmächtigter Importspediteur.

Da der Luftfrachtvertrag nicht begebbar (not negotiable) ist, und besondere Absenderverfügungen hinsichtlich der Zahlung des Warenwertes (z. B. „Kasse gegen Dokumente") nicht zulässt, haben im Luftfrachtverkehr die sogenannten **„Bankinkassosendungen"** zunehmend an Bedeutung gewonnen.

Der Absender adressiert seine Sendung an das Geldinstitut des Bestellers/Empfängers oder Käufers. Im Luftfrachtbrief erscheinen unter „Accounting Information" der Name und die Adresse des Endempfängers mit der Auflage für die ausliefernde Fluggesellschaft, diesen bei Ankunft der Sendung zusätzlich zu benachrichtigen (Notify-Adresse).

Die Fluggesellschaft am Bestimmungsflughafen avisiert der Bank (Empfänger im AWB) die Sendung mit der Bitte um Freistellung an den Endempfänger (Notify). Im Einvernehmen mit ihrem Kunden regelt die Bank die Zahlung und Überweisung des Warenwertes an den Absender und ermächtigt die Fluggesellschaft, die Ware an den Endempfänger oder seinem bevollmächtigten Importspediteur auszuliefern. Sämtliche Empfängerrechte und -pflichten aus dem Beförderungsvertrag gehen damit auf ihn über. Ein ähnliches Verfahren wird durchgeführt, wenn das Handelsgeschäft über ein Dokumentenakkreditiv (L/C oder Letter of Credit) abgewickelt wurde.

Sind im Luftfrachtbrief keine besonderen Weisungen erteilt, so wird der Empfänger auf gewöhnlichem Wege (Post) von der Ankunft der Güter benachrichtigt. Es ist deshalb ratsam, außer der Postadresse des Empfängers auch dessen Telefon Nr. im AWB einzutragen. Der Luftfrachtführer haftet nicht dafür, dass diese Mitteilung nicht ankommt oder sich verspätet. Sofern kein Zubringerdienst zur Adresse des Empfängers besteht, muss der Empfänger die Gütersendung am Bestimmungsflughafen annehmen und sie dort abholen.

Weigert sich der Empfänger, die Sendung zu übernehmen, so hat der Luftfrachtführer zunächst die Weisung des Absenders zu einzuholen. In den Allgemeinen Beförderungsbedingungen für Fracht der LCAG ist der Fall – Unterlassung der Übernahme durch den Empfänger – wie folgt geregelt:

Weigert sich der Empfänger oder unterlässt er es, die Sendung nach ihrer Ankunft an dem im Luftfrachtbrief angegebenen Bestimmungsort abzunehmen, so wird der Luftfrachtführer versuchen, etwaige im Luftfrachtbrief vermerkte Weisungen des Absenders zu befolgen. Sind keine solchen Weisungen vermerkt, oder können sie vernünftigerweise nicht ausgeführt werden, so kann der Luftfrachtführer nach Benachrichtigung des Absenders über die Nichtannahme durch den Empfänger wie folgt verfahren.

Er kann

- die Gütersendung mit seinem eigenen Dienst oder auf jedem anderen Wege zum Abgangsflughafen zurückführen, um dort Weisungen des Absenders abzuwarten, oder
- die Gütersendung nach mindestens 30-tägiger Lagerung durch öffentlichen oder privaten Verkauf im ganzen oder in mehreren Teilen veräußern.

Absender und Empfänger haften gesamtschuldnerisch für alle Kosten und Auslagen, die sich aus der Nichtannahme der Sendung oder in Verbindung damit ergeben, einschließlich der durch die Rückführung der Gütersendung erwachsenden Fracht. Wird die Gütersendung zum Abgangsflughafen zurückgeführt und weigern sich Absender oder Eigentümer, diese Zahlung binnen 14 Tagen nach der Rückführung zu leisten oder versäumen sie dies, so kann der Luftfrachtführer durch öffentlichen oder privaten Verkauf über die Gütersendung oder über Teile davon verfügen, nachdem er dem Absender an die im Luftfrachtbrief angegebene Anschrift mit zehntägiger Frist von seiner Absicht Kenntnis gegeben hat.

4.5.10 Haftung und Versicherung

Grundsätzlich haftet der Luftfrachtführer für **Beschädigung**, **Verlust und Verspätung** der sich in seinem Gewahrsam befindlichen Güter, d. h. von der Annahme am Abgangsflughafen bis zur Auslieferung am Zielflughafen. Es sind jedoch unterschiedliche Rechtsgrundlagen und Haftungsregelungen zu beachten bei

- nationaler (innerstaatlicher) Beförderung oder
- internationaler Beförderung.

Bei einer internationalen Luftfrachtbeförderung werden die Beförderungsbedingungen und deren Haftungsregelungen in Anwendung gebracht, die beide Vertragsstaaten (Abgangsland und Empfangsland) als Rechtsgrundlage anerkannt und ratifiziert haben.

Dies sind entweder das

- Montrealer Übereinkommen (MÜ) oder das
- Warschauer Abkommen (WA)/Haager Protokoll (HP) oder
- Conditions of Contract on reverse of Air Waybill

Für die **innerstaatliche Luftfrachtbeförderung** in der Bundesrepublik Deutschland gelten die frachtrechtlichen Bestimmungen des Handelsgesetzbuches (HGB). Individuelle Vereinbarungen der Vertragsparteien, wie z. B. die Anwendung der Allgemeinen Deutschen Spediteurbedingungen (ADSp 2016), haben jedoch Vorrang.

Die gesetzlichen Bestimmungen des § 425 HGB folgen dem **Prinzip der Gefährdungshaftung/Obhutshaftung**. Der Luftfrachtführer haftet demnach verschuldensunabhängig für alle Schäden und Verluste im Obhutszeitraum.

Die **Haftung des Luftfrachtführers** für Güterschäden (Verlust, Beschädigung) ist begrenzt auf 8,33 Sonderziehungsrechte (SZR)/kg brutto (§ 431 HGB) des beschädigten oder in Verlust geratenen Gutes, sofern nicht im Wege Allgemeiner Beförderungsbedingungen (AGB) innerhalb eines Korridors von 2–40 SZR oder durch individuelle Regelungen etwas anderes vereinbart wurde. LCAG hat unter Anwendung des Haftungskorridors in ihren Beförderungsbedingungen die Haftung für Güterschäden im nationalen Luftfrachtverkehr auf 19 SZR/kg brutto angehoben. Bei Lieferfristüberschreitung (Vermögenschaden) haftet der Luftfrachtführer im nationalen Verkehr maximal mit dem dreifachen Betrag der vereinbarten Fracht.

Für die **internationale Luftfrachtbeförderung** gibt es derzeit noch keine einheitlich gültige Rechtsgrundlage und damit auch keine einheitlich anzuwendende Haftungsbestimmung. Das Montrealer Übereinkommen (MÜ) wurde bisher von 119 Staaten, allen EU-Mitgliedstaaten, den USA, Brasilien, China, Kanada, Indien, Japan und anderen für den internationalen Luftverkehr bedeutenden Staaten ratifiziert und in Kraft gesetzt – für Luftfrachtbeförderungen von und in viele andere Länder (z. B. Taiwan, Iran und Thailand) kann es jedoch als Rechtsgrundlage noch nicht angewendet werden. Es muss daher im Schadenfall für jeden internationalen Beförderungsvertrag geprüft werden, welche Rechtsnorm und Haftungsregelung,

- das Montrealer Übereinkommen (MÜ),
- das Haager Protokoll (HP),
- das Warschauer Abkommen (WA),
- die Conditions of Contract oder
- das Handelsgesetzbuch (HGB)

anzuwenden ist.

Das **Montrealer Übereinkommen (MÜ)** folgt wie das Frachtrecht des HGB dem Haftungsprinzip der Gefährdungshaftung/Obhutshaftung. Der Luftfrachtführer ist nur dann von der Haftung befreit, wenn er nachweisen kann, dass Verlust oder Beschädigung

- durch Eigenheiten und die Beschaffenheit des Gutes selbst,
- durch mangelnde Verpackung des Gutes,
- durch Ereignisse wie Krieg und Unruhen,
- durch hoheitliches Handeln bei Ausfuhr, Einfuhr und Durchfuhr verursacht wurden.

Die Haftung des Luftfrachtführers für Güterschäden und Verspätungsschäden (Lieferfristüberschreitungen) ist nach dem Montrealer Übereinkommen seit dem 1.1.2010 auf 19 SZR/kg brutto erhöht worden.

Das **Warschauer Abkommen (WA)** und das **Haager Protokoll (HP)** folgen dem Haftungsprinzip der Verschuldenshaftung mit umgekehrter Beweislast, der sich der Luftfrachtführer nur entziehen kann, wenn er selbst den Entlastungsnachweis führt.

Die Haftung des Luftfrachtführers ist nach dem Warschauer Abkommen/Haager Protokoll für Güterschäden und Vermögensschäden begrenzt auf 250 französische Goldfranken/Poincare-Franken je kg brutto. Der Gegenwert der Poincare-Franken ist in der Bundesrepublik Deutschland durch eine Rechtsverordnung festgelegt und beträgt 27,35 € für 250 französische Goldfranken per kg.

Generell gelten für alle auf die nationale und internationale Luftfrachtbeförderung anzuwendenden Rechtsgrundlagen und deren Haftungsregelungen:

Außer den Sach- und Vermögensschäden sind in der Haftung auch direkte Schadenfolgen eingeschlossen, wie z. B. Transportkosten für Ersatzsendungen, Bereitstellung von Personal, Kreditzinsen und Auslagen für Gutachten und Nachforschungen. Nicht erstattungsfähig sind jedoch indirekte Folgeschäden wie Produktionsausfall, entgangener Gewinn, entgangene Geschäftsabschlüsse, Wegfall von Steuerprivilegien usw. Der Haftungstatbestand „Güterfolgeschaden" ist gemäß allen vorliegenden Rechtsgrundlagen somit für die nationale und internationale Luftfrachtbeförderung ausgeschlossen.

Die Werte der vorstehend beschriebenen Haftungsbegrenzungen für Güterschäden können nur dadurch erhöht werden, dass der Absender im Luftfrachtbrief (AWB) einen Beförderungswert (Lieferwert) deklariert, der über die Haftungshöchstgrenze hinausgeht. Hierfür erhebt die Fluggesellschaft einen **Wertzuschlag (valuation charge)** von 0,75 %.

In den Haftungsbestimmungen ist nicht definiert, wann eine Verspätung bzw. ein Verspätungsschaden vorliegt. Bei der Abwicklung solcher Schäden unterstellt die Rechtsprechung, dass das Frachtgut innerhalb einer angemessenen und zumutbaren Frist am Bestimmungsflughafen zur Verfügung stehen muss und dass zumindest dann eine Verspätung vorliegt, wenn die Beförderung im Oberflächen- oder Seeverkehr weniger Zeit in Anspruch genommen hätte. Im Übrigen bleibt der Rechtsprechung im Einzelfall vorbehalten, über das Vorliegen eines Verspätungsschadens zu befinden.

Können dem Luftfrachtführer Vorsatz oder grobe Fahrlässigkeit als Ursache für einen entstandenen Schaden nachgewiesen werden, haftet der Luftfrachtführer nach dem WA unbegrenzt. Dieser Haftungstatbestand ist jedoch nach dem MÜ ausgeschlossen, d. h., es gilt auch bei Vorsatz die Haftungsbeschränkung von 19,00 SZR per kg brutto.

Da das Montrealer Übereinkommen im Zeitablauf das Warschauer Abkommen ersetzen wird, werden in Tabelle 4.5-2 die unterschiedlichen Inhalte aufgelistet.

Schadensreklamationen können durch den am Transport Beteiligten, der ein finanzielles oder rechtlich begründetes Interesse an der Sendung hat, geltend gemacht werden. Laut Art. 31 (2) MÜ und Art. 26 (2) WA muss der Empfänger dem Luftfrachtführer Anzeige erstatten. Der Luftfrachtführer ist im Normalfall der ausführende Carrier (IATA AWB), er kann aber auch der Contractual Carrier (HAWB) sein. Als am Transport beteiligt gelten der Absender, der Empfänger und deren bevollmächtigter Agent (Spediteur). Ferner kann die Reklamation durch denjenigen geltend gemacht werden, der durch die Vorlage einer Zession oder Abtretungserklärung beweist, dass er Eigentümer (z. B. Transportversicherer), der Sendung ist, selbst wenn er nicht namentlich im Frachtbrief (AWB) genannt ist.

Waren mehrere Carrier am Transport beteiligt, kann sich der Reklamant an eine Fluggesellschaft seiner Wahl wenden. Diese ist aufgrund einer Solidarhaftung verpflichtet, die Schadensregulierung auch dann vorzunehmen, wenn sie kein Verschulden trifft.

Schadensersatzansprüche aus Luftfrachtverträgen sind innerhalb der nachstehenden Fristen geltend zu machen (vgl. Abb. 4.5-12).

Eine gerichtliche Schadensersatzklage kann nur erhoben werden, wenn vorher der Schaden geltend gemacht wurde. Eine Klage muss nach dem Warschauer Abkommen, dem Haager Protokoll und jetzt auch nach dem Montrealer Übereinkommen innerhalb einer Ausschlussfrist **(Präklusivfrist)** von zwei Jahren erfolgen. Die Frist beginnt an dem Tag, an dem das Flugzeug mit dem Frachtgut am Bestimmungsflughafen eingetroffen ist oder hätte eintreffen sollen. Bei Beförderungsabbruch ist der Tag dieses Ereignisses Beginn der Präklusivfrist.

Abgrenzungsmerkmale	WA/HP/MP4	MÜ
Haftungsumfang	Internationale Luftbeförderung, Passagiere, Reisegepäck und Güter (keine Post) zwischen den Unterzeichnerstaaten.	Internationale Luftbeförderung, Personen, Reisegepäck und Güter (teilweise auch Postsendungen) zwischen den Unterzeichnerstaaten.
Inkrafttreten	1929/1955/1998 weltweit gültig, gezeichnet und ratifiziert von den meisten Staaten; das MP4 auch im Jahr 2004 von der Bundesrepublik Deutschland.	2003 und inzwischen ratifiziert von 119 Staaten, darunter alle EU-Staaten, einschließlich der Bundesrepublik Deutschland.
Beförderungsdokument Luftfrachtbrief (AWB)	Gemäß Artikel 9 zwingend, andernfalls keine Haftungsbeschränkung. MP4 erlaubt erstmals auch andere Mittel (electronic AWB).	Gemäß Artikel 4, Abs. 2 auch in elektronischer Form möglich.
Zeitraum der Haftung	Von Flughafen zu Flughafen, d. h. solange sich eine Sendung in Obhut des ausführenden oder vertraglichen Frachtführers, auf dem Flughafengelände oder an Bord eines Flugzeuges befindet.	Solange sich eine Sendung in Obhut des ausführenden oder vertraglichen Frachtführers, befindet, d. h. von der Annahme am Abgangsort bis zur Auslieferung am Bestimmungsflughafen.
Haftungsbeschränkung	Maximal 250 Goldfranken beziehungsweise € 27,35/kg brutto (tatsächliches Gewicht) für jedes zu Schaden gekommene Packstück. Im MP4 werden erstmals 19 Sonderziehungsrechte (SZR) genannt.	Maximal 19 SZR pro kg brutto (tatsächliches Gewicht) für jedes zu Schaden gekommene Packstück.
Haftungsdurchbrechung	Bei Vorsatz und grober Fahrlässigkeit durch Leute des Luftfrachtführers (Art. 25) gilt keine Haftungsbeschränkung.	Keine, selbst bei Vorsatz wird mit maximal SZR 19 per kg brutto gehaftet.
Erhöhung der Haftungssumme	Vereinbarung höherer Haftungssummen durch Eintragung eines Lieferwertes möglich.	Vereinbarung höherer Haftungssummen generell möglich.
Haftungsausschluss	Nur möglich, wenn seitens des Luftfrachtführers ein Entlastungsbeweis geführt werden kann.	Nein – ausgenommen: Eigenart des transportierten Gutes Mangelhafte Verpackung Hoheitliche Handlungen, Kriegshandlungen
Versicherungspflicht durch Luftverkehrsgesellschaft	Keine.	Haftung des ausführenden und des vertraglichen Luftfrachtführers muss versichert sein.

Tab. 4.5-2: WA/HP/MP4/MÜ Bedingungen **Quelle: Eigene Darstellung**

Die **Verjährungsfrist** bei innerstaatlichen Luftfrachtbeförderungen in der Bundesrepublik Deutschland beträgt nach HGB § 439 ein Jahr, verlängert sich auf drei Jahre, wenn Vorsatz oder leichtfertiges Handeln seitens des Luftfrachtführers vorliegt.

Zur Abdeckung von Risiken, die über die eingeschränkte Haftung des Luftfrachtführers hinausgehen, sollte der Absender oder der Empfänger eine **Transportversicherung** abschließen.

Die LCAG bietet z. B. den Versicherungsschutz der Delvag Luftfahrtversicherungs-Aktiengesellschaft, Köln, an. Er umfasst den Haus-zu-Haus-Verkehr, also auch den Vor- und Nachlauf, schließt Zwischenlagerungen bis zu 60 Tagen mit ein und deckt auf Wunsch Kriegsrisiken ab.

Reklamationsfristen nach WA und MÜ

Erkennbare Beschädigungen sind sofort bei Annahme des Gutes durch Abschreibung auf dem Frachtpapier zu reklamieren	Bei sonstigen Beschädigungen beträgt die schriftliche Reklamationsfrist zwei Wochen. Der Empfänger muss den Luftfrachtführer (Airline rechts oben im AWB) -und keinen anderen- unterrichten	Bei Verspätungen innerhalb von 21 Tagen nach vorgesehener Ankunft am Bestimmungs-flughafen	Bei Verlust spätestens 120 Tage nach vorgesehener Ankunft (IATA) oder 7 Tage nach vorgesehener Ankunft (MÜ/WA)	Ausschlussfrist: 2 Jahre nach beabsichtigtem Ankunftstag (Reklamationen hemmen nicht die Ausschlussfrist!) Eine gerichtliche Klage ist innerhalb von 2 Jahren notwendig!
< 24 h	14 Tage	21 Tage	>120 Tage	2 Jahre

Abb. 4.5-12: Fristen für Schadensersatzansprüche **Quelle: Eigene Darstellung**

In die Versicherungssumme kann außer dem Rechnungswert bzw. dem gemeinen Wert am Absendeort und sämtlichen Transportkosten auch ein erhoffter (imaginärer) Gewinn bis zu 20 % einbezogen werden, sofern das Interesse des Verkäufers zu versichern ist.

Der Versicherer erbringt im Schadenfall die vereinbarte Leistung unabhängig von der Schuldfrage, wird sich jedoch an den Luftfrachtführer halten, wenn dies aufgrund der haftungsrechtlichen Bestimmungen möglich ist.

Der Versicherungsabschluss erfolgt durch Eintragung der Versicherungssumme und der Prämie in die vorgesehenen beiden Felder (20) und (28) des AWB. Bei der Deckung von Versicherungen für Teile einer Sammelsendung sind zusätzlich die Nummern der betreffenden Haus-Frachtbriefe/Frachtbriefe des Contracting Carriers im Feld „Handling Information" des Frachtbriefs zu vermerken. Das AWB-Original ist dann Versicherungszertifikat. Auf Wunsch stellt der Luftfrachtführer auch die übliche Versicherungspolice aus.

Die Versicherungsprämien und -bedingungen kann man bei den Airlines erfragen, die eine Transportversicherung offerieren. Aber auch alle Luftfrachtspediteure bieten die Vermittlung von Transportversicherungen an. Aufgrund der niedrigen Schadenquote und dem geringen Transportrisiko sind die zu zahlenden Versicherungsprämien günstiger als beim Oberflächentransport.

4.5.11 Luftverkehrsgesellschaften und Spediteure

Die Luftverkehrsgesellschaften waren schon immer daran interessiert, den Frachtverkauf zu fördern und die Frachtabfertigung zu beschleunigen. Hiermit zusammenhängende Aufgaben werden an Speditionsunternehmen delegiert, sodass die Fluggesellschaften sich auf ihre eigentliche Tätigkeit – den Lufttransport – konzentrieren können. Nach Expertenschätzungen liegen 95–98 % der deutschen Luftfracht in den Händen von Speditionsunternehmen. Damit diese Frachtverkaufs- und Abfertigungstätigkeiten weltweit nach einheitlichen Standards abgewickelt werden, hat die IATA den Status eines **Luftfrachtagenten (IATA Cargo Agent) oder Vermittler (IATA Cargo Intermediary)** geschaffen.

Spediteure können die IATA-Agentur beantragen. Die Regeln für die Zulassung von Agenten sind in **IATA Cargo Agency Rules** festgelegt, wobei es seit 1991 regionale Programme für Kanada, Europa und die Südwest-Pazifik Area gibt. Für Europa gilt seit 2004 das European Aircargo Programme (EACP). Das EACP Handbook der IATA enthält alle Vorschriften, Pflichten und Rechte eines IATA-Agenten bzw. Cargo Intermediary.

Die Form des späteren Agenturvertrags zwischen IATA und dem Intermediary ist in der IATA-Resolution 805zz festgelegt. Nach der Ernennung zum IATA-Cargo-Agenten durch die IATA können die einzelnen Fluggesellschaften den IATA-Cargo-Agenten zu ihrem Verkaufsagenten ernennen (appointment).

Die Bedeutung des Partnerschaftsverhältnisses zwischen den Luftfrachtspediteuren und den Luftverkehrsgesellschaften wird besonders darin deutlich, dass z. B. in der Bundesrepublik Deutschland über 90 % des Luftfrachtaufkommens über IATA-Luftfrachtagenten abgewickelt werden.

Die größten heute auch mit Frachtflugzeugen operierenden Fluggesellschaften und die bedeutendsten deutschen Luftfrachtspediteure sind in der Tab. 4-5-3 dargestellt.

Zu den wichtigsten **Voraussetzungen für die Zulassung zum IATA Cargo Intermediary** gehören:

- die **finanzielle Bonität** des Antragstellers, die auf Verlangen durch Bank- oder Versicherungsgarantien nachzuweisen ist
- **Aktivität im Luftfrachtverkauf** (Werbung, Kundenberatung) und Nachweis eines potenziellen Aufkommens
- Beschäftigung von geschultem, **ausgebildetem Personal** sowie Nutzung **geeigneter Abfertigungsanlagen**, die den Antragsteller in die Lage versetzen, Luftfrachtsendungen unter Beachtung der Beförderungsbedingungen, der Sicherheits- und Zollvorschriften, versandfertig (ready for carriage) bei den Airlines anzuliefern
- der **Teilnahmenachweis am IATA/FIATA-Trainingsprogramm**, der die Behandlung von Gefahrgut beinhaltet, oder einem gleichbedeutenden Schulungsprogramm für wenigstens zwei Speditionsmitarbeiter pro Niederlassung ist vorzulegen

Die Einführung des **European Air Cargo Programme (EACP)** führte auch zu einer neuen Zulassungsprozedur für Agenten in Europa. Die wichtigsten Änderungen:

- schnellere Überprüfung der Anträge für neue IATA-Cargo-Agenturen oder Statusänderungen von bestehenden Agenturen
- Zulassung/Ernennung von neuen IATA-Cargo Agenturen durch das IATA Sekretariat, wodurch die Tätigkeit der früher tätigen Cargo Registration & Review Boards überflüssig wurde
- Ernennung eines unabhängigen Schlichters für Streitfälle bei Antragstellungen oder Überprüfungen
- Liberalisierung der bestehenden Regeln, um realistischer auf aktuelle Änderungen des Luftfrachtmarkts reagieren zu können

In Europa werden Neuanträge von Frachtagenten auf der Basis der **IATA Resolution 805zz** entschieden und auch bestehende Agenturen werden hiernach überprüft. Diese Resolution kennt nicht mehr die frühere Auflage, dass ein IATA-Cargo-Agent seine Dienste „to the public" – also der allgemeinen Öffentlichkeit – anbieten muss. Somit können auch Großverlader oder Spezialfirmen, die sich darauf spezialisiert haben, ausschließlich bestimmte Güter wie Kunstwerke oder Pelze zu transportieren, als IATA-Intermediary zugelassen werden, wenn sie die sonstigen Voraussetzungen und Zulassungsbedingungen erfüllen. Diese Regelung, die eine neue Herausforderung und eine einschneidende Wettbewerbsbelastung für die schon bestehenden Agenturen darstellt, wurde trotz massiver Einwände der Luftfrachtspediteure aufgrund der Liberalisierungsbestrebungen von der EU-Kommission genehmigt.

Top ten air cargo ranking 2015								
	Frachtfluggesellschaften			Deutsche Luftfracht-Spediteure			Int. Frachtflughäfen	
Rang	Airline	Tonnen km in Tsd.	Rang	ab Deutschland	Export in Tsd. T	Rang	Airport	Umschlag in Tsd. T
1	FedEx (FX)	16.020	1	Kühne + Nagel (AG&Co.) KG	186,8	1	Hong Kong (HKG)	4.460
2	Emirates Sky Cargo (EK)	11.240	2	DB Schenker Deutschland AG	165,4	2	Memphis (MEM)	4.290
3	UPS Airlines (5X)	10.936	3	DHL Global Forwarding	131,7	3	Shanghai (PVG)	3.273
4	Cathay Pacific Cargo (CX)	9.464	4	Panalpina Welttransport	84,4	4	Anchorage (ANC)	2.630
5	Korean Air Cargo (KE)	8.079	5	DSV Global Transport	46,1	5	Seoul (INC)	2.595
6	Lufthansa Cargo AG (LH)	7.054	6	Dachser	45,8	6	Dubai (DXB)	2.505
7	Singapore Airlines Cargo (SQ)	6.019	7	UPS	39,3	7	Louisville (SDF)	2.350
8	Qatar Airways Cargo (QR)	5.997	8	Expeditors International	26,8	8	Frankfurt (FRA)	2.200
9	Cargolux (CV)	5.753	9	Logwin AG	26,6	9	Tokyo (NRT)	2.122
10	China Airlines Cargo (CI)	5.266	10	K.H. Dietrich	25,9	10	Paris (CDG)	2.091

Tab. 4.5-3: Rangliste Dienstleister und Flughäfen Quelle: Eigene Recherche und Darstellung

Die Registrierung als IATA-Luftfrachtagent oder Intermediary erfolgt für jedes Land, in dem der antragstellende Spediteur seinen Hauptsitz hat, und gilt für alle Zweigniederlassungen, die er dort unterhält. Die Zulassung kann auf Antrag und gegen jährliche Bezahlung von Gebühren auch auf Flughäfen des unmittelbar benachbarten Auslands erweitert werden, jedoch nur zum Zweck der Anlieferung der im Land der Zulassung verkauften Luftfracht.

Die IATA-Fluggesellschaften zahlten in der Vergangenheit ihren IATA-Frachtagenten für deren Tätigkeit eine **Kommission (Sales Commission)** auf die im internationalen Verkehr anfallenden Frachtkosten und Wertzuschläge. Sie war bei den Carriern unterschiedlich hoch und betrug 5 % bzw. 6 % vom Frachtumsatz (weight charges) inkl. Wertzuschläge (valuation charges). Seit mehreren Jahren werden von den Airlines jedoch ausschließlich Nettoraten (net rates) pro kg oder 6 cdm angeboten, vereinbart und über das CASS (Cargo Account Settlement System) mit den Luftfrachtagenten abgerechnet. Der Luftfrachtspediteur/IATA Cargo Agent kann somit seine Verkaufsraten gegenüber seinen Kunden selbst festlegen und so seinen Bruttonutzen (Differenz zwischen Speditionserlös und Speditionsaufwand) selbst bestimmen. Während bis Mitte 1991 in Deutschland jede IATA-Frachtagentur mit jeder Fluggesellschaft, mit der sie monatlich Frachtumsätze getätigt hatte, getrennt abrechnen musste, wurde ab diesem Zeitpunkt das IATA **Cargo Accounts Settlement System (CASS)** eingeführt. CASS errechnet jeden Monat die Salden aus den Luftfrachtbriefen aller Agenturen mit allen am System beteiligten Fluggesellschaften. Jeder

Teilnehmer – ob Fluggesellschaft oder Spediteur– erhält von CASS monatlich eine Abrechnung, die gleichzeitig Rechnung oder Gutschrift sein kann. Da alle Zahlungen über CASS laufen, ist die Institution zum einen **Abrechnungsstelle**, zum anderen Bank und **Inkassostelle** zwischen IATA-Cargo-Agenten und Fluggesellschaften. Die Salden der CASS-Abrechnung (Credit oder Debit) für alle Luftfrachttransporte in einem Monat müssen immer pünktlich am 30. des Folgemonats an CASS reguliert bzw. überwiesen werden. Dieses zentralisierte Abrechnungsverfahren ermöglicht auch die Erstellung verschiedenartiger Statistiken. Luftverkehrsgesellschaften und interessierte Luftfrachtspediteure können solche Statistiken bei der IATA kaufen und so ihren jeweiligen Marktanteil am internationalen Luftfrachtaufkommen ermitteln.

4.5.12 Sammelverkehre und vertraglicher Luftfrachtführer

Da die Tarifstruktur für höhere Sendungsgewichte preisgünstigere Frachtraten bzw. Paletten- und Containertarife einräumt, ist es sinnvoll, Einzelsendungen von verschiedenen Versendern oder Sendungen eines Absenders an unterschiedliche Empfänger zu demselben Zielflughafen zu einer Sammelsendung zusammenzufassen. Auch kann der **Consolidator** durch das Absorbieren von Volumen (Mischen von schwergewichtigen und voluminösen Packstücken) einen sogenannten „Sammelnutzen" erzielen. Durch Ausstellung eines Hausfrachtbriefs (HAWB) wird der Luftfrachtspediteur Sammellader, aber auch vertraglicher Luftfrachtführer (Contractual Carrier). Die kalkulatorische Spanne zwischen einer Einzelsendung (Direct Shipment) und einer Sammelladung (Consolidation) erlaubt es ihm, selbst unter Berücksichtigung der für das Sammeln und Verteilen entstehenden Kosten, dem Kunden erhebliche Frachtkostenvorteile einzuräumen (Offerten, Haustarife, Sammelladungstarife).

Der Sammelladungsspediteur (Consolidator) stellt für die jeweilige Sendung einen sogenannten **„Hausfrachtbrief (HAWB)"** aus. Der HAWB repräsentiert den Abschluss eines Luftfracht-Beförderungsvertrags zwischen einem vertraglichen Luftfrachtführer (Spediteur) und einem Absender (shipper). Er beinhaltet die gleichen Beförderungsbedingungen (Conditions of Contract) und Haftungsbeschränkungen wie ein IATA Direct AWB

Luftfrachtspediteure gelten gesetzlich als vertragliche Luftfrachtführer **(Contracting Carrier)**, wenn sie Sammelladungsspedition (Consolidation) oder in Deutschland Fixkostenspedition betreiben bzw. im Selbsteintritt tätig werden. Sie sind dann Contracting Carrier mit allen Rechten und Pflichten eines Luftfrachtführers und haften auch wie dieser. Zur Erfüllung des Luftfrachtvertrags bedienen sie sich eines „ausführenden Luftfrachtführers" (executing carrier).

Aufgrund einer Rechtslage erwies sich die Verwendung von Haus-Luftfrachtbriefen (HAWB), die in ihrer Form dem IATA-AWB angepasst sind, als problematisch. Der IATA-Frachtbrief vereinbart nämlich mit den Conditions of Contract auf der Rückseite der drei Originale die Haftungsbestimmungen für den Transport vom Abgangs- zum Zielflughafen, regelt aber nicht die Frachtführerhaftung im Vorlauf bzw. Nachlauf.

Ferner gab es Schwierigkeiten hinsichtlich der Akkreditivfähigkeit des House-AWB (HAWB). In den einheitlichen Richtlinien für das Dokumenten-Akkreditiv der Internationalen Handelskammer, Paris, ist zwar der carriertypische Luftfrachtbrief als akkreditivfähig anerkannt, der HAWB jedoch nur dann, wenn der Sammellader dort als Carrier (vertraglicher Luftfrachtführer) ausgewiesen ist und keine anderen Eintragungen im AWB dem entgegenstehen. Aufgrund dieser Schwierigkeiten wurde der Deutsche Speditions- und Logistikverband (DSLV) auf nationaler Ebene initiativ und traf mit dem Bundesverband Deutscher Banken eine Vereinbarung, die die Voraussetzungen für die Anerkennung eines HAWB als akkreditivfähiges Beförderungsdokument festlegte.

Den Sammelladern/Contracting Carriern wurde empfohlen, nur solche Formulare zu verwenden, die in Ergänzung der Conditions of Contract mit dem Zusatz versehen sind, dass Vor- und Nachlauf nicht Bestandteil des Luftfracht-Beförderungsvertrags sind. Die FIATA hat auf internationaler Ebene einen Luftfrachtbrief erarbeitet, der nicht nur einheitliches Standarddokument des Sammelladers/Contracting Carriers ist, sondern auch durch den Spediteur in seiner Eigenschaft als IATA-Cargo-Agent für sogenannte „IATA-Direktsendungen" genutzt werden kann.

Die Form des AWB ist zwischen FIATA und Internationaler Handelskammer vereinbart. Die Spediteure in der Bundesrepublik können ihn verwenden, nachdem auch die Lufthansa Cargo AG der Einführung zustimmte.

In Form und Text entspricht der HAWB heute dem Standard-IATA-AWB bis auf zwei Ausnahmen. Auf der Vorderseite fehlen der Eindruck des Carriernamens und die AWB-Seriennummer (Prefix) der Fluggesellschaft. Als Carriername werden der Name und die Adresse des Spediteurs (vertraglicher Luftfrachtführer) eingetragen und der Prefix vor der achtstelligen eigenen HAWB-Nummer verdeutlicht meistens den IATA-Code des Abflughafens. Es ist nicht gestattet, den HAWB als Haus-Luftfrachtbrief oder wie früher üblich als Consolidator Waybill zu kennzeichnen. Wird durch einen Spediteur in seiner Eigenschaft als IATA-Cargo-Agent ein sogenannter „IATA-AWB" ausgestellt, muss er vorher die AWB-Seriennummer von der jeweiligen den Lufttransport ausführenden Luftverkehrsgesellschaft einholen und sie in das Beförderungsdokument übertragen. Im IATA-AWB bzw. **MAWB (Master Air Waybill für Sammelladungen)** sind stets der Name und die Adresse der Hauptverwaltung der jeweiligen Fluggesellschaft im Feld „Air Waybill issued by" einzutragen.

Am Bestimmungsflughafen erledigt die Mehrzahl der Luftfracht-Importeure (Empfänger) die Import-Zollabfertigung nicht selbst und besorgt auch nicht in eigener Regie die Abholung am Flughafen. In der Regel beauftragt der Empfänger einen Spediteur seiner Wahl und hinterlegt bei den Fluggesellschaften entsprechende Import-Vollmachten und Zollvollmachten. Dies versetzt die Airlines oder deren Handling Agents in die Lage, die Sendungen und die Beförderungsdokumente ohne Avisierung an den im Frachtbrief genannten Empfänger oder direkt dem bevollmächtigten Spediteur auszuhändigen. Eventuelle auf der Sendung lastende Frachtkostennachnahmen oder Lagergelder werden auch vom bevollmächtigten **Empfangsspediteur** verauslagt.

Als Empfänger von Sammelladungen besorgt der Empfangsspediteur die Aufteilung **(break bulk)** von eingehenden Sammelsendungen und auch den Einzug von Nachnahmen (Disbursements) gemäß dem Haus-Frachtbrief/HAWB des Contracting Carriers. Für die Aufteilung von Sammelsendungen erhebt der Empfangsspediteur eine Verteilungsgebühr (break bulk-fee) und belastet diese an den Contracting Carrier, sofern er nicht am Sammelnutzen des absendenden Consolidators beteiligt ist.

Ist der Empfangsspediteur nicht gleichzeitig Vollmachtspediteur des Endempfängers (Importeurs), so ist er gehalten, die eingetroffene Sendung an den Bevollmächtigten des im HAWB genannten Empfängers zur Importabfertigung abzutreten **(Zession)**.

4.5.13 Das Chartergeschäft

Neben der Nutzung des Linienverkehres besteht die Möglichkeit, Frachtflugzeuge im Bedarfsverkehr (Gelegenheitsverkehr) in der Weise zu chartern, dass entweder die Gesamtkapazität **(Vollcharter)** oder nur ein Teil der Kapazität **(Split- bzw. Partcharter)** eines Flugzeuges gegen einen frei ausgehandelten Preis gekauft werden.

Zwar unterliegen die Charter Carrier nicht wie die Liniengesellschaften einer Betriebspflicht und garantieren zum Zweck der Zuladungsoptimierung auch nicht die vorgesehenen Abflugzeiten, dennoch hat sich ein Fast-Linienverkehr auf Strecken mit paarigen Verkehrsströmen eingespielt.

Mit ihren Voll- und Splitcharterdiensten verstehen sich Charter Carrier als notwendige Ergänzung zum Linienverkehr, der nicht immer in der Lage sein kann, auf stark schwankende Nachfrage und sich schnell ändernde Marktgegebenheiten unverzüglich zu reagieren. Insbesondere bei Notfällen, sei es ein Bandstillstand in einem Produktionsbetrieb, eine humanitäre Notsituation, Streik, der Nachschub von Militärgütern in Krisengebiete oder auch nur ein defektes Fluggerät, bilden Charterflüge oftmals die einzige Problemlösung.

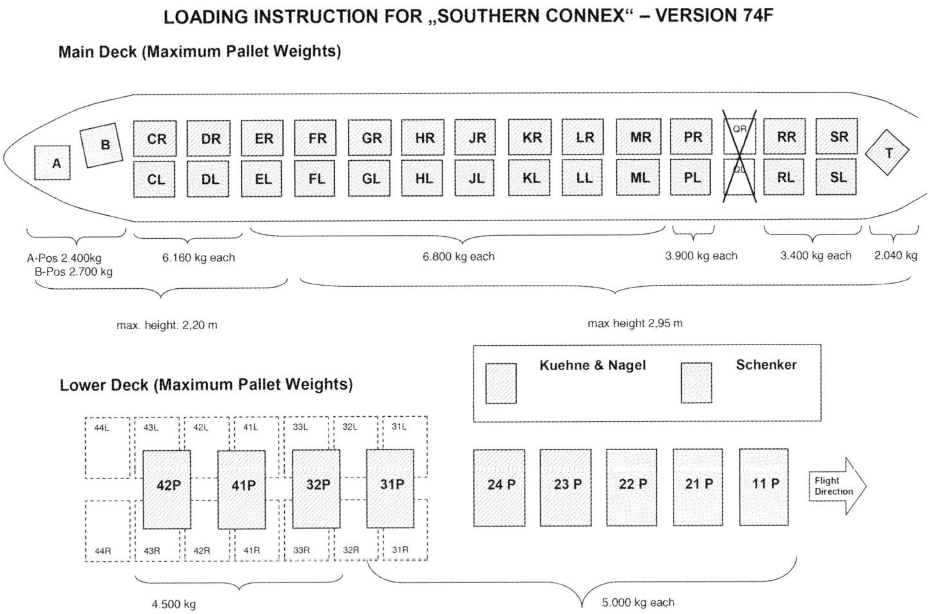

Abb. 4.5-13: Loading Instructions **Quelle: LCAG**

Vertragsgrundlage für die Beförderung im Vollchartergeschäft ist der **Chartervertrag**, der außer dem Preis u. a. auch die vorgesehene Abflugzeit, den Flugzeugtyp, die Zeit für die Anlieferung der Ladung und Rücktrittsklauseln bzw. möglicherweise zu zahlende Verzögerungsgebühren (Demurrage) beinhaltet. Zusätzlich wird für den Chartertransport auch ein Luftfrachtbrief (AWB) ausgestellt. Im Einzelfall wendet man sich am besten an einen **Air Cargo Charter Broker**. Dieser kennt den Markt und kann weltweit Frachtkapazität zur richtigen Zeit, in Form des benötigten Fluggeräts, an jeden Flugplatz der Welt zur Verfügung stellen.

Für Splitchartersendungen ist lediglich die Ausstellung von Einzel- oder Master-AWBs mit Cargo Manifest über die gecharterte Ladung erforderlich. Es besteht aber auch die Möglichkeit, mit Liniencarriern über einzelne oder mehrere Ladeeinheiten (Unit Load Devices (ULD)) auf festgelegten Flugrouten/Flügen an bestimmten Tagen sogenannte „Blocked Space Agreements" oder „Guaranteed Capacity Agreements" abzuschließen, wobei immer der Absender (Charterer) das Risiko der Befrachtung trägt, denn er muss die gekaufte Kapazität – unabhängig von deren Nutzung – abnehmen und bezahlen. Demgegenüber verpflichtet sich die Airline, den gekauften Frachtraum zur Verfügung zu stellen und die Ladung wie vereinbart pünktlich zu transportieren.

4.5.14 SEA-AIR-Verkehr

Der SEA-AIR-Verkehr ist eine Alternative zum teuren Luftfrachtversand und zum zeitintensiven Seetransport. Diese Intermodalverkehre werden für Verbindungen zwischen Asien und Europa angeboten. Dabei erfolgt der erste Transport per Seeschiff z. B. von Asien in den Nahen Osten (z. B. Dubai) oder nach Kanada (z. B .Vancouver) und von dort schließt sich ein Luftfrachttransport nach Europa an.

Aufgrund von Abmachungen zwischen See-Reedereien und Luftverkehrsgesellschaften (SEA-AIR Agreements) erfolgt die Beförderung durch spezialisierte Speditionsunternehmen im Intermodalverkehr (Schiff/Flugzeug) zu **Durch-Raten (Through-Rates)**. Als Transportdokument eignet sich hierfür das F-B/L (FIATA Multimodal Transport Bill of Lading), welches auf der Rückseite auch besondere Haftungsklauseln für beide Verkehrsträger beinhaltet.

Hinweis
Weitere Erläuterungen zum FIATA-B/L finden Sie im Kapitel 2 dieses Buches sowie weitere Details und Muster im Kapitel 4.3 (Die wichtigsten Warenbegleitdokumente) des LORENZ 2.

Bei Nutzung des SEA-AIR-Verkehrs erlangt der europäische Empfänger (Käufer) folgende Vorteile:

a) Gegenüber dem reinen Seetransport halbieren sich die Transportzeiten ex Asien von ca. 32 Tagen auf ca. 17 Tage.
b) Die SEA-AIR-Transportkosten betragen nur ca. 50 % der reinen Lufttransportkosten.

Beide Vergünstigungen führen jährlich zu erheblichen Tonnagesteigerungen in diesem intermodalen Güterverkehr.

5 Der Spediteur und der Kleingutmarkt

In diesem Kapitel wird der Versuch unternommen, den Kleingutmarkt geschlossen darzustellen, auch wenn sich dieser teilweise nur schwer abgrenzen lässt. Während über den Spediteursammelgutverkehr und über den Paketdienst auf der Basis relativ abgesicherter Erkenntnisse zusammenfassend berichtet werden kann, ist es schwierig, die vielfältigen Entwicklungen der Kurier- und Expressdienste, deren Markt in Art und Umfang nicht fest geformt ist, unter kaufmännischen und technischen Gesichtspunkten übersichtlich zu strukturieren. Sie werden beim Studium dieses Kapitels feststellen, dass es hier noch begriffliche Überschneidungen und Unsicherheiten gibt. Trotzdem sind Herausgeber und Verlag der Meinung, dass es für Ausbildung und Beruf wichtig ist, die Entwicklungen dieses Marktsegments aufzuzeigen und darzustellen.

5.1 Der Spediteursammelgutverkehr

Ingo Hodea

5.1.1 Entwicklung des Spediteursammelgutverkehrs

Der Spediteursammelgutverkehr ist eines der typischsten und wichtigsten Betätigungsfelder der Spedition. Das Sammeln der von den Versendern übergebenen, in der Regel kleingewichtigen Einzelsendungen (Stückgüter), die Zusammenfassung zu einer **Sammelladung (Sammelsendung)** und die Verteilung der Einzelsendungen an die einzelnen Empfänger erfordert eine vielfältige und umfangreiche Organisation. Gerade in diesem Tätigkeitsbereich kann die Spedition ihren Anspruch beweisen, Organisator des Güterverkehrs zu sein.

Der Spediteursammelgutverkehr blickt auf eine mehr als hundertdreißigjährige Geschichte zurück. Seine Geburtsstunde ist der 12./13.2.1877, als die deutschen Eisenbahnverwaltungen den sogenannten **„Reformtarif"** einführten. Dieser Tarif, mit dem für das damalige Reichsgebiet die Tarifeinheit geschaffen wurde, sah eine Staffelung in Eilgut, Stückgut, Wagenladungen sowie Spezialgut vor. Die Differenzierung des Tarifs zwischen dem auf dieselbe Gewichtseinheit bezogenen teureren Stückgut und dem billigeren Wagenladungsgut veranlasste eine große Zahl von Spediteuren, die von den Versendern erhaltenen Stückgutsendungen für dieselbe Verkehrsrichtung vorzusammeln und der Bahn als geschlossene Wagenladung zum Transport zu übergeben. Da die damaligen Bahnsammelladungsspediteure die mögliche Frachtersparnis nicht gänzlich für sich vereinnahmten, sondern einen Anteil der erzielten Frachtdifferenz ihren Auftraggebern einräumten, setzte sich der Spediteursammelgutverkehr recht bald bei den Versendern durch.

Die Grundlage für den Sammelgutverkehr ist bei allen Verkehrsträgern gleich: Sie beruht auf der betriebswirtschaftlich zu erklärenden Kostendegression und der sich hieraus ergebenden Differenz zwischen Stückgut und Ladungsfracht. Mit steigendem Gewicht werden die Kosten der Sendung, bezogen auf dieselbe Gewichtseinheit, relativ günstiger. Dies gilt in gleicher Weise für Abfertigung, Handling und Transport der Güter. Bei allen Verkehrsträgern ist über dieselbe Entfernung gerechnet z. B. eine Sendung à 10 t billiger als 20 Sendungen à 500 kg.

▶ **Beispiel**

Abrechnungen nach dem früheren GFT-Richtsatz (Stand: 1.1.1992)

a) 10.000 kg der Ladungsklasse A/B über 300 km:
100 x 12,01 DM = 1.201 DM

b) 20 Stückgutsendungen zu je 500 kg über 300 km:
20 x 150,30 DM = 3.006 DM

c) maximale Frachtersparnis: 1.805 DM

Die ausgewiesene Frachtersparnis verbleibt nur zum geringsten Teil beim Sammelgutspediteur. Wie ausgeführt, haben die Sammelgutspediteure seit der Geburtsstunde des Sammelgutverkehrs ihre Auftraggeber an den zu erzielenden Frachtersparnissen beteiligt. Ursprünglich war der Spediteur sogar nach den ADSp verpflichtet, dem Auftraggeber einen entsprechenden Vorteil zu gewähren. Dabei darf jedoch nicht außer Acht gelassen werden, dass der Sammelgutspediteur mit dem Sammelnutzen neben dem büromäßigen Aufwand zur Organisation der Sammelverkehre auch die Kosten für die Vor- und Nachläufe sowie für Disposition und Umschlag der Güter abdecken muss.

5.1.2 Der Spediteursammelgutverkehr

Der Spediteursammelgutverkehr hat in den letzten Jahrzehnten einen solchen Aufschwung genommen, dass heute in Deutschland gut drei Viertel aller Kleingüter in dieser Verkehrsart versandt werden. Die Sammelspedition hat national und zunehmend europaweit ein dichtes **Netz regelmäßiger Verkehre** aufgebaut, die quasi industriell betrieben werden. Im Zentrum dieser Dienstleistung steht nicht die Güterbeförderung, sondern die Organisation einzelner Aktivitäten mit den Produktionsfunktionen:

1. Sammeln der Einzelsendungen
2. Umschlag und Zusammenfassung dieser Güter zu Sammelladungen
3. Befördern zum Empfangsspediteur
4. Umschlag und Auslieferung der Güter an die Empfänger

Bis zur Aufhebung der Tarife musste der Sammelgutspediteur sowohl beim Einkauf der Frachtführerleistung (im Nah- wie im Fernverkehr) als auch beim Verkauf seines Produkts die Bestimmungen staatlich verordneter Tarife beachten. Diese waren in ihren letzten Jahren eher hinderlich als förderlich. Deshalb hatte die Aufhebung der Tarife zum 1.1.1994 keine negativen Auswirkungen auf den Spediteursammelgutverkehr. In bestimmten Bereichen sind sogar einengende Reglementierungen entfallen.

5.1.3 Die zwischenbetriebliche Zusammenarbeit

Der Spediteursammelgutverkehr ist traditionell der Geschäftsbereich, in dem Spediteure eng zusammenarbeiten. Nur die wenigsten Spediteure können die Zustellung der Güter bei den jeweiligen Empfängern durch eigene Niederlassungen vornehmen lassen. Die meisten Spediteure sind auf die Zusammenarbeit mit ortsansässigen Kollegen angewiesen. Zumeist betätigen sich die Sammelgutspediteure sowohl als Versand- als auch als Empfangsspediteur. Die ausschließliche Betätigung als Versand- oder Empfangsspediteur ist selten.

Vielfach hat die Zusammenarbeit der Spedition mit größeren Auftraggebern dazu geführt, dass Spediteure sich auf bestimmte Relationen spezialisiert haben, indem sie im Zielgebiet der Sendungen ihrer großen Auftraggeber Niederlassungen errichteten. Im Gegensatz zu den Spediteuren, die das Sammelgutgeschäft flächendeckend betreiben, bezeichnet man solche Sammelgutspediteure als **Linienspediteure**. Ihre Bedeutung ist jedoch in den letzten Jahren gesunken.

Der sich in den letzten Jahren verschärfende Wettbewerb zwischen den Spediteuren hat unterschiedliche Konzepte zur Bewältigung dieser Situation hervorgebracht. In der Erwartung, dass sich durch den Zusammenschluss bisher selbstständiger Unternehmenseinheiten nachhaltige Kostenvorteile erzielen lassen, haben **Kooperation und Konzentration** eine immer größere Bedeutung erlangt. Anstoß für diese Entwicklung war nicht zuletzt eine Änderung des Einkaufsverhaltens der Verladerschaft. Immer mehr Unternehmen der verladenden Wirtschaft gingen dazu über, die Anzahl der von ihnen eingesetzten Dienstleister (Spediteure) drastisch zu verringern. Damit erlangten Spediteure mit flächendeckenden Angeboten Wettbewerbsvorteile gegenüber den Linienspediteuren. Dies war für viele mittelständische Spediteure Veranlassung, nach geeigneten Partnern zum Aufbau einer Kooperation Ausschau zu halten. Großspediteure oder Konzernspeditionen sahen sich veranlasst, vorhandene Angebotslücken durch Aufkauf entsprechender Speditionsunternehmen, meist mittelständischer Art, zu schließen. Diesen Trend beweisen die Übernahmewellen, die insbesondere in den Jahren 2006 bis 2010 zu beobachten waren. Dabei sind alteingesessene mittelständische Spediteure von Konzernen übernommen und ihrem Netzwerk eingegliedert worden.

Dass Kooperation ein schwieriges und langwieriges Geschäft ist, hat sich auch in diesem Geschäftsfeld wieder bestätigt. Eine effektive Kooperation verlangt neben der Festlegung eines marktfähigen strategischen Konzepts vor allem die Bereitschaft zur Aufgabe zumindest eines Teils der bisherigen unternehmerischen Selbstständigkeit. Gerade bei Mittelständlern war dies zumeist ein schwieriger und Zeit beanspruchender Erkenntnisprozess. Die Heterogenität der auf unterschiedlichen Geschäftsfeldern tätigen Kooperationspartner erfordert einen hohen Koordinationsaufwand, dem kurzfristig keine greifbaren Ergebnisse gegenüberstehen. Langfristig bieten Kooperationen zweifelsohne mittelständischen Spediteuren gute Aussichten, den Wettbewerb mit Konzernspeditionen zu bestehen. Daher haben Kooperationen im Spediteursammelgutverkehr mit flächendeckendem Angebot geradezu einen Boom erlebt. Eine Übersicht der in Deutschland existierenden **Speditionskooperationen** kann beim Deutschen Speditions- und Logistikverband (DSLV) unter www.dslv.org bestellt werden.

Immer mehr Spediteure sind dazu übergegangen, ihre Sammelgutverkehre als **Systemverkehre** abzuwickeln. Hierbei handelt es sich um flächendeckende Lkw-Verkehre nach genau vorgegebenen Zeitplänen, die unabhängig von der jeweiligen Auslastung der Lkw zwischen den Umschlaganlagen durchgeführt werden. Solche Verkehre wurden zunächst von Großspediteuren mit einem eigenen Filialsystem aufgebaut. Inzwischen wickeln auch immer mehr mittelständische Spediteure mit Erfolg ihr Sammelgutgeschäft in Kooperationsverbünden ab. Ziel dieser Verkehre ist es, die Laufzeiten im Spediteursammelgutverkehr zu beschleunigen und eine tägliche Bedienung der Relation sicherzustellen. Systemverkehre zeichnen sich durch ein besonderes Marketingkonzept, eine eigens geschaffene Ablauforganisation, spezielles Know-how, technisches Equipment und Personalqualifikation aus. Typisch hierfür ist die Abwicklung im Rahmen des sogenannten **„Hub-and Spoke-Systems"** (Nabe-und-Speiche-System).

Die Erwartungen hinsichtlich der positiven Auswirkungen der Konzentration durch Aufkauf von Unternehmen haben sich vielfach nicht erfüllt. Zweifelsohne fallen auch im Sammelgutgeschäft mit steigendem Marktanteil und Gütervolumen die Kosten pro Leistungseinheit. Vielfach außer Acht gelassen wurde dabei jedoch, dass sich diese Kostendegression nur standortbezogen realisieren lässt. Ein in der Summe hoher Umsatz des Gesamtunternehmens hilft bei einer auf viele Standorte verteilten Dienstleistungsproduktion nicht weiter, wenn die Niederlassungen jeweils kleiner sind als die wichtigsten lokalen Wettbewerber.

Die aufgezeigten Probleme bei Kooperation und Konzentration dürften mit ein wichtiger Grund dafür sein, dass gerade im Spediteursammelgutverkehr viele regional tätige Spediteure nicht nur ihre Selbstständigkeit, sondern auch ihre Marktstellung in der Region bewahrt haben.

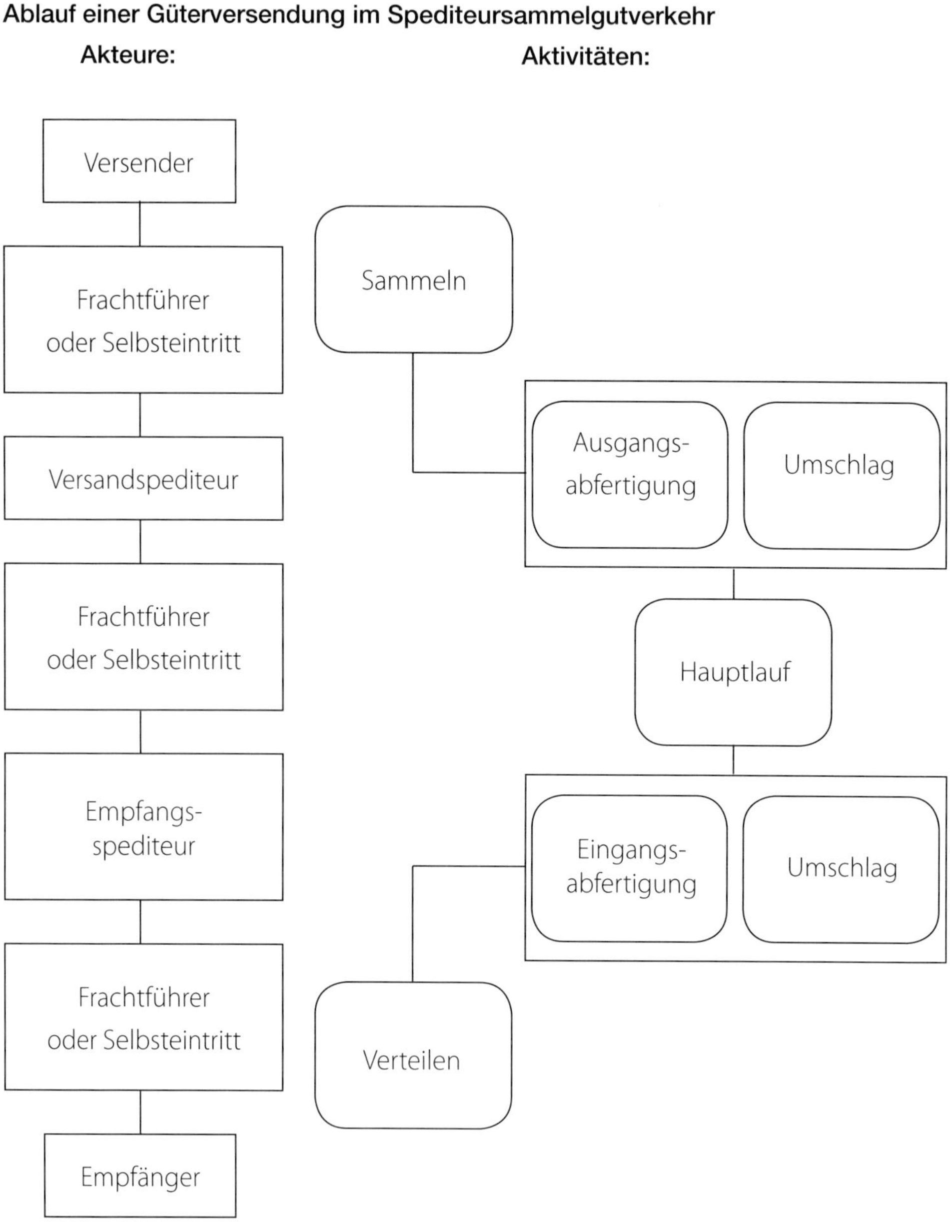

Abb. 5.1-1: Ablauf einer Güterversendung im Spediteursammelgutverkehr
Quelle: Eigene Darstellung

5.1.4 Ablauforganisation im Spediteursammelgutverkehr

Das wichtigste Marktsegment des Sammelgutgeschäfts liegt zweifelsohne im nationalen Bereich und hier insbesondere im Kleingutverkehr (Gewicht bis zu 3 t) auf der Straße. Auch im Bereich des Ladungsverkehrs stellt der Spediteur Sammelladungen zusammen (Teilladungen). Da solche Sammelladungen jedoch meistens nur von wenigen Versendern an wenige Empfänger zu befördern sind, erfordern sie nicht die Disposition und Organisation wie die kleinen Sendungen. Sendungen ab einem Gewicht von etwa 1.500 kg werden zudem in der Regel von demselben Fahrzeug beim Versender abgeholt und beim Empfänger zugestellt, das die Fernbeförderung durchführt. Die Praktiker bezeichnen diesen Vorgang als **Direktabholung und Direktzustellung**. Bei Kleingutsendungen ist dies jedoch nicht möglich. Diese müssen vom beauftragten Spediteur (Versandspediteur) durch – eigene oder fremde – Nahverkehrsfahrzeuge zur Umschlaganlage herangeschafft, nach Relationen sortiert und mit anderen Sendungen zu einer Sammelladung komplettiert werden. Diese **Sammelladung** wird dann im Fernverkehr im Selbsteintritt oder unter Einsatz eines Frachtführers einem Empfangsspediteur zugestellt. Dieser ist zumeist ein Speditionspartner, mit dem der Versandspediteur zusammenarbeitet. Der Empfangsspediteur nimmt die Sammelladung auf die Umschlaganlage und bereitet die Zustellung der Sendungen an die einzelnen Empfänger vor. Diese erfolgt in der Regel mit Nahverkehrsfahrzeugen. Dieser gebrochene Verkehr und der zumeist zweimalige Umschlag der Sendungen erfordert eine eingespielte Organisation und Disposition durch die Spedition. Größere Speditionsfirmen nehmen Verteilung und Zustellung der Sendungen vielfach über eigene Niederlassungen vor.

In der Übersicht in Tab. 5.1-1 ist der Ablauf einer Güterversendung im Rahmen des Spediteursammelgutverkehrs einschließlich der jeweiligen Tätigkeiten innerhalb der Transportkette schematisch dargestellt.

5.1.5 Die Rechtsbeziehungen im Spediteursammelgutverkehr

Ausgangspunkt für die Versendung von Gütern ist regelmäßig ein Kaufvertrag, der zwischen Käufer und Verkäufer einer Ware abgeschlossen wird. In den meisten Fällen veranlasst dann der Verkäufer die erforderlichen Maßnahmen, damit die Ware zum Käufer gebracht wird. Er kann hiermit einen Spediteur oder einen Frachtführer beauftragen. Im Stückgutbereich erteilt der Auftraggeber, der nach der Rechtsterminologie dann Versender genannt wird, zumeist einem Spediteur den Auftrag zur Versendung der Güter. Der **Speditionsauftrag** ist grundsätzlich formfrei, d. h. er kann schriftlich oder mündlich erteilt werden. Zur Vermeidung von Missverständnissen sollten die Speditionsaufträge jedoch schriftlich fixiert werden. Bei Annahme des Speditionsauftrags durch den Spediteur ist der **Speditionsvertrag** zustande gekommen.

Das Sammeln und Verteilen der Einzelsendungen wie auch die Beförderung der zu einer Sammelladung zusammengestellten Einzelsendungen kann der Spediteur entweder mit eigenen Fahrzeugen ausführen oder von eingesetzten Frachtführern vornehmen lassen. Beim Einsatz von Frachtführern schließt der Spediteur mit dem Frachtführer einen **Frachtvertrag** (Beförderungsvertrag) ab und erhält damit rechtlich die Stellung des Absenders. Je nach Einsatz des Frachtführers (Güterkraftverkehr oder Eisenbahn wie z. B. DB Cargo AG) gelten für die Abwicklung dieser Frachtverträge folgende Beförderungsbedingungen (weitere Details siehe Kapitel 4.1. und 4.2):

- beim Lkw-Einsatz: HGB und VBGL, ADSp oder andere Geschäftsbedingungen
- beim Bahneinsatz: HGB und Allgemeine Leistungsbedingungen (ALB) der DB Cargo AG oder Geschäftsbedingungen nicht bundeseigener Eisenbahnen

In der Abbildung 5.1-2 sind die Rechtsbeziehungen beim Spediteursammelgutverkehr schematisch dargestellt.

Im Streitfall kann das Gericht aus der Bezeichnung des Auftraggebers Rückschlüsse hinsichtlich der Art des abgeschlossenen Vertrags (Speditions- oder Frachtvertrag) und damit insbesondere hinsichtlich der Haftung ziehen.

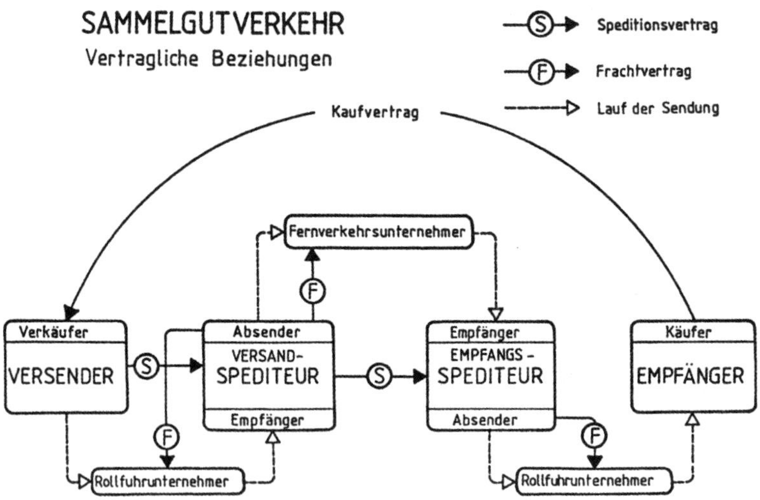

Abb. 5.1-2: Rechtsbeziehungen im Spediteursammelgutverkehr Quelle: RA Oeynhausen, Hamburg

Hinweis
Beim Abschluss der Verträge ist darauf zu achten, dass insbesondere für die Bezeichnung des jeweiligen Auftraggebers die richtige Terminologie verwendet wird: Der Auftraggeber des Spediteurs heißt **Versender**. Der Auftraggeber des Frachtführers heißt **Absender**.

5.1.6 Der Begriff des Spediteursammelguts

Der Auftraggeber (Versender) kann bei der Erteilung seines Speditionsauftrags entscheiden, ob der Spediteur die Versendung der Güter als Einzelversand oder im Sammelversand vornimmt. Verzichtet der Versender auf eine solche Vorgabe, kann der Spediteur wählen, wie er den Güterversand durchführt. Nach dem allgemeinen Sprachgebrauch und nach HGB §460 liegt Spediteursammelgutversand vor, wenn der Spediteur die Versendung des ihm von einem Auftraggeber übergebenen Gutes zusammen mit Gütern anderer Auftraggeber in Sammelladung (bzw. auf Sammelkonnossement) bewirkt. Das Handelsgesetzbuch und die von der Vereinigung der Sammelgutspediteure im DSLV herausgegebene Empfehlung zum Tarif für den Spediteursammelgutverkehr enthalten voneinander abweichende Definitionen.

Definition Spediteursammelgutverkehr nach HGB §460
Der Spediteur ist befugt, die Versendung des Gutes zusammen mit den Gütern anderer Versender aufgrund eines für seine Rechnung über eine Sammelladung geschlossenen Frachtvertrags zu bewirken (§460 Abs. 1 HGB). Nach dieser Definition, die in gleicher Weise für den Versand mit Lkw wie Schiene gilt, ist es erforderlich, dass der Spediteur die Güter von mindestens zwei Versendern zu einer Sammelladung zusammenführt. Als Idealfall wird unterstellt, dass über die Beförderung der Sammelladung ein Frachtvertrag abgeschlossen, d.h. ein Frachtführer eingesetzt wird. Dies schließt jedoch nicht aus, dass der Spediteur die Beförderung der Sammelladung mit eigenen Fahrzeugen vornimmt (§458 HGB, Selbsteintritt).

Definition Spediteursammelgutverkehr laut der Vereinigung der Sammelgutspediteure im DSLV (Versa)
Spediteursammelgut im Sinne dieser Bedingungen liegt vor, wenn die Güter mehrerer Versender von einem Spediteur (Versandspediteur) auf der ganzen Strecke oder auf einem Teil der Strecke bei der Versendung zusammengefasst werden (Ziffer 1.2 der Bedingungen des Tarifs für den Spediteursammelgutverkehr; zuletzt veröffentlicht: 1. September 2008).

5.1.7 Bedeutung des Spediteursammelgutverkehrs

Etwa 1.400 Speditionsbetriebe betätigen sich im Spediteursammelgutverkehr. Neben dem dichten Netz regelmäßiger Sammelgutverkehre, in dem täglich etliche hundert Plätze der Bundesrepublik im Fernverkehr mit dem Lkw linienmäßig angefahren werden, erstreckt sich die Bedienung auch auf die nähere Umgebung der Versand- und Empfangsplätze. Die Sammlung und Verteilung der Güter erfolgt dabei zumeist mit speziell hierfür eingesetzten eigenen oder fremden Kraftfahrzeugen, die die Einzelsendungen zur Umschlaganlage des Versandspediteurs bringen bzw. an die Empfänger ausliefern.

Speditionsbetriebe sind häufig in verschiedenen Leistungsbereichen tätig. Nach den im Jahr 2014 vom Deutschen Speditions- und Logistikverband (DSLV) erhobenen Strukturdaten aus Spedition und Lagerei betreibt ein Speditionsbetrieb im rechnerischen Durchschnitt etwa neun Leistungsbereiche. In der Mehrzahl sind dies die Fachsparten Befrachtung fremder Lkw, Zollabfertigung, Seefrachtspedition, Stückgutverkehre, Speditionsnahverkehr, Luftfrachtspedition, Distributionslagerung, Gefahrgutlogistik und Güterfernverkehr. Die große Bedeutung des Spediteursammelgutverkehrs innerhalb der Spedition zeigt die Übersicht ausgewählter Leistungsbereiche (siehe Kapitel 2, Tab. 2.1-1).

Die Marktstellung der Spedition im binnenländischen Klein- und Sammelgutverkehr zeigt sich darin, dass ihr Anteil rund 75 % beträgt. Die Leistungsfähigkeit des speditionellen Sammelgutverkehrs wird dadurch belegt, dass jeder Ort in der Bundesrepublik Deutschland von mehreren Speditionsunternehmen von verschiedenen Standorten aus regelmäßig im Sammelgutverkehr bedient wird. Das Netz der Sammelgutverkehre ist dabei so dicht, dass auch die wirtschaftsschwachen und peripheren Räume durch regelmäßige Verkehre abgedeckt werden.

Der **Stückgutmarkt** hat eine sehr breite Kundenbasis. Zu den Hauptnachfragerbranchen gehören der Lebensmittelbereich (19 %), der Metall- und Maschinenbau (17 %) sowie die Baubranche (14 %). Darüber hinaus ist der bundesdeutsche Stückgutmarkt ein sehr konzentrierter Markt. Die zehn größten Unternehmen des Segments haben einen Anteil von 75 % am Umsatz in diesem Bereich. (Quelle: Fraunhofer, Die Top 100 der Logistik 2012/2013)

Auch im grenzüberschreitenden Verkehr werden zunehmend Sammelgutverladungen durchgeführt. Im grenzüberschreitenden Güterverkehr mit Lastkraftfahrzeugen haben die Spediteure inzwischen ein dichtes Netz von Linienverkehren aufgebaut, das es ihnen erlaubt, auch unsere Nachbarländer einschließlich der neuen EU-Länder flächendeckend zu bedienen. Im seewärtigen Verkehr bieten Spediteure regelmäßige Sammelcontainerverkehre nach überseeischen Plätzen an. Leider liegen keine Zahlen über die abgefertigte Gütermenge vor. Im Luftfrachtverkehr nimmt die Zahl der als Sammelgut verladenen Sendungen (consolidation) ständig zu. Der Anteil dieser Sammelgutverkehre betrug 1980 24,9 % des Gesamtaufkommens. 1987 waren es schon 37,1 % und heute sind es deutlich über 50 % des Luftfrachtaufkommens, die als Sammelgut abgefertigt werden.

Die **Sammelgutverkehre in Deutschland** werden heute überwiegend als Normalservice im 24- bzw. 48-Stundentakt abgewickelt. Zusätzlich werden häufig Dienste mit „Uhrzeitterminen" angeboten, deren Laufzeiten auf 15 oder gar 12 Stunden gesenkt sind. Auch ausländische Destinationen werden im 24-Stundentakt bedient. Durch die Entwicklung und Verbreitung von Telekommunikation und E-Commerce wird die Bedeutung der Sammelladungsverkehre auf den Verkehrsmärkten weiter zunehmen. Ein leistungsfähiges Kommunikationssystem gewährleistet die Aktualität der auszutauschenden Informationen über Lagerentnahmen und Materialverbrauch und liefert damit die Grundlage für die neuen logistischen Anforderungen der verladenden Wirtschaft: Bestellmengen werden stärker mit den tatsächlich benötigten Mengen abgestimmt. Verkürzte Wiederbeschaffungszeiträume und kurzfristige Bestellungen kleinerer Mengen führen dazu, dass die Sendungsgewichte kleiner werden. Kleinere Sendungen sind verkehrsökonomisch jedoch nur zu bewältigen, wenn sie für den Hauptlauf gebündelt werden. Hierfür bietet sich der Spediteursammelgutverkehr an. Termin- und Linienverkehre sind der Inbegriff für die heute an die Spedition gestellte Dispositionsaufgabe. Dazu gehören schnelle Umschlagvorgänge, Termingenauigkeit, Regelmäßigkeit und Pünktlichkeit der logistischen Organisation.

5.1.8 Voraussetzungen und Vorteile

Im vorstehenden Kapitel wurde die Leistungsfähigkeit des Spediteursammelgutverkehrs dargestellt. Um diese guten Ergebnisse zu erreichen, muss jeder einzelne Sammelgutspediteur seinen Kunden nachweisen, dass er die an diese Verkehre gestellten Anforderungen erfüllt:

- regelmäßige Verladungen nach bestimmten Zielplätzen einschließlich der von dort bedienten Bestimmungsorte
- zuverlässige und sichere Abwicklung des Güterversands
- schnelle Abwicklung von der Übernahme des Gutes beim Versender bis zur Ablieferung beim Empfänger; 24-Stunden-Service für die Bedienung der Wirtschaftszentren und 48-Stunden-Service für die peripheren Gebiete sind heute Norm
- kundengerechte Abholung und Zustellung der Güter
- Eingehen auf besondere Anforderungen des Versenders oder Empfängers
- Angebot wettbewerbsfähiger Preise
- Anbindung an ein europäisches oder globales Netz

Die Versendung der Güter im Spediteursammelgutverkehr gewährt sowohl den Kunden als auch den eingesetzten Frachtführern Vorteile.

Vorteile für den Kunden

- günstigere Versendungs-/Beförderungskosten gegenüber dem Einzelversand
- schnellere Beförderung, insbesondere im Verkehr nach Wirtschaftszentren
- Unterstützung der eigenen Verkaufsbemühungen durch den Nachweis eines zuverlässigen Lieferservices, der dem Empfänger eine Reduzierung seiner Lagerhaltung erlaubt
- Kosteneinsparung beim Versand (barcodeüberwachte Sendungsverfolgung, Einsparungsmöglichkeiten bei der Verpackung)
- Reduzierung von Lagerkapazitäten, insbesondere wenn die Güter direkt in die im Sammelgutverkehr zu versendenden Behälter verbracht werden können
- zweckadäquate Behandlung der Güter nach individueller Absprache mit dem Spediteur
- flächendeckende Erreichbarkeit aller in- und vieler ausländischer Ziele

Vorteile für den Frachtführer

- bessere Auslastung des Transportraums
- reibungslose Be- und Entladung durch Personal des Spediteurs
- Verbilligung bei den Abfertigungskosten durch Zusammenführung der vielen Einzelsendungen zu einer Sammelladung
- Einsatz im Linienverkehr zwischen Versand und Empfangsstation
- kontinuierliche Beschäftigung
- geregelte Arbeitszeiten in getakteten Systemverkehren

5.1.9 Die Abwicklung des Spediteursammelgutverkehrs

5.1.9.1 Beteiligte am Spediteursammelgutverkehr

Der mit den Landverkehrsträgern abgewickelte Spediteursammelgutverkehr ist in seiner Grundstruktur identisch: Das Sammeln und Verteilen der Güter erfolgt zumeist mit speziell hierfür eingesetzten eigenen oder fremden Kraftfahrzeugen. Die Einzelsendungen werden im Einzugsgebiet des Versandplatzes gesammelt und zur Umschlaganlage des Versandspediteurs gebracht oder in den Bedienungsbereichen des Zielplatzes von der Umschlaganlage des Empfangsspediteurs den Endempfängern zugestellt.

Nachfolgend sind die bei der Abwicklung eines Güterversandes im Spediteursammelgutverkehr beteiligten Akteure aufgeführt:

Versender

Auftraggeber des Spediteurs

Versandspediteur

Mit der Güterversendung beauftragter Spediteur, der die Sammelgutverkehre organisiert. Er wird auch Verkehrsführer genannt.

Beiladerspediteur

Mit der Güterversendung beauftragter Spediteur, der die von ihm gesammelten Güter einem verkehrsführenden Spediteur beilädt. Beiladungen werden für solche Relationen vorgenommen, für die der Spediteur nur kleinere Ladungsaufkommen zusammenstellen kann. Beiladungen finden heute nur noch selten statt.

Frachtführer

a) Mit der Beförderung der Einzelsendungen zum Sammeln und Verteilen beauftragte Güternah-, selten auch Güterfernverkehrsunternehmer
b) Mit der Beförderung der Sammelladung beauftragte Güterfernverkehrsunternehmer.

Empfangsspediteur

Kooperationspartner des Versandspediteurs, der die Sammelladung am Zielort entgegennimmt und die Zustellung der Einzelsendungen an die Endempfänger organisiert

Briefspediteur

Für die Zustellung der Einzelsendungen an den Empfänger vorgeschriebener Spediteur. Dieser Briefspediteur wird entweder vom Beiladerspediteur als dessen Kooperationspartner eingeschaltet oder von den Empfängern vorgeschrieben. Der Empfangsspediteur hat dann die für den Briefspediteur bestimmten Güter an diesen zu überweisen.

Empfänger

Kaufvertragspartner des Versenders, an den die Einzelsendungen ausgeliefert werden

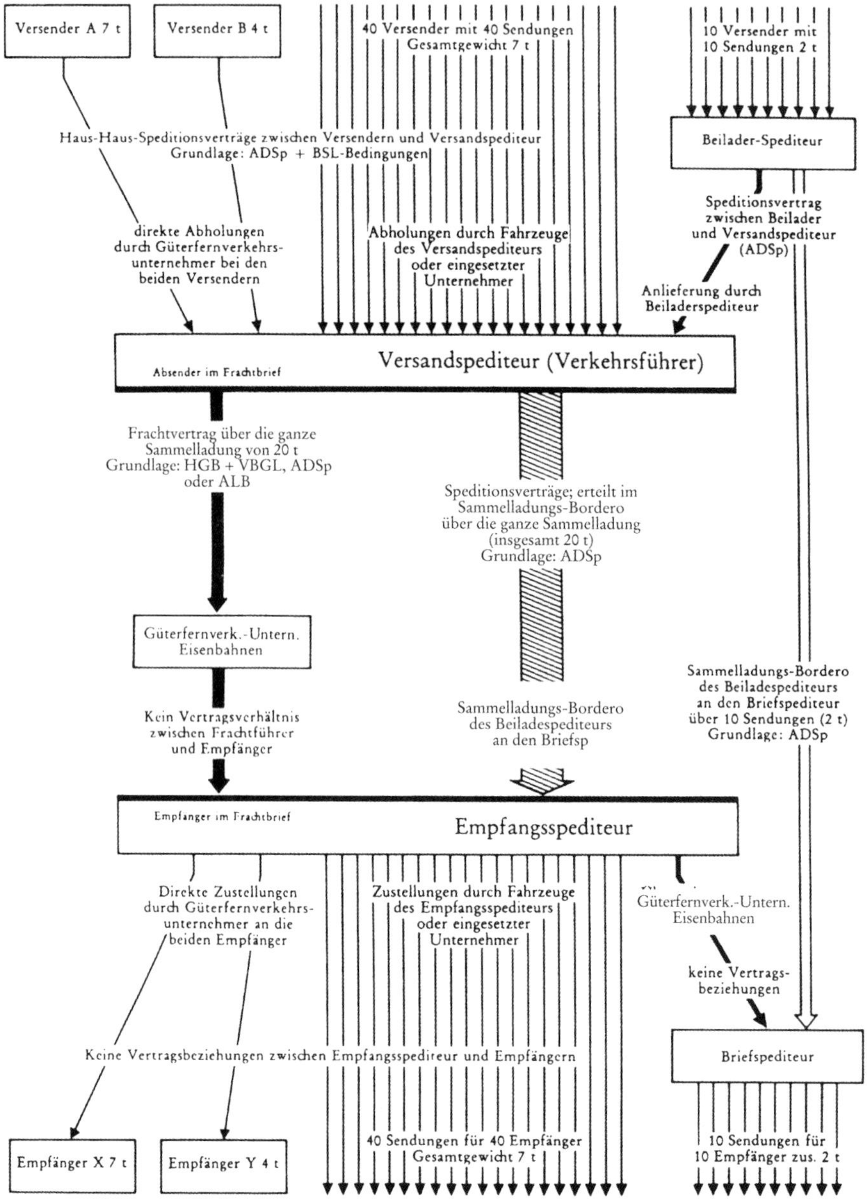

Abb. 5.1-3: Schematische Darstellung einer Spediteursammelladung

Quelle: Dipl.-Kaufm. Walter Bönisch, Hamburg

5.1.9.2 Dokumente im Spediteursammelgutverkehr

Der Abschluss des Speditionsvertrages unterliegt keiner Formvorschrift. Er kann mündlich oder schriftlich geschlossen werden. Zur Vermeidung von Missverständnissen und zur Beweissicherung besagte noch Ziffer 6 der **Bedingungen für den Spediteursammelgutverkehr (Stand: 1. September 2000):**

„6. Der Speditionsauftrag ist grundsätzlich schriftlich oder mit einem abgestimmten elektronischen Datensatz zu erteilen."

Bereits bei den in den folgenden Jahren noch bis 2008 veröffentlichten Tarifen für den Spediteursammelgutverkehr wurde dieser Passus wieder gestrichen.

Wenn sich auch bis zum heutigen Tag in der Spedition kein „üblicher Speditionsauftragssatz" herausgebildet hat, so ist doch festzustellen, dass das in Abb. 5.1-4 abgebildete vom DIN (Deutsches Institut für Normung) genormte Formular von seiner Grundanordnung her allgemeine Anerkennung gefunden hat. Aus der Bezeichnung des Formulars als **Speditionsauftrag** und des Auftraggebers als Versender sowie durch den Fußnotenhinweis auf die ADSp ergibt sich zweifelsfrei, dass ein Speditionsvertrag und kein Frachtvertrag abgeschlossen werden soll. Das abgedruckte Formular hat Ende 1994 Anerkennung als DIN-Norm gefunden. Es wurde 2004 aktualisiert. Die DIN-Norm beinhaltet neben dem eigentlichen Formular eine verbale und EDV-mäßige Beschreibung der Datenfelder und Datenelemente. Dabei wurde so weit wie möglich auf das Verzeichnis der Handelsdatenelemente zurückgegriffen.

In vielen Fällen wird der Speditionsauftrag den Sammelfahrzeugen vom Versender bei der Abholung der Einzelsendungen mitgegeben. Immer größere Bedeutung erlangt jedoch der elektronische Datenaustausch zwischen Versender und Versandspediteur. Aufgrund der dann den Gütern zumeist zeitlich vorauslaufenden Daten der Speditionsaufträge kann der Versandspediteur die Sammelladungen zusammenstellen und die Daten der einzelnen Speditionsaufträge frühzeitig dem Empfangsspediteur übermitteln.

Die an der Umschlaganlage des Versandspediteurs von den Sammelfahrzeugen oder im Falle der Selbstanlieferung vom Versender angelieferten Einzelsendungen werden nach Verkehrsrichtungen sortiert und, soweit möglich, sogleich in bereitstehende Wagen oder Wechselaufbauten verladen. Über die dem Frachtführer (Güterkraftverkehrsunternehmer) übergebene Sammelladung wird ein **Frachtbrief** ausgestellt, der an den Empfangsspediteur als Empfänger adressiert ist.

Die Informationen zur weiteren Behandlung der eingetroffenen Güter erhält der Empfangsspediteur aus dem **Bordero** (siehe Abb. 5.1-5), in dem der Versandspediteur die erforderlichen Informationen über alle zugesandten Einzelsendungen mitteilt wie z. B. Beschreibung der Sendung, Name des Empfängers, Frankaturvermerke, zu erhebende Waren oder Frachtnachnahmen. Die Übermittlung dieser Daten erfolgt heute weitgehend auf elektronischem Wege. Schaltet der Beiladerspediteur einen Briefspediteur ein, so muss er auch ein Bordero über seine Sendungen ausstellen und dieses dem Briefspediteur zusenden.

Für die Zustellung der Güter bei den Empfängern werden in der Regel Nahverkehrsfahrzeuge eingesetzt, die ihre Informationen sogenannten **„Rollkarten"** entnehmen. Die verwendeten Formulare sind jedoch so uneinheitlich, dass hier kein Muster abgebildet wird.

5.1.9.3 Der EDV-Einsatz im Spediteursammelgutverkehr

Der Spediteursammelgutverkehr ist heute ohne intensiven EDV-Einsatz nicht mehr möglich, wenn man einerseits die Kosten und andererseits die Ablauforganisation in den Griff bekommen will. Die verstärkt von der verladenden Wirtschaft geforderten flächendeckenden und termingeführten Sammelgutverkehre lassen sich nur mit elektronischem Datenaustausch realisieren.

1) Versender/Lieferant
2) Lieferanten-Nr.
3) Speditionsauftrags-Nr.
4) Nr. Versender beim Versandspediteur

SPEDITIONSAUFTRAG

5) Beladestelle
6) Datum
7) Relations-Nr.
8) Sendungsnummer
9) Versandspediteur
10) Spediteur-Nr.
11) Empfänger
12) Empfänger-Nr.
Telefon | Fax
13) Bordero-/Ladeliste-Nr.
14) Anliefer-/Abladestelle
15) Versandvermerk für den Versandspediteur:
16) Eintrefftermin
17) Eintreffzeit

18) Zeichen und Nr. Packstück-Identifikations-Nr.	19) Anzahl	20) Packstück	21) SF	22) Inhalt	23) Lademittel-Gewicht kg	24) Brutto-Gewicht kg
Summe	25)	26) Raumninhalt cdm/Lademeter		Summen	27)	28)

29) Gefahrgut
UN-Nr.: Gefahrgut-Bezeichnung
Gefahrzettelmuster-Nr. Verpackungsgruppe Nettomasse kg/l
Hinweise auf Sondervorschriften

30) Frankatur
31) Warenwert für Transportversicherung
32) Versender-Nachnahme
33) Anlagen
34) Auftragsnummer Kunde
35) Kontierung
36) Transportmittel-Nr.
37) LKW-Code
38) Versandart
39) Abrechnungs-Schl.
40) Empfangsbestätigung des Warenempfängers:
Obige Sendung vollständig und in ordnungsgemäßem Zustand erhalten
41) Empfangsbestätigung des Fahrers:
Obige Sendung vollständig und in ordnungsgemäßem Zustand übernommen
Firmenstempel/Unterschrift
Datum Uhrzeit Unterschrift
42) Die Sendung enthält: Euro-Flach-Pal. (FP), Euro-Gitter-Pal. (GP) — davon getauscht: Euro-Flach-Pal. (FP), Euro-Gitter-Pal. (GP)
43) Es gelten die Allgemeinen Deutschen Spediteurbedingungen (ADSp) in ihrer jeweils neuesten Fassung.
44) Für **Waren-Empfänger**

Vordruck entspricht VDA-Empfehlung 4922 Vers. 3, Ausgabe September 2004 / DIN 5018

WK WILHELM KÖHLER VERLAG **Bestell-Nr. 883**

Abb. 5.1-4: Speditionsauftrag

Quelle: Wilhelm Köhler Verlag

Bordero Nr. ______ Datum ______

An ______

______

in ______

Mit Waggon/LKW ______

Wir arbeiten ausschließlich auf Grund der Allgemeinen Deutschen Spediteurbedingungen (ADSp) neueste Fassung

Verl. am .... franko / unfranko durch / an .... über / nach ....

Frankatur- und Behandlungs-Vorschriften:

1) franko Sammelladungs-Ankunftsschuppen (einschl. Entladen und Verteilen ausschließl. Oberw.)
2) franko Sammelladungs-Ankunftsschuppen (einschl. Entladen und Verteilen einschl. Oberw.)
3) franko Haus
4) franko Endbestimmungsstation
5) franko deutsche Grenze ausschl. Grenznebengebühren
6) franko deutsche Grenze einschl. Grenznebengebühren
7) FOB-Verschiffungshafen
8)
9)
10)

S hinter 1) und 2) = Selbstabholer
oU = zur Weiterleitung auf dem Ankunftsfahrzeug ohne Umladung

Bezüglich der Berechnung der Nachnahmeprovision bei Versender-Wertnachnahmen sind besondere Anweisungen zu erteilen.

Pos.	Zeichen u. Nummer	Anz.	Art	Inhalt	Gewicht kg	Empfänger Ort	Bestimmungsstation	Frankatur-vorschrift	Vom Empfänger zu erheben: steuerpflichtige Entgelte DM	Vom Empfänger zu erheben: DM	Vom Empfänger zu erheben: nicht besteuerte Entgelte DM	Bemerkungen
a	b	c	d	e	f	g	h	i	j	k	l	m

.... Anlagen

Summe (Sp. j, k, l) ....
• Umsatzsteuer ....
• .... (Sp. k) ....
• Nicht besteuerte Entgelte (Sp. l) ______
Summe Gesamt ______

Verkehrs Verlag J. Fischer, 4000 Düsseldorf, Paulusstraße 1 — Best. Nr. 14107

Abb. 5.1-5: Bordero

Quelle: DSLV

Die Einrichtung **transportkettenübergreifender Informationssysteme** dient dem Ziel, den Informationsfluss über den Güterversand so zu gestalten, dass den Gütern die **Transportdaten vorauseilen** und so eine effizientere Disposition und bessere Auslastung der Kapazitäten ermöglichen. Die EDV-Systeme müssen neben dem Datenaustausch zwischen den Gliedern der Transportkette auch die Möglichkeit eröffnen, zu jeder Zeit **Statusmeldungen** über Ort und Zustand des versandten Gutes abzuliefern. Um dies bewerkstelligen zu können, wenden die Speditionsunternehmen zunehmend steigende Beträge für Hard und Software sowie für die Scannertechnik auf.

Wesentliche Voraussetzung für die elektronische Sendungsverfolgung ist ein mit allen Kooperationspartnern des Versandspediteurs abgestimmter einheitlicher Datensatz mit verschlüsselten Informationen über Inhalt und Verbleib der Sendungen. In den Statusberichten wird die Behandlung jeder Speditionsauftragssendung chronologisch dokumentiert. Auch dem Versender kann ein automatischer Zugriff auf die Sendungsstatistik eingeräumt werden, sofern Spediteur und Versender eine DV-Vernetzung einrichten. Der Versender kann sich dann jederzeit über den Verbleib seiner Güter informieren und spart damit Zeit und Kosten.

Zur Bewältigung der im Sammelgutverkehr anfallenden vielfältigen Information sind immer mehr Spediteure dazu übergegangen, **Barcoding** zu betreiben. Üblicherweise wird dabei jedes Collo der Einzelsendung mit zwei Barcode-Aufklebern bestückt: Dem **Routingsaufkleber**, der die interne Relationsnummer sowie die Empfängerpostleitzahl enthält, und dem eigentlichen **Sendungsaufkleber** mit den Daten über das Abgangsdepot, das die Sendungen ins System einspeist, der Sendungsnummer und der Collonummer. Letztere dient der Kennzeichnung der zu einem Auftrag gehörenden Packstücke.

Kunde oder Versandspediteur füllen den bereits mit Barcode-Aufklebern versehenen speziellen Speditionsauftrag aus. Alle zum Auftrag gehörenden Colli bekommen eigene Aufkleber. Bei der Verladung auf den Fern-Lkw werden sämtliche Colli gescannt. Vor der Abfahrt des Lastzugs werden die gescannten Daten der abgehenden Sendungen mit den erfassten Daten der Speditionsaufträge abgeglichen. Bestehen keine Differenzen mehr, startet der Lkw mit seinem gegebenenfalls „bereinigten Bordero" zu dem Empfangsterminal. Parallel zum physischen Transport werden alle Sendungsdaten per DFÜ an den jeweiligen Empfangsspediteur übermittelt. Dies geschieht so zeitnah, dass anhand der vorauseilenden Information der Empfangsspediteur bereits die Tourenplanung seiner Nahverkehrsfahrzeuge für den kommenden Morgen einleiten kann.

Beim Empfangsterminal angekommen, meldet sich der Fahrer des Fern-Lkw am Leitstand an und bekommt eine Entladestelle zugewiesen. Bei der Entladung werden erneut alle Colli gescannt, die gewonnenen Daten mit den DFÜ-Daten abgeglichen und ein **Entladebericht** (ebenfalls per DFÜ) an den Versandspediteur gegeben. Anschließend werden die Sendungen auf die Nahverkehrsfahrzeuge geladen.

Bei der Verladung auf das Zustellfahrzeug werden die Colli erneut gescannt. Nach dem Soll-/Ist-Abgleich wird die endgültige Rollkarte erstellt. Die Ablieferscannung beim Empfänger der Ware wird ebenfalls bereits von vielen Sammelgutspediteuren durchgeführt.

Mit **RFID (Radiofrequenz-Identifikation)** steht eine neue Technologie in den Startlöchern, die mittel- bis längerfristig den Barcode verdrängen könnte. In vielen Bereichen, wie der Automobilzulieferindustrie werden bereits passive Transponder eingesetzt. In den meisten Fällen scheitert der Einsatz bislang noch an den Kosten der erforderlichen Hardware. Der weiteren Klärung bedürfen zusätzlich noch die Anforderungen des Datenschutzes. Hier ist man insbesondere auf europäischer Ebene bemüht, entsprechende Richtlinien zu erlassen. Weitere Erläuterungen beinhalten die Kapitel 6 und 7 im LORENZ 2.

5.1.10 Abrechnung von Speditionsaufträgen

Seit dem 1.1.1994 gibt es für die Abrechnung der Fracht wie auch der Speditionsverträge keine zwingenden Preisvorschriften mehr. Dem Spediteur steht es nunmehr frei, jedweden Preis mit seinen Auftraggebern für seine Dienstleistung zu vereinbaren. Er sollte nur darauf achten, dass die Erlöse insgesamt mindestens seine Kosten decken, um die Wirtschaftlichkeit seines Unternehmens sicherzustellen.

Die Aufhebung der staatlich verordneten Tarife hat die im Handelsgesetzbuch verankerten Bestimmungen über die Abrechnung zwischen Auftraggeber und Spediteur nicht berührt. Diese liefern somit im Zusammenspiel mit den ADSp sowie den speziellen Absprachen der Vertragsparteien heute die alleinigen Grundlagen für die Abrechnung.

Mittelständische Spediteure legten ihren Abrechnungen in den meisten Fällen den von der Vereinigung der Sammelgutspediteure im DSLV (Versa) bis Ende des Jahres 2012 empfohlenen Tarif für den Spediteursammelgutverkehr zugrunde. Der Tarif wird von der Versa aufgrund des aktuellen Kartellrechts nicht mehr herausgegeben. Die Versa wurde außerdem zum Ende des Jahres 2013 aufgelöst. Die Vereinbarung des von ihr empfohlenen Tarifs ist jedoch keinesfalls verboten. Daneben finden eigene **Haustarife** Anwendung, die unabhängig vom Gewicht sind und nach Entfernungsstufen oder Palettenstellplätzen strukturiert sind.

5.1.10.1 Die Abrechnungsmöglichkeiten nach HGB

Das zu Beginn des 20. Jahrhunderts entstandene Handelsgesetzbuch sah für die Abrechnung der Speditionsaufträge zwei Möglichkeiten vor:

- Auslagen plus allgemeine Spediteurprovision
- Spedition zu festen Spesen (Übernahmesatz)

Als um die Jahrhundertwende zum 20. Jahrhundert das HGB geschaffen wurde, betrieb der Spediteur seine Geschäfte üblicherweise im Sinne der Besorgungsfunktion gemäß § 407 HGB (alt). Der heute so bedeutsame Selbsteintritt hatte nur eine untergeordnete Bedeutung. Die Beförderung der Sammelladung wurde damals von der Eisenbahn durchgeführt. Gegenüber dem Versender rechnete der Spediteur seine bei der Güterversendung erbrachten Leistungen dergestalt ab, dass er zunächst alle Auslagen auflistete (z. B. Hinrollen der Güter zur Eisenbahn am Versandort, Hauptlauffracht, Zustellrolle am Bestimmungsort). Zuzüglich erhob er zur Abdeckung seiner Bemühungen eine allgemeine Speditionsprovision. Für diese Abrechnungsart bestimmte § 408 Abs. 2 HGB (alt), dass der Spediteur nicht berechtigt ist, dem „Versender eine höhere als die mit dem Frachtführer oder dem Verfrachter bedungene Fracht zu berechnen“.

Die Abrechnung **„Auslage plus allgemeine Speditionsprovision“** wird heute praktisch nicht mehr vorgenommen. Versender und Spediteur vereinbaren zumeist einen bestimmten Satz der Beförderungskosten (§ 459), der auch als **Übernahmesatz** bezeichnet wird und die Gesamtheit der dem Spediteur bei der Güterversendung entstandenen Kosten einschließlich der allgemeinen Speditionsprovision abdecken soll. Die Vereinbarung eines Übernahmesatzes erfolgt sowohl bei Einzel- als auch bei Sammelgutversand. Als Übernahmesatz gilt die Vereinbarung einer bestimmten Frachtübernahme (z. B. 250 € für 500 kg) wie auch eines bestimmten Tarifs (z. B. Kundensatztafel I oder Tarif für den Spediteursammelgutverkehr). Bei dieser Abrechnung hat der Spediteur „Anspruch auf Ersatz seiner Aufwendungen nur soweit dies üblich ist“ (§ 459 HGB).

Die seit dem 1.7.1998 geltenden neuen HGB-Bestimmungen gehen davon aus, dass die Vereinbarung eines Übernahmesatzes die grundsätzliche Abrechnung zwischen Spediteur und Versender ist. Sie schließen jedoch keinesfalls die Abrechnung nach „Auslagenersatz plus allgemeine **Speditionsprovision**“ aus. § 453 HGB verpflichtet daher den Versender, „die vereinbarte

Vergütung" zu bezahlen. Diese kann, muss aber nicht der Übernahmesatz sein. Ziffer 17.1 ADSp billigt dem Spediteur einen „Anspruch auf Ersatz der Aufwendungen, die er den Umständen nach für erforderlich halten durfte" zu. Diesen Passus enthalten auch die vom DSLV seit Januar 2016 zur Anwendung empfohlenen „neuen" ADSp 2016.

Bei Vereinbarung eines Übernahmesatzes nach § 459 HGB ist der Spediteur nicht verpflichtet, diesen Betrag auch an den Frachtführer zu zahlen. Der Differenzbetrag ist als Vergütung der Speditionsleistungen zu sehen, die der Spediteur gegenüber dem Versender erbringt.

Von der allgemeinen Speditionsprovision zu unterscheiden sind die speziellen **Provisionen für speditionelle Nebenleistungen** wie z. B. die in den ADSp 2016 ebenso genannten:

- Versicherungsprovision (Ziffer 21.4 ADSp 2016)
- Verzollungsprovision (Ziffer 17.2 ADSp 2016)

Die Rechtsgrundlage zur Berechnung dieser Nebenprovisionen liefert neben den ADSp der § 354 HGB:

> **Hinweis**
> Wer in Ausübung seines Handelsgewerbes einem anderen Geschäfte besorgt oder Dienste leistet, kann dafür auch ohne Verabredung Provision und, wenn es sich um Aufbewahrung handelt, Lagergeld nach den an dem Ort üblichen Sätzen fordern. Üblicherweise verschafft sich der Spediteur die Voraussetzungen zur Berechnung dieser Nebenprovisionen durch einen allgemeinen Hinweis in seinen Geschäftspapieren wie etwa zuzüglich der üblichen Nebenspesen (vgl. Ziffer 16.1 ADSp 2016).

Erstmals begründen die neuen ADSp 2016 in ihrem Abschnitt 11 auch den Anspruch des Spediteurs auf ein vereinbartes oder zumindest angemessenes Standgeld, sofern die Verladezeiten überschritten werden. Verladezeiten können vertraglich vereinbart werden und betragen ansonsten gemäß Ziffer 11.2.1. und 11.2.2. ADSp 2016:

für auf Paletten aller Art verladene Güter

a. bis 10 Europalettenstellplätze höchstens 30 Minuten,
b. bis 20 Europalettenstellplätze höchstens 60 Minuten,
c. über 20 Europalettenstellplätze höchstens 90 Minuten;

in allen anderen Fällen bei Gütern (nicht jedoch bei schüttbaren Gütern) mit einem umzuschlagenden Gewicht

a. bis drei Tonnen höchstens 30 Minuten,
b. bis sieben Tonnen höchstens 60 Minuten,
c. über sieben Tonnen höchstens 120 Minuten.

5.1.10.2 Die Preisobergrenze im Sammelgutverkehr nach § 460 HGB

Nach dem Speditionsrecht darf der Spediteur mit dem Versender bei Vereinbarung eines Übernahmesatzes jedwedes Entgelt vereinbaren. § 460 Abs. 2 HGB setzt eine Preisobergrenze nur für den Fall, dass zwischen Versender und beauftragtem Spediteur keine Preisabsprache vorgenommen wurde. Die Bestimmung lautet:

(1) Der Spediteur ist befugt, die Versendung des Gutes zusammen mit dem Gut eines anderen Versenders aufgrund eines für seine Rechnung über eine Sammelladung geschlossenen Frachtvertrags zu bewirken.

(2) Macht der Spediteur von dieser Befugnis Gebrauch, so hat er hinsichtlich der Beförderung in Sammelladung die Rechte und Pflichten eines Frachtführers oder Verfrachters. In diesem Fall kann der Spediteur eine den Umständen nach angemessene Vergütung verlangen, höchstens aber die für die Beförderung des einzelnen Gutes gewöhnliche Fracht.

Sofern der Spediteur mit dem Versender keine Vereinbarung über den „bestimmten Satz der Beförderungskosten" getroffen hat, darf er somit höchstens ein Entgelt in Höhe der für die Beförderung des einzelnen Gutes gewöhnlichen Fracht fordern. Diese Preisobergrenze ist unabhängig von der Frankatur. Sie hat jedoch insbesondere Bedeutung für die Abrechnung gegenüber dem Unfrei-Empfänger. In diesen Fällen treffen Versender und Spediteure häufig keine Preisvereinbarung.

Im Bereich des Kleingutverkehrs bestehen häufig Zweifel darüber, wie hoch die für die Beförderung des einzelnen Gutes gewöhnliche Fracht ist. Zu Beginn des 20. Jahrhunderts war dies die Schienenfracht für Stückgut. Heute werden Kleingüter jedoch nur noch im Spediteursammelgutverkehr mit Kraftwagen versandt, sodass die Schienenfracht nicht mehr als Vergleichspreis herangezogen werden kann. Zudem hat die Deutsche Bahn AG ihren Stückgutverkehr eingestellt. Bis zum Auslaufen der **BSL-Empfehlungspreise** 1998 galten diese zumeist als angemessene Vergütung im Sinne des § 460 HGB. Der von der Vereinigung der Sammelgutspediteure im BSL ab dem 1.9.2000 empfohlene Tarif für den Spediteursammelgutverkehr hatte diese Marktanerkennung nur teilweise erlangt.

5.1.10.3 Bedingungen und Entgelte für den Spediteursammelgutverkehr

Bis 1975 war die Abrechnung der Speditionsaufträge im Kleingutverkehr nach den staatlich verordneten Kundensätzen vorzunehmen. Nach deren Auslaufen im Jahr 1975 wurde der Spedition durch eine Ergänzung des § 99 Abs. 2 Gesetz gegen Wettbewerbsbeschränkungen (GWB) das Recht eingeräumt, Empfehlungen über „Bedingungen und Entgelte für die Versendung von Gütern im Spediteursammelgutverkehr mit Eisenbahn und Kraftwagen" auszusprechen.

Der Bundesverband Spedition und Logistik (BSL) hatte von diesem Recht zur Herausgabe einer Preisempfehlung fast 25 Jahre Gebrauch gemacht. Die letzte Empfehlung datiert vom 1.7.1998. Die regionalen Spediteurorganisationen hatten sich in Absprache mit den Verbänden der verladenden Wirtschaft darauf verständigt, dass der BSL das Recht zur Empfehlung bundeseinheitlicher Bedingungen und Entgelte für den Spediteursammelgutverkehr wahrnimmt. Diese Empfehlungen waren beim Bundeskartellamt anzumelden. Der Anmeldung waren die Stellungnahmen der Verbände der Verlader beizufügen. Das Bundeskartellamt hat bis Ende 1998 kein einziges Mal eine Preisempfehlung des BSL aufgehoben.

Das seit dem 1.1.1999 geltende neue **Gesetz gegen Wettbewerbsbeschränkungen** (GWB) gab den Sammelgutspediteuren nicht mehr das Recht, Preisempfehlungen herauszugeben. Der bisherige § 99 Abs. 2 GWB war ersatzlos aufgehoben worden. Die letzte BSL-Preisempfehlung von 1998 lief damit offiziell am 31.12.1998 aus. Diese Empfehlung ist jedoch nach wie vor marktrelevant, weil viele Sammelgutspediteure System und Struktur des Empfehlungstarifs in ihren Haustarif übernommen und lediglich die empfohlenen Preise ihren erhöhten Kosten angepasst haben. Aus diesem Grund wird die BSL-Preisempfehlung von 1998 nachfolgend näher erläutert.

Die BSL-Preisempfehlung fand nach § 1 Anwendung

- für das Auftragsverhältnis zwischen Versender und beauftragtem Spediteur (Versand oder Beiladespediteur) sowie
- im innerdeutschen Spediteursammelgutverkehr mit Kraftwagen und Eisenbahn. Die BSL-Preisempfehlung bestand aus zwei Teilen:

Teil A: Bedingungen

Die Bedingungen beinhalten die Leistungsbeschreibung und Bestimmungen über die Abrechnung. Sie gelten für den gesamten Spediteursammelgutverkehr und enthalten daher keine gewichtsmäßige Begrenzung.

Teil B: Entgelte für Sendungen im Gewicht bis 3.000 kg

Die Entgelte sind unterteilt nach Kundensätzen, Hausfrachten und Nebengebühren.
Kundensatz ist das Entgelt für den Güterversand ab Haus des Versenders bis zum Bestimmungsort des Empfängers. Die empfohlenen Entgelte sind in zwei Kundensatztafeln abgedruckt. (Tafel I und Tafel II)
Hausfracht ist das Entgelt für die Zustellung der Güter am Bestimmungsort bis zum Haus des Empfängers. Die empfohlenen Entgelte sind in einer Hausfrachttafel abgedruckt. Die Einstufung der Gemeinden nach Ortsklassen ist dem Hausfracht-Ortsverzeichnis zu entnehmen.
Nebengebühren sind das Entgelt für Leistungen des Spediteurs, die über die mit Kundensatz und Hausfracht abgedeckten Standardleistungen hinaus erbracht werden. Der Tarif Sp 51 (Nebengebührentarif) enthält für die wichtigsten Nebenleistungen eine Zusammenstellung von Empfehlungspreisen. Für nicht aufgeführte Leistungen ist ein angemessener Betrag, mindestens in Höhe der Auslagen, zu berechnen.

Die Konzeption des Empfehlungswerks fußte auf folgenden Grundsätzen:

Die Bedingungen und Entgelte gelten in gleicher Weise für den Sammelgutversand mit Kraftwagen wie mit der Eisenbahn (§ 1 der Bedingungen).

Der **Leistungsbereich des Spediteursammelgutverkehrs** beginnt grundsätzlich mit der Übernahme des Gutes vor dem Haus des Versenders und endet mit der Übergabe des Gutes an den Empfänger vor dessen Haus (§ 2 der Bedingungen). Von der Übernahme bis zur Übergabe des Gutes kann der Spediteur frei über den Güterversand disponieren. Selbstanlieferung und Selbstabholung sind möglich, müssen jedoch vereinbart werden.

Die vom Spediteur erbrachten Leistungen differieren je nach den Ansprüchen der Auftraggeber zum Teil erheblich. Jeder Tarif kann jedoch Preise nur für **Standardleistungen** (§ 3 der Bedingungen) beinhalten. Das Haus-Haus-Entgelt enthält daher nur die Vergütung für Leistungen, soweit sie den normalen Umfang nicht überschreiten. Mit Kundensatz und Hausfracht abgedeckt sind:

- die Beförderung vom Haus des Versenders bis zum Haus des Empfängers
- die büromäßige Bearbeitung durch den Versand- und Empfangsspediteur
- die Aufbewahrung von Sendungen, die abgeholt werden, auf dem Ankunftsschuppen für die ersten zwei Werktage nach der Entladung

Wünschte der Versender darüber hinausgehende Leistungen, so hatte der beauftragte Spediteur einen Anspruch darauf, dass ihm diese **Zusatzleistungen** vergütet wurden.

Die Kundensatzentfernung wurde grundsätzlich auf Basis des **GFT-Entfernungswerks** unmittelbar zwischen Übernahme und Übergabeort der Einzelsendung ermittelt (§ 4 der Bedingungen). Etwaige Umwege, die der Spediteur aus abfertigungstechnischen Gründen wählt, fanden keine Berücksichtigung. Die GFT-Entfernung galt auch für den Spediteursammelgutverkehr mit der Eisenbahn. Die Sammelgutspedition hatte beschlossen, die Entfernungsberechnung des Kundensatzes auch nach Aufhebung des GFT zum 1.1.1994 nach dem GFT-Entfernungswerk vorzunehmen. Zu diesem Zweck wurde § 4 der Bedingungen entsprechend geändert.

Die vom BSL empfohlenen Bedingungen und Entgelte waren unverbindlich. Den Vertragspartnern war es jederzeit möglich, abweichende Vereinbarungen zu treffen. Nach über 20-jährigem Bestand der BSL-Preisempfehlung ist festzustellen, dass die empfohlenen Bedingungen praktisch vom Markt ohne Abweichungen akzeptiert waren. Bei den Preisen hingegen sah die Situation differenzierter aus. Die vom BSL empfohlenen Entgelte wurden von den Vertragspartnern vor allem in Abhängigkeit von der konjunkturellen Situation und der Bedeutung des Auftraggebers zumeist unterschritten. Hier herrschte das Gesetz des Marktes: Angebot und Nachfrage bestimmten den Preis.

5.1.10.4 Der Tarif für den Spediteursammelgutverkehr

Mit dem Inkrafttreten des von 1999 bis Mitte 2005 geltenden neuen Kartellgesetzes hatte die Sammelgutspedition das Recht verloren, eine für die gesamte Stückgutbranche, d. h. für mittelständische wie für große Stückgutspediteure gleichermaßen geltende Preisempfehlung herauszugeben. Nach Aufhebung der staatlich verordneten Verkehrsträgertarife passte das System einer branchenübergreifenden Preisempfehlung nicht mehr in das allgemeine wirtschafts- und wettbewerbspolitische Konzept.

Das seit dem 1.1.1999 wie auch seit Mitte 2005 geltende Kartellgesetz gab nur noch mittelständischen Unternehmen das Recht zur Herausgabe einer Preisempfehlung. Damit sollte kleinen und mittleren Unternehmen die Möglichkeit eingeräumt werden, ihre Wettbewerbsstellung gegenüber Großunternehmen zu verbessern. Die in § 22 Abs. 2 GWB verankerte Rechtsgrundlage lautete wie folgt:

(2) Das Verbot des Absatzes 1 gilt nicht für Empfehlungen, die von Vereinigungen kleiner und mittlerer Unternehmen unter Beschränkung auf den Kreis der Beteiligten ausgesprochen werden,....

Nach dem offiziellen Auslaufen der BSL-Preisempfehlung am 31.12.1998 hatten 25 Stückgutspediteure im Frühjahr 2000 die Vereinigung der Sammelgutspediteure im BSL (heute: im DSLV) gegründet. Der Vereinigung gehörten bis zu ihrer Auflösung Ende 2013 etwa 200 Stückgutspediteure an.

„Der Verein hatte den Zweck, die Wettbewerbsfähigkeit kleiner und mittlerer Unternehmen der Sammelgutspediteure durch die Empfehlung unverbindlicher Preise, Geschäfts- und Zahlungsbedingungen zu verbessern“, hieß es in der Satzung. Entsprechend dieser Zielsetzung wurde der Tarif für den Spediteursammelgutverkehr als Abrechnungsgrundlage für Stückgutverkehre acht Mal erhöht. Die letzte Anhebung datiert vom 1.9.2008. Nachfolgend sind die Merkmale dieses Tarifs kurz dargestellt:

Tarifbestandteile

- Bedingungen
- Haus-Haus-Tarif
- Nebengebührentarif

Die **Bedingungen** regelten im Wesentlichen den Anwendungsbereich, grenzten den Leistungsbereich ab und enthielten die Frachtberechnungs- sowie Frankaturvorschriften. Sie galten ergänzend zu den ADSp.

Die Tabelle der **Haus-Haus-Entgelte** enthielt die durchgerechneten Speditionsentgelte vom Haus des Versenders bis zum Haus des Empfängers für den normalen Güterversand.

Der **Nebengebührentarif** enthielt Entgelte für bestimmte zusätzliche Leistungen des Spediteurs.

Der neue Versa-Mittelstandstarif fand wie die BSL-Preisempfehlung Anwendung im innerdeutschen Spediteursammelgutverkehr auf Speditionsverträge zwischen Auftraggeber (Versender) und beauftragtem Spediteur. Auf den zusätzlichen Hinweis in der BSL-Empfehlung, dass die Bedingungen und Entgelte Anwendung finden „auf den Güterversand mit Kraftwagen und Eisenbahn", wurde verzichtet, weil es den Spediteursammelgutverkehr mit der Eisenbahn heute nicht mehr gibt.

Der regelmäßige **Leistungsbereich des Tarifs** reichte vom Haus des Versenders bis zum Haus des Empfängers. Abweichungen ergaben sich bei Selbstanlieferung und Selbstabholung des Gutes, Überweisung der Sendung an einen anderen Spediteur als den Empfangsspediteur, beim Versand von Exportgut nach einem deutschen Seehafen sowie bei Einlagerung der Sendung beim Empfangsspediteur. Für den Güterversand vom Haus des Versenders bis zum Haus des Empfängers wurde ein durchgerechnetes Haus-Haus-Entgelt berechnet. Die gebrochene Abrechnung nach Kundensatz und Hausfracht gemäß BSL-Preisempfehlung wurde aufgegeben.

Der Tarif für den Spediteursammelgutverkehr enthielt gegenüber der BSL-Preisempfehlung folgende grundlegende Änderungen:

a) Die Entfernung richtete sich nach der verkehrsüblichen Entfernung. Dies konnten sowohl Entfernungen nach dem GFT-Entfernungswerk als auch nach einem Entfernungswerk mit effektiven Straßenkilometern sein. Entscheidend war, dass es sich um ein **marktrelevantes Entfernungswerk** handelte.
b) Der **Sperrigkeitsfaktor** wurde von 150 kg/m³ auf 200 kg/m³ angehoben.
c) Es galten **Frachtberechnungsmindestgewichte** für Paletten und Lademeter:
   400 kg pro Palettenstellplatz (800 x 1200 mm)
   250 kg pro stapelbare Gitterboxpalette mit Euromaßen
   200 kg pro stapelbare Flachpalette mit Euromaßen
   100 kg pro Halbpalette
   50 kg pro Viertelpalette
   1.000 kg pro Lademeter
d) Das **Haus-Haus-Entgelt** wurde durchgehend berechnet. Die Haus-Haus-Tabelle war einfach und übersichtlich gestaltet. Sie bestand aus 9 Entfernungs- und 15 Gewichtsstufen.
e) Einige **Nebengebühren** wurden erhöht. Die Gebühr für die Zustellung an einem vorgeschriebenen Tag (Fixtag) nach Ablauf der Regellaufzeit wurde neu eingeführt.

Die Abrechnung nach dem neuen Tarif für den Spediteursammelgutverkehr lässt sich nicht pauschal mit der Abrechnung nach der BSL-Preisempfehlung 1998 vergleichen. Dies ist einerseits auf die stärkere kostenmäßige Ausrichtung der Empfehlungspreise und andererseits auf die Vereinfachung des Tarifaufbaus zurückzuführen. Die BSL-Preisempfehlung war mit zwei Kundensatztafeln, 58 Gewichts- und 17 Entfernungsstufen je Kundensatztafel sowie 12 Ortsklassen für die Hausfrachtberechnung sehr differenziert aufgebaut. Der Mittelstandstarif enthielt hingegen nur eine relativ übersichtliche Haus-Haus-Tafel. Den höheren Zustellkosten in den Ballungsräumen konnten die Spediteure nun nicht mehr über die differenzierte Hausfracht Rechnung tragen. Die höheren Zustellkosten konnten nur durch Differenzierung der Margen ausgeglichen werden.

> **Hinweis**
> Sowohl der BSL-Kundensatz als auch der von der früheren Versa empfohlene Tarif für den Spediteursammelgutverkehr dürfen mittlerweile nicht mehr als Verbandsempfehlungen herausgegeben werden. Der Grund hierfür sind die kartellrechtlichen Bestimmungen, die sich im Zeitablauf immer wieder geändert haben mit dem Ziel, dass sich Preise am Markt frei bilden dürfen. Allerdings impliziert dies auch, dass Verlader und Speditionen auch heute noch auf diese Empfehlungswerke zurückgreifen dürfen, wenn sie dies für sinnvoll erachten. Fast alle Fachverlage haben darum bis heute die beiden Preistabellen im Angebot.

5.1.10.5 Die DSLV-Mautkostenanalyse 2015

Das von der früheren Vereinigung der Sammelgutspediteure im DSLV (Versa) empfohlene Mautgebührenmodell für Sammelgutverkehre kann seit der Umstrukturierung der deutschen Lkw-Maut im Jahr 2015 nicht mehr angewendet werden. Zum einen gelten seit dem 1. Oktober 2015 neue Mautsätze für die nach Emissionsklassen differenzierten Fahrzeugkategorien. Zum anderen unterliegen ab diesem Zeitpunkt Fahrzeuge ab 7,5 t ebenfalls der Mautpflicht. Damit werden auch die Vor- und Nachläufe in der Stückgutlogistik der Mautpflicht unterworfen.

Da die Anteile dieser Flächenverkehre an dem Verlauf einer Stückgutsendung von Mal zu Mal variieren, ist es nicht möglich, eine allgemeingültige Tabelle aufzubauen, die die Mautkosten pro Sendung nach Gewichts- und Entfernungsstufen ausweist. In dem alten Mautgebührenmodell wurde im Grunde nur der Hauptlauf betrachtet, dessen Strecke zu 100 % der Maut unterlag. Nach der Umstrukturierung des Mautsystems in Deutschland haben die Relationen in den Sammelgutverkehren unterschiedlich lange mautpflichtige Streckenanteile. Deren Länge hängt davon ab, wie groß der mautpflichtige Streckenanteil im Vor- und Nachlauf ist.

Um die Auswirkungen der neuen Mautstrukturen auf die Kosten der Stückgutlogistik zu analysieren, hat im Auftrag des Deutschen Speditions- und Logistikverbands (DSLV) das Steinbeis-Beratungszentrum Forwarding and Logistics (FORLOGIC) im Jahr 2015 den Einfluss folgender Änderungen bei der Lkw-Maut auf die Abwicklungskosten von Stückgutverkehren untersucht:

1. die Veränderung der Mautsätze ab 1. Januar 2015,
2. die Ausdehnung der Mautpflicht auf 1.100 Kilometer vierstreifige Bundesstraßen ab 1. Juli 2015,
3. die Erhöhung der Achsklassen von zwei auf vier ab 1. Oktober 2015 sowie
4. die Ausweitung der Mautpflicht auf Fahrzeuge ab 7,5 t ab 1. Oktober 2015.

Der Untersuchung lagen die Auswertungen von 912 Tourprofilen aus 47 Depots von sieben TOP-Stückgutnetzen zugrunde. Beteiligt hatten sich die folgenden Unternehmen und Kooperationen: 24plus, CargoLine, IDS, System Alliance, Schenker, VTL und Emons.

Die Zielsetzung der Studie bestand darin, die Auswirkungen der Maut-Änderungen auf die Kostenstruktur von Systemverkehren zu analysieren und dabei insbesondere die Effekte aus der Einbeziehung von Teilen der Vor- und Nachläufe (Flächenverkehre) in die Mautpflicht zu berücksichtigen. Aufgrund der Ausweitung der Lkw-Maut auf leichte Nutzfahrzeuge ab 7,5 t zGG wurden die Fahrten von und zu den Umschlagdepots der Stückgutnetze ab 1. Oktober 2015 in den meisten Fällen erstmals mit Mautkosten belastet.

Die Studie analysiert die prozentualen Auswirkungen der neuen Mautstruktur sowohl auf die Mautkostenbelastung der Unternehmen, als auch auf die Abwicklungskosten einer durchschnittlichen Sendung im Stückgutverkehr. Die Ergebnisse lassen sich aufgrund der sehr unterschiedlichen Strukturen von Systemverkehren jedoch nicht in einem pauschalen Wert zusammenfassen, sondern erfordern eine differenzierte Darstellung unter Hinweis auf die jeweiligen Rahmenbedingungen. Insbesondere bestehen große regionale Unterschiede hinsichtlich der mautpflichtigen Streckenanteile im Nahverkehr.

Ergebnisse der Mautkostenstudie

Der größte Effekt auf den Anstieg der Mautkosten ergab sich aus der erstmaligen Mautbelastung für die Flächenverkehre. Sendungen über kurze Distanzen sind darum auch stärker von den Mautänderungen betroffen, als Sendungen über weite Entfernungen. Im Bereich des Nahverkehrs werden je nach Tourverlauf und Flottenstruktur bis zu 80 % der Strecken mautpflichtig.

Aufgrund der großen regionalen Unterschiede bei den mautpflichtigen Streckenanteilen im Nahverkehr ergab sich ein Anstieg der Mautkosten für Stückgutverkehre ab 1. Oktober 2015 in einer Bandbreite von 25 bis 62 %.

Insgesamt sollten sich die Abwicklungskosten einer Stückgutsendung in einer Größenordnung von 1 bis 2,6 % erhöhen.

Berechnungsgrundlagen

Bei seinen Berechnungen hat FORLOGIC die vom Bundesamt für Güterverkehr (BAG) veröffentlichten Mautdaten und einen durchschnittlichen Mautsatz für Hauptläufe in Höhe von 15,51 Eurocent pro Kilometer zugrunde gelegt. Eigene Erhebungen des Instituts bei den Stückgutnetzen zum Mix der eingesetzten Fahrzeuge haben einen Durchschnittsmautsatz für Flächenverkehre (Vor- und Nachläufe) in Höhe von 12,97 Eurocent ergeben.

Mit Hilfe einer speziellen Software und der Simulation von Touren wurde der durchschnittliche Anteil der mautpflichtigen Strecken im Nahverkehr mit 48,42 % berechnet. Die durchschnittliche Tourlänge betrug 205 km und es wurden im Schnitt 20,9 Sendungen über 13,3 Stopps mit einem Gewicht von 6.894 kg abgewickelt. Für die Auslastung der Fahrzeuge im Hauptlauf wurde ein Gewicht von 8.000 kg angenommen.

Für die durchschnittliche Sendung mit einem Gewicht von 330 kg und einer Entfernung von 380 km lag der Anstieg der Abwicklungskosten unter Zugrundelegung der beschriebenen Ergebnisse ab 1. Oktober 2015 bei 1,62 % gegenüber der Situation bis Ende September 2015.

Mautmanagementkosten

Neben den eigentlichen Mautkosten kommt auf die Stückgutspediteure ein weiterer Kostenblock in Form von sekundären Mautkosten zu. Diese setzen sich zusammen aus der Steuerung, Verwaltung und Vorfinanzierung der Mautabwicklung sowie der Kontrolle der Mautabrechnungen der neuerdings mautpflichtigen Nahverkehrsdienstleister.

Individuelle Kostenauswirkungen

Die ermittelten großen Bandbreiten bei den Kostenauswirkungen der neu strukturierten Lkw-Maut lassen es nicht zu, lediglich Durchschnittswerte zu betrachten, sondern machen eine individualisierte Betrachtung des sehr heterogenen Stückgutmarkts erforderlich. Um der Verschiedenheit von Touren, Sendungs- und Flottenstrukturen einzelner Unternehmen Rechnung zu tragen, hat FORLOGIC zusätzlich ein Kalkulations-Tool entwickelt, mit dessen Hilfe Stückgutunternehmen ihre jeweiligen betriebsindividuellen Mautkosten berechnen können. Der DSLV stellt dieses seinen Mitgliedern kostenlos zur Verfügung.

5.1.11 Kostenrechnung als Grundlage der Preispolitik

Seit Aufhebung der verordneten Tarife gelten für die Preisbildung auch auf den Verkehrsmärkten die Gesetze der Marktwirtschaft: Angebot und Nachfrage bestimmen den Preis. Weder die jeweiligen Marktpreise noch die von der früheren Vereinigung der Sammelgutspediteure im DSLV empfohlenen Preise decken immer die Produktionskosten. Preisempfehlungen waren nur eine Marktstütze. Sie konnten und sollten den Vertragspartnern nur eine Basis zur Vereinbarung der Entgelte liefern. Sie ersetzten in keiner Weise die Kostenrechnung. Daher ist es unerlässlich, dass jeder Sammelgutspediteur ein strenges Kostenmanagement betreibt. Nur so kann er feststellen, ob und inwieweit die gebotenen oder verlangten Preise kostendeckend sind.

Aufgabe der Kostenrechnung im Spediteursammelgutverkehr ist es, die Kosten der Einzelsendungen gemäß der Leistungserstellung zu ermitteln:

- Sammeln der Einzelsendungen
- Umschlag beim Versandspediteur
- Ausgangsabfertigung beim Versandspediteur
- Hauptlaufkosten
- Umschlag beim Empfangsspediteur
- Eingangsabfertigung beim Empfangsspediteur
- Zustellen der Einzelsendungen

Ein gut organisierter Speditionsbetrieb kann die jeweiligen Kosten dieser Leistungsbereiche mit hinreichender Genauigkeit erfassen. Kostenstellenrechnung und der Betriebsabrechnungsbogen (BAB) liefern die erforderlichen Daten.

Die **Kosten für das Sammeln und Verteilen** der Güter sowie die Beförderung der Sammelladung werden für die eigenen Fahrzeuge mithilfe der üblichen Fahrzeugkostenrechnung ermittelt. Werden diese Leistungen bei Frachtführern eingekauft, so liefert die Finanzbuchhaltung (Kontenklasse 7000) die entsprechenden Daten.

Die **Umschlagskosten** sind mithilfe einer Umschlagskalkulation zu ermitteln, wobei möglichst nach eingehendem und ausgehendem Verkehr unterschieden werden sollte.

Die **Kosten für** den **Empfangsspediteur** sind abhängig von den Leistungen, die dieser für den Versandspediteur zu erbringen hat. Diese können sein:

- Entladen und Verteilen der Sammelladung
- Weiterleitung der Einzelsendung bis zum Bestimmungsort des Empfängers und
- Zustellung der Einzelsendung am Bestimmungsort des Empfängers

Die Kostendaten liefert die Finanzbuchhaltung (Kontenklasse 7000).

Die **Regiekosten** (Kosten für die Ausgangs und Eingangsabfertigung) sind auf Basis der BAB-Werte zu kalkulieren. Sie ergeben sich aus den direkten Personalkosten, den direkten Abteilungskosten und den kalkulatorischen Kosten.

Bei allen Leistungsbereichen sind anteilige allgemeine **Verwaltungskosten** zu berücksichtigen. Diese sind aus den BAB-Werten zu ermitteln und sodann auf die einzelnen Leistungsbereiche zu verteilen. Als Schlüssel wird hierbei zumeist der Umsatzanteil des jeweiligen Geschäftsbereichs am gesamten Speditionsumsatz gewählt.

Die vorstehend beschriebenen Kostenbestandteile des Spediteursammelgutverkehrs zeigen folgende Abhängigkeiten:

- Die Regiekosten sind weder vom Gewicht noch von der Entfernung abhängig. Sie fallen bei jeder Sendung in derselben Höhe an. Man bezeichnet sie deshalb als sendungsfixe Kosten. Sie werden in Euro pro Sendung angegeben.

- Die Umschlagkosten sind überwiegend gewichtsabhängig. Sie werden daher in Euro pro 100 kg angegeben.
- Die Beförderungskosten (Nah- wie Fernverkehr) sind zeit- und kilometerabhängig.

Sie werden in Euro pro Zeiteinheit oder Euro pro Kilometer erhoben und in der Sammelgutkalkulation in Euro pro 100 kg verrechnet.

Besondere Anforderungen des Kunden an den Güterversand wie z. B. zeitgenaue Auslieferung oder spezielle Verpackung des Gutes müssen in der Kostenrechnung ebenso ihren Niederschlag finden wie günstige Konditionen, z. B. hoher Palettisierungsgrad, vom Kunden vorgenommene Bezettelung bzw. Belabelung der Packstücke oder Datenaustausch per EDV.

Nachfolgend (Tab. 5.1-1) ist beispielhaft die Kalkulation für den Versand einer Sendung von 210 kg im Spediteursammelgutverkehr dargestellt. Die ausgewiesenen Kostenwerte sind nicht repräsentativ.

Kostenart:	€ pro 100 kg	€ pro Sendung	€ für 210 kg
Sammeln:	10,41		21,86
Umschlag (SA*):	6,10		12,81
Regie (SA*):		10,24	10,24
Hauptlauf:	8,38		17,60
Umschlag (SE**):	6,10		12,81
Regie (SE**):		7,33	7,33
Zustellen:	10,41		21,86
Gesamtkosten			104,51
*SA = Sammelgutausgang **SE = Sammelguteingang			

Tab. 5.1-1: Kalkulationsbeispiel im Spediteursammelgutverkehr **Quelle: Eigene Darstellung**

Der Übergang von einer tarifabhängigen zu einer kostenorientierten Preisbildung war zwar nicht einfach, sollte jedoch selbst für kleine und mittlere Speditionsunternehmen heute kein unüberwindliches Hindernis darstellen. Die meisten Spediteure verwenden bereits heute in vielen Bereichen EDV-Systeme, die auch eine speditionelle Kostenrechnung beinhalten.

5.1.12 DSLV-Kostenindex Sammelgutspedition

Am 17. September 2015 hat der Deutsche Speditions- und Logistikverband (DSLV) erstmals die Ergebnisse des neuen Kostenindex Sammelgutspedition veröffentlicht. Diese beziehen sich auf die Entwicklung der Gesamtkosten sowie der einzelner Kostenarten bei der Abwicklung systemgeführter Stückgutverkehre im Zeitablauf.

Hintergrund

Der von der früheren Vereinigung der Sammelgutspediteure im DSLV (Versa) herausgegebene Tarif für den Spediteursammelgutverkehr ist aufgrund kartellrechtlicher Bestimmungen eingestellt worden. Die letzte Anpassung dieses Tarifs fand im September 2008 statt. Im Anschluss hatte sich bereits die Versa dazu entschieden, einen Index zu erstellen, der die Kostenentwicklung im Stückgutmarkt im Zeitablauf darstellt. Nach der Auflösung der Versa zum Ende des Jahres 2013 hat der DSLV die Entwicklung des Indexes auf einer breiteren Basis fortgeführt.

Dazu hatte der Verband im Jahr 2014 einen eigenen Arbeitskreis ins Leben gerufen, dessen Mitglieder sich bereit erklärten, an der regelmäßigen Datenerhebung zur Ermittlung der Indexwerte mitzuwirken. An dem Projekt beteiligen sich inzwischen Vertreter der folgenden Unternehmen und Stückgutkooperationen: CargoLine, Emons, IDS, ILN, Intertrans, ONLINE, Systemlogistik, Schenker Deutschland, System Alliance, 24plus und VTL.

Der Auftrag zur wissenschaftlichen Erarbeitung des Indexes wurde im Juli 2014 an das Steinbeis-Beratungszentrum Forwarding and Logistics Center (FORLOGIC) unter Leitung von Prof. Dr. Dirk Lohre in Heilbronn vergeben.

Ziele und Struktur des Kostenindex Sammelgutspedition

Der DSLV-Kostenindex Sammelgutspedition stellt eine rückwärtige Betrachtung derjenigen Kostenarten dar, die bei der Abwicklung einer Sendung im Sammelgutverkehr entstehen. Er bildet ihre Entwicklung in einer Zeitreihe ab und ist keinesfalls eine Prognose im Hinblick auf die zukünftige Kostenentwicklung.

Das Ziel des Kostenindex besteht darin, eine verlässliche, transparente und nachvollziehbare Benchmark über die **Kostenentwicklung im Stückgutmarkt** zu liefern. Bei der Erhebung zur Bildung des Index werden folgende Daten erfasst: Anzahl der Sendungen, Anzahl der Colli sowie das Sendungsgewicht darüber hinaus die absoluten Werte der Personal- und Lohnkosten, der Sachkosten (Flächenkosten, Versicherungskosten und Energiekosten) sowie der Transportkosten (Personal-, Sach-, Maut- und Treibstoffkosten). Der Index liefert insbesondere den Nachweis, dass die Kosten im Spediteursammelgutverkehr nicht einzig und allein von den Treibstoffkosten abhängen.

Die erste Erhebung zum Kostenindex Sammelgutspedition fand im zweiten Halbjahr 2014 statt. Dabei wurden knapp zehn Mio. Sendungen aus 98 Depots der teilnehmenden Stückgutnetze untersucht. Bezogen auf ein Jahr wurden damit etwa 20 % des Sendungsvolumens in Deutschland abgebildet.

Gleichzeitig diente die Erhebung dazu, die Anteile der einzelnen Kostenarten zu ermitteln, die als Gewichte zur Bildung des Gesamtkostenindexes dienen. Danach ergaben sich folgende prozentuale Anteile der Kosten in der Stückgutabwicklung:

Kostenart	Anteil in %
Personalkosten	49,44
Sachkosten	35,18
Treibstoffkosten	12,87
Mautkosten	2,51

Ergebnisse 1. Halbjahr 2015

Die zweite Kostenerhebung für das erste Halbjahr 2015 wurde Ende August 2015 abgeschlossen. Auch hier wurden gut acht Mio. Sendungen aus 95 Depots untersucht. Es gilt zu beachten, dass sich die ermittelte Kostenentwicklung zunächst auf ein halbes Jahr bezog. Darum konnten etwa die Auswirkungen der Einführung des Mindestlohngesetzes auf die Entwicklung der Personalkosten noch nicht in vollem Umfang zum Tragen kommen.

Ebenso haben die deutlichen Kostensteigerungen aufgrund der Ausweitung der Lkw-Maut auf weitere 1.100 km Bundesstraßen ab 1. Juli 2015 sowie auf leichte Nutzfahrzeuge ab 7,5 t zulässigem Gesamtgewicht zum 1. Oktober 2015 erst in der Erhebung zum zweiten Halbjahr 2015 Berücksichtigung gefunden.

Für das 1. Halbjahr 2015 ergaben sich folgende Kostenveränderungen:

Kostenarten	Veränderung (in %)	Anteil (in %)	Auswirkung (in %)
Personalkosten	2,95	49,44	1,46
Sachkosten	3,58	35,18	1,26
Treibstoffkosten	-8,60	12,87	-1,11
Mautkosten	-2,96	2,51	-0,07
Gesamtkosten		**100**	**1,54**

In zahlreichen Speditionen haben niedrigere Treibstoff- und Mautkosten die Kostensituation nicht entspannt, weil durch „Dieselfloater" und Mautkostentabellen die Auftraggeber der Logistik unmittelbar von den sinkenden Kosten profitieren. Wären die Treibstoff- und Mautkosten unberücksichtigt geblieben, hätte sich ein Anstieg der verbleibenden rund 85 % der Kosten (Personal- und Sachkosten) einer Stückgutsendung in Höhe von 3,21 % für das erste Halbjahr 2015 ergeben.

Hinweis
Die Ergebnisse des DSLV-Kostenindex Sammelgutspedition sollen in Abständen von einem halben Jahr veröffentlicht werden und geben die Kostenentwicklung der vergangenen zwölf Monate wieder. Die Ergebnisse vom 1. Halbjahr 2016 lagen zum Redaktionsschluss dieses Buches noch nicht vor, können jedoch mit den vollständigen Berichten von FORLOGIC zum Kostenindex Sammelgutspedition auf der DSLV-Homepage unter www.dslv.org/publikationen/Leitfäden & Infomaterial heruntergeladen werden.

5.1.13 Abrechnung zwischen den beteiligten Spediteuren

Beiladersatz für den Beiladespediteur:

Der Beiladersatz ist die Vergütung, die der beiladende Spediteur (Beilader) an den verkehrsführenden Spediteur (Versandspediteur) für die Beförderung seiner Güter im Spediteursammelgutverkehr zu entrichten hat. Er wird üblicherweise so bemessen, dass für Versandspediteur und Beilader ein angemessener Nutzen verbleibt. Die Höhe des Beiladersatzes bleibt den Abmachungen der beteiligten Spediteure überlassen.

Empfangsspediteurvergütung für Entladen und Verteilen:

Im Spediteursammelgutverkehr kooperieren im Regelfall Versand und Empfangsspediteure, indem der Empfangsspediteur im Auftrag des Versandspediteurs die Entladung der Sammelladungen vornimmt und die Zustellung der Einzelsendungen für die jeweiligen Empfänger organisiert. Für diese Tätigkeit des Entladens und Verteilens (E + V) erhält er eine Vergütung, die zwischen den Vertragsparteien frei vereinbart wird.

Zustellung durch einen **Briefspediteur**:

Der Begriff „Briefspediteur" war weder in der BSL-Empfehlung noch in dem Tarif für den Spediteursammelgutverkehr verankert. Der Terminus stammt ursprünglich aus dem Bahnspeditionsvertrag und bezeichnet einen Spediteur, der vom Empfänger für die Zustellung der Sendung vorgeschrieben ist. Der Briefspediteur ist insoweit der Hausspediteur des Empfängers. Die Zustellung einer Sendung durch einen Briefspediteur erfolgt außerhalb des normalen Ablaufes des Güterversands im Spediteursammelgutverkehr. Der Empfangsspediteur der Sammelladung avisiert dem Briefspediteur nur den Eingang der Einzelsendung, die der Briefspediteur dann abholt und dem Empfänger zustellt. Die Zustellkosten hat der Empfänger zu tragen, der auch Auftraggeber des Briefspediteurs ist.

Es kommt auch vor, dass der Beiladerspediteur vorschreibt, dass seine Sendungen nicht durch den Empfangsspediteur des Versandspediteurs, sondern durch seinen Kooperationspartner zugestellt werden. Auch in diesem Fall ist wie im vorstehenden Absatz beschrieben zu verfahren. Je nach Frankatur hat der Beiladerspediteur oder der Empfänger die Zustellkosten zu tragen.

Bei Einschaltung eines Briefspediteurs muss dessen jeweiliger Auftraggeber dafür sorgen, dass die erforderlichen Informationen dem Empfangsspediteur zugehen, damit dieser dann die entsprechenden Sendungen dem Briefspediteur „überweisen" kann.

5.1.14 Zur Abrechnung zwischen Spediteur und Frachtführer

Abrechnungsgrundlage:

Soweit der Sammelgutspediteur in der Vergangenheit für das Sammeln und Verteilen der Einzelsendungen und das Befördern der Sammelladung zum Empfangsspediteur Frachtführer einsetzte, war er wie jeder andere Absender verpflichtet, die Frachtführer nach Maßgabe der anzuwendenden Tarife (GNT, GFT oder DEGT) zu bezahlen. Mit der Aufhebung der Tarife ist diese Verpflichtung entfallen. Für die spediteureigenen Fahrzeuge waren in der Vergangenheit nur die Anforderungen hinsichtlich Frachtbrieferstellung und Tarifüberwachung zu erfüllen.

Die Frachten für den Einsatz von Lkw können frei ausgehandelt werden. Dies gilt nicht nur für die Höhe der Fracht, sondern auch für die Abrechnungsmodalitäten. Die Fracht kann zwar noch, muss jedoch nicht mehr wie bisher üblich nach den Kriterien Gewicht und Entfernung berechnet werden. Andere Abrechnungsgrundlagen wie z. B. Pauschalpreise für Lkw, Wechselbehälter, Relationen, Einsatztage oder Einsatzstunden sind zulässig. Die Frachten können nach Auslastung, Häufigkeit der Beauftragung, Einweg- oder Rundlaufverkehr, Anzahl der zu bedienenden Ladestellen sowie Warte- und Standzeiten bei Be- und Entladung differenziert werden. Dem Spiel der Marktkräfte sind keine Grenzen gesetzt.

Welche Preise sich nun in den einzelnen Märkten regional, saisonal oder fahrzeugspezifisch herausbilden, hängt von den unterschiedlichsten Kriterien wie z. B. Sendungsstruktur, Aufkommensvolumen, Anbieterstruktur, Nachfragestruktur, Verkehrsinfrastruktur, Gutart etc. ab. Die Marktpreise weisen auch nicht die Kontinuität und Stabilität der staatlich verordneten Tarife auf, da sie durch die Dynamik des Marktes erzeugt und nicht von Behörden verkundet werden. Das beinhaltet sowohl Chancen als auch Risiken, sowohl für die Anbieter als auch für die Nachfrager von Transportleistungen. Stabilisierendes Element für die eingekauften Frachtführerleistungen dürfte sein, dass die Sammelgutspediteure sowohl im Nah als auch im Fernverkehr mit ihren Frachtführern überwiegend auf der Grundlage von Beschäftigungsverträgen längerfristig zusammenarbeiten.

Frachtbriefmäßige Abfertigung:

Mit der zum 1.7.1998 eingeführten **Neuordnung der Marktzugangsregelung im Güterkraftverkehr** wurde auch der im Güterfernverkehr bestehende Frachtbriefzwang aufgehoben. Nach § 7 GüKG hat der Güterkraftverkehrsunternehmer dafür zu sorgen, „dass während einer Beförderung im gewerblichen Güterkraftverkehr ein Begleitpapier oder ein sonstiger Nachweis mitgeführt wird, in dem das beförderte Gut, der Be- und Entladeort und der Auftraggeber angegeben werden". Wenn somit **kein Frachtbriefzwang** mehr besteht, liegt es im Interesse des Auftraggebers (Absenders) sowie des Frachtführers, dem Fahrer alle Informationen zu liefern, die die ordnungsgemäße Erledigung des Beförderungsauftrags erlauben. Das hierfür mitzugebende Papier kann frei gewählt werden.

5.1.15 Die Haftung des Sammelgutspediteurs

Das in der zweiten Hälfte der 1920er-Jahre geschaffene **Haftungssystem für Speditionsgeschäfte** beruhte auf einer Kombination der Allgemeinen Deutschen Spediteurbedingungen mit den Bedingungen der Speditionsversicherung. Der Spediteur war verpflichtet, die Versicherung automatisch, also ohne dass es eines Auftrags dazu bedurfte, einzudecken. Der Auftraggeber oder derjenige, dem das versicherte Interesse zustand, erhielt einen Direktanspruch gegen die Versicherer bei gleichzeitiger Haftungsbefreiung des Spediteurs (Haftungsersetzung durch Versicherung). Jedoch hatte der Auftraggeber die Möglichkeit, sich zum **„Verbotskunden"** zu erklären, also die Versicherung zu untersagen. Der Spediteur haftete dann zwar persönlich, aber nur eingeschränkt nach Maßgabe der ADSp. Der Versicherungsschutz der Speditionsversicherung erstreckte sich auch auf Zwischenspediteure (durchlaufende Deckung). Die Haftung der Versicherer orientierte sich an der gesetzlichen Haftung der Spediteure. Der Wert des Gutes war bestimmend für die Versicherungssumme.

Dieses althergebrachte System der **Haftungsersetzung durch Versicherung** ist zum 30.6.1998 ausgelaufen. Zum 1.7.1998 ist ein neues Fracht- und Speditionsrecht in Kraft getreten, das die Abbedingung der Haftung dem Grunde nach durch allgemeine Geschäftsbedingungen, hier die ADSp, nicht mehr erlaubt. Für die Spediteure gilt nunmehr eine **AGB-feste Haftung**, d.h. die Haftung nach HGB darf nur im Rahmen einzelvertraglicher Absprachen und nicht mehr durch Hinweis auf die ADSp abbedungen werden.

Versendet der Spediteur das Gut des Versenders in Sammelladung, so hat er nach § 460 Abs. 2 HGB „hinsichtlich der Beförderung in Sammelladung die Rechte und Pflichten eines Frachtführers oder Verfrachters". Aus den Worten „hinsichtlich der Beförderung" folgt, dass das Frachtrecht bei Sammelgutversand nur bei der Beförderung in Sammelladung, also im Hauptlauf, gilt. Es gilt also nicht im Vor- oder Nachlauf, auch nicht im Umschlag. In vielen Fällen werden beim Sammelgutversand jedoch gleichzeitig Übernahmesätze vereinbart, die bekanntlich auch die Konsequenz der Haftung wie ein Frachtführer nach sich ziehen. Dann gilt Frachtrecht für die gesamte Ortsveränderung vom Vorlauf über Hauptlauf bis zum Nachlauf einschließlich des zweimaligen Umschlags beim Versand und Empfangsspediteur. Die Haftung nach Speditionsrecht gilt dann nur für Organisation, Disposition und Interessenwahrung.

Kommt bei einem Güterschaden Frachtrecht zur Anwendung, so haftet der Spediteur regelmäßig mit 8,33 SZR je kg. Bei Anwendung des Speditionsrechts gemäß den ADSp (Stand: 2003) ermäßigt sich die Spediteurhaftung auf 5 € je kg des Rohgewichts der Sendung (Ziffer 23.1.1 ADSp). Die neuen Spediteurbedingungen regeln die Haftung des Spediteurs als Sammelladungsspediteur ebenfalls in Höhe von 8,33 SZR je kg (Ziffer 23.1.1. ADSp 2016). Haftung und Versicherung des Spediteurs sind in den Kapiteln 3.2 und 3.3 ausführlich dargestellt.

Die Haftungsbestimmungen der ADSp gelten hingegen nicht im grenzüberschreitenden Verkehr. Hier haftet der Spediteur durchgehend nach den zwingenden Haftungsbestimmungen der CMR.

5.2 Der Spediteur und die Paketdienste

Jürgen Ries

5.2.1 Begriff KEP-Dienste

Der Begriff KEP-Dienste (Kurzform für **K**urier-, **E**xpress- und **P**aketdienste) entwickelt sich seit Anfang der 1990er-Jahre und fasst ein Angebot an **Transportdienstleistungen innerhalb von 24 Stunden und darunter** zusammen. Dabei ist die Art des Angebots vom Gewicht her durchaus unterschiedlich, vom Stückgut-Express bis zum Dokumenten-Kurier. Die zeitgenaue Transportleistung kann allerdings nur vor dem Hintergrund gesicherter Abläufe erbracht werden. Deshalb ist allen Anbietern der Systemcharakter der Leistungserbringung gemeinsam. Man nennt die KEP-Dienste von daher auch **systemgeführte Transportdienstleistungen**.[1] Allerdings kann es z. B. bei Kurierdiensten auch vorkommen, dass die Leistung für eine einzige Sendung so stark die menschlichen Ressourcen auf sich konzentriert, dass nicht mehr von einer systemgeführten Leistung, sondern von einer höchstpersönlichen Leistung gesprochen werden muss. So vereinigt der Begriff KEP-Dienste unterschiedliche Facetten des Dienstleistungsspektrums miteinander, abgestuft nach der Transportzeit und dem Grad der Systematisierung. Das Gewicht spielt eine untergeordnete Rolle. Den im Begriff enthaltenen Paketdienst kennzeichnet dabei die ausgewogenste Ausprägung aller Eigenschaften, weshalb sich an seinem Beispiel die neuen Entwicklungen im Verkehrsmarkt gut darstellen lassen. Insgesamt stellt der deutsche Markt mit einem Umsatzvolumen von 17,4 Mrd. € (2015) – exklusive Postdienste – den größten europäischen KEP-Markt dar.

5.2.2 Der Markt für Kurier- und Expressdienste

Die Kurier- und Expressdienste sind nicht klar voneinander abgegrenzt. Der Markt für diese Transportdienstleistungen ist entsprechend schwer zu definieren. So findet man unter den Expressdiensten auch Stückgut-Spediteure. Insgesamt hat die Rolle sogenannter „Mischbetriebe“, die Dienstleistungen aus mehreren Segmenten der KEP-Branche anbieten, in den letzten Jahren deutlich zugenommen. Eine Klassifizierung hat sich dennoch allgemein durchgesetzt anhand folgender Dienstleistungssegmente:

- **Kurierdienste:** Ständige persönliche Begleitung einer Sendung mit jederzeitiger Dispositionsbefugnis (vgl. § 5 Abs. 2 Nr. 3 Postgesetz)
- **Expressdienste:** Keine direkte, exklusive oder persönliche Begleitung des Versandguts, sondern Beförderung der Sendungen über Umschlagzentren. Typische Sammeltransporte mit Vereinbarung eines fixen, häufig auch garantierten Ausliefertermins. Die fest zugesagte Haus-zu-Haus-Lieferzeit ist der grundsätzliche Unterschied zu speditionellen Dienstleistungen.
- **Paketdienste:** Untersegment der Expressdienste. Signifikant sind die aus dem Transportsystem zu erwartenden Lieferzeiten (jedoch in aller Regel keine Garantie) sowie die Beschränkungen der Sendungen nach Größe, Gewicht und Umfang, bedingt durch den Umschlag in automatisierten Paketsortieranlagen. Starke Ausprägung der Standardisierung als Systemdienstleister.

1 In diesem Leitfaden wird erstmalig der Versuch unternommen, die KEP-Dienste systematisch darzustellen, auch wenn der Begriff KEP den praktischen Anforderungen des Marktes noch angepasst wird. Der Buchstabe P in KEP steht in der Regel für Paketdienste. Mit Blick auf den vor der Liberalisierung stehenden umsatzstarken Postmarkt wird neuerdings – vergleiche auch Kapitel 5.3 dieses Leitfadens – der Buchstabe P für Postdienste verwendet. Entsprechend anders werden dann auch die Buchstaben K und E interpretiert. Die Zukunft wird hier eine endgültige Regelung finden.

5.2.3 Volumen und Struktur des Markts für Paketdienste

Während in den 1980er-Jahren und zu Beginn der 1990er-Jahre noch jährlich zweistellige Zuwachsraten üblich waren, hatte der Paketmarkt im Jahr 2009 erstmals und bisher einzig – bedingt durch die damalige Wirtschafts- und Finanzkrise – einen Volumenrückgang von 4 % und eine Umsatzreduzierung von 7 % verzeichnen müssen. Dieser Rückgang war jedoch deutlich geringer ausgefallen, als z. B. bei der Seefracht (Umsatz: 13 %) und bei der Luftfracht (Umsatz: 10 %). Das Marktvolumen für 2015 betrug 2,95 Mrd. Pakete in Deutschland (+5,9 % gegenüber 2014) bei einem Umsatz von ca. 9,4 Mrd. €. Somit entfallen auf den Paketmarkt (Standardsendungen) mittlerweile über 50 % aller Umsätze des gesamten KEP-Markts in Deutschland. Dies spiegelt sich auch in stark steigenden B2C-Mengen wieder. Während das Wachstum im klassischen B2B-Umfeld stagniert, ist aufgrund des zunehmenden Online-Handels, des prognostizierten Wirtschaftswachstums und des anhaltenden privaten Konsums für den deutschen KEP-Markt insgesamt von einer weiter positiven Entwicklung auszugehen. Als Produktions- und Wachstumsfaktor übt die KEP-Branche mit ca. 202.000 direkt Beschäftigten, gerechnet auf Vollzeitkräfte in 2014, einen nachhaltig positiven Einfluss auf die deutsche Volkswirtschaft aus.

Im Bereich der KEP-Branche zeigt sich ein immer stärker wachsender grenzüberschreitender E-Commerce als Wachstumstreiber für internationale Paketsendungen. Das internationale Sendungsvolumen im Paketmarkt soll nach Einschätzung der Marktteilnehmer bis 2019 jährlich um ca. 6,4 % überdurchschnittlich wachsen.

5.2.4 Die Entwicklung der privaten Paketdienste

Die Geburtsstunde des privaten Paketdienstes lag Mitte der 1970er-Jahre. Der private amerikanische Paketdienst United Parcel Service (UPS) suchte den Einstieg in den deutschen Kleingutmarkt. Parallel dazu gründeten 18 deutsche Spediteure im Jahr 1976 unter dem Namen Deutscher Paket Dienst, seit Ende 2007 als Dynamic Parcel Distribution (DPD) firmierend, ebenfalls ein Netz für Paketverkehre als Antwort auf Kundenwünsche besonders aus dem Bereich der Kauf- und Warenhäuser. Nach einem obsiegenden Urteil im Streit um den Beförderungsvorbehalt der Post auf dem Gebiet der Paketbeförderung, war es privaten Anbietern möglich, sich vollends vor dem Hintergrund von Rechtssicherheit im Wettbewerb um das Kleingut zu etablieren. In den Folgejahren wurde die Idee „Paketdienst“ von verschiedenen Unternehmen immer wieder mit unterschiedlichem Erfolg aufgegriffen. Die letzte bedeutende erfolgreiche Gründung in der sehr kapitalintensiven und risikoreichen Markteintrittsphase geschah 1989 durch die German Parcel Paket Logistik GmbH, zwischenzeitlich unter General Logistics Systems Germany GmbH & Co. OHG (GLS) firmierend, wie DPD ebenfalls eine Kooperation deutscher Spediteure. Die privaten Paketdienste sind heute ein bedeutender Faktor der Verkehrswirtschaft in beförderter Paketmenge und Leistungsqualität.

Vor dem Hintergrund der zunehmenden Globalisierung der Märkte drangen ab 1997 durch Aufkäufe oder Ankäufe verstärkt die europäischen Postgesellschaften in die privaten Paketdienste ein. Nach Übernahme der TNT-Gruppe durch die niederländische Post KPN im Jahr 1997 erwarb die Deutsche Post 1998 unter anderem die Spedition Danzas und DHL Worldwide Express und hat ihre Vorreiterrolle im Frühjahr 1999 durch Bekanntgabe der Übernahme des kompletten Paket und Logistikgeschäfts der Royal Nedlloyd N.V. weiter ausgebaut. Im Frühjahr 2003 wurde die Übernahme des drittgrößten US-Expressunternehmens Airbone bekannt, in 2005 kaufte das Unternehmen, welches mittlerweile unter Deutsche Post DHL Group firmiert, den britischen Exel Konzern.

Die französische Post La Poste hat ab 1998 einzelne DPD-Gesellschafter erworben und besitzt mittlerweile eine Mehrheitsbeteiligung von knapp 94 % am DPD. GLS verkündete im Januar 1999 den Verkauf sämtlicher Geschäftsanteile an die britische Post.

Vor dem Hintergrund einer paneuropäischen Ausrichtung der Unternehmen ging die Übernahmewelle im KEP-Bereich weiter, die Anzahl der Akquisitionen hat jedoch aufgrund der zahlreichen Übernahmen der Vergangenheit deutlich abgenommen.

Die angekündigte Übernahme des niederländischen Unternehmens TNT Express durch den US-Paketriesen UPS wurde aus kartellrechtlichen Gründen Anfang 2013 zurückgenommen. Im Oktober 2015 bekam der US-Konzern FedEx für die Übernahme von TNT Express seitens der EU-Kartellbehörde grünes Licht.

Der private speditionell geprägte Paketdienst hat im Laufe der Jahre, nach Loslösung vom Speditionsgeschäft, ganz deutlich ab Mitte der 1980er-Jahre, ein eigenständiges Profil als Logistik-Dienstleister entwickelt. Im Vordergrund des Angebots stehen

- Netzdichte,
- schnelle Abläufe,
- organisatorische Vereinfachungen,
- informationstechnologische Transparenz,
- enorme Leistungsfähigkeit durch den Einsatz von Fördertechniken im Umschlag,
- selbständige Transportunternehmer in der Abholung/Zustellung.

Die kreative und innovative Weiterentwicklung des Paketdienstes und die voranschreitende Vernetzung mit den logistischen Abläufen der Kunden eröffnet die Möglichkeit für immer neue Dienstleistungsangebote über das reine Verkehrsgeschäft hinaus, lediglich mit der Einschränkung, dass wegen der materiellen Ausprägung des Transportsystems eine rein persönliche Dienstleistung wohl nicht entstehen wird.

Das Wachstum der Pakettransportsysteme führt den speditionellen Paketdienstleister in ganz neue Dimensionen. Das Betreiben eines Logistiknetzwerks im Bereich der Paketlogistik erfordert andere Einstellungen und Qualifikationen. So nehmen die technischen Fragen und Fragen nach der exakten Steuerung und Taktung des gesamten Transportvorgangs bzw. Fragen nach der Kundenorientierung oder dem Qualitätsmanagement sowie auch Fragen der Kapitalbeschaffung bzw. der Formen des zukünftigen Wettbewerbs nicht nur in Deutschland, sondern auch in Europa, an Bedeutung zu.

5.2.5 Erfolgsfaktoren des privaten Paketdiensts

Ein Erfolgsfaktor liegt im streng definierten Kleingut. Ein Paket ist in der Regel ein Packstück bis 31,5 kg, maximales **Gurtmaß** (Umfang des Pakets gemessen in: 2 x Höhe + 2 x Breite + längste Seite) 3,0 m, maximale Länge 1,75 m. Der Sendungsbegriff ist nicht bekannt. Es wird packstückbezogen gedacht und abgerechnet. Die „Sendung" im Paketdienst ist eine Lieferung, die aus mehreren Paketen besteht oder ein Bündelpaket. Das Paket wird in einer **Regellaufzeit von 24 Stunden** zugestellt. Optional werden auch **Laufzeitgarantien** angeboten. Die Laufzeitstabilität ist die Folge eines maximal dreimaligen Umschlags.

Die Leistung ist überall erhältlich. Die privaten Paketdienste betreiben flächendeckende Logistiknetze in Deutschland und in ganz Europa. Der Kunde braucht also auf die gewohnte Qualität der Paketlogistik auch an seinen ausländischen Produktionsstandorten nicht zu verzichten.

Technologische Aufrüstung: Die Installation von modernster Fördertechnik führt zu einer Automatisierung des Umschlags. Die Führung der Verkehre über zentrale Punkte, sogenannte

„Knoten“, in Verbindung mit den dortigen Hochleistungs-Paketsortieranlagen, vermindert die Umschlagzeit und die Umschlagkosten.

Transportunternehmer: Im Bereich der Abholung und Zustellung arbeiten die Paketdienste mit selbständigen Unternehmern zusammen. Der Unternehmer bedient mehrere Touren in der Abholung wie in der Zustellung. Sein Status als selbständiger Gewerbetreibender mit unternehmerischer Motivation bringt eine große Flexibilität in Zeit, Kapazität und Qualität in diesen Bereich.

Der moderne Paketdienst hat standardisierte Abläufe. Das Verfahren von der Abholung bis zur Zustellung ist in Handbüchern und Arbeitsanweisungen nachlesbar. Die Handgriffe im Paketdienst können leicht nachvollziehbar einstudiert werden, was eine Fehlerunempfindlichkeit und eine Leistungssteigerung bedeutet. Der Einsatz von Techniken standardisiert die Abläufe weiter. Soweit es sich für den Menschen um Vereinfachungen handelt, tritt derselbe Effekt ein. Der Kunde spürt die standardisierten Abläufe an einer gleichbleibenden Qualität.

Auf dem Paket klebt ein Paketschein, der Speditionsauftrag. Die Speditionsauftragsnummer findet sich codiert in einem **Barcode** (Strichcode) wieder. Durch das Scannen (Erfassen) der Paketscheinnummer an verschiedenen Stellen des Paketflusses wird eine Paketverfolgung möglich. Die Speicherung der Daten in zentralen Auskunftssystemen macht den Warenfluss transparent und sicher. Die Sendungsverfolgung vereinfacht die Bearbeitung von Reklamationen.

Die Paketdienste bieten in Anbetracht ihrer Leistungen ein günstiges Preis-/Leistungsverhältnis. Entscheidend ist, was der Kunde als Leistung beansprucht. In der Regel schätzt der Kunde beim modernen Paketdienst folgende drei Qualitäten:

- **Kostensenkung in der Administration:** Durch die Barcodetechnik des Paketscheins entsteht ein papierloser warenbegleitender Informationsfluss. Das Selbsterzeugen des Paketscheins durch den Kunden senkt seinen Administrationsaufwand weiter.
- **Kostensenkung bei den Frachtkosten:** Der Paketdienst bietet dem Kunden paketbezogene, feste Beförderungsentgelte. Der Paketdienst arbeitet als Spedition zu fixen Kosten (§ 459 HGB). Das feste Beförderungsentgelt gehört mit zum Angebot. Die Standardisierung vieler Leistungen vereinfacht die Kalkulation und macht die festen Beförderungsentgelte möglich. Dieses Entgelt ist je nach Güterstruktur, Entfernung und Gewicht sowie der Nutzung technischer Einrichtungen durch den Kunden (Selbstbedienungseffekte) günstig.
- **Zusätzlicher Service:** Die Technisierung der Abläufe bringt Serviceverbesserungen mit sich. Über 98 % aller Pakete haben eine Laufzeit von 24 Stunden im Inland. Die Kontrolle der Abläufe sorgt dafür, dass keine Leistungsschwankungen auftreten. Außerdem erleichtert das Sendungsverfolgungssystem die Klärung von Reklamationen. In der Regel kann der Mitarbeiter im Kundendienst per Bildschirmauskunft auf Anfrage direkt mitteilen, wo sich das Paket gerade befindet oder der Kunde kann sich über das Internet den Lebenslauf des Pakets ansehen. Die Klärung von kleineren Fällen dauert bis zu drei Stunden, die Besorgung eines Abliefernachweises bzw. die Klärung größerer Reklamationen bis maximal drei Tage.

Ein industrielles Qualitätsmanagement nach DIN ISO 9001 sorgt dafür, dass die Leistung stabil bleibt. Dies geschieht durch die Fixierung von Leistungskennzahlen in Form von Soll-Größen und die permanente Messung der Ist-Größen sowie durch technische Möglichkeiten, z. B. EDV-gestützte Kennzahlen-Kontrollen und Audits. Ein Qualitätsmanagement sorgt außerdem für die Weiterentwicklung des Produktes über die Einbeziehung aller Mitarbeiter.

5.2.6 Die Abwicklung des Paketverkehrs

Depots sind Umschlagbetriebe. Jedes Depot kann sowohl als Abgangsdepot, bezogen auf den Versand von Paketen an andere Depots, als auch als Empfängerdepot, gerichtet auf die Annahme von Paketen aus anderen Depots und deren Zustellung an die Empfänger, funktionieren. Dieselben Paketsortieranlagen werden in aller Regel zu verschiedenen Tageszeiten in beiden Funktionen genutzt. Im Einzelnen wird der Paketverkehr wie folgt abgewickelt: Der Auftraggeber ruft im Depot an und wünscht die Abholung oder eine Abholung erfolgt nach festen Zeiten. Der Disponent organisiert die Abholung durch den Transportunternehmer. Das Paketgut wird beim Versender gegen Quittung übernommen und zum Depot befördert. Dort wird es entladen. Während der Entladung wird das Paket an der Scan-Station EDV-technisch erfasst und in der Regel über Postleitzahl-Eingabe automatisch geroutet. Dies geschieht dergestalt, dass die vom Versender bereits in maschinenlesbarer Form mittels ausgefüllter Paketscheine beschrifteten Pakete unmittelbar nach der Entladung wenige Meter hinter dem Hallentor durch einen Mitarbeiter mit einem Handscanner elektronisch eingegeben werden. Diesen Vorgang bezeichnet man als **Eingangsscannung**. Gleichzeitig mit dieser Eingangsscannung gibt ein Mitarbeiter manuell die Postleitzahl des Empfängers in die EDV ein. Aufgrund der Scannung und der manuellen Eingabe druckt der Computer dann ein sogenanntes **„Routerlabel“** aus, welches die Nummer des Empfangsdepots, die Postleitzahl des Empfängers, die Paketscheinnummer sowie einen Strichcode mit diesen Informationen enthält. Ein weiterer Mitarbeiter vergleicht die Empfänger-Postleitzahl auf dem Paket mit der Postleitzahl auf dem Routerlabel und klebt im Falle der Übereinstimmung dieses auf das Paket. Damit ist die elektronische Eingangserfassung des Pakets abgeschlossen.

Die Erfassung ist zugleich Grundlage der Unternehmerabrechnung. Die Pakete werden umgeschlagen und auf Ausgangstore verteilt, dann mit Teleskopförderbändern in Lkw auf Wechselbrücken verladen. Die Verladung wird ebenfalls EDV-mäßig dokumentiert. Es erfolgt so eine Ein- und Ausgangskontrolle mit modernen Kontrollsystemen. Für besondere Paketlieferungen gibt es ein Avis über Nacht. Nach dem Umschlag erfolgt die Datenübertragung an eine zentrale Datenbank.

Die Verkehre zwischen den Depots laufen überwiegend direkt auf das Empfangsdepot (sogenannter **„Direktverkehr“**) oder auf einen Umschlagknoten zur Konsolidierung (sogenannter **„Systemverkehr“**) zu. Die Verkehrsführung bedeutet, dass das Paket maximal dreimal umgeschlagen wird, je nachdem, ob der Verkehr noch über einen Umschlagknoten geführt wird. Alle in der Regel bis 6.00 Uhr eingehenden Verkehre werden im Empfangsdepot entladen, im Knoten je nach Fahrplan. Der Eingang wird an Scan-Stationen EDV-technisch erfasst, der Umschlag im Knoten ebenfalls. Es erfolgt die Datenübertragung an eine zentrale Datenbank, in der sich die Informationen zu einem „Paketlebenslauf“ (Sendungsverfolgung) zusammenfügen. Die entladenen Pakete werden mit manueller oder maschineller Technik auf Hallen, Stränge, Zustellgebiete oder Touren verteilt.

Soweit keine automatische Sortierung auf die Tour erfolgt, nehmen Mitarbeiter die Pakete vom Band (z. B. angetriebene Rollenbahn). Das Paket wird an dieser Schnittstelle EDV-technisch erfasst. Diese Erfassung ist Grundlage für die Unternehmerabrechnung. Der Unternehmer sortiert die für ihn bestimmten Pakete auf seine Tour. Nach der Beladung werden die Pakete durch den Unternehmer dem Empfänger zugestellt. Die Eingangsdaten werden an die zentrale Datenbank übertragen. Differenzen, Zustellhindernisse usw. werden gescannt und ebenfalls übertragen.

Während früher die von den Empfängern quittierten Ausrolllisten zum Depot zurückgebracht wurden, arbeiten alle Paketdienste mit elektronischen Abliefernachweisen **(Delivery Scan)**. Bei der Zustellung unterschreibt der Empfänger auf einem mobilen Datenerfassungsgerät (Handheld, digitalisierte Unterschrift). Die erfassten Daten werden online in eine zentrale Datenbank übertragen und sind wenige Minuten nach der Zustellung im Paketverfolgungssystem auch für die Kunden einsehbar. Bei Reklamationen können Mitarbeiter und Kunden online auf den transportbegleitenden Informationsfluss **(Paketlebenslauf)** der zentralen Datenbank zurückgreifen.

Dort sind eventuelle Unregelmäßigkeiten im Transport und Umschlagablauf eingescannt. Der Paketlebenslauf ist schreibgeschützt und kann daher im Nachhinein nicht mehr verändert werden.

Im Unterschied zu den heute üblichen Versandabläufen werden die Pakete in Zukunft in nur einem Arbeitsschritt sortiert werden. Kern des neuen Systems sind Funketiketten **(RFID – Radio Frequency Identification)**, die auf jedem Paket angebracht und die Versandorganisation und die Abläufe wesentlich vereinfachen werden. Mit dieser Technik wird eine durchgängige Sendungsverfolgung möglich sein. Die Umstellung von Barcode auf RFID erhöht zusätzlich die Prozessstabilität und verringert das Fehlerrisiko.

5.2.7 Die Bestandteile des Paketdiensts

Jedes Pakettransportsystem verfügt über eine organisierte Vermarktung seines Dienstleistungsangebots. Die Vermarktung beginnt mit der Formulierung des Bedarfs. Die entsprechende Marktaussage der privaten Paketdienste lautet für alle etwa:

- Gewicht bis 31,5 kg
- Gurtmaß 3,0 m, maximale Länge 1,75 m
- automatische Abholung bzw. Abholung nach Vereinbarung
- flächendeckende Bedienung
- 24 (48)-Stunden-Regel-Service/wahlweise: garantierte Laufzeiten
- Zustellung „frei Verwendungsstelle“
- kostenlose Klärung von Differenzen
- Erteilung einer (Online-)Abstellgenehmigung (für einzelne Sendungen oder dauerhaft)
- B2B: Zweit- und Drittzustellung/B2C: alternative Zustellung (z. B. Nachbar, Paketkasten, Paketshop)
- Rückholung/Mitnahme/Austausch
- Paketverfolgungssystem
- Ein- und Abliefernachweis/optional: Online-Zustellnachweis
- Versicherung bis max. 750 €/Paket/Höherversicherung nach Vereinbarung
- Nachnahmesendungen mit Transaktionskontrolle
- Samstagszustellungen
- Garantiepaket (garantierte Zustellzeit gegen Geld-zurück-Garantie)
- Express Inland (8.30 Uhr/10.00 Uhr/12.00 Uhr/18.00 Uhr)
- Express International
- Pro-aktiver E-Mail und SMS-Benachrichtigungsservice (optional)
- Mehrpaketsendungen (maximal 10 Pakete pro Sendung, maximales Sendungsgewicht 31,5 kg)
- Abteilungsbelieferung, Identitätscheck (optional)
- Entsorgung Verpackungsmaterial
- flächendeckendes Angebot an Paketshops
- Online Versand/pick up by phone
- Gefahrgut (in begrenzter Menge)
- Beschaffungslogistik
- Wahl eines Zustelltermins/einer alternativen Zustelladresse durch Empfänger/Umverfügungen
- Benachrichtigung des Empfängers über konkretes Zeitfenster der Zustellung (Reduzierung auf bis zu 30 Minuten) inkl. Live-Tracking
- Same Day Delivery (City-Logistik in Großstädten für Lebensmittel/Arzneimittel/Ersatzteile)

Mit dieser Marktaussage werden die Kundenwünsche konsequent beantwortet. Darüber hinaus gilt es zu betrachten, dass mit abnehmender Fertigungstiefe und strategischen Logistikentscheidungen, wie z. B. Outsourcing, der Paketmarkt ein überdurchschnittliches Wachstum verzeichnet. Die Läger der Kunden bauen sich so ab und die Ware verlagert sich zum Logistik-Dienstleister.

Letztlich haben sich Güterproduktion und Verkehrs-/Logistikdienstleistung aufeinander zuentwickelt. Die Dienstleistung erhält durch moderne Distributionskonzepte eine andere Wertigkeit. Sie kann dem Auftraggeber eine zusätzliche Wertschöpfung seines Produkts im Verhältnis zu seinem Kunden verschaffen.

Das Rückgrat des privaten Paketdienstes sind die von den Partnern und Franchisenehmern betriebenen Depots. Ein Depot ist ein Umschlagbetrieb. Diese Depots sorgen in eigener unternehmerischer Verantwortung in der ihnen von der Zentrale, meist eine Kooperationszentrale oder Konzernzentrale (Hauptverwaltung), zugewiesenen Region (Bedienungsgebiet) für die Abholung und Zustellung der Pakete sowie für die unmittelbare Kundenbetreuung. Die Depots können **reine Empfangs- oder Versanddepots** sein. Standard ist die Mischform. Die Leistung eines Depots variiert von ca. 10.000 Paketen/Tag bis zu ca. 100.000 Paketen/Tag. Die Personalausstattung eines Depots liegt zwischen 50 bei kleinen Depots und über 400 gewerblichen Mitarbeitern und Angestellten bei Großdepots. Paketdienste mit einer europäischen Flächendeckung können zwischen 80 und bis zu 800 Depots erreichen, in Deutschland liegt die Netzdichte bei ca. 30 bis 80 Depots, abhängig von der transportierten Paketmenge, je nach Paketdienst zwischen 100 Mio. bis 1 Mrd. Pakete im Jahr.

Neben den Depots existieren in unterschiedlicher Terminologie je nach Kultur des Anbieters

- für den **überregionalen Austausch**
  die HDs **(Hauptdepots)**, ZUBs **(Zentrale Umschlagbasis)** oder HUBs **(Hauptumschlagbasis)**
- für den **regionalen Austausch**
  die RDs **(Regionaldepots)**, die sogenannten „Umschlagknoten".

Ihre Aufgabe ist es, einen wirtschaftlichen Transport durch Konsolidierung der Paketmengen sicherzustellen. Die Leistung eines derartigen Knotens liegt zwischen 40.000 und 150.000 Paketen pro Nacht. Die Personalausstattung liegt zwischen 100 und 400 Personen, überwiegend gewerbliche Mitarbeiter. Die europäische Flächendeckung wird etwa mit bis zu 60 Knoten erreicht, die deutsche mit bis zu sieben bei großen Paketdiensten.

Die Paketverkehre zwischen den Depots werden bei ausreichendem Paketaufkommen direkt vom Versand zum Empfangsort geführt (sogenannter „Direktverkehr") oder ansonsten in den verkehrsgünstig gelegenen Umschlagknoten konsolidiert (sogenannter „Systemverkehr"). Ein Fahrplan koordiniert die Verkehre.

Im 24-Stunden-Takt werden europaweit mit einer solchen Paketlogistik, z. B. in der internationalen DPD Group, in Spitzenzeiten täglich bis zu 3,6 Mio. Pakete bei 360.000 Kunden abgeholt, elektronisch erfasst und über ein computergestütztes System transportiert, nachts umgeschlagen, verteilt und schließlich durch die Ausrollunternehmer den Empfängern zugestellt.

In den Depots bzw. Umschlagknoten sind modernste Fördertechniken im Einsatz, die es ermöglichen, dass das Paket nur höchstens dreimal angefasst werden muss. Es handelt sich um zum Teil manuelle, teilautomatische und vollautomatische Sortieranlagen mit hoher Stundenleistung und unterschiedlichen Technikkonzepten: Stahlband-, Kippschalen-, Pop-up-, Truck und Posi-Sorter. Die Steuerung geschieht in einer manuellen Anlage über gewerbliche Mitarbeiter, die sogenannten „Pusher" (Verteiler) und in einer automatischen Anlage durch stationäre Hochleistungs-Scanner, die das maschinenlesbare Barcode-Routerlabel lesen und das Paket in der Anlage an der entsprechenden Stelle ausschleusen.

Auf der Strecke im sogenannten „Hauptlauf" sind zwischen den Depots Frachtführer im Einsatz, die mit dem Paketdienst in der Regel in einem traditionellen Bindungsverhältnis, aus der Spedition kommend, stehen oder der Hauptlaufspediteur im sogenannten „Selbsteintritt".

Bei der Abholung der Pakete beim Auftraggeber und bei der Zustellung an den Empfänger sind Transportunternehmer im Einsatz.

Unterschiedliche Fahrzeugkonzeptionen (Stadttour-Fahrzeug, Landtour-Fahrzeug) und Wechselbehälter-Standards (7,15 m, 7,45 m, 7,82 m, Sattelauflieger, Planenbrücke) sind im Einsatz, wobei die Durchsetzung der technischen Standards über ein Regel- und Vertragswerk geschieht.

Innerhalb der speditionellen privaten Paketdienste wurde bereits Ende der 1980er-Jahre sowohl aufgrund von systeminternen Ansprüchen als auch aufgrund von Wünschen der Versender, die Forderung nach einem **Sendungsverfolgungssystem** (sogenanntes „Tracking und Tracingsystem") gestellt. Das System führte im ersten Schritt zu einer einfach zu handhabenden Verfolgung der Pakete und später auch zu einer Leistungskontrolle der einzelnen Partner (Laufzeiten, Ausrollquoten usw.).

In einem weiteren Schritt ist es dem Kunden ermöglicht worden, selbst seine Daten aus der zentralen Datenbank des Paketdienstes abzurufen. Der Kunde kann direkt z. B. online über Cloud-Lösungen mit der Datenbank des Paketdienstes kommunizieren. Der Kunde kann sich so selbst den kompletten Paketlebenslauf, den quittierten Abliefernachweis oder bei Nachnahmepaketen den Finanzlebenslauf anzeigen lassen und ausdrucken oder seine Empfängerdatenbank verwalten. Auf Wunsch erhält der Kunde zusätzlich mehrmals täglich alle Scans seiner Pakete als Datei zur Auswertung im eigenen EDV-System. Ebenso ist der Ausdruck von Paketscheinen sowie über zusätzliche Applikationen die Erfassung spezieller Kundenwünsche möglich, insbesondere für internationale eCommerce-Unternehmen.

Das **informationstechnologische Gesamtsystem**, das wegen der Durchschaubarmachung der Prozesse bzw. Systembewegungen von den Paketdiensten „gläsern" genannt wird, besteht aus folgenden Einzelkomponenten:

- einem Betriebsdatenerfassungssystem bei jedem Kooperationspartner und in den Umschlagknoten
- einem Kommunikationssystem bei jedem Partner, das auch für Verwaltungs- und Abrechnungsaufgaben im jeweiligen Depot genutzt werden kann
- einer Zentralen EDV-Datenbank-Anlage als Anlaufpunkt für alle Auskünfte und für die zentrale Leistungsermittlung

Für die Erfassung der Pakete in den Durchlaufstationen wird als maschinenlesbare Codierung aller Informationen auf Barcode zurückgegriffen.

Die Betriebsdatenerfassung (Scannung) erfolgt bei den Partnern alternativ entweder über fest verkabelte Netzwerke, die alle Daten direkt auf einen PC abstellen oder aber über mobile Erfassungsgeräte, die nach Abschluss der Erfassung entweder über ein Netzwerk oder direkt auf den PC entladen werden. Die Steuerung geschieht über eine in der zentralen EDV entwickelte Scan-Software. Diese erstellt aus den Erfassungsdaten die notwendigen Belege für die Zusteller (z. B. Ausrolllisten) und erzeugt automatisch Dateien (sogenannte „Transferdateien"), die dann über das Kommunikationssystem an die zentrale Datenbank überspielt werden.

Das Informationssystem hat eine zentrale Bedeutung für die Steuerung der Abläufe im Paketdienst. Das Funktionieren ist allerdings überwiegend verhaltensabhängig wegen der zahlreichen Eingabetätigkeiten der Mitarbeiter und Unternehmer.

Große Paketdienste besitzen ausgeprägte **Qualitätsmanagementsysteme (QMS)**. Deren Aufgabe ist es, die Leistung stabil zu halten, damit die Kundenerwartungen nicht enttäuscht werden. Dies geschieht durch die Überwachung der standardisierten industriellen Produktionsabläufe und das Einschreiten bei auftretenden Fehlern z. B. bei Überschreiten von Toleranzen in den qualitätsrelevanten Bereichen. Diese werden ersichtlich über systematische Aufzeichnungen bzw. Messwert-Statistiken über z. B. Laufzeitquote, Quote der Routerfehler, Fehlverladungen, Quote der nicht zustellbaren Pakete wegen Annahmeverweigerungen, Adressenfehler etc.

Das EDV-gestützte Informationssystem als Kern des Qualitätsmanagementsystems ist für die Lenkung der Dienstleistungsqualität besonders wichtig. Die Steuerung geschieht durch die Scannung, und zwar

- in der richtigen Scan-Art je nach Art des Prozesses (z. B. Eingang, Ausrollung),
- mit dem richtigen Fehler-Code je nach Art des Fehlers (z. B. „B" für Beschädigung),
- zum richtigen Zeitpunkt und an der richtigen Stelle (z. B. Depot, Lkw, Tour).

Eine weitere Säule des Qualitätsmanagements sind die sogenannten „Audits". Dabei handelt es sich um regelmäßige Untersuchungen der Depots durch erfahrene Außendienstmitarbeiter, meist Speditionskaufleute mit Zusatzqualifikationen, hinsichtlich der Einhaltung der vorgeschriebenen Abläufe und sonstigen Anforderungen, z. B. das Corporate Design. Das Ergebnis drückt sich in einer Effektivitätskennzahl aus. Die Bewertung der Leistungsqualität aller Depots sowie ein Ranking (relativer Vergleich) werden möglich. Die meisten Paketsysteme sind heute zertifiziert und treiben über ein praktiziertes **Total Quality Management (TQM)** die ständige Verbesserung voran.

5.2.8 Haftung und Versicherung

Die privaten Paketdienste haften eingeschränkt nach Maßgabe ihrer **Allgemeinen Geschäftsbedingungen (AGB)**. Die AGB regeln für die Paketdienste individuell

- den Geltungsbereich,
- die speditionellen Leistungen und Entgelte,
- die Beförderungsausschlüsse,
- die Haftung,
- die Versicherung,
- die Anmeldung von Ansprüchen.

Im Übrigen nehmen die AGB der meisten Paketdienste nicht mehr Bezug auf die Allgemeine Deutsche Spediteur-Bedingungen (ADSp). Diese sind für den KEP-Bereich aufgrund eigener AGB obsolet geworden. Die rechtlichen Aspekte, z. B. die Abwicklung der Schadenbearbeitung, richten sich ergänzend nach dem Handelsgesetzbuch (HGB) und bei grenzüberschreitenden Lkw-Transporten nach dem Übereinkommen über den Beförderungsvertrag im internationalen Straßengüterverkehr (CMR). Im Übrigen können auch die Bestimmungen des Bürgerlichen Gesetzbuch (BGB) zur Anwendung kommen.

Die meisten Paketdienste bieten den Kunden automatisch eine Standardversicherung zwischen 500 € und 750 € je Paket an, ohne dass der Kunde hierfür noch zuzahlen müsste. Die **Standardversicherung** ist jedoch subsidiär, wenn der Kunde eine anderweitige Versicherung, etwa eine eigene Transportversicherung, abgeschlossen hat. In diesem Fall hat der Kunde bzw. sein regressierender Transportversicherer gegen den Paketdienst keinen **Versicherungsanspruch** mehr, sondern nur noch den Anspruch auf Haftung nach HGB/CMR. Insofern ist die Stellung eines Paketdienstkunden, der über eine eigene Transportversicherung verfügt, vergleichbar im Speditionsbereich mit der eines **Verzichtskunden**.

Bei Eintritt des Schadens, also bei Verlust oder Beschädigung des Pakets, ist die **Haftung** grundsätzlich gemäß § 431 Abs. 1 HGB bzw. Art. 23 Abs. 3 CMR für jedes Kilogramm des Rohgewichts auf 8,33 Rechnungseinheiten (Sonderziehungsrechte) begrenzt. Die Haftungsgrenze entfällt, wenn der Schaden auf Vorsatz, auf dem Vorsatz gleichstehenden Verschulden bzw. auf einer leichtfertigen Handlung beruht in dem Bewusstsein, dass ein Schaden eintreten werde (§ 435 HGB/Art. 29 CMR).

Unabhängig von der Standardversicherung bieten einige Paketdienstleister ihren Kunden eine **freiwillige Höherversicherung** für Pakete an, falls der Auftraggeber entsprechend hohe Werte zur Beförderung versendet. Hierfür hat der Kunde ein zusätzliches Entgelt zu entrichten. Es werden Transportversicherungen bis 13.000 Euro je Paket, teilweise sogar bis 25.000 Euro je Paket, angeboten. Besonders wertvolle Pakete fallen jedoch unter den Beförderungsausschluss des jeweiligen Paketdienstleisters, der dieses in seinen AGB regelt. Solche Pakete sind vom Transport ausgeschlossen und können nicht höherversichert werden.

5.2.9 Die Organisationsformen von Paketdiensten

Die Aktivitäten der Beteiligten in einem speditionell geprägten Paketdienst werden in mehrfacher Hinsicht untereinander koordiniert. Dies besorgt eine Zentrale oder Geschäftsstelle oder eine eigene Gesellschaft im Verbund der Partner, z. B. eine Führungs-GmbH. Sie organisiert die Entscheidungen im Gesellschafterkreis, bestimmt die Geschäftspolitik und stellt die Systemfunktionen sicher. Dies kann auf zwei oder drei hierarchischen Ebenen geschehen.

Der Charakter der privaten Paketdienste als kooperative Transportsysteme bringt es mit sich, dass nur Organisationsformen in Frage kommen, die sowohl dem Gedanken der gegenseitigen Zusammenarbeit als auch dem Gedanken eines Produktionssystems ausreichend Rechnung tragen. Die Organisationsformen müssen also auf der Entscheidungsebene unterschiedlichen Interessen Rechnung tragen und auf der Ablaufebene einfach sein.

Arten von Organisationsformen:

- **Lose Kooperation:** Die lose Kooperation ist ein Zusammenschluss mehrerer Spediteure zur Verfolgung eines gemeinsamen wirtschaftlichen Zwecks, der Paketbeförderung. Ein solcher Zusammenschluss ist eine einfache BGB-Gesellschaft. Die Führung findet durch die Beteiligten, die Gesellschafter selbst, statt, die sich meist einer Geschäftsstelle zur Unterstützung bedienen. Diese Form findet sich in der Gründungs- und Entstehungsphase eines Transportsystems. Die Verantwortung liegt hier beim Unternehmer.
- **Geführte Kooperation:** Hierbei handelt es sich ebenfalls um eine BGB-Gesellschaft mit dem Unterschied zur losen Kooperation, dass die Führung durch eine bestellte Person, eine natürliche Person oder eine juristische Person, z. B. in Form einer GmbH, erfolgt. Die sich bei dieser Form schon herausgeprägten Systemfunktionen können so besser wahrgenommen werden. Man findet diese Organisationsform in der Wachstumsphase eines Paketdienstes. Die Verantwortung liegt hier nicht mehr allein beim Unternehmer, sondern beim Management.
- **Mitverantwortete Kooperation:** Bekannt ist die Organisationsform in Form einer GmbH & Co. KG. Hier ist die Führung eine KG mit der GmbH als Komplementär. Man findet diese Organisationform in der Reifephase eines Systems. Die Verantwortung liegt hier bei einem Management, welches von den Gesellschaftern und Unternehmern (Kommanditisten) mitverantwortet wird.

Man unterscheidet verschiedene **Betriebsformen** oder **Depotorganisationen** auf der Ablaufebene. Der Unterschied liegt im Grad der organisatorischen Vermischung mit den Abläufen der Spedition. Folgende Formen gibt es:

- **Reine Paketdienstorganisation:** Eine solche Organisation existiert völlig autonom neben dem Speditionsgeschäft als Profit-Center. Man findet hier ausschließlich Paketdienstfunktionen. Eine Vermischung findet nicht statt. Bei der Disposition des Hauptlaufs z. B. muss nicht auf den Fuhrpark der Spedition Rücksicht genommen werden.
- **Gemischte Paketdienstorganisation:** Bei dieser Organisationsform existiert eine Verquickung mit den Speditionsinteressen. Ein paketdienstorientierter übergeordneter Entscheidungsträger stellt hier meist die Verbindung zur Spedition her. Es wird der Speditionsfuhrpark eingesetzt. Es existiert ein gemischter Verkauf: Pakete, Stückgut, Sammelgut.
- **Spedition mit Paketdienst:** Bei dieser Organisationsform ist der Paketdienst ein Betriebsteil der Spedition. Die Interessen liegen im Speditionsgeschäft. Der Paketdienst wird als Verteilernetz für Speditionskunden betrachtet. Die Disposition der Paketverkehre geschieht von der Spedition aus.

5.2.10 Der Paketdienst als ökologischer Faktor

Die Sensibilisierung von Wirtschaft und Gesellschaft und damit auch des Verkehrsgewerbes auf Themen des Umweltschutzes hat mit den Jahren stark zugenommen. Dabei herrscht ein weitgehender Konsens über die Ziele einer ökologischen Orientierung: Vermeidung, Wiederverwertung, Wiederverwendung, Weiterverwendung, Pyrolyse und Beseitigung. Über den Weg zur Erreichung der Ziele gibt es aber viele Meinungen, die dennoch in drei **ökologischen** Grundprinzipien zusammengefasst werden können:

- Effizienzrevolution
- Nachhaltige Entwicklung (Sustainable Development)
- Zielkorrektur

Es fragt sich, wie der Paketdienst als Transportsystem zu den Prinzipien steht, abseits von der sonst üblichen Diskussion um die Umweltverträglichkeit der einzelnen Verkehrsträger. Den **ökologischen Effizienzkriterien** kann der Paketdienst wegen seiner Null-Fehler-Qualitätsmanagement-Logistik-Strategie bestens gerecht werden. Außerdem ist die Notwendigkeit neuer Logistiksysteme als integrativer Bestandteil einer umweltgerechten Produktionsgestaltung anerkannt, wobei der Paketdienst ein solches System bietet, was sich in folgenden Merkmalen ausdrückt:

- kontinuierliche CO_2-Reduzierung
- Einbeziehung von Kunden und Subunternehmern in Nachhaltigkeitsbestrebungen
- Beförderung von Mehrwegversandbehältern zur Förderung geschlossener Materialkreisläufe
- effiziente Rückholung für eine leistungsstarke Rückführungslogistik
- Rücknahme bzw. Mitnahme von Paketen bei der Zustellung im Sinne einer kombinierten Bring- und Hol-Entsorgungslogistik als Leitbild moderner Entsorgungsüberlegungen
- Laderaumoptimierung durch Konsolidierung und damit im Prinzip Verkehrsvermeidung
- Management der Pakete/Stopp Konzentration zwecks Verkehrsvermeidung
- Test neuer geländeschonender Produktionsverfahren

Damit folgt der Paketdienst heute schon dem **Grundsatz der „Nachhaltigen Entwicklung" (sustainable development)**. Alle großen Paketdienste sind erfolgreich nach der internationalen Umwelt-Norm ISO 14001 zertifiziert worden. Basis des Umweltmanagementsystems sind messbare Umweltziele, so etwa zur Reduktion von Energieverbrauch, Emissionen, Restmüll oder Wasserverbrauch. Schwerpunkt ist hierbei der CO_2-neutrale Versand aller Pakete bzw. die weitere Reduzierung des CO_2-Ausstoßes. Neben der Gebäudeoptimierung (z. B. energieeffizientere Heiz- und Klimasysteme, LED-Leuchten) und der Netzwerkoptimierung (z. B. weitgehende Vermeidung von Lufttransporten innerhalb Europas zugunsten CO_2-ärmerer Lkw-Transporte, Verlagerung von Transporten von der Straße auf die Schiene im nächtlichen Direktverkehr) steht die Flottenoptimierung (Einsatz moderner energieeffizienter aerodynamisch gestalteter Lkw) im Vordergrund. Seit Jahren werden bereits lokal in Deutschland Elektrofahrzeuge in ausgesuchten Ballungsgebieten getestet. Ebenso kommen Fahrräder bei der Paketzustellung zum Einsatz. Alternative Zustellungen wie beim Wunschnachbarn, bei Paketshops oder im Paketkasten führen ebenfalls zu einer Reduzierung des CO_2-Ausstoßes, da der zweite oder dritte Zustellversuch und die damit verbundene Fahrt entfallen.

5.2.11 Die Grenzen der privaten Paketdienste

Die Verflechtung der Systeme setzt permanent neue Managementfertigkeiten voraus. Entscheidend sind die Beurteilbarkeit von Zuständen im Logistiksystem und die Vorhersehbarkeit der Wirkungen von Managemententscheidungen z. B. bei der Umsetzung von Projekten sowie die Weiterentwicklung des Verkehrsmarktangebots in Richtung echter Servicedimensionen. Dies setzt voraus, dass der Entscheider über das speditionelle Wissen hinaus

- Abläufe und deren Zusammenhänge kennt,
- weiß, wo die entscheidenden Parameter für Veränderungen liegen,
- Krisen und deren Ursachen beurteilen und bewältigen kann,
- Dienstleistungsqualität sichert und entwickelt.

Diese Eigenschaften sind nicht abstrakt theoretisch erlernbar. Eine permanente Weiterbildung an konkreten Aufgabenstellungen aus dem Tagesgeschäft und die Ausprägung eines Systemverständnisses sind erforderlich.

Konflikte tun sich auf zwischen der Erfüllung der Kundenerwartungen und der Erfüllung der Anforderungen, die das Transportsystem stellt. Man kann diese Spannung als Interessenkonflikt bezeichnen, einerseits den Kundennutzen zu mehren, andererseits das System unter Kontrolle zu halten. Er drückt sich aus an folgenden Beispielen:

- **Vorgeschobene Qualitätskontrolle:** Das kundenseitige automatische Routen setzt eine Genauigkeit voraus sowie eine gute Papierqualität des Router-Labels und dessen Lesbarkeit durch Handscanner und stationäre Scanner. Dem Kunden kommt daher die Verantwortung der Qualitätskontrolle selbst zu. Gleiches gilt für den kundenseitigen Paketscheindruck. Die Formen des Routens und des Paketscheindrucks müssen zentralseitig unter Beachtung von Spezifikationen technisch abgenommen sein.
- **Standardisierung und Konformität:** Das Transportgut darf die vorgeschriebenen Maße und Gewichte nicht übersteigen, sonst kommt es zu Behinderungen. Damit das Paket vor Beanspruchungen durch automatische Sortieranlagen und mechanischen Umschlag ausreichend geschützt ist, muss es folgende Eigenschaften aufweisen:
  - äußere Stabilität
  - Verpackung wahrnehmbar auf Systemversand vorbereitet
  - Lesbarkeit von Barcodes und Labeln
  - Greif- und Handfreundlichkeit
  - Staufähigkeit
  - Steigfähigkeit
  - Förderfähigkeit

- **Disziplin**: Das Funktionieren moderner Techniken ist eine verhaltensabhängige Sache, die Ablaufdisziplin erfordert. Ein weiteres disziplinierendes Element ist die Beplanung (z. B. Fahrplan). Die Disziplin z. B. bei den Ankünften und Abfahrten am Knoten ist ein wesentliches Leistungsmerkmal. Es ist erforderlich, dass fahrplangerecht gearbeitet wird. Dabei handelt es sich z. B. bei über 100 Ankünften pro Nacht an einem Umschlagknoten um Minutenarbeit. Dies wiederum bestimmt nicht nur die Abholzeit beim Kunden, sondern auch die Art des Verkehrs zum Knoten. Häufig sind unpaarige Verkehre hinzunehmen, Transportketten nicht möglich, eine Nichtnutzung des speditionellen Fuhrparks zu dulden.

Wachstum im Paketmarkt und technologische Aufrüstung bedeuten Investitionen in Transportnetz und Personal. Die Kapitalkraft der meist mittelständischen Kooperationspartner oder der sie aufkaufenden europäischen Postgesellschaften und die Geschäftspolitik entscheiden darüber, ob und wie das Wachstum bzw. die Paketverkehre in Zukunft finanziert werden können. Erfahrungen zeigen heute schon, dass mit der Automatisierung von Abläufen allein eine Kostensenkung und eine Qualitätsverbesserung nicht einhergehen. Daher muss der Bedarf des Kunden unbedingt das Maß aller Dinge sein und bleiben.

5.3 Der Spediteur und die Kurier-, Express- und Postdienste

Horst Manner-Romberg

5.3.1 Der KEP-Markt

Die Abkürzung KEP hat sich seit Beginn der 1990er-Jahre zunächst als Sammelbegriff für die Serviceangebote der Kurier-, Express- und Paketdienste eingebürgert. Im Zusammenhang mit der Liberalisierung des Postmarkts wurde es dann zunehmend üblich, die neuen, im Wettbewerb stehenden Serviceangebote des Postmarkts ebenfalls unter dem Begriff KEP zu subsumieren. Für diese Services steht heutzutage das „P" (Postdienste) im Begriff KEP.

In jedem Falle bezeichnet KEP immer eine Transportdienstleistung, die ein wichtiger, unverzichtbarer Bestandteil unseres Wirtschaftssystems geworden ist. Mehr als 204.000 Beschäftigte – ohne die Mitarbeiter der Briefsparte der Deutschen Post AG – sind einer Untersuchung[1] zufolge in diesem Markt tätig. Mehr als 5.800 Unternehmen bieten ihre Dienste an und erwirtschafteten 2014 einen Umsatz von rund 19,3 Mrd. €.[2]

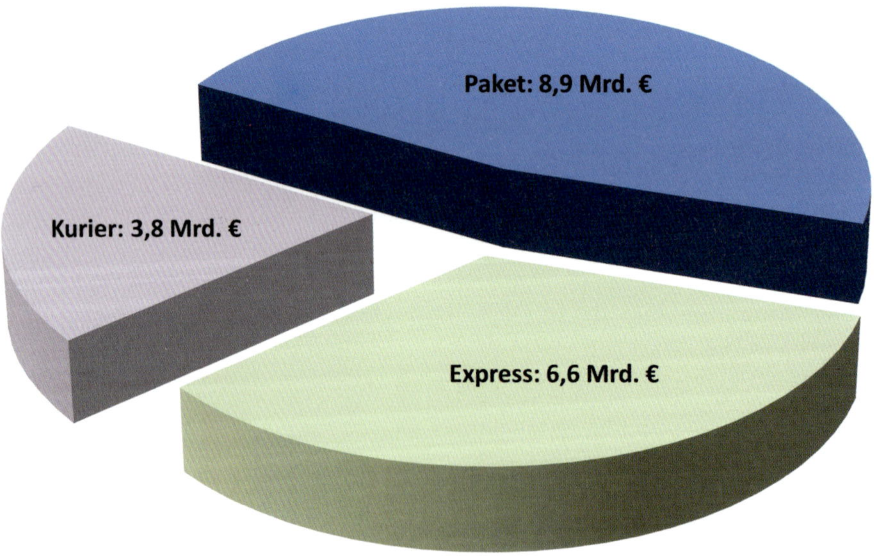

Abb. 5.3-1: KEP-Markt Deutschland Umsätze 2014 **Quelle: MRU GmbH**

Obwohl **Kurierdienste** seit dem Altertum – genau genommen bereits in früher vorchristlicher Zeit – bekannt waren, entstand in Deutschland erst ab 1975 so etwas wie eine erkennbare Bewegung hin zum eigenständigen Segment innerhalb des Transportmarkts. Bedingt und begünstigt durch die technische Weiterentwicklung in der gesamten Wirtschaft war eine starke Nachfrage nach der zeitgenauen, flächendeckenden Bereitstellung von eiligen Kleinsendungen entstanden, eine Nachfrage, die weder die Post noch die bereits existierenden Paketdienste befriedigen konnten oder wollten.

1 Innovativer Partner für Wirtschaft und Gesellschaft, Bundesverband Internationale Express- und Kurierdienste e.V., Juni 2015.

2 Marktuntersuchung und Entwicklungstrends von Kurier-, Express- und Paketdienstleistungen 2015, Bundesnetzagentur, August 2015.

Diese Marktlücke nutzten seinerzeit mittelständische Anbieter, um ihre Dienstleistung weiterzuentwickeln, die in kürzester Zeit ein insbesondere in der Medien- und Werbebranche unverzichtbarer Service wurde. Die in der Industrie entstandene Nachfrage nach Just-in-time-Lieferungen bildete dabei die Basis für das Wachstum des gesamten Kurier- und Expressmarkts.

Von Mitte der 1980er-Jahre bis weit in die 1990er-Jahre boomte dann die Branche. Zuwachsraten von mehr als 20 % jährlich waren keine Seltenheit. Ob Akten, Filme, Medikamente, Pizza oder Möbelstücke, in der Wirtschaft zeigte sich eine breite Nachfrage nach den Serviceleistungen der KEP-Dienste. Allein im Zeitraum 1995–1999 wurde im deutschen KEP-Markt ein Umsatzwachstum von mehr als 80 % realisiert.

Mit Beginn des neuen Jahrtausends, vor dem Hintergrund der sich allgemein verschlechternden konjunkturellen Lage und ausgelöst bzw. weiter verstärkt durch das Platzen der „New Economy Blase“ sowie durch die Terroranschläge des 11. September, sahen sich KEP-Dienste erstmalig mit stagnierenden und sogar rückläufigen Umsätzen konfrontiert.

In den Folgejahren zeigte sich deutlich die Konjunkturabhängigkeit des Geschäfts. Während der Markt im Zeitraum 2003 bis 2007 wieder deutlich zulegen konnte, bremsten die weltweit schwachen konjunkturellen Rahmenbedingungen ab 2008 die Entwicklung. Sendungsvolumina und Umsätze gingen vielfach – verstärkt durch einen harten Preiswettbewerb – deutlich zurück. Nach dem Ende der Wirtschaftskrise ist seit 2010 für die Branche wieder eine klare Aufwärtstendenz erkennbar. Während sich das Briefgeschäft vergleichsweise konstant entwickelte, konnten Kurier-, Express- und Paketdienste mit Umsätzen von 19,3 Mrd. € (ohne die Briefservices der Deutschen Post) 2014 einen neuen Rekordwert erreichen. Gleiches gilt in Bezug auf das Absatzvolumen: Mit knapp 2,7 Mrd. Sendungen (ebenfalls ohne Briefservices der Deutschen Post) wurde sogar der Wert des Vorkrisenjahres 2007 um mehr als 17 % übertroffen.

Insgesamt, einschließlich des Briefgeschäfts, repräsentiert Deutschland mit einem Umsatz von rund 28 Mrd. €[3] nach wie vor den mit Abstand größten KEP-Markt in Europa (vor Frankreich: rund 19 Mrd. €, Großbritannien: ca. 17 Mrd. € und Italien: ca. 9 Mrd. €).[4]

Die **Liberalisierung der Postmärkte in Europa** und der Einfluss der Informations- und Kommunikationstechnologien haben die Postmärkte seit den 1990er-Jahren grundlegend verändert und eine weitreichende Phase des Umbruchs eingeleitet, die bislang noch nicht abgeschlossen ist. Durch die von der EU verordneten Veränderungen, ein geändertes Kommunikationsverhalten und die fortschreitende Privatisierung von Postgesellschaften wurde ein neues Marktbild sowie Wettbewerbsumfeld geschaffen. Postgesellschaften haben ihre traditionellen Wertschöpfungsketten und insbesondere deren Tiefe neu strukturiert oder aufgebaut. Vor- und nachgelagerte Tätigkeiten der klassischen postalischen Wertschöpfungskette gehören mittlerweile zum festen Serviceangebot einer jeden Post. Zudem haben diverse Gesellschaften die im Zuge der europaweiten Postreform abgespaltenen Dienstleistungen wie Postbank- und Telekom-Services erneut aufgenommen.

Viele Postgesellschaften sind seit Beginn des neuen Jahrtausends privatisiert oder teilprivatisiert worden. Und in den meisten Ländern, in denen die Postgesellschaft noch nicht privatisiert wurde, existieren dahingehende Überlegungen. Einige Postgesellschaften, wie die Deutsche Post AG, die PostNL, Österreichische Post AG, Bpost, die Royal Mail, aber auch kleinere wie z. B. die Malta Post, sind börsennotiert. Wie stark der Umbruch im Markt tatsächlich ist, dokumentieren die Postgesellschaften Dänemarks und Schwedens. 2009 wurden die Post Danmark und die Posten AB zur PostNord miteinander verschmolzen. Dennoch wird das Bild der nationalen KEP-Märkte nach wie vor durch die jeweilige einheimische Postgesellschaft geprägt, auch wenn deren Monopol abgeschafft wurde.

3 Einschließlich Briefservices der Deutschen Post.

4 Marktabschätzungen der MRU GmbH.

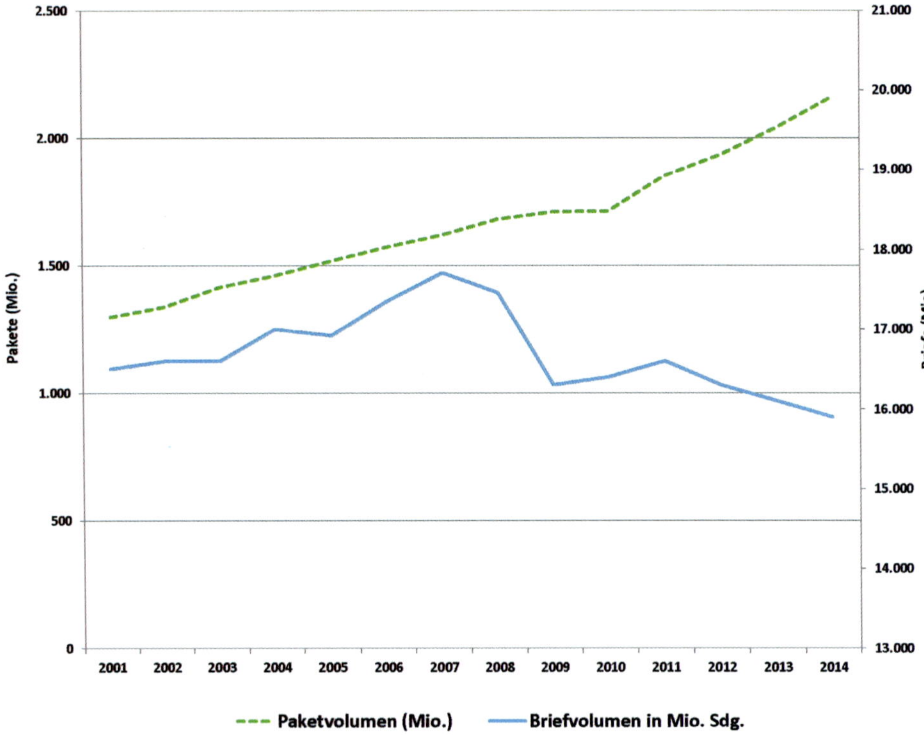

Abb. 5.3-2: Volumenentwicklung im deutschen KEP-Markt Quelle: MRU GmbH

Letztlich haben die **digitale Substitution des klassischen Briefes** und vor allem das rasant zunehmende Online-Shopping viele Postunternehmen zu einer Diversifikation ihrer Geschäftstätigkeit veranlasst. Bedingt durch die elektronische Substitution geht in vielen Ländern Europas das Sendungsaufkommen der voll bezahlten, adressierten Briefe zurück. Diese Entwicklung wurde durch die aktuelle EU-Dienstleistungsrichtlinie zusätzlich beschleunigt. Diese schreibt unter anderem vor, dass öffentliche Stellen die elektronische Kommunikation als verbindliches Medium akzeptieren sollen.

So offerieren in Deutschland derzeit zwei Anbieter(-gruppen) kostenpflichtige elektronische Lösungen als Alternativen zur traditionellen Briefpost. Für die von der Bundesregierung per Gesetz auf den Weg gebrachte **De-Mail** sind derzeit die Deutsche Telekom und deren Tochter T-Systems, die 1&1 De-Mail GmbH sowie Mentana-Claimsoft vom Bundesamt für Sicherheit in der Informationstechnik lizenziert (Stand: August 2015).

Im Dezember 2013 wurde bekannt, dass auch die Deutsche Post die Zertifizierung als De-Mail-Partner anstrebt. Zuvor hatte die Post ihre Eigenentwicklung **E-Postbrief** auf den Weg gebracht.

Ob sich De-Mail und/oder der E-Postbrief etablieren werden, bleibt abzuwarten. Dabei könnten insbesondere Sicherheitsbedenken eine Rolle spielen. So kritisiert etwa der Chaos Computer Club, dass die De-Mail nicht wirklich sicherer als die E-Mail ist, weil die Mails nicht durchgängig verschlüsselt sind.[5]

5 Stellungnahme an den Rechtsausschuss des Deutschen Bundestages, Chaos Computer Club Berlin, April 2013.

Sendungszuwächse im Briefgeschäft sind dagegen im Segment der Direktwerbesendungen erkennbar. Da diese Sendungen aber zu wesentlich günstigeren Preisen versendet werden als Standardbriefe, wirkt sich dies erschwerend auf die Rentabilität der im Briefbereich tätigen Anbieter aus. Gleichzeitig bleibt abzuwarten, in welchem Umfang online-gestützte Formate mittelfristig die klassische Direktwerbung substituieren werden. Rückgänge im Briefgeschäft konnten dagegen vielfach durch zum Teil starke Zuwächse im Paketgeschäft, ausgelöst durch das starke Wachstum im E-Commerce-Geschäft, kompensiert werden.

5.3.2 Kategorien des KEP-Markts

Da der KEP-Markt eine nahezu unüberschaubare Vielfalt an Serviceangeboten bietet, ist es für das Marktverständnis hilfreich, jedem Begriff ein eindeutiges Leistungsprofil zuzuordnen. In der Praxis ist eine klare Abgrenzung der unterschiedlichen Kategorien voneinander, insbesondere in Anbetracht der Individualität der Dienstleistung und der zunehmenden Verwischung von (Leistungs-)Grenzen zwischen den existierenden Marktsegmenten, schwierig. Erschwerend kommt hinzu, dass in anderen Ländern ein abweichendes Bild des Markts existiert.

Die beförderten Güter bieten heutzutage in der Regel nur noch Hilfsargumente, wenn man versucht, darüber die verschiedenen Marktsegmente voneinander abzugrenzen. So ist es zwar nach wie vor an der Tagesordnung, dass Kuriere in der Regel durchweg vom Volumen und Gewicht kleine Sendungen befördern. Dies ergibt sich aber vor allem aus den Zwängen der Handhabbarkeit. So zeigt sich dann auch folgerichtig, dass demgegenüber eine Definition der Expressdienste anhand der Sendungsgröße nicht möglich ist. Denn Expressdienste befördern heutzutage alles, vom Briefumschlag bis zur Palettenware, ja sogar komplette Luftfrachtladungen. Eine Entwicklung, die nicht zuletzt auf die konsequente Weiterentwicklung der Serviceangebote durch die sogenannten **„Integratoren"**[6] zurückzuführen ist.

Selbst die Trennung der Expressdienste von den Express-Frachtsystemen lässt sich nur noch bedingt über die Sendungsgröße darstellen. Sicherlich sind viele der bekannten Express-Frachtsysteme auf eine Sendungsgröße beschränkt (die aber wiederum durchaus mit den von Paketdiensten beförderten Sendungen verglichen werden kann).

Unserer Definition nach zählen zu den Frachtsystemen durchaus auch Speditionen, die im Rahmen eines fest gefügten Fahrplans zeitgenaue Lieferungen, auch von sogenannter **„Partienware"**, anbieten. So gesehen – und gerade in der Distributionslogistik spielen die Speditionen nach wie vor eine wesentliche Rolle – befördern Frachtsysteme, also nicht nur Kleinsendungen, sondern über Partienware bis hin zum Stückgut schlichtweg alles.

5.3.2.1 „K" wie Kurierdienste

Beim Begriff der Kurierdienste fungierte die Person des Kuriers als Namensgeber. Die permanente persönliche Begleitung der einzelnen Sendung und die individuelle Transportgestaltung sowie die direkte, unmittelbare Beförderung des Transportguts (Punkt-zu-Punkt-Verkehr) sind die entscheidenden Merkmale zur Abgrenzung dieser Serviceart gegenüber den Express-, Paket- und Postdiensten. Eine ähnliche Definition für den Begriff „Kurier" hat auch in das Postgesetz Eingang gefunden (siehe auch Briefdienste). Im englischsprachigen Raum entspricht der Begriff des Kuriers dem des „messengers", und nicht dem des „couriers".

6 Integrator: Diese Bezeichnung wird für Systemdienstleister im KEP-Markt benutzt, die im Rahmen ihrer nationalen bzw. internationalen Systeme zahlreiche, über den reinen Transport hinausgehende Dienstleistungen – wie z. B. Abfertigungs- und Kontrollarbeiten – anbieten.

Kuriere finden sich vor allem in der Stadt, aber auch im überregionalen Bereich, wo die so bezeichneten Transportunternehmen mittels Fahrrad, Motorrad, Pkw, Transporter, manchmal auch per Lkw so gut wie alles, vom Kleinstumschlag bis zur Palette, befördern. Typisch für dieses Segment sind sowohl die große Zahl der Einzelunternehmen als auch Vermittlungszentralen, die Aufträge an die angeschlossenen Unternehmen – vergleichbar zu Taxidiensten – vermitteln.

Im Zuge der sich immer stärker miteinander verflechtenden Wirtschaft konnten sich auch Spezialanbieter etablieren, die beispielsweise als sogenannte „Direktkuriere“ überregional und auch europaweit grenzüberschreitend Sendungen mit hohen Gewichten von bis zu 2 t (zum Teil mit Anhängern) befördern.

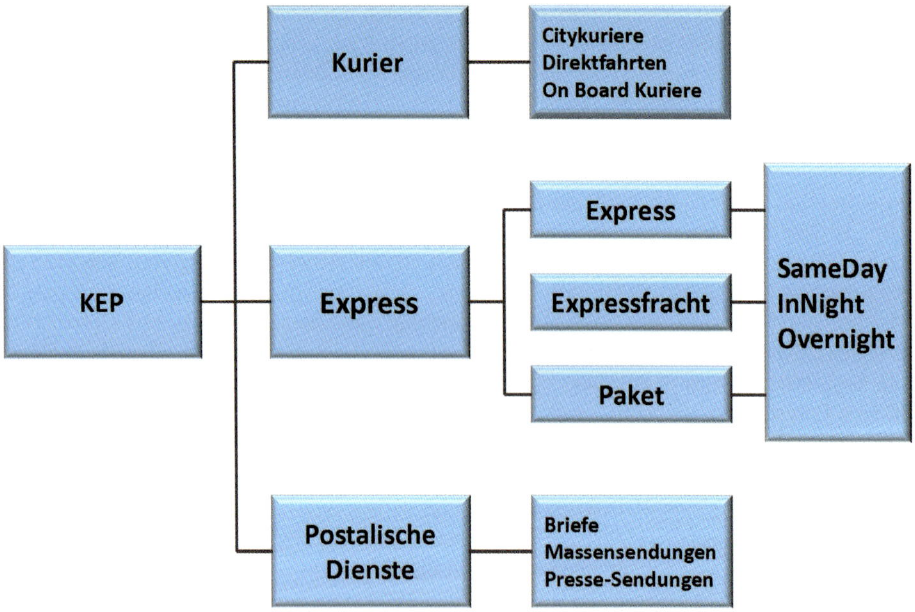

Abb. 5.3-3: Übersicht KEP-Markt **Quelle: MRU GmbH**

Insbesondere bei internationalen Transporten ist die eigentliche Urform der Dienstleistungen allerdings von Systemanbietern abgelöst worden, die die in den vergangenen Jahren nahezu explosionsartig gestiegenen Sendungszahlen als Sammelfrachten befördern und mit zum Teil aufwendigen technischen Systemen steuern und überwachen. Unternehmen, wie beispielweise DHL oder auch TNT, zählen mit ihren Standardangeboten also nicht zu den Kurierdiensten, sondern eindeutig zu den Expressdiensten.

Der **Stadtkurier** stellt die von der Anzahl her am häufigsten anzutreffende Serviceform des Kurierdienstes dar. Vom Alleinunternehmer bis hin zur Vermittlungszentrale mit mehr als 300 Fahrern finden sich die unterschiedlichsten Unternehmensformen und -größen in diesem Marktsegment, die auch die unterschiedlichsten Fahrzeuge – vom Fahrrad bis zum Lkw – einsetzen.

Eine Besonderheit der Stadtkurierdienste liegt darin, dass in der Regel jeder Auftrag einzeln und exklusiv befördert wird. Der beauftragte Fahrer erledigt erst den aktuellen Auftrag, bevor er einen neuen Auftrag annehmen darf. Von der Auftragsabwicklung her sind Kurierdienste daher mit Taxizentralen vergleichbar. In der Regel werden den Kurieren alle Aufträge über Funk, Datenfunk oder auch über Mobiltelefone vermittelt.

Nachdem sich das Geschäft bereits in der Vergangenheit durch die zunehmende Digitalisierung grundlegend gewandelt hatte, sind derzeit erste Umrisse eines weiteren Umbruchs erkennbar. Mobile Apps übernehmen dabei die Funktion der Vermittlungszentralen. Für die in der Regel selbstständigen Fahrer liegt der Vorteil dabei in den deutlich niedrigeren Abgaben, sofern über die App eine ausreichende Zahl von Touren vermittelt wird. Marktbeobachter gehen davon aus, dass im Zuge der weiteren Verbreitung von Taxi-Apps sich auch **Kurier-Apps** zunehmend etablieren werden.

Diese Entwicklung wird zusätzlich durch eine neue Form der Vermittlungszentralen gestützt. Firmen, wie z. B. Liefery oder tiramizoo setzen auf die starke Zunahme im E-Commerce, um dem Handel taggleiche Lieferungen **(„Sameday")** – primär in Ballungsräumen – anzubieten. Damit wird dem stationären Einzelhandel oder nationalen Filialisten ermöglicht, ihre Waren flexibel aus einem lokalen Geschäft – oder einem stadtnahen Lager – an Kunden in der jeweiligen Region zu liefern. Die akquirierten Lieferungen werden entweder an eigene Kuriere per App oder an kooperierende Kurierzentralen in der jeweiligen Region vermittelt. Bislang haben diese Transporte jedoch noch einen vergleichsweise geringen Anteil am gesamten Aufkommen im Kuriersegment. Sofern der stationäre Einzelhandel zukünftig jedoch verstärkt die Möglichkeiten des E-Commerce nutzt, kann davon ausgegangen werden, dass das Kuriergeschäft wieder deutliche Zuwächse erreichen wird.

Obwohl die Segmentbezeichnung die Beschränkung auf das Gebiet der „Stadt" suggeriert, können und werden Stadtkuriere selbstverständlich auch damit beauftragt, Sendungen innerhalb Deutschlands und sogar in das Ausland zu befördern. Zudem sind Kurierdienste verstärkt in anderen Servicebereichen, beispielsweise bei der Installation und/oder Wartung von technischen Geräten, tätig geworden. Persönlich begleitete, internationale Kuriertransporte per Flugzeug stellen jedoch eine absolute Marktnische mit extrem geringer Häufigkeit dar.

In Deutschland waren 2014 nach Schätzungen der für den Bereich verantwortlichen Berufsgenossenschaft für Transport und Verkehrswirtschaft knapp 57.000 Kurierunternehmen tätig.[7] Diese große Zahl erklärt sich dadurch, dass der überwiegende Teil der Kurierfahrer selbstständig ist und deshalb von der Berufsgenossenschaft als Unternehmen erfasst wird. Effektiv sind heutzutage im Kuriermarkt schätzungsweise rund 15.000 Unternehmen aktiv, davon etwa knapp 3.000 typische (Pkw-)Kurierunternehmen sowie rund 12.000 sogenannte „Transportunternehmen" mit mehreren Fahrzeugen, die in der Regel als Subunternehmer der großen Paketdienste tätig sind.

5.3.2.2 „E" wie Expressdienste

Anders als im Kurierbereich werden Expresssendungen nicht jeweils einzeln auf direktem Weg zum Empfänger befördert, sondern die Sendungen verschiedener Absender werden gesammelt, über längere Strecken hinweg gebündelt befördert und am Empfangsort den Adressaten nicht auf dem schnellsten Weg, sondern im Rahmen von Sammelverkehren zugestellt.

Hierbei lassen sich drei Subkategorien erkennen:

- Reguläre Expressdienste
- Express-Frachtsysteme
- Paketdienste

7 Quelle: Marktuntersuchung und Entwicklungstrends von Kurier-, Express- und Paketdienstleistungen 2015, MRU GmbH im Auftrag der Bundesnetzagentur, August 2015.

Zum Expressbereich werden alle Dienste gerechnet, die Sendungen nicht direkt, exklusiv und persönlich begleiten, sondern über Umschlagszentren zum Ziel befördern. In diesem Bereich haben wir es also mit typischen Sammeltransporten zu tun, bei denen zudem ein fester, häufig garantierter Ausliefertermin vereinbart wird. Verwirrung kann dadurch entstehen, dass solche Unternehmen sich selbst häufig als „Kurierdienst" bezeichnen. Dennoch werden dort die Transporte nicht in Form persönlich begleiteter Individualtransporte durchgeführt, sondern in Form von Sammelverkehren, bei denen die Individualität des Auftrags durch eine strikte Kontrolle und straffe Koordination des Transportsystems sichergestellt wird. Umfangreiche Informations- und Kommunikationssysteme stellen zudem die hohe Qualität der Transporte sicher – und das zu einem im Vergleich zu den persönlich begleiteten Transporten wesentlich niedrigeren Preis.

Expressdienste sind in allen Bereichen, sowohl im innerdeutschen als auch im internationalen Bereich – eher selten im Citybereich –, anzutreffen. Von den speditionellen Angeboten unterscheiden sich die Expresstransporte grundsätzlich durch die feste Haus-zu-Haus-Laufzeit, die zudem häufig noch garantiert wird, und stellen insbesondere damit eine echte Konkurrenz zu den reinen Stückguttransporten der Speditionen dar.

Reguläre Expressdienste stellen das am breitesten gefasste Untersegment des KEP-Markts dar. Die Grenzen beispielsweise zu den Sammelgutverkehren der Spediteure oder aber auch zu Luftfrachtunternehmen verlaufen fließend. Dies dokumentiert sich auch darin, dass Expressdienstleistungen häufig als Ergänzung der Angebotspalette von Speditionen offeriert werden oder aber Expressunternehmen zusätzlich typische speditionelle Dienstleistungen erbringen. Als typisches Beispiel für die letztgenannte Konstellation kann das Leistungsangebot unter dem Markendach des Post-Tochterunternehmens DHL dienen.

Im innerdeutschen Expressbereich („domestic") sind heutzutage Serviceleistungen wie **Sameday-**, **InNight-** und **Overnight-Service** fest als Standardprodukte etabliert. Bei diesen Serviceleistungen werden grundsätzlich leichtgewichtige Sendungen innerhalb fester, garantierter Laufzeiten zu festen, gewichtsabhängigen Tarifen transportiert. Aufgrund der notwendigen Handhabbarkeit der Sendungen werden in der Regel Sendungen bis zu einem Gewicht von 70 kg angenommen. Einige Serviceanbieter transportieren allerdings auch schwerere Sendungen. Die Auslieferung der Sendungen erfolgt – wie die Namen der Services schon zeigen – jeweils noch am selben Tag, in der Nacht oder am Morgen des folgenden Arbeitstags bis spätestens 10.00 Uhr, bei einigen Anbietern bis 12.00 Uhr.

Neben diesen Grundangeboten haben die Serviceanbieter die unterschiedlichsten, in der Regel aufpreispflichtigen **Zusatzleistungen**, wie u. a. Terminauslieferungen, Spätabholungen, Empfangsbestätigungen, konstruiert.

Ein Untersegment der Expressdienste stellen die sogenannten **„Express-Frachtsysteme"** dar. Der Ursprung dieser Systeme liegt in der Übernahme von Just-in-time-Mechanismen in den Expressbereich. Als Anbieter sind hier häufig Speditionen oder speditionsverwandte Unternehmen zu finden.

Primär wird diese Serviceform im Bereich der Distribution von Waren genutzt. Hier haben sich die unterschiedlichsten Anbieter mit zum Teil individuellen Lösungen auf ganze Branchen ausgerichtet. Arzneimittel, Kosmetik, Unterhaltungselektronik, Tonträger, Foto, Video usw. sind typisches Transportgut der Express-Frachtsysteme.

Diese Systeme sind auf die Beförderung großer Mengen in normierten oder größenmäßig beschränkten Behältnissen ausgerichtet. Häufig liegt solchen Systemen zudem auch die Konzentration auf eine Branche zugrunde. So ist beispielsweise das bekannte System von Trans-o-flex ursprünglich als Lieferdienst für den medizinischen Bereich (Apothekenversorgung usw.) entstanden.

Ein wesentliches Merkmal der Express-Frachtsysteme ist die in der Regel hohe Integration in die betrieblichen Abläufe der Versender. Häufig wird das Transportgut tatsächlich bereits in der Fertigung übernommen, um dann über ein komplexes Netz von Liniendiensten mit festen Fahrplänen befördert zu werden.

Da sich die Anbieter als Unternehmen sehen, die individuelle, effektive Distributionslösungen erarbeiten, unterscheidet sich die Berechnungsweise auch von denen anderer KEP-Anbieter. Abhängig vom Aufkommen des Versenders wird ein individueller Preis offeriert (Haustarif), der sich zwar auch an den Gewichten und der Entfernung orientiert, aber primär am Gesamtaufkommen des Versenders ausgerichtet wird.

Viele der Anbieter werden überhaupt nur bei festen Kunden, die ein regelmäßiges Aufkommen haben, tätig. Einzelaufträge können bei solchen Unternehmen nicht platziert werden.

Paketdienste gelten innerhalb des Expresssegments als die Dienstleister mit dem höchsten Standardisierungsgrad. Signifikante Merkmale sind die vergleichsweise starken Restriktionen der von ihnen zum Transport übernommenen Sendungen. Sowohl in Bezug auf das Gewicht (31,5 kg bzw. maximal 70 kg) als auch auf die Größe Gurtmaß und das Volumen gibt es strikte Vorgaben, um den für eine reibungslose und schnelle Beförderung notwendigen automatisierten Paketumschlag durchführen zu können.

Definition
Das **Gurtmaß** berechnet sich aus **(2 x Höhe + 2 x Breite + 1 x Länge)** und dient der Dimensionsbegrenzung von Transportgütern. In der Regel darf dieses bei den meisten Anbietern maximal 3 m betragen.

Diese Kriterien in Verbindung mit (häufig fest definierten) regelmäßigen Abhol- und Auslieferrtouren ergeben ein im Vergleich zu Expressanbietern stark standardisiertes System, das eine kostengünstige, aber dennoch zuverlässige Produktion ermöglicht. Aus dieser Form der Abwicklung resultiert eine zu erwartende Transportlaufzeit, die aber – anders als bei Expressdiensten – nicht grundsätzlich, sondern nur optional garantiert wird.

Paketdienste stellen – gemessen an Menge und Umsatz – das größte Segment des KEP-Markts dar.

5.3.2.3 „P" wie Postdienste

Mehr als ein Jahrhundert hatten die Deutsche Post bzw. ihre Rechtsvorgänger ein gesetzlich festgelegtes Monopol auf die alleinige Briefbeförderung in Deutschland. Seit 2008 ist der Briefbereich vollständig für den Wettbewerb geöffnet. Dem Postgesetz zufolge kann seitdem jedermann eine Lizenz zur gewerbsmäßigen Beförderung von Briefen mit einem Einzelgewicht von bis zu 1.000 g bei der Bundesnetzagentur beantragen. Sofern die Voraussetzungen wie beispielsweise Zuverlässigkeit, Fachkunde und Leistungsfähigkeit vorliegen, hat die Behörde eine Lizenz zu erteilen. Die Anzahl der Lizenzen ist nicht beschränkt. Somit ist theoretisch jeder in der Lage, eine Lizenz zur gewerblichen Beförderung von Briefen in Deutschland zu beantragen, sofern die oben genannten Kriterien erfüllt sind.

Die **Öffnung des Briefmarkts** für Wettbewerber der Deutschen Post erfolgte in mehreren Teilschritten. 1995 wurden zunächst Lizenzen für die Beförderung von adressierten Massensendungen mit einem Gewicht von über 250 g und mindestens 250 Stück erteilt. Diese Gewichtsgrenze wurde Anfang 1996 in einem zweiten Schritt auf 100 g abgesenkt. An die Stelle des Gesetzes über das Postwesen trat zum 1.1.1998 ein Postgesetz in Kraft, welches mit dem Ziel verfasst wurde, das Monopol zur Ausnahme und den Wettbewerb zur Regel zu erheben. Damit bewegte sich die Liberalisierung des deutschen Postmarkts im Rahmen der Vorgaben der EU. So folgte 1998 das neue Postgesetz in Deutschland den verbindlichen Vorgaben aus Brüssel (EU-Richtlinie 97/67).

Als Übergangsregelung hatte der Gesetzgeber der Deutschen Post (DP DHL) allerdings eine Exklusivlizenz gewährt, die ihr bis Ende 2007 das ausschließliche Recht zugestand, Einzelbriefsendungen unterhalb von 200 g zu einem Einzelpreis bis zum Fünffachen einer Standardbriefsendung zu befördern. Anders ausgedrückt: die Lizenznehmer konnten bis zum 31.12.2007 – neben Massenbriefsendungen – nur höherwertigere Leistungen als die DP DHL erbringen. Mit einer weiteren Gesetzesänderung wurde das Mindestgewicht auf 100 g abgesenkt und der Mindestpreis auf das dreifache Porto einer Standardbriefsendung reduziert. In der letzten Phase des Restmonopols (1.1.2006–31.12.2007) wurde das Gewicht der von der Exklusivlizenz betroffenen Sendungen auf 50 g festgelegt, wobei der Mindestpreis auf das Zweieinhalbfache des Preises für entsprechende postalische Beförderungsleistungen sank.

Diese Herangehensweise führte zwischen 1998 und 2007 zu zahlreichen Unklarheiten. So versäumte es der Gesetzgeber beispielsweise, eindeutige bzw. nachvollziehbare Kriterien für die höherwertigen Dienste festzusetzen, sodass es in der Folge zu zahlreichen Rechtsstreitigkeiten zwischen der Post und privaten Anbietern kam.

Bis zum 31.12.2011 hatte die Bundesnetzagentur insgesamt rund 2.700 Lizenzen an Unternehmen vergeben. Seit 1998 sind rund 1.330 dieser Unternehmen wieder aus dem Markt ausgeschieden. Von den verbleibenden knapp 1.400 Lizenznehmern sind heutzutage aber nur weniger als 600 auch tatsächlich aktiv und generieren Umsätze[8]. Die übrigen Lizenznehmer nutzen ihre Lizenz nicht oder nicht mehr. Insgesamt hat sich aber innerhalb des Briefsegments seit der Einführung der ersten Liberalisierungsschritte in der zweiten Hälfte der 1990er-Jahre nur wenig Wettbewerb entwickelt.

Dies dokumentieren auch die Untersuchungen der Bundesnetzagentur. Während die Wettbewerber der Deutschen Post aufgrund der teilweisen Marktöffnung im Jahr 2002 nur einen Marktanteil von 2,8 % hielten, stieg dieser – trotz der vollständigen Marktöffnung – bis 2014 auf lediglich 12,2 % an. Mit 79 % erwirtschaftete der überwiegende Teil der Lizenznehmer im Jahr 2014 einen Umsatz von weniger als 1 Mio. €. Lediglich 92 Unternehmen erzielten einen Umsatz von 1 bis 10 Mio. € und 27 Unternehmen einen Umsatz von mehr als 10 Mio. €.

Die in aller Regel regional oder lokal tätigen Briefdienstleister verfügen über kein eigenes flächendeckendes Netzwerk und sind daher gezwungen, Sendungen bei der DP AG über einen Teilleistungszugang einzuspeisen. Lediglich die Postcon, ein Tochterunternehmen der holländischen Post, kommt nahe an eine Flächendeckung heran. In den letzten Jahren haben die Wettbewerber verstärkt versucht, über Kooperationen den Grad ihrer Flächendeckung zu steigern.

5.3.3 Serviceabwicklung, Preisberechnung und Haftung

Kurierdienste berechnen ihren Service in der Regel nach Kilometern und Zeit. Für die verschiedenen Fahrzeugarten werden unterschiedliche Tarife (Kilometersätze), abhängig von der „beladen“ gefahrenen Fahrtstrecke, in Rechnung gestellt. Eine Anfahrt wird – ähnlich wie bei Taxen – i. d. R. pauschal, ebenfalls abhängig von der Fahrzeugart, berechnet.

In welchem Umfang Kurierdienste haften, lässt sich am einfachsten dann überprüfen, wenn die Firmen Allgemeine Geschäftsbedingungen (AGB) verwenden. Werden keine AGB verwendet – was heutzutage nur noch bei Kleinunternehmen im Stadtkurierbereich der Fall ist –, haftet

8 Bericht über den lizenzpflichtigen Briefbereich 2015, Bundesnetzagentur, März 2016.

der Auftragnehmer nach dem Handelsgesetzbuch (HGB) für einen möglichen Schaden nur in relativ geringer Höhe, abhängig vom Gewicht des Versandguts. Sofern AGB vorliegen und diese rechtswirksam vereinbart wurden, kann die Haftung des Kurierdienstes deutlich höher liegen, in aller Regel aber ebenfalls abhängig vom Transportgewicht und mit niedrigeren Haftungsbegrenzungen, als vor der am 1.7.1998 wirksam gewordenen Transportrechtsreform.

Expressdienste führen grundsätzlich Sammeltransporte mit integriertem Umschlag durch. Obwohl sich die logistischen Strukturen der verschiedenen Netzwerke voneinander unterscheiden, lassen sich grundsätzlich zwei Systeme herauslesen.

Bei dem wohl am häufigsten anzutreffenden System handelt es sich um das sogenannte **„Hub-and-Spoke-System“**. Die Sendungen der Auftraggeber werden im Einzugsgebiet der jeweiligen Expressdienst-Niederlassung gesammelt und quasi sternförmig (spoke) auf ein zentrales Umschlagzentrum (Hub) zugeliefert. Wesentliches Merkmal dieses Systems ist, dass selbst Sendungen für benachbarte Städte über das zentrale Umschlaglager befördert werden. Diese Abwicklung kann unter Umständen einen Laufzeitnachteil bedeuten. Nicht zuletzt deswegen operieren verschiedene Serviceanbieter mit der flexibleren, aber auch kostenintensiveren, Form der sogenannten **„Multi-Hub-Systeme“**. Bei einem solchen System werden die Sendungen, abhängig vom jeweiligen Versand und Empfangsort, über eines von mehreren Hubs geroutet. Mit diesem System können die Laufzeiten-Vorteile, die sich bei geografisch benachbarten Absende- und Zielorten ergeben, auch realisiert werden.

Anders als bei den (Stadt-)Kurieren spielt die reine Kilometerdistanz zum Empfänger für Expressdienste eher eine nachrangige Rolle. Ursprünglich wurden Städte oder ganze Regionen häufig nach geografischen Gesichtspunkten geordnet, zu Preiszonen zusammengefasst und für jede Region (unterschiedliche) Grundpreise festgesetzt. Über dieses Zonenpreissystem wird dann ein Gewichtsraster gelegt, sodass der Versender anhand des Sendungsgewichts ablesen kann, wie teuer der Transport in die jeweilige Stadt/Region ist.

Im Inlandsgeschäft hat sich dagegen heutzutage weitgehend ein vereinfachtes System durchgesetzt, das ausschließlich auf dem Gewicht basiert. Zusätzliche Leistungen, wie beispielsweise späte Abholungen und Anlieferungen zu einem festen Termin, werden mit Aufschlägen bepreist. Die Beförderung der Sendungen erfolgt in der Regel über ein oder mehrere Umschlagzentren, die sogenannten „Hubs“, die geografisch gesehen möglichst zentral angeordnet sind.

Im internationalen Bereich zählen die Serviceleistungen von Firmen wie z. B. DHL, Federal Express und TNT zu den bekanntesten Expressdienstangeboten. Aufgrund der – verglichen mit innerdeutschen Expressdiensten – in der Regel wesentlich größeren Entfernungen erfolgt die Auslieferung der internationalen Sendungen jedoch frühestens am auf die Versendung folgenden Arbeitstag.

Ursprünglich basierten die Geschäftsbedingungen im innerdeutschen Expressbereich auf den Allgemeinen Beförderungsbedingungen für den gewerblichen Güternahverkehr mit Kraftfahrzeugen (AGNB). In der Folge der Novellierung des Güterkraftverkehrsgesetzes (GüKG) gingen Expressanbieter zunehmend dazu über, individuelle, auf das jeweilige Serviceangebot abgestimmte Geschäftsbedingungen, zu vereinbaren. Dies gilt insbesondere für Haftungsausschlüsse oder in Bezug auf die Haftungshöchstgrenzen.

Im internationalen Expressbereich haben die Serviceanbieter i. d. R. individuelle Geschäftsbedingungen – insbesondere wenn die Abwicklung mit Flugzeugen erfolgt – entwickelt. Als Faustregel hierzu lässt sich feststellen, dass sich diese Bedingungen – zumindest in Bezug auf die haftungsrelevanten Themen – am Warschauer Abkommen/Montrealer Übereinkommen orientieren.

Die Preisstrukturen der Paketdienste spiegeln ihr stark systematisiertes Serviceangebot wider. Als Beispiel hierfür kann die Preisstruktur des Anbieters Hermes für Privatkunden dienen. Dabei richtet sich der Preis primär nach der Größe der Umverpackung.

Gleichzeitig wird das maximale Gewicht für jede Sendung begrenzt. Aufgrund der gewählten Bezeichnungen (S, M, L) hat sich für solche Systeme die Bezeichnung **„T-Shirt Pricing"** eingebürgert. Darüber hinaus finden sich auch primär gewichtsbasierte Preissysteme im Markt. Allen Tarifen gemein ist dagegen, dass zusätzliche Serviceleistungen, wie z. B. Nachnahmen (sofern sie überhaupt angeboten werden), mit Aufpreisen versehen sind.

Abgabe im PaketShop, Zustellung an der Haustür

Paketklasse Längste + kürzeste Seite	Online-Paketschein[1] und Mobiler Paketschein[2]	Paketschein	Leistungen
HERMES PÄCKCHEN Bis 37 cm	3,89 €	3,99 €	4x, 50 €, 25 max.
S Bis 50 cm	4,69 €	5,49 €	4x, 500 €, 25 max.
M > 50 bis 80 cm	5,89 €	6,79 €	
L > 80 bis 120 cm	9,99 €	10,99 €	

Abb. 5.3-4: Hermes Preisstruktur **Quelle: Hermes Europe GmbH**

Die operative Abwicklung der in Deutschland tätigen Anbieter stellt eine Mischung aus Direktfahrten zwischen Niederlassungen bzw. Depots und dem Hub-and-Spoke-System dar. Die jeweilige Festlegung, wie Standorte miteinander verbunden werden, richtet sich u. a.nach den Sendungsmengen, den geografischen und operativen Gegebenheiten, aber auch den Anforderungen von Großversendern.

5.3.4 Angebotsvielfalt, Wachstum und weitere Entwicklung

Wie bereits eingangs dargestellt, hat der deutsche KEP- und Postmarkt einschließlich der lizenzfreien Services ein Umsatzvolumen von rund 28 Mrd. €. Die Angebotsstruktur des Markts zeichnet sich durch eine hohe Zahl von Anbieterfirmen aus. Nominell sind knapp 16.000 Unternehmen im gesamten Markt tätig, Stadt- und Direktkuriere, von denen wiederum etwa 12.000 Firmen als Subunternehmer für Paketdienste aktiv sind. Die Zahl der für den Briefbereich erteilten Lizenzen beziffert die Regulierungsbehörde Bundesnetzagentur mit 1.400.[9]

Dennoch weist der deutsche Post- und Expressmarkt eine hochgradig **konzentrierte Angebotsstruktur** auf. Auf die 20 größten Paket- und Expressunternehmen entfallen ca. 90 % des Gesamtumsatzes des Segments. Unter Einbeziehung des Briefsegments entfallen zwei Drittel des Gesamtumsatzes auf die fünf größten Anbieter, bei denen es sich zugleich um die fünf großen Anbietergruppen des europäischen Marktes handelt: Deutsche Post, TNT, La Poste, Royal Mail und UPS bzw. deren Tochterunternehmen.

Neben den bekannten Großunternehmen sind in Deutschland vielfach auch Kooperationen von regional starken Kurierdiensten zu finden, die ihren Service als gemeinsames Produkt anbieten. Diese Kooperationen betreiben mit mehr oder weniger großem Aufwand bundesweit flächendeckende Netzwerke, in deren Rahmen die angeschlossenen Unternehmen Sendungen befördern und flächendeckende Auslieferungen garantieren können.

9 Bericht über den lizenzpflichtigen Briefbereich 2015, Bundesnetzagentur, März 2016.

Insbesondere die Segmente Express und Paket waren in den vergangenen fünf Jahren durch intensiven Preiswettbewerb gekennzeichnet. Dieser intensive Wettbewerb hat zum Teil zur Verdrängung der mittelständischen Anbieter geführt. Im Briefsegment haben lediglich PostNL und Schweizerische Post als ausländische Postgesellschaften erfolgreich den Einstieg in den deutschen Markt realisiert.

Die weitere Entwicklung der Segmente des KEP-Markts wird uneinheitlich erfolgen. Die Entwicklung im Briefsegment wird weiterhin durch die digitale Substitution gekennzeichnet sein. Erwartungsgemäß wird sich das Volumen im Bereich der Standardsendungen insbesondere aufgrund der zunehmenden Nutzung von E-Mails, SMS und anderen vergleichbaren Systemen rückläufig entwickeln. Gleichzeitig wird die Anzahl leistungsfähiger Wettbewerber in den kommenden Jahren weiter zunehmen, da der deutsche Briefmarkt sich – gemessen an der vollständigen Liberalisierung – erst in einem Protostadium befindet und insbesondere im Bereich des Direct Mail eine hohe Marktattraktivität aufweist.

Die zweifelsohne stärksten Impulse für die zukünftige Marktentwicklung gehen dagegen vom **E-Commerce** aus. Der Onlinehandel mit Waren hat sich in Deutschland inzwischen zu einem fest etablierten Absatzkanal entwickelt. 2015 erwirtschaftete die Branche einen Umsatz von rund 46,9 Mrd. € (+12 %).[10]

Aktuell gibt es kaum noch Waren, die nicht online geordert werden können. Abbildung 5.3-5 zeigt die Sendungsmengen 2014 im deutschen **B2C-Paketmarkt**, gegliedert nach den TOP10-Warengruppen[11].

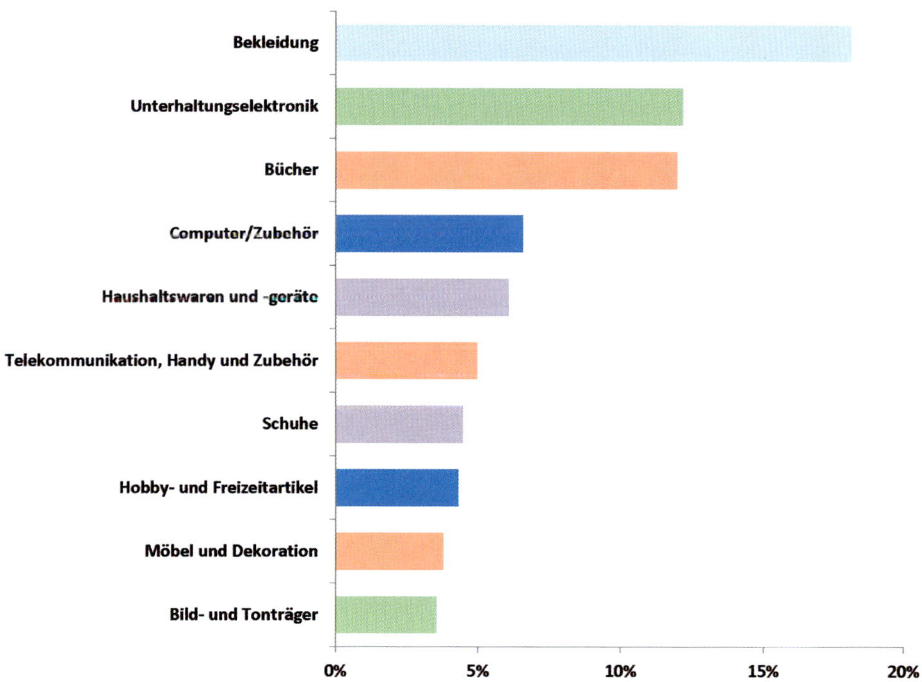

Abb. 5.3-5: B2C-Pakete 2014 nach TOP10-Warengruppen Quelle: MRU GmbH

10 Studie des bevh zu Marktentwicklung 2015, Februar 2016.

11 Berechnungen der MRU GmbH; Basis ist die repräsentative B2C-Studie 2014 des Bundesverbands E-Commerce und Versandhandel Deutschland (bevh).

Aufbauend auf den repräsentativ erhobenen Angaben über Warenkäufe konnte der Anteil der B2C-Sendungen am gesamten Paketmarkt ermittelt sowie eine Gliederung des B2C-Volumens nach Warenkategorie erarbeitet werden. Wenig überraschend ist, dass Bekleidung mit 18 % den mit Abstand größten Anteil am Sendungsaufkommen hat. Bekleidung ist auch die mit Abstand umsatzstärkste Warengruppe. Zu den weiteren aufkommensstarken Kategorien gehören Unterhaltungselektronik, Bücher (jeweils 12 %), Computer und Zubehör (7 %), Haushaltswaren und -geräte (6 %) sowie Telekommunikation, Handy und Zubehör (5 %).

Auch für die kommenden Jahre ist kein Abflauen des Wachstums abzusehen. Für 2016 rechnet der Bundesverband E-Commerce und Versandhandel Deutschland (vormals: Bundesverband des Deutschen Versandhandels) mit einem Wachstum des Onlinehandels von erneut 12 % auf 52,5 Mrd. €.

Mit dieser Entwicklung geht naturgemäß eine steigende Paketmenge einher. Allerdings werden gleichzeitig limitierende Faktoren für diese positive Entwicklung zunehmend deutlicher erkennbar. Da Rationalisierungszugewinne im bereits hoch automatisierten Paketgeschäft nur noch begrenzt erreichbar sind, stellt sich zunächst die Frage, woher das für die Bewältigung einer solch exorbitanten Steigerung benötigte Personal kommen soll. Erschwerend kommt in diesem Zusammenhang hinzu, dass verschiedene Paketdienstanbieter insbesondere in der Zustellung, der letzten Meile, durch mangelnde Sozialstandards und schlechte Bezahlung aufgefallen sind. In diesem Zusammenhang muss sich nach der Einführung des Mindestlohns zeigen, in welchem Umfang der Markt steigende Lohnkosten verkraftet oder ob dies zu einer Dämpfung der starken Zuwächse im E-Commerce führen wird.

Auch die weiterhin zunehmende Verkehrsdichte sowie eine bislang nicht vorhandene, flächendeckend leistungsfähige Breitbandversorgung in Deutschland können das erwartete Wachstum behindern oder zumindest verlangsamen. Gleichzeitig begünstigt der E-Commerce die Wandlung des Geschäfts hin zu einem Käufermarkt. Denn die sich in Bezug auf Ort und Zeitpunkt der Zustellung verändernden Kundenanforderungen werden für Versender zunehmend wichtiger. Als unmittelbare Folge werden neue Serviceformen, wie beispielsweise Sameday-Lieferungen und flexibilisierte Auslieferungen zunehmend nachgefragt werden.

Marktbeobachter gehen deshalb davon aus, dass nicht nur typische Paketdienste von der positiven Marktentwicklung im E-Commerce profitieren werden. Parallel zu deren Service werden sich mittelfristig auch neue bzw. modifizierte Liefersysteme durchsetzen können. In diesem Zusammenhang wird erwartet, dass insbesondere Stadtkurierdienste aufgrund ihrer starken Präsenz im Regionalraum zukünftig ebenfalls vom B2C-E-Commerce profitieren können. Voraussetzung dafür wäre eine Modifikation der bisherigen Service- und Preissysteme. Bislang befördern Stadtkuriere in der Regel die Transportgüter im Punkt-zu Punkt-Verkehr. Allein deshalb sind die am Markt bereits angebotenen Sameday-Services vergleichsweise teuer, sofern sie nicht vom Händler subventioniert werden.

Zunehmend deutlicher zeichnet sich deshalb ab, dass im E-Commerce eher Liefersysteme sinnvoll sind, bei denen die Sendungen zunächst abgeholt und dann später, z. B.innerhalb eines definierten Zeitfensters, zugestellt werden. Sobald dieses Sendungsvolumen eine bestimmte Größenordnung erreicht, können Kurierdienste im Zuge eines **Multi-Pick-up/Multi-Drop-Systems** die Sendungen wunschgemäß und kostengünstig zustellen.

Eine wichtige Rolle in diesem Zusammenhang wird erwartungsgemäß der lokale und regionale Einzelhandel spielen. Wenn die bislang primär im stationären Handel tätigen Anbieter E-Commerce als Ergänzung ihrer Ladengeschäfte akzeptieren, kann und wird dies die Kundennachfrage zusätzlich erhöhen. Dies gilt insbesondere für den Handel mit Artikelgruppen, wie beispielsweise Lebensmitteln. Wie die bisherige Entwicklung zeigt, haben Paketdienste kaum von einer

Zunahme von Lebensmittelbestellungen über das Internet profitieren können. Denn insbesondere im Frischebereich stellt diese Warenkategorie besondere Anforderungen, die sich in der auf Standardisierung ausgerichteten Paketproduktion nicht oder nur teilweise umsetzen lassen.

So fristet beispielsweise der Distanzhandel mit Lebensmitteln bislang noch ein Schattendasein. Mit Umsätzen von rund 800 Mio. €[12] liegt der Anteil am gesamten Lebensmitteleinzelhandel bei nur rund 0,5 %[13]. Mittel- bis langfristig könnte diesem Geschäft zahlreichen Prognosen zufolge eine hohe Bedeutung zukommen. Als Vorbild und Beispiel hierfür wird immer wieder auf die Entwicklung des Umsatzes des Lebensmitteldistanzhandels in Großbritannien verwiesen. Dort hat das Geschäft bereits einen Anteil von 5 % am Gesamtumsatz der Branche erreicht.[14]

Ebenso bleibt abzuwarten, ob grenzüberschreitende E-Commerce-Sendungen ein wichtiger weiterer Treiber der Marktentwicklung sein werden. Während einerseits die fortschreitende Integration Europas und – nicht zuletzt – die Transparenz des Internets die Voraussetzungen für einen deutlichen Anstieg grenzüberschreitender Transaktionen schaffen, sind gleichzeitig signifikante Hemmnisse unübersehbar. Zum einen sind internationale (Paket-)Sendungen vielfach noch wesentlich teurer als inländische. Zudem ist eine Harmonisierung der in der EU derzeit noch unterschiedlichen und vielfach hemmenden relevanten nationalen Rechtsvorschriften unabdingbar. Denn die daraus resultierende Komplexität und Rechtsunsicherheit schreckt sowohl Distanzhändler als auch Kunden ab. Außerdem ist vielfach noch die Frage von standardisierten internationalen Retourenservices ungelöst.

12 bevh, a. a. O.

13 Gesamtumsatz des Lebensmitteleinzelhandels nach: Trade Dimensions i. A. der Lebensmittelzeitung, Top 30 Lebensmittelhandel Deutschland 2014, 2015.

14 Institute of Grocery Distribution, UK Grocery Retailing 2014, 2015.

6 Kombinierter Verkehr

Ingo Hodea

6.1 Begriffsbestimmung

Der Kombinierte Verkehr (KV) ist ein übergeordneter Begriff für Gütertransporte, bei denen komplette Ladeeinheiten (dies sind meist Container, Wechselbehälter, Sattelanhänger oder komplette Lkw) auf der Strecke von mindestens zwei unterschiedlichen Verkehrsträgern (Lkw, Eisenbahn oder Schiff) befördert werden. Die Güter selbst bleiben dabei sowohl während des Transports, als auch während der Umladungen zwischen den Transportmodi in den Ladungsträgern.

Der Begriff **„gebrochener Verkehr“** ist von dem Begriff „Kombinierter Verkehr“ abzugrenzen. Als gebrochener Verkehr werden Verkehre bezeichnet, bei denen die Güter selbst umgeladen werden und nicht, wie beim Kombinierten Verkehr, mitsamt der kompletten Ladeeinheit von einem Verkehrsträger zum anderen wechseln.

Neben dem Begriff „Kombinierter Verkehr“ werden alternativ **„Intermodaler Verkehr“** und **„Multimodaler Verkehr“** verwendet. Obwohl diese Begriffe unterschiedlich in der Literatur verwendet werden, besteht kein echter Bedeutungsunterschied. Die Begriffe „multimodal“ und „intermodal“ werden lediglich häufiger gebraucht, wenn es sich um internationale Verkehre handelt. Im Folgenden wird mit dem Begriff „Kombinierter Verkehr“ gearbeitet.

6.2 Der Zielmarkt und das Verlagerungspotenzial

Die Zielsetzung der kombinierten Verkehrsarten ist, Transporte, die derzeit auf der Straße durchgeführt werden, auf die Schiene und/oder Wasserstraße zu verlagern. Das Verlagerungsaufkommen des Kombinierten Verkehrs wird hierbei im Wesentlichen im Bereich der Straße gesehen. Bis zum Jahr 2012 wurden bei der Bahn 77,9 Mio. t und bei der Binnenschifffahrt 20,8 Mio. t, insgesamt also 98,7 Mio. t erreicht. Die aktuell vom Bundesverkehrsministerium veröffentlichte Verkehrsprognose 2030 sagt dem Kombinierten Verkehr ein stürmisches Wachstum von 79 % beim Güteraufkommen und weiteren 73 % bei der Transportleistung im Prognosezeitraum voraus.

Gleichwohl verfolgt das Bundesverkehrsministerium auch im Rahmen des Aktionsplans Güterverkehr und Logistik das Ziel der Verkehrsverlagerung auf die Schiene, um des prognostizierten Wachstums des Güterverkehrsaufkommens (plus 18 % von 2010 bis 2030) Herr zu werden.

Zunehmend bieten aber private Eisenbahnverkehrsunternehmen (EVU) Alternativen zur staatlichen Deutsche Bahn AG an. Eine Übersicht der privaten EVU findet man auf der Webseite des Verbandes Deutscher Verkehrsunternehmen VDV (www.vdv.de).

Per Definition werden im Kombinierten Verkehr mindestens zwei unterschiedliche Verkehrsträger eingesetzt. Dies erfordert in der Regel mindestens zwei Umschlagvorgänge von einem auf den anderen Verkehrsträger. Diese Umschlagvorgänge können nicht an einem beliebigen Ort erbracht werden, sondern sind auf das Vorhandensein eines Umschlagterminals angewiesen. Zwischen dem Terminal und dem Versender oder Empfänger muss die Ware per Lkw-Vor- und -Nachlauf transportiert werden. Die Umschlagvorgänge sowie der Vor- und Nachlauf stellen im Vergleich zum direkten Transport über die Straße zusätzliche Kostenfaktoren dar. Die Umschlagkosten sind entfernungsunabhängig und damit als sendungsfix anzunehmen. Diese sendungsfixen Kosten treten mit zunehmender Transportentfernung in den Hintergrund. Neben den

Kosten ist auch der Faktor „Zeit“ zu berücksichtigen, da für den Vor- und Nachlauf sowie den Umschlagvorgang ebenso ein zusätzlicher Zeitaufwand zu kalkulieren ist. Ebenso wie bei den zusätzlich entstehenden Kosten relativiert sich der zusätzliche Zeitaufwand mit zunehmender Entfernung.

Als Faustregel im Fernverkehr gilt allgemein, dass der Schienentransport 50 % der Kosten im Kombinierten Verkehr verursacht und Umschlag- sowie Vor- und Nachlaufkosten die restlichen 50 % ausmachen.

Dies lässt darauf schließen, dass der Kombinierte Verkehr erst ab einer bestimmten Entfernung interessant wird. Nach Meinung verschiedener Experten differiert die **Mindestentfernung** zwischen 300 und 500 km. Es ist jedoch zu beachten, dass diese Entfernung nicht auf Ewigkeiten festgeschrieben ist, sondern erheblich von den Preisverhältnissen der Verkehrsträger zueinander abhängt.

Entscheidungskriterien für die Teilnahme am Kombinierten Verkehr

Transportgut	Transportgefäß/ Transportmittel	Terminalbereich/ Umschlag	Transportwege/ Transportzeit	Organisatorische Bedingungen
Gutmenge	Angebot an Transportgefäßen	Nächstgelegenes Terminal; An- und Abfuhrwege zum bzw. vom Terminal	KV-Verbindungen zwischen Versand- und Empfangsort	Kundenstruktur
Regelmäßigkeit	Eignung der Techniken des KV für das Unternehmen	Ladeschlusszeiten	Terminvorgaben Versender	Endpunktorganisation
Paarigkeit	Vergleich Fahrzeugstruktur mit Gutarten- und Transportgefäßstruktur	Bereitstellungszeiten	Vergleich Transportzeit Straße und KV	Veränderung der Einsatzzeiten
Ladungsstruktur	Ausreichende Fuhrparkkapazitäten	Wartezeiten	Einhaltung der Sozialvorschriften	Mögliche Einschränkungen der Flexibilität
Gutart	Technische Eignung der Transportmittel des Fuhrparks für höhere Gesamtgewichte im Vor- und Nachlauf	Leistungsfähige Umschlagkapazitäten	Behinderung des Verkehrsablaufes: - Staus - Grenze - Baumaßnahmen - Fahrverbote	Informationsfluss und -verarbeitung
Eignung des Gutes		Aufstell- und Parkflächen		
Tarifklasse		Serviceleistungen		

Tab. 6.2-1: Entscheidungskriterien für Kombinierten Verkehr
Quelle: Eigene Darstellung in Anlehnung an Kombiverkehr

Ein weiterer Faktor, der bei der Entscheidung für oder gegen den Einsatz des Kombinierten Verkehrs berücksichtigt werden sollte, ist die Struktur der zu befördernden Güter. Da es sich beim Kombinierten Verkehr um **Behälterverkehre** (Container, Wechselbehälter, Auflieger) handelt, befinden sich die Güter vor allem im Bereich der Halb- und Fertigfabrikate. Weitere ausschlaggebende Gründe können paarige Güterströme sein, die sich besonders für den Kombinierten Verkehr eignen. Ebenso ist ein gewisses Mindestaufkommen auf einer Transportrelation sinnvoll. Hier können Kooperationsgesellschaften ihre Vorteile ausspielen.

Neben der immer knapper werdenden Straßeninfrastruktur sind es rechtliche Rahmenbedingungen, die den KV-Transport attraktiv erscheinen lassen: Umgehung der Lkw-Maut, Umgehung von Arbeitszeit- und Sozialvorschriften, keine Personalkosten durch Stand- und Wartezeiten u. a. Zunehmend werden Unternehmen auch die CO_2-Bilanz der Transporte berücksichtigen müssen. Darüber hinaus sind technische und organisatorische Kriterien zu beachten. Tabelle 6.2-1 vermittelt eine gute Strukturierung der Entscheidungskriterien.

6.3 Techniken des Kombinierten Verkehrs

Üblicherweise wird zwischen dem begleiteten und unbegleiteten Kombinierten Verkehr unterschieden. Bei der Behandlung des Kombinierten Verkehrs wird häufig auch nach **Huckepackverkehr** und **Containerverkehr** unterschieden. Während der Huckepackverkehr das originäre Marktsegment des Unternehmens Kombiverkehr ist, steht bei der Firma TFG Transfracht der Container im Mittelpunkt.

Bei den **Huckepackarten** werden folgende Erscheinungsformen differenziert:

- Rollende Landstraße (Lkw, Last- und Sattelzüge)
- Wechselbehälter und Container
- Sattelauflieger (Sattelanhänger)

6.3.1 Begleiteter Kombinierter Verkehr

Im begleiteten Kombinierten Verkehr werden Lkw, Last- und Sattelzüge über die sogenannte **„Rollende Landstraße" (RoLa)** befördert. Hierbei fährt der gesamte Lkw (mit oder ohne Anhänger) über eine Rampe auf einen Zug, bestehend aus speziellen Eisenbahnwaggons (Niederflurwagen) auf. Die Fahrer begleiten den Transport in einem Liegewagen. Weil die Fahrzeuge aus eigener Kraft von der Straße auf die Schiene und umgekehrt umsetzen, sind keine besonderen infrastrukturellen Vorhaltungen notwendig. Da an den begleiteten Kombinierten Verkehr sowohl in Bezug auf die Technik als auch den Organisationsablauf geringe Anforderungen gestellt werden, ist in diesem Bereich des Kombinierten Verkehrs ein Einstieg wohl am problemlosesten möglich.

Arten des Kombinierten Verkehrs Schiene – Straße

Unbegleiteter Verkehr	**Krantechnik/ Staplertechnik (Piggy-Packer)**	**Sattelauflieger** **Wechselbehälter/Container**
Begleiteter Verkehr	**Rolltechnik**	**Motorwagen** **Komplette Lastzüge (Rollende Landstraße)**
Unbegleiteter Verkehr	**Unterfahrtechnik**	**Wechselbehälter/Container/ (Kombilifter, Wechselbehälter) Auf Schiene (WAS)-System**
	Verschiebetechnik	**Abroll-Container Transport-System (ACTS)** **Wechselbrücken Mobiler-System**
	Bimodale Technik	**RoadRailer**

Tab. 6.3-1: Übersicht über die Arten des Kombinierten Verkehrs Schiene – Straße

Quelle: Kombiverkehr

Neben den allgemeinen Vorteilen, die der Kombinierte Verkehr infolge der rechtlichen Rahmenbedingungen erfährt, ist beim begleiteten Kombinierten Verkehr besonders zu erwähnen, dass die Beförderungsdauer als Ruhezeit im Sinne des Arbeitszeitgesetzes anerkannt ist (siehe Kapitel 4.1.9). Allerdings beinhaltet die Nutzung der „Rollenden Landstraße" auch einige Nachteile im Vergleich zum unbegleiteten Verkehr. So ist das Verhältnis von Nutzlast zu Totlast (Eigengewicht des Transportmittels) ungünstiger als beim unbegleiteten Kombinierten Verkehr. Außerdem ist auch nicht zu verkennen, dass die Summe der Fixkosten wesentlich höher ist. Die beschriebenen Vor- und Nachteile haben dazu geführt, dass sich die „Rollende Landstraße" dort durchgesetzt hat, wo geografische oder andere Umstände zu Engpässen geführt haben. Als Beispiel sei der alpenquerende Verkehr genannt, wo nach der Einführung des sogenannten „sektoralen Fahrverbots" auf der Brennerautobahn in den Jahren 2009 bis Ende 2011 die „Rollende Landstraße" zwangsweise genutzt werden musste. Ein weiteres Beispiel ist der Shuttleverkehr durch den Kanaltunnel.

Hinweis
Der Transport von Neufahrzeugen, der in großem Umfang auf speziellen Doppelstockwaggons stattfindet, ist kein Transport im Sinne des Kombinierten Verkehrs. Das Gut rollt dabei auf eigener Achse auf den Verkehrsträger und wird nicht in einem Behälter umgeschlagen.

Abb. 6.3-1: Begleiteter Kombinierter Verkehr (Rollende Landstraße) **Quelle: UIRR**

6.3.2 Der unbegleitete Kombinierte Verkehr

Beim unbegleiteten Kombinierten Verkehr werden Ladeeinheiten ohne Motorfahrzeuge, also nur die Wechselbehälter, Container oder Sattelanhänger, für eine bestimmte Wegstrecke auf der Schiene transportiert. Das Zugfahrzeug, Anhängerfahrgestell und der Fahrer bleiben am Versandort. Die Nutzer dieser Verkehrsart organisieren den Straßentransport der Ladeeinheiten im Vor- und Nachlauf zur Schienenbeförderung selbst. Der Straßentransport kann mit dem eigenen Fahrzeug, dem eines Korrespondenzspediteurs oder eines Fuhrunternehmens durchgeführt werden. Genormte Ladeeinheiten erleichtern dabei die betriebliche Abwicklung und ermöglichen das Ausschöpfen der systemeigenen Vorteile von Lkw und Eisenbahn. Aufgrund immer besser angepasster Bauformen können heute nahezu alle Güter im unbegleiteten Kombinierten Verkehr transportiert werden, nicht zuletzt dank spezieller Ladeeinheiten, wie z.B. Tank- und Kühlcontainer und der intelligenten Nutzung von Standardfrachtbehältern.

Im Unterschied zur „Rollenden Landstraße" ist für die im unbegleiteten Kombinierten Verkehr eingesetzten Ladeeinheiten eine Zulassung erforderlich, um sicherzustellen, dass die Anforderungen der Straße, der Schiene und des Umschlags erfüllt werden.

Beim unbegleiteten Kombinierten Verkehr bietet sich eine Aufteilung nach den unterschiedlichen Formen der Ladeeinheiten an:

- Wechselbehälter
- Sattelanhänger
- Container

Frachtbehälter, Wechselbehälter und Container werden von einem Kran oder von einem mobilen Umschlaggerät auf Tragwagen verladen. Kranbare Sattelanhänger werden von einem Kran oder von einem mobilen Umschlaggerät auf Taschenwagen verladen.

Abb. 6.3-2: Unbegleiteter Kombinierter Verkehr **Quelle: UIRR**

6.3.2.1 *Wechselbehälter*

Die Wechselbehälter sind im Gegensatz zum Container nicht übereinander stapelbar und besitzen auch keine oberen Eckbeschläge. Die Entwicklung eines im beladenen Zustand dreifach stapelbaren Wechselbehälters erfolgte allerdings schon. Der Einsatz eines solchen Behälters führt dazu, dass die Terminalfläche besser genutzt werden kann und die Behälter auch im Kombinierten Verkehr mit der Binnenschifffahrt eingesetzt werden können, ohne große Veränderungen am Schiff durchführen zu müssen.

Im Vergleich mit den anderen Transportmöglichkeiten des Kombinierten Verkehrs weist der Wechselbehälter das beste Verhältnis auf im Bezug von Nutzlast und Totlast. In Deutschland wurden die Wechselbehälter Ende der 1960er-Jahre im Straßengüterverkehr eingeführt. Sie sind genormt und den Abmessungen der Gliederzüge angepasst. Beim Kunden können sie ohne Umschlaggerät auf Stützfüßen abgestellt werden. Diesen Vorteil machen sich viele Firmen bei der Einbindung des Wechselbehälters in Logistiksysteme zunutze. Gut 60 % des innerdeutschen Güterkraftverkehrs werden mit Wechselbehältern bewältigt. Hierbei konnte sich insbesondere die 7,15 m lange und 2,55 m breite Version der Wechselbehälter der Klasse C durchsetzen. Daneben existieren C-Behälter der Längen 7,45 m und 7,82 m. Weitere Wechselbehälter werden als A-Behälter bezeichnet und sind mit einer Länge von 13,67 m für den Transport auf Sattelfahrgestellen vorgesehen.

6.3.2.2 *Sattelauflieger*

Während der Sattelauflieger früher sowohl horizontal als auch vertikal umgeschlagen werden konnte, besteht im unbegleiteten Kombinierten Verkehr heute nur noch die Möglichkeit des vertikalen Umschlags. Dies bedeutet, dass der Sattelauflieger kranbar sein muss. Zwar können von den Maßen und Gewichten her nahezu alle üblichen Sattelauflieger transportiert werden, doch sind Ausrüstungsvorschriften hinsichtlich der Greifkanten, des klappbaren Unterfahrschutzes und der seitlichen Schutzvorrichtung zu beachten. Aufgrund der sich dadurch ergebenden Begrenzungen für den Kombinierten Verkehr werden nun auch Umschlagtechniken für nicht kranbare Sattelauflieger entwickelt bzw. sind bereits im Markt eingeführt (z. B. Modalohr, www.lohr.fr).

6.3.2.3 Container

Der Einzug des Containers hat den Verkehrsmarkt insbesondere im Bereich der Seeschifffahrt revolutioniert. Über 350 Mio. Container werden pro Jahr mit Schiffen transportiert und in diesen etwa 70 % aller Stückgutfrachten. Die genormten Behälter ermöglichen es, heterogenes Stückgut wie homogenes Massengut zu handhaben. Die Grundformen der Container, die von der internationalen Organisation ISO genormt werden, sind die **ISO-Container** mit 20 und 40 Fuß Länge (6,069 m und 12,192 m). Die Behälter sind 8 Fuß (2,438 m) breit und 8,6 Fuß (2,591 m) hoch. Im **High-Cube-Format** weisen die Container eine Höhe von 2,891 m auf. Zunehmend tauchen in den letzten Jahren auch **45-Fuß-Container** auf, die für den Transport auf Sattel-Kfz gedacht sind. Allerdings sind die unterschiedlichen Versionen der ISO-Container für europäische Festlandverkehre nicht die idealen Behälter. Die Konsequenz ist, dass der Transport dieser Behälter meist nur im Zu- und Ablauf zu den Seehäfen erfolgt. Insbesondere hinsichtlich der Dimensionen, die nicht palettengerecht sind, ergeben sich für kontinentale Verkehre Nachteile. Diese Nachteile sollten durch den **20- und 40-Fuß-Binnencontainer**, der mit einer Innenbreite von 2,44 m zwei Paletten nebeneinander aufnehmen kann, ausgeglichen werden. Allerdings weist der Binnencontainer meist eine geringere Festigkeit und Stapelfähigkeit auf, da er nur im Land- und nicht im Seeverkehr eingesetzt wird. Die Tabelle 6.3-2 enthält eine Übersicht der Standard-ISO-Containergrößen.

ISO-Containergrößen							
Typ	20 Fuß DC	40 Fuß DC	20 Fuß HC	40 Fuß HC	45 Fuß HC	20 Fuß OT	40 Fuß OT
ISO-Code	22G0	42G0	25G0	45F0	45G1	22U1	42U1
Max. Gesamtgewicht	24.000 kg	30.480 kg	24.000 kg	34.000 kg	32.500 kg	24.000 kg	30.480 kg
Nutzlast	21.750 kg	26.480 kg	21.750 kg	30.200 kg	27.700 kg	21.750 kg	26.480 kg
Tara	2.250 kg	3.800 kg	2.250 kg	3.800 kg	4.800 kg	2.250 kg	4.000 kg
Rauminhalt	33 cbm	66 cbm	32,5 cbm	76 cbm	85 cbm	32,5 cbm	66 cbm
Abmessungen (Außen)							
Länge	6,058 m	12,192 m	6.058 m	12,192 m	13,716 m	6,058 m	12,192 m
Breite	2,438 m	2,438 m	2,438 m	2,438 m	2,438 m	2,438 m	2,438 m
Höhe	2,591 m	2,591 m	2,891 m	2,891 m	2,891 m	2,591 m	2,591 m
Abmessungen (Innen)							
Länge	5,890 m	12,010 m	5,890 m	12,033 m	13,582 m	5,90 m	12,033 m
Breite	2,330 m	2,330 m	2,330 m	2,330 m	2,330 m	2,330 m	2,330 m
Höhe	2,370 m	2,370 m	2,690 m	2,690 m	2,690 m	2,370 m	2,370 m
Türöffnung							
Breite	2,290 m	2,290 m	2,290 m	2,290 m	2,290 m	2,290 m	2,290 m
Höhe	2,280 m	2,280 m	2,580 m	2,580 m	2,580 m	2,280 m	2,280 m
Öffnung oben							
Breite						5,770 m	11,725 m
Höhe						2,205 m	2,205 m

Tab. 6.3-2: ISO-Containergrößen — Quelle: DSLV, eigene Darstellung

6.4 Rechtliche Rahmenbedingungen

Der Kombinierte Verkehr ist politisch gewollt und wird insofern durch eine Reihe von gesetzlichen und administrativen Regelungen direkt oder indirekt gefördert. Während in der Vergangenheit vor allem die Kombination Straße/Schiene rechtliche Beachtung fand, hat sich der Verkehrsträger Schiff zum einen im Bereich der Binnenschifffahrt, zum anderen im Bereich der Seeschifffahrt, mehr und mehr in den rechtlichen Bedingungen durchsetzen können.

Mit der Novellierung des Güterkraftverkehrsgesetzes (GüKG) zum 1.7.1998 werden dort keine besonderen Vorschriften für den Kombinierten Verkehr mehr aufgeführt. Danach darf jeder Güterkraftverkehrsunternehmer Kombinierten Verkehr betreiben, der die Voraussetzungen zum Berufs- und Marktzugang erfüllt. Das bedeutet, er muss Inhaber einer Erlaubnis für den gewerblichen Güterkraftverkehr sein oder eine EU-Gemeinschaftsgenehmigung besitzen. Die §§ 15 und 16 der Verordnung über den grenzüberschreitenden Güterkraftverkehr und den Kabotageverkehr lassen unter parallelen Voraussetzungen auch ausländische Transportunternehmen zur Durchführung von An- und Abfuhren im grenzüberschreitenden Kombinierten Verkehr mit der Eisenbahn, dem Binnen- und dem Seeschiff zu.

Da beim Einsatz von Wechselbehältern im Kombinierten Verkehr eine besondere Rahmenkonstruktion erforderlich ist, die zu einer Erhöhung des Behältergewichts führt, würde der Einsatz eines solchen Behälters eine Einschränkung für den Unternehmer hinsichtlich der Verfügbarkeit der Nutzlast darstellen. Diese mögliche Schlechterstellung hat der Gesetzgeber berücksichtigt und einen entsprechenden Ausgleich vorgesehen.

Der Einsatz von **44-t-Fahrzeugen im Vor- und Nachlauf zum Kombinierten Verkehr** ist im Rahmen der 53. Ausnahmeverordnung zur Straßenverkehrszulassungs-Ordnung (StVZO) bundeseinheitlich geregelt worden. Während früher im nationalen Bereich Ausnahmegenehmigungen beantragt werden mussten, ist dies nach der 53. Ausnahmeverordnung nicht mehr notwendig, solange folgende Bedingungen erfüllt sind:

- Im begleiteten Kombinierten Verkehr (Rollende Landstraße) darf die Entfernung zwischen Be- und Entladestelle höchstens 150 km zum nächsten geeigneten Bahnhof betragen.
- Im Kombinierten Verkehr mit Binnenhäfen dürfen Vor- und Nachlauf ebenfalls höchstens 150 km betragen.
- Im Kombinierten Verkehr mit Seehäfen gilt auch die 150 km Grenze, zusätzlich wird verlangt, dass die auf dem Seeweg zurückgelegte Strecke mindestens 100 km lang sein muss.

Der Fahrer muss ein Begleitpapier mit sich führen, aus dem hervorgeht, dass es sich um eine Beförderung im Kombinierten Verkehr handelt, z. B. den Frachtbrief oder die Reservierungsbescheinigung der Bahn.

Eine Besserstellung erfährt der Kombinierte Verkehr dadurch, dass die Straßenverkehrs-Ordnung (StVO) die Vor- und Nachläufe im Kombinierten Verkehr vom Lkw-Fahrverbot an Sonn- und Feiertagen ausnimmt. Danach sind folgende Fahrten auch an Sonn- und Feiertagen erlaubt:

Vom Versender zum nächstgelegenen geeigneten Versandbahnhof oder vom Empfangsbahnhof zum Empfänger bis zu einer Entfernung von 200 km.

Zwischen Be- oder Entladestelle und dem nächsten See- oder Binnenhafen in einem Umkreis von 150 km.

Dieselbe Regel gilt für Ausnahmen vom Samstagsfahrverbot, welches aufgrund der Ferienreiseverordnung jedes Jahr in der Zeit vom 1.7. bis zum 31.8. für Lkw über 7,5 t höchstzulässiges Gesamtgewicht auf bestimmten Autobahnabschnitten samstags zwischen 7.00 und 20.00 Uhr gültig ist.

Nach dem Kraftfahrzeug-Steuer-Gesetz (§ 3, Abs. 9 KraftStG) besteht die Möglichkeit

- der **Steuerbefreiung** für Fahrzeuge, die ausschließlich im Vor- und Nachlauf zum Kombinierten Verkehr Straße/Schiene oder Wasserstraße eingesetzt sind und Container, Wechselbehälter und Sattelanhänger zwischen Be- und Entladestelle und nächtstgelegenem Bahnhof, Binnenhafen (150 km Luftlinie) oder Seehafen (150 km Luftlinie, 100 km Seestrecke) befördern;
- der **Kfz-Steuererstattung** im begleiteten Kombinierten Verkehr (Huckepackverkehr).

Das Ausmaß der Rückerstattung ist proportional zum Anteil an den insgesamt vorgenommenen Beförderungen im Huckepackverkehr. Innerhalb von 12 Monaten muss das Fahrzeug bei mindestens 124 Fahrten auf einem Teil der Strecke mit der Bahn befördert worden sein (§ 4 KraftStG).

Nach der Verordnung (EG) Nr. 561/2006 und dem Europäischen Übereinkommen über die Arbeit des im internationalen Straßenverkehr beschäftigten Fahrpersonals hat der Fahrer die Ruhezeit in der Schlafkabine des stehenden Fahrzeugs zu verbringen, ohne dass die Ruhezeit durch eine berufliche Tätigkeit unterbrochen wird. Beim begleiteten Kombinierten Verkehr, also bei der „Rollenden Landstraße"/„Schwimmenden Landstraße", kann der begleitende Fahrer während des Transportvorgangs auf der Schiene/Wasserstraße diese Zeit als Ruhezeit ausnutzen.

Im Gegensatz zum Straßenverkehr muss beim Schienenverkehr mit Belastungen durch Fliehkräfte von 1,0 G in beide Richtungen gerechnet werden, sodass das Gut beim Transport zur Schiene höheren Beanspruchungen ausgesetzt ist. Zur Beachtung der besonderen Ladegutsicherung im Kombinierten Verkehr sollten die Empfehlungen für die Ladungssicherung im Huckepackverkehr, gemeinsam herausgegeben von der DB AG und Kombiverkehr und die Empfehlungen für die Ladungssicherung im Containerverkehr, gemeinsam herausgegeben von der DB AG und Transfracht berücksichtigt werden (www. transfracht.com, www.kombiverkehr.de).

Für den Transport von Gefahrgut im Kombinierten Verkehr sind die relevanten Regelungen des jeweiligen Verkehrsträgers zu beachten. Besonders erwähnenswert ist, dass Wechselbehälter nach GGVE (Gefahrgutverordnung Eisenbahn) wie Container behandelt und insofern im Kombinierten Verkehr auch den Bestimmungen der Internationalen Regelung für den Transport gefährlicher Güter auf der Eisenbahn (RID) unterliegen. Straßenfahrzeuge, d. h. Sattelanhänger und Straßenfahrzeugkombinationen werden im Huckepackverkehr befördert, wenn sie dem Europäischen Übereinkommen über die internationale Beförderung gefährlicher Güter auf der Straße (ADR) und der Gefahrgutverordnung Straße (GGVS) entsprechen.

6.5 Öffentliche Fördermaßnahmen

Viele der deutschen Terminals befinden sich derzeit noch im Besitz der Deutschen Bahn. Daneben werden einige Terminals bereits durch private Gesellschaften betrieben, an denen die nationalen Vermarktungsgesellschaften des Kombinierten Verkehrs Straße– Schiene beteiligt sind. Dazu gehören die DUSS (Deutsche Umschlaggesellschaft Schiene–Straße mbH), die PKV (Planungsgesellschaft Kombinierter Verkehr Duisburg mbH), die seit 2003 eng mit der DUSS kooperiert und die Roland Umschlaggesellschaft für kombinierten Güterverkehr mbH & Co. KG in Bremen.

Im Rahmen der **Förderrichtlinie Kombinierter Verkehr** werden seit Frühjahr 1998 auch private Umschlagterminals Schiene/Straße und Binnenschiff/Straße bezuschusst, sofern sie jedem potenziellen Nutzer diskriminierungsfrei zur Verfügung stehen. Im Januar 2012 wurde die Förderrichtlinie novelliert, seitdem stehen jährlich 94,2 Mio. € zur Förderung privater Umschlaganlagen zur Verfügung. Gefördert werden 80 % der förderfähigen Investitionen. Sie gilt nach erneuter

Verlängerung nun bis zum 31.12.2016. Es ist vorgesehen, die Förderung von Umschlagterminals darüber hinaus fortzusetzen.

Das Bundesministerium für Verkehr und digitale Infrastruktur (BMVI) informiert über seine aktuellen Programme ausführlich unter: www.bmvi.de.

Auf europäischer Ebene wurden Kombinierte Verkehre von 2003–2006 im Rahmen des neuen Förderprogramms Marco Polo mit insgesamt 120 Mio. € unterstützt. Das Folgeprogramm Marco Polo II sah für die Jahre 2007–2013 insgesamt 400 Mio. € Fördermittel vor. Gefördert wurden Unternehmen, die den Aufbau oder die Erweiterung bestehender transeuropäischer Relationen auf Schiene, Binnenwasserstraße oder Seeschifffahrt planen mit einem nicht rückzahlbaren Zuschuss von 1 € pro 500 tkm. Damit sollten insbesondere Anlaufverluste aufgefangen werden. Allerdings hatten nur Großprojekte mit einer Transportleistung von mindestens 250 Mio. tkm in den ersten drei Jahren überhaupt eine Chance auf Förderung.

Bereits kurz vor seinem Auslaufen war das Programm höchst umstritten. Insbesondere der Europäische Rechnungshof kritisierte, dass zwischen den Jahren 2007 und 2010 lediglich 25 % des veranschlagten Budgets abgerufen wurden und lediglich 24 % der vereinbarten Verkehrsverlagerung erreicht wurde. Das Programm ist darum nicht weiter fortgeführt worden.

6.6 Technische Neuentwicklungen

Moderne Umschlagtechniken sind nach Ansicht von Fachleuten ein entscheidender Schlüssel, das Aufkommen im Kombinierten Verkehr deutlich zu steigern. Da es sich gerade bei den Neuentwicklungen oftmals um sehr teure Anlagen handelt (z. B. vollautomatische Schnellumschlaganlagen), lohnt sich deren Betrieb nur bei einem entsprechend hohen Güteraufkommen. Neue Ideen gibt es viele. So wurden in den vergangenen 25 Jahren mehr als 60 Erfindungen im Bereich horizontaler Umschlagsysteme gemacht. Doch nicht einmal jede vierte davon hat es bis zur praktischen Anwendung geschafft.

Im Bereich Schiene/Straße kann man die neuen Techniken wie folgt unterscheiden:

- Bimodale Techniken
- Abroll-Container-Transportsysteme
- Vertikale Schnellumschlagsysteme
- sonstige Systeme

Im Bereich der **bimodalen Techniken** stehen vor allem die Systeme Road Railer und Kombirail, welches aus dem deutschen Kombirailer und dem französischen Semirail entstand, im Mittelpunkt. Gemeinsam ist den unterschiedlichen bimodalen Systemen, dass die Lkw-Auflieger auf Eisenbahndrehgestelle aufgesetzt werden und somit auch auf der Schiene verkehren können. Die Kostenvorteile können sich diese Systeme vor allem im Bereich des Umschlag- und des Schienenlaufs erarbeiten. Als erstes privates Unternehmen in Europa setzte die Bayerische Trailerzug Gesellschaft für bimodalen Güterverkehr (BTZ) regelmäßig Trailerzüge auf den Relationen zwischen Benelux, Dänemark, Deutschland und Italien ein. Das Unternehmen ist zwischenzeitlich vom privaten Bahnlogistikunternehmen TX-Logistik übernommen worden. Die bimodalen Techniken werden allerdings derzeit in Deutschland nicht mehr eingesetzt.

Vorteile des bimodalen Systems:

- geringe Investitionskosten für den Umschlag
- Umschlag ist überall dort möglich, wo ein Gleis vorhanden ist
- kein Kran und kein Tragwagen erforderlich
- bestes Nutzlast/Totlast-Verhältnis im KV

Nachteile des bimodalen Systems:

- höheres Gewicht der Sattelauflieger durch notwendige Verstärkungen
- wirtschaftlich sinnvoll nur im Blockzug

Bei den **Abroll-Container-Transportsystemen (ACTS)** soll der Umschlag vom Lkw auf die Bahn ebenso wie bei den bimodalen Systemen ohne Kran ermöglicht werden. Hierbei wird der ACTS-Container, welcher kompatibel für Schiene und Straße in den verschiedensten Ausführungen für diverse Güter angeboten wird, über Rollen vom Lkw auf den Drehrahmen des Bahnwagens umgesetzt. Dieser Umschlagvorgang erfordert weder fixe Umschlaganlagen noch Bahnpersonal. Der Lkw setzt den Container, ähnlich wie einen Müllcontainer, beim Kunden ab bzw. nimmt ihn dort auf.

Neben den Neuentwicklungen im Wagenmaterial ist man auch bemüht, die Schnittstellenkonzeption zu verbessern. Besonders genannt seien hier die Krupp-Schnellumschlaganlage und das in Frankreich entwickelte System Commutor. Bei beiden Systemen handelt es sich um vertikale **Schnellumschlagsysteme**.

Die Schnellumschlaganlagen sind in Zusammenhang mit dem **Mega-Hub-Konzept** der Deutschen Bahn AG zu sehen. Hierbei soll in den zentralen Drehscheiben (Mega-Hub) tagsüber der Umschlag Schiene–Straße erfolgen. Nachts sollen durch Umschlag Schiene– Schiene zielreine Kombizüge zusammengestellt werden. Verbunden mit entsprechenden Zeitanforderungen an den Umschlagvorgang kann dies nur durch Hochleistungs-Umschlaganlagen gewährleistet werden. Die DB AG geht von einer anfänglichen Umschlagleistung von bis zu 170.000 Ladeeinheiten pro Jahr aus. Es ist aber damit zu rechnen, dass die Anlagen nur Container und handelsübliche Wechselbehälter bewegen können.

Durch den automatisierten Schnellumschlag soll die Umschlagzeit für einen kompletten Zug von zwei Stunden auf 15 Minuten reduziert werden. Nach langer Vorbereitungszeit befindet sich seit 2014 eine Schnellumschlaganlage auf dem Gelände des ehemaligen Güterbahnhofs Lehrte in Bau. Nach dem aktuell vorliegenden Ablaufplan der Deutschen Bahn AG soll die Anlage 2019 in Betrieb gehen.

Durch das Konzept GVK 2000, welches eine Art Gleisanschlusssystem im Kombinierten Verkehr darstellt, wird es möglich, Güter in einem relativ kleinen Einzugsgebiet zu bündeln. Der Umschlag erfolgt mittels hydraulisch heb- und senkbarer Tragwagen, die unter eine Reihe hintereinander aufgestellter Wechselbehälter geschoben werden und diese aufnehmen. Das System benötigt lediglich einen Gleisanschluss, keine Umschlaganlage und kein Bahnpersonal.

Die hier aufgezählten Systeme stellen nur Beispiele dar. Daneben existieren noch weitere Spielarten von KV-Umschlagsystemen und ständig kommen neue hinzu, wie das System Modalohr zur schnellen Umladung von Sattelaufliegern des französischen Waggonbauers Lohr Industries. Das System befindet sich bereits im Verkehr zwischen Frankreich und Italien im Einsatz. Auch in Deutschland sind Verbindungen geplant.

6.7 Gesellschaften des Kombinierten Verkehrs

6.7.1 Kombiverkehr mbH & Co. KG

Die Kombiverkehr Deutsche Gesellschaft für Kombinierten Güterverkehr mbH & Co. KG wurde 1969 als Gesellschaft zur Entwicklung und Organisation des Kombinierten Verkehrs Schiene/Straße gegründet. Der Leistungsumfang besteht in Terminal-Terminal-Verkehren einschließlich Umschlag. Kombiverkehr ist gemessen an den Sendungszahlen im europäischen Vergleich die größte Kombiverkehrsgesellschaft.

Kombiverkehr ist ein privatwirtschaftliches Unternehmen und arbeitet als Dienstleister für alle Speditions- und Transportunternehmen. Kombiverkehr versteht sich als neutraler Mittler zwischen Straße und Schiene. Auch während des Schienentransports bleiben die Kombikunden Frachtführer. Kombiverkehr darf weder als Frachtführer noch als Spediteur auftreten und ist damit seinen Kunden gegenüber nie Wettbewerber. So ist auch der von Kombiverkehr verbürgte Kundenschutz gewährleistet.

An Kombiverkehr sind etwa 230 Speditionsunternehmen als Kommanditisten sowie die Bahntochter DB Mobility Logistics AG gleichberechtigt beteiligt. Diese 50 %-Beteiligung besteht seit 2001. Ein Zeichen dafür, dass mittlerweile auch die Deutsche Bahn AG den kombinierten Güterverkehr als Zukunftsmarkt sieht.

In den über 40 Jahren ihres Bestehens hat sich die Kombiverkehr zu Europas führendem Dienstleistungsunternehmen für den Kombinierten Verkehr Straße/Schiene entwickelt. Im Jahr 1998 ließen Spediteure noch fast 980.000 Sendungen von Kombiverkehr transportieren. 1999 kam der Einbruch auf nur noch 890.000 Sendungen. Die Hauptursache lag in der Preispolitik der Deutschen Bahn AG, die höhere Frachten verlangte, was angesichts des Preisverfalls bei den Lkw-Transporten zu einer dramatischen Abwanderung auf die Straße führte. Das nationale Aufkommen brach mit einem Minus von 24 % am stärksten ein.

Kombiverkehr hat darauf mit einer grundlegenden Umstellung seines Leistungsangebots reagiert. Ende Januar 2000 startete das System Kombi-Netz-2000+. Es beinhaltet ein System von wöchentlich 210 nationalen Ganz- und Shuttlezügen, das Kombiverkehr bei DB Mobility Logistics geschlossen einkauft und eigenständig vermarktet. Das Risiko der Auslastung liegt bei Kombiverkehr. Im Jahr 2014 wurden 925.000 Sendungen (21,8 Mio. Tonnen) über Kombiverkehr abgewickelt.

Im internationalen Geschäft bewältigt Kombiverkehr sein Sendungsaufkommen mit Ganzzügen, von denen wöchentlich mehr als 560 auf den vier Achsen Nordeuropa und Ostsee, Westeuropa, Ost- und Südosteuropa sowie Südeuropa verkehren. Dabei werden über 30 Länder in Europa mit mehr als 830 Kernrelationen erreicht. (www.kombiverkehr.de)

6.7.2 TFG Transfracht

Die Transfracht internationale Gesellschaft für kombinierten Güterverkehr (TFG) wurde 1969 als privatrechtlich organisiertes Unternehmen und Beteiligungsgesellschaft der DB AG mit dem Ziel gegründet, den nationalen Containerverkehr Straße/Schiene zu vermarkten. Hundertprozentiger Eigentümer der Gesellschaft ist DB Mobility Logistics. Das Unternehmen besitzt Niederlassungen in Berlin, Bremerhaven, Duisburg, Enns, Kornwestheim, Leipzig, Nürnberg, Hamburg, München, Olten und Riesa. In der Hauptsache konzentriert sich TFG auf die Seehafen-Hinterlandverkehre der deutschen Häfen (Hamburg, Bremerhaven, Wilhelmshaven), die überwiegend auf der Schiene abgewickelt werden. Zwischen Rotterdam/Antwerpen und Duisburg sowie Frankfurt und Mannheim verkehren aber auch regelmäßig Binnenschiffe.

Im Angebot sind:

- Haus-Haus-Verkehre
- Terminal-Terminal-Verkehre
- Containerserviceleistungen (ISO- und Binnencontainer)
- acht Niederlassungen im Bundesgebiet
- 240 Abfahrten pro Woche
- tägliche Transportkapazität 4.000 TEU

Im Jahr 2015 transportierte TFG etwa 850.000 TEU. Kernangebot des hafenneutralen Anbieters ist das AlbatrosExpress-Netz, welches mit über 20 Hauptterminals 12.000 Orte in den wichtigsten Wirtschaftszentren Deutschlands, Österreichs, Tschechiens und der Schweiz mit den deutschen Seehäfen verbindet. (www.transfracht.com)

6.8 Der Kombinierte Verkehr in Europa

Die Bedeutung des Kombinierten Verkehrs in Europa nimmt ständig zu. Bereits heute sind in bestimmten Regionen die Verkehrsströme ohne den Einsatz des Kombinierten Verkehrs nicht mehr zu bewältigen. Dies gilt z. B. für die Industrieregionen Norditaliens, deren Wirtschaft ohne den durchschnittlich zu 50 % auf der Schiene durchgeführten Alpentransit nicht konkurrenzfähig wäre. Mit dem wirtschaftlichen Aufbau der osteuropäischen Staaten wachsen auch hier die Verkehrsströme, sodass sich insbesondere dort bedeutende Potenziale für den Kombinierten Verkehr ergeben.

Im Jahr 2009 waren 25 % aller Güterzüge in Frankreich, Deutschland, Italien und Österreich Züge des Kombinierten Verkehrs. Noch 2003 lag der Anteil der KV-Züge bei 15 %. Das durchschnittliche Wachstum des KV-Aufkommens in Europa betrug in den letzten Jahren jährlich ca. 5 %. Im Jahr 2015 wuchs die Zahl der Sendungen um 0,75 und die Transportleistung um 5,23 % (Quelle: UIRR).

Allerdings darf auch nicht verschwiegen werden, dass der Kombinierte Verkehr in Europa in jüngster Zeit mit großen Problemen zu kämpfen hat. Hauptursache dafür sind Leistungsmängel bei den nationalen Bahngesellschaften. Diese drücken sich aus in fehlenden Waggons, Lokomotiven und Lokführern. Hinzu kommen Verspätungen von 14 bis 24 Stunden, vor allem auf den Relationen nach Italien und Frankreich. Gleichzeitig haben einige Bahnen ihre Preise nach oben schrauben wollen, was weitere Verlader zur Verlagerung auf den reinen Straßentransport veranlasst hat.

Als die Einrichtung, die exklusiv die Interessen des Kombinierten Verkehrs in Europa vertreten soll, wurde in den 1970er-Jahren die **UIRR** (Union internationale des sociétés de transport combiné Rail-Route) gegründet. Zurzeit gehören der UIRR 14 Gesellschaften an. (www.uirr.com)

Die zur UIRR gehörenden Gesellschaften haben im Jahr 2015 eine Beförderungsleistung von 54,9 Mrd. tkm erbracht. Hiervon entfallen 9,1 Mrd. tkm auf nationale und 45,8 Mrd. tkm auf internationale Verkehre. Der Anteil der deutschen Kombiverkehr macht dabei über 26 % aus. Diese Verhältnisse zeigen anschaulich, dass der Kombinierte Verkehr seine Vorteile vor allem auf den langen Relationen im internationalen Bereich ausspielen kann.

6.9 Kombinierter Verkehr auf Wasserstraßen

Der Kombinierte Verkehr unter Einbeziehung der Binnen- und auch Seewasserstraßen steht immer häufiger im Mittelpunkt, wenn es darum geht, die von allen Seiten prognostizierten Wachstumsraten der Zukunft zu bewältigen. Die Binnen- und Küstenschifffahrt verfügt noch über erhebliche Kapazitäten. Die Bedeutung der stärkeren Einbeziehung der Wasserstraßen hat auch in der Politik verstärkt Beachtung gefunden. Eine Folge dieser gestiegenen Beachtung war die schrittweise Gleichstellung des Kombinierten Verkehrs unter Einbeziehung der Wasserstraße gegenüber der Kombination Straße/Schiene und die Auflage verschiedener Programme zur finanziellen Förderung von wasserseitigen Umschlagterminals.

Bisher wurde im Bereich der Binnenwasserstraßen nahezu nur die kombinierte Verkehrsart „Container" auf dem Rhein gesehen. Verkehre dieser Art wurden meist als Zu- und Ablaufverkehre zu den Seehäfen abgewickelt. Der Vollständigkeit halber sollte erwähnt werden, dass neben dem Container auch die **„Schwimmende Landstraße"** auf den Wasserstraßen durchgeführt wird. Um Verkehre in der Zukunft verstärkt von der Straße auf die Wasserstraße verlagern zu können, ist es notwendig, einige Bedingungen zu beachten. Hierbei stehen vor allem die Wirtschaftlichkeit im Vordergrund, sowie die Wünsche des Auftraggebers. Zum einen verteuert der doppelte Umschlag in den Binnenhäfen den kombinierten Transport Straße/Binnenschiff gegenüber dem durchgehenden Lkw-Transport; zum anderen ziehen viele Verlader einen Binnenschiffstransport oft deshalb nicht in Betracht, weil ihnen die Informationen über die Leistungspalette der Binnenschifffahrt fehlen. Dennoch sind Containerverkehre mit dem Binnenschiff vor allem als Seehafen-Hinterlandverkehre in den letzten Jahren sehr erfolgreich gewesen. Der Kombinierte Verkehr per Binnenschiff in Deutschland erreichte 2012 ein Volumen von 20,8 Mio. t.

Darüber hinaus gibt und gab es immer wieder Bestrebungen in Politik und Wirtschaft, die Wasserstraße als Teil logistischer Gesamtsysteme zu fördern. Ausgangspunkt war die Studie **Potenziale und Zukunft der deutschen Binnenschifffahrt**, die von Planco Consulting im November 2003 im Auftrag des Bundesverkehrsministeriums vorgelegt wurde. Sie enthält sowohl eine ehrliche Analyse aller Defizite, als auch konkrete Handlungsvorschläge. In der daraufhin gegründeten Initiative Binnenschifffahrt und Logistik haben sich zum ersten Mal Vertreter von Industrie, Häfen, Speditionen und Reedereien zusammengesetzt und in einem gemeinsamen Handlungskonzept Strategien aufgezeigt, wie die Binnenwasserstraßen stärker als bisher in logistische Ketten integriert werden können. Nach längerer Schaffenspause ist die Initiative im Herbst 2011 unter der Bezeichnung Forum Binnenschifffahrt und Logistik neu an den Start gegangen. Einen zusätzlichen Schub für den Kombinierten Verkehr mit der Wasserstraße würden sich viele Experten von einer einheitlichen europäischen Intermodalen Ladeeinheit versprechen, die jedoch aufgrund divergierender Meinungen im Rat der EU-Verkehrsminister bis auf weiteres gebremst worden ist. Neben der Verkehrsverlagerung von der Straße auf die Binnenwasserstraße spielt auch die Einbeziehung der Küstenschifffahrt in die Transportkette eine immer bedeutendere Rolle. Im Rahmen der Initiative From Road to Sea sollen Ansatzpunkte zur Verbesserung der Nutzung von Fluss-/See- und Küstenschifffahrtsverkehren entwickelt werden. Ebenso wie bei der Binnenschifffahrt steht ein sogenannter „Eurobehälter" im Mittelpunkt. Erfolgsversprechende Relationen sind vor allem Deutschland–Spanien/Portugal und Deutschland–Baltische Länder/GUS. Das Aufkommen lag im Jahr 2012 bei 72,9 Mio. t.

Von 1999 bis 2008 hatte sich die in Containern und auf Fahrzeugen im Seeverkehr transportierte Menge mit 150 Mio. t fast verdoppelt. Dann folgte die weltweite Wirtschafts- und Finanzkrise mit einem Einbruch von 20 %. 2012 transportierte der Verkehrsträger Seeschifffahrt wieder 153,4 Mio. t.

Sowohl von der EU, als auch von der Bundesregierung wird diese Verkehrsart besonders unterstützt. Dazu wurde vom Bundesverkehrsministerium eigens das **„Short Sea Shipping Inland Waterway Promotion Center (SPC)"** ins Leben gerufen, das über die Möglichkeiten und Angebote dieser Verkehre ausgiebig informiert. Zwischenzeitlich hat das SPC auch die Aufgaben des Forums Binnenschifffahrt und Logistik übernommen. (www.shortseashipping.de)

7 Lagerei und Distribution

Reinhard Lankes

7.1 Lagerei im volkswirtschaftlichen Leistungsprozess

7.1.1 Aufgaben der Lagerei

Die Lagerhaltung ist kein „lästiger" Kostenfaktor, sondern ein absolut notwendiger Bestandteil der Güterlogistik. In entwickelten Volkswirtschaften gibt es hierfür folgende wesentliche Gründe:

- weitgehende Arbeitsteilung in der Wirtschaft, die zu einer Spezialisierung der Güterproduktion führt
- Güterproduktion und Absatz bzw. Verbrauch fallen sowohl räumlich als auch zeitlich auseinander
- Sicherstellung des Produktionsprozesses durch produktionsnahe Läger
- Ausweitung der Sortimente im Handel

Die Lagerhaltung hat also die Funktion eines Puffers zum Ausgleich von Angebot und Nachfrage. Sie soll zu einer optimalen Versorgung von Industrie, Handel und Handwerk sowie des Endverbrauchers beitragen.

7.1.2 Durchführung der Lagerung

Zum einen erfolgt die Lagerung von Roh- und Betriebsstoffen, Halbfabrikaten und Fertigerzeugnissen direkt bei den Produktions- und Handelsunternehmen. Wird ausschließlich für eigene Zwecke gelagert, spricht man von **Werks- oder Eigenlagerung**.

Im Gegensatz dazu ist die **gewerbliche Lagerei** zu sehen. Diese wird gewerbsmäßig vom Lagerhalter im Auftrag seiner Kunden – der Einlagerer – gegen Entgelt betrieben (vgl. § 467 I HGB). In Deutschland ist die gewerbliche Lagerei eine von mehreren Leistungsbereichen der Spedition. Der lagerhaltende Spediteur erwirbt kein Eigentum an den von ihm gelagerten Gütern.

7.2 Lagerei im Rahmen speditioneller Leistungsangebote

Industrie und Handel sind bestrebt, durch eine verringerte Lagerhaltung Kosten zu senken. Sie verlagern logistische Dienstleistungen daher zunehmend im Rahmen des Outsourcing auf das Speditions- und Lagereigewerbe. Ihre Überlegung und Erwartung ist, dass spezielle Tätigkeiten von einem spezialisierten Dienstleister kostengünstiger erbracht werden können. Dabei wird einsichtig, dass es sich bei der Nachfrage nach gewerblichen Lagerleistungen – wie bei allen speditionellen Dienstleistungen – nicht um originäre, sondern um sogenannte „abgeleitete Nachfrage" handelt. Dieser Trend hat dazu geführt, dass der Spediteur seine Leistungsangebote auch auf dem Lagereisektor weiter ausgeweitet und zugleich spezialisiert hat.

7.2.1 Funktionsbedingte Einteilung der gewerblichen Lagerhaltung

Die Leistungsangebote gewerblicher Lagereibetriebe umfassen längst nicht mehr nur die reine Lagerung, das heißt das ausschließliche Anbieten von Lagerraum und die damit verbundene

Ein- und Auslagerung von Gütern. Ausgehend von den vielfältigen Anforderungen der verladenden Wirtschaft hat sich die Lagerei immer stärker zu einem wesentlichen Teilbereich im Rahmen umfassender Logistikkonzepte entwickelt. So übernehmen die lagerhaltenden Speditionsfirmen für ihre Auftraggeber insbesondere

- die Lagerlogistik im Rahmen von Aufträgen für die Beschaffungs- und/oder Distributionslogistik,
- die Dauer- und Vorratslagerung,
- die beförderungsbedingte Lagerung.

Hinweis
Die komplette Übernahme der Lagerlogistik erfordert vom Spediteur eine umfassende Warenkenntnis sowie das Hineindenken in die logistischen Abläufe seines Kunden.

7.2.1.1 Beschaffungslogistik

Unter Beschaffungslogistik versteht man die Zulieferung von Vorprodukten oder Halbfabrikaten an die produzierende Industrie. Diese Dienstleistung beinhaltet die bedarfs- und termingerechte Teileversorgung im Rahmen sogenannter „Just-in-time-Konzepte". Beschaffungsläger werden meist in der Nähe des Produktionsstandorts betrieben.

Die Beschaffungslagerung ist ein zunehmend bedeutendes Tätigkeitsfeld für den Spediteur. 2015 waren 37 % aller Mitgliedsbetriebe im DSLV in diesem Leistungsbereich tätig; für 18 % stellt die Beschaffungslagerung sogar einen Leistungsschwerpunkt dar (Bezugsgröße: 2.500 Betriebe).

Ein gutes Beispiel dafür stellt die Automobilindustrie dar. Die Speditions- und Lagereibetriebe übernehmen hier vielfach auch die Vormontage bestimmter Zulieferteile.

7.2.1.2 Distributionslogistik

Unter Distributionslogistik versteht man die Lagerung und Verteilung von Konsumgütern. Gleichbedeutend sind auch die Begriffe **Verteilungs-, Auslieferungs- oder Konsignationslager**. Die Dienstleistung umfasst abhängig vom Anforderungsprofil der Einlagerer aus Industrie und Handel nicht nur die Lagerung und termingerechte Distribution der Güter, sondern u. a. auch

- die Kommissionierung (Zusammenstellung von Auslieferaufträgen),
- diverse Warenmanipulationen, z. B. Konfektionieren, Preisauszeichnung,
- die EDV-gestützte Lagerbestandsverwaltung für den Einlagerer bis hin zur
- Fakturierung (Rechnungserstellung) an Abnehmer.

Es kommt auch vor, dass die Kunden des Einlagerers nicht mehr bei diesem selbst, sondern bei dessen Lagerhalter bestellen, der den gesamten Bestellprozess übernimmt.

Die Distributionslagerung ist ein sehr bedeutender Betätigungsbereich für den Lagerhalter. Nach Erhebungen des DSLV sind in diesem Leistungsbereich 47 % aller Speditions- und Lagereibetriebe tätig. Dabei übernehmen Spediteure auch **Zentrallagerfunktionen** für ihre Auftraggeber. Die geografische Struktur der Zentral- und der Regionalläger wird beeinflusst durch

- die zeitweise Überlastung der Verkehrsinfrastruktur, wodurch die Just-in-time-Distribution eventuell gefährdet werden könnte
  sowie
- die umweltpolitisch bedingten Restriktionen des Straßengüterverkehrs, da der Lkw bei der Feinverteilung in der Fläche nach wie vor unverzichtbar ist.

Das **Regionallager** wird daher – schon um die Kundennähe zu gewährleisten – seine Bedeutung behalten. In der Praxis wird es in Abhängigkeit vom individuellen Anforderungsprofil des Einlagerers vielfach zu einem Mischsystem aus Zentral- und Regionallägern kommen. Dabei muss die „Lagergeografie" heute aus dem europäischen Blickwinkel betrachtet werden, das heißt, die nationalen Grenzen spielen im Hinblick auf die geografische Anordnung der Lagerstandorte in Europa kaum noch eine Rolle.

Die Distribution durch den lagerhaltenden Spediteur ist z. B. bei Markenartikeln der Lebensmittelindustrie stark ausgeprägt. Bestimmte Lebensmittel erfordern eine temperaturgeführte Lagerung, sodass der Lagerhalter auch für die Einhaltung, Überwachung und Dokumentation der vorgeschriebenen Temperaturbereiche verantwortlich ist.

7.2.1.3 Dauer- und Vorratslagerung

Dauer- und Vorratsläger werden aus Gründen der Versorgungssicherung oder zur Aufnahme von Überproduktionen eingerichtet. Auftraggeber sind die Privatwirtschaft und staatliche Institutionen.

Für das Speditions- und Lagereigewerbe ist die Lagerung von Agrarprodukten im Auftrag der **Bundesanstalt für Landwirtschaft und Ernährung (BLE)** von Bedeutung. Die BLE ist eine nachgeordnete Behörde des Bundesministeriums für Ernährung und Landwirtschaft (BMEL).

Die Speditions- und Lagereibetriebe lagern im Auftrag der BLE eine Vielzahl von pflanzlichen und tierischen Erzeugnissen. Es handelt sich dabei um

- die sogenannten **„ZNR-Waren" (Zivile Notfall-Reserve)**, das sind hauptsächlich Getreide, Reis und Hülsenfrüchte, die langfristig gelagert werden, sowie um
- sogenannte **„Marktordnungswaren"**, das sind alle landwirtschaftlichen Erzeugnisse, die von der gemeinsamen EU-Agrarpolitik erfasst werden, z. B. Getreide, Fleisch, Butter und Magermilchpulver.

Die aus der Markt- und Preispolitik im Agrarsektor resultierenden staatlichen Interventionskäufe bedingen die Lagerung der Interventionswaren. Die deutsche Interventionsbehörde (BLE) greift dazu auf private Lagerkapazitäten zurück.

In diesem Tätigkeitsbereich kommt der laufenden Qualitätskontrolle eine enorme Bedeutung zu. Die Lagerhalter übernehmen in enger Abstimmung mit der BLE sämtliche Maßnahmen zur Gesunderhaltung der Lagergüter wie z. B. Trocknung von Getreide, Belüftung, Kühlung sowie gegebenenfalls Schädlingsbekämpfung.

Aus Gründen der sparsamen Verwendung von Haushaltsmitteln des Bundes werden die Preise für die Lagerleistungen bei sämtlichen Marktordnungswaren seit Ende der 1990er-Jahre ausschließlich im Wege der öffentlichen Ausschreibung ermittelt. Die Ausschreibung des Lagerraums erfolgt auf der Grundlage des Vergaberechts, obwohl wesentliche Leistungsmerkmale wie Menge, Dauer und Zeitpunkt der Einlagerung aufgrund der Natur des Interventionsgeschehens von der BLE nicht vorgegeben werden können.

7.2.1.4 Die beförderungsbedingte Lagerung

Im Gegensatz zu den bisher behandelten Lagerfunktionen ist die beförderungs- oder verkehrsbedingte Lagerung ausschließlich eine Folge des Transportablaufs. Aus technischen oder organisatorischen Gründen ist es oft notwendig, Güter kurzfristig zwischenzulagern oder zum Zweck des Umschlags auf einen anderen Verkehrsträger kurzfristig „über Lager zu nehmen". Man bezeichnet dies daher häufig als **transportbedingte Zwischenlagerung** oder als **Umschlaglagerung**.

Diese Fälle werden im Allgemeinen nicht zur gewerblichen Lagerei gezählt, da hier ein Lagervertrag regelmäßig nicht zustande kommt. Sie werden daher an dieser Stelle nur zum Zweck der Abgrenzung erwähnt. Als Ausnahme sind transportbedingte Zwischenlagerungen in den Seehäfen zu nennen, die sich durchaus über mehrere Monate erstrecken können.

7.2.2 Technische Ausstattung speditioneller Lageranlagen

7.2.2.1 Lagerarten und bauliche Voraussetzungen

Die Tätigkeit als gewerblicher Lagerhalter setzt das Vorhandensein von Lagerflächen bzw. Lagerräumen voraus. Dabei ist es für die Dienstleistung Lagerhaltung unerheblich, ob es sich um eigene oder gemietete Lagerflächen handelt. Nach den Erhebungen des DSLV sind 59 % der überdachten Lagerflächen, aber nur rund 7 % der Freilagerflächen in der Spedition gemietet. Die nachfolgend genannten Zahlen sind – sofern nicht anders angegeben – den Zahlen · Daten · Fakten aus Spedition und Logistik 2015 des DSLV entnommen.

Abhängig von den baulich-technischen Gegebenheiten bzw. der Beschaffenheit der Lagergüter kann man folgende Lagerarten unterscheiden:

- **Überdachte Lagerflächen** sind in aller Regel solche in festen Lagergebäuden. Für die Mehrzahl der Lagergüter kommt schon aufgrund der Qualitätserfordernisse seitens des Einlagerers eine Lagerung in Traglufthallen, Zelten und Ähnlichem nicht in Betracht, obwohl diese auch zu den überdachten Lagermöglichkeiten zählen.
- **Freilagerflächen** dienen der Lagerung witterungsunempfindlicher (Massen-)Güter, wie z. B. Baustoffe, Erze, Kohle, unter freiem Himmel. Sie haben meist nur eine befestigte Bodenfläche. Das Speditions- und Lagereigewerbe verfügte 2015 insgesamt über 29,3 Mio. m^2 überdachte und 42,1 Mio. m^2 Freilagerfläche. Im Vergleich zu 2010 hat die Gesamtlagerfläche um rund 50 % zugelegt.
- Sogenannte **„Wasserläger"** verfügen im Gegensatz zu Lägern im Binnenland auch über einen Wasserstraßenanschluss und sind daher meist in Binnen- oder Seehäfen gelegen. Neben dem flächendeckenden Anschluss an das Straßennetz sind 6 % aller Speditions- und Lagereibetriebe auch über einen Wasserstraßenanschluss an die Verkehrsinfrastruktur angebunden.
- Aus älterer Bausubstanz stammend werden vereinzelt noch (mehrgeschossige) **Etagen- oder Stockwerkläger** – meist in Häfen – genutzt. Die Ein- und Auslagerung der Güter ist nur über Kräne und/oder Lastenaufzüge möglich. Die Lagerhöhe und die Bodenbelastbarkeit in den einzelnen Stockwerken sind begrenzt, sodass diese Lagerart nur bei bestimmten Gütern und längerfristiger Lagerung wirtschaftlich ist. Ein Beispiel hierfür ist die Speicherstadt im Hamburger Hafen, in der Güter wie Kaffee, Tee, Gewürze, Orient-Teppiche gelagert werden.
- Die gebräuchlichste Lagerart ist heute das (eingeschossige) **Hallenlager**, welches eine große Lagerhöhe und eine praktisch unbegrenzte Bodenbelastung erlaubt. Es kann daher sehr wirtschaftlich betrieben werden, erfordert aber auch ein – je nach technischer Ausstattung – hohes Investitionsvolumen bei Neuerrichtung.
- Von einem **Rampenlager** spricht man, wenn Hallenläger über eine Rampe zur Be- und Entladung von Lkw oder Waggons verfügen. Vielfach wird bei neu zu errichtenden Lagergebäuden aufgrund der geringeren Bodenbelastbarkeit der Rampenflächen und der möglichen Unfallgefahren auf Außenrampen verzichtet. Ein optimales Andocken der Lkw an das Lagergebäude wird über eine zweckmäßige Torgestaltung mit Andockhilfen erreicht.
- Im Gegensatz zu Etagenlägern, in denen bauartbedingt die Blocklagerung vorherrscht, kann in Hallenlägern abhängig vom Lagergut sowohl die Blocklagerung als auch die **Regallagerung** praktiziert werden.

- **Blocklagerung** bedeutet, dass das Lagergut (auf Paletten oder einzeln) lückenlos auf-, neben- und hintereinander gestapelt wird. Bei Blockstapelung sind besonders die Druckempfindlichkeit des Lagerguts sowie die Standsicherheit des Stapels zu beachten.
- Viele gewerbliche Lagerhalter spezialisieren sich auf bestimmte Gütergruppen bzw. Branchen. Dies betrifft vor allem folgende Lagergüter:
  - Nahrungs- und Genussmittel der Markenartikelindustrie
  - Erzeugnisse der chemischen Industrie
  - landwirtschaftliche Erzeugnisse (Getreide- und Futtermittel etc.)
  - Produkte der Elektro- und Elektronikindustrie
  - Erzeugnisse der Eisen- und Stahlindustrie
  - Vorprodukte der Automobilwirtschaft

Bestimmte Güter bedürfen einer besonderen Behandlung und Qualitätsüberwachung während der Lagerung. Je nach ihrer Beschaffenheit erfordern sie besondere baulich-technische Voraussetzungen der Lagerräume; man spricht deshalb von Spezialgütern bzw. **Speziallägern**. Beispiele dafür sind:

- **Siloläger** für schütt- und rieselfähige Güter, insbesondere Getreide- und Futtermittel, aber z. B. auch für Kunststoffgranulate
- **Kühlhäuser** für die Tiefkühllagerung (unter –18° C) von Fleisch
- **Temperaturgeführte Läger** für temperatursensible Güter wie z. B. Lebensmittel. Eine temperaturgeführte Lagerung erfordert das Sicherstellen einer bestimmten Lagertemperatur im minus- oder plusgradigen Bereich. Das bedeutet auch, dass bei frostempfindlichen Gütern die Lagerräume gegebenenfalls beheizt werden müssen.
- **Eisen- und Blechläger** mit entsprechenden Lagereinrichtungen wie z. B. Langrohrregale
- **Tankläger** für die Lagerung großer Flüssigkeitsmengen, z. B. Mineralöle, Treibstoffe
- **Gefahrstoffläger** für Stoffe und Zubereitungen, die nach den einschlägigen Vorschriften als „gefährlich" eingestuft sind. Da die Lagerung von Gefahrstoffen vom Gesetzgeber umfassend reglementiert ist, wird hierauf im LORENZ 2 eingegangen.

7.2.2.2 Lagereinrichtungen

Die Mehrzahl der im Rahmen der Beschaffungs- oder Distributionslogistik gehandhabten Stückgüter erfordert im Gegensatz zu Spezialgütern keine besonderen Zusatzeinrichtungen des Lagers. Diese sogenannten „normalen Kaufmannsgüter" werden in der Regel palettiert in Regalanlagen gelagert, was eine besonders wirtschaftliche Lagerführung ermöglicht. Das **Palettenregallager** gehört daher mittlerweile zur Standardeinrichtung in Logistiklägern.

Ab einer Lagerguthöhe von etwa 12 m spricht man vom **Hochregallager**. Realisiert sind Hochregalläger bis zu einer Lagerguthöhe von ca. 45 m. Sie erfordern regelmäßig eine vollautomatische Steuerung und somit relativ hohe Investitionen.

Zur Erweiterung der Lagerkapazität werden von gewerblichen Lagerhaltern auch **Lagerbühnen** genutzt. Sie kommen vor allem dann zum Einsatz, wenn Lagerflächen knapp werden und Investitionen in neue Gebäude nicht geplant sind. Mit einer Lagerbühne wird sozusagen eine zweite Ebene in einen vorhandenen Lagerraum eingezogen. Abhängig von der Konstruktionsweise und damit der Traglast sind sie auch für schwere Güter und Paletten geeignet und mit Hubwagen befahrbar.

7.2.2.3 Förder- und Hebetechnik

Ein wirtschaftlicher Lagerbetrieb ist ohne den Einsatz moderner Förder- und Hebetechnik undenkbar. Nachfolgend werden – ohne Anspruch auf Vollständigkeit – die gebräuchlichsten Förder- und Hebemittel aufgeführt:

- **Flurförderzeuge**
  - Gabelstapler (elektro-, diesel- oder flüssiggasbetrieben)
    Der Gabelstapler (in geschlossenen Lagergebäuden in der Regel elektrobetrieben) ist das wichtigste Hilfsmittel bei der Ein- und Auslagerung. Er ist durch verschiedene Anbaugeräte (Lastaufnahmemittel) wie Gabelzinken, Klammern für Fässer, Tragedornen universell einsetzbar. Sonderbauformen sind Regalförderzeuge und Hochregalstapler, die regalabhängig betrieben werden.
  - Palettenhubwagen
    Sehr verbreitet sind die manuell bedienten (Hand-)Hubwagen; daneben kommen auch elektrobetriebene Hubwagen zum Einsatz (mit Fahrerstand oder deichselgeführt).
  - Sackkarren
    Trotz der fortschreitenden Technisierung wird zusätzlich auch noch die traditionelle Sackkarre eingesetzt.
- **Stetigförderer** (rollen-, ketten- oder bandgeführt)
  Hierunter versteht man Förderbänder verschiedenster Bauart, Rollenbahnen für Kleinkolli oder Paletten, aber auch Rohrleitungen für schütt- und rieselfähige Massengüter. Auch sogenannte **Unterflurketten** können dazu gezählt werden; diese kommen überwiegend in Umschlaglägern zur Anwendung, z.B. in den Hubs der Systemverkehre. Von Stetigfördersystemen spricht man, wenn verschiedene Komponenten zu einem fördertechnischen Gesamtsystem verbunden sind.
- **Vertikal-Palettenförderanlagen** übernehmen den weitgehend automatischen Transport zwischen Lagerflächen auf verschiedenen Ebenen und sind in der Regel in Stetigfördersysteme eingebunden.
- **Lastenaufzüge** kommen meist nur in mehrgeschossigen Lagergebäuden zum Einsatz.
- **Krananlagen** werden in verschiedenster Bauweise in der Lagerei verwendet. Vereinzelt findet man z.B.
  - **Laufkräne** (auch **Laufkatzen** genannt) die auf Schienen an der Hallendecke laufend die gesamte Hallenfläche bedienen können (z.B. in Eisenlägern),
  - **Portalkräne** (so genannt wegen ihrer portalartigen Tragekonstruktion), die u.a. beim Umschlag in das bzw. aus dem Lager (mit Verschiebedach) eingesetzt werden.

7.2.3 Der Lagervertrag

7.2.3.1 Zustandekommen

Zur Regelung des Lagergeschäfts werden Lagerverträge abgeschlossen. Vertragspartner sind der Einlagerer und der Lagerhalter. Der Lagervertrag gehört zu denjenigen Vertragsarten, die nicht an eine Schriftform gebunden sind. Einlagerer und Lagerhalter sind in ihrer Vertragsgestaltung grundsätzlich frei. Lagerverträge können daher auch durch

- mündliche (telefonische) Vereinbarungen oder
- schlüssiges („konkludentes") Handeln (d.h. Güter werden ohne vorherige Absprachen physisch eingelagert – selten) zustande kommen.

Vor allem aus Beweisgründen wird jedoch der Abschluss **schriftlicher Lagerverträge** empfohlen, um eventuelle spätere Meinungsverschiedenheiten über getroffene Absprachen von vornherein auszuschließen.

7.2.3.2 Inhalt

Aufgrund kartellrechtlicher Beschränkungen, vor allem aber infolge der Vielfältigkeit des Lagergeschäfts und des individuellen Leistungsumfangs gibt es kein allgemein gültiges Muster eines Lagervertrags. Gegenstand des Lagervertrags ist die gewerbliche Lagerung und Aufbewahrung von Gütern. Im Rahmen des Lagervertrags sollten insbesondere folgende Punkte geregelt werden:

- Leistungsumfang des Lagerhalters wie Kommissionieren, Palettieren, Distribution etc.
- genaue Beschreibung der Lagergüter und deren Behandlung (Einhaltung von Temperatur, Luftfeuchtigkeit, Druckempfindlichkeit, besondere Sicherungsmaßnahmen etc.)
- Umfang der Lagerbestandsführung (Lagergut, Paletten etc.)
- Inventurhäufigkeit (monatlich, viertel-, halbjährlich, jährlich) und Ausgleich eventueller Überschüsse/Fehlbestände
- voraussichtliche oder durchschnittliche Lagerdauer
- Umschlaghäufigkeit der Güter; die pro Kalendermonat ein- und auszulagernde Menge
- Versicherungsumfang und Haftung
- Vertragsdauer und Kündigungsfristen
- Entgelte und Auslagenersatz

Die Vertragsparteien können sich auch darauf beschränken, in den Lagervertrag nur die rein vertraglichen Regelungen aufzunehmen und die gutspezifischen Besonderheiten in Anhängen zum Lagervertrag zu regeln, was eine größere Flexibilität bei erforderlichen Änderungen ermöglicht.

7.2.3.3 Rechtsgrundlagen

Es wurde bereits deutlich, dass einzelvertragliche Regelungen des Lagergeschäfts vorrangig und üblich sind. Die Dienstleistungen des lagerhaltenden Spediteurs werden dabei im Regelfall auf der Basis der **ADSp 2016** abgewickelt (vergleiche dazu insbesondere die Erläuterungen zu Ziff. 15 ADSp 2016). Auch das Pfandrecht und die Haftung des lagerhaltenden Spediteurs erfolgen dann auf dieser Grundlage (vgl. Ziff. 20, 22, 24 ADSp 2016). Die ADSp 2016 werden in Kapitel 3.3 erläutert.

Für sonstige gewerbliche Lagerhalter dienen die Regelungen des **HGB** oder **BGB** als Basis. Sowohl ADSp 2016 als auch BGB und HGB stellen also kein zwingendes Recht dar und können durch einzelvertragliche Abmachungen ersetzt oder ergänzt werden. Die „Rangfolge" der Rechtsgrundlagen für den Spediteur als Lagerhalter lautet daher:

Einzelvertrag → ADSp 2016 → HGB/BGB

7.2.3.4 Lagerentgelt

Für die gewerbliche Lagerung gibt es keine Tarife oder allgemein gültigen Entgelte. In § 467 Abs. 2 und § 474 HGB ist lediglich der Anspruch des Lagerhalters auf die vereinbarte Vergütung bzw. auf Ersatz seiner für das Gut gemachten Aufwendungen verankert.

Die Vielfältigkeit der speditionellen Lagerlogistik verlangt daher eine einzelfallbezogene Kalkulation von Lagerentgelten (siehe Kapitel 7.3).

7.2.4 Abwicklung des Lagervertrags

Die wesentlichen Tätigkeitsbereiche des gewerblichen Lagerhalters wurden bereits weiter oben angesprochen. Nachfolgend soll noch auf einige Besonderheiten eingegangen werden.

7.2.4.1 Sonder- und Sammellagerung

Die Sonderlagerung oder besser: Die gesonderte Lagerung ist die übliche Lagerform und bedarf daher keiner Vereinbarung im Lagervertrag. Es handelt sich dabei um die gesonderte Lagerung je Lagerpartie und Einlagerer. Der Einlagerer erhält dasselbe Lagergut zurück.

Im Gegensatz dazu steht die Sammellagerung, die einer vertraglichen Vereinbarung und damit der Zustimmung der beteiligten Einlagerer bedarf (vgl. § 469 HGB). Bei der Sammellagerung kommt es zu einer Vermischung von Lagergütern gleicher Art und Güte, die von verschiedenen Einlagerern stammen.

Eine solche Vermischung wird – falls überhaupt – nur bei Schüttgütern, wie z. B. Getreide, vorgenommen. Gerade hier ist die Gefahr des natürlichen Schwundes durch Eintrocknung (Getreide) oder verlorengegangene Staubanteile etc. besonders groß, sodass die Form des Ausgleichs eventueller Fehlmengen (Manki) besonders vereinbart werden sollte.

7.2.4.2 Sachgemäße Lagerung der Güter

Zur sachgemäßen Lagerung gehört auch die Einhaltung der ordnungs- und baubehördlichen Vorschriften für das Lagergebäude. Dazu zählen auch Maßnahmen des Brandschutzes (Feuerlöscher, Löschwasserleitungen, Fluchtwege etc.).

Die Lagergüter müssen entsprechend ihrer spezifischen Eigenschaften behandelt werden. Zu diesem Zweck sind die auf der Verpackung angebrachten Symbole (z. B. Pfeile nach oben, Weinglas, Gefahrenzettel) zu beachten. Bei Gefahrstoffen sind gegebenenfalls Zusammenlagerungsverbote mit anderen (Gefahr-)Gütern einzuhalten.

Auch sollte nicht nur aus optischen Gründen auf die Sauberkeit im Lager geachtet werden. Zweck ist dabei auch die Verhütung von Unfällen und gegebenenfalls von Staubexplosionen (z. B. in Getreidelagern), die zu verheerenden Schäden führen können.

Der Lagerhalter kann die Güter entweder in eigenen oder angemieteten, aber auch in fremden Lagerräumen lagern. Bei der Lagerung in **Fremdlägern** muss er den Einlagerer unverzüglich schriftlich über den Namen des fremden Lagerhalters und den Lagerort informieren (Ziff. 15.1 ADSp 2016).

7.2.4.3 Ein- und Auslagerung der Güter

Bei der Anlieferung der Ware in das Lager ist vom Lagerhalter schon im eigenen Interesse der ordnungsgemäße Zustand der Güter festzustellen. Hierbei stehen äußerlich erkennbare Mängel im Vordergrund. Eine gesetzliche Verpflichtung zur Feststellung äußerlich nicht erkennbarer Mängel besteht für den Lagerhalter nicht. In diesem Zusammenhang ist besonders auf die nach Ziff. 7 ADSp 2016 erforderliche **Schnittstellenkontrolle** durch den Spediteur hinzuweisen.

Bei der Auslagerung der Ware ist in der Regel das sogenannte **„fifo-Prinzip"** zu beachten. Fifo steht für „first in – first out" und bedeutet, dass die zeitlich zuerst eingelagerte Ware auch zeitlich zuerst wieder ausgelagert wird. Eine nachvollziehbare Forderung, wenn man z. B. an die Distribution von Lebensmitteln (Herstell- oder Haltbarkeitsdatum) denkt.

Für die angelieferten Lagergüter erhält der Einlagerer in der Regel eine **Quittung/Empfangsbestätigung**. Kann dem Anlieferer eine reine (das heißt mängelfreie) Quittung nicht erteilt werden, so sind die festgestellten Mängel zu vermerken; zweckmäßig ist die Gegenzeichnung durch den Anlieferer. Ebenso muss der Einlagerer schriftlich benachrichtigt werden. Der Quittungserteilung sollte besondere Aufmerksamkeit geschenkt werden, da es hier immer wieder zu Unstimmigkeiten zwischen den Beteiligten kommt.

7.2.4.4 *Papiere im Lagergeschäft*

Über die Verpflichtung zur Auslieferung des Gutes kann vom Lagerhalter, nachdem er das Gut erhalten hat, ein **Lagerschein** ausgestellt werden. Allerdings ist die Bedeutung der Lagerscheine in der speditionellen Praxis immer weiter zurückgegangen, sodass sie heute nur noch auf besondere Anforderung ausgestellt werden. Aus diesem Grund findet der Lagerschein seit 1.7.1998 in den ADSp keine Erwähnung mehr. Der Lagerschein und seine rechtlichen Wirkungen sind aber in den §§ 475 c bis g HGB ausführlich dargestellt.

Für den internationalen Gebrauch kann das **FIATA Warehouse Receipt (FWR)** verwendet werden (siehe Kapitel 2.2.4).

Bis zum 1.7.1998 durften nur die per Verordnung dazu ermächtigten Lagerhalter einen **Orderlagerschein** ausstellen. Heute kann dies bei Bedarf jeder Lagerhalter tun.

Ist ein durch Indossament übertragbarer Lagerschein ausgestellt, so hat die Übergabe des Papiers an den Empfangsberechtigten dieselben Rechtswirkungen wie die Übergabe des Gutes.

7.3 Grundlagen der Lagerkostenkalkulation

Es wurde bereits darauf hingewiesen, dass in der gewerblichen Lagerei seit jeher der Grundsatz der freien Preisbildung herrschte. Die zunehmende Technisierung und Automatisierung des Lagergeschäfts erfordert erhebliche Investitionen, die eine langfristige Kapitalbindung zur Folge haben und somit das unternehmerische Risiko erhöhen.

Eine exakte Kosten- und Leistungsrechnung ist daher für den Lagerhalter von herausragender Bedeutung. Ein Operieren mit Durchschnittswerten führt schon aufgrund der individuellen Kundenanforderungen und der Vielfalt der Lagergüter häufig in eine Sackgasse. Die sorgfältige Kalkulation der Lagerleistungen setzt zunächst die Entwicklung eines Leistungsprofils im Zusammenwirken mit dem (potenziellen) Auftraggeber/Einlagerer voraus (vergleiche dazu auch Kapitel 7.2.3.2).

7.3.1 Kosten- und Leistungsbereiche

Hinsichtlich der Kostenentstehung sind verschiedene Leistungsbereiche zu beachten, die unterschiedliche Auswirkungen auf die Gesamtkalkulation haben. Im Detail geht das Kapitel Kosten- und Leistungsrechnung im LORENZ 2 auf diese Thematik ein.

7.3.1.1 *Lagerung*

Die Lagerung umfasst die reine Aufbewahrung der Lagergüter. Die Kosten werden wesentlich von folgenden Faktoren beeinflusst:

- Art der Lagerung (Regal-, Blocklagerung, Automatisierungsgrad etc.)
- durchschnittliche Lagerdauer
- durchschnittliche Auslastung der Lagerfläche/des Lagervolumens
- durchschnittliche Belegung der Palettenplätze

Wettbewerbsfähige Lagerkosten sind nur durch einen möglichst hohen Kapazitätsauslastungsgrad zu erreichen.

7.3.1.2 Umschlag

Der Umschlag umfasst die Ein- und Auslagerung der Güter und sämtliche damit zusammenhängende Teilleistungen, einschließlich der Kommissionierung beim Auslagern. Da der Anteil der Kommissionierleistung am Lagergeschäft ständig zugenommen hat, kann es im Einzelfall zweckmäßig sein, die Kommissionierung leistungs- und kostenmäßig separat zu erfassen.

Kosteneinflussfaktoren sind:

- die Art des Umschlags (manuell, teil-, vollpalettiert)
- die Gewichtsstruktur der Packstücke
- das durchschnittliche Palettengewicht
- die Umschlag- bzw. Kommissioniertechnik
- die durchschnittliche Umschlag- bzw. Kommissionierleistung

7.3.1.3 Lagerverwaltung

Die Lagerverwaltung umfasst sämtliche Tätigkeiten der Vorbereitung, Erfassung und Abrechnung der Lagerein- und -ausgänge, die Bestandsführung und -kontrolle etc.

Der den einzelnen Einlagerern zurechenbare zeitliche Lagerverwaltungsaufwand ist unter Umständen schwierig zu ermitteln, da dies eine genaue Analyse der Abläufe erfordert. Hieran führt jedoch kein Weg vorbei, da der Anteil der Lagerverwaltungskosten an den Gesamtkosten durchaus erheblich sein kann.

7.3.1.4 Allgemeine kaufmännische Verwaltung

Die Lagerei ist in der Regel einer von mehreren Leistungsbereichen der Spedition. Die allgemeinen Verwaltungskosten des Gesamtbetriebs müssen daher auch der Lagerei anteilig zugerechnet werden. Dieser Bereich soll an dieser Stelle allerdings nicht näher betrachtet werden.

7.3.2 Kostenarten im Überblick

In den dargestellten Leistungsbereichen sind gegebenenfalls folgende Kostenarten zu berücksichtigen:

- kalkulatorische Abschreibungen und kalkulatorische Mieten für Gebäude, Grundstücke, Büroräume
- kalkulatorische Abschreibungen auf die Lagereinrichtung (Regale) und die förder- und hebetechnischen Anlagen und Geräte
- kalkulatorische Zinsen auf das eingesetzte Kapital
- tatsächlich gezahlte Mieten und Pachten für Gebäude, Räume, Geräte etc.
- Personalkosten für das gewerbliche und kaufmännische Personal (Bruttolöhne und -gehälter, Lohnnebenkosten etc.)
- Reparatur- und Wartungskosten
- Kosten für Energie (Treibstoffe, Strom, Wasser, Heizung)
- Reinigungs-, Bewachungs- und Versicherungskosten
- Kosten für Büroeinrichtungen und -materialien
- Kommunikationskosten (IT-Kosten, Telefon, Porti)
- anteilige allgemeine Verwaltungskosten

7.3.3 Berechnungsgrundlage für das Lagerentgelt

Auf der Basis der für die einzelnen Leistungsbereiche errechneten Kosten können nach verschiedenen Kalkulationsmethoden das Lagergeld sowie die Entgelte für Einlagerung und für Auslagerung ermittelt und den jeweiligen Einlagerern zugerechnet werden. Bei der Bildung der Lagerentgelte – in der Praxis auch als Spesensätze bezeichnet – ist eine angemessene Gewinnmarge des Lagerhalters einzukalkulieren.

Die Lagerentgelte werden üblicherweise auf das **Gewicht als Maßeinheit** bezogen (100 kg- oder Tonnensätze). Möglich sind aber auch stückbezogene Entgeltsätze (z. B. pro Palette).

Bei im Verhältnis zum Gewicht besonders voluminösen Lagergütern wird es zweckmäßig sein, die Entgelte auf die Fläche oder das **Volumen als Maßeinheit** zu beziehen (pro m^2 oder m^3).

In vielen Fällen ist der Einlagerer nur an der Nennung eines „Endpreises“ und nicht an den einzelnen Sätzen für Lagerung, Ein- und Auslagerung interessiert. Dann wird ein sogenannter **„Übernahmesatz“** gebildet, der für den Monat der Einlagerung alle Kosten enthält (Übernahme der angelieferten Güter ex Transportmittel, Lagerung im Einlagerungsmonat, Auslagerung auf Transportmittel).

Zusätzlich wird das Lagergeld für den Folgemonat angegeben. Grundsätzlich wird das Lagergeld immer für den (angefangenen) Kalendermonat berechnet.

Der Umfang der vom Lagerhalter zu erbringenden Leistungen wird bei positiv verlaufenden Geschäftsbeziehungen oftmals nachträglich erweitert. In diesen Fällen ist eine Nachkalkulation der Lagerentgelte vorzunehmen.

Herausgeber

Thorsten Hölser
Studium der Wirtschaftswissenschaften an der Ruhr-Universität Bochum. Er beschäftigte sich im Rahmen seiner Diplomarbeit mit Möglichkeiten und Perspektiven von IuK-Technologien in Speditions- und Transportunternehmen. 1992 begann er seine berufliche Laufbahn als Assistent beim Fachverband Spedition und Lagerei Hessen. Anschließend entwickelte er verschiedene City-Logistic-Projekte und war Geschäftsführer der CityLogistic Frankfurt GmbH. Daneben gründete er die Servicegesellschaft Spedition und Logistik mbH und die Logistik-Sicherheitsinitiative s.a.f.e. GmbH, ein Tochterunternehmen des DSLV. 2003 begleitete er die Fusion der Speditionsverbände Hessen und Rheinland-Pfalz und ist seit 2004 Geschäftsführer des Speditions- und Logistikverbandes Hessen/Rheinland-Pfalz (SLV), der Bildungsakademie-SLV sowie der Servicegesellschaft-SLV. Des Weiteren ist er ehrenamtlich Mitglied im Aufsichtsrat der DSLV GmbH sowie im Ausschuss der Bürgschaftsbank Hessen GmbH und setzt sich als Vorstandsvorsitzender der Turtle-Foundation Friends (www.turtle-foundation.org) für die vom Aussterben bedrohten Meeresschildkröten ein.

Autoren

Hans Fischer
Heute im Ruhestand als Corporate Airfreight Consultant tätig. Er trat im Juli 1973 bei Kühne + Nagel in Bremen als Abteilungsleiter Luftfracht ein. Seit dieser Zeit arbeitete er als Internationaler Luftfrachtspediteur an den deutschen Flughäfen Bremen, Stuttgart und Frankfurt. Von 1989 bis 2010 war Hans Fischer als Geschäftsführer für die europäischen Luftfracht-Hubs von Kühne + Nagel mit Sitz in Frankfurt am Main verantwortlich. Vor seinem Eintritt bei Kühne + Nagel und nach Abschluss einer Lehre zum Speditionskaufmann sammelte er bereits sieben Jahre Berufserfahrung in leitenden Funktionen bei zwei IATA-Frachtagenturen. Heute beschäftigt sich Hans Fischer als Dozent mit der Weiterbildung des Speditionsnachwuchses und engagiert sich als Beauftragter der Arbeitgeber im Prüfungsausschuss für Spedition und Logistik-Dienstleistungen bei der IHK Darmstadt.

Ingo Hodea

Nach dem Studium der Volkswirtschaft und dem Abschluss als Diplom-Volkswirt an der Universität Bonn begann er seine berufliche Laufbahn als Referent für Straßengüterverkehr beim Bundesverband Spedition und Lagerei (BSL) in Bonn. In der Vorläuferorganisation des Deutschen Speditions- und Logistikverbandes (DSLV) leitete er neun Jahre das Referat Binnenschifffahrtspedition und Hafenumschlag und führte von 2000 bis 2010 die Geschäfte des Vereins Automobillogistik (AML). Zugleich war er Geschäftsführer der Vereinigung der Sammelgutspediteure (Versa). Von 2010 bis Ende 2013 verantwortete Ingo Hodea die Presse- und Öffentlichkeitsarbeit des DSLV und leitet seit Anfang 2014 die Abteilung Stückgutlogistik und KEP-Dienste im Referat Straßengüterverkehr.

Reinhard Lankes

Nach dem Studium der Volkswirtschaftslehre und dem Abschluss als Diplom-Volkswirt an der Universität Regensburg begann er seine berufliche Laufbahn beim damaligen Bundesverband Spedition und Lagerei (BSL) als Fachreferent für Luftfrachtspedition, Lagerei, Gefahrstofflagerung sowie Binnenschifffahrts- und -umschlagspedition. Im Deutschen Speditions- und Logistikverband (DSLV), der Nachfolgeorganisation des BSL, leitet er die Referate Luftfrachtspedition, Lager- und Distributionslogistik/Getreidelagerung, Betriebswirtschaft und gewerbespezifische Steuerfragen sowie Marktbeobachtung und Statistik. Er ist Mitautor zahlreicher Fachpublikationen.

Horst Manner-Romberg

Ausgewiesener Experte der internationalen Post- und Expressmärkte. Bereits Mitte der 1980er-Jahre war er maßgeblich am Aufbau und Betrieb wichtiger Expressnetzwerke in Deutschland beteiligt. Zudem gilt er als Namensgeber des Begriffs KEP und hat maßgeblich das Bild des Marktes in der Öffentlichkeit mitgeprägt. 1992 erfolgte die Gründung der MRU, die sich in den vergangenen 23 Jahren mit ihrem Experten-Know-how fest im Markt etablieren konnte. Die Firmengruppe ist auf Marktforschung, Projekte und Studien in den Bereichen Express, Post und Luftfracht spezialisiert und sowohl auf der Anbieter- als auch auf der Nachfrageseite des Marktes aktiv. Horst Manner-Romberg ist Autor von Fachbüchern sowie zahlreicher Artikel in Fach- und Wirtschaftszeitungen. Seit 1995 ist er zudem Herausgeber der KEP-Meldungen und der englischen CEP-News, zwei aktuelle Informationsdienste für die KEP-Branche.

Hermann Pikelj

Nach einer Lehre zum Speditionskaufmann startete er seine berufliche Laufbahn zunächst als Expedient, Abteilungsleiter und Filialleiter sowie mit einer anschließenden zweijährigen „Fernfahrerzeit". Danach wechselte er zur Bundesanstalt für den Güterfernverkehr, die später in das Bundesamt für Güterverkehr umgewandelt wurde. Hermann Pikelj schloss ein berufsbegleitendes Studium der Volks- und Betriebswirtschaft an der Verwaltungs- und Wirtschaftsakademie Köln mit dem Wirtschaftsdiplom ab und war 23 Jahre nebenamtlich als Berufsschullehrer am Walter-Eucken-Berufskolleg tätig, wo er Speditionsbetriebslehre vermittelte. Während dieser Zeit war er auch im Prüfungsausschuss der IHK Düsseldorf tätig und betreute dort Abschlussprüfungen für Speditionskaufleute. Als freiberuflicher Dozent bereitet Hermann Pikelj außerdem seit 30 Jahren angehende Verkehrsfachwirte auf die entsprechende Abschlussprüfung vor.

Jürgen Ries

Studium der Rechtswissenschaften an der Universität zu Köln. Nach seiner Referendarzeit in Düsseldorf nahm er 1988 seine berufliche Tätigkeit bei der Nordstern Allgemeine Versicherungs-AG, heute unter AXA firmierend, in Köln auf. Nach zwei Jahren Schadenstätigkeit im Bereich Transportversicherung wechselte er innerhalb der Sparte in den Bereich Underwriting. Schwerpunkte waren neben der Betreuung von Kunden im Bereich Verkehrshaftungsversicherung die fachliche Revision von Zweigniederlassungen und die fortlaufende Kommentierung diverser Maklerklauseln. In dieser Zeit unterrichtete er im Rahmen eines Dozentenauftrages an der Fachhochschule Köln Transportversicherung und Nebensparten. 1996 wechselte Jürgen Ries zum Paketdienstleister DPD. Am Standort Koblenz ist er bundesweit als Senior Group Manager Legal für den Bereich „Recht und Versicherung" verantwortlich und führt regelmäßig im Transportrecht interne Mitarbeiterschulungen im Rahmen der DPD Akademie durch. Neben seiner Zulassung als Rechtsanwalt 1996 ist er Mitglied in mehreren Verbänden und Vereinen, insbesondere beim Deutschen Speditions- und Logistikverband (DSLV) im dortigen Arbeitskreis „Recht und Versicherung" und bei der Deutschen Gesellschaft für Transportrecht e. V.

Axel Salzmann

Leiter des Kompetenzzentrums für das Straßenverkehrsgewerbe und Logistik für die KRAVAG-LOGISTIK Versicherungs-AG, Hamburg, Mitglied des Deutschen Logistik Schiedsgerichts. Zugleich ist der Rechtsanwalt als Dozent tätig u. a. bei der Deutschen Logistik Akademie, Bremen, den Hochschulen Heilbronn und Lörrach, der Bucerius Law School, dem BWV in München und der Kühne-Stiftung in der Schweiz. Als Mitglied des Arbeitskreises Logistik-AGB der Hochschule Bremerhaven hat er an der Entwicklung der AGB mitgewirkt. Er hat wesentlich die DSLV-Logistik-Police mitgestaltet und dafür einen neuen und erweiterten Versicherungsschutz für speditionsunübliche Dienstleistungen geschaffen. Ebenso hat er einen neuen Versicherungsschutz für die Neuregelungen der ADSp 2016 – die Wertedeklaration im Lager – entwickelt. Mit dem KRAVAG-MiLoG-Versicherungsschutz wurde ebenso ein weiterer Impuls gegeben.

Erwin Spitzer

Der Diplom-Volkswirt (Universität zu Köln) ist der Binnenschifffahrt fast sein gesamtes Berufsleben verbunden und seit 1986 im Duisburger „Haus Rhein" tätig, dem Sitz der Verbände der deutschen Binnenschifffahrt. Schwerpunkt war zunächst die Geschäftsführung für die tarifbildenden Gremien. Diese Aufgabe endete mit der Tarifliberalisierung 1994. Danach entwickelte er sich zum Tankschifffahrts- und Gefahrgutexperten des BDB e. V. Heute ist er hauptamtlich als Geschäftsführer des Bilgenentwässerungsverbandes tätig. Er ist als Autor für das Thema „Binnenschifffahrt" an verschiedenen Nachschlage- und Lehrwerken beteiligt.

Matthias Trott

Der Verkehrsfachwirt (IHK) arbeitete nach seiner Ausbildung zum Speditionskaufmann mit dem Schwerpunkt Binnenschifffahrt von 2005 bis 2010 bei der Deutsche Bahn Tochter DB Schenker in der Key-Account-Betreuung im Seefrachtbereich. Nach dieser Zeit begann er sein Studium der Betriebswirtschaftslehre an der Goethe-Universität in Frankfurt und ist seitdem in der Aus- und Weiterbildung der Logistikbranche tätig, unter anderem als Dozent bei der Bildungsakademie Spedition, Logistik und Verkehr e. V.

Stichwortverzeichnis

Symbole

A

B

U

V

W

X

Z